DIE REISEN DES
APOSTELS PAULUS
Maßstab 1:12 000 000
0 100 200
Kilometer
Erste Reise
Zweite Reise
Dritte Reise
Reise nach Rom
unter 0
0 bis 200
200 bis 500
500 bis 1000
1000 bis 2000
2000 bis 3000
über 3000
Die Zahlen geben die Höhen in Meter an
MITTELMEER
Italien
Rom
Tres-Tabernae
Forum Appii
Puteoli
Sizilien
Rhegion
Syrakus
Malta
Dalmatien
Illyrien
Thrazien
Mazedonien
Nikopolis
Philippi
Neapolis
Thessalonich
Amphipolis
Apollonia
Beröa
Samothrake
Epirus
Nikopolis
Achaja
Griechenland
Korinth
Kenchreä
Athen
Kreta
Phönix
Lasäa?
Guthafen
Salmone?
Kauda
Troas
Assos
Adramyttion
Lesbos
Mitylene
Mysien
Pergamon
Thyatira
Chios
Sardes
Smyrna
Ephesus
Samos
Patmos
Milet
Lydien
Philadelphia
Hierapolis
Laodizea
Kolossä
Karien
Kos
Knidus
Rhodos
Patara
Myra
Lyzien
Attalia
Perge
Pamphylien
Pisidien
Antiochia
Ikonion
Lystra
Derbe
Lykaonien
Phrygien
Asia
Bithynien
Galatien
Galatia
Ankyra
Pessinus
Tavium
Pontus
Sinope
Kappadozien
Armenien
Euphrat
Zilizien
Tarsus
Nikopolis
Antiochia
Seleuzia
Salamis
Paphos
Zypern
Syrien
Palmyra
Phönizien
Sidon
Damaskus
Tyrus
Ptolemais
See Genezareth
Cäsarea
Antipatris
Jerusalem
Totes Meer
Arabien
Petra
Kyrene
Große Syrte
Libyen
Kyrene
A
B
C
D
E
F
G
H
1
2
3
4
5

DAS NEUE TESTAMENT MIT ERKLÄRUNGEN

Bibeltext in der revidierten Fassung von 1984.
Herausgegeben vom Bund der Evangelischen Kirchen in der DDR und von der Evangelischen Kirche in Deutschland.

Die Lutherbibel wurde in den Jahren 1957–1984 überarbeitet. Der Bund der Evangelischen Kirchen in der DDR und die Evangelische Kirche in Deutschland haben im Einvernehmen mit den Bibelgesellschaften den revidierten Text 1984 angenommen und zum kirchlichen Gebrauch empfohlen.

Der Nachdruck darf nur mit Zustimmung der Herausgeber erfolgen.

ISBN 3-7461-0007-0

© 1986 Evangelische Haupt-Bibelgesellschaft
zu Berlin und Altenburg
1. Auflage 1986
Lizenz-Nr. 481.485/3/86 · LSV 6100
Einbandgestaltung: Werner Sroka
Lichtsatz: Karl-Marx-Werk Pößneck V15/30
Druck und buchbinderische Verarbeitung:
Grafische Werke Zwickau

DAS NEUE TESTAMENT

MIT ERKLÄRUNGEN

nach der Übersetzung Martin Luthers

von
Günther Baumbach
Karl Martin Fischer

Evangelische Haupt-Bibelgesellschaft
zu Berlin und Altenburg

VORWORT

Nach dem Alten Testament mit Erklärungen erscheint nun als dritter Band dieser erklärten Bibel das Neue Testament, das in der Fassung der »Lutherbibel 1984« geboten wird und damit den für die nächsten Jahrzehnte in Gebrauch befindlichen Luthertext enthält. Neben den einspaltig abgedruckten Text des Neuen Testaments tritt wiederum in einer Randspalte der Erklärtext, der dem interessierten Bibelleser eine Informationshilfe zum Verständnis der neutestamentlichen Botschaft geben will. Dabei werden die Erklärungen so gehalten, daß sie allgemein verständlich sind und keine theologischen Vorkenntnisse erfordern. Außerdem wurden alle neutestamentlichen Bücher mit ausführlichen Einleitungen versehen, die über die ganze Spaltenbreite gedruckt sind. Zu beachten ist ferner, daß das Markusevangelium grundsätzliche Erläuterungen enthält, die auch bei den Parallelabschnitten mitgelesen werden sollen. Dort beschränkt sich die Erklärung dann auf die Hervorhebung von Besonderheiten. Ein Register im Anhang verweist auf wichtige Begriffe und Zusammenhänge, die an bestimmten Stellen des Erklärtextes ausführlicher behandelt werden.

So ist dieses Neue Testament mit Erklärungen ebenso wie das Alte Testament dieser Reihe vor allem für kirchliche Mitarbeiter gedacht, die als Lektoren, als Leiter und Mitverantwortliche in Bibelarbeitsgruppen, oder sonst einen ehrenamtlichen Dienst in den Gemeinden tun.

Nicht zuletzt aber will dieser Band dem Bibelleser helfen, den alten Bibeltext neu zu verstehen und seine Botschaft in unserer Gegenwart wirksam werden zu lassen. Diese Hilfestellung mag besonders für die zahlreichen neuen Freunde der Bibel wichtig sein, die einen Zugang zu dem Buch der Bücher suchen, der ohne Beratung und Erklärung nicht ohne weiteres zu finden ist. Ein solcher Neuleser der Bibel wird bald spüren, daß es einiger Mühe bedarf, in das Verständnis der Texte einzudringen. Er wird ebenso erfahren können, daß sich solche Bemühung reichlich auszahlt.

Die Erklärungen zu den vier Evangelien schrieb Prof. Dr. Günther Baumbach, Berlin. Die übrigen Schriften des Neuen Testaments bearbeitete Dr. Karl Martin Fischer (†). Alle Texte wurden in einem Redaktionskreis beraten und verabschiedet, dem außer den beiden Autoren Gertraude Eckart, Dorrit Fischer und Ekkehard Runge angehörten.

Es ist der Wunsch und die Hoffnung der Autoren und des Verlages, daß die nun vollständig vorliegende Bibel mit Erklärungen einen guten Dienst tun möge.

Evangelische Haupt-Bibelgesellschaft
zu Berlin

INHALT

ABKÜRZUNGSVERZEICHNIS DER BIBLISCHEN SCHRIFTEN

Am	Amos
Apg	Apostelgeschichte
1Chr	1. Chronik
2Chr	2. Chronik
Dan	Daniel
Dtn	Deuteronomium = 5. Mose
Eph	Epheserbrief
Est	Esther
Gal	Galaterbrief
Hab	Habakuk
Heb	Hebräerbrief
Hes	Hesekiel
Hi	Hiob
Hos	Hosea
Jak	Jakobusbrief
Jdt	Judith
Jer	Jeremia
Jes	Jesaja
1Jh	1. Johannesbrief
2Jh	2. Johannesbrief
3Jh	3. Johannesbrief
Joh	Johannesevangelium
Jon	Jona
Jos	Josua
Jud	Judas
1Kö	1. Könige
2Kö	2. Könige
Kol	Kolosserbrief
1Ko	1. Korintherbrief
2Ko	2. Korintherbrief
Lk	Lukasevangelium
Mal	Maleachi
Mk	Markusevangelium
Mt	Matthäusevangelium
Mi	Micha
1Mkk	1. Makkabäerbuch
2Mkk	2. Makkabäerbuch
1Mo	1. Mose = Genesis
2Mo	2. Mose = Exodus
3Mo	3. Mose = Leviticus
4Mo	4. Mose = Numeri
5Mo	5. Mose = Deuteronomium
Nah	Nahum
Neh	Nehemia
Off	Offenbarung
Past	Pastoralbriefe
Phl	Philipperbrief
Phm	Philemonbrief
Ps	Psalmen
1Pt	1. Petrusbrief
2Pt	2. Petrusbrief
Q	Logien- oder Redequelle
Ri	Richter
Rö	Römerbrief
Rt	Rut
Sach	Sacharja
Sir	Sirach
1Sm	1. Samuelis
2Sm	2. Samuelis
Spr	Sprüche
1Th	1. Thessalonicherbrief
2Th	2. Thessalonicherbrief
1Ti	1. Timotheusbrief
2Ti	2. Timotheusbrief
Tit	Titusbrief
Tob	Tobias
Wsh	Weisheit
Ze	Zephanja

Die Sternchen innerhalb des Bibeltextes haben in dieser Ausgabe ihren Hinweischarakter verloren, da die Anmerkungen in den Erklärungstexten berücksichtigt wurden.

GESAMTEINFÜHRUNG

»Ich bin überzeugt, daß die Bibel immer schöner wird, je mehr man sie versteht, das heißt je mehr man einsieht und anschaut, daß jedes Wort, das wir allgemein auffassen und im besondern auf uns anwenden, nach gewissen Umständen, nach Zeit- und Ortsverhältnissen einen eignen, besondern, unmittelbar individuellen Bezug gehabt hat« (Goethe: Maximen und Reflexionen).

Dem Verstehen der Bibel, speziell des Neuen Testaments, wollen auch die Erklärungen in dieser Ausgabe des Neuen Testaments dienen. Zu diesem Zweck ist es notwendig, die »gewissen Umstände«, die »Zeit- und Ortsverhältnisse« zur Kenntnis zu bringen, aus denen diese Texte stammen. Das Neue Testament stellt ja eine Sammlung von 27 Schriften dar, die zu unterschiedlichen Zeiten und in verschiedenen Gegenden entstanden sind und die erst nach einem langen Prozeß innerkirchlicher Auseinandersetzungen und Lehrstreitigkeiten als »kanonisch« anerkannt wurden. Das Wort »Kanon« bedeutet »Maßstab«, »Richtschnur«, »Regel« (vgl. Gal 6,16) und meint im kirchlichen Sprachgebrauch das Verzeichnis der heiligen Schriften, die von der Kirche als lehrverbindlich angesehen werden und damit für die Kirche normative Geltung haben. Erst im 4. Jh. wurde der neutestamentliche Kanon abgeschlossen, bis dahin waren Heb, 2Pt, 2/3Jh, Jud, Jak und Off umstritten.

Dieser Kanon ist so gegliedert, daß an erster Stelle die 4 Evangelien stehen, die das Evangelium, die frohe Botschaft vom gekreuzigten und auferweckten Jesus Christus (vgl. Gal 1,6–9), in der Form einer Geschichtsdarstellung mit Passion, Kreuzigung und Ostern als Höhepunkt bringen. Daran schließt sich die Apg an, die die direkte Fortsetzung des Lk bildet und die Ausbreitung der Evangeliumsverkündigung von Jerusalem nach Rom schildert. Der zweite Teil des Kanons umfaßt die 21 Briefe, die mit Ausnahme des Phm einen stark lehrmäßigen Charakter haben. Den Schluß des Kanons bildet die Off, das einzige prophetische Buch innerhalb des Neuen Testaments. Die an erster Stelle stehenden EVANGELIEN, die Glaubenszeugnisse in der Form von historischen Berichten sind, stellen ein vierfaches Zeugnis des einen Evangeliums dar. Deshalb sollte man nicht vom Matthäus-, Markus-, Lukas-, Johannes-Evangelium sprechen, sondern vom Evangelium nach Mt, Mk, Lk, Joh. Dabei zeigt sich, daß Mt, Mk und Lk die eine Frohbotschaft in ganz ähnlicher Weise bezeugen, während das Zeugnis des vierten Evangeliums grundsätzlich anders ist. Deshalb werden die zuerst erwähnten 3 Evangelien die »synoptischen« genannt, weil eine »Zusammenschau« (= »Synopse«) von ihnen möglich ist. Ein solcher zusammenschauender Vergleich macht deutlich, wie stark die Berührungen im Aufbau dieser 3 Evangelien sind: Auf Jesu Taufe durch Johannes den Täufer folgt Jesu Wirksamkeit in Worten und Taten in Galiläa. Daran schließt sich der Zug nach Jerusalem mit der Passions- und Ostergeschichte an. Die Dauer des Wirkens Jesu scheint sich nur auf ein Jahr zu erstrecken. Aber nicht nur im Aufbau gleichen sich die 3 ersten Evangelien, sondern auch in Einzelheiten der Darstellung. Die in Mk 2,1–22 vorliegende Reihenfolge der einzelnen Geschichten begegnet genauso in Mt 9,1–17 und in Lk 5,17–39. Die Aneinanderreihung der beiden Sabbaterzählungen Mk

2,23 – 3,6 liegt auch in Mt 12,1–14 und in Lk 6,1–11 vor. Außerdem gibt es wörtlich gleiche Aussagen in Jesu Endzeitrede (vgl. z. B. Mk 13,17Parr), in Heilungsberichten (vgl. z. B. Mk 1,40ff.Parr), in Einzelworten (vgl. z. B. Mk 8,35Parr) und bei alttestamentlichen Zitaten (vgl. z. B. Mk 1,3Parr). Daraus könnte auf eine literarische Abhängigkeit der einzelnen synoptischen Evangelien voneinander geschlossen werden. Aber gegen eine derartige Folgerung sprechen die auch vorhandenen Unterschiede. Am Anfang des Mt und des Lk finden sich Kindheitsgeschichten, die im Mk ganz fehlen und die zudem untereinander differieren. Völlig voneinander abweichend sind die Ostergeschichten in diesen Evangelien. Auch die Mt 1,1ff. und Lk 3,23ff. in unterschiedlichen Zusammenhängen gebrachten Stammbäume Jesu stimmen nicht überein und sind dem Mk offensichtlich unbekannt (im Mk nicht nachweisbar). Außerdem werden viele Einzelheiten von Jesu Wirksamkeit in den 3 ersten Evangelien in jeweils anderer Weise berichtet und angeordnet (vgl. z. B. die lange Bergpredigt in Mt 5–7 mit der sehr kurzen Feldrede in Lk 6,20–49, während Mk keine derartige Rede bringt). Selbst die letzten Worte Jesu am Kreuz lauten unterschiedlich in diesen Evangelien (vgl. Mk 15,34/Mt 27,46 mit Lk 23,34.43.46). Die angeführten Gemeinsamkeiten und Unterschiede zwischen den 3 synoptischen Evangelien haben zur Aufstellung der sog. Zweiquellen-Theorie geführt. Danach ist das Mk das älteste Evangelium, das von den beiden anderen synoptischen Evangelien als Quelle genutzt wurde. Neben dem Mk haben Mt und Lk eine weitere Quelle herangezogen, die sog. Logien- oder Redequelle (Q), in deren Mittelpunkt Jesus nicht als der leidende, sterbende und auferstehende Herr stand, sondern als der Lehrer und als der zum Gericht kommende Menschensohn. Da diese Quelle nicht erhalten ist, können wir über ihre genaue Form und ihren Umfang nur Vermutungen anstellen. Wahrscheinlich begann sie mit der Täuferpredigt, brachte dann Jesusworte (samt Versuchungsgeschichte, Vaterunser, Hauptmann von Kapernaum und Gleichnissen) und schloß mit eschatologischen Belehrungen, die auf die als bald erwartete Wiederkunft Christi ausgerichtet waren.

Außer diesen beiden Quellen haben der erste und der dritte Evangelist noch Sondergut verwendet, das meist aus der frühen palästinischen Kirche stammt und im Mt knapp 25% ausmacht. Alle Evangelisten haben also schriftliches und mündliches Material benutzt, das sie nicht nur gesammelt, sondern auch für ihre eigene Verkündigungsaufgabe in ihrer ganz konkreten Situation dienstbar gemacht haben. In der Auswahl, Verarbeitung, Anordnung und theologischen Akzentuierung der Traditionen zeigt jedes Evangelium sein ganz besonderes Gesicht.

Die an zweiter Stelle stehende BRIEFLITERATUR setzt mit den Paulusbriefen ein, wobei die längsten Briefe des Apostels am Anfang stehen. Als unumstritten paulinisch gelten Rö, 1/2Ko, Gal, Phl, 1Th und Phm. Ob Eph und Kol von Paulus selbst oder von einem seiner Schüler stammen, ist strittig. Dagegen lassen sich 2Th, Heb und die Pastoralbriefe kaum auf Paulus als Verfasser zurückführen, da ihre Terminologie, Fragestellung und Aussageintention in eine spätere Zeit weisen. Den persönlichsten Charakter hat der Phm, der von Paulus eigenhändig geschrieben wurde (Phm 19). Alle anderen »echten« Paulusbriefe wurden wahrscheinlich von ihm diktiert und mit eigenhändigen Grüßen unterzeichnet (vgl. Rö 16,22; 1Ko 16,21; Gal 6,11). Oft handelt es sich dabei um Korrespondenzen zwischen Gemeinde und Apostel, die gesammelt und später in die uns heute vorliegende Form gebracht wurden.

Alle neutestamentlichen Briefe sind – mit Ausnahme von Heb und Jak – nach einem bestimmten Formular gestaltet worden: Auf Absender und Grußformel mit Namen des Empfängers folgen Dank und Gebet. Daran schließen sich lehrmäßige Ausführungen an, die sich auf konkrete Gemeindeverhältnisse beziehen. Den Abschluß bilden Grüße und Segenswünsche. Innerhalb des lehrmäßigen Teils finden sich oft auch Bekenntnisse, Schriftauslegung, Prophetie, Lieder und Mahnungen, die die angeredete Gemeinde in ihrem Glauben gewiß machen und in ihren Auseinandersetzungen und Bedrängnissen stärken wollen. Im Unterschied dazu bedienen sich Heb und Jak nur äußerlich der Briefform, ohne aber echte Briefe zu sein. Vielmehr sind sie theologische Traktate, die einem weiteren Leserkreis gelten.

Im Blick auf ihren Inhalt werden seit dem 18.Jh. 1/2Ti und Tit als »Pastoralbriefe« bezeichnet; denn diese Briefe bringen Anweisungen zur rechten Führung des Hirtenamtes (lat.: »pastor« = Hirte), d. h. zur Gemeindeleitung. Als »Katholische Briefe« gelten die 7 Briefe: Jak, 1/2Pt, 1–3Jh und Jud, die sich nach Meinung der frühen Kirchenväter an die Gesamtkirche, d. h. die weltweite (= »katholische«) Christenheit richten, nicht aber an eine bestimmte Gemeinde. Jedoch trifft diese Kennzeichnung kaum für 1Pt und 1–3Jh zu, die ganz konkrete Gemeindeverhältnisse voraussetzen oder den Briefempfänger konkret benennen. Bei allen neutestamentlichen Briefen ist anzunehmen, daß sie durch Boten überbracht und dann in den gottesdienstlichen Versammlungen verlesen wurden (vgl. Rö 16,1; Kol 4,7ff.16). Insofern kommt ihnen der Charakter von Verkündigungsschreiben oder Hirtenbriefen zu, die ein verbindliches Zeugnis von dem einen Evangelium Gottes sein wollen.

Das in griechischer Sprache geschriebene Neue Testament ist handschriftlich außerordentlich gut überliefert worden. Bei keiner antiken Schrift läßt sich ein solch geringer Abstand zwischen Original und erhaltenen Abschriften beobachten wie bei den neutestamentlichen Texten. Denn normalerweise muß man bei antiken Texten zwischen Original und ältester erhaltener Handschrift ca. 1000 Jahre annehmen. Demgegenüber besitzen wir von dem zwischen 90–100 n. Chr. abgeschlossenen Joh ein Papyrusstück, das auf die Zeit um 125 n.Chr. zurückgeht. Größere Teile des Neuen Testaments enthalten die Chester-Beatty-Papyri, die um 200 n.Chr. entstanden. Ziemlich vollständig liegt uns das Neue Testament in dem Codex Vaticanus und Codex Sinaiticus aus dem 4.Jh. vor. Seit dem 5.Jh. gibt es eine Fülle von neutestamentlichen Handschriften mit unterschiedlichen Textformen. Luther benutzte 1519 für seine deutsche Übersetzung eine 1516 von Erasmus von Rotterdam aus spätmittelalterlichen griechischen Handschriften zusammengestellte Ausgabe des Neuen Testaments, die nicht die beste Textform bietet, weil wichtige alte Codices nicht herangezogen wurden. In den Erklärungen muß darum jeweils dann auf die inzwischen mit wissenschaftlicher Akribie erarbeitete beste Textform Bezug genommen werden, wenn diese bei wichtigen Aussagen grundlegend von der von Luther benutzten Textform abweicht. Das Ziel der Erklärungen besteht ja darin, dem Leser eine zuverlässige Hilfe zum Verstehen des Neuen Testaments zu geben. Zu diesem Zweck sind den einzelnen neutestamentlichen Schriften Einleitungen vorangestellt worden, in denen in allgemein verständlicher Form auf die wichtigsten Probleme eingegangen wird, die die betreffende Schrift hinsichtlich ihrer Entstehung, Überlieferung und Aussageintention bietet. Diese Berücksichtigung der Umstände, der konkreten Zeit- und Ortsverhältnisse, die zum Verstehen der neutestamentlichen Texte notwendig sind, geschieht in der Überzeugung, »daß die Bibel immer schöner wird, je mehr man sie versteht«.

DAS EVANGELIUM NACH MATTHÄUS

Nach der altkirchlichen Tradition soll das Mt ursprünglich in hebräischer Sprache abgefaßt und erst später in die uns vorliegende griechische Form übertragen worden sein. Diese Evangelienschrift weist aber nicht mehr semitische Spracheigenheiten als Mk und Lk auf. Zudem benutzt sie griechisch geschriebene Quellen. Darum trifft diese Überlieferung nicht den geschichtlichen Tatbestand. Aber sie kann als ein Versuch, die Besonderheit dieses Evangeliums anzudeuten, durchaus positiv gewertet werden. Gerade im Mt nehmen judenchristliche Traditionen einen verhältnismäßig breiten Raum ein; denn knapp ein Viertel ist Sondergut, das zum größten Teil aus der frühen palästinischen Kirche stammt (vgl. z. B. 2,1 ff.; 5,17 ff.). Die Jesusgeschichte wird hier durch Zitate vom AT her gedeutet (vgl. z. B. 2,6.15.18.23). Diese Zitate wollen zeigen, daß Jesus alle Weisungen und Weissagungen der Schrift erfüllt hat. Darum werden sie Erfüllungszitate genannt.

Im Aufbau folgt Mt – dieser Name des unbekannten Verfassers wurde aus 9,9 erschlossen – im wesentlichen dem Mk. Er übernimmt fast den ganzen markinischen Stoff (ca. die Hälfte im Mt kommt aus Mk), bringt ihn aber in stilistisch veränderter, gestraffter und gekürzter Form. Vor allem seine großen Reden (5–7; 10; 13; 18; 23) enthalten auch Jesusworte, die sich im Lk (vgl. 3,7–4,13; 6,20–7,35; 9,51–13,35), nicht aber im Mk finden und die demnach aus Q stammen (ca. ein Viertel). Durch die Hinzunahme von Sondergut und Q-Traditionen wurde die das Mk bestimmende Vorstellung des Messiasgeheimnisses ganz an den Rand gedrängt. Bereits in der Vorgeschichte (Kap. 1–2) wird Jesus offen als Davidssohn (= Messias) verkündet (vgl. 1,2 ff.18 ff.) und als solcher angebetet (vgl. 2,2.8.11). In 14,33 wird dieser Jesus dann von den Jüngern als Gottessohn bekannt und verehrt. Deshalb fehlt hier die markinische Vorstellung des Jüngerunverständnisses. Vielmehr sind im Mt die Jünger die Verstehenden (vgl. Mk 4,13 mit Mt 13,16f.; Mk 8,14 ff. mit Mt 16,5 ff.), die vom Volk abgehoben werden (vgl. 13,11 ff.). Die Jüngerschar wird auf diese Weise zum Bild für die Kirche, die im Mt eine große Rolle spielt.

Die Kirche hat ihren Ursprung in Jesus (vgl. 16,17–19), der zugleich ihr maßgebender Lehrer ist (vgl. 23,8 ff.). Seine Lehre besteht in seinem vorbildlichen Tun. Als der Sanftmütige und Demütige (vgl. 11,29) hat er »alle Gerechtigkeit erfüllt« (vgl. 3,15; 5,17.20) und stellt darum die Norm des rechten Verhaltens für die Kirche dar. Deshalb wird Jesus mit der Weisheit gleichgesetzt (vgl. 23,34; 11,19.28–30). Wie Spr 8–9 zeigen, wurde im Judentum Gottes weises Handeln zu der personal gedachten Weisheit verselbständigt. Mit deren Hilfe schuf Gott die Welt, und sie stellt den Wegführer zum Leben dar. In Sir 24,22 ff. erfolgt die Identifizierung der Weisheit mit der Tora, dem jüdischen »Gesetz«, das die Quelle des Lebens ist. Jesus als Weisheit ist darum das Lebensgesetz für die Kirche. Er spricht Worte der Weisheit und offenbart als Zentrum des Gesetzes das Liebesgebot (vgl. 5,44; 22,34 ff. u. ö.). Hos 6,6: »Ich habe Wohlgefallen an Barmherzigkeit und nicht am Opfer« bestimmt seine Gesetzesauslegung (vgl. 9,13; 12,7). Er bringt das Leben, indem er Kranke von ihrem Leiden befreit und so Jes 53 erfüllt (vgl. 8,16f.; 12,15–21). Zugleich ist Jesus der Menschensohn-Weltrichter, der im Endgericht seiner Kirche gegenübertritt und sie nach ihrem Tun fragt (vgl. 25,31 ff.; 7,21 ff.). Nur wer das Gesetz im Sinne Jesu getan hat, wird an dem »Himmelreich«, d.h. der zukünftigen Gottesherrschaft, Anteil bekommen (vgl. 22,1–14).

Demzufolge sind Kirche und Gottesherrschaft im Mt aufeinander bezogen, aber nicht miteinander identisch; denn das Endgericht trennt beide voneinander. Wie 13,36 ff.; 22,1 ff. zeigen, gibt es in der Kirche »Gute« und »Böse«. Die Kirche ist somit keine vollendete Größe, sondern sie befindet sich noch auf dem Weg. Ihre Glieder gelten als »Kleingläubige« (vgl. 8,26; 14,31 u. ö.), die zur Vergebung untereinander (vgl. 9,8; 18,15 ff.) und zum rechten Tun aufgefordert werden müssen (vgl. 5–7). Die Sündenvergebung spielt deshalb im Mt eine große Rolle (vgl. 1,21; 26,28). Darum ist für Mt im Vaterunser die fünfte Bitte die wichtigste, wie 6,14f. zeigen. Diese Kirche steht unter Jesu Verheißung (vgl. 18,18; 28,20), der sie auf ihrem Weg zu den Weltvölkern begleiten will (vgl. 28,19).

Die Schlußworte des Mt in 28,18–20 stellen den Höhepunkt und zugleich den Schlüssel zum Verstehen dieses Evangeliums dar: Jesus ist der, der die Vollmacht zum Reden hat. Seine Worte sind die entscheidende Richtschnur auf dem Weg zum Leben. Die Jüngergemeinde wird darum an diese Worte, die er als der Irdische gesprochen hat, verwiesen. Zugleich bekommt sie die Zusage, daß er als der Erhöhte dort gegenwärtig ist, wo seine Gebote in der weiten Welt verkündet werden und damit seine Herrschaft ausgebreitet wird. Heilsbedeutung hat demnach in diesem Evangelium weniger Jesu Tod (nur 20,28 = Mk 10,45; 26,28 = Mk 14,24) als vielmehr Jesu Leben, weniger Jesu Wunder als vielmehr Jesu Worte. Die Vorordnung der programmatischen Bergpredigt (Kap. 5–7) vor die Darstellung von Jesu Wundertaten (Kap. 8–9) unterstreicht dies.

In der Gemeinde des Mt spielten Propheten, Weise und Schriftgelehrte eine wichtige Rolle, wie 23,34 zeigt. Während die Propheten von Ort zu Ort wanderten, um allen das Evangelium zu verkündigen (vgl. 10,41), scheinen die Weisen und Schriftgelehrten, die Jünger der Gottesherrschaft geworden waren (13,52), ortsansässig gewesen zu sein und vielleicht eine katechetische Funktion ausgeübt zu haben. Alle diese Funktionen waren offensichtlich charismatischer Art und bedurften darum bestimmter Kriterien, um wahre und falsche Prophetie abzugrenzen. Die Warnungen vor »Lügenpropheten«, die große Zeichen und Wunder vollbringen, aber zur Gesetz- und Lieblosigkeit verführen (vgl. 7,15ff.; 13,41; 24,4ff.), machen deutlich, worauf es nach Mt bei der echten Prophetie ankommt: auf das Festhalten am irdischen Jesus, auf die Nachfolge in Heimat- und Besitzlosigkeit und auf die strikte Befolgung aller Gebote mit dem Liebesgebot als Zentrum. Die Kirche des Mt befand sich in heftiger Auseinandersetzung mit solchen Irrlehrern. Deshalb wird auch die Pharisäerpolemik weitgehend in den Dienst dieses innerkirchlichen Streites gestellt. Die positive Wertschätzung des Gesetzes im Mt erklärt sich aus einer solchen Kampfsituation. Aus diesen Beobachtungen legt sich nahe: Das Mt entstand in einer Gegend, in der Christen und Juden nebeneinander lebten. Dafür käme Syrien besonders in Frage. Weil in 22,7 auf die Zerstörung Jerusalems im Jahre 70 n. Chr. angespielt wird, kann das Mt nicht vor diesem Zeitpunkt abgefaßt sein.

Jesu Stammbaum

(Lk 3,23-38)

Dieses Geschlechtsregister ist im Unterschied zu Lk 3,23–38 nicht an der Geschichte der Menschheit, sondern an der Erwählungsgeschichte des Volkes Israel orientiert. Demzufolge erscheint Jesus nicht als der Anfänger der neuen Menschheit, sondern als der Sohn Abrahams und Davids, in dem sich Israels Geschichte erfüllt. Bei Mt steigt die Geschichte von Abraham in zweimal 7 Stufen bis zum Höhepunkt: dem Königtum Davids, der als Urbild des endzeitlichen Heilskönigs, des Messias, verstanden werden soll. In weiteren zweimal 7 Stufen fällt die Geschichte bis zum Tiefpunkt: der babylonischen Gefangenschaft, die den Verlust des Königtums bedeutet. In zweimal 7 Stufen steigt dann die Linie zu Jesus als dem »Christus« (= Messias). Jesus erscheint als Zielpunkt einer 6 »Wochen« umfassenden Entwicklung. Offensichtlich liegt dem ganzen eine schriftgelehrte Zahlenspekulation zugrunde, die nicht an zuverlässigen historischen Daten interessiert ist. Im Judentum konnte das Sechs-Tage-Werk der Schöpfung von 1Mo 1 mit Hilfe von Ps 90,4 als Weltwoche von 7000 Jahren gedeutet werden. Das siebente Jahrtausend wäre demnach der Sabbat Gottes, die verheißene Zeit der Ruhe und Erlösung (vgl. Heb 4,1.4.9f.). Wenn also Mt mit Jesus die siebente Weltwoche, den ewigen Sabbat Gottes beginnen läßt, dann soll damit Jesus als die Erfüllung schlechthin verkündigt werden.

1 Dies ist das Buch von der Geschichte Jesu Christi, des Sohnes Davids, des Sohnes Abrahams.

[2]Abraham zeugte Isaak. Isaak zeugte Jakob. Jakob zeugte Juda und seine Brüder. [3]Juda zeugte Perez und Serach mit der Tamar. Perez zeugte Hezron. Hezron zeugte Ram. [4]Ram zeugte Amminadab. Amminadab zeugte Nachschon. Nachschon zeugte Salmon. [5]Salmon zeugte Boas mit der Rahab. Boas zeugte Obed mit der Rut. Obed zeugte Isai. [6]Isai zeugte den König David. David zeugte Salomo mit der Frau des Uria. [7]Salomo zeugte Rehabeam. Rehabeam zeugte Abija. Abija zeugte Asa. [8]Asa zeugte Joschafat. Joschafat zeugte Joram. Joram zeugte Usija. [9]Usija zeugte Jotam. Jotam zeugte Ahas. Ahas zeugte Hiskia. [10]Hiskia

Die diesen Stammbaum bestimmende schriftgelehrte Zahlenspekulation will von Jesus bekennen: 1. In ihm erfüllt sich die Abraham zugesprochene Verheißung des Gottesvolkes. 2. Er verwirklicht das Königtum, zu dem David als erster berufen wurde. In Jesus kommt die Geschichte Israels zu ihrem Ziel. Er ist von Anfang an zum Messias Israels von Gott erwählt worden. Darum wendet er sich in diesem Evangelium immer betont an die »verlorenen Schafe vom Hause Israel« (vgl. 10,6; 15,24). Aber die Nennung von vier

Ausländerinnen (Tamar – vgl. 1Mo 38; Rt 4,12; Rahab – vgl. Jos 2,1; Rut – vgl. Rt. 1,4.22; Batseba – vgl. 2Sm 11,3) als Stammütter besagt, daß Gottes Erwählungsgeschichte auch Heiden einschließt. Damit wird gleich am Anfang des Mt die Richtung des göttlichen Handelns, wie sie dann in 28,19 klar enthüllt wird, angedeutet.

zeugte Manasse. Manasse zeugte Amon. Amon zeugte Josia. [11]Josia zeugte Jojachin und seine Brüder um die Zeit der babylonischen Gefangenschaft. [12]Nach der babylonischen Gefangenschaft zeugte Jojachin Schealtiël. Schealtiël zeugte Serubbabel. [13]Serubbabel zeugte Abihud. Abihud zeugte Eljakim. Eljakim zeugte Asor. [14]Asor zeugte Zadok. Zadok zeugte Achim. Achim zeugte Eliud. [15]Eliud zeugte Eleasar. Eleasar zeugte Mattan. Mattan zeugte Jakob. [16]Jakob zeugte Josef, den Mann der Maria, von der geboren ist Jesus, der da heißt Christus.

[17]Alle Glieder von Abraham bis zu David sind vierzehn Glieder. Von David bis zur babylonischen Gefangenschaft sind vierzehn Glieder. Von der babylonischen Gefangenschaft bis zu Christus sind vierzehn Glieder.

Jesu Geburt

Durch eine Engelerscheinung wird Jesu Davidssohnschaft (vgl. 1,16f.) ausdrücklich auf Gottes Willen zurückgeführt. Jesu Geburt soll nicht als menschliches Werk erscheinen. Deshalb wird von dem Wirken des heiligen Geistes und der Jungfrauengeburt (vgl. Jes 7,14) im NT nur hier und Lk 1,26ff. gesprochen. Entscheidend ist die mit Hilfe eines Erfüllungszitats umschriebene Namensverleihung (V. 21–25): Der »Jesus« (= Gott hilft) Genannte ist der göttliche Heilbringer, der von Sünden heilt (vgl. 26,28). Er ist der »Immanuel« (= Gott mit uns), in dem Gottes Gnadengegenwart den Menschen begegnet (vgl. 28,20). Die dem Joseph im Traum geoffenbarte Gottesbotschaft fordert den menschlichen Gehorsam. Indem er Gottes Befehl befolgt und auf sein Recht als Verlobter (vgl. 5Mo 22,23f.) verzichtet, erweist er sich als »Gerechter« (V. 19).

[18]Die Geburt Jesu Christi geschah aber so: Als Maria, seine Mutter, dem Josef vertraut* war, fand es sich, ehe er sie heimholte, daß sie schwanger war von dem heiligen Geist. [19]Josef aber, ihr Mann, war fromm und wollte sie nicht in Schande bringen, gedachte aber, sie heimlich zu verlassen. [20]Als er das noch bedachte, siehe, da erschien ihm der Engel des Herrn im Traum und sprach: Josef, du Sohn Davids, fürchte dich nicht, Maria, deine Frau, zu dir zu nehmen; denn was sie empfangen hat, das ist von dem heiligen Geist. [21]Und sie wird einen Sohn gebären, dem sollst du den Namen Jesus geben, denn *er wird sein Volk retten von ihren Sünden.* [22]Das ist aber alles geschehen, damit erfüllt würde, was der Herr durch den Propheten gesagt hat, der da spricht (Jesaja 7,14):

> [23]»Siehe, eine Jungfrau wird schwanger sein und einen Sohn gebären,
> und sie werden ihm den Namen Immanuel geben«,

das heißt übersetzt: Gott mit uns.

[24]Als nun Josef vom Schlaf erwachte, tat er, wie ihm der Engel des Herrn befohlen hatte, und nahm seine Frau zu sich. [25]Und er berührte sie nicht, bis sie einen Sohn gebar; und er gab ihm den Namen Jesus.

Die Weisen aus dem Morgenland

Die Geschichte ist nicht als historischer Bericht zu werten. Sie ist von mehreren theologischen Motiven her gestaltet. Wie der Pharao dem Mosekind nachstellte (vgl. 2Mo 5ff.), so läßt Herodes (40–4 v. Chr.) das Jesuskind verfolgen. Wie Bileam im Osten einen Stern aus Jakob aufgehen sah (vgl. 4Mo 24,15ff.), so folgen die heidnischen Magier (Astrologen) einem Stern, der sie

2 Als Jesus geboren war in Bethlehem in Judäa zur Zeit des Königs Herodes, siehe, da kamen Weise aus dem Morgenland nach Jerusalem und sprachen: [2]Wo ist der neugeborene König der Juden? Wir haben seinen Stern gesehen im Morgenland und sind gekommen, ihn anzubeten. [3]Als das der König Herodes hörte, erschrak er und mit ihm ganz Jerusalem, [4]und er ließ zusammenkommen alle Hohenpriester und Schriftgelehrten des Volkes und erforschte von ihnen, wo der Christus geboren werden sollte.

[5]Und sie sagten ihm: In Bethlehem in Judäa; denn so steht geschrieben durch den Propheten (Micha 5,1):

[6]»Und du, Bethlehem im jüdischen Lande,
bist keineswegs die kleinste unter den Städten in Juda;
denn aus dir wird kommen der Fürst,
der mein Volk Israel weiden soll.«

[7]Da rief Herodes die Weisen heimlich zu sich und erkundete genau von ihnen, wann der Stern erschienen wäre, [8]und schickte sie nach Bethlehem und sprach: Zieht hin und forscht fleißig nach dem Kindlein; und wenn ihr's findet, so sagt mir's wieder, daß auch ich komme und es anbete. [9]Als sie nun den König gehört hatten, zogen sie hin. Und siehe, der Stern, den sie im Morgenland gesehen hatten, ging vor ihnen her, bis er über dem Ort stand, wo das Kindlein war. [10]Als sie den Stern sahen, wurden sie hoch erfreut [11]und gingen in das Haus und fanden das Kindlein mit Maria, seiner Mutter, und fielen nieder und beteten es an und taten ihre Schätze auf und schenkten ihm Gold, Weihrauch und Myrrhe. [12]Und Gott befahl ihnen im Traum, nicht wieder zu Herodes zurückzukehren; und sie zogen auf einem andern Weg wieder in ihr Land.

zu dem Messias (»König der Juden« – V. 2) Jesus führt. Damit wird Jesus als neuer Mose (vgl. auch 2,13–23; 5–7) und als Retter der Welt (vgl. 28,18) proklamiert. Seine Geschichte ist durch Ablehnung seitens des »ganzen Jerusalems« (V. 3) und durch Anbetung und Freude seitens der Heiden (V. 10f.) gekennzeichnet (vgl. 8,11f.; 21,43). Die Zielrichtung des Mt wird bereits hier klar erkennbar. Das Erfüllungszitat Mi 5,1 in V. 6 zeigt, daß der wahre König des Gottesvolkes Jesus ist, jedoch nicht der König Herodes. Die in V. 11 dem wahren »König der Juden« dargebrachten Gaben sind typische Königsgaben (vgl. Ps 72, 10f.15; 45,9). Die Geburt Jesu müßte nach dieser Geschichte schon vor der Zeitwende erfolgt sein (anders nach Lk 2).

Die Flucht nach Ägypten

[13]Als sie aber hinweggezogen waren, siehe, da erschien der Engel des Herrn dem Josef im Traum und sprach: Steh auf, nimm das Kindlein und seine Mutter mit dir und flieh nach Ägypten und bleib dort, bis ich dir's sage; denn Herodes hat vor, das Kindlein zu suchen, um es umzubringen. [14]Da stand er auf und nahm das Kindlein und seine Mutter mit sich bei Nacht und entwich nach Ägypten [15]und blieb dort bis nach dem Tod des Herodes, damit erfüllt würde, was der Herr durch den Propheten gesagt hat, der da spricht (Hosea 11,1): »Aus Ägypten habe ich meinen Sohn gerufen.«

Der Kindermord des Herodes

[16]Als Herodes nun sah, daß er von den Weisen betrogen war, wurde er sehr zornig und schickte aus und ließ alle Kinder in Bethlehem töten und in der ganzen Gegend, die zweijährig und darunter waren, nach der Zeit, die er von den Weisen genau erkundet hatte. [17]Da wurde erfüllt, was gesagt ist durch den Propheten Jeremia, der da spricht (Jeremia 31,15):

[18]»In Rama hat man ein Geschrei gehört,
viel Weinen und Wehklagen;
Rahel beweinte ihre Kinder und wollte sich nicht trösten lassen,
denn es war aus mit ihnen.«

Die Erfüllungszitate am Schluß der einzelnen Abschnitte (V. 13–15; 16–18; 19–23) unterstreichen: Es ist Gottes Wille, der Jesus von Anfang an das Schicksal des Wanderns auferlegt hat. Der Macht des Herodes sind Grenzen gesetzt. Herodes wird im Bilde des Pharao (vgl. 2Mo 2,15) gezeichnet, so daß auch die Darstellung des Kindermordes nicht als historischer Bericht gelten kann. Durchgängig wird Joseph als der Gerechte geschildert. Er befolgt die ihm durch Engel und im Traum offenbarten göttlichen Weisungen. V. 19–23 wollen den Ausgleich der Überlieferung, daß der Heilbringer aus Bethlehem stammen müsse (vgl. Mi 5,1; Mt 2,5f.), und der Kenntnis, daß Jesus aus Nazareth stammt (vgl. Joh 7,41f.), herstellen. »Nazoräer« (V. 23) kann im Sinne von Jes 11,1; Sach 3,8; 6,12 ursprünglich als »messianischer Sproß« (hebr.: nezer) verstanden worden sein, ist aber von Mt in der Bedeutung »Bewohner von Nazareth« gebraucht. Archelaos (V. 22) regierte von 4 v.–6 n. Chr. über Judäa, Idumäa und Samaria.

Die Rückkehr aus Ägypten

[19]Als aber Herodes gestorben war, siehe, da erschien der Engel des Herrn dem Josef im Traum in Ägypten [20]und sprach: Steh auf, nimm das Kindlein und seine Mutter mit dir und zieh hin in das Land Israel; sie sind gestorben, die dem Kindlein nach dem Leben getrachtet haben. [21]Da stand er auf und nahm das Kindlein und seine Mutter mit sich und kam in das Land Israel. [22]Als er aber hörte, daß Archelaus in Judäa König war anstatt seines Vaters Herodes, fürchtete er sich, dorthin zu gehen. Und im Traum empfing er Befehl von Gott und zog ins galiläische Land [23]und kam und wohnte in einer Stadt mit Namen Nazareth, damit erfüllt würde, was gesagt ist durch die Propheten: Er soll Nazoräer* heißen.

Die Bußpredigt Johannes des Täufers
(Mk 1,2-8; Lk 3,1-18)

Ab Kap. 3 folgt Mt dem Aufbau des Mk (vgl. die Einl.). Die Johannestaufe hat hier im Unterschied zu Mk 1,4/Lk 3,3 nichts mit der Vergebung der Sünden zu tun; denn Sündenvergebung ist nach 1,21; 26,28 das Vorrecht Jesu und seiner Gemeinde (vgl. 18,18). Der Täufer tritt zwar mit der gleichen Verkündigung wie Jesus auf (vgl. 3,2 mit 4,17), ist aber nur Gerichtsprediger (V. 7–10 = Lk 3,7–9; also aus Q stammend). Seine Gerichtspredigt ist durch die Erwartung des unmittelbar bevorstehenden Herrschaftsantritts Gottes geprägt (V. 2). Sie will die religiöse Sicherheit der Frommen zerschlagen (zu V. 9 vgl. Gal 3,7.16.29) und ein Umdenken (»Buße«) bewirken. Der Bußtaufe des Johannes steht in V. 11 die Taufe mit dem Geist (als Heilsgabe) und Feuer (als Bild des Gerichts) gegenüber. Mt versteht unter dem Stärkeren Jesus als Menschensohn-Weltrichter. Johannes erscheint damit als Vorläufer des Menschensohnes Jesus. – Zu »Tenne« und »Ernte« als Bilder für das Endgericht vgl. 13,30. 39; zur Scheidung von »Weizen« und »Spreu« als Ausdruck der endzeitlichen Trennung der Gerechten von den Bösen vgl. 13,37–43.

3 Zu der Zeit kam Johannes der Täufer und predigte in der Wüste von Judäa [2]und sprach: *Tut Buße, denn das Himmelreich ist nahe herbeigekommen!* [3]Denn dieser ist's, von dem der Prophet Jesaja gesprochen und gesagt hat (Jesaja 40,3):

»Es ist eine Stimme eines Predigers in der Wüste:
Bereitet dem Herrn den Weg
und macht eben seine Steige!«

[4]Er aber, Johannes, hatte ein Gewand aus Kamelhaaren an und einen ledernen Gürtel um seine Lenden; seine Speise aber waren Heuschrecken und wilder Honig. [5]Da ging zu ihm hinaus die Stadt Jerusalem und ganz Judäa und alle Länder am Jordan [6]und ließen sich taufen von ihm im Jordan und bekannten ihre Sünden. [7]Als er nun viele Pharisäer und Sadduzäer sah zu seiner Taufe kommen, sprach er zu ihnen: Ihr Schlangenbrut, wer hat denn euch gewiß gemacht, daß ihr dem künftigen Zorn entrinnen werdet? [8]Seht zu, bringt rechtschaffene Frucht der Buße! [9]Denkt nur nicht, daß ihr bei euch sagen könntet: Wir haben Abraham zum Vater. Denn ich sage euch: Gott vermag dem Abraham aus diesen Steinen Kinder zu erwecken. [10]Es ist schon die Axt den Bäumen an die Wurzel gelegt. Darum: jeder Baum, der nicht gute Frucht bringt, wird abgehauen und ins Feuer geworfen. [11]Ich taufe euch mit Wasser zur Buße; der aber nach mir kommt, ist stärker als ich, und ich bin nicht wert, ihm die Schuhe zu tragen; der wird euch mit dem heiligen Geist und mit Feuer taufen. [12]Er hat seine Worfschaufel in der Hand; er wird seine Tenne fegen und seinen Weizen in die Scheune sammeln; aber die Spreu wird er verbrennen mit unauslöschlichem Feuer.

Jesu Taufe

(Mk 1,9-11; Lk 3,21.22; Joh 1,32-34)

[13] Zu der Zeit kam Jesus aus Galiläa an den Jordan zu Johannes, daß er sich von ihm taufen ließe. [14] Aber Johannes wehrte ihm und sprach: Ich bedarf dessen, daß ich von dir getauft werde, und du kommst zu mir? [15] Jesus aber antwortete und sprach zu ihm: Laß es jetzt geschehen! Denn so gebührt es uns, alle Gerechtigkeit zu erfüllen. Da ließ er's geschehen. [16] Und als Jesus getauft war, stieg er alsbald herauf aus dem Wasser. Und siehe, da tat sich ihm der Himmel auf, und er sah den Geist Gottes wie eine Taube herabfahren und über sich kommen. [17] Und siehe, eine Stimme vom Himmel herab sprach: *Dies ist mein lieber Sohn, an dem ich Wohlgefallen habe.*

Die begleitenden Zeichen veranschaulichen die enge Gemeinschaft Gottes mit seinem Sohn, der in 1,23 »Immanuel« genannt ist. Die von Ps 2,7 geformte Aussage V. 17b (»dies ist«) meint seine öffentliche Ausrufung als Heilsbringer (anders Mk 1,11: »du bist«). Nach V. 14f. (Sondergut) hat sich Jesus nur um der Erfüllung der »Gerechtigkeit« willen (vgl. 5,17.20; 6,33; 21,32) der Taufe unterzogen. Jesus ist also der Demütige, der sich Gottes Willen unterstellt (vgl. 11,29) und der durch sein Tun den Grund für die Taufe als Ordnung seiner Gemeinde (vgl. 28,19) legt.

Jesu Versuchung

(Mk 1,12.13; Lk 4,1-13)

4 Da wurde Jesus vom Geist in die Wüste geführt, damit er von dem Teufel versucht würde. [2] Und da er vierzig Tage und vierzig Nächte gefastet hatte, hungerte ihn. [3] Und der Versucher trat zu ihm und sprach: Bist du Gottes Sohn, so sprich, daß diese Steine Brot werden. [4] Er aber antwortete und sprach: Es steht geschrieben (5.Mose 8,3): *»Der Mensch lebt nicht vom Brot allein, sondern von einem jeden Wort, das aus dem Mund Gottes geht.«*

[5] Da führte ihn der Teufel mit sich in die heilige Stadt und stellte ihn auf die Zinne des Tempels [6] und sprach zu ihm: Bist du Gottes Sohn, so wirf dich hinab; denn es steht geschrieben (Psalm 91,11.12):

»Er wird seinen Engeln deinetwegen Befehl geben;
und sie werden dich auf den Händen tragen,
damit du deinen Fuß nicht an einen Stein stößt.«

[7] Da sprach Jesus zu ihm: Wiederum steht auch geschrieben (5.Mose 6,16): *»Du sollst den Herrn, deinen Gott, nicht versuchen.«*

[8] Darauf führte ihn der Teufel mit sich auf einen sehr hohen Berg und zeigte ihm alle Reiche der Welt und ihre Herrlichkeit [9] und sprach zu ihm: Das alles will ich dir geben, wenn du niederfällst und mich anbetest. [10] Da sprach Jesus zu ihm: Weg mit dir, Satan! denn es steht geschrieben (5.Mose 6,13): *»Du sollst anbeten den Herrn, deinen Gott, und ihm allein dienen.«* [11] Da verließ ihn der Teufel. Und siehe, da traten Engel zu ihm und dienten ihm.

Jesu Versuchtwerden wird hier mit Hilfe des AT in einer Szene veranschaulicht. Sie stammt aus Q (anders Mk 1,12f.). Was Jesu ganzes Leben bestimmte, erscheint auf wenige Augenblicke zusammengedrängt. Die Versuchungsgeschichte wehrt dem Mißverständnis, daß Jesus durch die ihm in der Taufe verliehene Gottessohnschaft sich dem Leiden entziehen könne. Indem Jesus die satanische Zeichenforderung ablehnt, erweist er sich – im Unterschied zum Israel der Wüstenwanderung (vgl. 2Mo 16,2ff.) – als der Gehorsame. Indem er eine teuflische, ichbezogene Schriftauslegung verwirft, erscheint er als der rechte Ausleger der Schrift. So steht er im Gegensatz zu den heuchlerischen Schriftgelehrten. Indem er das verführerische Angebot politischer Weltmacht ablehnt, offenbart er – im Unterschied zu damals verbreiteten Messiasvorstellungen (vgl. 12,38f.; 27,42) – seine Messianität und Gottessohnschaft als Hingabe seines Willens an Gott, um »alle Gerechtigkeit zu erfüllen«. Jesu »Fasten« verbindet ihn mit Mose (vgl. 2Mo 34, 28). V. 11 meint: Dem Gehorsamen dienen die Engel.

Der Beginn der Wirksamkeit Jesu in Galiläa

(Mk 1,14.15; Lk 4,14.15)

[12] Als nun Jesus hörte, daß Johannes gefangengesetzt worden war, zog er sich nach Galiläa zurück. [13] Und er verließ

Jesu Leben ist im Mt ein ständiges Wandern (vgl. 2,13ff.; 3,13;8,20 u.

Nazareth, kam und wohnte in Kapernaum, das am See liegt im Gebiet von Sebulon und Naftali, [14] damit erfüllt würde, was gesagt ist durch den Propheten Jesaja, der da spricht (Jesaja 8,23; 9,1):

[15] »Das Land Sebulon und das Land Naftali,
das Land am Meer, das Land jenseits des Jordans,
das heidnische Galiläa,
[16] das Volk, das in Finsternis saß,
hat ein großes Licht gesehen;
und denen, die saßen am Ort und im Schatten des Todes,
ist ein Licht aufgegangen.«

[17] Seit der Zeit fing Jesus an zu predigen: *Tut Buße, denn das Himmelreich ist nahe herbeigekommen!*

ö.). Der Tod des Täufers ist Anlaß für einen weiteren Ortswechsel: die Übersiedlung nach Kapernaum. Die Erläuterung zu Kapernaum (Hinzufügung von Sebulon und Naftali in V. 13b) dient der Angleichung an das Erfüllungszitat (V. 15f.). Jesus beginnt seine Wirksamkeit ausgerechnet in dem »heidnischen Galiläa« (V. 15): Er ist der zum »Licht der Heiden« gesetzte Gottesknecht (vgl. 2,1ff.; 28,19f.). Er bringt ihnen die Nähe Gottes als »Licht« (= Heil) und ruft sie zur Umkehr.

Die Berufung der ersten Jünger
(Mk 1,16-20; Lk 5,1-11; Joh 1,35-51)

[18] Als nun Jesus am Galiläischen Meer entlangging, sah er zwei Brüder, Simon, der Petrus genannt wird, und Andreas, seinen Bruder; die warfen ihre Netze ins Meer; denn sie waren Fischer. [19] Und er sprach zu ihnen: Folgt mir nach; ich will euch zu Menschenfischern machen! [20] Sogleich verließen sie ihre Netze und folgten ihm nach. [21] Und als er von dort weiterging, sah er zwei andere Brüder, Jakobus, den Sohn des Zebedäus, und Johannes, seinen Bruder, im Boot mit ihrem Vater Zebedäus, wie sie ihre Netze flickten. Und er rief sie. [22] Sogleich verließen sie das Boot und ihren Vater und folgten ihm nach.

Die beiden Berufungsgeschichten sind völlig gleich aufgebaut (V. 18–20 und 21f.; anders Mk 1,16–18 und 19f.). In ihrer Gleichheit wollen sie zeigen, wie Nachfolge geschieht. Einerseits ruft Jesus wirkungskräftig durch sein Befehlswort. Andrerseits wird der sofortige (V. 20.22) Gehorsam der Gerufenen, ihr Eintreten in Jesu Nachfolge, betont. Wort und Antwort gehören untrennbar zusammen.

Krankenheilungen in Galiläa
(Mk 1,39; 3,7-12; Lk 4,44; 6,17-19)

[23] Und Jesus zog umher in ganz Galiläa, lehrte in ihren Synagogen und predigte das Evangelium von dem Reich und heilte alle Krankheiten und alle Gebrechen im Volk. [24] Und die Kunde von ihm erscholl durch ganz Syrien. Und sie brachten zu ihm alle Kranken, mit mancherlei Leiden und Plagen behaftet, Besessene, Mondsüchtige und Gelähmte; und er machte sie gesund. [25] Und es folgte ihm eine große Menge aus Galiläa, aus den Zehn Städten, aus Jerusalem, aus Judäa und von jenseits des Jordans.

V. 23 wird in 9,35 wiederholt. Dazwischen wird Jesus als der Messias des Wortes (Kap. 5–7) und der Tat (Kap. 8–9) geschildert. V. 23–25 sind damit Ein- und Überleitung zu den beiden Themen der nächsten Kapitel. Die Heilungen sollen die Heilsbedeutung von Jesu Wort unterstreichen, das im Juden- und Heidenland »viel Volk« zum Nachfolgen bewegt.

DIE BERGPREDIGT: DER MESSIAS DES WORTES (KAP. 5–7)

Die Bergpredigt gehört zu den großen Redekompositionen des Mt (vgl. 10; 13; 18; 23; 24–25), die die Summe von Jesu Lehre bieten. Lk bringt anstelle der Bergpredigt die kurze Feldrede in 6,20–49. Mt hat diesen aus Q stammenden Stoff mit anderen Überlieferungen verbunden und für die Situation seiner Gemeinde fruchtbar gemacht. Diese Rede hat programmatischen Charakter: Mt wählt als Ort der Rede den Berg und erinnert damit an den Berg als Ort der Moseoffenbarung. Hier wurde Israel durch die Gesetzesverleihung in die Bundesgemeinschaft mit Gott aufgenommen (vgl. 2Mo 19f.). Demzufolge geht es in Mt 5–7 um die Entfaltung des rechten Verständnisses des Gottesgesetzes, wie es Jesus als »zweiter Mose« erfüllt (= verwirklicht) und es dadurch zur Richtschnur für die christliche Gemeinde gemacht hat. Der Akzent liegt dabei auf der Vergebungsbereitschaft (vgl. 6, 12–15) und auf der Feindesliebe (vgl. 5,43–48); denn Vergebung und Barmherzigkeit kennzeichnen Gottes Wesen (vgl. 5,45; 6,12 u. ö.). Im Mittelpunkt der Bergpredigt steht deshalb das Vaterunser (6,9–13), das zur Einstimmung in Gottes Willen aufruft. Mt verstärkt jene Züge der Jesusüberlieferung, die Gottes Gebot als unbedingt gültig ausdrücken (vgl. 5,17ff.; 6,1ff.; 7,1ff.13ff.). Damit will er Irrlehrern begegnen, die einen überschwenglichen Wunderglauben der Gesetzeserfüllung vor- und überordnen (vgl. 7,15ff.; 24,11f.24). Das Doppelgleichnis am Schluß (7,24–27) mahnt darum sehr nüchtern zum rechten Tun.

Die Seligpreisungen

(Lk 6,20-49)

Die »große Menge« von 4,25 bekommt jetzt die für die Jüngerschaft grundlegende Belehrung. Darum hat Mt die 4 aus Q stammenden Heilsrufe in lehrhafter Form (in 3. Person) wiedergegeben und durch weitere ergänzt, die starke Anklänge an Psalmen haben (V. 5 vgl. Ps 37,11; V. 7 vgl. Ps 18,26; V. 8 vgl. Ps 24,4.6; V. 9 vgl. Ps 34,15; V. 10 vgl. 34,20). Außerdem liegen Berührungen mit 1Pt vor (V. 5 vgl. 1Pt 3,4; V. 8 vgl. 1Pt 1,22.8; V. 9 vgl. 1Pt 3,11; V. 10 vgl. 1Pt 3,14). V. 11f. sind aus Q (= Lk 6,22f.) übernommen und durch Hervorhebung der Verleumdung (vgl. 1Pt 2,19f.; 4,15f.) aktualisiert worden.

Die formal gleichgebauten Sätze V. 3–10 bilden 2 Vierergruppen. Die erste (V. 3–6) stellt Haltungen und die zweite (V. 7–10) Aktivitäten unter Verheißung. Die Seligpreisungen sind Zuspruch und Mahnung, Verheißung und Bestimmung, unter denen Jesu Jüngerschar steht. Während sie von Mt stärker auf eine innere Haltung hin ausgelegt werden, gelten sie bei Lk den sozial Entrechteten. V. 3f. ist durch Jes 61,1f. geprägt. »Arm« und »zerschlagenen Geistes« (= demütig) stehen im AT in Zusammenhang. Daraus erklärt sich die Zufügung von »geistlich« (wörtlich: in Beziehung auf den Geist) zu »Armen«. Im Zuspruch von Jesu Wort ereignet sich bereits Heil (vgl. 11,2ff.; 13,16f.). Das wird jeweils im zweiten Satzteil von V. 3–10 unterschiedlich umschrieben.

5 Als er aber das Volk sah, ging er auf einen Berg und setzte sich; und seine Jünger traten zu ihm. [2] Und er tat seinen Mund auf, lehrte sie und sprach:

[3] *Selig sind, die da geistlich arm sind; denn ihrer ist das Himmelreich.*

[4] *Selig sind, die da Leid tragen; denn sie sollen getröstet werden.*

[5] *Selig sind die Sanftmütigen; denn sie werden das Erdreich besitzen.*

[6] *Selig sind, die da hungert und dürstet nach der Gerechtigkeit; denn sie sollen satt werden.*

[7] *Selig sind die Barmherzigen; denn sie werden Barmherzigkeit erlangen.*

[8] *Selig sind, die reinen Herzens sind; denn sie werden Gott schauen.*

[9] *Selig sind die Friedfertigen;* denn sie werden Gottes Kinder heißen.*

[10] *Selig sind, die um der Gerechtigkeit willen verfolgt werden; denn ihrer ist das Himmelreich.*

[11] Selig seid ihr, wenn euch die Menschen um meinetwillen schmähen und verfolgen und reden allerlei Übles gegen euch, wenn sie damit lügen. [12] Seid fröhlich und getrost; es

Das besondere Kennzeichen Jesu ist im Mt die Sanftmut (vgl. 11,29; 21,5). Sie äußert sich in seinem Mit-Leiden mit Kranken und Ausgestoßenen (vgl. 8,16f.; 12,15–21). Hunger und Durst bezieht Mt (anders Lk 6,21) auf die Gerechtigkeit, d. h. auf das Kommen von Gottes gerechter Herrschaft (vgl. 6,33). Barmherzigkeit charakterisiert Gottes Wesen (vgl. 5,45; 18,35). Barmherziges Tun steht darum unter Gottes Verheißung (vgl. 6,14f.; 25,31ff.). V. 8 meint das im AT verheißene neue Herz (vgl. Hes 11,19; 36,26 u. ö.), das Gottes Willen tut und deshalb Gott schauen darf. Zu V. 9 vgl. Jak 3,18. »Friede« (»Schalom«) ist die Verheißung Gottes für die Welt (vgl. Jes 9,1ff,; 11,6ff.). »Friedensstifter« sind darum Verheißungszeichen in unserer friedlosen Welt. V. 10 leitet über zu V. 11f. (= Lk 6,22f.) und setzt die Verfolgten mit den Propheten gleich. Auch ihnen gelten die an die Propheten gerichteten Verheißungen. Zum Lohngedanken vgl. zu 20,1–16.

wird euch im Himmel reichlich belohnt werden. Denn ebenso haben sie verfolgt die Propheten, die vor euch gewesen sind.

Salz und Licht

Die einzelnen Bildworte hatten ursprünglich unterschiedlichen Sinn. Durch V. 16 erhalten sie bei Mt eine einheitliche Ausrichtung. Eine Gemeinde ohne Einsatz für Gerechtigkeit und ohne kritische Verantwortung ist so wenig denkbar, wie das Brennen einer Kerze ohne Sauerstoff und Salz ohne Würzkraft. Die der Jüngergemeinde gegebene Verheißung (»Salz«, »Licht«) ist also zugleich Aufruf zum Tun.

[13] *Ihr seid das Salz der Erde.* Wenn nun das Salz nicht mehr salzt, womit soll man salzen? Es ist zu nichts mehr nütze, als daß man es wegschüttet und läßt es von den Leuten zertreten.

[14] *Ihr seid das Licht der Welt.* Es kann die Stadt, die auf einem Berge liegt, nicht verborgen sein. [15] Man zündet auch nicht ein Licht an und setzt es unter einen Scheffel, sondern auf einen Leuchter; so leuchtet es allen, die im Hause sind. [16] So laßt euer Licht leuchten vor den Leuten, damit sie eure guten Werke sehen und euren Vater im Himmel preisen.

Jesu Stellung zum Gesetz

Zwei aus judenchristlicher Tradition stammende Sprüche sind von Mt durch V. 17 und 20 gerahmt worden. V. 17 stellt die Überschrift zu V. 18 f. und V. 20 die Zusammenfassung und Überleitung zu V. 21–48 dar. Jesus erfüllt das Gesetz (vgl. 3,15). Er ist darum Lehrer und Vorbild der Gemeinde, die zum Tun einer solchen »besseren Gerechtigkeit« aufgerufen wird. Nach V. 18 ist das Gesetz für diese Weltzeit gegeben, damit es »geschieht« (= getan werde). V. 19 steht in Spannung zu V. 21 ff.

[17] Ihr sollt nicht meinen, daß ich gekommen bin, das Gesetz oder die Propheten aufzulösen; ich bin nicht gekommen aufzulösen, sondern zu erfüllen. [18] Denn wahrlich, ich sage euch: Bis Himmel und Erde vergehen, wird nicht vergehen der kleinste Buchstabe noch ein Tüpfelchen vom Gesetz, bis es alles geschieht. [19] Wer nun eines von diesen kleinsten Geboten auflöst und lehrt die Leute so, der wird der Kleinste heißen im Himmelreich; wer es aber tut und lehrt, der wird groß heißen im Himmelreich.

[20] Denn ich sage euch: Wenn eure Gerechtigkeit nicht besser ist als die der Schriftgelehrten und Pharisäer, so werdet ihr nicht in das Himmelreich kommen.

Die bessere Gerechtigkeit

Mt hat in diesem Abschnitt 6 Jesusworte zusammengestellt, die als die Antithesen der Bergpredigt bezeichnet werden. Damit ist gemeint: Dem »Alten«, d. h. der vom AT herkommenden jüdischen Norm, stellt er auf diese Weise das »Neue«, d. h. die von Jesus gebrachte christliche Norm, gegenüber. Dabei zeigt sich, daß in der ersten, zweiten und vierten Antithese (V. 21 ff. 27 ff. 33 ff.) eine atl. Verordnung radikalisiert wird, während in der dritten und fünften Antithese (V. 31 f. 38 ff.) eine atl. Bestimmung außer Kraft gesetzt wird. Die sechste Antithese (V. 43 ff.) verschärft das atl. Liebesgebot und wendet sich gegen eine bestimmte jüdische Auslegung dieses Gebotes. Diese Antithesen lehnen sich an Formen an, wie sie in jüdischen Gelehrtenschulen üblich waren. Mt will mit den Antithesen die »bessere Gerechtigkeit« der Jesusjünger gegenüber dem Judentum entfalten. Ziel der Belehrung ist V. 48: die Vollkommenheit der Jünger in Entsprechung zu Gottes Vollkommenheit.

Vom Töten

Die »bessere Gerechtigkeit« (V. 20) wird zunächst im Blick auf das. 5. Gebot entfaltet. Im Unterschied zu den Empfängern des Mosegesetzes am Sinai (»den Alten«) lehrt Jesus

[21] Ihr habt gehört, daß zu den Alten gesagt ist (2. Mose 20,13; 21,12): »Du sollst nicht töten«; wer aber tötet, der soll des Gerichts schuldig sein. [22] Ich aber sage euch: Wer mit seinem Bruder zürnt, der ist des Gerichts schuldig; wer

aber zu seinem Bruder sagt: Du Nichtsnutz!, der ist des Hohen Rats schuldig; wer aber sagt: Du Narr!, der ist des höllischen Feuers schuldig. [23]Darum: wenn du deine Gabe auf dem Altar opferst und dort kommt dir in den Sinn, daß dein Bruder etwas gegen dich hat, [24]so laß dort vor dem Altar deine Gabe und geh zuerst hin und versöhne dich mit deinem Bruder und dann komm und opfere deine Gabe. [25]Vertrage dich mit deinem Gegner sogleich, solange du noch mit ihm auf dem Weg bist, damit dich der Gegner nicht dem Richter überantworte und der Richter dem Gerichtsdiener und du ins Gefängnis geworfen werdest. [26]Wahrlich, ich sage dir: Du wirst nicht von dort herauskommen, bis du auch den letzten Pfennig bezahlt hast.

seine Jünger, daß das auf den Schutz des Mitmenschen zielende Gebot bereits durch Zürnen übertreten wird. Durch diese Verschärfung offenbart Jesus das Ziel des Gottesgesetzes: die Bindung des Herzens an Gott und das Neuwerden des Menschen (vgl. 12,33 ff.). V. 22 überträgt das Endgericht von V. 21 auf ein gemeindliches Ordnungsverfahren (vgl. Mt 18). Die daran angehängten Einzelworte (V. 23–26 vgl. Lk 12,57–59) wollen die Notwendigkeit der Versöhnung für das Leben in der Gemeinde hervorheben.

Vom Ehebrechen

[27]Ihr habt gehört, daß gesagt ist (2. Mose 20,14): »Du sollst nicht ehebrechen.« [28]Ich aber sage euch: Wer eine Frau ansieht, sie zu begehren, der hat schon mit ihr die Ehe gebrochen in seinem Herzen. [29]Wenn dich aber dein rechtes Auge zum Abfall verführt, so reiß es aus und wirf's von dir. Es ist besser für dich, daß eins deiner Glieder verderbe und nicht der ganze Leib in die Hölle geworfen werde. [30]Wenn dich deine rechte Hand zum Abfall verführt, so hau sie ab und wirf sie von dir. Es ist besser für dich, daß eins deiner Glieder verderbe und nicht der ganze Leib in die Hölle fahre.

[31]Es ist auch gesagt (5. Mose 24,1): »Wer sich von seiner Frau scheidet, der soll ihr einen Scheidebrief geben.« [32]Ich aber sage euch: Wer sich von seiner Frau scheidet, es sei denn wegen Ehebruchs, der macht, daß sie die Ehe bricht; und wer eine Geschiedene heiratet, der bricht die Ehe.

Die 2. Antithese (V. 27–30) bezieht sich auf das 6. Gebot, die dritte auf 5Mo 24,1–4. Die Frau war in der Antike weithin rechtlos. Jesus setzt sich für das Recht der Rechtlosen ein und verbietet jede Erniedrigung der Frau zum Besitz des Mannes. Die Bildworte V. 29 f. stellen in Mk 9,43 ff. eine Warnung vor Abfall dar. Sie betonen bei Mt den Ernst des Geforderten. Das schroffe Scheidungsverbot Jesu (Mk 10,11) ist von Mt durch einen Zusatz (»außer wegen Unzucht«) abgeschwächt worden (vgl. 1Ko 7,12–15); denn bei fortgesetzter Untreue verliert die Ehe ihren Sinn als unauflösbare Einheit (vgl. 19,3 ff.). V. 32b verbietet die Wiederverheiratung.

Vom Schwören

[33]Ihr habt weiter gehört, daß zu den Alten gesagt ist (3. Mose 19,12; 4. Mose 30,3): »Du sollst keinen falschen Eid schwören und sollst dem Herrn deinen Eid halten.« [34]Ich aber sage euch, daß ihr überhaupt nicht schwören sollt, weder bei dem Himmel, denn er ist Gottes Thron; [35]noch bei der Erde, denn sie ist der Schemel seiner Füße; noch bei Jerusalem, denn sie ist die Stadt des großen Königs. [36]Auch sollst du nicht bei deinem Haupt schwören; denn du vermagst nicht ein einziges Haar weiß oder schwarz zu machen. [37]Eure Rede aber sei: Ja, ja; nein, nein. Was darüber ist, das ist vom Übel.

In den rabbinischen Schulen gab es Diskussionen, welcher Eid eine unbedingte Verpflichtung hat und von welchem Eid man sich notfalls wieder entbinden kann (vgl. 23,16–22). Jesus dagegen verbietet das Schwören überhaupt: Zwischen Worten, die wahr sein müssen, und solchen, die es nicht zu sein brauchen, darf kein Unterschied gemacht werden. Für Jesu Jünger gilt bei allem Reden unbedingte Ehrlichkeit.

Vom Vergelten

[38]Ihr habt gehört, daß gesagt ist (2. Mose 21,24): »Auge um Auge, Zahn um Zahn.« [39]Ich aber sage euch, daß ihr nicht

Die 5. (V. 38–42) und 6. Antithese (V. 43–48) stammen aus Q (= Lk

6,27 ff.). V. 38–39 a und 43 gehen auf Mt zurück. V. 39 a ist Überschrift über V. 39 b–42. Ob es sich um Gewalttat (V. 39 b), Prozeß (V. 40), Frondienst (V. 41) oder Bitte (V. 42) handelt: Der Jesusjünger hat alles zu tun, was zur Gemeinschaft mit den anderen beiträgt. Er hat auf alles zu verzichten, was ihr im Wege steht. Für Vergeltung ist darum kein Platz. Das gemeinschaftsfeindliche Böse wird allein durch Vergebung überwunden. V. 43–48 stellen den Höhepunkt von Kap. 5 dar: Die »bessere Gerechtigkeit« (V. 20) ist die Liebe. Sie gilt auch den Feinden und Verfolgern (V. 44). Sie ist Zeichen der Sohnschaft Gottes und darum für den Jesusjünger eigentlich etwas Selbstverständliches (V. 46 f.). In V. 48 hat Mt »vollkommen« (= ganz, ungeteilt) statt »barmherzig« (Lk 6,36) überliefert. Gottes »Vollkommenheit« meint seine ungeteilte, unbedingte und unbegrenzte Hingabe.

widerstreben sollt dem Übel, sondern: wenn dich jemand auf deine rechte Backe schlägt, dem biete die andere auch dar. [40] Und wenn jemand mit dir rechten will und dir deinen Rock nehmen, dem laß auch den Mantel. [41] Und wenn dich jemand nötigt, eine Meile mitzugehen, so geh mit ihm zwei. [42] Gib dem, der dich bittet, und wende dich nicht ab von dem, der etwas von dir borgen will.

Von der Feindesliebe

[43] Ihr habt gehört, daß gesagt ist (3. Mose 19,18): »Du sollst deinen Nächsten lieben« und deinen Feind hassen. [44] Ich aber sage euch: *Liebt eure Feinde und bittet für die, die euch verfolgen,** [45] *damit ihr Kinder seid eures Vaters im Himmel.* Denn er läßt seine Sonne aufgehen über Böse und Gute und läßt regnen über Gerechte und Ungerechte. [46] Denn wenn ihr liebt, die euch lieben, was werdet ihr für Lohn haben? Tun nicht dasselbe auch die Zöllner? [47] Und wenn ihr nur zu euren Brüdern freundlich seid, was tut ihr Besonderes? Tun nicht dasselbe auch die Heiden? [48] *Darum sollt ihr vollkommen sein, wie euer Vater im Himmel vollkommen ist.*

In einer Reihe von Handschriften wird zu V. 44 hinzugefügt: »Segnet, die euch fluchen, tut wohl denen, die euch hassen (und betet für die, die euch) beleidigen und (verfolgen)« (vgl. Lk 6,27. 28).

Der Maßstab der Frömmigkeit

Als »Werke der Gerechtigkeit« (V. 1) gelten die 3 jüdischen Frömmigkeitsübungen: Almosengeben (V. 2–4), Beten (V. 5–15) und Fasten (V. 16–18). Im Unterschied zum Judentum, dem Mt eine nur äußerliche Befolgung dieser Werke und damit Heuchelei vorwirft, soll es um ein innerliches, ganz auf Gott gerichtetes Tun gehen. Als Vorbild für rechtes Beten führt Mt das Vaterunser (V. 9–13) an, das aus Q stammt (vgl. Lk 11,2–4), aber durch V. 10b.13b erweitert ist. Die Zufügung von V. 14f. (vgl. Mk 11,25 f.) zeigt, daß für Mt die Vergebungsbitte im Zentrum des Gebets steht. Auffällig ist die starke Betonung des Lohngedankens (V. 1.4–6.16–18), der auf das Endgericht weist und die Verantwortung für das rechte Tun in der Gegenwart unterstreicht.

Vom Almosengeben

Da es damals keine wirksamen Sozialgesetzte gab, konnten Armut und Elend nur durch private Geldspenden gemildert werden. Almosen zu geben, galt darum für fromme Juden als notwendige Pflicht vor Gott und dem Nächsten. Diese Verpflichtung trifft erst recht für die Jünger Jesu zu. Mt will der Gefahr des Selbstruhms wehren und karikiert darum polemisch die jüdische Praxis.

6 Habt acht auf eure Frömmigkeit, daß ihr die nicht übt vor den Leuten, um von ihnen gesehen zu werden; ihr habt sonst keinen Lohn bei eurem Vater im Himmel.

[2] Wenn du nun Almosen gibst, sollst du es nicht vor dir ausposaunen lassen, wie es die Heuchler tun in den Synagogen und auf den Gassen, damit sie von den Leuten gepriesen werden. Wahrlich, ich sage euch: Sie haben ihren Lohn schon gehabt. [3] Wenn du aber Almosen gibst, so laß deine linke Hand nicht wissen, was die rechte tut, [4] damit dein Almosen verborgen bleibe; und dein Vater, der in das Verborgene sieht, wird dir's vergelten.

Vom Beten. Das Vaterunser

[5]Und wenn ihr betet, sollt ihr nicht sein wie die Heuchler, die gern in den Synagogen und an den Straßenecken stehen und beten, damit sie von den Leuten gesehen werden. Wahrlich, ich sage euch: Sie haben ihren Lohn schon gehabt. [6]Wenn du aber betest, so geh in dein Kämmerlein und schließ die Tür zu und bete zu deinem Vater, der im Verborgenen ist; und dein Vater, der in das Verborgene sieht, wird dir's vergelten. [7]Und wenn ihr betet, sollt ihr nicht viel plappern wie die Heiden; denn sie meinen, sie werden erhört, wenn sie viele Worte machen. [8]Darum sollt ihr ihnen nicht gleichen. Denn euer Vater weiß, was ihr bedürft, bevor ihr ihn bittet. [9]Darum sollt ihr so beten:

Unser Vater im Himmel!
Dein Name werde geheiligt.
[10]*Dein Reich komme.*
Dein Wille geschehe wie im Himmel so auf Erden.
[11]*Unser tägliches Brot gib uns heute.*
[12]*Und vergib uns unsere Schuld,*
wie auch wir vergeben unsern Schuldigern.
[13]*Und führe uns nicht in Versuchung,*
*sondern erlöse uns von dem Bösen.**
[*Denn dein ist das Reich und die Kraft*
und die Herrlichkeit in Ewigkeit. Amen.]**

[14]Denn wenn ihr den Menschen ihre Verfehlungen vergebt, so wird euch euer himmlischer Vater auch vergeben. [15]Wenn ihr aber den Menschen nicht vergebt, so wird euch euer Vater eure Verfehlungen auch nicht vergeben.

Der Hinweis auf die »Kammer« (Vorratskammer als einzig verschließbarer Raum im orientalischen Haus) zeigt: Beim Gebet kommt es auf die innere Einstellung, nicht aber auf äußerliche Riten oder auf viele Worte an. V. 8 gibt die Begründung: Gott ist euer Vater, seiner Zusage dürft ihr trauen. Das Gebet dient darum zur Einübung im Glauben (vgl. 7,7–11), zur Einstimmung in Gottes Willen (vgl. 26,36–46). Dieses Ziel hat auch das Vaterunser (V. 9–13). Die Anrede ist Ausdruck des Vertrauens. Die ersten drei Bitten sind auf Gottes Sache ausgerichtet: daß Gott (»Name« = Person) die schuldige Ehre erwiesen werde (vgl. Phl 2,10f.), daß sich seine Herrschaft durchsetze (vgl. Off 11,15; 12,10), daß sein Wille hier und heute getan werde (vgl. 5,18; 7,21). Dies bedeutet, wie die letzten Bitten zeigen, alles von Gott erwarten und sich selbst als Empfangenden verstehen. In V. 11 geht es um die Befreiung von äußeren Existenzsorgen; in V. 12 um die Befreiung von Verschuldungen mit ihren praktischen Konsequenzen für das Verhältnis zum Nächsten. V. 13 bringt das Wissen um die Bedrohtheit unserer Existenz und das Zutrauen zu Gottes Verheißung (vgl. Jes 41,10ff.; Mt 16,18) zum Ausdruck.

Der Lobpreis (V: 13b) fehlt in den ältesten Handschriften. Er stellt – jüdischer Sitte entsprechend – die Antwort der Gemeinde auf das von einem einzelnen gesprochene Gebet dar (vgl. 1Chr 29,11; Off 4,11).

Vom Fasten

[16]Wenn ihr fastet, sollt ihr nicht sauer dreinsehen wie die Heuchler; denn sie verstellen ihr Gesicht, um sich vor den Leuten zu zeigen mit ihrem Fasten. Wahrlich, ich sage euch: Sie haben ihren Lohn schon gehabt. [17]Wenn du aber fastest, so salbe dein Haupt und wasche dein Gesicht, [18]damit du dich nicht vor den Leuten zeigst mit deinem Fasten, sondern vor deinem Vater, der im Verborgenen ist; und dein Vater, der in das Verborgene sieht, wird dir's vergelten.

In den jüdischen Fastensitten war das Bestreuen des Hauptes mit Asche das Zeichen der Ernsthaftigkeit der Bußgesinnung. In Übereinstimmung mit Jes 58,5 soll das rechte Fasten nicht äußerlich durch Verzicht auf Waschen und Salben zur Schau getragen werden.

Vom Schätzesammeln und Sorgen

[19]Ihr sollt euch nicht Schätze sammeln auf Erden, wo sie die Motten und der Rost fressen und wo die Diebe einbrechen und stehlen. [20]Sammelt euch aber Schätze im Himmel, wo sie weder Motten noch Rost fressen und wo die

V. 19–24 richten sich an die Reichen, die am Besitz hängen; V. 25–34 an die Armen, die sich wegen ihrer Besitzlosigkeit Sorgen machen und denen Gottes Fürsorge zu-

Diebe nicht einbrechen und stehlen. [21]Denn wo dein Schatz ist, da ist auch dein Herz.

[22]Das Auge ist das Licht des Leibes. Wenn dein Auge lauter ist, so wird dein ganzer Leib licht sein. [23]Wenn aber dein Auge böse ist, so wird dein ganzer Leib finster sein. Wenn nun das Licht, das in dir ist, Finsternis ist, wie groß wird dann die Finsternis sein!

[24]*Niemand kann zwei Herren dienen: entweder er wird den einen hassen und den andern lieben, oder er wird an dem einen hängen und den andern verachten. Ihr könnt nicht Gott dienen und dem Mammon.* [25]Darum sage ich euch: Sorgt nicht um euer Leben, was ihr essen und trinken werdet; auch nicht um euren Leib, was ihr anziehen werdet. Ist nicht das Leben mehr als die Nahrung und der Leib mehr als die Kleidung? [26]Seht die Vögel unter dem Himmel an: sie säen nicht, sie ernten nicht, sie sammeln nicht in die Scheunen; und euer himmlischer Vater ernährt sie doch. Seid ihr denn nicht viel mehr als sie? [27]Wer ist unter euch, der seines Lebens Länge eine Spanne zusetzen könnte, wie sehr er sich auch darum sorgt? [28]Und warum sorgt ihr euch um die Kleidung? Schaut die Lilien auf dem Feld an, wie sie wachsen: sie arbeiten nicht, auch spinnen sie nicht. [29]Ich sage euch, daß auch Salomo in aller seiner Herrlichkeit nicht gekleidet gewesen ist wie eine von ihnen. [30]Wenn nun Gott das Gras auf dem Feld so kleidet, das doch heute steht und morgen in den Ofen geworfen wird: sollte er das nicht viel mehr für euch tun, ihr Kleingläubigen? [31]Darum sollt ihr nicht sorgen und sagen: Was werden wir essen? Was werden wir trinken? Womit werden wir uns kleiden? [32]Nach dem allen trachten die Heiden. Denn euer himmlischer Vater weiß, daß ihr all dessen bedürft. [33]*Trachtet zuerst nach dem Reich Gottes und nach seiner Gerechtigkeit, so wird euch das alles zufallen.* [34]Darum sorgt nicht für morgen, denn der morgige Tag wird für das Seine sorgen. Es ist genug, daß jeder Tag seine eigene Plage hat.

gesagt wird. Mt läßt diese aus Q stammenden, aber in unterschiedlichen Zusammenhängen überlieferten Jesusworte an die Jüngergemeinde gerichtet und von 6,1 her (»Werke eurer Gerechtigkeit«) bestimmt sein. Darum fügt er in V. 33 das Wort »Gerechtigkeit« ein. Im Anschluß an V. 1–18, wo vom Lohn (bei Menschen – bei Gott) gesprochen wird, bringt er zunächst die Bildworte von den zweierlei Schätzen (irdische – himmlische), die auf die rechte innere Einstellung zielen. In die gleiche Richtung tendieren auch die folgenden Worte von den zweierlei Augen (lauter – böse in V. 22f.) und von den zwei Herren (Gott – Mammon in V. 24). Weil der Gehorsam gegenüber Gott unteilbar ist, darf es keine faulen Kompromisse geben. Auch in V. 25–34 geht es darum, daß Gott zur Herrschaft kommt. Dies geschieht durch gerechtes und barmherziges Tun. Wer ganz auf Gottes Herrschaft und Gerechtigkeit ausgerichtet ist, wird frei von der ängstlichen Sorge um die eigene Zukunft. Die Bilder aus der Natur wollen zum Vetrauen auf die Güte des Schöpfers rufen. Die als »Kleingläubige« (V. 30) von Mt charakterisierten Gemeindeglieder (vgl. 8,26; 14,31) bedürfen dieser Mahnungen.

Vom Richtgeist

7 Richtet nicht, damit ihr nicht gerichtet werdet. [2]Denn nach welchem Recht ihr richtet, werdet ihr gerichtet werden; und mit welchem Maß ihr meßt, wird euch zugemessen werden. [3]Was siehst du aber den Splitter in deines Bruders Auge und nimmst nicht wahr den Balken in deinem Auge? [4]Oder wie kannst du sagen zu deinem Bruder: Halt, ich will dir den Splitter aus deinem Auge ziehen?, und siehe, ein Balken ist in deinem Auge. [5]Du Heuchler, zieh zuerst den Balken aus deinem Auge; danach sieh zu wie du den Splitter aus deines Bruders Auge ziehst.

[6]Ihr sollt das Heilige nicht den Hunden geben, und eure

Zu V. 1 vgl. 1Ko 4,5. V. 2 mahnt zur Barmherzigkeit (vgl. 18,15ff.), die die Voraussetzung für das Bestehen im Gericht ist (vgl. 5,25f.; 6,14f.). Die Grundlage des rechten Verhaltens zum Bruder ist nicht das Aufdecken der kleinen Schuld (»Splitter«) des anderen, sondern die Erkenntnis der großen eigenen Schuld (»Balken«) und damit des eigenen Angewiesenseins auf Vergebung. Der Sinn von V. 6 ist schwer zu erkennen. Vielleicht ist gemeint: Es

Perlen sollt ihr nicht vor die Säue werfen, damit die sie nicht zertreten mit ihren Füßen und sich umwenden und euch zerreißen.

gibt eine Grenze der Verkündigung, um die man wissen muß, wenn man sich nicht zerreiben will. Möglich ist auch eine Deutung im Sinne von 2Pt 2,20–22.

Von der Gebetserhörung

[7] *Bittet, so wird euch gegeben; suchet, so werdet ihr finden; klopfet an, so wird euch aufgetan.* [8] *Denn wer da bittet, der empfängt; und wer da sucht, der findet; und wer da anklopft, dem wird aufgetan.* [9] Wer ist unter euch Menschen, der seinem Sohn, wenn er ihn bittet um Brot, einen Stein biete? [10] oder, wenn er ihn bittet um einen Fisch, eine Schlange biete? [11] Wenn nun ihr, die ihr doch böse seid, dennoch euren Kindern gute Gaben geben könnt, wieviel mehr wird euer Vater im Himmel Gutes geben denen, die ihn bitten!

Die in Q (vgl. Lk 11,2–13) wahrscheinlich direkt mit dem Vaterunser verbundene Gebetsanleitung bringt Mt in einem Zusammenhang, der vom Verhalten zum Bruder bestimmt ist. Die Erhörungsverheißung ist deshalb zunächst auf die Fürbitte (vgl. 18,18–20) zu beziehen. »Suchen«, »Anklopfen« und »Auftun« weisen nach 6,33; 25,10f. auf das Gottesreich hin. Wer im Bitten und Suchen so betet, erfährt Gottes Vatergüte.

Vom Tun des göttlichen Willens

[12] *Alles nun, was ihr wollt, daß euch die Leute tun sollen, das tut ihnen auch! Das ist das Gesetz und die Propheten.*

[13] *Geht hinein durch die enge Pforte. Denn die Pforte ist weit, und der Weg ist breit, der zur Verdammnis führt, und viele sind's, die auf ihm hineingehen.* [14] *Wie eng ist die Pforte und wie schmal der Weg, der zum Leben führt, und wenige sind's, die ihn finden!*

[15] Seht euch vor vor den falschen Propheten, die in Schafskleidern zu euch kommen, inwendig aber sind sie reißende Wölfe. [16] An ihren Früchten sollt ihr sie erkennen. Kann man denn Trauben lesen von den Dornen oder Feigen von den Disteln? [17] So bringt jeder gute Baum gute Früchte; aber ein fauler Baum bringt schlechte Früchte. [18] Ein guter Baum kann nicht schlechte Früchte bringen, und ein fauler Baum kann nicht gute Früchte bringen. [19] Jeder Baum, der nicht gute Früchte bringt, wird abgehauen und ins Feuer geworfen. [20] Darum: an ihren Früchten sollt ihr sie erkennen.

[21] *Es werden nicht alle, die zu mir sagen: Herr, Herr!, in das Himmelreich kommen, sondern die den Willen tun meines Vaters im Himmel.* [22] Es werden viele zu mir sagen an jenem Tage: Herr, Herr, haben wir nicht in deinem Namen geweissagt? Haben wir nicht in deinem Namen böse Geister ausgetrieben? Haben wir nicht in deinem Namen viele Wunder getan? [23] Dann werde ich ihnen bekennen: Ich habe euch noch nie gekannt; weicht von mir, ihr Übeltäter!

Der V. 12 enthält die in der Antike weit verbreitete »goldene Regel«. Sie wird aber hier als Appell zur Nächstenliebe, auf die »Gesetz und Propheten« (22,39f. vgl. 5,17) zielen, gedeutet. V. 13–23 mahnen zum Tun des Gesetzes als des Gotteswillens angesichts des kommenden Gerichts. Aus dem Lehrer des Willens Gottes wird der Menschensohn–Weltenrichter. Das aus Q stammende Gerichtsgleichnis (vgl. Lk 13,23f.) ist von Mt mit dem »Zwei-Wege-Schema« verknüpft worden (vgl. 5Mo 11,26; 30, 15ff.), das den Akzent auf die rechte ethische Entscheidung legt. V. 15 zeigt, daß das Bild von Baum und Frucht (V. 16–20 vgl. 12,33–35; Lk 6,43f.) vor Irrlehrern warnen will, die sich in die Gemeinde eingeschlichen haben. Zum Bild der Herde vgl. 18,12–14; Hes 34; zum Bild der Pflanzung vgl. 15,13; Jes 5. Maßstab der Beurteilung sollen die als »Früchte« bezeichneten Werke sein (vgl. 5,16), die auf das Innere des Menschen schließen lassen. Das Gerichtswort V. 19 stammt aus der Täuferpredigt (3,10; Luk 3,9).

In V. 21–23 hat Mt Worte aus anderen Zusammenhängen zu einer Gerichtsrede ausgestaltet. Sie ist gegen die Irrlehre (vgl. die Einl.) gerichtet. Außerdem dient sie als Mahnung an die Gemeinde zum Tun des Gotteswillens als Voraussetzung des Zugangs zur Gottesherrschaft (V. 21b).

Vom Hausbau

[24] Darum, wer diese meine Rede hört und tut sie, der gleicht einem klugen Mann, der sein Haus auf Fels baute. [25] Als

Mit dem Ruf zur Entscheidung in Form eines Gerichtsgleichnisses schließt die Bergpredigt. – Nur auf festem Grund kann ein Haus dauerhaft gebaut werden. Für das Leben stellen Jesu Worte den festen Grund dar. Wer darauf baut, kann selbst durch das im Bild der Sintflut geschilderte Gericht (vgl. 24,37–39) nicht zu Fall kommen. Allerdings müssen Hören und Tun eine Einheit bilden; denn die vom Jesusjünger geforderte »bessere Gerechtigkeit« (5,20) tritt im Tun des Gerechten in Erscheinung. V. 28a ist der übliche Schluß der großen Reden (vgl. 11,1; 13,53; 19,1).

nun ein Platzregen fiel und die Wasser kamen und die Winde wehten und stießen an das Haus, fiel es doch nicht ein; denn es war auf Fels gegründet. 26 Und wer diese meine Rede hört und tut sie nicht, der gleicht einem törichten Mann, der sein Haus auf Sand baute. 27 Als nun ein Platzregen fiel und die Wasser kamen und die Winde wehten und stießen an das Haus, da fiel es ein, und sein Fall war groß.

28 Und es begab sich, als Jesus diese Rede vollendet hatte, daß sich das Volk entsetzte über seine Lehre; 29 denn er lehrte sie mit Vollmacht und nicht wie ihre Schriftgelehrten.

DER MESSIAS DER TAT (KAP. 8 UND 9)

Nachdem Jesus in der großen Redekomposition der Bergpredigt (5–7) als der Messias des Wortes geschildert wurde, folgt jetzt die Darstellung seines Wunderwirkens. Die hier zusammengestellten Wundergeschichten stammen zum größten Teil aus der markinischen Tradition. Nur 8,5–13.18–22 kommen aus Q (vgl. Lk 7,1–10; 13,28f.; 9,57–60). 9,27–34 gehen wahrscheinlich auf Mt selbst zurück, der mit 9,35 (= 4,23) den von 4,23 – 9,35 reichenden Abschnitt vom Messias des Wortes und der Tat abschließt. Mt verfolgt bei seiner Anordnung eine lehrhafte Tendenz. Beide Kapitel stehen im Dienst seiner Auseinandersetzung mit dem pharisäisch-rabbinischen Judentum in Syrien. Bei den Geheilten handelt es sich nämlich um Menschen, die entweder gar nicht (Heiden) oder nur mit Einschränkungen (Frauen und Besessene) am Kult des Judentums teilnehmen konnten. Das Verheißungswort gilt Heiden und das Verwerfungswort Israel (8,11f), ein Schriftgelehrter wird abgewiesen (8,18ff.) und Jesu heilendes Handeln wird mit Jes 53,4 umschrieben (8,16f.). Jesu Vollmacht wird in Kap. 9 auf dem Hintergrund dieser Auseinandersetzungen mit Pharisäern und Schriftgelehrten entfaltet. Alle in diesem Zusammenhang von Mt verwendeten Wundergeschichten haben gegenüber Mk eine Kürzung erfahren: Nicht mehr die Schilderung der konkreten Not des Kranken, des Verlaufs der Krankheit und des Heilungsvorganges stehen im Mittelpunkt, sondern die Bedeutung des Glaubens an Jesus als den Herrn (vgl. 8,13; 9,22). Deshalb handelt es sich bei den Heilungsgeschichten um Beispielerzählungen für die Macht des durch Jesus erweckten Glaubens. Dieser Jesus ist der erbarmende Herr, der sich in den Heilungstaten als der im AT verheißene machtvolle Gottesknecht erweist (vgl. 8,17; 12,15–21). Er ist aber zugleich auch der Herr und Helfer der Kirche, der seinen kleingläubigen Jüngern in Stürmen und Gefahren beisteht (vgl. 8,18ff.; 14,22ff.) und ihnen an seiner Vollmacht Anteil gibt (vgl. 9,8; 10,1ff.). Auch mit Hilfe dieser Wundergeschichten verkündigt Mt die bleibende Bedeutung Jesu für die Kirche.

Die Heilung eines Aussätzigen

(Mk 1,40-44; Lk 5,12-14)

Mt berichtet gegenüber Mk nicht mehr von Jesu Gefühlsregungen und läßt die Heilung mit V.4 ausklingen. Dadurch wird Jesu Bindung an das Gesetz des AT betont. Glaube heißt: Jesus als den Herrn anbeten und alles von ihm erwarten (V. 2). Sein Wort hat schöpferische Macht und unterscheidet sich darum grundsätzlich von dem der Schriftgelehrten (vgl. 7,28f.).

8 Als er aber vom Berge herabging, folgte ihm eine große Menge. 2 Und siehe, ein Aussätziger kam heran und fiel vor ihm nieder und sprach: Herr, wenn du willst, kannst du mich reinigen. 3 Und Jesus streckte die Hand aus, rührte ihn an und sprach: Ich will's tun; sei rein! Und sogleich wurde er von seinem Aussatz rein. 4 Und Jesus sprach zu ihm: Sieh zu, sage es niemandem, sondern geh hin und zeige dich dem Priester und opfere die Gabe, die Mose befohlen hat, ihnen zum Zeugnis.

Der Hauptmann von Kapernaum

(Lk 7,1-10; Joh 4,46-53)

[5]Als aber Jesus nach Kapernaum hineinging, trat ein Hauptmann zu ihm; der bat ihn [6]und sprach: Herr, mein Knecht liegt zu Hause und ist gelähmt und leidet große Qualen. [7]Jesus sprach zu ihm: Ich will kommen und ihn gesund machen. [8]Der Hauptmann antwortete und sprach: Herr, ich bin nicht wert, daß du unter mein Dach gehst, sondern sprich nur ein Wort, so wird mein Knecht gesund. [9]Denn auch ich bin ein Mensch, der Obrigkeit untertan, und habe Soldaten unter mir; und wenn ich zu einem sage: Geh hin!, so geht er; und zu einem andern: Komm her!, so kommt er; und zu meinem Knecht: Tu das!, so tut er's. [10]Als das Jesus hörte, wunderte er sich und sprach zu denen, die ihm nachfolgten: Wahrlich, ich sage euch: Solchen Glauben habe ich in Israel bei keinem gefunden! [11]Aber ich sage euch: Viele werden kommen von Osten und von Westen und mit Abraham und Isaak und Jakob im Himmelreich zu Tisch sitzen; [12]aber die Kinder des Reichs werden hinausgestoßen in die Finsternis; da wird sein Heulen und Zähneklappern. [13]Und Jesus sprach zu dem Hauptmann: Geh hin; dir geschehe, wie du geglaubt hast. Und sein Knecht wurde gesund zu derselben Stunde.

Was Glaube heißt, zeigt diese Geschichte am Beispiel eines heidnischen Hauptmanns: Er bekennt vor Jesus seine Unwürdigkeit und erwartet alles von Jesu Wort (V. 8). Jesu »Sich-Wundern« (V. 10) verdeutlicht, wie wenig selbstverständlich eine solche Haltung ist (vgl. 19,26). Mit V. 11 f. zieht Mt daraus die Folgerung: Heiden werden Zugang zu dem einem Freudenmahl gleichenden »Himmelreich« – zu der in Jesu Tun zeichenhaft angebrochenen Herrschaft Gottes – finden (vgl. Jes 25,6; Mt 2,1 ff.; 22,1 ff.). Israel wird verstoßen werden (vgl. 21,43; anders Rö 11,25 ff.). Da in 13,36–43 auch die Gemeinde als »Kinder des Reichs« bezeichnet wird, richtet sich diese Warnung nicht einseitig nur gegen Israel, sondern trifft auch die Gemeinde.

Jesus im Haus des Petrus

(Mk 1,29-34; Lk 4,38-41)

[14]Und Jesus kam in das Haus des Petrus und sah, daß dessen Schwiegermutter zu Bett lag und hatte das Fieber. [15]Da ergriff er ihre Hand, und das Fieber verließ sie. Und sie stand auf und diente ihm. [16]Am Abend aber brachten sie viele Besessene zu ihm; und er trieb die Geister aus durch sein Wort und machte alle Kranken gesund, [17]damit erfüllt würde, was gesagt ist durch den Propheten Jesaja, der da spricht (Jesaja 53,4):

»Er hat unsre Schwachheit auf sich genommen,
und unsre Krankheit hat er getragen.«

Zielpunkt dieses Abschnitts ist V. 17: Jesu Heilungswunder sind Erfüllung der Schrift, besonders von Jes 53,4. Jesus ist darum der verheißene Gottesknecht, weil er sich der Ausgestoßenen und Kranken erbarmt (vgl. 12,15–21), indem er ihre Krankheiten wegnimmt. Mt verstand Jes 53,4 so: Jesus hat unsere Schwachheit weggenommen und unsere Krankheiten fortgetragen.

Vom Ernst der Nachfolge

(Lk 9,57-60)

[18]Als aber Jesus die Menge um sich sah, befahl er, hinüber ans andre Ufer zu fahren. [19]Und es trat ein Schriftgelehrter herzu und sprach zu ihm: Meister, ich will dir folgen, wohin du gehst. [20]Jesus sagt zu ihm: *Die Füchse haben Gruben, und die Vögel unter dem Himmel haben Nester; aber der Menschensohn hat nichts, wo er sein Haupt hinlege.* [21]Und ein anderer unter den Jüngern sprach zu ihm: Herr, erlaube mir, daß ich zuvor hingehe und meinen Vater begrabe. [22]Aber Jesus spricht zu ihm: *Folge du mir, und laß die Toten ihre Toten begraben!*

Mt hat in die Sturmstillungsgeschichte (V. 23–27 vgl. Mk 4,35–41) Nachfolgeszenen (V. 19–22 vgl. Lk 9,57–60) eingeschoben. Dadurch wird die Wundergeschichte zu einem Bild für die Nachfolgesituation. Der Schriftgelehrte (V. 19) wird mit dem Hinweis auf Jesu Schicksal als Menschensohn abgeschreckt (V. 20). Der »Jünger« (V. 21) erhält auf seine Bitte eine schockierende Antwort (V. 22 vgl.

Lk 9,60). Wie das Leben in der Nachfolge tatsächlich aussieht, entfalten V. 23–27: Sitzen im gleichen Boot mit Jesus (vgl. 14,24), Erdulden von Stürmen, Anrufung Jesu als Herrn, Erfahrung von Jesu Heilsmacht. Der Glaube der Jünger ist ein angefochtener und »kleiner« – zu »Kleingläubige« vgl. 6,30; 14,31; 16,8; 17,20 –, der immer des Zuspruchs bedarf.

Die Stillung des Sturms

(Mk 4,35-41; Lk 8,22-25)

[23] Und er stieg in das Boot, und seine Jünger folgten ihm. [24] Und siehe, da erhob sich ein gewaltiger Sturm auf dem See, so daß auch das Boot von Wellen zugedeckt wurde. Er aber schlief. [25] Und sie traten zu ihm, weckten ihn auf und sprachen: Herr, hilf, wir kommen um! [26] Da sagt er zu ihnen: Ihr Kleingläubigen, warum seid ihr so furchtsam? Und stand auf und bedrohte den Wind und das Meer. Da wurde es ganz stille. [27] Die Menschen aber verwunderten sich und sprachen: Was ist das für ein Mann, daß ihm Wind und Meer gehorsam sind?

Was Mk in 20 Versen (5,1–20) breit erzählt, streicht Mt auf 6 Verse zusammen. Statt Gerasa schreibt er Gadara, statt von einem Besessenen spricht er von 2 (vgl. 9,27; 20,30). Mt übernimmt nicht den Lobpreis des Geheilten (Mk 5,19f.). Diese Wundergeschichte, die Jesu Sieg über Krankheitsdämonen verherrlicht, endet bei Mt eindeutig mit der Ablehnung Jesu (V. 34). Damit wird sie zu einem Hinweis auf Jesu Schicksal der Verstoßung und des Leidens, wovon in V. 20 die Rede war.

Die Heilung zweier Besessener

(Mk 5,1-17; Lk 8,26-37)

[28] Und er kam ans andre Ufer in die Gegend der Gadarener. Da liefen ihm entgegen zwei Besessene; die kamen aus den Grabhöhlen und waren sehr gefährlich, so daß niemand diese Straße gehen konnte. [29] Und siehe, sie schrien: Was willst du von uns, du Sohn Gottes? Bist du hergekommen, uns zu quälen, ehe es Zeit ist? [30] Es war aber fern von ihnen eine große Herde Säue auf der Weide. [31] Da baten ihn die bösen Geister und sprachen: Willst du uns austreiben, so laß uns in die Herde Säue fahren. [32] Und er sprach: Fahrt aus! Da fuhren sie aus und fuhren in die Säue. Und siehe, die ganze Herde stürmte den Abhang hinunter in den See, und sie ersoffen im Wasser. [33] Und die Hirten flohen und gingen hin in die Stadt und berichteten das alles und wie es den Besessenen ergangen war. [34] Und siehe, da ging die ganze Stadt hinaus Jesus entgegen. Und als sie ihn sahen, baten sie ihn, daß er ihr Gebiet verlasse.

Die Heilungsgeschichte dient Mt als Rahmen für die Botschaft: Jesus hat die Vollmacht zur Sündenvergebung und gewährt sie jedem, der zu ihm kommt. Dagegen protestieren die jüdischen Theologen, weil nach ihrer Lehre Gott allein das Recht zur Sündenvergebung hat. Bedeutsamerweise gilt bei Mt der Lobpreis des Volkes nicht der Wundertat Jesu (so Mk), sondern Gott, der das Recht zur Vergebung Menschen übertragen hat. Denn nach Mt ist die Gemeinde in der Nachfolge Jesu dazu berufen, wie er Sünden zu vergeben.

Die Heilung eines Gelähmten

(Mk 2,1-12; Lk 5,17-26)

9 Da stieg er in ein Boot und fuhr hinüber und kam in seine Stadt. [2] Und siehe, da brachten sie zu ihm einen Gelähmten, der lag auf einem Bett. Als nun Jesus ihren Glauben sah, sprach er zu dem Gelähmten: *Sei getrost, mein Sohn, deine Sünden sind dir vergeben.* [3] Und siehe, einige unter den Schriftgelehrten sprachen bei sich selbst: Dieser lästert Gott. [4] Als aber Jesus ihre Gedanken sah, sprach er: Warum denkt ihr so Böses in euren Herzen? [5] Was ist denn leichter, zu sagen: Dir sind deine Sünden vergeben, oder zu sagen: Steh auf und geh umher? [6] Damit ihr aber wißt, daß der Menschensohn Vollmacht hat, auf Erden die Sünden zu vergeben – sprach er zu dem Gelähmten: Steh auf, hebe dein Bett auf und geh heim! [7] Und er stand auf und ging heim.

[8]Als das Volk das sah, fürchtete es sich und pries Gott, der solche Macht den Menschen gegeben hat.

So ist aus der Wundergeschichte eine Lehr-Erzählung geworden, die das Recht der Gemeinde zur Sündenvergebung in Jesu Tun begründet.

Die Berufung des Matthäus

(Mk 2,13-17; Lk 5,27-32)

[9]Und als Jesus von dort wegging, sah er einen Menschen am Zoll sitzen, der hieß Matthäus; und er sprach zu ihm: Folge mir! Und er stand auf und folgte ihm. [10]Und es begab sich, als er zu Tisch saß im Hause, siehe, da kamen viele Zöllner und Sünder und saßen zu Tisch mit Jesus und seinen Jüngern. [11]Als das die Pharisäer sahen, sprachen sie zu seinen Jüngern: Warum ißt euer Meister mit den Zöllnern und Sündern? [12]Als das Jesus hörte, sprach er: Die Starken bedürfen des Arztes nicht, sondern die Kranken. [13]Geht aber hin und lernt, was das heißt (Hosea 6,6): »Ich habe Wohlgefallen an Barmherzigkeit und nicht am Opfer.« *Ich bin gekommen, die Sünder zu rufen und nicht die Gerechten.*

Die Pharisäer (V. 11) nahmen an Jesu Umgang mit Zöllnern und Sündern Anstoß; denn die Zöllner bereicherten sich auf Kosten anderer und machten gemeinsame Sache mit der römischen Besatzungsmacht. Indem Jesus gerade einen solchen Menschen (statt Levi: Mk 2,14; Lk 5,27 heißt er hier Matthäus; vgl. 10,3) beruft, wird sein Ruf zur reinen Gnade, die dem Menschen unverdient zuteil wird. In seiner Gemeinschaft mit Zöllnern und Sündern bezeugt Jesus Gottes rettende Barmherzigkeit. Höhepunkt ist deshalb V. 13 mit der Zitierung von Hos 6,6 (vgl. 12,7; 23,23).

Vom Fasten

(Mk 2,18-22; Lk 5,33-38)

[14]Da kamen die Jünger des Johannes zu ihm und sprachen: Warum fasten wir und die Pharisäer so viel, und deine Jünger fasten nicht? [15]Jesus antwortete ihnen: Wie können die Hochzeitsgäste Leid tragen, solange der Bräutigam bei ihnen ist? Es wird aber die Zeit kommen, daß der Bräutigam von ihnen genommen wird; dann werden sie fasten. [16]Niemand flickt ein altes Kleid mit einem Lappen von neuem Tuch; denn der Lappen reißt doch wieder vom Kleid ab, und der Riß wird ärger. [17]Man füllt auch nicht neuen Wein in alte Schläuche; sonst zerreißen die Schläuche, und der Wein wird verschüttet, und die Schläuche verderben. Sondern man füllt neuen Wein in neue Schläuche, so bleiben beide miteinander erhalten.

Beim Streit mit den Jüngern Johannes des Täufers (vgl. Apg 19,1 ff.) geht es um das Fasten (= Leidtragen V. 15). Jesus selbst hat im Unterschied zu Johannes nicht gefastet (11,18). Die spätere Gemeinde hat die Fastenbräuche wieder aufgenommen und deutet Jesu Wort als befristete Unterbrechung. Das Fasten der nachösterlichen Gemeinde soll sich dann aber grundlegend von der alten Sitte unterscheiden (vgl. 6,18); denn die neue Botschaft braucht auch eine neue Form (V. 17).

Die Heilung der blutflüssigen Frau und die Auferweckung der Tochter des Jaïrus

(Mk 5,21-43; Lk 8,40-56)

[18]Als er dies mit ihnen redete, siehe, da kam einer von den Vorstehern der Gemeinde, fiel vor ihm nieder und sprach: Meine Tochter ist eben gestorben, aber komm und lege deine Hand auf sie, so wird sie lebendig. [19]Und Jesus stand auf und folgte ihm mit seinen Jüngern.

[20]Und siehe, eine Frau, die seit zwölf Jahren den Blutfluß hatte, trat von hinten an ihn heran und berührte den Saum seines Gewandes. [21]Denn sie sprach bei sich selbst: Könnte ich nur sein Gewand berühren, so würde ich gesund. [22]Da wandte sich Jesus um und sah sie und sprach:

Auch diese Wundergeschichte ist Beispielerzählung für das, was Glaube bedeutet: Er ist Anbetung Jesu (V. 18), Vertrauen zu Jesu Heilsmacht (V. 18. 21) und Erfahrung der Zusage von Rettung (V. 22) und Auferweckung (V. 25). Im Unterschied zu Mk 5,23 bittet der Vater im Wissen um den Tod seiner Tochter und bekennt damit Jesus als Herrn über den Tod. Mt berichtet nur kurz Jesu Handeln und läßt den als Zauberformel mißverstehbaren aramäischen Ruf von Mk 5,41 weg. Jesus wird als frommer Jude geschildert. Mit dem »Saum« in V. 20 sind die Quasten gemeint, die nach 4Mo 15,38 ff. an die Gebote Gottes erinnern sollen. Totenklage und Trauermusik mussen vor Jesus verstummen (V. 23 f.); denn er bringt die Freude und das Leben der verheißenen Gottesherrschaft (vgl. V. 15; 25,10.21.23.46).

Sei getrost, meine Tochter, dein Glaube hat dir geholfen. Und die Frau wurde gesund zu derselben Stunde.

23 Und als er in das Haus des Vorstehers kam und sah die Pfeifer und das Getümmel des Volkes, 24 sprach er: Geht hinaus! denn das Mädchen ist nicht tot, sondern es schläft. Und sie verlachten ihn. 25 Als aber das Volk hinausgetrieben war, ging er hinein und ergriff sie bei der Hand. Da stand das Mädchen auf. 26 Und diese Kunde erscholl durch dieses ganze Land.

Zu V. 27–31 vgl. 20,29–34. Das Neue, das Jesus bringt (V. 16 f.), schließt auch die Heilung von Blinden ein (vgl. 11,5 = Jes 29,18; 35,5). Dadurch erweist sich Jesus als »Sohn Davids« (V. 27) = Messias. Das »Öffnen der Augen« (V. 30) ist Folge des Glaubens (V. 29 vgl. Joh 9,38-41). V. 32-34 berühren sich mit 12,22-24. Auch die Heilung der Stummen gehört zu den »Werken Christi« von 11,2.5. Die Reaktion auf Jesu Heilshandeln ist zwiespältig: Das Volk zeigt durch sein »Verwundern«, daß es auf dem Weg zum Glauben ist, die Pharisäer verteufeln ihn und beharren im Unglauben. Jesu Tun führt also zur Scheidung (vgl. Joh 3,19).

Die Heilung zweier Blinder und eines Stummen

27 Und als Jesus von dort weiterging, folgten ihm zwei Blinde, die schrien: Ach, du Sohn Davids, erbarme dich unser! 28 Und als er heimkam, traten die Blinden zu ihm. Und Jesus sprach zu ihnen: Glaubt ihr, daß ich das tun kann? Da sprachen sie zu ihm: Ja, Herr. 29 Da berührte er ihre Augen und sprach: Euch geschehe nach eurem Glauben! 30 Und ihre Augen wurden geöffnet. Und Jesus drohte ihnen und sprach: Seht zu, daß es niemand erfahre! 31 Aber sie gingen hinaus und verbreiteten die Kunde von ihm in diesem ganzen Lande.

32 Als diese nun hinausgegangen waren, siehe, da brachten sie zu ihm einen Menschen, der war stumm und besessen. 33 Als aber der böse Geist ausgetrieben war, redete der Stumme. Und das Volk verwunderte sich und sprach: So etwas ist noch nie in Israel gesehen worden. 34 Aber die Pharisäer sprachen: Er treibt die bösen Geister aus durch ihren Obersten.

V. 35 schließt den mit 4,23 begonnenen Abschnitt ab und leitet zur Aussendungsrede in Kap. 10 über. V. 36 begründet die Aussendung mit 4Mo 27,17; Hes 34,5. Ihr Ziel ist die Sammlung des Gottesvolkes, die in V. 37 als »Ernte« (sonst Bild für Endgericht, vgl. 3,12) bezeichnet wird. Jesu Erbarmen (V. 36) und Gottes Erwählung (V. 38) bestimmen die Mission.

Die große Ernte

35 Und Jesus ging ringsum in alle Städte und Dörfer, lehrte in ihren Synagogen und predigte das Evangelium von dem Reich und heilte alle Krankheiten und alle Gebrechen. 36 Und als er das Volk sah, jammerte es ihn; denn sie waren verschmachtet und zerstreut wie die Schafe, die keinen Hirten haben. 37 Da sprach er zu seinen Jüngern: *Die Ernte ist groß, aber wenige sind der Arbeiter.* 38 *Darum bittet den Herrn der Ernte, daß er Arbeiter in seine Ernte sende.*

Mit der Aussendung der Jünger übernimmt Jesus Gottes eigenes Werk (vgl. 9,38). Der Auftrag der Jünger (V. 1) deckt sich mit dem, was in 4,23 und 9,35 von Jesu Werk ausgesagt wird. Als Jesu Gesandte (= Apostel) haben sie teil an seiner Vollmacht. Zur Sonderstellung des

Die Berufung der zwölf Jünger
(Mk 6,7-13; Lk 9,1-5)

10 Und er rief seine zwölf Jünger zu sich und gab ihnen Macht über die unreinen Geister, daß sie die austrieben und heilten alle Krankheiten und alle Gebrechen. 2 Die Namen aber der zwölf Apostel sind diese: zuerst Simon, genannt Petrus, und Andreas, sein Bruder; Jakobus, der Sohn des Zebedäus, und Johannes, sein Bruder; 3 Philippus und Bartholomäus; Thomas und Matthäus, der Zöll-

ner; Jakobus, der Sohn des Alphäus, und Thaddäus; [4]Simon Kananäus und Judas Iskariot, der ihn verriet.

Die Aussendung der Jünger

[5]Diese Zwölf sandte Jesus aus, gebot ihnen und sprach: Geht nicht den Weg zu den Heiden und zieht in keine Stadt der Samariter, [6]sondern geht hin zu den verlorenen Schafen aus dem Hause Israel. [7]Geht aber und predigt und sprecht: Das Himmelreich ist nahe herbeigekommen. [8]Macht Kranke gesund, weckt Tote auf, macht Aussätzige rein, treibt böse Geister aus. Umsonst habt ihr's empfangen, umsonst gebt es auch. [9]Ihr sollt weder Gold noch Silber noch Kupfer in euren Gürteln haben, [10]auch keine Reisetasche, auch nicht zwei Hemden, keine Schuhe, auch keinen Stecken. Denn ein Arbeiter ist seiner Speise wert. [11]Wenn ihr aber in eine Stadt oder ein Dorf geht, da erkundigt euch, ob jemand darin ist, der es wert ist; und bei dem bleibt, bis ihr weiterzieht. [12]Wenn ihr aber in ein Haus geht, so grüßt es; [13]und wenn es das Haus wert ist, wird euer Friede auf sie kommen. Ist es aber nicht wert, so wird sich euer Friede wieder zu euch wenden. [14]Und wenn euch jemand nicht aufnehmen und eure Rede nicht hören wird, so geht heraus aus diesem Hause oder dieser Stadt und schüttelt den Staub von euren Füßen. [15]Wahrlich, ich sage euch: Dem Land der Sodomer und Gomorrer wird es erträglicher ergehen am Tage des Gerichts als dieser Stadt.

Simon Petrus (V. 2: »zuerst«) vgl. 16,17–19; Lk 24,34; 1Ko 15,5. Der Zusatz: »der Zöllner« bei Mt (V. 3) weist auf 9,9. Zugleich wird damit der äußerste Kontrast zu dem »Simon Kananäus« (V.4) markiert; denn »Kananaios« heißt »Eiferer«, Zelot (vgl. Lk 6,15; Apg 1,13). Für die in Judäa gegen die römische Besatzungsmacht und deren Helfershelfer kämpfenden Zeloten gab es keine Gemeinschaft mit den Zöllnern. Aber Jesus beruft Zöllner und Zeloten. In seinem Jüngerkreis sind die Gegensätze überwunden, die Menschen sonst entzweien (vgl. Gal 3,28). V. 5 f. stammt aus einer streng judenchristlichen Überlieferung, nach der das Heil allein Israel gilt. Erst Israels Ablehnung (vgl. 27,25) öffnet den Weg zu den Heiden (vgl. 28,18ff.; Apg 13,46; Rö 11,11). Zu »Samaritaner« vgl. Apg 8,4–25. Bei der Ausrüstung der Wanderprediger schließt sich Mt der jeweils radikalsten Forderung nach Besitz- und Wehrlosigkeit an. Er folgt teils Mk 6,8–11 (= Lk 9,3–5), teils Lk 10,4–11 (Q). Vgl. die dort gegebenen Erklärungen.

Die Ansage kommender Verfolgungen
(Mk 13,9-13; Lk 21,12-17)

[16]Siehe, ich sende euch wie Schafe mitten unter die Wölfe. Darum *seid klug wie die Schlangen und ohne Falsch wie die Tauben.* [17]Hütet euch aber vor den Menschen; denn sie werden euch den Gerichten überantworten und werden euch geißeln in ihren Synagogen. [18]Und man wird euch vor Statthalter und Könige führen um meinetwillen, ihnen und den Heiden zum Zeugnis. [19]Wenn sie euch nun überantworten werden, so sorgt nicht, wie oder was ihr reden sollt; denn es soll euch zu der Stunde gegeben werden, was ihr reden sollt. [20]Denn nicht ihr seid es, die da reden, sondern eures Vaters Geist ist es, der durch euch redet. [21]Es wird aber ein Bruder den andern dem Tod preisgeben und der Vater den Sohn, und die Kinder werden sich empören gegen ihre Eltern und werden sie töten helfen. [22]Und ihr werdet gehaßt werden von jedermann um meines Namens willen. Wer aber bis an das Ende beharrt, der wird selig werden. [23]Wenn sie euch aber in einer Stadt verfolgen, so flieht in eine andere. Wahrlich, ich sage euch: Ihr werdet mit den Städten Israels nicht zu Ende kommen, bis der

Die hier zusammengestellten Einzelworte vom Schicksal der Jünger werden in Mk und Lk zum größten Teil in der Endzeitrede Jesu (Mk 13/Lk 21) gebracht. Die Schrecken der Endzeit in Gestalt von Verfolgungen und Leiden erfahren die Jünger jetzt schon bei ihrer missionarischen Tätigkeit. »Die Menschen« (V. 17) erweisen sich als Feinde Jesu. Mt aktualisiert diese Rede für die Situation seiner Kirche, die bereits von der Synagoge getrennt ist. »Ihre Synagogen« stellen sich gegen die »Jünger« (vgl. Joh 9,22; 12,42; 16,2). Aber in allen Verfolgungen, auch durch heidnische Behörden (V. 18), dürfen die Jünger des göttlichen Beistandes gewiß sein (V. 20). Voraussetzung der Rettung ist das Ausharren (vgl. Mk 13,13). V. 23 ist wie Mk 9,1 eine unerfüllt gebliebene Weissagung. Zu V. 24 vgl. Joh 13,16;

Menschensohn kommt. [24]Der Jünger steht nicht über dem Meister und der Knecht nicht über seinem Herrn. [25]Es ist für den Jünger genug, daß er ist wie sein Meister und der Knecht wie sein Herr. Haben sie den Hausherrn Beelzebul genannt, wieviel mehr werden sie seine Hausgenossen so nennen! [26]Darum fürchtet euch nicht vor ihnen.

15,20; zu V. 25 a vgl. Lk 6,40. V. 25 b enthält wahrscheinlich ein Wortspiel; denn der Teufelsname »Beelzebul« (vgl. zu Mk 3,22–30) kann auch »Herr des Hauses« bedeuten und hat hier den Charakter eines Schimpfwortes, das gegen Jesus und seine Jünger gebraucht wurde.

Menschenfurcht und Gottesfurcht

(Lk 12,2-9)

Es ist nichts verborgen, was nicht offenbar wird, und nichts geheim, was man nicht wissen wird. [27]Was ich euch sage in der Finsternis, das redet im Licht; und was euch gesagt wird in das Ohr, das predigt auf den Dächern. [28]Und fürchtet euch nicht vor denen, die den Leib töten, doch die Seele nicht töten können; fürchtet euch aber viel mehr vor dem, der Leib und Seele verderben kann in der Hölle. [29]Kauft man nicht zwei Sperlinge für einen Groschen? Dennoch fällt keiner von ihnen auf die Erde ohne euren Vater. [30]Nun aber sind auch eure Haare auf dem Haupt alle gezählt. [31]Darum fürchtet euch nicht; ihr seid besser als viele Sperlinge. [32]*Wer nun mich bekennt vor den Menschen, den will ich auch bekennen vor meinem himmlischen Vater.* [33]*Wer mich aber verleugnet vor den Menschen, den will ich auch verleugnen vor meinem himmlischen Vater.*

Die Jünger sollen öffentlich (V. 26 b) und furchtlos (V. 27 ff.) verkündigen und sich zu Jesus bekennen. »Leib« und »Seele« (V. 28) sind nicht als Gegensätze gemeint. Nach 1Mo 2,7 wird der Körper erst durch Einhauchung göttlichen Lebensodems zu einem Lebewesen. Weil das Leben von Gott stammt, kann nur er es wieder nehmen (V. 28). V. 29–31 mahnen zum Vertrauen auf Gott. Die Beispiele für Gottes Vorsehung finden sich auch in der Umwelt des NT, sind also nicht spezifisch christlich. Die Unterscheidung zwischen Jesus und dem kommenden Menschensohn (vgl. zu Mk 8,38 und Lk 12,1–12) läßt Mt in V. 32 f. fallen.

Entzweiungen um Jesu willen

[34]Ihr sollt nicht meinen, daß ich gekommen bin, Frieden zu bringen auf die Erde. Ich bin nicht gekommen, Frieden zu bringen, sondern das Schwert. [35]Denn ich bin gekommen, den Menschen zu entzweien mit seinem Vater und die Tochter mit ihrer Mutter und die Schwiegertochter mit ihrer Schwiegermutter. [36]Und des Menschen Feinde werden seine eigenen Hausgenossen sein. [37]Wer Vater oder Mutter mehr liebt als mich, der ist meiner nicht wert; und wer Sohn oder Tochter mehr liebt als mich, der ist meiner nicht wert. [38]Und wer nicht sein Kreuz auf sich nimmt und folgt mir nach, der ist meiner nicht wert. [39]*Wer sein Leben findet, der wird's verlieren; und wer sein Leben verliert um meinetwillen, der wird's finden.*

Mt verdeutlicht mit den aus Q stammenden Einzelworten die Situation der Mission. Das »Schwert« (V. 34) kann Bild für Entzweiung oder für Verfolgung (V. 28) sein. Jesu Ruf zur Entscheidung für Gottes Herrschaft führt zu Kampf und Spannungen (vgl. Lk 9,59–62). V. 35b–36 = Mi 7,6. Vielleicht hat Mt die ursprüngliche Radikalität der Forderung der Nachfolge besser bewahrt als Lk 14,26. Denn Mt setzt die Liebe zu den Eltern voraus, die um Jesu willen im Konfliktfall zurücktreten muß. Das verheißene Leben wird in Jesu Nachfolge (V. 38) durch Hingabe, Opfer und Leidensbereitschaft gefunden (V. 39).

Aufnahme um Jesu willen

[40]*Wer euch aufnimmt, der nimmt mich auf; und wer mich aufnimmt, der nimmt den auf, der mich gesandt hat.* [41]Wer einen Propheten aufnimmt, weil es ein Prophet ist, der wird den Lohn eines Propheten empfangen. Wer einen Gerechten aufnimmt, weil es ein Gerechter ist, der wird den Lohn eines Gerechten empfangen. [42]Und wer einem dieser Geringen auch nur einen Becher kalten Wassers zu trinken

Am Schluß der Aussendungsrede werden Autorität und Würde der Jesuszeugen unterstrichen: Wer sie aufnimmt, nimmt Gott und Jesus auf; wer ihnen Gutes tut, wird der Verheißung teilhaftig. Mit den Propheten und Gerechten (V. 41) sind wahrscheinlich judenchristliche

gibt, weil es ein Jünger ist, wahrlich ich sage euch: es wird ihm nicht unbelohnt bleiben.

Wanderprediger und Lehrer (vgl. 13,17; 23,34 f.), mit den Geringen (wörtlich: Kleinen) Gemeindeglieder (vgl. 18,10–14) gemeint.

Die Anfrage des Täufers
(Lk 7,18-23)

11 Und es begab sich, als Jesus diese Gebote an seine zwölf Jünger beendet hatte, daß er von dort weiterging, um in ihren Städten zu lehren und zu predigen. [2]Als aber Johannes im Gefängnis von den Werken Christi hörte, sandte er seine Jünger [3]und ließ ihn fragen: Bist du es, der da kommen soll, oder sollen wir auf einen andern warten? [4]Jesus antwortete und sprach zu ihnen: Geht hin und sagt Johannes wieder, was ihr hört und seht: [5]Blinde sehen und Lahme gehen, Aussätzige werden rein und Taube hören, Tote stehen auf, und Armen wird das Evangelium gepredigt; [6]und *selig ist, wer sich nicht an mir ärgert.*

Alle bisher berichteten Worte und Taten Jesu werden in V. 2 als »Werke Christi«, d. h. als messianisches Geschehen bezeichnet. Die in V. 5 dafür angeführten Heilszeichen (vgl. Jes 29, 18 f.; 35,5 f.) haben ihren Höhepunkt in der Verkündigung der frohen Botschaft an die Armen (vgl. zu 5,3–12). Diese Zeichen wollen Ruf zum Glauben an Jesus als den erwarteten Messias sein. Auch für die fragenden Täuferjünger gibt es keinen anderen Weg zum Heil.

Jesu Zeugnis über den Täufer
(Lk 7,24-35)

[7]Als sie fortgingen, fing Jesus an, zu dem Volk von Johannes zu reden: Was seid ihr hinausgegangen in die Wüste zu sehen? Wolltet ihr ein Rohr sehen, das der Wind hin und her weht? [8]Oder was seid ihr hinausgegangen zu sehen? Wolltet ihr einen Menschen in weichen Kleidern sehen? Siehe, die weiche Kleider tragen, sind in den Häusern der Könige. [9]Oder was seid ihr hinausgegangen zu sehen? Wolltet ihr einen Propheten sehen? Ja, ich sage euch: er ist mehr als ein Prophet. [10]Dieser ist's, von dem geschrieben steht (Maleachi 3,1): »Siehe, ich sende meinen Boten vor dir her, der deinen Weg vor dir bereiten soll.«

[11]Wahrlich, ich sage euch: Unter allen, die von einer Frau geboren sind, ist keiner aufgetreten, der größer ist als Johannes der Täufer; der aber der Kleinste ist im Himmelreich, ist größer als er. [12]Aber von den Tagen Johannes des Täufers bis heute leidet das Himmelreich Gewalt, und die Gewalttätigen reißen es an sich. [13]Denn alle Propheten und das Gesetz haben geweissagt bis hin zu Johannes; [14]und wenn ihr's annehmen wollt: er ist Elia, der da kommen soll. [15]Wer Ohren hat, der höre!

[16]Mit wem soll ich aber dieses Geschlecht vergleichen? Es gleicht den Kindern, die auf dem Markt sitzen und rufen den andern zu: [17]Wir haben euch aufgespielt, und ihr wolltet nicht tanzen; wir haben Klagelieder gesungen, und ihr wolltet nicht weinen. [18]Johannes ist gekommen, aß nicht und trank nicht; so sagen sie: Er ist besessen. [19]Der Menschensohn ist gekommen, ißt und trinkt; so sagen sie: Siehe, was ist dieser Mensch für ein Fresser und Weinsäu-

Der Täufer steht an der Schwelle der Zeit der Erfüllung: Er ist darum mehr als ein Prophet, aber weniger als ein Jesusjünger (in 10,42; 18,10 werden die Jesusjünger »Geringe« genannt); denn das »Himmelreich« (= Gottesherrschaft) ist mit Jesus gekommen (vgl. 12,28). Das Rätselwort V. 12 meint entweder: Die Gottesherrschaft bricht sich seit dem Täufer unwiderstehlich Bahn, und leidenschaftlich Entschlossene dringen in sie ein (vgl. 5,29; 18,8 f.) oder: Seitdem die Gottesherrschaft verkündigt wird, erhebt sich Widerstand gegen sie. Ist der Täufer der wiederkehrende Elia (V. 10.14), der der letzte Bote vor dem Kommen Gottes ist, dann muß sich der Hörer entscheiden, wer Jesus ist. Darum der Weckruf (vgl. 13,9.43; Hes 3,27) in V. 15. – Aber Jesu Zeitgenossen (»dieses Geschlecht«) gleichen Spielverderbern, die immer etwas anderes wollen als das, was gerade gespielt wird (V. 16 f.). Darum kommen sie sowohl am Täufer als auch an Jesus zu Fall (vgl. V. 6). In dem Spottvers (V. 18 f.) wird der Hauptanstoß, den Jesus bereitete, zutreffend festgehalten (vgl. 9,9 ff.; Lk 15,1 ff.). V. 19c weist auf V. 2 ff. zurück: Durch seine Werke wird Jesus als Weisheit Got-

fer, ein Freund der Zöllner und Sünder! Und doch ist die Weisheit gerechtfertigt worden aus ihren Werken.

tes bestätigt (vgl. 1Ko 1,18ff. und die Einl.).

Jesu Weheruf über galiläische Städte

(Lk 10,13-15)

[20] Da fing er an, die Städte zu schelten, in denen die meisten seiner Taten geschehen waren; denn sie hatten nicht Buße getan: [21] Wehe dir, Chorazin! Weh dir, Betsaida! Wären solche Taten in Tyrus und Sidon geschehen, wie sie bei euch geschehen sind, sie hätten längst in Sack und Asche Buße getan. [22] Doch ich sage euch: Es wird Tyrus und Sidon erträglicher ergehen am Tage des Gerichts als euch. [23] Und du, Kapernaum, wirst du bis zum Himmel erhoben werden? Du wirst bis in die Hölle hinuntergestoßen werden. Denn wenn in Sodom die Taten geschehen wären, die in dir geschehen sind, es stünde noch heutigen Tages. [24] Doch ich sage euch: Es wird dem Land der Sodomer erträglicher ergehen am Tage des Gerichts als dir.

Mit den aus Q stammenden V. 20–23b veranschaulicht Mt (anders Lk 10,13ff.) V. 5f. Die messianischen Taten Jesu zielten auf die Umkehr (V. 20f.). Zu Tyrus und Sidon vgl. Jes 23; Hes 26 – 28. Chorazin, Betsaida und Kapernaum liegen in Galiläa. Das Gerichtswort gegen Kapernaum (V. 23 vgl. Jes 14, 13ff.) ist von Mt verschärft worden (V. 24). Nach 4,13 und 9,1 gilt Kapernaum als Jesu Stadt. Zu V. 24 vgl. 10,15; 1Mo 19.

Jesu Lobpreis und Heilandsruf

[25] Zu der Zeit fing Jesus an und sprach: Ich preise dich, Vater, Herr des Himmels und der Erde, weil du dies den Weisen und Klugen verborgen hast und hast es den Unmündigen offenbart. [26] Ja, Vater; denn so hat es dir wohlgefallen. [27] Alles ist mir übergeben von meinem Vater; und niemand kennt den Sohn als nur der Vater; und niemand kennt den Vater als nur der Sohn und wem es der Sohn offenbaren will.

[28] *Kommt her zu mir, alle, die ihr mühselig und beladen seid; ich will euch erquicken.* [29] *Nehmt auf euch mein Joch und lernt von mir; denn ich bin sanftmütig und von Herzen demütig; so werdet ihr Ruhe finden für eure Seelen.* [30] *Denn mein Joch ist sanft, und meine Last ist leicht.*

Gottes Weisheit wird ausgerechnet von den »Unmündigen« (= Unverbildeten, Unvoreingenommenen) begriffen (vgl. 1Ko 1,19). Diesen gnädigen Willen (= »Wohlgefallen«) Gottes bejaht Jesus. Der Gedanke der Einheit von Erkennen und Tun zwischen Vater und Sohn findet sich in dieser Form in den synoptischen Evangelien nur hier. Im Joh dagegen ist er von zentraler Bedeutung (vgl. Joh 3,35; u. ö.). Jesus steht in engster Gemeinschaft (das meint »erkennen«) mit dem Vater. Er ist darum der einzige, der Gott »offenbaren«, d. h. Gottesgemeinschaft schenken, kann.

V. 28–30 sind Sondergut (vgl. Sir 51,23–27). Als der Sanftmütige (vgl. 21,5) erbarmt sich Jesus der Ausgestoßenen (vgl. 4,23f.; 9,9ff.35f.), als der Demütige läßt er sich ganz von Gottes Willen bestimmen (vgl. 26,39.42). Wer sein »Joch« auf sich nimmt, d. h. von ihm lernt und seinem Beispiel folgt, findet Halt und Geborgenheit.

Jesus und der Sabbat

(Mk 2,23–3,6; Lk 6,1-11)

12 Zu der Zeit ging Jesus durch ein Kornfeld am Sabbat; und seine Jünger waren hungrig und fingen an, Ähren auszuraufen und zu essen. [2] Als das die Pharisäer sahen, sprachen sie zu ihm: Siehe, deine Jünger tun, was am Sabbat nicht erlaubt ist. [3] Er aber sprach zu ihnen: Habt ihr nicht gelesen, was David tat, als ihn und die bei ihm waren hungerte? [4] wie er in das Gotteshaus ging und aß die Schau-

Von 12,1–16,12 folgt Mt weithin Mk 2,23–8,26. Durch Einschübe aus anderen Traditionen sowie durch eigene Zusätze und Streichungen hat er den überkommenen Stoff seiner konkreten Verkündigungsaufgabe dienstbar gemacht. So bringt er durch den Einschub V. 5–7

brote, die doch weder er noch die bei ihm waren, essen durften, sondern allein die Priester? [5] Oder habt ihr nicht gelesen im Gesetz, wie die Priester am Sabbat im Tempel den Sabbat brechen und sind doch ohne Schuld? [6] Ich sage euch aber: Hier ist Größeres als der Tempel. [7] Wenn ihr aber wüßtet, was das heißt (Hosea 6,6): »Ich habe Wohlgefallen an Barmherzigkeit und nicht am Opfer«, dann hättet ihr die Unschuldigen nicht verdammt. [8] *Der Menschensohn ist ein Herr über den Sabbat.*

[9] Und er ging von dort weiter und kam in ihre Synagoge. [10] Und siehe, da war ein Mensch, der hatte eine verdorrte Hand. Und sie fragten ihn und sprachen: Ist's erlaubt, am Sabbat zu heilen?, damit sie ihn verklagen könnten. [11] Aber er sprach zu ihnen: Wer ist unter euch, der sein einziges Schaf, wenn es ihm am Sabbat in eine Grube fällt, nicht ergreift und ihm heraushilft? [12] Wieviel mehr ist nun ein Mensch als ein Schaf! Darum darf man am Sabbat Gutes tun. [13] Da sprach er zu dem Menschen: Strecke deine Hand aus! Und er streckte sie aus; und sie wurde ihm wieder gesund wie die andere. [14] Da gingen die Pharisäer hinaus und hielten Rat über ihn, wie sie ihn umbrächten.

zum Ausdruck, daß nicht nur durch Ausnahmefälle (V. 3 f.), sondern sogar durch den im Gesetz gebotenen Tempeldienst das Sabbatgebot verdrängt wird. »Größeres als der Tempel« (V. 6) ist die jetzt mit Jesus genahte Herrschaft des Gottes, der Barmherzigkeit will (V. 7 = Hos 6,6; vgl. 9,13; 12,7). Darum verstößt es nicht gegen Gottes Willen, wenn hungrige Menschen (V. 1) am Sabbat ein paar Körner nehmen oder wenn kranke Menschen am Sabbat geheilt werden (V. 9–14). Der Akzent liegt auf dem Einschub V. 11 f. (vgl. Lk 14,5): Wenn die Barmherzigkeit schon die Erhaltung des Tieres fordert, um wieviel mehr den Einsatz für die Rettung eines Menschen (vgl. 6,26.30; 10,31). Gutes tun hat darum den absoluten Vorrang, ruft aber für Jesus den Todesbeschluß hervor. Auch für den Jünger zieht es Undank und Leiden nach sich (V. 14).

Der Gottesknecht
(Mk 3,7-12; Lk 6,17-19)

[15] Aber als Jesus das erfuhr, entwich er von dort. Und eine große Menge folgte ihm, und er heilte sie alle [16] und gebot ihnen, daß sie ihn nicht offenbar machten, [17] damit erfüllt würde, was gesagt ist durch den Propheten Jesaja, der da spricht (Jesaja 42,1-4):

[18] »Siehe, das ist mein Knecht, den ich erwählt habe,
und mein Geliebter, an dem meine Seele Wohlgefallen hat;
ich will meinen Geist auf ihn legen,
und er soll den Heiden das Recht verkündigen.
[19] Er wird nicht streiten noch schreien,
und man wird seine Stimme nicht hören auf den Gassen;
[20] das geknickte Rohr wird er nicht zerbrechen,
und den glimmenden Docht wird er nicht auslöschen,
bis er das Recht hinausführt zum Sieg;
[21] und die Heiden werden auf seinen Namen hoffen.«

Da Mt das Schweigegebot des Mk nicht mehr in seiner ursprünglichen Bedeutung verstehen kann, begründet er das Verhalten Jesu mit dem Schriftzitat (V. 18–21 = Jes 42,1–4): Als der Sanftmütige und Demütige (vgl. 11,29) geht Jesus den Weg des verheißenen Gottesknechts. Durch sein vergebendes und heilendes Tun führt er Gottes Recht »zum Sieg« (V. 20b); denn Gottes Recht will den Menschen nicht zerbrechen, sondern ihn aufrichten und ihm Raum zum Leben geben (vgl. 20,1–15). Jesus ist deshalb die Hoffnung für die Völker.

Jesu Macht über die bösen Geister
(Mk 3,22-27; Lk 11,14-23)

[22] Da wurde ein Besessener zu Jesus gebracht, der war blind und stumm; und er heilte ihn, so daß der Stumme redete und sah. [23] Und alles Volk entsetzte sich und fragte: Ist

Mt hat hier die Traditionen aus Mk und Q zusammengearbeitet. V. 22–24 berühren sich eng mit

9,32–34. Blinden- und Stummenheilung gehören zu den »Werken des Messias« (vgl. 11,4–6). Die Polemik der Pharisäer wendet sich gegen das Bekenntnis des Volkes zu Jesus als »Davidssohn« = Messias (V. 23 f.; vgl. 9,27; 15,22), das verteufelt (»Beelzebul« ist Satansbezeichnung) werden soll. V. 28 (= Lk 11,20) ist ein sehr altes Jesuswort aus Q: Die Hoffnung, daß Gott zur Herrschaft kommt und damit Ungerechtigkeit, Sünde, Krankheit und Not überwunden werden, erfüllt sich jetzt zeichenhaft in Jesu Tun. In ihm ist Gottes neuer Geist am Werk (vgl. V. 18). Das Alte, die Satansherrschaft, ist darum jetzt schon überwunden (vgl. Lk 10,18; 2Ko 5,17). Deshalb ist nun Entscheidungszeit (V. 30; vgl. 8,21 f.; Lk 9,59–62).

dieser nicht Davids Sohn? [24]Aber als die Pharisäer das hörten, sprachen sie: Er treibt die bösen Geister nicht anders aus als durch Beelzebul, ihren Obersten. [25]Jesus erkannte aber ihre Gedanken und sprach zu ihnen: Jedes Reich, das mit sich selbst uneins ist, wird verwüstet; und jede Stadt oder jedes Haus, das mit sich selbst uneins ist, kann nicht bestehen. [26]Wenn nun der Satan den Satan austreibt, so muß er mit sich selbst uneins sein; wie kann dann sein Reich bestehen? [27]Wenn ich aber die bösen Geister durch Beelzebul austreibe, durch wen treiben eure Söhne sie aus? Darum werden sie eure Richter sein. [28]Wenn ich aber die bösen Geister durch den Geist Gottes austreibe, so ist ja das Reich Gottes zu euch gekommen. [29]Oder wie kann jemand in das Haus eines Starken eindringen und ihm seinen Hausrat rauben, wenn er nicht zuvor den Starken fesselt? Erst dann kann er sein Haus berauben. [30]Wer nicht mit mir ist, der ist gegen mich; und wer nicht mit mir sammelt, der zerstreut.

Die Sünde gegen den heiligen Geist

(Mk 3,28-30; Lk 12,10; 6,43-45)

Das Problem nicht vergebbarer Sünde hat die urchristliche Gemeinde stark bewegt. 1Jh 5,16f. spricht von unvergebbaren Todsünden und Heb 6,4–6 denkt an den Abfall vom Glauben. Welche Sünde hier konkret als unvergebbar erscheint, ist schwer zu sagen.

V. 33–35 berühren sich eng mit 7,16–20 (vgl. Lk 6,43–45, also aus Q), werden jetzt aber durch V. 36 f. (Sondergut) auf gute bzw. böse Worte gedeutet. Ein »nichtsnutziges Wort« meint ein beschimpfendes Wort. Es ist im Sinne von V. 31 f. eine Lästerung des Geistes Gottes, der in Jesus wirkt. Das Bekenntnis entscheidet darum über Heil und Unheil (V. 37; vgl. 10,32 f.). Aber das Bekenntnis muß ehrlich sein: Es muß aus dem »Herzen«, der inneren Grundeinstellung des Menschen, neu werden. »Heuchelei« gilt deshalb im Mt als Hauptsünde (vgl. 6,2.5.16; 7,5 u. ö.). »Heuchler« erweisen sich als »Schlangenbrut« (V. 34; vgl. 3,7; 23,33; 5Mo 32,33), d. h. als Verführer zur Gottlosigkeit (vgl. 13,41; 18,7).

[31]Darum sage ich euch: Alle Sünde und Lästerung wird den Menschen vergeben; aber die Lästerung gegen den Geist wird nicht vergeben. [32]Und wer etwas redet gegen den Menschensohn, dem wird es vergeben; aber wer etwas redet gegen den heiligen Geist, dem wird's nicht vergeben, weder in dieser noch in jener Welt.

Vom Baum und seinen Früchten

[33]Nehmt an, ein Baum ist gut, so wird auch seine Frucht gut sein; oder nehmt an, ein Baum ist faul, so wird auch seine Frucht faul sein. Denn an der Frucht erkennt man den Baum. [34]Ihr Schlangenbrut, wie könnt ihr Gutes reden, die ihr böse seid? Wes das Herz voll ist, des geht der Mund über. [35]Ein guter Mensch bringt Gutes hervor aus dem guten Schatz seines Herzens; und ein böser Mensch bringt Böses hervor aus seinem bösen Schatz. [36]*Ich sage euch aber, daß die Menschen Rechenschaft geben müssen am Tage des Gerichts von jedem nichtsnutzigen Wort, das sie geredet haben.* [37]Aus deinen Worten wirst du gerechtfertigt werden, und aus deinen Worten wirst du verdammt werden.

Die Zeichenforderung der Pharisäer

(Mk 8,11.12; Lk 11,29-32)

Mt folgt hier Q (= Lk 11) und bringt die markinische Parallelüber-

[38]Da fingen einige von den Schriftgelehrten und Pharisäern an und sprachen zu ihm: Meister, wir möchten gern

ein Zeichen von dir sehen. [39] Und er antwortete und sprach zu ihnen: Ein böses und abtrünniges Geschlecht fordert ein Zeichen, aber es wird ihm kein Zeichen gegeben werden, es sei denn das Zeichen des Propheten Jona. [40] Denn wie Jona drei Tage und drei Nächte im Bauch des Fisches war, so wird der Menschensohn drei Tage und drei Nächte im Schoß der Erde sein. [41] Die Leute von Ninive werden auftreten beim Jüngsten Gericht mit diesem Geschlecht und werden es verdammen; denn sie taten Buße nach der Predigt des Jona. Und siehe, hier ist mehr als Jona. [42] Die Königin vom Süden wird auftreten beim Jüngsten Gericht mit diesem Geschlecht und wird es verdammen; denn sie kam vom Ende der Erde, um Salomos Weisheit zu hören. Und siehe, hier ist mehr als Salomo.

lieferung (Mk 8,11 f.) erst in 16,1–4. Wer »Zeichen«, d. h. eindeutige Beweise, fordert, will das Wagnis des Glaubens umgehen und erweist sich damit als »ehebrecherisch« (= abtrünnig – V. 39 vgl. Jer 13,27; Hos 1–3). Er ist treuebrüchig gegenüber Gott. Im Unterschied zu Mk 8,11 f. wird hier ein Zeichen zugestanden: Die Zeit, die Jona im Bauch des Fisches war (vgl. Jona 2,1), deutet Mt auf Jesu Tod und Auferweckung (V. 40). Zu V. 41 vgl. Jona 3,5; zu V. 42 vgl. 1Kö 10ff. Weil das Jesusereignis »mehr« ist als ein prophetisches (Jona: V.41) und als ein königliches (Salomo: V. 42) Geschehen, darum ist die Verweigerung der Umkehr besonders folgenreich.

Von der Rückkehr des bösen Geistes
(Lk 11,24-26)

[43] Wenn der unreine Geist von einem Menschen ausgefahren ist, so durchstreift er dürre Stätten, sucht Ruhe und findet sie nicht. [44] Dann spricht er: Ich will wieder zurückkehren in mein Haus, aus dem ich fortgegangen bin. Und wenn er kommt, so findet er's leer, gekehrt und geschmückt. [45] Dann geht er hin und nimmt mit sich sieben andre Geister, die böser sind als er selbst; und wenn sie hineinkommen, wohnen sie darin; und es wird mit diesem Menschen hernach ärger, als es vorher war. So wird's auch diesem bösen Geschlecht ergehen.

V. 43–45 (= Lk 11,24–26) sind schwer zu deuten. Möglicherweise liegt folgender Gedanke vor: Wer durch die Begegnung mit Jesu Wort rein geworden ist und diesen Zustand nicht bewahrt, verscherzt sich alles. Er wird tiefer fallen, als er jemals zuvor stand.

Jesu wahre Verwandte
(Mk 3,31-35; Lk 8,19-21)

[46] Als er noch zu dem Volk redete, siehe, da standen seine Mutter und seine Brüder draußen, die wollten mit ihm reden. [47] Da sprach einer zu ihm: Siehe, deine Mutter und deine Brüder stehen draußen und wollen mit dir reden. [48] Er antwortete aber und sprach zu dem, der es ihm ansagte: Wer ist meine Mutter, und wer sind meine Brüder? [49] Und er streckte die Hand aus über seine Jünger und sprach: Siehe da, das ist meine Mutter, und das sind meine Brüder! [50] Denn *wer den Willen tut meines Vaters im Himmel, der ist mir Bruder und Schwester und Mutter.*

Mt schwächt die Spannung zwischen Jesus und seinen Angehörigen ab (vgl. demgegenüber Mk 3,21). Wahrscheinlich ist V. 47, der in den ältesten Handschriften fehlt, später eingedrungen. Zu Jesu Familie rechnen hier ausdrücklich nur jene Jünger (V. 49 vgl. 23,8 ff.), die den Willen Gottes tun (V. 50 vgl. 7,21.24 ff.).

Jesu Gleichnisrede

In Kap. 13 bringt Mt 7 Gleichnisse. 3 davon stammen aus der markinischen Überlieferung, 2 sind mit einer Deutung versehen. Die Gleichnisse Jesu schildern entweder einen typischen Zustand bzw. Vorgang oder einen prägnanten Einzelfall aus dem täglichen Leben. Sie sprechen damit den Hörer bei seinen Erfahrungen an. Aber sie wollen ihn nicht dabei belassen, sondern ihn in Bewegung setzen. Weil die Gottesherrschaft alle menschlichen Erfahrungen überschreitet, kann sie nur in Gleichnissen geschildert werden. Insofern fordern sie den Hörer zur Entscheidung für die in

Jesu Verkündigung zum Zuge kommenden Gottesherrschaft auf. Ihre ursprüngliche Situation ist die Unterredung, das Gespräch; ihr Ziel, das Einverständnis des Hörers zu gewinnen.

Im Unterschied zum Gleichnis ist die Allegorie nicht aus dem täglichen Leben genommen. Sie ist ein künstliches Gebilde. Das Wesen einer Allegorie besteht darin, daß Worte und Handlungen einen doppelten Sinn haben und darum übertragen verstanden werden müssen. Die einzelnen Begriffe, deren tiefere Bedeutungen ergründet werden müssen, nennt man Metaphern. Die Allegorie ist darum nur für Eingeweihte verständlich. In der Überlieferung läßt sich allerdings die Tendenz feststellen, Gleichnisse durch allegorische Züge zu erweitern oder sie geradezu in Allegorien zu verwandeln. In diese Richtung gehen die Deutungen V. 19–23 und 36–43 und die Kennzeichnung der Gleichnisse (V. 10–17) als Geheimreden, die nur von den Jüngern als den Eingeweihten begriffen werden können. Die Gleichnisse gelten hier nicht als Ansage der Zukunft und als Einladung aller zur Freude der Gottesherrschaft. Sie wollen vielmehr die verborgene Wahrheit enthüllen, die ausschließlich den Gläubigen zuteil wird und die den Gegensatz zur Welt aufreißt. Deshalb gehören die Allegorisierungen nicht zur ältesten Überlieferungsschicht, sondern gehen auf die Urkirche zurück, die in dieser Weise ihre gegenüber der Jesuszeit veränderte Situation ins Spiel bringt.

Durch die Schilderung des Säens wird die Gottesherrschaft gleichnishaft zur Sprache gebracht. Daß sie selbst angesichts von Mißerfolgen und Widerständen zum Ziel kommt, will das Sämannsgleichnis unterstreichen (vgl. die Erklärung zu Mk 4,1-9).

Vom Sämann

(Mk 4,1-9; Lk 8,4-8)

13 An demselben Tage ging Jesus aus dem Hause und setzte sich an den See. [2]Und es versammelte sich eine große Menge bei ihm, so daß er in ein Boot stieg und sich setzte, und alles Volk stand am Ufer. [3]Und er redete vieles zu ihnen in Gleichnissen und sprach: Siehe, es ging ein Sämann aus, zu säen. [4]Und indem er säte, fiel einiges auf den Weg; da kamen die Vögel und fraßen's auf. [5]Einiges fiel auf felsigen Boden, wo es nicht viel Erde hatte, und ging bald auf, weil es keine tiefe Erde hatte. [6]Als aber die Sonne aufging, verwelkte es, und weil es keine Wurzel hatte, verdorrte es. [7]Einiges fiel unter die Dornen; und die Dornen wuchsen empor und erstickten's. [8]Einiges fiel auf gutes Land und trug Frucht, einiges hundertfach, einiges sechzigfach, einiges dreißigfach. [9]Wer Ohren hat, der höre!

Mt baut den Gegensatz zwischen den Jüngern und dem unverständigen Volk aus: Die Jünger sind die Verstehenden, die nicht mehr die Frage nach dem Sinn des Gleichnisses stellen. Ihnen gilt die Verheißung vom Überfluß (V. 12) und der Heilsruf V. 16 f. (= Lk 10,23 f.). Die Verstockung des Volkes wird durch das ausführliche Zitat Jes 6,9 f. (V. 14 f.; vgl. Apg 28,26 f.) unterstrichen. In V. 13 ändert Mt das »damit« (Mk 4,12) in ein »denn« (= weil): Die Gleichnisse bezwecken nicht die Verstockung. Vielmehr muß Jesus deshalb in Gleichnissen reden, weil das Volk bereits verstockt ist (vgl. Mk 3,5). Mit Verstockung ist in der Bibel nicht eine vor aller Zeit festge-

Vom Sinn der Gleichnisrede

(Mk 4,10-12; Lk 8,9.10)

[10]Und die Jünger traten zu ihm und sprachen: Warum redest du zu ihnen in Gleichnissen? [11]Er antwortete und sprach zu ihnen: Euch ist's gegeben, die Geheimnisse des Himmelreichs zu verstehen, diesen aber ist's nicht gegeben. [12]Denn wer da hat, dem wird gegeben, daß er die Fülle habe; wer aber nicht hat, dem wird auch das genommen, was er hat. [13]Darum rede ich zu ihnen in Gleichnissen. Denn mit sehenden Augen sehen sie nicht und mit hörenden Ohren hören sie nicht; und sie verstehen es nicht. [14]Und an ihnen wird die Weissagung Jesajas erfüllt, die da sagt (Jesaja 6,9.10):

»Mit den Ohren werdet ihr hören
und werdet es nicht verstehen;
und mit sehenden Augen werdet ihr sehen
und werdet es nicht erkennen.

[15]Denn das Herz dieses Volkes ist verstockt:

ihre Ohren hören schwer,
und ihre Augen sind geschlossen,
damit sie nicht etwa mit den Augen sehen
und mit den Ohren hören
und mit dem Herzen verstehen und sich bekehren,
und ich ihnen helfe.«

[16]Aber selig sind eure Augen, daß sie sehen, und eure Ohren, daß sie hören. [17]Wahrlich, ich sage euch: Viele Propheten und Gerechte haben begehrt, zu sehen, was ihr seht, und haben's nicht gesehen, und zu hören, was ihr hört, und haben's nicht gehört.

legte und unabänderlich geltende Vorherbestimmung einzelner Menschen zur ewigen Verwerfung gemeint. Vielmehr zielt »Verstockung« immer auf einen geschichtlichen Vorgang, in dem sich Menschen gottfeindlich verhalten und dadurch unter Gottes Gericht geraten. Die »Verstockung« hebt darum die menschliche Verantwortung nicht auf, sondern unterstreicht den Ernst der Entscheidungsforderung gegenüber Gottes Wort (vgl. Rö 11,7-24).

Die Deutung des Gleichnisses vom Sämann
(Mk 4,13-20; Lk 8,11-15)

[18]So hört nun ihr dies Gleichnis von dem Sämann: [19]Wenn jemand das Wort von dem Reich hört und nicht versteht, so kommt der Böse und reißt hinweg, was in sein Herz gesät ist; das ist der, bei dem auf den Weg gesät ist. [20]Bei dem aber auf felsigen Boden gesät ist, das ist, der das Wort hört und es gleich mit Freuden aufnimmt; [21]aber er hat keine Wurzel in sich, sondern er ist wetterwendisch; wenn sich Bedrängnis oder Verfolgung erhebt um des Wortes willen, so fällt er gleich ab. [22]Bei dem aber unter die Dornen gesät ist, das ist, der das Wort hört, und die Sorge der Welt und der betrügerische Reichtum ersticken das Wort, und er bringt keine Frucht. [23]Bei dem aber auf gutes Land gesät ist, das ist, der das Wort hört und versteht und dann auch Frucht bringt; und der eine trägt hundertfach, der andere sechzigfach, der dritte dreißigfach.

Der Gegensatz von den Jüngern als den Verstehenden und dem unverständigen Volk durchzieht auch diese Deutung (vgl. V. 19.23). Wer das »Wort vom Reich«, d. h. Jesu Botschaft von der genahten Gottesherrschaft (vgl. 4,17), nur »hört«, aber nicht »versteht«, verfällt dem Satan als »dem Bösen« (V. 19; vgl. 5,37; 6,13; 13,39). Damit fällt er von Gott als »dem Guten« (vgl. 19,17; 20,15) ab (V. 21) und bleibt »ohne Frucht« (V. 22). Jesu »Wort vom Reich« zielt nach Mt ganz betont auf das Verstehen und das Tun des Gotteswillens (V. 23 vgl. 5,20.48; 7,12. 17ff.24ff. u. ö.).

Vom Unkraut unter dem Weizen

[24]Er legte ihnen ein anderes Gleichnis vor und sprach: Das Himmelreich gleicht einem Menschen, der guten Samen auf seinen Acker säte. [25]Als aber die Leute schliefen, kam sein Feind und säte Unkraut zwischen den Weizen und ging davon. [26]Als nun die Saat wuchs und Frucht brachte, da fand sich auch das Unkraut. [27]Da traten die Knechte zu dem Hausvater und sprachen: Herr, hast du nicht guten Samen auf deinen Acker gesät? Woher hat er denn das Unkraut? [28]Er sprach zu ihnen: Das hat ein Feind getan. Da sprachen die Knechte: Willst du denn, daß wir hingehen und es ausjäten? [29]Er sprach: Nein! damit ihr nicht zugleich den Weizen mit ausrauft, wenn ihr das Unkraut ausjätet. [30]Laßt beides miteinander wachsen bis zur Ernte; und um die Erntezeit will ich zu den Schnittern sagen: Sammelt zuerst das Unkraut und bindet es in Bündel, damit man es verbrenne; aber den Weizen sammelt mir in meine Scheune.

Dieses von Mt bewußt ins Zentrum gesetzte Gleichnis könnte alte Jesustradition sein. Gewarnt wird vor jedem Versuch, jetzt schon ein reines, sündloses Gottesvolk herstellen zu wollen. Mit dem »Unkraut« ist der giftige Taumellolch gemeint, der dem begrannten Weizen anfangs zum Verwechseln ähnlich sieht. Das Ausjäten des stark wuchernden Lolchs wird deshalb verboten, weil damit auch der Weizen mit beseitigt würde. Beides soll miteinander wachsen, bis der Hausherr selbst die Scheidung vollzieht. Dazu ist Geduld erforderlich (vgl. 18,15ff. 21ff.; Lk 21,19).

Beide Gleichnisse sind an dem Gegensatz unscheinbarer Anfang – herrliches Ende ausgerichtet. Das größte Staudengewächs Palästinas, die Senfkornstaude, geht aus dem kleinsten Samenkorn hervor. So wird auch der unauffällige Anbruch der Gottesherrschaft, wie er in Jesu Auftreten geschieht, zu dem herrlichen Sieg von Gottes Recht in der ganzen Welt führen (vgl. 12,20f.). Der Schluß von V. 32 klingt an Hes 31,6 und Dan 4,9 an und weist auf das Kommen der Heiden hin (vgl. Jes 2,2ff.; Mi 4,1ff.). – Wie ein wenig Sauerteig eine große Menge Mehl durchsäuert, so wird »das Wort vom Reich« (V. 19) allen Mißerfolgen und Rückschlägen zum Trotz die Welt verwandeln.

Vom Senfkorn

(Mk 4,30-32; Lk 13,18.19)

[31] Ein anderes Gleichnis legte er ihnen vor und sprach: Das Himmelreich gleicht einem Senfkorn, das ein Mensch nahm und auf seinen Acker säte; [32] das ist das kleinste unter allen Samenkörnern; wenn es aber gewachsen ist, so ist es größer als alle Kräuter und wird ein Baum, so daß die Vögel unter dem Himmel kommen und wohnen in seinen Zweigen.

Vom Sauerteig

[33] Ein anderes Gleichnis sagte er ihnen: Das Himmelreich gleicht einem Sauerteig, den eine Frau nahm und unter einen halben Zentner Mehl mengte, bis es ganz durchsäuert war.

[34] Das alles redete Jesus in Gleichnissen zu dem Volk, und ohne Gleichnisse redete er nichts zu ihnen, [35] damit erfüllt würde, was gesagt ist durch den Propheten, der da spricht (Psalm 78,2):

»Ich will meinen Mund auftun in Gleichnissen
und will aussprechen, was verborgen war vom Anfang der Welt an.«

Das Gleichnis V. 24–30 wird Zug um Zug übertragen, also zur Allegorie gemacht. Statt zur Geduld zu mahnen, richtet sich das Interesse auf das Schicksal des »Unkrautes« (V. 36b). Mit der ausführlichen Gerichtsschilderung (V. 40–43) soll »alles, was zum Abfall verführt« (vgl. 7,15ff.; 24,11f.24) zur Umkehr gemahnt werden (V. 43b). »Ernte« (V. 39) bedeutet Endgericht (vgl. 3,12; 13,30). Wie in 22,1ff. denkt Mt auch hier an die Kirche (»Reich des Menschensohnes« V. 41), die aus Guten und Bösen besteht (vgl. V. 47–50).

Die Deutung des Gleichnisses vom Unkraut

[36] Da ließ Jesus das Volk gehen und kam heim. Und seine Jünger traten zu ihm und sprachen: Deute uns das Gleichnis vom Unkraut auf dem Acker. [37] Er antwortete und sprach zu ihnen: Der Menschensohn ist's, der den guten Samen sät. [38] Der Acker ist die Welt. Der gute Same sind die Kinder des Reichs. Das Unkraut sind die Kinder des Bösen. [39] Der Feind, der es sät, ist der Teufel. Die Ernte ist das Ende der Welt. Die Schnitter sind die Engel. [40] Wie man nun das Unkraut ausjätet und mit Feuer verbrennt, so wird's auch am Ende der Welt gehen. [41] Der Menschensohn wird seine Engel senden, und sie werden sammeln aus seinem Reich alles, was zum Abfall verführt, und die da Unrecht tun, [42] und werden sie in den Feuerofen werfen; da wird Heulen und Zähneklappern sein. [43] Dann werden die Gerechten leuchten wie die Sonne in ihres Vaters Reich. Wer Ohren hat, der höre!

Beide Sondergutgleichnisse verdeutlichen: Wer die in Jesu Wirken verborgene Gottesherrschaft (vgl. 12,28) gefunden hat, erfährt eine solche Freude, daß er bereit ist, dafür alles hinzugeben (vgl. 4,18–22; 9,9).

Vom Schatz im Acker und der kostbaren Perle

[44] Das Himmelreich gleicht einem Schatz, verborgen im Acker, den ein Mensch fand und verbarg; und in seiner Freude ging er hin und verkaufte alles, was er hatte, und kaufte den Acker.

[45] Wiederum gleicht das Himmelreich einem Kaufmann, der gute Perlen suchte, [46] und als er eine kostbare Perle

fand, ging er hin und verkaufte alles, was er hatte, und kaufte sie.

Vom Fischnetz

[47] Wiederum gleicht das Himmelreich einem Netz, das ins Meer geworfen ist und Fische aller Art fängt. [48] Wenn es aber voll ist, ziehen sie es heraus an das Ufer, setzen sich und lesen die guten in Gefäße zusammen, aber die schlechten werfen sie weg. [49] So wird es auch am Ende der Welt gehen: die Engel werden ausgehen und die Bösen von den Gerechten scheiden [50] und werden sie in den Feuerofen werfen; da wird Heulen und Zähneklappern sein.

[51] Habt ihr das alles verstanden? Sie antworteten: Ja. [52] Da sprach er: Darum gleicht jeder Schriftgelehrte, der ein Jünger des Himmelreichs geworden ist, einem Hausvater, der aus seinem Schatz Neues und Altes hervorholt.

Dieses letzte Sondergutgleichnis (V. 47–50) berührt sich eng mit V. 36–43 (vgl. V. 49 f. mit V. 40–42). Auch hier geht es um das Beisammensein von Guten und Bösen in der Gemeinde, gewirkt durch die Mission (V. 47). Die Aussonderung der Bösen soll erst am Ende der Zeit, im Endgericht, geschehen. Zum Abschluß (V. 51 f.) akzentuiert Mt wieder das für die Jüngergemeinde kennzeichnende »Verstehen« (vgl. V. 11:19.23). Ein christlicher Schriftgelehrter ist der, der Gottes Gesetz (»Altes«) und Jesu Auslegung (»Neues«; vgl. 5,17–48) kennt und bewahrt.

Die Verwerfung Jesu in Nazareth
(Mk 6,1-6; Lk 4,16-30)

[53] Und es begab sich, als Jesus diese Gleichnisse vollendet hatte, daß er davonging [54] und kam in seine Vaterstadt und lehrte sie in ihrer Synagoge, so daß sie sich entsetzten und fragten: Woher hat dieser solche Weisheit und solche Taten? [55] Ist er nicht der Sohn des Zimmermanns? Heißt nicht seine Mutter Maria? und seine Brüder Jakobus und Josef und Simon und Judas? [56] Und seine Schwestern, sind sie nicht alle bei uns? Woher kommt ihm denn das alles? [57] Und sie ärgerten sich an ihm. Jesus aber sprach zu ihnen: Ein Prophet gilt nirgends weniger als in seinem Vaterland und in seinem Hause. [58] Und er tat dort nicht viele Zeichen wegen ihres Unglaubens.

Mt kürzt Mk 6,1–6 und konzentriert auf die Person Jesu. Die Nazarener lehnen Jesus deshalb ab, weil sie sein wahres Wesen (vgl. 1,18 ff.) nicht kennen. Damit kündet sich sein Schicksal an: Er ist der Verworfene und Ausgestoßene (vgl. 8,20), dessen Weg zum Kreuz führt. V. 58 schwächt Mk 6,5 ab.

Das Ende Johannes des Täufers
(Mk 6,14-29; Lk 3,19.20; 9,7-9)

14 Zu der Zeit kam die Kunde von Jesus vor den Landesfürsten Herodes. [2] Und er sprach zu seinen Leuten: Das ist Johannes der Täufer; er ist von den Toten auferstanden, darum tut er solche Taten. [3] Denn Herodes hatte Johannes ergriffen, gefesselt und in das Gefängnis geworfen wegen der Herodias, der Frau seines Bruders Philippus. [4] Denn Johannes hatte zu ihm gesagt: Es ist nicht recht, daß du sie hast. [5] Und er hätte ihn gern getötet, fürchtete sich aber vor dem Volk; denn sie hielten ihn für einen Propheten.

[6] Als aber Herodes seinen Geburtstag beging, da tanzte die Tochter der Herodias vor ihnen. Das gefiel dem Herodes gut. [7] Darum versprach er ihr mit einem Eid, er wolle ihr geben, was sie fordern würde. [8] Und wie sie zuvor von

Der Täufer und Jesus gehören eng zusammen: Sie haben die gleiche Verkündigung (vgl. 3,2 mit 4,17), sie erleiden das gleiche Prophetenschicksal (vgl. V. 5 mit 21,46). Darum wird Jesus von Herodes Antipas (4 v. Chr.–39 n. Chr.) als wiederkehrender Johannes der Täufer angesehen (vgl. 16,14). Wie Jesus (vgl. 3,15; 5,17) tritt auch der Täufer für Gottes Recht und Gerechtigkeit ein. Dies zeigt seine Kritik an dem gesetzwidrigen Verhalten des Herodes. Dieser hätte nach 3 Mo 18,16; 20,21 f. seine Schwägerin, die Frau seines Stiefbruders Herodes (irrtümlich in V. 3 Philippus genannt) nicht heiraten dürfen. Diese Eheschließung hat den Unwillen des Volkes erregt, weil sie auf einem Ehebruch basierte. V. 6–11 sind eine legendäre Ausgestaltung der historisch zuverlässig bezeugten Hinrichtung des Täufers in der Festung Machärus am Toten Meer.

ihrer Mutter angestiftet war, sprach sie: Gib mir hier auf einer Schale das Haupt Johannes des Täufers! [9]Und der König wurde traurig; doch wegen des Eides und derer, die mit ihm zu Tisch saßen, befahl er, es ihr zu geben, [10]und schickte hin und ließ Johannes im Gefängnis enthaupten. [11]Und sein Haupt wurde hereingetragen auf einer Schale und dem Mädchen gegeben; und sie brachte es ihrer Mutter. [12]Da kamen seine Jünger und nahmen seinen Leichnam und begruben ihn; und sie kamen und verkündeten das Jesus.

Die Speisung der Fünftausend

(Mk 6,31-44; Lk 9,10-17; Joh 6,1-13)

Der gewaltsame Tod des Täufers leitet eine neue Periode in Jesu Leben ein (vgl. V. 13): Dieser Tod weist auf Jesu Tod. Von jetzt an häufen sich die Bezugnahmen auf Jesu Leidens- und Todesschicksal. Auch die Speisungsgeschichte ist von Mt stärker an Jesu letztes Mahl angeglichen worden. Die einzelnen Formulierungen der Speisungsgeschichte sind von der Abendmahlsliturgie beeinflußt (»dankte, brachs und gabs ihnen«). Ausgeteilt werden nur die Brote (vgl. V. 19). Jesus erscheint betont als Herr des Mahles (vgl. V. 16.18), der die Jünger zum Weitervollzug auffordert.

[13]Als das Jesus hörte, fuhr er von dort weg in einem Boot in eine einsame Gegend allein. Und als das Volk das hörte, folgte es ihm zu Fuß aus den Städten. [14]Und Jesus stieg aus und sah die große Menge; und sie jammerten ihn, und er heilte ihre Kranken. [15]Am Abend aber traten seine Jünger zu ihm und sprachen: Die Gegend ist öde, und die Nacht bricht herein; laß das Volk gehen, damit sie in die Dörfer gehen und sich zu essen kaufen. [16]Aber Jesus sprach zu ihnen: Es ist nicht nötig, daß sie fortgehen; gebt ihr ihnen zu essen. [17]Sie sprachen zu ihm: Wir haben hier nichts als fünf Brote und zwei Fische. [18]Und er sprach: Bringt sie mir her! [19]Und er ließ das Volk sich auf das Gras lagern und nahm die fünf Brote und die zwei Fische, sah auf zum Himmel, dankte und brach's und gab die Brote den Jüngern, und die Jünger gaben sie dem Volk. [20]Und sie aßen alle und wurden satt und sammelten auf, was an Brocken übrigblieb, zwölf Körbe voll. [21]Die aber gegessen hatten, waren etwa fünftausend Mann, ohne Frauen und Kinder.

Jesus und der sinkende Petrus auf dem See

(Mk 6,45-56; Joh 6,15-21)

Der Einschub von V. 28–32 (Sondergut) stammt vielleicht aus einer alten Ostergeschichte (vgl. Joh 21,7 f.). Durch ihn ist das aus Mk 6,45–52 kommende Traditionsstück zu einem Beispiel für Jüngerschaft in der Kirche umgestaltet worden. Wie in 8,23–27 ist das »Boot« Bild für die von Stürmen heimgesuchte Kirche. Das Schreien der Jünger (V. 26) und der Hilferuf des Petrus (V. 30) sind wie in 8,25 f. Ausdruck des »Kleinglaubens« (vgl. 6,30; 16,8; 17,20). Petrus ist also Repräsentant der Jüngergemeinde. Jesu Zuspruch (V. 27.31) überwindet Furcht und Versagen der Jünger und

[22]Und alsbald trieb Jesus seine Jünger, in das Boot zu steigen und vor ihm hinüberzufahren, bis er das Volk gehen ließe. [23]Und als er das Volk hatte gehen lassen, stieg er allein auf einen Berg, um zu beten. Und am Abend war er dort allein. [24]Und das Boot war schon weit vom Land entfernt und kam in Not durch die Wellen; denn der Wind stand ihm entgegen. [25]Aber in der vierten Nachtwache kam Jesus zu ihnen und ging auf dem See. [26]Und als ihn die Jünger sahen auf dem See gehen, erschraken sie und riefen: Es ist ein Gespenst! und schrien vor Furcht. [27]Aber sogleich redete Jesus mit ihnen und sprach: *Seid getrost, ich bin's; fürchtet euch nicht!* [28]Petrus aber antwortete ihm und sprach: Herr, bist du es, so befiehl mir, zu dir zu kommen auf dem Wasser. [29]Und er sprach: Komm her! Und Petrus stieg aus

dem Boot und ging auf dem Wasser und kam auf Jesus zu. [30]Als er aber den starken Wind sah, erschrak er und begann zu sinken und schrie: Herr, hilf mir! [31]Jesus aber streckte sogleich die Hand aus und ergriff ihn und sprach zu ihm: Du Kleingläubiger, warum hast du gezweifelt? [32]Und sie traten in das Boot, und der Wind legte sich. [33]Die aber im Boot waren, fielen vor ihm nieder und sprachen: Du bist wahrhaftig Gottes Sohn!

führt zum Bekenntnis (V. 33). Während bei Mk die Jünger im Unverständnis verharren, begreifen sie bei Mt, wer dieser Jesus ist. Die geängstete und von Zweifeln bedrohte Kirche hat darum einzig und allein in Jesu Wort Halt und Verheißung (vgl. 16,18; 18,20; 28,20). Deshalb betont Mt in V. 34–36, daß »alle« Kranken bei Jesus Hilfe finden (vgl. 4,24; 8,16).

Heilungen am See Genezareth

[34]Und sie fuhren hinüber und kamen ans Land in Genezareth. [35]Und als die Leute an diesem Ort ihn erkannten, schickten sie Botschaft ringsum in das ganze Land und brachten alle Kranken zu ihm [36]und baten ihn, daß sie nur den Saum seines Gewandes berühren dürften. Und alle, die ihn berührten, wurden gesund.

Von Reinheit und Unreinheit
(Mk 7,1-13)

15 Da kamen zu Jesus Pharisäer und Schriftgelehrte aus Jerusalem und sprachen: [2]Warum übertreten deine Jünger die Satzungen der Ältesten? Denn sie waschen ihre Hände nicht, wenn sie Brot essen. [3]Er antwortete und sprach zu ihnen: Warum übertretet denn ihr Gottes Gebot um eurer Satzungen willen? [4]Denn Gott hat geboten (2. Mose 20,12; 21,17): »Du sollst Vater und Mutter ehren; wer aber Vater und Mutter flucht, der soll des Todes sterben.« [5]Aber ihr lehrt: Wer zu Vater oder Mutter sagt: Eine Opfergabe soll sein, was dir von mir zusteht, [6]der braucht seinen Vater nicht zu ehren. Damit habt ihr Gottes Gebot aufgehoben um eurer Satzungen willen. [7]Ihr Heuchler, wie fein hat Jesaja von euch geweissagt und gesprochen (Jesaja 29,13):

[8]»Dies Volk ehrt mich mit seinen Lippen,
aber ihr Herz ist fern von mir;
[9]vergeblich dienen sie mir,
weil sie lehren solche Lehren,
die nichts als Menschengebote sind.«

[10]Und er rief das Volk zu sich und sprach zu ihnen: Hört zu und begreift's: [11]Was zum Mund hineingeht, das macht den Menschen nicht unrein; sondern was aus dem Mund herauskommt, das macht den Menschen unrein. [12]Da traten seine Jünger zu ihm und fragten: Weißt du auch, daß die Pharisäer an dem Wort Anstoß nahmen, als sie es hörten? [13]Aber er antwortete und sprach: Alle Pflanzen, die mein himmlischer Vater nicht gepflanzt hat, die werden ausgerissen. [14]Laßt sie, sie sind blinde Blindenführer! Wenn aber ein Blinder den andern führt, so fallen sie beide in die

Mt verzichtet auf die Mk 7,2–4 gegebene Erläuterung jüdischer Bräuche, weil er sie bei seinen Lesern wohl als bekannt voraussetzen kann. Hinzu kommt, daß er den Gegensatz zur jüdischen Frömmigkeit auf das Gebiet des Händewaschens einengt (vgl. V. 20). Die Verbindlichkeit der Gebote wird vorausgesetzt, zugleich aber auch der Gegensatz zu den Pharisäern hervorgehoben, wie der Einschub V. 12–14 (vgl. Lk 6,39) zeigt. Zu Israel als Gottespflanzung (V. 13) vgl. Jes 5,1 ff.; 60,21. Wie in 3,7 ff.; 8,12; 21,43 wird auch in V. 13 f. Israel das Gericht angekündigt. Obwohl es das Gesetz als Lichtquelle hat, ist es blind und unverständig; denn das rechte Verstehen des Gesetzes bringt Jesus (vgl. 5,17–48). Er zeigt, daß nicht Opfer, sondern Barmherzigkeit (vgl. 9,13; 12,7; 23,23), nicht äußerliche Frömigkeitsübungen, sondern inneres Neuwerden (vgl. 6,1 ff. 16 ff.; 12,33 ff.) entscheidend sind. Es geht also um die Überwindung des »bösen Herzens« (vgl. Ps 51,7 ff.; 1Mo 6,5; 8,21), der egoistischen Denkrichtung des Menschen. Für die pharisäischen Speise- und Kultgesetze (»die Satzungen der Ältesten«; V. 2 vgl. zu Mk 7,1 ff.) ist darum kein Raum mehr in der christlichen Gemeinde.

Grube. [15] Da antwortete Petrus und sprach zu ihm: Deute uns dies Gleichnis! [16] Und Jesus sprach zu ihnen: Seid denn auch ihr noch immer unverständig? [17] Merkt ihr nicht, daß alles, was zum Mund hineingeht, das geht in den Bauch und wird danach in die Grube ausgeleert? [18] Was aber aus dem Mund herauskommt, das kommt aus dem Herzen, und das macht den Menschen unrein. [19] Denn aus dem Herzen kommen böse Gedanken, Mord, Ehebruch, Unzucht, Diebstahl, falsches Zeugnis, Lästerung. [20] Das sind die Dinge, die den Menschen unrein machen. Aber mit ungewaschenen Händen essen, macht den Menschen nicht unrein.

Die kanaanäische Frau

(Mk 7,24-30)

Auch diese Wundergeschichte will die Macht des Glaubens hervorheben, der die Grenze zwischen Israel und den Heiden überwindet. Durch den Einschub von V. 23f. unterstreicht Mt, daß Jesu Sendung Israel gilt (vgl. zu 10,6), Gott also seinem Volk als seinen »Kindern« treu bleibt. Dadurch leuchtet aber der Glaube der heidnischen Kanaanäerin noch heller auf: Was Gott von Israel als ganz selbstverständlich erwartet, findet er unter den Heiden (von Juden verächtlich als »Hunde« charakterisiert – vgl. 8,5–13). Der Gang des Evangeliums zu den Heiden (vgl. 28,18–20) kündigt sich hier an.

[21] Und Jesus ging weg von dort und zog sich zurück in die Gegend von Tyrus und Sidon. [22] Und siehe, eine kanaanäische Frau kam aus diesem Gebiet und schrie: Ach Herr, du Sohn Davids, erbarme dich meiner! Meine Tochter wird von einem bösen Geist übel geplagt. [23] Und er antwortete ihr kein Wort. Da traten seine Jünger zu ihm, baten ihn und sprachen: Laß sie doch gehen,* denn sie schreit uns nach. [24] Er antwortete aber und sprach: Ich bin nur gesandt zu den verlorenen Schafen des Hauses Israel. [25] Sie aber kam und fiel vor ihm nieder und sprach: Herr, hilf mir! [26] Aber er antwortete und sprach: Es ist nicht recht, daß man den Kindern ihr Brot nehme und werfe es vor die Hunde. [27] Sie sprach: Ja, Herr; aber doch fressen die Hunde von den Brosamen, die vom Tisch ihrer Herren fallen. [28] Da antwortete Jesus und sprach zu ihr: *Frau, dein Glaube ist groß. Dir geschehe, wie du willst!* Und ihre Tochter wurde gesund zu derselben Stunde.

Weitere Heilungen

Statt einer einzelnen Wunderheilung (Mk 7,31–37) bringt Mt einen zusammenfassenden Bericht von Jesu Heilungstätigkeit (vgl. 4,23–25; 9,35). Die hier berichteten messianischen Taten (vgl. 11,2–6) sollen Jesus als den ausweisen, der das AT erfüllt (vgl. Jes 29,18f.; 35,5f.; 61,1).

[29] Und Jesus ging von dort weiter und kam an das Galiläische Meer und ging auf einen Berg und setzte sich dort. [30] Und es kam eine große Menge zu ihm; die hatten bei sich Gelähmte, Verkrüppelte, Blinde, Stumme und viele andere Kranke und legten sie Jesus vor die Füße, und er heilte sie, [31] so daß sich das Volk verwunderte, als sie sahen, daß die Stummen redeten, die Verkrüppelten gesund waren, die Gelähmten gingen, die Blinden sahen; und sie priesen den Gott Israels.

Die Speisung der Viertausend

(Mk 8,1-10)

Diese Speisungsgeschichte berührt sich eng mit 14,13–21. Die Änderungen gegenüber Mk 8,1–9 beziehen sich nur auf die Zahlen. Die Mahlgemeinschaft ist Bild für die

[32] Und Jesus rief seine Jünger zu sich und sprach: Das Volk jammert mich; denn sie harren nun schon drei Tage bei mir aus und haben nichts zu essen; und ich will sie nicht hungrig gehen lassen, damit sie nicht verschmachten auf dem

Wege. [33]Da sprachen seine Jünger zu ihm: Woher sollen wir soviel Brot nehmen in der Wüste, um eine so große Menge zu sättigen? [34]Und Jesus sprach zu ihnen: Wieviele Brote habt ihr? Sie antworteten: Sieben und ein paar Fische. [35]Und er ließ das Volk sich auf die Erde lagern [36]und nahm die sieben Brote und die Fische, dankte, brach sie und gab sie seinen Jüngern, und die Jünger gaben sie dem Volk. [37]Und sie aßen alle und wurden satt; und sie sammelten auf, was an Brocken übrigblieb, sieben Körbe voll. [38]Und die gegessen hatten, waren viertausend Mann, ausgenommen Frauen und Kinder. [39]Und als er das Volk hatte gehen lassen, stieg er ins Boot und kam in das Gebiet von Magadan.

Gottesherrschaft (vgl. 8,11; Lk 14,16ff.; 22,16.29f.), die mit Jesus genaht und auf die die Feier des Abendmahls bezogen ist (vgl. 26,29; Lk 22,16). Das unbekannte Magadan (V. 39) wird in einigen Handschriften durch Magdala am Ostufer des Sees Genezareth ersetzt.

Die Zeichenforderung der Pharisäer

(Mk 8,11.12; Lk 12,54-56)

16 Da traten die Pharisäer und Sadduzäer zu ihm; die versuchten ihn und forderten ihn auf, sie ein Zeichen vom Himmel sehen zu lassen. [2]Aber er antwortete und sprach: Des Abends sprecht ihr: Es wird ein schöner Tag werden, denn der Himmel ist rot. [3]Und des Morgens sprecht ihr: Es wird heute ein Unwetter kommen, denn der Himmel ist rot und trübe. Über das Aussehen des Himmels könnt ihr urteilen; könnt ihr dann nicht auch über die Zeichen der Zeit urteilen?* [4]Ein böses und abtrünniges Geschlecht fordert ein Zeichen; doch soll ihm kein Zeichen gegeben werden, es sei denn das Zeichen des Jona. Und er ließ sie stehen und ging davon.

Abweichend von 12,38f. und Mk 8,11 nennt Mt neben den Pharisäern die Sadduzäer (V. 1.6.11f.). Diese Partei des konservativen priesterlichen Hochadels war nach der Passionsgeschichte die treibende Kraft bei der Beseitigung Jesu, wird aber sonst nur noch in 22,23ff.; 3,7 und Apg 4,1; 5,17; 23,6ff. erwähnt. Mit der nur von Mt verwendeten Zusammenstellung »Pharisäer und Sadduzäer«, soll das offizielle Judentum getroffen werden, das sich durch die Zeichenforderung als ungläubig erweist – im Kontrast zu den als gläubig geschilderten Heiden in 15,21ff. V. 2b–3 (vgl. Lk 12,54–56) fehlen in den ältesten Handschriften und wurden später hier eingeschoben. Das Jonazeichen (V. 4) wird nicht wie in 12,39f. auf Jesu Tod und Auferweckung gedeutet. Wahrscheinlich ist damit hier die Bußpredigt Jesu gemeint (vgl. Lk 11,30).

Warnung vor der Lehre der Pharisäer und Sadduzäer

(Mk 8,14-21)

[5]Und als die Jünger ans andre Ufer gekommen waren, hatten sie vergessen, Brot mitzunehmen. [6]Jesus aber sprach zu ihnen: Seht zu und hütet euch vor dem Sauerteig der Pharisäer und Sadduzäer! [7]Da dachten sie bei sich selbst und sprachen: Das wird's sein, daß wir kein Brot mitgenommen haben. [8]Als das Jesus merkte, sprach er zu ihnen: Ihr Kleingläubigen, was bekümmert ihr euch doch, daß ihr kein Brot habt? [9]Versteht ihr noch nicht? Denkt ihr nicht an die fünf Brote für die fünftausend und wieviel Körbe voll ihr da aufgesammelt habt? [10]auch nicht an die sieben Brote für die viertausend und wieviel Körbe voll ihr da aufgesammelt habt? [11]Wieso versteht ihr denn nicht, daß ich nicht vom Brot zu euch geredet habe? Hütet euch vielmehr vor dem Sauerteig der Pharisäer und Sadduzäer! [12]Da verstanden sie, daß er nicht gesagt hatte, sie sollten sich hüten vor dem Sauerteig des Brotes, sondern vor der Lehre der Pharisäer und Sadduzäer.

Die Jünger gelten nicht als verstockt (Mk 8,17), sondern nur als »kleingläubig« (V. 8; vgl. 6,30; 8,26; 14,31; 17,20) denn sie befinden sich bereits auf dem Weg des Verstehens (V. 12; vgl. 13,11f. 16f.): Sie begreifen, daß sie sich vor einer Frömmigkeit, die »Zeichen« (d.h. Beweise und Garantien) fordert, zu hüten haben. V. 12 steht in Spannung zu 23,3 (vgl. die Erklärung dazu).

Das Bekenntnis des Petrus und die Verheißung an ihn

(Mk 8,27-30; Lk 9,18-21)

Mit V. 13 beginnt Jesu Weg zur Passion. Mt folgt hier im wesentlichen dem Markus-Aufbau (vgl. 16,13–20,34 mit Mk 8,27–10,52), hat aber in diesen Rahmen auch andere Traditionen eingefügt und manches verändert. So findet in V. 13ff. durch die Einschiebung von V. 17–19 das Petrusbekenntnis die Zustimmung Jesu. Das Schweigegebot V. 20 (= Mk 8,30) verliert damit seinen Sinn. Jesu Messianität wird im Mt von Anfang an offen verkündet (vgl. 1,18ff.). Auch die Gleichsetzung Jesu mit dem (kommenden) Menschensohn ist hier vollzogen (vgl. V. 13 mit Mk 8,27). Das Bekenntnis zu Jesu Gottessohnschaft wird bereits 14,33 berichtet. V. 16 weist darum auf 14,33 zurück. Durch V. 17 soll das Petrusbekenntnis als von Gott selbst gewirkte Erkenntnis (vgl. 1Ko 12,3) und damit als grundlegend für die Kirche verstanden werden. V. 18f. berührt sich eng mit Joh 21,15–17. Auch nach 1Ko 15,5; Lk 24,34 gründet die Vorrangstellung des Petrus in der ihm als ersten zuteil gewordenen Erscheinung des auferweckten Herrn. Die Zukunftsform (V. 18 »will« = werde ich bauen) spiegelt die urchristliche Erfahrung wider, daß die Kirche im Ostergeschehen ihren Grund hat. Mt hat also hier eine Ostertradition in das vorösterliche Leben Jesu zurückverlegt. Dadurch hat er die Verbindlichkeit dieser Aussagen für die sich auf Jesus berufende und ihn als Messias, Menschensohn (vgl. zu 24,3ff.) und Gottessohn bekennende Kirche unterstrichen.

Petrus beantwortet die an alle Jünger gerichtete Frage. Seine Antwort soll darum die der Kirche sein. In V. 18 liegt ein Wortspiel vor: Petrus ist die griechische Form des aramäischen Wortes »Kepha« und bedeutet »Fels«. Der Bekenner Petrus soll der »Fels« (= Grundstein) der Kirche sein (vgl. Jes 28,16; Eph 2,20; anders 1Ko 3,11). Nach V. 19 hat er – nicht die Schriftgelehrten (vgl. 23,13) – über Lehre und Ordnung endgültig und verbindlich zu entscheiden; denn »Himmel« ist jüdische Umschreibung für Gott. Wie 9,8 und Joh 20,22f. zeigen, ist mit diesem »Schlüsselamt« vor allem die Vollmacht zum Sündenvergeben und Sündenbehalten gemeint. In 18,18 wird das »Schlüsselamt« der ganzen Jüngerschar übertragen (vgl. auch 9,8; 18,15ff.).

[13] Da kam Jesus in die Gegend von Cäsarea Philippi und fragte seine Jünger und sprach: Wer sagen die Leute, daß der Menschensohn sei? [14] Sie sprachen: Einige sagen, du seist Johannes der Täufer, andere, du seist Elia, wieder andere, du seist Jeremia oder einer der Propheten. [15] Er fragte sie: Wer sagt denn ihr, daß ich sei? [16] Da antwortete Simon Petrus und sprach: *Du bist Christus, des lebendigen Gottes Sohn!* [17] Und Jesus antwortete und sprach zu ihm: Selig bist du, Simon, Jonas Sohn; denn Fleisch und Blut haben dir das nicht offenbart, sondern mein Vater im Himmel. [18] Und ich sage dir auch: Du bist Petrus, und auf diesen Felsen will ich meine Gemeinde bauen, und die Pforten der Hölle sollen sie nicht überwältigen. [19] *Ich will dir die Schlüssel des Himmelreichs geben: alles, was du auf Erden binden wirst, soll auch im Himmel gebunden sein, und alles, was du auf Erden lösen wirst, soll auch im Himmel gelöst sein.* [20] Da gebot er seinen Jüngern, niemandem zu sagen, daß er der Christus sei.

Die erste Ankündigung von Jesu Leiden und Auferstehung

(Mk 8,31-33; Lk 9,22)

Für Mt beginnt mit dem Petrusbekenntnis ein neuer Zeitabschnitt: »Seit der Zeit« (V. 21) enthüllt Jesus seinen Jüngern das Geheimnis seines Leidens. Indem er den Leidensweg in gehorsamen Dienst »zu einer Erlösung für viele« (20,28) geht, erweist er sich als Messias und Gottes Sohn. Nachfolge heißt: ihm auf dem Weg des Gehorsams folgen (V. 24–26). Durch seinen Protest gegen Jesu Leidensweg wird »der Fels« Petrus zum »Stein des Anstoßes« (V. 23c: für »Versuchung« steht im Griechischen »skandalon« = Anstoß, Fallstrick; vgl. Jes 8,14f.; Rö

[21] Seit der Zeit fing Jesus an, seinen Jüngern zu zeigen, wie er nach Jerusalem gehen und viel leiden müsse von den Ältesten und Hohenpriestern und Schriftgelehrten und getötet werden und am dritten Tage auferstehen. [22] Und Petrus nahm ihn beiseite und fuhr ihn an und sprach: Gott bewahre dich, Herr! Das widerfahre dir nur nicht! [23] Er aber wandte sich um und sprach zu Petrus: Geh weg von mir, Satan! Du bist mir ein Ärgernis; denn du meinst nicht, was göttlich, sondern was menschlich ist.

Von der Nachfolge

(Mk 8,34–9,1; Lk 9,23-27)

[24] Da sprach Jesus zu seinen Jüngern: *Will mir jemand nachfolgen, der verleugne sich selbst und nehme sein Kreuz auf sich und*

folge mir. [25]*Denn wer sein Leben erhalten will, der wird's verlieren; wer aber sein Leben verliert um meinetwillen, der wird's finden.* [26]*Was hülfe es dem Menschen, wenn er die ganze Welt gewönne und nähme doch Schaden an seiner Seele? Oder was kann der Mensch geben, womit er seine Seele auslöse?* [27]Denn es wird geschehen, daß der Menschensohn kommt in der Herrlichkeit seines Vaters mit seinen Engeln, und dann wird er einem jeden vergelten nach seinem Tun. [28]Wahrlich, ich sage euch: Es stehen einige hier, die werden den Tod nicht schmecken, bis sie den Menschensohn kommen sehen in seinem Reich.

9,33; 1Pt 2,8). Wie Petrus steht die Kirche in der Gefahr, trotz ihres Bekenntnisses sich Gottes Willen zu widersetzen, dem Satan zu verfallen und zum Anstoß und Fallstrick für andere zu werden (vgl. 18,6). Darum schließt dieser Abschnitt mit dem Hinweis auf das Kommen des Menschensohnes zum Gericht (V. 27 f.).

Die Verklärung Jesu
(Mk 9,2-13; Lk 9,28-36)

17 Und nach sechs Tagen nahm Jesus mit sich Petrus und Jakobus und Johannes, dessen Bruder, und führte sie allein auf einen hohen Berg. [2]Und er wurde verklärt vor ihnen, und sein Angesicht leuchtete wie die Sonne, und seine Kleider wurden weiß wie das Licht. [3]Und siehe, da erschienen ihnen Mose und Elia; die redeten mit ihm. [4]Petrus aber fing an und sprach zu Jesus: Herr, hier ist gut sein! Willst du, so wollen wir hier drei Hütten bauen, dir eine, Mose eine und Elia eine. [5]Als er noch so redete, siehe, da überschattete sie eine lichte Wolke. Und siehe, eine Stimme aus der Wolke sprach: *Dies ist mein lieber Sohn, an dem ich Wohlgefallen habe; den sollt ihr hören!* [6]Als das die Jünger hörten, fielen sie auf ihr Angesicht und erschraken sehr. [7]Jesus aber trat zu ihnen, rührte sie an und sprach: Steht auf und fürchtet euch nicht! [8]Als sie aber ihre Augen aufhoben, sahen sie niemand als Jesus allein. [9]Und als sie vom Berge hinabgingen, gebot ihnen Jesus und sprach: Ihr sollt von dieser Erscheinung niemandem sagen, bis der Menschensohn von den Toten auferstanden ist.

[10]Und seine Jünger fragten ihn und sprachen: Warum sagen denn die Schriftgelehrten, zuerst müsse Elia kommen? [11]Jesus antwortete und sprach zu ihnen: Elia soll freilich kommen und alles zurechtbringen. [12]Doch ich sage euch: Elia ist schon gekommen, aber sie haben ihn nicht erkannt, sondern haben mit ihm getan, was sie wollten. So wird auch der Menschensohn durch sie leiden müssen. [13]Da verstanden die Jünger, daß er von Johannes dem Täufer zu ihnen geredet hatte.

Die Jünger erscheinen nicht als unverständig (Mk 9,6 fehlt). Sie reden den verklärten Jesus mit »Herr« (= Kyrie – V. 4) an und fallen vor ihm nieder (V. 6) wie angesichts einer Gotteserscheinung (vgl. Jes. 6,5; Hes 2,1). Den Höhepunkt stellt V. 7 dar: Jesus »trat zu ihnen« (vgl. 28,18), »rührte sie an« (vgl. 8,3; 20,34) und gebietet ihnen, »aufzustehen« (vgl. 9,25) und sich »nicht zu fürchten« (vgl. 28,5.10). Mit diesen Begriffen und mit der Lichterscheinung in V. 5 wird auf das Ostergeschehen verwiesen. Es wird von Mt schon in das irdische Leben Jesu vorverlegt. Da der erwartete Elia (vgl. Mal 3,23 f.) im Täufer erschienen ist, hat die Heilszeit bereits begonnen. Entscheidend ist jetzt das Hören (V. 5 vgl. 28,20). Das Aufleuchten der göttlichen Herrlichkeit über Jesus ist Stärkung für den Weg des Leidens (V. 12). Darum bleibt auch die Jesusnachfolge nach Ostern Leidensnachfolge (vgl. 16,24 ff.), aber sie ist von der Gegenwart des Erhöhten (vgl. 28,20) und seinem Zuspruch (vgl. 28,10) bestimmt.

Die Heilung eines mondsüchtigen Kindes
(Mk 9,14-29; Lk 9,37-42)

[14]Und als sie zu dem Volk kamen, trat ein Mensch zu ihm, fiel ihm zu Füßen [15]und sprach: Herr, erbarme dich über meinen Sohn! denn er ist mondsüchtig und hat schwer zu

Glaube meint die Anbetung Jesu als Herrn und Bitte um sein Erbarmen (V. 14 f.). Mit »Mondsucht« ist Epilepsie gemeint, deren Anfälle nach Meinung der Antike mit den Mondphasen zusammenhängen. Zu V. 17 vgl. 5Mo 32,5. Die Jünger treten erst in V. 19 hinzu. Sie rechnen nicht zu den »Ungläubigen« (V. 17). Sie sind die »Kleingläubigen« (V. 20; vgl. 6,30 ù.ö.), die zwar »verstehen« (vgl. 13,11f.16f.), aber noch schwankend sind (vgl. Jak 1,6). Sie haben noch nicht erfahren, welche Kraft der kleinste Glaube (= Senfkornglaube V. 20b vgl. 21,21 u. ö.) hat, der ganz auf Gott ausgerichtet ist. Ein solcher Glaube vermag, menschlich geurteilt, Unmögliches (19,26). V. 21 findet sich nur in späteren Handschriften und lautet: »Aber diese Art fährt nur aus durch Beten und Fasten« (vgl. Mk 9,29).

Das Passiv (V. 22: »wird überantwortet werden«) ist Umschreibung für Gottes Heilstat: Gott selbst führt Jesus durch Leiden und Tod zum Leben. Die Jünger verstehen dies (anders Mk 9,32) und sind darum sehr betrübt.

V. 24–26 heben die Freiheit der »Kinder« (= Kinder Gottes = Jüngerschar; vgl. Gal 4,5; 5,1–13) vom jüdischen Gesetz der Tempelsteuer hervor. Z. Z. Jesu betrug diese Tempelsteuer (Neh 10,33) einen halben Schekel = 2 Drachmen. V. 27 ist schwer verständlich. Wahrscheinlich soll mit Hilfe eines bekannten Märchenmotivs dazu aufgefordert werden, sich freiwillig in gegebene Ordnungen einzufügen.

In Kap. 18 entfaltet Mt die Ordnung der Gemeinde, die als Schar der freien Kinder Gottes (vgl. 17,26) verstanden wird und für die die Gemeindeleiter eine besondere Verantwortung tragen. Der Geringschätzung des Kindes im Orient stellt Jesus seine Hochschätzung des Kindes entgegen: Gerade das hilflose, auf andere angewiesene und zum Ler-

leiden; er fällt oft ins Feuer und oft ins Wasser; [16]und ich habe ihn zu deinen Jüngern gebracht, und sie konnten ihm nicht helfen. [17]Jesus aber antwortete und sprach: O du ungläubiges und verkehrtes Geschlecht, wie lange soll ich bei euch sein? Wie lange soll ich euch erdulden? Bringt ihn mir her! [18]Und Jesus bedrohte ihn; und der böse Geist fuhr aus von ihm, und der Knabe wurde gesund zu derselben Stunde. [19]Da traten seine Jünger zu ihm, als sie allein waren, und fragten: Warum konnten *wir* ihn nicht austreiben? [20]Er aber sprach zu ihnen: Wegen eures Kleinglaubens. Denn wahrlich, ich sage euch: Wenn ihr Glauben habt wie ein Senfkorn, so könnt ihr sagen zu diesem Berge: Heb dich dorthin!, so wird er sich heben; und euch wird nichts unmöglich sein.*

Die zweite Ankündigung von Jesu Leiden und Auferstehung

(Mk 9,30-32; Lk 9,43-45)

[22]Als sie aber beieinander waren in Galiläa, sprach Jesus zu ihnen: Der Menschensohn wird überantwortet werden in die Hände der Menschen, [23]und sie werden ihn töten, und am dritten Tag wird er auferstehen. Und sie wurden sehr betrübt.

Von der Zahlung der Tempelsteuer

[24]Als sie nun nach Kapernaum kamen, traten zu Petrus, die den Tempelgroschen einnehmen, und sprachen: Pflegt euer Meister nicht den Tempelgroschen zu geben? [25]Er sprach: Ja. Und als er heimkam, kam ihm Jesus zuvor und fragte: Was meinst du, Simon? Von wem nehmen die Könige auf Erden Zoll oder Steuern: von ihren Kindern oder von den Fremden? [26]Als er antwortete: Von den Fremden, sprach Jesus zu ihm: So sind die Kinder frei. [27]Damit wir ihnen aber keinen Anstoß geben, geh hin an den See und wirf die Angel aus, und den ersten Fisch, der heraufkommt, den nimm; und wenn du sein Maul aufmachst, wirst du ein Zweigroschenstück finden; das nimm und gib's ihnen für mich und dich.

Der Größte im Himmelreich

(Mk 9,33-47; Lk 9,46-48)

18 Zu derselben Stunde traten die Jünger zu Jesus und fragten: Wer ist doch der Größte im Himmelreich? [2]Jesus rief ein Kind zu sich und stellte es mitten unter sie [3]und sprach: Wahrlich, ich sage euch: *Wenn ihr nicht umkehrt und werdet wie die Kinder, so werdet ihr nicht ins Himmelreich kommen.* [4]Wer nun sich selbst erniedrigt und wird wie dies Kind, der ist der Größte im Himmelreich. [5]Und wer ein solches Kind aufnimmt in meinem Namen, der nimmt mich auf.

Warnung vor Verführung

[6] Wer aber einen dieser Kleinen, die an mich glauben, zum Abfall verführt, für den wäre es besser, daß ein Mühlstein an seinen Hals gehängt und er ersäuft würde im Meer, wo es am tiefsten ist. [7] Weh der Welt der Verführungen wegen! Es müssen ja Verführungen kommen; doch weh dem Menschen, der zum Abfall verführt! [8] Wenn aber deine Hand oder dein Fuß dich zum Abfall verführt, so hau sie ab und wirf sie von dir. Es ist besser für dich, daß du lahm oder verkrüppelt zum Leben eingehst, als daß du zwei Hände oder zwei Füße hast und wirst in das ewige Feuer geworfen. [9] Und wenn dich dein Auge zum Abfall verführt, reiß es aus und wirf's von dir. Es ist besser für dich, daß du einäugig zum Leben eingehst, als daß du zwei Augen hast und wirst in das höllische Feuer geworfen.

nen bereite Kind steht unter seinem besonderen Schutz und ist zugleich Vorbild für seine Jünger. Darum werden Gemeindeglieder geradezu »Kleine« (V. 6 vgl. 10,42) genannt. Zu V. 5 vgl. den jüdischen Satz: Der Abgesandte eines Menschen ist wie dieser selbst. Darum ist jeder Versuch, einen der »Kleinen« »zum Abfall zu verführen« (V. 6), eine Beleidigung Jesu und Gottes. Die schroffen Gerichtsworte in V. 7–9 (vgl. 5,29 f.) fordern die radikale Beseitigung alles dessen, was der Gemeinschaft mit dem anderen, besonders mit dem Hilflosen und Schwankenden (vgl. Rö 14,1 ff.; 1Ko 8,7 ff.), im Wege steht.

Vom verlorenen Schaf

(Lk 15,4-7)

[10] Seht zu, daß ihr nicht einen von diesen Kleinen verachtet. Denn ich sage euch: Ihre Engel im Himmel sehen allezeit das Angesicht meines Vaters im Himmel.*

[12] Was meint ihr? Wenn ein Mensch hundert Schafe hätte und eins unter ihnen sich verirrte: läßt er nicht die neunundneunzig auf den Bergen, geht hin und sucht das verirrte? [13] Und wenn es geschieht, daß er's findet, wahrlich, ich sage euch: er freut sich darüber mehr als über die neunundneunzig, die sich nicht verirrt haben. [14] So ist's auch nicht der Wille bei eurem Vater im Himmel, daß auch nur eines von diesen Kleinen verloren werde.

Gottes Eintreten für die »Kleinen« – in V. 10 mit Hilfe der Schutzengel-Vorstellung (vgl. Ps 91,11; Tob 5,22) unterstrichen – mahnt die Gemeinde zu entsprechendem Verhalten (vgl. 5,48). V. 11 ist aus Lk 19,10 in spätere Handschriften eingedrungen und lautet: »Denn der Menschensohn ist gekommen, selig zu machen, was verloren ist.« Im Unterschied zu Lk 15,3–7 versteht Mt dieses Gleichnis als Mahnung, sich um jeden einzelnen in der Gemeinde zu kümmern, auch und gerade um den, der in der Gefahr des Abfalls steht.

Zurechtweisung und Gebet in der Gemeinde

[15] Sündigt aber dein Bruder an dir, so geh hin und weise ihn zurecht zwischen dir und ihm allein. Hört er auf dich, so hast du deinen Bruder gewonnen. [16] Hört er nicht auf dich, so nimm noch einen oder zwei zu dir, damit jede Sache durch den Mund von zwei oder drei Zeugen bestätigt werde. [17] Hört er auf die nicht, so sage es der Gemeinde. Hört er auch auf die Gemeinde nicht, so sei er für dich wie ein Heide und Zöllner. [18] Wahrlich, ich sage euch: *Was ihr auf Erden binden werdet, soll auch im Himmel gebunden sein, und was ihr auf Erden lösen werdet, soll auch im Himmel gelöst sein.* [19] Wahrlich, ich sage euch auch: Wenn zwei unter euch eins werden auf Erden, worum sie bitten wollen, so soll es ihnen widerfahren von meinem Vater im Himmel. [20] Denn *wo zwei oder drei versammelt sind in meinem Namen, da bin ich mitten unter ihnen.*

In dieser urchristlichen Gemeindeordnung geht es um die Verantwortung füreinander in der Gemeinde (vgl. 1Th 5,11. 14 f.). Nicht dem einzelnen, sondern der Gemeinde (bildlich dargestellt durch »zwei oder drei«) wird dabei die Vollmacht Gottes zugesprochen, Sünden zu vergeben oder Vergebung zu versagen (vgl. 9,8; 16,19; Joh 20,23). Die Vergebung darf aber nur dann verweigert werden, wenn alle Möglichkeiten zur Rückgewinnung des gestrauchelten Bruders ausgeschöpft wurden. Ohne gemeinsames Beten (V. 19) und ohne die Zusage der Gegenwart ihres Herrn (V. 20) kann die Gemeinde jedoch nichts ausrichten.

V. 21 f. (vgl. Lk 17,4) fordert im Gegensatz zu Lamechs Rachegesang (1Mo 4,23 f.) die unbegrenzte Vergebungsbereitschaft. Die anschließende Gleichniserzählung umfaßt V. 23–34 (Sondergut) und soll, wie V. 35 (vgl. 6,14 f.) zeigt, die Forderung vom V. 22 begründen und dringlich machen. Die Gleichniserzählung selbst ist nur zu verstehen, wenn man sie auf das Verhältnis Gott – Mensch und Mensch – Mitmensch bezieht. Sie lädt ein, sich auf die Ordnung der grenzenlosen Barmherzigkeit einzulassen, wie sie Jesus gelebt und als Charakteristikum der genahten Gottesherrschaft verkündet hat. Der Akzent liegt auf V. 33: Die erfahrene Barmherzigkeit verpflichtet zu einem entsprechenden Tun. Darum sind die beiden Szenen (V. 24–27 und 28–30) sehr ähnlich gestaltet, inhaltlich aber scharf kontrastiert: In schroffem Gegensatz stehen nicht nur die beiden Schuldsummen (in V. 24 handelt es sich um ca. 50 Mill. Denare, in V. 28 dagegen nur um 100 Denare), sondern auch das Verhalten der Gläubiger. Während der »König« (Bild für Gott) mit seinem Schuldner Erbarmen hat (V. 27), beharrt dieser – trotz erfahrener Barmherzigkeit – auf dem Rechtsstandpunkt (V. 30). Ein solch widersprüchliches Verhalten dieses »Knechtes« ruft darum zu Recht den Protest der »Mitknechte« (V. 31) und des »Herrn« hervor und läßt auch das Urteil (V. 34) als berechtigt erscheinen.

Von der Vergebung (»Der Schalksknecht«)

[21] Da trat Petrus zu ihm und fragte: Herr, wie oft muß ich denn meinem Bruder, der an mir sündigt, vergeben? Genügt es siebenmal? [22] Jesus sprach zu ihm: Ich sage dir: nicht siebenmal, sondern siebzigmal siebenmal.

[23] Darum gleicht das Himmelreich einem König, der mit seinen Knechten abrechnen wollte. [24] Und als er anfing abzurechnen, wurde einer vor ihn gebracht, der war ihm zehntausend Zentner Silber schuldig. [25] Da er's nun nicht bezahlen konnte, befahl der Herr, ihn und seine Frau und seine Kinder und alles, was er hatte, zu verkaufen und damit zu bezahlen. [26] Da fiel ihm der Knecht zu Füßen und flehte ihn an und sprach: Hab Geduld mit mir; ich will dir's alles bezahlen. [27] Da hatte der Herr Erbarmen mit diesem Knecht und ließ ihn frei, und die Schuld erließ er ihm auch. [28] Da ging dieser Knecht hinaus und traf einen seiner Mitknechte, der war ihm hundert Silbergroschen schuldig; und er packte und würgte ihn und sprach: Bezahle, was du mir schuldig bist! [29] Da fiel sein Mitknecht nieder und bat ihn und sprach: Hab Geduld mit mir; ich will dir's bezahlen. [30] Er wollte aber nicht, sondern ging hin und warf ihn ins Gefängnis, bis er bezahlt hätte, was er schuldig war. [31] Als aber seine Mitknechte das sahen, wurden sie sehr betrübt und kamen und brachten bei ihrem Herrn alles vor, was sich begeben hatte. [32] Da forderte ihn sein Herr vor sich und sprach zu ihm: Du böser Knecht! Deine ganze Schuld habe ich dir erlassen, weil du mich gebeten hast; [33] hättest du dich da nicht auch erbarmen sollen über deinen Mitknecht, wie ich mich über dich erbarmt habe? [34] Und sein Herr wurde zornig und überantwortete ihn den Peinigern, bis er alles bezahlt hätte, was er ihm schuldig war. [35] So wird auch mein himmlischer Vater an euch tun, wenn ihr einander nicht von Herzen vergebt, ein jeder seinem Bruder.

Mt stellt diesen Abschnitt aus Mk 10 in die Auseinandersetzung Jesu mit dem Pharisäismus. Darum erscheinen die Fragesteller als Heuchler, die Jesus auf die Probe stellen wollen. Mit V. 3 berührt Mt die jüdische Streitfrage, ob jeder beliebige Grund für eine Scheidung genügt. V. 9 gibt darauf die Antwort: Nein, sondern nur Unzucht (vgl. 5,32). Auf diese Weise wird Jesu Scheidungsverbot (V. 6) abgeschwächt und 5 Mo 24,1 (V. 7) als Zugeständnis (V. 8) er-

Von Ehe, Ehescheidung, Ehelosigkeit

(Mk 10,1-12)

19 Und es begab sich, als Jesus diese Reden vollendet hatte, daß er sich aufmachte aus Galiläa und kam in das Gebiet von Judäa jenseits des Jordans; [2] und eine große Menge folgte ihm nach, und er heilte sie dort.

[3] Da traten Pharisäer zu ihm und versuchten ihn und sprachen: Ist's erlaubt, daß sich ein Mann aus irgendeinem Grund von seiner Frau scheidet? [4] Er aber antwortete und sprach: Habt ihr nicht gelesen: Der im Anfang den Menschen geschaffen hat, schuf sie als Mann und Frau [5] und sprach (1. Mose 2,24): »Darum wird ein Mann Vater und Mutter verlassen und an seiner Frau hängen, und die zwei

werden *ein* Fleisch sein«? [6]So sind sie nun nicht mehr zwei, sondern *ein* Fleisch. *Was nun Gott zusammengefügt hat, das soll der Mensch nicht scheiden!*

[7]Da fragten sie: Warum hat dann Mose geboten, ihr einen Scheidebrief zu geben und sich von ihr zu scheiden? [8]Er sprach zu ihnen: Mose hat euch erlaubt, euch zu scheiden von euren Frauen, eures Herzens Härte wegen; von Anfang an aber ist's nicht so gewesen. [9]Ich aber sage euch: Wer sich von seiner Frau scheidet, es sei denn wegen Ehebruchs, und heiratet eine andere, der bricht die Ehe.

[10]Da sprachen seine Jünger zu ihm: Steht die Sache eines Mannes mit seiner Frau so, dann ist's nicht gut zu heiraten. [11]Er sprach aber zu ihnen: Dies Wort fassen nicht alle, sondern nur die, denen es gegeben ist. [12]Denn einige sind von Geburt an zur Ehe unfähig; andere sind von Menschen zur Ehe unfähig gemacht; und wieder andere haben sich selbst zur Ehe unfähig gemacht um des Himmelreichs willen. Wer es fassen kann, der fasse es!

laubt. Dennoch nimmt Mt eine strengere Haltung ein als das zeitgenössische Judentum. An dieses Streitgespräch (V. 1–9) hat Mt eine Jüngerbelehrung (V. 10–12 Sondergut) angefügt. Mit einem provozierenden Bild (»sich selbst zur Ehe unfähig gemacht um des Himmelreichs willen«) wird in V. 12 die dem Schöpfungsgebot (1Mo 1,28) widerstreitende Ehelosigkeit gerechtfertigt, sofern sie ein Jünger um Gottes Sache willen (vgl. 22,30) auf sich nimmt. Aber solche Ehelosigkeit ist eine Gabe Gottes an einzelne (vgl. 1Ko 7,7). Sie darf darum nicht von allen Jüngern gefordert werden.

Die Segnung der Kinder
(Mk 10,13-16; Lk 18,15-17)

[13]Da wurden Kinder zu ihm gebracht, damit er die Hände auf sie legte und betete. Die Jünger aber fuhren sie an. [14]Aber Jesus sprach: *Lasset die Kinder und wehret ihnen nicht, zu mir zu kommen; denn solchen gehört das Himmelreich.* [15]Und er legte die Hände auf sie und zog von dort weiter.

Mt hat Mk 10,13–16 gekürzt übernommen. Weil die Frage nach einem möglichen Hindernis, zu Jesus zu kommen, in der Apg in Tauftexten (8,36; 10,47) anklingt, ist dieser Abschnitt schon sehr früh auf die Taufe bezogen worden.

Die Gefahr des Reichtums (»Der reiche Jüngling«)
(Mk 10,17-27; Lk 18,18-27)

[16]Und siehe, einer trat zu ihm und fragte: Meister, was soll ich Gutes tun, damit ich das ewige Leben habe? [17]Er aber sprach zu ihm: Was fragst du mich nach dem, was gut ist? Gut ist nur Einer. Willst du aber zum Leben eingehen, so halte die Gebote. [18]Da fragte er ihn: Welche? Jesus aber sprach: »Du sollst nicht töten; du sollst nicht ehebrechen; du sollst nicht stehlen; du sollst nicht falsch Zeugnis geben; [19]ehre Vater und Mutter« (2.Mose 20,12-16); und: »Du sollst deinen Nächsten lieben wie dich selbst« (3.Mose 19,18). [20]Da sprach der Jüngling zu ihm: Das habe ich alles gehalten; was fehlt mir noch? [21]Jesus antwortete ihm: Willst du vollkommen sein, so geh hin, verkaufe, was du hast, und gib's den Armen, so wirst du einen Schatz im Himmel haben; und komm und folge mir nach! [22]Als der Jüngling das Wort hörte, ging er betrübt davon; denn er hatte viele Güter.

[23]Jesus aber sprach zu seinen Jüngern: Wahrlich, ich sage euch: Ein Reicher wird schwer ins Himmelreich kommen. [24]Und weiter sage ich euch: Es ist leichter, daß ein Kamel

Gegenüber Mk 10 läßt sich eine Akzentverschiebung beobachten: In V. 17 geht es um »das Gute«; betont wird das »Halten« der Gebote; in V. 19 wird das Liebesgebot eingefügt, und Zielpunkt ist nach V. 21 die »Vollkommenheit«. Durch die neue Fragestellung hat der Satz: »Gut ist nur Einer« (V. 17b) den ursprünglichen Sinn von Mk 10,18 verloren. Von dem Mann, der nur bei Mt als »Jüngling« bezeichnet wird, wird die »viel bessere Gerechtigkeit« (5,20) gefordert, die sich in Entsprechung zu Gottes »Vollkommenheit« als Hingabe auswirkt (vgl. zu 5,48). Rettung gibt es also nur als Hingabe an diesen Gott, dem »alle Dinge möglich sind« (V. 26), d. h. als Glaube (vgl. 17,20).

durch ein Nadelöhr gehe, als daß ein Reicher ins Reich Gottes komme. [25]Als das seine Jünger hörten, entsetzten sie sich sehr und sprachen: Ja, wer kann dann selig werden? [26]Jesus aber sah sie an und sprach zu ihnen: Bei den Menschen ist's unmöglich; aber bei Gott sind alle Dinge möglich.

Der Lohn der Nachfolge

(Mk 10,28-31; Lk 18,28-30)

Diese Verse sind schwer zu deuten. Sie stehen in Spannung zu den sonst den Jüngern zugewiesenen Aufgaben und zu Jesu Weisung in 7,1 f. Möglicherweise spricht sich hier eine spätere Anschauung über die Aufgabe der Zwölf aus. Wahrscheinlich soll hier den Jüngern – Mt engt auf die »Zwölf« ein – die Herrschaft (»richten« = regieren; vgl. Ri 3,7 ff.) über das endzeitliche Gottesvolk zugesprochen werden. »Wiedergeburt« = Welterneuerung. Die Verheißung V. 29 wird ganz jenseitig verstanden (anders Mk 10,30).

[27]Da fing Petrus an und sprach zu ihm: Siehe, wir haben alles verlassen und sind dir nachgefolgt; was wird uns dafür gegeben? [28]Jesus aber sprach zu ihnen: Wahrlich, ich sage euch: Ihr, die ihr mir nachgefolgt seid, werdet bei der Wiedergeburt, wenn der Menschensohn sitzen wird auf dem Thron seiner Herrlichkeit, auch sitzen auf zwölf Thronen und richten die zwölf Stämme Israels. [29]Und wer Häuser oder Brüder oder Schwestern oder Vater oder Mutter oder Kinder oder Äcker verläßt um meines Namens willen, der wird's hundertfach empfangen und das ewige Leben ererben. [30]Aber viele, die die Ersten sind, werden die Letzten und die Letzten werden die Ersten sein.

Von den Arbeitern im Weinberg

Das Gleichnis (vgl. zu 18,23 ff.) hat seinen Höhe- und Zielpunkt in V. 15. Es lädt dazu ein, der Güte des Hausherrn zuzustimmen und dadurch das eigene »böse Auge«, die dem anderen übelwollende Denkweise, zu überwinden (vgl. Lk 15,25–32). Jeder der Arbeiter erhält das, »was recht ist« (V. 4), den vereinbarten »Silbergroschen« (= Denar). Das war der damals übliche Tageslohn (vgl. Tob. 5,15). Jeder empfängt diesen Lohn gemäß 3Mo 19,13; 5Mo 24,15 ordnungsgemäß am Abend (V. 8). Die Güte des Herrn hat somit nichts mit Willkür und Ungerechtigkeit zu tun. Das »Murren« gegen diese Güte entsteht durch das Vergleichen (V. 11–15): Die am längsten gearbeitet haben, empfinden es als Ungerechtigkeit, daß sie den zuletzt Angeworbenen »gleichgestellt« werden (V. 12). Mit diesem Gleichnis verteidigte Jesus seine Zuwendung zu den Zöllnern und Sündern als Ausdruck göttlicher Güte, die auch diesen »Letzten« gleichen Lebensraum gönnt wie den »Ersten«. Das »Murren« der Pharisäer gegen Jesu Verhalten (vgl. Lk

20 Denn das Himmelreich gleicht einem Hausherrn, der früh am Morgen ausging, um Arbeiter für seinen Weinberg einzustellen. [2]Und als er mit den Arbeitern einig wurde über einen Silbergroschen als Tagelohn, sandte er sie in seinen Weinberg. [3]Und er ging aus um die dritte Stunde und sah andere müßig auf dem Markt stehen [4]und sprach zu ihnen: Geht ihr auch hin in den Weinberg; ich will euch geben, was recht ist. [5]Und sie gingen hin. Abermals ging er aus um die sechste und um die neunte Stunde und tat dasselbe. [6]Um die elfte Stunde aber ging er aus und fand andere und sprach zu ihnen: Was steht ihr den ganzen Tag müßig da? [7]Sie sprachen zu ihm: Es hat uns niemand eingestellt. Er sprach zu ihnen: Geht ihr auch hin in den Weinberg. [8]Als es nun Abend wurde, sprach der Herr des Weinbergs zu seinem Verwalter: Ruf die Arbeiter und gib ihnen den Lohn und fang an bei den letzten bis zu den ersten. [9]Da kamen, die um die elfte Stunde eingestellt waren, und jeder empfing seinen Silbergroschen. [10]Als aber die ersten kamen, meinten sie, sie würden mehr empfangen; und auch sie empfingen ein jeder seinen Silbergroschen. [11]Und als sie den empfingen, murrten sie gegen den Hausherrn [12]und sprachen: Diese letzten haben nur eine Stunde gearbeitet, doch du hast sie uns gleichgestellt, die wir des Tages Last und Hitze getragen haben. [13]Er antwortete aber und sagte zu einem von ihnen: Mein Freund, ich tu dir nicht Unrecht. Bist du nicht mit mir einig geworden über einen Silbergroschen? [14]Nimm, was dein ist, und geh! Ich will aber diesem letzten dasselbe geben wie dir. [15]Oder habe ich nicht Macht zu tun, was ich will, mit dem, was mein ist? Siehst du scheel drein, weil ich so gütig bin? [16]*So werden die Letzten die Ersten und die Ersten die Letzten sein.**

5,30; 7,34; 15,2) wurde damit als Ausdruck ihres »bösen Auges« enthüllt und verurteilt. Mt versteht dieses Gleichnis, wie V. 16 und 19,30 zeigen, als Mahnung an die Gemeinde, sich nicht über die »Kleinen« zu erheben (vgl. 18,10.14).

Einige Handschriften fügen am Schluß von V. 16 zu: »Denn viele sind berufen, aber wenige sind auserwählt« (= 22,14). Dadurch wird aus dem zur Güte einladenden Gleichnis ein Gerichtsgleichnis über alle, die nicht bei dieser Güte bleiben. – »Lohn« hat in der Bibel nichts mit Entlohnung im Sinne einer genauen Entsprechung von Leistung und Entgelt zu tun, sondern meint Belohnung: Gott gedenkt in seiner Gerechtigkeit und Güte (vgl. 5,12.45) auch des geringsten Werkes des Menschen (vgl. 10,41f.; 25,14ff.) und belohnt mit der Verleihung seiner Nähe in seinem Reich (vgl. 6,1ff.; 19,27ff.). Einen Anspruch auf Lohn kann es nicht geben; denn der Mensch ist als Geschöpf Gottes zum Gehorsam seinem Schöpfer gegenüber gerufen (vgl. Lk 17,7ff.).

Die dritte Ankündigung von Jesu Leiden und Auferstehung
(Mk 10,32-34; Lk 18,31-33)

[17]Und Jesus zog hinauf nach Jerusalem und nahm die zwölf Jünger beiseite und sprach zu ihnen auf dem Wege: [18]Siehe, wir ziehen hinauf nach Jerusalem, und der Menschensohn wird den Hohenpriestern und Schriftgelehrten überantwortet werden; und sie werden ihn zum Tode verurteilen [19]und werden ihn den Heiden überantworten, damit sie ihn verspotten und geißeln und kreuzigen; und am dritten Tage wird er auferstehen.

Mt stimmt hier fast wörtlich mit Mk 10,32–34 überein. Er hat nur in V. 17 gekürzt und in V. 19 die Kreuzigung (statt der Tötung) angeführt, die eine typisch römische (= heidnische) Strafe ist.

Vom Herrschen und vom Dienen (»Die Söhne des Zebedäus«)
(Mk 10,35-45)

[20]Da trat zu ihm die Mutter der Söhne des Zebedäus mit ihren Söhnen, fiel vor ihm nieder und wollte ihn um etwas bitten. [21]Und er sprach zu ihr: Was willst du? Sie sprach zu ihm: Laß diese meine beiden Söhne sitzen in deinem Reich einen zu deiner Rechten und den andern zu deiner Linken. [22]Aber Jesus antwortete und sprach: Ihr wißt nicht, was ihr bittet. Könnt ihr den Kelch trinken, den ich trinken werde?* Sie antworteten ihm: Ja, das können wir. [23]Er sprach zu ihnen: Meinen Kelch werdet ihr zwar trinken,** aber das Sitzen zu meiner Rechten und Linken zu geben, steht mir nicht zu. Das wird denen zuteil, für die es bestimmt ist von meinem Vater.

[24]Als das die Zehn hörten, wurden sie unwillig über die zwei Brüder. [25]Aber Jesus rief sie zu sich und sprach: Ihr wißt, daß die Herrscher ihre Völker niederhalten und die Mächtigen ihnen Gewalt antun. [26]So soll es nicht sein unter euch; sondern wer unter euch groß sein will, der sei euer Diener; [27]und wer unter euch der Erste sein will, der sei euer Knecht, [28]so wie *der Menschensohn nicht gekommen ist, daß er sich dienen lasse, sondern daß er diene und gebe sein Leben zu einer Erlösung für viele.*

Der eine der Zebedäussöhne ist Jakobus, der um 44 n. Chr. unter Herodes Agrippa I. hingerichtet worden ist (vgl. Apg 12,1f.) Der andere ist Johannes (vgl. 4,21; 10,2; 17,1). Ihre Mutter könnte Salome (vgl. 27,56 mit Mk 15,40) geheißen haben. Während bei Mk die Söhne die Bitte aussprechen, wird sie bei Mt von der Mutter vorgebracht. Dadurch werden die Söhne, d. h. die Jünger, entschuldigt. Eine solche vermessene Bitte um Ehrenplätze bei der Festtafel im messianischen Reich (vgl. 18,1) verstößt gegen das Jüngerverständnis des Mt. Das Bildwort vom Kelch bezieht sich auf das Leiden; ebenso das von der Taufe, das in spätere Handschriften aufgrund von Mk 10,38f. eingedrungen ist. In V. 28 wird auf Jesus als Vorbild (»wie« statt »denn« Mk 10,45) für den Dienst der Gemeinde verwiesen. Die Gemeindeglieder sollen also im Umgang miteinander durch Jesu Art bestimmt sein.

Wie in 9,27–31 handelt es sich auch hier um zwei Blinde (vgl. den Plural in 11,5). Im Mittelpunkt steht das dreimalige Bekenntnis zu Jesus als dem Herrn. Es ist mit der Bitte um sein Erbarmen verbunden. Die Erfahrung von Jesu Barmherzigkeit macht sehend und führt zur Nachfolge. Durch dieses Wunder wird Jesu Messianität (vgl. 11,2–6; zum Titel »Davidssohn« vgl. 9,27) noch einmal unmittelbar vor dem Gang nach Jerusalem hervorgehoben.

Die Heilung der beiden Blinden vor Jericho

(Mk 10,46-52; Lk 18,35-43)

[29]Und als sie von Jericho fortgingen, folgte ihm eine große Menge. [30]Und siehe, zwei Blinde saßen am Wege; und als sie hörten, daß Jesus vorüberging, schrien sie: Ach Herr, du Sohn Davids, erbarme dich unser! [31]Aber das Volk fuhr sie an, daß sie schweigen sollten. Doch sie schrien noch viel mehr: Ach Herr, du Sohn Davids, erbarme dich unser! [32]Jesus aber blieb stehen, rief sie und sprach: Was wollt ihr, daß ich für euch tun soll? [33]Sie sprachen zu ihm: Herr, daß unsere Augen aufgetan werden. [34]Und es jammerte Jesus, und er berührte ihre Augen; und sogleich wurden sie wieder sehend, und sie folgten ihm nach.

Zum Verständnis der Passionsgeschichte vgl. die Erklärungen zu Mk 14–15. Mt betont stärker als Mk die wörtliche Erfüllung atl. Aussagen im Passionsgeschehen und ebenso Jesu Messianität als des sanftmütigen und demütigen Friedenskönigs. In dem Zitat Sach 9,9 (V. 4 f.) läßt er darum »ein Gerechter« und »ein Helfer« weg. Um die wörtliche Erfüllung der Verheißung zu erweisen, redet er in V. 2 und 7 von der Eselin und dem Füllen (anders Mk und Lk). Zugleich erscheint Jesus als der Herr, dessen Befehl die Jünger voll und ganz gehorchen (V. 3 und 6), und als der Davidssohn (V. 9), dem ganz Jerusalem zujubelt und vor dem es »erbebt« (Luther übersetzte »erregte sich« V. 10). Das griechische Wort wird für Erdbeben verwendet, vgl. 27,52). Bei Jesu Bezeichnung als »Prophet« (V. 11) könnte an 5Mo 18,18 gedacht sein (vgl. Apg 3,22 f.; 7,37; Joh 7,40).

Jesu Einzug in Jerusalem

(Mk 11,1-10; Lk 19,29-38; Joh 12,12-19)

21 Als sie nun in die Nähe von Jerusalem kamen, nach Betfage an den Ölberg, sandte Jesus zwei Jünger voraus [2]und sprach zu ihnen: Geht hin in das Dorf, das vor euch liegt, und gleich werdet ihr eine Eselin angebunden finden und ein Füllen bei ihr; bindet sie los und führt sie zu mir! [3]Und wenn euch jemand etwas sagen wird, so sprecht: Der Herr bedarf ihrer. Sogleich wird er sie euch überlassen. [4]Das geschah aber, damit erfüllt würde, was gesagt ist durch den Propheten, der da spricht (Sacharja 9,9):

[5]»Sagt der Tochter Zion:
Siehe, dein König kommt zu dir
sanftmütig und reitet auf einem Esel
und auf einem Füllen, dem Jungen eines Lasttiers.«

[6]Die Jünger gingen hin und taten, wie ihnen Jesus befohlen hatte, [7]und brachten die Eselin und das Füllen und legten ihre Kleider darauf, und er setzte sich darauf. [8]Aber eine sehr große Menge breitete ihre Kleider auf den Weg; andere hieben Zweige von den Bäumen und streuten sie auf den Weg. [9]Die Menge aber, die ihm voranging und nachfolgte, schrie:

Hosianna dem Sohn Davids!
Gelobt sei, der da kommt in dem Namen des Herrn!
Hosianna in der Höhe!

[10]Und als er in Jerusalem einzog, erregte sich die ganze Stadt und fragte: Wer ist der? [11]Die Menge aber sprach: Das ist Jesus, der Prophet aus Nazareth in Galiläa.

Anders als Mk 11,15–19 geht es hier nicht um den Tempel als Anbetungs-

Die Tempelreinigung

(Mk 11,15-19; Lk 19,45-48; Joh 2,13-16)

[12]Und Jesus ging in den Tempel hinein und trieb heraus alle Verkäufer und Käufer im Tempel und stieß die Tische

der Geldwechsler um und die Stände der Taubenhändler [13]und sprach zu ihnen: Es steht geschrieben (Jesaja 56,7): »Mein Haus soll ein Bethaus heißen«; ihr aber macht eine Räuberhöhle daraus. [14]Und es gingen zu ihm Blinde und Lahme im Tempel, und er heilte sie. [15]Als aber die Hohenpriester und Schriftgelehrten die Wunder sahen, die er tat, und die Kinder, die im Tempel schrien: Hosianna dem Sohn Davids!, entrüsteten sie sich [16]und sprachen zu ihm: Hörst du auch, was diese sagen? Jesus antwortete ihnen: Ja! Habt ihr nie gelesen (Psalm 8,3): »Aus dem Munde der Unmündigen und Säuglinge hast du dir Lob bereitet«? [17]Und er ließ sie stehen und ging zur Stadt hinaus nach Betanien und blieb dort über Nacht.

stätte für alle Heidenvölker. Mt zeigt vielmehr, daß die nach 2Sm 5,8 vom Tempel ausgeschlossenen Blinden und Lahmen jetzt durch Jesus Heilung und Heil finden und damit von allen Benachteiligungen frei werden (V. 14–16). Auch die kultfähigen Kinder kommen jetzt in den Tempel, um Jesus zu verehren. So will die Geschichte weniger Bericht eines vergangenen Geschehens sein, als vielmehr deutlich machen, daß die Türen der christlichen Gemeinde als des neuen Tempels Gottes (1Ko 3,16) auch für alle Ausgestoßenen und »Kleinen« (vgl. 11,25; 18,1 ff.) offen sind.

Der verdorrte Feigenbaum
(Mk 11,12-14.20-24)

[18]Als er aber am Morgen wieder in die Stadt ging, hungerte ihn. [19]Und er sah einen Feigenbaum an dem Wege, ging hin und fand nichts daran als Blätter und sprach zu ihm: Nun wachse auf dir niemals mehr Frucht! Und der Feigenbaum verdorrte sogleich. [20]Und als das die Jünger sahen, verwunderten sie sich und fragten: Wie ist der Feigenbaum so rasch verdorrt? [21]Jesus aber antwortete und sprach zu ihnen: Wahrlich, ich sage euch: Wenn ihr Glauben habt und nicht zweifelt, so werdet ihr nicht allein Taten wie die mit dem Feigenbaum tun, sondern, wenn ihr zu diesem Berge sagt: Heb dich und wirf dich ins Meer!, so wird's geschehen. [22]Und *alles, was ihr bittet im Gebet, wenn ihr glaubt, so werdet ihr's empfangen.*

Mt hat die Geschichte von der Verfluchung des Feigenbaumes aus dem Zusammenhang mit der Tempelreinigung (vgl. die Erklärungen zu Mk 11,12–26) gelöst und auf den nächsten Tag verschoben (V. 18). So ist die Verfluchung des Feigenbaumes nicht mehr Symbol für die Zerstörung des Tempels, sondern Beispiel für die Macht des Gebetsglaubens (V. 21 f.). Aber auch in dieser Deutung bleibt das einzige Fluchwunder in den Evangelien des NT problematisch.

Die Frage nach Jesu Vollmacht
(Mk 11,27-33; Lk 20,1-8)

[23]Und als er in den Tempel kam und lehrte, traten die Hohenpriester und die Ältesten des Volkes zu ihm und fragten: Aus welcher Vollmacht tust du das, und wer hat dir diese Vollmacht gegeben? [24]Jesus aber antwortete und sprach zu ihnen: Ich will euch auch eine Sache fragen; wenn ihr mir die sagt, will ich euch auch sagen, aus welcher Vollmacht ich das tue. [25]Woher war die Taufe des Johannes? War sie vom Himmel oder von den Menschen? Da bedachten sie's bei sich selbst und sprachen: Sagen wir, sie war vom Himmel, so wird er zu uns sagen: Warum habt ihr ihm dann nicht geglaubt? [26]Sagen wir aber, sie war von Menschen, so müssen wir uns vor dem Volk fürchten, denn sie halten alle Johannes für einen Propheten. [27]Und sie antworteten Jesus und sprachen: Wir wissen's nicht. Da sprach er zu ihnen: So sage ich euch auch nicht, aus welcher Vollmacht ich das tue.

Neu gegenüber Mk 11,27 ff. ist, daß der Tempel hier als Lehrstätte Jesu gilt. Damit geht es nicht um Jesu Vollmacht zur Tempelreinigung (so Mk 11,27 ff.), sondern um seine Lehrvollmacht (V. 23). Denn der Gegensatz zwischen Jesus und den jüdischen Theologen besteht nach Mt hauptsächlich in Fragen der Lehre (vgl. besonders die Bergpredigt).

Von den ungleichen Söhnen

[28]Was meint ihr aber? Es hatte ein Mann zwei Söhne und ging zu dem ersten und sprach: Mein Sohn, geh hin und arbeite heute im Weinberg. [29]Er antwortete aber und sprach: Nein, ich will nicht. Danach reute es ihn, und er ging hin. [30]Und der Vater ging zum zweiten Sohn und sagte dasselbe. Der aber antwortete und sprach: Ja, Herr! und ging nicht hin. [31]Wer von den beiden hat des Vaters Willen getan? Sie antworteten: Der erste. Jesus sprach zu ihnen: Wahrlich, ich sage euch: Die Zöllner und Huren kommen eher ins Reich Gottes als ihr. [32]Denn Johannes kam zu euch und lehrte euch den rechten Weg, und ihr glaubtet ihm nicht; aber die Zöllner und Huren glaubten ihm. Und obwohl ihr's saht, tatet ihr dennoch nicht Buße, so daß ihr ihm dann auch geglaubt hättet.

In dem Gleichnis (V. 28–31a) fordert Jesus die Frommen, die ihn ablehnen, auf, sich selbstkritisch zu sehen und umzukehren. Der wahrscheinlich ursprünglich selbständige Spruch (V. 31b vgl. 5,20; 7,21) erläutert die dem Hörer überlassene Antwort in V. 31a. V. 32 (vgl. Lk 7,29f.) stammt aus Q und paßt nicht in das Bild von den Nein- und Ja-Sagern. Vielmehr wird hier ohne Bild den Frommen das Gericht wegen ihres Unglaubens angekündigt. Glaube heißt hier: den »Weg der Gerechtigkeit« (5,20 vgl. Spr 8,20) bejahen.

Von den bösen Weingärtnern

(Mk 12,1-12; Lk 20,9-19)

[33]Hört ein anderes Gleichnis: Es war ein Hausherr, der pflanzte einen Weinberg und zog einen Zaun darum und grub eine Kelter darin und baute einen Turm und verpachtete ihn an Weingärtner und ging außer Landes. [34]Als nun die Zeit der Früchte herbeikam, sandte er seine Knechte zu den Weingärtnern, damit sie seine Früchte holten. [35]Da nahmen die Weingärtner seine Knechte: den einen schlugen sie, den zweiten töteten sie, den dritten steinigten sie. [36]Abermals sandte er andere Knechte, mehr als das erste Mal; und sie taten mit ihnen dasselbe. [37]Zuletzt aber sandte er seinen Sohn zu ihnen und sagte sich: Sie werden sich vor meinem Sohn scheuen. [38]Als aber die Weingärtner den Sohn sahen, sprachen sie zueinander: Das ist der Erbe; kommt, laßt uns ihn töten und sein Erbgut an uns bringen! [39]Und sie nahmen ihn und stießen ihn zum Weinberg hinaus und töteten ihn. [40]Wenn nun der Herr des Weinbergs kommen wird, was wird er mit diesen Weingärtnern tun? [41]Sie antworteten ihm: Er wird den Bösen ein böses Ende bereiten und seinen Weinberg andern Weingärtnern verpachten, die ihm die Früchte zur rechten Zeit geben.

[42]Jesus sprach zu ihnen: Habt ihr nie gelesen in der Schrift (Psalm 118,22.23):

»Der Stein, den die Bauleute verworfen haben,
der ist zum Eckstein geworden.
Vom Herrn ist das geschehen
und ist ein Wunder vor unsern Augen«?

[43]Darum sage ich euch: Das Reich Gottes wird von euch genommen und einem Volk gegeben werden, das seine Früchte bringt. [44]Und wer auf diesen Stein fällt, der wird zerschellen; auf wen aber er fällt, den wird er zermalmen.*

Mt erwähnt 2 Gruppen von »Knechten« (V. 34.36). Damit sind die vor- und nachexilischen Propheten des AT gemeint, die das typische Prophetenschicksal erlitten (V. 35 vgl. 2Chr 24,21; Heb 11,37). Außerdem ist Mt, wie die zweimalige Betonung der »Früchte« in V. 34 und 41 zeigt, am Fruchtbringen interessiert (vgl. 3,8.10; 7,16ff. u. ö.). In V. 41 sprechen die Hörer selbst das Urteil (anders Mk 12,9). In dem von Mt formulierten V. 43 wird dem Volk Israel der Anspruch auf Heil gänzlich abgesprochen. An diesem Punkt unterscheidet sich Mt bewußt von Jesus, der sich um die Sammlung des Volkes Israel (vgl. Lk 13, 34Par) bemühte. Auch zu Rö 9 – 11 liegt ein unüberbrückbarer Widerspruch vor (vgl. besonders Rö 11,25f.). Hinter der Sicht des Mt stehen die leidvollen Erfahrungen der christlichen Mission innerhalb des Judentums. Mit V. 43 deutet Mt das Gleichnis: Gottes Herrschaft geht auf das »Volk« über (das griechische Wort meint das Heidenvolk; vgl. 28,19), das die von Gott erwarteten »Früchte« hervorbringt (vgl. 8,10–12). Die Kirche, deren »Eckstein« Jesus Christus ist (V. 42 vgl. 1Pt 2,6–10), tritt hier als ein neues Volk an die Stelle Israels. V. 44 findet sich in einigen alten Textzeugen nicht.

[45]Und als die Hohenpriester und Pharisäer seine Gleichnisse hörten, erkannten sie, daß er von ihnen redete. [46]Und sie trachteten danach, ihn zu ergreifen; aber sie fürchteten sich vor dem Volk, denn es hielt ihn für einen Propheten.

Die königliche Hochzeit

(Lk 14,16-24)

22 Und Jesus fing an und redete abermals in Gleichnissen zu ihnen und sprach: [2]Das Himmelreich gleicht einem König, der seinem Sohn die Hochzeit ausrichtete. [3]Und er sandte seine Knechte aus, die Gäste zur Hochzeit zu laden; doch sie wollten nicht kommen. [4]Abermals sandte er andere Knechte aus und sprach: Sagt den Gästen: Siehe, meine Mahlzeit habe ich bereitet, meine Ochsen und mein Mastvieh ist geschlachtet, und alles ist bereit; kommt zur Hochzeit! [5]Aber sie verachteten das und gingen weg, einer auf seinen Acker, der andere an sein Geschäft. [6]Einige aber ergriffen seine Knechte, verhöhnten und töteten sie. [7]Da wurde der König zornig und schickte seine Heere aus und brachte diese Mörder um und zündete ihre Stadt an. [8]Dann sprach er zu seinen Knechten: Die Hochzeit ist zwar bereit, aber die Gäste waren's nicht wert. [9]Darum geht hinaus auf die Straßen und ladet zur Hochzeit ein, wen ihr findet. [10]Und die Knechte gingen auf die Straßen hinaus und brachten zusammen, wen sie fanden, Böse und Gute; und die Tische wurden alle voll. [11]Da ging der König hinein, sich die Gäste anzusehen, und sah da einen Menschen, der hatte kein hochzeitliches Gewand an, [12]und sprach zu ihm: Freund, wie bist du hier hereingekommen und hast doch kein hochzeitliches Gewand an? Er aber verstummte. [13]Da sprach der König zu seinen Dienern: Bindet ihm die Hände und Füße und werft ihn in die Finsternis hinaus! Da wird Heulen und Zähneklappern sein. [14]Denn *viele sind berufen, aber wenige sind auserwählt.*

Wieder ist von der Sendung der Knechte die Rede (vgl. 21,34.36 mit 22,3.4) und jetzt wird der Vollzug der Strafe gebracht (V. 7). Die drei Gleichnisse schildern also das Gericht über Israel, aber ihr Ziel ist die Warnung der Gemeinde. Das aus Q stammende Gleichnis V. 2–10 (vgl. Lk 14,16–24) ist darum von Mt seinem Verkündigungsanliegen dienstbar gemacht worden. Das wird deutlich durch den Einschub von V. 6f.; die Zufügung von V. 11–14; kleinere Eingriffe, V. 4: »andere Knechte: christliche Apostel, darum sind V. 10 Heiden gemeint; V. 7: direkte Anspielung auf die Zerstörung Jerusalems 70 n. Chr.). Wie in 13,18–23 soll auch hier ausgesagt werden, daß das Hören auf den Ruf der Einladung für das Heil nicht ausreichend ist. Ausschlaggebend ist vielmehr das Fruchtbringen, das für die Gottesherrschaft würdig macht (vgl. 7,17ff.24ff.). Diese Würdigkeit wird mit dem »hochzeitlichen Gewand« symbolisiert (V. 12).
Die Kirche besteht aus »Guten und Bösen« (V. 10) und stellt noch nicht das vollendete Gottesreich dar. Darum muß sie vor Selbstsicherheit gewarnt werden (V. 14 vgl. 1Ko 10,12).

Die Frage nach der Steuer (»Der Zinsgroschen«)

(Mk 12,13-17; Lk 20,20-26)

In 22,15–24,1 geht es Mt um die Abrechnung mit dem pharisäisch-rabbinischen Judentum seiner Zeit. Darum treten die »Pharisäer« hier auch als alleinige Gegner Jesu auf (mit Ausnahme von 22,23ff., wo eine Ersetzung der Sadduzäer durch die Pharisäer sachlich unmöglich war). Ihre Darstellung ist hier polemisch entstellt. 22,18 spricht geradezu von ihrer »Bosheit«. Das erste Streitgespräch (V. 15–22) könnte, sofern es auf Jesus zurückgeht, nur mit Angehörigen der zelotischen Aufstandspartei geführt worden sein. Denn Judäa wurde 6 n. Chr. römische Provinz. Damit erfolgte die Einführung der Kopf- und Grundsteuer. Diese Steuerzahlung an den Kaiser galt bei der jüdischen Aufstandsbewegung als Übertretung des 1. Gebotes und damit als Götzendienst.

[15]Da gingen die Pharisäer hin und hielten Rat, wie sie ihn in seinen Worten fangen könnten; [16]und sandten zu ihm ihre Jünger samt den Anhängern des Herodes. Die spra-

Jesus wird mit der ihm gestellten Frage in eine heikle Situation gebracht. Sagt er Ja, macht er sich bei dem antirömisch eingestellten Volk unmöglich. Sagt er Nein, liefert er sich der Verfolgung durch die Römer aus. Aber Jesus zeigt seine Überlegenheit als Lehrer, der in Vollmacht lehrt. Er trennt die Frage der Steuerzahlung von der nach dem Gottesgehorsam. Die allein Gott geschuldete Anbetung (1. Gebot) hat nichts mit der Bejahung oder Verneinung der Steuer zu tun.

chen: Meister, wir wissen, daß du wahrhaftig bist und lehrst den Weg Gottes recht und fragst nach niemand; denn du achtest nicht das Ansehen der Menschen. [17]Darum sage uns, was meinst du: Ist's recht, daß man dem Kaiser Steuern zahlt oder nicht? [18]Als nun Jesus ihre Bosheit merkte, sprach er: Ihr Heuchler, was versucht ihr mich? [19]Zeigt mir die Steuermünze! Und sie reichten ihm einen Silbergroschen. [20]Und er sprach zu ihnen: Wessen Bild und Aufschrift ist das? [21]Sie sprachen zu ihm: Des Kaisers. Da sprach er zu ihnen: *So gebt dem Kaiser, was des Kaisers ist, und Gott, was Gottes ist!* [22]Als sie das hörten, wunderten sie sich, ließen von ihm ab und gingen davon.

Die Frage nach der Auferstehung

(Mk 12,18-27; Lk 20,27-40)

Mt berichtet hier in enger Anlehnung an Mk 12,18–27 (vgl. die dortige Erklärung). Die Sadduzäer stellten z.Z. Jesu eine kleine Gruppe dar, der vor allem der Priesteradel angehörte. Als betont konservative Partei wußte sie sich streng an die 5 Bücher Mose gebunden, lehnte jede lehrmäßige Weiterentwicklung ab (Totenauferstehung, Engelglaube, Prädestination, Heilsuniversalismus) und stand darum in Spannung zu den anderen jüdischen Gruppen. In der Gestalt des Hohenpriesters, der als Leiter des Hohen Rates von den Römern eingesetzt wurde, kam den Sadduzäern große politische Bedeutung zu. Sie waren offensichtlich die treibenden Kräfte bei der Beseitigung Jesu. Mit der Tempelzerstörung im Jahre 70 n. Chr. war ihr Untergang besiegelt. Bestimmend wurde danach die pharisäisch-rabbinische Richtung. Deshalb werden in den nach 70 n. Chr. abgefaßten Evangelien die Gegner Jesu meist »Pharisäer« genannt.

[23]An demselben Tage traten die Sadduzäer zu ihm, die lehren, es gebe keine Auferstehung, und fragten ihn [24]und sprachen: Meister, Mose hat gesagt (5.Mose 25,5.6): »Wenn einer stirbt und hat keine Kinder, so soll sein Bruder die Frau heiraten und seinem Bruder Nachkommen erwekken.« [25]Nun waren bei uns sieben Brüder. Der erste heiratete und starb; und weil er keine Nachkommen hatte, hinterließ er seine Frau seinem Bruder; [26]desgleichen der zweite und der dritte bis zum siebenten. [27]Zuletzt nach allen starb die Frau. [28]Nun in der Auferstehung: wessen Frau wird sie sein von diesen sieben? Sie haben sie ja alle gehabt. [29]Jesus aber antwortete und sprach zu ihnen: Ihr irrt, weil ihr weder die Schrift kennt noch die Kraft Gottes. [30]Denn in der Auferstehung werden sie weder heiraten noch sich heiraten lassen, sondern sie sind wie Engel im Himmel. [31]Habt ihr denn nicht gelesen von der Auferstehung der Toten, was euch gesagt ist von Gott, der da spricht (2.Mose 3,6): [32]»Ich bin der Gott Abrahams und der Gott Isaaks und der Gott Jakobs«? *Gott ist nicht ein Gott der Toten, sondern der Lebenden.* [33]Und als das Volk das hörte, entsetzten sie sich über seine Lehre.

Die Frage nach dem höchsten Gebot

(Mk 12,28-31; Lk 10,25-28)

Mt hebt den Gegensatz zwischen dem Gesetzesverständnis der Pharisäer und dem Jesu besonders hervor. Er läßt darum Mk 12,29.32–34 weg. Das Gebot der Nächstenliebe wird ausdrücklich dem der Gottesliebe gleichgestellt (V. 39). Nach V. 40 ist das Doppelgebot der Liebe Grund und Zentrum der ganzen Schrift als

[34]Als aber die Pharisäer hörten, daß er den Sadduzäern das Maul gestopft hatte, versammelten sie sich. [35]Und einer von ihnen, ein Schriftgelehrter, versuchte ihn und fragte: [36]Meister, welches ist das höchste Gebot im Gesetz? [37]Jesus aber antwortete ihm: *»Du sollst den Herrn, deinen Gott, lieben von ganzem Herzen, von ganzer Seele und von ganzem Gemüt«* (5.Mose 6,5). [38]Dies ist das höchste und größte Gebot. [39]Das andere aber ist dem gleich: *»Du sollst deinen Nächsten*

lieben wie dich selbst« (3.Mose 19,18). [40]In diesen beiden Geboten hängt das ganze Gesetz und die Propheten.

Die Frage nach dem Davidssohn
(Mk 12,35-37; Lk 20,41-44)

[41]Als nun die Pharisäer beieinander waren, fragte sie Jesus: [42]Was denkt ihr von dem Christus? Wessen Sohn ist er? Sie antworteten: Davids. [43]Da fragte er sie: Wie kann ihn dann David durch den Geist Herr nennen, wenn er sagt (Psalm 110,1):

[44]»Der Herr sprach zu meinem Herrn:
Setze dich zu meiner Rechten,
bis ich deine Feinde unter deine Füße lege«?

[45]Wenn nun David ihn Herr nennt, wie ist er dann sein Sohn? [46]Und niemand konnte ihm ein Wort antworten, auch wagte niemand von dem Tage an, ihn hinfort zu fragen.

des Willens Gottes (vgl. 5,17; 7,12; 9,13). Eine daran orientierte Gerechtigkeit ist »viel besser als die der Pharisäer und Schriftgelehrten« (5,20; vgl. 5,38 ff.).

Auch hier führt Mt wieder die Pharisäer ein und unterstreicht damit, daß es ihm um eine grundsätzliche Auseinandersetzung mit dem pharisäisch-rabbinischem Judentum geht. Mit V. 46 faßt er die drei Streitgespräche zusammen, betont dabei Jesu Überlegenheit und leitet zu Kap. 23 über. Die Periode der Diskussion mit seinen Gegnern ist damit zu Ende. Aber die durch Argumente und Fragen zum Schweigen gebrachten Feinde rächen sich, wie dann in Kap. 26–27 gezeigt wird.

Gegen die Schriftgelehrten und Pharisäer
(Mk 12,38-40; Lk 20,45-47; 11,39-52)

Die Rede gegen die jüdisch-pharisäische Frömmigkeit richtet Mt im Sinne eines abschreckenden Beispiels betont an die Jünger Jesu, d.h. an die christliche Gemeinde. Die Rede ist aus unterschiedlichen Überlieferungen gestaltet, teils aus Q, teils aus Mk, teils aus Sondergut. Die einzelnen Überlieferungen stammen aus verschiedenen Zeiten; z.B. kommen einige aus der Zeit, als die Christen sich noch nicht vom jüdischen Synagogenverband gelöst hatten und die Lehrautorität der Pharisäer anerkannten (V. 2f.); andere setzen den endgültigen Bruch und die Verfolgung der Christen durch die Synagoge voraus (V. 29–36). Sie spiegeln auch die unterschiedlichen Haltungen zur pharisäischen Frömmigkeit wider: So erkennen einige die Lehre der Pharisäer an, lehnen aber deren Verhalten ab, weil es mit den Lehrsätzen nicht übereinstimmt. Andere wiederum sehen die Forderungen der Pharisäer aufgrund ihrer Schwere als unlösbar an. Einerseits werden Vorwürfe erhoben, daß die Pharisäer nur um des Selbstruhmes willen Gutes tun. Andrerseits werden Klagen laut über kleinliche Gesetzlichkeit, die sich nur an Äußerlichkeiten hält. Schließlich gibt es auch die Anklage, daß die Pharisäer das Gottesreich verschließen und die eigentlichen Prophetenmörder sind. Mt hat alle diese Überlieferungen unter dem Leitgedanken des Vorwurfes der Heuchelei zusammengestellt.

23 Da redete Jesus zu dem Volk und zu seinen Jüngern [2]und sprach: Auf dem Stuhl des Mose sitzen die Schriftgelehrten und Pharisäer. [3]Alles nun, was sie euch sagen, das tut und haltet; aber nach ihren Werken sollt ihr nicht handeln; denn sie sagen's zwar, tun's aber nicht. [4]Sie binden schwere und unerträgliche Bürden und legen sie den Menschen auf die Schultern; aber sie selbst wollen keinen Finger dafür krümmen. [5]Alle ihre Werke aber tun sie, damit sie von den Leuten gesehen werden. Sie machen ihre Gebetsriemen breit und die Quasten an ihren Kleidern groß. [6]Sie sitzen gern obenan bei Tisch und in den Synagogen [7]und haben's gern, daß sie auf dem Markt gegrüßt und von den Leuten Rabbi genannt werden. [8]Aber ihr sollt euch nicht Rabbi nennen lassen; denn *einer ist euer Meister;*

V. 2–7 lassen sich nur von V. 8–12 her verstehen: Die christliche Gemeinde stellt eine Bruderschaft dar, deren Glieder auf Ehrentitel verzichten und zum demütigen Dienen bereit·sein sollen. Die Pharisäer erscheinen als ihr negatives Gegenbild: Sie tun nicht, was sie sagen (V. 3 vgl. demgegenüber 7,21 ff.24 ff.); sie belasten die Menschen mit schweren Geboten, ohne ihnen zu helfen (V. 4 vgl. demgegenüber 11,28–30); sie wollen öffentliche Anerkennung ihrer Frömmigkeit (V. 5 vgl. demgegenüber 6,1 ff.) und sie sind nicht demütig (V. 6 vgl. demgegenüber 5,5; 21,5). Diese scharfe polemische

Schilderung gegen das pharisäisch-rabbinische Judentum will nicht zur Überheblichkeit und Selbstgerechtigkeit verleiten. Sie will vielmehr die christliche Gemeinde eindrücklich vor einem Verhalten warnen, das dem der Pharisäer gleicht. – Mit dem Sitzen auf dem Stuhl des Mose ist gemeint, daß die Pharisäer dieselbe Autorität wie Mose als Lehrer und Richter des Volkes beanspruchen. Die »Gebetsriemen« enthalten Kapseln mit Schriftstellen (5Mo 6,4ff.). Diese wurden vor dem Gebet an den linken Oberarm und an die Stirn gebunden (vgl. 5Mo 11,18). Die »Quasten« oder Fransen – aus blauen oder weißen Fäden bestehend – wurden an den Zipfeln des Obergewandes befestigt und sollten an die Gebote erinnern (vgl. 4Mo 15,37f.). Je breiter die Gebetsriemen und je länger die Quasten, umso größer die Frömmigkeit. In dem Wort »Rabbi« als Anrede an den jüdischen Lehrer steckt das Wort »rab« (= groß). Da die Größe der Gemeinde im Dienen besteht (vgl. 20,26), darf es diesen Ehrentitel bei ihr nicht geben. V 13 bestreitet den jüdischen Theologen das Recht, über die Zugehörigkeit zu dem auserwählten Volk Gottes entscheiden zu können. V. 14 ist aus Mk 12,40 in spätere Handschriften eingedrungen und lautet: »Weh euch, Schriftgelehrte und Pharisäer, ihr Heuchler, die ihr die Häuser der Witwen freßt und zum Schein lange Gebete verrichtet! Darum werdet ihr ein umso härteres Urteil empfangen.« Mit V. 15 wird die jüdische Mission verunglimpft. In V. 16–22 wird zum Ernstnehmen jedes Gelübdes aufgefordert; denn Gott ist überall gegenwärtig. Zu V. 23 vgl. 5Mo 14,22f. Das Gebot, von allen Feldfrüchten den zehnten Teil für den Tempel zu opfern, wurde von den Pharisäern sehr ernst genommen und bis auf die kleinsten Gartengewürze ausgedehnt. Zum »Wichtigsten« im Gesetz vgl. Mi 6,8; Sa 7,9f. V. 24 karikiert die Heuchelei der Pharisäer: Unwesentliche Dinge nehmen sie peinlich genau, in wichtigen Dingen (V. 23) sind sie nachlässig. In die gleiche Richtung gehen die in V. 25–28 gebrachten Beispiele, die

ihr aber seid alle Brüder. [9]Und ihr sollt niemanden unter euch Vater nennen auf Erden; denn einer ist euer Vater, der im Himmel ist. [10]Und ihr sollt euch nicht Lehrer nennen lassen; denn einer ist euer Lehrer: Christus. [11]Der größte unter euch soll euer Diener sein. [12]Denn *wer sich selbst erhöht, der wird erniedrigt; und wer sich selbst erniedrigt, der wird erhöht.*

[13]Weh euch, Schriftgelehrte und Pharisäer, ihr Heuchler, die ihr das Himmelreich zuschließt vor den Menschen! Ihr geht nicht hinein, und die hinein wollen, laßt ihr nicht hineingehen.*

[15]Weh euch, Schriftgelehrte und Pharisäer, ihr Heuchler, die ihr Land und Meer durchzieht, damit ihr einen Judengenossen gewinnt; und wenn er's geworden ist, macht ihr aus ihm ein Kind der Hölle, doppelt so schlimm wie ihr.

[16]Weh euch, ihr verblendeten Führer, die ihr sagt: Wenn einer schwört bei dem Tempel, das gilt nicht; wenn aber einer schwört bei dem Gold des Tempels, der ist gebunden. [17]Ihr Narren und Blinden! Was ist mehr: das Gold oder der Tempel, der das Gold heilig macht? [18]Oder: Wenn einer schwört bei dem Altar, das gilt nicht; wenn aber einer schwört bei dem Opfer, das darauf liegt, der ist gebunden. [19]Ihr Blinden! Was ist mehr: das Opfer oder der Altar, der das Opfer heilig macht? [20]Darum, wer schwört bei dem Altar, der schwört bei ihm und bei allem, was darauf liegt. [21]Und wer schwört bei dem Tempel, der schwört bei ihm und bei dem, der darin wohnt. [22]Und wer schwört bei dem Himmel, der schwört bei dem Thron Gottes und bei dem, der darauf sitzt.

[23]Weh euch, Schriftgelehrte und Pharisäer, ihr Heuchler, die ihr den Zehnten gebt von Minze, Dill und Kümmel und laßt das Wichtigste im Gesetz beiseite, nämlich das Recht, die Barmherzigkeit und den Glauben! Doch dies sollte man tun und jenes nicht lassen. [24]Ihr verblendeten Führer, die ihr Mücken aussiebt, aber Kamele verschluckt!

[25]Weh euch, Schriftgelehrte und Pharisäer, ihr Heuchler, die ihr die Becher und Schüsseln außen reinigt, innen aber sind sie voller Raub und Gier! [26]Du blinder Pharisäer, reinige zuerst das Innere des Bechers, damit auch das Äußere rein wird!

[27]Weh euch, Schriftgelehrte und Pharisäer, ihr Heuchler, die ihr seid wie die übertünchten Gräber, die von außen hübsch aussehen, aber innen sind sie voller Totengebeine und lauter Unrat! [28]So auch ihr: von außen scheint ihr vor den Menschen fromm, aber innen seid ihr voller Heuchelei und Unrecht.

[29]Weh euch, Schriftgelehrte und Pharisäer, ihr Heuchler, die ihr den Propheten Grabmäler baut und die Gräber der

Gerechten schmückt [30]und sprecht: Hätten wir zu Zeiten unserer Väter gelebt, so wären wir nicht mit ihnen schuldig geworden am Blut der Propheten! [31]Damit bezeugt ihr von euch selbst, daß ihr Kinder derer seid, die die Propheten getötet haben. [32]Wohlan, macht auch ihr das Maß eurer Väter voll! [33]Ihr Schlangen, ihr Otternbrut! Wie wollt ihr der höllischen Verdammnis entrinnen?

[34]Darum: siehe, ich sende zu euch Propheten und Weise und Schriftgelehrte; und von ihnen werdet ihr einige töten und kreuzigen, und einige werdet ihr geißeln in euren Synagogen und werdet sie verfolgen von einer Stadt zur andern, [35]damit über euch komme all das gerechte Blut, das vergossen ist auf Erden, von dem Blut des gerechten Abel an bis auf das Blut des Secharja, des Sohnes Berechjas, den ihr getötet habt zwischen Tempel und Altar. [36]Wahrlich, ich sage euch: das alles wird über dieses Geschlecht kommen.

an dem Gegensatz »Äußeres« (korrekte Reinheit) und »Inneres« (böses Herz; vgl. 15,11 ff.) ausgerichtet sind. V. 29–32 decken den Widerspruch, Märtyrer zu verehren und gleichzeitig in der Gegenwart auf der Seite der Verfolger zu stehen, als Heuchelei auf. V. 33 nimmt 3,7 auf. In V. 34 sind christliche Propheten, Weise und Schriftgelehrte gemeint (vgl. 10,41), die das Leiden als Prophetenschicksal erfahren (vgl. 10,17 ff.). Zu Abel vgl. 1Mo 4,2–8. Mit Secharja muß der in 2Chr 24,20–22 erwähnte Prophet gemeint sein. Mt hat ihn aber offensichtlich, wie die Hinzufügung des Vaternamens zeigt, mit dem Propheten gleichen Namens verwechselt, auf den das Buch Sacharja zurückgeführt wird. Von diesem ist aber kein Märtyrertod überliefert.

Klage über Jerusalem

(Lk 13,34.35)

[37]Jerusalem, Jerusalem, die du tötest die Propheten und steinigst, die zu dir gesandt sind! Wie oft habe ich deine Kinder versammeln wollen, wie eine Henne ihre Küken versammelt unter ihre Flügel; und ihr habt nicht gewollt! [38]Siehe, »euer Haus soll euch wüst gelassen werden« (Jeremia 22,5; Psalm 69,26). [39]Denn ich sage euch: Ihr werdet mich von jetzt an nicht sehen, bis ihr sprecht: Gelobt sei, der da kommt im Namen des Herrn!

Das von Gott (vgl. Jes 31,5; Ps 36,8) auf Jesus übertragene Bild V. 37b zeigt, daß seine Nähe Schutz und seine Abwendung Unheil bedeutet. Ihn abzulehnen führt darum unweigerlich zum Gericht. Das mit seiner Ablehnung verbundene Gericht wird auf den Tempel bezogen, der damit seine Bedeutung als Ort der Gegenwart Gottes verliert. Dieser Abschnitt stellt den Übergang zu Kap. 24 dar, das mit dem Hinweis auf die Tempelzerstörung (V. 1 f.) beginnt.

JESU REDE ÜBER DIE ENDZEIT (Kapitel 24–25)

Das Ende des Tempels

(Mk 13,1.2; Lk 21,5.6)

24 Und Jesus ging aus dem Tempel fort, und seine Jünger traten zu ihm und zeigten ihm die Gebäude des Tempels. [2]Er aber sprach zu ihnen: Seht ihr nicht das alles? Wahrlich, ich sage euch: Es wird hier nicht ein Stein auf dem andern bleiben, der nicht zerbrochen werde.

Die Endzeitrede richtet sich bewußt an die Jünger und enthüllt, welche Folgen der in 23,37–39 angekündigte Weggang Jesu für den Tempel haben wird. Zum Wort gegen den Tempel vgl. zu 26,61.

Der Anfang der Wehen

(Mk 13,3-13; Lk 21,7-19)

[3]Und als er auf dem Ölberg saß, traten seine Jünger zu ihm und sprachen, als sie allein waren: Sage uns, wann wird das geschehen? und was wird das Zeichen sein für dein Kommen und für das Ende der Welt? [4]Jesus aber antwortete und sprach zu ihnen: Seht zu, daß euch nicht jemand verführe. [5]Denn es werden viele kommen unter meinem Namen und sagen: Ich bin der Christus, und sie werden viele verführen. [6]Ihr werdet hören von Kriegen und Kriegs-

Mt folgt dem Aufbau von Mk 13 (vgl. die dort gegebene Erklärung), fügt aber Aussagen aus anderen Traditionen ein (V. 10–12 Sondergut, V. 26–28 aus Q = Lk 17,23 f.37). Die von Mk als Zeichen des Endgeschehens beschriebene Verfolgungssituation der Gemeinde (Mk 13,9–13) hat Mt aus dem Rahmen der Endzeitrede gelöst und in überarbeiteter Form schon in seine Aussendungsrede eingefügt (10,17–21). Die Verfolgung der Boten Jesu ist also zu innergeschichtlicher Erfahrung geworden und nicht mehr Hinweis auf die Nähe des Endes. Stattdessen hat Mt ein neues Zeichen der Endzeit eingefügt: den inneren Zerfall der Gemeinde (V. 9–12), der durch Abfall vom Glauben, Auftreten von Irrlehrern und Erkalten der Liebe gekennzeichnet ist. So steht nicht die heile Schar Auserwählter einer bösen Welt gegenüber, sondern die Gemeinde trägt die Zeichen des Verfalls an sich selbst. Die in der Gemeinde aufgebrochene Irrlehre wird als Auflehnung gegen das Gesetz (V. 12 vgl. 7,23) gekennzeichnet. Denn sie führt zur Ablehnung von Liebe und Barmherzigkeit (V. 12b vgl. 5,44f.), die nach Jesu Auslegung im Mittelpunkt des Gesetzes stehen. V. 13 mahnt darum zum beständigen Festhalten am recht verstandenen Gesetz (anders Mk 13,13), das für Mt mit dem »Evangelium vom Reiche« (V. 14) identisch ist. Der von Mk geprägte Gedanke, daß die Verkündigung des Evangeliums an die Heiden ein Zeichen der Endzeit ist, wird von Mt mit neuem Akzent versehen: Nicht die Heidenmission überhaupt ist endzeitliches Zeichen, sondern erst ihr Abschluß. Wenn alle Völker die Botschaft gehört haben, kommt das Ende. Ein streng judenchristlicher Einschub, der die Gültigkeit des Sabbatgebotes für die christliche Gemeinde noch voraussetzt, findet sich V. 20 (vgl. 1Mkk 2,32ff.). Die Irrlehrer stellen aber nicht nur durch ihre Auflehnung gegen das Gesetz, sondern auch durch ihre »großen Zeichen und Wunder« (V. 24) eine Gefahr für die Gemeinde dar. Zum Problem von Wundern für die Gemeinde vgl. zu 2Ko 12,11ff. In V. 26–28 (vgl. Lk 17,23f.37) finden sich nähere Hinweise auf diese Wundertäter (vgl. 7,15. 22f.). Die Wüste (V. 26) galt im Judentum als Ort der Erscheinung des Messias gemäß dem Grundsatz: Wie der erste Erlöser (Mose, der das Volk durch die Wüste führte), so der letzte Erlöser (der Messias, vgl. Apg 21,38).

geschrei; seht zu und erschreckt nicht. Denn das muß so geschehen; aber es ist noch nicht das Ende da. [7]Denn es wird sich ein Volk gegen das andere erheben und ein Königreich gegen das andere: und es werden Hungersnöte sein und Erdbeben hier und dort. [8]Das alles aber ist der Anfang der Wehen.

[9]Dann werden sie euch der Bedrängnis preisgeben und euch töten. Und ihr werdet gehaßt werden um meines Namens willen von allen Völkern. [10]Dann werden viele abfallen und werden sich untereinander verraten und werden sich untereinander hassen. [11]Und es werden sich viele falsche Propheten erheben und werden viele verführen. [12]Und weil die Ungerechtigkeit überhand nehmen wird, wird die Liebe in vielen erkalten. [13]*Wer aber beharrt bis ans Ende, der wird selig werden.* [14]Und es wird gepredigt werden dies Evangelium vom Reich in der ganzen Welt zum Zeugnis für alle Völker, und dann wird das Ende kommen.

Die große Bedrängnis
(Mk 13,14-23; Lk 21,20-24)

[15]Wenn ihr nun sehen werdet das Greuelbild der Verwüstung stehen an der heiligen Stätte, wovon gesagt ist durch den Propheten Daniel (Daniel 9,27; 11,31), – wer das liest, der merke auf! –, [16]alsdann fliehe auf die Berge, wer in Judäa ist; [17]und wer auf dem Dach ist, der steige nicht hinunter, etwas aus seinem Hause zu holen; [18]und wer auf dem Feld ist, der kehre nicht zurück, seinen Mantel zu holen. [19]Weh aber den Schwangeren und den Stillenden zu jener Zeit! [20]Bittet aber, daß eure Flucht nicht geschehe im Winter oder am Sabbat. [21]Denn es wird dann eine große Bedrängnis sein, wie sie nicht gewesen ist vom Anfang der Welt bis jetzt und auch nicht wieder werden wird. [22]Und wenn diese Tage nicht verkürzt würden, so würde kein Mensch selig werden; aber um der Auserwählten willen werden diese Tage verkürzt.

[23]Wenn dann jemand zu euch sagen wird: Siehe, hier ist der Christus! oder da!, so sollt ihr's nicht glauben. [24]Denn es werden falsche Christusse und falsche Propheten aufstehen und große Zeichen und Wunder tun, so daß sie, wenn es möglich wäre, auch die Auserwählten verführten. [25]Siehe, ich habe es euch vorausgesagt. [26]Wenn sie also zu euch sagen werden: Siehe, er ist in der Wüste!, so geht nicht hinaus; siehe, er ist drinnen im Haus!, so glaubt es nicht. [27]Denn wie der Blitz ausgeht vom Osten und leuchtet bis zum Westen, so wird auch das Kommen des Menschensohns sein. [28]Wo das Aas ist, da sammeln sich die Geier.

Das Kommen des Menschensohns

(Mk 13,24-27; Lk 21,25-28)

[29]Sogleich aber nach der Bedrängnis jener Zeit wird die Sonne sich verfinstern und der Mond seinen Schein verlieren, und die Sterne werden vom Himmel fallen, und die Kräfte der Himmel werden ins Wanken kommen. [30]Und dann wird erscheinen das Zeichen des Menschensohns am Himmel. Und dann werden wehklagen alle Geschlechter auf Erden und werden sehen den Menschensohn kommen auf den Wolken des Himmels mit großer Kraft und Herrlichkeit. [31]Und er wird seine Engel senden mit hellen Posaunen, und sie werden seine Auserwählten sammeln von den vier Winden, von einem Ende des Himmels bis zum andern.

Mit dem Ausdruck »drinnen im Haus« (V. 26) könnte auf die Verborgenheit des Messias angespielt sein (vgl. Joh 7,27). Die Ankunft des Menschensohnes wird demgegenüber weltweit sichtbar sein (V. 27 f.). Was mit dem »Zeichen des Menschensohnes am Himmel« (V. 30) gemeint sein könnte, ist unklar. Das Wehklagen (V. 30b) weist darauf hin, daß der Menschensohn als Weltrichter erscheinen wird.

Mahnung zur Wachsamkeit

(Mk 13,28-32; Lk 21,29-33; 12,39.40)

[32]An dem Feigenbaum lernt ein Gleichnis: wenn seine Zweige jetzt saftig werden und Blätter treiben, so wißt ihr, daß der Sommer nahe ist. [33]Ebenso auch: wenn ihr das alles seht, so wißt, daß er nahe vor der Tür ist. [34]Wahrlich, ich sage euch: Dieses Geschlecht wird nicht vergehen, bis dies alles geschieht. [35]*Himmel und Erde werden vergehen; aber meine Worte werden nicht vergehen.* [36]Von dem Tage aber und von der Stunde weiß niemand, auch die Engel im Himmel nicht, auch der Sohn nicht, sondern allein der Vater. [37]Denn wie es in den Tagen Noahs war, so wird auch sein das Kommen des Menschensohns. [38]Denn wie sie waren in den Tagen vor der Sintflut - sie aßen, sie tranken, sie heirateten und ließen sich heiraten bis an den Tag, an dem Noah in die Arche hineinging; [39]und sie beachteten es nicht, bis die Sintflut kam und raffte sie alle dahin –, so wird es auch sein beim Kommen des Menschensohns. [40]Dann werden zwei auf dem Felde sein; der eine wird angenommen, der andere wird preisgegeben. [41]Zwei Frauen werden mahlen mit der Mühle; die eine wird angenommen, die andere wird preisgegeben.

[42]Darum *wachet; denn ihr wißt nicht, an welchem Tag euer Herr kommt.* [43]Das sollt ihr aber wissen: Wenn ein Hausvater wüßte, zu welcher Stunde in der Nacht der Dieb kommt, so würde er ja wachen und nicht in sein Haus einbrechen lassen. [44]Darum seid auch ihr bereit! Denn der Menschensohn kommt zu einer Stunde, da ihr's nicht meint.

Mt verbindet hier markinische Überlieferung (V. 32–36) mit Q-Traditionen (V. 37–51), um die Mahnung zur Wachsamkeit zu unterstreichen (V. 42.44 vgl. 25,13). Beide Traditionen sind nur geringfügig verändert worden. Mit »diesem Geschlecht« (V. 34) könnte im Blick auf 23,36; 27,25 das christusfeindliche Judentum gemeint sein. Zu V. 35 vgl. 5,18; 28,20. V. 36 weist darauf hin, daß die nicht berechenbare Nähe des Menschensohnes ein ständiges Bereitsein erfordert. V. 37–39 warnen vor Sicherheit und Sorglosigkeit (vgl. 1Th 5,3). Die Sinflut ist Bild für das Endgericht (vgl. 7,24–27). Mit dem Bild V. 40 f. schärft Mt ein, daß sich keiner im Blick auf das Kommen des Gerichts sicher wähnen kann. Zum Bild vom Dieb vgl. 1Th 5,2.4; 2Pt 3,10. Das Gleichnis V. 45–51 reflektiert die Erfahrung des Ausbleibens der Wiederkunft Jesu. Die Zwischenzeit erscheint nicht mehr als die Zeit freudiger Erwartung, sondern als Zeit dauernder Bewährung. Das verantwortliche Leben vor dem Herrn als dem kommenden Richter zeigt sich im Verhalten zum Mitmenschen. Am Tun fällt darum die Entscheidung (vgl. 18,23 ff.). Wer sich seinen Mitknechten gegenüber unbarmherzig und selbstsüchtig verhält, hat das gleiche Schicksal wie die »Heuchler« (zu dem Begriff im Mt vgl. die Einl.). Diese Strafandro-

Vom treuen und vom bösen Knecht

(Lk 12,41-46)

[45]Wer ist nun der treue und kluge Knecht, den der Herr über seine Leute gesetzt hat, damit er ihnen zur rechten

hung beschreibt mit einem Bild die Verdammung im Endgericht.

Zeit zu essen gebe? [46]Selig ist der Knecht, den sein Herr, wenn er kommt, das tun sieht. [47]Wahrlich, ich sage euch: Er wird ihn über alle seine Güter setzen. [48]Wenn aber jener als ein böser Knecht in seinem Herzen sagt: Mein Herr kommt noch lange nicht, [49]und fängt an, seine Mitknechte zu schlagen, ißt und trinkt mit den Betrunkenen: [50]dann wird der Herr dieses Knechts kommen an einem Tage, an dem er's nicht erwartet, und zu einer Stunde, die er nicht kennt, [51]und er wird ihn in Stücke hauen lassen und ihm sein Teil geben bei den Heuchlern; da wird sein Heulen und Zähneklappern.

Von den klugen und törichten Jungfrauen

25 Dann wird das Himmelreich gleichen zehn Jungfrauen, die ihre Lampen nahmen und gingen hinaus, dem Bräutigam entgegen. [2]Aber fünf von ihnen waren töricht, und fünf waren klug. [3]Die törichten nahmen ihre Lampen, aber sie nahmen kein Öl mit. [4]Die klugen aber nahmen Öl mit in ihren Gefäßen, samt ihren Lampen. [5]Als nun der Bräutigam lange ausblieb, wurden sie alle schläfrig und schliefen ein. [6]Um Mitternacht aber erhob sich lautes Rufen: Siehe, der Bräutigam kommt! Geht hinaus, ihm entgegen! [7]Da standen diese Jungfrauen alle auf und machten ihre Lampen fertig. [8]Die törichten aber sprachen zu den klugen: Gebt uns von eurem Öl, denn unsre Lampen verlöschen. [9]Da antworteten die klugen und sprachen: Nein, sonst würde es für uns und euch nicht genug sein; geht aber zum Kaufmann und kauft für euch selbst. [10]Und als sie hingingen zu kaufen, kam der Bräutigam; und die bereit waren, gingen mit ihm hinein zur Hochzeit, und die Tür wurde verschlossen. [11]Später kamen auch die andern Jungfrauen und sprachen: Herr, Herr, tu uns auf! [12]Er antwortete aber und sprach: Wahrlich, ich sage euch: Ich kenne euch nicht. [13]Darum wachet! Denn ihr wißt weder Tag noch Stunde.*

In dem Gleichnis finden sich mehrere Aussagen, die sich nur von der Sache, aber nicht vom Bild her erklären (vor allem V. 11 f.). Es nähert sich darum der Allegorie (vgl. die Einl. zu Kap. 13). Die Pointe ist für Mt der Aufruf zum Wachen (V. 13). Aber nicht im Schlafen oder Wachen besteht der Unterschied zwischen den »törichten« und den »klugen« Brautjungfern – nach V. 5 schlafen alle –, sondern im Bereitsein für eine längere Wartezeit. Das Gleichnis will Enttäuschung über das Ausbleiben der Wiederkunft Christi abbauen und die Haltung ausdauernden Glaubens einüben. Nur so ist man für den entscheidenden Augenblick der Begegnung mit dem Bräutigam gerüstet und kommt zur Hochzeitsfeier (V. 10). Mit dem Bräutigam ist Jesus (vgl. 9,15 f.), mit der »Hochzeit« die Heilsvollendung (vgl. Off 19,7) gemeint. Durch V. 11 f. wird das Gleichnis zur Gerichtsdrohung (vgl. 7,23 ff.). In einer Reihe von Handschriften findet sich am Schluß von V. 13 der Zusatz: »in der der Menschensohn kommen wird« (vgl. 24,44).

Von den anvertrauten Zentnern

(Lk 19,12-27)

[14]Denn es ist wie mit einem Menschen, der außer Landes ging: er rief seine Knechte und vertraute ihnen sein Vermögen an; [15]dem einen gab er fünf Zentner Silber, dem andern zwei, dem dritten einen, jedem nach seiner Tüchtigkeit, und zog fort. [16]Sogleich ging der hin, der fünf Zentner empfangen hatte, und handelte mit ihnen und gewann weitere fünf dazu. [17]Ebenso gewann der, der zwei Zentner empfangen hatte, zwei weitere dazu. [18]Der aber einen empfangen hatte, ging hin, grub ein Loch in die Erde und verbarg das Geld seines Herrn. [19]Nach langer Zeit kam der

Auch dieses Gleichnis soll, wie das »denn« in V. 14 zeigt, als Mahnung zur Wachsamkeit (V. 13) verstanden werden. »Zentner« (= Talent), ist die größte Geldeinheit im vorderasiatischen Raum. Gegenüber Lk 19,12 ff. liegt bei Mt eine Steigerung vor: Der »Herr« verteilt sein ganzes Vermögen. Jeder Knecht bekommt eine riesige Summe. Die Abstufung erfolgt gemäß den Fähigkeiten der einzelnen Knechte. Dadurch wird

Herr dieser Knechte und forderte Rechenschaft von ihnen. [20]Da trat herzu, der fünf Zentner empfangen hatte, und legte weitere fünf Zentner dazu und sprach: Herr, du hast mir fünf Zentner anvertraut; siehe da, ich habe damit weitere fünf Zentner gewonnen. [21]Da sprach sein Herr zu ihm: *Recht so, du tüchtiger und treuer Knecht, du bist über wenigem treu gewesen, ich will dich über viel setzen; geh hinein zu deines Herrn Freude!* [22]Da trat auch herzu, der zwei Zentner empfangen hatte, und sprach: Herr, du hast mir zwei Zentner anvertraut; siehe da, ich habe damit zwei weitere gewonnen. [23]Sein Herr sprach zu ihm: Recht so, du tüchtiger und treuer Knecht, du bist über wenigem treu gewesen, ich will dich über viel setzen; geh hinein zu deines Herrn Freude! [24]Da trat auch herzu, der einen Zentner empfangen hatte, und sprach: Herr, ich wußte, daß du ein harter Mann bist: du erntest, wo du nicht gesät hast, und sammelst ein, wo du nicht ausgestreut hast; [25]und ich fürchtete mich, ging hin und verbarg deinen Zentner in der Erde. Siehe, da hast du das Deine. [26]Sein Herr aber antwortete und sprach zu ihm: Du böser und fauler Knecht! Wußtest du, daß ich ernte, wo ich nicht gesät habe, und einsammle, wo ich nicht ausgestreut habe? [27]Dann hättest du mein Geld zu den Wechslern bringen sollen, und wenn ich gekommen wäre, hätte ich das Meine wiederbekommen mit Zinsen. [28]Darum nehmt ihm den Zentner ab und gebt ihn dem, der zehn Zentner hat. [29]Denn wer da hat, dem wird gegeben werden, und er wird die Fülle haben; wer aber nicht hat, dem wird auch, was er hat, genommen werden. [30]Und den unnützen Knecht werft in die Finsternis hinaus; da wird sein Heulen und Zähneklappern.

die unermeßliche Größe von Gottes Gnade (vgl. 18,23ff.; Rö 5,15ff.) und die Mannigfaltigkeit der göttlichen Gnadengaben (vgl. Rö. 12,6ff.; 1Ko 12,4ff.) angedeutet. Die beiden ersten Knechte, die mit der übertragenen Gabe eifrig arbeiten, erhalten zur Belohnung für ihre Aktivität noch mehr Verantwortung (vgl. 24,47) sowie den Zugang zur Freude der Gottesherrschaft (V. 21.23; vgl. 13,44). Dem dritten Knecht wird zwar zugestanden, daß er am wenigsten empfangen hat. Doch kann die Kleinheit der Gabe kein Entschuldigungsgrund sein. Jeder ist verpflichtet, seiner Gabe entsprechend zu handeln. Wer sein »Talent« ungenutzt läßt, dem wird die Gabe abgenommen. Darum gilt der dritte Knecht als »böse« (V.26), weil er aus Trägheit und Faulheit seine ihm mit der Gabe gegebene Aufgabe nicht vollbracht hat. V. 29 ist ein Einzelwort, das auch 13,12/Mk 4,25/Lk 8,18 begegnet. Dadurch wird die Aussage von V. 28 verallgemeinert: Gottes Gabe will wirken. In der Hingabe empfängt sie reiche Frucht, die in V. 31–46 näher entfaltet wird (vgl. 10,39; 16,25). Bleibt sie unwirksam, führt sie ins Verderben (vgl. 18,23ff.).

Vom Weltgericht

[31]Wenn aber der Menschensohn kommen wird in seiner Herrlichkeit, und alle Engel mit ihm, dann wird er sitzen auf dem Thron seiner Herrlichkeit, [32]und alle Völker werden vor ihm versammelt werden. Und er wird sie voneinander scheiden, wie ein Hirt die Schafe von den Böcken scheidet, [33]und wird die Schafe zu seiner Rechten stellen und die Böcke zur Linken. [34]Da wird dann der König sagen zu denen zu seiner Rechten: Kommt her, ihr Gesegneten meines Vaters, ererbt das Reich, das euch bereitet ist von Anbeginn der Welt! [35]Denn ich bin hungrig gewesen, und ihr habt mir zu essen gegeben. Ich bin durstig gewesen, und ihr habt mir zu trinken gegeben. Ich bin ein Fremder gewesen, und ihr habt mich aufgenommen. [36]Ich bin nackt gewesen, und ihr habt mich gekleidet. Ich bin krank gewesen, und ihr habt mich besucht. Ich bin im Gefängnis gewesen, und ihr seid zu mir gekommen. [37]Dann werden ihm

Dieser Abschnitt stellt eine Bildrede dar, die aus traditionellen Bildelementen gestaltet ist: König = Gott; Schafe und Böcke = Glieder des Gottesvolkes; Trennung zwischen beiden = Gericht. Sie knüpft an Hes 34,17ff. an. Richter ist der Menschensohn Jesus – also der, der selbst die barmherzige Liebe gelebt hat und dessen Urteil dementsprechend allein nach den barmherzigen Liebestaten ergeht. Dabei spricht sich indirekt jeder Mensch mit seinem Tun selbst das Urteil: Wer sein Handeln nach Jesu Barmherzigkeit ausrichtet, erfährt diese im Endgericht und wird dadurch der Verheißung teilhaftig. Wer in seinem Leben gegen diese Barmherzigkeit ver-

die Gerechten antworten und sagen: Herr, wann haben wir dich hungrig gesehen und haben dir zu essen gegeben? oder durstig und haben dir zu trinken gegeben? [38]Wann haben wir dich als Fremden gesehen und haben dich aufgenommen? oder nackt und haben dich gekleidet? [39]Wann haben wir dich krank oder im Gefängnis gesehen und sind zu dir gekommen? [40]Und der König wird antworten und zu ihnen sagen: Wahrlich, ich sage euch: *Was ihr getan habt einem von diesen meinen geringsten Brüdern, das habt ihr mir getan.*

stößt, wird auch von dem damit abgelehnten Jesus im Endgericht verstoßen werden (vgl. 6,14f.; 7,1). Überraschend ist die Reaktion der Betroffenen: Sie wissen nichts von Jesus erwiesenen oder Jesus verweigerten Liebeswerken (V. 37–39.44). Höhepunkt dieser Bildrede sind darum V. 40 und 45: Jesus steht eindeutig auf der Seite seiner »geringsten Brüder« und stellt die Geringen und Armen unter seine Verheißung. Darum gibt es Jesusnachfolge nur als Dienst an diesen geringsten Brüdern. Der Maßstab für das Gericht ist das Tun der barmherzigen Liebe. Unterlassung dieser Liebeswerke führt deshalb zur Verwerfung.

[41]Dann wird er auch sagen zu denen zur Linken: Geht weg von mir, ihr Verfluchten, in das ewige Feuer, das bereitet ist dem Teufel und seinen Engeln! [42]Denn ich bin hungrig gewesen, und ihr habt mir nicht zu essen gegeben. Ich bin durstig gewesen, und ihr habt mir nicht zu trinken gegeben. [43]Ich bin ein Fremder gewesen, und ihr habt mich nicht aufgenommen. Ich bin nackt gewesen, und ihr habt mich nicht gekleidet. Ich bin krank und im Gefängnis gewesen, und ihr habt mich nicht besucht. [44]Dann werden sie ihm auch antworten und sagen: Herr, wann haben wir dich hungrig oder durstig gesehen oder als Fremden oder nackt oder krank oder im Gefängnis und haben dir nicht gedient? [45]Dann wird er ihnen antworten und sagen: Wahrlich, ich sage euch: Was ihr nicht getan habt einem von diesen Geringsten, das habt ihr mir auch nicht getan. [46]Und sie werden hingehen: diese zur ewigen Strafe, aber die Gerechten in das ewige Leben.

LEIDEN, STERBEN UND AUFERSTEHUNG JESU (Kapitel 26–28)

(Mk 14–16; Lk 22–24; Joh 18–21)

Der Plan der Hohenpriester und Ältesten

26 Und es begab sich, als Jesus alle diese Reden vollendet hatte, daß er zu seinen Jüngern sprach: [2]Ihr wißt, daß in zwei Tagen Passa ist; und der Menschensohn wird überantwortet werden, daß er gekreuzigt werde.

Zur Passionsgeschichte vgl. die Einl. zu Mk 14–15. Das Wort »alle« bezeichnet den endgültigen Abschluß von Jesu Reden. Die jetzt einsetzende Leidenszeit können nur die Jünger begreifen. Der in Kap. 24–25 als kommender Weltrichter angekündigte Menschensohn gibt sich als Passaopfer (vgl. 1Ko 5,7) »zu einer Erlösung für viele« (20,28) in den Tod. Der Beschluß, Jesus zu töten, wird bei Mt auf einer offiziellen Sitzung des Hohen Rats unter dem von 18–37 n. Chr. amtierenden Hohenpriester Kaiphas (vgl. Lk 3,2; Joh 18,13ff.) gefaßt.

[3]Da versammelten sich die Hohenpriester und die Ältesten des Volkes im Palast des Hohenpriesters, der hieß Kaiphas, [4]und hielten Rat, wie sie Jesus mit List ergreifen und töten könnten. [5]Sie sprachen aber: Ja nicht bei dem Fest, damit es nicht einen Aufruhr gebe im Volk.

Die Salbung in Betanien

(Lk 7,36-50; Joh 12,1-8)

Diese Liebestat geschieht auf dem dunklen Hintergrund der V. 3–5.14–16. Zugleich ist sie die rechte Antwort auf V. 2. Ein solches

[6]Als nun Jesus in Betanien war im Hause Simons des Aussätzigen, [7]trat zu ihm eine Frau, die hatte ein Glas mit kostbarem Salböl und goß es auf sein Haupt, als er zu Tisch saß. [8]Als das die Jünger sahen, wurden sie unwillig und sprachen: Wozu diese Vergeudung? [9]Es hätte teuer ver-

kauft und das Geld den Armen gegeben werden können. [10]Als Jesus das merkte, sprach er zu ihnen: Was betrübt ihr die Frau? Sie hat ein gutes Werk an mir getan. [11]Denn Arme habt ihr allezeit bei euch, mich aber habt ihr nicht allezeit. [12]Daß sie das Öl auf meinen Leib gegossen hat, das hat sie für mein Begräbnis getan. [13]Wahrlich, ich sage euch: Wo dies Evangelium gepredigt wird in der ganzen Welt, da wird man auch sagen zu ihrem Gedächtnis, was sie getan hat.

Werk der Liebe – auch im Judentum gehört die Salbung eines Verstorbenen zu den guten Werken – bleibt vor Gott unvergessen; denn es entspricht »diesem Evangelium«, wie es Mt verkündet (vgl. 25,31–46; 24,12.14). In einer solchen Situation muß das Verhalten der Jünger (V. 8–10 anders Mk 14,4) lieblos wirken.

Der Verrat des Judas

[14]Da ging einer von den Zwölfen, mit Namen Judas Iskariot, hin zu den Hohenpriestern [15]und sprach: Was wollt ihr mir geben? Ich will ihn euch verraten. Und sie boten ihm dreißig Silberlinge. [16]Und von da an suchte er eine Gelegenheit, daß er ihn verriete.

Mt leitet den »Verrat« aus der Geldgier des Judas ab (vgl. Joh 12,6). Die »dreißig Silberstücke« sind ein Spottgeld. Nach Sach 11,12 sind sie der Lohn des verworfenen Hirten. Sie werden für den geboten, der als der gute Hirte erschienen ist (vgl. Joh 10,2 ff.).

Das Abendmahl

(Joh 13,21-26)

[17]Aber am ersten Tage der Ungesäuerten Brote traten die Jünger zu Jesus und fragten: Wo willst du, daß wir dir das Passalamm zum Essen bereiten? [18]Er sprach: Geht hin in die Stadt zu einem und sprecht zu ihm: Der Meister läßt dir sagen: Meine Zeit ist nahe; ich will bei dir das Passa feiern mit meinen Jüngern. [19]Und die Jünger taten, wie ihnen Jesus befohlen hatte, und bereiteten das Passalamm.

[20]Und am Abend setzte er sich zu Tisch mit den Zwölfen. [21]Und als sie aßen, sprach er: Wahrlich, ich sage euch: Einer unter euch wird mich verraten. [22]Und sie wurden sehr betrübt und fingen an, jeder einzeln, ihn zu fragen: Herr, bin ich's? [23]Er antwortete und sprach: Der die Hand mit mir in die Schüssel taucht, der wird mich verraten. [24]Der Menschensohn geht zwar dahin, wie von ihm geschrieben steht; doch weh dem Menschen, durch den der Menschensohn verraten wird! Es wäre für diesen Menschen besser, wenn er nie geboren wäre. [25]Da antwortete Judas, der ihn verriet, und sprach: Bin ich's, Rabbi? Er sprach zu ihm: Du sagst es.

[26]*Als sie aber aßen, nahm Jesus das Brot, dankte und brach's und gab's den Jüngern und sprach: Nehmet, esset; das ist mein Leib.* [27]*Und er nahm den Kelch und dankte, gab ihnen den und sprach: Trinket alle daraus;* [28]*das ist mein Blut des Bundes,* das vergossen wird für viele zur Vergebung der Sünden.* [29]Ich sage euch: Ich werde von nun an nicht mehr von diesem Gewächs des Weinstocks trinken bis an den Tag, an dem ich von neuem davon trinken werde mit euch in meines Vaters Reich. [30]Und als sie den Lobgesang gesungen hatten, gingen sie hinaus an den Ölberg.

Mt ist an der Frage nach der Zeit interessiert: Das verheißene Heil steht mit Jesu Gang in den Tod unmittelbar bevor (vgl. 20,28). Die Jünger gehorchen dem Befehl Jesu, der für sie der »Herr« ist (V. 22). Judas redet Jesus aber nur mit »Rabbi« (= Lehrer, bei Luther = Meister) an, wie es die Gegner tun (vgl. 12,38). Zu V. 24 vgl. 18,7. Die Wendung »Du sagst es« ist hier als Bejahung zu verstehen. Zu V. 26–29 vgl. auch 1Ko 11, 23–26. Mt hat diesen Bericht stärker als Mk liturgisch geformt: Die Sätze vom Leib und Blut sind parallel (anders 1Ko 11,24 f.). Die Imperative »eßt« und »trinkt« zielen auf die Wiederholung des Mahles. Die altertümliche Wendung »nach dem Mahl« (1Ko 11,25; Lk 22,20) fehlt. Zugefügt ist: »zur Vergebung der Sünden«; denn darin besteht nach 1,21; 9,2 ff. Jesu Heilsgabe, die von der Gemeinde zu bezeugen ist (vgl. 16,19). Zugleich erhält die Jüngerschar die Verheißung der Tischgemeinschaft (»mit euch« V. 29) in der vollendeten Gottesherrschaft (vgl. 22,29 f.). Die enge Beziehung zwischen Gott, seiner Herrschaft und Jesus unterstreicht Mt dadurch, daß statt vom Reich Gottes (Mk 14,25) vom Reich »meines Vaters« gesprochen wird. Zum Mahl als Bild für die Vollendung vgl. 8,11; Lk 14,7 ff.

Die Beziehung zwischen Jesus und den Jüngern wird enger als bei Mk gestaltet. Während bei Mk ungeklärt bleibt, worüber sich die Jünger ärgern, sagt Mt ausdrücklich: »an mir in dieser Nacht«. Genauso wird umgekehrt von den Jüngern gesagt, daß sie zur Herde gehören. (Den Genetiv »der Herde« hat Mt aus dem Sacharjazitat ergänzt.) Bei der Ankündigung der Verleugnung des Petrus ist daran zu erinnern, daß Mt die Berufung des Petrus zum Fels der Kirche schon berichtet hat.

Die Ankündigung der Verleugnung des Petrus

[31] Da sprach Jesus zu ihnen: In dieser Nacht werdet ihr alle Ärgernis nehmen an mir. Denn es steht geschrieben (Sacharja 13,7): »Ich werde den Hirten schlagen, und die Schafe der Herde werden sich zerstreuen.« [32] Wenn ich aber auferstanden bin, will ich vor euch hingehen nach Galiläa. [33] Petrus aber antwortete und sprach zu ihm: Wenn sie auch alle Ärgernis nehmen, so will ich doch niemals Ärgernis nehmen an dir. [34] Jesus sprach zu ihm: Wahrlich, ich sage dir: In dieser Nacht, ehe der Hahn kräht, wirst du mich dreimal verleugnen. [35] Petrus sprach zu ihm: Und wenn ich mit dir sterben müßte, will ich dich nicht verleugnen. Das gleiche sagten auch alle Jünger.

Wie in V. 31–35 so zeigt sich auch in diesem Abschnitt das Versagen der Jünger, zugleich aber auch Jesu Wille zur Gemeinschaft mit ihnen (vgl. V. 36: »mit ihnen«; V. 38.40: »mit mir«). Die Reaktion wird gemildert. Jesus ist nicht mehr entsetzt (so Mk 14,33), sondern betrübt. Vor dem dritten Gebetsgang macht er keinen Versuch mehr, die Jünger zu wecken, so daß ihre Sprachlosigkeit gegenüber Mk gemildert wird (vgl. V. 43f. mit Mk 14,40b). In Jesu Beten geht es nach Mt betont um die Bejahung der dritten Bitte des Vaterunsers: »Dein Wille geschehe«. Indem Jesus in diesen Willen einstimmt und damit sein Leidens- und Todesschicksal annimmt, wird er zum Vorbild und Beistand für seine Jünger.

Jesus in Gethsemane

[36] Da kam Jesus mit ihnen zu einem Garten, der hieß Gethsemane, und sprach zu den Jüngern: Setzt euch hier, solange ich dorthin gehe und bete. [37] Und er nahm mit sich Petrus und die zwei Söhne des Zebedäus und fing an zu trauern und zu zagen. [38] Da sprach Jesus zu ihnen: Meine Seele ist betrübt bis an den Tod; bleibt hier und wacht mit mir! [39] Und er ging ein wenig weiter, fiel nieder auf sein Angesicht und betete und sprach: *Mein Vater, ist's möglich, so gehe dieser Kelch an mir vorüber; doch nicht wie ich will, sondern wie du willst!* [40] Und er kam zu seinen Jüngern und fand sie schlafend und sprach zu Petrus: Könnt ihr denn nicht eine Stunde mit mir wachen? [41] *Wachet und betet, daß ihr nicht in Anfechtung fallt! Der Geist ist willig; aber das Fleisch ist schwach.* [42] Zum zweiten Mal ging er wieder hin, betete und sprach: Mein Vater, ist's nicht möglich, daß dieser Kelch an mir vorübergehe, ohne daß ich ihn trinke, so geschehe dein Wille! [43] Und er kam und fand sie abermals schlafend, und ihre Augen waren voller Schlaf. [44] Und er ließ sie und ging abermals hin und betete zum dritten Mal und redete dieselben Worte. [45] Dann kam er zu seinen Jüngern und sprach zu ihnen: Ach, wollt ihr weiter schlafen und ruhen? Siehe, die Stunde ist da, daß der Menschensohn in die Hände der Sünder überantwortet wird. [46] Steht auf, laßt uns gehen! Siehe, er ist da, der mich verrät.

Die Markusvorlage ist von Mt durch V. 50 und 52f. erweitert worden. V. 50 könnte nach dem griech. Text auch im tadelnden Sinn gemeint sein. Die im Luthertext gebotene Übersetzung bringt zum Ausdruck, daß Jesus dieses Geschehen bejaht und selbst den Anstoß dazu gibt (vgl.

Jesu Gefangennahme

[47] Und als er noch redete, siehe, da kam Judas, einer von den Zwölfen, und mit ihm eine große Schar mit Schwertern und mit Stangen, von den Hohenpriestern und Ältesten des Volkes. [48] Und der Verräter hatte ihnen ein Zeichen genannt und gesagt: Welchen ich küssen werde, der ist's; den ergreift. [49] Und alsbald trat er zu Jesus und sprach: Sei gegrüßt, Rabbi! und küßte ihn. [50] Jesus aber sprach zu

ihm: Mein Freund, dazu bist du gekommen? Da traten sie heran und legten Hand an Jesus und ergriffen ihn. [51] Und siehe, einer von denen, die bei Jesus waren, streckte die Hand aus und zog sein Schwert und schlug nach dem Knecht des Hohenpriesters und hieb ihm ein Ohr ab. [52] Da sprach Jesus zu ihm: Stecke dein Schwert an seinen Ort! Denn wer das Schwert nimmt, der soll durchs Schwert umkommen. [53] Oder meinst du, ich könnte meinen Vater nicht bitten, daß er mir sogleich mehr als zwölf Legionen Engel schickte? [54] Wie würde dann aber die Schrift erfüllt, daß es so geschehen muß? [55] Zu der Stunde sprach Jesus zu der Schar: Ihr seid ausgezogen wie gegen einen Räuber mit Schwertern und mit Stangen, mich zu fangen. Habe ich doch täglich im Tempel gesessen und gelehrt, und ihr habt mich nicht ergriffen. [56] Aber das ist alles geschehen, damit erfüllt würden die Schriften der Propheten. Da verließen ihn alle Jünger und flohen.

Joh 18,2 ff.). Dadurch wird Jesu Gehorsam gegenüber Gottes Willen unterstrichen und somit die Brücke zu V. 36–46 und zu V. 54 geschlagen. Mt gibt mit V. 52 f. Jesu Verhalten grundsätzliche Bedeutung: Er selbst lebt seinen Jüngern das vor, was er ihnen 5,39 geboten hat. Zugleich ist gegenüber Mk die Hoheit Jesu gesteigert. Obwohl er die Befehlsgewalt über die himmlischen Heerscharen haben könnte, verzichtet er auf die Ausübung seiner Macht. Er ist darum Vorbild und Norm für die Kirche, die nicht zur Gewaltanwendung, sondern zum Gewaltverzicht in seiner Nachfolge gerufen ist.

Jesu Bekenntnis und Petri Verleugnung

In scharfem Gegensatz stehen das Bekenntnis Jesu angesichts der Gottesbeschwörung des Hohenpriesters (V. 63 f.) und die zweimal als Abschwören gekennzeichnete Verleugnung des Petrus (V. 72.74). Dadurch erscheint Jesus als Vorbild und Petrus als abschreckendes Beispiel für die Gemeinde. Zugleich versucht Mt, die Schuld am Tode Jesu dem Judentum anzulasten. Wie in 26,3–5 spielt er auch in V. 66 auf den 27,1 direkt erwähnten offiziellen Verurteilungsbeschluß durch den Hohen Rat an. Ein solcher Schuldspruch fehlt bei Lk und Joh, die an diesem Punkt historisch zuverlässiger berichten. Die Verhandlung vor dem Hohen Rat ist nur als eine Art von Voruntersuchung zum Zweck der Übergabe Jesu an den römischen Prokurator, der in Judäa allein die Todesgerichtsbarkeit besaß (vgl. Joh 18,31), zu begreifen.

Jesus vor dem Hohen Rat

[57] Die aber Jesus ergriffen hatten, führten ihn zu dem Hohenpriester Kaiphas, wo die Schriftgelehrten und Ältesten sich versammelt hatten. [58] Petrus aber folgte ihm von ferne bis zum Palast des Hohenpriesters und ging hinein und setzte sich zu den Knechten, um zu sehen, worauf es hinaus wollte. [59] Die Hohenpriester aber und der ganze Hohe Rat suchten falsches Zeugnis gegen Jesus, daß sie ihn töteten. [60] Und obwohl viele falsche Zeugen herzutraten, fanden sie doch nichts. Zuletzt traten zwei herzu [61] und sprachen: Er hat gesagt: Ich kann den Tempel Gottes abbrechen und in drei Tagen aufbauen. [62] Und der Hohepriester stand auf und sprach zu ihm: Antwortest du nichts auf das, was diese gegen dich bezeugen? [63] Aber Jesus schwieg still. Und der Hohepriester sprach zu ihm: *Ich beschwöre dich bei dem lebendigen Gott, daß du uns sagst, ob du der Christus bist, der Sohn Gottes.* [64] *Jesus sprach zu ihm: Du sagst es. Doch sage ich euch: Von nun an werdet ihr sehen den Menschensohn sitzen zur Rechten der Kraft und kommen auf den Wolken des Himmels.* [65] Da zerriß der Hohepriester seine Kleider und sprach: Er

Mt will in Anlehnung an Mk 14,55 von vornherein deutlich machen, daß »der ganze Hohe Rat ... falsches Zeugnis gegen Jesus« suchte, »daß sie ihn töteten« (V. 59). Merkwürdigerweise bezeichnet Mt den gegen Jesus erhobenen Anklagepunkt der Kritik am Tempel (V. 61) nicht als falsches Zeugnis (anders Mk 14,57). Vielleicht schreibt Mt deshalb »ich kann«, weil er davon überzeugt ist, daß Jesus tatsächlich die Macht gehabt hätte, den Tempel abzureißen und wieder aufzubauen. Mt weiß noch darum, daß Jesus mit dem in seiner Urform schwer rekonstruierbaren tempelkritischen Wort den Zorn der Tempelhierarchie (der »Hohepriester«), die auch hohe politische Funktionen ausübte, hervorgerufen hat. Das Wort ist aber unterschiedlich überliefert (vgl. 24,2; 27,40; Mk 14,58; 15,29; Joh 2,19 ff.;

Apg 6,14). Der Akzent liegt wie bei Mk und Lk auf der Messiasfrage des Hohenpriesters. In der Antwort auf diese beschwörende Frage wird das Bekenntnis der ersten Christenheit erkennbar: Jesus ist als Christus (= Messias) und als Gottessohn der in Vollmacht zur Rechten Gottes thronende Herr (vgl. Ps 110,1; Apg 2,34; Kol 3,1), der gemäß Dan 7,13 als Menschensohn zum Gericht kommen wird (vgl. 24,30; Off 1,7.13). Dieses Bekenntnis wird als Gotteslästerung gewertet (V. 65) und zur Grundlage des Todesurteils (V. 66; 27,1) gemacht. Eine solche Darstellung ist historisch problematisch; denn im Judentum galt es nicht als todeswürdiges Verbrechen, einen Messiasanspruch zu erheben. Dagegen stellte die Tempelkritik die Ordnung des Tempelstaates Judäa in Frage, die von den Römern bestätigt und geschützt wurde. Deshalb konnte Tempelkritik als Aufruhr gegen Rom gewertet werden.

hat Gott gelästert! Was bedürfen wir weiterer Zeugen? Siehe, jetzt habt ihr die Gotteslästerung gehört. [66]Was ist euer Urteil? Sie antworteten und sprachen: Er ist des Todes schuldig. [67]Da spien sie ihm ins Angesicht und schlugen ihn mit Fäusten. Einige aber schlugen ihm ins Angesicht [68]und sprachen: Weissage uns, Christus, wer ist's, der dich schlug?

Die Verleugnung des Petrus

[69]Petrus aber saß draußen im Hof; da trat eine Magd zu ihm und sprach: Und du warst auch mit dem Jesus aus Galiläa. [70]Er leugnete aber vor ihnen allen und sprach: Ich weiß nicht, was du sagst. [71]Als er aber hinausging in die Torhalle, sah ihn eine andere und sprach zu denen, die da waren: Dieser war auch mit dem Jesus von Nazareth. [72]Und er leugnete abermals und schwor dazu: Ich kenne den Menschen nicht. [73]Und nach einer kleinen Weile traten hinzu, die da standen, und sprachen zu Petrus: Wahrhaftig, du bist auch einer von denen, denn deine Sprache verrät dich. [74]Da fing er an, sich zu verfluchen und zu schwören: Ich kenne den Menschen nicht. Und alsbald krähte der Hahn. [75]Da dachte Petrus an das Wort, das Jesus zu ihm gesagt hatte: Ehe der Hahn kräht, wirst du mich dreimal verleugnen. Und er ging hinaus und weinte bitterlich.

Der durch die Petrusverleugnung (26,69–75) unterbrochene Bericht über die Sitzung des Hohen Rats endet in 27,1 mit dem offiziellen Todesbeschluß. Zwischen V. 2 und 11 hat Mt das legendäre Ende des Judas (V. 3–10 Sondergut) eingeschoben (vgl. Apg 1,18–20). Das Judasende ist hier von Sach 11,12f. bestimmt (V. 9f.), denn Mt ist am Schicksal des Geldes interessiert. Der »Töpferacker« weist dagegen auf Jer 18,2f.; 19,1ff. Deshalb wird das ganze Zitat fälschlich auf Jeremia zurückgeführt. Aber auch 2Sm 17,23 steht im Hintergrund: Wie Ahitophel David verriet und sich dann erhängte, so tut des Judas, der den Davidssohn Jesus verriet. Dieses Verhalten des Judas steht dabei im Kontrast zu dem des Petrus: Petrus weint bitterlich, besinnt sich auf Jesu Wort (vgl. 26,75) und findet auf diese Weise zu seinem Herrn zurück. Judas dagegen vollzieht nach dem vergeblichen Versuch, seine Tat zu widerrufen (V. 3f.), selbst das Gericht an sich (anders Apg 1,18–20) und trennt

Jesus vor Pilatus. Das Ende des Judas

27 Am Morgen aber faßten alle Hohenpriester und die Ältesten des Volkes den Beschluß über Jesus, ihn zu töten, [2]und sie banden ihn, führten ihn ab und überantworteten ihn dem Statthalter Pilatus.

[3]Als Judas, der ihn verraten hatte, sah, daß er zum Tode verurteilt war, reute es ihn, und er brachte die dreißig Silberlinge den Hohenpriestern und Ältesten zurück [4]und sprach: Ich habe Unrecht getan, daß ich unschuldiges Blut verraten habe. Sie aber sprachen: Was geht uns das an? Da sieh du zu! [5]Und er warf die Silberlinge in den Tempel, ging fort und erhängte sich. [6]Aber die Hohenpriester nahmen die Silberlinge und sprachen: Es ist nicht recht, daß wir sie in den Gotteskasten legen; denn es ist Blutgeld. [7]Sie beschlossen aber, den Töpferacker davon zu kaufen zum Begräbnis für Fremde. [8]Daher heißt dieser Acker Blutacker bis auf den heutigen Tag. [9]Da wurde erfüllt, was gesagt ist durch den Propheten Jeremia, der da spricht: »Sie haben die dreißig Silberlinge genommen, den Preis für den Verkauften, der geschätzt wurde bei den Israeliten, [10]und sie haben das Geld für den Töpferacker gegeben, wie mir der Herr befohlen hat« (Jeremia 32,9; Sacharja 11,12.13).

[11]Jesus aber stand vor dem Statthalter; und der Statthalter fragte ihn und sprach: Bist du der König der Juden?

Jesus aber sprach: Du sagst es. [12]Und als er von den Hohenpriestern und Ältesten verklagt wurde, antwortete er nichts. [13]Da sprach Pilatus zu ihm: Hörst du nicht, wie hart sie dich verklagen? [14]Und er antwortete ihm nicht auf ein einziges Wort, so daß sich der Statthalter sehr verwunderte.

sich damit endgültig von Jesus. Der Gemeinde wird damit eine eindrückliche Warnung vor dem Abfall (vgl. 18,6ff.; 24,10ff.) gegeben. In V. 11–14 wird zweimal Jesu Schweigen betont, weil an das Schweigen des leidenden Gottesknechtes von Jes 53,7 erinnert werden soll.

Jesu Verurteilung und Verspottung

[15]Zum Fest aber hatte der Statthalter die Gewohnheit, dem Volk einen Gefangenen loszugeben, welchen sie wollten. [16]Sie hatten aber zu der Zeit einen berüchtigten Gefangenen, der hieß Jesus Barabbas. [17]Und als sie versammelt waren, sprach Pilatus zu ihnen: Welchen wollt ihr? Wen soll ich euch losgeben, Jesus Barabbas oder Jesus, von dem gesagt wird, er sei der Christus? [18]Denn er wußte, daß sie ihn aus Neid überantwortet hatten. [19]Und als er auf dem Richterstuhl saß, schickte seine Frau zu ihm und ließ ihm sagen: Habe du nichts zu schaffen mit diesem Gerechten; denn ich habe heute viel erlitten im Traum um seinetwillen. [20]Aber die Hohenpriester und Ältesten überredeten das Volk, daß sie um Barabbas bitten, Jesus aber umbringen sollten. [21]Da fing der Statthalter an und sprach zu ihnen: Welchen wollt ihr? Wen von den beiden soll ich euch losgeben? Sie sprachen: Barabbas! [22]Pilatus sprach zu ihnen: Was soll ich denn machen mit Jesus, von dem gesagt wird, er sei der Christus? Sie sprachen alle: Laß ihn kreuzigen! [23]Er aber sagte: Was hat er denn Böses getan? Sie schrien aber noch mehr: Laß ihn kreuzigen! [24]Als aber Pilatus sah, daß er nichts ausrichtete, sondern das Getümmel immer größer wurde, nahm er Wasser und wusch sich die Hände vor dem Volk und sprach: Ich bin unschuldig an seinem Blut; seht ihr zu! [25]Da antwortete das ganze Volk und sprach: Sein Blut komme über uns und unsere Kinder! [26]Da gab er ihnen Barabbas los, aber Jesus ließ er geißeln und überantwortete ihn, daß er gekreuzigt werde.

[27]Da nahmen die Soldaten des Statthalters Jesus mit sich in das Prätorium und sammelten die ganze Abteilung um ihn. [28]Und zogen ihn aus und legten ihm einen Purpurmantel an [29]und flochten eine Dornenkrone und setzten sie ihm aufs Haupt und gaben ihm ein Rohr in seine rechte Hand und beugten die Knie vor ihm und verspotteten ihn und sprachen: Gegrüßet seist du, der Juden König! [30]und spien ihn an und nahmen das Rohr und schlugen damit sein Haupt.

Mt hat die Vorlage Mk 15,6ff. stark überarbeitet, um die Schuld an Jesu Tod allein den Juden anzulasten: Pilatus erscheint als Zeuge für Jesu Unschuld. Denn nach 5Mo 21,6f. sollen sich die Häupter einer Stadt, in deren Bereich ein Mensch erschlagen ist, durch öffentliches Händewaschen von dem Verbrechen distanzieren. Es ist allerdings unvorstellbar, daß Pilatus mit einem solchen jüdischen Ritus demonstrativ seine eigene Entscheidung aufgehoben hätte. Auch die Geschichte von der Frau des Pilatus ist ganz von einem theologischen Motiv gestaltet: Eine Heidin empfängt eine Gottesoffenbarung und erkennt Jesu Unschuld. Demgegenüber fordern »alle« Juden die Beseitigung Jesu (V. 22f.) und »das ganze (Bundes-) Volk« ruft nach dem Gericht Gottes über sich und die Nachkommen im Falle des Unrechts (V. 25). Zu Barabbas vgl. die Erklärungen zu Mk 15,6–19. Die Entscheidung der Juden für Barabbas (V. 21) soll ebenfalls die Verblendung dieses Gottesvolkes erweisen. Durch das helle Licht, das hier auf Heiden fällt, deutet Mt seine Sicht der Heilsgeschichte an: Das Gottesvolk der Juden wird durch die heidenchristliche Kirche abgelöst (vgl. 8,11f.; 21,43; 28,19). Wie in Kap. 23 so haben sich auch hier die bitteren Erfahrungen der christlichen Mission unter Juden niedergeschlagen. Darum darf diese zeitgeschichtlich bedingte Darstellung nicht zu zeitlos gültiger Glaubenswahrheit erhoben werden.

Jesu Kreuzigung und Tod

[31]Und als sie ihn verspottet hatten, zogen sie ihm den Mantel aus und zogen ihm seine Kleider an und führten ihn ab,

Mt verstärkt die Züge, die auf die Verhöhnung Jesu zielen: In V. 34

fügt er aus Ps 69,22 die »Galle« hinzu, die der vergeblich auf Erbarmen Hoffende zum Spott gereicht bekommt (Ps 69,21). Angesichts von Jesu Ohnmacht wirkt die Bewachung als Hohn. Das Kopfschütteln in V. 39 erinnert an Ps 22,8: »Alle, die mich sehen, verspotten mich, sperren das Maul auf und schütteln den Kopf«. Der nächste Vers dieses Psalms: »Er klage es dem Herrn, der helfe ihm heraus und rette ihn, hat er Gefallen an ihm« bestimmt V. 43. Der in V. 40–42 enthaltene Spott nimmt auf Jesu Aussagen in 26,61.64 Bezug. Jesu Gottverlassenheit am Kreuz bestärkt seine Gegner in ihrem Urteil. Aber durch die bewußten Anspielungen auf Ps 69 und 22 (vgl. auch Wsh 2,17–20) wird verkündet: Gerade in diesem Ausgeliefertsein an Spott und Hohn der Ungläubigen erweist sich Jesus als der leidende Gerechte, der Gott ganz vertraut und sich darum vor Menschen nicht fürchtet. – Einige Handschriften verstärken den Bezug auf Ps 22 und fügen hinzu: »damit erfüllt werde, was gesagt ist durch den Propheten (Ps 22,19): Sie haben meine Kleider unter sich geteilt und haben über mein Gewand das Los geworfen« (vgl. Joh 19,24). – Außer dem Zerreißen des Tempelvorhangs erwähnt Mt noch weitere Zeichen, die die Heilsbedeutung von Jesu Tod sichtbar machen sollen: Das Auftun der Gräber weist auf die jetzt geschehende Überwindung des Todes; die Auferstehung der »entschlafenen Heiligen« verdeutlicht, daß Jesu Tod auch Gerechten des alten Bundes zugute kommt. – Das größte Wunder bringt V. 54: Die gesamte Wachmannschaft, die Jesus verspottet hatte, gerät angesichts der Zeichen in heilsames Erschrecken (anders Mk 15,39) und bezeugt Jesu Gottessohnschaft. In V. 55 spricht Mt von »vielen« Frauen, die »aus Galiläa« Jesus »nachgefolgt« waren und ihm »gedient« hatten. Die damals verachteten Frauen haben ihm als einzige die Treue gehalten – alle Jünger waren geflohen – und dürfen darum auch als erste die Osterbotschaft hören (vgl. 28,1–8); denn Jesu Verheißung gilt den Verachteten, Demütigen und Kleinen.

um ihn zu kreuzigen. [32]Und als sie hinausgingen, fanden sie einen Menschen aus Kyrene mit Namen Simon; den zwangen sie, daß er ihm sein Kreuz trug.

[33]Und als sie an die Stätte kamen mit Namen Golgatha, das heißt: Schädelstätte, [34]gaben sie ihm Wein zu trinken mit Galle vermischt; und als er's schmeckte, wollte er nicht trinken. [35]Als sie ihn aber gekreuzigt hatten, verteilten sie seine Kleider und warfen das Los darum.* [36]Und sie saßen da und bewachten ihn. [37]Und oben über sein Haupt setzten sie eine Aufschrift mit der Ursache seines Todes: Dies ist Jesus, der Juden König.

[38]Und da wurden zwei Räuber mit ihm gekreuzigt, einer zur Rechten und einer zur Linken. [39]Die aber vorübergingen, lästerten ihn und schüttelten ihre Köpfe [40]und sprachen: Der du den Tempel abbrichst und baust ihn auf in drei Tagen, hilf dir selber, wenn du Gottes Sohn bist, und steig herab vom Kreuz! [41]Desgleichen spotteten auch die Hohenpriester mit den Schriftgelehrten und Ältesten und sprachen: [42]Andern hat er geholfen und kann sich selber nicht helfen. Ist er der König von Israel, so steige er nun vom Kreuz herab. Dann wollen wir an ihn glauben. [43]Er hat Gott vertraut; der erlöse ihn nun, wenn er Gefallen an ihm hat; denn er hat gesagt: Ich bin Gottes Sohn. [44]Desgleichen schmähten ihn auch die Räuber, die mit ihm gekreuzigt waren.

[45]Und von der sechsten Stunde an kam eine Finsternis über das ganze Land bis zur neunten Stunde. [46]Und um die neunte Stunde schrie Jesus laut: Eli, Eli, lama asabtani? das heißt: *Mein Gott, mein Gott, warum hast du mich verlassen?* [47]Einige aber, die da standen, als sie das hörten, sprachen sie: Der ruft nach Elia. [48]Und sogleich lief einer von ihnen, nahm einen Schwamm und füllte ihn mit Essig und steckte ihn auf ein Rohr und gab ihm zu trinken. [49]Die andern aber sprachen: Halt, laß sehen, ob Elia komme und ihm helfe! [50]Aber Jesus schrie abermals laut und verschied.

[51]Und siehe, der Vorhang im Tempel zerriß in zwei Stücke von oben an bis unten aus. [52]Und die Erde erbebte, und die Felsen zerrissen, und die Gräber taten sich auf, und viele Leiber der entschlafenen Heiligen standen auf [53]und gingen aus den Gräbern nach seiner Auferstehung und kamen in die heilige Stadt und erschienen vielen. [54]Als aber der Hauptmann und die mit ihm Jesus bewachten das Erdbeben sahen und was da geschah, erschraken sie sehr und sprachen: *Wahrlich, dieser ist Gottes Sohn gewesen!* [55]Und es waren viele Frauen da, die von ferne zusahen; die waren Jesus aus Galiläa nachgefolgt und hatten ihm gedient; [56]unter ihnen war Maria von Magdala und Maria, die Mut-

ter des Jakobus und Josef, und die Mutter der Söhne des Zebedäus.

Die Wendung »nach seiner Auferstehung« (V. 53) wirkt befremdlich. Denn das Geschehen soll sich unmittelbar nach dem Tode Jesu, also vor seiner Auferstehung vollziehen. Die Wachmannschaften »sehen« den Vorgang. Entweder handelt es sich um einen späteren dogmatischen Zusatz, weil nach 1Ko 15,20 Christus der Erste ist, der von den Toten auferstand. Oder die Worte lauteten ursprünglich »nach ihrer Auferstehung«.

Jesu Grablegung

[57]Am Abend aber kam ein reicher Mann aus Arimathäa, der hieß Josef und war auch ein Jünger Jesu. [58]Der ging zu Pilatus und bat um den Leib Jesu. Da befahl Pilatus, man sollte ihm ihn geben. [59]Und Josef nahm den Leib und wickelte ihn in ein reines Leinentuch [60]und legte ihn in sein eigenes neues Grab, das er in einen Felsen hatte hauen lassen, und wälzte einen großen Stein vor die Tür des Grabes und ging davon. [61]Es waren aber dort Maria von Magdala und die andere Maria; die saßen dem Grab gegenüber.

Josef von Arimathäa gilt hier als »Jünger Jesu« (anders Mk 15,43) – wohl deshalb, weil er von der Liebe bestimmt ist. Er erweist Jesus den letzten Liebesdienst, den man einem Sterbenden gewähren kann: Er überläßt ihm sein eigenes neues, d. h. kultisch reines Felsengrab (V. 60). Am Anfang wie am Ende der Passionsgeschichte stehen also Liebestaten an Jesus: die Salbung und das Geschenk des Grabes.

Die Bewachung des Grabes

[62]Am nächsten Tag, der auf den Rüsttag folgt, kamen die Hohenpriester mit den Pharisäern zu Pilatus [63]und sprachen: Herr, wir haben daran gedacht, daß dieser Verführer sprach, als er noch lebte: Ich will nach drei Tagen auferstehen. [64]Darum befiehl, daß man das Grab bewache bis zum dritten Tag, damit nicht seine Jünger kommen und ihn stehlen und zum Volk sagen: Er ist auferstanden von den Toten, und der letzte Betrug ärger wird als der erste. [65]Pilatus sprach zu ihnen: Da habt ihr die Wache; geht hin und bewacht es, so gut ihr könnt. [66]Sie gingen hin und sicherten das Grab mit der Wache und versiegelten den Stein.

Diese Legende (Sondergut) will eine Antwort auf die damals unter den Juden umlaufende Rede vom Diebstahl des Leichnams Jesu durch seine Jünger geben (vgl. 28,15). Problematisch ist bereits V. 62: An einem Sabbat dürften Juden wohl kaum Pilatus aufgesucht haben. Daß Pilatus in V. 63 mit »Herr« angeredet wird, ist ebenfalls verwunderlich. Der »erste Betrug« (V. 64) meint den Anspruch der Gottessohnschaft (vgl. 26,62 f.). Die Bemühungen der jüdischen und römischen Obrigkeit, eine Tat Gottes zu verhindern, sollen hier lächerlich gemacht werden.

Jesu Auferstehung

(Mk 16,1-10; Lk 24,1-10; Joh 20,1-18)

28 Als aber der Sabbat vorüber war und der erste Tag der Woche anbrach, kamen Maria von Magdala und die andere Maria, um nach dem Grab zu sehen. [2]Und siehe, es geschah ein großes Erdbeben. Denn der Engel des Herrn kam vom Himmel herab, trat hinzu und wälzte den Stein weg und setzte sich darauf. [3]Seine Gestalt war wie der Blitz und sein Gewand weiß wie der Schnee. [4]Die Wachen aber erschraken aus Furcht vor ihm und wurden, als wären sie tot. [5]Aber der Engel sprach zu den Frauen: Fürchtet euch nicht! Ich weiß, daß ihr Jesus, den Gekreuzigten, sucht. [6]Er ist nicht hier; er ist auferstanden, wie er gesagt hat. Kommt her und seht die Stätte, wo er gelegen hat; [7]und geht eilends hin und sagt seinen Jüngern, daß er auferstanden ist von den Toten. Und siehe, er wird vor euch hingehen nach

Im Unterschied zu dem sehr nüchternen Markusbericht bringt Mt legendäre Ausschmückung (V. 2–4): Aus dem nur dem Glauben zugänglichen Ostergeschehen (vgl. Apg 10,41 f.) wird ein gewaltiges kosmisches Schauspiel mit Beben und Blitzen (vgl. 24,27 ff.). Dadurch soll verdeutlicht werden, daß Gott hier am Werk ist und jetzt die verheißene Heilszukunft beginnt. Zeugen dieses Geschehens sind Frauen, die im Judentum nicht das Recht besaßen, als Zeugen aufzutreten. Zu der Engelerscheinung vgl. Dan 10,6 f.; Lk 24,4 (anders Mk 16,5). Mt schwächt das Motiv der Furcht (vgl. Mk 16,8)

Galiläa; dort werdet ihr ihn sehen. Siehe, ich habe es euch gesagt. [8]Und sie gingen eilends weg vom Grab mit Furcht und großer Freude und liefen, um es seinen Jüngern zu verkündigen. [9]Und siehe, da begegnete ihnen Jesus und sprach: Seid gegrüßt! Und sie traten zu ihm und umfaßten seine Füße und fielen vor ihm nieder. [10]Da sprach Jesus zu ihnen: Fürchtet euch nicht! Geht hin und verkündigt es meinen Brüdern, daß sie nach Galiläa gehen: dort werden sie mich sehen.

[11]Als sie aber hingingen, siehe, da kamen einige von der Wache in die Stadt und verkündeten den Hohenpriestern alles, was geschehen war. [12]Und sie kamen mit den Ältesten zusammen, hielten Rat und gaben den Soldaten viel Geld [13]und sprachen: Sagt, seine Jünger sind in der Nacht gekommen und haben ihn gestohlen, während wir schliefen. [14]Und wenn es dem Statthalter zu Ohren kommt, wollen wir ihn beschwichtigen und dafür sorgen, daß ihr sicher seid. [15]Sie nahmen das Geld und taten, wie sie angewiesen waren. Und so ist dies zum Gerede geworden bei den Juden bis auf den heutigen Tag.

ab und betont dafür die große Freude. Außerdem kehrt er die Aussage vom Schweigen der Frauen in das Gegenteil um. Mit der Geschichte vom leeren Grab ist in V.9f. ein Erscheinungsbericht verbunden, der an Joh 20,11–18 anklingt. Bei der Begegnung fallen die Frauen vor Jesus nieder, d. h. sie beten ihn an und bekunden damit ihren Glauben (V. 17 vgl. 2,11; 9,18; 14,33). Den Zuspruch brauchen die Frauen zur Erfüllung des Verkündigungsauftrages. Anfang und Ende des Mt sind aufeinander bezogen: Was im heidnischen Galiläa begann (vgl. 2,22f.; 4,12ff.), vollendet sich im galiläischen Heidenland (V. 10. 16–20). Die Ablösung Israels durch die heidenchristliche Kirche wird damit angedeutet. V. 11–15 sind die Fortsetzung von 27,62–66 (28,2–4) und wenden sich gegen jüdische Vorwürfe, die den christlichen Osterglauben in Frage stellen wollen.

Der Missionsbefehl

[16]Aber die elf Jünger gingen nach Galiläa auf den Berg, wohin Jesus sie beschieden hatte. [17]Und als sie ihn sahen, fielen sie vor ihm nieder; einige aber zweifelten. [18]Und Jesus trat herzu und sprach zu ihnen: *Mir ist gegeben alle Gewalt im Himmel und auf Erden.* [19]*Darum gehet hin und machet zu Jüngern alle Völker: Taufet sie auf den Namen des Vaters und des Sohnes und des heiligen Geistes* [20]*und lehret sie halten alles, was ich euch befohlen habe. Und siehe, ich bin bei euch alle Tage bis an der Welt Ende.*

Die Erscheinung Jesu wird hier nicht wie in anderen Ostergeschichten als Wiederbegegnung in gleichsam irdischer Gestalt geschildert. Vielmehr offenbart sich Jesus vom Himmel her als der von Gott inthronisierte Weltherrscher. Wahrscheinlich spiegelt sich hier ursprüngliche Ostererfahrung wider.

Nach dem einleitenden Bericht folgt die abschließende Offenbarung im Stil einer Botenformel (vgl. 2Chr 36,23). Zu ihr gehören 3 Elemente: 1. Feststellung der Autorität des Auftraggebers (V. 18); 2. das Befehlswort (V. 19–20a); 3. die Begründung des Befehls (V. 20b). Wie in 5,1 und 17,1 wird durch den »Berg« an die Sinaioffenbarung des Mose erinnert (vgl. 2Mo 19), die jetzt überboten wird. Die Jüngergemeinde ist mit Jesus auf dem Weg (V. 16), aber noch nicht am Ziel: In ihr gibt es sowohl Zweifel als auch Anbetung (V. 17 vgl. 14,31–33). Dieser Gemeinde gilt Jesu Zuspruch (V. 19f.). Zu V. 18a vgl. 11,27; Dan 7,14. – Die Übertragung aller Macht meint: Sein vollmächtiges Wort, mit dem er den Willen Gottes ausgelegt (vgl. 7,29) sowie Sünden vergeben und Kranke geheilt hat (vgl. 9,6), ist von nun an unbegrenzt gültig und verbindlich. Dementsprechend werden die Jünger in Bewegung gesetzt, sein Wort »allen (Heiden-)Völkern« (anders 10,6; 15,24) zu bringen und diese zu »Jüngern zu machen« (V. 19), d.h. in Jesu Nachfolge zum Tun des Gotteswillens zu rufen (vgl. 10,24ff.; 16,24ff.). Die Verbindung von »Taufen« (V. 19) und »Halten, was ich euch befohlen habe« (V. 20) gründet darin, daß zu der von Jesus gelehrten und gelebten Erfüllung aller Gerechtigkeit auch das Getauftwerden gehörte (vgl. 3,15). – V. 20b ist Höhe- und Zielpunkt des Mt: Jesu Jüngerschar steht unter der Verheißung seiner Heilsgegenwart (vgl. 18,20). Darum darf und soll sie diesen ihren Herrn durch ihr gehorsames Tun in der Welt verherrlichen (vgl. 5,16).

DAS EVANGELIUM NACH MARKUS

Die altkirchliche Tradition nennt als Verfasser des Markusevangeliums Johannes Markus, der von Petrus zum christlichen Glauben bekehrt wurde (1Pt 5,13; vgl. Apg 12,12). Aber diese Überlieferung ist ebenso unsicher wie die daraus abgeleitete Abhängigkeit des Mk von der Predigt des Petrus. Nach Apg 12,25; 15,37ff. spielte Markus als Begleiter von Paulus und Barnabas auf der ersten Missionsreise eine große Rolle und gehörte auch nach Phm 24 zu den Mitarbeitern des Paulus. Als Abfassungsort wird von der altkirchlichen Tradition Rom genannt, während das Evangelium selbst mehr auf eine heidenchristliche Gemeinde in Syrien weist. Die Abfassungszeit dürfte gegen Ende des jüdischen Krieges (um 70 n. Chr.) liegen.

Das Mk stellt das älteste unserer 4 Evangelien dar und hat Aufbau und Inhalt des Mt und des Lk bestimmt. Mk ist also der erste, der ein Evangelium schrieb. Er schuf damit eine literarische Gattung, für die es in der antiken Umwelt kein Vorbild gab. Er sammelte die in den Gemeinden umlaufenden Jesusgeschichten und Jesusworte, ordnete sie nach bestimmten Gesichtspunkten zusammen und stellte sie unter die Überschrift »Evangelium«, d.h. Heilsbotschaft von Jesus Christus (vgl. Rö 1,16; 10,16; 1Ko 4,15 u. ö.). Insofern erscheint hier die irdische Geschichte Jesu von Nazareth im Lichte der urchristlichen Botschaft von der bleibenden Heilsbedeutung des Gekreuzigten und Auferstandenen (vgl. Rö 4,25; 1Ko 15,3–5 u. ö.). Deshalb sprach man ursprünglich von DEM Evangelium nach Markus, nach Matthäus, nach Lukas und nach Johannes, während der Plural »Evangelien« (= Evangelienschriften) erst seit dem 2. Jh. gebräuchlich ist. Das von den Evangelisten verkündigte »Evangelium« ist darum sowohl Botschaft als auch Bericht, wobei die Akzente unterschiedlich gesetzt werden.

Mk hat den ihm überkommenen Traditionsstoff zweifach gegliedert. An erster Stelle ist seine geografische Gliederung zu nennen (Galiläa – Zug nach Jerusalem – Jerusalem – Vorangehen nach Galiläa). Der Wertung Galiläas als Ort der endzeitlichen Offenbarung Gottes und als Ausgangspunkt der Heidenmission steht Jerusalem als Ort der Verstockung des Judentums gegenüber. Der Gang des Evangeliums zu den Heiden spiegelt sich in diesem Aufbau wider.

Mit dieser geografischen Gliederung hängt seine theologische eng zusammen. Darum ist das Mk in zwei gleichgroße Hälften eingeteilt: Bis 8,26 wirkt der Gottessohn Jesus unerkannt unter den Menschen und wird auch von den Jüngern nicht verstanden. In der mit 8,27 beginnenden Passionsgeschichte offenbart er sich als der zu Leiden und Tod bestimmte Heilbringer, der aber dabei auf Mißverstehen stößt. Den Höhepunkt bildet das Bekenntnis des heidnischen Hauptmanns zu dem Gekreuzigten als dem Gottessohn in 15,39. Glauben heißt darum: In dem Erniedrigten und Gekreuzigten, in seinem Menschsein Gott am Werke sehen; Glaube verwirklicht sich in der Kreuzesnachfolge. Auch die in diesem Evangelium sehr breit berichteten Wundergeschichten sind auf den Kreuzesweg ausgerichtet. Sie können nur von dem Menschen begriffen werden, der diese Kreuzesnachfolge auf sich nimmt. Deshalb finden sich in den ersten Kapiteln häufig Schweigegebote (vgl. 1,44; 3,12; 5,43; 7,36; 8,26), die aber von den Geheilten oft übertreten werden (vgl. 1,45; 7,36). Daraus ergibt sich, daß der Evangelist die aus der Tradition stammenden und stark von der Umwelt geprägten Wundergeschichten seiner Kreuzesverkündigung dienstbar gemacht hat. Sie sollen ausdrücken, daß erst durch Kreuzigung und Auferweckung die eigentliche Offenbarung Jesu als des zum Heil der Welt gesandten Gottessohnes geschieht. Vor Karfreitag und Ostern steht Jesu Tun im Zeichen der Verborgenheit. Deshalb darf er noch nicht verkündigt werden; denn er will nicht als Wundertäter, sondern als der gehorsame Gottesknecht bekannt werden (vgl. 8,31ff.). Indem die Geheilten dennoch Jesu Tat bekannt machen, wird sichtbar, daß die Erfahrung der heilsamen Vollmacht Jesu zum Reden zwingt (vgl. 1Ko 9,16). Mit 16,8 (»denn sie fürchteten sich«) bricht die älteste Überlieferung des Mk plötzlich ab. Darum wurden im 2. Jh. die V. 9–20 hinzugefügt, um die in V. 1–8 vermißten Erscheinungen des Auferweckten nachzutragen. Es läßt sich nicht mehr mit letzter Sicherheit klären, ob dies der Schluß des Evangeliums war oder ob die eigentliche Fortsetzung verlorengegangen war. Für den ursprünglichen Abschluß des Mk mit V. 8 könnten einerseits 9,32 und 10,32, wo das Furchtmotiv an betonter Stelle vorkommt, und andrerseits die unterschiedlichen Bearbeitungen, die 16,1–8 durch Mt und Lk gefunden hat, sprechen. Hierzu kommt, daß die Furcht der

Frauen den göttlichen Charakter der Engelbotschaft in V. 6 unterstreicht, die das urchristliche Evangelium »Jesus wurde auferweckt« (1Ko 15,4) enthält und verbürgt. Damit werden die Leser vor die Frage gestellt, wie sie sich dieser Heilsbotschaft gegenüber verhalten wollen.

Johannes der Täufer und sein Christuszeugnis

(Mt 3,1-12; Lk 3,1-18; Joh 1,19-27)

Das Markusevangelium, die frohe Botschaft von Jesus Christus als dem Herrn, beginnt nicht mit einer Geburtsgeschichte, sondern mit dem Auftreten Johannes des Täufers, der durch Wort und Taufe auf Jesu Kommen vorbereitet. Damit macht Mk gleich am Anfang seines Evangeliums deutlich, daß er nicht an einer Jesusbiographie interessiert ist. Vielmehr will er Verkündiger und Zeuge einer Botschaft sein, die allen Menschen zu allen Zeiten Heil und Freude bringt; denn mit Jesu Kommen ist »die Zeit erfüllt«, d. h. die als Gottesherrschaft bezeichnete Heilszeit angebrochen (1,15).

Durch das Jesajazitat (V. 3) und die in V. 2 als Jesajazitat ausgegebenen freien Anklänge an Mal 3,1 und 2Mo 23,20a unterstreicht Mk das Geschehen, das sich mit Jesus und seinem Wegbereiter Johannes ereignet. Nur wer umkehrt und sich von Johannes taufen läßt, wird in dem kommenden Gottesgericht bewahrt werden (vgl. Mt 3,7ff.). Darum wird das von allen – auch von den sogenannten Frommen – gefordert. Die Kleidung des Täufers ist typische Prophetenkleidung (vgl. 2Kö 1,8). V. 7f. geht auf Auseinandersetzungen zwischen Täufer- und Jesusanhängern zurück. Der Täufer wird Jesus als dem »Stärkeren« untergeordnet; denn den Geist, die Gabe der endzeitlichen Erfüllung, spendet allein Jesus.

Jesu Auftreten beginnt mit einer göttlichen Offenbarung. Der »aufgetane« Himmel symbolisiert den jetzt geöffneten Zugang zu Gott; die Taube den von Gott kommenden Geist. V. 11 ist inhaltlich von Jes 42,1 und Ps 2,7 geprägt: Durch die Berufung zur Gottessohnschaft wird Jesus nicht in ein Gottwesen verwandelt, sondern zum Dienst Gottes in Vollmacht erwählt. Die Erprobung des Erwählten berichtet Mk ganz knapp. Das friedliche Zusammenleben mit Tieren und Engeln bedeutet, wie die folgenden Heilungen nahelegen, die Wiederherstellung der schöpfungsmäßigen Ordnung.

1 Dies ist der Anfang des Evangeliums von Jesus Christus, dem Sohn Gottes.

2 Wie geschrieben steht im Propheten Jesaja:
»Siehe, ich sende meinen Boten vor dir her,
der deinen Weg bereiten soll.«
3 »Es ist eine Stimme eines Predigers in der Wüste:
Bereitet den Weg des Herrn,
macht seine Steige eben!« (Maleachi 3,1; Jesaja 40,3):
4 Johannes der Täufer war in der Wüste und predigte die Taufe der Buße zur Vergebung der Sünden. 5 Und es ging zu ihm hinaus das ganze jüdische Land und alle Leute von Jerusalem und ließen sich von ihm taufen im Jordan und bekannten ihre Sünden. 6 Johannes aber trug ein Gewand aus Kamelhaaren und einen ledernen Gürtel um seine Lenden und aß Heuschrecken und wilden Honig 7 und predigte und sprach: Es kommt einer nach mir, der ist stärker als ich; und ich bin nicht wert, daß ich mich vor ihm bücke und die Riemen seiner Schuhe löse. 8 Ich taufe euch mit Wasser; aber er wird euch mit dem heiligen Geist taufen.

Jesu Taufe und Versuchung

(Mt 3,13–4,11; Lk 3,21.22; 4,1-13; Joh 1,32-34)

9 Und es begab sich zu der Zeit, daß Jesus aus Nazareth in Galiläa kam und ließ sich taufen von Johannes im Jordan. 10 Und alsbald, als er aus dem Wasser stieg, sah er, daß sich der Himmel auftat und der Geist wie eine Taube herabkam auf ihn. 11 Und da geschah eine Stimme vom Himmel: *Du bist mein lieber Sohn, an dir habe ich Wohlgefallen.*

12 Und alsbald trieb ihn der Geist in die Wüste; 13 und er war in der Wüste vierzig Tage und wurde versucht von dem Satan und war bei den wilden Tieren, und die Engel dienten ihm.

Jesu Predigt in Galiläa

(Mt 4,12-17; Lk 4,14.15)

Inhalt des Evangeliums ist das »genahte Reich Gottes«, d. h. der jetzt

14 Nachdem aber Johannes gefangengesetzt war, kam Jesus nach Galiläa und predigte das Evangelium Gottes 15 und

sprach: *Die Zeit ist erfüllt, und das Reich Gottes ist herbeigekommen. Tut Buße und glaubt an das Evangelium!*

in Jesu Wirken zur Herrschaft kommende Gott. Diese Gottesherrschaft fordert »Buße«, d. h. eine Wendung weg vom »Bösestun« = »Töten« und hin zum »Gutestun« = »Leben erhalten« (3,4).

Die Berufung der ersten Jünger

(Mt 4,18-22; Lk 5,1-11; Joh 1,35-51)

[16]Als er aber am Galiläischen Meer entlangging, sah er Simon und Andreas, Simons Bruder, wie sie ihre Netze ins Meer warfen; denn sie waren Fischer. [17]Und Jesus sprach zu ihnen: Folgt mir nach; ich will euch zu Menschenfischern machen! [18]Sogleich verließen sie ihre Netze und folgten ihm nach. [19]Und als er ein wenig weiterging, sah er Jakobus, den Sohn des Zebedäus, und Johannes, seinen Bruder, wie sie im Boot die Netze flickten. [20]Und alsbald rief er sie, und sie ließen ihren Vater Zebedäus im Boot mit den Tagelöhnern und folgten ihm nach.

Zum Galiläischen Meer = See Genezareth vgl. 7,31; Mt 4,18; Lk 5,1. Jesu Ruf geschieht so vollmächtig, daß die Berufenen »sofort« ihr bisheriges Leben verlassen und nachfolgen = hinter Jesus hergehen auf seinem Leidensweg (vgl. 8,34 ff.). Ziel der Berufung ist, Menschen für Gottes Herrschaft, für ein neues Leben, zu gewinnen.

Jesus in Kapernaum

(Mt 8,14-17; Lk 4,31-44)

[21]Und sie gingen hinein nach Kapernaum; und alsbald am Sabbat ging er in die Synagoge und lehrte. [22]Und sie entsetzten sich über seine Lehre; denn er lehrte mit Vollmacht und nicht wie die Schriftgelehrten. [23]Und alsbald war in ihrer Synagoge ein Mensch, besessen von einem unreinen Geist*; der schrie: [24]Was willst du von uns, Jesus von Nazareth? Du bist gekommen, uns zu vernichten. Ich weiß, wer du bist: der Heilige Gottes! [25]Und Jesus bedrohte ihn und sprach: Verstumme und fahre aus von ihm! [26]Und der unreine Geist riß ihn und schrie laut und fuhr aus von ihm. [27]Und sie entsetzten sich alle, so daß sie sich untereinander befragten und sprachen: Was ist das? Eine neue Lehre in Vollmacht! Er gebietet auch den unreinen Geistern, und sie gehorchen ihm! [28]Und die Kunde von ihm erscholl alsbald überall im ganzen galiläischen Land.

[29]Und alsbald gingen sie aus der Synagoge und kamen in das Haus des Simon und Andreas mit Jakobus und Johannes. [30]Und die Schwiegermutter Simons lag darnieder und hatte das Fieber; und alsbald sagten sie ihm von ihr. [31]Da trat er zu ihr, faßte sie bei der Hand und richtete sie auf; und das Fieber verließ sie, und sie diente ihnen.

[32]Am Abend aber, als die Sonne untergegangen war, brachten sie zu ihm alle Kranken und Besessenen. [33]Und die ganze Stadt war versammelt vor der Tür. [34]Und er half vielen Kranken, die mit mancherlei Gebrechen beladen waren, und trieb viele böse Geister aus und ließ die Geister nicht reden; denn sie kannten ihn.

[35]Und am Morgen, noch vor Tage, stand er auf und ging hinaus. Und er ging an eine einsame Stätte und betete dort. [36]Simon aber und die bei ihm waren, eilten ihm nach.

Jesus zeichnet sich durch die Vollmacht aus, mit der er lehrt und handelt (vgl. 2,10 u. ö.). Dadurch unterscheidet er sich von den Schriftgelehrten und Lehrern seiner Zeit, die sich auf menschliche Autoritäten oder Auslegungstraditionen berufen. Weil die Zuhörer spüren, daß in Jesus Gott zu Wort kommt, daß Reden und Tun bei ihm – wie bei Gott (vgl. Ps 33,9) – eine Einheit bilden, »entsetzen« sie sich. In Vollmacht setzt sich Jesus über jüdische Sabbatbestimmungen hinweg (es handelt sich in V. 21–28 um eine Heilung am Sabbat) und schenkt denen Befreiung, die an dämonische Mächte gebunden sind. Diese Heilungen sind als Beispiele erzählt für »die neue Lehre in Vollmacht«, für den Anbruch der Gottesherrschaft und die Erfüllung der Zeit (V. 15). Nach dem damaligen Weltbild galten Krankheiten als Werk dämonischer Mächte. Nun leuchtet Jesu heilschaffendes Wirken in der Entmachtung dieser Feinde des Menschen besonders hell auf. Solche Wundertaten veranschaulichen das Wunder der mit Jesu Kommen angebrochenen Wiederherstellung der schöpfungsmäßigen Ordnung: Sie sind Ruf zum Glauben an den Jesus, der durch Kreuz und Auferweckung zum Herrn der Gemeinde geworden ist. Als solcher ist er auch heute im

Wort seiner Zeugen am Werk. Deshalb gilt in V. 38 als die einzige Aufgabe das »Predigen«, d. h. die Bekanntgabe des Herrschaftsantritts Gottes zum Heil der Menschen.

[37] Und als sie ihn fanden, sprachen sie zu ihm: Jedermann sucht dich. [38] Und er sprach zu ihnen: Laßt uns anderswohin gehen, in die nächsten Städte, daß ich auch dort predige; denn dazu bin ich gekommen. [39] Und er kam und predigte in ihren Synagogen in ganz Galiläa und trieb die bösen Geister aus.

Die Heilung eines Aussätzigen

(Mt 8,2-4; Lk 5,12-16)

Die Lepra, heute heilbar, war damals eine unheilbare Krankheit. Nach jüdischer Auffassung schloß sie zudem aus menschlicher Gemeinschaft aus und bedeutete Verstoßung von Gottes Angesicht; denn der Aussatz galt als Strafe Gottes für begangene Sünden. Aber Jesus fürchtet sich weder vor der Ansteckung noch vor dem Gesetz, das jede Berührung eines »Unreinen« mit zeitweiligem kultischen Ausschluß bestrafte. Vielmehr begegnet er dem Aussätzigen mit göttlichem Erbarmen und heilt ihn. Damit eröffnet er ihm die Gemeinschaft mit Gott und den Menschen (Zu dem in V. 44 enthaltenen Widerspruch vgl. die Einl.).

[40] Und es kam zu ihm ein Aussätziger, der bat ihn, kniete nieder und sprach zu ihm: Willst du, so kannst du mich reinigen. [41] Und es jammerte ihn, und er streckte die Hand aus, rührte ihn an und sprach zu ihm: Ich will's tun; sei rein! [42] Und sogleich wich der Aussatz von ihm, und er wurde rein. [43] Und Jesus drohte ihm und trieb ihn alsbald von sich [44] und sprach zu ihm: Sieh zu, daß du niemandem etwas sagst; sondern geh hin und zeige dich dem Priester und opfere für deine Reinigung, was Mose geboten hat, ihnen zum Zeugnis. [45] Er aber ging fort und fing an, viel davon zu reden und die Geschichte bekanntzumachen, so daß Jesus hinfort nicht mehr öffentlich in eine Stadt gehen konnte; sondern er war draußen an einsamen Orten; doch sie kamen zu ihm von allen Enden.

Jesu Vollmacht zur Sündenvergebung

Nach der Darstellung von Jesu Heilswirken bringt Mk eine Sammlung von Streitgesprächen, die bis 3,6 reicht. Als Gegner Jesu erscheinen Schriftgelehrte und Pharisäer. In dieser Gegnerschaft spiegelt sich das gespannte Verhältnis der christlichen Gemeinde zum pharisäisch-rabbinischen Judentum wider. Die Gemeinde beruft sich in ihrer freiheitlichen Praxis auf Jesus als den in Vollmacht handelnden Menschensohn. Höhepunkt der Darstellung ist der Todesbeschluß der Pharisäer in 3,6. Dadurch wird deutlich, daß Jesu vollmächtiges Tun als gehorsamer Gottessohn auf Leiden und Tod zielt. Das hier Erzählte ist somit auf das Kreuz als Mitte der Theologie des Mk ausgerichtet (vgl. 8,31ff.; 10,45; 15,39).

Die Heilung eines Gelähmten (»Der Gichtbrüchige«)

(Mt 9,1-8; Lk 5,17-26)

Jesus predigt in einem einstöckigen palästinischen Lehmhaus mit flachem Dach, das man leicht aufgraben kann. Bei dem Glauben als Voraussetzung der Heilung handelt es sich, wie in 7,24–30 und Mt 8,5–13, um einen stellvertretenden Glauben. – Die Zusammenordnung der Heilungsgeschichte (V. 3–5a und V. 11–12) mit dem Streitgespräch über die Sündenvergebung (V. 5b–10) zeigt, daß es bei Jesu Heilungswundern um das Heil des ganzen Menschen geht. Darauf weist auch

2 Und nach einigen Tagen ging er wieder nach Kapernaum; und es wurde bekannt, daß er im Hause war. [2] Und es versammelten sich viele, so daß sie nicht Raum hatten, auch nicht draußen vor der Tür; und er sagte ihnen das Wort. [3] Und es kamen einige zu ihm, die brachten einen Gelähmten, von vieren getragen. [4] Und da sie ihn nicht zu ihm bringen konnten wegen der Menge, deckten sie das Dach auf, wo er war, machten ein Loch und ließen das Bett herunter, auf dem der Gelähmte lag. [5] Als nun Jesus ihren Glauben sah, sprach er zu dem Gelähmten: *Mein Sohn, deine Sünden sind dir vergeben.* [6] Es saßen da aber einige Schriftgelehrte und dachten in ihren Herzen: [7] Wie redet der so? Er

lästert Gott! Wer kann Sünden vergeben als Gott allein? [8]Und Jesus erkannte sogleich in seinem Geist, daß sie so bei sich selbst dachten, und sprach zu ihnen: Was denkt ihr solches in euren Herzen? [9]Was ist leichter, zu dem Gelähmten zu sagen: Dir sind deine Sünden vergeben, oder zu sagen: Steh auf, nimm dein Bett und geh umher? [10]Damit ihr aber wißt, daß der Menschensohn Vollmacht hat, Sünden zu vergeben auf Erden – sprach er zu dem Gelähmten: [11]Ich sage dir, steh auf, nimm dein Bett und geh heim! [12]Und er stand auf, nahm sein Bett und ging alsbald hinaus vor aller Augen, so daß sie sich alle entsetzten und Gott priesen und sprachen: Wir haben so etwas noch nie gesehen.

die Erwähnung des Glaubens. Für die nachösterliche Gemeinde, aus der der Evangelist stammt und für die er schreibt, lag es nahe, die Heilungsgeschichten in der Predigt als Veranschaulichung von Jesu Macht über die Sünde zu verwenden. Der Zuspruch der Sündenvergebung muß gegenüber der Heilung als das Schwierigere gelten; denn es ist das Vorrecht Gottes, Sünden zu vergeben. Weil Jesus hier als der Dan 7,13 f. verheißene Menschensohn geschildert wird, der auf Erden das Werk Gottes tut, provoziert er den Vorwurf der Gotteslästerung (V. 7; vgl. 14,64).

Die Berufung des Levi und das Zöllnermahl

(Mt 9,9-13; Lk 5,27-32)

[13]Und er ging wieder hinaus an den See; und alles Volk kam zu ihm, und er lehrte sie. [14]Und als er vorüberging, sah er Levi, den Sohn des Alphäus, am Zoll sitzen und sprach zu ihm: Folge mir nach! Und er stand auf und folgte ihm nach. [15]Und es begab sich, daß er zu Tisch saß in seinem Hause, da setzten sich viele Zöllner und Sünder zu Tisch mit Jesus und seinen Jüngern; denn es waren viele, die ihm nachfolgten. [16]Und als die Schriftgelehrten unter den Pharisäern sahen, daß er mit den Sündern und Zöllnern aß, sprachen sie zu seinen Jüngern: Ißt er mit den Zöllnern und Sündern? [17]Als das Jesus hörte, sprach er zu ihnen: Die Starken bedürfen keines Arztes, sondern die Kranken. *Ich bin gekommen, die Sünder zu rufen und nicht die Gerechten.*

Jesus Vollmacht zur Sündenvergebung zeigt sich in seiner Gemeinschaft mit den von der jüdischen Kultgemeinde verachteten Menschen (vgl. Mt 11,19; Lk 7,30). Wie ein Arzt (V. 17) fragt er nach der Bedürftigkeit, nicht nach der Würdigkeit. Heilung bedeutet Leben unter der Herrschaft des barmherzigen Gottes. Die Empörung der Schriftgelehrten über Jesu grenzenlose Güte gipfelt in dem Todesbeschluß.

Die Frage nach dem Fasten

(Mt 9,14-17; Lk 5,33-38)

[18]Und die Jünger des Johannes und die Pharisäer fasteten viel; und es kamen einige, die sprachen zu ihm: Warum fasten die Jünger des Johannes und die Jünger der Pharisäer, und deine Jünger fasten nicht? [19]Und Jesus sprach zu ihnen: Wie können die Hochzeitsgäste fasten, während der Bräutigam bei ihnen ist? Solange der Bräutigam bei ihnen ist, können sie nicht fasten. [20]Es wird aber die Zeit kommen, daß der Bräutigam von ihnen genommen wird; dann werden sie fasten, an jenem Tage. [21]Niemand flickt einen Lappen von neuem Tuch auf ein altes Kleid; sonst reißt der neue Lappen vom alten ab, und der Riß wird ärger. [22]Und niemand füllt neuen Wein in alte Schläuche; sonst zerreißt der Wein die Schläuche, und der Wein ist verloren und die Schläuche auch; sondern man soll neuen Wein in neue Schläuche füllen.

Fasten war für die Johannesjünger Zeichen der Trauer über Schuld und Ausdruck der Buße vor Gott. Dies wird von Jesus deshalb abgelehnt, weil mit seinem Kommen die Heilszeit als Hoch-Zeit angebrochen ist, in der Freude herrscht (vgl. Lk 2,10; Mt 25,21.23). V. 20 ist wahrscheinlich später eingefügt worden, um die frühchristliche Fastensitte zu begründen. Das Doppelbeispiel (V. 21 f.) veranschaulicht: Das Neue, das Jesus bringt, sprengt das Alte.

Um der Heiligung des Sabbats willen (vgl. 2Mo 20,8–11) verboten die Pharisäer verschiedene Arbeiten, u. a. das Ernten und Abpflücken von Ähren sowie die Hilfeleistung an nicht lebensgefährlich Erkrankten. Gegen ein solches gesetzliches Denken richtet sich die durch V. 25f. (vgl. 1Sm 21,2–7) vorbereitete zentrale Aussage in V. 27: Auch das Sabbatgebot ist wie alle Gebote eine gute Gabe Gottes, die dem Menschen zum Heil und zur Freude dienen will. Darum ist der Mensch wichtiger als Gesetzesbestimmngen. 3,4 verdeutlicht: »Gut« ist alles, was der Rettung des Menschen dient, »böse« alles, was Tod und Verderben des Menschen bewirkt – sowohl die Unterlassung der Heilung als auch die Mordabsicht gegen den, der das Gute tut und Gottes Heilswillen erfüllt. Jesus ist darüber »betrübt« und »zornig«, daß es unter Frommen dieses böse Verhalten, eine solche Herzlosigkeit und Verstocktheit gibt. Darum führt ihn gerade sein gutes, lebenerhaltendes Tun in den Tod.

Das Ährenraufen am Sabbat

(Mt 12,1-8; Lk 6,1-5)

23 Und es begab sich, daß er am Sabbat durch ein Kornfeld ging, und seine Jünger fingen an, während sie gingen, Ähren auszuraufen. 24 Und die Pharisäer sprachen zu ihm: Sieh doch! Warum tun deine Jünger am Sabbat, was nicht erlaubt ist? 25 Und er sprach zu ihnen: Habt ihr nie gelesen, was David tat, als er in Not war und ihn hungerte, ihn und die bei ihm waren: 26 wie er ging in das Haus Gottes zur Zeit Abjatars, des Hohenpriesters, und aß die Schaubrote, die niemand essen darf als die Priester, und gab sie auch denen, die bei ihm waren? 27 Und er sprach zu ihnen: Der Sabbat ist um des Menschen willen gemacht und nicht der Mensch um des Sabbats willen. 28 *So ist der Menschensohn ein Herr auch über den Sabbat.*

Die Heilung am Sabbat

(Mt 12,9-14; Lk 6,6-11)

3 Und er ging abermals in die Synagoge. Und es war dort ein Mensch, der hatte eine verdorrte Hand. 2 Und sie lauerten darauf, ob er auch am Sabbat ihn heilen würde, damit sie ihn verklagen könnten. 3 Und er sprach zu dem Menschen mit der verdorrten Hand: Tritt hervor! 4 Und er sprach zu ihnen: Soll man am Sabbat Gutes tun oder Böses tun, Leben erhalten oder töten? Sie aber schwiegen still. 5 Und er sah sie ringsum an mit Zorn und war betrübt über ihr verstocktes Herz und sprach zu dem Menschen: Strecke deine Hand aus! Und er streckte sie aus; und seine Hand wurde gesund. 6 Und die Pharisäer gingen hinaus und hielten alsbald Rat über ihn mit den Anhängern des Herodes, wie sie ihn umbrächten.

Mit diesem Sammelbericht schafft Mk den Übergang zu der Jüngerberufung in 3,13ff. Nicht in der heiligen Stadt Jerusalem, sondern in dem halbheidnischen Galiläa (vgl. Mt 4,15) sammelt sich Jesus eine Heilsgemeinde, in der die Krankheiten überwunden und die Dämonen entmachtet sind. Der ursprünglich als Abwehrzauber gemeinte Ausruf der Dämonen ist bei Mk ein Bekenntnis: Die Dämonen machen schon jetzt Jesu Geheimnis kund, das erst am Kreuz offenbart wird.

Zulauf des Volkes und viele Heilungen

(Mt 12,15.16; Lk 6,17-19)

7 Aber Jesus zog sich zurück mit seinen Jüngern an den See, und eine große Menge aus Galiläa folgte ihm; auch aus Judäa 8 und Jerusalem, aus Idumäa und von jenseits des Jordans und aus der Umgebung von Tyrus und Sidon kam eine große Menge zu ihm, die von seinen Taten gehört hatte. 9 Und er sagte zu seinen Jüngern, sie sollten ihm ein kleines Boot bereithalten, damit die Menge ihn nicht bedränge. 10 Denn er heilte viele, so daß alle, die geplagt waren, über ihn herfielen, um ihn anzurühren. 11 Und wenn ihn die unreinen Geister sahen, fielen sie vor ihm nieder und schrien: Du bist Gottes Sohn! 12 Und er gebot ihnen streng, daß sie ihn nicht offenbar machten.

Die Einsetzung der Zwölf
(Mt 10,1-4; Lk 6,12-16)

[13]Und er ging auf einen Berg und rief zu sich, welche er wollte, und die gingen hin zu ihm. [14]Und er setzte zwölf ein, die er auch Apostel nannte, daß sie bei ihm sein sollten und daß er sie aussendete zu predigen [15]und daß sie Vollmacht hätten, die bösen Geister auszutreiben. [16]Und er setzte die Zwölf ein und gab Simon den Namen Petrus; [17]weiter: Jakobus, den Sohn des Zebedäus, und Johannes, den Bruder des Jakobus, und gab ihnen den Namen Boanerges, das heißt: Donnersöhne; [18]weiter: Andreas und Philippus und Bartholomäus und Matthäus und Thomas und Jakobus, den Sohn des Alphäus, und Thaddäus und Simon Kananäus [19]und Judas Iskariot, der ihn dann verriet.

Zum Berg als Stätte der Gottesoffenbarung vgl. 2Mo 19,16ff.; u. ö. In souveräner Freiheit wählt Jesus seine Jünger aus. Mit der Wahl der Zwölf erhebt Jesus Anspruch auf das ganze jüdische Zwölfstämmevolk. – Die Namen der Zwölf sind in den Evangelien nicht einheitlich überliefert, wohl aber ihre Rangfolge: Simon mit dem Beinamen »Petrus« = Fels steht an der Spitze, am Schluß Judas »Ischariot« (entweder: Mann aus Kariot in Judäa oder: Sikarier = Angehöriger der jüdischen Aufstandsbewegung gegen Rom). Durch den Zusatz »der ihn dann verriet« (V. 19b) weist Mk auf die für ihn zentrale Passionsgeschichte hin.

Jesus und seine Angehörigen

[20]Und er ging in ein Haus. Und da kam abermals das Volk zusammen, so daß sie nicht einmal essen konnten. [21]Und als es die Seinen hörten, machten sie sich auf und wollten ihn festhalten; denn sie sprachen: Er ist von Sinnen.

Es zeugt von der hohen Redlichkeit der Urgemeinde, daß dieser Bericht über die anfängliche völlige Verständnislosigkeit der nächsten Angehörigen Jesu nicht unterdrückt wurde (vgl. auch 6,1–6; Joh 7,5).

Jesus und die bösen Geister
(Mt 12,24-30; Lk 11,14-23)

[22]Die Schriftgelehrten aber, die von Jerusalem herabgekommen waren, sprachen: Er hat den Beelzebul, und: Er treibt die bösen Geister aus durch ihren Obersten. [23]Jesus aber rief sie zusammen und sprach zu ihnen in Gleichnissen: Wie kann der Satan den Satan austreiben? [24]Wenn ein Reich mit sich selbst uneins wird, kann es nicht bestehen. [25]Und wenn ein Haus mit sich selbst uneins wird, kann es nicht bestehen. [26]Erhebt sich nun der Satan gegen sich selbst und ist mit sich selbst uneins, so kann er nicht bestehen, sondern es ist aus mit ihm. [27]Niemand kann aber in das Haus eines Starken eindringen und seinen Hausrat rauben, wenn er nicht zuvor den Starken fesselt; erst dann kann er sein Haus berauben. [28]Wahrlich, ich sage euch: Alle Sünden werden den Menschenkindern vergeben, auch die Lästerungen, wieviel sie auch lästern mögen; [29]wer aber den heiligen Geist lästert, der hat keine Vergebung in Ewigkeit, sondern ist ewiger Sünde schuldig. [30]Denn sie sagten: Er hat einen unreinen Geist.

Beelzebul war damals ein Satansname. Indem Jesus mit ihm in Verbindung gebracht wird (Mt 10,25b), soll sein Wirken verteufelt werden. Diese alte Polemik bestritt Jesus nicht Wundertaten, sondern lehnte Jesu Anspruch ab, im Geist Gottes diese Taten vollbracht zu haben (vgl. Mt 12,28; Lk 11,20). Die Bildworte (V. 23–27) wollen die Widersprüchlichkeit eines solchen Vorwurfs herausstellen und zugleich betonen, daß jetzt mit Jesu Wirken die Entmachtung dämonischer Gewalten erfolgt (vgl. 1,13.23–27 u. ö.). Dadurch erweist sich der gegen ihn erhobene Vorwurf eines Teufelsbündnisses als absurd. Zu V. 28f. vgl. auch Lk 12,10. Jesus verkündigt mit seinem Verhalten den gütigen Gott. Wer dieses Zeugnis Jesu als Satanswerk abtut, verwirft Gott und schließt sich bewußt von Gottes Vergebung aus.

Jesu wahre Verwandte
(Mt 12,46-50; Lk 8,19-21)

[31]Und es kamen seine Mutter und seine Brüder und standen draußen, schickten zu ihm und ließen ihn rufen. [32]Und das Volk saß um ihn. Und sie sprachen zu ihm: Siehe, deine Mutter und deine Brüder und deine Schwestern draußen

Nur wer bereit ist, auf Jesu Stimme zu hören und Gottes Willen zu tun, gehört zu seiner Familie. Das kann dazu führen, daß einzelne die natürlichen Ordnungen von Familie und Blutsgemeinschaft aufgeben müssen (vgl. Lk 9,59–62).

fragen nach dir. [33]Und er antwortete ihnen und sprach: Wer ist meine Mutter und meine Brüder? [34]Und er sah ringsum auf die, die um ihn im Kreise saßen, und sprach: Siehe, das ist meine Mutter und das sind meine Brüder! [35]Denn *wer Gottes Willen tut, der ist mein Bruder und meine Schwester und meine Mutter.*

JESU GLEICHNISREDE

Kapitel 4 enthält eine Gleichnisrede Jesu, in der das Geheimnis der Gottesherrschaft ausgelegt wird. Die Wichtigkeit dieser Rede zeigt bereits die feierliche Einleitung: Jesus sitzt als der autoritative Lehrer im Schiff, die »sehr große Volksmenge« hört vom Ufer aus zu. Indem nur den 12 Jüngern das Verstehen der Gleichnisse eröffnet wird (V. 10–12.34), werden sie Jesu Lehrtätigkeit zugeordnet und für die Weitergabe der Lehre verantwortlich gemacht. Die hier zusammengestellten Gleichnisse und Worte (V. 21f.24f.) bekommen damit einen lehrhaften Akzent. Dafür sind neben V. 10–12 vor allem die ausgeführte Gleichnisdeutung V. 13–20 sowie die mehrfachen Aufforderungen zum Hören (vgl. V. 3.9.23.24) bezeichnend.

Das Sämannsgleichnis schildert den normalen, typischen Vorgang des Säens im palästinischen Bergland, wo der felsige Untergrund meist nur von einer dünnen Erdkrume bedeckt ist, wo die Sonne unbarmherzig brennt und die Disteln – sie sind mit den »Dornen« gemeint – oft alles ersticken. Das Geschick des Samens entscheidet sich daran, auf welchen Boden er fällt. Wie bei den meisten Gleichnissen liegt das Gewicht auf dem Schluß (V. 8): Der Erfolg, nicht der Mißerfolg wird betont. Die Hörer werden damit zum hoffenden Vertrauen auf Jesu Aussaat des Wortes gemahnt – auch angesichts von Widerständen und Rückschlägen.

Vom Sämann

(Mt 13,1-9; Lk 8,4-8)

4 Und er fing abermals an, am See zu lehren. Und es versammelte sich eine sehr große Menge bei ihm, so daß er in ein Boot steigen mußte, das im Wasser lag; er setzte sich, und alles Volk stand auf dem Lande am See. [2]Und er lehrte sie vieles in Gleichnissen; und in seiner Predigt sprach er zu ihnen: [3]Hört zu! Siehe, es ging ein Sämann aus zu säen. [4]Und es begab sich, indem er säte, daß einiges auf den Weg fiel; da kamen die Vögel und fraßen's auf. [5]Einiges fiel auf felsigen Boden, wo es nicht viel Erde hatte, und ging alsbald auf, weil es keine tiefe Erde hatte. [6]Als nun die Sonne aufging, verwelkte es, und weil es keine Wurzel hatte, verdorrte es. [7]Und einiges fiel unter die Dornen, und die Dornen wuchsen empor und erstickten's, und es brachte keine Frucht. [8]Und einiges fiel auf gutes Land, ging auf und wuchs und brachte Frucht, und einiges trug dreißigfach und einiges sechzigfach und einiges hundertfach. [9]Und er sprach: Wer Ohren hat zu hören, der höre!

Der ursprünglich wohl als Bußwort gemeinte V. 12 (dessen Schluß vielleicht gelautet hat: »es sei denn, daß sie sich bekehren«), soll jetzt im Sinne einer Verstockungstheorie den Mißerfolg Jesu einsichtig machen. Jesu Gleichnisse bekommen dadurch den Charakter einer nur den Jüngern zugänglichen Offenbarungsrede.

Der Zweck der Gleichnisse

(Mt 13,10-17; Lk 8,9.10)

[10]Und als er allein war, fragten ihn, die um ihn waren, samt den Zwölfen, nach den Gleichnissen. [11]Und er sprach zu ihnen: Euch ist das Geheimnis des Reiches Gottes gegeben; denen aber draußen widerfährt es alles in Gleichnissen, [12]damit sie es mit sehenden Augen sehen und doch nicht erkennen, und mit hörenden Ohren hören und doch nicht verstehen, damit sie sich nicht etwa bekehren und ihnen vergeben werde.

Die Deutung des Gleichnisses vom Sämann

(Mt 13,18-23; Lk 8,11-15)

[13] Und er sprach zu ihnen: Versteht ihr dies Gleichnis nicht, wie wollt ihr dann die andern alle verstehen? [14] Der Sämann sät das Wort. [15] Das aber sind die auf dem Wege: wenn das Wort gesät wird und sie es gehört haben, kommt sogleich der Satan und nimmt das Wort weg, das in sie gesät war. [16] Desgleichen auch die, bei denen auf felsigen Boden gesät ist: wenn sie das Wort gehört haben, nehmen sie es sogleich mit Freuden auf, [17] aber sie haben keine Wurzel in sich, sondern sind wetterwendisch; wenn sich Bedrängnis oder Verfolgung um des Wortes willen erhebt, so fallen sie sogleich ab. [18] Und andere sind die, bei denen unter die Dornen gesät ist: die hören das Wort, [19] und die Sorgen der Welt und der betrügerische Reichtum und die Begierden nach allem andern dringen ein und ersticken das Wort, und es bleibt ohne Frucht. [20] Diese aber sind's, bei denen auf gutes Land gesät ist: die hören das Wort und nehmen's an und bringen Frucht, einige dreißigfach und einige sechzigfach und einige hundertfach.

Die später angefügte Deutung des Gleichnisses wird auf Jesus selbst zurückgeführt und damit für die Gemeinde verbindlich gemacht. Aus dem Aufruf zum Vertrauen ist eine genau beschriebene Stufenfolge von einzelnen Menschengruppen geworden, in der sich die urchristliche Missionserfahrung widerspiegelt: Die anfängliche Begeisterung wich bei vielen Neubekehrten, als Verfolgungen einsetzten oder Sorgen und Verlockungen überhand nahmen. Trotz dieser Gefahren, in denen ein Christ immer steht und mit denen er rechnen muß (vgl. 1Ko 10,12), bleibt die Schlußverheißung des Gleichnisses in Geltung: Bei einigen, die das Wort nicht nur hören, sondern auch wirklich (in ihr Herz) aufnehmen, kommt die Verkündigung zum Ziel und bringt ungeahnte Frucht.

Vom Licht und vom rechten Maß

(Lk 8,16-18)

[21] Und er sprach zu ihnen: Zündet man etwa ein Licht an, um es unter den Scheffel oder unter die Bank zu setzen? Keineswegs, sondern um es auf den Leuchter zu setzen. [22] Denn es ist nichts verborgen, was nicht offenbar werden soll, und ist nichts geheim, was nicht an den Tag kommen soll. [23] Wer Ohren hat zu hören, der höre!

[24] Und er sprach zu ihnen: Seht zu, was ihr hört! Mit welchem Maß ihr meßt, wird man euch wieder messen, und man wird euch noch dazugeben. [25] Denn wer da hat, dem wird gegeben; und wer nicht hat, dem wird man auch das nehmen, was er hat.

Diese Sprüche umreißen die Aufgaben der ab. V. 11 angeredeten Jünger. Die ihnen zuteil gewordene Erleuchtung im Verstehen von Jesu Gleichnissen sollen sie anderen Menschen weitergeben. Denn Jesu »Geheimnis des Gottesreiches«, das jetzt noch vor der Welt verborgen ist, soll durch die Gemeinde offenbar gemacht werden. Je mehr sich die Jüngergemeinde um das Verstehen müht, umso mehr wird ihr von Gott gegeben werden. Zum »Maß« vgl. Mt 7,2; Lk 6,37 f. Zu V. 25 vgl. Mt 25,14–30.

Vom Wachsen der Saat

[26] Und er sprach: Mit dem Reich Gottes ist es so, wie wenn ein Mensch Samen aufs Land wirft [27] und schläft und aufsteht, Nacht und Tag; und der Same geht auf und wächst – er weiß nicht, wie. [28] Denn von selbst bringt die Erde Frucht, zuerst den Halm, danach die Ähre, danach den vollen Weizen in der Ähre. [29] Wenn sie aber die Frucht gebracht hat, so schickt er alsbald die Sichel hin; denn die Ernte ist da.

Dieses Gleichnis wendet sich gegen Verzagtheit und Resignation im Blick auf die Vollendung der Gottesherrschaft, deren Anbruch sich mit Jesu Kommen ereignet hat. Wie schon das Reifen der Saat ein wunderbarer Vorgang ist, so noch viel mehr die Vollendung der Gottesherrschaft im Gericht (»Ernte« ist Bild für Gericht. Vgl. Joh 4,35).

Vom Senfkorn

(Mt 13,31.32.34; Lk 13,18.19)

[30] Und er sprach: Womit wollen wir das Reich Gottes vergleichen, und durch welches Gleichnis wollen wir es abbil-

Das Senfkorngleichnis hat die gleiche Zielrichtung wie 4,26-29: Es will bei den Hörern die Zuversicht stärken, daß auf den unscheinbaren Anfang der Gottesherrschaft in Jesu Dienst eine herrliche Vollendung folgt. Der Akzent liegt auf dem Gegensatz: winziger Anfang – riesige Vollendung.

den? [31]Es ist wie ein Senfkorn: wenn das gesät wird aufs Land, so ist's das kleinste unter allen Samenkörnern auf Erden; [32]und wenn es gesät ist, so geht es auf und wird größer als alle Kräuter und treibt große Zweige, so daß die Vögel unter dem Himmel unter seinem Schatten wohnen können.

[33]Und durch viele solche Gleichnisse sagte er ihnen das Wort so, wie sie es zu hören vermochten. [34]Und ohne Gleichnisse redete er nicht zu ihnen; aber wenn sie allein waren, legte er seinen Jüngern alles aus.

Die Stillung des Sturmes
(Mt 8,23-27; Lk 8,22-25)

In V. 35–41 wird Jesu Macht über die Naturgewalten veranschaulicht. Dadurch wird zum Glauben an ihn als den Herrn gerufen. Er überwindet durch sein Wort auch die Verzagtheit seiner Jünger und befreit sie von ängstlicher Sorge um ihr eigenes Leben. V. 40 unterstreicht, daß der Glaube von Anfechtung und Mutlosigkeit bedroht ist und somit immer des Zuspruchs durch Jesu Wort bedarf, um bestehen zu können. Glaube ist demnach Vertrauen auf die Macht von Jesu Wort.

[35]Und am Abend desselben Tages sprach er zu ihnen: Laßt uns hinüberfahren. [36]Und sie ließen das Volk gehen und nahmen ihn mit, wie er im Boot war, und es waren noch andere Boote bei ihm. [37]Und es erhob sich ein großer Windwirbel, und die Wellen schlugen in das Boot, so daß das Boot schon voll wurde. [38]Und er war hinten im Boot und schlief auf einem Kissen. Und sie weckten ihn auf und sprachen zu ihm: Meister, fragst du nichts danach, daß wir umkommen? [39]Und er stand auf und bedrohte den Wind und sprach zu dem Meer: Schweig und verstumme! Und der Wind legte sich, und es entstand eine große Stille. [40]Und er sprach zu ihnen: Was seid ihr so furchtsam? Habt ihr noch keinen Glauben? [41]Sie aber fürchteten sich sehr und sprachen untereinander: Wer ist der? Auch Wind und Meer sind ihm gehorsam!

Die Heilung des besessenen Geraseners
(Mt 8,28-34; Lk 8,26-39)

Diese von Mk in vollständiger Breite erzählte Wundergeschichte hat als Schauplatz das heidnische Ostufer des Sees Genezareth; denn kein Jude würde ein Schwein halten, weil es bis heute als Inbegriff der Unreinheit gilt (vgl. 3Mo 11,7). Der Besessene ist demnach ein Heide, die Dämonen wirken im heidnischen Land. Ihre verderbenbringende Tätigkeit wird betont: Als Feinde des Menschen, die seine Gottebenbildlichkeit zerstören, sind sie zugleich Gegner Jesu. Das Ziel der Darstellung besteht darin, auf diesem dunklen Hintergrund den Sieg Jesu über die zerstörerischen Mächte besonders hell aufleuchten zu lassen. Das Schicksal der Schweineherde soll darum einerseits die Gefährlichkeit der Dämo-

5 Und sie kamen ans andre Ufer des Sees in die Gegend der Gerasener. [2]Und als er aus dem Boot trat, lief ihm alsbald von den Gräbern her ein Mensch entgegen mit einem unreinen Geist, [3]der hatte seine Wohnung in den Grabhöhlen. Und niemand konnte ihn mehr binden, auch nicht mit Ketten; [4]denn er war oft mit Fesseln und Ketten gebunden gewesen und hatte die Ketten zerrissen und die Fesseln zerrieben; und niemand konnte ihn bändigen. [5]Und er war allezeit, Tag und Nacht, in den Grabhöhlen und auf den Bergen, schrie und schlug sich mit Steinen. [6]Als er aber Jesus sah von ferne, lief er hinzu und fiel vor ihm nieder [7]und schrie laut: Was willst du von mir, Jesus, du Sohn Gottes, des Allerhöchsten? Ich beschwöre dich bei Gott: Quäle mich nicht! [8]Denn er hatte zu ihm gesagt: Fahre aus, du unreiner Geist, von dem Menschen! [9]Und er fragte ihn: Wie heißt du? Und er sprach: Legion heiße ich; denn wir sind viele. [10]Und er bat Jesus sehr, daß er sie nicht aus der

Gegend vertreibe. [11]Es war aber dort an den Bergen eine große Herde Säue auf der Weide. [12]Und die unreinen Geister baten ihn und sprachen: Laß uns in die Säue fahren! [13]Und er erlaubte es ihnen. Da fuhren die unreinen Geister aus und fuhren in die Säue, und die Herde stürmte den Abhang hinunter in den See, etwa zweitausend, und sie ersoffen im See. [14]Und die Sauhirten flohen und verkündeten das in der Stadt und auf dem Lande. Und die Leute gingen hinaus, um zu sehen, was geschehen war, [15]und kamen zu Jesus und sahen den Besessenen, wie er dasaß, bekleidet und vernünftig, den, der die Legion unreiner Geister gehabt hatte; und sie fürchteten sich. [16]Und die es gesehen hatten, erzählten ihnen, was mit dem Besessenen geschehen war, und das von den Säuen. [17]Und sie fingen an und baten Jesus, aus ihrem Gebiet fortzugehen. [18]Und als er in das Boot trat, bat ihn der Besessene, daß er bei ihm bleiben dürfe. [19]Aber er ließ es ihm nicht zu, sondern sprach zu ihm: Geh hin in dein Haus zu den Deinen und verkünde ihnen, welch große Wohltat dir der Herr getan und wie er sich deiner erbarmt hat. [20]Und er ging hin und fing an, in den Zehn Städten auszurufen, welch große Wohltat ihm Jesus getan hatte; und jedermann verwunderte sich.

nen und andrerseits die Vollmacht von Jesu Wort unterstreichen. V. 14–17 kommt die negative Reaktion der Einheimischen zur Sprache. Dadurch wird veranschaulicht, daß Jesus bereit ist, um der Rettung eines Besessenen willen auf die Gunst der Vielen zu verzichten. Deshalb muß er Leiden und Tod auf sich nehmen. Der Schluß (V. 18–20) zeigt die Zielsetzung des Mk: Die Heidenmission ist von Jesus selbst befohlen worden. Deshalb fehlt hier das für die Wundergeschichten typische Schweigegebot.

Die Auferweckung der Tochter des Jaïrus und die Heilung der blutflüssigen Frau

(Mt 9,18-26; Lk 8,40-56)

[21]Und als Jesus wieder herübergefahren war im Boot, versammelte sich eine große Menge bei ihm, und er war am See. [22]Da kam einer von den Vorstehern der Synagoge, mit Namen Jaïrus. Und als er Jesus sah, fiel er ihm zu Füßen [23]und bat ihn sehr und sprach: Meine Tochter liegt in den letzten Zügen; komm doch und lege deine Hände auf sie, damit sie gesund werde und lebe. [24]Und er ging hin mit ihm.

Und es folgte ihm eine große Menge, und sie umdrängten ihn. [25]Und da war eine Frau, die hatte den Blutfluß seit zwölf Jahren [26]und hatte viel erlitten von vielen Ärzten und all ihr Gut dafür aufgewandt; und es hatte ihr nichts geholfen, sondern es war noch schlimmer mit ihr geworden. [27]Als die von Jesus hörte, kam sie in der Menge von hinten heran und berührte sein Gewand. [28]Denn sie sagte sich: Wenn ich nur seine Kleider berühren könnte, so würde ich gesund. [29]Und sogleich versiegte die Quelle ihres Blutes, und sie spürte es am Leibe, daß sie von ihrer Plage geheilt war. [30]Und Jesus spürte sogleich an sich selbst, daß eine Kraft von ihm ausgegangen war, und wandte sich um in der Menge und sprach: Wer hat meine Kleider berührt?

Mk hat hier zwei Wundergeschichten miteinander verknüpft, in denen Jesus als »die Auferstehung und das Leben« (Joh 11,25) aufgrund der christlichen Ostererfahrung verkündigt wird. Im einzelnen enthalten auch diese Geschichten – wie die vorhergehende – die typischen Züge einer antiken Wundergeschichte mit ihrem Weltbild (V. 27ff.). Die ausdrücklich erwähnte lange Dauer der Krankheit und die vergeblichen Bemühungen der Ärzte sowie die Überbringung der Todesnachricht dienen dabei der Verherrlichung des Wundertäters. Jesus heilt eine Frau, die wegen ihrer Krankheit als unrein galt und aus der Kultgemeinde des Gottesvolkes ausgestoßen war (vgl. 3Mo 12,1ff.). Dadurch verhilft er ihr zum Leben in der Gemeinschaft mit Gott und den Menschen. – Das Besondere dieses Abschnitts besteht darin, daß diese Heilung ausgerechnet auf dem Weg zu dem Haus eines (pharisäischen) Synagogenvorstehers vollbracht wird, der Jesus um Hilfe gebeten hat. Jesus will für alle da sein: für die Unreinen und für die Reinen, für die Ausgestoßenen und für die Gerechten. Er anerkennt nicht die von den Frommen gezogenen Grenzen, sondern hilft überall dort, wo Hilfe gebraucht wird. Beide Geschichten sind deshalb Ruf zum Glauben an Jesus als Herrn, in dessen barmherzigem Tun Gott zur Herrschaft kommt. Zum Geheimhaltungsgebot vgl. die Einl.

[31] Und seine Jünger sprachen zu ihm: Du siehst, daß dich die Menge umdrängt, und fragst: Wer hat mich berührt? [32] Und er sah sich um nach der, die das getan hatte. [33] Die Frau aber fürchtete sich und zitterte, denn sie wußte, was an ihr geschehen war; sie kam und fiel vor ihm nieder und sagte ihm die ganze Wahrheit. [34] Er aber sprach zu ihr: Meine Tochter, dein Glaube hat dich gesund gemacht; geh hin in Frieden und sei gesund von deiner Plage!

[35] Als er noch so redete, kamen einige aus dem Hause des Vorstehers der Synagoge und sprachen: Deine Tochter ist gestorben; was bemühst du weiter den Meister? [36] Jesus aber hörte mit an,* was gesagt wurde, und sprach zu dem Vorsteher: Fürchte dich nicht, glaube nur! [37] Und er ließ niemanden mit sich gehen als Petrus und Jakobus und Johannes, den Bruder des Jakobus. [38] Und sie kamen in das Haus des Vorstehers, und er sah das Getümmel, und wie sehr sie weinten und heulten. [39] Und er ging hinein und sprach zu ihnen: Was lärmt und weint ihr? Das Kind ist nicht gestorben, sondern es schläft. [40] Und sie verlachten ihn. Er aber trieb sie alle hinaus und nahm mit sich den Vater des Kindes und die Mutter und die bei ihm waren, und ging hinein, wo das Kind lag, [41] und ergriff das Kind bei der Hand und sprach zu ihm: Talita kum! – das heißt übersetzt: Mädchen, ich sage dir, steh auf! [42] Und sogleich stand das Mädchen auf und ging umher; es war aber zwölf Jahre alt. Und sie entsetzten sich sogleich über die Maßen. [43] Und er gebot ihnen streng, daß es niemand wissen sollte, und sagte, sie sollten ihr zu essen geben.

Das Wesen des Glaubens wird in dieser alten Überlieferung besonders klar erkennbar: Glaube ist Überwindung des Anstoßes, daß dieser Mensch, dessen Herkunft und Familie genau bekannt sind, dennoch der erwartete Heilbringer ist. V. 5 f. hebt hervor, daß Jesu Tun auf diesen Glauben bezogen ist. Bei bewußtem Unglauben kann auch Jesus nicht helfen und heilen. Auf die Verwerfung Jesu durch die Seinen in 3,21 folgt hier die in seiner Heimatstadt; sie weist auf die durch sein eigenes Volk hin, wie sie in Passion und Kreuz erfolgt (vgl. 15,11 ff.). Auf diese Weise wird der Gang von den Juden weg (vgl. 7,27) zu den Heiden hin (vgl. 15,39) sichtbar.

Die Verwerfung Jesu in Nazareth

(Mt 13,53-58; Lk 4,16-30)

6 Und er ging von dort weg und kam in seine Vaterstadt, und seine Jünger folgten ihm nach. [2] Und als der Sabbat kam, fing er an, zu lehren in der Synagoge. Und viele, die zuhörten, verwunderten sich und sprachen: Woher hat er das? Und was ist das für eine Weisheit, die ihm gegeben ist? Und solche mächtigen Taten, die durch seine Hände geschehen? [3] Ist er nicht der Zimmermann, Marias Sohn, und der Bruder des Jakobus und Joses und Judas und Simon? Sind nicht auch seine Schwestern hier bei uns? Und sie ärgerten sich an ihm. [4] Jesus aber sprach zu ihnen: Ein Prophet gilt nirgends weniger als in seinem Vaterland und bei seinen Verwandten und in seinem Hause. [5] Und er konnte dort nicht eine einzige Tat tun, außer daß er wenigen Kranken die Hände auflegte und sie heilte. [6] Und er wunderte sich über ihren Unglauben. Und er ging rings umher in die Dörfer und lehrte.

Die Aussendung der Zwölf

(Mt 10,1.5-15; Lk 9,1-6)

7 Und er rief die Zwölf zu sich und fing an, sie auszusenden je zwei und zwei, und gab ihnen Macht über die unreinen Geister 8 und gebot ihnen, nichts mitzunehmen auf den Weg als allein einen Stab, kein Brot, keine Tasche, kein Geld im Gürtel, 9 wohl aber Schuhe, und nicht zwei Hemden anzuziehen. 10 Und er sprach zu ihnen: Wo ihr in ein Haus gehen werdet, da bleibt, bis ihr von dort weiterzieht. 11 Und wo man euch nicht aufnimmt und nicht hört, da geht hinaus und schüttelt den Staub von euren Füßen zum Zeugnis gegen sie. 12 Und sie zogen aus und predigten, man solle Buße tun, 13 und trieben viele böse Geister aus und salbten viele Kranke mit Öl und machten sie gesund.

Die Boten Jesu haben auf alles zu verzichten, was ihrer Aufgabe hinderlich sein könnte. Darum sollen sie auch ihre Quartiere nicht nach Belieben wechseln, sondern bei gewährter Gastfreundschaft anspruchslos bleiben (V. 10). Finden sie jedoch Ablehnung, sollen sie durch Abschütteln des Staubes die Gemeinschaft mit jenem Ort aufkündigen. Selbst im Endgericht wird sich dieser Fluchgestus belastend auswirken (V. 11). Umkehrpredigt, Entdämonisierung und Heilung (zur heilenden Wirkung von Öl vgl. Jak 5,14) sind nach V. 12 f. die Charakteristika der Mission.

Das Ende Johannes des Täufers

(Mt 14,1-12; Lk 9,7-9; 3,19.20)

14 Und es kam dem König Herodes zu Ohren; denn der Name Jesu war nun bekannt. Und die Leute sprachen: Johannes der Täufer ist von den Toten auferstanden; darum tut er solche Taten. 15 Einige aber sprachen: Er ist Elia; andere aber: Er ist ein Prophet wie einer der Propheten. 16 Als es aber Herodes hörte, sprach er: Es ist Johannes, den ich enthauptet habe, der ist auferstanden.

17 Denn er, Herodes, hatte ausgesandt und Johannes ergriffen und ins Gefängnis geworfen um der Herodias willen, der Frau seines Bruders Philippus; denn er hatte sie geheiratet. 18 Johannes hatte nämlich zu Herodes gesagt: Es ist nicht recht, daß du die Frau deines Bruders hast. 19 Herodias aber stellte ihm nach und wollte ihn töten und konnte es nicht. 20 Denn Herodes fürchtete Johannes, weil er wußte, daß er ein frommer und heiliger Mann war, und hielt ihn in Gewahrsam; und wenn er ihn hörte, wurde er sehr unruhig; doch hörte er ihn gern. 21 Und es kam ein gelegener Tag, als Herodes an seinem Geburtstag ein Festmahl gab für seine Großen und die Obersten und die Vornehmsten von Galiläa. 22 Da trat herein die Tochter der Herodias und tanzte und gefiel Herodes und denen, die mit am Tisch saßen. Da sprach der König zu dem Mädchen: Bitte von mir, was du willst, ich will dir's geben. 23 Und er schwor ihr einen Eid: Was du von mir bittest, will ich dir geben, bis zur Hälfte meines Königreichs. 24 Und sie ging hinaus und fragte ihre Mutter: Was soll ich bitten? Die sprach: Das Haupt Johannes des Täufers. 25 Da ging sie sogleich eilig hinein zum König, bat ihn und sprach: Ich will, daß du mir gibst, jetzt gleich auf einer Schale, das Haupt Johannes des Täufers. 26 Und der König wurde sehr betrübt. Doch wegen des Eides und derer, die mit am Tisch saßen, wollte er sie

Mit dem »König Herodes« ist der Tetrarch – »Viertelfürst« – Herodes Antipas gemeint, der von 4 v. – 39 n. Chr. über Galiläa und Peräa regierte und der wegen seiner politischen Schlauheit in Lk 13,32 »Fuchs« genannt wird. Herodias war die Frau seines Stiefbruders. Die aus ihrer ersten Ehe hervorgegangene Tochter hieß Salome, die den Bruder von Herodes Antipas mit Namen Philippus heiratete. Johannes der Täufer wird hier im Bilde des Propheten Elia gezeichnet (vgl. 9,11–13; Mt 11,13 f.), der von Isebel verfolgt wurde (vgl. 1Kö 19,2). Zugleich machen sich bei V. 21–25 Einflüsse des Buches Ester geltend (vgl. besonders Est 5,3 ff.). Die V. 17–29 wollen in legendärer Form verdeutlichen, warum Herodes Antipas den Täufer hinrichten ließ. Der eigentliche Anlaß dafür war aber wohl die prophetische Verkündigung des Täufers (vgl. Mt 3,7 ff.). Er kündigte das Gericht und die Nähe der Gottesherrschaft an, die nach Dan 7 die Beseitigung der Weltreiche einschloß. Dies rief bei dem vorsichtigen Herodes Antipas die Furcht vor Aufständen hervor. Da Jesus mit der gleichen Verkündigung auftrat (vgl. Mt 4,17 mit 3,2), wird verständlich, daß er im Volk als einer der auferstandenen Propheten angesehen wurde.

keine Fehlbitte tun lassen. [27]Und sogleich schickte der König den Henker hin und befahl, das Haupt des Johannes herzubringen. Der ging hin und enthauptete ihn im Gefängnis [28]und trug sein Haupt herbei auf einer Schale und gab's dem Mädchen, und das Mädchen gab's seiner Mutter. [29]Und als das seine Jünger hörten, kamen sie und nahmen seinen Leichnam und legten ihn in ein Grab.

Die Speisung der Fünftausend
(Mt 14,13-21; Lk 9,10-17; Joh 6,1-13)

Die in 6,7 ausgesandten zwölf Jünger werden wie in 3,14 »Apostel« = Sendboten genannt. Die Speisungsgeschichte als ein Vermehrungs- oder Geschenkwunder erinnert an 1Kö 17,8ff.; 2Mo 16,11ff. Wie Gott sein Volk in der Wüste speiste, so tut es auch Jesus. Gottes Erbarmen bestimmt auch den Sohn (V. 34), der seinem Volk den Tisch in der Wüste deckt (vgl. Ps 23,2.5). Er ist der gute Hirte und der Hausvater, der alle an seinen Tisch lädt. Das Dankgebet und das Brotbrechen (die Brote sind runde, etwa fingerdicke Fladen, die niemals geschnitten werden) kommen nach jüdischer Sitte dem Hausherrn zu. Der Hausherr dieses Gastmahles ist der endzeitliche Heilbringer, der durch Wort (V. 34) und Tat (V. 41 ff.) Heil in schöpferischer Fülle schenkt, so daß aus der führerlosen Menge eine von Jesus geordnete Gemeinde wird. Einen anderen Akzent trägt die Speisungsgeschichte in 8,1–9. In V. 35–37 ist wieder das Unverständnis der Jünger betont (vgl. die Einl.).

[30]Und die Apostel kamen bei Jesus zusammen und verkündeten ihm alles, was sie getan und gelehrt hatten. [31]Und er sprach zu ihnen: Geht ihr allein an eine einsame Stätte und ruht ein wenig. Denn es waren viele, die kamen und gingen, und sie hatten nicht Zeit genug zum Essen. [32]Und sie fuhren in einem Boot an eine einsame Stätte für sich allein. [33]Und man sah sie wegfahren, und viele merkten es und liefen aus allen Städten zu Fuß dorthin zusammen und kamen ihnen zuvor. [34]Und Jesus stieg aus und sah die große Menge; und sie jammerten ihn, denn sie waren wie Schafe, die keinen Hirten haben. Und er fing eine lange Predigt an.

[35]Als nun der Tag fast vorüber war, traten seine Jünger zu ihm und sprachen: Es ist öde hier, und der Tag ist fast vorüber; [36]laß sie gehen, damit sie in die Höfe und Dörfer ringsum gehen und sich Brot kaufen. [37]Er aber antwortete und sprach zu ihnen: Gebt ihr ihnen zu essen! Und sie sprachen zu ihm: Sollen wir denn hingehen und für zweihundert Silbergroschen Brot kaufen und ihnen zu essen geben? [38]Er aber sprach zu ihnen: Wieviel Brote habt ihr? Geht hin und seht! Und als sie es erkundet hatten, sprachen sie: Fünf und zwei Fische. [39]Und er gebot ihnen, daß sie sich alle lagerten, tischweise, auf das grüne Gras. [40]Und sie setzten sich, in Gruppen zu hundert und zu fünfzig. [41]Und er nahm die fünf Brote und zwei Fische und sah auf zum Himmel, dankte und brach die Brote und gab sie den Jüngern, damit sie unter ihnen austeilten, und die zwei Fische teilte er unter sie alle. [42]Und sie aßen alle und wurden satt. [43]Und sie sammelten die Brocken auf, zwölf Körbe voll, und von den Fischen. [44]Und die die Brote gegessen hatten, waren fünftausend Mann.

Jesus kommt zu seinen Jüngern auf dem See
(Mt 14,22-36; Joh 6,15-21)

Hier handelt es sich um eine Offenbarung vor den Jüngern. Das Gebet dient der Vorbereitung dieser Offenbarung (vgl. Lk 3,21; 9,28), die sich mit Gotteserscheinungen im AT berührt (vgl. Ps 77,20; Hi 9,8). Weil

[45]Und alsbald trieb er seine Jünger, in das Boot zu steigen und vor ihm hinüberzufahren nach Betsaida, bis er das Volk gehen ließe. [46]Und als er sie fortgeschickt hatte, ging er hin auf einen Berg, um zu beten. [47]Und am Abend war das Boot mitten auf dem See und er auf dem Land allein.

[48]Und er sah, daß sie sich abplagten beim Rudern, denn der Wind stand ihnen entgegen. Um die vierte Nachtwache kam er zu ihnen und ging auf dem See und wollte an ihnen vorübergehen. [49]Und als sie ihn sahen auf dem See gehen, meinten sie, es wäre ein Gespenst, und schrien; [50]denn sie sahen ihn alle und erschraken. Aber sogleich redete er mit ihnen und sprach zu ihnen: Seid getrost, ich bin's; fürchtet euch nicht! [51]und trat zu ihnen ins Boot, und der Wind legte sich. Und sie entsetzten sich über die Maßen; [52]denn sie waren um nichts verständiger geworden angesichts der Brote, sondern ihr Herz war verhärtet.

das Meer Bild für den Tod ist (vgl. Ps 69,2), offenbart sich Jesus als der Herr über den Tod, der die Seinen vollmächtig trösten kann; denn das »Fürchtet euch nicht!« (V. 50) ist das göttliche Trostwort des AT (vgl. Jes 43,1 u. ö.). Dieser Zuspruch gilt den ängstlichen und unverständigen Jüngern, die sich über ein solches Wunder zutiefst »entsetzen«, anstatt sich dankbar zu Jesus als dem Herrn zu bekennen.

Heilung am See Genezareth

[53]Und als sie hinübergefahren waren ans Land, kamen sie nach Genezareth und legten an. [54]Und als sie aus dem Boot stiegen, erkannten ihn die Leute alsbald [55]und liefen im ganzen Land umher und fingen an, die Kranken auf Bahren überall dorthin zu tragen, wo sie hörten, daß er war. [56]Und wo er in Dörfer, Städte und Höfe hineinging, da legten sie die Kranken auf den Markt und baten ihn, daß diese auch nur den Saum seines Gewandes berühren dürften; und alle, die ihn berührten, wurden gesund.

Dieser Sammelbericht berührt sich sehr eng mit 1,32–34 und 3,7–12 und markiert den Abschluß der fünf Wundergeschichten (4,35 ff.; 5,1 ff.; 5,22 ff.; 6,32 ff. und 6,45 ff.).

Von wahrer Reinheit und Unreinheit
(Mt 15,1-20)

Bevor Jesus heidnisches Gebiet betritt (ab V. 24 ff.), erfolgt die Auseinandersetzung mit dem Judentum über die zentrale Frage der Reinheit. Dabei geht es um die Gültigkeit der »Satzungen der Ältesten« (d. h. der mündlichen pharisäischen Gesetzestradition). Dieses mündliche Gesetz wird in V. 8 ff. als unvereinbar mit dem schriftlichen Gottesgesetz hingestellt. Dem gesetzlichen und priesterlichen Reinheitsdenken liegt die Unterscheidung zwischen heilig und weltlich und damit zugleich zwischen Juden und Heiden zugrunde. Diese wird in V. 15 beseitigt. Damit greift Jesus das gesamte antike Kultwesen mit seiner Opfer- und Sühnepraxis an. Die Schärfe dieser Auseinandersetzung läßt Jesu Tod verständlich werden (vgl. 11,15 ff.; 14,58 ff.).

7 Und es versammelten sich bei ihm die Pharisäer und einige von den Schriftgelehrten, die aus Jerusalem gekommen waren. [2]Und sie sahen einige seiner Jünger mit unreinen, das heißt: ungewaschenen Händen das Brot essen. [3]Denn die Pharisäer und alle Juden essen nicht, wenn sie nicht die Hände mit einer Handvoll Wasser gewaschen haben, und halten so die Satzungen der Ältesten; [4]und wenn sie vom Markt kommen, essen sie nicht, wenn sie sich nicht gewaschen haben. Und es gibt viele andre Dinge, die sie zu halten angenommen haben, wie: Trinkgefäße und Krüge und Kessel und Bänke zu waschen. [5]Da fragten ihn die Pharisäer und Schriftgelehrten: Warum leben deine Jünger nicht nach den Satzungen der Ältesten, sondern essen das Brot mit unreinen Händen? [6]Er aber sprach zu

In V. 1–8 geht es um das Händewaschen vor und nach den Mahlzeiten, eine ursprünglich priesterliche Sitte, die z. Z. Jesu von den Pharisäern streng praktiziert wurde. Unter Berufung auf Jes 29,13 wird eine solche Frömmigkeit als »Heuchelei«, d. h. als falscher und widersprüchlicher Gottesdienst gekennzeichnet; denn entscheidend ist beim Gottesdienst die innere Einstellung des Menschen vor Gott. In V. 9–13 handelt es sich um den Gegensatz: »Korban« und Erfüllung des vierten Gebotes. Durch das Wort »Korban« kann ein Mann sein Eigentum dem Tempel

ihnen: Wie fein hat von euch Heuchlern Jesaja geweissagt, wie geschrieben steht (Jesaja 29,13):

»Dies Volk ehrt mich mit den Lippen;
aber ihr Herz ist fern von mir.
[7] Vergeblich dienen sie mir,
weil sie lehren solche Lehren, die nichts sind als Menschengebote.«

[8] Ihr verlaßt Gottes Gebot und haltet der Menschen Satzungen. [9] Und er sprach zu ihnen: Wie fein hebt ihr Gottes Gebot auf, damit ihr eure Satzungen aufrichtet! [10] Denn Mose hat gesagt (2. Mose 20,12; 21,17): »Du sollst deinen Vater und deine Mutter ehren«, und: »Wer Vater oder Mutter flucht, der soll des Todes sterben.« [11] Ihr aber lehrt: Wenn einer zu Vater oder Mutter sagt: Korban* – das heißt: Opfergabe soll sein, was dir von mir zusteht –, [12] so laßt ihr ihn nichts mehr tun für seinen Vater oder seine Mutter [13] und hebt so Gottes Wort auf durch eure Satzungen, die ihr überliefert habt; und dergleichen tut ihr viel.

[14] Und er rief das Volk wieder zu sich und sprach zu ihnen: Hört mir alle zu und begreift's! [15] Es gibt nichts, was von außen in den Menschen hineingeht, das ihn unrein machen könnte; sondern was aus dem Menschen herauskommt, das ist's, was den Menschen unrein macht.* [17] Und als er von dem Volk ins Haus kam, fragten ihn seine Jünger nach diesem Gleichnis. [18] Und er sprach zu ihnen: Seid ihr denn auch so unverständig? Merkt ihr nicht, daß alles, was von außen in den Menschen hineingeht, ihn nicht unrein machen kann? [19] Denn es geht nicht in sein Herz, sondern in den Bauch, und kommt heraus in die Grube. Damit erklärte er alle Speisen für rein. [20] Und er sprach: Was aus dem Menschen herauskommt, das macht den Menschen unrein; [21] denn von innen, aus dem Herzen der Menschen, kommen heraus böse Gedanken, Unzucht, Diebstahl, Mord, [22] Ehebruch, Habgier, Bosheit, Arglist, Ausschweifung, Mißgunst, Lästerung, Hochmut, Unvernunft. [23] Alle diese bösen Dinge kommen von innen heraus und machen den Menschen unrein.

vermachen. Er behält es zwar auf Lebenszeit zur Nutzung, entzieht es aber bei seinem vorzeitigen Tod seinen Eltern, für deren Altersversorgung er eigentlich verantwortlich ist. Das bedeutet Mißachtung des vierten Gebots. Da die Forderung, ein Gelübde unbedingt zu halten, in 4Mo 30,3 steht, wendet sich Jesus in V. 9–13 in anstößiger Freiheit direkt gegen ein atl. Gebot. – Das zentrale Jesuswort findet sich in V. 15, dessen Auslegung in V. 17–23. Hinter diesen Aussagen steht Ps 24,1: »Die Erde ist des Herrn« (= 1Ko 10,26). Darum kann der Mensch in Freiheit und Verantwortung die Schöpfung gebrauchen. Entscheidend ist dabei sein »Herz«, seine innere Einstellung. Nach Rö 14,14 ist nichts unrein an sich selbst. Nur dem, der es für unrein hält, ist es unrein (vgl. auch Tit 1,15; Apg 10,15). In V. 21 f. liegt ein sogenannter Lasterkatalog, eine aus der Umwelt stammende Stilform, vor (vgl. Röm 1,24 ff.; Gal 5,19 ff. u. ö.).

Die Frau aus Syrophönizien
(Mt 15,21-28)

[24] Und er stand auf und ging von dort in das Gebiet von Tyrus. Und er ging in ein Haus und wollte es niemanden wissen lassen und konnte doch nicht verborgen bleiben, [25] sondern alsbald hörte eine Frau von ihm, deren Töchterlein einen unreinen Geist hatte. Und sie kam und fiel nieder zu seinen Füßen [26] – die Frau war aber eine Griechin aus Syrophönizien – und bat ihn, daß er den bösen Geist

Die Freiheit gegenüber aller kultisch bedingten Grenzziehung (V. 1–23) öffnet den Weg zu den Heiden. Darum spielt diese Fernheilungsgeschichte in Tyrus in Phönizien. Zunächst verschließt sich Jesus der Bitte der heidnischen Frau und betont den heilsgeschichtlichen Vor-

von ihrer Tochter austreibe. 27 Jesus aber sprach zu ihr: Laß zuvor die Kinder satt werden; es ist nicht recht, daß man den Kindern das Brot wegnehme und werfe es vor die Hunde. 28 Sie antwortete aber und sprach zu ihm: Ja, Herr; aber doch fressen die Hunde unter dem Tisch von den Brosamen der Kinder. 29 Und er sprach zu ihr: Um dieses Wortes willen geh hin, der böse Geist ist von deiner Tochter ausgefahren. 30 Und sie ging hin in ihr Haus und fand das Kind auf dem Bett liegen, und der böse Geist war ausgefahren.

rang Israels (mit den »Kindern« sind die Juden, mit den »Hunden« die Heiden gemeint). Da jedoch die Heidin Jesus Recht gibt, Gottes Plan bejaht und Vertrauen zu Jesus bekundet, wendet er sich ihr zu und befreit ihr Kind aus der Macht der zerstörerischen Dämonen. Nicht die Abstammung, sondern das Vertrauen zu Jesus (vgl. 5,34; 6,5) führt zur Rettung.

Die Heilung eines Taubstummen

31 Und als er wieder fortging aus dem Gebiet von Tyrus, kam er durch Sidon an das Galiläische Meer, mitten in das Gebiet der Zehn Städte. 32 Und sie brachten zu ihm einen, der taub und stumm war, und baten ihn, daß er die Hand auf ihn lege. 33 Und er nahm ihn aus der Menge beiseite und legte ihm die Finger in die Ohren und berührte seine Zunge mit Speichel und 34 sah auf zum Himmel und seufzte und sprach zu ihm: Hefata!, das heißt: Tu dich auf! 35 Und sogleich taten sich seine Ohren auf, und die Fessel seiner Zunge löste sich, und er redete richtig. 36 Und er gebot ihnen, sie sollten's niemandem sagen. Je mehr er's aber verbot, desto mehr breiteten sie es aus. 37 Und sie wunderten sich über die Maßen und sprachen: *Er hat alles wohl gemacht; die Tauben macht er hörend und die Sprachlosen redend.*

Die Dekapolis (zehn Städte) ist ein südöstlich vom See Genezareth gelegenes heidnisches Gebiet. Die dort spielende Wundergeschichte ist besonders stark von Vorstellungen der Umwelt geprägt. Jesus will auch als Heiland der Heiden verkündigt werden. Er heilt sie von Taubheit und Stummheit und befreit sie zum Hören und Lobpreisen. Zu V. 36 vgl. die Einl. V. 37 erinnert an 1Mo 1,31: Das bei der Weltschöpfung ausgesprochene Urteil erfüllt sich in Jesus.

Die Speisung der Viertausend
(Mt 15,32-39)

8 Zu der Zeit, als wieder eine große Menge da war und sie nichts zu essen hatten, rief Jesus die Jünger zu sich und sprach zu ihnen: 2 Mich jammert das Volk, denn sie haben nun drei Tage bei mir ausgeharrt und haben nichts zu essen. 3 Und wenn ich sie hungrig heimgehen ließe, würden sie auf dem Wege verschmachten; denn einige sind von ferne gekommen. 4 Seine Jünger antworteten ihm: Wie kann sie jemand hier in der Wüste mit Brot sättigen? 5 Und er fragte sie: Wieviel Brote habt ihr? Sie sprachen: Sieben. 6 Und er gebot dem Volk, sich auf die Erde zu lagern. Und er nahm die sieben Brote, dankte und brach sie und gab sie seinen Jüngern, damit sie sie austeilten, und sie teilten sie unter das Volk aus. 7 Und sie hatten auch einige Fische, und er dankte und ließ auch diese austeilen. 8 Sie aßen aber und wurden satt und sammelten die übrigen Brocken auf, sieben Körbe voll. 9 Und es waren etwa viertausend; und er ließ sie gehen.

Dieser Bericht gleicht auffallend der in 6,30–44 erzählten Speisungsgeschichte. Deshalb ist mit einer hinter beiden liegenden gemeinsamen Urform zu rechnen. Allerdings ist in V. 1–9 der atl. Hintergrund zugunsten einer stärkeren Ausrichtung am Abendmahl (zu V. 6 vgl. 14,22) zurückgetreten. Wahrscheinlich hat Mk die Geschichte hier eingefügt, um deutlich zu machen: Mit dieser Speisung wird der in 7,24ff. angedeutete Gang des Evangeliums zu den Heiden zeichenhaft fortgeführt; denn der Ort des Geschehens ist die heidnische Dekapolis (vgl. 7,31). Jesu Erbarmen (V. 2) gilt also nicht nur Israel, sondern auch den Heiden. Demzufolge muß die Kirche in Jesu Nachfolge zu ihren Mahlfeiern alle einladen, ohne Grenzen zu ziehen.

Das Wagnis des Glaubens, in Jesu Tun den Anbruch der verheißenen Gottesherrschaft zu erblicken, bleibt niemandem erspart (vgl. 3,22–30). Das Passiv in V. 12 (»gegeben werden«) dient zur Umschreibung von Gottes Handeln. Gott verweigert diesem treulosen Geschlecht (vgl. 5Mo 32,5–20) einen Machterweis, der Jesu Vollmacht bestätigt. Gott will sich in der Ohnmacht des Kreuzes offenbaren (vgl. 15,39). Jesus »seufzt« (V. 12), weil seine theologisch gebildeten Gegner dieses Offenbarungswirken Gottes nicht verstehen. Auch seine Jünger sind jetzt »noch nicht verständig«, so daß ihnen in V. 18 das harte Wort Jes. 6,9f. gilt. Das zweimal auf die Jünger bezogene »noch nicht« (V. 17,21) deutet jedoch an, daß ihr Unverständnis überwindbar ist. – Die mit »Sauerteig« gemeinte Denkungsart bezieht sich auf die pharisäische Zeichenforderung, die es nicht zum Glauben kommen läßt, und zugleich auf das Machtdenken, das Herodes vertritt. So werden die Jünger vor Unglauben gewarnt und zugleich aufgefordert, sich ganz Jesus anzuvertrauen, der sich bei den Speisungen als der Heilbringer offenbarte.

Die Zeichenforderung der Pharisäer

(Mt 16,1-4)

[10] Und alsbald stieg er in das Boot mit seinen Jüngern und kam in die Gegend von Dalmanuta. [11] Und die Pharisäer kamen heraus und fingen an, mit ihm zu streiten, versuchten ihn und forderten von ihm ein Zeichen vom Himmel. [12] Und er seufzte in seinem Geist und sprach: Was fordert doch dieses Geschlecht ein Zeichen? Wahrlich, ich sage euch: Es wird diesem Geschlecht kein Zeichen gegeben werden! [13] Und er verließ sie und stieg wieder in das Boot und fuhr hinüber.

Warnung vor den Pharisäern und vor Herodes

(Mt 16,5-12)

[14] Und sie hatten vergessen, Brot mitzunehmen, und hatten nicht mehr mit sich im Boot als ein Brot. [15] Und er gebot ihnen und sprach: Schaut zu und seht euch vor vor dem Sauerteig der Pharisäer und vor dem Sauerteig des Herodes. [16] Und sie bedachten hin und her, daß sie kein Brot hätten. [17] Und er merkte das und sprach zu ihnen: Was bekümmert ihr euch doch, daß ihr kein Brot habt? Versteht ihr noch nicht, und begreift ihr noch nicht? Habt ihr noch ein verhärtetes Herz in euch? [18] Habt Augen und seht nicht, und habt Ohren und hört nicht? und denkt nicht daran: [19] als ich die fünf Brote brach für die fünftausend, wieviel Körbe voll Brocken habt ihr da aufgesammelt? Sie sagten: Zwölf. [20] Und als ich die sieben brach für die viertausend, wieviel Körbe voll Brocken habt ihr da aufgesammelt? Sie sagten: Sieben. [21] Und er sprach zu ihnen: Begreift ihr denn noch nicht?

Hier wird zeichenhaft dargestellt, was den blinden und unverständigen Jüngern (V. 17–21) nottut. Nur wenn Jesus ihnen die Augen öffnet, können sie sehen und verstehen, wer dieser Jesus ist und was seine Botschaft bedeutet. Damit geschieht hier der Übergang zu dem Petrusbekenntnis (V. 27ff.). Zu den Einzelheiten vgl. 7,31ff.; 10,46ff.; Mt 9,27ff. und Joh 9,1ff.

Die Heilung eines Blinden

[22] Und sie kamen nach Betsaida. Und sie brachten zu ihm einen Blinden und baten ihn, daß er ihn anrühre. [23] Und er nahm den Blinden bei der Hand und führte ihn hinaus vor das Dorf, tat Speichel auf seine Augen, legte seine Hände auf ihn und fragte ihn: Siehst du etwas? [24] Und er sah auf und sprach: Ich sehe die Menschen, als sähe ich Bäume umhergehen. [25] Danach legte er abermals die Hände auf seine Augen. Da sah er deutlich und wurde wieder zurechtgebracht, so daß er alles scharf sehen konnte. [26] Und er schickte ihn heim und sprach: Geh nicht hinein in das Dorf!

Die Mitte des Mk bildet das Petrusbekenntnis bei Cäsarea Philippi (siehe Karte) und die erste Leidens-

Das Bekenntnis des Petrus

(Mt 16,13-20; Lk 9,18-21; Joh 6,67-69)

[27] Und Jesus ging fort mit seinen Jüngern in die Dörfer bei Cäsarea Philippi. Und auf dem Wege fragte er seine Jünger und sprach zu ihnen: Wer sagen die Leute, daß ich sei?

[28]Sie antworteten ihm: Einige sagen, du seist Johannes der Täufer; einige sagen, du seist Elia; andere, du seist einer der Propheten. [29]Und er fragte sie: Ihr aber, wer sagt ihr, daß ich sei? Da antwortete Petrus und sprach zu ihm: *Du bist der Christus!* [30]Und er gebot ihnen, daß sie niemandem von ihm sagen sollten.

Die erste Ankündigung von Jesu Leiden und Auferstehung
(Mt 16,21-23; Lk 9,22)

[31]Und er fing an, sie zu lehren: Der Menschensohn muß viel leiden und verworfen werden von den Ältesten und Hohenpriestern und Schriftgelehrten und getötet werden und nach drei Tagen auferstehen. [32]Und er redete das Wort frei und offen. Und Petrus nahm ihn beiseite und fing an, ihm zu wehren. [33]Er aber wandte sich um, sah seine Jünger an und bedrohte Petrus und sprach: Geh weg von mir, Satan! denn du meinst nicht, was göttlich, sondern was menschlich ist.

Von der Nachfolge
(Mt 16,24-28; Lk 9,23-27)

[34]Und er rief zu sich das Volk samt seinen Jüngern und sprach zu ihnen: *Wer mir nachfolgen will, der verleugne sich selbst und nehme sein Kreuz auf sich und folge mir nach.* [35]*Denn wer sein Leben erhalten will, der wird's verlieren; und wer sein Leben verliert um meinetwillen und um des Evangeliums willen, der wird's erhalten.* [36]*Denn was hülfe es dem Menschen, wenn er die ganze Welt gewönne und nähme an seiner Seele Schaden?* [37]*Denn was kann der Mensch geben, womit er seine Seele auslöse?* [38]Wer sich aber meiner und meiner Worte schämt unter diesem abtrünnigen und sündigen Geschlecht, dessen wird sich auch der Menschensohn schämen, wenn er kommen wird in der Herrlichkeit seines Vaters mit den heiligen Engeln.

9 Und er sprach zu ihnen: Wahrlich, ich sage euch: Es stehen einige hier, die werden den Tod nicht schmekken, bis sie sehen das Reich Gottes kommen mit Kraft.

ansage mit dem Aufruf zur Kreuzesnachfolge. Im Urteil der Leute zeigt sich die Nähe Jesu zum Täufer, der als wiederkehrender Prophet Elia verstanden wurde (vgl. Mat 11,13 f.). Petrus dagegen bekennt sich zu Jesus als dem Christus, d. h. dem erwarteten gesalbten König der Endzeit (vgl. Ps 2). Das Schweigegebot (V. 30) in Verbindung mit der ersten Leidensankündigung (V. 31) will das naheliegende politische Mißverständnis ausschließen, der Messias sei der Befreier vom Römerjoch. Deshalb wird in V. 31 nicht vom Messias, sondern vom Menschensohn, jedoch nicht wie in V. 38 vom kommenden (vgl. Dan 7, 13 f.), sondern vom leidenden und auferstehenden, gesprochen. Dadurch bringt die Urgemeinde das ihr durch Ostern eröffnete Verständnis der Heilsnotwendigkeit von Jesu Leiden, Sterben und Auferstehen zum Ausdruck (vgl. Joh 2,22; 12,16). Gegen ein solches Verständnis Jesu wendet sich Petrus (V. 32). Nur hier, wo ein Jünger unverständig dem Heilsplan Gottes widerspricht, wird er in schroffer Weise »Satan« genannt. Zum Jüngersein gehört die Leidensnachfolge Jesu, die Preisgabe des Egoismus und Martyriumsbereitschaft einschließt. Nur so kann er seinen Meister verstehen lernen. – 9,1 ist eine rätselhafte, unerfüllt gebliebene Weissagung. Sie dient als Überleitung zur Verklärung (9,2–11), die auf diese Weise als Vorwegnahme der Schau der vollendeten Gottesherrschaft verstanden werden soll.

Die Verklärung Jesu
(Mt 17,1-13; Lk 9,28-36)

[2]Und nach sechs Tagen nahm Jesus mit sich Petrus, Jakobus und Johannes und führte sie auf einen hohen Berg, nur sie allein. Und er wurde vor ihnen verklärt; [3]und seine Kleider wurden hell und sehr weiß, wie sie kein Bleicher auf Erden so weiß machen kann. [4]Und es erschien ihnen Elia mit Mose, und sie redeten mit Jesus. [5]Und Petrus fing an und sprach zu Jesus: Rabbi, hier ist für uns gut sein. Wir wollen drei Hütten bauen, dir eine, Mose eine und Elia

In dem visionären Geschehen auf dem Berg (vgl. zu 3,13–19) erscheint Jesus in himmlischem Glanz (vgl. Dan. 7,9; Off 1,13 f.). Die drei erwählten Jünger sehen Jesus in Herrlichkeit, wie er sie schon verheißen hat (8,38) und wie sie im Zusammenhang mit der Gottesherrschaft steht (9,1). Seine Gemeinschaft mit den nach jüdischer Tradition zum Himmel entrückten und von dort am Ende der Tage wiederkommenden Elia und Mose zeigt Jesu zentrale Stellung in Gottes Heilsplan. Die Wolke ist Zeichen der Gottesgegenwart (vgl. 2Mo 13,21; 34,5 u. ö.). Die Himmelsstimme steht in Beziehung zu 1,11: Der in der Taufe zum Gottessohn Erwählte wird jetzt als solcher offenbar gemacht. Auf ihn – nicht auf Mose oder Elia – soll gehört werden. Im Gespräch beim Abstieg (V. 9–13) wird der Vorläufer Elia (vgl. Mal 3,23 f.; Sir 48,10) dem Menschensohn zugeordnet. Beide sind im Leidensgeschick miteinander verbunden (die Gleichsetzung Elia = Täufer von Mt 11,13 f. ist dabei vorausgesetzt). Weil sich die eben geschaute Herrlichkeit des Menschensohnes durch Leiden und Tod vollendet, gilt jetzt noch das Schweigegebot für die Jünger.

Mk hat hier eine Wundergeschichte mit seiner Jüngerunterweisung verbunden, um die Kirche zu lehren, wie der ihr in 6,7 ff. von Jesu gegebene Auftrag recht ausgeführt werden kann. Der Akzent liegt dabei auf Glauben (V. 19.23 f.) und Beten (V. 29); spätere Handschriften erweitern: »und Fasten«. Die eigentliche Austreibungserzählung zeigt den Stil antiker Wundergeschichten. Der Dämon – hier in Gestalt einer Epilepsie – zerstört (vgl. 1,26; 5,3 ff.) die Gottebenbildlichkeit des Menschen. Der Anfall tritt an die Stelle des Abwehrspruchs von 1,24 und der Beschwörung von 5,7. Wie in 6,5 und 7,24 wird die Heilung vom Glauben abhängig gemacht. In seinem Hilfeschrei gesteht der Vater seine Ohnmacht (V. 24) ein. Damit beginnt Glaube. Jesus gelingt es, den Dämon durch ein Machtwort auszutreiben – ein Beispiel für die Jünger, daß dem Glauben »alle Dinge möglich sind« (V. 23). Hier erscheint Jesus als der, der im Glauben teilhat an Gottes Allmacht und darum »alles vermag«. Glauben heißt nach 10,27: bei Gott sein, in Gottes Herrschaftsbereich stehen, an Gottes Macht teilhaben. Dazu verschafft das Gebet den Zugang. Die Ausdrücke »wie

eine. [6]Er wußte aber nicht, was er redete; denn sie waren ganz verstört. [7]Und es kam eine Wolke, die überschattete sie. Und eine Stimme geschah aus der Wolke: *Das ist mein lieber Sohn; den sollt ihr hören!* [8]Und auf einmal, als sie um sich blickten, sahen sie niemand mehr bei sich als Jesus allein. [9]Als sie aber vom Berge hinabgingen, gebot ihnen Jesus, daß sie niemandem sagen sollten, was sie gesehen hatten, bis der Menschensohn auferstünde von den Toten. [10]Und sie behielten das Wort und befragten sich untereinander: Was ist das, auferstehen von den Toten?

[11]Und sie fragten ihn und sprachen: Sagen nicht die Schriftgelehrten, daß zuvor Elia kommen muß? [12]Er aber sprach zu ihnen: Elia soll ja zuvor kommen und alles wieder zurechtbringen. Und wie steht dann geschrieben von dem Menschensohn, daß er viel leiden und verachtet werden soll? [13]Aber ich sage euch: Elia ist gekommen, und sie haben ihm angetan, was sie wollten, wie von ihm geschrieben steht.

Die Heilung des besessenen Knaben
(Mt 17,14-21; Lk 9,37-42)

[14]Und sie kamen zu den Jüngern und sahen eine große Menge um sie herum und Schriftgelehrte, die mit ihnen stritten. [15]Und sobald die Menge ihn sah, entsetzten sich alle, liefen herbei und grüßten ihn. [16]Und er fragte sie: Was streitet ihr mit ihnen? [17]Einer aber aus der Menge antwortete: Meister, ich habe meinen Sohn hergebracht zu dir, der hat einen sprachlosen Geist*. [18]Und wo er ihn erwischt, reißt er ihn; und er hat Schaum vor dem Mund und knirscht mit den Zähnen und wird starr. Und ich habe mit deinen Jüngern geredet, daß sie ihn austreiben sollen, und sie konnten's nicht. [19]Er aber antwortete ihnen und sprach: O du ungläubiges Geschlecht, wie lange soll ich bei euch sein? Wie lange soll ich euch ertragen? Bringt ihn her zu mir! [20]Und sie brachten ihn zu ihm. Und sogleich, als ihn der Geist sah, riß er ihn. Und er fiel auf die Erde, wälzte sich und hatte Schaum vor dem Mund. [21]Und Jesus fragte seinen Vater: Wie lange ist's, daß ihm das widerfährt? Er sprach: Von Kind auf. [22]Und oft hat er ihn ins Feuer und ins Wasser geworfen, daß er ihn umbrächte. Wenn du aber etwas kannst, so erbarme dich unser und hilf uns! [23]Jesus aber sprach zu ihm: Du sagst: Wenn du kannst – *alle Dinge sind möglich dem, der da glaubt.* [24]Sogleich schrie der Vater des Kindes: *Ich glaube; hilf meinem Unglauben!* [25]Als nun Jesus sah, daß das Volk herbeilief, bedrohte er den unreinen Geist und sprach zu ihm: Du sprachloser und tauber Geist, ich gebiete dir: Fahre von ihm aus und fahre nicht mehr in ihn hinein! [26]Da schrie er und riß ihn sehr und fuhr aus

Und der Knabe lag da wie tot, so daß die Menge sagte: Er ist tot. [27]Jesus aber ergriff ihn bei der Hand und richtete ihn auf, und er stand auf. [28]Und als er heimkam, fragten ihn seine Jünger für sich allein: Warum konnten *wir* ihn nicht austreiben? [29]Und er sprach: Diese Art kann durch nichts ausfahren als durch Beten.*

tot« und »auf(er)stehen« (V. 26f.) weisen auf Jesus als den Herrn des Lebens hin, der zu Ostern die Verderbens- und Todesmächte überwunden hat. Auf diese Weise werden die vorausgehende Verklärung und die nachfolgende Auferstehungsankündigung miteinander verbunden.

Die zweite Ankündigung von Jesu Leiden und Auferstehung

(Mt 17,22.23; Lk 9,43-45)

[30]Und sie gingen von dort weg und zogen durch Galiläa; und er wollte nicht, daß es jemand wissen sollte. [31]Denn er lehrte seine Jünger und sprach zu ihnen: Der Menschensohn wird überantwortet werden in die Hände der Menschen, und sie werden ihn töten; und wenn er getötet ist, so wird er nach drei Tagen auferstehen. [32]Sie aber verstanden das Wort nicht und fürchteten sich, ihn zu fragen.

Zum Jüngerunverständnis vgl. 8,31ff.; 10,32ff. Das Passiv »wird überantwortet« umschreibt ein Handeln Gottes, der den Gerechten in die Hände seiner Feinde (hier ganz allgemein: »der Menschen«) übergibt. Die Auferstehung ist die Bestätigung, daß Gott ihn »aus der Gewalt der Widersacher errettet« (Wsh2,18).

Der Rangstreit der Jünger

(Mt 18,1-5; Lk 9,46-50)

[33]Und sie kamen nach Kapernaum. Und als er daheim war, fragte er sie: Was habt ihr auf dem Weg verhandelt? [34]Sie aber schwiegen; denn sie hatten auf dem Weg miteinander verhandelt, wer der Größte sei. [35]Und er setzte sich und rief die Zwölf und sprach zu ihnen: Wenn jemand will der Erste sein, der soll der Letzte sein von allen und aller Diener. [36]Und er nahm ein Kind, stellte es mitten unter sie und herzte es und sprach zu ihnen: [37]Wer ein solches Kind in meinem Namen aufnimmt, der nimmt mich auf; und wer mich aufnimmt, der nimmt nicht mich auf, sondern den, der mich gesandt hat.

[38]Johannes sprach zu ihm: Meister, wir sahen einen, der trieb böse Geister in deinem Namen aus, und wir verboten's ihm, weil er uns nicht nachfolgt. [39]Jesus aber sprach: Ihr sollt's ihm nicht verbieten. Denn niemand, der ein Wunder tut in meinem Namen, kann so bald übel von mir reden. [40]Denn wer nicht gegen uns ist, der ist für uns.

[41]Denn wer euch einen Becher Wasser zu trinken gibt deshalb, weil ihr Christus angehört, wahrlich, ich sage euch: Es wird ihm nicht unvergolten bleiben.

Auch diese Jüngerweisungen sind von der Passionsbotschaft geprägt (vgl. 8,34ff.). Die Größe des Menschensohnes besteht in seinem Dienen (vgl. 10,45). Darum erweisen seine Nachfolger ihre Größe ebenfalls im Dienst an den Niedrigen und Letzten, zu denen in der Antike auch das Kind rechnete. Hier ist Gott gegenwärtig; denn in einem solchen Dienen wird Gott verherrlicht. Dieser Dienst hat auch dann Gottes Lohn in sich, wenn er nicht von einem Jünger, sondern an einem Jünger (V. 41; vgl. Mt 10,42), wenn er nicht von der Gemeinde, wohl aber im Namen Jesu geschieht (anders Mt 12,30; Lk 11,23). Die Einzelsprüche in V. 42–50 unterstreichen den Ernst der Nachfolge. Wer durch sein Verhalten einen von den »Kleinen« (= den Geringen, die Gott erwählt hat, vgl. 1Ko 1,26–29) im Glauben unsicher macht, zieht sich die ewige Verdammung zu; denn alle »Kleinen« stehen unter Gottes Schutz (vgl. Mt 18,10). Schwerste Strafe gilt auch mangelnder Entschlossenheit gegenüber dem eigenen Ich. Diese anstößigen Bilder sind kein Aufruf zur Selbstverstümmelung: Sie verdeutlichen die Strenge, mit der Gott den Glauben der Schwachen geschützt wissen will. Mit »Hölle« ist das ewige Ge-

Warnung vor Verführung zum Abfall

(Mt 18,6-9; Lk 17,1.2)

[42]Und wer einen dieser Kleinen, die an mich glauben, zum Abfall verführt, für den wäre es besser, daß ihm ein Mühlstein an den Hals gehängt und er ins Meer geworfen würde. [43]Wenn dich aber deine Hand zum Abfall verführt, so haue sie ab! Es ist besser für dich, daß du verkrüppelt zum Leben eingehst, als daß du zwei Hände hast und fährst in die

trenntsein von Gott, der ewige Tod, mit »Leben« und »Reich Gottes« die Heilsvollendung im Angesicht Gottes gemeint – V. 44 und 46, die sich nur in einigen Handschriften finden, decken sich mit V. 48. – In V. 49 soll wahrscheinlich angedeutet werden, daß auch der Jünger durch das mit »Feuer« veranschaulichte Gericht (vgl. Mt 3,12) hindurch muß, um die Beständigkeit zu erlangen, die – wie das Salz – vor dem Vergehen bewahrt. V. 50 (vgl. Mt 5,13; Kol 4,6) bezieht sich auf den Rangstreit in V. 33 f. zurück und mahnt zum Frieden in der Gemeinde.

Hölle, in das Feuer, das nie verlöscht.* 45 Wenn dich dein Fuß zum Abfall verführt, so haue ihn ab! Es ist besser für dich, daß du lahm zum Leben eingehst, als daß du zwei Füße hast und wirst in die Hölle geworfen.* 47 Wenn dich dein Auge zum Abfall verführt, so wirf's von dir! Es ist besser für dich, daß du einäugig in das Reich Gottes gehst, als daß du zwei Augen hast und wirst in die Hölle geworfen, 48 wo ihr Wurm nicht stirbt und das Feuer nicht verlöscht.

49 Denn jeder wird mit Feuer gesalzen werden. 50 Das Salz ist gut; wenn aber das Salz nicht mehr salzt, womit wird man's würzen? Habt Salz bei euch und habt Frieden untereinander!

Von der Ehescheidung
(Mt 19,1-9)

Als grundlegend hebt Jesus beim Thema Ehe den Schöpferwillen Gottes (V. 6) hervor, der auf die Bejahung der Gemeinschaft (1Mo 1,27; 2,24) und darum auf die Unauflösbarkeit der Ehe gerichtet ist. Der von Mose gestattete Scheidebrief (vgl. 5Mo 24,1 ff.) kann von Jesus nur als Zugeständnis an die menschliche Hartherzigkeit verstanden, nicht aber von Gottes Willen abgeleitet werden. Dadurch unterscheidet sich Jesus von seiner Umwelt, in der ein recht lax gehandhabtes Eherecht mit großen Benachteiligungen für die Frau herrschte. In V. 11 werden Ehescheidung und Wiederverheiratung als Ehebruch gewertet. V. 12 stellt eine legitime Weiterentwicklung des Jesuswortes für römische Verhältnisse dar, wo auch die Frau das Recht der Scheidung besaß.

10 Und er machte sich auf und kam von dort in das Gebiet von Judäa und jenseits des Jordans. Und abermals lief das Volk in Scharen bei ihm zusammen, und wie es seine Gewohnheit war, lehrte er sie abermals. 2 Und Pharisäer traten zu ihm und fragten ihn, ob ein Mann sich scheiden dürfe von seiner Frau; und sie versuchten ihn damit. 3 Er antwortete aber und sprach zu ihnen: Was hat euch Mose geboten? 4 Sie sprachen: Mose hat zugelassen, einen Scheidebrief zu schreiben und sich zu scheiden. 5 Jesus aber sprach zu ihnen: Um eures Herzens Härte willen hat er euch dieses Gebot geschrieben; 6 aber von Beginn der Schöpfung an hat Gott sie geschaffen als Mann und Frau. 7 Darum wird ein Mann seinen Vater und seine Mutter verlassen und wird an seiner Frau hängen, 8 und die zwei werden *ein* Fleisch sein. So sind sie nun nicht mehr zwei, sondern *ein* Fleisch*. 9 *Was nun Gott zusammengefügt hat, soll der Mensch nicht scheiden.*

10 Und daheim fragten ihn abermals seine Jünger danach. 11 Und er sprach zu ihnen: Wer sich scheidet von seiner Frau und heiratet eine andere, der bricht ihr gegenüber die Ehe; 12 und wenn sich eine Frau scheidet von ihrem Mann und heiratet einen andern, bricht sie ihre Ehe.

Die Segnung der Kinder
(Mt 19,13-15; Lk 18,15-17)

Mit zwölf Jahren gilt der männliche Jude als Glied der gottesdienstlichen Gemeinde und ist damit zum Halten des Gesetzes verpflichtet (vgl. Lk 2,42). Bis zu diesem Zeitpunkt ist das Kind rechtlich und religiös vor Gott gewissermaßen nichts. Demgegenüber bezeichnet Jesus ausgerechnet die nichts geltenden Kinder als Erben der Gottesherrschaft.

13 Und sie brachten Kinder zu ihm, damit er sie anrühre. Die Jünger aber fuhren sie an. 14 Als es aber Jesus sah, wurde er unwillig und sprach zu ihnen: *Laßt die Kinder zu mir kommen und wehret ihnen nicht; denn solchen gehört das Reich Gottes.* 15 Wahrlich, ich sage euch: Wer das Reich Gottes nicht empfängt wie ein Kind, der wird nicht hineinkommen. 16 Und er herzte sie und legte die Hände auf sie und segnete sie.

Die Gefahr des Reichtums (»Der reiche Jüngling«)
(Mt 19,16-26; Lk 18,18-27)

[17]Und als er sich auf den Weg machte, lief einer herbei, kniete vor ihm nieder und fragte ihn: Guter Meister, was soll ich tun, damit ich das ewige Leben ererbe? [18]Aber Jesus sprach zu ihm: Was nennst du mich gut? Niemand ist gut als Gott allein. [19]Du kennst die Gebote: »Du sollst nicht töten; du sollst nicht ehebrechen; du sollst nicht stehlen; du sollst nicht falsch Zeugnis reden; du sollst niemanden berauben; ehre Vater und Mutter.« [20]Er aber sprach zu ihm: Meister, das habe ich alles gehalten von meiner Jugend auf. [21]Und Jesus sah ihn an und gewann ihn lieb und sprach zu ihm: Eines fehlt dir. Geh hin, verkaufe alles, was du hast, und gib's den Armen, so wirst du einen Schatz im Himmel haben, und komm und folge mir nach!* [22]Er aber wurde unmutig über das Wort und ging traurig davon; denn er hatte viele Güter.

[23]Und Jesus sah um sich und sprach zu seinen Jüngern: Wie schwer werden die Reichen in das Reich Gottes kommen! [24]Die Jünger aber entsetzten sich über seine Worte. Aber Jesus antwortete wiederum und sprach zu ihnen: Liebe Kinder, wie schwer ist's, ins Reich Gottes zu kommen! [25]Es ist leichter, daß ein Kamel durch ein Nadelöhr gehe, als daß ein Reicher ins Reich Gottes komme. [26]Sie entsetzten sich aber noch viel mehr und sprachen untereinander: Wer kann dann selig werden? [27]Jesus aber sah sie an und sprach: Bei den Menschen ist's unmöglich, aber nicht bei Gott; denn alle Dinge sind möglich bei Gott.

Auch hier geht es um die Frage nach dem Zugang zur Gottesherrschaft. Auf Jesu Begegnung mit dem Reichen (V. 17–22) folgt in V. 23–37 eine Jüngerbelehrung. – In V. 17–22 nennt Jesus zunächst in traditionell jüdischer Weise die Erfüllung der Gebote als Voraussetzung für das ewige Leben. Der Fortgang des Gespräches zeigt aber: Erst durch die Hingabe des Reichtums an die Armen und durch den Eintritt in Jesu Nachfolge wird Gottes Wille ganz erfüllt. Weil das Herz des Reichen an seinem Besitz hängt, verbaut er sich den Zugang zum ewigen Leben (vgl. Mt 6,24). In V. 23–27 wird das Erschrecken der Jüngergemeinde über die Radikalität von Jesu Wort erkennbar. Der Schlußvers bringt zum Ausdruck, daß es Teilhabe an Gottes Herrschaft nur durch Gott selbst gibt, der allein das Prädikat »gut« = gütig (vgl. Mt 20,15) verdient und bei dem »alle Dinge möglich sind« (V. 27). Damit wird für alle Menschen – auch selbst für die Besitzenden – eine Hoffnung aufgerichtet, die – im Glauben ergriffen (vgl. 9,23) – dem Leben Verheißung gibt. In einer Reihe von Handschriften finden sich Ergänzungen zu V. 21 »und nimm das Kreuz auf dich.«.

Der Lohn der Nachfolge
(Mt 19,27-30; Lk 18,28-30)

[28]Da fing Petrus an und sagte zu ihm: Siehe, wir haben alles verlassen und sind dir nachgefolgt. [29]Jesus sprach: Wahrlich, ich sage euch: Es ist niemand, der Haus oder Brüder oder Schwestern oder Mutter oder Vater oder Kinder oder Äcker verläßt um meinetwillen und um des Evangeliums willen, [30]der nicht hundertfach empfange: jetzt in dieser Zeit Häuser und Brüder und Schwestern und Mütter und Kinder und Äcker mitten unter Verfolgungen – und in der zukünftigen Welt das ewige Leben. [31]Viele aber werden die Letzten sein, die die Ersten sind, und die Ersten sein, die die Letzten sind.

Diese aus der Situation der urchristlichen Wandermissionare stammenden radikalen Aussagen wollen die Gewißheit des Lohnes für Jesu Nachfolger unterstreichen. Die Preisgabe der alten Bindungen »lohnt« sich deshalb, weil sie in eine neue Gemeinschaft (vgl. 3,31–35) stellt. Sie bewahrt nicht vor Verfolgungen, schenkt aber »ewiges«, sinnerfülltes Leben.

Die dritte Ankündigung von Jesu Leiden und Auferstehung
(Mt 20,17-19; Lk 18,31-34)

[32]Sie waren aber auf dem Wege hinauf nach Jerusalem, und Jesus ging ihnen voran; und sie entsetzten sich; die ihm aber nachfolgten, fürchteten sich. Und er nahm abermals

Die Situation ist gegenüber den ersten beiden Leidensansagen (vgl. 8,31; 9,31) zweifach unterschieden und verschärft: Die kommenden Ereignisse werden bis ins einzelne geschildert, und Jesus geht nun selbst vor ihnen her nach Jerusalem. Mit den Heiden sind die Römer gemeint (vgl. 15,2 ff.).

lie Zwölf zu sich und fing an, ihnen zu sagen, was ihm widerfahren werde: [33] Siehe, wir gehen hinauf nach Jerusalem, und der Menschensohn wird überantwortet werden den Hohenpriestern und Schriftgelehrten, und sie werden ihn zum Tode verurteilen und den Heiden überantworten. [34] Die werden ihn verspotten und anspeien und geißeln und töten, und nach drei Tagen wird er auferstehen.

Vom Herrschen und vom Dienen (»Die Söhne des Zebedäus«)
(Mt 20,20-28)

Auch die dritte Leidensankündigung ist mit einer Jüngerbelehrung verbunden, die die praktischen Folgerungen aus V. 33 f. für das Verhalten der Jünger zieht. – Zu den Zebedäussöhnen vgl. 1,19. 29; 3,17; 5,37; 9,2; 13,3; 14,33. In V. 39 wird das Martyrium des Jakobus angedeutet (vgl. Apg 12,2). Kelch und Taufe sind Bilder für Leiden und gewaltsamen Tod (vgl. 14,36; Lk 12,50; Jes 51,17.22 u. ö.). Jesus vergibt keine Ehrenplätze in der Gottesherrschaft, sondern ruft in den Dienst des Leidens um der Liebe willen. Die Gemeinde hat darin ihre Größe und Würde, daß sie nicht Selbstzweck ist, sondern für alle da sein soll. Diesen Weg hat ihr Jesus selbst eröffnet und gewiesen. Den Gegensatz zu der im Dienen bestehenden Größe der Gemeinde bildet das Machtdenken der Herrscher der Welt. – Auf V. 45 zielen alle von Mk ab 8,27 zusammengestellten Überlieferungsstücke: In seinem Dienen und stellvertretenden Opfertod ermöglicht und bestimmt Jesus die Gemeinde.

[35] Da gingen zu ihm Jakobus und Johannes, die Söhne des Zebedäus, und sprachen: Meister, wir wollen, daß du für uns tust, um was wir dich bitten werden. [36] Er sprach zu ihnen: Was wollt ihr, daß ich für euch tue? [37] Sie sprachen zu ihm: Gib uns, daß wir sitzen einer zu deiner Rechten und einer zu deiner Linken in deiner Herrlichkeit. [38] Jesus aber sprach zu ihnen: Ihr wißt nicht, was ihr bittet. Könnt ihr den Kelch trinken, den ich trinke, oder euch taufen lassen mit der Taufe, mit der ich getauft werde? [39] Sie sprachen zu ihm: Ja, das können wir. Jesus aber sprach zu ihnen: Ihr werdet zwar den Kelch trinken, den ich trinke, und getauft werden mit der Taufe, mit der ich getauft werde; [40] zu sitzen aber zu meiner Rechten oder zu meiner Linken, das steht mir nicht zu, euch zu geben, sondern das wird denen zuteil, für die es bestimmt ist.

[41] Und als das die Zehn hörten, wurden sie unwillig über Jakobus und Johannes. [42] Da rief Jesus sie zu sich und sprach zu ihnen: Ihr wißt, die als Herrscher gelten, halten ihre Völker nieder, und ihre Mächtigen tun ihnen Gewalt an. [43] Aber so ist es unter euch nicht; sondern wer groß sein will unter euch, der soll euer Diener sein; [44] und wer unter euch der Erste sein will, der soll aller Knecht sein. [45] Denn auch *der Menschensohn ist nicht gekommen, daß er sich dienen lasse, sondern daß er diene und sein Leben gebe als Lösegeld für viele.*

Die Heilung des Blinden von Jericho
(Mt 20,29-34; Lk 18,35-43)

Die letzte Heilung geschieht auf Jesu Zug von Jericho nach Jerusalem. Sie leitet zu dem mit 11,1 ff. einsetzenden neuen Hauptteil über. Der nach 11,10 das »kommende Reich unseres Vaters David« bringt, wird hier als »Sohn Davids« = Messias begrüßt. Diese Heilung hat somit den Charakter eines messianischen Zeichens (vgl. Mt 11,4–6; Jes 35,5 f.). Das besonders betonte heftige und anhaltende Schreien des Blinden soll seinen Glauben an Jesus

[46] Und sie kamen nach Jericho. Und als er aus Jericho wegging, er und seine Jünger und eine große Menge, da saß ein blinder Bettler am Wege, Bartimäus, der Sohn des Timäus. [47] Und als er hörte, daß es Jesus von Nazareth war, fing er an, zu schreien und zu sagen: Jesus, du Sohn Davids, erbarme dich meiner! [48] Und viele fuhren ihn an, er solle stillschweigen. Er aber schrie noch viel mehr: Du Sohn Davids, erbarme dich meiner! [49] Und Jesus blieb stehen und sprach: Ruft ihn her! Und sie riefen den Blinden und sprachen zu ihm: Sei getrost, steh auf! Er ruft dich! [50] Da warf er seinen Mantel von sich, sprang auf und kam zu

Jesus. [51]Und Jesus antwortete und sprach zu ihm: Was willst du, daß ich für dich tun soll? Der Blinde sprach zu ihm: Rabbuni, daß ich sehend werde. [52]Jesus aber sprach zu ihm: Geh hin, dein Glaube hat dir geholfen. Und sogleich wurde er sehend und folgte ihm nach auf dem Wege.

als Voraussetzung seiner Heilung ausdrücken (vgl. 9,24). Ein solcher vertrauender Glaube findet Erfüllung. Der Sehendgewordene erweist durch sein Nachfolgen auf Jesu Leidensweg, daß ihm wirklich die Augen geöffnet wurden.

Jesu Einzug in Jerusalem
(Mt 21,1-11; Lk 19,29-40; Joh 12,12-19)

11 Und als sie in die Nähe von Jerusalem kamen, nach Betfage und Betanien an den Ölberg, sandte er zwei seiner Jünger [2]und sprach zu ihnen: Geht hin in das Dorf, das vor euch liegt. Und sobald ihr hineinkommt, werdet ihr ein Füllen angebunden finden, auf dem noch nie ein Mensch gesessen hat; bindet es los und führt es her! [3]Und wenn jemand zu euch sagen wird: Warum tut ihr das?, so sprecht: Der Herr bedarf seiner, und er sendet es alsbald wieder her. [4]Und sie gingen hin und fanden das Füllen angebunden an einer Tür draußen am Weg und banden's los. [5]Und einige, die dort standen, sprachen zu ihnen: Was macht ihr da, daß ihr das Füllen losbindet? [6]Sie sagten aber zu ihnen, wie ihnen Jesus geboten hatte, und die ließen's zu. [7]Und sie führten das Füllen zu Jesus und legten ihre Kleider darauf, und er setzte sich darauf. [8]Und viele breiteten ihre Kleider auf den Weg, andere aber grüne Zweige, die sie auf den Feldern abgehauen hatten. [9]Und die vorangingen und die nachfolgten, schrien:

Hosianna!
Gelobt sei, der da kommt in dem Namen des Herrn!
[10]Gelobt sei das Reich unseres Vaters David, das da kommt!
Hosianna in der Höhe!

[11]Und Jesus ging hinein nach Jerusalem in den Tempel, und er besah ringsum alles, und spät am Abend ging er hinaus nach Betanien mit den Zwölfen.

Mit Kap. 11 beginnt Jesu Leidenswoche in Jerusalem. Eine Einteilung in Tage findet sich aber nur für den ersten (V. 1—11) und den zweiten Tag (V. 12—19), während vom dritten Tag an (V. 20) keine Abgrenzung mehr zu erkennen ist. In diesem Rahmen finden sich auch Streitgespräche (V. 27 ff.) und die große Endzeitrede (13,1 ff.). – Die Einzugsgeschichte schildert sehr ausführlich die Vorbereitungen, in denen Jesus als der königliche Herr erscheint, dem alles zu Gebote steht (V. 3). Auf die Gestalt dieser Geschichte haben mehrere atl. Texte eingewirkt: Das Ausbreiten der Kleider erinnert an 2Kö 9,13; das »Hosianna« an Ps 118,25 – es ist jedoch hier weniger Bittruf (»Hilf doch«) als vielmehr Huldigungsruf; das Eselsfüllen stellt eine deutliche Beziehung zu Sach 9,9 dar. Das kommende Davidreich (V. 10) ist nicht als die politische Wiederherstellung Israels (Apg 1,6) gemeint, sondern als neues Friedensreich (vgl. Sach 9,10; Jes 9,6).

Der verdorrte Feigenbaum. Die Tempelreinigung
(Mt 21,12-22; Lk 19,45-48; Joh 2,13-16)

[12]Und am nächsten Tag, als sie von Betanien weggingen, hungerte ihn. [13]Und er sah einen Feigenbaum von ferne, der Blätter hatte; da ging er hin, ob er etwas darauf fände. Und als er zu ihm kam, fand er nichts als Blätter; denn es war nicht die Zeit für Feigen. [14]Da fing Jesus an und sprach zu ihm: Nun esse niemand mehr eine Frucht von dir in Ewigkeit! Und seine Jünger hörten das.

[15]Und sie kamen nach Jerusalem. Und Jesus ging in den Tempel und fing an, auszutreiben die Verkäufer und Käufer im Tempel; und die Tische der Geldwechsler und die Stände der Taubenhändler stieß er um [16]und ließ nicht zu,

Die Geldwechsler tauschten die Währung der Pilger in die althebräische Halbschekelmünze. Mit ihr allein durfte die Tempelsteuer gezahlt werden (vgl. 2Mo 30,12 ff.). Die Krämer verkauften Tauben, die nach 3Mo 12,8; 14,22 für bestimmte Anlässe geopfert werden mußten. Jesu Protest gegen den der Heiligkeit des Tempels unangepaßten Handel stellt eine Kampfansage an die Hohenpriester dar; der Handel mit Opfervieh war dem hochpriesterlichen Geschlecht vorbehalten. Wegen der geistlichen und politischen Macht des Hohenpriesters in Judäa z. Z. Jesu mußte ein derartiges Verhalten gefährliche Folgen haben (V. 18). V. 17 a deutet mit Jes 56,7 die Tempelreinigung als einen Hinweis auf Gottes Heilshandeln, das den Tempel zur Stätte der Anbetung für alle Völker bestimmt hat (vgl. Jes 2,1–4; Mi 4,1 f. u. ö.). Das damit verbundene Scheltwort an Israel berührt sich mit Jer 7,11. – Die problematische Feigenbaumverfluchung ist das einzige Fluchwunder in den Evangelien. Durch die Verbindung mit der Tempelreinigung könnte auf die endgültige Vernichtung des Tempels angespielt sein, wie sie im Jahre 70 n. Chr. erfolgte. V. 22 f. wie 9,23 interpretieren Jesu Tat als Ausdruck des Glaubens an den Gott, »dem alle Dinge möglich sind« (10,27). Kennzeichen des Gottesglaubens ist das Gebet. Da sich das Gebet an Gott als »euren Vater« wendet, ist es durch Erhörungsgewißheit und Vergebungsbereitschaft geprägt. V. 26 (= Mt 6,15) findet sich nur in späten Textzeugen.

Dieses erste Jerusalemer Streitgespräch steht im Zusammenhang mit der Tempelreinigung (V. 15–18). Deutlich ist der Bezug auf den Anfang von Jesu Wirksamkeit (vgl. 1,21–28; 2,1–12). Insofern wird der grundsätzliche Charakter der vom »Hohen Rat« durchgeführten Befragung nach Jesu Vollmacht hervorgehoben. Jesus antwortet mit einer Gegenfrage, die von den Ratsmitgliedern aus taktischen Gründen nicht beantwortet wird. Mit dieser Darstellungsweise will der Evangelist die jüdische Führungsschicht als moralisch verwerflich und als Jesus unterlegen hinstellen. Damit soll ihr zugleich das Recht bestritten werden, über Jesus in seiner unerklärbaren göttlichen Vollmacht zu Gericht zu sitzen. In diese Richtung weisen auch die folgenden Texte.

Dieses Gleichnis beginnt fast wörtlich wie Jes 5,1 ff., schafft dann aber durch Einführung der Pächter und den Weggang des Besitzers ins Ausland eine andere Situation. Es geht

daß jemand etwas durch den Tempel trage. [17]Und er lehrte und sprach zu ihnen: Steht nicht geschrieben (Jesaja 56,7): »Mein Haus soll ein Bethaus heißen für alle Völker«? Ihr aber habt eine Räuberhöhle daraus gemacht. [18]Und es kam vor die Hohenpriester und Schriftgelehrten, und sie trachteten danach, wie sie ihn umbrächten. Sie fürchteten sich nämlich vor ihm; denn alles Volk verwunderte sich über seine Lehre. [19]Und abends gingen sie hinaus vor die Stadt.

[20]Und als sie am Morgen an dem Feigenbaum vorbeigingen, sahen sie, daß er verdorrt war bis zur Wurzel. [21]Und Petrus dachte daran und sprach zu ihm: Rabbi, sieh, der Feigenbaum, den du verflucht hast, ist verdorrt. [22]Und Jesus antwortete und sprach zu ihnen: Habt Glauben an Gott! [23]Wahrlich, ich sage euch: Wer zu diesem Berge spräche: Heb dich und wirf dich ins Meer! und zweifelte nicht in seinem Herzen, sondern glaubte, daß geschehen werde, was er sagt, so wird's ihm geschehen. [24]Darum sage ich euch: *Alles, was ihr bittet in eurem Gebet, glaubt nur, daß ihr's empfangt, so wird's euch zuteilwerden.* [25]Und wenn ihr steht und betet, so vergebt, wenn ihr etwas gegen jemanden habt, damit auch euer Vater im Himmel euch vergebe eure Übertretungen.*

Die Frage nach Jesu Vollmacht

(Mt 21,23-27; Lk 20,1-8)

[27]Und sie kamen wieder nach Jerusalem. Und als er im Tempel umherging, kamen zu ihm die Hohenpriester und Schriftgelehrten und Ältesten [28]und fragten ihn: Aus welcher Vollmacht tust du das? oder wer hat dir diese Vollmacht gegeben, daß du das tust? [29]Jesus aber sprach zu ihnen: Ich will euch auch eine Sache fragen; antwortet mir, so will ich euch sagen, aus welcher Vollmacht ich das tue. [30]Die Taufe des Johannes – war sie vom Himmel oder von Menschen? Antwortet mir! [31]Und sie bedachten bei sich selbst und sprachen: Sagen wir, sie war vom Himmel, so wird er sagen: Warum habt ihr ihm dann nicht geglaubt? [32]Oder sollen wir sagen, sie war von Menschen? – da fürchteten sie sich vor dem Volk. Denn sie hielten alle Johannes wirklich für einen Propheten. [33]Und sie antworteten und sprachen zu Jesus: Wir wissen's nicht. Und Jesus sprach zu ihnen: So sage ich euch auch nicht, aus welcher Vollmacht ich das tue.

Von den bösen Weingärtnern

(Mt 21,33-46; Lk 20,9-19)

12 Und er fing an, zu ihnen in Gleichnissen zu reden: Ein Mensch pflanzte einen Weinberg und zog einen Zaun darum und grub eine Kelter und baute einen Turm und verpachtete ihn an Weingärtner und ging außer Landes. [2]Und er sandte, als die Zeit kam, einen Knecht zu den Weingärtnern, damit er von den Weingärtnern seinen Anteil an den Früchten des Weinbergs hole. [3]Sie nahmen ihn aber, schlugen ihn und schickten ihn mit leeren Händen fort. [4]Abermals sandte er zu ihnen einen andern Knecht; dem schlugen sie auf den Kopf und schmähten ihn. [5]Und er sandte noch einen andern, den töteten sie; und viele andere: die einen schlugen sie, die andern töteten sie. [6]Da hatte er noch einen, seinen geliebten Sohn; den sandte er als letzten auch zu ihnen und sagte sich: Sie werden sich vor meinem Sohn scheuen. [7]Sie aber, die Weingärtner, sprachen untereinander: Dies ist der Erbe; kommt, laßt uns ihn töten, so wird das Erbe unser sein! [8]Und sie nahmen ihn und töteten ihn und warfen ihn hinaus vor den Weinberg. [9]Was wird nun der Herr des Weinbergs tun? Er wird kommen und die Weingärtner umbringen und den Weinberg andern geben. [10]Habt ihr denn nicht dieses Schriftwort gelesen (Psalm 118,22.23):

»Der Stein, den die Bauleute verworfen haben,
der ist zum Eckstein geworden.
[11]Vom Herrn ist das geschehen
und ist ein Wunder vor unsern Augen«?

[12]Und sie trachteten danach, ihn zu ergreifen, und fürchteten sich doch vor dem Volk; denn sie verstanden, daß er auf sie hin dies Gleichnis gesagt hatte. Und sie ließen ihn und gingen davon.

nicht mehr um die Unfruchtbarkeit des Weinbergs (Jes 5), sondern um die Unverschämtheit der Pächter: Sie wollen sich durch Abweisung und Tötung der gesandten Boten und zuletzt des Erben den Weinberg aneignen. Aber gerade dadurch kommen sie um alles. Israel als Erbe der Verheißung erscheint hier im Bild des Weinbergs. Diesem erwählten Gottesvolk, das die ihm von Gott immer wieder geschickten Propheten ablehnte und tötete (vgl. 2Chr 36,15 f.; Mt 23,37 f.; Lk 13,34 f.; Apg 7,51 f.) und sich zuletzt sogar an dem »geliebten Sohn« Gottes (vgl. 1,11) verging, wird das Gericht als Wegnahme der Verheißung angesagt. Hier redet die Urkirche. Sie sieht sich selbst unter den »anderen«, denen der Weinberg (V. 9) gegeben wird. Sie begreift sich als das Bauwerk, das durch den von den Bauleuten verworfenen, aber von Gott erwählten »Eckstein« (= den erhöhten Jesus) zusammengehalten wird (vgl. 1Pt 2,4–6; Eph 2,20 u. ö.).

Die Frage nach der Steuer (»Der Zinsgroschen«)

(Mt 22,15-22; Lk 20,20-26)

[13]Und sie sandten zu ihm einige von den Pharisäern und von den Anhängern des Herodes, daß sie ihn fingen in Worten. [14]Und sie kamen und sprachen zu ihm: Meister, wir wissen, daß du wahrhaftig bist und fragst nach niemand; denn du achtest nicht das Ansehen der Menschen, sondern du lehrst den Weg Gottes recht. Ist's recht, daß man dem Kaiser Steuern zahlt oder nicht? Sollen wir sie zahlen oder nicht zahlen? [15]Er aber merkte ihre Heuchelei und sprach zu ihnen: Was versucht ihr mich? Bringt mir einen Silbergroschen, daß ich ihn sehe! [16]Und sie brachten einen. Da sprach er: Wessen Bild und Aufschrift ist das? Sie sprachen zu ihm: Des Kaisers. [17]Da sprach Jesus zu ihnen: So *gebt dem Kaiser, was des Kaisers ist, und Gott, was Gottes ist!* Und sie wunderten sich über ihn.

Zum geschichtlichen Hintergrund dieser Auseinandersetzung vgl. zu Mt 22,15–22. Weil der Denar (= Silbergroschen) das Bild des Kaisers trägt, ist er ihm als Eigentum zurückzugeben. Weil der Mensch das Bild Gottes trägt (1Mo 1,27), ist er Gottes Eigentum und zum Dienst Gottes gerufen. Nicht die Zahlung oder Verweigerung der Steuer entscheidet über die Zugehörigkeit zum Gottesvolk, sondern das Gesamtverhalten des Menschen angesichts der genahten Gottesherrschaft. Jesus zeigt mit dieser Antwort, daß er die Hinterlist durchschaut und daß er seinen Gegnern als Lehrer, der in Vollmacht lehrt, überlegen ist.

Die Frage nach der Auferstehung

(Mt 22,23-33; Lk 20,27-38)

[18]Da traten die Sadduzäer zu ihm, die lehren, es gebe keine Auferstehung; die fragten ihn und sprachen: [19]Meister,

Die hier von Sadduzäern (vgl. zu Mt 22,23–33) unter Berufung auf 5Mo

25,5 ff. (Levirats- oder Schwagerehe) konstruierte Geschichte dient dem Ziel, Jesus mit seinem Auferstehungsglauben lächerlich zu machen. Jesu Antwort verdeutlicht, daß die Auferstehung keine natürliche Fortsetzung des irdischen Lebens mit Zeugen und Gebären ist, sondern allein ein in Gottes Schöpfermacht ruhendes Wunder (vgl. 1Ko 15,35 ff)! Die Berufung auf 2Mo 3,6 in V. 26 will die Zusammengehörigkeit von Gott und Leben erweisen (vgl. Jes 26,19; Dan 12,7 u. ö.). Wer mit dem Lebendigen in Berührung kommt, kann nicht dem Tod verfallen. Er steht unter Gottes Verheißung, wie sie zu Ostern als Auferstehung offenbar gemacht wurde. Ablehnung der Auferstehung bedeutet Unkenntnis Gottes und seiner Macht, ist also Unglaube (vgl. 9,23; 10,27).

Mose hat uns vorgeschrieben (5.Mose 25,5.6): »Wenn jemand stirbt und hinterläßt eine Frau, aber keine Kinder, so soll sein Bruder sie zur Frau nehmen und seinem Bruder Nachkommen erwecken.« 20 Nun waren sieben Brüder. Der erste nahm eine Frau; der starb und hinterließ keine Kinder. 21 Und der zweite nahm sie und starb und hinterließ auch keine Kinder. Und der dritte ebenso. 22 Und alle sieben hinterließen keine Kinder. Zuletzt nach allen starb die Frau auch. 23 Nun in der Auferstehung, wenn sie auferstehen: wessen Frau wird sie sein unter ihnen? Denn alle sieben haben sie zur Frau gehabt. 24 Da sprach Jesus zu ihnen: Ist's nicht so? Ihr irrt, weil ihr weder die Schrift kennt noch die Kraft Gottes. 25 Wenn sie von den Toten auferstehen werden, so werden sie weder heiraten noch sich heiraten lassen, sondern sie sind wie die Engel im Himmel. 26 Aber von den Toten, daß sie auferstehen, habt ihr nicht gelesen im Buch des Mose, bei dem Dornbusch, wie Gott zu ihm sagte und sprach (2.Mose 3,6): »Ich bin der Gott Abrahams und der Gott Isaaks und der Gott Jakobs«? 27 Gott ist nicht ein Gott der Toten, sondern der Lebenden. Ihr irrt sehr.

Die Frage nach dem höchsten Gebot

(Mt 22,35-40; Lk 10,25-28)

Als Abschluß der Streitgespräche erhält Jesus hier von einem Schriftgelehrten die Bestätigung, er habe recht (V. 32), er sei der rechte Lehrer, der in Übereinstimmung mit der Schrift lehrt. In V. 34 äußert sich Jesus anerkennend über diesen Schriftgelehrten und unterstreicht damit, daß die Erkenntnis von dem Vorrang der Gottes- und Nächstenliebe vor allen Leistungen des Opferkultes (V. 33) zur Herrschaft Gottes hinführt. Das Schweigen der anderen zum Schluß läßt die kommenden Ereignisse erahnen.

28 Und es trat zu ihm einer von den Schriftgelehrten, der ihnen zugehört hatte, wie sie miteinander stritten. Und als er sah, daß er ihnen gut geantwortet hatte, fragte er ihn: Welches ist das höchste Gebot von allen? 29 Jesus aber antwortete ihm: Das höchste Gebot ist das: »Höre, Israel, der Herr, unser Gott, ist der Herr allein, 30 und *du sollst den Herrn, deinen Gott, lieben von ganzem Herzen, von ganzer Seele, von ganzem Gemüt und von allen deinen Kräften«* (5.Mose 6,4.5). 31 Das andre ist dies: *»Du sollst deinen Nächsten lieben wie dich selbst«* (3.Mose 19,18). Es ist kein anderes Gebot größer als diese. 32 Und der Schriftgelehrte sprach zu ihm: Meister, du hast wahrhaftig recht geredet! Er ist nur *einer,* und ist kein anderer außer ihm; 33 und ihn lieben von ganzem Herzen, von ganzem Gemüt und von allen Kräften, und seinen Nächsten lieben wie sich selbst, das ist mehr als alle Brandopfer und Schlachtopfer. 34 Als Jesus aber sah, daß er verständig antwortete, sprach er zu ihm: Du bist nicht fern vom Reich Gottes. Und niemand wagte mehr, ihn zu fragen.

Die Frage nach dem Davidssohn

(Mt 22,41-46; Lk 20,41-44)

Hier geht es um die Frage, wie der Messias einerseits als »Sohn Davids«

35 Und Jesus fing an und sprach, als er im Tempel lehrte: Wieso sagen die Schriftgelehrten, der Christus sei Davids

Sohn? [36]David selbst hat durch den heiligen Geist gesagt (Psalm 110,1):

»Der Herr sprach zu meinem Herrn:
Setze dich zu meiner Rechten,
bis ich deine Feinde unter deine Füße lege.«

[37]Da nennt ihn ja David selbst seinen Herrn. Woher ist er dann sein Sohn? Und alles Volk hörte ihn gern.

(vgl. 10,47; Mt 1,1; 9,27 u. ö.) und andrerseits von David selbst als »Herr« bezeichnet werden kann. Die Lösung bietet Rö 1,3f. (vgl. 2Tim 2,8): Jesus gilt seiner irdischen Herkunft nach als »Sohn Davids«; nach dem Geist ist er zum »Sohn Gottes in Kraft« d. h. als Herr, durch die Auferstehung eingesetzt.

Warnung vor den Schriftgelehrten

(Mt 23,5-14; Lk 20,45-47)

[38]Und er lehrte sie und sprach zu ihnen: Seht euch vor vor den Schriftgelehrten, die gern in langen Gewändern gehen und lassen sich auf dem Markt grüßen [39]und sitzen gern obenan in den Synagogen und am Tisch beim Mahl; [40]sie fressen die Häuser der Witwen und verrichten zum Schein lange Gebete. Die werden ein um so härteres Urteil empfangen.

Jesus kritisiert die von den Schriftgelehrten aufgrund ihrer Lehrautorität erhobenen Ansprüche auf öffentliche Hochschätzung. Ähnliche Kritik findet sich auch in jüdischen Schriften. Der scharfe Verwerfungssatz am Schluß von V. 40 spiegelt den unversöhnlichen Gegensatz der Urkirche zur Synagoge wider.

Das Scherflein der Witwe

(Lk 21,1-4)

[41]Und Jesus setzte sich dem Gotteskasten gegenüber und sah zu, wie das Volk Geld einlegte in den Gotteskasten. Und viele Reiche legten viel ein. [42]Und es kam eine arme Witwe und legte zwei Scherflein ein; das macht zusammen einen Pfennig. [43]Und er rief seine Jünger zu sich und sprach zu ihnen: Wahrlich, ich sage euch: Diese arme Witwe hat mehr in den Gotteskasten gelegt als alle, die etwas eingelegt haben. [44]Denn sie haben alle etwas von ihrem Überfluß eingelegt; diese aber hat von ihrer Armut ihre ganze Habe eingelegt, alles, was sie zum Leben hatte.

Mit dem »Gotteskasten« ist die Schatzkammer im Tempelbezirk gemeint, in der Opferstöcke für pflichtmäßige und freiwillige Gaben standen. »Scherflein« = Heller = Lepton ist die kleinste griechische Münzeinheit, »Pfennig« = Quadrand ist die kleinste römische Münzeinheit. Diese arme Frau, die ihre ganze Habe als Opfer für Gott hingibt, ist ein mahnendes Beispiel für die Jüngergemeinde (V. 43 vgl. 8,34).

JESU REDE ÜBER DIE ENDZEIT (KAP. 13)

Der Zusammenhang zwischen Kap. 12 und Kap. 14 wird durch diese größte Rede innerhalb des Mk unterbrochen. Wahrscheinlich stützt sich Mk hier auf eine aus der Zeit des Jüdischen Krieges stammende christliche Apokalypse, in der Jesusworte auf diese Situation hin aktualisiert wurden. Die ganze Komposition hat den Charakter einer Abschiedsrede, die der bedrängten Gemeinde Weisung und Trost geben will. Ihr Thema ist das als nahe erwartete Ende mit dem Kommen des Menschensohnes in Kraft und Herrlichkeit.

(Mt 24; Lk 21,5-36; 17,23-37)

Das Ende des Tempels

13 Und als er aus dem Tempel ging, sprach zu ihm einer seiner Jünger: Meister, siehe, was für Steine und was für Bauten! [2]Und Jesus sprach zu ihm: Siehst du diese großen Bauten? Nicht ein Stein wird auf dem andern bleiben, der nicht zerbrochen werde.

Der Hinweis auf die Tempelzerstörung macht wahrscheinlich, daß dieses Ereignis im Jahre 70 n. Chr. von manchen Christen als Zeichen der Endvollendung gewertet wurde. Dagegen wendet sich Mk (V. 3ff.).

Der Anfang der Wehen

[3]Und als er auf dem Ölberg saß gegenüber dem Tempel, fragten ihn Petrus und Jakobus und Johannes und Andreas,

Die Frage nach Termin und Zeichen der Endvollendung beunruhigt die

als sie allein waren: [4]Sage uns, wann wird das geschehen? und was wird das Zeichen sein, wenn das alles vollendet werden soll? [5]Jesus fing an und sagte zu ihnen: Seht zu, daß euch nicht jemand verführe! [6]Es werden viele kommen unter meinem Namen und sagen: Ich bin's, und werden viele verführen. [7]Wenn ihr aber hören werdet von Kriegen und Kriegsgeschrei, so fürchtet euch nicht. Es muß so geschehen. Aber das Ende ist noch nicht da. [8]Denn es wird sich ein Volk gegen das andere erheben und ein Königreich gegen das andere. Es werden Erdbeben geschehen hier und dort, es werden Hungersnöte sein. Das ist der Anfang der Wehen.

[9]Ihr aber seht euch vor! Denn sie werden euch den Gerichten überantworten, und in den Synagogen werdet ihr gegeißelt werden, und vor Statthalter und Könige werdet ihr geführt werden um meinetwillen, ihnen zum Zeugnis. [10]Und das Evangelium muß zuvor gepredigt werden unter allen Völkern. [11]Wenn sie euch nun hinführen und überantworten werden, so sorgt euch nicht vorher, was ihr reden sollt; sondern was euch in jener Stunde gegeben wird, das redet. Denn ihr seid's nicht, die da reden, sondern der heilige Geist. [12]Und es wird ein Bruder den andern dem Tod preisgeben und der Vater den Sohn, und die Kinder werden sich empören gegen die Eltern und werden sie töten helfen. [13]Und ihr werdet gehaßt sein von jedermann um meines Namens willen. *Wer aber beharrt bis an das Ende, der wird selig.*

Gemeinde (V. 4). Jesu Antwort warnt vor Irreführung (V. 5 f.) und Furcht (V. 7): Weder das Auftreten von messianischen Propheten noch der Jüdische Krieg (66–70 n. Chr.) mit der Tempelzerstörung stellen bereits das Ende dar. Vor solchen überspannten und schwärmerischen Naherwartungen wird gewarnt. Bis zum Ende muß noch viel geschehen. Die Darstellung des planmäßigen Ablaufs der Endereignisse hat ihr Vorbild im Buch Daniel. – Mit den »Wehen« (V. 8) meint das Judentum z. Z. Jesu die Not- und Drangsalszeit, die die unmittelbar bevorstehende Geburt des Messias bzw. der messianischen Zeit anzeigt. V. 8 beschreibt den »Anfang« dieser Wehen. V. 9–13 schildern das Schicksal der Gemeinde, das durch Verfolgung und Martyrium bestimmt ist. V. 10 deutet die Zeit vor dem Ende als Zeit der weltweiten Verkündigung des Evangeliums. Die Kirche soll sich deshalb nicht Zukunftsspekulationen oder einem überschwenglichen Vollendungsrausch hingeben. Vielmehr hat sie überall die Christusbotschaft zu verkündigen und durch ihre Leidensnachfolge »bis ans Ende« zu bezeugen (vgl. 2Ko 5,8 f.; Phl 1,23 ff.).

Die große Bedrängnis

[14]Wenn ihr aber sehen werdet das Greuelbild der Verwüstung stehen, wo es nicht soll – wer es liest, der merke auf! –, alsdann, wer in Judäa ist, der fliehe auf die Berge. [15]Wer auf dem Dach ist, der steige nicht hinunter und gehe nicht hinein, etwas aus seinem Hause zu holen. [16]Und wer auf dem Feld ist, der wende sich nicht um, seinen Mantel zu holen. [17]Weh aber den Schwangeren und den Stillenden zu jener Zeit! [18]Bittet aber, daß es nicht im Winter geschehe. [19]Denn in diesen Tagen wird eine solche Bedrängnis sein, wie sie nie gewesen ist bis jetzt vom Anfang der Schöpfung, die Gott geschaffen hat, und auch nicht wieder werden wird. [20]Und wenn der Herr diese Tage nicht verkürzt hätte, würde kein Mensch selig; aber um der Auserwählten willen, die er auserwählt hat, hat er diese Tage verkürzt. [21]Wenn dann jemand zu euch sagen wird: Siehe, hier ist der Christus! siehe, da ist er!, so glaubt es nicht. [22]Denn es werden sich erheben falsche Christusse und falsche Propheten, die Zeichen und Wunder tun, so daß sie die Auserwählten verführen würden, wenn es möglich wäre. [23]Ihr aber seht euch vor! Ich habe euch alles zuvor gesagt!

Auch dieser belehrende Abschnitt bezieht sich noch auf die dem Ende vorausgehende Zeit der messianischen Wehen (vgl. V. 8.24), nun aber auf ihr letztes und schrecklichstes Stadium. Es handelt sich um jüdische Überlieferungen, die zur Flucht aus Judäa (V. 14) aufrufen und die darum in die Anfangszeit des Jüdischen Krieges (66–70 n. Chr.) gehören. – V. 20 ist ein Trostwort, das die Kürze dieser schrecklichen Zeit der Bedrängnis hervorhebt. V. 21–23 warnen wie V. 6 vor Verführern, die die Gemeinde durch »Zeichen und Wunder« von einer nüchternen zu einer schwärmerischen Einschätzung ihrer Situation verleiten wollen. V. 23 mahnt wie V. 9 zur kritischen Aufmerksamkeit in der Bindung an Jesu prophetische Botschaft.

Das Kommen des Menschensohns

24 Aber zu jener Zeit, nach dieser Bedrängnis, wird die Sonne sich verfinstern und der Mond seinen Schein verlieren, 25 und die Sterne werden vom Himmel fallen, und die Kräfte der Himmel werden ins Wanken kommen. 26 Und dann werden sie sehen den Menschensohn kommen in den Wolken mit großer Kraft und Herrlichkeit. 27 Und dann wird er die Engel senden und wird seine Auserwählten versammeln von den vier Winden, vom Ende der Erde bis zum Ende des Himmels.

Erst nach der innergeschichtlichen Drangsalszeit wird sich unter kosmischen Begleiterscheinungen das Ende ereignen, das als »Kommen des Menschensohnes« in den Wolken des Himmels (V. 26; vgl. Dan 7,13) mit dem Ziel der Sammlung seiner Auserwählten (V. 27) beschrieben wird. Mit der Ankunft des Menschensohnes Jesus zum Heil der Seinen und zur Erlösung »von dem Bösen« (Mt 6,13) findet die Geschichte ihre Erfüllung.

Mahnung zur Wachsamkeit

28 An dem Feigenbaum aber lernt ein Gleichnis: Wenn jetzt seine Zweige saftig werden und Blätter treiben, so wißt ihr, daß der Sommer nahe ist. 29 Ebenso auch: wenn ihr seht, daß dies geschieht, so wißt, daß er nahe vor der Tür ist. 30 Wahrlich, ich sage euch: Dieses Geschlecht wird nicht vergehen, bis dies alles geschieht. 31 *Himmel und Erde werden vergehen; meine Worte aber werden nicht vergehen.* 32 Von dem Tage aber und der Stunde weiß niemand, auch die Engel im Himmel nicht, auch der Sohn nicht, sondern allein der Vater.

33 Seht euch vor, wachet! denn ihr wißt nicht, wann die Zeit da ist. 34 Wie bei einem Menschen, der über Land zog und verließ sein Haus und gab seinen Knechten Vollmacht, einem jeden seine Arbeit, und gebot dem Türhüter, er solle wachen: 35 so wacht nun; denn ihr wißt nicht, wann der Herr des Hauses kommt, ob am Abend oder zu Mitternacht oder um den Hahnenschrei oder am Morgen, 36 damit er euch nicht schlafend finde, wenn er plötzlich kommt. 37 Was ich aber euch sage, das sage ich allen: Wachet!

V. 28 f. mahnt wie Lk 12,54–56 zum Aufmerken auf die Zeichen, in denen die verheißene Zukunft sich ankündigt. V. 30 ist wie 9,1 eine unerfüllt gebliebene Weissagung. V. 31 gibt den festen Grund an, der der Gemeinde in allen Bedrängnissen und wechselhaften Ereignissen Halt gibt: Es sind Jesu Worte. Das wache, verantwortungsvolle Tun seiner Worte ist wichtiger als alles Spekulieren über den möglichen Zeitpunkt der Heilsvollendung. Mit V. 32 wird jedem Versuch, den Endtermin zu berechnen, ein Riegel vorgeschoben. V. 33–37 rufen eindringlich zur Wachsamkeit und zum Arbeiten, d. h. zur weltweiten Verkündigung des Evangeliums (V. 10). Deshalb wird am Schluß der Endzeitrede der Blick auf die Gegenwart mit ihren Aufgaben gelenkt. Dadurch wird die Kirche vor Schwärmerei gewarnt.

LEIDEN, STERBEN UND AUFERSTEHUNG JESU (KAPITEL 14–16)

Kap. 14–15 schildern Jesu Leidensgang als den Höhepunkt des Evangeliums, auf dessen Heilsnotwendigkeit bereits in 8,31; 9,31; 10,32–34 und 10,45 hingewiesen wurde. Jesu Tod stellt keine Katastrophe dar, sondern gründet in Gottes Heilswillen. Die Verdeutlichung dieser theologischen Absicht erfolgt mit Hilfe des AT, das auf die Gestalt der Passionsgeschichte großen Einfluß gehabt hat. Darum geht Jesus hier als gehorsamer Gottesknecht und Menschensohn den ihm von Gott bestimmten Weg. Da zum Leiden des Gerechten auch die Erfahrung des treulosen Verhaltens des Freundes gehört (vgl. Ps 41,10), spielt die Judasgestalt in diesem Geschehen eine große Rolle (vgl. 14,10 f.18 f.43 ff.). Der »Verrat« des Judas zeigt, daß dieser Jesusjünger zur anderen Seite überging, sich von seinem bisherigen Herrn abwandte und diesen zugleich der Vernichtung übergab, um so sein bisheriges Abhängigkeitsverhältnis aufzuheben. Die Passionsgeschichte ist darum durch scharfe Kontraste geprägt. Es stehen sich gegenüber:

- in 14,2–11 der »Verrat« des Judas und die gläubige Liebe der einfachen Frau, die Jesu Todessalbung vollzieht;
- in 14,27 f. das Versagen der Jünger und die ihnen dennoch von Jesus zuteilwerdende Verheißung;
- in 14,32–42 die schlafenden und unverständigen Jünger und der im Gebet mit Gott ringende leidende Menschensohn;

– in 14,53 ff. der sich angesichts der tödlichen Feindschaft seiner Gegner (vgl. 3,6; 11,18; 12,12; 14,1) öffentlich zu seinem Auftrag bekennende Jesus und der in einer weniger gefährlichen Situation verleugnende und versagende Petrus;
– in 14,50 ff. die fliehenden Jünger und der einsam seinen Todesweg gehende Gerechte.

Daß der Gehorsam dieses Gerechten Heil schafft, wird durch den Abendmahlsbericht in 14,17–26 angedeutet. Weil der Akzent auf der Heilsbedeutung von Jesu Leiden und Sterben liegt, treten historische Fragen und Details in den Hintergrund. Der Abendmahlsbericht ist schon so stark liturgisch geformt, daß die ursprüngliche Form von Jesu letztem Mahl kaum mehr zu erkennen ist. Die zwei Verhörberichte (14,53–65 und 15,1–5) sind bereits von aktuellen urchristlichen Gemeindeinteressen bestimmt und lassen sich darum nur bedingt zur historischen Rekonstruktion heranziehen. Die vollzogene Trennung der Urkirche vom Judentum hat zu einer zunehmenden Belastung der Juden und einer Entlastung der Römer am Tode Jesu geführt. Der Kreuzigungsbericht 15,20–41 ist außerordentlich knapp, bringt keine Einzelheiten der grausamen Urteilsvollstreckung, wie sie nach römischem Brauch an Aufrührern und Sklaven vollzogen wurde, und malt auch nicht Jesu Qualen aus. Wichtiger sind diesem Bericht die häufigen Hinweise auf das AT, die zum Ausdruck bringen, daß Leiden und Kreuz die Sendung Jesu nicht in Frage stellen, sondern sie vielmehr bestätigen. Der Höhepunkt der ganzen Passionsdarstellung ist da erreicht, wo sich der heidnische Hauptmann angesichts des Kreuzestodes zu Jesus als Gottessohn (15,39) bekennt. Damit unterstreicht Mk: Christliches Bekenntnis ist Bekenntnis zum Gekreuzigten, der durch sein Sterben auch den Heiden den Zugang zum Heil eröffnet hat.

(Mt 26–28; Lk 22–24; Joh 18–21)

Der Plan der Hohenpriester und Schriftgelehrten

14 Es waren noch zwei Tage bis zum Passafest und den Tagen der Ungesäuerten Brote. Und die Hohenpriester und Schriftgelehrten suchten, wie sie ihn mit List ergreifen und töten könnten. [2] Denn sie sprachen: Ja nicht bei dem Fest, damit es nicht einen Aufruhr im Volk gebe.

Die Zeitbestimmung (V. 1) zielt auf Mittwoch, 13. Nisan (= Feste), 2 Tage vor dem Passafest am Freitag, 15. Nisan, das mit dem vom 15.–21. Nisan stattfindenden Fest der ungesäuerten Brote gleichgesetzt wurde. Die Furcht des Hohen Rats erklärt sich daraus, daß das Passafest mit der Erinnerung an vergangene Unterdrückung und Befreiung die Hoffnung auf baldige endgültige Befreiung aus der (römischen) Sklaverei verband. – Die Salbungsgeschichte (V. 3–9) hebt die gläubige Liebe hervor: Diese Frau hat das wichtigste Liebeswerk, die Sorge um die Bestattung eines Toten, getan und sich damit zu dem leidenden Gerechten (vgl. Ps 41) bekannt, der sein Leben »als Lösegeld für Viele« (10,45) hingibt. Ein solcher Glaube gehört zur weltweiten Verkündigung des Evangeliums notwendig hinzu (vgl. 1,14f.; 13,10).

Die Salbung in Betanien

[3] Und als er in Betanien war im Hause Simons des Aussätzigen und saß zu Tisch, da kam eine Frau, die hatte ein Glas mit unverfälschtem und kostbarem Nardenöl, und sie zerbrach das Glas und goß es auf sein Haupt. [4] Da wurden einige unwillig und sprachen untereinander: Was soll diese Vergeudung des Salböls? [5] Man hätte dieses Öl für mehr als dreihundert Silbergroschen verkaufen können und das Geld den Armen geben. Und sie fuhren sie an. [6] Jesus aber sprach: Laßt sie in Frieden! Was betrübt ihr sie? Sie hat ein gutes Werk an mir getan. [7] Denn ihr habt allezeit Arme bei euch, und wenn ihr wollt, könnt ihr ihnen Gutes tun; mich aber habt ihr nicht allezeit. [8] Sie hat getan, was sie konnte; sie hat meinen Leib im voraus gesalbt für mein Begräbnis. [9] Wahrlich, ich sage euch: Wo das Evangelium gepredigt wird in aller Welt, da wird man auch das sagen zu ihrem Gedächtnis, was sie jetzt getan hat.

Der Verrat des Judas

Judas war ein Erwählter Gottes und Jesu (vgl. 3,13 ff.; Joh 6,70; 13,18), der Jesus in die Hände seiner Feinde

[10] Und Judas Iskariot, einer von den Zwölfen, ging hin zu den Hohenpriestern, daß er ihn an sie verriete. [11] Als die das hörten, wurden sie froh und versprachen, ihm Geld zu

geben. Und er suchte, wie er ihn bei guter Gelegenheit verraten könnte.

»auslieferte« bzw. »übergab« (so wörtlich das mit »verraten« übersetzte griechische Wort (vgl. 1Ko 15,3; u.ö.).

Das Abendmahl

[12]Und am ersten Tage der Ungesäuerten Brote, als man das Passalamm opferte, sprachen seine Jünger zu ihm: Wo willst du, daß wir hingehen und das Passalamm bereiten, damit du es essen kannst? [13]Und er sandte zwei seiner Jünger und sprach zu ihnen: Geht hin in die Stadt, und es wird euch ein Mensch begegnen, der trägt einen Krug mit Wasser; folgt ihm, [14]und wo er hineingeht, da sprecht zu dem Hausherrn: Der Meister läßt dir sagen: Wo ist der Raum, in dem ich das Passalamm essen kann mit meinen Jüngern? [15]Und er wird euch einen großen Saal zeigen, der mit Polstern versehen und vorbereitet ist; dort richtet für uns zu. [16]Und die Jünger gingen hin und kamen in die Stadt und fanden's, wie er ihnen gesagt hatte, und bereiteten das Passalamm.

[17]Und am Abend kam er mit den Zwölfen. [18]Und als sie bei Tisch waren und aßen, sprach Jesus: Wahrlich, ich sage euch: Einer unter euch, der mit mir ißt, wird mich verraten. [19]Und sie wurden traurig und fragten ihn, einer nach dem andern: Bin ich's? [20]Er aber sprach zu ihnen: Einer von den Zwölfen, der mit mir seinen Bissen in die Schüssel taucht. [21]Der Menschensohn geht zwar hin, wie von ihm geschrieben steht; weh aber dem Menschen, durch den der Menschensohn verraten wird! Es wäre für diesen Menschen besser, wenn er nie geboren wäre.

[22]*Und als sie aßen, nahm Jesus das Brot, dankte und brach's und gab's ihnen und sprach: Nehmet; das ist mein Leib.* [23]*Und er nahm den Kelch, dankte und gab ihnen den; und sie tranken alle daraus.* [24]*Und er sprach zu ihnen: Das ist mein Blut des Bundes,* das für viele vergossen wird.* [25]Wahrlich, ich sage euch, daß ich nicht mehr trinken werde vom Gewächs des Weinstocks bis an den Tag, an dem ich aufs neue davon trinke im Reich Gottes.

Durch V. 12–16 wird Jesu letztes Mahl als Passamahl gekennzeichnet. Doch ist vom Passalamm im eigentlichen Mahlbericht (V. 22–25) nicht die Rede, wohl aber in 1Ko 5,7b; Joh 1,29.36. Die liturgisch stark geformten Einsetzungsworte V. 22–24 zeigen, daß hier das Abendmahl bereits sakramentalen Charakter hat. In der Mahlgemeinschaft erhalten die Jünger Anteil an der sühnenden Wirkung seines Todes. Zugleich ist die Mahlfeier eine Vorwegnahme des zukünftigen Freudenmahles (Lk 14,16ff.; Mt 8,11). Die Gemeinde feierte außerdem das Abendmahl als Erinnerung (1Ko 11,24f.) an Jesu letztes Mahl, das den feierlichen Abschluß seiner irdischen Gemeinschaft mit den Jüngern darstellte. Zugleich wies es zeichenhaft auf die Vollendung der Gemeinschaft zwischen Gott und Menschen in der zukünftigen Gottesherrschaft. Da in der Antike Verträge und Bundesschlüsse meist mit einer gemeinsamen Mahlzeit als Ausdruck des gegenseitigen Einverständnisses besiegelt (vgl. 1Mo 26,28ff.) wurden, spielt auch der Bundesgedanke im Abendmahl eine große Rolle (vgl. 2Mo 24,8; Jer 31).

Die Ankündigung der Verleugnung des Petrus

[26]Und als sie den Lobgesang gesungen hatten, gingen sie hinaus an den Ölberg. [27]Und Jesus sprach zu ihnen: Ihr werdet alle Ärgernis nehmen; denn es steht geschrieben (Sacharja 13,7): »Ich werde den Hirten schlagen, und die Schafe werden sich zerstreuen.« [28]Wenn ich aber auferstanden bin, will ich vor euch hingehen nach Galiläa. [29]Petrus aber sagte zu ihm: Und wenn sie alle Ärgernis nehmen, so doch ich nicht! [30]Und Jesus sprach zu ihm: Wahrlich, ich sage dir: Heute, in dieser Nacht, ehe der Hahn zweimal kräht, wirst du mich dreimal verleugnen. [31]Er aber redete

Gerade Petrus, der sich so sicher fühlt, wird besonders tief fallen (vgl. 14,66–72) und als erster der glaubensstärkenden Begegnung mit dem Auferstandenen gewürdigt werden (vgl. Lk 24,34; 1Ko 15,4). Dadurch wird unterstrichen, daß allein Jesu Verheißung die Gemeinde trotz ihres Versagens trägt und ihr die Zukunft ermöglicht.

noch weiter: Auch wenn ich mit dir sterben müßte, werde ich dich nicht verleugnen! Das gleiche sagten sie alle.

Jesus in Gethsemane

32 Und sie kamen zu einem Garten mit Namen Gethsemane. Und er sprach zu seinen Jüngern: Setzt euch hierher, bis ich gebetet habe. 33 Und er nahm mit sich Petrus und Jakobus und Johannes und fing an zu zittern und zu zagen 34 und sprach zu ihnen: Meine Seele ist betrübt bis an den Tod; bleibt hier und wachet! 35 Und er ging ein wenig weiter, warf sich auf die Erde und betete, daß, wenn es möglich wäre, die Stunde an ihm vorüberginge, 36 und sprach: *Abba, mein Vater, alles ist dir möglich; nimm diesen Kelch von mir; doch nicht, was ich will, sondern was du willst!* 37 Und er kam und fand sie schlafend und sprach zu Petrus: Simon, schläfst du? Vermochtest du nicht, *eine* Stunde zu wachen? 38 *Wachet und betet, daß ihr nicht in Versuchung fallt! Der Geist ist willig; aber das Fleisch ist schwach.* 39 Und er ging wieder hin und betete und sprach dieselben Worte 40 und kam zurück und fand sie abermals schlafend; denn ihre Augen waren voller Schlaf, und sie wußten nicht, was sie ihm antworten sollten. 41 Und er kam zum dritten Mal und sprach zu ihnen: Ach, wollt ihr weiter schlafen und ruhen? Es ist genug; die Stunde ist gekommen. Siehe, der Menschensohn wird überantwortet in die Hände der Sünder. 42 Steht auf, laßt uns gehen! Siehe, der mich verrät, ist nahe.

»Zittern und Zagen« und »Betrübtsein bis an den Tod« verdeutlichen, daß Jesus in grenzenloser Einsamkeit und Verlassenheit wirklich leidet (vgl. 15,34; Joh 12,27). Bei Jesu Gebet geht es um die Einstimmung in den Willen Gottes, der hier vertrauensvoll mit »Abba«, mein Vater, angeredet wird (vgl. Rö 8,15). Mit »Stunde« ist nicht nur die Stunde der Gefangennahme, sondern auch die vorherbestimmte Stunde der Heilsvollendung gemeint. Zu »Kelch« vgl. das zu 10,38 Ausgeführte. V. 38 mahnt die Gemeinden aller Zeiten, die Stunde nicht zu verschlafen (vgl. Rö 13,11f.), um die Einstimmung in Gottes Willen (vgl. Mt 6,10) zu ringen, nicht zu erlahmen und den von Jesus gegebenen Auftrag nicht zu verleugnen (vgl. 13,13). Jesu Beten soll darum der von der Versuchung bedrohten Gemeinde Vorbild und Mahnung sein. Der Schluß zeigt, daß sich Jesus zur Bejahung des ihm auferlegten Leidensweges durchgerungen hat.

Jesu Gefangennahme

43 Und alsbald, während er noch redete, kam herzu Judas, einer von den Zwölfen, und mit ihm eine Schar mit Schwertern und mit Stangen, von den Hohenpriestern und Schriftgelehrten und Ältesten. 44 Und der Verräter hatte ihnen ein Zeichen genannt und gesagt: Welchen ich küssen werde, der ist's; den ergreift und führt ihn sicher ab. 45 Und als er kam, trat er alsbald zu ihm und sprach: Rabbi! und küßte ihn. 46 Die aber legten Hand an ihn und ergriffen ihn. 47 Einer aber von denen, die dabeistanden, zog sein Schwert und schlug nach dem Knecht des Hohenpriesters und hieb ihm ein Ohr ab. 48 Und Jesus antwortete und sprach zu ihnen: Ihr seid ausgezogen wie gegen einen Räuber mit Schwertern und mit Stangen, mich zu fangen. 49 Ich bin täglich bei euch im Tempel gewesen und habe gelehrt, und ihr habt mich nicht ergriffen. Aber so muß die Schrift erfüllt werden. 50 Da verließen ihn alle und flohen. 51 Ein junger Mann aber folgte ihm nach, der war mit einem Leinengewand bekleidet auf der bloßen Haut; und sie griffen nach ihm. 52 Er aber ließ das Gewand fahren und floh nackt davon.

Jesus ist der grenzenlos Einsame: Seine engsten Begleiter verstehen ihn nicht. Einer von ihnen verrät ihn, die übrigen lassen ihn bei seiner Verhaftung im Stich. Der Kuß als Zeichen der Abhängigkeit des Schülers von seinem Lehrer ist hier zu einem Zeichen der Verfügung des Jüngers über seinen Meister geworden; denn er dient zur Kennzeichnung des Opfers. Jesus widersetzt sich nicht dieser falschen Huldigung. Er bleibt aber auch jetzt noch in der Gemeinschaft mit dem Treulosen und bestätigt so seine Sendung. Der Hinweis auf die Schrifterfüllung (V. 49) hebt die über dem ganzen Geschehen liegende göttliche Zielsetzung (vgl. Ps 37,1ff.; Jes 53,3ff.) hervor.

Jesus vor dem Hohen Rat

53 Und sie führten Jesus zu dem Hohenpriester; und es versammelten sich alle Hohenpriester und Ältesten und Schriftgelehrten. 54 Petrus aber folgte ihm nach von ferne, bis hinein in den Palast des Hohenpriesters, und saß da bei den Knechten und wärmte sich am Feuer. 55 Aber die Hohenpriester und der ganze Hohe Rat suchten Zeugnis gegen Jesus, daß sie ihn zu Tode brächten, und fanden nichts. 56 Denn viele gaben falsches Zeugnis ab gegen ihn; aber ihr Zeugnis stimmte nicht überein. 57 Und einige standen auf und gaben falsches Zeugnis ab gegen ihn und sprachen: 58 Wir haben gehört, daß er gesagt hat: Ich will diesen Tempel, der mit Händen gemacht ist, abbrechen und in drei Tagen einen andern bauen, der nicht mit Händen gemacht ist. 59 Aber ihr Zeugnis stimmte auch so nicht überein. 60 Und der Hohepriester stand auf, trat in die Mitte und fragte Jesus und sprach: Antwortest du nichts auf das, was diese gegen dich bezeugen? 61 Er aber schwieg still und antwortete nichts. Da fragte ihn der Hohepriester abermals und sprach zu ihm: *Bist du der Christus, der Sohn des Hochgelobten?* 62 *Jesus aber sprach: Ich bin's; und ihr werdet sehen den Menschensohn sitzen zur Rechten der Kraft und kommen mit den Wolken des Himmels.* 63 Da zerriß der Hohepriester seine Kleider und sprach: Was bedürfen wir weiterer Zeugen? 64 Ihr habt die Gotteslästerung gehört. Was ist euer Urteil? Sie aber verurteilten ihn alle, daß er des Todes schuldig sei. 65 Da fingen einige an, ihn anzuspeien und sein Angesicht zu verdecken und ihn mit Fäusten zu schlagen und zu ihm zu sagen: Weissage uns! Und die Knechte schlugen ihn ins Angesicht.

Zu V. 58 vgl. 13,2; 15,29. Durch die Zufügung der Worte: »mit Händen gemacht« und »nicht mit Händen gemacht« wird der Jerusalemer Tempel dem neuen »Tempel«, der christlichen Gemeinde (vgl. 1Ko 3,16; 2Ko 6,16), entgegengesetzt. Die heilsgeschichtliche Ablösung Jerusalems durch die christliche Kirche wird behauptet (vgl. 12,9–11). »Drei Tage« meint eine sehr kurze Frist. Der dritte Tag hat nach Hos 6,2 den Charakter eines Heilstages nach zwei Leidenstagen. In der Bezeichnung der Zeugen als »Lügenzeugen« (nach dem griech. Wortlaut) klingt Ps 27,12 an. Jesus ist also der Gerechte, der unter Treubruch und Lüge der Menschen zu leiden hat, ohne dagegen aufzubegehren (vgl. Jes 53,7; ferner Mk 15,4 f.). Er schweigt. Auf die Messiasfrage des Hohenpriesters antwortet Jesus mit einer von Dan 7,13 f. und Ps 110,1 bestimmten Menschensohnaussage. Zugleich weist das »Sehen« auf die Erfüllung der Verheißung, die in Wsh 2,17–20; Jes 53,11 dem leidenden Gerechten gegeben ist. Sie wirkt sich für seine Verfolger als Gericht aus. Die damit von Jesus beanspruchte Gerichtsvollmacht wertet der Hohepriester als Gotteslästerung (vgl. 2,7) und vollzieht mit dem Zerreißen des Gewandes die dafür vorgeschriebene symbolische Handlung. Zu V. 65 vgl. Jes 50,6.

Die Verleugnung des Petrus

66 Und Petrus war unten im Hof. Da kam eine von den Mägden des Hohenpriesters; 67 und als sie Petrus sah, wie er sich wärmte, schaute sie ihn an und sprach: Und du warst auch mit dem Jesus von Nazareth. 68 Er leugnete aber und sprach: Ich weiß nicht und verstehe nicht, was du sagst. Und er ging hinaus in den Vorhof, und der Hahn krähte. 69 Und die Magd sah ihn und fing abermals an, denen zu sagen, die dabeistanden: Das ist einer von denen. 70 Und er leugnete abermals. Und nach einer kleinen Weile sprachen die, die dabeistanden, abermals zu Petrus: Wahrhaftig, du bist einer von denen; denn du bist auch ein Galiläer. 71 Er aber fing an, sich zu verfluchen und zu schwören: Ich kenne den Menschen nicht, von dem ihr redet. 72 Und alsbald krähte der Hahn zum zweiten Mal. Da gedachte Petrus an das Wort, das Jesus zu ihm gesagt hatte: Ehe der Hahn zweimal kräht, wirst du mich dreimal verleugnen. Und er fing an zu weinen.

Jesus hat unter Pontius Pilatus das gute Bekenntnis bezeugt (1Ti 6,13). Ihm steht der Jünger gegenüber, der ihn verleugnet und in Anfechtung versagt. Entscheidend ist das Wort Jesu, mit dem Petrus alles vorausgesagt wurde (V. 30) und an das er sich dann erinnert (V. 72). Damit ist er aus der Gefahr des Verlorenseins herausgerissen. Anders als Judas »gedenkt« er wieder an den Herrn. Die Verbindung zwischen ihm und Jesus ist trotz der Verleugnung wiederhergestellt. Die Tränen seiner bitteren Reue sind der Erweis dafür. Dieser Petrus wird in 16,7 der Verheißung gewürdigt, den Auferstandenen zu sehen (vgl. Lk 24,34; 1Ko 15,5).

Pilatus, römischer Prokurator in Judäa (26–36 n. Chr.), hatte seinen Amtssitz in Cäsarea am Meer. Er hielt sich aber zum Passafest in Jerusalem auf, weil gerade dieses Fest zu Aufständen Anlaß geben konnte. Jesus wurde Pilatus mit der Beschuldigung übergeben, er habe politische Messiasansprüche erhoben (»König der Juden«) und sei darum ein Empörer gegen die Römer. Jesu Antwort kann vom griechischen Text her auch so verstanden werden: »Das sagst du – nicht ich«. – Zu Jesu Schweigen vgl. 14,60f.

Es stehen sich hier gegenüber: Pilatus, der sich dreimal für Jesus einsetzt, und die von den Hohenpriestern aufgewiegelte Menge, die für Barabbas und gegen Jesus stimmt. Da es sich bei Barabbas um einen Aufständischen handelt (V. 7), bekennt sich also das Volk samt Hohenpriestern zu einem wirklichen Aufrührer und nimmt Stellung gegen einen angeblichen (V. 2). Die Verlogenheit der Anklage wird auf diese Weise ebenso anschaulich wie das unschuldige Leiden Jesu. Apg 3,13b–14 faßt das Ergebnis von V. 6–15 in einer Bekenntnisformulierung mit scharfer antijüdischer Ausrichtung zusammen. Umstritten ist die in V. 6 als allgemeiner Brauch hingestellte Passa-Amnestie. V. 16–19 schildern die in 10,33f. als gottgewollt charakterisierte Auslieferung des Menschensohnes in die Hände der Heiden, die ihn »verspotten, anspeien, geißeln und töten werden«. Durch die Königssymbole (Krone, Purpurmantel, Huldigung) wird der Menschensohn zugleich als der verheißene (Messias-) König gekennzeichnet.

Die Hinweise auf Ps 22, der als Siegeslied des verfolgten Gerechten gilt, verdeutlichen die Heilsbedeutung dieses Geschehens. V. 28 = Lk 22,37 findet sich nur in späten Textzeugen. Auch Jesu Verspottung und Lästerung (V. 29–32) sind in atl. Bezug zu sehen (vgl. Ps 22,8; 35,21.25). V. 21 läßt auf Jesu Entkräftung durch die Geißelung schließen. Die Kreuzigungsstätte hieß wohl deshalb »Golgatha«, weil die-

Jesus vor Pilatus

15 Und alsbald am Morgen hielten die Hohenpriester Rat mit den Ältesten und Schriftgelehrten und dem ganzen Hohen Rat, und sie banden Jesus, führten ihn ab und überantworteten ihn Pilatus. [2] Und Pilatus fragte ihn: Bist du der König der Juden? Er aber antwortete und sprach zu ihm: Du sagst es. [3] Und die Hohenpriester beschuldigten ihn hart. [4] Pilatus aber fragte ihn abermals: Antwortest du nichts? Siehe, wie hart sie dich verklagen! [5] Jesus aber antwortete nichts mehr, so daß sich Pilatus verwunderte.

Jesu Verurteilung und Verspottung

[6] Er pflegte ihnen aber zum Fest einen Gefangenen loszugeben, welchen sie erbaten. [7] Es war aber einer, genannt Barabbas, gefangen mit den Aufrührern, die beim Aufruhr einen Mord begangen hatten. [8] Und das Volk ging hinauf und bat, daß er tue, wie er zu tun pflegte. [9] Pilatus aber antwortete ihnen: Wollt ihr, daß ich euch den König der Juden losgebe? [10] Denn er erkannte, daß ihn die Hohenpriester aus Neid überantwortet hatten. [11] Aber die Hohenpriester reizten das Volk auf, daß er ihnen viel lieber den Barabbas losgebe. [12] Pilatus aber fing wiederum an und sprach zu ihnen: Was wollt ihr denn, daß ich tue mit dem, den ihr den König der Juden nennt? [13] Sie schrien abermals: Kreuzige ihn! [14] Pilatus aber sprach zu ihnen: Was hat er denn Böses getan? Aber sie schrien noch viel mehr: Kreuzige ihn! [15] Pilatus aber wollte dem Volk zu Willen sein und gab ihnen Barabbas los und ließ Jesus geißeln und überantwortete ihn, daß er gekreuzigt werde.

[16] Die Soldaten aber führten ihn hinein in den Palast, das ist ins Prätorium, und riefen die ganze Abteilung zusammen [17] und zogen ihm einen Purpurmantel an und flochten eine Dornenkrone und setzten sie ihm auf [18] und fingen an, ihn zu grüßen: Gegrüßet seist du, der Juden König! [19] Und sie schlugen ihn mit einem Rohr auf das Haupt und spien ihn an und fielen auf die Knie und huldigten ihm. [20] Und als sie ihn verspottet hatten, zogen sie ihm den Purpurmantel aus und zogen ihm seine Kleider an.

Jesu Kreuzigung und Tod

Und sie führten ihn hinaus, daß sie ihn kreuzigten. [21] Und zwangen einen, der vorüberging, mit Namen Simon von Kyrene, der vom Feld kam, den Vater des Alexander und des Rufus, daß er ihm das Kreuz trage. [22] Und sie brachten ihn zu der Stätte Golgatha, das heißt übersetzt: Schädelstätte. [23] Und sie gaben ihm Myrrhe in Wein zu trinken; aber er nahm's nicht.

[24]Und sie kreuzigten ihn. Und sie teilten seine Kleider und warfen das Los, wer was bekommen solle. [25]Und es war die dritte Stunde, als sie ihn kreuzigten. [26]Und es stand über ihm geschrieben, welche Schuld man ihm gab, nämlich: Der König der Juden. [27]Und sie kreuzigten mit ihm zwei Räuber, einen zu seiner Rechten und einen zu seiner Linken.* [29]Und die vorübergingen, lästerten ihn und schüttelten ihre Köpfe und sprachen: Ha, der du den Tempel abbrichst und baust ihn auf in drei Tagen, [30]hilf dir nun selber und steig herab vom Kreuz! [31]Desgleichen verspotteten ihn auch die Hohenpriester untereinander samt den Schriftgelehrten und sprachen: Er hat andern geholfen und kann sich selber nicht helfen. [32]Ist er der Christus, der König von Israel, so steige er nun vom Kreuz, damit wir sehen und glauben. Und die mit ihm gekreuzigt waren, schmähten ihn auch.

[33]Und zur sechsten Stunde kam eine Finsternis über das ganze Land bis zur neunten Stunde. [34]Und zu der neunten Stunde rief Jesus laut: Eli, Eli, lama asabtani? das heißt übersetzt: *Mein Gott, mein Gott, warum hast du mich verlassen?* [35]Und einige, die dabeistanden, als sie das hörten, sprachen sie: Siehe, er ruft den Elia. [36]Da lief einer und füllte einen Schwamm mit Essig, steckte ihn auf ein Rohr, gab ihm zu trinken und sprach: Halt, laßt sehen, ob Elia komme und ihn herabnehme! [37]Aber Jesus schrie laut und verschied.

[38]Und der Vorhang im Tempel zerriß in zwei Stücke von oben an bis unten aus. [39]Der Hauptmann aber, der dabeistand, ihm gegenüber, und sah, daß er so verschied, sprach: *Wahrlich, dieser Mensch ist Gottes Sohn gewesen!*

[40]Und es waren auch Frauen da, die von ferne zuschauten, unter ihnen Maria von Magdala und Maria, die Mutter Jakobus' des Kleinen und des Joses, und Salome, [41]die ihm nachgefolgt waren, als er in Galiläa war, und ihm gedient hatten, und viele andere Frauen, die mit ihm hinauf nach Jerusalem gegangen waren.

ser Hügel die Form eines Schädels hatte. Der in V. 23 erwähnte Betäubungstrank entsprach jüdischem Brauch (vgl. Spr 31,6). Die »dritte Stunde« (V. 25) war 9 Uhr früh, die »sechste bis neunte Stunde« (V. 33) 12–15 Uhr (anders Joh 19,14). Durch die Kreuzesinschrift (V. 26) soll Jesus als politischer Aufrührer hingestellt und durch Mitkreuzigung von zwei »Räubern« (= Aufrührern) verhöhnt werden. Noch angesichts des Kreuzes bestätigen Jesu Gegner ihren Unglauben (V. 31 f.). Das in V. 33 in Anlehnung an Am 8,9 f. beschriebene Zeichen will hervorheben, daß der ganze Kosmos von Jesu Sterben betroffen ist. Indem sich Jesus in seiner totalen Verlassenheit mit Worten aus Ps 22 dennoch vertrauensvoll an Gott wendet, bewährt er seinen Gottesglauben (vgl. 9,23; 11,22 f.). Hinter V. 35 steht die jüdische Vorstellung von Elia als dem Nothelfer der Gerechten. V. 38 enthält ein Gerichtszeichen, durch das wahrscheinlich Jesu Tod als Ende des Tempelkultes angedeutet werden soll (vgl. 11,17; 13,2; 14,58). Die gesamte Darstellung zielt auf V. 39: Das rechte Bekenntnis zu Jesus als Gottessohn erfolgt aus dem Munde eines heidnischen Hauptmanns unter dem Kreuz (vgl. die Einl.). Jesu Heilswerk kommt der ganzen Welt zugute (vgl. 10,45).

Jesu Grablegung

[42]Und als es schon Abend wurde, und weil Rüsttag war, das ist der Tag vor dem Sabbat, [43]kam Josef von Arimathäa, ein angesehener Ratsherr, der auch auf das Reich Gottes wartete, der wagte es und ging hinein zu Pilatus und bat um den Leichnam Jesu. [44]Pilatus aber wunderte sich, daß er schon tot sei, und rief den Hauptmann und fragte ihn, ob er schon lange gestorben sei. [45]Und als er's erkundet hatte von dem Hauptmann, gab er Josef den Leichnam. [46]Und der kaufte ein Leinentuch und nahm ihn ab und wickelte ihn in das Tuch und legte ihn in ein Grab, das war in einen Felsen gehauen, und wälzte einen Stein vor des Grabes

Die Erzählung ist getragen von dem Motiv: Wenn auch die Jünger Jesus verlassen haben, so hat doch einer von der anderen Seite, der durch seine Hoffnung Jesus nahestand, Jesus die letzte Ehre erwiesen. In V. 44 f. wird das wirkliche Gestorbensein betont (vgl. 1Ko 15,3) und durch die Nennung von Zeugen (V. 47) unterstrichen.

Tür. 47 Aber Maria von Magdala und Maria, die Mutter des Joses, sahen, wo er hingelegt wurde.

Jesu Auferstehung

(Mt 28,1-10; Lk 24,1-12; Joh 20,1-10)

16 Und als der Sabbat vergangen war, kauften Maria von Magdala und Maria, die Mutter des Jakobus, und Salome wohlriechende Öle, um hinzugehen und ihn zu salben. 2 Und sie kamen zum Grab am ersten Tag der Woche, sehr früh, als die Sonne aufging. 3 Und sie sprachen untereinander: Wer wälzt uns den Stein von des Grabes Tür? 4 Und sie sahen hin und wurden gewahr, daß der Stein weggewälzt war; denn er war sehr groß.

5 Und sie gingen hinein in das Grab und sahen einen Jüngling zur rechten Hand sitzen, der hatte ein langes weißes Gewand an, und sie entsetzten sich. 6 Er aber sprach zu ihnen: Entsetzt euch nicht! Ihr sucht Jesus von Nazareth, den Gekreuzigten. Er ist auferstanden, er ist nicht hier. Siehe da die Stätte, wo sie ihn hinlegten. 7 Geht aber hin und sagt seinen Jüngern und Petrus, daß er vor euch hingehen wird nach Galiläa; dort werdet ihr ihn sehen, wie er euch gesagt hat. 8 Und sie gingen hinaus und flohen von dem Grab; denn Zittern und Entsetzen hatte sie ergriffen. Und sie sagten niemandem etwas; denn sie fürchteten sich.

Die Aussage vom leeren Grab ist mit den Frauen verbunden (vgl. Mt 28,1), die nach jüdischer Auffassung keine rechtsgültigen Zeugen sind. Insofern hat das Auferstehungszeugnis keinen Beweischarakter. – Der »erste Tag in der Woche« ist der Sonntag, der als Auferstehungstag zum »Herrentag« (Off 1,10) wurde. – Der »Jüngling« wird durch das weiße Gewand als Bote der Gotteswelt gekennzeichnet (vgl. 9,3). Er fordert zum Glauben an die Botschaft, wie sie bereits 8,31; 14,62 formuliert und in 9,2–8 veranschaulicht wurde. V. 7 verheißt den entsetzten Jüngern: Jesus wird ihnen als der Auferstandene – wie er es auch als der Irdische getan hat (vgl. 10,32) – nach der Landschaft seiner Heilsoffenbarung vorangehen. Dort wird er die Gemeinde sammeln (vgl. Apg 1,11; 2,7), die von Petrus angeführt wird. Das befremdliche Schweigen der Frauen erwähnen die anderen Evangelisten nicht.

Erscheinungen des Auferstandenen und Himmelfahrt

(Lk 24,36-49; Joh 20,19-23)

9 Als aber Jesus auferstanden war früh am ersten Tag der Woche, erschien er zuerst Maria von Magdala, von der er sieben böse Geister ausgetrieben hatte. 10 Und sie ging hin und verkündete es denen, die mit ihm gewesen waren und Leid trugen und weinten. 11 Und als diese hörten, daß er lebe und sei ihr erschienen, glaubten sie es nicht. 12 Danach offenbarte er sich in anderer Gestalt zweien von ihnen unterwegs, als sie über Land gingen. 13 Und die gingen auch hin und verkündeten es den andern. Aber auch denen glaubten sie nicht.

14 Zuletzt, als die Elf zu Tisch saßen, offenbarte er sich ihnen und schalt ihren Unglauben und ihres Herzens Härte, daß sie nicht geglaubt hatten denen, die ihn gesehen hatten als Auferstandenen. 15 Und er sprach zu ihnen: *Gehet hin in alle Welt und predigt das Evangelium aller Kreatur.* 16 *Wer da glaubt und getauft wird, der wird selig werden; wer aber nicht glaubt, der wird verdammt werden.* 17 Die Zeichen aber, die folgen werden denen, die da glauben, sind diese: in meinem Namen werden sie böse Geister austreiben, in neuen Zungen reden, 18 Schlangen mit den Händen hochheben, und wenn sie etwas Tödliches trinken, wird's ihnen nicht

Diese Verse sind im 2. Jh. hinzugefügt worden, um die in V. 1–8 vermißten Erscheinungen des Auferstandenen samt einem Missionsbefehl, ausführlichen Missionsinstruktionen und einen kurzen Himmelfahrtsbericht nachzutragen (vgl. dazu die Einl.). – Die unterschiedlichen Traditionen werden durch die Stichwörter Unglaube (V. 11.13. 14–16) und Glaube (V. 16.17) zusammengehalten. Dabei macht die Aufeinanderfolge von V. 15 auf V. 14 deutlich: Gerade die als ungläubig Gescholtenen werden durch das Wort des Auferweckten angeredet, in den Glauben gestellt und als die Verkündiger in die Welt gesandt. Die in V. 17f. genannten Beglaubigungszeichen (zu Dämonenaustreibungen vgl. Lk 10,17; zum »Reden in neuen Zungen« vgl. Apg 2,4; 1Ko 14; zum Schlangen-Hochheben vgl. Apg 28,3ff.; Lk 10,19) betonen einseitig das Wunderhafte. Den Ab-

schaden; auf Kranke werden sie die Hände legen, so wird's besser mit ihnen werden.

[19]Nachdem der Herr Jesus mit ihnen geredet hatte, wurde er aufgehoben gen Himmel und setzte sich zur Rechten Gottes. [20]Sie aber zogen aus und predigten an allen Orten. Und der Herr wirkte mit ihnen und bekräftigte das Wort durch die mitfolgenden Zeichen.*

schluß bildet die Himmelfahrtsaussage (V. 19 vgl. Lk 24,50–53; Apg 1,1–11) mit Jesu Einsetzung zum »Herrn« (vgl. 14,62), der seinen Boten beisteht (vgl. Mt 28,20). Damit ist Jesus jetzt in Herrlichkeit, was er während seines Erdenlebens nur in Verborgenheit war: der Herr.

DAS EVANGELIUM NACH LUKAS

Nach der altkirchlichen Überlieferung soll der Arzt Lukas, ein Mitarbeiter des Paulus (vgl. Phm 24; Kol 4,14; 2Ti 4,11), das dritte Evangelium samt der Apostelgeschichte geschrieben haben. Da aber sowohl im Lk als auch in der Apg typisch paulinische Gedanken fehlen und zudem nichts auf einen Arzt als Verfasser weist, ist diese Tradition problematisch. Mit Sicherheit können wir nur sagen, daß ein unbekannter, gebildeter Heidenchrist beide Schriften in der Regierungszeit Domitians (81–96 n. Chr.) in einer Stadt des römischen Imperiums außerhalb Palästinas verfaßt hat.

Wie Mt so stützt sich auch Lk in seinem Evangelium auf unterschiedliche Überlieferungen. Fast die Hälfte des Lk stellt Sondergut dar, das vielfach soziale Tendenzen aufweist (Zuwendung zu Frauen und Sündern, Abwertung von Reichtum). Zudem wird die Spruchquelle (Q) benutzt, deren Stoff zusammen mit dem Sondergut hauptsächlich in der sog. kleinen Einschaltung 6,20–8,3 und in der sog. großen Einschaltung, dem »Reisebericht«, 9,51–18,14 gebracht wird. Da Lk – im Unterschied zu Mt – den Q- und den Mk-Stoff weder ineinander gearbeitet noch zu großen Reden zusammengestellt hat, läßt sich die ursprüngliche Gestalt von Q in seinem Evangelium klarer erkennen als im Mt. Der Aufbau des Lk ist durch Mk bestimmt, allerdings übernimmt Lk nur etwa die Hälfte des markinischen Stoffes (Mk 6,45–8,26 fehlen völlig). Lk bringt in Kap. 1–2 Vorgeschichten. In ihnen zeigt sich, daß Jesu Geschichte von Anfang an unter dem Wirken des heiligen Geistes (vgl. 1,35.80) steht und dies öffentlich kundgemacht wird. Dadurch wird jedoch die für Mk zentrale Vorstellung von Jesu Messiasgeheimnis zurückgedrängt.

Entsprechend antikem Brauch setzt Lk an den Anfang seines Werkes einen Prolog (1,1–4) mit einer Widmung an Theophilus, einen unbekannten vornehmen und wohl auch begüterten Katechumenen (= Taufbewerber). Sein Ziel ist, einen durch Quellenstudium erhärteten, in sachlich richtiger Reihenfolge gebotenen Bericht von den Geschehnissen, die sich in Jesus erfüllt haben, zu bringen, um dadurch Theophilus im Glauben zu stärken. Lk will also sowohl bewußter Historiker als auch bekennender Christ sein. Sein Evangelium ist darum Heilsverkündigung in der Form des historischen Berichts. Die »gute Ordnung« (1,3) ist jedoch nicht eine nach modernen wissenschaftlichen Methoden gewonnene historische Abfolge, sondern die heilsgeschichtliche Anordnung, die die Darstellung im Lk und in der Apg bestimmt.

Daraus folgt, daß Lk besonders über die Geschichte als Raum des göttlichen Handelns nachgedacht hat. So sieht er in der Abfolge geschichtlicher Ereignisse die Vorsehung Gottes am Werk, die alles schon von Anbeginn an zum Heil geordnet hat (vgl. Apg 2,23; 3,20). Die Geschichte vollzieht sich deshalb kontinuierlich von der Zeit des AT über die Zeit Jesu hin zur Zeit der Kirche. Sie geht von Jerusalem nach Rom und findet ihre Vollendung in der weltweiten heidenchristlichen Kirche, die Israels Erbe antritt, Lokale Angaben, geographische Bemerkungen und die Situation des Wanderns haben darum theologische Bedeutung. Über allem Geschehen steht das göttliche »Muß« (vgl. 2,49; 4,43 u. ö.), der Plan Gottes, der allem Sinn verleiht.

Das Christusbild des dritten Evangelisten ist dadurch geprägt, daß Jesus als der verstanden wird, auf dem der heilige Geist ständig ruht und der auf seinem Weg von Engeln begleitet wird (vgl. 1,26; 2,9ff.; 22,43). Bereits seit seiner wunderbaren Geburt ist er der Gottessohn, Heiland und Herr, der durch das von Lk besonders hervorgehobene Gebet in engster Beziehung zu Gott steht (vgl. 3,21; 6,12 u. ö.). In der Kraft des Gottesgeistes verherrlicht er Gott durch Krafttaten, Wunder und Zeichen, erfüllt so die Schrift und bringt »heute« das Heil als Sündenvergebung (vgl. 4,21ff.; 19,9; Apg 2,22 u.ö.). Dennoch ist dieser Jesus als der Wundertäter zugleich der arme und ausgestoßene Menschensohn, dessen Leben durch die Solidarität mit Ausgestoßenen gekennzeichnet ist (vgl. 5,30ff.; 9,53ff.; 14,12ff.); denn Jesu Hoheit zeigt sich in seiner Hinwendung zu den Niedrigen – in Übereinstimmung mit Gottes Verhalten (vgl. 1,48.52ff.; 14,11). Ihm gegenüber steht der Satan, der ihm sofort das geben will, was er gemäß dem göttlichen Heilsplan erst nach Vollendung seines Werkes von Gott erhalten kann: die Erfüllung der ihm in der Taufe (3,22) durch den Hinweis auf Ps 2 verheißenen Weltherrschaft. Jesus lehnt das Angebot des Satans ab (vgl. 4.1–13). So erscheint er als der vorbildliche Gerechte, der den Gottesgehorsam auch in Leiden und im Martyrium bewährt. Die Passion steht darum im Zeichen der Versuchung (vgl. 22,3.28.40ff.). Judas ist Werkzeug des Satans (vgl. 22,3), die Verhaftung und Kreuzigung Jesu gehen auf die Macht der Finsternis zurück (vgl. 22,53), während die Auferweckung der eigentliche Ort des Gotteshandelns ist (vgl. Apg 3,15; 4,10; 5,30f.). Die Ostergeschichten haben hier die gleiche Funktion wie die Wundergeschichten: Es geht um den Beweis für die zum Heil der Welt geordnete Geschichte Gottes mit den Menschen.

Als der leidende Gerechte hat Jesus der Kirche den Weg vorgezeichnet, den sie in der Nachfolge ihres Herrn zu gehen gerufen ist und der durch viele Leiden zur Herrlichkeit führt (vgl. Apg 14,22). Die Gegenwart ist dabei nach 19,11–27 die Zeit der Abwesenheit des Herrn, in der die in Versuchungen und Verfolgungen stehende Gemeinde zur weltweiten Mission berufen ist. Zur Durchführung dieser Aufgabe ist ihr der heilige Geist verliehen, der nach Apg 2 der ganzen Gemeinde zuteil wurde, der aber in besonderer Weise die Apostel als Zeugen des Geistträgers Jesus charakterisiert (vgl. Apg 1,8; 4,8 u. ö.). Dieser Geist gilt geradezu als Ersatz für das Kommen der Gottesherrschaft (vgl. Apg 1,8) und bestimmt den ganzen Weg der Kirche. Die negative Zeichnung der Juden im Lk (vgl. 23,13ff.) und in der Apg (vgl. 20,19ff.; 21,11ff.; 25,3ff. u. ö.) dient dabei der Verteidigung des Christentums, ist also apologetisch bestimmt. Weil Lk die Christen als die wahren Erben der atl. Offenbarung ansieht (vgl. Apg 13,46), schildert er die Juden als Unruhestifter und als solche, die sich Gottes Heilsplan widersetzen. Das Christentum ist demnach das wahre Judentum. Diese Art der Darstellung des Christentums hat gleichzeitig die Aufgabe, den christlichen Glauben als ungefährlich für den römischen Staat zu erweisen (vgl. die Einl. zur Apg).

Die der Kirche gegebenen Mahnungen entsprechen ihrer Situation: Im Blick auf Verfolgungen und Verleumdungen bedarf der Glaube notwendig der Geduld und des anhaltenden Gebets (vgl. 8,15; 11,1ff.; 18,1ff.). Zugleich lenkt Lk den Blick seiner Leser zurück auf die Besitz- und Heimatlosigkeit Jesu. In der Apg schildert er dann das Wirken der Apostel in der idealen Vorzeit der Kirche, in der die Gemeinde in völliger Einmütigkeit Gott lobte und der Besitz gemeinsam verwaltet wurde. Offensichtlich schreibt Lk an eine städtische Gemeinde innerhalb des römischen Imperiums, zu der neben Armen und Bedürftigen auch Wohlhabende gehörten, d. h. Angehörige der Oberschicht wie Theophilus. Gerade diesen Wohlsituierten will er Jesu Botschaft nahebringen. Deshalb betont er die Buße und sieht ihre Frucht im Gutestun, wozu er Besitzverzicht und Almosengeben rechnet (vgl. 6,27ff.; 11,41; 12,33). Die von Jesus verkündete Barmherzigkeit erfordert nach Lk um der Einheit der Gemeinde willen Verzichtleistungen der Reichen zugunsten der Armen. Als abschreckendes Beispiel werden die als »geldgierig« charakterisierten Pharisäer hingestellt (vgl. 16,14); denn die Habsucht ist die Form der Sünde, vor der der dritte Evangelist besonders eindringlich warnt (vgl. 12,15ff.). Entscheidend ist deshalb für die Kirche das Dienen (vgl. 22,25ff.). Der von Jesus verkündete und gelebte Heilszuspruch an die Armen (vgl. 6,20f.) wird gemäß Apg 2,42.46; 6,1 in gottesdienstlichen Mahlzeiten und Unterstützungen an die Armen in der Gemeinde als Wirklichkeit bezeugt. In einem solchen Geschehen wird zudem die Gegenwart Jesu als des Herrn der Kirche erfahren (vgl. 24,30f.), der als »der Dienende« (22,27) und somit als Vorbild jedes echten Dienens auf Erden erschienen ist. Die Apg stellt deshalb die legitime Fortsetzung des Lk dar. Beide zusammen schildern den Weg Jesu vom Dienenden zum Herrn der Kirche. Deshalb ist anzunehmen, daß beide Werke von demselben Verfasser aufgezeichnet und herausgegeben wurden.

Die Kindheitsgeschichten

Lk will in Kap. 1–2 zeigen, daß sich alle prophetischen Verheißungen in Jesus erfüllt haben. Zu diesem Zweck hat er eine alte, ursprünglich zusammenhängend überlieferte Täufererzählung (1,5–25.57–67.76–79) übernommen und so angeordnet, daß jeweils auf Aussagen über den Täufer solche über Jesus folgen (vgl. 1,5–25 mit 1,26–56; 1,57–80 mit 2,1–40). Dadurch bringt er die heilsgeschichtliche Zuordnung des Täufers zu Jesus und Jesu Überordnung über den Täufer zum Ausdruck. Das, was mit dem Täufer geschieht, wird zugleich zum Zeichen für Jesus (vgl. 1,36f.41.44). Im Zentrum der beiden Kapitel steht Jesu Geburtsgeschichte (2,1–21), die durch die Täufergeschichten (1,5ff.57ff.) und die Engelverheißung (1,26ff.) vorbereitet wird. Der Vorbereitungszeit steht also die Erfüllungszeit gegenüber, die mit Jesu Geburt angebrochen ist und durch Prophetenmund bestätigt wird (vgl. 2,25ff.36ff.). Daß Jesu Ursprung in Gott liegt, er also der Sohn Gottes ist: Dieses Verkündigungsinteresse bestimmt Lk 1–2. In diesem Zusammenhang wird Maria bedeutsam, die von Lk als die vorbildlich Glaubende hingestellt wird: Sie ordnet sich demütig dem Verheißungsgeschehen unter (1,38), lobt dankbar Gottes Barmherzigkeit (1,46ff.), bedenkt das Geschehen (2,19) und bewahrt es fest in ihrem Herzen (2,51).

1 Viele haben es schon unternommen, Bericht zu geben von den Geschichten, die unter uns geschehen sind, [2] wie uns das überliefert haben, die es von Anfang an selbst gesehen haben und Diener des Worts gewesen sind. [3] So habe auch ich's für gut gehalten, nachdem ich alles von Anfang an sorgfältig erkundet habe, es für dich, hochgeehrter Theophilus, in guter Ordnung aufzuschreiben, [4] damit du den sicheren Grund der Lehre erfahrest, in der du unterrichtet bist.

Lk gehört bereits zur dritten Generation. Am Anfang stehen die Apostel, die Jesus vom Beginn seines Wirkens an begleitet haben. Auf sie gründet sich nach Lk die rechte kirchliche Lehre. Ihnen folgen (V. 1) die direkten Vorläufer des Lk, zu denen Mk, Q und Sammlungen von Sondergut gehören. Lk erhebt den Anspruch, historisch sorgfältig gearbeitet und so ein zuverlässiges Fundament des Glaubens gelegt zu haben.

Die Ankündigung der Geburt Johannes des Täufers

[5] Zu der Zeit des Herodes, des Königs von Judäa, lebte ein Priester von der Ordnung Abija, mit Namen Zacharias, und seine Frau war aus dem Geschlecht Aaron und hieß Elisabeth. [6] Sie waren aber alle beide fromm vor Gott und lebten in allen Geboten und Satzungen des Herrn untadelig. [7] Und sie hatten kein Kind; denn Elisabeth war unfruchtbar, und beide waren hochbetagt.

[8] Und es begab sich, als Zacharias den Priesterdienst vor Gott versah, da seine Ordnung an der Reihe war, [9] daß ihn nach dem Brauch der Priesterschaft das Los traf, das Räucheropfer darzubringen; und er ging in den Tempel des Herrn. [10] Und die ganze Menge des Volkes stand draußen und betete zur Stunde des Räucheropfers. [11] Da erschien ihm der Engel des Herrn und stand an der rechten Seite des Räucheraltars. [12] Und als Zacharias ihn sah, erschrak er, und es kam Furcht über ihn. [13] Aber der Engel sprach zu ihm: Fürchte dich nicht, Zacharias, denn dein Gebet ist erhört, und deine Frau Elisabeth wird dir einen Sohn gebären, und du sollst ihm den Namen Johannes geben. [14] Und du wirst Freude und Wonne haben, und viele werden sich über seine Geburt freuen. [15] Denn er wird groß sein vor dem Herrn; Wein und starkes Getränk wird er nicht trinken und wird schon von Mutterleib an erfüllt werden mit dem heiligen Geist. [16] Und er wird vom Volk Israel viele zu dem Herrn, ihrem Gott, bekehren. [17] Und er wird vor ihm hergehen im Geist und in der Kraft Elias, zu bekehren die Herzen der Väter zu den Kindern und die Ungehorsamen zu der Klugheit der Gerechten, zuzurichten dem Herrn ein Volk, das

Die Geschichte des Heils beginnt im Tempel von Jerusalem. Auf ihn sind die aus unterschiedlichen Traditionen stammenden Vorgeschichten (Kap. 1–2) bezogen. Zunächst wird eine aus Kreisen Johannes des Täufers kommende Überlieferung gebracht (V. 5–25), deren Fortsetzung sich in V. 57–66 findet. Johannes der Täufer hat seinen bestimmten Platz in dem Heilsgeschehen. – Lk hat mit Judäa auch das gesamte von Juden bewohnte Land gemeint (vgl. 4,44). Zacharias gehörte zur Priesterklasse Abia, der achten von 24 Gruppen (vgl. 1Chr 24,10–19), die zweimal im Jahr je eine Woche lang im Jerusalemer Tempel Dienst tun mußte. Das Rauchopfer darzubringen galt als besondere Auszeichnung. Die moralische und kultische Makellosigkeit des Paares steht in Spannung zu seiner Kinderlosigkeit. Denn diese galt damals als Schmach (V. 25; vgl. 1Mo 16,4). Der Schluß von V. 7 hebt das angekündigte Wunder hervor. Der Engel (griech.: »angelos« = Bote) bringt eine Botschaft Gottes, die nicht erst durch Zeichen bestätigt werden muß, sondern Glauben fordert (vgl. Rö 4,17ff.). Das erbetene Kind wird als Prophet angekündigt, der – erfüllt mit Gottes Geist – das Volk für die Ankunft des »Herrn«

bereitmachen wird. Zu V. 16f. vgl. Mal 3,1. In der ursprünglichen Geschichte ist mit dem »Herrn« Gott selbst gemeint und der Täufer somit als Gottes letzter Prophet verstanden. Lk dagegen sieht in dem »Herrn« Jesus und versteht den Täufer als Wegbereiter Jesu (vgl. V. 16,16). Der Unglaube des Zacharias (zur Zeichenforderung vgl. 11,16.29) wird sofort mit Stummheit bestraft. So wird die Strafe zum Zeichen, daß Gottes Verheißung sich erfüllen wird.

wohl vorbereitet ist. [18]Und Zacharias sprach zu dem Engel: Woran soll ich das erkennen? Denn ich bin alt, und meine Frau ist betagt. [19]Der Engel antwortete und sprach zu ihm: Ich bin Gabriel, der vor Gott steht, und bin gesandt, mit dir zu reden und dir dies zu verkündigen. [20]Und siehe, du wirst stumm werden und nicht reden können bis zu dem Tag, an dem dies geschehen wird, weil du meinen Worten nicht geglaubt hast, die erfüllt werden sollen zu ihrer Zeit.

[21]Und das Volk wartete auf Zacharias und wunderte sich, daß er so lange im Tempel blieb. [22]Als er aber herauskam, konnte er nicht mit ihnen reden; und sie merkten, daß er eine Erscheinung gehabt hatte im Tempel. Und er winkte ihnen und blieb stumm. [23]Und es begab sich, als die Zeit seines Dienstes um war, da ging er heim in sein Haus. [24]Nach diesen Tagen wurde seine Frau Elisabeth schwanger und hielt sich fünf Monate verborgen und sprach: [25]So hat der Herr an mir getan in den Tagen, als er mich angesehen hat, um meine Schmach unter den Menschen von mir zu nehmen.

Die Ankündigung der Geburt Jesu

Lk verwendet eine judenchristliche Überlieferung (offensichtlich in V. 28–33.38). Diese verknüpft er mit der Täufertradition und dem von Jes 7,14 (nach der geläufigen Übersetzung des griechisch sprechenden Judentums = Septuaginta) bestimmten Motiv der Jungfrauengeburt. Die Vorstellung einer unmittelbar von Gott bewirkten Schwangerschaft war in der Antike weit verbreitet. Sie sollte die überragende Größe von Herrschern und Weisen verstehbar machen. In der jüdischen Überlieferung zur Zeit Jesu findet sie sich in bezug auf die Patriarchenfrauen und die Frau des Moses. Sie ist dort Ausdruck des Glaubens, daß das Volk Israel Sohn Gottes in besonderer Weise ist. Hier dient sie dazu zu zeigen, daß Jesus bereits von seinem Ursprung her Gottes Sohn ist, dem die Verheißung der ewigen Herrschaft (V. 33) gilt. Trotz starker Berührungen mit V. 5–25 geht es um eine Überbietung: Während Johannes nur ein vom Geist Gottes erfüllter Prophet ist, verdankt Jesus dem Geist seine Existenz und Würde als Messias (Sohn Davids V. 32f.; vgl. dazu 2Sm 7,14–16). Zur Bedeutung des Namens Jesu vgl. zu Mt 1,18–25. Maria unterwirft sich wie eine »Magd«

[26]Und im sechsten Monat wurde der Engel Gabriel von Gott gesandt in eine Stadt in Galiläa, die heißt Nazareth, [27]zu einer Jungfrau, die vertraut* war einem Mann mit Namen Josef vom Hause David; und die Jungfrau hieß Maria. [28]Und der Engel kam zu ihr hinein und sprach: Sei gegrüßt, du Begnadete! Der Herr ist mit dir! [29]Sie aber erschrak über die Rede und dachte: Welch ein Gruß ist das? [30]Und der Engel sprach zu ihr:

Fürchte dich nicht, Maria,
du hast Gnade bei Gott gefunden.
[31]*Siehe, du wirst schwanger werden*
und einen Sohn gebären,
und du sollst ihm den Namen Jesus geben.
[32]*Der wird groß sein*
und Sohn des Höchsten genannt werden;
und Gott der Herr wird ihm den Thron seines Vaters David geben,
[33]*und er wird König sein über das Haus Jakob in Ewigkeit,*
und sein Reich wird kein Ende haben.

[34]Da sprach Maria zu dem Engel: Wie soll das zugehen, da ich doch von keinem Mann weiß? [35]Der Engel antwortete und sprach zu ihr: Der heilige Geist wird über dich kommen, und die Kraft des Höchsten wird dich überschatten; darum wird auch das Heilige, das geboren wird, Gottes Sohn genannt werden. [36]Und siehe, Elisabeth, deine Verwandte, ist auch schwanger mit einem Sohn, in ihrem Alter, und ist jetzt im sechsten Monat, von der man sagt, daß sie unfruchtbar sei. [37]Denn bei Gott ist kein Ding unmöglich.

[38]Maria aber sprach: Siehe, ich bin des Herrn Magd; mir geschehe, wie du gesagt hast. Und der Engel schied von ihr.

(= Sklavin) dem Ratschluß Gottes. Damit erweist sie – im Unterschied zu Zacharias – ihren Glauben an Gott als den Schöpfer und Herrn.

Marias Besuch bei Elisabeth

[39]Maria aber machte sich auf in diesen Tagen und ging eilends in das Gebirge zu einer Stadt in Juda [40]und kam in das Haus des Zacharias und begrüßte Elisabeth. [41]Und es begab sich, als Elisabeth den Gruß Marias hörte, hüpfte das Kind in ihrem Leibe. Und Elisabeth wurde vom heiligen Geist erfüllt [42]und rief laut und sprach: Gepriesen bist du unter den Frauen, und gepriesen ist die Frucht deines Leibes! [43]Und wie geschieht mir das, daß die Mutter meines Herrn zu mir kommt? [44]Denn siehe, als ich die Stimme deines Grußes hörte, hüpfte das Kind vor Freude in meinem Leibe. [45]Und selig bist du, die du geglaubt hast! Denn es wird vollendet werden, was dir gesagt ist von dem Herrn.

Die Episode will verdeutlichen, daß der Täufer ganz auf den Messias Jesus bezogen ist. Das Verhalten des Ungeborenen (V. 41.44) wird von Elisabeth kraft des heiligen Geistes verstanden: Johannes bekundet bereits hier sein prophetisches Wissen (V. 15), daß Marias Sohn der erwartete Heilbringer ist. In V. 45 erscheint Maria wiederum als die vorbildlich Glaubende, die sich auf Gottes Zusage verläßt.

Marias Lobgesang

[46]Und Maria sprach:
Meine Seele erhebt den Herrn,
[47]*und mein Geist freut sich Gottes, meines Heilandes;*
[48]denn er hat die Niedrigkeit seiner Magd angesehen.
Siehe, von nun an werden mich selig preisen alle Kindeskinder.
[49]Denn er hat große Dinge an mir getan,
der da mächtig ist und dessen Name heilig ist.
[50]Und seine Barmherzigkeit währt von Geschlecht zu Geschlecht
bei denen, die ihn fürchten.
[51]Er übt Gewalt mit seinem Arm
und zerstreut, die hoffärtig sind in ihres Herzens Sinn.
[52]Er stößt die Gewaltigen vom Thron
und erhebt die Niedrigen.
[53]Die Hungrigen füllt er mit Gütern
und läßt die Reichen leer ausgehen.
[54]Er gedenkt der Barmherzigkeit
und hilft seinem Diener Israel auf,
[55]wie er geredet hat zu unsern Vätern,
Abraham und seinen Kindern in Ewigkeit.
[56]Und Maria blieb bei ihr etwa drei Monate; danach kehrte sie wieder heim.

Dieser Hymnus – nach seinen Anfangsworten in der lateinischen Bibel »Magnifikat« (»es verherrlicht«) genannt – ist von Lk durch V. 46a.48 auf Maria bezogen und ihr in den Mund gelegt worden. Sprachlich und inhaltlich ist dieser Lobpreis ganz vom AT her geprägt (vgl. 1Sm 2,1ff.; Ps 34,3ff.; 103,8ff.). Verherrlicht wird Gott als der Herr der Geschichte, der fest zu der seinem Volk gegebenen Verheißung steht. Als »Heiland« (V. 47 = Retter) erbarmt er sich der Niedrigen und Hungernden und verstößt die Hochmütigen und Mächtigen. Auffallend ist, daß die Aufrichtung des Friedensreiches Gottes und seiner Gerechtigkeit schon als gegenwärtig gepriesen wird. Das Magnifikat gehört zu den prophetischen Psalmen. Der Beter befindet sich gleichsam am Ende der Geschichte und blickt dankbar auf Gottes vollendetes Heilswerk zurück. Maria schließt aus ihrer Schwangerschaft, daß Gottes Heilswerk begonnen hat. In ihrem Vertrauen auf Gottes Barmherzigkeit zeigt sie, was glauben heißt (vgl. V. 38.45).

Die Geburt Johannes des Täufers

[57]Und für Elisabeth kam die Zeit, daß sie gebären sollte; und sie gebar einen Sohn. [58]Und ihre Nachbarn und Verwandten hörten, daß der Herr große Barmherzigkeit an ihr getan hatte, und freuten sich mit ihr. [59]Und es begab sich am achten Tag, da kamen sie, das Kindlein zu beschneiden,

Mit V. 57 wird die Täufertradition weitergeführt und die Erfüllung von V. 13 und 20 geschildert. Ein Knabe muß am achten Tag nach der Geburt beschnitten werden, um an dem Bund Gottes mit seinem Volk Anteil zu bekommen und unter Gottes Schutz leben zu können (vgl. 1Mo 17,10ff.; 3Mo 12,3). Aber nicht nur durch die Beschneidung, sondern auch in der Art der Namensgebung leuchtet die Verheißung Gottes über Johannes auf. Darum darf Zacharias jetzt wieder sprechen. Für alle Umstehenden wird durch diese Vorgänge die Besonderheit des Johannes offenbar.

und wollten es nach seinem Vater Zacharias nennen. [60]Aber seine Mutter antwortete und sprach: Nein, sondern er soll Johannes heißen. [61]Und sie sprachen zu ihr: Ist doch niemand in deiner Verwandtschaft, der so heißt. [62]Und sie winkten seinem Vater, wie er ihn nennen lassen wollte. [63]Und er forderte eine kleine Tafel und schrieb: Er heißt Johannes. Und sie wunderten sich alle. [64]Und sogleich wurde sein Mund aufgetan und seine Zunge gelöst, und er redete und lobte Gott. [65]Und es kam Furcht über alle Nachbarn; und diese ganze Geschichte wurde bekannt auf dem ganzen Gebirge Judäas. [66]Und alle, die es hörten, nahmen's zu Herzen und sprachen: Was meinst du, will aus diesem Kindlein werden? Denn die Hand des Herrn war mit ihm.

Der Lobgesang des Zacharias – nach den Anfangsworten in der lateinischen Bibel wird er Benediktus (»gelobt«) genannt – besteht aus 2 Strophen. In der ersten (V. 68–75) liegt ein altes Danklied für die Befreiung von äußeren Feinden (V. 74) durch einen davidischen Messias (V. 69) vor (vgl. Ps 105; 1Sm 2,1 ff.). Lk fügt V. 70 ein, um zu zeigen, daß das Geschehen genau der prophetischen Weissagung entspricht (vgl. Apg 3,21). Die zweite Strophe (V. 76–79) gehört zu einer ganz anderen Gattung (prophetischer Glückwunsch bei der Geburt in Herrscherhäusern). Durch die Hinzufügung dieser Strophe bezieht Lk das Lied auf Johannes den Täufer und auf dessen Verhältnis zu Jesus. Durch V. 67 wird das ganze Lied zur gottgewirkten Prophezeiung. Als »Prophet des Höchsten« soll Johannes demnach dem »Herrn«, d. h. Jesus als Messias, den Weg bereiten (V. 76; vgl. Mal 3,1; Jes 40,3; Mk 1,2 f.). In V. 74 f. wird Heil als Befreiung von Feinden und als Heiligung des Alltags durch gerechtes Tun verstanden, in V. 77 als Vergebung der Sünden (vgl. 24,47; Apg 2,38; 5,31) und in V. 79 als Friede (vgl. 2,14; 19,38; 24,36). In V. 78b.79a erscheint Jesus als Messias im Sinne von Jes 42,6 f.; 49,6: Er bringt das mit »Licht« umschriebene Heil (vgl. Joh 8,12).

Der Lobgesang des Zacharias

[67]Und sein Vater Zacharias wurde vom heiligen Geist erfüllt, weissagte und sprach:

[68]*Gelobt sei der Herr, der Gott Israels!*
Denn er hat besucht und erlöst sein Volk
[69]und hat uns aufgerichtet eine Macht des Heils
im Hause seines Dieners David
[70]– wie er vorzeiten geredet hat
durch den Mund seiner heiligen Propheten –,
[71]daß er uns errettete von unsern Feinden
und aus der Hand aller, die uns hassen,
[72]und Barmherzigkeit erzeigte unsern Vätern
und gedächte an seinen heiligen Bund
[73]und an den Eid, den er geschworen hat unserm Vater Abraham,
uns zu geben, [74]daß wir, erlöst aus der Hand unsrer Feinde,
[75]ihm dienten ohne Furcht unser Leben lang
in Heiligkeit und Gerechtigkeit vor seinen Augen.
[76]Und du, Kindlein, wirst ein Prophet des Höchsten heißen.
Denn du wirst dem Herrn vorangehen, daß du seinen Weg bereitest,
[77]und Erkenntnis des Heils gebest seinem Volk
in der Vergebung ihrer Sünden,
[78]durch die herzliche Barmherzigkeit unseres Gottes,
durch die uns besuchen wird das aufgehende Licht aus der Höhe,
[79]damit es erscheine denen, die sitzen in Finsternis und Schatten des Todes,
und richte unsere Füße auf den Weg des Friedens.

[80]Und das Kindlein wuchs und wurde stark im Geist. Und er war in der Wüste bis zu dem Tag, an dem er vor das Volk Israel treten sollte.

Jesu Geburt

2 Es begab sich aber zu der Zeit, daß ein Gebot von dem Kaiser Augustus ausging, daß alle Welt geschätzt würde. [2]Und diese Schätzung war die allererste und geschah zur Zeit, da Quirinius Statthalter in Syrien war. [3]Und jedermann ging, daß er sich schätzen ließe, ein jeder in seine Stadt. [4]Da machte sich auf auch Josef aus Galiläa, aus der Stadt Nazareth, in das jüdische Land zur Stadt Davids, die da heißt Bethlehem, weil er aus dem Hause und Geschlechte Davids war, [5]damit er sich schätzen ließe mit Maria, seinem vertrauten Weibe;* die war schwanger. [6]Und als sie dort waren, kam die Zeit, daß sie gebären sollte. [7]Und sie gebar ihren ersten Sohn und wickelte ihn in Windeln und legte ihn in eine Krippe; denn sie hatten sonst keinen Raum in der Herberge.

[8]Und es waren Hirten in derselben Gegend auf dem Felde bei den Hürden, die hüteten des Nachts ihre Herde. [9]Und der Engel des Herrn trat zu ihnen, und die Klarheit des Herrn leuchtete um sie; und sie fürchteten sich sehr. [10]Und der Engel sprach zu ihnen: *Fürchtet euch nicht! Siehe, ich verkündige euch große Freude, die allem Volk widerfahren wird;* [11] *denn euch ist heute der Heiland geboren, welcher ist Christus, der Herr, in der Stadt Davids.* [12]Und das habt zum Zeichen: ihr werdet finden das Kind in Windeln gewickelt und in einer Krippe liegen. [13]Und alsbald war da bei dem Engel die Menge der himmlischen Heerscharen, die lobten Gott und sprachen:

[14]*Ehre sei Gott in der Höhe*
und Friede auf Erden
*bei den Menschen seines Wohlgefallens.**

[15]Und als die Engel von ihnen gen Himmel fuhren, sprachen die Hirten untereinander: Laßt uns nun gehen nach Bethlehem und die Geschichte sehen, die da geschehen ist, die uns der Herr kundgetan hat. [16]Und sie kamen eilend und fanden beide, Maria und Josef, dazu das Kind in der Krippe liegen. [17]Als sie es aber gesehen hatten, breiteten sie das Wort aus, das zu ihnen von diesem Kinde gesagt war. [18]Und alle, vor die es kam, wunderten sich über das, was ihnen die Hirten gesagt hatten. [19]Maria aber behielt alle diese Worte und bewegte sie in ihrem Herzen. [20]Und die Hirten kehrten wieder um, priesen und lobten Gott für alles, was sie gehört und gesehen hatten, wie denn zu ihnen gesagt war.

[21]Und als acht Tage um waren und man das Kind beschneiden mußte, gab man ihm den Namen Jesus, wie er genannt war von dem Engel, ehe er im Mutterleib empfangen war.

Im Unterschied zu 1,26 ff. ist hier die Jungfrauengeburt nicht vorausgesetzt. Es liegt also eine von Kap. 1 unabhängige Tradition vor, die ihren Mittelpunkt in der Verkündigung der Messiasgeburt vor den Hirten hat (V. 8–20). Die ausdrückliche Nennung Bethlehems (V. 4.15) weist auf David (vgl. 1Sm 16,11 ff.) als das Urbild des endzeitlichen Königs. Durch das Auftreten von Engeln wird bereits Jesu Geburt als göttliches Offenbarungsgeschehen gekennzeichnet. Jesus wird ganz unverhüllt als »Heiland«, d. h. als von Gott für die Endzeit verheißener Retter, als Christus (= Messias) und als Herr proklamiert (V. 11). Bei Mk wird Jesus als Sohn Gottes erst am Kreuz offenbart, bei Lk dagegen schon mit seiner Geburt. Darum bricht zu dieser Stunde bereits die große Freude der Heilszeit an. Doch das »Kind in der Krippe« (V. 12.16 und 7) entspricht nicht dem damals erwarteten machtvollen Messias. Es steht auch im Kontrast zu dem ebenfalls als Heiland und Herr verherrlichten Kaiser Augustus (27 v.–14 n. Chr.). Der Erwählte Gottes erscheint nicht in Glanz und Herrlichkeit, sondern in Armut und Niedrigkeit. Gerade in der Niedrigkeit der Geburt Jesu verherrlicht Gott sich und wird Friede (= Heil) den Menschen zuteil, die jetzt unter Gottes Wohlgefallen (= gnädiger Zuwendung) stehen (V. 14). In V. 16 f.20 werden die Hirten als vorbildlich Glaubende geschildert: Sie folgen der Gottesweisung, sie finden den verheißenen Heiland, sagen das Gotteswort weiter und loben und danken Gott für alles. Darum können und sollen die Christen von diesen Hirten lernen. Für Lk repräsentieren die Hirten zugleich das arme und erniedrigte Volk, dem die besondere Zuwendung Gottes gilt.

Durch V. 1–7 verdeutlicht Lk, wieso es gerade in Bethlehem zur Geburt Jesu kam: Die Reise nach Bethlehem motiviert er mit der Steuerveranlagung (Census), die von P. S. Quirinus, römischer Legat von Syrien, wahrscheinlich nach der Absetzung des Archelaos und der Übernahme der direkten römischen Herrschaft über Judäa im Jahre 6 n. Chr. durchgeführt wurde. Ein weltweiter Census (V. 1) fand aber damals nicht statt. Der Census bestand aus 2 Vorgängen: einer umfassenden Personen- und Besitzaufnahme; diese bildete die Grundlage für die amtliche Steuerbemessung. Von dem Galiläer Judas und seinen Anhängern, den sogenannten Zeloten, wurde dieser Census als Eingriff in Gottes Verfügungsrecht über sein heiliges Land aufgefaßt und mit einem Aufstand beantwortet (vgl. Apg 5,37). Als Geburtsjahr Jesu ergäbe sich danach das Jahr 6/7 n. Chr. Nach Mt 2,1 und Lk 1,5 müßte Jesus jedoch bereits während der Regierungszeit Herodes des Großen (40–4 v. Chr.) geboren sein. Die genaue Festlegung von Jesu Geburtsjahr ist also nicht möglich. Dasselbe gilt für den Geburtsort, da Bethlehem aus Mi 5,1 erschlossen wurde. Lk hat also den Census als Reisemotiv offensichtlich selbst gestaltet, um Jesu Eltern im Unterschied zu den Zeloten als loyale Untertanen der römischen Herrschaft zu kennzeichnen. Zugleich werden sie als fromme Juden geschildert, die ihren Sohn gemäß 3Mo 12,3 beschneiden lassen (V. 21). Von Jesu Beschneidung berichtet nur Lk, dem viel daran liegt, Jesus als gesetzestreuen Juden zu erweisen. Die Beschneidung gilt im Judentum als Bedingung und Zeichen des Abrahambundes und hat damit den Charakter eines Verheißungszeichens, das Israel die Rettung verbürgt. In Verfolgungszeiten wurde sie zum Bekenntniszeichen (vgl. 1Mkk 1,60f.; 2Mkk 6,10). Deshalb war der Vollzug der Beschneidung am achten Tag nach der Geburt eines Sohnes verpflichtendes Gebot (vgl. 1Mo 17,12f.). Im Widerspruch zu der damals üblichen Praxis scheint Lk vorauszusetzen, daß die Beschneidung zu Hause vollzogen wurde.

Jesu Darstellung im Tempel. Simeon und Hanna

Nach 3Mo 12,2ff. galt eine Frau nach der Geburt eines Knaben 7 Tage lang als unrein. Außerdem mußte sie 33 Tage während der Zeit ihrer »Reinigung« zu Hause bleiben und durfte erst danach das Heiligtum betreten, um ein Lamm oder – falls sie zu den Armen gehörte – 2 Turteltauben oder 2 junge Tauben als Reinigungsopfer darzubringen. Lk erwähnt zwar das Reinigungsopfer, das Maria als zu den Armen zugehörig erweist (V. 24), legt aber den Nachdruck auf die sonst nicht bezeugte Darstellung im Tempel. Diese bringt er mit 2Mo 13,2.12.15, der Heiligung des Erstgeborenen für den Herrn, in Beziehung (V. 23). Jesus wird also an heiliger Stätte als ein Gott Geweihter »dargestellt« – wie einst Samuel nach 1Sm 1,11.24–28.

Aber nicht nur Jesu Eltern erfüllen, was das Gesetz vorschreibt (V. 21.24.39), auch Simeon und Hanna werden als fromm geschildert (V. 25.37) und besitzen zudem die Gabe der Prophetie. Indem sie Jesus als Erlöser und Heilbringer verkünden (V. 30.38), bestätigen sie das Engelzeugnis (V. 11). Diese Erzählung will also der Verherrlichung Jesu als Messias dienen.

Mit dem »Trost Israels« ist das messianische Heil, das Kommen des Messias (= Christus), gemeint. Die Begegnung mit dem Jesuskind erfolgt im Tempel als der Offenbarungsstätte Gottes (vgl. Jes 6) und dem Ort von Jesu Lehren (vgl. 2,46f.; 19,47; 20,1). Der prophetische Lobgesang des Simeon (V. 29–32) – nach den lateinischen Anfangsworten Nunc dimittis (= »nun entläßt du«), genannt – erinnert an den des Zacharias (1,68–79): In der Person des Jesuskindes leuchtet das erwartete Heil (vgl. V. 25) mitten in Israel auf. Es weist auch den Heiden den Weg aus der Finsternis zur Lichtherrlichkeit Gottes (vgl. Apg 26,18). V. 33 erinnert an V. 18 und steht in Spannung zu 1,31–35. Dadurch wird deutlich, daß es sich in Lk 1 und 2 um Einzel-

[22] Und als die Tage ihrer Reinigung nach dem Gesetz des Mose um waren, brachten sie ihn nach Jerusalem, um ihn dem Herrn darzustellen, [23] wie geschrieben steht im Gesetz des Herrn (2. Mose 13,2.15): »Alles Männliche, das zuerst den Mutterschoß durchbricht, soll dem Herrn geheiligt heißen«, [24] und um das Opfer darzubringen, wie es gesagt ist im Gesetz des Herrn: »ein Paar Turteltauben oder zwei junge Tauben« (3. Mose 12,6-8).

[25] Und siehe, ein Mann war in Jerusalem, mit Namen Simeon; und dieser Mann war fromm und gottesfürchtig und wartete auf den Trost Israels, und der heilige Geist war mit ihm. [26] Und ihm war ein Wort zuteil geworden von dem heiligen Geist, er solle den Tod nicht sehen, er habe denn zuvor den Christus des Herrn gesehen. [27] Und er kam auf Anregen des Geistes in den Tempel. Und als die Eltern das Kind Jesus in den Tempel brachten, um mit ihm zu tun, wie es Brauch ist nach dem Gesetz, [28] da nahm er ihn auf seine Arme und lobte Gott und sprach:

[29] *Herr, nun läßt du deinen Diener in Frieden fahren,*
wie du gesagt hast;
[30] *denn meine Augen haben deinen Heiland gesehen,*
[31] den du bereitet hast vor allen Völkern,
[32] ein Licht, zu erleuchten die Heiden
und zum Preis deines Volkes Israel.

[33] Und sein Vater und seine Mutter wunderten sich über das, was von ihm gesagt wurde. [34] Und Simeon segnete sie und sprach zu Maria, seiner Mutter: Siehe, dieser ist gesetzt zum Fall und zum Aufstehen für viele in Israel und zu einem Zeichen, dem widersprochen wird [35] – und auch durch deine Seele wird ein Schwert dringen –, damit vieler Herzen Gedanken offenbar werden.

[36] Und es war eine Prophetin, Hanna, eine Tochter Phanuëls, aus dem Stamm Asser; die war hochbetagt. Sie hatte sieben Jahre mit ihrem Mann gelebt, nachdem sie geheiratet hatte, [37] und war nun eine Witwe an die vierundachtzig Jahre; die wich nicht vom Tempel und diente Gott mit Fasten und Beten Tag und Nacht. [38] Die trat auch hinzu zu derselben Stunde und pries Gott und redete von ihm zu allen, die auf die Erlösung Jerusalems warteten.

[39] Und als sie alles vollendet hatten nach dem Gesetz des Herrn, kehrten sie wieder zurück nach Galiläa in ihre Stadt Nazareth. [40] Das Kind aber wuchs und wurde stark, voller Weisheit, und Gottes Gnade war bei ihm.

Der zwölfjährige Jesus im Tempel

[41] Und seine Eltern gingen alle Jahre nach Jerusalem zum Passafest. [42] Und als er zwölf Jahre alt war, gingen sie hinauf nach dem Brauch des Festes. [43] Und als die Tage vorüber waren und sie wieder nach Hause gingen, blieb der Knabe Jesus in Jerusalem, und seine Eltern wußten's nicht. [44] Sie meinten aber, er wäre unter den Gefährten, und kamen eine Tagereise weit und suchten ihn unter den Verwandten und Bekannten. [45] Und da sie ihn nicht fanden, gingen sie wieder nach Jerusalem und suchten ihn. [46] Und es begab sich nach drei Tagen, da fanden sie ihn im Tempel sitzen, mitten unter den Lehrern, wie er ihnen zuhörte und sie fragte. [47] Und alle, die ihm zuhörten, verwunderten sich über seinen Verstand und seine Antworten. [48] Und als sie ihn sahen, entsetzten sie sich. Und seine Mutter sprach zu ihm: Mein Sohn, warum hast du uns das getan? Siehe, dein Vater und ich haben dich mit Schmerzen gesucht. [49] Und er sprach zu ihnen: Warum habt ihr mich gesucht? Wißt ihr nicht, daß ich sein muß in dem, was meines Vaters ist? [50] Und sie verstanden das Wort nicht, das er zu ihnen sagte. [51] Und er ging mit ihnen hinab und kam nach Nazareth und war ihnen untertan. Und seine Mutter behielt alle

traditionen handelt, die ursprünglich unabhängig voneinander weitergegeben wurden. V. 34f. künden prophetisch die Erfüllung von Jes 8,14f. in Jesus an: Gott hat ihn dazu gesetzt, daß sich an der Stellung zu ihm Fall und Auferstehen, d. h. Unheil und Heil entscheiden. Aber schon hier kündet sich die Passion an: Die meisten werden ihm widersprechen, ihn ablehnen und damit sich selbst entlarven. In V. 35a wird das Jesus bevorstehende Leiden durch das Bildwort vom Schmerz seiner Mutter verdeutlicht. – Gemäß alttestamentlich-jüdischer Vorstellung (vgl. 5Mo 19,15) wird neben dem Zeugnis des Engels und des Simeons noch ein drittes Zeugnis für Jesu Messianität genannt: das der Prophetin Hanna. Ihre prophetische Rede gilt betont den Frommen, ist also auf die Glaubenden – und damit auf die Leser des Evangeliums bezogen. Mit V. 39f. beschließt Lk die Darstellung von Jesu Lebensbeginn. Mit der Abreise von Jerusalem, nach Lk dem Ort des Heilsgeschehens, bleibt das Leben Jesu zunächst im Verborgenen. V. 40 leitet – in Überbietung dessen, was in 1,80 über den Täufer gesagt wird – zur folgenden Erzählung über.

Nur Lk berichtet – als eine Art Nachtrag zu 1,5–2,40 – über die Zeit zwischen Geburt und öffentlichem Auftreten Jesu. Kindheitsgeschichten waren in der Antike weit verbreitet und dienten dazu, das Wesentliche an einer Person zu verdeutlichen. Jesus erscheint hier vorwiegend als der Ausleger des Gesetzes, der alle durch seine Weisheit überbietet. Zum ersten Mal wird er sich seiner Gottessohnschaft bewußt, die ihn in besonderer Weise zum Gehorsam gegenüber dem Willen seines himmlischen Vaters (V. 49) verpflichtet. Der Tempel ist nach Lk als Ort der Gottesgegenwart Jesu Heimat, wo er lehrt und verkündigt (vgl. 19,47; 20,1). Dieses Jesus auszeichnende Wissen ruft Überraschung und Erschrecken bei Lehrern (V. 47) und Eltern (V. 48) hervor. Damit weist die Geschichte in die Zukunft (vgl. 4,22f.31ff.) und erinnert zugleich an V. 34.

diese Worte in ihrem Herzen. [52]Und Jesus nahm zu an Weisheit, Alter und Gnade bei Gott und den Menschen.

In 2Mo 23,14ff.; 34,23f.; 5Mo 16,16f. wird jedem Juden geboten, dreimal im Jahr (zum Passa-, Wochen- und Laubhüttenfest) nach Jerusalem zum Tempel zu kommen. Jesu Eltern erweisen sich als fromme Juden durch ihre Passawallfahrt (V. 41) und durch die Mitnahme ihres zwölfjährigen Sohnes (V. 42); denn mit dem dreizehnten Lebensjahr war jeder männliche Israelit zur Gesetzesbefolgung verpflichtet. – Die anstößig wirkenden V. 48.50 wollen die Besonderheit von Jesu Gottessohnbewußtsein, wie es in Jesu erstem Wort (V. 49) zum Ausdruck kommt, unterstreichen. V. 50 hebt den Geheimnischarakter von V. 49b hervor. V. 51b will das Mißverständnis abwehren, Jesu Verhalten wäre Ungehorsam gewesen. Zu V. 51 vgl. V. 19: Maria erscheint als Vorbild für die Leser. Zu V. 52, der teilweise ein wörtliches Zitat von 1Sm 2,26 ist, vgl. V. 40.

Das Wirken Johannes des Täufers. Seine Gefangennahme

(Mt 3,1-12; Mk 1,1-8)

In 3,1–6,19 und 8,4–9,50 folgt Lk im wesentlichen dem Aufbau des Mk (vgl. Mk 1–9), allerdings mit kleinen Umstellungen. In 3,1–20 hat Lk – entgegen seiner sonstigen Arbeitsweise – Traditionen aus Mk und aus Q miteinander verwoben, um eine Doppelung des Geschehens zu vermeiden. V. 10–14 und 15.18 sind rein lukanisch geprägt. – Diesen Bericht hat Lk in V. 1f. mit einer breiten Zeitangabe eingeleitet. Tiberius regierte als römischer Kaiser (14–37 n. Chr.). Pontius Pilatus war Prokurator von Judäa und Samaria (26–36 n. Chr.). Mit Herodes ist Herodes Antipas gemeint, der 4 v. Chr.–39 n. Chr. Galiläa und Peräa beherrschte, mit Philippus Herodes Philippus, der 4 v.–34 n. Chr. im Nordosten Palästinas regierte. Lysanias (bis ca. 35 n. Chr.) besaß ein Gebiet im Nordwesten von Damaskus, Hannas (der Ältere) war Hoherpriester von 6–15 n. Chr. Sein Schwiegersohn Joseph Kaiphas war Hoherpriester von 18–36/7 n. Chr. Durch diese zeitliche Zuordnung wird das Auftreten des Täufers dem Rahmen der Weltgeschichte eingeordnet und damit seine weltweite Bedeutung unterstrichen.

3 Im fünfzehnten Jahr der Herrschaft des Kaisers Tiberius, als Pontius Pilatus Statthalter in Judäa war und Herodes Landesfürst von Galiläa und sein Bruder Philippus Landesfürst von Ituräa und der Landschaft Trachonitis und Lysanias Landesfürst von Abilene, [2]als Hannas und Kaiphas Hohepriester waren, da geschah das Wort Gottes zu Johannes, dem Sohn des Zacharias, in der Wüste. [3]Und er kam in die ganze Gegend um den Jordan und predigte die Taufe der Buße zur Vergebung der Sünden, [4]wie geschrieben steht im Buch der Reden des Propheten Jesaja (Jesaja 40,3-5):

»Es ist eine Stimme eines Predigers in der Wüste:
Bereitet den Weg des Herrn
und macht seine Steige eben!
[5]Alle Täler sollen erhöht werden,
und alle Berge und Hügel sollen erniedrigt werden;
und was krumm ist, soll gerade werden,
und was uneben ist, soll ebener Weg werden.
[6]Und alle Menschen werden den Heiland Gottes sehen.«

[7]Da sprach Johannes zu der Menge, die hinausging, um sich von ihm taufen zu lassen: Ihr Schlangenbrut, wer hat denn euch gewiß gemacht, daß ihr dem künftigen Zorn entrinnen werdet? [8]Seht zu, bringt rechtschaffene Früchte der Buße; und nehmt euch nicht vor zu sagen: Wir haben Abraham zum Vater. Denn ich sage euch: Gott kann dem

Nach diesen Angaben müßte der von Lk als Wanderprediger verstandene Täufer im Jahre 28 n. Chr. mit seiner Tauftätigkeit in der Umgebung des Jordan begonnen haben. Im Unterschied zu Mk 1,3/Mt 3,3 bringt Lk nicht nur Jes 40,3, sondern auch Jes 40,4f., wobei der Nachdruck auf der weltweiten Heilsbedeutung Jesu als dem »Heiland Gottes« (V. 6; vgl. 2,11.30) liegt. Auf diese Weise wird der Täufer als Bußprediger zugleich zum Heilspropheten (vgl. V. 18), der aber noch nicht die Gottesherrschaft verkündet (anders Mt 3,2). In V. 7–9 erscheint der Täufer als Gerichtsprediger, der allen Taufwilligen (V. 7; anders Mt 3,7) das Gericht ansagt, sofern sie keine guten Werke (vgl. V. 11–14) als Früchte der Buße bringen. Die Taufe ist zwar ein unbedingt notwendiges Zeichen, bewahrt aber dennoch nicht automatisch vor dem drohenden Vernichtungsgericht. In V. 10–14 verdeutlicht Lk beispielhaft, wie die »rechtschaffenen Früchte der Buße« (V. 8) aussehen müßten (vgl. 6,30.35; 19,8; Apg 2,45). Auffallenderweise fordert der Täufer keine asketischen Sonderlei-

Abraham aus diesen Steinen Kinder erwecken. [9]Es ist schon die Axt den Bäumen an die Wurzel gelegt; jeder Baum, der nicht gute Frucht bringt, wird abgehauen und ins Feuer geworfen.

[10]Und die Menge fragte ihn und sprach: Was sollen wir denn tun? [11]Er antwortete und sprach zu ihnen: Wer zwei Hemden hat, der gebe dem, der keines hat; und wer zu essen hat, tue ebenso. [12]Es kamen auch die Zöllner, um sich taufen zu lassen, und sprachen zu ihm: Meister, was sollen denn wir tun? [13]Er sprach zu ihnen: Fordert nicht mehr, als euch vorgeschrieben ist! [14]Da fragten ihn auch die Soldaten und sprachen: Was sollen denn wir tun? Und er sprach zu ihnen: Tut niemandem Gewalt oder Unrecht und laßt euch genügen an eurem Sold!

[15]Als aber das Volk voll Erwartung war und alle dachten in ihren Herzen von Johannes, ob er vielleicht der Christus wäre, [16]antwortete Johannes und sprach zu allen: Ich taufe euch mit Wasser; es kommt aber einer, der ist stärker als ich, und ich bin nicht wert, daß ich ihm die Riemen seiner Schuhe löse; der wird euch mit dem heiligen Geist und mit Feuer taufen. [17]In seiner Hand ist die Worfschaufel, und er wird seine Tenne fegen und wird den Weizen in seine Scheune sammeln, die Spreu aber wird er mit unauslöschlichem Feuer verbrennen. [18]Und mit vielem andern mehr ermahnte er das Volk und verkündigte ihm das Heil. [19]Der Landesfürst Herodes aber, der von Johannes zurechtgewiesen wurde wegen der Herodias, der Frau seines Bruders, und wegen alles Bösen, das er getan hatte, [20]fügte zu dem allen noch dies hinzu: er warf Johannes ins Gefängnis.

stungen. Alltägliches wird erwartet, aber kein Verzicht auf Beruf und bisheriges Leben. Der Mensch soll in seinem Lebensbereich das ihm Gemäße tun und seine Macht nicht mißbrauchen. – V. 15–18 wenden sich gegen ein messianisches Verständnis des Täufers, wie es wahrscheinlich von den Täuferjüngern vertreten wurde (vgl. 1,5–25.67–79; Apg 13,25 b; 19,1–7). Mit dem Stärkeren ist Jesus gemeint (V. 16). Die Taufe mit dem heiligen Geist und Feuer (V. 16) versteht Lk wahrscheinlich als Hinweis auf das Pfingstgeschehen (Apg 2), bei dem die Sammlung der Gemeinde erfolgte. Als der Stärkere ist Jesus zugleich der Richter (V. 17), der schon jetzt in Israel und in der Kirche die Scheidung vollzieht (vgl. 21,20–24; Apg 1,18; 5,5.10; 12,23). Mit einem ganz kurzen Hinweis auf die Gefangennahme des Täufers (V. 19 f.) trennt Lk den Täuferteil von dem mit 3,21 f. beginnenden Jesusteil. Er hebt damit beider Wirken scharf voneinander ab (vgl. 16,16). Der Tod vom Täufer wird nicht berichtet, wohl aber in 9,7 ff. vorausgesetzt.

Jesu Taufe
(Mt 3,13-17; Mk 1,9-11)

[21]Und es begab sich, als alles Volk sich taufen ließ und Jesus auch getauft worden war und betete, da tat sich der Himmel auf, [22]und der heilige Geist fuhr hernieder auf ihn in leiblicher Gestalt wie eine Taube, und eine Stimme kam aus dem Himmel: *Du bist mein lieber Sohn, an dir habe ich Wohlgefallen.*

Im Unterschied zu Mk 1,9–11 erwähnt Lk den Täufer nicht. Stattdessen wird Jesu Gottessohnschaft öffentlich und sinnlich wahrnehmbar proklamiert und bestätigt. Das Gebet ist Ausdruck dieses einmaligen Sohnesverhältnisses (vgl. 5,16; 6,12; u. ö.).

Jesu Stammbaum
(Mt 1,1-17)

[23]Und Jesus war, als er auftrat, etwa dreißig Jahre alt und wurde gehalten für einen Sohn Josefs, der war ein Sohn Elis, [24]der war ein Sohn Mattats, der war ein Sohn Levis, der war ein Sohn Melchis, der war ein Sohn Jannais, der war ein Sohn Josefs, [25]der war ein Sohn Mattitjas, der war ein Sohn des Amos, der war ein Sohn Nahums, der war ein Sohn Heslis, der war ein Sohn Naggais, [26]der war ein Sohn Mahats, der war ein Sohn Mattitjas, der war ein Sohn Schi-

Der Stammbaum enthält 77 Namen von Adam bis Jesus und ist durch ein Siebenerschema bestimmt (5 × 7 Glieder von Adam bis David, 6 × 7 Glieder von Nathan bis Jesus). Dahinter steht offensichtlich eine Zahlensymbolik. Die Weltzeit wird in 12 × 7 Generationen eingeteilt. Die Heilszeit beginnt mit der zwölften

Generation. Darum steht Jesus an achtundsiebzigster Stelle der ganzen Liste. So beginnt mit ihm die Zeit der Erfüllung der Menschheitsgeschichte. Ob Lk diese Zahlensymbolik noch bewußt war, ist allerdings nicht klar zu erkennen. Er hat die Liste aus einer Tradition übernommen. Zu der Mt 1,1–17 berichteten Genealogie bestehen erhebliche Differenzen. Lk geht es mit seiner Zurückführung auf Adam und über Adam auf Gott darum, Jesus als den Sohn Gottes zu erweisen, der für die gesamte Menschheit Heilsbedeutung hat. Möglicherweise verfolgt Lk mit der Nennung des Propheten Nathan (statt des Königs Salomo; Mt 1,7) die Absicht, Jesus als den verheißenen Propheten bzw. als Erfüllung der Prophetie hinzustellen (vgl. 1,70–79). V. 23 setzt 1,34 voraus: Obwohl Lk von der Jungfrauengeburt ausgeht, kann er Jesus als Sohn des Joseph in die Liste einfügen. Nach der jüdischen Rechtsauffassung ist nicht die physische Zeugung, sondern die rechtliche Anerkennung durch den Vater entscheidend. Die Altersangabe in V. 23 könnte durch 2Sm 5,4 (Einsetzung Davids zum König) bedingt sein, so daß sich daraus keine Rückschlüsse auf das genaue Geburtsdatum Jesu ziehen lassen.

mis, der war ein Sohn Josechs, der war ein Sohn Jodas, [27]der war ein Sohn Johanans, der war ein Sohn Resas, der war ein Sohn Serubbabels, der war ein Sohn Schealtiëls, der war ein Sohn Neris, [28]der war ein Sohn Melchis, der war ein Sohn Addis, der war ein Sohn Kosams, der war ein Sohn Elmadams, der war ein Sohn Ers, [29]der war ein Sohn Joschuas, der war ein Sohn Eliësers, der war ein Sohn Jorims, der war ein Sohn Mattats, der war ein Sohn Levis, [30]der war ein Sohn Simeons, der war ein Sohn Judas, der war ein Sohn Josefs, der war ein Sohn Jonams, der war ein Sohn Eljakims, [31]der war ein Sohn Meleas, der war ein Sohn Mennas, der war ein Sohn Mattatas, der war ein Sohn Nathans, der war ein Sohn Davids, [32]der war ein Sohn Isais, der war ein Sohn Obeds, der war ein Sohn des Boas, der war ein Sohn Salmas, der war ein Sohn Nachschons, [33]der war ein Sohn Amminadabs, der war ein Sohn Admins, der war ein Sohn Arnis, der war ein Sohn Hezrons, der war ein Sohn des Perez, der war ein Sohn Judas, [34]der war ein Sohn Jakobs, der war ein Sohn Isaaks, der war ein Sohn Abrahams, der war ein Sohn Terachs, der war ein Sohn Nahors, [35]der war ein Sohn Serugs, der war ein Sohn Regus, der war ein Sohn Pelegs, der war ein Sohn Ebers, der war ein Sohn Schelachs, [36]der war ein Sohn Kenans, der war ein Sohn Arpachschads, der war ein Sohn Sems, der war ein Sohn Noahs, der war ein Sohn Lamechs, [37]der war ein Sohn Metuschelachs, der war ein Sohn Henochs, der war ein Sohn Jereds, der war ein Sohn Mahalalels, der war ein Sohn Kenans, [38]der war ein Sohn des Enosch, der war ein Sohn Sets, der war ein Sohn Adams, der war Gottes.

Jesu Versuchung

(Mt 4,1-11; Mk 1,12.13)

Dieser Abschnitt stammt aus Q und schildert Jesus als den auserwählten Gottessohn, der im Unterschied zu dem Israel der Wüstenwanderung die Prüfungen besteht, seinen Gehorsam gegenüber Gott bewährt und so die Erfüllung von Israels Heilsgeschichte bringt. Indirekt erfolgt damit zugleich die Abgrenzung gegenüber einer zelotisch geprägten Erwartung des Messias, der Israels Herrschaft mit Gewalt herbeiführt (vgl. Apg 1,6), und gegenüber einem hellenistischen Verständnis des Gottessohnes, der seine göttliche Herkunft durch Zeichen und Wunder erweist (vgl. Mt 24,24).

Lk betont den Erfüllungsgedanken, indem er in V. 1 an 3,22 anknüpft und auf 4,18 weist: Jesus ist der ganz vom Gottesgeist bestimmte endzeitliche Heilbringer. Als solcher ist er der gehorsame Gottessohn, der nichts für sich selbst will (V. 3f.), sondern Gott allein die Ehre gibt (V. 5–8) und deshalb jede Form egoistischer Frömmigkeit (V. 9–12) scharf ablehnt. Darin ist er zugleich Vorbild für alle Getauften, die durch den heiligen Geist (vgl. Apg 2,38; 8,17) zum Gehorsam gegenüber Gottes Willen in allen Versuchungen gerufen sind (vgl. Apg 2,42ff.; 14,22); denn Jesus hat die drei Grundversuchungen der Menschen: Hunger, Macht und Ruhm durchlitten und überwunden.

Im Unterschied zu Mt 4,1–11 steht hier die Tempelversuchung (V. 8 bis 12) am Ende; denn für Lk vollzieht sich die entscheidende Auseinander-

4 Jesus aber, voll heiligen Geistes, kam zurück vom Jordan und wurde vom Geist in die Wüste geführt [2]und vierzig Tage lang von dem Teufel versucht. Und er aß nichts in diesen Tagen, und als sie ein Ende hatten, hungerte ihn.

[3]Der Teufel aber sprach zu ihm: Bist du Gottes Sohn, so sprich zu diesem Stein, daß er Brot werde. [4]Und Jesus antwortete ihm: Es steht geschrieben (5.Mose 8,3): *»Der Mensch lebt nicht allein vom Brot.«**

[5]Und der Teufel führte ihn hoch hinauf und zeigte ihm alle Reiche der Welt in einem Augenblick [6]und sprach zu ihm: Alle diese Macht will ich dir geben und ihre Herrlichkeit; denn sie ist mir übergeben, und ich gebe sie, wem ich will. [7]Wenn du mich nun anbetest, so soll sie ganz dein sein. [8]Jesus antwortete ihm und sprach: Es steht geschrieben (5.Mose 6,13): *»Du sollst den Herrn, deinen Gott, anbeten und ihm allein dienen.«*

[9]Und er führte ihn nach Jerusalem und stellte ihn auf die Zinne des Tempels und sprach zu ihm: Bist du Gottes Sohn, so wirf dich von hier hinunter; [10]denn es steht geschrieben (Psalm 91,11.12): »Er wird seinen Engeln deinetwegen befehlen, daß sie dich bewahren. [11]Und sie werden dich auf den Händen tragen, damit du deinen Fuß nicht an einen Stein stößt.« [12]Jesus antwortete und sprach zu ihm: Es ist gesagt (5.Mose 6,16): *»Du sollst den Herrn, deinen Gott, nicht versuchen.«* [13]Und als der Teufel alle Versuchungen vollendet hatte, wich er von ihm eine Zeitlang.

setzung zwischen Jesus und dem Satan in der Tempelstadt Jerusalem. Darum verknüpft er auch die Versuchungsgeschichte ganz eng mit der Passionsgeschichte, wie V. 13 (»eine Zeitlang«) zeigt, der auf 22,3ff. weist. Indem Jesus die vom Satan als dem Herrn der Welt (V. 6b; vgl. Joh 12,31; 2Ko 4,4) geforderte Anbetung verweigert, erfährt er als Folge dieser Ablehnung Leiden und Tod (vgl. 22,53). Daß Jesus bereit ist, Leiden und Tod auf sich zu nehmen, erweist ihn als den gehorsamen Gottessohn; denn darin erfüllt er Gottes Heilsplan (vgl. 9,22; 17,25; 24,26) und sagt dem Satan ab, der ihm sofort die Weltherrschaft (Ps 2,8) zu geben verspricht. In einer Reihe von Handschriften wird in V. 4 hinzugefügt: »sondern von einem jeden Wort Gottes« (Mt 4,4).

Jesu Predigt in Nazareth
(Mt 4,12-17; 13,53-58; Mk 1,14.15; 6,1-6)

[14]Und Jesus kam in der Kraft des Geistes wieder nach Galiläa, und die Kunde von ihm erscholl durch alle umliegenden Orte. [15]Und er lehrte in ihren Synagogen und wurde von jedermann gepriesen.

[16]Und er kam nach Nazareth, wo er aufgewachsen war, und ging nach seiner Gewohnheit am Sabbat in die Synagoge und stand auf und wollte lesen. [17]Da wurde ihm das Buch des Propheten Jesaja gereicht. Und als er das Buch auftat, fand er die Stelle, wo geschrieben steht (Jesaja 61,1.2):

[18]*»Der Geist des Herrn ist auf mir,*
weil er mich gesalbt hat,
zu verkündigen das Evangelium den Armen;
er hat mich gesandt,
zu predigen den Gefangenen, daß sie frei sein sollen,
und den Blinden, daß sie sehen sollen,
und den Zerschlagenen, daß sie frei und ledig sein sollen,
[19]*zu verkündigen das Gnadenjahr des Herrn.«*

[20]Und als er das Buch zutat, gab er's dem Diener und setzte sich. Und aller Augen in der Synagoge sahen auf ihn. [21]Und er fing an, zu ihnen zu reden: *Heute ist dieses Wort der Schrift erfüllt vor euren Ohren.*

In Anlehnung an Mk 1,14 beginnt auch bei Lk Jesu Wirksamkeit in Galiläa (vgl. 23,5; Apg 10,37), ohne daß aber Galiläa die gleiche Bedeutung wie bei Mk hat (vgl. die Einl. zu Mk). Allerdings wird Mk 1,15 durch eine ausführliche Antrittspredigt Jesu (V. 16–30; vgl. Mk 6,1–6a) ersetzt, zu der der Sammelbericht V. 14f. überleitet. Der in der Taufe empfangene Geist (3,22) bestimmt Jesu Weg (V. 14). Jesu Lehre geschieht in der Synagoge (V. 15.16 bis 28),gilt also den Juden. In programmatischer Weise deutet Lk in der Reaktion der Zuhörer (V. 28–30) Jesu Schicksal und den Gang der Heilsgeschichte hin zu den Heiden (vgl. Apg 13,46) an. Im Mittelpunkt des Abschnitts steht die Aussage, daß Jesus die Erfüllung der Schrift ist (V. 21). Nach V. 17 wird Jesus zur Prophetenlesung, die im Synagogengottesdienst auf die Thoralesung folgt, aufgerufen (vgl. Apg 13,15). In dem zitierten Text aus Jes 61,1f.;

58,6 dominiert das Wort »frei«: Jesus als der verheißene Geistträger befreit von Krankheit und Gefangenschaft und bringt damit das göttliche Gnadenjahr (vgl. 3Mo 25,10). Mit diesem Gnadenjahr ist die jetzt angebrochene Heilszeit gemeint, die die Vergebung der Sünden gewährt. Seine Worte sind deshalb »Worte der Gnade« (V. 22; vgl. Apg 14,3; 20,32). V. 24 enthält ein auch Joh 4,44 überliefertes Sprichwort, das auf 2,34 zurück- und auf 13,33 vorausweist. – In V. 25–27 wird das Ausbleiben von Wundern in Jesu Heimatstadt mit dem Hinweis auf 1Kö 17,7ff.; 2Kö 5,8ff. gedeutet: Jesus konnte dort deshalb keine Wunder tun, weil sich seine Sendung erst bei den Heiden erfüllen wird; denn Israel wird ihn verstoßen, wie V. 28f. veranschaulichen.

[22]Und sie gaben alle Zeugnis von ihm und wunderten sich, daß solche Worte der Gnade aus seinem Munde kamen, und sprachen: Ist das nicht Josefs Sohn? [23]Und er sprach zu ihnen: Ihr werdet mir freilich dies Sprichwort sagen: Arzt, hilf dir selber! Denn wie große Dinge haben wir gehört, die in Kapernaum geschehen sind! Tu so auch hier in deiner Vaterstadt! [24]Er sprach aber: Wahrlich, ich sage euch: Kein Prophet gilt etwas in seinem Vaterland. [25]Aber wahrhaftig, ich sage euch: Es waren viele Witwen in Israel zur Zeit des Elia, als der Himmel verschlossen war drei Jahre und sechs Monate und eine große Hungersnot herrschte im ganzen Lande, [26]und zu keiner von ihnen wurde Elia gesandt als allein zu einer Witwe nach Sarepta im Gebiet von Sidon. [27]Und viele Aussätzige waren in Israel zur Zeit des Propheten Elisa, und keiner von ihnen wurde rein als allein Naaman aus Syrien. [28]Und alle, die in der Synagoge waren, wurden von Zorn erfüllt, als sie das hörten. [29]Und sie standen auf und stießen ihn zur Stadt hinaus und führten ihn an den Abhang des Berges, auf dem ihre Stadt gebaut war, um ihn hinabzustürzen. [30]Aber er ging mitten durch sie hinweg.

Unter Auslassung von Mk 1,16–20 (vgl. aber Lk 5,1–11) folgt Lk wieder Mk (1,21–39). Jesu Wort ist Gottes Wort (vgl. 5,1) und hat darum an Gottes Vollmacht (vgl. Ps 33,9) teil. Wenn er redet, müssen die Dämonen weichen, die nach frühjüdischem Verständnis als die Urheber von physischen und vor allem von psychischen Krankheiten gelten (V. 36; in V. 39 wird das Fieber wie ein Dämon behandelt). Jesu Wort bringt also Heil, indem es heilt. Um dies zu unterstreichen, läßt Lk in V. 38f. manche Einzelzüge aus Mk 1,29–31 weg. Zum Dienen der Frauen vgl. zu 8,1–3. V. 40f. sind wie V. 14f. ein Sammelbericht, in dem von Jesu Tun zusammenfassend gesprochen wird. Die unbedingte Verpflichtung Jesu zur Verkündigung (V. 43 »ich muß«) gründet in Gottes Heilsplan. Das Evangelium ist hier Verkündigung des Gottesreiches, d.h. Proklamation, daß Gott jetzt zur Herrschaft gelangt (vgl. 10,9; 11,20; 17,21). Statt des baldigen Kommens (vgl. Mt 4,17 Par) hebt Lk die Ge-

Jesus in Kapernaum

(Mt 8,14-17; Mk 1,21-39)

[31]Und er ging hinab nach Kapernaum, einer Stadt in Galiläa, und lehrte sie am Sabbat. [32]Und sie verwunderten sich über seine Lehre; denn er predigte mit Vollmacht. [33]Und es war ein Mensch in der Synagoge, besessen von einem unreinen Geist, und der schrie laut: [34]Halt, was willst du von uns, Jesus von Nazareth? Du bist gekommen, uns zu vernichten. Ich weiß, wer du bist: der Heilige Gottes! [35]Und Jesus bedrohte ihn und sprach: Verstumme und fahre aus von ihm! Und der böse Geist warf ihn mitten unter sie und fuhr von ihm aus und tat ihm keinen Schaden. [36]Und es kam eine Furcht über sie alle, und sie redeten miteinander und sprachen: Was ist das für ein Wort? Er gebietet mit Vollmacht und Gewalt den unreinen Geistern, und sie fahren aus. [37]Und die Kunde von ihm erscholl in alle Orte des umliegenden Landes.

[38]Und er machte sich auf aus der Synagoge und kam in Simons Haus. Und Simons Schwiegermutter hatte hohes Fieber, und sie baten ihn für sie. [39]Und er trat zu ihr und gebot dem Fieber, und es verließ sie. Und sogleich stand sie auf und diente ihnen. [40]Und als die Sonne untergegangen war, brachten alle ihre Kranken mit mancherlei Leiden zu ihm. Und er legte die Hände auf einen jeden und machte sie gesund. [41]Von vielen fuhren auch die bösen Geister aus

und schrien: Du bist der Sohn Gottes! Und er bedrohte sie und ließ sie nicht reden; denn sie wußten, daß er der Christus war.

[42]Als es aber Tag wurde, ging er hinaus an eine einsame Stätte; und das Volk suchte ihn, und sie kamen zu ihm und wollten ihn festhalten, damit er nicht von ihnen ginge. [43]Er sprach aber zu ihnen: Ich muß auch den andern Städten das Evangelium predigen vom Reich Gottes; denn dazu bin ich gesandt. [44]Und er predigte in den Synagogen Judäas.

genwart dieses Geschehens hervor und dehnt es auf Judäa (V. 44; anders Mk 1,39; Mt 4,23) im Sinne von Judenland aus.

Der Fischzug des Petrus

(Mt 4,18-22; Mk 1,16-20)

Ab Kap. 5 wird Jesus von den Jüngern begleitet, aus denen er dann die 12 Apostel auswählt (6,12–16) und denen die Belehrung von 6,20–49 zuteil wird. Dieser neue Abschnitt, der bis 9,51 geht, wird durch eine Berufungsszene eingeleitet, die eine Kombination von Mk 1,16–20 mit einem Joh 21,2–14 zugrundeliegenden Fischfangwunder darstellt. Lk hat hier eine ursprüngliche Ostergeschichte ins Leben Jesu zurückdatiert. Da nach Lk alle Ostererscheinungen in Jerusalem stattfinden, hat er eine Erzählung von der Begegnung mit dem Auferstandenen in eine Berufungsgeschichte verwandelt und diese mit Mk 1,16–20 verknüpft.

5 Es begab sich aber, als sich die Menge zu ihm drängte, um das Wort Gottes zu hören, da stand er am See Genezareth [2]und sah zwei Boote am Ufer liegen; die Fischer aber waren ausgestiegen und wuschen ihre Netze. [3]Da stieg er in eins der Boote, das Simon gehörte, und bat ihn, ein wenig vom Land wegzufahren. Und er setzte sich und lehrte die Menge vom Boot aus. [4]Und als er aufgehört hatte zu reden, sprach er zu Simon: Fahre hinaus, wo es tief ist, und werft eure Netze zum Fang aus! [5]Und Simon antwortete und sprach: Meister, wir haben die ganze Nacht gearbeitet und nichts gefangen; aber auf dein Wort will ich die Netze auswerfen. [6]Und als sie das taten, fingen sie eine große Menge Fische, und ihre Netze begannen zu reißen. [7]Und sie winkten ihren Gefährten, die im andern Boot waren, sie sollten kommen und mit ihnen ziehen. Und sie kamen und füllten beide Boote voll, so daß sie fast sanken. [8]Als das Simon Petrus sah, fiel er Jesus zu Füßen und sprach: Herr, geh weg von mir! Ich bin ein sündiger Mensch. [9]Denn ein Schrecken hatte ihn erfaßt und alle, die bei ihm waren, über diesen Fang, den sie miteinander getan hatten, [10]ebenso auch Jakobus und Johannes, die Söhne des Zebedäus, Simons Gefährten. Und Jesus sprach zu Simon: Fürchte dich nicht! Von nun an wirst du Menschen fangen. [11]Und sie brachten die Boote ans Land und verließen alles und folgten ihm nach.

Lk wählt den Aufbau: Wunder (V. 4–7.9), Sündenbekenntnis (V. 8) und dann Berufung (V. 10). Dadurch wird Simon Petrus zum Urbild für eine Bekehrung zum Glauben: Die wunderbare Erfahrung von Jesu Vollmacht führt zur Buße, die die Voraussetzung für das als Sündenvergebung verstandene Heil (vgl. 1,77) ist. Die Heilsverheißung bezieht sich in V. 10b auf die Mission. Diese wird wider Erwarten großen Erfolg haben, denn der Vergleichspunkt zum Fischfangwunder ist die Fülle. Nachfolge bedeutet darum: Bereitschaft zum missionarischen Dienst und Verzicht auf »alles«, was einem solchen Dienst im Wege steht (V. 11; vgl. 5,28; 9,59ff.; 14,33). Lk hat die anderen Jünger (vgl. Mk 1,19) an den Rand gedrängt, um allein Simon Petrus hervorzuheben, der von entscheidender Bedeutung für die Kirche ist (vgl. 22,31f.; Apg 1–2; 10–11).

Die Heilung eines Aussätzigen

(Mt 8,1-4; Mk 1,40-45)

[12]Und es begab sich, als er in einer Stadt war, siehe, da war ein Mann voller Aussatz. Als der Jesus sah, fiel er nieder auf

Bis 6,19 folgt Lk wieder der markinischen Tradition, so daß die Einzelerklärungen zu Mk 1,40–3,19 heranzuziehen sind. Durchgängig läßt sich beobachten, daß Lk alle Gefühlsregungen Jesu getilgt hat. Die Heilung gilt allein als Beweis der Vollmacht Jesu, die ihn als den erwarteten Propheten (vgl. 5Mo) ausweist. Zu Jesus als Beter (V. 16) vgl. 3,21; 6,12

sein Angesicht und bat ihn und sprach: Herr, willst du, so kannst du mich reinigen. [13]Und er streckte die Hand aus und rührte ihn an und sprach: Ich will's tun, sei rein! Und sogleich wich der Aussatz von ihm. [14]Und er gebot ihm, daß er's niemandem sagen sollte. Geh aber hin und zeige dich dem Priester und opfere für deine Reinigung, wie Mose geboten hat, ihnen zum Zeugnis. [15]Aber die Kunde von ihm breitete sich immer weiter aus, und es kam eine große Menge zusammen, zu hören und gesund zu werden von ihren Krankheiten. [16]Er aber zog sich zurück in die Wüste und betete.

Die Heilung eines Gelähmten

(Mt 9,1-8; Mk 2,1-12)

Lk hat vor allem den Eingang und Schluß dieser aus Mk 2,1–12 stammenden Tradition verändert. Durch die erstmalige Erwähnung der Pharisäer und Schriftgelehrten bekommt der Abschnitt den Charakter eines Streitgespräches über Jesu Vollmacht. Nicht nur die Sündenvergebung (V. 21–24a), sondern auch Jesu Heiltätigkeit geschieht durch die ihn bestimmende »Kraft des Herrn«, d. h. den heiligen Geist. Darum steht am Schluß der Lobpreis Gottes sowohl durch den Geheilten (V. 25) als auch durch alle Zeugen des Geschehens (V. 26). Die in V. 26 erwähnte Furcht zeigt, daß »alle« in dem Jesusgeschehen Gott erfahren und damit das »Heute« der Heilszeit (vgl. 2,11; 4,21; 2Ko 6,2) erlebt haben. Darum ist Jesus kein Gotteslästerer (V. 21), sondern der von Gott bevollmächtigte Menschensohn (vgl. Dan 7,13f.), der als Retter der Verlorenen erschienen ist (vgl. 19,10)

[17]Und es begab sich eines Tages, als er lehrte, daß auch Pharisäer und Schriftgelehrte dasaßen, die gekommen waren aus allen Orten in Galiläa und Judäa und aus Jerusalem. Und die Kraft des Herrn war mit ihm, daß er heilen konnte. [18]Und siehe, einige Männer brachten einen Menschen auf einem Bett; der war gelähmt. Und sie versuchten, ihn hineinzubringen und vor ihn zu legen. [19]Und weil sie wegen der Menge keinen Zugang fanden, ihn hineinzubringen, stiegen sie auf das Dach und ließen ihn durch die Ziegel hinunter mit dem Bett mitten unter sie vor Jesus. [20]Und als er ihren Glauben sah, sprach er: *Mensch, deine Sünden sind dir vergeben.* [21]Und die Schriftgelehrten und Pharisäer fingen an zu überlegen und sprachen: Wer ist der, daß er Gotteslästerungen redet? Wer kann Sünden vergeben als allein Gott? [22]Als aber Jesus ihre Gedanken merkte, antwortete er und sprach zu ihnen: Was denkt ihr in euren Herzen? [23]Was ist leichter, zu sagen: Dir sind deine Sünden vergeben, oder zu sagen: Steh auf und geh umher? [24]Damit ihr aber wißt, daß der Menschensohn Vollmacht hat, auf Erden Sünden zu vergeben – sprach er zu dem Gelähmten: Ich sage dir, steh auf, nimm dein Bett und geh heim! [25]Und sogleich stand er auf vor ihren Augen und nahm das Bett, auf dem er gelegen hatte, und ging heim und pries Gott. [26]Und sie entsetzten sich alle und priesen Gott und wurden von Furcht erfüllt und sprachen: Wir haben heute seltsame Dinge gesehen.

Die Berufung des Levi

(Mt 9,9-13; Mk 2,13-17)

Mk 2,13f. und 2,15–17 werden von Lk organisch verknüpft. Dadurch erscheint das Gastmahl als Freudenmahl aus Dank für die Berufung. Jesusnachfolge (V. 27) bedeutet also einerseits Preisgabe »alles« dessen,

[27]Und danach ging er hinaus und sah einen Zöllner mit Namen Levi am Zoll sitzen und sprach zu ihm: Folge mir nach! [28]Und er verließ alles, stand auf und folgte ihm nach. [29]Und Levi richtete ihm ein großes Mahl zu in seinem Haus, und viele Zöllner und andre saßen mit ihm zu Tisch.

[30]Und die Pharisäer und ihre Schriftgelehrten murrten und sprachen zu seinen Jüngern: Warum eßt und trinkt ihr mit den Zöllnern und Sündern? [31]Und Jesus antwortete und sprach zu ihnen: *Die Gesunden bedürfen des Arztes nicht, sondern die Kranken.* [32]*Ich bin gekommen, die Sünder zur Buße zu rufen und nicht die Gerechten.*

was vorher bestimmend war (vgl. 5,11; 9,59ff.; 14,33), andrerseits Einladung der Verlorenen zur Teilhabe an der Freude der jetzt angebrochenen Heilszeit. Beides ist mit dem von Lk in V. 32 eingefügten Wort »Buße« gemeint; denn die Buße = Umkehr tritt in bestimmten Verhaltensweisen (»Früchten«) in Erscheinung (vgl. 3,8; Apg 26,20).

Vom Fasten

(Mt 9,14-17; Mk 2,18-22)

[33]Sie aber sprachen zu ihm: Die Jünger des Johannes fasten oft und beten viel, ebenso die Jünger der Pharisäer; aber deine Jünger essen und trinken. [34]Jesus sprach aber zu ihnen: Ihr könnt die Hochzeitsgäste nicht fasten lassen, solange der Bräutigam bei ihnen ist. [35]Es wird aber die Zeit kommen, daß der Bräutigam von ihnen genommen wird; dann werden sie fasten, in jenen Tagen. [36]Und er sagte zu ihnen ein Gleichnis: Niemand reißt einen Lappen von einem neuen Kleid und flickt ihn auf ein altes Kleid; sonst zerreißt man das neue, und der Lappen vom neuen paßt nicht auf das alte. [37]Und niemand füllt neuen Wein in alte Schläuche; sonst zerreißt der neue Wein die Schläuche und wird verschüttet, und die Schläuche verderben. [38]Sondern neuen Wein soll man in neue Schläuche füllen. [39]Und niemand, der vom alten Wein trinkt, will neuen; denn er spricht: Der alte ist milder.

An die Fastenfrage hatte schon Mk die Bildworte vom Kleid und vom jungen Wein in alten Schläuchen angefügt. Dort zielen die Bildworte offensichtlich auf eine Parteinahme für das Neue. Durch die Zufügung der Weinregel bei Lk (V. 39) verschiebt sich jedoch der Sinn zur Unvereinbarkeit von »Alt und Neu«, wobei ausdrücklich dem Alten ein Recht zuerkannt wird. Dadurch werden die Bilder noch schwerer deutbar: Soll hier die ablehnende Haltung gegenüber Jesu Botschaft einsichtig gemacht oder vor jeder Vermischung von »alt« (d. h. der überkommenen jüdischen Frömmigkeit, vgl. Mt 5,21.27.33) und »neu« (d.h. der Gottesreichsverkündigung Jesu; vgl. Lk 9,60ff.) gewarnt werden?

Jesus und der Sabbat

(Mt 12,1-14; Mk 2,23–3,6)

6 Und es begab sich an einem Sabbat, daß er durch ein Kornfeld ging; und seine Jünger rauften Ähren aus und zerrieben sie mit den Händen und aßen. [2]Einige der Pharisäer aber sprachen: Warum tut ihr, was am Sabbat nicht erlaubt ist? [3]Und Jesus antwortete und sprach zu ihnen: Habt ihr nicht das gelesen, was David tat, als ihn hungerte und die, die bei ihm waren? [4]wie er in das Haus Gottes ging und die Schaubrote nahm und aß, die doch niemand essen durfte als die Priester allein, und wie er sie auch denen gab, die bei ihm waren? [5]Und er sprach zu ihnen: Der Menschensohn ist ein Herr über den Sabbat.

[6]Es geschah aber an einem andern Sabbat, daß er in die Synagoge ging und lehrte. Und da war ein Mensch, dessen rechte Hand war verdorrt. [7]Aber die Schriftgelehrten und Pharisäer lauerten darauf, ob er auch am Sabbat heilen würde, damit sie etwas fänden, ihn zu verklagen. [8]Er aber merkte ihre Gedanken und sprach zu dem Mann mit der verdorrten Hand: Steh auf und tritt hervor! Und er stand auf und trat vor. [9]Da sprach Jesus zu ihnen: Ich frage euch: Ist's erlaubt, am Sabbat Gutes zu tun oder Böses, Leben zu erhalten oder zu vernichten? [10]Und er sah sie alle ringsum

Lk folgt Mk 2,23–3,6 (vgl. die Erklärungen dazu). Durch die Auslassung von Mk 2,27 wird nun nicht mehr eine grundsätzliche Sinngebung des Sabbats geboten. Vielmehr wird allein Jesu Hoheit betont, der wie David besondere Rechte hat und Herr über den Sabbat geworden ist. Die göttlichen Züge werden auch in der Heilungsgeschichte hervorgehoben: Jesus durchschaut die bösen Gedanken seiner Gegner (V. 8) und fordert sie dadurch heraus, daß er vor ihren Augen seinen guten Heilswillen demonstriert. Gutes tun = Leben erhalten verstößt nicht gegen das göttliche Sabbatgebot, sondern erfüllt es.

an und sprach zu ihm: Strecke deine Hand aus! Und er tat's; da wurde seine Hand wieder zurechtgebracht. [11]Sie aber wurden ganz von Sinnen und beredeten sich miteinander, was sie Jesus tun wollten.

Der Zwölferliste (V. 14–16; vgl. Mk 3,16–19; Mt 10,2–4; Apg 1,13) vorgeordnet ist Jesu intensives Gebet auf dem Berg. Auf diese Weise erscheint die Erwählung der 12 Apostel (V. 13) als ganz in Gottes Willen gegründet. Die Zwölferliste zeigt kleine Abweichungen gegenüber Mk/Mt (das »Kananäus« bei Simon gibt Lk korrekt griech. als »Zelot« wieder; statt Thaddäus erwähnt er einen Judas, Sohn des Jakobus). Zu den Zwölf vgl. zu Mk 3,13–19.

Die Berufung der zwölf Apostel

(Mt 4,23-5,1; Mk 3,13-19)

[12]Es begab sich aber zu der Zeit, daß er auf einen Berg ging, um zu beten; und er blieb die Nacht über im Gebet zu Gott. [13]Und als es Tag wurde, rief er seine Jünger und erwählte zwölf von ihnen, die er auch Apostel nannte: [14]Simon, den er auch Petrus nannte, und Andreas, seinen Bruder, Jakobus und Johannes; Philippus und Bartholomäus; [15]Matthäus und Thomas; Jakobus, den Sohn des Alphäus, und Simon, genannt der Zelot; [16]Judas, den Sohn des Jakobus, und Judas Iskariot, der zum Verräter wurde.

Die Predigt auf dem Felde (Verse 17-49)

Diese programmatische Rede, die sog. Feldrede, stammt aus Q und hat ihre Parallele in Mt 5–7 (außer Lk 6,24–26). Mit ihr beginnt die kleine Einschaltung nichtmarkinischen Traditionsmaterials, die bis 8,3 reicht. Für die Einleitung dieser Rede benutzt Lk Mk 3,7–12. Die Menge eilt herbei, um Jesus zu hören und von ihm Heilung zu empfangen. Darum lokalisiert Lk die Rede am Fuß des Berges, wo das Volk lagerte und wohin sich Jesus nach seinem Gebet auf dem Berg (V.12) begab. Jesus erscheint damit als neuer Gesetzgeber in Parallele zu Mose, der auch nach der Begegnung mit Gott auf dem Berg (vgl. 2Mo 24; 34) zum lagernden Volk herabstieg, um Gottes Willen zu verkünden (vgl. 2Mo 32,7ff.; 34,29ff.). Den 70 Ältesten als den engsten Vertrauten des Mose (vgl. 2Mo 19,7) entsprechen hier die 12 Apostel, die zusammen mit Jesus der »großen Jüngerschar« samt der »großen Volksmenge« (V.17) gegenüberstehen. Diese Gliederung weist auf die nachösterliche Situation, in der die Apostel als die authentischen Jesuszeugen der Gemeinde gelten und den Katechumenen (Taufbewerbern) die Lehre Jesu verkünden. V. 20–26 richten sich dabei direkt an die Jüngerschar, d.h. die spätere Gemeinde; V.27ff. dagegen an die zum Hören bereite Volksmenge, d.h. an die Anfänger im Glauben. Darum ähnelt dieser Abschnitt einem heidenchristlichen Katechismus, der im Unterschied zu Mt 5–7 weniger der Abgrenzung von Irrlehrern als vielmehr der Hervorhebung des Unterschieds von Gemeinde und Welt dient. Die nur von Lk überlieferten Weherufe (V. 24–26) gelten darum den Außenstehenden. Das Liebesgebot bietet sachlich die Mitte der ganzen Rede. In der Auslegung dieses zentralen Gebots setzt Lk die Akzente anders als Mt 5–7.

Lk gestaltet die Szene so: Jesus und seine Apostel stehen auf der einen, die große Jüngerschar und die aus ganz Palästina, aus Juden- und Heidenstädten, herbeigeeilte Volksmenge auf der anderen Seite. Ausdrücklich betont Lk, daß Jesus alle Kranken heilte (V. 18.19): Die nachfolgende Rede richtet sich also an solche, die Jesu göttliche Heilskraft bereits erfahren haben.

[17]Und er ging mit ihnen hinab und trat auf ein ebenes Feld. Und um ihn war eine große Schar seiner Jünger und eine große Menge des Volkes aus ganz Judäa und Jerusalem und aus dem Küstenland von Tyrus und Sidon, [18]die gekommen waren, ihn zu hören und von ihren Krankheiten geheilt zu werden; und die von unreinen Geistern umgetrieben waren, wurden gesund. [19]Und alles Volk suchte, ihn anzurühren; denn es ging Kraft von ihm aus, und er heilte sie alle.

Die Seligpreisungen

(Mt 5,3-12)

Die Jünger, die an Jesu Armut, Verlassenheit und Leiden Anteil haben,

[20]Und er hob seine Augen auf über seine Jünger und sprach:

Selig seid ihr Armen; denn das Reich Gottes ist euer.
[21] *Selig seid ihr, die ihr jetzt hungert; denn ihr sollt satt werden.*
Selig seid ihr, die ihr jetzt weint; denn ihr werdet lachen.
[22] *Selig seid ihr, wenn euch die Menschen hassen und euch ausstoßen und schmähen und verwerfen euren Namen als böse um des Menschensohnes willen.*
[23] Freut euch an jenem Tage und springt vor Freude; denn siehe, euer Lohn ist groß im Himmel. Denn das gleiche haben ihre Väter den Propheten getan.

erhalten schon jetzt das Heil zugesprochen, das mit »Reich Gottes«, »satt werden« und »lachen« umschrieben wird. Lk hat die bedrängte äußere Lage der Jünger im Blick, während Mt sie um ihrer inneren Haltung willen selig preist. In V. 22 f. (= Mt 5,11 f.) bezieht sich »ausstoßen« auf den Ausschluß aus der Synagoge (vgl. Joh 9,22). Zur Verfolgung als Anlaß für Freude und Jubel vgl. Apg 5,41; 1Pt 4,13.

Die Weherufe

[24] Aber dagegen: Weh euch Reichen! Denn ihr habt euren Trost schon gehabt.
[25] Weh euch, die ihr jetzt satt seid! Denn ihr werdet hungern.
Weh euch, die ihr jetzt lacht! Denn ihr werdet weinen und klagen.
[26] Weh euch, wenn euch jedermann wohlredet! Denn das gleiche haben ihre Väter den falschen Propheten getan.

In genauer Antithese zu den Heilsverheißungen für die Jünger (V. 20–22) stehen diese Unheilsverkündigungen gegenüber Außenstehenden (Sondergut). Die »Reichen« sind die Satten, Lachenden und Angesehenen, denen leichtfertig nach dem Mund geredet wird. V. 26b paßt schlecht in den Zusammenhang und ist schon von alten Textzeugen korrigiert worden. Diese Verse stellen den dunklen Hintergrund für V. 20–23 dar.

Von der Feindesliebe
(Mt 5,39-48)

[27] Aber ich sage euch, die ihr zuhört: *Liebt eure Feinde; tut wohl denen, die euch hassen;* [28] *segnet, die euch verfluchen; bittet für die, die euch beleidigen.* [29] Und wer dich auf die eine Backe schlägt, dem biete die andere auch dar; und wer dir den Mantel nimmt, dem verweigere auch den Rock nicht. [30] Wer dich bittet, dem gib; und wer dir das Deine nimmt, von dem fordere es nicht zurück. [31] Und *wie ihr wollt, daß euch die Leute tun sollen, so tut ihnen auch!* [32] Und wenn ihr die liebt, die euch lieben, welchen Dank habt ihr davon? Denn auch die Sünder lieben ihre Freunde. [33] Und wenn ihr euren Wohltätern wohltut, welchen Dank habt ihr davon? Denn die Sünder tun dasselbe auch. [34] Und wenn ihr denen leiht, von denen ihr etwas zu bekommen hofft, welchen Dank habt ihr davon? Auch die Sünder leihen den Sündern, damit sie das Gleiche bekommen. [35] Vielmehr liebt eure Feinde; tut Gutes und leiht, wo ihr nichts dafür zu bekommen hofft. So wird euer Lohn groß sein, und ihr werdet Kinder des Allerhöchsten sein; denn er ist gütig gegen die Undankbaren und Bösen.

Stärker als bei Mt steht bei Lk das Gebot der Feindesliebe im Mittelpunkt, dem die Goldene Regel (V. 31; vgl. Mt 7,12) untergeordnet wird. Lk konkretisiert dieses Zentralgebot auf Gutestun und auf Ausleihen ohne Rückforderung. Ihm geht es um einen sozialen Ausgleich zwischen Bessergestellten und sozial Schwachen innerhalb der Gemeinde (vgl. 3,11; Apg 2,44 f.; 4,32). Lk will nicht, wie es sonst in der Antike üblich war, daß sich Gleichgestellte gegenseitig stützen, sondern daß Gemeinschaft zwischen Ungleichen möglich wird. Zur Begründung verweist er auf die gerade den Unwürdigen zukommende Barmherzigkeit Gottes, d. h. auf Gottes Feindesliebe (V. 35). Das Ziel der Feindesliebe besteht in der Gewinnung des Feindes zum Freund. Allein auf einem solchen Verhalten liegt Gottes Verheißung. Zu Lohn und Kindschaft (V. 35) vgl. Rö 8,14 f.; Gal 4,5.

Von der Stellung zum Nächsten
(Mt 7,1-5)

[36] *Seid barmherzig, wie auch euer Vater barmherzig ist.* [37] Und richtet nicht, so werdet ihr auch nicht gerichtet. Verdammt nicht, so werdet ihr nicht verdammt. Vergebt, so wird euch vergeben. [38] Gebt, so wird euch gegeben. Ein volles, gedrück-

Lk leitet das Verbot des Richtens im Sinne von Verurteilen von der Barmherzigkeit Gottes ab (V. 37 f. 41 f. = Mt 7,1–5). Er be-

tes, gerütteltes und überfließendes Maß wird man in euren Schoß geben; denn eben mit dem Maß, mit dem ihr meßt, wird man euch wieder messen.

[39]Er sagte ihnen aber auch ein Gleichnis: Kann auch ein Blinder einem Blinden den Weg weisen? Werden sie nicht alle beide in die Grube fallen? [40]Der Jünger steht nicht über dem Meister; wenn er vollkommen ist, so ist er wie sein Meister.

[41]Was siehst du aber den Splitter in deines Bruders Auge, und den Balken in deinem Auge nimmst du nicht wahr? [42]Wie kannst du sagen zu deinem Bruder: Halt still, Bruder, ich will den Splitter aus deinem Auge ziehen, und du siehst selbst nicht den Balken in deinem Auge? Du Heuchler, zieh zuerst den Balken aus deinem Auge und sieh dann zu, daß du den Splitter aus deines Bruders Auge ziehst!

gründet es mit einem Gleichnis (V. 39 = Mt 15,14), das die grundsätzliche Unfähigkeit des Menschen zu gerechtem Urteil beweist. Das Einzelwort (V. 40 = Mt 10,24 f.) verpflichtet den Jünger, sich an Jesu Vorbild zu halten, der auf das Richten verzichtet (Lk 23,34). Dadurch wird die Gemeinde zur Vergebungsbereitschaft gemahnt, um einmal im Gericht Gottes selbst der Vergebung teilhaftig zu werden (V. 37 f.). Selbstgerechtigkeit und Überheblichkeit machen dagegen blind und untauglich zum Finden dieses Heilswegs (V. 41 f.) und zur Leitung der Gemeinde (V. 39 f.).

Vom Baum und seinen Früchten

(Mt 12,33-35)

[43]Denn es gibt keinen guten Baum, der faule Frucht trägt, und keinen faulen Baum, der gute Frucht trägt. [44]Denn jeder Baum wird an seiner eigenen Frucht erkannt. Man pflückt ja nicht Feigen von den Dornen, auch liest man nicht Trauben von den Hecken. [45]Ein guter Mensch bringt Gutes hervor aus dem guten Schatz seines Herzens; und ein böser bringt Böses hervor aus dem bösen. Denn wes das Herz voll ist, des geht der Mund über.

[46]Was nennt ihr mich aber Herr, Herr, und tut nicht, was ich euch sage?

Vom Hausbau

(Mt 7,24-27)

[47]Wer zu mir kommt und hört meine Rede und tut sie – ich will euch zeigen, wem er gleicht. [48]Er gleicht einem Menschen, der ein Haus baute und grub tief und legte den Grund auf Fels. Als aber eine Wasserflut kam, da riß der Strom an dem Haus und konnte es nicht bewegen; denn es war gut gebaut. [49]Wer aber hört und nicht tut, der gleicht einem Menschen, der ein Haus baute auf die Erde, ohne Grund zu legen; und der Strom riß an ihm und es fiel gleich zusammen, und sein Einsturz war groß.

Die beiden aus Q stammenden Bildworte (V. 43 f. und 44 b) werden in V. 45 auf den Menschen bezogen: Böse Worte kommen aus einem bösen Herzen, gute Worte aus einem guten Herzen. Nach V. 46 entscheidet sich alles am Tun der Worte des Herrn: Jesu Jünger sind von ihrem Lehrer Jesus (V. 40) und damit von Gottes Barmherzigkeit (V. 36) geprägt und haben demnach selbstkritisch (V. 41 f.) und vergebungsbereit (V. 37 f.) zu leben. V. 46 stellt die Überschrift zu dem aus Q stammenden Gleichnis V. 47–49 (vgl. Mt 7,24–27) dar. Durch die Frageform von V. 46 erhält das Gleichnis den Charakter einer drohenden Warnung vor Trägheit und Gleichgültigkeit innerhalb der Gemeinde.

Der Hauptmann von Kapernaum

(Mt 8,5-13; Joh 4,46-53)

7 Nachdem Jesus seine Rede vor dem Volk vollendet hatte, ging er nach Kapernaum. [2]Ein Hauptmann aber hatte einen Knecht, der ihm lieb und wert war; der lag todkrank. [3]Als er aber von Jesus hörte, sandte er die Ältesten der Juden zu ihm und bat ihn, zu kommen und seinen

Auf die programmatische Rede (6,20–49) folgt nun das programmatische Tun Jesu: V. 1–10 deuten im Glauben des heidnischen Hauptmanns den Gang der Missionsgeschichte zu den Heiden an. Gegen-

Knecht gesund zu machen. [4]Als sie aber zu Jesus kamen, baten sie ihn sehr und sprachen: Er ist es wert, daß du ihm die Bitte erfüllst; [5]denn er hat unser Volk lieb, und die Synagoge hat er uns erbaut. [6]Da ging Jesus mit ihnen. Als er aber nicht mehr fern von dem Haus war, sandte der Hauptmann Freunde zu ihm und ließ ihm sagen: Ach Herr, bemühe dich nicht; ich bin nicht wert, daß du unter mein Dach gehst; [7]darum habe ich auch mich selbst nicht für würdig geachtet, zu dir zu kommen; sondern sprich ein Wort, so wird mein Knecht gesund. [8]Denn auch ich bin ein Mensch, der Obrigkeit untertan, und habe Soldaten unter mir; und wenn ich zu einem sage: Geh hin!, so geht er hin; und zu einem andern: Komm her!, so kommt er; und zu meinem Knecht: Tu das!, so tut er's. [9]Als aber Jesus das hörte, wunderte er sich über ihn und wandte sich um und sprach zu dem Volk, das ihm nachfolgte: Ich sage euch: Solchen Glauben habe ich in Israel nicht gefunden. [10]Und als die Boten wieder nach Hause kamen, fanden sie den Knecht gesund.

über Mt 8,5–13 (Q) verstärkt Lk das Wunder: Der Knecht des Hauptmanns ist »todkrank«, liegt also bereits im Sterben (V. 2). Zugleich läßt er jüdische Älteste und Freunde (V. 3 ff.) als Vermittler auftreten, die sich für den Hauptmann vor Jesus einsetzen. Der so empfohlene, durch Wohltaten (V. 5) und durch das Eingeständnis seiner Unwürdigkeit (V. 7) charakterisierte Heide erweist sein grenzenloses Zutrauen zu Jesus als dem »Herrn« (V. 6) und findet deshalb Jesu Anerkennung und Hilfe (V. 9 f.). Auf diese Weise wird einerseits veranschaulicht, was mit dem Glauben als Voraussetzung der Rettung (vgl. 8,12.15; Apg 4,12) gemeint ist, und andrerseits die Aufnahme von gläubigen Heiden in die Gemeinde verteidigt.

Der Jüngling zu Nain

[11]Und es begab sich danach, daß er in eine Stadt mit Namen Nain ging; und seine Jünger gingen mit ihm und eine große Menge. [12]Als er aber nahe an das Stadttor kam, siehe, da trug man einen Toten heraus, der der einzige Sohn seiner Mutter war, und sie war eine Witwe; und eine große Menge aus der Stadt ging mit ihr. [13]Und als sie der Herr sah, jammerte sie ihn, und er sprach zu ihr: Weine nicht! [14]Und trat hinzu und berührte den Sarg, und die Träger blieben stehen. Und er sprach: Jüngling, ich sage dir, steh auf! [15]Und der Tote richtete sich auf und fing an zu reden, und Jesus gab ihn seiner Mutter. [16]Und Furcht ergriff sie alle, und sie priesen Gott und sprachen: Es ist ein großer Prophet unter uns aufgestanden, und: Gott hat sein Volk besucht. [17]Und diese Kunde von ihm erscholl in ganz Judäa und im ganzen umliegenden Land.

Diese nur von Lk überlieferte Totenauferweckung stellt eine Überbietung der prophetischen Elia- und Elisawunder (vgl. 1Kö 17,20; 2Kö 4,33) dar: Jesus ist selbst »der Herr« (V. 13), der in göttlichem Erbarmen und unvergleichlicher Vollmacht Auferweckung und Leben schenkt. In seinem Handeln kommt darum Gott zu seinem Volk (V. 16; vgl. 1,68.78; 19,44). Diese Zuwendung ereignet sich hier gegenüber einer Mutter, die durch den Tod des Sohnes Rechtsschutz und materielle Sicherheit verlieren würde.

Die Anfrage des Täufers

(Mt 11,2-6)

[18]Und die Jünger des Johannes verkündeten ihm das alles. Und Johannes rief zwei seiner Jünger zu sich [19]und sandte sie zum Herrn und ließ ihn fragen: Bist du, der da kommen soll, oder sollen wir auf einen andern warten? [20]Als aber die Männer zu ihm kamen, sprachen sie: Johannes der Täufer hat uns zu dir gesandt und läßt dich fragen: Bist du, der da kommen soll, oder sollen wir auf einen andern warten? [21]Zu der Stunde machte Jesus viele gesund von Krankheiten und Plagen und bösen Geistern, und vielen Blinden

Lk erweitert die aus Q stammende Tradition (vgl. Mt 11,2–6) durch V. 20 f. und belegt die entscheidende Aussage von V. 22: Die beiden Boten des Täufers werden so zu Augenzeugen von Jesu Erfüllung der atl. Heilsverheißungen. V. 23 warnt jedoch vor falschen Erwartungen: Jesus kommt nicht in Glanz und Herrlichkeit, sondern in Armut und Verachtung (vgl. 9,58). Nur wer diesen Anstoß im Glauben überwindet, findet zu Gott und erfährt die Verheißung der Seligpreisung.

schenkte er das Augenlicht. [22]Und Jesus antwortete und sprach zu ihnen: Geht und verkündet Johannes, was ihr gesehen und gehört habt: Blinde sehen, Lahme gehen, Aussätzige werden rein, Taube hören, Tote stehen auf, Armen wird das Evangelium gepredigt; [23]und *selig ist, wer sich nicht ärgert an mir.*

Jesu Zeugnis über den Täufer

(Mt 11,7-19)

Auch dieser Abschnitt gehört der Q-Tradition an und ist gegenüber Mt 11,7 bis 19 teils verkürzt (11,12 bis 15 fehlen; vgl. aber Lk 16,16), teils erweitert worden (V. 29f. ist Zusatz; vgl. aber Mt 21,32). – In V. 29f. wird der Gegensatz zwischen Volk und Führerschaft (vgl. 3,21; 15,1f.; 22,2f.) am unterschiedlichen Verhalten dem Täufer gegenüber aufgezeigt. Lk verschärft den Widerspruch noch dadurch, daß er ausdrücklich die Zöllner unter denen erwähnt, die Gott recht geben. Abweichend von Mt 11,19c meint V. 35 mit den Kindern der Weisheit die in V. 29 erwähnten Leute, die Gottes Weisheit, d. h. seinem durch den Täufer und durch Jesus vollstreckten Heilswillen, »recht gaben« (= bejahten). Zu den Einzelheiten vgl. die Erklärungen zu Mt 11,7–19.

[24]Als aber die Boten des Johannes fortgingen, fing Jesus an, zu dem Volk über Johannes zu reden: Was seid ihr hinausgegangen in die Wüste zu sehen? Wolltet ihr ein Rohr sehen, das vom Wind bewegt wird? [25]Oder was seid ihr hinausgegangen zu sehen? Wolltet ihr einen Menschen sehen in weichen Kleidern? Seht, die herrliche Kleider tragen und üppig leben, die sind an den königlichen Höfen. [26]Oder was seid ihr hinausgegangen zu sehen? Wolltet ihr einen Propheten sehen? Ja, ich sage euch: Er ist mehr als ein Prophet. [27]Er ist's, von dem geschrieben steht (Maleachi 3,1):

»Siehe, ich sende meinen Boten vor dir her,
der deinen Weg vor dir bereiten soll.«

[28]Ich sage euch, daß unter denen, die von einer Frau geboren sind, keiner größer ist als Johannes; der aber der Kleinste ist im Reich Gottes, der ist größer als er. [29]Und alles Volk, das ihn hörte, und die Zöllner gaben Gott recht und ließen sich taufen mit der Taufe des Johannes. [30]Aber die Pharisäer und Schriftgelehrten verachteten, was Gott ihnen zugedacht hatte, und ließen sich nicht von ihm taufen.

[31]Mit wem soll ich die Menschen dieses Geschlechts vergleichen, und wem sind sie gleich? [32]Sie sind den Kindern gleich, die auf dem Markt sitzen und rufen einander zu: Wir haben euch aufgespielt, und ihr habt nicht getanzt; wir haben Klagelieder gesungen, und ihr habt nicht geweint. [33]Denn Johannes der Täufer ist gekommen und aß kein Brot und trank keinen Wein; so sagt ihr: Er ist besessen. [34]Der Menschensohn ist gekommen, ißt und trinkt; so sagt ihr: Siehe, dieser Mensch ist ein Fresser und Weinsäufer, ein Freund der Zöllner und Sünder! [35]Und doch ist die Weisheit gerechtfertigt worden von allen ihren Kindern.

Jesu Salbung durch die Sünderin

Diese Geschichte ist zwar mit der Salbungsgeschichte (Mk 14,3–9 Parr) und anderen Sprüchen verwandt, ist aber zu einer eigenständigen Erzählung geworden. Das Hauptthema ist Jesus als Sünderfreund (V. 34), der deswegen bei Pharisäern Anstoß erregt. Der

[36]Es bat ihn aber einer der Pharisäer, bei ihm zu essen. Und er ging hinein in das Haus des Pharisäers und setzte sich zu Tisch. [37]Und siehe, eine Frau war in der Stadt, die war eine Sünderin. Als die vernahm, daß er zu Tisch saß im Haus des Pharisäers, brachte sie ein Glas mit Salböl [38]und trat von hinten zu seinen Füßen, weinte und fing an, seine Füße mit Tränen zu benetzen und mit den Haaren ihres

Hauptes zu trocknen, und küßte seine Füße und salbte sie mit Salböl.

[39]Als aber das der Pharisäer sah, der ihn eingeladen hatte, sprach er bei sich selbst und sagte: Wenn dieser ein Prophet wäre, so wüßte er, wer und was für eine Frau das ist, die ihn anrührt; denn sie ist eine Sünderin. [40]Jesus antwortete und sprach zu ihm: Simon, ich habe dir etwas zu sagen. Er aber sprach: Meister, sag es! [41]Ein Gläubiger hatte zwei Schuldner. Einer war fünfhundert Silbergroschen schuldig, der andere fünfzig. [42]Da sie aber nicht bezahlen konnten, schenkte er's beiden. Wer von ihnen wird ihn am meisten lieben? [43]Simon antwortete und sprach: Ich denke, der, dem er am meisten geschenkt hat. Er aber sprach zu ihm: Du hast recht geurteilt.

[44]Und er wandte sich zu der Frau und sprach zu Simon: Siehst du diese Frau? Ich bin in dein Haus gekommen; du hast mir kein Wasser für meine Füße gegeben; diese aber hat meine Füße mit Tränen benetzt und mit ihren Haaren getrocknet. [45]Du hast mir keinen Kuß gegeben; diese aber hat, seit ich hereingekommen bin, nicht abgelassen, meine Füße zu küssen. [46]Du hast mein Haupt nicht mit Öl gesalbt; sie aber hat meine Füße mit Salböl gesalbt. [47]Deshalb sage ich dir: Ihre vielen Sünden sind vergeben, denn sie hat viel Liebe gezeigt; wem aber wenig vergeben wird, der liebt wenig.

[48]Und er sprach zu ihr: Dir sind deine Sünden vergeben. [49]Da fingen die an, die mit zu Tisch saßen, und sprachen bei sich selbst: Wer ist dieser, der auch die Sünden vergibt? [50]Er aber sprach zu der Frau: *Dein Glaube hat dir geholfen; geh hin in Frieden!*

Glaube als Voraussetzung des Heils (V. 50) besteht darum in der Überwindung des Anstoßes, daß sich Gott in Jesus ausgerechnet Sündern zuneigt und ihnen Vergebung gewährt. In V. 41–43 (Sondergut) wird die Vergebung als Grund der dankbaren Liebe gegenüber Jesus verkündet, während sie in V. 47 als Folge der Liebesbezeugung erscheint. Daraus ergibt sich, daß Vergebung und Liebe nicht durch ein Vor- oder Nacheinander, sondern vielmehr durch ein untrennbares Miteinander gekennzeichnet sind (vgl. Mt 18,23 ff.; 1Pt 4,8). In provokativer Weise dient eine stadtbekannte Dirne (V. 37.39) als Beispiel für dieses den Glauben bestimmende Miteinander und damit für die Zielrichtung von Jesu Wirken. Die von Gott gewährte Vergebung (V. 47) muß den Betroffenen durch den Mund von Menschen, hier von Jesus, gesagt werden (V. 48). Die Aufgabe der Kirche ist es deshalb, diese Vergebung konkret zuzusprechen (vgl. Mt 18,18; Joh 20,23) und keinen Umkehrwilligen davon auszuschließen (vgl. 17,3 f.; Apg 3,19).

Jüngerinnen Jesu

8 Und es begab sich danach, daß er durch Städte und Dörfer zog und predigte und verkündigte das Evangelium vom Reich Gottes; und die Zwölf waren mit ihm, [2]dazu einige Frauen, die er gesund gemacht hatte von bösen Geistern und Krankheiten, nämlich Maria, genannt Magdalena, von der sieben böse Geister ausgefahren waren, [3]und Johanna, die Frau des Chuzas, eines Verwalters des Herodes, und Susanna und viele andere, die ihnen dienten mit ihrer Habe.

Wie in 7,36–50 so kommt auch hier – einer Art Sammelbericht – den damals wenig geachteten Frauen große Bedeutung zu. Die sonst nur in den Grablegungs- und Auferstehungsgeschichten genannten Frauen (vgl. Mk 15,40f. Parr.; 16,1Parr.9; Lk 24,10) erscheinen hier als Zeugen des Lebens Jesu und als Vorbild für den diakonischen Dienst in der Gemeinde (vgl. Apg 6,2 ff.).

Vom Sämann

(Mt 13,1-23; Mk 4,1-20)

[4]Als nun eine große Menge beieinander war und sie aus den Städten zu ihm eilten, redete er in einem Gleichnis: [5]Es ging ein Sämann aus, zu säen seinen Samen. Und indem er säte, fiel einiges auf den Weg und wurde zertreten, und

Lk folgt ab V. 4 wieder der Mk-Tradition. Während er Mk 4,1–12 nur geringfügig verändert, greift er in Mk 4,13–20 stärker ein, um diese

Gleichnisdeutung für die Situation seiner Gemeinde zu aktualisieren. Es geht ihm dabei um den Verlauf der christlichen Mission, um das Schicksal des Wortes Gottes (V. 11), das zum Glauben (V. 12) bzw. zum Hören, Bewahren und Fruchtbringen in Geduld (V. 15) ruft. Auf die Verhinderung dieses Ziels ist das Werk des Satans ausgerichtet, der hier als Feind der christlichen Mission erscheint (V. 12; vgl. Apg 13,8). Auch in V. 13 redet Lk vom Glauben, aber von einem unbeständigen, der in den Versuchungen (vgl. 22,28 ff. 40 ff.; Apg 5,3 ff.) versagt und zerbricht. Sorgen, Reichtum und weltliche Freuden (V. 14) werden auch in 12,11; 6,24 ff.; 16,13 ff. 19 ff. negativ gewertet. Das Schwergewicht des Textes liegt bei der vierten Gruppe (V. 15): Nur bei ihr kommt das Gotteswort zu seinem Ziel, denn diese bewahrt die Treue (vgl. 11,28; 21,19; Heb 10,36.39) und bringt so reiche Frucht im Gutestun (vgl. 3,8; 6,43 ff.) und im missionarischen Dienst (vgl. Apg 6,7; 12,24). Die hier angeredete Gemeinde wird angesichts von äußeren und inneren Versuchungen und Gefährdungen zum treuen Festhalten am Gotteswort gemahnt.

die Vögel unter dem Himmel fraßen's auf. [6]Und einiges fiel auf den Fels; und als es aufging, verdorrte es, weil es keine Feuchtigkeit hatte. [7]Und einiges fiel mitten unter die Dornen; und die Dornen gingen mit auf und erstickten's. [8]Und einiges fiel auf gutes Land; und es ging auf und trug hundertfach Frucht. Als er das sagte, rief er: Wer Ohren hat zu hören, der höre!

[9]Es fragten ihn aber seine Jünger, was dies Gleichnis bedeute. [10]Er aber sprach: Euch ist's gegeben, die Geheimnisse des Reiches Gottes zu verstehen, den andern aber in Gleichnissen, damit sie es nicht sehen, auch wenn sie es sehen, und nicht verstehen, auch wenn sie es hören.

[11]Das Gleichnis aber bedeutet dies: Der Same ist das Wort Gottes. [12]Die aber auf dem Weg, das sind die, die es hören; danach kommt der Teufel und nimmt das Wort aus ihrem Herzen, damit sie nicht glauben und selig werden. [13]Die aber auf dem Fels sind die: wenn sie es hören, nehmen sie das Wort mit Freuden an. Doch sie haben keine Wurzel; eine Zeitlang glauben sie, und zu der Zeit der Anfechtung fallen sie ab. [14]Was aber unter die Dornen fiel, sind die, die es hören und gehen hin und ersticken unter den Sorgen, dem Reichtum und den Freuden des Lebens und bringen keine Frucht. [15]*Das aber auf dem guten Land sind die, die das Wort hören und behalten in einem feinen, guten Herzen und bringen Frucht in Geduld.*

Vom Licht und vom rechten Hören
(Mk 4,21-25)

Auch in diesen Versen geht es um das Gotteswort, das klar (V. 16; vgl. zu 11,33; Mt 5,15) und offen (V. 17; vgl. Mt 10,26) verkündet und recht gehört (V. 18 a) werden soll. So kann es seinen Segen entfalten (V. 18 b; vgl. 19,26). V. 18 warnt die, die das Wort Gottes nicht bei sich wachsen lassen (vgl. V. 12–14).

[16]Niemand aber zündet ein Licht an und bedeckt es mit einem Gefäß oder setzt es unter eine Bank; sondern er setzt es auf einen Leuchter, damit, wer hineingeht, das Licht sehe. [17]Denn es ist nichts verborgen, was nicht offenbar werden soll, auch nichts geheim, was nicht bekannt werden und an den Tag kommen soll.

[18]So seht nun darauf, wie ihr zuhört; denn wer da hat, dem wird gegeben; wer aber nicht hat, dem wird auch das genommen, was er meint zu haben.

Jesu wahre Verwandte
(Mt 12,46-50; Mk 3,31-35)

Lk hat Mk 3,31–35 hier eingeordnet. Damit will er den Abschnitt über das Gotteswort abschließen und den Gedanken hervorheben: Nur wer das Gotteswort hört und tut, gehört zur Familie Jesu, zur Gemeinde.

[19]Es kamen aber seine Mutter und seine Brüder zu ihm und konnten wegen der Menge nicht zu ihm gelangen. [20]Da wurde ihm gesagt: Deine Mutter und deine Brüder stehen draußen und wollen dich sehen. [21]Er aber antwortete und sprach zu ihnen: Meine Mutter und meine Brüder sind diese, die Gottes Wort hören und tun.

Die Stillung des Sturms
(Mt 8,23-27; Mk 4,35-41)

[22] Und es begab sich an einem der Tage, daß er in ein Boot stieg mit seinen Jüngern; und er sprach zu ihnen: Laßt uns über den See fahren. Und sie stießen vom Land ab. [23] Und als sie fuhren, schlief er ein. Und es kam ein Windwirbel über den See, und die Wellen überfielen sie, und sie waren in großer Gefahr. [24] Da traten sie zu ihm und weckten ihn auf und sprachen: Meister, Meister, wir kommen um! Da stand er auf und bedrohte den Wind und die Wogen des Wassers, und sie legten sich, und es entstand eine Stille. [25] Er sprach aber zu ihnen: Wo ist euer Glaube? Sie aber fürchteten sich und verwunderten sich und sprachen zueinander: Wer ist dieser? Auch dem Wind und dem Wasser gebietet er, und sie sind ihm gehorsam.

Das Wort Gottes ist, wie die nun folgenden Wundergeschichten zeigen, vollmächtiges und wirkungskräftiges Wort-Geschehen. Jesus hat als Sprecher dieses Machtwortes etwas von Gottes Art (vgl. Ps 33,9) an sich. Er wirkt durch sein Wort Bewahrung seiner Jünger (V. 22–25), Rettung aus der Macht der Dämonen (V. 26–39) und Auferweckung vom Tod (V. 49–55). Um die Hoheit Jesu herauszustellen, hat Lk Mk 5,1–43 gestrafft und auf dieses Ziel konzentriert.

Die Heilung des besessenen Geraseners
(Mt 8,28-34; Mk 5,1-20)

[26] Und sie fuhren weiter in die Gegend der Gerasener, die Galiläa gegenüberliegt. [27] Und als er ans Land trat, begegnete ihm ein Mann aus der Stadt, der hatte böse Geister; er trug seit langer Zeit keine Kleider mehr und blieb in keinem Hause, sondern in den Grabhöhlen. [28] Als er aber Jesus sah, schrie er auf und fiel vor ihm nieder und rief laut: Was willst du von mir, Jesus, du Sohn Gottes des Allerhöchsten? Ich bitte dich: Quäle mich nicht! [29] Denn er hatte dem unreinen Geist geboten, aus dem Menschen auszufahren. Denn der hatte ihn lange Zeit geplagt; und er wurde mit Ketten und Fesseln gebunden und gefangen gehalten, doch er zerriß seine Fesseln und wurde von dem bösen Geist in die Wüste getrieben. [30] Und Jesus fragte ihn: Wie heißt du? Er antwortete: Legion. Denn es waren viele böse Geister in ihn gefahren. [31] Und sie baten ihn, daß er ihnen nicht gebiete, in den Abgrund zu fahren. [32] Es war aber dort auf dem Berg eine große Herde Säue auf der Weide. Und sie baten ihn, daß er ihnen erlaube, in die Säue zu fahren. Und er erlaubte es ihnen. [33] Da fuhren die bösen Geister von dem Menschen aus und fuhren in die Säue; und die Herde stürmte den Abhang hinunter in den See und ersoff. [34] Als aber die Hirten sahen, was da geschah, flohen sie und verkündeten es in der Stadt und in den Dörfern. [35] Da gingen die Leute hinaus, um zu sehen, was geschehen war, und kamen zu Jesus und fanden den Menschen, von dem die bösen Geister ausgefahren waren, sitzend zu den Füßen Jesu, bekleidet und vernünftig, und sie erschraken. [36] Und die es gesehen hatten, verkündeten ihnen, wie der Besessene gesund geworden war. [37] Und die ganze Menge aus dem umliegenden Land der Gerasener bat ihn, von ihnen

Auch hier will Lk nachweisen, daß in Jesu Wort Gott selbst am Werk ist (V. 39), der auch auf heidnischem Gebiet zum Heil der Menschen wirkt. Auf diese Weise wird der Weg der christlichen Mission zu den Heiden gebahnt und begründet. Zu den Einzelheiten dieser Wundergeschichte vgl. die Erklärungen zu Mk 5,1–20. Im Blick auf die Ortsangabe V. 26 zeigt sich, daß Lk keine Ortskenntnis von Palästina besaß (vgl. auch 17,11); denn die Stadt Gerasa liegt weit ab vom See Genezareth. Die andersartige Ortsangabe in Mt 8,28 läßt vermuten, daß diese Geschichte ursprünglich ohne genaue Lokalisierung tradiert wurde.

fortzugehen; denn es hatte sie große Furcht ergriffen. Und er stieg ins Boot und kehrte zurück. [38]Aber der Mann, von dem die bösen Geister ausgefahren waren, bat ihn, daß er bei ihm bleiben dürfe. Aber Jesus schickte ihn fort und sprach: [39]Geh wieder heim und sage, wie große Dinge Gott an dir getan hat. Und er ging hin und verkündigte überall in der Stadt, wie große Dinge Jesus an ihm getan hatte.

Die Heilung der blutflüssigen Frau und die Auferweckung der Tochter des Jaïrus

(Mt 9,18-26; Mk 5,21-43)

Lk betont nicht nur in V. 48 (= Mk 5,34) die Zusammengehörigkeit von Glaube und Rettung, sondern auch in V. 50 (anders Mk 5,36). Dadurch verwahrt er sich gegen jedes magische Verständnis von Jesu Wundern und ruft zugleich zum Vertrauen in die Macht dessen auf, der in seiner Auferweckung von Gott zum Herrn über den Tod bestätigt wurde (vgl. Apg 2,33–36; 10,39–43). Zu den Einzelheiten dieser Kombination von zwei Wundergeschichten vgl. die Erklärungen zu Mk 5,21–43. – Der V. 43 findet sich in einigen alten Textzeugen nicht.

[40]Als Jesus zurückkam, nahm ihn das Volk auf; denn sie warteten alle auf ihn. [41]Und siehe, da kam ein Mann mit Namen Jaïrus, der ein Vorsteher der Synagoge war, und fiel Jesus zu Füßen und bat ihn, in sein Haus zu kommen; [42]denn er hatte eine einzige Tochter von etwa zwölf Jahren, die lag in den letzten Zügen. Und als er hinging, umdrängte ihn das Volk.

[43]Und eine Frau hatte den Blutfluß seit zwölf Jahren; die hatte alles, was sie zum Leben hatte, für die Ärzte aufgewandt und* konnte von keinem geheilt werden. [44]Die trat von hinten an ihn heran und berührte den Saum seines Gewandes; und sogleich hörte ihr Blutfluß auf. [45]Und Jesus fragte: Wer hat mich berührt? Als es aber alle abstritten, sprach Petrus: Meister, das Volk drängt und drückt dich. [46]Jesus aber sprach: Es hat mich jemand berührt; denn ich habe gespürt, daß eine Kraft von mir ausgegangen ist. [47]Als aber die Frau sah, daß es nicht verborgen blieb, kam sie mit Zittern und fiel vor ihm nieder und verkündete vor allem Volk, warum sie ihn angerührt hatte, und wie sie sogleich gesund geworden war. [48]Er aber sprach zu ihr: Meine Tochter, dein Glaube hat dir geholfen. Geh hin in Frieden!

[49]Als er noch redete, kam einer von den Leuten des Vorstehers der Synagoge und sprach: Deine Tochter ist gestorben; bemühe den Meister nicht mehr. [50]Als aber Jesus das hörte, antwortete er ihm: Fürchte dich nicht; glaube nur, so wird sie gesund! [51]Als er aber in das Haus kam, ließ er niemanden mit hineingehen als Petrus und Johannes und Jakobus und den Vater und die Mutter des Kindes. [52]Sie weinten aber alle und klagten um sie. Er aber sprach: Weint nicht! Sie ist nicht gestorben, sondern sie schläft. [53]Und sie verlachten ihn, denn sie wußten, daß sie gestorben war. [54]Er aber nahm sie bei der Hand und rief: Kind, steh auf! [55]Und ihr Geist kam wieder, und sie stand sogleich auf. Und er befahl, man solle ihr zu essen geben. [56]Und ihre Eltern entsetzten sich. Er aber gebot ihnen, niemandem zu sagen, was geschehen war.

Die Aussendung der zwölf Jünger

(Mt 10,1-14; Mk 6,7-13)

9 Er rief aber die Zwölf zusammen und gab ihnen Gewalt und Macht über alle bösen Geister, und daß sie Krankheiten heilen konnten, [2] und sandte sie aus, zu predigen das Reich Gottes und die Kranken zu heilen. [3] Und er sprach zu ihnen: Ihr sollt nichts mit auf den Weg nehmen, weder Stab noch Tasche noch Brot noch Geld; es soll auch einer nicht zwei Hemden haben. [4] Und wenn ihr in ein Haus geht, dann bleibt dort, bis ihr weiterzieht. [5] Und wenn sie euch nicht aufnehmen, dann geht fort aus dieser Stadt und schüttelt den Staub von euren Füßen zu einem Zeugnis gegen sie. [6] Und sie gingen hinaus und zogen von Dorf zu Dorf, predigten das Evangelium und machten gesund an allen Orten.

Die erste der beiden Aussendungsreden (vgl. 10,1–12) nimmt Mk 6,6–13 auf. Lk verschärft die Einzelbestimmungen über die Ausrüstungen der Jünger durch das Verbot, einen Stock (der notwendigste Schutz gegen wilde Tiere) zu tragen. Das Gebot völliger Wehrlosigkeit sowie die Vollmacht, Kranke zu heilen, gelten nur für die Zwölf als die Begleiter Jesu. Für die Zeit der Kirche sind dagegen andere Weisungen verbindlich (vgl. 22,35 ff.).

Herodes und Jesus

(Mt 14,1.2; Mk 6,14-16)

[7] Es kam aber vor Herodes, den Landesfürsten, alles, was geschah; und er wurde unruhig, weil von einigen gesagt wurde: Johannes ist von den Toten auferstanden; [8] von einigen aber: Elia ist erschienen; von andern aber: Einer von den alten Propheten ist auferstanden. [9] Und Herodes sprach: Johannes, den habe ich enthauptet; wer ist aber dieser, über den ich solches höre? Und er begehrte ihn zu sehen.

Schon die Gerüchte verunsichern den von Roms Gnade abhängigen Tetrarchen Herodes Antipas. Die Schilderung der Hinrichtung des Täufers (Mk 6,17–29) übergeht Lk. Herodes wird mit wenigen Strichen gezeichnet: Er ist neugierig auf Jesus, möchte ihn am liebsten töten (13,31–33), aber lehnt dann doch jede Verantwortung für die Verurteilung Jesu ab (23,6–12).

Die Speisung der Fünftausend

(Mt 14,13-21; Mk 6,31-44; Joh 6,1-13)

[10] Und die Apostel kamen zurück und erzählten Jesus, wie große Dinge sie getan hatten. Und er nahm sie zu sich, und er zog sich mit ihnen allein in die Stadt zurück, die heißt Betsaida. [11] Als die Menge das merkte, zog sie ihm nach. Und er ließ sie zu sich und sprach zu ihnen vom Reich Gottes und machte gesund, die der Heilung bedurften. [12] Aber der Tag fing an, sich zu neigen.

Da traten die Zwölf zu ihm und sprachen: Laß das Volk gehen, damit sie hingehen in die Dörfer und Höfe ringsum und Herberge und Essen finden; denn wir sind hier in der Wüste. [13] Er aber sprach zu ihnen: Gebt ihr ihnen zu essen. Sie sprachen: Wir haben nicht mehr als fünf Brote und zwei Fische, es sei denn, daß wir hingehen sollen und für alle diese Leute Essen kaufen. [14] Denn es waren etwa fünftausend Mann. Er sprach aber zu seinen Jüngern: Laßt sie sich setzen in Gruppen zu je fünfzig. [15] Und sie taten das und ließen alle sich setzen. [16] Da nahm er die fünf Brote und zwei Fische und sah auf zum Himmel und dankte, brach sie und gab sie den Jüngern, damit sie dem Volk austeilten. [17] Und sie aßen und wurden alle satt; und es

Die Anordnung der Speisungsgeschichte zwischen der Frage des Herodes und dem Bekenntnis der Jünger zeigt, daß die Geschichte für Lk zentrale Bedeutung für die Frage »Wer ist Jesus?« hat: Er ist der helfende Heiland (vgl. 5,29–32), der seiner Gemeinde (V. 11) beisteht, sie heilt (V. 11), nährt (V. 12 ff.) und über die Gottesherrschaft unterrichtet (V. 11). Um dieses Christusbildes willen hat Lk alle Züge aus dem ihm vorliegenden Markustext getilgt, in denen Jesus als der messianische Hirte und Führer des Volkes Israel (vgl. Mk 6,34 mit 4Mo 27,17) erscheint.

wurde aufgesammelt, was sie an Brocken übrigließen, zwölf Körbe voll.

Das Bekenntnis des Petrus

(Mt 16,13-19; Mk 8,27-29; Joh 6,67-69)

Lk übergeht Mk 6,45–8,26 und wendet sich gleich Mk 8,27ff. zu. Dadurch erreicht er eine Straffung und Konzentrierung auf die mehrfach gestellte Frage, wer dieser Jesus sei (7,19; 8,25; 9,9). In V.18ff. folgt nun die entscheidende Antwort. Ihre Bedeutung wird durch den Hinweis auf Jesu Gebet, den Lk vor allem bei wichtigen Offenbarungen gibt (vgl. 3,21; 6,12; 9,28), unterstrichen. Petrus bekennt in V.20 Jesus als den »Christus Gottes«, d.h. den von Gott gesandten Heilbringer (vgl. 2,11; Apg 3,18; 4,26f.), der aber, wie V.22 erweist, den ihm von Gott bestimmten Weg durch Leiden zur Herrlichkeit gehen muß (vgl. 24,26.46).

Lk läßt die versucherische Frage des Petrus und die darauf folgende Zurechtweisung Jesu aus. Das entspricht der Tendenz des Lk, die zwölf Apostel als Vorbilder für die Gemeinde erscheinen zu lassen. Dadurch wird das Jüngerschicksal eng mit dem Leidensweg des Menschensohns verknüpft. Schließlich könnte diese Auslassung mit der bei Lk zu beobachtenden Akzentverschiebung im Zusammenhang stehen: Ort des Heilshandelns Gottes ist die Auferweckung (vgl. Apg 2,23f.; 3,15; 5,30f.), Leiden und Kreuz sind dagegen Versuchungen, durch die der Satan den Gottesgehorsam Jesu erprobt (vgl. die Einl.). Unter dem Einfluß des Satans steht von den Jüngern allein Judas, der Jesus dem Leiden ausliefert (vgl. 22,3). Bei den Nachfolgesprüchen V.23–26 hat Lk Mk 8,37 weggelassen und Mk 8,34 auf den Alltag des Jüngers bezogen: Täglich soll der Christ das Kreuz Christi auf sich nehmen, d. h. sein Besitzstreben überwinden (V. 25; vgl. 12,15), auf Sicherungen verzichten (V. 24) und so den Menschensohn nicht verleugnen (V. 26; vgl. 12,8f.). V. 27 (vgl. zu Mk 9,1) ist eine unerfüllt gebliebene Weissagung.

[18]Und es begab sich, als Jesus allein war und betete und nur seine Jünger bei ihm waren, da fragte er sie und sprach: Wer sagen die Leute, daß ich sei? [19]Sie antworteten und sprachen: Sie sagen, du seist Johannes der Täufer; einige aber, du seist Elia; andere aber, es sei einer der alten Propheten auferstanden. [20]Er aber sprach zu ihnen: Wer sagt ihr aber, daß ich sei? Da antwortete Petrus und sprach: *Du bist der Christus Gottes!*

Die erste Ankündigung von Jesu Leiden und Auferstehung

(Mt 16,20.21; Mk 8,30.31)

[21]Er aber gebot ihnen, daß sie das niemandem sagen sollten, [22]und sprach: Der Menschensohn muß viel leiden und verworfen werden von den Ältesten und Hohenpriestern und Schriftgelehrten und getötet werden und am dritten Tag auferstehen.

Von der Nachfolge

(Mt 16,24-28; Mk 8,34–9,1)

[23]Da sprach er zu ihnen allen: *Wer mir folgen will, der verleugne sich selbst und nehme sein Kreuz auf sich täglich und folge mir nach.* [24]*Denn wer sein Leben erhalten will, der wird es verlieren; wer aber sein Leben verliert um meinetwillen, der wird's erhalten.* [25]*Denn welchen Nutzen hätte der Mensch, wenn er die ganze Welt gewönne und verlöre sich selbst oder nähme Schaden an sich selbst?* [26]Wer sich aber meiner und meiner Worte schämt, dessen wird sich der Menschensohn auch schämen, wenn er kommen wird in seiner Herrlichkeit und der des Vaters und der heiligen Engel. [27]Ich sage euch aber wahrlich: Einige von denen, die hier stehen, werden den Tod nicht schmecken, bis sie das Reich Gottes sehen.

Die Verklärung Jesu

(Mt 17,1-8; Mk 9,2-8)

Im Unterschied zu Mk 9,2–8 ist für Lk das Gebet Jesu eine Voraussét-

[28]Und es begab sich, etwa acht Tage nach diesen Reden, daß er mit sich nahm Petrus, Johannes und Jakobus und

ging auf einen Berg, um zu beten. [29]Und als er betete, wurde das Aussehen seines Angesichts anders, und sein Gewand wurde weiß und glänzte. [30]Und siehe, zwei Männer redeten mit ihm; das waren Mose und Elia. [31]Sie erschienen verklärt und redeten von seinem Ende, das er in Jerusalem erfüllen sollte. [32]Petrus aber und die bei ihm waren, waren voller Schlaf. Als sie aber aufwachten, sahen sie, wie er verklärt war, und die zwei Männer, die bei ihm standen. [33]Und es begab sich, als sie von ihm schieden, da sprach Petrus zu Jesus: Meister, hier ist für uns gut sein! Laßt uns drei Hütten bauen, dir eine, Mose eine und Elia eine. Er wußte aber nicht, was er redete. [34]Als er aber dies redete, kam eine Wolke und überschattete sie; und sie erschraken, als sie in die Wolke hineinkamen. [35]Und es geschah eine Stimme aus der Wolke, die sprach: *Dieser ist mein auserwählter Sohn; den sollt ihr hören!* [36]Und als die Stimme geschah, fanden sie Jesus allein. Und sie schwiegen davon und verkündeten in jenen Tagen niemandem, was sie gesehen hatten.

zung der Offenbarung, die Jesus als den auserwählten Gottessohn verkündet. Durch den Einschub von V. 31–33 veranschaulicht er, daß Mose, der Repräsentant des Gesetzes, und Elia, der Repräsentant der Propheten(bücher), Jesu Lebensausgang vorausgesagt haben. Gesetz und Propheten sind daher als Weissagung auf Christus zu lesen (vgl. 24,26 f.46). Der feste Schlaf der Jünger (V. 32) ist ein Zeichen dafür, daß ihnen Jesu Leidensgeheimnis (V. 22) erst zu Ostern aufgeht (vgl. V. 45; 24,25–32). Allerdings dürfen sie jetzt schon ein wenig von Jesu Herrlichkeit (V. 32) schauen, auf die das Heilsgeschehen zielt. Die Furcht der Jünger angesichts dieses Offenbarungsgeschehens wird durch die Botschaft überwunden, daß Jesus auch im Leiden der auserwählte Sohn Gottes ist und sein Wort Gültigkeit behält.

Die Heilung eines epileptischen Kindes

(Mt 17,14-21; Mk 9,14-29)

[37]Es begab sich aber, als sie am nächsten Tag von dem Berg kamen, da kam ihm eine große Menge entgegen. [38]Und siehe, ein Mann aus der Menge rief: Meister, ich bitte dich, sieh doch nach meinem Sohn; denn er ist mein einziger Sohn. [39]Siehe, ein Geist ergreift ihn, daß er plötzlich aufschreit, und er reißt ihn, daß er Schaum vor dem Mund hat, und läßt kaum von ihm ab und reibt ihn ganz auf. [40]Und ich habe deine Jünger gebeten, daß sie ihn austrieben, und sie konnten es nicht. [41]Da antwortete Jesus und sprach: O du ungläubiges und verkehrtes Geschlecht, wie lange soll ich bei euch sein und euch erdulden? Bring deinen Sohn her! [42]Und als er zu ihm kam, riß ihn der böse Geist und zerrte ihn. Jesus aber bedrohte den unreinen Geist und machte den Knaben gesund und gab ihn seinem Vater wieder. [43]Und sie entsetzten sich alle über die Herrlichkeit Gottes.

Das Gespräch der Jünger beim Abstieg über das Verhältnis Jesu zu dem wiederkehrenden Elias hat Lk ausgelassen. Solche Fragen jüdischer Messiasvorstellung haben für ihn keine Bedeutung. So kommt nun Jesus vom Berg der Verklärung herab, um sich sofort wieder der Not des leidenden Menschen zuzuwenden. Lk konzentriert alles auf »die Herrlichkeit Gottes« (V. 43), die in Jesu Wirken in Erscheinung tritt. Darum hat er alle erzählerisch ausmalenden Züge aus Mk 9,14–29 getilgt.

Die zweite Ankündigung von Jesu Leiden und Auferstehung

(Mt 17,22.23; Mk 9,30-32)

Als sie sich aber alle verwunderten über alles, was er tat, sprach er zu seinen Jüngern: [44]Laßt diese Worte in eure Ohren dringen: Der Menschensohn wird überantwortet werden in die Hände der Menschen. [45]Aber dieses Wort verstanden sie nicht, und es war vor ihnen verborgen, so daß sie es nicht begriffen. Und sie fürchteten sich, ihn nach diesem Wort zu fragen.

Lk grenzt die zweite Leidensankündigung Mk 9,30–32 auf Jesu leidvolle Preisgabe in die Hände der Menschen ein, indem er den Ausblick auf die Auferstehung ausläßt. Dadurch bezieht sich das Unverständnis der Jünger (vgl. 18,34) allein auf den Leidensweg Jesu.

Das Unverständnis der Jünger (V. 45) tritt in V. 46–48 in ihrer Geltungssucht und in V. 49 f. in ihrer Intoleranz in Erscheinung. Der Spruch V. 50b beantwortet eine für die Gemeinde des Lk aktuelle Frage nach der Anwendung des Namens Jesu im Zauber anders als in Apg 19. Gemäß V. 50 ist schon die Anerkennung von Jesu heilschaffender Macht ein Zeichen von Glauben. Wo diese jedoch bestritten wird, kann das umgekehrte Wort gelten (11,23).

Warnung vor Ehrgeiz und Unduldsamkeit

(Mt 18,1-5; Mk 9,33-40)

46 Es kam aber unter ihnen der Gedanke auf, wer von ihnen der Größte sei. 47 Als aber Jesus den Gedanken ihres Herzens erkannte, nahm er ein Kind und stellte es neben sich 48 und sprach zu ihnen: Wer dieses Kind aufnimmt in meinem Namen, der nimmt mich auf; und wer mich aufnimmt, der nimmt den auf, der mich gesandt hat. Denn wer der Kleinste ist unter euch allen, der ist groß.

49 Da fing Johannes an und sprach: Meister, wir sahen einen, der trieb böse Geister aus in deinem Namen; und wir wehrten ihm, denn er folgt dir nicht nach mit uns. 50 Und Jesus sprach zu ihm: Wehrt ihm nicht! Denn wer nicht gegen euch ist, der ist für euch.

Aufbruch nach Jerusalem. Ablehnung Jesu durch Samariter

9,51–18,14 ist die »große Einschaltung« nichtmarkinischen Traditionsmaterials in den von Mk bestimmten Rahmen des Lk. Den hier verwendeten unterschiedlichen Überlieferungen (teils aus Q, teils aus Sondergut) hat Lk durch eigene, redaktionelle Bemerkungen den Charakter eines Reiseberichts gegeben, der Jesus mit seinen Jüngern auf dem Weg nach Jerusalem, das 19,28 erreicht wird, schildert (vgl. 9,51; 13,22; 17,11). Auf diesem Weg nähert sich Jesus immer mehr seinem Leiden und seiner »Hinwegnahme« (9,51), auf die er seine Begleiter in den Jüngerunterweisungen (vgl. 9,57ff.; 11,1ff.; 13,1ff.22ff.; 14,7ff.; 17,1ff.) vorbereitet. Der Reisebericht hat damit bereits die Zeit nach Jesu Himmelfahrt im Blick, in der die Jünger als Nachfolger Jesu auf seinem Leidensweg seine Heilsbotschaft verkünden (vgl. 10,1ff.; 14,15ff.) und seine »Zeugen in Jerusalem, in ganz Judäa und Samarien und bis an das Ende der Erde« (Apg 1,8) sein werden. Jesu Jünger bedürfen der Belehrung durch Jesus, wie sie in den folgenden Kapiteln entfaltet wird. Sie umfaßt die drei Themen: Nächstenliebe (10,25ff.); Hören (10,38ff.) und Beten (11,1ff.). Die Jünger müssen begreifen, daß sie nicht Gericht und Vernichtung, sondern Heil zu bringen haben.

Zwischen V. 55 und 56 ist in einer Reihe von Handschriften eingeschoben: »Und sprach: Wißt ihr nicht, welches Geistes Kinder ihr seid? Der Menschensohn ist nicht gekommen, das Leben der Menschen zu vernichten, sondern zu erhalten« (vgl. 19,10; Joh 3,17). Mit der »Hinwegnahme« (V. 51; wörtlich: Hinaufnahme) sind Tod und Himmelfahrt gemeint.

51 Es begab sich aber, als die Zeit erfüllt war, daß er hinweggenommen werden sollte, da wandte er sein Angesicht, stracks nach Jerusalem zu wandern. 52 Und er sandte Boten vor sich her; die gingen hin und kamen in ein Dorf der Samariter, ihm Herberge zu bereiten. 53 Und sie nahmen ihn nicht auf, weil er sein Angesicht gewandt hatte, nach Jerusalem zu wandern. 54 Als aber das seine Jünger Jakobus und Johannes sahen, sprachen sie: Herr, willst du, so wollen wir sagen, daß Feuer vom Himmel falle und sie verzehre. 55 Jesus aber wandte sich um und wies sie zurecht.* 56 Und sie gingen in ein andres Dorf.

Vom Ernst der Nachfolge

(Mt 8,19-22)

In drei Szenen – die ersten beiden stammen aus Q (vgl. Mt 8,19–22) – werden die Konsequenzen der Jesusnachfolge verdeutlicht: 1. Teilnahme am Schicksal des leidenden Menschensohnes (V. 57 f.); 2. Bruch mit alten Traditionen und Bräu-

57 Und als sie auf dem Wege waren, sprach einer zu ihm: Ich will dir folgen, wohin du gehst. 58 Und Jesus sprach zu ihm: *Die Füchse haben Gruben, und die Vögel unter dem Himmel haben Nester; aber der Menschensohn hat nichts, wo er sein Haupt hinlege.* 59 Und er sprach zu einem andern: Folge mir nach! Der sprach aber: Herr, erlaube mir, daß ich zuvor

hingehe und meinen Vater begrabe. [60]Aber Jesus sprach zu ihm: *Laß die Toten ihre Toten begraben; du aber geh hin und verkündige das Reich Gottes!* [61]Und ein andrer sprach: Herr, ich will dir nachfolgen; aber erlaube mir zuvor, daß ich Abschied nehme von denen, die in meinem Haus sind. [62]Jesus aber sprach zu ihm: *Wer seine Hand an den Pflug legt und sieht zurück, der ist nicht geschickt für das Reich Gottes.*

chen – die Totenbestattung gilt im Judentum als Pflichtgebot –, um für die Botschaft des Lebens frei zu sein (V. 59f.); 3. Radikale Ausrichtung auf die Zukunft: auf den Dienst der kommenden Gottesherrschaft (V. 61f.; vgl. 14,26.33), von dem in 10,1ff. gesprochen wird.

Die Aussendung der zweiundsiebzig Jünger

(Mt 10,7-16)

10 Danach setzte der Herr weitere zweiundsiebzig* Jünger ein und sandte sie je zwei und zwei vor sich her in alle Städte und Orte, wohin er gehen wollte, [2]und sprach zu ihnen: *Die Ernte ist groß, der Arbeiter aber sind wenige. Darum bittet den Herrn der Ernte, daß er Arbeiter aussende in seine Ernte.* [3]Geht hin; siehe, ich sende euch wie Lämmer mitten unter die Wölfe. [4]Tragt keinen Geldbeutel bei euch, keine Tasche und keine Schuhe, und grüßt niemanden unterwegs. [5]Wenn ihr in ein Haus kommt, sprecht zuerst: Friede sei diesem Hause! [6]Und wenn dort ein Kind des Friedens ist, so wird euer Friede auf ihm ruhen; wenn aber nicht, so wird sich euer Friede wieder zu euch wenden. [7]In demselben Haus aber bleibt, eßt und trinkt, was man euch gibt; denn ein Arbeiter ist seines Lohnes wert. Ihr sollt nicht von einem Haus zum andern gehen. [8]Und wenn ihr in eine Stadt kommt, und sie euch aufnehmen, dann eßt, was euch vorgesetzt wird, [9]und heilt die Kranken, die dort sind, und sagt ihnen: Das Reich Gottes ist nahe zu euch gekommen. [10]Wenn ihr aber in eine Stadt kommt, und sie euch nicht aufnehmen, so geht hinaus auf ihre Straßen und sprecht: [11]Auch den Staub aus eurer Stadt, der sich an unsre Füße gehängt hat, schütteln wir ab auf euch. Doch sollt ihr wissen: das Reich Gottes ist nahe herbeigekommen. [12]Ich sage euch: Es wird Sodom erträglicher ergehen an jenem Tage als dieser Stadt.

Die Missionsanweisung an die 72 (oder 70), deren Material aus Q stammt, berührt sich eng mit der an die 12 Apostel (9,1ff.). Die unterschiedliche Zahl der Ausgesandten in 9,1ff. und 10,1ff. könnte damit zusammenhängen, daß die Zwölfzahl auf das Zwölfstämmevolk Israel und die Zahl 72 (oder 70) auf die Heidenvölker weisen soll (vgl. 1Mo 10; evtl. ist aber an die 70 Ältesten von 2Mo 24,1; 4Mo 11,16 zu denken oder an die gleiche Zahl der Synedriumsmitglieder). Das Bild von den Lämmern inmitten von Wölfen (V. 3) dient in jüdischen Texten zur Verdeutlichung der Stellung Israels unter den Weltvölkern. V. 4 (vgl. 9,3; 22,35) unterstreicht die Dringlichkeit der Mission (vgl. V. 2), die den Verzicht notwendig macht (vgl. 9,59–62). In V. 5–12 liegt gegenüber 9,4f. eine spätere Differenzierung der Anweisungen für das Auftreten in Häusern (V. 5–7) und in Städten (V. 8–12) vor. Mit den Boten naht sich das Reich Gottes, das sich nach V. 9 in Krankenheilungen und nach V. 5f. als Frieden auswirkt. Ablehnung der Boten führt darum zur Gottesferne (V. 10–12; vgl. V. 16).

Jesu Weherufe über galiläische Städte

(Mt 11,20-24)

[13]Weh dir, Chorazin! Weh dir, Betsaida! Denn wären solche Taten in Tyrus und Sidon geschehen, wie sie bei euch geschehen sind, sie hätten längst in Sack und Asche gesessen und Buße getan. [14]Doch es wird Tyrus und Sidon erträglicher ergehen im Gericht als euch. [15]Und du, Kapernaum, wirst du bis zum Himmel erhoben werden? Du wirst bis in die Hölle hinuntergestoßen werden. [16]*Wer euch hört, der hört mich; und wer euch verachtet, der verachtet mich; wer aber mich verachtet, der verachtet den, der mich gesandt hat.*

An die Gerichtsaussage V. 10–12 hat Lk Gerichtsworte über 3 galiläische Städte (V. 13–15; vgl. zu Mt 11,21–23/Q) und ein Wort über die Autorität der Jesusboten (V. 16; vgl. Mt 10,40/Q) angeschlossen, in dem auch der Gerichtsakzent überwiegt. Damit wird die große Bedeutung hervorgehoben, die der Entscheidung gegenüber der Jesusverkündigung zukommt.

Die Rede bei der Rückkehr der ausgesandten Jünger ist ein freudiger Dank für die Missionserfolge. Die einzelnen Worte stammen aus verschiedenen Überlieferungen; z. B. sind V. 17–20 Sondergut; V. 21f. und 23f. gehören zu Q. Dankbar sollen die Jünger bedenken:
1. Alle Missionserfolge gehen auf Gott zurück, der durch die Entmachtung des Satans die Voraussetzung dafür geschaffen hat. 2. Jesus als »der Sohn« steht in einem einzigartigen Verhältnis zu Gott (vgl. Joh 1,18). Darum ereignet sich durch ihn vollmächtiges Gotteswirken. 3. Grund für die Freude der Jünger sollen nicht missionarische Erfolge sein, sondern der ihnen durch Jesus ermöglichte Zugang zu Gott und das Sehen seiner sich den Unwürdigen zuwendenden Offenbarung, d. h. die Erfahrung der ihnen als den Armen geltenden Verheißung. – Zum Aufschreiben im Himmel vgl. 2Mo 32,32f.; Dan 12,1; Off 3,5.

Jesu Jubelruf
(Mt 11,25-27)

[17]Die Zweiundsiebzig aber kamen zurück voll Freude und sprachen: Herr, auch die bösen Geister sind uns untertan in deinem Namen. [18]Er sprach aber zu ihnen: Ich sah den Satan vom Himmel fallen wie einen Blitz. [19]Seht, ich habe euch Macht gegeben, zu treten auf Schlangen und Skorpione, und Macht über alle Gewalt des Feindes; und nichts wird euch schaden. [20]Doch *darüber freut euch nicht, daß euch die Geister untertan sind. Freut euch aber, daß eure Namen im Himmel geschrieben sind.*

[21]Zu der Stunde freute sich Jesus im heiligen Geist und sprach: Ich preise dich, Vater, Herr des Himmels und der Erde, weil du dies den Weisen und Klugen verborgen hast und hast es den Unmündigen offenbart. Ja, Vater, so hat es dir wohlgefallen. [22]Alles ist mir übergeben von meinem Vater. Und niemand weiß, wer der Sohn ist, als nur der Vater, noch, wer der Vater ist, als nur der Sohn und wem es der Sohn offenbaren will.

[23]Und er wandte sich zu seinen Jüngern und sprach zu ihnen allein: Selig sind die Augen, die sehen, was ihr seht. [24]Denn ich sage euch: Viele Propheten und Könige wollten sehen, was ihr seht, und haben's nicht gesehen, und hören, was ihr hört, und haben's nicht gehört.

Das Gespräch mit dem Schriftgelehrten über das wichtigste Gebot hat Lk als Einleitung zu der Beispielerzählung vom barmherzigen Samariter gestaltet. Nur der dritte Evangelist benutzt die Gattung der Beispielerzählung (vgl. 12,16–21; 16,19–31; 18,9–14), um seine Mahnungen zum richtigen Handeln zu veranschaulichen bzw. vor verkehrtem Verhalten zu warnen. Darum steht nicht mehr die theoretische Frage nach dem größten Gebot (so Mk 12,28/Mt 22,36) im Mittelpunkt, sondern das Problem des rechten Tuns als Voraussetzung des ewigen Lebens (V. 25.28). Auf den Versuch des Schriftgelehrten, sich dem geforderten Tun durch erneutes Ausweichen auf das Gebiet des Theoretischen zu entziehen (V. 29), antwortet die Beispielerzählung. Am Verhalten des Samariters macht Jesus deutlich, wie das Liebesgebot zu erfüllen ist. Daß gerade ein Samariter (= Samaritaner) als vorbildlich

Der barmherzige Samariter

[25]Und siehe, da stand ein Schriftgelehrter auf, versuchte ihn und sprach: Meister, was muß ich tun, daß ich das ewige Leben ererbe? [26]Er aber sprach zu ihm: Was steht im Gesetz geschrieben? Was liest du? [27]Er antwortete und sprach: *»Du sollst den Herrn, deinen Gott, lieben von ganzem Herzen, von ganzer Seele, von allen Kräften und von ganzem Gemüt, und deinen Nächsten wie dich selbst«* (5.Mose 6,5; 3.Mose 19,18). [28]Er aber sprach zu ihm: Du hast recht geantwortet; tu das, so wirst du leben.

[29]Er aber wollte sich selbst rechtfertigen und sprach zu Jesus: Wer ist denn mein Nächster? [30]Da antwortete Jesus und sprach: Es war ein Mensch, der ging von Jerusalem hinab nach Jericho und fiel unter die Räuber; die zogen ihn aus und schlugen ihn und machten sich davon und ließen ihn halbtot liegen. [31]Es traf sich aber, daß ein Priester dieselbe Straße hinabzog; und als er ihn sah, ging er vorüber. [32]Desgleichen auch ein Levit: als er zu der Stelle kam und ihn sah, ging er vorüber. [33]Ein Samariter aber, der auf der Reise war, kam dahin; und als er ihn sah, jammerte er ihn; [34]und er ging zu ihm, goß Öl und Wein auf seine Wunden und verband sie ihm, hob ihn auf sein Tier und brachte ihn in eine Herberge und pflegte ihn. [35]Am nächsten Tag zog

er zwei Silbergroschen heraus, gab sie dem Wirt und sprach: Pflege ihn; und wenn du mehr ausgibst, will ich dir's bezahlen, wenn ich wiederkomme. [36]Wer von diesen dreien, meinst du, ist der Nächste gewesen dem, der unter die Räuber gefallen war? [37]Er sprach: Der die Barmherzigkeit an ihm tat. Da sprach Jesus zu ihm: So geh hin und tu desgleichen!

gilt, mußte Jesu Hörer provozieren; denn z. Z. Jesu war das Verhältnis zwischen den Bewohnern Judäas und Samarias sehr gespannt. Mit V. 36f. wird die Frage von V. 29 als Ausflucht erwiesen. Entscheidend ist bei dem Liebesgebot, dem Nächsten zu werden, der Hilfe braucht.

Maria und Marta

[38]Als sie aber weiterzogen, kam er in ein Dorf. Da war eine Frau mit Namen Marta, die nahm ihn auf. [39]Und sie hatte eine Schwester, die hieß Maria; die setzte sich dem Herrn zu Füßen und hörte seiner Rede zu. [40]Marta aber machte sich viel zu schaffen, ihm zu dienen. Und sie trat hinzu und sprach: Herr, fragst du nicht danach, daß mich meine Schwester läßt allein dienen? Sage ihr doch, daß sie mir helfen soll! [41]Der Herr aber antwortete und sprach zu ihr: Marta, Marta, du hast viel Sorge und Mühe. [42]*Eins aber ist not. Maria hat das gute Teil erwählt; das soll nicht von ihr genommen werden.*

Obwohl Lk am stärksten den Akzent auf die tätige Nächstenliebe legt, verteidigt er doch das stille Zuhören. Jesus gegenüber ist nicht Handeln, sondern aufmerksames Hören das rechte Verhalten. Er bedarf nicht des Dienstes der Seinen (vgl. Mk 10,45); denn er ist als »der Herr« (V. 41) die Autorität für seine Gemeinde.

Das Vaterunser
(Mt 6,9-13)

11 Und es begab sich, daß er an einem Ort war und betete. Als er aufgehört hatte, sprach einer seiner Jünger zu ihm: Herr, lehre uns beten, wie auch Johannes seine Jünger lehrte. [2]Er aber sprach zu ihnen: Wenn ihr betet, so sprecht:

Vater!
Dein Name werde geheiligt.
*Dein Reich komme.**
[3]*Unser tägliches Brot gib uns Tag für Tag*
[4]*und vergib uns unsre Sünden;*
denn auch wir vergeben allen, die an uns schuldig werden.
*Und führe uns nicht in Versuchung.**

Das dritte Thema der Jüngerbelehrung – nach Nächstenliebe und Hören – ist das Beten. Vorbild ist Jesus, dessen Beten vor allen entscheidenden Ereignissen im Lk hervorgehoben wird (vgl. 6,12; 9,18.28f.; 22,41.44). Das Vaterunser enthält fünf Bitten. In einem Teil der Handschriften wird in V. 2 aus Mt 6,9–13 ergänzt: »Dein Wille geschehe auf Erden wie im Himmel« und in V. 4 »Sondern erlöse uns von dem Bösen«. V. 3 (»Tag für Tag« statt »heute« Mt 6,11) zeigt, daß sich die Gemeinde auf Dauer in der Welt einrichten muß. In V. 4 wird mit dem Präsens (anders Mt 6,12 in der griech. Vergangenheitsform) die dauernde Verpflichtung zur Vergebungsbereitschaft unterstrichen. Dieser Vers nennt als Höhepunkt die Bewahrung vor den vielen Versuchungen, denen der Christ in seinem Leben ausgesetzt ist (vgl. 8,12f.; 21,8ff.). Das Gleichnis V. 5–8 hat eine ähnliche Pointe wie 18,2–8: Wenn schon ein Mensch, obwohl im Herzen unwillig, sich vom Bitten eines Freundes bewegen läßt, wieviel mehr Gott, der dem Menschen väterlich zugewendet ist. In V. 9–12 wird diese Aussage unterstrichen und in V. 13 auf die für die

Der bittende Freund
(Mt 7,7-11)

[5]Und er sprach zu ihnen: Wenn jemand unter euch einen Freund hat und ginge zu ihm um Mitternacht und spräche zu ihm: Lieber Freund, leih mir drei Brote; [6]denn mein Freund ist zu mir gekommen auf der Reise, und ich habe nichts, was ich ihm vorsetzen kann, [7]und der drinnen würde antworten und sprechen: Mach mir keine Unruhe! Die Tür ist schon zugeschlossen, und meine Kinder und ich liegen schon zu Bett; ich kann nicht aufstehen und dir etwas geben. [8]Ich sage euch: Und wenn er schon nicht aufsteht und ihm etwas gibt, weil er sein Freund ist, dann wird er doch wegen seines unverschämten Drängens aufstehen und ihm geben, soviel er bedarf.

Kirche wesentliche Gabe bezogen: den heiligen Geist. Diesen Geist braucht die Gemeinde (vgl. Apg 1,4 ff.;2,1 ff.), um die Versuchungen zu bestehen und bis zum Ende durchzuhalten. Zu V. 11 wird in einer Reihe von Handschriften zugefügt: »(Wenn der ihn) ums Brot bittet, dafür einen Stein biete? oder (um einen Fisch)«; vgl. Mt 7,9.

[9] Und ich sage euch auch: *Bittet, so wird euch gegeben; suchet, so werdet ihr finden; klopfet an, so wird euch aufgetan.* [10] *Denn wer da bittet, der empfängt; und wer da sucht, der findet; und wer da anklopft, dem wird aufgetan.* [11] Wo ist unter euch ein Vater, der seinem Sohn, wenn der ihn* um einen Fisch bittet, eine Schlange für den Fisch biete? [12] oder der ihm, wenn er um ein Ei bittet, einen Skorpion dafür biete? [13] Wenn nun ihr, die ihr böse seid, euren Kindern gute Gaben geben könnt, wieviel mehr wird der Vater im Himmel den heiligen Geist geben denen, die ihn bitten!

Die Verteidigungsrede Jesu gegen den Vorwurf des Teufelbündnisses hat Lk nicht aus Mk 3,22–27, sondern aus Q übernommen. Bei Mk wird das böswillige Urteil über Jesu gesamtes Wirken von Jerusalemer Schriftgelehrten gefällt. Hier dagegen wird der Vorwurf von einigen aus der Menge aufgrund eines Wunders erhoben. Das dürfte die ursprüngliche Form sein. In der Antwort Jesu wird der Sieg Gottes als des Stärkeren über die satanische Macht mit einem Bild verdeutlicht (V. 22 vgl. 10,18). Ein solcher Sieg Gottes ereignet sich in jeder Dämonenaustreibung Jesu; denn in diesem Tun kommt Gott zur Herrschaft (V. 20), erfüllt sich also die Bitte »Dein Reich komme«. Darum erfolgt in V. 23 der Aufruf zur Entscheidung für diesen Jesus, der Menschen für das Gottesreich sammelt (vgl. Joh 11,52).

Jesus und die bösen Geister

(Mt 12,22-30; Mk 3,22-27)

[14] Und er trieb einen bösen Geist aus, der war stumm. Und es geschah, als der Geist ausfuhr, da redete der Stumme. Und die Menge verwunderte sich. [15] Einige aber unter ihnen sprachen: Er treibt die bösen Geister aus durch Beelzebul, ihren Obersten. [16] Andere aber versuchten ihn und forderten von ihm ein Zeichen vom Himmel. [17] Er aber erkannte ihre Gedanken und sprach zu ihnen: Jedes Reich, das mit sich selbst uneins ist, wird verwüstet, und ein Haus fällt über das andre. [18] Ist aber der Satan auch mit sich selbst uneins, wie kann sein Reich bestehen? Denn ihr sagt, ich treibe die bösen Geister aus durch Beelzebul. [19] Wenn aber ich die bösen Geister durch Beelzebul austreibe, durch wen treiben eure Söhne sie aus? Darum werden sie eure Richter sein. [20] Wenn ich aber durch Gottes Finger die bösen Geister austreibe, so ist ja das Reich Gottes zu euch gekommen. [21] Wenn ein Starker gewappnet seinen Palast bewacht, so bleibt, was er hat, in Frieden. [22] Wenn aber ein Stärkerer über ihn kommt und überwindet ihn, so nimmt er ihm seine Rüstung, auf die er sich verließ, und verteilt die Beute. [23] Wer nicht mit mir ist, der ist gegen mich; und wer nicht mit mir sammelt, der zerstreut.

Lk schließt unter Verwendung von Q das vorangegangene Thema in V. 27 f. ab. Im Unterschied zu der negativen Reaktion (V. 15 f.) auf Jesu Tun bringt V. 27 eine positive Äußerung: Diese »Frau im Volk« bekennt sich zu Jesu Größe. V. 28 nennt das Fazit des ganzen Abschnitts: Das »Eine, das nötig ist« (10,42), ist das Hören auf Gottes Wort. Nur so kommt es zur Bewahrung vor Rück-

Von der Rückkehr des bösen Geistes

(Mt 12,43-45)

[24] Wenn der unreine Geist von einem Menschen ausgefahren ist, so durchstreift er dürre Stätten, sucht Ruhe und findet sie nicht; dann spricht er: Ich will wieder zurückkehren in mein Haus, aus dem ich fortgegangen bin. [25] Und wenn er kommt, so findet er's gekehrt und geschmückt. [26] Dann geht er hin und nimmt sieben andre Geister mit sich, die böser sind als er selbst; und wenn sie hineinkommen, wohnen sie darin, und es wird mit diesem Menschen hernach ärger als zuvor.

fall unter dämonische Mächte (V. 24–26; vgl. zu Mt 12,43–45) und zur Erfüllung der Bitte »Führe uns nicht in Versuchung«.

Eine Seligpreisung Jesu

[27]Und es begab sich, als er so redete, da erhob eine Frau im Volk ihre Stimme und sprach zu ihm: Selig ist der Leib, der dich getragen hat, und die Brüste, an denen du gesogen hast. [28]Er aber sprach: *Ja, selig sind, die das Wort Gottes hören und bewahren.*

Ablehnung der Zeichenforderung

(Mt 12,38-42)

[29]Die Menge aber drängte herzu. Da fing er an und sagte: Dies Geschlecht ist ein böses Geschlecht; es fordert ein Zeichen, aber es wird ihm kein Zeichen gegeben werden als nur das Zeichen des Jona. [30]Denn wie Jona ein Zeichen war für die Leute von Ninive, so wird es auch der Menschensohn sein für dieses Geschlecht. [31]Die Königin vom Süden wird auftreten beim Jüngsten Gericht mit den Leuten dieses Geschlechts und wird sie verdammen; denn sie kam vom Ende der Welt, zu hören die Weisheit Salomos. Und siehe, hier ist mehr als Salomo. [32]Die Leute von Ninive werden auftreten beim Jüngsten Gericht mit diesem Geschlecht und werden's verdammen; denn sie taten Buße nach der Predigt des Jona. Und siehe, hier ist mehr als Jona.

Wie der Glaube im Hören und Bewahren des Gotteswortes besteht (V. 28), so der Unglaube in der Forderung von Beglaubigungszeichen. Im Unterschied zu Mk 8,11 f. gesteht Jesus das Zeichen des Jona zu. Aber dieses wird nicht auf Jesu Tod und Auferstehung bezogen (so Mt 12,40), sondern entweder auf die Bußpredigt Jesu (vgl. 10,13) oder auf den zum Gericht kommenden (vgl. 17,22 f.) Menschensohn Jesus. Wer jetzt nicht auf ihn hört und sich bekehrt, verfällt dem Gericht. Denn er ist mehr als alle Weisheit und Prophetie vor ihm (vgl. 1Ko 1,24.30).

Bildworte vom Licht

(Mt 5,15; 6,22.23)

[33]Niemand zündet ein Licht an und setzt es in einen Winkel, auch nicht unter einen Scheffel, sondern auf den Leuchter, damit, wer hineingeht, das Licht sehe. [34]Dein Auge ist das Licht des Leibes. Wenn nun dein Auge lauter ist, so ist dein ganzer Leib licht; wenn es aber böse ist, so ist auch dein Leib finster. [35]So schaue darauf, daß nicht das Licht in dir Finsternis sei. [36]Wenn nun dein Leib ganz licht ist und kein Teil an ihm finster ist, dann wird er ganz licht sein, wie wenn dich das Licht erleuchtet mit hellem Schein.

Lk bringt in V. 33 den aus Mk 4,21 übernommenen Lichtspruch und schließt daran weitere aus Q an. Dabei ist »Licht« teils auf Jesus (V. 33.36 c), der es gibt, teils auf den Menschen (V. 34–36 a), der es empfängt und weitergibt, bezogen. Im Anschluß an V. 29–32 besagen V. 34–36: Es liegt nicht an Jesus, wenn das Evangelium abgelehnt wird, sondern an den Menschen, die sich Jesu Licht verschließen.

Weherufe gegen die Pharisäer und Schriftgelehrten

(Mt 23,1-36)

[37]Als er noch redete, bat ihn ein Pharisäer, mit ihm zu essen. Und er ging hinein und setzte sich zu Tisch. [38]Als das der Pharisäer sah, wunderte er sich, daß er sich nicht vor dem Essen gewaschen hatte. [39]Der Herr aber sprach zu ihm: Ihr Pharisäer, ihr haltet die Becher und Schüsseln außen rein; aber euer Inneres ist voll Raubgier und Bosheit. [40]Ihr Narren, hat nicht der, der das Äußere geschaffen hat, auch das Innere geschaffen? [41]Gebt doch, was drinnen ist, als Almosen, siehe, dann ist euch alles rein.

[42]Aber weh euch Pharisäern! Denn ihr gebt den Zehnten von Minze und Raute und allerlei Gemüse, aber am Recht

Diese aus Q übernommenen Scheltworte (vgl. zu Mt 23) sind von Lk so geordnet worden: Auf die Einleitung V. 37 f. (vgl. 7,36; 14,1) folgen Worte gegen die Pharisäer (V. 39–44). Nach einer Überleitung (V. 45) schließen sich Worte gegen die Schriftgelehrten (V. 46–52) an. V. 53 f. bilden dann den Abschluß. Im Mittelpunkt der Anklagen gegen die Pharisäer steht die Mahnung zum Almosengeben (V. 41 a). Statt sich um die äußere Reinheit der Eßgeräte zu sorgen, sollten sie sich vielmehr darum kümmern, daß die Nahrungsmittel (= »was drinnen ist«) gerecht verteilt werden. So steht in der Wiedergabe der Weherufe bei Lk die egoistische Sorge um eigenes Heil und Wohlergehen der Haltung der Nächstenliebe gegenüber. Die Pharisäer werden als »Unverständige« im Sinne der »Gottlosen« von Ps 14; 53 und als habgierige Menschen geschildert. Sie erscheinen damit als das negative Gegenbild zu dem durch Gottesgehorsam und Armut gekennzeichneten Jesus. Durch eine solche Darstellung der Pharisäer, die keinen Anspruch auf historische Zuverlässigkeit erheben kann, soll die Gemeinde vor einem ähnlichen Verhalten gewarnt werden (vgl. 12,13ff.33). Zu V. 38 vgl. Mk 7/Mt 15. V. 43 berührt sich mit Mk 12,38f./Lk 20,46 und ist dort – sachlich richtiger – an die Adresse der Schriftgelehrten gerichtet. Die in V. 45–52 gegen die Schriftgelehrten erhobenen Vorwürfe zeigen geringe Abweichungen von Mt 23,4.29 bis 31.34f.13. Der Weheruf von V. 44 setzt eine andere Begräbnissitte voraus. Lk spricht nicht vom Übertünchen von Grabkammern (so Mt 23,27), sondern von vernachlässigten Erdgräbern. – In den Vorwurf des Prophetenmordes bezieht Lk über Mt 23,34 hinaus auch ausdrücklich die christlichen Apostel ein.

Als Jüngerbelehrung (V. 1) bringt Lk die aus Q stammenden Einzelworte (vgl. Mt 10,26ff.). V. 4–7 mahnen zur Furchtlosigkeit vor Menschen und zur Furcht vor Gott. Der Menschensohn-Spruch V. 8f. (= Mt 10,32f.; vgl. auch Mk 8,38Par) begegnet hier in der ältesten Fassung: Der als Richter erscheinende Menschensohn wird zwar von dem irdischen Jesus unterschieden, aber mit ihm doch so eng zusammengesehen, daß er die gegenüber Jesus gefällte Entscheidung im Endgericht bestätigen wird. Liegt hier ein echtes Jesuswort vor, dann müßten zwei Personen gemeint sein: Jesus und der zukünftige Menschensohn von Dan

und an der Liebe Gottes geht ihr vorbei. Doch dies sollte man tun und jenes nicht lassen.

[43] Weh euch Pharisäern! Denn ihr sitzt gern obenan in den Synagogen und wollt gegrüßt sein auf dem Markt.

[44] Weh euch! Denn ihr seid wie die verdeckten Gräber, über die die Leute laufen, und wissen es nicht.

[45] Da antwortete einer von den Schriftgelehrten und sprach zu ihm: Meister, mit diesen Worten schmähst du uns auch. [46] Er aber sprach: Weh auch euch Schriftgelehrten! Denn ihr beladet die Menschen mit unerträglichen Lasten, und ihr selbst rührt sie nicht mit einem Finger an.

[47] Weh euch! Denn ihr baut den Propheten Grabmäler; eure Väter aber haben sie getötet. [48] So bezeugt ihr und billigt die Taten eurer Väter; denn sie haben sie getötet; und ihr baut ihnen Grabmäler! [49] Darum spricht die Weisheit Gottes: Ich will Propheten und Apostel zu ihnen senden, und einige von ihnen werden sie töten und verfolgen, [50] damit gefordert werde von diesem Geschlecht das Blut aller Propheten, das vergossen ist seit Erschaffung der Welt, [51] von Abels Blut an bis hin zum Blut des Secharja, der umkam zwischen Altar und Tempel. Ja, ich sage euch: Es wird gefordert werden von diesem Geschlecht.

[52] Weh euch Schriftgelehrten! Denn ihr habt den Schlüssel der Erkenntnis weggenommen. Ihr selbst seid nicht hineingegangen und habt auch denen gewehrt, die hinein wollten.

[53] Und als er von dort hinausging, fingen die Schriftgelehrten und Pharisäer an, heftig auf ihn einzudringen und ihn mit vielen Fragen auszuhorchen, [54] und belauerten ihn, ob sie etwas aus seinem Mund erjagen könnten.

Mahnung zum furchtlosen Bekennen

(Mt 10,26-33)

12 Unterdessen kamen einige tausend Menschen zusammen, so daß sie sich untereinander traten. Da fing er an und sagte zuerst zu seinen Jüngern: Hütet euch vor dem Sauerteig der Pharisäer, das ist die Heuchelei.

[2] Es ist aber nichts verborgen, was nicht offenbar wird, und nichts geheim, was man nicht wissen wird. [3] Darum, was ihr in der Finsternis sagt, das wird man im Licht hören; und was ihr ins Ohr flüstert in der Kammer, das wird man auf den Dächern predigen.

[4] Ich sage aber euch, meinen Freunden: Fürchtet euch nicht vor denen, die den Leib töten und danach nichts mehr tun können. [5] Ich will euch aber zeigen, vor wem ihr euch fürchten sollt: Fürchtet euch vor dem, der, nachdem er getötet hat, auch Macht hat, in die Hölle zu werfen. Ja, ich sage euch, vor dem fürchtet euch. [6] Verkauft man nicht

fünf Sperlinge für zwei Groschen? Dennoch ist vor Gott nicht einer von ihnen vergessen. [7]Aber auch die Haare auf eurem Haupt sind alle gezählt. Darum fürchtet euch nicht; ihr seid besser als viele Sperlinge. [8]Ich sage euch aber: *Wer mich bekennt vor den Menschen, den wird auch der Menschensohn bekennen vor den Engeln Gottes.* [9]*Wer mich aber verleugnet vor den Menschen, der wird verleugnet werden vor den Engeln Gottes.* [10]Und wer ein Wort gegen den Menschensohn sagt, dem soll es vergeben werden; wer aber den heiligen Geist lästert, dem soll es nicht vergeben werden. [11]Wenn sie euch aber führen werden in die Synagogen und vor die Machthaber und die Obrigkeit, so sorgt nicht, wie oder womit ihr euch verantworten oder was ihr sagen sollt; [12]denn der heilige Geist wird euch in dieser Stunde lehren, was ihr sagen sollt.

7,13 f. Vom Sprachlichen her liegt es aber näher, zwei Stadien der Wirksamkeit ein und derselben Person anzunehmen: den Jesus von Nazareth und sein Kommen als zukünftiger Weltenrichter. Dann könnte dieser Spruch auf urchristliche Propheten zurückgehen, die ihre Mahnworte abschließend durch Hinweise auf den als Richter erscheinenden Menschensohn Jesus dringlich zu machen pflegten. Bezeichnenderweise lenkt V. 8 f. zu V. 2 f. zurück und bildet den natürlichen Abschluß für die Forderung der Furcht- und Sorglosigkeit. Insofern hat Mt zu Recht den kommenden Menschensohn direkt mit Jesus gleichgesetzt.

V. 10 enthält ein weiteres Menschensohnwort (vgl. Mt 12,32 und Mk 3,29), das hier als Ergänzung und Korrektur von V. 8f. verwendet wird: Vor Ostern war eine Ablehnung der Botschaft Jesu vergebbar. Wer jedoch nach Ostern die geistgewirkte Verkündigung der Kirche abweist und ihre Boten verfolgt (vgl. V. 11f.), findet keine Vergebung (vgl. Apg 13,45; 26,11). Mit V. 11f. (vgl. Mt 10,19f.) faßt Lk die ganze Spruchkette (ab V. 2) zusammen: Auch vor heidnischen Behörden (»Machthaber und Obrigkeiten«) darf der Jünger auf Gottes Hilfe vertrauen (vgl. auch Mk 13,11/Lk 21,14f.).

Warnung vor Habgier

[13]Es sprach aber einer aus dem Volk zu ihm: Meister, sage meinem Bruder, daß er mit mir das Erbe teile. [14]Er aber sprach zu ihm: Mensch, wer hat mich zum Richter oder Erbschlichter über euch gesetzt? [15]Und er sprach zu ihnen: Seht zu und hütet euch vor aller Habgier; denn *niemand lebt davon, daß er viele Güter hat.*

Der reiche Kornbauer

[16]Und er sagte ihnen ein Gleichnis und sprach: Es war ein reicher Mensch, dessen Feld hatte gut getragen. [17]Und er dachte bei sich selbst und sprach: Was soll ich tun? Ich habe nichts, wohin ich meine Früchte sammle. [18]Und sprach: Das will ich tun: ich will meine Scheunen abbrechen und größere bauen, und will darin sammeln all mein Korn und meine Vorräte [19]und will sagen zu meiner Seele: Liebe Seele, du hast einen großen Vorrat für viele Jahre; habe nun Ruhe, iß, trink und habe guten Mut! [20]Aber Gott sprach zu ihm: Du Narr! Diese Nacht wird man deine Seele von dir fordern; und wem wird dann gehören, was du angehäuft hast? [21]So geht es dem, der sich Schätze sammelt und ist nicht reich bei Gott.

Wie in 10,25–37 folgt auf eine Anfrage an Jesus eine Beispielerzählung, die vor Besitzstreben warnt. Lk behandelt oft die Frage nach rechter Verwendung des Besitzes, die für die Kirche seiner Zeit offensichtlich wichtig war. Aufgabe Jesu ist es nicht, Besitzansprüche zu rechtfertigen, sondern zur Freiheit und Offenheit für Gottes kommende Herrschaft aufzurufen (vgl. 12,31; 9,62). Der reiche Kornbauer ist deshalb das Beispiel eines »Narren«, d. h. eines Gottlosen im Sinne von Ps 14/53 (vgl. 11,40a), der das Lebensziel in der Mehrung seines Besitzes sieht und dadurch vor Gott nicht bestehen kann; denn der Besitz ist das »Fremde« (vgl. 16,12). Er verhindert das Menschsein, d. h. die Gottebenbildlichkeit als Mitmenschlichkeit. Der Tod wird die Dummheit dieses Bauern offenbar machen.

Vom falschen und rechten Sorgen
(Mt 6,25-33.20.21)

[22]Er sprach aber zu seinen Jüngern: Darum sage ich euch: Sorgt nicht um euer Leben, was ihr essen sollt, auch nicht

Die Warnung vor der Sorge (V. 11) wird jetzt – unter Verwendung von

Material aus Q – thematisch entfaltet. Zugleich werden Folgerungen aus V. 16–21 gezogen. Der Höhepunkt liegt in V. 29–31 vor, wo Lk zwischen dem falschen und dem richtigen »Fragen« (V. 29) unterscheidet: dem Streben nach materiellen Gütern und dem nach dem »Reich«, d. h. nach dem Zur-Herrschaft-Kommen Gottes durch das Tun seines Willens. V. 32 (Sondergut) ist ein altes Trostwort, das der armen, verfolgten und unscheinbaren Jüngergemeinde (vgl. 6,20ff.) die Teilhabe am »Reich« verheißt. Damit ist das »Essen und Trinken an meinem Tisch in meinem Reich« (22,30), d. h. die Teilhabe an dem zukünftigen Freudenmahl der Vollendung (vgl. 22,16; Off 3,20) gemeint. Weil die Jesusnachfolger unter dieser Verheißung stehen, sollen sie, wie die Anfügung von V. 33f. (vgl. Mt 6,20f.) erweist, allen Besitz als »Almosen« weggeben (vgl. Apg 2,45; 4,34ff.) und sich durch dieses »Gutestun« (vgl. 6,29–36) einen den Tod überdauernden und im »Himmel« (= vor Gott) bleibenden »Schatz« erwerben (vgl. 18,22).

Die in V. 31 geforderte Ausrichtung auf das »Reich« wird in V. 35ff. als Warten auf das Kommen des Menschensohnes gedeutet und in seinen praktischen Konsequenzen für die Gegenwart entfaltet. Das Bildwort von der ständigen Bereitschaft (V. 35) erklärt sich aus der römischen Militärkleidung. Der Soldat trug nur ein Gewand, das so lang war, daß es beim Ruhen als Decke dienen konnte. Bei der Arbeit dagegen wurde es durch einen Gürtel hochgeschürzt. Da das Entzünden von Licht in der Antike sehr umständlich war, wurde es bei Erwartung eines schnellen Aufbruchs nicht gelöscht. Durch V. 41 wird das Gleichnis aber auf die Apostel als »Verwalter des Herrn« eingeengt (V. 42; vgl. 1Ko 4,2; 1Pt 4,10). Ent-

um euren Leib, was ihr anziehen sollt. [23]Denn das Leben ist mehr als die Nahrung und der Leib mehr als die Kleidung. [24]Seht die Raben an: sie säen nicht, sie ernten auch nicht, sie haben auch keinen Keller und keine Scheune, und Gott ernährt sie doch. Wieviel besser seid ihr als die Vögel! [25]Wer ist unter euch, der, wie sehr er sich auch darum sorgt, seines Lebens Länge eine Spanne zusetzen könnte? [26]Wenn ihr nun auch das Geringste nicht vermögt, warum sorgt ihr euch um das andre? [27]Seht die Lilien an, wie sie wachsen: sie spinnen nicht, sie weben nicht. Ich sage euch aber, daß auch Salomo in aller seiner Herrlichkeit nicht gekleidet gewesen ist wie eine von ihnen. [28]Wenn nun Gott das Gras, das heute auf dem Feld steht und morgen in den Ofen geworfen wird, so kleidet, wieviel mehr wird er euch kleiden, ihr Kleingläubigen! [29]Darum auch ihr, fragt nicht danach, was ihr essen oder was ihr trinken sollt, und macht euch keine Unruhe. [30]Nach dem allen trachten die Heiden in der Welt; aber euer Vater weiß, daß ihr dessen bedürft. [31]*Trachtet vielmehr nach seinem Reich, so wird euch das alles zufallen.* [32]*Fürchte dich nicht, du kleine Herde! Denn es hat eurem Vater wohlgefallen, euch das Reich zu geben.*

[33]Verkauft, was ihr habt, und gebt Almosen. Macht euch Geldbeutel, die nicht veralten, einen Schatz, der niemals abnimmt, im Himmel, wo kein Dieb hinkommt und den keine Motten fressen. [34]Denn wo euer Schatz ist, da wird auch euer Herz sein.

Vom Warten auf das Kommen Christi
(Mt 24,43-51)

[35]Laßt eure Lenden umgürtet sein und eure Lichter brennen [36]und seid gleich den Menschen, die auf ihren Herrn warten, wann er aufbrechen wird von der Hochzeit, damit, wenn er kommt und anklopft, sie ihm sogleich auftun. [37]Selig sind die Knechte, die der Herr, wenn er kommt, wachend findet. Wahrlich, ich sage euch: Er wird sich schürzen und wird sie zu Tisch bitten und kommen und ihnen dienen. [38]Und wenn er kommt in der zweiten oder in der dritten Nachtwache und findet's so: selig sind sie. [39]Das sollt ihr aber wissen: Wenn ein Hausherr wüßte, zu welcher Stunde der Dieb kommt, so ließe er nicht in sein Haus einbrechen. [40]*Seid auch ihr bereit! Denn der Menschensohn kommt zu einer Stunde, da ihr's nicht meint.*

[41]Petrus aber sprach: Herr, sagst du dies Gleichnis zu uns oder auch zu allen? [42]Der Herr aber sprach: Wer ist denn der treue und kluge Verwalter, den der Herr über seine Leute setzt, damit er ihnen zur rechten Zeit gibt, was ihnen zusteht? [43]Selig ist der Knecht, den sein Herr, wenn er

kommt, das tun sieht. [44]Wahrlich, ich sage euch: Er wird ihn über alle seine Güter setzen. [45]Wenn aber jener Knecht in seinem Herzen sagt: Mein Herr kommt noch lange nicht, und fängt an, die Knechte und Mägde zu schlagen, auch zu essen und zu trinken und sich vollzusaufen, [46]dann wird der Herr dieses Knechtes kommen an einem Tage, an dem er's nicht erwartet, und zu einer Stunde, die er nicht kennt, und wird ihn in Stücke hauen lassen und wird ihm sein Teil geben bei den Ungläubigen.

[47]Der Knecht aber, der den Willen seines Herrn kennt, hat aber nichts vorbereitet noch nach seinem Willen getan, der wird viel Schläge erleiden müssen. [48]Wer ihn aber nicht kennt und getan hat, was Schläge verdient, wird wenig Schläge erleiden. Denn *wem viel gegeben ist, bei dem wird man viel suchen; und wem viel anvertraut ist, von dem wird man um so mehr fordern.*

scheidend ist – gerade angesichts der Verzögerung des Kommens des Menschensohnes (V. 38.45) – ihre ständige Bereitschaft zum Dienst (zu V. 35 vgl. Eph 6,14; 1Pt 1,13). Denn auch für ihren Herrn ist das Dienen charakteristisch (zu V. 37 vgl. 22,27; Joh 13,4ff.14ff.). Wer deshalb das Ausbleiben des Herrn dazu benutzt, über die ihm Anvertrauten zu herrschen und sie zu drangsalieren, um von den Früchten ihrer Arbeit zu profitieren und sich so auf fremde Kosten ein bequemes Leben zu machen, verfällt dem Gericht. Für diese Aussage hat Lk zum Teil Q-Tradition verwendet (V. 39–46). In V. 47f. werden die Drohungen von V. 45f. aufgrund von Erfahrungen mit Gemeindeleitern der Urkirche abgeschwächt und differenziert.

Entzweiungen um Jesu willen
(Mt 10,34-36)

[49]*Ich bin gekommen, ein Feuer anzuzünden auf Erden; was wollte ich lieber, als daß es schon brennte!* [50]Aber ich muß mich zuvor taufen lassen mit einer Taufe, und wie ist mir so bange, bis sie vollbracht ist! [51]Meint ihr, daß ich gekommen bin, Frieden zu bringen auf Erden? Ich sage: Nein, sondern Zwietracht. [52]Denn von nun an werden fünf in einem Hause uneins sein, drei gegen zwei und zwei gegen drei. [53]Es wird der Vater gegen den Sohn sein und der Sohn gegen den Vater, die Mutter gegen die Tochter und die Tochter gegen die Mutter, die Schwiegermutter gegen die Schwiegertochter und die Schwiegertochter gegen die Schwiegermutter.

Die Erfahrung der ersten Jesusanhänger spiegeln sich wider: Nachfolge Jesu zieht Leiden und Schwierigkeiten mit den Angehörigen nach sich. Sie zerreißt die schon durch die angespannte wirtschaftliche und politische Lage brüchigen Familien und führt zur Spaltung in Israel. Mit dem »Feuer« ist wohl das Gericht (vgl. Sach 13,9) gemeint, dem aber Jesu Todestaufe (vgl. Mk 10,38) vorausgehen muß. Da das Gericht Scheidung bewirkt, ist mit Jesu Kommen noch nicht der endzeitliche Friede angebrochen, sondern erst die letzte Entscheidungszeit.

Beurteilung der Zeit

[54]Er sprach aber zu der Menge: Wenn ihr eine Wolke aufsteigen seht vom Westen her, so sagt ihr gleich: Es gibt Regen. Und es geschieht so. [55]Und wenn der Südwind weht, so sagt ihr: Es wird heiß werden. Und es geschieht so. [56]Ihr Heuchler! Über das Aussehen der Erde und des Himmels könnt ihr urteilen; warum aber könnt ihr über diese Zeit nicht urteilen?

[57]Warum aber urteilt ihr nicht auch von euch aus darüber, was recht ist? [58]Denn wenn du mit deinem Gegner zum Gericht gehst, so bemühe dich auf dem Wege, von ihm loszukommen, damit er nicht etwa dich vor den Richter ziehe, und der Richter überantworte dich dem Gerichtsdiener, und der Gerichtsdiener werfe dich ins Gefängnis. [59]Ich sage dir: Du wirst von dort nicht herauskommen, bis du den allerletzten Heller bezahlt hast.

In V. 54–56 wird die Volksmenge als »Heuchler« charakterisiert, weil sie die Situation zwar kennt, aber nicht die richtigen, zeitgemäßen Konsequenzen daraus zieht. V. 57 bis 59 veranschaulichen, worum es dabei geht: um die Gewährung der Versöhnung untereinander, ehe es zu spät ist. Die drohende Verurteilung kann jetzt noch, solange wir miteinander auf dem Wege sind, durch Umkehr abgewendet werden. Auf diese Weise wird 13,1ff. vorbereitet.

Lk setzt den Gedankengang von 12,49–59 fort: Angesichts der mit Jesus angebrochenen letzten Gnadenfrist (V. 6–9) ist es höchste Zeit zur Umkehr. Mit dem Hinweis darauf, daß der römische Prokurator Pontius Pilatus fromme Festpilger ermorden ließ, will Jesus sagen: Solche Ereignisse weisen nicht auf eine besondere Schuld der Betroffenen, sondern dienen als Warnung an die Hörer. Wer nicht umkehrt, muß mit dem gleichen Schicksal rechnen. Auch das zweite Beispiel verfolgt diese Richtung. Gemeint ist ein Befestigungsturm der Jerusalemer Stadtmauer am Teich Siloah (Joh 9,7.11). Das Gleichnis in V. 6–9 (vgl. Mk 11,12–14/Mt 21,18 f.) muß von V. 3.5 her gedeutet werden. Da in Hos 9,10; Jer 8,13 Israel mit einem Feigenbaum verglichen wird, soll in V. 6–9 speziell Israel die Chance angeboten werden.

Wie in 12,56 wird in V. 15 der Vorwurf wegen Heuchelei erhoben. Somit geht es auch hier um den Nachweis der Unbußfertigkeit der Führer Israels, die angesichts des Heilshandelns Jesu besonders in Erscheinung tritt. Die Heilung steht im Zeichen des Kampfes Jesu mit dem Satan (vgl. 11,20 ff.). Wer sich deshalb Jesu Rettungswerk widersetzt, wer Bedenken gegen die Befreiung Gebundener hat, dient nicht Gott und ist mit seiner Berufung auf das Sabbatgebot ein Heuchler. Was für das Vieh gilt, sollte doch erst recht für eine Angehörige des Gottesvolkes gelten! V. 17 zeigt, wie Jesu Heilungstat zu einer Scheidung im Volk führt: Die Führungsschicht erweist sich als christusfeindlich, das Volk als christusfreundlich (vgl. 7,29 f.; 19,47 f.; 20,19).

Der Untergang der Galiläer. Der Turm von Siloah

13 Es kamen aber zu der Zeit einige, die berichteten ihm von den Galiläern, deren Blut Pilatus mit ihren Opfern vermischt hatte. [2] Und Jesus antwortete und sprach zu ihnen: Meint ihr, daß diese Galiläer mehr gesündigt haben als alle andern Galiläer, weil sie das erlitten haben? [3] Ich sage euch: Nein; sondern wenn ihr nicht Buße tut, werdet ihr alle auch so umkommen. [4] Oder meint ihr, daß die achtzehn, auf die der Turm in Siloah fiel und erschlug sie, schuldiger gewesen sind als alle andern Menschen, die in Jerusalem wohnen? [5] Ich sage euch: Nein; sondern wenn ihr nicht Buße tut, werdet ihr alle auch so umkommen.

Das Gleichnis vom Feigenbaum

[6] Er sagte ihnen aber dies Gleichnis: Es hatte einer einen Feigenbaum, der war gepflanzt in seinem Weinberg, und er kam und suchte Frucht darauf und fand keine. [7] Da sprach er zu dem Weingärtner: Siehe, ich bin nun drei Jahre lang gekommen und habe Frucht gesucht an diesem Feigenbaum, und finde keine. So hau ihn ab! Was nimmt er dem Boden die Kraft? [8] Er aber antwortete und sprach zu ihm: Herr, laß ihn noch dies Jahr, bis ich um ihn grabe und ihn dünge; [9] vielleicht bringt er doch noch Frucht; wenn aber nicht, so hau ihn ab.

Die Heilung der verkrümmten Frau am Sabbat

[10] Und er lehrte in einer Synagoge am Sabbat. [11] Und siehe, eine Frau war da, die hatte seit achtzehn Jahren einen Geist, der sie krank machte; und sie war verkrümmt und konnte sich nicht mehr aufrichten. [12] Als aber Jesus sie sah, rief er sie zu sich und sprach zu ihr: Frau, sei frei von deiner Krankheit! [13] Und legte die Hände auf sie; und sogleich richtete sie sich auf und pries Gott. [14] Da antwortete der Vorsteher der Synagoge, denn er war unwillig, daß Jesus am Sabbat heilte, und sprach zu dem Volk: Es sind sechs Tage, an denen man arbeiten soll; an denen kommt und laßt euch heilen, aber nicht am Sabbattag. [15] Da antwortete ihm der Herr und sprach: Ihr Heuchler! Bindet nicht jeder von euch am Sabbat seinen Ochsen oder seinen Esel von der Krippe los und führt ihn zur Tränke? [16] Sollte dann nicht diese, die doch Abrahams Tochter ist, die der Satan schon achtzehn Jahre gebunden hatte, am Sabbat von dieser Fessel gelöst werden? [17] Und als er das sagte, mußten sich schämen alle, die gegen ihn gewesen waren. Und alles Volk freute sich über alle herrlichen Taten, die durch ihn geschahen.

Vom Senfkorn und vom Sauerteig
(Mt 13,31-33; Mk 4,30-32)

[18]Er aber sprach: Wem gleicht das Reich Gottes, und womit soll ich's vergleichen? [19]Es gleicht einem Senfkorn, das ein Mensch nahm und in seinen Garten säte; und es wuchs und wurde ein Baum, und die Vögel des Himmels wohnten in seinen Zweigen.

[20]Und wiederum sprach er: Womit soll ich das Reich Gottes vergleichen? [21]Es gleicht einem Sauerteig, den eine Frau nahm und unter einen halben Zentner Mehl mengte, bis es ganz durchsäuert war.

Die beiden Wachstumsgleichnisse werden auch von Mt zusammenhängend überliefert, während Mk nur das erste bietet. Innerhalb des Reiseberichts des Lk sind sie unter missionarischem Vorzeichen zu sehen: Sie veranschaulichen den unscheinbaren, kaum beachteten Anfang der Gottesreichsverkündigung, die zu einem gewaltigen, weltumfassenden Geschehen anwachsen wird (vgl. Apg 1,8; 28,28 ff.).

Von der engen Pforte und der verschlossenen Tür

V. 22 unterstreicht wieder die Reisesituation mit Jerusalem als Ziel. Damit wird die Frage nach dem Heil aktuell (zu V. 23 vgl. Mk 10,26). Die theoretische Frage wird – wie die in 10,25 ff. – mit einem Appell zum Tun beantwortet (zu V. 24 vgl. Mt 7,13 f./Q). Das Gleichnis von der verschlossenen Tür (V. 25–29) zeigt Berührungen mit Mt 25,10–12; 7,22 f. und 8,11 f. und dient als Veranschaulichung für die Abweisung der »vielen« von V. 24.

[22]Und er ging durch Städte und Dörfer und lehrte und nahm seinen Weg nach Jerusalem. [23]Es sprach aber einer zu ihm: Herr, meinst du, daß nur wenige selig werden? Er aber sprach zu ihnen: [24]Ringt darum, daß ihr durch die enge Pforte hineingeht; denn viele, das sage ich euch, werden danach trachten, wie sie hineinkommen, und werden's nicht können. [25]Wenn der Hausherr aufgestanden ist und die Tür verschlossen hat, und ihr anfangt, draußen zu stehen und an die Tür zu klopfen und zu sagen: Herr, tu uns auf!, dann wird er antworten und zu euch sagen: Ich kenne euch nicht; wo seid ihr her? [26]Dann werdet ihr anfangen zu sagen: Wir haben vor dir gegessen und getrunken, und auf unsern Straßen hast du gelehrt. [27]Und er wird zu euch sagen: Ich kenne euch nicht; wo seid ihr her? Weicht alle von mir, ihr Übeltäter! [28]Da wird Heulen und Zähneklappern sein, wenn ihr sehen werdet Abraham, Isaak und Jakob und alle Propheten im Reich Gottes, euch aber hinausgestoßen. [29]Und *es werden kommen von Osten und von Westen, von Norden und von Süden, die zu Tisch sitzen werden im Reich Gottes.* [30]Und siehe, es sind Letzte, die werden die Ersten sein, und sind Erste, die werden die Letzten sein.

V. 26 meint wohl Christen, die überzeugt sind, durch ihre Teilnahme am Abendmahl und ihr Hören der Verkündigung den Zugang zum Gottesreich erwerben zu können. Aber das Urteil des Herrn ist unbestechlich: Sie werden den »Tätern der Ungerechtigkeit« (= »Übeltäter«) zugerechnet und verworfen werden. Ohne Gutestun gibt es kein Hineinkommen ins Gottesreich (vgl. 6,33 ff.; 10,30 ff.). In V. 29 erscheint das Gottesreich im Bilde des Festmahls (vgl. 12,37; 14,15), zu dem Menschen aus der weiten Welt kommen werden. Dabei wird die V. 19.21 angekündigte weltweite Mission hier vorausgesetzt. – V. 30 schwächt Mt 20,16 (vgl. Mt 19,30/Mk 10,31) ab: Manche der zuletzt Gekommenen werden »Erste« sein und umgekehrt. Wer ist »Erster«? Der zum Dienen bereit ist (vgl. 22,25–27)!

Die Feindschaft des Herodes

[31]Zu dieser Stunde kamen einige Pharisäer und sprachen zu ihm: Mach dich auf und geh weg von hier; denn Herodes will dich töten. [32]Und er sprach zu ihnen: Geht hin und sagt diesem Fuchs: Siehe, ich treibe böse Geister aus und mache gesund heute und morgen, und am dritten Tage werde ich vollendet sein. [33]Doch muß ich heute und mor-

Jesu Weg nach Jerusalem (V. 22) führt zu seinem Tod durch Jerusalem (V. 34). Daß dies Gottes Wille ist, sagen V. 31–33. Darum gehören V. 22–35 sachlich eng zusammen. Mit Herodes ist der Tetrarch Herodes Antipas gemeint (vgl. 3,1 u. ö.), der als »Fuchs«, d. h. als verschlagen und niedrig, charakterisiert wird. V. 32b umschreibt den in Kürze bevorstehenden Tod Jesu als Vollendung seines Heilswerks. In V. 34f. wird Jesu Schicksal als typisches Prophetenschicksal verstanden. V. 35a spielt auf die Zerstörung Jerusalems im Jahre 70 n. Chr. an. Das letzte Wort spricht von der Hoffnung für Israel: Bei seiner Wiederkunft wird Jesus mit Ps 118,26 begrüßt werden (vgl. Rö 11,25 ff.).

gen und am folgenden Tage noch wandern; denn es geht nicht an, daß ein Prophet umkomme außerhalb von Jerusalem.

Jesu Klage über Jerusalem

(Mt 23,37-39)

[34] Jerusalem, Jerusalem, die du tötest die Propheten und steinigst, die zu dir gesandt werden, wie oft habe ich deine Kinder versammeln wollen wie eine Henne ihre Küken unter ihre Flügel, und ihr habt nicht gewollt! [35] Seht, »euer Haus soll euch wüst gelassen werden« (Jeremia 22,5; Psalm 69,26). Aber ich sage euch: Ihr werdet mich nicht mehr sehen, bis die Zeit kommt, da ihr sagen werdet: Gelobt ist, der da kommt in dem Namen des Herrn!

Auf das Gerichtswort folgen Auseinandersetzungen mit den führenden Kreisen Jerusalems, die nach Lk pharisäisch eingestellt waren (V. 1). Das erste Streitgespräch betrifft den Sabbat. V. 5 (vgl. 13,15) besagt: Was ihr dem eigenen Stück Vieh gewährt, sollte für jeden Menschen gelten. Die Rettung eines Menschen ist oberstes Gebot (vgl. 6,9.36; 10,25 ff.).

Die Heilung des Wassersüchtigen am Sabbat

14 Und es begab sich, daß er an einem Sabbat in das Haus eines Oberen der Pharisäer kam, das Brot zu essen, und sie belauerten ihn. [2] Und siehe, da war ein Mensch vor ihm, der war wassersüchtig. [3] Und Jesus fing an und sagte zu den Schriftgelehrten und Pharisäern: Ist's erlaubt, am Sabbat zu heilen oder nicht? [4] Sie aber schwiegen still. Und er faßte ihn an und heilte ihn und ließ ihn gehen. [5] Und er sprach zu ihnen: Wer ist unter euch, dem sein Sohn oder sein Ochse in den Brunnen fällt, und der ihn nicht alsbald herauszieht, auch am Sabbat? [6] Und sie konnten ihm darauf keine Antwort geben.

Dieser Abschnitt (Sondergut) besteht aus zwei Teilen: 1. V. 7–11 haben die Form einer Tischregel und warnen im Sinne von Spr 25,6 vor Prestigesucht und mahnen zur Demut. V. 11 ist ein Predigtspruch, der auf die Umkehrung aller Verhältnisse in Gottes Reich (vgl. V. 15–24) zielt. Er begegnet auch 18,14; Mt 18,4 und 23,12. 2. V. 12–14 warnen im Sinne von 6,32–36 vor einem auf entsprechende Vergeltung reflektierendem Tun und mahnen zu einer bedingungslos schenkenden Nächstenliebe. Die Ordnung des neuen, von Jesus angekündigten Gottesreichs ist also der in unserer alten Welt üblichen Verhaltensweise radikal entgegengesetzt: Unter Gottes Verheißung stehen allein nichtberechnendes Geben und opferbereite Hingabe für andere (vgl. 9,24; 17,33).

Von Rangordnung und Auswahl der Gäste

[7] Er sagte aber ein Gleichnis zu den Gästen, als er merkte, wie sie suchten, obenan zu sitzen, und sprach zu ihnen: [8] Wenn du von jemandem zur Hochzeit geladen bist, so setze dich nicht obenan; denn es könnte einer eingeladen sein, der vornehmer ist als du, [9] und dann kommt der, der dich und ihn eingeladen hat, und sagt zu dir: Weiche diesem!, und du mußt dann beschämt untenan sitzen. [10] Sondern wenn du eingeladen bist, so geh hin und setz dich untenan, damit, wenn der kommt, der dich eingeladen hat, er zu dir sagt: Freund, rücke hinauf! Dann wirst du Ehre haben vor allen, die mit dir zu Tisch sitzen. [11] Denn *wer sich selbst erhöht, der soll erniedrigt werden; und wer sich selbst erniedrigt, der soll erhöht werden.*

[12] Er sprach aber auch zu dem, der ihn eingeladen hatte: Wenn du ein Mittags- oder Abendmahl machst, so lade weder deine Freunde noch deine Brüder noch deine Verwandten noch reiche Nachbarn ein, damit sie dich nicht etwa wieder einladen und dir vergolten wird. [13] Sondern wenn du ein Mahl machst, so lade Arme, Verkrüppelte, Lahme und Blinde ein, [14] dann wirst du selig sein, denn sie

haben nichts, um es dir zu vergelten; es wird dir aber vergolten werden bei der Auferstehung der Gerechten.

Das große Abendmahl
(Mt 22,1-10)

[15]Als aber einer das hörte, der mit zu Tisch saß, sprach er zu Jesus: Selig ist, der das Brot ißt im Reich Gottes!

[16]Er aber sprach zu ihm: Es war ein Mensch, der machte ein großes Abendmahl und lud viele dazu ein. [17]Und er sandte seinen Knecht aus zur Stunde des Abendmahls, den Geladenen zu sagen: *Kommt, denn es ist alles bereit!* [18]Und sie fingen an alle nacheinander, sich zu entschuldigen. Der erste sprach zu ihm: Ich habe einen Acker gekauft und muß hinausgehen und ihn besehen; ich bitte dich, entschuldige mich. [19]Und der zweite sprach: Ich habe fünf Gespanne Ochsen gekauft und ich gehe jetzt hin, sie zu besehen; ich bitte dich, entschuldige mich. [20]Und der dritte sprach: Ich habe eine Frau genommen; darum kann ich nicht kommen. [21]Und der Knecht kam zurück und sagte das seinem Herrn. Da wurde der Hausherr zornig und sprach zu seinem Knecht: Geh schnell hinaus auf die Straßen und Gassen der Stadt und führe die Armen, Verkrüppelten, Blinden und Lahmen herein. [22]Und der Knecht sprach: Herr, es ist geschehen, was du befohlen hast; es ist aber noch Raum da. [23]Und der Herr sprach zu dem Knecht: Geh hinaus auf die Landstraßen und an die Zäune und nötige sie hereinzukommen, daß mein Haus voll werde. [24]Denn ich sage euch, daß keiner der Männer, die eingeladen waren, mein Abendmahl schmecken wird.

Auch in diesem Gleichnis aus Q geht es um die neue Ordnung in Gottes Reich, das im Bild eines Festmahls vorgestellt wird (vgl. 12,37; u. ö.) In der ältesten Form könnte es sich um eine an Israel gerichtete Gerichtsandrohung wegen der Ablehnung Jesu handeln. In der vorliegenden Form stellt es einen Abriß der Missionsgeschichte dar: Die Erstgeladenen und eigentlich Berufenen sind die führenden jüdisch-pharisäischen Kreise (vgl. V. 1), die sich Jesu Ruf entziehen. Die danach Angesprochenen sind die Armen, Verachteten und Behinderten in Israel, die der Einladung Folge leisten (V. 21b–22). Weil noch immer Platz vorhanden ist, erfolgt eine weitere Einladung, die den Menschen außerhalb des Hauses Israel, d. h. den Heiden, gilt. Diese Weltmission ist noch nicht abgeschlossen. V. 24 (vgl. 15,7.10; 16,9) unterstreicht abschließend den Gerichtsgedanken des Gleichnisses und erinnert an 13,26–28.

Von Nachfolge und Selbstverleugnung

[25]Es ging aber eine große Menge mit ihm; und er wandte sich um und sprach zu ihnen: [26]Wenn jemand zu mir kommt und haßt nicht seinen Vater, Mutter, Frau, Kinder, Brüder, Schwestern und dazu sich selbst, der kann nicht mein Jünger sein. [27]Und wer nicht sein Kreuz trägt und mir nachfolgt, der kann nicht mein Jünger sein. [28]Denn wer ist unter euch, der einen Turm bauen will und setzt sich nicht zuvor hin und überschlägt die Kosten, ob er genug habe, um es auszuführen? [29]damit nicht, wenn er den Grund gelegt hat und kann's nicht ausführen, alle, die es sehen, anfangen, über ihn zu spotten, [30]und sagen: Dieser Mensch hat angefangen zu bauen und kann's nicht ausführen. [31]Oder welcher König will sich auf einen Krieg einlassen gegen einen andern König und setzt sich nicht zuvor hin und hält Rat, ob er mit Zehntausend dem begegnen kann, der über ihn kommt mit Zwanzigtausend? [32]Wenn nicht, so schickt er eine Gesandtschaft, solange

An das Thema Mission (V. 15–24) schließen sich Aussagen über die Bedingungen der Jüngerschaft (V. 25–35) an. Auf den Einleitungsvers folgen zwei Jesusworte aus Q (V. 26f.; vgl. Mt 10,37f.), die zur radikalen Absage an natürliche Bindungen und zum Nachvollzug von Jesu Leidensweg auffordern (vgl. 9,59f.23). Die beiden Bildworte V. 28–30.31f. (Sondergut) leiten zur kritischen Selbstprüfung vor Beginn eines Unternehmens an. Sind für Bauunternehmungen und Kriegsführung Geld und Macht notwendig, so für die Jüngerschaft umgekehrt Verzicht auf jede Form von Besitz. – Das Bildwort vom Salz schließt sich unvermittelt an und ist von den Evangelisten unterschiedlich gedeutet worden (vgl. Mt 5,13; Mk 9,50). Bezieht man »Salz« auf den Jünger, wäre dessen Bedeutung für die Welt gemeint. Bezieht man jedoch Salz auf den Besitz (»alles, was er hat« V. 33), wäre gemeint: Er erfüllt seinen rechten Sinn nur, wenn er verteilt wird. V. 35 c ist dringlicher Mahnruf, auf diese Worte zu hören.

Auch Kap. 15 beginnt mit einer Streitsituation zwischen Jesus und den Jerusalemer Theologen (vgl. 14,1). Vor ihnen rechtfertigt Jesus seine Zuwendung zu »Zöllnern und Sündern« durch zwei Doppelgleichnisse (V. 4–7.8–10 und V. 11–24.25–32). Im ersten (zu V. 4–6 vgl. Mt 18,12–14/Q; V. 8–10 sind Sondergut) werden Sorgfalt und Ausdauer im Suchen des Verlorenen hervorgehoben. Der Höhepunkt liegt jeweils auf der großen Freude angesichts des Gefundenen. Das erklärende Wort Jesu (V. 7.10) bezieht die Freude auf die Heimfindung, d. h. auf die Umkehr des Sünders (vgl. Hes 18,23; 33,11). Das bedeutet: Jesu Zuwendung zu Zöllnern und Sündern steht unter Gottes Wohlgefallen; denn Jesus verherrlicht mit seiner Liebe, die Verlorene sucht, den barmherzigen Gott, der »gegen Undankbare und Böse gütig ist« (6,35).

Dieses Doppelgleichnis (V. 11–24. 25–32) hat wie das vorangegangene den Höhepunkt in der Freude über das Finden des Verlorenen (V. 24.32; vgl. V. 5 f.9). Die zentrale Figur, auf die der jüngere und der ältere Sohn bezogen sind, ist der Vater; denn es geht hier um dessen Liebe. Dieser Vater hat nach V. 20 Erbarmen mit dem jüngeren Sohn, der wegen der Verschleuderung seines Besitzanteils in Verbindung mit einem unmoralischen Wandel als

jener noch fern ist, und bittet um Frieden. [33]So auch jeder unter euch, der sich nicht lossagt von allem, was er hat, der kann nicht mein Jünger sein.

[34]Das Salz ist etwas Gutes; wenn aber das Salz nicht mehr salzt, womit soll man würzen? [35]Es ist weder für den Acker noch für den Mist zu gebrauchen, sondern man wird's wegwerfen. Wer Ohren hat zu hören, der höre!

Vom verlorenen Schaf

15 Es nahten sich ihm aber allerlei Zöllner und Sünder, um ihn zu hören. [2]Und die Pharisäer und Schriftgelehrten murrten und sprachen: Dieser nimmt die Sünder an und ißt mit ihnen. [3]Er sagte aber zu ihnen dies Gleichnis und sprach: [4]Welcher Mensch ist unter euch, der hundert Schafe hat und, wenn er *eins* von ihnen verliert, nicht die neunundneunzig in der Wüste läßt und geht dem verlorenen nach, bis er's findet? [5]Und wenn er's gefunden hat, so legt er sich's auf die Schultern voller Freude. [6]Und wenn er heimkommt, ruft er seine Freunde und Nachbarn und spricht zu ihnen: Freut euch mit mir; denn ich habe mein Schaf gefunden, das verloren war. [7]Ich sage euch: So wird auch Freude im Himmel sein über *einen* Sünder, der Buße tut, mehr als über neunundneunzig Gerechte, die der Buße nicht bedürfen.

Vom verlorenen Groschen

[8]Oder welche Frau, die zehn Silbergroschen hat und *einen* davon verliert, zündet nicht ein Licht an und kehrt das Haus und sucht mit Fleiß, bis sie ihn findet? [9]Und wenn sie ihn gefunden hat, ruft sie ihre Freundinnen und Nachbarinnen und spricht: Freut euch mit mir; denn ich habe meinen Silbergroschen gefunden, den ich verloren hatte. [10]*So, sage ich euch, wird Freude sein vor den Engeln Gottes über einen Sünder, der Buße tut.*

Vom verlorenen Sohn

[11]Und er sprach: Ein Mensch hatte zwei Söhne. [12]Und der jüngere von ihnen sprach zu dem Vater: Gib mir, Vater, das Erbteil, das mir zusteht. Und er teilte Hab und Gut unter sie. [13]Und nicht lange danach sammelte der jüngere Sohn alles zusammen und zog in ein fernes Land; und dort brachte er sein Erbteil durch mit Prassen. [14]Als er nun all das Seine verbraucht hatte, kam eine große Hungersnot über jenes Land, und er fing an zu darben [15]und ging hin und hängte sich an einen Bürger jenes Landes; der schickte ihn auf seinen Acker, die Säue zu hüten. [16]Und er begehrte, seinen Bauch zu füllen mit den Schoten, die die Säue fraßen; und niemand gab sie ihm. [17]Da ging er in sich und

sprach: Wie viele Tagelöhner hat mein Vater, die Brot in Fülle haben, und ich verderbe hier im Hunger! [18]Ich will mich aufmachen und zu meinem Vater gehen und zu ihm sagen: Vater, ich habe gesündigt gegen den Himmel und vor dir. [19]Ich bin hinfort nicht mehr wert, daß ich dein Sohn heiße; mache mich zu einem deiner Tagelöhner! [20]Und er machte sich auf und kam zu seinem Vater. Als er aber noch weit entfernt war, sah ihn sein Vater, und es jammerte ihn; er lief und fiel ihm um den Hals und küßte ihn. [21]Der Sohn aber sprach zu ihm: *Vater, ich habe gesündigt gegen den Himmel und vor dir; ich bin hinfort nicht mehr wert, daß ich dein Sohn heiße.* [22]Aber der Vater sprach zu seinen Knechten: Bringt schnell das beste Gewand her und zieht es ihm an und gebt ihm einen Ring an seine Hand und Schuhe an seine Füße [23]und bringt das gemästete Kalb und schlachtet's; laßt uns essen und fröhlich sein! [24]Denn *dieser mein Sohn war tot und ist wieder lebendig geworden; er war verloren und ist gefunden worden.* Und sie fingen an, fröhlich zu sein.

[25]Aber der ältere Sohn war auf dem Feld. Und als er nahe zum Hause kam, hörte er Singen und Tanzen [26]und rief zu sich einen der Knechte, und fragte, was das wäre. [27]Der aber sagte ihm: Dein Bruder ist gekommen, und dein Vater hat das gemästete Kalb geschlachtet, weil er ihn gesund wieder hat. [28]Da wurde er zornig und wollte nicht hineingehen. Da ging sein Vater heraus und bat ihn. [29]Er antwortete aber und sprach zu seinem Vater: Siehe, so viele Jahre diene ich dir und habe dein Gebot noch nie übertreten, und du hast mir nie einen Bock gegeben, daß ich mit meinen Freunden fröhlich gewesen wäre. [30]Nun aber, da dieser dein Sohn gekommen ist, der dein Hab und Gut mit Huren verpraßt hat, hast du ihm das gemästete Kalb geschlachtet. [31]Er aber sprach zu ihm: Mein Sohn, du bist allezeit bei mir, und alles, was mein ist, das ist dein. [32]Du solltest aber fröhlich und guten Mutes sein; denn dieser dein Bruder war tot und ist wieder lebendig geworden, er war verloren und ist wiedergefunden.

»tot« und »verloren« angesehen wurde. Angesichts der unverdienten Zuwendung des Vaters bekennt der »verlorene Sohn« seine Schuld und erfährt dadurch seine Auferstehung (V. 24). Die im Sündenbekenntnis bekundete Buße (V. 18.21) bedeutet also Überwindung des Zustandes der Verlorenheit und des Todes durch die Gewinnung des Lebens (V. 24.32). Wie das erste Doppelgleichnis zielt also auch das zweite auf die Umkehr als Voraussetzung des Zugangs zum Leben. – In der Gestalt des älteren Sohnes wird dagegen ein nicht zur Umkehr bereiter Mensch geschildert, der auf seinen Bruder mißgünstig schaut (V. 29f.) und sich weigert, an dem Freudenfest zu Ehren des Heimgefundenen teilzunehmen. Aber auch diesem Sohn wendet sich der Vater zu, geht ihm entgegen (V. 28b) und macht ihm klar, daß er ja immer in seiner Nähe ist und somit alles mit ihm gemeinsam besitzt (V. 31). Darum ist dieses Gleichnis eine herzliche Einladung an die Pharisäer, in die Freude über die Umkehr der Sünder einzustimmen. Ihrem Urteil über die Menschen in Jesu Umgebung wird ausdrücklich Raum gegeben: Der jüngere Sohn hat wirklich böse gehandelt und für ihn spricht allein seine Reue. Dem älteren Bruder wird bescheinigt, daß er immer nach dem Willen des Vaters gelebt hat. So rechtfertigt Jesus mit diesem Gleichnis seine Zuwendung zu den verachteten »Sündern« und wirbt zugleich um die Zustimmung der Frommen zu seinem Tun. Lk hat dagegen den werbenden Ton nicht mehr herausgehört, sondern sieht in dem älteren Sohn die theologische Führungsschicht Jerusalems, die sich Jesu Bußruf verschlossen hat.

Vom unehrlichen Verwalter

16 Er sprach aber auch zu den Jüngern: Es war ein reicher Mann, der hatte einen Verwalter; der wurde bei ihm beschuldigt, er verschleudere ihm seinen Besitz. [2]Und er ließ ihn rufen und sprach zu ihm: Was höre ich da von dir? Gib Rechenschaft über deine Verwaltung; denn du kannst hinfort nicht Verwalter sein. [3]Der Verwalter sprach bei sich selbst: Was soll ich tun? Mein Herr nimmt mir das Amt; graben kann ich nicht, auch schäme ich mich zu betteln. [4]Ich weiß, was ich tun will, damit sie mich in ihre

Das von Lk aus einer Sondergut-Tradition übernommene Gleichnis umfaßt V. 1b–8a und ist eine Art Schelmen-Komödie: Ein kleiner Verwalter erkennt seine gefahrvolle Situation und macht durch Schulderlaß die Noch-Kleineren zu seinen Freunden, auf deren Dankbarkeit er rechnen kann. Auf diese Weise spielt er dem reichen Herrn einen gelungenen Streich. Der Herr (entweder der Besitzer oder Jesus) lobt ihn, weil er mit kühner Entschlossenheit dafür gesorgt hat, sich die Zukunft zu sichern. Das Gleichnis will also ursprünglich zum klugen Ausnutzen der Zeit aufrufen. V. 8b erhebt den Verwalter zum Beispiel für die Klugheit der Weltmenschen, die sich mit Gerissenheit um weltliche Vorteile bemühen. Dementsprechend sollen die Christen als »Kinder des Lichts« ihre Klugheit für die Erringung des Heils einsetzen (vgl. 12,42–46).

Häuser aufnehmen, wenn ich von dem Amt abgesetzt werde. [5]Und er rief zu sich die Schuldner seines Herrn, einen jeden für sich, und fragte den ersten: Wieviel bist du meinem Herrn schuldig? [6]Er sprach: Hundert Eimer Öl. Und er sprach zu ihm: Nimm deinen Schuldschein, setz dich hin und schreib flugs fünfzig. [7]Danach fragte er den zweiten: Du aber, wieviel bist du schuldig? Er sprach: Hundert Sack Weizen. Und er sprach zu ihm: Nimm deinen Schuldschein und schreib achtzig.

[8]Und der Herr lobte den ungetreuen Verwalter, weil er klug gehandelt hatte; denn die Kinder dieser Welt sind unter ihresgleichen klüger als die Kinder des Lichts. [9]Und ich sage euch: Macht euch Freunde mit dem ungerechten Mammon, damit, wenn er zu Ende geht, sie euch aufnehmen in die ewigen Hütten.

Für Lk allerdings geht es in dem Gleichnis nicht mehr um die letzte Chance vor dem Gericht. Durch die Hinzufügung von V. 9 wird das Gleichnis vielmehr zur Mahnung an die Jüngergemeinde, den zur Ungerechtigkeit und Gottlosigkeit verführenden Besitz recht zu gebrauchen, d.h. ihn für Liebeswerke wegzugeben (vgl. Apg 2,45; 4,32ff.), sich dadurch Freunde zu schaffen und so die Spannungen zwischen Besitzenden und Besitzlosen in der Gemeinde abzubauen.

Von der Treue

Auch diese Einzelworte fordern zur rechten Verwendung des Besitzes auf. V. 10–12 sind Sondergut, V. 13 stammt aus Q (= Mt 6,24). Der »treue« Umgang mit dem »ungerechten Mammon« als dem »fremden Gut« besteht darin, ihn wegzugeben. Nur dann wird Gott »das wahre Gut«, den der Gemeinde verheißenen heiligen Geist geben. Darum schließt dieser Abschnitt mit einem schroffen Entweder – Oder.

[10]*Wer im Geringsten treu ist, der ist auch im Großen treu; und wer im Geringsten ungerecht ist, der ist auch im Großen ungerecht.* [11]Wenn ihr nun mit dem ungerechten Mammon nicht treu seid, wer wird euch das wahre Gut anvertrauen? [12]Und wenn ihr mit dem fremden Gut nicht treu seid, wer wird euch geben, was euer ist? [13]Kein Knecht kann zwei Herren dienen; entweder er wird den einen hassen und den andern lieben, oder er wird an dem einen hängen und den andern verachten. Ihr könnt nicht Gott dienen und dem Mammon.

Die Selbstgerechtigkeit der Pharisäer. Das Gesetz

In polemisch entstellender Weise werden hier die Pharisäer als Beispiel für gottlose und habgierige Menschen hingestellt. Die Gemeindeglieder sollen so vor einem ähnlichen Verhalten gewarnt werden.

[14]Das alles hörten die Pharisäer. Die waren geldgierig und spotteten über ihn. [15]Und er sprach zu ihnen: Ihr seid's, die ihr euch selbst rechtfertigt vor den Menschen; aber Gott kennt eure Herzen; denn was hoch ist bei den Menschen, das ist ein Greuel vor Gott.

Lk gebraucht diese Worte als Einleitung zu V. 19–31: Wenn auch die Zeit des Gesetzes und der Propheten nur bis zum Täufer reicht, so gilt in der mit Jesus beginnenden Zeit dennoch das Gesetz weiter. Wie das konkret gemeint ist, zeigt das Verbot der Wiederverheiratung, das sogar die jüdische Rechtsauffassung weit überschreitet.

[16]Das Gesetz und die Propheten reichen bis zu Johannes. Von da an wird das Evangelium vom Reich Gottes gepredigt, und jedermann drängt sich mit Gewalt hinein. [17]Es ist aber leichter, daß Himmel und Erde vergehen, als daß ein Tüpfelchen vom Gesetz fällt. [18]Wer sich scheidet von seiner Frau und heiratet eine andere, der bricht die Ehe; und wer die von ihrem Mann Geschiedene heiratet, der bricht auch die Ehe.

Vom reichen Mann und armen Lazarus

[19] Es war aber ein reicher Mann, der kleidete sich in Purpur und kostbares Leinen und lebte alle Tage herrlich und in Freuden. [20] Es war aber ein Armer mit Namen Lazarus, der lag vor seiner Tür voll von Geschwüren [21] und begehrte, sich zu sättigen mit dem, was von des Reichen Tisch fiel; dazu kamen auch die Hunde und leckten seine Geschwüre. [22] Es begab sich aber, daß der Arme starb, und er wurde von den Engeln getragen in Abrahams Schoß. Der Reiche aber starb auch und wurde begraben. [23] Als er nun in der Hölle war, hob er seine Augen auf in seiner Qual und sah Abraham von ferne und Lazarus in seinem Schoß. [24] Und er rief: Vater Abraham, erbarme dich meiner und sende Lazarus, damit er die Spitze seines Fingers ins Wasser tauche und mir die Zunge kühle; denn ich leide Pein in diesen Flammen. [25] Abraham aber sprach: Gedenke, Sohn, daß du dein Gutes empfangen hast in deinem Leben, Lazarus dagegen hat Böses empfangen; nun wird er hier getröstet, und du wirst gepeinigt. [26] Und überdies besteht zwischen uns und euch eine große Kluft, daß niemand, der von hier zu euch hinüber will, dorthin kommen kann und auch niemand von dort zu uns herüber. [27] Da sprach er: So bitte ich dich, Vater, daß du ihn sendest in meines Vaters Haus; [28] denn ich habe noch fünf Brüder, die soll er warnen, damit sie nicht auch kommen an diesen Ort der Qual. [29] Abraham sprach: Sie haben Mose und die Propheten; die sollen sie hören. [30] Er aber sprach: Nein, Vater Abraham, sondern wenn einer von den Toten zu ihnen ginge, so würden sie Buße tun. [31] Er sprach zu ihm: Hören sie Mose und die Propheten nicht, so werden sie sich auch nicht überzeugen lassen, wenn jemand von den Toten auferstünde.

Dieses Sondergut-Gleichnis nimmt in seinem ersten Teil (V. 19–26) Motive aus ägyptischen und jüdischen Gleichnissen auf, in denen es um den Ausgleich des irdischen Geschicks im Jenseits geht. Lk hat diesen Teil als Veranschaulichung der Gefahren des Reichtums (vgl. 6,20f.24f.; 16,9–13) verstanden. Im zweiten Teil (V. 27–31) liegt der Akzent darauf, in der Gegenwart die Schrift zu hören, die keiner Beglaubigungswunder und Zeichen bedarf. Allein das Hören auf den in der Schrift offenbarten Gotteswillen führt zur Umkehr als der Voraussetzung des Heils (vgl. 13,3.5; 15,7.10). Darum stellt dieses Gleichnis eine letzte Mahnung an die Reichen dar, rechtzeitig umzukehren, ehe es zu spät ist. Der Name »Lazarus« (= Eleazar) bedeutet: Gott hilft. Der Arme wird also bereits durch seinen Namen als der Fromme charakterisiert. Das Endheil wird auch hier als Mahlgemeinschaft vorgestellt (vgl. 13,29; 14,15; 22,16.30): Der Arme darf bei diesem Mahl den Ehrenplatz neben Abraham (= »in Abrahams Schoß« V. 22f.) einnehmen. Für den Reichen gibt es keine Linderung seiner Qual. Bei dem Wunder der Totenauferstehung hat Lk wahrscheinlich an die Auferstehung Jesu gedacht, die für ihn die Schrift nicht überbietet (vgl. 24,26.46).

Von Verführung und Sünde

17 Er sprach aber zu seinen Jüngern: Es ist unmöglich, daß keine Verführungen kommen; aber weh dem, durch den sie kommen! [2] Es wäre besser für ihn, daß man einen Mühlstein an seinen Hals hängte und würfe ihn ins Meer, als daß er einen dieser Kleinen zum Abfall verführt. [3] Hütet euch!

Wenn dein Bruder sündigt, so weise ihn zurecht; und wenn er es bereut, vergib ihm. [4] Und wenn er siebenmal am Tag an dir sündigen würde und siebenmal wieder zu dir käme und spräche: Es reut mich!, so sollst du ihm vergeben.

Von der Kraft des Glaubens

[5] Und die Apostel sprachen zu dem Herrn: Stärke uns den Glauben! [6] Der Herr aber sprach: Wenn ihr Glauben hättet so groß wie ein Senfkorn, dann könntet ihr zu diesem

Die abschließenden Weisungen des zweiten Abschnitts des Reiseberichts (13,32–17,10) richten sich wieder an die Jünger. Die Worte stammen aus Q. V. 1 b geht davon aus, daß die Verführung zum Sündigen unumgänglich ist. Die schwerste Sünde ist jedoch, andere zu verführen. Mt kennt ein abgestuftes Verfahren gegen Sünder (Mt 18,15–17). Lk dagegen fordert die grenzenlose Vergebungsbereitschaft. Doch hebt er zugleich die Reue als menschliche Vorbedingung zur Vergebung hervor. Die Bitte der Jünger um ein Mehr an Glauben wird von Jesus mit der Alternative zurückgewiesen: Es gibt nur Glaube oder Unglaube.

Maulbeerbaum sagen: Reiß dich aus und versetze dich ins Meer!, und er würde euch gehorchen.

Vom Knechtslohn

Auch dieses Sondergutsgleichnis ist nach V. 5 an die Apostel gerichtet. Aus der Bildhälfte (V. 7–9) wird in V. 10 die Folgerung gezogen: Wer als Missionar (zu »pflügen« V. 7 vgl. 9,62) oder Gemeindevorsteher (zu »weiden« V. 7 vgl. Apg 20,28) berufen ist, hat den ihm aufgetragenen Dienst zu tun, ohne Anspruch auf Lohn zu erheben.

[7] Wer unter euch hat einen Knecht, der pflügt oder das Vieh weidet, und sagt ihm, wenn der vom Feld heimkommt: Komm gleich her und setz dich zu Tisch? [8] Wird er nicht vielmehr zu ihm sagen: Bereite mir das Abendessen, schürze dich und diene mir, bis ich gegessen und getrunken habe; danach sollst du auch essen und trinken? [9] Dankt er etwa dem Knecht, daß er getan hat, was befohlen war? [10] So auch ihr! Wenn ihr alles getan habt, was euch befohlen ist, so sprecht: Wir sind unnütze Knechte; wir haben getan, was wir zu tun schuldig waren.

Die zehn Aussätzigen

V. 11 weist auf Jesu Weg zu Kreuzigung und Himmelfahrt (vgl. 9,51; 13,32 f.). Nach V. 19 ist der Glaube die Voraussetzung der Rettung (vgl. 7,50; 8,48 u. ö.). Die aus der Gemeinde ausgeschlossenen Leprakranken (vgl. zu Mk 1,40–45 Par) werden zu den Priestern geschickt. Diese hatten nach dem jüdischen Gesetz die Aufgabe, die Heilung festzustellen und darüber zu entscheiden, ob jemand wieder in die Gemeinde des Volkes aufgenommen werden kann. Das schuldige Gotteslob wird aber ausgerechnet von einem damals von den Juden verachteten »Fremden« (V. 18; vgl. Joh 4,9) dargebracht. Auf diese Weise wird Israel – und zugleich den angeredeten Christen – der Spiegel vorgehalten und zur Umkehr gemahnt (vgl. 13,3.5; 15,7.10).

[11] Und es begab sich, als er nach Jerusalem wanderte, daß er durch Samarien und Galiläa hin zog. [12] Und als er in ein Dorf kam, begegneten ihm zehn aussätzige Männer; die standen von ferne [13] und erhoben ihre Stimme und sprachen: Jesus, lieber Meister, erbarme dich unser! [14] Und als er sie sah, sprach er zu ihnen: Geht hin und zeigt euch den Priestern! Und es geschah, als sie hingingen, da wurden sie rein. [15] Einer aber unter ihnen, als er sah, daß er gesund geworden war, kehrte er um und pries Gott mit lauter Stimme [16] und fiel nieder auf sein Angesicht zu Jesu Füßen und dankte ihm. Und das war ein Samariter. [17] Jesus aber antwortete und sprach: Sind nicht die zehn rein geworden? Wo sind aber die neun? [18] Hat sich sonst keiner gefunden, der wieder umkehrte, um Gott die Ehre zu geben, als nur dieser Fremde? [19] Und er sprach zu ihm: Steh auf, geh hin; dein Glaube hat dir geholfen.

Vom Kommen des Gottesreiches
(Mt 24; Mk 13)

Lk hat hier hauptsächlich aus Q stammendes Material zu einer kleinen Apokalypse zusammengestellt, die er mit V. 20–22 einleitet, durch Zusätze erweitert (V. 25.30 f.32.37 a) und mit der Aufforderung zum andauernden Gebet in 18,1–8 abschließt. Die Einleitung verdeutlicht bereits, daß die Frage nach dem Zeitpunkt der Endereignisse falsch gestellt ist; denn das erwartete Ende läßt sich nicht vorausberechnen, sondern wird ganz plötzlich (vgl. 21,5–36) eintreten. Das eigentliche Endereignis ist das Kommen des

[20] Als er aber von den Pharisäern gefragt wurde: Wann kommt das Reich Gottes?, antwortete er ihnen und sprach: Das Reich Gottes kommt nicht so, daß man's beobachten kann; [21] man wird auch nicht sagen: Siehe, hier ist es! oder: Da ist es! Denn *siehe, das Reich Gottes ist mitten unter euch.**

[22] Er sprach aber zu den Jüngern: Es wird die Zeit kommen, in der ihr begehren werdet, zu sehen einen der Tage des Menschensohns, und werdet ihn nicht sehen. [23] Und sie werden zu euch sagen: Siehe, da! oder: Siehe, hier! Geht nicht hin und lauft ihnen nicht nach! [24] Denn wie der Blitz aufblitzt und leuchtet von einem Ende des Himmels bis zum andern, so wird der Menschensohn an seinem Tage sein. [25] Zuvor aber muß er viel leiden und verworfen wer-

den von diesem Geschlecht. [26]Und wie es geschah zu den Zeiten Noahs, so wird's auch geschehen in den Tagen des Menschensohns: [27]sie aßen, sie tranken, sie heirateten, sie ließen sich heiraten bis zu dem Tag, an dem Noah in die Arche ging und die Sintflut kam und brachte sie alle um. [28]Ebenso, wie es geschah zu den Zeiten Lots: Sie aßen, sie tranken, sie kauften, sie verkauften, sie pflanzten, sie bauten; [29]an dem Tage aber, als Lot aus Sodom ging, da regnete es Feuer und Schwefel vom Himmel und brachte sie alle um. [30]Auf diese Weise wird's auch gehen an dem Tage, wenn der Menschensohn wird offenbar werden.

[31]Wer an jenem Tage auf dem Dach ist und seine Sachen im Haus hat, der steige nicht hinunter, um sie zu holen. Und ebenso, wer auf dem Feld ist, der wende sich nicht um nach dem, was hinter ihm ist. [32]Denkt an Lots Frau! [33]Wer sein Leben zu erhalten sucht, der wird es verlieren; und wer es verlieren wird, der wird es gewinnen. [34]Ich sage euch: In jener Nacht werden zwei auf *einem* Bett liegen; der eine wird angenommen, der andere wird preisgegeben werden. [35]Zwei Frauen werden miteinander Korn mahlen; die eine wird angenommen, die andere wird preisgegeben werden.* [37]Und sie fingen an und fragten ihn: Herr, wo? Er aber sprach zu ihnen: Wo das Aas ist, da sammeln sich auch die Geier.

Menschensohns (vgl. V. 24 mit 21,25–28). Vor allem wird vor Irreführung durch Betrüger, die aus bestimmten Zeiterscheinungen auf die Nähe des Endes schließen wollen (vgl. V. 21.23 mit 21,8) gewarnt. Zwischen dem Anbruch des Gottesreiches, das jetzt schon in Jesus da ist (V. 21), und seiner Vollendung im Kommen des Menschensohnes steht das Leiden (vgl. 21,12–19; Apg 14,22). In der vom Warten geprägten Leidenssituation kommt es auf zwei Dinge an: auf das ständige Bereitsein zur Begegnung mit dem plötzlich kommenden Herrn (vgl. 21,34f.) und auf das andauernde Gebet (vgl. 18,1–8; 21,36). Jedes Zurückblicken wirkt sich verhängnisvoll aus (vgl. 9,62). Jeder Versuch der Selbsterhaltung und Selbstbehauptung (V.27f.33) führt zum Verlust des verheißenen wahren Lebens; denn nur Hingabe ermöglicht Leben. In einer Reihe von Handschriften wird als V. 36 Mt 24,40 eingefügt: »Zwei werden auf dem Felde sein; der eine wird angenommen, der andere wird preisgegeben werden«.

Von der bittenden Witwe

18 Er sagte ihnen aber ein Gleichnis darüber, daß sie allezeit beten und nicht nachlassen sollten, [2]und sprach: Es war ein Richter in einer Stadt, der fürchtete sich nicht vor Gott und scheute sich vor keinem Menschen. [3]Es war aber eine Witwe in derselben Stadt, die kam zu ihm und sprach: Schaffe mir Recht gegen meinen Widersacher! [4]Und er wollte lange nicht. Danach aber dachte er bei sich selbst: Wenn ich mich schon vor Gott nicht fürchte noch vor keinem Menschen scheue, [5]will ich doch dieser Witwe, weil sie mir soviel Mühe macht, Recht schaffen, damit sie nicht zuletzt komme und mir ins Gesicht schlage.

[6]Da sprach der Herr: Hört, was der ungerechte Richter sagt! [7]*Sollte Gott nicht auch Recht schaffen seinen Auserwählten, die zu ihm Tag und Nacht rufen, und sollte er's bei ihnen lange hinziehen?* [8]*Ich sage euch: Er wird ihnen Recht schaffen in Kürze.* Doch wenn der Menschensohn kommen wird, meinst du, er werde Glauben finden auf Erden?

Das Gleichnis (V.2–5), das die vorangegangene Endzeitrede abschließt, handelt von der Gewißheit der Gebetserhörung (vgl. 11,5–8). Wenn sich schon ein ungerechter Richter bewegen läßt, für Recht zu sorgen, wieviel mehr der barmherzige Gott! Die zugefügte Deutung in V. 7b nimmt die Zweifel an der baldigen Wiederkunft Christi auf. Die Zuverlässigkeit von Gottes Verheißung wird ausdrücklich bestätigt. Lk gibt mit V. 8 dem Text noch einmal eine ganz neue Wendung: Die Jüngergemeinde soll nicht zuerst fragen, ob und wann Christus kommt. Sie soll sich vielmehr darum sorgen, ob er Glauben findet. Statt auf die Zukunft zu starren, soll die Gemeinde ihre Aufgabe wahrnehmen, das Evangelium in der ganzen Welt zu verkündigen (Apg 1,8).

Vom Pharisäer und Zöllner

[9]Er sagte aber zu einigen, die sich anmaßten, fromm zu sein, und verachteten die andern, dies Gleichnis: [10]Es gingen zwei Menschen hinauf in den Tempel, um zu beten, der eine ein Pharisäer, der andere ein Zöllner. [11]Der Phari-

Die Beispielerzählung (vgl. zu dieser Gattung 10,30–37; 12,16–21; 16,19–31) schildert zwei entgegengesetzte menschliche Verhaltensweisen und berichtet Jesu Urteil: Gott gibt dem reuigen Sünder Recht, nicht aber dem gesetzestreuen Pharisäer. Auf diese Weise rechtfertigt Jesus seine für die Frommen anstößige Zuwendung zu Zöllnern und Sündern (vgl. 5,27 ff.; 7,34). Lk will, wie V. 9,14 b zeigen, diese Erzählung als Mahnung an die Jünger verstehen, nicht überheblich zu sein und keinen umkehrwilligen Sünder aus der Gemeinschaft auszuschließen (vgl. 17,3 f.).

säer stand für sich und betete so: Ich danke dir, Gott, daß ich nicht bin wie die andern Leute, Räuber, Betrüger, Ehebrecher oder auch wie dieser Zöllner. 12 Ich faste zweimal in der Woche und gebe den Zehnten von allem, was ich einnehme. 13 Der Zöllner aber stand ferne, wollte auch die Augen nicht aufheben zum Himmel, sondern schlug an seine Brust und sprach: *Gott, sei mir Sünder gnädig!* 14 Ich sage euch: Dieser ging gerechtfertigt hinab in sein Haus, nicht jener. Denn *wer sich selbst erhöht, der wird erniedrigt werden; und wer sich selbst erniedrigt, der wird erhöht werden.*

Die Segnung der Kinder
(Mt 19,13-15; Mk 10,13-16)

Von hier ab folgt Lk wieder dem 9,51 verlassenen Markustext. Wie vorher am Beispiel des Zöllners, so wird nun an einer Handlung Jesu verdeutlicht: Von Gott angenommen wird nur der, der seine Hilfsbedürftigkeit wie ein kleines Kind zugibt und zum Empfangen bereit ist.

15 Sie brachten auch kleine Kinder zu ihm, damit er sie anrühren sollte. Als das aber die Jünger sahen, fuhren sie sie an. 16 Aber Jesus rief sie zu sich und sprach: *Lasset die Kinder zu mir kommen und wehret ihnen nicht, denn solchen gehört das Reich Gottes.* 17 Wahrlich, ich sage euch: Wer nicht das Reich Gottes annimmt wie ein Kind, der wird nicht hineinkommen.

Weil es Lk um die rechte innere Einstellung Erwachsener geht, hat er die Segnung der Kinder durch Jesus aus dem Markustext (Mk 10,16) nicht übernommen.

Die Gefahr des Reichtums
(Mt 19,16-26; Mk 10,17-27)

In Jesu Gespräch über die Möglichkeit das ewige Leben zu gewinnen, ist der Partner ein Synagogenvorsteher. Indem dieser als »sehr reich« (V. 23) geschildert wird, zielt die Auseinandersetzung auf eine Verurteilung der als »geldgierig« (16,14) charakterisierten Pharisäer. In Jesu Antwort wird der Gesetzeserfüllung des Reichen die Anerkennung versagt. Lk läßt alle Gefühlsregungen Jesu weg und überliefert lediglich die Einlaßbedingungen zum Reich Gottes: Nur wer bereit ist, den gesamten Besitz (»alles«) hinzugeben, kann das ewige Leben finden. Nach dem Bildwort V. 25 ist das einem Reichen unmöglich. V. 26 f. schränkt zwar V. 25 ein. Doch das geschieht nur, um das Heil des Menschen allein auf Gottes Güte und Macht zurückzuführen.

18 Und es fragte ihn ein Oberer und sprach: Guter Meister, was muß ich tun, damit ich das ewige Leben ererbe? 19 Jesus aber sprach zu ihm: Was nennst du mich gut? Niemand ist gut als Gott allein. 20 Du kennst die Gebote: »Du sollst nicht ehebrechen; du sollst nicht töten; du sollst nicht stehlen; du sollst nicht falsch Zeugnis reden; du sollst deinen Vater und deine Mutter ehren!« 21 Er aber sprach: Das habe ich alles gehalten von Jugend auf. 22 Als Jesus das hörte, sprach er zu ihm: Es fehlt dir noch eines. Verkaufe alles, was du hast, und gib's den Armen, so wirst du einen Schatz im Himmel haben, und komm und folge mir nach! 23 Als er das aber hörte, wurde er traurig; denn er war sehr reich. 24 Als aber Jesus sah, daß er traurig geworden war, sprach er: Wie schwer kommen die Reichen in das Reich Gottes! 25 Denn es ist leichter, daß ein Kamel durch ein Nadelöhr gehe, als daß ein Reicher in das Reich Gottes komme. 26 Da sprachen, die das hörten: Wer kann dann selig werden? 27 Er aber sprach: Was bei den Menschen unmöglich ist, das ist bei Gott möglich.

Der Lohn der Nachfolge
(Mt 19,27-30; Mk 10,28-31)

Im Unterschied zu dem Synagogenvorsteher (V. 18 ff.) haben die Jünger

28 Da sprach Petrus: Siehe, wir haben, was wir hatten, verlassen und sind dir nachgefolgt. 29 Er aber sprach zu ihnen:

Wahrlich, ich sage euch: Es ist niemand, der Haus oder Frau oder Brüder oder Eltern oder Kinder verläßt um des Reiches Gottes willen, [30]der es nicht vielfach wieder empfange in dieser Zeit und in der zukünftigen Welt das ewige Leben.

ihr »Eigentum« verlassen, wozu Lk auch die Ehefrau rechnet (V. 29; anders Mk 10,29; Mt 19,29). Der »vielfache« Lohn »in dieser Zeit« sind entweder verantwortliche Aufgaben in der Gemeinde (vgl. 12,42.48) oder ist die – damit in Verbindung stehende – Gabe des Geistes (vgl. 11,13).

Die dritte Ankündigung von Jesu Leiden und Auferstehung

(Mt 20,17-19; Mk 10,32-34)

[31]Er nahm aber zu sich die Zwölf und sprach zu ihnen: Seht, wir gehen hinauf nach Jerusalem, und es wird alles vollendet werden, was geschrieben ist durch die Propheten von dem Menschensohn. [32]Denn er wird überantwortet werden den Heiden, und er wird verspottet und mißhandelt und angespien werden, [33]und sie werden ihn geißeln und töten; und am dritten Tage wird er auferstehen. [34]Sie aber begriffen nichts davon, und der Sinn der Rede war ihnen verborgen, und sie verstanden nicht, was damit gesagt war.

In der Übergabe Jesu an die Heiden »vollendet« sich der göttliche Heilsplan, der Jesu Lebensweg bestimmt (vgl. 22,37; 24,26 f.44 ff.). Das Unverständnis der Jünger (vgl. 9,45) wird erst zu Ostern überwunden werden (vgl. 24,45–48).

Der Blinde von Jericho

(Mt 20,29-34; Mk 10,46-52)

[35]Es begab sich aber, als er in die Nähe von Jericho kam, daß ein Blinder am Wege saß und bettelte. [36]Als er aber die Menge hörte, die vorbeiging, forschte er, was das wäre. [37]Da berichteten sie ihm, Jesus von Nazareth gehe vorbei. [38]Und er rief: Jesus, du Sohn Davids, erbarme dich meiner! [39]Die aber vornean gingen, fuhren ihn an, er solle schweigen. Er aber schrie noch viel mehr: Du Sohn Davids, erbarme dich meiner! [40]Jesus aber blieb stehen und ließ ihn zu sich führen. Als er aber näher kam, fragte er ihn: [41]Was willst du, daß ich für dich tun soll? Er sprach: Herr, daß ich sehen kann. [42]Und Jesus sprach zu ihm: Sei sehend! Dein Glaube hat dir geholfen. [43]Und sogleich wurde er sehend und folgte ihm nach und pries Gott. Und alles Volk, das es sah, lobte Gott.

Weil das Schwergewicht auf der in Jericho spielenden Zachäusgeschichte (19,1 ff.) liegt, in der sich Jesus als Retter der Verlorenen erweist, wird die Heilung des Blinden bereits vor Jesu Einzug in diese Stadt berichtet (anders Mk 10,46 ff./Mt 20,29 ff.). Lk hebt den Lobpreis, den der Geheilte und alle Zuschauer Gott darbringen, besonders hervor. Nachdem Lk vorher von Unverständnis der Jünger gesprochen hatte (V. 34), wird er möglicherweise der Blindenheilung auch eine symbolische Deutung gegeben haben: Verstehendes Sehen ist nur möglich, wenn Jesus selbst – wie später den Jüngern auf dem Weg nach Emmaus (24,45) – die Augen öffnet.

Zachäus

19 Und er ging nach Jericho hinein und zog hindurch. [2]Und siehe, da war ein Mann mit Namen Zachäus, der war ein Oberer der Zöllner und war reich. [3]Und er begehrte, Jesus zu sehen, wer er wäre, und konnte es nicht wegen der Menge; denn er war klein von Gestalt. [4]Und er lief voraus und stieg auf einen Maulbeerbaum, um ihn zu sehen; denn dort sollte er durchkommen. [5]Und als Jesus an die Stelle kam, sah er auf und sprach zu ihm: Zachäus, steig eilend herunter; denn ich muß heute in deinem Haus einkehren. [6]Und er stieg eilend herunter und nahm ihn auf mit Freuden. [7]Als sie das sahen, murrten sie alle und spra-

Lk verwendet in V. 2–7,9 altes Sondergut. Die Rettung des Oberzöllners wird in dieser Überlieferung mit der Abrahamskindschaft, d. h. mit Zachäus' Judesein, begründet (V. 9). Lk schafft mit V. 1 die Überleitung zu 18,35 ff. und gibt in V. 10 seine Begründung für das Zachäus widerfahrene Heil: Weil sich Jesus als Menschensohn gerade den Verlorenen, den Zöllnern und Sündern, zuwandte (vgl. 5,27 ff.; 7,40 ff.), darum kann auch Zachäus Erbarmen finden. An Zachäus wird beispielhaft gezeigt, was Umkehr für den Reichen bedeutet: Abgabe des Besitzes, um ihn unter allen gerecht zu verteilen (vgl. 18,22; Apg 2,45; 4,32–37).

chen: Bei einem Sünder ist er eingekehrt. [8]Zachäus aber trat vor den Herrn und sprach: Siehe, Herr, die Hälfte von meinem Besitz gebe ich den Armen, und wenn ich jemanden betrogen habe, so gebe ich es vierfach zurück. [9]Jesus aber sprach zu ihm: Heute ist diesem Hause Heil widerfahren, denn auch er ist Abrahams Sohn. [10]Denn *der Menschensohn ist gekommen, zu suchen und selig zu machen, was verloren ist.*

Das Mt 25,14–30 überlieferte Gleichnis ist von Lk mit der Geschichte von einem König, der Rebellen straft (V. 12,14 f.27), verbunden worden. Es dient als Begründung für die Verzögerung der Endereignisse und damit als Zurückweisung einer falschen Zukunftserwartung. Wahrscheinlich wird mit dem »Fürst« (V. 12) auf Archelaos angespielt, der sich nach dem Tod seines Vaters Herodes um die Verleihung des Königstitels bei Augustus erfolglos bemühte. Im Unterschied zu Mt 25 erhält jeder Knecht den gleichen Geldbetrag (»10 Pfund« = 10 Minen = 1 000 Drachmen). Außerdem allegorisiert Lk: Der Herr ist Jesus, dessen Passion (= Verwerfung), Himmelfahrt (= fernes Land) und Wiederkunft (= Rückkehr) angedeutet werden. Die Zeit der Abwesenheit des Herrn ist die Zeit der Kirche. In ihr sollen die Jünger (= »Knechte«) trotz des Hasses und der Feindschaft der jüdischen und römischen Obrigkeit (= »Bürger«) missionieren (vgl. 12,11 f.; 22,1 ff.). Der »böse Knecht« dient als abschreckendes Beispiel eines Jüngers, der keinen Mut zum Handeln in der Welt hat, sich deshalb seines missionarischen Auftrags entzieht und Furcht vor seinem Herrn vorschützt. Der »tüchtige Knecht« ist dagegen der Christ, der die ihm übertragene Aufgabe gut ausführt und Verantwortlichkeit erhält. Die Gemeinde wird so zum treuen Dienst in der Gegenwart ermuntert (vgl. 12,42; 16,10 ff.; 18,8) und von unfruchtbaren Spekulationen über den Termin der Endvollendung abgelenkt.

Von den anvertrauten Pfunden

(Mt 25,14-30)

[11]Als sie nun zuhörten, sagte er ein weiteres Gleichnis; denn er war nahe bei Jerusalem, und sie meinten, das Reich Gottes werde sogleich offenbar werden. [12]Und er sprach: Ein Fürst zog in ein fernes Land, um ein Königtum zu erlangen und dann zurückzukommen. [13]Der ließ zehn seiner Knechte rufen und gab ihnen zehn Pfund und sprach zu ihnen: Handelt damit, bis ich wiederkomme! [14]Seine Bürger aber waren ihm feind und schickten eine Gesandtschaft hinter ihm her und ließen sagen: Wir wollen nicht, daß dieser über uns herrsche. [15]Und es begab sich, als er wiederkam, nachdem er das Königtum erlangt hatte, da ließ er die Knechte rufen, denen er das Geld gegeben hatte, um zu erfahren, was ein jeder erhandelt hätte. [16]Da trat der erste herzu und sprach: Herr, dein Pfund hat zehn Pfund eingebracht. [17]Und er sprach zu ihm: Recht so, du tüchtiger Knecht; weil du im Geringsten treu gewesen bist, sollst du Macht haben über zehn Städte. [18]Der zweite kam auch und sprach: Herr, dein Pfund hat fünf Pfund erbracht. [19]Zu dem sprach er auch: Und du sollst über fünf Städte sein. [20]Und der dritte kam und sprach: Herr, siehe, hier ist dein Pfund, das ich in einem Tuch verwahrt habe; [21]denn ich fürchtete mich vor dir, weil du ein harter Mann bist; du nimmst, was du nicht angelegt hast, und erntest, was du nicht gesät hast. [22]Er sprach zu ihm: Mit deinen eigenen Worten richte ich dich, du böser Knecht. Wußtest du, daß ich ein harter Mann bin, nehme, was ich nicht angelegt habe, und ernte, was ich nicht gesät habe: [23]warum hast du dann mein Geld nicht zur Bank gebracht? Und wenn ich zurückgekommen wäre, hätte ich's mit Zinsen eingefordert. [24]Und er sprach zu denen, die dabeistanden: Nehmt das Pfund von ihm und gebt's dem, der zehn Pfund hat. [25]Und sie sprachen zu ihm: Herr, er hat doch schon zehn Pfund. [26]Ich sage euch aber: Wer da hat, dem wird gegeben werden; von dem aber, der nicht hat, wird auch das genommen werden, was er hat. [27]Doch diese meine Feinde, die nicht wollten, daß ich ihr König werde, bringt her und macht sie vor mir nieder.

Jesu Einzug in Jerusalem
(Mt 21,1-11; Mk 11,1-10; Joh 12,12-16)

Die Ankunft Jesu in Jerusalem bedeutet nicht die Endvollendung (vgl. V. 11), wohl aber die Erfüllung seines Prophetenschicksals (vgl. 18,31). Lk schließt sich in seiner Schilderung von Jesu Jerusalem-Aufenthalt dem Mk-Aufriß an, schiebt aber mehrfach Sondergut ein und gliedert den Stoff in der Weise, daß er zunächst von Jesu Lehrtätigkeit im Tempel berichtet (19,28–21,38) und danach von Jesu Leiden und Sterben in Jerusalem (22,1–23,56). Denn für Lk ist der Tempel der Ort von Jesu Lehre (vgl. 19,47; 21,37; 22,53). Darum steht am Anfang (vgl. 1,5 ff.) und am Ende (vgl. 24,53) eine Tempelszene. Im Tempel versammelt sich dann auch die Urgemeinde (vgl. Apg 2,46).

[28]Und als er das gesagt hatte, ging er voran und zog hinauf nach Jerusalem. [29]Und es begab sich, als er nahe von Betfage und Betanien an den Berg kam, der Ölberg heißt, da sandte er zwei Jünger [30]und sprach: Geht hin in das Dorf, das vor uns liegt. Und wenn ihr hineinkommt, werdet ihr ein Füllen angebunden finden, auf dem noch nie ein Mensch gesessen hat; bindet es los und bringt's her! [31]Und wenn euch jemand fragt: Warum bindet ihr es los?, dann sagt: Der Herr bedarf seiner. [32]Und die er gesandt hatte, gingen hin und fanden's, wie er ihnen gesagt hatte. [33]Als sie aber das Füllen losbanden, sprachen seine Herren zu ihnen: Warum bindet ihr das Füllen los? [34]Sie aber sprachen: Der Herr bedarf seiner. [35]Und sie brachten's zu Jesus und warfen ihre Kleider auf das Füllen und setzten Jesus darauf. [36]Als er nun hinzog, breiteten sie ihre Kleider auf den Weg. [37]Und als er schon nahe am Abhang des Ölbergs war, fing die ganze Menge der Jünger an, mit Freuden Gott zu loben mit lauter Stimme über alle Taten, die sie gesehen hatten, [38]und sprachen:

Gelobt sei, der da kommt,
der König, in dem Namen des Herrn!
Friede sei im Himmel
und Ehre in der Höhe!

[39]Und einige Pharisäer in der Menge sprachen zu ihm: Meister, weise doch deine Jünger zurecht! [40]Er antwortete und sprach: Ich sage euch: Wenn diese schweigen werden, so werden die Steine schreien.

Im Unterschied zu Mk 11,1 ff./Mt 21,1 ff. sind es allein die Jünger, die die Gewänder ausbreiten (V. 36) und den Lobgesang anstimmen (V. 37 f.). Der Lobpreis (Ps 118,26) bezieht sich auf die erfahrenen Wundertaten, die für Lk der eigentliche Grund des Gotteslobs sind (vgl. 18,43). Darum wird nicht das verheißene Davidsreich (so Mk 11,10), sondern der wunderwirkende König von den Jüngern verherrlicht, von den Pharisäern dagegen abgelehnt (V. 39 Sondergut), so daß 2,34 in Erfüllung geht. Der 2,14 für die Erde verheißene Friede erfüllt sich nicht an Jerusalem (vgl. V. 42). Vielmehr wird die Verhinderung des Gotteslobs der Jünger dazu führen, daß die Steine der 70 n. Chr. zerstörten Stadt Jerusalem »schreien« (V. 40 Sondergut; vgl. Hab 2,11; Lk 19,44; 21,5 f.), d. h. Jesu Königtum bezeugen. Damit leitet Lk zu dem Sondergutsabschnitt V. 41–44 über. An die Stelle der Feigenbaum-Verfluchung (Mk 11,12 ff./Mt 21,18 ff.) hat Lk ein Drohwort über Jerusalem gesetzt.

Jesus weint über Jerusalem

[41]Und als er nahe hinzukam, sah er die Stadt und weinte über sie [42]und sprach: Wenn doch auch du erkenntest zu dieser Zeit, was zum Frieden dient! Aber nun ist's vor deinen Augen verborgen. [43]Denn es wird eine Zeit über dich kommen, da werden deine Feinde um dich einen Wall aufwerfen, dich belagern und von allen Seiten bedrängen, [44]und werden dich dem Erdboden gleichmachen samt deinen Kindern in dir und keinen Stein auf dem andern lassen in dir, weil du die Zeit nicht erkannt hast, in der du heimgesucht worden bist.

V. 43 f. sind wahrscheinlich im Rückblick auf die Zerstörung Jerusalems geschrieben worden und deuten sie in antijüdischer Polemik als Strafe für die Ablehnung des Evangeliums (vgl. 13,34 f.; 21,20 ff.). Zur Problematik solcher Polemik vgl. zu Mt 23. Die »gnädige Heimsuchung« meint Gottes Heilsgegenwart, wie sie Israel in der Begegnung mit Jesus erfahren durfte (vgl. 1,68.78; 7,16; 19,37 f.).

Lk legt bei der Tempelreinigung den Akzent auf Belehrung durch die Schrift. So ist allein die Lehre Jesu Grund für die Tötungsabsicht des Hohen Rats. Aus dem Zitat Jes 56,7 hat Lk den Gedanken ausgelassen, daß die Völker nach Jerusalem kommen. Denn für ihn ist Jerusalem Ausgangspunkt, nicht Ziel der Weltmission.

Die Tempelreinigung

(Mt 21,12-16; Mk 11,15-18; Joh 2,13-16)

[45]Und er ging in den Tempel und fing an, die Händler auszutreiben, [46]und sprach zu ihnen: Es steht geschrieben (Jesaja 56,7): »Mein Haus soll ein Bethaus sein«; ihr aber habt es zur Räuberhöhle gemacht. [47]Und er lehrte täglich im Tempel. Aber die Hohenpriester und Schriftgelehrten und die Angesehensten des Volkes trachteten danach, daß sie ihn umbrächten, [48]und fanden nicht, wie sie es machen sollten; denn das ganze Volk hing ihm an und hörte ihn.

Die »Angesehensten des Volkes« sind die Ältesten, der Laienadel. Sie stellten neben den Sadduzäern (= Hohenpriestern) und Pharisäern (= Schriftgelehrten) die dritte Gruppe innerhalb des Hohen Rats (Synhedrium) dar.

Die Streitgespräche in Jerusalem (20,1–44)

Von den 6 Streitgesprächen Mk 11,27–12,37 ordnet Lk 5 an dieser Stelle ein. Das sechste, die Frage nach dem Hauptgebot, hatte Lk schon in 10,25–28 gebracht. In der Aufeinanderfolge der Streitgespräche ist eine Steigerung der Hoheitsaussagen über Jesus beabsichtigt. In V. 1–8 wird Jesu prophetische Vollmacht angedeutet, wie sie sich in seinem Lehren kundgibt, in V. 9–16 erscheint Jesus als der »liebe Sohn«, in V. 17–19 als »der Eckstein«, an dem sich Heil und Unheil entscheiden, und in V. 41–44 als der Davidsohn (= Messias) und als der Herr. Die Auseinandersetzung offenbart zunehmend die Gefährlichkeit und Heimtücke der Fragesteller (vgl. V. 2 mit V. 19f.) sowie Jesu Überlegenheit (vgl. V. 7.26.39f.). Der Konflikt spitzt sich somit immer mehr zu. Jesu Evangeliumsverkündigung geschieht im Tempel und fordert darum die Frage nach seiner Bevollmächtigung heraus.

Im ersten Streitgespräch über die Vollmacht Jesu hat Lk die Angst der Gegner einerseits und die Überlegenheit Jesu andrerseits eindringlich hervorgehoben. Die Gegner fürchten, daß das Volk sie sogar steinigen würde. Damit macht Lk deutlich, daß das Volk auf der Seite des Täufers und Jesu steht. Bei Lk gibt Jesus nicht die Zusage einer Antwort (so Mk 11,29b), sondern stellt die Gegner mit einer Gegenfrage bloß. In dem Streitgespräch wird indirekt der Anspruch erhoben, daß Jesus als von Gott beauftragter Prophet lehrt und verkündigt.

Die Frage nach Jesu Vollmacht

(Mt 21,23-27; Mk 11,27-33)

20 Und es begab sich eines Tages, als er das Volk lehrte im Tempel und predigte das Evangelium, da traten zu ihm die Hohenpriester und Schriftgelehrten mit den Ältesten [2]und sprachen zu ihm: Sage uns, aus welcher Vollmacht tust du das? oder wer hat dir diese Vollmacht gegeben? [3]Er aber antwortete und sprach zu ihnen: Ich will euch auch eine Sache fragen; sagt mir: [4]Die Taufe des Johannes – war sie vom Himmel oder von Menschen? [5]Sie aber bedachten's bei sich selbst und sprachen: Sagen wir, vom Himmel, so wird er sagen: Warum habt ihr ihm nicht geglaubt? [6]Sagen wir aber, von Menschen, so wird uns alles Volk steinigen; denn sie sind überzeugt, daß Johannes ein Prophet war. [7]Und sie antworteten, sie wüßten nicht, wo sie her wäre. [8]Und Jesus sprach zu ihnen: So sage ich euch auch nicht, aus welcher Vollmacht ich das tue.

Lk schließt sich eng an Mk 12,1–12 an. Das Gleichnis ist eine allegorisie-

Von den bösen Weingärtnern

(Mt 21,33-46; Mk 12,1-12)

[9]Er fing aber an, dem Volk dies Gleichnis zu sagen: Ein Mensch pflanzte einen Weinberg und verpachtete ihn an

Weingärtner und ging außer Landes für eine lange Zeit. [10]Und als die Zeit kam, sandte er einen Knecht zu den Weingärtnern, damit sie ihm seinen Anteil gäben an der Frucht des Weinbergs. Aber die Weingärtner schlugen ihn und schickten ihn mit leeren Händen fort. [11]Und er sandte noch einen zweiten Knecht; sie aber schlugen den auch und verhöhnten ihn und schickten ihn mit leeren Händen fort. [12]Und er sandte noch einen dritten; sie aber schlugen auch den blutig und stießen ihn hinaus. [13]Da sprach der Herr des Weinbergs: Was soll ich tun? Ich will meinen lieben Sohn senden; vor dem werden sie sich doch scheuen.

[14]Als aber die Weingärtner den Sohn sahen, dachten sie bei sich selbst und sprachen: Das ist der Erbe; laßt uns ihn töten, damit das Erbe unser sei! [15]Und sie stießen ihn hinaus vor den Weinberg und töteten ihn. Was wird nun der Herr des Weinbergs mit ihnen tun? [16]Er wird kommen und diese Weingärtner umbringen und seinen Weinberg andern geben.

Als sie das hörten, sprachen sie: Nur das nicht! [17]Er aber sah sie an und sprach: Was bedeutet dann das, was geschrieben steht (Psalm 118,22):

»Der Stein, den die Bauleute verworfen haben,
der ist zum Eckstein geworden«?

[18]Wer auf diesen Stein fällt, der wird zerschellen; auf wen er aber fällt, den wird er zermalmen. [19]Und die Schriftgelehrten und Hohenpriester trachteten danach, Hand an ihn zu legen noch in derselben Stunde, und fürchteten sich doch vor dem Volk; denn sie hatten verstanden, daß er auf sie hin dies Gleichnis gesagt hatte.

rende Darstellung der Heilsgeschichte: Mit den Knechten, die geschlagen, beschimpft und verwundet werden, sind die Propheten gemeint; mit dem Sohn, der getötet wird, Jesus. Der Weinberg ist nach Jes 5 das Gottesvolk Israel. Die Weingärtner sind die judäische Führungsschicht (d. h. die Schriftgelehrten und Hohenpriester von V. 19), der das Gericht angedroht wird. Der Besitzer des Weinbergs ist Gott, dessen Langmut groß, aber nicht grenzenlos ist. Im Gericht werden die Mörder vernichtet, der Weinberg wird anderen gegeben werden. Lk verschärft mit V. 18 (Sondergut; vgl. Jes 8,14 f.; Dan 2,34) Jesu Gerichtsfunktion. V. 17 f. haben die nachösterliche Situation im Blick: Der am Kreuz verworfene Jesus ist durch die Auferweckung zu dem Heilereignis geworden, an dem sich für alle Zeiten Rettung und Gericht, Leben und Tod entscheiden. Das Gleichnis wurde nach V. 1 zum Volk gesprochen. Doch Lk erwähnt in V. 19 ausdrücklich, daß die Schriftgelehrten und Hohenpriester zuhören. Sie erkennen, daß das Gleichnis sich auf sie persönlich bezieht. So macht Lk einen deutlichen Unterschied zwischen dem Volk und seinen Führern.

Die Frage nach der Steuer (»Der Zinsgroschen«)

(Mt 22,15-22; Mk 12,13-17)

[20]Und sie belauerten ihn und sandten Leute aus, die sich stellen sollten, als wären sie fromm; die sollten ihn fangen in seinen Worten, damit man ihn überantworten könnte der Obrigkeit und Gewalt des Statthalters. [21]Und sie fragten ihn und sprachen: Meister, wir wissen, daß du aufrichtig redest und lehrst und achtest nicht das Ansehen der Menschen, sondern du lehrst den Weg Gottes recht. [22]Ist's recht, daß wir dem Kaiser Steuern zahlen oder nicht? [23]Er aber merkte ihre List und sprach zu ihnen: [24]Zeigt mir einen Silbergroschen! Wessen Bild und Aufschrift hat er? Sie sprachen: Des Kaisers. [25]Er aber sprach zu ihnen: *So gebt dem Kaiser, was des Kaisers ist, und Gott, was Gottes ist!* [26]Und sie konnten ihn in seinen Worten nicht fangen vor dem Volk und wunderten sich über seine Antwort und schwiegen still.

Stärker als Mk und Mt hat Lk dieses Streitgespräch mit Jesu Prozeß vor Pilatus in Beziehung gebracht. Die nach V. 19 von den Schriftgelehrten und Hohenpriestern (anders Mk 12,13/Mt 22,15 f.) gestellte Fangfrage zielt darauf, einen Vorwand für Jesu Auslieferung an den römischen Prokurator zu finden. Da Jesus das heimtückische und heuchlerische Vorgehen seiner Gegner durchschaut und diesen kein Material für eine Denunziation liefert, wird die Anklage in 23,2 als Verleumdung und damit Jesu Verurteilung als Unrecht hingestellt. Zu V. 21–25 vgl. die Erklärungen zu Mk 12,13–17.

Gegenüber Mk und Mt hat Lk den Akzent von der Zukunft auf die Gegenwart verschoben: Den »Kinder dieser Welt« stehen jetzt schon die »Kinder des Lichtes« (vgl. 16,8) gegenüber, die »gewürdigt wurden« (im griech. Text steht die Vergangenheitsform), an der zukünftigen Welt teilzuhaben. Wer zu den Geretteten gehört, hat mit der Ehe nichts mehr zu tun. Darum fordert Lk als einziger Evangelist in 18,29f. als Bedingung der Jesusnachfolge auch das Verlassen der Ehefrau (vgl. 14,26; 16,18). Da das Zukünftige mit Jesus schon Gegenwart geworden ist, gilt die Ordnung der neuen Gotteswelt schon jetzt für die Erwählten, die nach V. 36 unsterblich, engelgleich und Gotteskinder sind und nach V. 38 ganz für Gott leben. Auf diese Weise wertet Lk die an der Leviratsehe orientierte Fragestellung der Sadduzäer (vgl. die Erklärungen zu Mk 12,18–27) als Ausdruck ihres Unglaubens und stempelt diese Auferstehungsleugner (vgl. Apg 4,1f.; 23,6–8) zu »Kindern dieser Welt«.

Die Frage nach der Auferstehung

(Mt 22,23-33.46; Mk 12,18-27.34)

[27]Da traten zu ihm einige der Sadduzäer, die lehren, es gebe keine Auferstehung, und fragten ihn und sprachen: [28]Meister, Mose hat uns vorgeschrieben (5.Mose 25,5.6): »Wenn jemand stirbt, der eine Frau hat, aber keine Kinder, so soll sein Bruder sie zur Frau nehmen und seinem Bruder Nachkommen erwecken.« [29]Nun waren sieben Brüder. Der erste nahm eine Frau und starb kinderlos. [30]Und der zweite nahm sie, [31]und der dritte; desgleichen alle sieben, sie hinterließen keine Kinder und starben. [32]Zuletzt starb auch die Frau. [33]Nun in der Auferstehung: wessen Frau wird sie sein unter ihnen? Denn alle sieben haben sie zur Frau gehabt. [34]Und Jesus sprach zu ihnen: Die Kinder dieser Welt heiraten und lassen sich heiraten; [35]welche aber gewürdigt werden, jene Welt zu erlangen und die Auferstehung von den Toten, die werden weder heiraten noch sich heiraten lassen. [36]Denn sie können hinfort auch nicht sterben; denn sie sind den Engeln gleich und Gottes Kinder, weil sie Kinder der Auferstehung sind. [37]Daß aber die Toten auferstehen, darauf hat auch Mose gedeutet beim Dornbusch, wo er den Herrn nennt Gott Abrahams und Gott Isaaks und Gott Jakobs (2.Mose 3,6). [38]*Gott aber ist nicht ein Gott der Toten, sondern der Lebenden; denn ihm leben sie alle.*

[39]Da antworteten einige der Schriftgelehrten und sprachen: Meister, du hast recht geredet. [40]Und sie wagten nicht mehr, ihn etwas zu fragen.

Die Frage nach dem Davidssohn

(Mt 22,41-44; Mk 12,35-37)

Lk übernimmt fast unverändert Mk 12,35–37 (vgl. die Erklärungen dort). Weil er Ps 110,1 in Apg 2,34f. auf Jesu Auferweckung als Einsetzung zum Herrn und Christus (= Davidsohn) bezieht, muß die in V. 41–44 gestellte Frage vor Ostern offen bleiben. Die fehlende Reaktion der Zuhörer unterstreicht das.

[41]Er sprach aber zu ihnen: Wieso sagen sie, der Christus sei Davids Sohn? [42]Denn David selbst sagt im Psalmbuch (Psalm 110,1):

»Der Herr sprach zu meinem Herrn:
Setze dich zu meiner Rechten,
[43]bis ich deine Feinde zum Schemel deiner Füße mache.«

[44]David nennt ihn also einen Herrn; wie ist er dann sein Sohn?

Warnung vor den Schriftgelehrten

(Mt 23,5-7)

Lk läßt diese Warnung (vgl. zu Mk 12,38–40) an die Jünger gerichtet sein. Ihnen sollen die Schriftgelehrten als abschreckendes Beispiel dienen (vgl. 12,15; 16,13–15). Denn sie wollen öffentliche Geltung und nut-

[45]Als aber alles Volk zuhörte, sprach er zu seinen Jüngern: [46]Hütet euch vor den Schriftgelehrten, die es lieben, in langen Gewändern einherzugehen, und lassen sich gern grüßen auf dem Markt und sitzen gern obenan in den Synagogen und bei Tisch; [47]sie fressen die Häuser der Wit-

wen und verrichten zum Schein lange Gebete. Die werden ein um so härteres Urteil empfangen.

zen mit ihrem Egoismus die Ärmsten der Armen, die Witwen, rücksichtslos aus.

Das Scherflein der Witwe

(Mk 12,41-44)

21 Er blickte aber auf und sah, wie die Reichen ihre Opfer in den Gotteskasten einlegten. [2]Er sah aber auch eine arme Witwe, die legte dort zwei Scherflein ein. [3]Und er sprach: Wahrlich, ich sage euch: Diese arme Witwe hat mehr als sie alle eingelegt. [4]Denn diese alle haben etwas von ihrem Überfluß zu den Opfern eingelegt; sie aber hat von ihrer Armut alles eingelegt, was sie zum Leben hatte.

Die Jünger dürfen nicht den Schriftgelehrten, die auf Kosten anderer leben (vgl. 20,45–47), gleichen. Sie sollen sich vielmehr wie die arme Witwe vorbehaltlos für Gottes Sache zur Verfügung stellen und deshalb alle Lebenssicherungen preisgeben (vgl. 12,22–34). Diese Erzählung hat Parallelen im Griechentum, Judentum und Buddhismus.

Jesu Rede über die Endzeit (Verse 5-36)

(Mt 24,1-36; Mk 13,1-32)

Neben der kleinen Endzeitrede (17,20–37), die Lk aus der Überlieferung aus Q gestaltete, bringt er nun die Endzeitrede aus Mk. In der kleinen Rede war der Grundgedanke die Plötzlichkeit des Endes, die zur ständigen Bereitschaft herausfordert. In der großen werden (Mk folgend) die der Wiederkunft Jesu vorangehenden Ereignisse genannt, die zur Bewährungsprobe für den Glauben dienen. Gegenüber Mk hat Lk jedoch der Rede in vierfacher Weise einen neuen Sinn gegeben: 1. Die Zerstörung Jerusalems und des Tempels im Jahre 70 n. Chr. wird als innergeschichtliches Ereignis gedeutet (V. 20–24). Damit wird jede schwärmerische Spekulation zurückgewiesen, die daraus Schlüsse auf die Nähe des Endes ableiten will. Der Untergang Jerusalems bedeutet, daß es keine heilsgeschichtliche Rolle mehr hat (vgl. 19,43f.; Apg 28,26f.). 2. Die Verfolgungen der Gemeinde (V.12–19) sind nicht mehr als Ausdruck der Bosheit der Gegner gewertet, sondern als Bewährungsmöglichkeit für den Jünger. 3. Die Zeichen vor dem Kommen des Menschensohns werden so verschärft, daß niemand die innergeschichtlichen Erfahrungen mit ihnen deuten kann (V. 25–28). 4. Die Wiederkunft Christi wird für die Gemeinde nicht unter dem Aspekt des Gerichts, sondern unter dem der Erlösung gesehen (V.28). – Auf diese Weise wird die ganze Rede zum Aufruf zu Gelassenheit im Blick auf innergeschichtliche Schreckenserfahrungen, zum getrosten Zeugnis in der Welt und zum freudigen Erwarten des Kommens Jesu.

Das Ende des Tempels

[5]Und als einige von dem Tempel sagten, daß er mit schönen Steinen und Kleinoden geschmückt sei, sprach er: [6]Es wird die Zeit kommen, in der von allem, was ihr seht, nicht ein Stein auf dem andern gelassen wird, der nicht zerbrochen werde.

Im Unterschied zu Mk 13 und Mt 24 hält Jesus diese große Rede über die Endzeit 21,5–36 im Tempel als seiner eigentlichen Lehrstätte (V. 37f.). V. 5 f. sind als Prophetie gemeint, die für die Leser bereits erfüllt ist (vgl. zu 19,41–44).

Die Vorzeichen

[7]Sie fragten ihn aber: Meister, wann wird das geschehen? und was wird das Zeichen sein, wenn das geschehen wird? [8]Er aber sprach: Seht zu, laßt euch nicht verführen. Denn viele werden kommen unter meinem Namen und sagen: Ich bin's, und: Die Zeit ist herbeigekommen. – Folgt ihnen nicht nach! [9]Wenn ihr aber hören werdet von Kriegen und Aufruhr, so entsetzt euch nicht. Denn das muß zuvor geschehen; aber das Ende ist noch nicht so bald da. [10]Dann sprach er zu ihnen: Ein Volk wird sich erheben gegen das andere und ein Reich gegen das andere, [11]und es werden geschehen große Erdbeben und hier und dort Hungersnöte

Wie in Mk 13,5–8/Mt 24,4–8 wird auch hier vor dem Anschluß an Irrlehrer gewarnt, die den Jüdischen Krieg (V. 9) und die Tempelzerstörung (V. 6) als Zeichen des Endes deuten. Gegen eine solche schwärmerische Naherwartung sind nicht nur V. 8–11, sondern auch V. 12–19 gerichtet (vgl. die Erklärungen zu Mk 13,3–13). Lk bemüht sich, die Schrecknisse in V. 10f. zu steigern. Dadurch sollen seine Leser spüren, daß diese noch nicht eingetreten

und Seuchen; auch werden Schrecknisse und vom Himmel her große Zeichen geschehen.

sind, das Ende also nicht unmittelbar bevorsteht.

Die Verfolgung der Gemeinde

[12]Aber vor diesem allen werden sie Hand an euch legen und euch verfolgen, und werden euch überantworten den Synagogen und Gefängnissen und euch vor Könige und Statthalter führen um meines Namens willen. [13]Das wird euch widerfahren zu einem Zeugnis. [14]So nehmt nun zu Herzen, daß ihr euch nicht vorher sorgt, wie ihr euch verantworten sollt. [15]Denn ich will euch Mund und Weisheit geben, der alle eure Gegner nicht widerstehen noch widersprechen können. [16]Ihr werdet aber verraten werden von Eltern, Brüdern, Verwandten und Freunden; und man wird einige von euch töten. [17]Und ihr werdet gehaßt sein von jedermann um meines Namens willen. [18]Und kein Haar von eurem Haupt soll verloren gehen. [19]Seid standhaft, und ihr werdet euer Leben gewinnen.*

Die angeredete Gemeinde lebt noch nicht in der dem Ende unmittelbar vorangehenden Schreckenszeit (V. 11), sondern in einer Verfolgungszeit, in der es auf ihr Zeugnis (V. 13) ankommt. Im Unterschied zu Mk 13,10 hebt Lk das Tatzeugnis hervor: das Bekenntnis zu Christus vor jüdischen und heidnischen Verfolgern (zu V. 12 vgl. 12,11 f.). Als Gelegenheit zu diesem Zeugnis und als Erprobung der Standhaftigkeit kommt der Verfolgungszeit große Bedeutung zu. Bei Lk trifft der Märtyrertod nur einige (anders Mt 24,9/Mk 13,12). V. 18 (vgl. 12,7/Mt 10,30) verstärkt den Verheißungscharakter: Gott läßt seine Zeugen nicht im Stich.

Das Ende Jerusalems

[20]Wenn ihr aber sehen werdet, daß Jerusalem von einem Heer belagert wird, dann erkennt, daß seine Verwüstung nahe herbeigekommen ist. [21]Alsdann, wer in Judäa ist, der fliehe ins Gebirge, und wer in der Stadt ist, gehe hinaus, und wer auf dem Lande ist, komme nicht herein. [22]Denn das sind die Tage der Vergeltung, daß erfüllt werde alles, was geschrieben ist. [23]Weh aber den Schwangeren und den Stillenden in jenen Tagen! Denn es wird große Not auf Erden sein und Zorn über dies Volk kommen, [24]und sie werden fallen durch die Schärfe des Schwertes und gefangen weggeführt unter alle Völker, und Jerusalem wird zertreten werden von den Heiden, bis die Zeiten der Heiden erfüllt sind.

Lk deutet die Zerstörung Jerusalems 70 n. Chr. als Strafgericht Gottes zum Zwecke der Schrifterfüllung (V. 22). Demnach ist für Lk Jerusalems heilsgeschichtliche Rolle mit dem Jahre 70 n. Chr. abgetan (vgl. 19,43 f.; Apg 28,26 f.) Aber Jerusalems Vernichtung bedeutet nicht das Ende der Geschichte. Lk weist am Schluß auf die ausstehende Erfüllung der »Zeiten der Heiden«, d. h. der Zeit, in der die Jünger als Zeugen »bis an die Enden der Erde« (Apg 1,8; 28,28) tätig sind. Diese Völkermission hat jetzt begonnen, ist aber noch nicht vollendet.

Das Kommen des Menschensohns

[25]Und es werden Zeichen geschehen an Sonne und Mond und Sternen, und auf Erden wird den Völkern bange sein, und sie werden verzagen vor dem Brausen und Wogen des Meeres, [26]und die Menschen werden vergehen vor Furcht und in Erwartung der Dinge, die kommen sollen über die ganze Erde; denn die Kräfte der Himmel werden ins Wanken kommen. [27]Und alsdann werden sie sehen den Menschensohn kommen in einer Wolke mit großer Kraft und Herrlichkeit. [28]*Wenn aber dieses anfängt zu geschehen, dann seht auf und erhebt eure Häupter, weil sich eure Erlösung naht.*

Die Vorlage Mk 13,24–27 ist von Lk so bearbeitet worden, daß die kosmischen Zeichen einerseits verringert und andrerseits nicht mit der Zerstörung Jerusalems (V. 20–24) in Zusammenhang gebracht wurden (Mk 13,24a fehlt). Statt dessen legt Lk den Nachdruck auf die schrecklichen Auswirkungen dieser Ereignisse für die ungläubigen Menschen (V. 25 f.) und auf die heilsame Bedeutung des Kommens des Menschensohnes für die angeredeten Gläubigen (V. 27 f.).

Vom Feigenbaum

[29]Und er sagte ihnen ein Gleichnis: Seht den Feigenbaum und alle Bäume an: [30]wenn sie jetzt ausschlagen und ihr

Das Gleichnis vom Feigenbaum Mk 13,28 f. Par wird hier auf alle Bäume

seht es, so wißt ihr selber, daß jetzt der Sommer nahe ist. [31]So auch ihr: wenn ihr seht, daß dies alles geschieht, so wißt, daß das Reich Gottes nahe ist.

ausgeweitet und allegorisierend gedeutet: »Dies alles« (V. 31) meint die Zeichen von V. 25f., die auf die Nähe des Gottesreiches weisen.

Ermahnung zur Wachsamkeit

[32]Wahrlich, ich sage euch: Dieses Geschlecht wird nicht vergehen, bis es alles geschieht. [33]*Himmel und Erde werden vergehen; aber meine Worte vergehen nicht.*

[34]Hütet euch aber, daß eure Herzen nicht beschwert werden mit Fressen und Saufen und mit täglichen Sorgen und dieser Tag nicht plötzlich über euch komme wie ein Fallstrick; [35]denn er wird über alle kommen, die auf der ganzen Erde wohnen. [36]So seid allezeit wach und betet, daß ihr stark werdet, zu entfliehen diesem allen, was geschehen soll, und zu stehen vor dem Menschensohn.

[37]Er lehrte des Tags im Tempel; des Nachts aber ging er hinaus und blieb an dem Berg, den man den Ölberg nennt. [38]Und alles Volk machte sich früh auf zu ihm, ihn im Tempel zu hören.

In V. 32f. schließt sich Lk an Mk 13,30f. an. Er versteht aber unter »diesem Geschlecht« wahrscheinlich die »dann« lebende Generation (V 26). V. 34–36 enthalten nur wenige Anklänge an Mk 13,33–37, rufen aber auch zur notwendigen Wachsamkeit und Gebetshaltung auf – auch wenn sich das Kommen des Menschensohnes und damit die Erlösung (vgl. V. 27f.) verzögern (vgl. 18,7). V. 37f. heben den Tempel als Lehrstätte Jesu und die Hörbereitschaft des Volkes hervor im Unterschied zu den Mordabsichten der herrschenden Kaste (vgl. 22,2).

Lk hat den Satz ausgelassen, daß auch Jesus die Stunde des Endes der Welt nicht wisse (Mk 13,32). Die Aussage entspricht nicht seinem Christusbild. Der Spruch findet sich bei ihm so wieder, daß dem Apostel dieses Wissen nicht zustehe (Apg 1,7).

LEIDEN, STERBEN UND AUFERSTEHUNG JESU (KAPITEL 22–24)

(Mt 26–28; Mk 14–16; Joh 18–21)

Die lukanische Passionsgeschichte benutzt Mk 14f. als Vorlage, läßt aber einige Abschnitte und Verse aus und fügt Sondergut ein. Die Leidensgeschichte bildet bei Lk die Fortsetzung der Versuchungsgeschichte (4,13 bezieht sich auf 22,3): Weil Jesus das Angebot des Satans, politische Macht und weltlichen Ruhm zu bekommen (4,1–13), abgelehnt hatte, muß er als Folgen dieser Entscheidung den in der Leidensgeschichte geschilderten Weg des Martyriums gehen.

Als Werkzeug des Satans betätigen sich neben Judas (vgl. 22,3) die Vertreter der geistlichen und weltlichen Oberschicht Jerusalems. Diese werden durch Judas in die Lage versetzt, die Initiative zu ergreifen, um Jesus in ihre Gewalt zu bringen und ihn an die Römer zur Kreuzigung auszuliefern. Alle Schuld wird so der jüdischen Obrigkeit aufgeladen, während Pontius Pilatus, der Repräsentant des Römischen Reiches, als Zeuge für Jesu Unschuld geschildert wird (vgl. 23,4.14.22). Diese Darstellung will die von römischen Behörden gegen Christen erhobenen Vorwürfe als unberechtigt zurückweisen (apologetische Ausrichtung). Es geht um den Nachweis, daß Jesus und seine Bewegung keine Gefahr für das Römische Reich darstellen, daß Unruhe und Verwirrung vielmehr das Werk der ungläubigen Juden sind. Entsprechend dieser antijüdischen Tendenz gilt der Zeitpunkt der Verhaftung Jesu als Triumph der satanischen Gewalt (22,53). Dennoch geht Jesus unbeirrt seinen ihm von Gott bestimmten Weg (vgl. 9,22; 13,33; 17,25; 22,22.37) und erweist sich damit als der Gerechte (vgl. 23,47), der schuldlos den Tod erleidet (vgl. 23,41). Seine vertrauensvolle Hingabe an Gottes Willen (23,46) und seine grenzenlose Vergebungsbereitschaft (23,41–43) in der Todesstunde bewirken, daß die Zuschauer sofort Buße tun (vgl. 23,47–49). Dadurch wird das Ziel von Jesu Sendung erreicht (vgl. 5,32). Weil das Leiden vom Satan verursacht ist, werden Auferweckung und Himmelfahrt zum eigentlichen Gottesgeschehen; denn über den Gerechten kann der Tod nicht siegen (vgl. Apg 2,24). Durch seine Ablehnung irdischer Macht und durch seine vergebende Liebe sogar gegenüber seinen Feinden (22,51) ist Jesus Vorbild für die in Anfechtung stehende Gemeinde (vgl. 12,11f.; 21,12–15). Darum spielt der Begriff »Anfechtung« eine große Rolle (22,28.40.46). Nur wer sich in den Versuchungen als standhaft erweist, kann zur Herrlichkeit gelangen (vgl. Apg 14,22). Um die Ge-

meinde dazu zu befähigen, hat Jesus angesichts seines Todes das Abendmahl eingesetzt. Jesu Mahl mit den Seinen und die dabei gesprochenen Abschiedsworte (22,7–38) sind darum die verheißungsvolle Mitte der lukanischen Passionsdarstellung.

Der Verrat des Judas

Durch die Auslassung der Salbungsgeschichte (Mk 14,3–9; vgl. zu Lk 7,36–50) rücken der Mordplan der jüdischen Obrigkeit und der Verrat des Judas eng zusammen. Jesu Gegner können ihre Absicht dadurch verwirklichen, daß sich »die Macht der Finsternis« (22,53) eines Jüngers Jesu bedient. Durch die Annahme des Geldangebots zeigt Judas, daß ihn niedrige Motive bewegen. Die Nennung von Hauptleuten soll den politischen Charakter des Vorgehens zeigen.

22 Es war aber nahe das Fest der Ungesäuerten Brote, das Passa heißt. [2]Und die Hohenpriester und Schriftgelehrten trachteten danach, wie sie ihn töten könnten; denn sie fürchteten sich vor dem Volk.

[3]Es fuhr aber der Satan in Judas, genannt Iskariot, der zur Zahl der Zwölf gehörte. [4]Und er ging hin und redete mit den Hohenpriestern und mit den Hauptleuten darüber, wie er ihn an sie verraten könnte. [5]Und sie wurden froh und versprachen, ihm Geld zu geben. [6]Und er sagte es zu und suchte eine Gelegenheit, daß er ihn an sie verriete ohne Aufsehen.

Das Abendmahl

Die Initiative zur Vorbereitung der Mahlfeier geht allein von Jesus aus (V. 8; anders Mk 14,12/Mt 26,17). Er weiß, wie alles verlaufen wird. Der Tag, an dem das Passalamm geschlachtet wird, ist der erste Tag des Mazzotfestes, des Festes der Ungesäuerten Brote (vgl. 2Mo 12), das nach V. 1 auch Passa genannt werden konnte. Nur Lk identifiziert die beiden Jünger von Mk 14,13 mit den apostolischen Leitern der Urgemeinde: Petrus und Johannes (vgl. Apg 3,1ff.; 4,13ff.; 8,14). Diese erhalten von Jesus den Auftrag, den sie umgehend ausführen. Sie sind als Führende zugleich Dienende und sind darum Beispiel für Jesu Forderung zur Dienstbereitschaft (V. 26). Dem letzten Mahl Jesu hat Lk durch die Vorschaltung von V. 15–18 sehr stark den Charakter eines Passamahls gegeben. Auch nach jüdischem Glauben erinnert das Passamahl nicht nur an die einstige Befreiung aus Ägypten, sondern blickt voraus auf die endgültige Befreiung von aller Knechtschaft. Dieser Blick auf die Vollendung in Gottes Reich gilt auch für die Mahlfeier Jesu und seiner Gemeinde.

In der Handlung Jesu beim Mahl bekommt das Nehmen und Teilen Bedeutung. Das Annehmen des Bechers weist auf Jesu Leidens- und Todesschicksal hin; das Weitergeben und Austeilen veranschaulicht die Gemeinschaft Jesu mit den Jüngern. In diesen Gesten werden Jesu Sendung und der von den Jüngern in seiner Nachfolge erwartete Dienst versinnbildlicht. Gerade in der Gemeinschaft stiftenden Weitergabe von Jesu Kelch besteht das Neue von Jesu Abendmahl, das darin Zeichen für die zukünftige Gottesherrschaft, für das himmlische Freudenmahl ist. V. 19f. berühren sich besonders eng mit 1Ko 11,24f. Jesu Tod wird hier als stellvertretendes Opfer für die Sünden verstanden, das den neuen Bund von Jer 31,31ff. in Geltung setzt. In der Wiederholung des Mahlgeschehens wird die Erinnerung an Jesus und an seinen Heilstod

[7]Es kam nun der Tag der Ungesäuerten Brote, an dem man das Passalamm opfern mußte. [8]Und er sandte Petrus und Johannes und sprach: Geht hin und bereitet uns das Passalamm, damit wir's essen. [9]Sie aber fragten ihn: Wo willst du, daß wir's bereiten? [10]Er sprach zu ihnen: Siehe, wenn ihr hineinkommt in die Stadt, wird euch ein Mensch begegnen, der trägt einen Wasserkrug; folgt ihm in das Haus, in das er hineingeht, [11]und sagt zu dem Hausherrn: Der Meister läßt dir sagen: Wo ist der Raum, in dem ich das Passalamm essen kann mit meinen Jüngern? [12]Und er wird euch einen großen Saal zeigen, der mit Polstern versehen ist; dort bereitet es. [13]Sie gingen hin und fanden's, wie er ihnen gesagt hatte, und bereiteten das Passalamm.

[14]Und als die Stunde kam, setzte er sich nieder und die Apostel mit ihm. [15]Und er sprach zu ihnen: Mich hat herzlich verlangt, dies Passalamm mit euch zu essen, ehe ich leide. [16]Denn ich sage euch, daß ich es nicht mehr essen werde, bis es erfüllt wird im Reich Gottes. [17]Und er nahm den Kelch, dankte und sprach: Nehmt ihn und teilt ihn unter euch; [18]denn ich sage euch: Ich werde von nun an

nicht trinken von dem Gewächs des Weinstocks, bis das Reich Gottes kommt.

[19] *Und er nahm das Brot, dankte und brach's und gab's ihnen und sprach: Das ist mein Leib, der für euch gegeben wird; das tut zu meinem Gedächtnis.* [20] *Desgleichen auch den Kelch nach dem Mahl und sprach: Dieser Kelch ist der neue Bund* in meinem Blut, das für euch vergossen wird!*

[21] Doch siehe, die Hand meines Verräters ist mit mir am Tisch. [22] Denn der Menschensohn geht zwar dahin, wie es beschlossen ist; doch weh dem Menschen, durch den er verraten wird! [23] Und sie fingen an, untereinander zu fragen, wer es wohl wäre unter ihnen, der das tun würde.

festgehalten. V. 21–23 nehmen markinische Tradition auf. Lk bringt diese Judasszene nach den Einsetzungsworten, um die das Mahl feiernde Jüngergemeinde zum Nachdenken anzuregen, wie es mit ihrer Treue zu Jesus steht. Darum wird Judas nicht direkt genannt, sondern die Möglichkeit offen gelassen, daß jeder Jünger Verräter und Abtrünniger sein kann. Die Teilnahme am Mahl garantiert dem einzelnen also nicht das zukünftige Heil.

Gespräche mit den Jüngern

Jesu zurückweisendes Wort zum Rangstreit der Jünger hat Lk an den Schluß des Mahlberichtes (V. 24–27) gestellt, um die bleibende Bedeutung dieser Weisung Jesu für die Gemeinde anzudeuten: Worte, die angesichts des unmittelbar bevorstehenden Todes gesprochen werden, haben Vermächtnischarakter. Darum wird dieser Abschnitt V. 24–38 auch als lukanische Abschiedsrede bezeichnet. Jesu bleibende Bedeutung für seine Gemeinde beruht in seinem vorbildlichen Dienst für andere. Daran sollen sich alle Jünger ausrichten; denn im Dienen wird das Neue des zukünftigen Gottesreiches und sein Gegensatz zur gegenwärtigen Weltordnung erkennbar.

[24] Es erhob sich auch ein Streit unter ihnen, wer von ihnen als der Größte gelten solle. [25] Er aber sprach zu ihnen: Die Könige herrschen über ihre Völker, und ihre Machthaber lassen sich Wohltäter nennen. [26] Ihr aber nicht so! Sondern der Größte unter euch soll sein wie der Jüngste, und der Vornehmste wie ein Diener. [27] Denn wer ist größer: der zu Tisch sitzt oder der dient? Ist's nicht der, der zu Tisch sitzt? Ich aber bin unter euch wie ein Diener.

[28] Ihr aber seid's, die ihr ausgeharrt habt bei mir in meinen Anfechtungen. [29] Und ich will euch das Reich zueignen, wie mir's mein Vater zugeeignet hat, [30] daß ihr essen und trinken sollt an meinem Tisch in meinem Reich und sitzen auf Thronen und richten die zwölf Stämme Israels.

[31] Simon, Simon, siehe, der Satan hat begehrt, euch zu sieben wie den Weizen. [32] *Ich aber habe für dich gebeten, daß dein Glaube nicht aufhöre.* Und wenn du dereinst dich bekehrst, so stärke deine Brüder. [33] Er aber sprach zu ihm: Herr, ich bin bereit, mit dir ins Gefängnis und in den Tod zu gehen. [34] Er aber sprach: Petrus, ich sage dir: Der Hahn wird heute nicht krähen, ehe du dreimal geleugnet hast, daß du mich kennst.

[35] Und er sprach zu ihnen: Als ich euch ausgesandt habe ohne Geldbeutel, ohne Tasche und ohne Schuhe, habt ihr da je Mangel gehabt? Sie sprachen: Niemals. [36] Da sprach er zu ihnen: Aber nun, wer einen Geldbeutel hat, der nehme ihn, desgleichen auch die Tasche, und wer's nicht hat, verkaufe seinen Mantel und kaufe ein Schwert. [37] Denn ich

Nachdem Jesus die Jünger auf ihre Verpflichtung zum Dienst in seiner Nachfolge hingewiesen hat, spricht er von ihrem Lohn (zu V. 28–30 vgl. Mt 19,28). Zugang zur zukünftigen Gottesherrschaft, zur Mahlgemeinschaft mit Jesus und zum Mitherrschen, gibt es nur für die Jünger, die mit Jesus in Versuchungen durchgehalten und sich darin in ihrer Treue zu Jesus bewährt haben (vgl. Apg 14,22; 2Ti 2,12). In der Ankündigung der Verleugnung (Mk 14,29 f.Par) wird das Versagen des Petrus als zeitweiliges Unterliegen unter die Macht des Satans gedeutet (V. 31 f. ist Sondergut). Die bevorstehende Passion erscheint damit als eine Zeit der Versuchung, die für den Jüngerkreis eine Bewährungsprobe seines Glaubens bedeutet (vgl. V. 40.46). Jesu Fürbitte kann zwar Petrus nicht vor einem zeitweiligen Versagen (V. 54–62), wohl aber vor endgültigem Abfall bewahren. Die Stellung des Petrus nach seiner Bekehrung (V. 32) bzw. nach Pfingsten gründet darum allein in Jesu Verheißung. Auf diese Weise wird die Gemeinde vor Selbstsicherheit gewarnt (vgl. 1Ko 10,12) und zum Vertrauen auf Jesu Verheißung gemahnt (vgl. 12,12; 21,15). V. 35–38 sind Sondergut und aktualisieren die Weisungen an die Jünger (9,3; 10,4) für die Zeit der Kirche. Der Anfangszeit des erfolgreichen Wirkens Jesu steht die jetzt beginnende Leidenszeit gegenüber.

sage euch: Es muß das an mir vollendet werden, was geschrieben steht (Jesaja 53,12): »Er ist zu den Übeltätern gerechnet worden.« Denn was von mir geschrieben ist, das wird vollendet. [38]Sie sprachen aber: Herr, siehe, hier sind zwei Schwerter. Er aber sprach zu ihnen: Es ist genug.

Das Wort vom Schwertkauf und Jesu Antwort in V. 38 sind schwer verständlich. Innerhalb dieses Evangeliums ist der Schwertkauf symbolisch als geistige Rüstung (vgl. Eph 6,10–17) gemeint: als das notwendige Gewappnetsein zum Kampf, der in Gestalt der Verfolgung auf die Gemeinde zukommt (vgl. 12,11; 21,12ff.). Die Jünger verstehen diesen Sinn jedoch nicht. V. 38b soll ihr Mißverständnis zurückweisen. Jesu Ablehnung der Gewalt wird gleich im folgenden bei der Gefangennahme eindeutig (V. 49–51).

Jesus in Gethsemane

Lk akzentuiert diese Erzählung als Mahnung zum Gebet (vgl. 40.46). Jesus erscheint mit seinem Beten als Vorbild für die Jüngergemeinschaft, die ihm auf seinem Weg nachfolgt (V. 39). Weil die ganze Schar gemeint ist, fehlt die Erwähnung der drei Jünger von Mk 14,33/Mt 26,37. Weil Jesu Beten beispielhafte Bedeutung hat, wird sein Gehorsam gegenüber Gottes Willen hervorgehoben (V. 42), nur ein Gebetsgang erzählt und seine Todesfurcht (Mk 14,33/Mt 26,37f.) nicht geschildert.

[39]Und er ging nach seiner Gewohnheit hinaus an den Ölberg. Es folgten ihm aber auch die Jünger. [40]Und als er dahin kam, sprach er zu ihnen. *Betet, damit ihr nicht in Anfechtung fallt!* [41]Und er riß sich von ihnen los, etwa einen Steinwurf weit, und kniete nieder, betete [42]und sprach: Vater, willst du, so nimm diesen Kelch von mir; *doch nicht mein, sondern dein Wille geschehe!* [43]Es erschien ihm aber ein Engel vom Himmel und stärkte ihn. [44]Und er rang mit dem Tode und betete heftiger. Und sein Schweiß wurde wie Blutstropfen, die auf die Erde fielen.* [45]Und er stand auf von dem Gebet und kam zu seinen Jüngern und fand sie schlafend vor Traurigkeit [46]und sprach zu ihnen: Was schlaft ihr? Steht auf und betet, damit ihr nicht in Anfechtung fallt!

V. 43f. fehlen in einigen alten Textzeugen, enthalten aber Gedanken und Worte, die von Lk öfter (vgl. 1,11; 9,28; 11,1ff.; Apg 12,5) gebraucht werden. Die Erscheinung des Engels verdeutlicht, daß Gott in einer solchen Situation seinem Zeugen beisteht und ihn stärkt.

Jesu Gefangennahme

Mit der Gefangennahme Jesu gelangt die »Finsternis« (= Satan) zur größten Fülle ihrer Macht. Deshalb ist im Unterschied zu Mk 14,41/Mt 26,45 die »Stunde« nicht auf Gott bezogen und der Hinweis auf die Schrifterfüllung (Mk 14,49/Mt 26,56) weggelassen. Passion heißt Kampf mit dem Satan. Jesu bejaht diesen Kampf: Er durchschaut die Werkzeuge der Finsternis und bleibt seiner Berufung treu, indem er sogar einen von der feindlichen Truppe heilt. Von einer Jüngerflucht nach Galiläa (Mk 14,50/Mt 26,56) berichtet Lk nichts. Die Jünger bleiben bei Jesus in Jerusalem und können deshalb alles, was sich dort ereignet, bezeugen (vgl. Apg. 1,4.21f.).

[47]Als er aber noch redete, siehe, da kam eine Schar; und einer von den Zwölfen, der mit dem Namen Judas, ging vor ihnen her und nahte sich zu Jesus, um ihn zu küssen. [48]Jesus aber sprach zu ihm: Judas, verrätst du den Menschensohn mit einem Kuß? [49]Als aber, die um ihn waren, sahen, was geschehen würde, sprachen sie: Herr, sollen wir mit dem Schwert dreinschlagen? [50]Und einer von ihnen schlug nach dem Knecht des Hohenpriesters und hieb ihm sein rechtes Ohr ab. [51]Da sprach Jesus: Laßt ab! Nicht weiter! Und er rührte sein Ohr an und heilte ihn. [52]Jesus aber sprach zu den Hohenpriestern und Hauptleuten des Tempels und den Ältesten, die zu ihm hergekommen waren: Ihr seid wie gegen einen Räuber mit Schwertern und mit Stangen ausgezogen. [53]Ich bin täglich bei euch im Tempel gewesen, und ihr habt nicht Hand an mich gelegt. Aber dies ist eure Stunde und die Macht der Finsternis.

Die Verleugnung des Petrus

[54] Sie ergriffen ihn aber und führten ihn ab und brachten ihn in das Haus des Hohenpriesters. Petrus aber folgte von ferne. [55] Da zündeten sie ein Feuer an mitten im Hof und setzten sich zusammen; und Petrus setzte sich mitten unter sie. [56] Da sah ihn eine Magd am Feuer sitzen und sah ihn genau an und sprach: Dieser war auch mit ihm. [57] Er aber leugnete und sprach: Frau, ich kenne ihn nicht. [58] Und nach einer kleinen Weile sah ihn ein anderer und sprach: Du bist auch einer von denen. Petrus aber sprach: Mensch, ich bin's nicht. [59] Und nach einer Weile, etwa nach einer Stunde, bekräftigte es ein anderer und sprach: Wahrhaftig, dieser war auch mit ihm; denn er ist ein Galiläer. [60] Petrus aber sprach: Mensch, ich weiß nicht, was du sagst. Und alsbald, während er noch redete, krähte der Hahn. [61] Und der Herr wandte sich und sah Petrus an. Und Petrus gedachte an des Herrn Wort, wie er zu ihm gesagt hatte: Ehe heute der Hahn kräht, wirst du mich dreimal verleugnen. [62] Und Petrus ging hinaus und weinte bitterlich.

Abweichend von Mk/Mt bringt Lk den Verleugnungsbericht (V. 54 bis 62) vor der Verspottungsszene (V. 63–65) und dem Verhör (V. 66–71); denn Verleugnung und Verspottung finden nachts statt. Das Verhör erfolgt dagegen nach V. 66 erst am frühen Morgen. Jesus ist bei der Petrus-Verleugnung selbst anwesend (anders Mk/Mt) und muß darum miterleben, wie sich ein Jünger sowohl von ihm als auch von der Jüngergemeinschaft lossagt. Die Reue des Petrus wird dadurch bewirkt, daß sich ihm Jesus »zuwendet« (vgl. 7,9.44; 10,23; 23,28) und er sich dabei an Jesu Wort (V. 34) erinnert. Selbst angesichts seines Todes bleibt Jesus seiner Berufung treu: Seine Zuwendung gilt auch dem gestrauchelten Jünger, der dadurch eine Wende erlebt. V. 62, der wörtlich mit Mt 26,75 b übereinstimmt, fehlt in einigen Handschriften.

Jesus vor dem Hohen Rat

Lk versteht Jesu Verspottung, die nicht von römischen Soldaten, sondern von Juden (V. 47.52) vollzogen wird, als Lästerung (V. 65; vgl. 23,39), d. h. als bewußte Verhöhnung von Jesu Gottessohnschaft und seiner göttlichen Prophetengabe. Das erst am frühen Morgen stattfindende Verhör enthält weder den Vorwurf der Tempelzerstörung noch ein Zeugenverhör und schließt nicht mit einer offiziellen Verurteilung. Es dient nur dazu, den Gefangenen an Pilatus ausliefern zu können.

[63] Die Männer aber, die Jesus gefangen hielten, verspotteten ihn und schlugen ihn, [64] verdeckten sein Angesicht und fragten: Weissage, wer ist's, der dich schlug? [65] Und noch mit vielen andern Lästerungen schmähten sie ihn.

[66] Und als es Tag wurde, versammelten sich die Ältesten des Volkes, die Hohenpriester und Schriftgelehrten und führten ihn vor ihren Rat [67] und sprachen: Bist du der Christus, so sage es uns! Er sprach aber zu ihnen: Sage ich's euch, so glaubt ihr's nicht; [68] frage ich aber, so antwortet ihr nicht. [69] Aber von nun an wird der Menschensohn sitzen zur Rechten der Kraft Gottes. [70] Da sprachen sie alle: *Bist du denn Gottes Sohn? Er sprach zu ihnen: Ihr sagt es, ich bin es.* [71] Sie aber sprachen: Was bedürfen wir noch eines Zeugnisses? Wir haben's selbst gehört aus seinem Munde.

Im Mittelpunkt dieser Voruntersuchung steht die Messiasfrage. Wie in Joh 10,24 f. erklärt Jesus, daß seine Antwort für die Urteilsfindung wegen des Unglaubens der Ankläger wertlos ist. Der Tötungsbeschluß steht vorher schon fest. Die Frage nach der Gottessohnschaft Jesu erscheint bei Lk als Fortsetzung von V. 69, in dem von der Erhöhung des Menschensohnes, nicht aber von seiner Wiederkunft die Rede ist. Wer beansprucht, zur Rechten der Kraft Gottes zu sitzen, ist der Gottessohn (vgl. 1,32 f.). Weil sich Jesus dazu bekennt, sind Zeugenverhöre überflüssig. Ein solcher Anspruch reicht zur Anklage bei Pilatus (vgl. 23,2)

Jesus vor Pilatus

23 Und die ganze Versammlung stand auf, und sie führten ihn vor Pilatus [2] und fingen an, ihn zu verklagen, und sprachen: Wir haben gefunden, daß dieser unser Volk aufhetzt und verbietet, dem Kaiser Steuern zu geben, und spricht, er sei Christus, ein König. [3] Pilatus aber

Drei Anklagepunkte werden gegen Jesus erhoben: 1. Volksaufwiegelung (vgl. 19,48); 2. Steuerverweigerung (vgl. 20,20–26); 3. Königsanspruch (vgl. 22,67–70). Jesus bejaht den dritten Anklagepunkt in dem Sinne, daß er von Gott durch die Auferstehung zur Rechten Gottes erhöht wird (22,69f.; Apg 2,33). Die dreimalige Unschuldserklärung durch Pilatus entspricht der apologetischen Tendenz der lukanischen Passionsdarstellung (vgl. die Einl. zu Kap 22–23).

fragte ihn und sprach: Bist du der Juden König? Er antwortete ihm und sprach: Du sagst es. [4]Pilatus sprach zu den Hohenpriestern und zum Volk: Ich finde keine Schuld an diesem Menschen. [5]Sie aber wurden noch ungestümer und sprachen: Er wiegelt das Volk auf damit, daß er lehrt hier und dort in ganz Judäa, angefangen von Galiläa bis hierher.

In dem Verhör vor Herodes wird die apologetische Tendenz in dreifacher Weise deutlich: 1. Auch Herodes Antipas (vgl. 9,7–9; 13,31–33) erkennt Jesu politische Unschuld an. 2. Lk hat das Motiv vom Schweigen Jesu aus der Verhandlung vor Pilatus (vgl. Mk 15,5) herausgenommen und auf die vor Herodes bezogen. Dem römischen Statthalter antwortet Jesus klar (23,3), dem Juden Herodes verweigert er die Kundgabe seiner Vollmacht. 3. Jesus wird nicht von römischen Soldaten (so Mk 15,16–20a), sondern von denen des jüdischen Königs verspottet. Das weiße Gewand ist als Königsmantel gemeint.

Jesus vor Herodes

[6]Als aber Pilatus das hörte, fragte er, ob der Mensch aus Galiläa wäre. [7]Und als er vernahm, daß er ein Untertan des Herodes war, sandte er ihn zu Herodes, der in diesen Tagen auch in Jerusalem war. [8]Als aber Herodes Jesus sah, freute er sich sehr; denn er hätte ihn längst gerne gesehen; denn er hatte von ihm gehört und hoffte, er würde ein Zeichen von ihm sehen. [9]Und er fragte ihn viel. Er aber antwortete ihm nichts. [10]Die Hohenpriester aber und Schriftgelehrten standen dabei und verklagten ihn hart. [11]Aber Herodes mit seinen Soldaten verachtete und verspottete ihn, legte ihm ein weißes Gewand an und sandte ihn zurück zu Pilatus. [12]An dem Tag wurden Herodes und Pilatus Freunde; denn vorher waren sie einander feind.

Die von Pilatus einberufene Volksversammlung gehört zum Sondergut des Lk (V. 13–16). Die Szene ist von ihm geschaffen worden, um den Anschluß zu der von ihm nun wieder verwendeten Passionsgeschichte des Mk (Mk 15,6–15) herzustellen. Wie Apg 4,25–28 nahelegt, sind Pilatus und Herodes Antipas von Lk deshalb zusammengestellt worden, um sie als Gottesfeinde im Sinne von Ps 2,1f. zu charakterisieren, deren sich Gott bei der Durchsetzung seines Heilsplans bedient. Gemäß V. 13f. erweist sich nun auch der erste Anklagepunkt von V. 2 als unbegründet. Das Verlangen der Juden in V. 18ff. wird damit als unrechtmäßig und bösartig gekennzeichnet. Die historisch fragwürdige Barabbas-Szene will die Verlogenheit der Ankläger veranschaulichen: Der Aufrührer Barabbas soll freigelassen und statt dessen soll Jesus wegen Aufwiegelung beseitigt werden, d. h. der Mörder wird losgebeten, aber »der Heilige und Gerechte« wird verleugnet (Apg 3,14).

Jesu Verurteilung

[13]Pilatus aber rief die Hohenpriester und die Oberen und das Volk zusammen [14]und sprach zu ihnen: Ihr habt diesen Menschen zu mir gebracht als einen, der das Volk aufwiegelt; und siehe, ich habe ihn vor euch verhört und habe an diesem Menschen keine Schuld gefunden, deretwegen ihr ihn anklagt; [15]Herodes auch nicht, denn er hat ihn uns zurückgesandt. Und siehe, er hat nichts getan, was den Tod verdient. [16]Darum will ich ihn schlagen lassen und losgeben.* [18]Da schrien sie alle miteinander: Hinweg mit diesem, gib uns Barabbas los! [19]Der war wegen eines Aufruhrs, der in der Stadt geschehen war, und wegen eines Mordes ins Gefängnis geworfen worden. [20]Da redete Pilatus abermals auf sie ein, weil er Jesus losgeben wollte. [21]Sie riefen aber: Kreuzige, kreuzige ihn! [22]Er aber sprach zum dritten Mal zu ihnen: Was hat denn dieser Böses getan? Ich habe nichts an ihm gefunden, was den Tod verdient; darum will ich ihn schlagen lassen und losgeben. [23]Aber sie setzten ihm zu mit großem Geschrei und forderten, daß er gekreuzigt würde. Und ihr Geschrei nahm überhand. [24]Und Pilatus urteilte, daß ihre Bitte erfüllt werde, [25]und ließ den los, der wegen Aufruhr und Mord ins Gefängnis geworfen war, um welchen sie baten; aber Jesus übergab er ihrem Willen.

Wieder erkennt Pilatus Jesu Unschuld, erniedrigt sich aber zum Werkzeug von Jesu Todfeinden, die in Wirklichkeit Feinde Roms und ständige Unruhestifter sind (vgl. Apg 17,5ff.; 18,12ff.; 21,27f.). Auf diese Weise will Lk den römischen Behörden seiner Zeit einen Spiegel vor Augen halten, in dem sie sich kritisch sehen und lernen sollen, die Geister zu unterscheiden, d.h. die Christen als Gerechte und die Juden als verleumderische Unruhestifter zu beurteilen. Für die kritische Rekonstruktion des Prozesses Jesu vor Pilatus bringt diese tendenziöse Darstellung nichts ein. V.17 (»Er mußte ihnen aber zum Fest einen Gefangenen losgeben«) fehlt in alten Textzeugen und dürfte aus Mk 15,6/Mt 27,15 eingedrungen sein.

Jesu Weg nach Golgatha

[26] Und als sie ihn abführten, ergriffen sie einen Mann, Simon von Kyrene, der vom Feld kam, und legten das Kreuz auf ihn, daß er's Jesus nachtrüge.

[27] Es folgte ihm aber eine große Volksmenge und Frauen, die klagten und beweinten ihn. [28] Jesus aber wandte sich um zu ihnen und sprach: Ihr Töchter von Jerusalem, weint nicht über mich, sondern weint über euch selbst und über eure Kinder. [29] Denn siehe, es wird die Zeit kommen, in der man sagen wird: Selig sind die Unfruchtbaren und die Leiber, die nicht geboren haben, und die Brüste, die nicht genährt haben! [30] Dann werden sie anfangen, zu sagen zu den Bergen: Fallt über uns! und zu den Hügeln: Bedeckt uns! [31] Denn wenn man das tut am grünen Holz, was wird am dürren werden?

Die Schilderung Simons erinnert an Jesu Mahnung zur Kreuzesnachfolge. Die Begegnung Jesu mit den klagenden Frauen Jerusalems gehört zum Sondergut des Lk. Im Unterschied zu V. 13–25 wird das Volk in V. 27 geradezu positiv geschildert, indem es Jesus die Totenklage darbringt. Jesu Zuwendung gilt besonders den damals verachteten Frauen. Sie werden unter dem kommenden Strafgericht besonders zu leiden haben. Das schwer verständliche Sprichwort (V. 31) setzt Jesu Schicksal in Beziehung zu dem der Einwohner Jerusalems, denen das schreckliche Ereignis der Zerstörung ihrer Stadt bevorsteht.

Jesu Kreuzigung und Tod

Der Kreuzigungsbericht folgt wieder der Passionsgeschichte des Mk. Durch Zufügungen (z. B. V. 34.39–43) und Änderungen (z. B. V. 46.48f.) wird das Sterben Jesu als vorbildhaftes Martyrium gezeichnet. Jesus ist der unschuldig leidende Gerechte, der sich vergebungsbereit seinen ihn verhöhnenden Feinden zuwendet (V. 34) und selbst am Kreuz Menschen zur Umkehr bringt.

[32] Es wurden aber auch andere hingeführt, zwei Übeltäter, daß sie mit ihm hingerichtet würden.

[33] Und als sie kamen an die Stätte, die da heißt Schädelstätte, kreuzigten sie ihn dort und die Übeltäter mit ihm, einen zur Rechten und einen zur Linken. [34] Jesus aber sprach: *Vater, vergib ihnen; denn sie wissen nicht, was sie tun!* Und sie verteilten seine Kleider und warfen das Los darum. [35] Und das Volk stand da und sah zu. Aber die Oberen spotteten und sprachen: Er hat andern geholfen; er helfe sich selber, ist er der Christus, der Auserwählte Gottes. [36] Es verspotteten ihn auch die Soldaten, traten herzu und brachten ihm Essig [37] und sprachen: Bist du der Juden König, so hilf dir selber! [38] Es war aber über ihm auch eine Aufschrift: Dies ist der Juden König.

[39] Aber einer der Übeltäter, die am Kreuz hingen, lästerte ihn und sprach: Bist du nicht der Christus? Hilf dir selbst und uns! [40] Da wies ihn der andere zurecht und sprach: Und du fürchtest dich auch nicht vor Gott, der du doch in

Das nur von Lk erwähnte Volk, das Anteilnahme bekundet (V. 27), wird von den Herrschenden und den Soldaten positiv abgehoben. V. 34a ist schon in einigen alten Handschriften getilgt worden, die daran Anstoß nahmen, daß hier Jesu Vergebung den Juden zugesprochen wird. Zu V. 34b vgl. Ps 22,19. Die Zeitangabe Mk 15,25 läßt Lk weg, weil sie mit seiner Abfolge der Ereignisse nicht in Einklang zu bringen war. Wie in 22,65 wird auch in V. 39 die Verhöhnung von Jesu Messiaswürde als Lästerung gewertet (vgl. Apg 18,5f.). Der reumütige Schächer bekommt in V. 43 die sofortige Erfüllung seiner Bitte zugesagt, braucht also nicht auf die allgemeine Auferstehung der Toten zu warten. Das Sterben Jesu wird gegenüber Mk stark verklärt. Jesus klagt nicht über seine

Gottverlassenheit (so Mk 15,34 mit anderen Worten aus Ps 22,2), sondern er vertraut sich mit den Worten aus Ps 31,6 ganz Gottes Macht an. Dieses ergebungsvolle Sterben löst bei den Zuschauern tiefe Bewegung aus. Das Schlagen an die Brust ist Ausdruck von Trauer und Reue (vgl. 18,13). Ausdrücklich wird Jesus von dem heidnischen Hauptmann als ein »Gerechter« (V. 47; vgl. Apg 3,14) anerkannt. Er spricht also nicht wie bei Mk ein christliches Bekenntnis, sondern bringt das Urteil, wie es jeder unvoreingenommene Mensch fällen mußte.

gleicher Verdammnis bist? [41] Wir sind es zwar mit Recht, denn wir empfangen, was unsre Taten verdienen; dieser aber hat nichts Unrechtes getan. [42] Und er sprach: Jesus, gedenke an mich, wenn du in dein Reich kommst! [43] Und Jesus sprach zu ihm: *Wahrlich, ich sage dir: Heute wirst du mit mir im Paradies sein.*

[44] Und es war schon um die sechste Stunde, und es kam eine Finsternis über das ganze Land bis zur neunten Stunde, [45] und die Sonne verlor ihren Schein, und der Vorhang des Tempels riß mitten entzwei. [46] Und Jesus rief laut: *Vater, ich befehle meinen Geist in deine Hände!* Und als er das gesagt hatte, verschied er.

[47] Als aber der Hauptmann sah, was da geschah, pries er Gott und sprach: Fürwahr, dieser ist ein frommer Mensch gewesen! [48] Und als alles Volk, das dabei war und zuschaute, sah, was da geschah, schlugen sie sich an ihre Brust und kehrten wieder um. [49] Es standen aber alle seine Bekannten von ferne, auch die Frauen, die ihm aus Galiläa nachgefolgt waren, und sahen das alles.

Jesu Grablegung

Das Begräbnis Jesu erzählt Lk im Anschluß an Mk 15,42–47, läßt aber Mk 15,44 f. weg (vgl. Mt 27,58) und erweitert die Angaben über Joseph von Arimathäa, den er trotz dessen Zugehörigkeit zum Hohen Rat als »guten, frommen Mann« (V. 50 f.) bezeichnet. Außerdem charakterisiert er mit Mt 27,60 das Grab als ein neues (V. 53), das somit würdig für den Messias war. V. 56 unterstreicht den treuen Dienst der Frauen gegenüber Jesus sowie ihre Gesetzestreue: um den Sabbat zu heiligen, wollen sie erst am Tage nach dem Sabbat, am Sonntag, die Salbung durchführen.

[50] Und siehe, da war ein Mann mit Namen Josef, ein Ratsherr, der war ein guter, frommer Mann [51] und hatte ihren Rat und ihr Handeln nicht gebilligt. Er war aus Arimathäa, einer Stadt der Juden, und wartete auf das Reich Gottes. [52] Der ging zu Pilatus und bat um den Leib Jesu [53] und nahm ihn ab, wickelte ihn in ein Leinentuch und legte ihn in ein Felsengrab, in dem noch nie jemand gelegen hatte. [54] Und es war Rüsttag, und der Sabbat brach an. [55] Es folgten aber die Frauen nach, die mit ihm gekommen waren aus Galiläa, und beschauten das Grab und wie sein Leib hineingelegt wurde. [56] Sie kehrten aber um und bereiteten wohlriechende Öle und Salben. Und den Sabbat über ruhten sie nach dem Gesetz.

Jesu Auferstehung

(Mt 28,1-10; Mk 16,1-8; Joh 20,1-10)

Die Osterereignisse finden nach Lk nur in und um Jerusalem statt, weil sich in dieser Stadt die Heilsgeschichte erfüllt. Darum hat Lk das Wort des Engels verändert: Es zielt nicht auf eine zukünftige Begegnung der Jünger mit Jesus in Galiläa (so Mk 16,7), sondern erinnert an die Leidensweissagungen, die Jesus in Galiläa gesprochen hatte (9,22.44). Die zwei Engel (V. 4) erinnern an Joh 20,12. Engelerscheinungen weisen immer auf ein göttliches Wunder

24 Aber am ersten Tag der Woche sehr früh kamen sie zum Grab und trugen bei sich die wohlriechenden Öle, die sie bereitet hatten. [2] Sie fanden aber den Stein weggewälzt von dem Grab [3] und gingen hinein und fanden den Leib des Herrn Jesus nicht. [4] Und als sie darüber bekümmert waren, siehe, da traten zu ihnen zwei Männer mit glänzenden Kleidern. [5] Sie aber erschraken und neigten ihr Angesicht zur Erde. Da sprachen die zu ihnen: *Was sucht ihr den Lebenden bei den Toten?* [6] *Er ist nicht hier, er ist auferstanden.* Gedenkt daran, wie er euch gesagt hat, als er noch in Galiläa war: [7] Der Menschensohn muß überantwortet werden in die Hände der Sünder und gekreuzigt werden und am dritten Tage auferstehen. [8]Und sie gedachten an seine Worte. [9]Und sie gingen wieder weg vom Grab und verkündigten das alles den elf Jüngern und den andern allen. [10]Es waren aber Maria von Magdala und Johanna und Maria, des Jakobus Mutter, und die andern mit ihnen; die sagten das den Aposteln. [11]Und es erschienen ihnen diese Worte, als wär's Geschwätz, und sie glaubten ihnen nicht. [12]Petrus aber stand auf und lief zum Grab und bückte sich hinein und sah nur die Leinentücher und ging davon und wunderte sich über das, was geschehen war.

hin, hier auf das Wunder von Jesu Auferweckung. Aber nicht der Blick in das (leere) Grab gibt den Frauen Gewißheit, sondern die Erinnerung an Jesu Wort. Damit bestätigt sich ihnen die bleibende Zuverlässigkeit von Jesu Wort (vgl. 21,33). Deshalb verkünden sie auch sofort das Osterwunder (V. 9; anders Mk 16,8). Allerdings gründet ihre Verkündigung nicht auf Augenzeugenschaft. Das unterscheidet sie von den Aposteln (vgl. Apg 1,21 f.), die ihnen deshalb nicht glauben (V. 11). Zu V. 12 vgl. Joh 20,6 f.

Die Emmausjünger

(Mk 16,12.13)

[13]Und siehe, zwei von ihnen gingen an demselben Tage in ein Dorf, das war von Jerusalem etwa zwei Wegstunden entfernt; dessen Name ist Emmaus. [14]Und sie redeten miteinander von allen diesen Geschichten. [15]Und es geschah, als sie so redeten und sich miteinander besprachen, da nahte sich Jesus selbst und ging mit ihnen. [16]Aber ihre Augen wurden gehalten, daß sie ihn nicht erkannten.

[17]Er sprach aber zu ihnen: Was sind das für Dinge, die ihr miteinander verhandelt unterwegs? Da blieben sie traurig stehen. [18]Und der eine, mit Namen Kleopas, antwortete und sprach zu ihm: Bist du der einzige unter den Fremden in Jerusalem, der nicht weiß, was in diesen Tagen dort geschehen ist? [19]Und er sprach zu ihnen: Was denn? Sie aber sprachen zu ihm: Das mit Jesus von Nazareth, der ein Prophet war, mächtig in Taten und Worten vor Gott und allem Volk; [20]wie ihn unsre Hohenpriester und Oberen zur Todesstrafe überantwortet und gekreuzigt haben. [21]Wir aber hofften, er sei es, der Israel erlösen werde. Und über das alles ist heute der dritte Tag, daß dies geschehen ist. [22]Auch haben uns erschreckt einige Frauen aus unserer Mitte, die sind früh bei dem Grab gewesen, [23]haben seinen Leib nicht gefunden, kommen und sagen, sie haben eine Erscheinung von Engeln gesehen, die sagen, er lebe. [24]Und einige von uns gingen hin zum Grab und fanden's so, wie die Frauen sagten; aber ihn sahen sie nicht.

[25]Und er sprach zu ihnen: O ihr Toren, zu trägen Herzens, all dem zu glauben, was die Propheten geredet haben! [26]*Mußte nicht Christus dies erleiden und in seine Herrlichkeit eingehen?* [27]Und er fing an bei Mose und allen Propheten und legte ihnen aus, was in der ganzen Schrift von ihm gesagt war. [28]Und sie kamen nahe an das Dorf, wo sie hingingen. Und er stellte sich, als wollte er weitergehen. [29]Und sie nötigten ihn und sprachen: *Bleibe bei uns; denn es*

Auch diese Ostergeschichte (Sondergut) spielt in der Nähe von Jerusalem (60 Stadien = 11,5 km). Die Lage von Emmaus läßt sich allerdings geographisch nicht sicher bestimmen. Im Mittelpunkt der Erzählung steht die Mahlszene (V. 28–31), der das Weggespräch (V. 17–27) vorausgeht. Die Einleitung bringt die Situationsschilderung: Wie sich Jesus zeit seines Lebens auf der Wanderung befand (vgl. 9,51 ff.; 13,33), so sind auch diese Jünger auf dem Wege. Sowohl ihre Blindheit (V. 16) als auch ihr Sehen (V. 31) stehen nicht in ihrer Macht: Jesus kann man nur erkennen, wenn er sich zu erkennen gibt – und dies geschieht erst in der Mahlszene. In dem Weggespräch steht dem Unverständnis der Jünger (V. 21.25; vgl. 19,11; Apg 1,6) das durch Jesus eröffnete Verstehen der Schriften (= Altes Testament) gegenüber (V. 25–27). Der Sinn des AT ist: Es kündigt den Weg des Messias an und macht ihn verstehbar. Jesu Weg durch Leiden zur Herrlichkeit ist darum von der Schrift vorgezeichnet (vgl. 18,31) und hat als solcher vorbildhafte Bedeutung für seine ihm nachfolgende Gemeinde (vgl. Apg 14,22). Die Mahlgemeinschaft kommt durch die dringende Bitte der Jünger (V. 29) zustande. Die Gegenwart des Herrn beim Mahl ereignet sich also nur, wenn die Gemeinde darum bittet. Mit »Brotbrechen« (V. 35) ist wie in Apg 2,42.46; 20,7.11 das Abendmahl gemeint. Jesu Tun wird mit den

Worten von 9,16; 22,19 beschrieben. Das bedeutet: Als Hausvater gibt er den Seinen das, was sie zum Leben brauchen. Daran erkennen ihn die Jünger (V. 31) und erfahren so seine Auferweckung, womit das Ziel der Geschichte erreicht ist. Das Osterbekenntnis der in Jerusalem versammelten Jünger (V. 34; vgl. 1Ko 15,4 f.) dient der Bestätigung der Engelbotschaft von V. 5–7.

will Abend werden, und der Tag hat sich geneigt. Und er ging hinein, bei ihnen zu bleiben.

[30]Und es geschah, als er mit ihnen zu Tisch saß, nahm er das Brot, dankte, brach's und gab's ihnen. [31]Da wurden ihre Augen geöffnet, und sie erkannten ihn. Und er verschwand vor ihnen. [32]Und sie sprachen untereinander: Brannte nicht unser Herz in uns, als er mit uns redete auf dem Wege und uns die Schrift öffnete? [33]Und sie standen auf zu derselben Stunde, kehrten zurück nach Jerusalem und fanden die Elf versammelt und die bei ihnen waren; [34]die sprachen: *Der Herr ist wahrhaftig auferstanden* und Simon erschienen. [35]Und sie erzählten ihnen, was auf dem Wege geschehen war und wie er von ihnen erkannt wurde, als er das Brot brach.

Jesu Erscheinung vor den Jüngern

(Mk 16,14-19; Joh 20,19-23; Apg 1,1-14; 1.Kor 15,5)

Diese Erscheinungsgeschichte ist Sondergut des Lk; eine ähnliche findet sich aber in Joh 20,19–23. In beiden Fassungen geht es darum, die leibhafte Auferweckung Jesu zu bezeugen. Das wurde notwendig, weil in einigen christlichen Kreisen (Gnosis – vgl. die Einl. zu 1Jh) Christus als reines Geistwesen verstanden wurde. Gegen diese Abwertung der Leiblichkeit richtet sich das Verständnis der Auferweckung als zeitweilige Rückkehr Jesu in seine frühere Gestalt. Den älteren Osterberichten (vgl. 1Ko 15,3–7; Mt 28,16–20) ist eine solche Vorstellung fremd. Das Hauptmotiv der älteren Ostergeschichten war, die Auferstehung Jesu als Einsetzung zum himmlischen Herrn (= Inthronisation) zu deuten. Den späteren Ostergeschichten geht es um den Aufweis der Leibhaftigkeit des Auferstandenen. Darum wird der Unglaube der Jünger hier durch handfeste Beweise überwunden: Aufruf zum Betasten; Essen von Fisch.

[36]Als sie aber davon redeten, trat er selbst, Jesus, mitten unter sie und sprach zu ihnen: Friede sei mit euch! [37]Sie erschraken aber und fürchteten sich und meinten, sie sähen einen Geist. [38]Und er sprach zu ihnen: Was seid ihr so erschrocken, und warum kommen solche Gedanken in euer Herz? [39]Seht meine Hände und meine Füße, ich bin's selber. Faßt mich an und seht; denn ein Geist hat nicht Fleisch und Knochen, wie ihr seht, daß ich sie habe. [40]Und als er das gesagt hatte, zeigte er ihnen die Hände und Füße. [41]Als sie aber noch nicht glaubten vor Freude und sich verwunderten, sprach er zu ihnen: Habt ihr hier etwas zu essen? [42]Und sie legten ihm ein Stück gebratenen Fisch vor. [43]Und er nahm's und aß vor ihnen. [44]Er sprach aber zu ihnen: Das sind meine Worte, die ich zu euch gesagt habe, als ich noch bei euch war: Es muß alles erfüllt werden, was von mir geschrieben steht im Gesetz des Mose, in den Propheten und in den Psalmen. [45]Da öffnete er ihnen das Verständnis, so daß sie die Schrift verstanden, [46]und sprach zu ihnen: *So steht's geschrieben, daß Christus leiden wird und auferstehen von den Toten am dritten Tage;* [47]*und daß gepredigt wird in seinem Namen Buße zur Vergebung der Sünden unter allen Völkern.* Fangt an in Jerusalem, [48]und seid dafür Zeugen. [49]Und siehe, ich will auf euch herabsenden, was mein Vater verheißen hat. Ihr aber sollt in der Stadt bleiben, bis ihr ausgerüstet werdet mit Kraft aus der Höhe.

Zum Ausdruck »Gesetz des Mose, Propheten und Psalmen« (V. 44) ist zu bedenken: Nach jüdischer Tradition besteht die heilige Schrift aus 3 unterschiedlich gewerteten Teilen: dem Gesetz (= 5 Bücher Mose); den Prophetenbüchern (= den Geschichtsbüchern) sowie großen und kleinen Propheten und den übrigen Schriften (z. B. Psalmen, Hiob, Sprüche usw.; Fachausdruck: Hagiographen). Das Gesetz ist verpflichtend, die Propheten sind als heiliges Wort geachtet, die übrigen Schriften dienen als Anleitung zum Beten und Handeln. Das junge Christentum sieht dagegen das AT einheitlich als prophetische Weissagung auf Christus hin (vgl. Joh 5,39.46). Das AT gilt demnach als Voraussetzung zum Verstehen von Jesu Weg und somit auch von der Osterverkündigung, die auf die Bekehrung aller (Heiden-)Völker zielt. Die Jünger können aufgrund ihrer Schriftkenntnis und Erfahrung bezeugen, daß die Heilsgeschichte dieses Ziel erreichen wird (vgl. Apg 2,38f.; 3,19–21; 10,40–43). V. 49 weist voraus auf Apg 2.

Jesu Himmelfahrt

Nur Lk schildert Jesu Erhöhung so, daß er vor den Augen der Jünger in den Himmel entrückt wird (vgl. Apg 1,9–11; 2,33; 5,31). Da Lk die Auferweckung Jesu als zeitweilige Rückkehr in seine frühere irdische Gestalt versteht, muß diese österliche Erfahrungszeit mit einer Himmelfahrt abgeschlossen werden. Ursprünglich wurden Auferweckung und Erhöhung Jesu gleichgesetzt (vgl. 1Ko 15,4ff.; Rö 1,4; Phl 2,9–11).

[50]Er führte sie aber hinaus bis nach Betanien und hob die Hände auf und segnete sie. [51]Und es geschah, als er sie segnete, schied er von ihnen und fuhr auf gen Himmel. [52]Sie aber beteten ihn an und kehrten zurück nach Jerusalem mit großer Freude [53]und waren allezeit im Tempel und priesen Gott.

Das Evangelium schließt mit dem Segen als dem Heilsgut, das Jesus schenkt, und auf das die gesegnete Jüngerschar mit Anbetung, Freude und Lobpreis antwortet. Wie am Anfang des Lk so spielt auch am Ende der Tempel zu Jerusalem eine wichtige Rolle.

DAS EVANGELIUM NACH JOHANNES

Das vierte Evangelium unterscheidet sich in Darstellungsweise, Traditionsbenutzung und theologischer Akzentuierung von den 3 ersten, den sog. synoptischen, in vieler Hinsicht: 1. Hauptschauplatz des Geschehens ist nicht Galiläa, sondern das Zentrum des Judentums, Jerusalem mit Umgebung. 2. Die Tempelreinigung wird bereits am Anfang von Jesu Wirksamkeit berichtet. Vorausgesetzt sind mindestens 3 Jerusalemreisen. Jesus stirbt nicht am 15. Nisan, 9 Uhr (so Mk 15,25), sondern am 14. Nisan, 12 Uhr (19,14). 3. Johannes der Täufer und Jesus wirken nebeneinander. 4. Fragen des jüdischen Gesetzes und der anbrechenden Gottesherrschaft, Bußmahnungen und Dämonenaustreibungen spielen keine Rolle. 5. Innerhalb des jüdischen Volkes wird zwischen den einzelnen Gruppen nicht mehr unterschieden. Mit »den Pharisäern« und »den Juden« ist das pharisäisch-rabbinische Judentum nach der Tempelzerstörung gemeint. 6. An die Stelle von lose aneinandergereihten Einzelsprüchen und Einzelberichten sind große Redekompositionen getreten. Diese kreisen um einen Jesusspruch, meist in »Ich-bin«-Wort, und entfalten ihn in mehreren Gesprächsgängen. Das beherrschende Thema ist Jesu Offenbarungsanspruch. 7. Die 7 Wundergeschichten (2,1ff.; 4,46ff.; 5,1ff.; 6,3ff.16ff.; 9,1ff.; 11,1ff.) werden ausschließlich als »Zeichen« der Herrlichkeit Jesu Christi verstanden. 8. In der Passionsdarstellung erscheint Jesus weniger als der Leidende, als vielmehr als der Handelnde, der seine Sendung in Auseinandersetzung mit der Welt der Finsternis siegreich vollendet.

Daraus ergibt sich: Joh hat sich für seine Darstellung auf Traditionen gestützt, die er aber sehr selbständig verwendet. An schriftlichen Quellen scheint ihm nur eine Sammlung von Wundergeschichten, die sog. »Semeia« – oder Zeichenquelle, deren Schluß noch in 12,37f.; 20,30f. erhalten sein könnte, und ein Passionsbericht samt Ostergeschichten vorgelegen zu haben. Die oft zu beobachtenden Brüche, Überschneidungen und unausgeglichenen Spannungen (vgl. 3,22 mit 4,1f.; 5,24f. mit 5,28f.; 6,39.44.54; 14,31b mit 18,1; 20,30f. mit 21,25 u. a. m.) weisen auf einen langwierigen Entstehungsprozeß dieses Evangeliums hin. Um dem Werk Autorität zu verleihen, wurde es in dem Nachtrag Kap. 21 auf den sog. »Lieblingsjünger« als Verfasser zurückgeführt. In diesem Jünger, der

Jesus besonders nahe stand (vgl. 13,23; 18,15; 19,26; 20,2–8), hat sich der Anspruch der johanneischen Gemeinde, direkter Offenbarungsempfänger zu sein, niedergeschlagen. Das Joh kann darum als ein Offenbarungsbuch bezeichnet werden, dessen ersten Teil Jesu Offenbarung vor der Welt (Kap. 2–12) und dessen zweiter Teil Jesu Offenbarung vor den Seinen (Kap. 13–20) schildert. An diesem Punkt zeigen sich starke Berührungen mit gnostischen Schriften, so daß ein gemeinsamer religionsgeschichtlicher Hintergrund anzunehmen ist. Die im Joh gebrauchte Bildersprache und dualistische Terminologie spiegeln das Selbstverständnis einer Gemeinde wider, die sich in engster Beziehung zu Jesus Christus und Gott stehend und als von der Welt verachtet und gehaßt begreift. Ihren Ursprung erblickt sie in Gott: Sie verstand sich als von Gott gezeugt. Sie besaß den »Geist der Wahrheit«, der ihr Jesu Gegenwart verbürgte und ihr volle Wahrheitserkenntnis verhieß. In ihr wirkt also der erhöhte Christus. Durch ihren Mund ereignet sich weiterhin die Scheidung (Krisis) der Menschen in der Welt (vgl. 16,8–11). Nur diesem Kreis gilt daher Jesu Heilswerk; denn Jesus ist nicht zur Versöhnung der Welt (so 2Ko 5,18f.), sondern zur Rettung seiner »Freunde« erschienen und in den Tod gegangen (vgl. 15,13; 10,11). Weil die Christusbeziehung das einzige Kennzeichen der Gemeinde ist, gibt es ihn ihr keine Unterschiede. Darum hat diese Gemeinschaft keinen institutionellen Charakter und kennt weder Ämter noch eine Vielzahl von Gnadengaben. Entscheidend ist hier vielmehr, daß durch die Bruderliebe die Eineit der Gemeinschaft gewahrt und abgesichert wird; denn das ist das Ziel des Heilswerkes (vgl. 17,11.20–23).

Dieses Heilswerk hat seinen Ursprung in Gott selbst, der als der Vater in der Einheit mit dem Sohne lebt. Während der Vater immer der Gebende ist, ist der Sohn immer der Empfangende (vgl. 5,36; 17,4). In diesem Miteinander kommt Gottes Wesen als Liebe zum Ausdruck; denn der Liebende bedarf eines Gegenübers, auf das sich seine Liebe richtet. Das Joh verkündet so den von Ewigkeit her auf Gemeinschaft in der Liebe angelegten Gott, der in seinem Miteinander von Vater und Sohn das Urbild des Heils ist. Mit der Aufnahme der Gemeinde in diese Einheit von Vater und Sohn vollendet sich das Heilsgeschehen, im Sehen des Vaters im Sohne besteht das verheißene ewige Leben, an dem die Gemeinde im Glauben jetzt schon teil hat (vgl. 17,3).

Wie die Gemeinde vom Hören lebt und zum Reden gesandt ist, so ist auch das den Sohn Kennzeichnende das Hören auf des Vaters Rede und seine Sendung als Offenbarer (vgl. 17,18.21.23). Als der von oben Kommende schenkt er den Seinen esoterisches Wissen (vgl. 3,13): Er lehrt die in seinem himmlischen Ursprung gründende Überlegenheit über alle Menschen, er belehrt über seine Sendung, über seinen Ab- und Aufstieg (vgl. 3,13ff.31ff.). Seine göttliche Herrlichkeit, die zeichenhaft in den Wundertaten aufleuchtet (vgl. 2,11), vollendet sich in der »Stunde« der Kreuzigung; denn in der Hingabe seines Lebens für seine Freunde wird die Größe seiner Liebe besonders deutlich erkennbar. Über das als »Erhöhung« verstandene Kreuz (vgl. 12,32ff.) kehrt der Gesandte zu seinem Vater zurück.

Aber Jesus ist nicht nur der Heilsbringer für die Seinen, sondern auch der Offenbarer der Sünde der Welt, der die »Krisis« (Scheidung, Gericht) bewirkt (vgl. 3,19–21). Denn als der von oben kommende Menschensohn ist er der Fremde, der Ablehnung und Feindschaft von der »Welt« erfährt (vgl. 7,7; 15,18ff.). Aus diesem Grund zeigt das Joh eine dualistische Struktur, die in den Gegensatzpaaren; Licht–Finsternis, Leben-Tod, Wahrheit-Lüge, von oben – von unten sein u. ä. zum Ausdruck kommt. Jesu Schicksal hat zugleich urbildliche Bedeutung für die Gemeinde; denn beide stammen von »oben«, sind deshalb fremd in der Welt und müssen also den für die »untere« Welt typischen Fremdenhaß erdulden (vgl. 15,18ff.; 17,14.16). Entsprechend der Exklusivität des johanneischen Kreises gelten »die Juden« als die typischen Vertreter dieser finsteren Welt, die alles Himmlische mißverstehen und sich dadurch als blind und verstockt erweisen (vgl. 12,37–43). Weil sie dem Offenbarer nicht glauben und ihn sogar zu töten suchen, sind sie Satanskinder (vgl. 8,37–47). Bedeutet jedoch Glaube an Jesus Trennung von der Welt, dann muß sich die an Jesus glaubende Gemeinschaft auch von den Repräsentanten der Welt, den Juden, absondern. Auf diese Weise begründet die johanneische Gemeinde ihren Bruch mit dem Judentum.

Daraus läßt sich entnehmen, daß die im Joh redende Gemeinschaft zunächst im Kontakt mit Juden gelebt hat, sich aber durch ihre Verkündigung von ihrer jüdischen Umwelt entfremdete und deshalb als Reaktion Haß und Verfolgung erfahren mußte, die zum radikalen Bruch mit der Synagoge führten (vgl. 16,2f.; 9,22; 12,42). Das Joh dürfte darum im nördlichen Randgebiet von Palästina, in Syrien, entstanden sein. In diese Richtung weisen auch das semitisierende Griechisch dieses Buches, die Verwandtschaft mit aus Syrien stammenden gnostischen Schriften und gewisse Berührungen mit der Vorstellungswelt des Ignatius von Antiochien. Auch die Täufersekte, mit der sich dieses Evangelium mehrfach auseinandersetzt (vgl. 1,6–8.15.19ff.; 3,23ff.), scheint im syrischen Raum beheimatet gewesen zu sein. Als Zeit für den Werdeprozeß des Joh kommen die Jahre 75 – 100 n. Chr. in Frage.

Das Wort ward Fleisch

Dieser Prolog geht z. T. auf ein gottesdienstliches Lied des Urchristentums zurück. In diesem Lied wurde Jesus Christus als »das Wort« (griech.: ›Logos‹) in seinem Verhältnis zu Gott (V. 1f.), zur Welt (V. 3f) und zur Geschichte (V. 5.10–12) verherrlicht. Diesen Hymnus hat der Evangelist durch die Einfügung nichthymnischer Stücke erweitert: Die Täuferaussagen in V. 6–8 (samt Überleitung V. 9); den die Gotteskindschaft von V. 12 interpretierenden V. 13; einen Abschnitt in »Wir«-Form (V. 14–18), der das Bekenntnis der Gemeinde zum menschgewordenen Wort Jesus Christus enthält. Was im Prolog von Jesus Christus ausgesagt wird (Er ist von Ewigkeit her das göttliche Wort, das schöpferisch und heilschaffend wirkt), das knüpft an Vorstellungen des Frühjudentums an. Ähnliche Gedanken finden sich in der Weisheitsliteratur im Blick auf die Weisheit (Präexistenz vgl. 17,5; Spr 8,22ff.; Wsh 9,11f.18f.) und bei dem jüdischen Philosophen Philo von Alexandrien (ca. 40 n. Chr.) im Blick auf den Logos als göttliche Weltvernunft, Werkzeug der Schöpfung, Ebenbild Gottes und Erstgeborener. Im Unterschied dazu wird im Prolog das Wort ganz personal verstanden. »Das Wort« ist demnach Gott in seiner heilvollen Zuwendung zu uns Menschen, wie sie in Jesus Christus sichtbare Gestalt angenommen hat.

1 Im Anfang war das Wort, und das Wort war bei Gott, und Gott war das Wort. 2 Dasselbe war im Anfang bei Gott. 3 Alle Dinge sind durch dasselbe gemacht, und ohne dasselbe ist nichts gemacht, was gemacht ist.* 4 In ihm war das Leben, und das Leben war das Licht der Menschen. 5 Und das Licht scheint in der Finsternis, und die Finsternis hat's nicht ergriffen.

6 Es war ein Mensch, von Gott gesandt, der hieß Johannes. 7 Der kam zum Zeugnis, um von dem Licht zu zeugen, damit sie alle durch ihn glaubten. 8 Er war nicht das Licht, sondern er sollte zeugen von dem Licht.

9 Das war das wahre Licht, das alle Menschen erleuchtet, die in diese Welt kommen. 10 Er war in der Welt, und die Welt ist durch ihn gemacht; aber die Welt erkannte ihn nicht. 11 Er kam in sein Eigentum; und die Seinen nahmen ihn nicht auf. 12 Wie viele ihn aber aufnahmen, denen gab er Macht, Gottes Kinder zu werden, denen, die an seinen Namen glauben, 13 die nicht aus dem Blut noch aus dem Willen des Fleisches noch aus dem Willen eines Mannes, sondern von Gott geboren sind.

14 *Und das Wort ward Fleisch*** *und wohnte unter uns, und wir sahen seine Herrlichkeit, eine Herrlichkeit als des eingeborenen Sohnes vom Vater, voller Gnade und Wahrheit.* 15 Johannes gibt Zeugnis von ihm und ruft: Dieser war es, von dem ich gesagt habe: Nach mir wird kommen, der vor mir gewesen ist; denn er war eher als ich. 16 Und *von seiner Fülle haben wir alle genommen Gnade um Gnade.* 17 *Denn das Gesetz ist durch Mose gegeben; die Gnade und Wahrheit ist durch Jesus Christus geworden.* 18 Niemand hat Gott je gesehen; der Eingeborene, der Gott ist und in des Vaters Schoß ist,* der hat ihn uns verkündigt.

Das Joh beginnt bei dem Uranfang. Das Heilsgeschehen gründet von Anfang an in Gott, dem Vater. Dieser stellt in seinem Miteinander mit dem Sohn das Urbild des Heils dar, das mit »Licht« und »Leben« umschrieben wird. »Leben« gibt es also nur durch Gott bzw. durch das mit Gott identische Wort, dem die Welt ihr Dasein verdankt. Aber diese Welt gilt als »Finsternis«, weil sie Jesus Christus als »das Licht« (8,12) ablehnte (vgl. 3,19; 12,35). Der Täufer erscheint hier nur als Zeuge Jesu Christi (vgl. die Einl. zu 1,19–28). Der Unglaube der Welt wird durch die Ausdrücke »nicht erkennen«, »nicht ergreifen« und »nicht aufnehmen« umschrieben. Unter »den Seinen« kann in diesem Zusammenhang kaum Israel (vgl. 2Mo 19,5), sondern nur die Welt gemeint sein. V. 12 schränkt V. 10f. ein: Wenige kamen zum Glauben und erhielten das Geschenk der Gotteskindschaft (vgl. Gal 3,26), die nach V. 13 ein göttliches Wunder darstellt (vgl. 3,3.5). Die Menschwerdung des Wortes wird in V. 14 in Bekenntnisform ausgedrückt. Luther übersetzte V. 14a wörtlich: »Und das Wort ward Fleisch«. »Fleisch« ist hier wie im AT Ausdruck für den Menschen in seiner Vergänglichkeit (vgl. Jes 40,6). Das Jes 40,5 für die Endzeit verheißene Schauen der göttlichen Herrlichkeit findet in Jesus die Erfüllung.

Das Zeugnis des Täufers über sich selbst

(Mt 3,1-12; Mk 1,1-8; Lk 3,1-18)

In diesem Abschnitt macht sich die Polemik des Joh gegen Anhänger des Täufers besonders geltend. Offensichtlich verstanden diese Kreise den Täufer im Sinn des 5Mo 18,15–18 angekündigten

messianischen »Propheten wie Mose«, auf den auch die Samaritaner und Essener warteten und von dem sie die endgültige Aufrichtung und Auslegung des Gesetzes erhofften. Außerdem kann aus V. 21.25 erschlossen werden, daß der Täufer von seinen Anhängern als der dem Kommen Gottes unmittelbar vorangehende Bußprophet, als wiederkehrender Elia (vgl. Mal 3,23 f.), verehrt wurde. Für den vierten Evangelisten ist der Täufer dagegen lediglich ein Vorläufer Jesu. Er weist von sich weg auf Jesus als den Messias (vgl. V. 6–8.15.35 f.; 3,28–30), vollbringt darum keine Wunder (vgl. 10,41), erhält keine Hoheitstitel und tauft nicht mit dem Geist (V. 26).

»Die Juden« (V. 19) sind hier identisch mit den Pharisäern (V. 24), die als Führungsschicht verstanden werden. Damit spiegeln sich hier die Verhältnisse nach der Tempelzerstörung (70 n. Chr.) wider. Die für das Judentum vor 70 n. Chr. charakteristische Differenzierung in einzelne Gruppen berücksichtigt Joh nicht. V. 21 steht in Spannung zu Mk 9,12/Mt 17,10 f.; wo der Täufer als wiederkehrender Elia verstanden wird. »Buße« und »genahte Gottesherrschaft« fehlen in der Täuferverkündigung des Joh. Stattdessen spricht der Täufer mit Worten aus Jes 40,3 (anders Mk 1,2 f.Parr). Zugleich erscheint die Wassertaufe ausschließlich als zeichenhafter Hinweis auf Jesu Person (anders Mk 1,8Parr). Die Ortsangabe V. 28 ist vielleicht das Ergebnis einer Kombination von 10,40 mit 11,1.

[19]Und dies ist das Zeugnis des Johannes, als die Juden zu ihm sandten Priester und Leviten von Jerusalem, daß sie ihn fragten: Wer bist du? [20]Und er bekannte und leugnete nicht, und er bekannte: Ich bin nicht der Christus. [21]Und sie fragten ihn: Was dann? Bist du Elia? Er sprach: Ich bin's nicht. Bist du der Prophet? Und er antwortete: Nein. [22]Da sprachen sie zu ihm: Wer bist du dann? daß wir Antwort geben denen, die uns gesandt haben. Was sagst du von dir selbst? [23]Er sprach: »Ich bin eine Stimme eines Predigers in der Wüste: Ebnet den Weg des Herrn!«, wie der Prophet Jesaja gesagt hat (Jesaja 40,3).

[24]Und sie waren von den Pharisäern abgesandt, [25]und sie fragten ihn und sprachen zu ihm: Warum taufst du denn, wenn du nicht der Christus bist noch Elia noch der Prophet? [26]Johannes antwortete ihnen und sprach: Ich taufe mit Wasser; aber er ist mitten unter euch getreten, den ihr nicht kennt. [27]Der wird nach mir kommen, und ich bin nicht wert, daß ich seine Schuhriemen löse. [28]Dies geschah in Betanien jenseits des Jordans, wo Johannes taufte.

Das Zeugnis des Täufers vom Lamm Gottes

(Mt 3,13-17; Mk 1,9-11; Lk 3,21.22)

Joh bringt keinen Taufbericht. Jesu Geistsalbung hat hier nur die Bedeutung eines Erkennungszeichens für den Täufer, dessen Zeugenfunktion besonders herausgestellt werden soll (V. 15 und 30). Diese Absicht wird durch ein direktes Bekenntnis des Täufers zu Jesu Heilsbedeutung als Passalamm (vgl. zu 1Ko 5,7) in V. 29 und 36 unterstrichen. »Tragen« bedeutet: »Ab- bzw. Wegnehmen« (vgl. 2,16). Damit wird auf Jesu Opfer am Kreuz hingewiesen (vgl. 10,11.15). »Israel« ist im Joh immer Ehrentitel des erwählten Volkes (vgl. 1,49; 3,10; 12,13). V. 34 ist Höhepunkt: Jesus ist der durch göttliche Wundertat (V. 32) bestätigte Gottessohn.

[29]Am nächsten Tag sieht Johannes, daß Jesus zu ihm kommt, und spricht: *Siehe, das ist Gottes Lamm, das der Welt Sünde trägt!* [30]Dieser ist's, von dem ich gesagt habe: Nach mir kommt ein Mann, der vor mir gewesen ist, denn er war eher als ich. [31]Und ich kannte ihn nicht. Aber damit er Israel offenbart werde, darum bin ich gekommen, zu taufen mit Wasser.

[32]Und Johannes bezeugte und sprach: Ich sah, daß der Geist herabfuhr wie eine Taube vom Himmel und blieb auf ihm. [33]Und ich kannte ihn nicht. Aber der mich sandte, zu taufen mit Wasser, der sprach zu mir: Auf wen du siehst den Geist herabfahren und auf ihm bleiben, der ist's, der mit dem heiligen Geist tauft. [34]Und ich habe es gesehen und bezeugt: Dieser ist Gottes Sohn.

Die ersten Jünger

Weil das Täuferzeugnis auf den Anschluß an Jesus (V. 37) zielt, darum kommen nur im Joh die ersten Jesus-

[35]Am nächsten Tag stand Johannes abermals da und zwei seiner Jünger; [36]und als er Jesus vorübergehen sah, sprach er: Siehe, das ist Gottes Lamm! [37]Und die zwei Jünger

hörten ihn reden und folgten Jesus nach. [38]Jesus aber wandte sich um und sah sie nachfolgen, und sprach zu ihnen: Was sucht ihr? Sie aber sprachen zu ihm: Rabbi – das heißt übersetzt: Meister –, wo ist deine Herberge? [39]Er sprach zu ihnen: Kommt und seht! Sie kamen und sahen's und blieben diesen Tag bei ihm. Es war aber um die zehnte Stunde. [40]Einer von den zweien, die Johannes gehört hatten und Jesus nachgefolgt waren, war Andreas, der Bruder des Simon Petrus. [41]Der findet zuerst seinen Bruder Simon und spricht zu ihm: Wir haben den Messias gefunden, das heißt übersetzt: der Gesalbte. [42]Und er führte ihn zu Jesus. Als Jesus ihn sah, sprach er: Du bist Simon, der Sohn des Johannes; du sollst Kephas heißen, das heißt übersetzt: Fels.

[43]Am nächsten Tag wollte Jesus nach Galiläa gehen und findet Philippus und spricht zu ihm: Folge mir nach! [44]Philippus aber war aus Betsaida, der Stadt des Andreas und Petrus. [45]Philippus findet Nathanael und spricht zu ihm: Wir haben den gefunden, von dem Mose im Gesetz und die Propheten geschrieben haben, Jesus, Josefs Sohn, aus Nazareth. [46]Und Nathanael sprach zu ihm: Was kann aus Nazareth Gutes kommen! Philippus spricht zu ihm: Komm und sieh es! [47]Jesus sah Nathanael kommen und sagt von ihm: Siehe, ein rechter Israelit, in dem kein Falsch ist. [48]Nathanael spricht zu ihm: Woher kennst du mich? Jesus antwortete und sprach zu ihm: Bevor Philippus dich rief, als du unter dem Feigenbaum warst, sah ich dich. [49]Nathanael antwortete ihm: Rabbi, du bist Gottes Sohn, du bist der König von Israel! [50]Jesus antwortete und sprach zu ihm: Du glaubst, weil ich dir gesagt habe, daß ich dich gesehen habe unter dem Feigenbaum. Du wirst noch Größeres als das sehen. [51]Und er spricht zu ihm: Wahrlich, wahrlich, ich sage euch: Ihr werdet den Himmel offen sehen und die Engel Gottes hinauf- und herabfahren über dem Menschensohn.

jünger aus dem Täuferkreis. Die hier erzählten Berufungen unterscheiden sich zudem grundlegend von denen der anderen Evangelien (vgl. zu Mk 1,16–20): Nicht das Hören auf Jesu Ruf, das die »sofortige« Preisgabe der bisherigen Lebensverhältnisse bei den Berufenen zur Folge hat, spielt hier ein Rolle, sondern das Bekenntnis zu Jesu Messianität, die Erfahrung von Jesu übernatürlichem Wissen und die Verheißung des Sehens. »Nachfolge« wird hier nicht mehr wörtlich verstanden, sondern als Ruf zum Glauben an den erhöhten Christus, der den Seinen eine Bleibe (zu V. 38 f. vgl. 14,2) und eine Schau verheißt. Die auffällig kurze Philippusberufung weicht von den anderen Berufungen ab und könnte darum eine spätere Erweiterung sein. Andreas und Petrus gehörten zudem nach Kapernaum (so Mk 1,29), nicht nach Betsaida (so V. 44). Mit »Gesetz und Propheten« ist das AT gemeint, das als Christuszeugnis verstanden werden soll (vgl. 5,39). »Nathanael« (= Gott hat gegeben) kommt im NT nur noch Joh 21,2 vor. Das anstößige Faktum von Jesu Geburt in dem unbedeutenden Nazaret, für das es keine messianische Weissagung gab, bereitete der Urkirche große Schwierigkeiten (vgl. zu Mt 2,12–23). Ein »rechter Israelit« ist der, der durch die Schrift zu Jesus hinfindet und ihn als den »König von Israel« (= Messias) er- und bekennt. Aber dieser Messias ist zugleich Gottes- und Menschensohn.

Den Höhepunkt bildet V. 51. Typisch johanneisch ist in diesem ersten Selbstzeugnis Jesu das doppelte »Wahrlich« (= Amen; vgl. 3,3.5.11 u. ö.), das Jesu Wort als unbedingt sicher und zuverlässig kennzeichnet. Inhaltlich besagt V. 51, daß Jesus als der Menschensohn, der von oben gekommen ist und nach oben zurückkehren wird (vgl. 3,13.31; 6,62), auch während seines Erdenlebens in ununterbrochener Verbindung mit der himmlischen Welt steht. Als »der Sohn« ist er immer beim »Vater«, weil Vater und Sohn eins sind (vgl. 10,30; 17,22). Die in den synoptischen Evangelien nur bei Jesu Taufe ausgesagte Öffnung des Himmels wird hier auf das gesamte Leben Jesu ausgedehnt. Der Gemeinde (»ihr«) wird die Verheißung zuteil, in Jesus die »Herrlichkeit« Gottes, die göttliche Gnadenfülle, zu schauen (vgl. 1,14; 2,11). »Noch größer« als die Erfahrung von Jesu wunderbarem Wissen (V. 50) ist also die Erkenntnis von der dauernden Gemeinschaft Jesu mit seinem himmlischen Vater, die den Glaubenden zugesagt ist und in der das verheißene ewige Leben besteht (vgl. 14,10.20; 17,3.21). Die folgenden Kapitel entfalten die in V. 51 ausgesprochene Verheißung.

Jesu Offenbarung vor der Welt (Kap. 2–12)

Der erste Hauptteil setzt mit einem »Zeichen« ein, in dem Jesus seine göttliche Herrlichkeit offenbart und das bei seinen Jüngern den Glauben an ihn als den Gottgesandten wirkt (2,1–11). Als Kontrast folgt dem Herrlichkeitswunder in Galiläa die Konfrontation in Jerusalem mit dem Hinweis auf Jesu Tod und seine Auferstehung (2,13ff). Jesu Wirken und Schicksal finden in Kap. 2 eine Art Vorabbildung. In Kap. 3–12 begegnen dann die großen Redekompositionen, die mit einer konkreten Szene, mehrfach auch mit einem Wunder, verbunden sind, sich in mehreren Gesprächsgängen vollziehen und in einem Offenbarungswort Jesu (vgl. 3,13; 4,13f; 5,24; 6,35 u. ö.) gipfeln. Diese Reden führen immer zu einer Scheidung zwischen denen, die seinem Wort glauben, und denen, die ihn ablehnen (vgl. 3,19ff; 4,41ff; 6,41ff u. ö.); denn Jesu Kommen bedeutet die »Krisis«, d. h. das Gericht als Scheidung in der Welt (vgl. 3,19), Die im ersten Hauptteil enthaltenen 7 »Zeichen« sind nach dem Prinzip der Steigerung angeordnet: Den Höhepunkt bildet das Wunder der Auferweckung des Lazarus in Kap. 11. Hier offenbart Jesus am eindeutigsten sein göttliches Wesen als »das Leben« (vgl. 1,4; 5,26; 6,57), das Überwindung von Tod und Finsternis und damit Gemeinschaft mit dem lebendigen Gott gewährt. Indem der Hohe Rat mit dem Beschluß zur Tötung Jesu antwortet (11,47ff), verschärft sich die Kampfsituation, die mit dem Kommen »des Lichts« in »die Finsternis« entstanden ist (1,5.9; 3,19; 12,35). Im zweiten Hauptteil (Kap. 13–20) werden dann die Auswirkungen dieses Kampfes für die Gemeinde entfaltet.

Hochzeit zu Kana

2 Und am dritten Tage war eine Hochzeit in Kana in Galiläa, und die Mutter Jesu war da. [2]Jesus aber und seine Jünger waren auch zur Hochzeit geladen. [3]Und als der Wein ausging, spricht die Mutter Jesu zu ihm: Sie haben keinen Wein mehr. [4]Jesus spricht zu ihr: Was geht's dich an, Frau, was ich tue? Meine Stunde ist noch nicht gekommen. [5]Seine Mutter spricht zu den Dienern: Was er euch sagt, das tut. [6]Es standen aber dort sechs steinerne Wasserkrüge für die Reinigung nach jüdischer Sitte, und in jeden gingen zwei oder drei Maße*. [7]Jesus spricht zu ihnen: Füllt die Wasserkrüge mit Wasser! Und sie füllten sie bis obenan. [8]Und er spricht zu ihnen: Schöpft nun und bringt's dem Speisemeister! Und sie brachten's ihm. [9]Als aber der Speisemeister den Wein kostete, der Wasser gewesen war, und nicht wußte, woher er kam – die Diener aber wußten's, die das Wasser geschöpft hatten –, ruft der Speisemeister den Bräutigam [10]und spricht zu ihm: Jedermann gibt zuerst den guten Wein und, wenn sie betrunken werden, den geringeren; du aber hast den guten Wein bis jetzt zurückbehalten. [11]Das ist das erste Zeichen, das Jesus tat, geschehen in Kana in Galiläa, und er offenbarte seine Herrlichkeit. Und seine Jünger glaubten an ihn.

[12]Danach ging Jesus hinab nach Kapernaum, er, seine Mutter, seine Brüder und seine Jünger, und sie blieben nicht lange da.

Dieses Geschenkwunder, bei dem ein Mangel an materiellen Gütern durch ein Wunder überwunden wird, zeigt Berührungen mit Dionysosgeschichten. Möglicherweise geht es hier um eine Auseinandersetzung mit einer Mysteriengemeinde des Dionysos, der gegenüber die Überlegenheit Jesu hervorgehoben werden soll. Der Akzent liegt ganz auf V. 11: Der Glaubende existiert aus der in Jesus erschienenen Lebensfülle und führt so ein erfülltes Leben; denn die riesige Weinmenge (ca. 600 Liter) symbolisiert die unvorstellbare Größe der göttlichen Gnade, die mit Jesus in unsere Todeswelt eingezogen ist. Im Blick auf die Einzelzüge fällt auf, daß keine Begründung für den Weinmangel gegeben wird, daß Namen fehlen, daß das Wunder in V. 6–8 nur indirekt geschildert und sein Ergebnis in V. 9f. lediglich festgestellt wird. V. 4b verweist auf Jesu Vollmacht: Er allein bestimmt den Zeitpunkt des Wunders; denn er ist ja der Menschensohn, in dem der »Himmel« auf Erden begegnet (vgl. 1,51).

Die Tempelreinigung

(Mt 21,12-17; Mk 11,15-19; Lk 19,45-48)

Tempelreinigung (vgl. Mk 11,15ff.Parr) und tempelkritisches Wort (vgl. Mk 14,58Parr) sind von Joh aus dem Passionszusammenhang herausgelöst und an den Anfang von Jesu Wirksamkeit gestellt. Damit markieren sie die Richtung seines Weges: Er führt nach Jerusalem in das Zentrum des Judentums. Dort findet die Auseinandersetzung mit »den Juden« ihren Höhepunkt. In V. 20f. liegt ein Mißverständnis vor, wie es für dieses Evangelium typisch ist (vgl. 3,3f.; 4,10f.31ff.; 6,41f.51f.; 7,35 u. ö.): »Die Juden« verstehen irdisch-vordergründig, was »himmlisch«-hintergründig gemeint ist, und erweisen sich damit als ungläubig und als »von unten« stammend (8,23). Das Mißverständnis ist also Ausdruck des johanneischen Dualismus (vgl. die Einl.). Danach gibt es gegenüber Jesus zwei Möglichkeiten: entweder am Äußeren hängenzubleiben und ihn so »irdisch« mißzuverstehen (= Unglaube) oder bis zu seinem innersten Wesen durchzudringen und ihn so »himmlisch« zu begreifen (= Glaube). Die Jünger sind zu Ostern zum eigentlichen Verstehen Jesu gelangt (V. 22).

[13]Und das Passafest der Juden war nahe, und Jesus zog hinauf nach Jerusalem. [14]Und er fand im Tempel die Händler, die Rinder, Schafe und Tauben verkauften, und die Wechsler, die da saßen. [15]Und er machte eine Geißel aus Stricken und trieb sie alle zum Tempel hinaus samt den Schafen und Rindern und schüttete den Wechslern das Geld aus und stieß die Tische um [16]und sprach zu denen, die die Tauben verkauften: Tragt das weg und macht nicht meines Vaters Haus zum Kaufhaus! [17]Seine Jünger aber dachten daran, daß geschrieben steht (Psalm 69,10): »Der Eifer um dein Haus wird mich fressen.«

[18]Da fingen die Juden an und sprachen zu ihm: Was zeigst du uns für ein Zeichen, daß du dies tun darfst? [19]Jesus antwortete und sprach zu ihnen: Brecht diesen Tempel ab, und in drei Tagen will ich ihn aufrichten. [20]Da sprachen die Juden: Dieser Tempel ist in sechsundvierzig Jahren erbaut worden, und du willst ihn in drei Tagen aufrichten? [21]Er aber redete von dem Tempel seines Leibes. [22]Als er nun auferstanden war von den Toten, dachten seine Jünger daran, daß er dies gesagt hatte, und glaubten der Schrift und dem Wort, das Jesus gesagt hatte.

[23]Als er aber am Passafest in Jerusalem war, glaubten viele an seinen Namen, da sie die Zeichen sahen, die er tat. [24]Aber Jesus vertraute sich ihnen nicht an; denn er kannte sie alle [25]und bedurfte nicht, daß ihm jemand Zeugnis gab vom Menschen; denn er wußte, was im Menschen war.

Die Wendung: »Passafest der Juden« wirkt sehr distanziert und weist auf die Trennung der joh. Gemeinde vom Judentum. Mit dem »Tempel« ist der Vorhof der Heiden gemeint. In ihm hatten die Verkäufer von kultisch erlaubten Opfertieren und die Geldwechsler ihre Stände. V. 15 vergröbert Jesu prophetische Kritik zu einem tätlichen Vorgehen. In V. 17 wird Ps 69,10 in Futur-Form (»wird mich fressen«) geboten und damit auf die Passion verwiesen: Durch diesen Eifer für Gottes Sache wird sich Jesus die Todfeindschaft der Juden zuziehen und deshalb den Tod erleiden. Bei dem geforderten »Zeichen« geht es um einen Beweis für die Rechtmäßigkeit von Jesu Tun (vgl. 4,48). Ein solches »Zeichen« wird mit dem Hinweis auf Jesu Kreuz und Auferstehung abgelehnt; denn glaubensbegründend ist allein sein als Erhöhung verstandener Tod. Zu diesem Zweck hat Joh das Jesuswort Mk 14,58Parr umgedeutet. V. 23–25 sind Überleitung zu 3,1 ff. Dadurch wird Nikodemus zum Repräsentanten der wundergläubigen Juden, die »Zeichen« als Bestätigung brauchen, die hier negativ gewertet werden (anders in 2,11; 4,54).

Jesus und Nikodemus

Die erste große Redekompostion beginnt mit einer konkreten Szene (V. 1f.), die jedoch ab V. 11b aus dem Blick gerät; denn jetzt taucht der Plural auf: Von Jesus wird in der 3. Person geredet und Nikodemus als Gegenüber verschwindet. Der Dialog geht also in Verkündigung über (vgl. die Reden in Kap. 4; 6; 8 und 14) und erweist sich als ein Stilmittel der prinzipiellen Auseinandersetzung zwischen der Gemeinde und dem Judentum, für das Nikodemus (vgl. 7,50; 19,39) Repräsentant ist. Für die Synagoge sind die Fragen nach Lehre und Legitimation die zentralen Punkte. Durch das Wertlegen auf die »Zeichen« bestimmt Nikodemus seinen Standort innerhalb der Gruppe der »vielen Glaubenden« (2,23–25). Diese kam um der Wunderzeichen willen zu Jesus, von dem sie in ihrem Unglauben völlig durchschaut wird.

3 Es war aber ein Mensch unter den Pharisäern mit Namen Nikodemus, einer von den Oberen der Juden. [2]Der kam zu Jesus bei Nacht und sprach zu ihm: Meister, wir wissen, du bist ein Lehrer, von Gott gekommen; denn niemand kann die Zeichen tun, die du tust, es sei denn Gott mit ihm. [3]Jesus antwortete und sprach zu ihm: Wahrlich, wahrlich, ich sage dir: *Es sei denn, daß jemand von neuem*

V. 3 erinnert an Mk 10,15/Mt 18,3. Das Wort »Reich Gottes« als Inhalt der Verkündigung Jesu (Mk 1,15) tritt im Joh auffällig zurück und wird zudem anders verstanden. Es geht nicht um das Hineinkommen in die zukünftige Gottesherrschaft, sondern um das Sehen des in Jesus gegenwärtigen Gottesreichs. Als Voraussetzung des Sehens gilt nicht die Umkehr (Buße), sondern die »neue« Geburt. Nach 3,31; 19,11.23 zielt jedoch das entsprechende griechische Wort auf die Bedeutung »von oben« (= »aus Gott geboren«; 1,13). In V. 4 liegt wieder ein joh. Mißverständnis vor (vgl. zu 2,13–25), das den Unglauben des Nikodemus enthüllt. Nach V. 5 ereignet sich die für das Heil entscheidende Geburt von oben in der Taufe. Der Zugang zum Heil ist also keine menschliche Möglichkeit (»Fleisch«), sondern ausschließlich göttliches Geschenk (»Geist«). In V. 8 liegt ein Wortspiel mit dem griechischen doppeldeutigen Wort »Pneuma« vor, das »Geist« und »Wind« bedeutet. Mit den »irdischen Dingen« muß die vorher erwähnte »Geburt von oben«, die den Anfang des Christseins in der »irdischen« Welt umschreibt, gemeint sein; mit den »himmlischen Dingen« der Aufstieg des Menschensohnes in die himmlische Welt. V. 14f. beziehen sich auf die Rettung aus der Todessituation durch das Schlangensymbol (4Mo 21,8) und machen die Überwindung des Todes und den Anteil am ewigen Leben vom Glauben an Jesu Kreuzestod abhängig. Zu V. 16 vgl. 1Jh 4,9; Rö 5,8; Eph 2,4f. Daß Jesu Sendung »allen« gilt, wird auch in 1,7 u. ö. betont, daß sie sich zum Gericht auswirken kann (V. 18f.; vgl. 5,27; 9,39), liegt an den Menschen, die sich ihr verschließen. Die endgültige Scheidung, die sich nach Mt 25,31 ff. im Weltgericht am Ende der Zeit ereignet, vollzieht sich nach dem Joh bereits hier und heute im Hören oder Ablehnen des Wortes. Die dualistische Terminologie (Licht – Finsternis) will die durch das Wort verursachte Scheidung der Menschen in Gute und Böse verdeutlichen.

geboren werde, so kann er das Reich Gottes nicht sehen. [4]Nikodemus spricht zu ihm: Wie kann ein Mensch geboren werden, wenn er alt ist? Kann er denn wieder in seiner Mutter Leib gehen und geboren werden? [5]Jesus antwortete: Wahrlich, wahrlich, ich sage dir: *Es sei denn, daß jemand geboren werde aus Wasser und Geist, so kann er nicht in das Reich Gottes kommen.* [6]Was vom Fleisch geboren ist, das ist Fleisch; und was vom Geist geboren ist, das ist Geist. [7]Wundere dich nicht, daß ich dir gesagt habe: Ihr müßt von neuem geboren werden. [8]Der Wind bläst, wo er will, und du hörst sein Sausen wohl; aber du weißt nicht, woher er kommt und wohin er fährt. So ist es bei jedem, der aus dem Geist geboren ist. [9]Nikodemus antwortete und sprach zu ihm: Wie kann dies geschehen? [10]Jesus antwortete und sprach zu ihm: Bist du Israels Lehrer und weißt das nicht? [11]Wahrlich, wahrlich, ich sage dir: Wir reden, was wir wissen, und bezeugen, was wir gesehen haben; ihr aber nehmt unser Zeugnis nicht an. [12]Glaubt ihr nicht, wenn ich euch von irdischen Dingen sage, wie werdet ihr glauben, wenn ich euch von himmlischen Dingen sage? [13]Und niemand ist gen Himmel aufgefahren außer dem, der vom Himmel herabgekommen ist, nämlich der Menschensohn.

[14]Und wie Mose in der Wüste die Schlange erhöht hat, so muß der Menschensohn erhöht werden, [15]damit alle, die an ihn glauben, das ewige Leben haben. [16]Denn *also hat Gott die Welt geliebt, daß er seinen eingeborenen Sohn gab, damit alle, die an ihn glauben, nicht verloren werden, sondern das ewige Leben haben.* [17]Denn Gott hat seinen Sohn nicht in die Welt gesandt, daß er die Welt richte, sondern daß die Welt durch ihn gerettet werde. [18]Wer an ihn glaubt, der wird nicht gerichtet; wer aber nicht glaubt, der ist schon gerichtet, denn er glaubt nicht an den Namen des eingeborenen Sohnes Gottes. [19]Das ist aber das Gericht, daß das Licht in die Welt gekommen ist, und die Menschen liebten die Finsternis mehr als das Licht, denn ihre Werke waren böse. [20]Wer Böses tut, der haßt das Licht und kommt nicht zu dem Licht, damit seine Werke nicht aufgedeckt werden. [21]Wer aber die Wahrheit tut, der kommt zu dem Licht, damit offenbar wird, daß seine Werke in Gott getan sind.

V. 22–30 nehmen das Täuferthema von Kap. 1 auf; V. 31–36 sind ein zusammenfassender Kommentar zu V. 1–21. In V. 22–30 bereitet die Deutung »ein Mensch« besondere Schwierigkeiten: Soll hier eine im Sinne von 6,37.65 auf alle Menschen bezogene Aussage gemacht werden

Das letzte Zeugnis des Täufers von Jesus

[22]Danach kam Jesus mit seinen Jüngern in das Land Judäa und blieb dort eine Weile mit ihnen und taufte. [23]Johannes aber taufte auch noch in Änon, nahe bei Salim, denn es war da viel Wasser; und sie kamen und ließen sich taufen. [24]Denn Johannes war noch nicht ins Gefängnis geworfen. [25]Da erhob sich ein Streit zwischen den Jüngern des Johannes und einem Juden über die Reinigung. [26]Und sie kamen

zu Johannes und sprachen zu ihm: Meister, der bei dir war jenseits des Jordans, von dem du Zeugnis gegeben hast, siehe, der tauft, und jedermann kommt zu ihm. [27]Johannes antwortete und sprach: Ein Mensch kann nichts nehmen, wenn es ihm nicht vom Himmel gegeben ist. [28]Ihr selbst seid meine Zeugen, daß ich gesagt habe: Ich bin nicht der Christus, sondern vor ihm her gesandt. [29]Wer die Braut hat, der ist der Bräutigam; der Freund des Bräutigams aber, der dabeisteht und ihm zuhört, freut sich sehr über die Stimme des Bräutigams. Diese meine Freude ist nun erfüllt. [30]*Er muß wachsen, ich aber muß abnehmen.*

[31]Der von oben her kommt, ist über allen. Wer von der Erde ist, der ist von der Erde und redet von der Erde. Der vom Himmel kommt, der ist über allen [32]und bezeugt, was er gesehen und gehört hat; und sein Zeugnis nimmt niemand an. [33]Wer es aber annimmt, der besiegelt, daß Gott wahrhaftig ist. [34]Denn der, den Gott gesandt hat, redet Gottes Worte; denn Gott gibt den Geist ohne Maß. [35]Der Vater hat den Sohn lieb und hat ihm alles in seine Hand gegeben. [36]*Wer an den Sohn glaubt, der hat das ewige Leben.* Wer aber dem Sohn nicht gehorsam ist, der wird das Leben nicht sehen, sondern der Zorn Gottes bleibt über ihm.

oder meint sich der Täufer selbst (in dem Sinne, daß sich der Täufer nur als Zeuge für Jesus von Gott gesandt weiß)? Klar ist nur die Zielrichtung: Der Täufer ist nicht Konkurrent, sondern Vorläufer Jesu und muß darum für den nach ihm kommenden Größeren Platz machen. V. 29 verdeutlicht diesen Gedanken durch ein allegorisches Bildwort: Der Täufer ist der Brautführer (»Freund des Bräutigams), der die Braut (= die Jüngerschar) dem Bräutigam (= Jesus) zuführt (vgl. 1,37) und darüber froh ist. – In V. 31–36 dominiert das Sendungsthema: Nur der von oben kommende Gesandte ist der allein bevollmächtigte Gotteszeuge (vgl. 1,18); denn er ist göttlichen Wesens. In ihm ist Gottes Geist in ganzer Fülle gegenwärtig. Wer darum seinem Zeugnis glaubt, bestätigt Gottes Wahrheit. Mit dem »Zorn Gottes« ist Gottes Gericht gemeint, unter dem der bleibt, der das im Sohn erschienene Leben ablehnt.

Im Blick auf ihre Stellung und ihre inhaltlichen Aussagen bereiten V. 22–30 Schwierigkeiten. Daß Jesus selbst getauft hat (V. 22), wird nirgends sonst im NT berichtet und wird in 4,2 nachträglich korrigiert. Die Ortsangabe in V. 23 ist sonst im NT nicht belegt. Eine genaue Festlegung ist nicht möglich. V. 25 ergibt keinen rechten Sinn. Zu erwarten wäre eine Auseinandersetzung der Johannesjünger mit Jesus.

Jesus und die Samariterin

Diese große Redekomposition ist durchgängig mit einer konkreten Szene verbunden. Während in Kap. 3 der Jude Nikodemus den Unglauben verkörpert, gelangt in Kap. 4 ausgerechnet ein Frau aus Samaria samt ihren Mitbewohnern zum Glauben. Aber auch in diesem Kapitel kommen selbständige theologische Themen zur Sprache: 1. Das Problem des lebendigen Wassers (V. 10–14); 2. Die Frage nach der rechten Anbetung (V. 20–24) 3. Die Thematik der Missionsarbeit (V. 35–38).

Als Samariter oder Samaritaner wird die um Samaria wohnende Mischbevölkerung des ehemaligen Nordreichs (vgl. 2Kö 17) bezeichnet, die dem im 4. Jh. v. Chr. von Jerusalemer Priestern gegründeten Kult auf dem Berg Garizim anhing. Die endgültige Trennung von Jerusalem und die Verselbständigung dieses Kultes erfolgte etwa im 2. Jh. v. Chr. und führte zu scharfen Spannungen mit Vertretern und Anhängern des Jerusalemer Tempelkults. Diese sahen die Samariter als halbe Heiden an, deren Gemeinschaft und Land zu meiden waren. Im Unterschied zu der antisamaritischen Einstellung der Jerusalemer Kultgemeinde zeigt Jesus nach Lk und Joh eine samariterfreundliche Einstellung.

4 Als nun Jesus erfuhr, daß den Pharisäern zu Ohren gekommen war, daß er mehr zu Jüngern machte und taufte als Johannes [2]– obwohl Jesus nicht selber taufte, sondern seine Jünger –, [3]verließ er Judäa und ging wieder nach Galiläa. [4]Er mußte aber durch Samarien reisen.

[5]Da kam er in eine Stadt Samariens, die heißt Sychar, nahe bei dem Feld, das Jakob seinem Sohn Josef gab. [6]Es war aber dort Jakobs Brunnen. Weil nun Jesus müde war

V. 2 ist eine Korrektur von 3,22: Die Taufe ist nicht Sache Jesu, sondern der Jünger. Zur Lage des Brunnens (V. 5) vgl. 1Mo 48,22; Jos 24,32. Auffällig ist die für Wasserholen ungewöhnliche Tageszeit (V. 6: mittags 12 Uhr). Durch die Doppeldeutigkeit des Ausdrucks: »lebendiges Wasser« (einerseits fließendes, andrerseits lebenschaffendes Wasser) in V. 10 wird das Gespräch mit Hilfe des joh. Mißverständnisses (vgl. zu 2,13–25) vorangetrieben. Die Frau meint eine äußere Gabe (V. 11: sprudelndes Quellwasser, V. 15: nie ausgehendes Wunderwasser), während Jesus von sich selbst spricht. Er ist als die Quelle des Lebens mit dem ewigen Leben identisch. Er stillt den Lebensdurst endgültig (V. 14; vgl. 6,35). Angesichts dieser neuen Heilswirklichkeit ist nicht mehr wichtig, was die Frau hinter sich hat. Möglicherweise liegt in dem Hinweis auf die 5 Männer (V. 18) eine Anspielung auf die 5 heidnischen Volksstämme mit ihren Göttern vor, die nach 2Kö 17,24–34 die Vorfahren der Samaritaner waren. Durch die Aufdeckung der Vergangenheit dieser Frau erweist sich Jesus in ihren Augen als Prophet (vgl. 1,42.47f.; 2,24). Deshalb endet dieser Gesprächsgang mit dem Bekenntnis zu Jesus als Prophet. Der nächste Gesprächsgang beginnt mit V. 20 und macht deutlich, daß nicht die Erkenntnis Jesu als eines allwissenden Propheten das Entscheidende ist, sondern der Glaube an Jesus als den Messias (V. 25f.29), der als »der Heiland der Welt« (V. 42) allen Menschen das Heil bringt. Damit ist die Frage nach dem rechten Ort der Gottesanbetung überwunden; denn mit Jesus ist die erwartete Endzeit schon angebrochen (V. 23). Er schenkt die geistgewirkte Geburt von oben (vgl. 3,5ff.; 6,63). In ihm begegnet die Fülle der göttlichen Gnade (1,17). Die rechte Gottesanbetung gibt es darum nur in der Gemeinschaft der Glaubenden, die den »Geist der Wahrheit« empfangen haben (vgl. 14,17.26; 20,22), in Gottes Heilsgegenwart ihr Leben führen und Gott in der Liebe verherrlichen (vgl. 15,8ff.16). – Ein weiterer Gesprächsgang, der jetzt zwischen Jesus und den Jüngern stattfindet, setzt mit V. 31 ein und behandelt die Thematik: Sendung-Missionsarbeit. Wie Jesus als der Gesandte des Vaters ausschließlich durch den ihm aufgetragenen Dienst bestimmt ist, so sind auch seine Jünger Gesandte und zur Missionsarbeit gerufen. Sowohl in Jesus als auch in ihrem Wir-

von der Reise, setzte er sich am Brunnen nieder; es war um die sechste Stunde. [7]Da kommt eine Frau aus Samarien, um Wasser zu schöpfen. Jesus spricht zu ihr: Gib mir zu trinken! [8]Denn seine Jünger waren in die Stadt gegangen, um Essen zu kaufen. [9]Da spricht die samaritische Frau zu ihm: Wie, du bittest mich um etwas zu trinken, der du ein Jude bist und ich eine samaritische Frau? Denn die Juden haben keine Gemeinschaft mit den Samaritern. – [10]Jesus antwortete und sprach zu ihr: Wenn du erkenntest die Gabe Gottes und wer der ist, der zu dir sagt: Gib mir zu trinken!, du bätest ihn, und der gäbe dir lebendiges Wasser.

[11]Spricht zu ihm die Frau: Herr, hast du doch nichts, womit du schöpfen könntest, und der Brunnen ist tief; woher hast du dann lebendiges Wasser? [12]Bist du mehr als unser Vater Jakob, der uns diesen Brunnen gegeben hat? Und er hat daraus getrunken und seine Kinder und sein Vieh. [13]Jesus antwortete und sprach zu ihr: Wer von diesem Wasser trinkt, den wird wieder dürsten; [14]wer aber von dem Wasser trinken wird, das ich ihm gebe, den wird in Ewigkeit nicht dürsten, sondern das Wasser, das ich ihm geben werde, das wird in ihm eine Quelle des Wassers werden, das in das ewige Leben quillt.

[15]Spricht die Frau zu ihm: Herr, gib mir solches Wasser, damit mich nicht dürstet und ich nicht herkommen muß, um zu schöpfen! [16]Jesus spricht zu ihr: Geh hin, ruf deinen Mann und komm wieder her! [17]Die Frau antwortete und sprach zu ihm: Ich habe keinen Mann. Jesus spricht zu ihr: Du hast recht geantwortet: Ich habe keinen Mann. [18]Fünf Männer hast du gehabt, und der, den du jetzt hast, ist nicht dein Mann; das hast du recht gesagt.

[19]Die Frau spricht zu ihm: Herr, ich sehe, daß du ein Prophet bist. [20]Unsere Väter haben auf diesem Berge angebetet, und ihr sagt, in Jerusalem sei die Stätte, wo man anbeten soll. [21]Jesus spricht zu ihr: Glaube mir, Frau, es kommt die Zeit, daß ihr weder auf diesem Berge noch in Jerusalem den Vater anbeten werdet. [22]Ihr wißt nicht, was ihr anbetet; wir wissen aber, was wir anbeten; denn das Heil kommt von den Juden. [23]Aber es kommt die Zeit und ist schon jetzt, in der die wahren Anbeter den Vater anbeten werden im Geist und in der Wahrheit; denn auch der Vater will solche Anbeter haben. [24]*Gott ist Geist, und die ihn anbeten, die müssen ihn im Geist und in der Wahrheit anbeten.*

[25]Spricht die Frau zu ihm: Ich weiß, daß der Messias kommt, der da Christus heißt. Wenn dieser kommt, wird er uns alles verkündigen. [26]Jesus spricht zu ihr: Ich bin's, der mit dir redet.

[27]Unterdessen kamen seine Jünger, und sie wunderten sich, daß er mit einer Frau redete; doch sagte niemand: Was

fragst du? oder: Was redest du mit ihr? [28]Da ließ die Frau ihren Krug stehen und ging in die Stadt und spricht zu den Leuten: [29]Kommt, seht einen Menschen, der mir alles gesagt hat, was ich getan habe, ob er nicht der Christus sei! [30]Da gingen sie aus der Stadt heraus und kamen zu ihm.

[31]Inzwischen mahnten ihn die Jünger und sprachen: Rabbi, iß! [32]Er aber sprach zu ihnen: Ich habe eine Speise zu essen, von der ihr nicht wißt. [33]Da sprachen die Jünger untereinander: Hat ihm jemand zu essen gebracht? [34]Jesus spricht zu ihnen: Meine Speise ist die, daß ich tue den Willen dessen, der mich gesandt hat, und vollende sein Werk. [35]Sagt ihr nicht selber: Es sind noch vier Monate, dann kommt die Ernte? Siehe, ich sage euch: Hebt eure Augen auf und seht auf die Felder, denn sie sind reif zur Ernte. [36]Wer erntet, empfängt schon seinen Lohn und sammelt Frucht zum ewigen Leben, damit sich miteinander freuen, der da sät und der da erntet. [37]Denn hier ist der Spruch wahr: Der eine sät, der andere erntet. [38]Ich habe euch gesandt, zu ernten, wo ihr nicht gearbeitet habt; andere haben gearbeitet, und euch ist ihre Arbeit zugute gekommen.

[39]Es glaubten aber an ihn viele der Samariter aus dieser Stadt um der Rede der Frau willen, die bezeugte: Er hat mir alles gesagt, was ich getan habe. [40]Als nun die Samariter zu ihm kamen, baten sie ihn, bei ihnen zu bleiben; und er blieb zwei Tage da. [41]Und noch viel mehr glaubten um seines Wortes willen [42]und sprachen zu der Frau: Von nun an glauben wir nicht mehr um deiner Rede willen; denn wir haben selber gehört und erkannt: *Dieser ist wahrlich der Welt Heiland.*

ken als Verkündiger erfolgt jetzt schon die »Ernte« (vgl. Mt 9,37f.), ereignet sich Gericht als Scheidung zwischen Gläubigen und Ungläubigen (vgl. 3,19; 16,7ff.). Darum gibt es jetzt schon »Lohn« als Erntefreude, weil »Frucht« im Sinne von Missionserfolg (vgl. Rö 1,13) erzielt wurde; denn Samaritaner wurden gläubig und bekamen damit Anteil am ewigen Leben (V. 36). V. 38 enthält konkrete Erinnerungen an die Anfangssituation der Mission in Samaria, über die wir wenig wissen. – V. 39–42 fassen alle Gesprächsgänge zusammen und bringen als Höhepunkt das Bekenntnis der gläubig gewordenen Samaritaner zu Jesus als »dem Heiland der Welt« (vgl. 1Jh 4,14).

Heilung des Sohnes eines königlichen Beamten
(Mt 8,5-13; Lk 7,1-10)

[43]Aber nach zwei Tagen ging er von dort weiter nach Galiläa. [44]Denn er selber, Jesus, bezeugte, daß ein Prophet daheim nichts gilt. [45]Als er nun nach Galiläa kam, nahmen ihn die Galiläer auf, die alles gesehen hatten, was er in Jerusalem auf dem Fest getan hatte; denn sie waren auch zum Fest gekommen.

[46]Und Jesus kam abermals nach Kana in Galiläa, wo er das Wasser zu Wein gemacht hatte. Und es war ein Mann im Dienst des Königs; dessen Sohn lag krank in Kapernaum. [47]Dieser hörte, daß Jesus aus Judäa nach Galiläa kam, und ging hin zu ihm und bat ihn, herabzukommen und seinem Sohn zu helfen; denn der war todkrank. [48]Und Jesus sprach zu ihm: Wenn ihr nicht Zeichen und Wunder seht, so glaubt ihr nicht. [49]Der Mann sprach zu ihm: Herr, komm herab, ehe mein Kind stirbt! [50]Jesus spricht zu ihm:

Diese zweite Wundergeschichte (V. 46–54) berührt sich mit Mt 8,5ff.Par, stammt aber aus der Semeiaquelle (vgl. V. 54). Bei Joh liegt der Akzent nicht auf der Gegenüberstellung eines gläubigen Heiden zu dem ungläubigen Israel, sondern auf der Wunderherrlichkeit Jesu. Darum wird über die Art der Krankheit des Sohnes nichts gesagt (anders Mt 8,6), nur ihre Schwere wird hervorgehoben (»todkrank«); eine Beschreibung des Wundervorganges fehlt, lediglich das Ergebnis der Heilung wird festgestellt. Es handelt sich um eine Fernheilung (V. 46f.), deren wunderbarer Charakter noch durch die genaue Stundenangabe (V. 52f.)

unterstrichen wird. Mit dem »Mann im Dienst des Königs« ist wahrscheinlich ein Hofbeamter des Tetrarchen Herodes Antipas (vgl. Lk 3,1) gemeint, der auch Mk 6,14 irrtümlich »König« genannt wird. Der Glaube des Hofbeamten richtet sich auf Jesu Wort (V. 50) und unterscheidet sich so grundsätzlich von einem bloßen Wunderglauben (V. 48; vgl. 2,23–25).

Geh hin, dein Sohn lebt! Der Mensch glaubte dem Wort, das Jesus zu ihm sagte, und ging hin. [51]Und während er hinabging, begegneten ihm seine Knechte und sagten: Dein Kind lebt. [52]Da erforschte er von ihnen die Stunde, in der es besser mit ihm geworden war. Und sie antworteten ihm: Gestern um die siebente Stunde verließ ihn das Fieber. [53]Da merkte der Vater, daß es die Stunde war, in der Jesus zu ihm gesagt hatte: Dein Sohn lebt. Und er glaubte mit seinem ganzen Hause. [54]Das ist nun das zweite Zeichen, das Jesus tat, als er aus Judäa nach Galiläa kam.

JESUS ALS LEBENSSPENDER UND RICHTER (KAP. 5)

Das dritte aus der Semeiaquelle stammende Wunder (V. 2–9a) wurde nachträglich (V. 9b) mit dem Sabbat in Verbindung gebracht. Es bildet den Ausgangspunkt für eine große Redekomposition, die V. 10–47 und 7, 15–24 umfaßt. Diese setzt sich zunächst mit dem Vorwurf des Sabbatbruchs auseinander und führt dazu, daß »die Juden« Jesus verfolgen und töten wollen (V. 16). Im nächsten Gesprächsgang (V. 17–30) geht es um Jesu Anspruch, daß in seinem rettenden und richtenden Tun Gott am Werk ist. Dieses Selbstzeugnis Jesu empfinden seine Gegner als Gotteslästerung, und sie werden dadurch in ihrem Tötungswillen bestärkt (V. 18). Der Rechtsstreit wendet sich in V. 31–38 der Frage nach Jesu Legitimität und in V. 39–47 der nach der rechten Auslegung des AT zu. Er schließt jeweils mit dem Vorwurf des Unglaubens gegenüber den Juden (V. 38.47). Mit 7,15–24 finden diese Debatten ihren Abschluß, die die Auseinandersetzung der johanneischen Gemeinde mit dem Judentum nach dem endgültigen Bruch (vgl. 9,22; 12,40f.; 16,2) widerspiegeln.

Die Heilung eines Kranken am Teich Betesda

V. 1 ist eine typisch joh. Einl., die Jesu Reise nach Jerusalem mit einem Fest begründet (vgl. 2,13; 7,2f.). Dieser Teich besaß nach V. 7 eine ab und an aufsprudelnde kräftige Quelle. V. 7 wird auch V. 3b–4 erläutert, die nicht zum ältesten Text gehören und die in der späteren Überlieferung lauten: »Sie warteten darauf, daß sich das Wasser bewegte. Denn der Engel des Herrn kam von Zeit zu Zeit herab in den Teich und brachte das Wasser in Bewegung. Wer nun zuerst hineinstieg, nachdem sich das Wasser bewegt hatte, der wurde gesund, an welcher Krankheit er auch litt«. V. 5 unterstreicht die Schwere der Krankheit, bei der es sich wahrscheinlich um eine Lähmung handelte (V. 7), und damit die Größe des Wunders (V. 9) bzw. die Macht des Wundertäters, dessen Wort sofort die Heilung bewirkt. – Mit V. 9b beginnt die eigentliche Auseinandersetzung. Der Geheilte verrichtet eine am Sabbat verbotene Arbeit (V. 10). Damit

5 Danach war ein Fest der Juden, und Jesus zog hinauf nach Jerusalem. [2]Es ist aber in Jerusalem beim Schaftor ein Teich, der heißt auf hebräisch Betesda. Dort sind fünf Hallen; [3]in denen lagen viele Kranke, Blinde, Lahme, Ausgezehrte.* [5]Es war aber dort ein Mensch, der lag achtunddreißig Jahre krank. [6]Als Jesus den liegen sah und vernahm, daß er schon so lange gelegen hatte, spricht er zu ihm: Willst du gesund werden? [7]Der Kranke antwortete ihm: Herr, ich habe keinen Menschen, der mich in den Teich bringt, wenn das Wasser sich bewegt; wenn ich aber hinkomme, so steigt ein anderer vor mir hinein. [8]Jesus spricht zu ihm: Steh auf, nimm dein Bett und geh hin! [9]Und sogleich wurde der Mensch gesund und nahm sein Bett und ging hin.

Es war aber an dem Tag Sabbat. [10]Da sprachen die Juden zu dem, der gesund geworden war: Es ist heute Sabbat; du darfst dein Bett nicht tragen. [11]Er antwortete ihnen: Der mich gesund gemacht hat, sprach zu mir: Nimm dein Bett und geh hin! [12]Da fragten sie ihn: Wer ist der Mensch, der zu dir gesagt hat: Nimm dein Bett und geh hin? [13]Der aber gesund geworden war, wußte nicht, wer es war; denn Jesus war entwichen, da so viel Volk an dem Ort war. [14]Danach fand ihn Jesus im Tempel und sprach zu ihm: Siehe, du bist gesund geworden; sündige hinfort nicht mehr, daß dir nicht etwas Schlimmeres widerfahre. [15]Der Mensch ging hin und berichtete den Juden, es sei Jesus, der ihn gesund gemacht habe. [16]Darum verfolgten die Juden Jesus, weil er dies am Sabbat getan hatte. [17]Jesus aber antwortete ihnen: Mein Vater wirkt bis auf diesen Tag, und ich wirke auch. [18]Darum trachteten die Juden noch viel mehr danach, ihn zu töten, weil er nicht allein den Sabbat brach, sondern auch sagte, Gott sei sein Vater, und machte sich selbst Gott gleich.

ruft er den Protest der Juden hervor, der sich dann direkt gegen Jesu Sabbatheilung richtet (V. 16). Wie in 3,6 ist auch hier nicht Jesu Wundertun, sondern seine Durchbrechung des Sabbatgebotes der Grund für die Todfeindschaft der Juden. Nach V. 17f. bildet aber Jesu Anspruch, mit dem Vater eins zu sein (vgl. 10,30), den eigentlichen Anstoß, der zu seinem Tode führt (vgl. 7,29f.).

Die Vollmacht des Sohnes

[19]Da antwortete Jesus und sprach zu ihnen: Wahrlich, wahrlich, ich sage euch: Der Sohn kann nichts von sich aus tun, sondern nur, was er den Vater tun sieht; denn was dieser tut, das tut gleicherweise auch der Sohn. [20]Denn der Vater hat den Sohn lieb und zeigt ihm alles, was er tut, und wird ihm noch größere Werke zeigen, so daß ihr euch verwundern werdet. [21]Denn wie der Vater die Toten auferweckt und macht sie lebendig, so macht auch der Sohn lebendig, welche er will. [22]Denn der Vater richtet niemand, sondern hat alles Gericht dem Sohn übergeben, [23]damit sie alle den Sohn ehren, wie sie den Vater ehren. Wer den Sohn nicht ehrt, der ehrt den Vater nicht, der ihn gesandt hat. [24]Wahrlich, wahrlich, ich sage euch: *Wer mein Wort hört und glaubt dem, der mich gesandt hat, der hat das ewige Leben und kommt nicht in das Gericht, sondern er ist vom Tode zum Leben hindurchgedrungen.* [25]Wahrlich, wahrlich, ich sage euch: Es kommt die Stunde und ist schon jetzt, daß die Toten hören werden die Stimme des Sohnes Gottes, und die sie hören werden, die werden leben. [26]Denn wie der Vater das Leben hat in sich selber, so hat er auch dem Sohn gegeben, das Leben zu haben in sich selber; [27]und er hat ihm Vollmacht gegeben, das Gericht zu halten, weil er der Menschensohn ist. [28]Wundert euch darüber nicht. Denn *es kommt die Stunde, in der alle, die in den Gräbern sind, seine Stimme hören werden,* [29]*und werden hervorgehen, die Gutes getan haben, zur Auferstehung des Lebens, die aber Böses getan haben, zur Auferstehung des Gerichts.*

[30]Ich kann nichts von mir aus tun. Wie ich höre, so richte ich, und mein Gericht ist gerecht; denn ich suche nicht meinen Willen, sondern den Willen dessen, der mich gesandt hat.

Im Zentrum stehen die drei mit »Wahrlich, wahrlich (= Amen, Amen) ich sage euch« eingeleiteten Sprüche (V. 19.24.25). Ihre Autorität und bleibende Verbindlichkeit wird durch die feierliche Einleitungsformel hervorgehoben. Weil Gott als die Quelle des Lebens im Sohn begegnet, kann es Auferstehung und Leben nur im Hören auf Jesu Wort geben. Dabei ist unter »Tod« nicht das physische Sterben zu verstehen und unter »Leben« nicht ein Leben im Jenseits. Vielmehr bedeutet »Leben« die Erkenntnis der himmlischen Einheit von Vater und Sohn (vgl. 17,3) und die Aufnahme in diese göttliche Liebesgemeinschaft (vgl. 14,20; 17,21–23), während »Tod« das Charakteristikum der vom Satan als dem Mörder bestimmten Welt der Lüge und Finsternis ist (vgl. 8,44). Totsein heißt deshalb, sich dem lebenschaffenden Wort Gottes in Jesus Christus verschließen. Die Entscheidung zwischen Tod und Leben vollzieht sich schon hier und heute (vgl. 1Jh 3,14). – Mit den »noch größeren Werken« (V. 20) ist das Wunder der Totenauferweckung gemeint, das sich im Glauben an Jesu Wort in der Gegenwart ereignet und das den physischen Tod zu einem bloßen Durchgangsstadium auf dem Himmelsweg macht (vgl. 11,25f.; 6,47f.; 8,51).

Diese radikal vergegenwärtigte Zukunftssicht deckt sich mit der in 2Ti 2,18 als Irrlehre abgewiesenen These und steht in Spannung zu der apokalyptisch bestimmten urchristlichen Auffassung, die die Realität des Todes als des »letzten Feindes« (1Ko 15,26) ernst nimmt und die Totenauferstehung in der Zukunft erwartet (vgl. 1Th 4,14ff.; 2Ko 5,1ff. u. ö.). V. 28f. versuchen einen Ausgleich mit dieser urchristlichen Zukunftssicht und stammen darum aus einem späteren Stadium der johanneischen Gemeinschaft (vgl. 1Jh 2,28; 3,2 und die Einl.).

Nach 5Mo 17,6; 19,15 ist ein Urteil nur dann rechtsgültig, wenn es sich auf zwei unabhängige Zeugen stützen kann (vgl. 8,17). Da Jesus den Anspruch auf göttliche Einzigartigkeit erhebt (vgl. 10,30), kann er sich nicht auf menschliche Zeugen berufen, sondern nur auf seine Werke und auf seinen Vater. Unter Jesu Werken sind nicht nur die Wunder, sondern sein gesamtes Reden und Tun zu verstehen (V. 36; vgl. 10,25.37). Das Zeugnis des Vaters könnte darin bestehen, daß nach 1,32 der Geist auf dem Sohn bleibt; denn dadurch erweist sich Jesu Reden und Tun als Gotteszeugnis (vgl. 1Jh 5,10). Daraus folgt, daß die Wahrheit von Jesu Anspruch nur im Glauben an ihn erkannt wird (vgl. 7,17) und somit nicht von außen begründet werden kann. Wer darum Jesus ablehnt und ihn töten will (vgl. 5,18; 7,19), schließt sich von Gott aus (V. 37f.). Wie der Täufer (V. 33–35) so hat auch die Schrift (V. 39–47) lediglich eine Zeugnisfunktion für Jesus. Als Hinweis auf Jesu Heilsbedeutung kann sie aber nur im Glauben erkannt werden (vgl. 2,22; 12,16). Glaube setzt jedoch voraus, daß Gottes Ehre, nicht aber die eigene gesucht wird. Wer dagegen Ehre von Menschen sucht, verschließt sich gegenüber Gott, versteht damit nicht die Schrift und lehnt Gottes Gesandten ab. Die ungläubigen Juden werden darum in Mose nicht ihren Fürsprecher, sondern ihren Ankläger haben.

Das Zeugnis für den Sohn

31 Wenn ich von mir selbst zeuge, so ist mein Zeugnis nicht wahr. 32 Ein anderer ist's, der von mir zeugt; und ich weiß, daß das Zeugnis wahr ist, das er von mir gibt. 33 Ihr habt zu Johannes geschickt, und er hat die Wahrheit bezeugt. 34 Ich aber nehme nicht Zeugnis von einem Menschen; sondern ich sage das, damit ihr selig werdet. 35 Er war ein brennendes und scheinendes Licht; ihr aber wolltet eine kleine Weile fröhlich sein in seinem Licht. 36 Ich aber habe ein größeres Zeugnis als das des Johannes; denn die Werke, die mir der Vater gegeben hat, damit ich sie vollende, eben diese Werke, die ich tue, bezeugen von mir, daß mich der Vater gesandt hat. 37 Und der Vater, der mich gesandt hat, hat von mir Zeugnis gegeben. Ihr habt niemals seine Stimme gehört noch seine Gestalt gesehen, 38 und sein Wort habt ihr nicht in euch wohnen; denn ihr glaubt dem nicht, den er gesandt hat. 39 Ihr sucht in der Schrift, denn ihr meint, ihr habt das ewige Leben darin; und sie ist's, die von mir zeugt; 40 aber ihr wollt nicht zu mir kommen, daß ihr das Leben hättet.

41 Ich nehme nicht Ehre von Menschen; 42 aber ich kenne euch, daß ihr nicht Gottes Liebe in euch habt. 43 Ich bin gekommen in meines Vaters Namen, und ihr nehmt mich nicht an. Wenn ein anderer kommen wird in seinem eigenen Namen, den werdet ihr annehmen. 44 Wie könnt ihr glauben, die ihr Ehre voneinander annehmt, und die Ehre, die von dem alleinigen Gott ist, sucht ihr nicht?

45 Ihr sollt nicht meinen, daß ich euch vor dem Vater verklagen werde; es ist einer, der euch verklagt: Mose, auf den ihr hofft. 46 Wenn ihr Mose glaubtet, so glaubtet ihr auch mir; denn er hat von mir geschrieben. 47 Wenn ihr aber seinen Schriften nicht glaubt, wie werdet ihr meinen Worten glauben?

Auf die einleitenden Reisenotizen (V. 1–4) folgen zwei Naturwunder (V. 5–15.16–21), die aus der Semeiaquelle stammen und starke Berührungen mit Mk 6,35–52Parr aufweisen. Daran schließt sich Jesu große Brotrede an, die an das erste Naturwunder anknüpft. – Die Ortsangabe (V. 1) hat nur Sinn, wenn ursprünglich 6,1ff. direkt an 4,43–54 anschloß, Kap. 5 also erst auf Kap. 6 folgte. Mit dem »Galiläischen Meer« ist der See Genezareth gemeint, an dessen Westufer die von Herodes

Die Speisung der Fünftausend

(Mt 14,13-21; Mk 6,30-44; Lk 9,10-17)

6 Danach fuhr Jesus weg über das Galiläische Meer, das auch See von Tiberias heißt. 2 Und es zog ihm viel Volk nach, weil sie die Zeichen sahen, die er an den Kranken tat. 3 Jesus aber ging auf einen Berg und setzte sich dort mit seinen Jüngern. 4 Es war aber kurz vor dem Passa, dem Fest der Juden. 5 Da hob Jesus seine Augen auf und sieht, daß viel Volk zu ihm kommt, und spricht zu Philippus: Wo kaufen wir Brot, damit diese zu essen haben? 6 Das sagte er aber, um ihn zu prüfen; denn er wußte wohl, was er tun wollte. 7 Philippus antwortete ihm: Für zweihundert Silbergroschen Brot ist nicht genug für sie, daß jeder ein wenig bekomme. 8 Spricht zu ihm einer seiner Jünger, Andreas,

der Bruder des Simon Petrus: [9]Es ist ein Kind hier, das hat fünf Gerstenbrote und zwei Fische; aber was ist das für so viele? [10]Jesus aber sprach: Laßt die Leute sich lagern. Es war aber viel Gras an dem Ort. Da lagerten sich etwa fünftausend Männer. [11]Jesus aber nahm die Brote, dankte und gab sie denen, die sich gelagert hatten; desgleichen auch von den Fischen, soviel sie wollten. [12]Als sie aber satt waren, sprach er zu seinen Jüngern: Sammelt die übrigen Brocken, damit nichts umkommt. [13]Da sammelten sie und füllten von den fünf Gerstenbroten zwölf Körbe mit Brocken, die denen übrigblieben, die gespeist worden waren.

[14]Als nun die Menschen das Zeichen sahen, das Jesus tat, sprachen sie: Das ist wahrlich der Prophet, der in die Welt kommen soll. [15]Als Jesus nun merkte, daß sie kommen würden und ihn ergreifen, um ihn zum König zu machen, entwich er wieder auf den Berg, er selbst allein.

Antipas als Regierungssitz gegründete Stadt Tiberias lag. – Im ersten Naturwunder steht nicht Jesu Erbarmen mit dem ratlosen Volk (so Mk 6,34Parr), sondern seine Fülle und Überfluß (vgl. V. 11: »soviel sie wollten«) bringende Wundermacht im Mittelpunkt. Diese wunderbare Speisung führt jedoch zu dem für die Welt typischen Mißverständnis: Die Menge will ihn zum König machen, weil er ihre irdischen Bedürfnisse befriedigt hat. Das Wunder soll auf die göttliche Gabe hinweisen, die Jesus selbst ist. Darum muß sich Jesus dem Ansinnen des Volkes durch die Flucht entziehen.

Jesus auf dem See
(Mt 14,22-33; Mk 6,45-52)

[16]Am Abend aber gingen seine Jünger hinab an den See, [17]stiegen in ein Boot und fuhren über den See nach Kapernaum. Und es war schon finster geworden, und Jesus war noch nicht zu ihnen gekommen. [18]Und der See wurde aufgewühlt von einem starken Wind. [19]Als sie nun etwa eine Stunde gerudert hatten, sahen sie Jesus auf dem See gehen und nahe an das Boot kommen; und sie fürchteten sich. [20]Er aber sprach zu ihnen: Ich bin's; fürchtet euch nicht! [21]Da wollten sie ihn ins Boot nehmen; und sogleich war das Boot am Land, wohin sie fahren wollten.

Die Darstellung ist auf Jesu wunderbaren Seewandel konzentriert. Von der Sturmstillung ist ebensowenig die Rede wie von Jesu Betreten des Bootes (Mk 6,51). Statt dessen ereignet sich ein weiteres Wunder: Nach Jesu Zuspruch (V. 20) gelangt das Boot sofort an Land und damit in Sicherheit. Daraus folgt: In Jesus leuchtet Gottes Herrlichkeit auf, die von Furcht und Angst heilt (vgl. 16,33).

Jesus das Brot des Lebens

Diese sog. Brotrede, die mit V. 22–25 eingeleitet wird, vollzieht sich in mehreren Gesprächsgängen. Der erste Gesprächsgang (V. 26–29) bringt angesichts des irdisch-vordergründigen Mißverständnisses der Juden die rechte, »himmlische« Interpretation des Brotwunders. Ziel ist es, an Jesus als den Gottgesandten zu glauben. Im zweiten Gesprächsgang (V. 30–40) tritt der Unglaube der Juden in der Zeichenforderung in Erscheinung. In Jesu Antwort wird das Mannawunder abgewertet, indem es zu den irdisch-vergänglichen Dingen gerechnet wird. Das wahre, d. h. himmlische Brot ist vielmehr einzig und allein Jesus Christus. Im 3. Gesprächsgang (V. 41–51b) nehmen die Juden an dem Widerspruch zwischen Jesu göttlichem Anspruch und seiner irdischen Herkunft Anstoß und erweisen damit ihren Unglauben. Im 4. Gesprächsgang (V. 51c–59) wird das mit Jesus identische Lebensbrot auf das Abendmahl eingeengt. Der 5. (V. 60–65) und der 6. Gesprächsgang (V. 66–71) schildern die sich auch unter den Jüngern vollziehende Scheidung. Dem Abfall der vielen steht aber als Höhepunkt das gläubige Bekenntnis der Zwölf aus dem Munde des Petrus gegenüber. Die Schriftgrundlage der ganzen Ausführungen bildet das Zitat von Ps 78,24 in V. 31, so daß die Brotrede eine christliche Meditation über dieses Schriftwort darstellt.

[22]Am nächsten Tag sah das Volk, das am andern Ufer des Sees stand, daß kein anderes Boot da war als das eine, und

Das Schriftwort Ps 78,24 in V. 31 bildet die Grundlage für die zentrale

Aussage der Brotrede, wie sie in dem »Ich bin«-Wort in V. 35.41.48.51 vorliegt. Nur im Joh kommen »Ich bin«-Worte vor (vgl. 8,12; 10,7.9.11.14 u. ö.). In ihnen stellt sich der Gesandte zunächst in seiner Heilsbedeutung (hier als »Brot des Lebens«) vor, danach spricht er eine Einladung aus (Hier: »Wer zu mir kommt«) und schließt mit einer Verheißung (hier: »den wird nicht hungern ...«). Das Ziel dieser formelhaften Worte besteht darin, Jesus als den einzigen Zugang zu Gott zu proklamieren, alles Heil auf seine Person zu konzentrieren und damit zum Glauben an ihn aufzurufen. Die nach Jes 55,1 (vgl Mt 5,6; Off 7,16) von der Endzeit erwartete Überwindung von Hunger und Durst erfüllt sich also schon jetzt im Glauben an den Gottgesandten. Damit redet Joh einer Spiritualisierung das Wort, die das Brot rein geistig versteht und letztlich mit dem Wort gleichsetzt. Hier zeigt sich die dualistische Grundhaltung des Joh (vgl. die Einl.). – In V. 37f. 44f. wird verdeutlicht, daß sich der für den Heilsempfang notwendige Glaube allein Gott verdankt (vgl. 10,29; 17,6–8.12); denn mit dem »Geben« und »Ziehen« ist die »Geburt von oben«, die Neuschöpfung aus dem Geist (vgl. 3,3 ff.), gemeint, die sich im Hören des Wortes ereignet. Aus V. 42 ergibt sich, daß Joh die Vorstellung einer Jungfrauengeburt (vgl. Mt 1,18–25; Lk 1,26–38) nicht kennt, die mit Hilfe eines Wunders Jesu himmlische und irdische Herkunft erklären will. Joh läßt beide Aussagen unvermittelt nebeneinander stehen und fordert damit zur Entscheidung heraus: entweder die Position des Glaubens zu beziehen und Jesus im Lichte seiner himmlischen Herkunft zu begreifen; oder sich dem Unglauben zu verschreiben und seine irdische Herkunft (vgl. 1,45 f.; 7,27 f.) als Widerlegung seines himmlischen Anspruchs zu verstehen. Der Gegensatz: himmlisch – irdisch wird ab V. 49 zu der Antithese Leben – Tod erweitert und dabei wieder an V. 31 (= Ps 78,24) angeknüpft. Das Manna der Wüstenwanderung war deshalb keine Himmelsgabe, weil es nicht zur Todes-

daß Jesus nicht mit seinen Jüngern in das Boot gestiegen war, sondern seine Jünger waren allein weggefahren. [23]Es kamen aber andere Boote von Tiberias nahe an den Ort, wo sie das Brot gegessen hatten unter der Danksagung des Herrn. [24]Als nun das Volk sah, daß Jesus nicht da war und seine Jünger auch nicht, stiegen sie in die Boote und fuhren nach Kapernaum und suchten Jesus. [25]Und als sie ihn fanden am andern Ufer des Sees, fragten sie ihn: Rabbi, wann bist du hergekommen? [26]Jesus antwortete ihnen und sprach: Wahrlich, wahrlich, ich sage euch: Ihr sucht mich nicht, weil ihr Zeichen gesehen habt, sondern weil ihr von dem Brot gegessen habt und satt geworden seid. [27]Schafft euch Speise, die nicht vergänglich ist, sondern die bleibt zum ewigen Leben. Die wird euch der Menschensohn geben; denn auf dem ist das Siegel Gottes des Vaters. [28]Da fragten sie ihn: Was sollen wir tun, daß wir Gottes Werke wirken? [29]Jesus antwortete und sprach zu ihnen: *Das ist Gottes Werk, daß ihr an den glaubt, den er gesandt hat.* [30]Da sprachen sie zu ihm: Was tust du für ein Zeichen, damit wir sehen und dir glauben? Was für ein Werk tust du? [31]Unsre Väter haben in der Wüste das Manna gegessen, wie geschrieben steht (Psalm 79,24): »Er gab ihnen Brot vom Himmel zu essen.« [32]Da sprach Jesus zu ihnen: Wahrlich, wahrlich, ich sage euch: Nicht Mose hat euch das Brot vom Himmel gegeben, sondern mein Vater gibt euch das wahre Brot vom Himmel. [33]Denn Gottes Brot ist das, das vom Himmel kommt und gibt der Welt das Leben. [34]Da sprachen sie zu ihm: Herr, gib uns allezeit solches Brot. [35]Jesus aber sprach zu ihnen: *Ich bin das Brot des Lebens. Wer zu mir kommt, den wird nicht hungern; und wer an mich glaubt, den wird nimmermehr dürsten.* [36]Aber ich habe euch gesagt: Ihr habt mich gesehen und glaubt doch nicht. [37]Alles, was mir mein Vater gibt, das kommt zu mir; und *wer zu mir kommt, den werde ich nicht hinausstoßen.* [38]Denn ich bin vom Himmel gekommen, nicht damit ich meinen Willen tue, sondern den Willen dessen, der mich gesandt hat. [39]Das ist aber der Wille dessen, der mich gesandt hat, daß ich nichts verliere von allem, was er mir gegeben hat, sondern daß ich's auferwecke am Jüngsten Tage. [40]Denn das ist der Wille meines Vaters, daß, wer den Sohn sieht und glaubt an ihn, das ewige Leben habe; und ich werde ihn auferwecken am Jüngsten Tage.

[41]Da murrten die Juden über ihn, weil er sagte: Ich bin das Brot, das vom Himmel gekommen ist, [42]und sprachen: Ist dieser nicht Jesus, Josefs Sohn, dessen Vater und Mutter wir kennen? Wieso spricht er dann: Ich bin vom Himmel gekommen? [43]Jesus antwortete und sprach zu ihnen: Murrt nicht untereinander. [44]Es kann niemand zu mir kommen,

es sei denn, ihn ziehe der Vater, der mich gesandt hat, und ich werde ihn auferwecken am Jüngsten Tage. [45]Es steht geschrieben in den Propheten (Jesaja 54,13): »Sie werden alle von Gott gelehrt sein.« Wer es vom Vater hört und lernt, der kommt zu mir. [46]Nicht als ob jemand den Vater gesehen hätte außer dem, der von Gott gekommen ist; der hat den Vater gesehen. [47]Wahrlich, wahrlich, ich sage euch: *Wer glaubt, der hat das ewige Leben.* [48]Ich bin das Brot des Lebens. [49]Eure Väter haben in der Wüste das Manna gegessen und sind gestorben. [50]Dies ist das Brot, das vom Himmel kommt, damit, wer davon ißt, nicht sterbe. [51]Ich bin das lebendige Brot, das vom Himmel gekommen ist. Wer von diesem Brot ißt, der wird leben in Ewigkeit. Und dieses Brot ist mein Fleisch, das ich geben werde für das Leben der Welt.

[52]Da stritten die Juden untereinander und sagten: Wie kann der uns sein Fleisch zu essen geben? [53]Jesus sprach zu ihnen: Wahrlich, wahrlich, ich sage euch: Wenn ihr nicht das Fleisch des Menschensohns eßt und sein Blut trinkt, so habt ihr kein Leben in euch. [54]Wer mein Fleisch ißt und mein Blut trinkt, der hat das ewige Leben, und ich werde ihn am Jüngsten Tage auferwecken. [55]Denn mein Fleisch ist die wahre Speise, und mein Blut ist der wahre Trank. [56]Wer mein Fleisch ißt und mein Blut trinkt, der bleibt in mir und ich in ihm. [57]Wie mich der lebendige Vater gesandt hat und ich lebe um des Vaters willen, so wird auch, wer mich ißt, leben um meinetwillen. [58]Dies ist das Brot, das vom Himmel gekommen ist. Es ist nicht wie bei den Vätern, die gegessen haben und gestorben sind. Wer dies Brot ißt, der wird leben in Ewigkeit. [59]Das sagte er in der Synagoge, als er in Kapernaum lehrte.

Scheidung unter den Jüngern

[60]Viele nun seiner Jünger, die das hörten, sprachen: Das ist eine harte Rede; wer kann sie hören? [61]Da Jesus aber bei sich selbst merkte, daß seine Jünger darüber murrten, sprach er zu ihnen: Ärgert euch das? [62]Wie, wenn ihr nun sehen werdet den Menschensohn auffahren dahin, wo er zuvor war? [63]Der Geist ist's, der lebendig macht; das Fleisch* ist nichts nütze. Die Worte, die ich zu euch geredet habe, die sind Geist und sind Leben. [64]Aber es gibt einige unter euch, die glauben nicht. Denn Jesus wußte von Anfang an, wer die waren, die nicht glaubten, und wer ihn verraten würde. [65]Und er sprach: Darum habe ich euch gesagt: Niemand kann zu mir kommen, es sei ihm denn vom Vater gegeben.

überwindung führte. Ewiges Leben gibt es vielmehr nur in dem vom Himmel gekommenen Gottgesandten. – Die sakramentale Deutung des Lebensbrotes in V. 51c–58 scheint aus einem Spätstadium des joh. Kreises zu stammen, das an einem Ausgleich mit geläufigen urchristlichen Vorstellungen interessiert war (vgl. zu 5,19–30). Hierher gehören auch die eine traditionelle Zukunftserwartung ausdrückenden V. 39c.40c.44c (vgl. 5,28f.), die in Spannung zu 5,24; 11,25f. stehen. Der Anstoß der Juden gründet jetzt darin, daß sie Jesu Aussagen wörtlich nehmen und nicht ihren sakramentalen Sinn verstehen. Vorausgesetzt ist die nachösterliche Situation, in der das in Jesu Heilstod am Kreuz gründende Abendmahl (vgl. zu 19,34) die direkte Anteilhabe an Jesus, der »das Leben« ist, vermittelt. – In Anknüpfung an die stärker innerkirchliche Ausrichtung von V. 51c–58 finden die beiden folgenden Dialoge (V. 60–65.66–71) zwischen Jesus und seinen Jüngern statt. Den größten Anstoß bereitet Jesu Auffahrt, d. h. sein Kreuz als Erhöhung zum Vater (V. 62; vgl. 12,32f.); denn dieses »himmlische« Verständnis des Kreuzes ist noch schwerer nachzuvollziehen als das »himmlische« Verständnis seiner Herkunft. Mit »Fleisch« und »Geist« (V. 63) sind die sich ausschließende menschlich-irdische und die göttlich-wunderbare Sphäre (vgl. 3,13; 8,23) gemeint. Die bloße Betrachtung des äußeren Erscheinungsbildes Jesu nützt also nichts. Heilbringend sind allein seine Worte, durch die sich Gott bezeugt und Glauben wirkt. In V. 64 wird das Problem des Verräters in den eigenen Reihen durch den Hinweis auf Jesu göttliches Vorauswissen (vgl. 1,47f.; 2,25) entschärft. – Ungewöhnlich ist in dem Petrusbekenntnis (vgl. Mk 8,29Parr) die nur noch in Mk 1,24; Lk 4,34 auf Jesus angewandte Bezeichnung: »der Heilige Gottes« (V. 69). In der Bibel wird Gott »heilig« genannt (vgl. 3Mo 11,44f.; Mt 6,9Par u. ö.), um seine Einzigartigkeit und seine Unterschiedenheit von allem Irdisch-Menschlichen auszudrücken. Petrus bekennt sich damit zu Jesu göttlicher Einzigartigkeit, zu Jesu Einssein mit dem Vater und damit zu Jesu himmlischem Ursprung und himmlischem Ziel.

Das Bekenntnis des Petrus

[66] Von da an wandten sich viele seiner Jünger ab und gingen hinfort nicht mehr mit ihm. [67] Da fragte Jesus die Zwölf: Wollt ihr auch weggehen? [68] Da antwortete ihm Simon Petrus: *Herr, wohin sollen wir gehen? Du hast Worte des ewigen Lebens;* [69] *und wir haben geglaubt und erkannt: Du bist der Heilige Gottes.* [70] Jesus antwortete ihnen: Habe ich nicht euch Zwölf erwählt? Und einer von euch ist ein Teufel. [71] Er redete aber von Judas, dem Sohn des Simon Iskariot. Der verriet ihn hernach und war einer der Zwölf.

JESU REDE BEIM LAUBHÜTTENFEST (KAP. 7,1–52)

Kap. 7 schildert Jesu Gang zu dem Laubhüttenfest nach Jerusalem (V. 1–13), sein Auftreten in der Mitte der Festzeit (V. 14.25–36) und am letzten Festtag (V. 37–52). Das Laubhüttenfest ist das große Erntefest der Juden, das in »Hütten« aus belaubten Zweigen gefeiert wird und sich besonderer Volkstümlichkeit erfreut. Es findet Ende September/Anfang Oktober statt, dauert eine Woche und wird mit der großen Festversammlung am achten Tag beendet (vgl. 3Mo 23,33–43; 5Mo 16,13–15). Bei diesem Fest war eine Wasserspende üblich (vgl. V. 37f.): Dieses Ausgießen von Wasser mit der Bitte um Regen wurde mit prophetischen Zukunftsweissagungen wie Jes 12,3; Hes 47,1ff. verbunden. Kap. 7 zielt darauf, daß das Lebenswasser nicht durch den jüdischen Kult, sondern allein durch Jesus Christus gespendet wird. In den Dialogen zeigt sich, wie die Spannungen zwischen Jesus und seinen Gegnern zunehmen und Jesu »Stunde« immer näher rückt.

Die Reise zum Laubhüttenfest

7 Danach zog Jesus umher in Galiläa; denn er wollte nicht in Judäa umherziehen, weil ihm die Juden nach dem Leben trachteten. [2] Es war aber nahe das Laubhüttenfest der Juden. [3] Da sprachen seine Brüder zu ihm: Mach dich auf von hier und geh nach Judäa, damit auch deine Jünger die Werke sehen, die du tust. [4] Niemand tut etwas im Verborgenen und will doch öffentlich etwas gelten. Willst du das, so offenbare dich vor der Welt. [5] Denn auch seine Brüder glaubten nicht an ihn. [6] Da spricht Jesus zu ihnen: Meine Zeit ist noch nicht da, eure Zeit ist allewege. [7] Die Welt kann euch nicht hassen. Mich aber haßt sie, denn ich bezeuge von ihr, daß ihre Werke böse sind. [8] Geht ihr hinauf zum Fest! Ich will nicht hinaufgehen zu diesem Fest, denn meine Zeit ist noch nicht erfüllt. [9] Das sagte er und blieb in Galiläa.

[10] Als aber seine Brüder hinaufgegangen waren zum Fest, da ging auch er hinauf, nicht öffentlich, sondern heimlich. [11] Da suchten ihn die Juden auf dem Fest und fragten: Wo ist er? [12] Und es war ein großes Gemurmel über ihn im Volk. Einige sprachen: Er ist gut; andere aber sprachen: Nein, sondern er verführt das Volk. [13] Niemand aber redete offen über ihn aus Furcht vor den Juden.

Der Wunsch von Jesu Brüdern (zu V. 3 vgl. 2,12; Mk 3,31; 6,3) wird als Unglaube enthüllt; denn hinter ihm steht das Verlangen nach einem Zeichen als sichtbarer Beweis (vgl. 2,18; 4,48; 6,30). Mit Jesu »Zeit« ist die ihm vom Vater festgesetzte Todesstunde gemeint (vgl. 7,30; 8,20 u. ö.). Grund seines Todes ist der Haß der Welt, die sich damit gegen ihre Demaskierung in Jesu Gerichtsbotschaft (vgl. 2,19ff.; 12,48) zur Wehr setzt. In V. 12 ist mit »Gemurmel« das aufbegehrende Murren (6,41.43.61) als Ausdruck des Unglaubens gemeint, der hier als »Furcht« vor »den Juden«, d. h. der jüdisch-pharisäischen Obrigkeit (vgl. 7,35; 9,22 u. ö.) in Erscheinung tritt. Der gegen Jesus erhobene Vorwurf, er sei ein Verführer (zu V. 12.47 vgl. Mt 27,63), zielt auf seine Tötung; denn der Verführer wurde im Judentum nach dem Gesetz über einen falschen Propheten (5Mo 13,2–12) abgeurteilt.

Jesus auf dem Fest

[14]Aber mitten im Fest ging Jesus hinauf in den Tempel und lehrte. [15]Und die Juden verwunderten sich und sprachen: Wie kann dieser die Schrift verstehen, wenn er es doch nicht gelernt hat? [16]Jesus antwortete ihnen und sprach: *Meine Lehre ist nicht von mir, sondern von dem, der mich gesandt hat.* [17]*Wenn jemand dessen Willen tun will, wird er innewerden, ob diese Lehre von Gott ist oder ob ich von mir selbst aus rede.* [18]Wer von sich selbst aus redet, der sucht seine eigene Ehre; wer aber die Ehre dessen sucht, der ihn gesandt hat, der ist wahrhaftig, und keine Ungerechtigkeit ist in ihm.

[19]Hat euch nicht Mose das Gesetz gegeben? Und niemand unter euch tut das Gesetz. Warum sucht ihr mich zu töten? [20]Das Volk antwortete: Du bist besessen; wer sucht dich zu töten? [21]Jesus antwortete und sprach zu ihnen: Ein einziges Werk habe ich getan, und es wundert euch alle. [22]Mose hat euch doch die Beschneidung gegeben – nicht daß sie von Mose kommt, sondern von den Vätern –, und ihr beschneidet den Menschen auch am Sabbat. [23]Wenn nun ein Mensch am Sabbat die Beschneidung empfängt, damit nicht das Gesetz des Mose gebrochen werde, was zürnt ihr dann mir, weil ich am Sabbat den ganzen Menschen gesund gemacht habe? [24]Richtet nicht nach dem, was vor Augen ist, sondern richtet gerecht.

[25]Da sprachen einige aus Jerusalem: Ist das nicht der, den sie zu töten suchen? [26]Und siehe, er redet frei und offen, und sie sagen ihm nichts. Sollten unsere Oberen nun wahrhaftig erkannt haben, daß er der Christus ist? [27]Doch wir wissen, woher dieser ist; wenn aber der Christus kommen wird, so wird niemand wissen, woher er ist. [28]Da rief Jesus, der im Tempel lehrte: Ihr kennt mich und wißt, woher ich bin. Aber nicht von mir selbst aus bin ich gekommen, sondern es ist ein Wahrhaftiger, der mich gesandt hat, den ihr nicht kennt. [29]Ich aber kenne ihn; denn ich bin von ihm, und er hat mich gesandt. [30]Da suchten sie ihn zu ergreifen; aber niemand legte Hand an ihn, denn seine Stunde war noch nicht gekommen. [31]Aber viele aus dem Volk glaubten an ihn und sprachen: Wenn der Christus kommen wird, wird er etwa mehr Zeichen tun, als dieser getan hat?

[32]Und es kam den Pharisäern zu Ohren, daß im Volk solches Gemurmel über ihn war. Da sandten die Hohenpriester und Pharisäer Knechte aus, die ihn ergreifen sollten. [33]Da sprach Jesus zu ihnen: Ich bin noch eine kleine Zeit bei euch, und dann gehe ich hin zu dem, der mich gesandt hat. [34]Ihr werdet mich suchen und nicht finden; und wo ich bin, könnt ihr nicht hinkommen. [35]Da sprachen die Juden untereinander: Wo will dieser hingehen, daß wir ihn nicht finden könnten? Will er zu denen gehen,

Dieser Abschnitt gehört thematisch mit 5,19–47 zusammen und beendet dieses Sabbatstreitgespräch. Der Akzent liegt darauf, daß Jesu Lehre nichts mit Schriftgelehrsamkeit zu tun hat. Vielmehr ist sie Gottes Offenbarung, deren Wahrheit nur dem Menschen einsichtig wird, der nach ihr zu leben wagt (V. 16f.; vgl. 5,31f.). Zu V. 18 vgl. 5,31–47. Die schärfste Anklage gegen die ungläubigen Juden enthält V. 19: Wer selbst das Gesetz nicht hält, hat jedes Recht verwirkt, andere nach diesem Gesetz zu richten (vgl. 19,7). Auch der Hinweis auf die Beschneidung dient dem gleichen Zweck, die Unwahrheit von Jesu Opponenten zu erweisen. In V. 23 liegt ein typisch jüdischer Schluß vom Kleineren (dem einen Glied bei der Beschneidung) zum Größeren (der Heilung des ganzen Menschen) vor.

Der Vorwurf von 5,18 wird wieder aufgenommen. Zu den »Oberen« vgl. die Einleitung. V. 27–29 wollen verdeutlichen: Die Entscheidung zwischen Glaube und Unglaube fällt nicht bei der Frage nach Jesu irdischer Herkunft, sondern bei der nach seinem himmlischen Ursprung. Jesu »Stunde« ist seine Todesstunde (vgl. 13,1). In V. 25–31 geht es um Jesu Woher, in V. 32–36 um Jesu Wohin. V. 33f. ist ein ursprünglich selbständiger Spruch (vgl. 12,35), der zu einem joh. Mißverständnis führt: »Die Juden« mißverstehen die auf Jesu Heimkehr zum Vater bezogenen Aussagen vordergründig-irdisch als Gang in die »Diaspora«, d.h. in die Gebiete außerhalb Palästinas, in denen Juden als »Fremde« unter »Griechen« (= Nichtjuden) wohnen. In V. 37f. erreicht die Rede ihren Höhepunkt: Der Lebensdurst des Menschen kann nur durch den von Gott kommenden Gesandten wirklich gelöscht werden (vgl. 4,14). »Kommen«, »Trinken« und »Glauben« sind dabei identisch. V. 39 weist auf die nachösterliche Situation: Erst seit Jesu Erhöhung gibt es den Geist (vgl. 20,22) als die Heilsgegenwart des Erhöhten in seiner Gemeinde (vgl.

14,16–18.26). Wer darum Jesu geistgewirkte Rede glaubt, wird vom Erhöhten »Geist« und damit ewiges Leben empfangen. Die in ihrem schematischen Bezug umstrittenen Worte: »von dessen Leib« sind deshalb im Blick auf V. 39 auf den Erhöhten zu beziehen. Wörtlich lauten V. 37b.38 »Wer durstig ist, soll zu mir kommen und trinken. Und jeder, der an mich glaubt, so sagt es die Schrift: Ströme lebendigen Wassers werden aus seinem Innersten fließen.«

die in der Zerstreuung unter den Griechen wohnen, und die Griechen lehren? [36]Was ist das für ein Wort, daß er sagt: Ihr werdet mich suchen und nicht finden; und wo ich bin, da könnt ihr nicht hinkommen?

[37]Aber am letzten Tag des Festes, der der höchste war, trat Jesus auf und rief: Wen da dürstet, der komme zu mir und trinke! [38] *Wer an mich glaubt, wie die Schrift sagt, von dessen Leib werden Ströme lebendigen Wassers fließen.* [39]Das sagte er aber von dem Geist, den die empfangen sollten, die an ihn glaubten; denn der Geist war noch nicht da; denn Jesus war noch nicht verherrlicht.

Zwiespalt im Volk

Dieser Abschnitt schildert das Echo auf Jesu Rede: Die einen versuchen, Jesus in die gängigen jüdischen Vorstellungen als Prophet (vgl. 1,21) oder als Christus (= Messias; vgl. 1,41.49) einzuordnen und geraten dabei im Blick auf seine Herkunft in Schwierigkeiten (Zu dieser Problematik vgl. zu Mt 2,13–23). Die anderen werden in ihrem Vernichtungswillen bestärkt. Die von Nikodemus ausgesprochene Mahnung zur Vernunft findet kein Gehör. Jesu Todesstunde rückt darum immer näher (vgl. V. 30). Nur das von den Pharisäern verachtete »Volk, das nichts vom Gesetz weiß«, schließt sich Jesus an (vgl. Mk 2,13–17). Mit diesem »Volk« sind bestimmte Berufsgruppen gemeint, die die pharisäischen Reinheits- und Zehntgebote (vgl. zu Mk 7,1–23) nicht hielten oder aufgrund ihrer Berufsausübung nicht halten konnten. Darum wird gegen Jesus der Vorwurf, er sei ein Verführer, erhoben (vgl. zu 7,1–14).

[40]Einige nun aus dem Volk, die diese Worte hörten, sprachen: Dieser ist wahrhaftig der Prophet. [41]Andere sprachen: Er ist der Christus. Wieder andere sprachen: Soll der Christus aus Galiläa kommen? [42]Sagt nicht die Schrift: aus dem Geschlecht Davids und aus dem Ort Bethlehem, wo David war, soll der Christus kommen? [43]So entstand seinetwegen Zwietracht im Volk. [44]Es wollten aber einige ihn ergreifen; aber niemand legte Hand an ihn.

[45]Die Knechte kamen zu den Hohenpriestern und Pharisäern; und die fragten sie: Warum habt ihr ihn nicht gebracht? [46]Die Knechte antworteten: Noch nie hat ein Mensch so geredet wie dieser. [47]Da antworteten ihnen die Pharisäer: Habt ihr euch auch verführen lassen? [48]Glaubt denn einer von den Oberen oder Pharisäern an ihn? [49]Nur das Volk tut's, das nichts vom Gesetz weiß; verflucht ist es. [50]Spricht zu ihnen Nikodemus, der vormals zu ihm gekommen war und der einer von ihnen war: [51]Richtet denn unser Gesetz einen Menschen, ehe man ihn verhört und erkannt hat, was er tut? [52]Sie antworteten und sprachen zu ihm: Bist du auch ein Galiläer? Forsche und sieh: Aus Galiläa steht kein Prophet auf.

Jesus und die Ehebrecherin*

Dieser Bericht fehlt in einzelnen Handschriften, in anderen findet er sich an unterschiedlicher Stelle (teils nach 7,52, teils nach 7,36, teils nach 21,24, teils nach Lk 21,38). Da er keine für das Joh typischen Merkmale enthält, ist er der alten mündlichen Überlieferung zuzurechnen, die sich größtenteils in den synoptischen Evangelien und weniger im Joh niedergeschlagen hat. Nach der Einleitung (7,53–8,2) setzt das Gespräch zwischen Jesus und den Pharisäern ein (V. 3–9a). Es findet sei-

8 [53]Und jeder ging heim. [1]Jesus aber ging zum Ölberg. [2]Und frühmorgens kam er wieder in den Tempel, und alles Volk kam zu ihm, und er setzte sich und lehrte sie.

[3]Aber die Schriftgelehrten und Pharisäer brachten eine Frau zu ihm, beim Ehebruch ergriffen, und stellten sie in die Mitte [4]und sprachen zu ihm: Meister, diese Frau ist auf frischer Tat beim Ehebruch ergriffen worden. [5]Mose aber hat uns im Gesetz geboten, solche Frauen zu steinigen. Was sagst du? [6]Das sagten sie aber, ihn zu versuchen, damit sie ihn verklagen könnten. Aber Jesus bückte sich und schrieb mit dem Finger auf die Erde. [7]Als sie nun fortfuh-

ren, ihn zu fragen, richtete er sich auf und sprach zu ihnen: *Wer unter euch ohne Sünde ist, der werfe den ersten Stein auf sie.* [8]Und er bückte sich wieder und schrieb auf die Erde. [9]Als sie aber das hörten, gingen sie weg, einer nach dem andern, die Ältesten zuerst; und Jesus blieb allein mit der Frau, die in der Mitte stand. [10]Jesus aber richtete sich auf und fragte sie: Wo sind sie, Frau? Hat dich niemand verdammt? [11]Sie antwortete: Niemand, Herr. Und Jesus sprach: So verdamme ich dich auch nicht; geh hin und sündige hinfort nicht mehr.

nen Höhepunkt in dem Jesuswort (V. 7b), das die allgemeine Sündigkeit voraussetzt und darum dem Verkläger das Recht auf Verurteilung bestreitet. Mit V. 9b–11 schließt sich ein Gespräch zwischen Jesus und der Ehebrecherin an. Der ganze Abschnitt zielt auf V. 11b: Im Gegensatz zu 5Mo 22,22; 3Mo 20,10 (Ehebruch zieht Todesstrafe nach sich) spricht Jesus frei, schenkt also Vergebung und ermöglicht so einen neuen Anfang.

JESU LICHTREDE (KAP. 8,12–59)

Die in V. 12–59 berichtete Auseinandersetzung zwischen Jesus und »den Juden« berührt sich mit 5,31–47; 7,15–24, erreicht aber jetzt angesichts der immer näher rückenden »Stunde« seine größte und unüberbietbare Schärfe. Nach V. 20 spielt diese Szene in der Nähe der Opferstöcke, die in einer Halle im Frauenvorhof des Tempels aufgestellt waren (vgl. Mk 12,41.43Parr). Die Rede enthält 5 Gesprächsgänge. Zunächst geht es um die Berechtigung von Jesu Selbstzeugnis (V. 12–20). Daran schließen sich Ausführungen über Jesu himmlische Herkunft und himmlische Rückkehr (V. 21–29) sowie über die nur durch ihn möglich wahre Freiheit (V. 30–36) an. Der vierte Gesprächsgang befaßt sich mit der Abrahamskindschaft der Juden und ist einseitig polemisch orientiert (V. 37–45). Im letzten Gesprächsgang (V. 46–59) wird Jesu Überlegenheit über Abraham und damit der absolute Vorrang der christlichen vor der jüdischen Gemeinde proklamiert. Diese Rede spiegelt also aktuelle Auseinandersetzungen der johanneischen Gemeinde mit dem Judentum wider.

Jesus das Licht der Welt

[12]Da redete Jesus abermals zu ihnen und sprach: *Ich bin das Licht der Welt. Wer mir nachfolgt, der wird nicht wandeln in der Finsternis, sondern wird das Licht des Lebens haben.* [13]Da sprachen die Pharisäer zu ihm: Du gibst Zeugnis von dir selbst; dein Zeugnis ist nicht wahr. [14]Jesus antwortete und sprach zu ihnen: Auch wenn ich von mir selbst zeuge, ist mein Zeugnis wahr; denn ich weiß, woher ich gekommen bin und wohin ich gehe; ihr aber wißt nicht, woher ich komme oder wohin ich gehe. [15]Ihr richtet nach dem Fleisch*, ich richte niemand. [16]Wenn ich aber richte, so ist mein Richten gerecht; denn ich bin's nicht allein, sondern ich und der Vater, der mich gesandt hat. [17]Auch steht in eurem Gesetz geschrieben, daß zweier Menschen Zeugnis wahr sei. [18]Ich bin's, der von sich selbst zeugt; und der Vater, der mich gesandt hat, zeugt auch von mir. [19]Da fragten sie ihn: Wo ist dein Vater? Jesus antwortete: Ihr kennt weder mich noch meinen Vater; wenn ihr mich kenntet, so kenntet ihr auch meinen Vater.

[20]Diese Worte redete Jesus an dem Gotteskasten, als er lehrte im Tempel; und niemand ergriff ihn, denn seine Stunde war noch nicht gekommen.

Die Rede beginnt in V. 12 mit einem »Ich bin«-Wort (vgl. zu 6,22–71). Dieses umschreibt Jesu einzigartige Heilsbedeutung mit »Licht« und »Leben« (vgl. zu 1,4f.) und verheißt Freiheit von der finsteren Welt mit ihrer Todeswirklichkeit (vgl. 5,24; 11,25f.). V. 14 ist nur formal ein Widerspruch zu 5,31; denn in Jesu Wort sind immer seine beiden legitimen Zeugen zur Stelle: die Werke und der Vater (zu V. 18 vgl. 5,36f.). Weil nur Jesus allein um sein Woher und sein Wohin Bescheid wissen kann, darum läßt sich seine Einheit mit dem Vater nur durch das Hören auf seine Stimme, die Gottes Stimme ist, erkennen. Zu den widersprüchlich klingenden Aussagen über Jesu Richten vgl. zu 3,1–21. »Nach dem Fleisch richten« (V. 15) heißt nach innerweltlichen Maßstäben und nach der äußeren Erscheinungsweise ein Urteil fällen.

V. 21 steigert das Mißverständnis von 7,33–35: Nicht Auswanderung, sondern Selbsttötung vermuten »die Juden«, die damit ihren Unglauben und ihr radikales Geschiedensein von dem Offenbarer (V. 23) erweisen. Zu dem joh. Dualismus in V. 23 vgl. die Einl. Ohne die neue Geburt (vgl. 3,3.5), die sich im Glauben ereignet, gibt es nur Sünde und Tod. In V. 28 schwingt der doppelte Sinn von »erhöhen« mit (vgl. 3,14; 12,32–34): Die Menschen werden Jesus an das Kreuz »erhöhen«, aber der Vater wird gerade diesen Gekreuzigten zum Retter für alle »erhöhen« und sich darin verherrlichen (vgl. zu 13,31–38).

Jesu Weg zur Erhöhung

[21] Da sprach Jesus abermals zu ihnen: Ich gehe hinweg, und ihr werdet mich suchen und in eurer Sünde sterben. Wo ich hingehe, da könnt ihr nicht hinkommen. [22] Da sprachen die Juden: Will er sich denn selbst töten, daß er sagt: Wohin ich gehe, da könnt ihr nicht hinkommen? [23] Und er sprach zu ihnen: Ihr seid von unten her, ich bin von oben her; ihr seid von dieser Welt, ich bin nicht von dieser Welt. [24] Darum habe ich euch gesagt, daß ihr sterben werdet in euren Sünden; denn wenn ihr nicht glaubt, daß ich es bin, werdet ihr sterben in euren Sünden. [25] Da fragten sie ihn: Wer bist du denn? Und Jesus sprach zu ihnen: Zuerst das, was ich euch auch sage. [26] Ich habe viel von euch zu reden und zu richten. Aber der mich gesandt hat, ist wahrhaftig, und was ich von ihm gehört habe, das rede ich zu der Welt. [27] Sie verstanden aber nicht, daß er zu ihnen vom Vater sprach. [28] Da sprach Jesus zu ihnen: Wenn ihr den Menschensohn erhöhen werdet, dann werdet ihr erkennen, daß ich es bin und nichts von mir selber tue, sondern, wie mich der Vater gelehrt hat, so rede ich. [29] Und der mich gesandt hat, ist mit mir. Er läßt mich nicht allein; denn ich tue allezeit, was ihm gefällt.

Der Glaube der vielen (V. 30f.) wird durch Jesu Rede als Unglaube enthüllt; denn Freiheit von Sünde gibt es nur durch Jesus. Aber dieser Erkenntnis verweigern sich »die Juden«, indem sie sich auf ihre Abrahamskindschaft berufen. Vom »Bleiben« als Charakteristikum wahrer Jüngerschaft wird auch in 15,1ff.; 1Jh 2,27f.; 2Jh 9 gesprochen. »Wahrheit« ist die in Jesus erschlossene göttliche Heilswirklichkeit, die dem Menschen Klarheit über sich verleiht und ihn zugleich von Finsternis und Tod befreit.

Die wahre Freiheit

[30] Als er das sagte, glaubten viele an ihn. [31] Da sprach nun Jesus zu den Juden, die an ihn glaubten: *Wenn ihr bleiben werdet an meinem Wort, so seid ihr wahrhaftig meine Jünger* [32] *und werdet die Wahrheit erkennen, und die Wahrheit wird euch frei machen.* [33] Da antworteten sie ihm: Wir sind Abrahams Kinder und sind niemals jemandes Knecht gewesen. Wie sprichst du dann: Ihr sollt frei werden? [34] Jesus antwortete ihnen und sprach: Wahrlich, wahrlich, ich sage euch: *Wer Sünde tut, der ist der Sünde Knecht.* [35] Der Knecht bleibt nicht ewig im Haus; der Sohn bleibt ewig. [36] *Wenn euch nun der Sohn frei macht, so seid ihr wirklich frei.*

Abrahamskinder und Teufelskinder

In diesem Abschnitt finden sich die schärfsten antijüdischen Aussagen des NT. Weil »Die Juden« Jesus töten wollen, erweisen sie nach V. 44 ihre Zugehörigkeit zu dem Satan als »dem Mörder von Anfang an«. Der nach den synoptischen Evangelien bei Jesu Passions-Aufenthalt in Jerusalem zutagegetretene Gegensatz zwischen ihm und der hochpriesterlichen Herrschaftsschicht wird im Joh zu einem prinzipiellen Dualismus zwischen Jesus als dem von oben stammenden Sohn und »den Juden« als den von unten stammenden Teufelskindern gesteigert. Diese antijüdische Polemik ist situationsbedingt (vgl. die Einl.) und darf nicht zu zeitloser dogmatischer Gültigkeit erhoben werden.

Mit »Abrahams Werken« (V. 39) ist Abrahams Glaube an Gottes Verheißung (vgl. 1Mo 15,1–6), die Hoff-

[37] Ich weiß wohl, daß ihr Abrahams Kinder seid; aber ihr sucht mich zu töten, denn mein Wort findet bei euch keinen Raum. [38] Ich rede, was ich von meinem Vater gesehen

habe; und ihr tut, was ihr von eurem Vater gehört habt. [39]Sie antworteten und sprachen zu ihm: Abraham ist unser Vater. Spricht Jesus zu ihnen: Wenn ihr Abrahams Kinder wärt, so tätet ihr Abrahams Werke. [40]Nun aber sucht ihr mich zu töten, einen Menschen, der euch die Wahrheit gesagt hat, wie ich sie von Gott gehört habe. Das hat Abraham nicht getan. [41]Ihr tut die Werke eures Vaters. Da sprachen sie zu ihm: Wir sind nicht unehelich geboren; wir haben einen Vater: Gott. [42]Jesus sprach zu ihnen: Wäre Gott euer Vater, so liebtet ihr mich; denn ich bin von Gott ausgegangen und komme von ihm; denn ich bin nicht von selbst gekommen, sondern er hat mich gesandt. [43]Warum versteht ihr denn meine Sprache nicht? Weil ihr mein Wort nicht hören könnt! [44]Ihr habt den Teufel zum Vater, und nach eures Vaters Gelüste wollt ihr tun. Der ist ein Mörder von Anfang an und steht nicht in der Wahrheit; denn die Wahrheit ist nicht in ihm. Wenn er Lügen redet, so spricht er aus dem Eigenen; denn er ist ein Lügner und der Vater der Lüge. [45]Weil ich aber die Wahrheit sage, glaubt ihr mir nicht.

nung auf den Tag des Heils (vgl. V. 56), gemeint. Als Abrahams Kinder müßten sich darum »die Juden« über Jesu Kommen freuen. In V. 41 wird der physisch-genealogische Bereich verlassen: Ihrer Berufung nach sind sie Gottessöhne (vgl. 2Sm 7,24; 2Mo 4,22 f.) und haben Gott zum Vater. Da sie aber den von Gott Gesandten ablehnen und zu töten suchen und sich zudem auf Gott berufen, erweisen sie sich als Mörder und Lügner. Ihren Ursprung haben sie demnach im Teufel (V. 43 f.), der das genaue Gegenteil von dem als Wahrheit und Lebensspender verstandenen Vater Jesu (vgl. 1,14.17; 5,26) ist. Auf diese Weise werden Abrahams- und Gottessohnschaft der Juden bestritten und das jüdische Volk geradezu dämonisiert.

Der Streit um Jesu Ehre

[46]Wer von euch kann mich einer Sünde zeihen? Wenn ich aber die Wahrheit sage, warum glaubt ihr mir nicht? [47]Wer von Gott ist, der hört Gottes Worte; ihr hört darum nicht, weil ihr nicht von Gott seid.

[48]Da antworteten die Juden und sprachen zu ihm: Sagen wir nicht mit Recht, daß du ein Samariter bist und einen bösen Geist hast? [49]Jesus antwortete: Ich habe keinen bösen Geist, sondern ich ehre meinen Vater, aber ihr nehmt mir die Ehre. [50]Ich suche nicht meine Ehre; es ist aber einer, der sie sucht, und er richtet. [51]Wahrlich, wahrlich, ich sage euch: *Wer mein Wort hält, der wird den Tod nicht sehen in Ewigkeit.* [52]Da sprachen die Juden zu ihm: Nun erkennen wir, daß du einen bösen Geist hast. Abraham ist gestorben und die Propheten, und du sprichst: Wer mein Wort hält, der wird den Tod nicht schmecken in Ewigkeit. [53]Bist du mehr als unser Vater Abraham, der gestorben ist? Und die Propheten sind gestorben. Was machst du aus dir selbst? [54]Jesus antwortete: Wenn ich mich selber ehre, so ist meine Ehre nichts. Es ist aber mein Vater, der mich ehrt, von dem ihr sagt: Er ist unser Gott; [55]und ihr kennt ihn nicht; ich aber kenne ihn. Und wenn ich sagen wollte: Ich kenne ihn nicht, so würde ich ein Lügner, wie ihr seid. Aber ich kenne ihn und halte sein Wort. [56]Abraham, euer Vater, wurde froh, daß er meinen Tag sehen sollte, und er sah ihn und freute sich. [57]Da sprachen die Juden zu ihm: Du bist noch nicht fünfzig Jahre alt und hast Abraham gesehen? [58]Jesus sprach zu ihnen: Wahrlich, wahrlich, ich sage euch: Ehe

Weil die Juden Jesu Rede als unerträgliche Provokation empfinden, stufen sie ihn als »Samariter« (= Halbheiden; vgl. zu 4,1–42) und als von einem »bösen Geist« Besessenen (vgl. 7,20; 10,20 f.) ein. Dadurch wird er zum Verführer abgestempelt (vgl. zu 7,1–14), der nicht von Gott legitimiert ist. Zu V. 49 f. 54 vgl. 5,41.44; 7,18. V. 51 ist ein ursprünglich selbständiger Spruch, der in ähnlicher Form in 5,24; 6,47 vorliegt. Dem »Halten« entspricht das »Bleiben« von V. 31. In V. 52 f. liegt wieder ein joh. Mißverständnis vor: eine himmlisch-jenseitig gemeinte Aussage wird vordergründig-irdisch aufgefaßt (vgl. zu 2,13–25). Daß Abraham samt allen Propheten starb, ist natürlich. Allein bedeutsam ist, was V. 56 aussagt: Abraham freute sich, daß er in prophetischer Schau den Tag der Erfüllung »sehen« konnte. Das gegenteilige Verhalten der Juden bestätigt, daß sie keine Abrahamskinder sind. V. 57 bringt ein erneutes Mißverständnis, das Jesu himmlische Dimension verkennt. Als das ewige Gotteswort ist er schon vor Abraham da (vgl. 1,1 ff.). Er gehört also nicht der Welt des Werdens und Vergehens an, sondern der ewigen Gotteswelt.

Abraham wurde, bin ich. [59]Da hoben sie Steine auf, um auf ihn zu werfen. Aber Jesus verbarg sich und ging zum Tempel hinaus.

Die Heilung eines Blindgeborenen

Dieses Streitgespräch zwischen Jesus und »den Juden« nimmt seinen Ausgangspunkt bei einer Blindenheilung, die V. 1–7 geschildert wird und das sechste »Zeichen« aus der Semeiaquelle (vgl. die Einl.) darstellt. Wie in Kap. 5 wird auch dieses Wunder nachträglich (V. 14) als Sabbatheilung hingestellt und mit mehreren Gesprächsgängen verbunden. Dabei geht es um die Fragen, woher Jesus stammt (V. 29 f. 33) und wer er eigentlich ist (V. 36). Da das Messiasbekenntnis bereits als Grund für den Ausschluß aus der Synagogengemeinschaft gilt (V. 22; vgl. 12,42; 16,2), wird deutlich: Es handelt sich hier um aktuelle Fragen der Auseinandersetzung zwischen johanneischer Gemeinde und dem pharisäisch-rabbinischen Judentum aus der Zeit nach der Tempelzerstörung. Den Höhepunkt dieses Kapitels stellt darum das Bekenntnis des Geheilten zu Jesus dar (V. 38; vgl. 20,28). Die polemische Spitze wird in den Gerichtsworten über die »blinden« Pharisäer (V. 39–41) klar erkennbar.

9 Und Jesus ging vorüber und sah einen Menschen, der blind geboren war. [2]Und seine Jünger fragten ihn und sprachen: Meister, wer hat gesündigt, dieser oder seine Eltern, daß er blind geboren ist? [3]Jesus antwortete: Es hat weder dieser gesündigt noch seine Eltern, sondern es sollen die Werke Gottes offenbar werden an ihm. [4]Wir müssen die Werke dessen wirken, der mich gesandt hat, solange es Tag ist; es kommt die Nacht, da niemand wirken kann. [5]Solange ich in der Welt bin, bin ich das Licht der Welt. [6]Als er das gesagt hatte, spuckte er auf die Erde, machte daraus einen Brei und strich den Brei auf die Augen des Blinden. [7]Und er sprach zu ihm: Geh zum Teich Siloah – das heißt übersetzt: gesandt – und wasche dich! Da ging er hin und wusch sich und kam sehend wieder. [8]Die Nachbarn nun und die, die ihn früher als Bettler gesehen hatten, sprachen: Ist das nicht der Mann, der dasaß und bettelte? [9]Einige sprachen: Er ist's; andere: Nein, aber er ist ihm ähnlich. Er selbst aber sprach: Ich bin's. [10]Da fragten sie ihn: Wie sind deine Augen aufgetan worden? [11]Er antwortete: Der Mensch, der Jesus heißt, machte einen Brei und strich ihn auf meine Augen und sprach: Geh zum Teich Siloah und wasche dich! Ich ging hin und wusch mich und wurde sehend. [12]Da fragten sie ihn: Wo ist er? Er antwortete: Ich weiß es nicht.

[13]Da führten sie ihn, der vorher blind gewesen war, zu den Pharisäern. [14]Es war aber Sabbat an dem Tag, als Jesus den Brei machte und seine Augen öffnete. [15]Da fragten ihn auch die Pharisäer, wie er sehend geworden wäre. Er aber sprach zu ihnen: Einen Brei legte er mir auf die Augen, und ich wusch mich und bin nun sehend. [16]Da sprachen einige der Pharisäer: Dieser Mensch ist nicht von Gott, weil er den Sabbat nicht hält. Andere aber sprachen: Wie kann ein sündiger Mensch solche Zeichen tun? Und es entstand

Die Wundergeschichte V. 1–7 zeigt Berührungen mit den Blindenheilungen in Mk 8,22–26; 10,46–52Parr. Sie unterscheidet sich von diesen aber dadurch, daß es bei Joh um einen schon von Geburt an blinden Menschen geht (V. 1) und daß allein Jesus die Initiative zur Heilung ergreift. Jedoch wird nicht Jesu Erbarmen, sondern seine Macht betont. In dem eingeschobenen Jüngergespräch (V. 2 f.) wird der Zusammenhang von Krankheit und Sünde, wie er in 5,14; 9,34 aufgrund atl. Aussagen (vgl. 2Mo 20,5; Hi 4,7 ff.) vorausgesetzt wird, angesprochen. Aber nicht die Frage nach dem Ursprung, sondern die nach dem Ziel der Krankheit gilt hier als allein berechtigte: In Entsprechung zu 11,4 soll die Krankheit der Verherrlichung von Gottes Werk dienen, wie es durch Jesus geschieht (vgl. 5,19 f. 36; 9,33). V. 4 f. weisen auf die Passion voraus und rechtfertigen zugleich Jesu Wirken auch am Sabbat (V. 14). Schon das Kneten eines Teiges (V. 6.11.15), wie das Heilen überhaupt, war – außer im Falle direkter Lebensgefahr – am Sabbat verboten. Siloah war eine umfangreiche Teichanlage an der Südwestecke der inneren Wallanlage Jerusalems. Joh will in diesem Namen einen allegorischen Hinweis auf Jesus als »den Gesandten« (hebr.: Schaliach) sehen (V. 7). In V. 8–12 wird die Ratlosigkeit der Nachbarn und ihr vergeblicher Versuch, hinter das Geheimnis des Wundertäters zu kommen, ge-

Zwietracht unter ihnen. [17]Da sprachen sie wieder zu dem Blinden: Was sagst du von ihm, daß er deine Augen aufgetan hat? Er aber sprach: Er ist ein Prophet.

[18]Nun glaubten die Juden nicht von ihm, daß er blind gewesen und sehend geworden war, bis sie die Eltern dessen riefen, der sehend geworden war, [19]und sie fragten sie und sprachen: Ist das euer Sohn, von dem ihr sagt, er sei blind geboren? Wieso ist er nun sehend? [20]Seine Eltern antworteten ihnen und sprachen: Wir wissen, daß dieser unser Sohn ist und daß er blind geboren ist. [21]Aber wieso er nun sehend ist, wissen wir nicht, und wer ihm seine Augen aufgetan hat, wissen wir auch nicht. Fragt ihn, er ist alt genug; laßt ihn für sich selbst reden. [22]Das sagten seine Eltern, denn sie fürchteten sich vor den Juden. Denn die Juden hatten sich schon geeinigt: wenn jemand ihn als den Christus bekenne, der solle aus der Synagoge ausgestoßen werden. [23]Darum sprachen seine Eltern: Er ist alt genug, fragt ihn selbst.

[24]Da riefen sie noch einmal den Menschen, der blind gewesen war, und sprachen zu ihm: Gib Gott die Ehre! Wir wissen, daß dieser Mensch ein Sünder ist. [25]Er antwortete: Ist er ein Sünder? Das weiß ich nicht; eins aber weiß ich: daß ich blind war und bin nun sehend. [26]Da fragten sie ihn: Was hat er mit dir getan? Wie hat er deine Augen aufgetan? [27]Er antwortete ihnen: Ich habe es euch schon gesagt, und ihr habt's nicht gehört! Was wollt ihr's abermals hören? Wollt ihr auch seine Jünger werden? [28]Da schmähten sie ihn und sprachen: Du bist sein Jünger; wir aber sind Moses Jünger. [29]Wir wissen, daß Gott mit Mose geredet hat; woher aber dieser ist, wissen wir nicht. [30]Der Mensch antwortete und sprach zu ihnen: Das ist verwunderlich, daß ihr nicht wißt, woher er ist, und er hat meine Augen aufgetan. [31]Wir wissen, daß Gott die Sünder nicht erhört; sondern den, der gottesfürchtig ist und seinen Willen tut, den erhört er. [32]Von Anbeginn der Welt an hat man nicht gehört, daß jemand einem Blindgeborenen die Augen aufgetan habe. [33]Wäre dieser nicht von Gott, er könnte nichts tun. [34]Sie antworteten und sprachen zu ihm: Du bist ganz in Sünden geboren und lehrst uns? Und sie stießen ihn hinaus.

[35]Es kam vor Jesus, daß sie ihn ausgestoßen hatten. Und als er ihn fand, fragte er: Glaubst du an den Menschensohn? [36]Er antwortete und sprach: Herr, wer ist's? daß ich an ihn glaube. [37]Jesus sprach zu ihm: Du hast ihn gesehen, und der mit dir redet, der ist's. [38]Er aber sprach: Herr, ich glaube, und betete ihn an.

[39]Und Jesus sprach: Ich bin zum Gericht in diese Welt gekommen, damit, die nicht sehen, sehend werden, und die sehen, blind werden. [40]Das hörten einige der Pharisäer, die

schildert. Auch das erste Verhör des Geheilten durch die Pharisäer (V. 13–17) führt zu keiner Klarheit. Das Bekenntnis des Geheilten in V. 17 soll die Schlußfolgerung der Pharisäer in V. 16 in Frage stellen. Die Vernehmung der Eltern des Geheilten (V. 18–23) dient dazu, einerseits die allgemeine Ratlosigkeit angesichts des Wunders zu unterstreichen, andrerseits die gefährlichen Folgen aufzuzeigen, die ein offenes Bekenntnis zu Jesus als dem Urheber des Wunders nach sich ziehen würde. Der in V. 22 erwähnte Synagogenbann (vgl. V. 34c; 12,42; 16,2) wurde erst seit Ende des 1. Jh. n. Chr. gegen Christen angewandt. Im zweiten Verhör des Geheilten durch die Pharisäer (V. 24–34) wird das Unverständnis des Judentums gegenüber Jesu himmlischer Sendung (V. 29f.) besonders eindrücklich geschildert. Da Gott allein den erhört, der seinen Willen tut (zu V. 31 vgl. Jes 1,10ff.; Ps 66,16ff.), muß Jesus von Gott kommen. Aber diese schriftgelehrte Argumentation des Geheilten (V. 31–33) führt zu seinem Synagogenausschluß (V. 34f.). Daraus ergibt sich, daß hier Christentum (Jesu Jünger) und Judentum (Moses Jünger V. 28) schon endgültig geschieden sind. – Das positive Ziel wird in V. 35–38 erreicht: Der Geheilte versteht jetzt Jesus nicht nur als einen Propheten (V. 17; vgl. 4,19) oder als einen Wundertäter, sondern bekennt sich zu ihm als dem »Menschensohn« (vgl, 1,51; 3,13f.) und betet ihn als »den Herrn« an (vgl. 20,28). Die Heilung des von Natur aus blinden Menschen wird somit zu einem Zeichen für das Wunder des Glaubens, das sich in der Begegnung mit Jesus als dem Licht des Lebens (V. 5; vgl. 8,12; 12,46) ereignet. V. 39–41 weisen darauf, daß sich mit Jesu Kommen eine Scheidung vollzieht (3,19): Wer sich wie die Pharisäer selbstsicher einbildet, sehend zu sein, und darum Jesu Offenbarung ablehnt, bleibt in der Finsternis, die nun zur schuldhaften Sünde wird.

bei ihm waren, und fragten ihn: Sind wir denn auch blind? [41]Jesus sprach zu ihnen: Wärt ihr blind, so hättet ihr keine Sünde; weil ihr aber sagt: Wir sind sehend, bleibt eure Sünde.

Der gute Hirte

Der Abschnitt 10,1–18 unterbricht den Zusammenhang zwischen 9,1–41 und 10,19–21. Er enthält neben 15,1–17 das einzig ausgeführte Gleichnis (V. 1–5) des Joh, das in V. 7–18 interpretiert wird. Das Verständnis wird dadurch erschwert, daß das sich mit Hes 34,2ff. berührende Bild von der Herde und dem Hirten in unterschiedlicher Weise ausgedeutet wird; denn es wird nicht nur auf das Verhältnis von Hirt und Herde eingegangen, sondern auch auf das von wahrem und falschem Hirten und das von eigenen und anderen Schafen. Damit werden hier verschieden Ziele verfolgt: Einerseits soll die enge Zusammengehörigkeit von Jesus als »dem Hirten« mit seiner Gemeinde als »seinen Schafen« betont werden. Andrerseits soll die Gemeinde vor »Dieben und Räubern«, »Fremden« und »falschen Hirten« gewarnt werden; denn »Leben« gibt es nur bei Jesus als dem »guten Hirten«. Außerdem soll die Bestimmung der Gemeinde, EINE Kirche aus Juden und Heiden zu sein, hervorgehoben werden. Wie in Hes 34 dient auch hier das Bild von Hirt und Herde zur Umschreibung des Verhältnisses, in dem Gott zu seinem Volk steht.

10 Wahrlich, wahrlich, ich sage euch: Wer nicht zur Tür hineingeht in den Schafstall, sondern steigt anderswo hinein, der ist ein Dieb und ein Räuber. [2]Der aber zur Tür hineingeht, der ist der Hirte der Schafe. [3]Dem macht der Türhüter auf, und die Schafe hören seine Stimme; und er ruft seine Schafe mit Namen und führt sie hinaus. [4]Und wenn er alle seine Schafe hinausgelassen hat, geht er vor ihnen her, und die Schafe folgen ihm nach; denn sie kennen seine Stimme. [5]Einem Fremden aber folgen sie nicht nach, sondern fliehen vor ihm; denn sie kennen die Stimme der Fremden nicht. [6]Dies Gleichnis sagte Jesus zu ihnen; sie verstanden aber nicht, was er ihnen damit sagte.

[7]Da sprach Jesus wieder: Wahrlich, wahrlich, ich sage euch: Ich bin die Tür zu den Schafen. [8]Alle, die vor mir gekommen sind, die sind Diebe und Räuber; aber die Schafe haben ihnen nicht gehorcht. [9]*Ich bin die Tür; wenn jemand durch mich hineingeht, wird er selig werden* und wird ein- und ausgehen und Weide finden. [10]Ein Dieb kommt nur, um zu stehlen, zu schlachten und umzubringen. Ich bin gekommen, damit sie das Leben und volle Genüge haben sollen.

[11]*Ich bin der gute Hirte. Der gute Hirte läßt sein Leben für die Schafe.* [12]Der Mietling aber, der nicht Hirte ist, dem die Schafe nicht gehören, sieht den Wolf kommen und verläßt die Schafe und flieht – und der Wolf stürzt sich auf die Schafe und zerstreut sie –, [13]denn er ist ein Mietling und kümmert sich nicht um die Schafe. [14]*Ich bin der gute Hirte und kenne die Meinen, und die Meinen kennen mich,* [15]*wie mich mein Vater kennt, und ich kenne den Vater.* Und ich lasse mein Leben für die Schafe. [16]Und ich habe noch andere Schafe, die sind nicht aus diesem Stall; auch sie muß ich herführen,

Da sich Gott nach dem Joh ausschließlich in Jesus Christus offenbart, erscheint Jesus hier als der göttliche Hirte. Dementsprechend ist das Gottesvolk ausschließlich die christliche Gemeinde. Die Frage nach dem Verhältnis dieses Gottesvolks zu dem jüdischen Volk als dem Gottesvolk des AT steht im Joh nicht mehr zur Debatte. Als der einzige rechtmäßige Herr sammelt Jesus die Seinen und geht ihnen auf dem Weg zum Vater voran (vgl. 12,32). – In V. 7–10 wird die Tür von V. 1 f. auf Jesus gedeutet: Er ist die Tür zu den Schafen; denn nur er ist von Gott dazu legitimiert, die Gemeinde zu leiten. Er ist aber zugleich die Tür für die Schafe; denn nur wer durch diese Tür geht, d. h. ihm folgt, bekommt Zugang zur Himmelswelt. Jesus als der wahre Heilsbringer steht also in schroffem Gegensatz zu allen »Heilanden«. Diese sind nicht von Gott legitimiert, können darum nicht Leben gewähren, sondern bringen Zerstreuung und Tod. Jesu Einzigartigkeit gründet in seiner ewigen Gemeinschaft mit dem Vater. Darum kann er als Einziger den Seinen wirklich Anteil an der durch die Liebe bestimmten Gotteswelt geben. Als »guter Hirte« hat er sich durch die freiwillige Liebestat der Hingabe seines Lebens für die Seinen (vgl. 15,13) erwiesen. In V. 16 findet sich eine Ausdeutung des »Schafstalls« von V. 1 auf die aus dem

und sie werden meine Stimme hören, und es wird *eine* Herde und *ein* Hirte werden. [17]Darum liebt mich mein Vater, weil ich mein Leben lasse, daß ich's wiedernehme. [18]Niemand nimmt es von mir, sondern ich selber lasse es. Ich habe Macht, es zu lassen, und habe Macht, es wiederzunehmen. Dies Gebot habe ich empfangen von meinem Vater.

[19]Da entstand abermals Zwietracht unter den Juden wegen dieser Worte. [20]Viele unter ihnen sprachen: Er hat einen bösen Geist und ist von Sinnen; was hört ihr ihm zu? [21]Andere sprachen: Das sind nicht Worte eines Besessenen; kann denn ein böser Geist die Augen der Blinden auftun?

[22]Es war damals das Fest der Tempelweihe in Jerusalem, und es war Winter. [23]Und Jesus ging umher im Tempel in der Halle Salomos. [24]Da umringten ihn die Juden und sprachen zu ihm: Wie lange hältst du uns im Ungewissen? Bist du der Christus, so sage es frei heraus. [25]Jesus antwortete ihnen: Ich habe es euch gesagt, und ihr glaubt nicht. Die Werke, die ich tue in meines Vaters Namen, die zeugen von mir. [26]Aber ihr glaubt nicht, denn ihr seid nicht von meinen Schafen. [27]*Meine Schafe hören meine Stimme, und ich kenne sie, und sie folgen mir;* [28]*und ich gebe ihnen das ewige Leben, und sie werden nimmermehr umkommen, und niemand wird sie aus meiner Hand reißen.* [29]Mein Vater, der mir sie gegeben hat, ist größer als alles, und niemand kann sie aus des Vaters Hand reißen. [30]*Ich und der Vater sind eins.*

Der Vorwurf der Gotteslästerung

[31]Da hoben die Juden abermals Steine auf, um ihn zu steinigen. [32]Jesus sprach zu ihnen: Viele gute Werke habe ich euch erzeigt vom Vater; um welches dieser Werke willen wollt ihr mich steinigen? [33]Die Juden antworteten ihm und sprachen: Um eines guten Werkes willen steinigen wir dich nicht, sondern um der Gotteslästerung willen, denn du bist ein Mensch und machst dich selbst zu Gott. [34]Jesus antwortete ihnen: Steht nicht geschrieben in eurem Gesetz (Psalm 82,6): »Ich habe gesagt: Ihr seid Götter«? [35]Wenn er *die* Götter nennt, zu denen das Wort Gottes geschah, – und die Schrift kann doch nicht gebrochen werden –, [36]wie sagt ihr dann zu dem, den der Vater geheiligt und in die Welt gesandt hat: Du lästerst Gott –, weil ich sage: Ich bin Gottes Sohn? [37]Tue ich nicht die Werke meines Vaters, so glaubt mir nicht; [38]tue ich sie aber, so glaubt doch den Werken, wenn ihr mir nicht glauben wollt, damit ihr erkennt und wißt, daß der Vater in mir ist und ich in ihm. [39]Da suchten sie abermals, ihn zu ergreifen. Aber er entging ihren Händen.

Judentum stammenden Gläubigen. Mit den »anderen Schafen« sind dann die Heidenchristen gemeint (vgl. 11,52; 17,20). Das Ziel des göttlichen Heilsgeschehens ist demnach die EINE Kirche aus Juden und Heiden unter Jesus Christus als dem EINEN Hirten (vgl. Eph 2,11–22).
Diese Verse bilden den Abschluß von Kap. 9 und verdeutlichen die allgemeine Ratlosigkeit angesichts von Jesu Wirken. Gegen Jesus wird der Vorwurf der Besessenheit wie in 7,20 erhoben.
In diesem Streitgespräch mit den Juden (V. 24–39) geht es wieder um die Frage der Rechtmäßigkeit von Jesu Anspruch, Gottgesandter zu sein. Wie in 5,31 ff. verweist Jesus abermals auf seine Werke, die seine Einheit mit dem Vater bezeugen. Für die Gemeinde, die auf seine Stimme hört, wirkt sich dieses Zeugnis zum Leben aus, für die ungläubigen Juden dagegen als Gericht. In V. 26 wird die bleibende Gültigkeit von Israels Erwählung bestritten (anders Rö 11,26–29). V. 30 enthält die zentrale Aussage des joh. Christusverständnisses: Vater und Sohn gehören untrennbar zusammen und verkörpern darin das Wesen der himmlischen Welt als Liebe und Leben (vgl. die Einl.). Dieser Anspruch Jesu bedeutet für Juden Gotteslästerung (V. 33; vgl. 5,18; 19,7), die nach 3Mo 24,16 mit Steinigung zu bestrafen ist (vgl. V. 31). V. 34–36 sollen Jesu Anspruch von der Schrift her rechtfertigen: Wenn nach Ps 82,6 Menschen »Götter« genannt werden, dann gibt es keinen berechtigten Grund, Jesu Gottessohnschaft zu bestreiten und als Gotteslästerung zu diffamieren. Diese wenig überzeugende Argumentation mit Hilfe von Schriftstellen spiegelt die Auseinandersetzungen zwischen der joh. Gemeinde und dem Judentum wider. – V. 40–42 leiten zu 11,1 ff. über; denn der Taufort des Täufers ist nach 1,28 Betanien. V. 41 dient wiederum der Unterordnung des Täufers unter Jesus (vgl. 1,7 f.15.19 ff.; 3,28.30): Nur als Hinweis auf Jesus, der allein »Zeichen« tun kann, hat der Täufer Bedeutung.

[40]Dann ging er wieder fort auf die andere Seite des Jordans an den Ort, wo Johannes zuvor getauft hatte, und blieb dort. [41]Und viele kamen zu ihm und sprachen: Johannes hat kein Zeichen getan; aber alles, was Johannes von diesem gesagt hat, das ist wahr. [42]Und es glaubten dort viele an ihn.

Mit dem Tempelweihfest (V. 22) ist das Chanukka- oder Lichterfest gemeint, das 2 ½ Monate nach dem Laubhüttenfest z. Z. der Wintersonnenwende mit brennenden Kerzen und Lichtern feierlich begangen wird. Es soll an die 165 v. Chr. erfolgte Wiedereinweihung des Jerusalemer Tempels nach den Kämpfen der Makkabäerzeit (vgl. 1Mkk 4,36ff.; 2Mkk 10,1ff.) erinnern und wird 8 Tage lang gefeiert. Die Halle Salomos befand sich auf der Ostseite des äußeren Tempelvorhofs.

Die Auferweckung des Lazarus

Als Höhepunkt der bisher berichteten 6 »Zeichen« offenbart sich jetzt Jesus in dem siebenten und größten Wunder durch die Auferweckung des Lazarus als »das Leben« für die Welt (vgl. 1,4; 5,26; 6,57). Dabei soll diese Totenerweckung, wie V. 4 zeigt (vgl. 9,3), über sich hinaus auf Jesu eigenen Tod und eigene Erhöhung weisen, in denen sich die Verherrlichung des Vaters und des Sohnes und damit das Heil ereignet (vgl. 12,23; 13,31f.; 17,1ff.). Bezeichnenderweise folgt deshalb auf das Lazarus-Wunder der Beschluß zur Tötung Jesu (V. 47–54) als Antwort des Hohen Rats auf Jesu lebenschaffende Tat. Die Gegensätze treten hier besonders scharf in Erscheinung, so daß Kap. 11 geradezu eine Schlüsselposition im Joh einnimmt. Der Kampf der Finsternis gegen das Licht, der Todesmächte gegen den Spender des Lebens, nähert sich seinem Höhepunkt.

11 Es lag aber einer krank, Lazarus aus Betanien, dem Dorf Marias und ihrer Schwester Marta. [2]Maria aber war es, die den Herrn mit Salböl gesalbt und seine Füße mit ihrem Haar getrocknet hatte. Deren Bruder Lazarus war krank. [3]Da sandten die Schwestern zu Jesus und ließen ihm sagen: Herr, siehe, der, den du lieb hast, liegt krank. [4]Als Jesus das hörte, sprach er: Diese Krankheit ist nicht zum Tode, sondern zur Verherrlichung Gottes, damit der Sohn Gottes dadurch verherrlicht werde. [5]Jesus aber hatte Marta lieb und ihre Schwester und Lazarus. [6]Als er nun hörte, daß er krank war, blieb er noch zwei Tage an dem Ort, wo er war; [7]danach spricht er zu seinen Jüngern: Laßt uns wieder nach Judäa ziehen! [8]Seine Jünger aber sprachen zu ihm: Meister, eben noch wollten die Juden dich steinigen, und du willst wieder dorthin ziehen? [9]Jesus antwortete: Hat nicht der Tag zwölf Stunden? Wer bei Tag umhergeht, der stößt sich nicht; denn er sieht das Licht dieser Welt. [10]Wer aber bei Nacht umhergeht, der stößt sich; denn es ist kein Licht in ihm.

[11]Das sagte er, und danach spricht er zu ihnen: Lazarus, unser Freund, schläft, aber ich gehe hin, ihn aufzuwecken. [12]Da sprachen seine Jünger: Herr, wenn er schläft, wird's besser mit ihm. [13]Jesus aber sprach von seinem Tode; sie meinten aber, er rede vom leiblichen Schlaf. [14]Da sagte es ihnen Jesus frei heraus: Lazarus ist gestorben; [15]und ich bin

Joh hat diese Wundergeschichte, die sich an einigen Punkten mit synoptischen Totenauferweckungen berührt (zu V. 1.3.17.33–44 vgl. Mk 5,22–24.35–43; Lk 7,11–17), aus der Semeiaquelle übernommen (vgl. die Einl.). Er versteht sie als Veranschaulichung von Jesu Sieg über den Tod am Kreuz (vgl. V. 4.25–27). Das Wunder wird vorbereitet durch die Situationsangabe (V. 1–5), durch die Gespräche Jesu mit den Jüngern (V. 6–16) und mit Marta (V. 17–27) und durch Jesu Begegnung mit Maria (V. 28–32). – Der Name Lazarus (= El-azar) bedeutet: Gott hilft. Betanien liegt etwa 3 km von Jerusalem entfernt. V. 2 weist auf die 12,3 berichtete Salbung Jesu durch Maria hin. V. 11–13 enthalten ein joh. Mißverständnis: Die Jünger mißverstehen Jesu Rede vom »Schlaf«, die den Tod des Lazarus umschreibt (zu V. 13c vgl. 1Th 4,13; 1Ko 15,6.20). Zu Thomas vgl. 14,5; 20,24–28; 21,2. V. 15 zeigt, daß die Wunder im Joh weniger der Beseitigung konkreter Not dienen, als vielmehr Aufruf zum Glauben an den von Gott gesandten Offenbarer sein

froh um euretwillen, daß ich nicht dagewesen bin, damit ihr glaubt. Aber laßt uns zu ihm gehen! [16]Da sprach Thomas, der Zwilling genannt wird, zu den Jüngern: Laßt uns mit ihm gehen, daß wir mit ihm sterben!

[17]Als Jesus kam, fand er Lazarus schon vier Tage im Grabe liegen. [18]Betanien aber war nahe bei Jerusalem, etwa eine halbe Stunde entfernt. [19]Und viele Juden waren zu Marta und Maria gekommen, sie zu trösten wegen ihres Bruders.

[20]Als Marta nun hörte, daß Jesus kommt, geht sie ihm entgegen; Maria aber blieb daheim sitzen. [21]Da sprach Marta zu Jesus: Herr, wärst du hier gewesen, mein Bruder wäre nicht gestorben. [22]Aber auch jetzt weiß ich: Was du bittest von Gott, das wird dir Gott geben. [23]Jesus spricht zu ihr: Dein Bruder wird auferstehen. [24]Marta spricht zu ihm: Ich weiß wohl, daß er auferstehen wird – bei der Auferstehung am Jüngsten Tage. [25]Jesus spricht zu ihr: *Ich bin die Auferstehung und das Leben. Wer an mich glaubt, der wird leben, auch wenn er stirbt;* [26]*und wer da lebt und glaubt an mich, der wird nimmermehr sterben.* Glaubst du das? [27]Sie spricht zu ihm: Ja, Herr, ich glaube, daß du der Christus bist, der Sohn Gottes, der in die Welt gekommen ist.

[28]Und als sie das gesagt hatte, ging sie hin und rief ihre Schwester Maria heimlich und sprach zu ihr: Der Meister ist da und ruft dich. [29]Als Maria das hörte, stand sie eilend auf und kam zu ihm. [30]Jesus aber war noch nicht in das Dorf gekommen, sondern war noch dort, wo ihm Marta begegnet war. [31]Als die Juden, die bei ihr im Hause waren und sie trösteten, sahen, daß Maria eilend aufstand und hinausging, folgten sie ihr, weil sie dachten: Sie geht zum Grab, um dort zu weinen.

[32]Als nun Maria dahin kam, wo Jesus war, und sah ihn, fiel sie ihm zu Füßen und sprach zu ihm: Herr, wärst du hier gewesen, mein Bruder wäre nicht gestorben. [33]Als Jesus sah, wie sie weinte und wie auch die Juden weinten, die mit ihr gekommen waren, ergrimmte er im Geist und wurde sehr betrübt [34]und sprach: Wo habt ihr ihn hingelegt? Sie antworteten ihm: Herr, komm und sieh es! [35]Und Jesus gingen die Augen über. [36]Da sprachen die Juden: Siehe, wie hat er ihn lieb gehabt! [37]Einige aber unter ihnen sprachen: Er hat dem Blinden die Augen aufgetan; konnte er nicht auch machen, daß dieser nicht sterben mußte? [38]Da ergrimmte Jesus abermals und kam zum Grab. Es war aber eine Höhle, und ein Stein lag davor. [39]Jesus sprach: Hebt den Stein weg! Spricht zu ihm Marta, die Schwester des Verstorbenen: Herr, er stinkt schon; denn er liegt seit vier Tagen. [40]Jesus spricht zu ihr: Habe ich dir nicht gesagt: Wenn du glaubst, wirst du die Herrlichkeit Gottes sehen?

wollen. Die »4 Tage« (V. 17) wollen die Größe des Wunders andeuten; denn nach jüdischer Vorstellung verläßt die Seele nach 3 Tagen endgültig den toten Leib. – V. 21 f. schildern Martas Glauben: Wo Jesus ist, hat der Tod keine Macht; was Jesus bittet, findet Erhörung bei Gott (vgl. V. 41 f.); denn durch ihn wirkt der lebendige, lebenschaffende Gott (vgl. 5,21.26). In V. 23 ff. begegnet wieder ein joh. Mißverständnis: Marta bezieht Jesu Ansage im traditionell jüdischen und urchristlichen Sinn auf die noch ausstehende Totenauferweckung am Ende der Tage (vgl. Lk 14,14; Apg 24,15 u. ö.). Demgegenüber will Joh verdeutlichen, daß die Glaubenden durch Jesus schon heute des Lebens und der Auferweckung teilhaftig werden. Dieser Glaube wird zwar durch das Wunder der Auferweckung des Lazarus veranschaulicht, weist aber darüber hinaus; denn für den Glaubenden ist der leibliche Tod bedeutungslos (vgl. 5,24; 8,51; 1Jh 3,14). Insofern macht sich hier eine gewisse Spannung zwischen der Wundergeschichte und ihrer Deutung durch Joh bemerkbar. – Die Begegnung Jesu mit Maria (V. 28–33) leitet zum Zusammentreffen Jesu mit »den Juden« am Grab des Lazarus über. Dieses Grab befand sich nach V. 38 in einer Höhle, zu der ein Stollen hinabführte, der nach außen mit einem Stein verschlossen war. Jesu Zorn richtet sich auf den Unglauben der Weinenden (V. 33.38; vgl. Mk 1,43; 9,19); denn wer den Tod als eine unabänderliche Tatsache hinnimmt und vor ihm resigniert, verachtet Jesus. Weil der Unglaube nur die Macht des Todes sieht, kann er die Herrlichkeit Gottes (V. 40) nicht erblicken. Die ganze Wundergeschichte will aber eine einzige Aufforderung zum Glauben (V. 15.26 f.40.42), zum Schauen auf den Lebensbringer Jesus sein, dessen göttliche Herrlichkeit gerade angesichts des Grauens von Tod und Vergehen (V. 35.39) besonders hell aufleuchtet. Deshalb haben wir hier das größte der 7 Zeichen vor uns, die Jesu Herrlichkeit, seine Einheit mit dem Vater, offenbaren wollen (vgl. 2,11). Jesu Wundertaten stehen darum im Dienst der Verherrlichung Gottes.

[41] Da hoben sie den Stein weg. Jesus aber hob seine Augen auf und sprach: Vater, ich danke dir, daß du mich erhört hast. [42] Ich weiß, daß du mich allezeit hörst; aber um des Volkes willen, das umhersteht, sage ich's, damit sie glauben, daß du mich gesandt hast. [43] Als er das gesagt hatte, rief er mit lauter Stimme: Lazarus, komm heraus! [44] Und der Verstorbene kam heraus, gebunden mit Grabtüchern an Füßen und Händen, und sein Gesicht war verhüllt mit einem Schweißtuch. Jesus spricht zu ihnen: Löst die Binden und laßt ihn gehen! [45] Viele nun von den Juden, die zu Maria gekommen waren und sahen, was Jesus tat, glaubten an ihn.

Der Entschluß zur Tötung Jesu

[46] Einige aber von ihnen gingen hin zu den Pharisäern und sagten ihnen, was Jesus getan hatte. [47] Da versammelten die Hohenpriester und die Pharisäer den Hohen Rat und sprachen: Was tun wir? Dieser Mensch tut viele Zeichen. [48] Lassen wir ihn so, dann werden sie alle an ihn glauben, und dann kommen die Römer und nehmen uns Land und Leute. [49] Einer aber von ihnen, Kaiphas, der in dem Jahr Hoherpriester war, sprach zu ihnen: Ihr wißt nichts; [50] ihr bedenkt auch nicht: Es ist besser für euch, ein Mensch sterbe für das Volk, als daß das ganze Volk verderbe. [51] Das sagte er aber nicht von sich aus, sondern weil er in dem Jahr Hoherpriester war, weissagte er. Denn Jesus sollte sterben für das Volk, [52] und nicht für das Volk allein, sondern auch, um die verstreuten Kinder Gottes zusammenzubringen. [53] Von dem Tage an war es für sie beschlossen, daß sie ihn töteten. [54] Jesus aber ging nicht mehr frei umher unter den Juden, sondern ging von dort weg in eine Gegend nahe der Wüste, in eine Stadt mit Namen Ephraim, und blieb dort mit den Jüngern.

[55] Es war aber nahe das Passafest der Juden; und viele aus der Gegend gingen hinauf nach Jerusalem vor dem Fest, daß sie sich reinigten. [56] Da fragten sie nach Jesus und redeten miteinander, als sie im Tempel standen: Was meint ihr? Er wird doch nicht zum Fest kommen? [57] Die Hohenpriester und Pharisäer aber hatten Befehl gegeben: Wenn jemand weiß, wo er ist, soll er's anzeigen, damit sie ihn ergreifen könnten.

Auch das Wunder der Auferwekkung des Lazarus führt zu einer Scheidung im Volk: Viele kommen zum Glauben (V. 45), laufen Jesus nach (12,9) und jubeln ihm als Messias zu (12,13), so daß der Hohe Rat ein Eingreifen der Römer wegen messianischer Zusammenrottung befürchtet (V. 48; 12,19). Einige aber gehen zu Jesu Feinden, die daraufhin eine Ratssitzung einberufen. – V. 47f. stellen den Beginn der joh. Passionsgeschichte dar (vgl. Mk 14,1f.Parr). Ebenfalls wird nur im Joh (vgl. 18,13f. 24.28) und im Mt (vgl. 26,3.57) der Hohepriester Joseph Kaiphas (18–36/37 n.Chr.) im Passionsgeschehen erwähnt. Sein von politischen Nützlichkeitserwägungen bestimmter Rat (V. 50) wird in V. 51f. christlich interpretiert: Jesu Tod geschieht nicht nur zugunsten des jüdischen Volkes, sondern hat grundlegende Heilsbedeutung für die ganze Welt, indem er zur Sammlung einer weltweiten Kirche führt. – Um die für die Teilnahme am Passaopfer notwendige Reinheit zu erlangen, waren zahlreiche Zeremonien, Opfer und Waschungen erforderlich (vgl. 2Mo 19,10f.; 2Chr 30,17f.). V. 57 enthält eine joh. Sondertradition, die nirgends sonst nachweisbar ist.

Die Salbung in Betanien

(Mt 26,6-13; Mk 14,3-9)

Joh hat diese aus der synoptischen Tradition stammende Erzählung in V.1f. und V.9–11 mit der Lazarusgeschichte verknüpft. Zugleich zeigt sich eine Beeinflussung von Lk 7,38 (»Trocknen« der gesalbten Füße mit den Haaren!) und eine Ausgestaltung von Einzelzügen (V.3–6), die auf ein späteres Stadium der Überlieferung weisen. Eindeutiger als bei Mk und Mt ist Jesu Salbung hier auf seinen Tod ausgerichtet.

12 Sechs Tage vor dem Passafest kam Jesus nach Betanien, wo Lazarus war, den Jesus auferweckt hatte von den Toten. [2]Dort machten sie ihm ein Mahl, und Marta diente ihm; Lazarus aber war einer von denen, die mit ihm zu Tisch saßen. [3]Da nahm Maria ein Pfund Salböl von unverfälschter, kostbarer Narde und salbte die Füße Jesu und trocknete mit ihrem Haar seine Füße; das Haus aber wurde erfüllt vom Duft des Öls. [4]Da sprach einer seiner Jünger, Judas Iskariot, der ihn hernach verriet: [5]Warum ist dieses Öl nicht für dreihundert Silbergroschen verkauft worden und den Armen gegeben? [6]Das sagte er aber nicht, weil er nach den Armen fragte, sondern er war ein Dieb, denn er hatte den Geldbeutel und nahm an sich, was gegeben war. [7]Da sprach Jesus: Laß sie in Frieden! Es soll gelten für den Tag meines Begräbnisses. [8]Denn Arme habt ihr allezeit bei euch; mich aber habt ihr nicht allezeit.

[9]Da erfuhr eine große Menge der Juden, daß er dort war, und sie kamen nicht allein um Jesu willen, sondern um auch Lazarus zu sehen, den er von den Toten erweckt hatte. [10]Aber die Hohenpriester beschlossen, auch Lazarus zu töten; [11]denn um seinetwillen gingen viele Juden hin und glaubten an Jesus.

Wie V. 7 zeigt, gilt Jesu Salbung hier betont als Vorwegnahme der Einbalsamierung seines Leichnams. Durch die Einfügung von Namen (Maria in V. 3, anders Mk 14,3Parr, und Judas in V. 4, anders Mk 14,4: »einige«, Mt 26,8: »die Jünger«) mit entsprechenden Charakterisierungen (V. 6) ergibt sich ein scharfer Kontrast: Der Liebestat der dienenden, demütigen und gläubigen Maria steht das berechnende, habsüchtige und ungläubige Verhalten des Verräters Judas gegenüber (vgl. 6,64.70f.). An der Stellung zu Jesus scheiden sich also die Geister. Judas wird wie in Mt 26,15; 27,3ff. moralisch abgewertet. In V. 9 wird der Wunderglaube kritisiert, der mehr am Wunder als an der Person Jesu interessiert ist (vgl. 2,23; 4,48 u.ö.). In der auch auf Anhänger Jesu ausgedehnten Verfolgung (V. 10) spiegeln sich wahrscheinlich Erfahrungen der joh. Gemeinde wider (vgl. die Einl.).

Der Einzug in Jerusalem

(Mt 21,1-11; Mk 11,1-10; Lk 19,29-40)

[12]Als am nächsten Tag die große Menge, die aufs Fest gekommen war, hörte, daß Jesus nach Jerusalem käme, [13]nahmen sie Palmzweige und gingen hinaus ihm entgegen und riefen:

Hosianna!
Gelobt sei, der da kommt in dem Namen des Herrn,
der König von Israel!

[14]Jesus aber fand einen jungen Esel und ritt darauf, wie geschrieben steht (Sacharja 9,9):

[15]»Fürchte dich nicht, du Tochter Zion!
Siehe, dein König kommt
und reitet auf einem Eselsfüllen.«

[16]Das verstanden seine Jünger zuerst nicht; doch als Jesus verherrlicht war, da dachten sie daran, daß dies von ihm geschrieben stand und man so mit ihm getan hatte. [17]Das Volk aber, das bei ihm war, als er Lazarus aus dem Grabe rief und von den Toten auferweckte, rühmte die Tat. [18]Darum ging ihm auch die Menge entgegen, weil sie hörte, er habe dieses Zeichen getan. [19]Die Pharisäer aber sprachen untereinander: Ihr seht, daß ihr nichts ausrichtet; siehe, alle Welt läuft ihm nach.

Hier wird Jesu Einzug im Schema der Einholung des messianischen Königs geschildert: Die Menge geht ihm entgegen und bereitet ihm einen königlichen Empfang. Palmzweige gelten als Symbole für einen siegreichen Heerführer (vgl. 1Mkk 13,51). Der Hosianna-Ruf aus Ps 118,25f. wird auf Jesus bezogen, der offen als »König von Israel« (= Messias) ausgerufen wird. Um ein politisches Mißverständnis auszuschließen, wird Sach 9,9 zitiert: Das Reiten auf einem Esel charakterisiert den König als Friedefürst. Daß Jesu Königtum nichts mit politischer Gewalt zu tun hat (vgl. 18,36; Apg 1,6), haben die Jünger erst nach Jesu Kreuzigung (= Verherrlichung) begriffen (zu V. 16 vgl. 2,22; 14,26). V. 19b ist eine indirekte Weissagung (vgl. 11,50–52): Das Evangelium wird gerade dadurch, daß Jesus durch den Tod verherrlicht wird, weltweite Bedeutung erhalten.

Bevor sich Jesus ganz seinen Jüngern zuwendet (ab Kap. 13), bringt Joh eine Rede über den bevorstehenden Tod Jesu (V. 20–36; vgl. 3,1–21), die Anklänge an die erste Rede enthält, sowie einen Rückblick auf Jesu öffentliche Wirksamkeit (V. 37–50), indem verschiedene Traditionen verwendet werden. – Mit den »Griechen« (V. 20) sind wahrscheinlich »Gottesfürchtige« (vgl. zu Apg 10,1–48) aus Griechenland gemeint. Sie sind Heiden von Geburt, so daß sich jetzt 4,35; 12,19 erfüllen. Durch V. 24–26 wird einerseits auf 11,51 f. angespielt – für Heidenvölker gibt es Zugang zu Jesus nur durch seinen Tod, der um der Sammlung der weltweiten Kirche willen notwendig ist – andrerseits auch von Jüngern die Leidens- und Todesnachfolge gefordert (Zu V. 25 f. vgl. Mk 8,34 f.Parr). Jesu Gebet in Gethsemane (V. 27 f. vgl. Mk 14,32 ff.Parr) zielt nicht auf die Bewahrung vor Leiden, sondern auf den Erweis seiner Einheit mit dem Vater (vgl. 11,42). Die Himmelsstimme, die diese sich durch Jesus ereignende Verherrlichung Gottes bestätigt, wird vom Volk mißverstanden; denn nur der Glaube versteht Gott. V. 31 charakterisiert Jesu Tod als Herrschaftswechsel, als Entmachtung der finsteren Todesmacht (vgl. 8,44; 14,30; 16,11) und damit als Eröffnung des Zugangs zur göttlichen Lebenssphäre. – Unter »Gesetz« versteht Joh das AT in seiner Gesamtheit, wobei in V. 34 wahrscheinlich an Ps 89,37 gedacht ist.

Die Ankündigung der Verherrlichung

[20] Es waren aber einige Griechen unter denen, die heraufgekommen waren, um anzubeten auf dem Fest. [21] Die traten zu Philippus, der von Betsaida aus Galiläa war, und baten ihn und sprachen: Herr, wir wollten Jesus gerne sehen. [22] Philippus kommt und sagt es Andreas, und Philippus und Andreas sagen's Jesus weiter. [23] Jesus aber antwortete ihnen und sprach: Die Zeit ist gekommen, daß der Menschensohn verherrlicht werde. [24] Wahrlich, wahrlich, ich sage euch: *Wenn das Weizenkorn nicht in die Erde fällt und erstirbt, bleibt es allein; wenn es aber erstirbt, bringt es viel Frucht.* [25] *Wer sein Leben lieb hat, der wird's verlieren; und wer sein Leben auf dieser Welt haßt, der wird's erhalten zum ewigen Leben.* [26] *Wer mir dienen will, der folge mir nach; und wo ich bin, da soll mein Diener auch sein. Und wer mir dienen wird, den wird mein Vater ehren.*

[27] Jetzt ist meine Seele betrübt. Und was soll ich sagen? Vater, hilf mir aus dieser Stunde? Doch darum bin ich in diese Stunde gekommen. [28] Vater, verherrliche deinen Namen! Da kam eine Stimme vom Himmel: Ich habe ihn verherrlicht und will ihn abermals verherrlichen. [29] Da sprach das Volk, das dabeistand und zuhörte: Es hat gedonnert. Die andern sprachen: Ein Engel hat mit ihm geredet. [30] Jesus antwortete und sprach: Diese Stimme ist nicht um meinetwillen geschehen, sondern um euretwillen. [31] Jetzt ergeht das Gericht über diese Welt; nun wird der Fürst dieser Welt ausgestoßen werden. [32] *Und ich, wenn ich erhöht werde von der Erde, so will ich alle zu mir ziehen.* [33] Das sagte er aber, um anzuzeigen, welchen Todes er sterben würde.

[34] Da antwortete ihm das Volk: Wir haben aus dem Gesetz gehört, daß der Christus in Ewigkeit bleibt; wieso sagst du dann: Der Menschensohn muß erhöht werden? Wer ist dieser Menschensohn? [35] Da sprach Jesus zu ihnen: Es ist das Licht noch eine kleine Zeit bei euch. Wandelt, solange ihr das Licht habt, damit euch die Finsternis nicht überfalle. Wer in der Finsternis wandelt, der weiß nicht, wo er hingeht. [36] *Glaubt an das Licht, solange ihr's habt, damit ihr Kinder des Lichtes werdet.* Das redete Jesus und ging weg und verbarg sich vor ihnen.

V. 37–43 deuten den jüdischen Unglauben mit Hilfe von Prophetenworten: Gott selbst hat sein Volk verstockt (vgl. Mk 4,12Parr; Apg 28,26 f.; Rö 10,16). Damit soll weder das Volk entschuldigt noch der Leser des Evangeliums entmutigt werden (vgl. zu Mt 13,10–17). In Überein-

Der Unglaube des Volkes

[37] Und obwohl er solche Zeichen vor ihren Augen tat, glaubten sie doch nicht an ihn, [38] damit erfüllt werde der Spruch des Propheten Jesaja, den er sagte (Jesaja 53,1): »Herr, wer glaubt unserm Predigen? Und wem ist der Arm des Herrn offenbart?« [39] Darum konnten sie nicht glauben, denn Jesaja hat wiederum gesagt (Jesaja 6,9.10): [40] »Er hat ihre Augen verblendet und ihr Herz verstockt, damit sie

nicht etwa mit den Augen sehen und mit dem Herzen verstehen und sich bekehren, und ich ihnen helfe.« [41] Das hat Jesaja gesagt, weil er seine Herrlichkeit sah und redete von ihm. [42] Doch auch von den Oberen glaubten viele an ihn; aber um der Pharisäer willen bekannten sie es nicht, um nicht aus der Synagoge ausgestoßen zu werden. [43] Denn sie hatten lieber Ehre bei den Menschen als Ehre bei Gott.

[44] Jesus aber rief: Wer an mich glaubt, der glaubt nicht an mich, sondern an den, der mich gesandt hat. [45] Und wer mich sieht, der sieht den, der mich gesandt hat. [46] *Ich bin in die Welt gekommen als ein Licht, damit, wer an mich glaubt, nicht in der Finsternis bleibe.* [47] Und wer meine Worte hört und bewahrt sie nicht, den werde ich nicht richten; denn ich bin nicht gekommen, daß ich die Welt richte, sondern daß ich die Welt rette. [48] Wer mich verachtet und nimmt meine Worte nicht an, der hat schon seinen Richter: Das Wort, das ich geredet habe, das wird ihn richten am Jüngsten Tage. [49] Denn ich habe nicht aus mir selbst geredet, sondern der Vater, der mich gesandt hat, der hat mir ein Gebot gegeben, was ich tun und reden soll. [50] Und ich weiß: sein Gebot ist das ewige Leben. Darum: was ich rede, das rede ich so, wie es mir der Vater gesagt hat.

stimmung mit 9,39–41 und 3,19 soll vielmehr verdeutlicht werden, daß Jesus als das Wort eine Scheidung der Menschen wirkt, die mit der Entscheidung ihm gegenüber untrennbar zusammenhängt. Zu V. 41 vgl. 8,56: Für Joh weist das ganze AT auf Christus hin, der vom Uranfang an in Gottgleichheit existiert. Der in V. 42 erwähnte »Glaube« der Oberen ist in Wahrheit Unglaube (vgl. 5,43 f.) und erleichtert in keiner Weise das Schicksal der Gemeinde (vgl. 9,22; 16,2). – V. 44–50 bringen anschließend eine Wiederholung wichtiger Jesusaussagen des Joh, die angesichts von V. 37–43 hervorheben wollen: Das Ziel von Jesu Kommen ist nicht Verstockung, sondern Rettung; es ist Ruf zum Glauben an den Gott, der ihn als »Heiland der Welt« (4,42) gesandt hat. Wer sich diesem Ruf gegenüber verschließt, zieht sich selbst das Gericht zu, das hier – im Unterschied zu 3,18 – erst am »Jüngsten Tag« (zu V. 48 vgl. 6,39) erfolgen wird.

JESU OFFENBARUNG VOR SEINEN JÜNGERN (KAP. 13–20)

Mit Kap. 13 setzt der zweite Hauptteil des Joh ein, der Jesu Abschied von seinen Jüngern (Kap. 13–17), seinen Weggang aus dieser Welt (Passions- und Kreuzigungsgeschichte Kap. 18f.) und seine Heimkehr zum Vater (Ostergeschichte Kap. 20) schildert. Mit 20,30f. wird der Abschluß des Evangeliums erreicht. »Die Juden« als die typischen Gegner Jesu treten darum jetzt (mit Ausnahme der Kap. 18f.) zurück, der Blick richtet sich auf die Situation nach Jesu Tod und damit auf die Gemeinde. Die nach 3,16 der Welt zugewandte Liebe Gottes, die aber Unglauben hervorrief und darum zum Gericht führte, wirkt den Glauben der Seinen und vollendet sich in der Bruderschaft der Gemeinde. Der zweite Hauptteil des Joh steht darum in engstem Zusammenhang mit dem ersten und bringt die Erfüllung des in Kap. 1–12 Gesagten; denn jetzt ereignet sich »die Stunde« seines Heilstodes (13,1; vgl. 12,23.27), die schon 7,6.30 angekündigt war. Jetzt kommt das Todespassa (13,1; 19,14), auf das 11,55; 12,1 hingewiesen wurde.

Die Fußwaschung

13 Vor dem Passafest aber erkannte Jesus, daß seine Stunde gekommen war, daß er aus dieser Welt ginge zum Vater; und wie er die Seinen geliebt hatte, die in der Welt waren, so liebte er sie bis ans Ende. [2] Und beim Abendessen, als schon der Teufel dem Judas, Simons Sohn, dem Iskariot, ins Herz gegeben hatte, ihn zu verraten, [3] Jesus aber wußte, daß ihm der Vater alles in seine Hände gegeben hatte und daß er von Gott gekommen war und zu Gott ging, [4] da stand er vom Mahl auf, legte sein Obergewand ab und nahm einen Schurz und umgürtete sich. [5] Danach goß er Wasser in ein Becken, fing an, den Jüngern die Füße zu

Die eigentliche Fußwaschungsszene umfaßt V. 2 a.4 f. Die Judasaussagen in V. 2 b.10 c.11.18 zerreißen den Zusammenhang und finden ihre Fortsetzung in V. 21 c.22. V. 1 und 3 enthalten Hoheitsaussagen (vgl. 3,35; 10,29). V. 6–10 a bringen die erste Deutung: Die Fußwaschung entfaltet zeichenhaft Jesu Dienst der Hingabe ans Kreuz zur Rettung der Seinen. Diesen symbolischen Heilssinn der Fußwaschung versteht Petrus nicht. Mit »hernach« (V. 7) wird auf

waschen, und trocknete sie mit dem Schurz, mit dem er umgürtet war. [6]Da kam er zu Simon Petrus; der sprach zu ihm: Herr, solltest du mir die Füße waschen? [7]Jesus antwortete und sprach zu ihm: Was ich tue, das verstehst du jetzt nicht; du wirst es aber hernach erfahren. [8]Da sprach Petrus zu ihm: Nimmermehr sollst du mir die Füße waschen! Jesus antwortete ihm: Wenn ich dich nicht wasche, so hast du kein Teil an mir. [9]Spricht zu ihm Simon Petrus: Herr, nicht die Füße allein, sondern auch die Hände und das Haupt! [10]Spricht Jesus zu ihm: Wer gewaschen ist, bedarf nichts, als daß ihm die Füße gewaschen werden; denn er ist ganz rein. Und ihr seid rein, aber nicht alle. [11]Denn er kannte seinen Verräter; darum sprach er: Ihr seid nicht alle rein.

[12]Als er nun ihre Füße gewaschen hatte, nahm er seine Kleider und setzte sich wieder nieder und sprach zu ihnen: Wißt ihr, was ich euch getan habe? [13]Ihr nennt mich Meister und Herr und sagt es mit Recht, denn ich bin's auch. [14]Wenn nun ich, euer Herr und Meister, euch die Füße gewaschen habe, so sollt auch ihr euch untereinander die Füße waschen. [15]*Ein Beispiel habe ich euch gegeben, damit ihr tut, wie ich euch getan habe.* [16]Wahrlich, wahrlich, ich sage euch: Der Knecht ist nicht größer als sein Herr und der Apostel nicht größer als der, der ihn gesandt hat. [17]Wenn ihr dies wißt – selig seid ihr, wenn ihr's tut.

[18]Das sage ich nicht von euch allen; ich weiß, welche ich erwählt habe. Aber es muß die Schrift erfüllt werden (Psalm 41,10): »Der mein Brot ißt, tritt mich mit Füßen.« [19]Jetzt sage ich's euch, ehe es geschieht, damit ihr, wenn es geschehen ist, glaubt, daß ich es bin. [20]Wahrlich, wahrlich, ich sage euch: Wer jemanden aufnimmt, den ich senden werde, der nimmt mich auf; wer aber mich aufnimmt, der nimmt den auf, der mich gesandt hat.

die Zeit nach Jesu Verherrlichung (vgl. 2,22; 14,26) hingewiesen. »Teil« an Jesus (V. 8) gibt es nur für den, der Jesu Heilsbedeutung im Glauben bejaht und sich Jesu Wirken nicht widersetzt. Die Reinheit als Folge dieses Wirkens ist also die Frucht von Jesu Kreuzestod, der keiner Ergänzung bedarf; denn V. 10 lautet nach einer alten Textform: »Wer gebadet ist, braucht sich nicht zu waschen; denn er ist ganz rein«. Die von Luther benutzte Textform ist in sich widersprüchlich. Das »ganz rein« besagt doch, daß keine weiteren Ergänzungen nötig sind. – In der zweiten Deutung der Fußwaschung (V. 12–17) ist Jesu Tun Vorbild für das demütige Dienen der Jünger untereinander (vgl. Lk 22,26 f.) und zielt somit auf die Erfüllung des Gebotes der Bruderliebe. Beide Deutungen zusammen bringen zum Ausdruck: Der Jünger soll nicht nur Empfangender im Glauben, sondern auch Wirkender in der Liebe sein. Wer Jesu Dienst erfahren hat, ist damit zum Dienen gerufen (vgl. Mt 18,21–35). – V. 16 berührt sich mit Mt 10,24; Lk 6,40 und steht in Spannung zu 15,15. Das Ärgernis des Judasverrats wird in V. 18 mit Hilfe des Gedankens der Erfüllung einer atl. Weissagung und in V. 19 mit dem Hinweis auf Jesu Vorauswissen als sinnvoll zu erweisen versucht, so daß die Jünger »dann«, wenn der Verrat geschieht, nicht im Glauben irre werden. Zu V. 20 vgl. Mt 10,40.

Jesus und der Verräter

(Mt 26,21-25; Mk 14,18-21; Lk 22,21-23)

[21]Als Jesus das gesagt hatte, wurde er betrübt im Geist und bezeugte und sprach: Wahrlich, wahrlich, ich sage euch: Einer unter euch wird mich verraten. [22]Da sahen sich die Jünger untereinander an, und ihnen wurde bange, von wem er wohl redete. [23]Es war aber einer unter seinen Jüngern, den Jesus lieb hatte, der lag bei Tisch an der Brust Jesu. [24]Dem winkte Simon Petrus, daß er fragen sollte, wer es wäre, von dem er redete. [25]Da lehnte der sich an die Brust Jesu und fragte ihn: Herr, wer ist's? [26]Jesus antwortete: Der ist's, dem ich den Bissen eintauche und gebe. Und er nahm den Bissen, tauchte ihn ein und gab ihn Judas, dem Sohn des Simon Iskariot. [27]Und als der den Bissen nahm, fuhr der Satan in ihn. Da sprach Jesus zu ihm: Was du tust, das

Die aus Mk 14,18–21Parr stammende Tradition wurde von Joh zu einer kunstvollen Komposition verarbeitet. Der Verräter als abschreckendes Beispiel und der Lieblingsjünger als Beispiel des wahren Gläubigen stehen sich gegenüber. Insofern wird hier der Gemeinde ein Spiegel vorgehalten, der sie auf die Gefahr des Unglaubens in ihrer Mitte weist (vgl. 20,2) – In V. 28 f. liegt ein joh. Mißverständnis vor: Die Jünger verstehen noch nicht, daß der Verrat dazu dient, Jesu »Stunde« der Verherrlichung herbeizuführen (vgl. 7,39). Jesu göttliche Überlegenheit leuchtet in der Bejahung des ihm vom Vater

tue bald! [28]Aber niemand am Tisch wußte, wozu er ihm das sagte. [29]Einige meinten, weil Judas den Beutel hatte, spräche Jesus zu ihm: Kaufe, was wir zum Fest nötig haben!, oder daß er den Armen etwas geben sollte. [30]Als er nun den Bissen genommen hatte, ging er alsbald hinaus. Und es war Nacht.

bestimmten Todeswegs auf. Judas dagegen verfällt durch den Verrat der »Nacht«, d. h. dem Bereich der Finsternis und wird deshalb von der entscheidenden Offenbarung der Herrlichkeit Jesu vor den Seinen ausgeschlossen.

Der erstmalig hier erwähnte Lieblingsjünger steht in demselben Verhältnis zu Jesus wie dieser zu seinem Vater (vgl. 1,18). Er wird sogar dem Petrus (zu V. 24 vgl. 20,2ff.) und Jesu Mutter (vgl. 19,26f.) übergeordnet und in 20,8 als der erste Glaubende angesichts des leeren Grabes geschildert. Wahrscheinlich ist mit dem in 18,15f. erwähnten anderen Jünger auch der Lieblingsjünger gemeint (vgl. 13,23–25; 19,26f.; 20,2ff.; 21,7). In dem Nachtragskapitel 21 gilt er als der Verfasser des Joh (V. 24). Welche historische Person sich unter diesem Namen verbirgt, läßt sich nicht mehr erhellen. Wichtiger als die Frage nach der Persönlichkeit des Lieblingsjüngers ist die nach seiner Funktion: Er ist das Abbild wahrer Jüngerschaft, die in der innigsten Lebensgemeinschaft mit Jesus besteht, er verkörpert in seiner Person das Selbstverständnis der johanneischen Gemeinde.

Jesu Abschiedsreden (Kap. 13,31–16,33)

Die Abschiedsreden nehmen im Joh die Stelle ein, die in den 3 ersten Evangelien der synoptischen Apokalypse (Mk 13/Mt 24/Lk 21), einer Jüngerbelehrung über die Zukunft, zukommt. Aber Joh gibt keine Schilderung von bevorstehenden kosmischen Katastrophen und himmlischen Erscheinungen, sondern konzentriert alles auf den Abschied des Offenbarers von den Seinen. An diesem Punkt liegt eine Berührung mit Lk 22,24–38 vor; denn auch Lk bringt im Anschluß an das letzte Mahl eine Abschiedsrede in Form von Mahlgesprächen, in der wichtige Mahnungen für die Gemeinde zusammengestellt sind. Ebenso hat Joh die wichtigsten Jüngerbelehrungen, die um die Begriffe »Verherrlichen« (vgl. 13,31f.; 17,1–26), »Lieben« (vgl. 13,34f.; 15,1–17) und »Hingehen« (vgl. 13,33.36–38; 15,18–16,33; 14,1–31) kreisen, mit der Mahlsituation unmittelbar vor Jesu Tod verbunden und damit in ihrer Bedeutung unterstrichen: Die letzten Worte eines Sterbenden haben Testamentscharakter. Diese Abschiedsreden sind also Jesu bleibendes Vermächtnis an seine Gemeinde. – Die Zeitangabe in 13,1 zeigt, daß diese Belehrung am Tag vor dem Passa, also am 13. Nisan, erfolgte; denn Jesus wurde nach 18,28; 19,14.31.42 am 14. Nisan (vgl. die Einl.) zur Zeit der Schlachtung der Passalämmer gekreuzigt. Die in 13,1.23ff. erwähnte Mahlzeit ist also mit dem letzten Mahl Jesu von Mk 14,17ff.Parr identisch, unterscheidet sich aber dadurch grundsätzlich von ihr, daß Joh eine Einsetzung des Abendmahls nicht berichtet.

Auffällig ist, daß 14,31 seine direkte Fortsetzung erst in 18,1 findet, so daß Kap 15–17 als Einschub wirken. Hinzu kommt, daß 15,18–16,33 eine Art Verdopplung von Kap. 14 darstellt. Nur in diesen beiden Abschnitten finden sich die 5 Parakletsprüche (vgl. zu 14,15–31), die wahrscheinlich auf eine selbständige Überlieferung zurückgehen. 15,1–17 entfalten das Liebesgebot von 13,34f., das den Zusammenhang zwischen 13,31–33 und 13,36-38 unterbricht. Da aber auch 13,34f.; 15,1–17.18–16,33 und 17,1–26 nach Sprachform und Inhalt johanneisch sind, ist damit zu rechnen, daß diesen Abschnitten johanneisches Material aus der Feder des Evangelisten oder seiner Schüler zugrundeliegt, das bei der endgültigen Redaktion des Joh an dieser Stelle untergebracht wurde.

Die Verherrlichung und das neue Gebot

[31]Als Judas nun hinausgegangen war, spricht Jesus: Jetzt ist der Menschensohn verherrlicht, und Gott ist verherrlicht in ihm. [32]Ist Gott verherrlicht in ihm, so wird Gott ihn auch verherrlichen in sich und wird ihn bald verherrlichen. [33]Liebe Kinder, ich bin noch eine kleine Weile bei euch. Ihr werdet mich suchen. Und wie ich zu den Juden sagte, sage ich jetzt auch zu euch: Wo ich hingehe, da könnt ihr nicht hinkommen.

Die Verherrlichung Jesu, die mit der Verherrlichung des Vaters identisch ist (vgl. 5,23; 17,1ff.), beginnt mit dem Augenblick, als Judas hinausgeht, um Jesus in die Hände seiner Feinde auszuliefern. In der Hingabe des Sohnes für die Seinen am Kreuz wird die Liebe des Sohnes zum Vater und die Liebe des Vaters zur

Welt besonders eindrücklich verherrlicht (vgl. 15,13). Das bleibende Vermächtnis Jesu stellt darum das Liebesgebot dar. Es gilt als »neues Gebot«, weil es auf Jesu Liebestat als Grund bezogen ist, die in der Bruderliebe immer neu bezeugt wird.

[34]*Ein neues Gebot gebe ich euch, daß ihr euch untereinander liebt, wie ich euch geliebt habe, damit auch ihr einander lieb habt.* [35]*Daran wird jedermann erkennen, daß ihr meine Jünger seid, wenn ihr Liebe untereinander habt.*

Im Unterschied zu Mk 14,29 bis 31 Parr wird hier Petrus das Martyrium angekündigt (vgl. 21,18f.). Weil Jesu »Weggang« aus der Welt seinen »Heimgang« zum Vater durch den Tod meint, gibt es Anteilhabe an seiner Herrlichkeit nur durch den »später« (V. 36) – nach Jesu Erhöhung ans Kreuz – zu erfolgenden Wandel auf seinem Weg zum Vater durch den Tod (vgl. 14,6).

Die Ankündigung der Verleugnung des Petrus

(Mt 26,33-35; Mk 14,29-31; Lk 22,31-34)

[36]Spricht Simon Petrus zu ihm: Herr, wo gehst du hin? Jesus antwortete ihm: Wo ich hingehe, kannst du mir diesmal nicht folgen; aber du wirst mir später folgen. [37]Petrus spricht zu ihm: Herr, warum kann ich dir diesmal nicht folgen? Ich will mein Leben für dich lassen. [38]Jesus antwortete ihm: Du willst dein Leben für mich lassen? Wahrlich, wahrlich, ich sage dir: Der Hahn wird nicht krähen, bis du mich dreimal verleugnet hast.

In V. 1–17 wird das in 13,33.36 angeschnittene Motiv des Weggangs Jesu ausgeführt und in V. 1–14 mit dem Stichwort »Glauben« verbunden. Jesu Weggang wird einerseits als Bereitung einer himmlischen Heimat für die Gemeinde (vgl. 12,32; 17,24) und andrerseits als Verheißung seiner Wiederkunft interpretiert. Den Höhepunkt bildet V. 6f.: Der Glaube richtet sich auf Jesus, in dem allein Gott erkannt und Zugang zu ihm gefunden werden kann. Glaube heißt darum: In Jesu Reden und Tun Gott in seiner Lebensfülle erkennen, somit Tod und Gericht überwinden und des ewigen Lebens teilhaftig werden (vgl. 3,18ff.36; 5,24). Es geht hier also weder um Vertröstung auf ein Jenseits noch um die Verheißung einer direkten Gottesschau, sondern um die Zusage der bleibenden Heilsgegenwart Jesu in seinem Wort. Eine Gemeinde, die sich an dieses Lebenswort bindet (vgl. 6,68), wird in der Welt einen festen Stand haben – trotz aller Anfechtungen. Das Werk Jesu wird durch sie weitergehen und sogar zu »größeren Werken« (V. 12) führen: zur weltweiten Sammlung der Kinder Gottes, zur Verwirklichung ihrer Einheit mit dem Vater und dem Sohn in der Liebe und so zur Vollendung der Geschichte.

Jesus der Weg zum Vater

14 *Euer Herz erschrecke nicht! Glaubt an Gott und glaubt an mich!* [2]In meines Vaters Hause sind viele Wohnungen. Wenn's nicht so wäre, hätte ich dann zu euch gesagt: Ich gehe hin, euch die Stätte zu bereiten? [3]Und wenn ich hingehe, euch die Stätte zu bereiten, will ich wieder kommen und euch zu mir nehmen, damit ihr seid, wo ich bin. [4]Und wo ich hingehe, den Weg wißt ihr.

[5]Spricht zu ihm Thomas: Herr, wir wissen nicht, wo du hingehst; wie können wir den Weg wissen? [6]Jesus spricht zu ihm: *Ich bin der Weg und die Wahrheit und das Leben; niemand kommt zum Vater denn durch mich.* [7]Wenn ihr mich erkannt habt, so werdet ihr auch meinen Vater erkennen. Und von nun an kennt ihr ihn und habt ihn gesehen.

[8]Spricht zu ihm Philippus: Herr, zeige uns den Vater, und es genügt uns. [9]Jesus spricht zu ihm: So lange bin ich bei euch, und du kennst mich nicht, Philippus? *Wer mich sieht, der sieht den Vater!* Wie sprichst du dann: Zeige uns den Vater? [10]Glaubst du nicht, daß ich im Vater bin und der Vater in mir? Die Worte, die ich zu euch rede, die rede ich nicht von mir selbst aus. Und der Vater, der in mir wohnt, der tut seine Werke. [11]Glaubt mir, daß ich im Vater bin und der Vater in mir; wenn nicht, so glaubt mir doch um der Werke willen.

[12]Wahrlich, wahrlich, ich sage euch: Wer an mich glaubt, der wird die Werke auch tun, die ich tue, und er wird noch größere als diese tun; denn ich gehe zum Vater. [13]Und was ihr bitten werdet in meinem Namen, das will ich tun, damit der Vater verherrlicht werde im Sohn. [14]Was ihr mich bitten werdet in meinem Namen, das will ich tun.

Die Verheißung des heiligen Geistes

[15]Liebt ihr mich, so werdet ihr meine Gebote halten. [16]Und ich will den Vater bitten, und er wird euch einen andern Tröster* geben, daß er bei euch sei in Ewigkeit: [17]den Geist der Wahrheit, den die Welt nicht empfangen kann, denn sie sieht ihn nicht und kennt ihn nicht. Ihr kennt ihn, denn er bleibt bei euch und wird in euch sein. [18]Ich will euch nicht als Waisen zurücklassen; ich komme zu euch. [19]Es ist noch eine kleine Zeit, dann wird mich die Welt nicht mehr sehen. Ihr aber sollt mich sehen, denn *ich lebe, und ihr sollt auch leben.* [20]An jenem Tage werdet ihr erkennen, daß ich in meinem Vater bin und ihr in mir und ich in euch. [21]Wer meine Gebote hat und hält sie, der ist's, der mich liebt. Wer mich aber liebt, der wird von meinem Vater geliebt werden, und ich werde ihn lieben und mich ihm offenbaren.

[22]Spricht zu ihm Judas, nicht der Iskariot: Herr, was bedeutet es, daß du dich uns offenbaren willst und nicht der Welt? [23]Jesus antwortete und sprach zu ihm: *Wer mich liebt, der wird mein Wort halten; und mein Vater wird ihn lieben, und wir werden zu ihm kommen und Wohnung bei ihm nehmen.* [24]Wer aber mich nicht liebt, der hält meine Worte nicht. Und das Wort, das ihr hört, ist nicht mein Wort, sondern das des Vaters, der mich gesandt hat.

[25]Das habe ich zu euch geredet, solange ich bei euch gewesen bin. [26]Aber *der Tröster, der heilige Geist, den mein Vater senden wird in meinem Namen, der wird euch alles lehren und euch an alles erinnern, was ich euch gesagt habe.*

Der Friede Christi

[27]*Den Frieden lasse ich euch, meinen Frieden gebe ich euch. Nicht gebe ich euch, wie die Welt gibt. Euer Herz erschrecke nicht und fürchte sich nicht.* [28]Ihr habt gehört, daß ich euch gesagt habe: Ich gehe hin und komme wieder zu euch. Hättet ihr mich lieb, so würdet ihr euch freuen, daß ich zum Vater gehe; denn der Vater ist größer als ich. [29]Und jetzt habe ich's euch gesagt, ehe es geschieht, damit ihr glaubt, wenn es nun geschehen wird.

[30]Ich werde nicht mehr viel mit euch reden, denn es kommt der Fürst dieser Welt. Er hat keine Macht über mich; [31]aber die Welt soll erkennen, daß ich den Vater liebe und tue, wie mir der Vater geboten hat. Steht auf und laßt uns von hier weggehen.

In V. 15–24 dominiert das Stichwort »Lieben«. Zugleich wird der Blick auf Jesu Wiederkommen (V. 18–31) gelenkt und auf den »Geist der Wahrheit« verwiesen, der »Tröster« (griechisch: Paraklet) genannt wird (V. 16.26; 15,26f.; 16,7ff.13ff.). Dieser Paraklet nimmt nach Jesu Weggang dessen Stelle ein und sorgt für das Weiterwirken der Gottesoffenbarung. Er bindet die Gemeinde an Jesu Wort (V. 26), gibt ihr Kraft zum Zeugnis (V. 16) und führt sie zur völligen Erkenntnis und Anteilhabe an der göttlichen Liebesgemeinschaft zwischen Vater und Sohn (16,13), während er die Welt der Sünde überführt (16,7ff.). Indem im Anschluß an die Parakletsprüche vom Kommen bzw. Wiederkommen Jesu die Rede ist (V. 18–20.28), wird deutlich, daß im Joh das Kommen des erhöhten Jesus im »Geist der Wahrheit« innerhalb der Gemeinde geschieht. Ostern, Pfingsten und Wiederkunft fallen darum hier zusammen. Mit V. 20 (vgl. 16,23.26) ist demzufolge nicht ein konkreter endzeitlicher Termin gemeint, sondern die mit der Geistverleihung anbrechende neue Zeit, in der die Gemeinde Jesus wirklich verstehen und seiner Gegenwart gewiß sein wird. Wer wie der sonst unbekannte Jünger Judas unter »jenem Tag« eine apokalyptische Machtdemonstration Jesu vor der Welt versteht (zu V. 22 vgl. Mt 24,30f.Par; 1Th 4,16f.), erweist sein Unverständnis. Jesu Wiederkunft im Paraklet bringt der Gemeinde »seinen Frieden«, den Frieden der Gottessphäre, der in der Gemeinschaft mit dem Vater und dem Sohn besteht. Weil Jesus in der Einheit mit dem Vater seinen Weg geht, wird »der Fürst der Welt« (zu V. 30 vgl. 12,31) ihn nicht an der Vollendung seines Werkes hindern können. Darum braucht sich die Gemeinde nicht zu fürchten.

Der wahre Weinstock

Diese Bildrede steht in einer atl. Tradition, die unter dem Weinstock bzw. Weinberg das Volk Israel und unter dem Weingärtner Gott versteht (vgl. Jes 5,1ff.; Ps 80,15ff.) Joh nimmt das Bild vom Weinstock auf, deutet es aber nicht auf Israels besonderes Gottesverhältnis. Vielmehr bezieht er das Bild vom Weinstock und den Reben auf das besonders enge Verhältnis des einzelnen Christusgläubigen zu Christus.

Als der »wahre« Weinstock ist Jesus der einzige legitime Spender von Leben (vgl. 11,25; 14,6). Ziel der Reben ist das Fruchtbringen. Der in V. 2 enthaltene Gerichtsakzent (Stillstand bedeutet Ausschluß vom Leben) wird durch das Trostwort in V. 3 gemildert: Die Jüngergemeinde verdankt ihre Reinheit (= Heilsstand, vgl. 13,10) nicht sich selbst, sondern dem an sie gerichteten Jesuswort, der Erwählung (V. 16). Deshalb entscheidet sich alles an ihrer Treue zu Jesus, an ihrem »Bleiben« an seinem Wort (vgl. 8,31; 1Jh 4,16). Die Verbindung mit Christus, der Glaube, ist darum die Voraussetzung des Fruchtbringens, wodurch die Verherrlichung des Vaters, die Jesus begonnen hat, fortgeführt wird (vgl. 12,23.28; 13,32; 14,13).

15 Ich bin der wahre Weinstock, und mein Vater der Weingärtner. 2 Eine jede Rebe an mir, die keine Frucht bringt, wird er wegnehmen; und eine jede, die Frucht bringt, wird er reinigen, daß sie mehr Frucht bringe. 3 Ihr seid schon rein um des Wortes willen, das ich zu euch geredet habe. 4 Bleibt in mir und ich in euch. Wie die Rebe keine Frucht bringen kann aus sich selbst, wenn sie nicht am Weinstock bleibt, so auch ihr nicht, wenn ihr nicht in mir bleibt. 5 *Ich bin der Weinstock, ihr seid die Reben. Wer in mir bleibt und ich in ihm, der bringt viel Frucht; denn ohne mich könnt ihr nichts tun.* 6 Wer nicht in mir bleibt, der wird weggeworfen wie eine Rebe und verdorrt, und man sammelt sie und wirft sie ins Feuer, und sie müssen brennen. 7 Wenn ihr in mir bleibt und meine Worte in euch bleiben, werdet ihr bitten, was ihr wollt, und es wird euch widerfahren. 8 Darin wird mein Vater verherrlicht, daß ihr viel Frucht bringt und werdet meine Jünger.

Das Fruchtbringen wird jetzt als das Bleiben in Jesu Liebe, die Reinheit als Erwählung, Jesu besonderes Verhältnis zu Gott als Geliebtwerden vom Vater, interpretiert. Beide parallel laufenden Abschnitte haben ihren Höhepunkt in der Zusage der Gebetserhörung (V. 7 und 16b). Grund und Vorbild der Liebe ist Jesu Kreuz als Hingabe für seine Freunde. Die Bezeichnung der Jünger als »Freunde« Jesu begegnet außer Lk 12,4 nur im Joh. Im Unterschied zu Sklaven sind die Freunde die Freien, denn Gott hat sich ihnen zu erkennen gegeben. Darum können sie ihm zu Gefallen leben. Diese Auszeichnung, Gott zu kennen, verdanken die Jünger allein ihrer Erwählung durch Jesus. Unter Berufung auf ihn dürfen sie darum zu Gott beten und der Erhörung ihres Gebetes gewiß sein.

Das Gebot der Liebe

9 Wie mich mein Vater liebt, so liebe ich euch auch. Bleibt in meiner Liebe! 10 Wenn ihr meine Gebote haltet, so bleibt ihr in meiner Liebe, wie ich meines Vaters Gebote halte und bleibe in seiner Liebe. 11 Das sage ich euch, damit meine Freude in euch bleibe und eure Freude vollkommen werde.

12 *Das ist mein Gebot, daß ihr euch untereinander liebt, wie ich euch liebe.* 13 Niemand hat größere Liebe als die, daß er sein Leben läßt für seine Freunde. 14 Ihr seid meine Freunde, wenn ihr tut, was ich euch gebiete. 15 Ich sage hinfort nicht, daß ihr Knechte seid; denn ein Knecht weiß nicht, was sein Herr tut. Euch aber habe ich gesagt, daß ihr Freunde seid; denn alles, was ich von meinem Vater gehört habe, habe ich euch kundgetan.

16 *Nicht ihr habt mich erwählt, sondern ich habe euch erwählt und bestimmt, daß ihr hingeht und Frucht bringt und eure Frucht bleibt, damit, wenn ihr den Vater bittet in meinem Namen, er's euch gebe.*

17 Das gebiete ich euch, daß ihr euch untereinander liebt.

In diesem Abschnitt spiegeln sich die negativen Erfahrungen der joh. Gemeinde mit dem sie umgebenden Judentum wider (vgl. die Einl.). Unter der »Welt« sind also hier »die Juden« zu verstehen, die die Verfolgung von Abtrünnigen religiös begründen (zu 16,2 vgl. 9,22; 12,42). Diese antijüdische Aussage sollte aber auch die

Der Haß der Welt

18 Wenn euch die Welt haßt, so wißt, daß sie mich vor euch gehaßt hat. 19 Wäret ihr von der Welt, so hätte die Welt das Ihre lieb. Weil ihr aber nicht von der Welt seid, sondern ich euch aus der Welt erwählt habe, darum haßt euch die Welt. 20 Gedenkt an das Wort, das ich euch gesagt habe: Der Knecht ist nicht größer als sein Herr. Haben sie mich verfolgt, so werden sie euch auch verfolgen; haben sie mein Wort gehalten, so werden sie eures auch halten. 21 Aber das

alles werden sie euch tun um meines Namens willen; denn sie kennen den nicht, der mich gesandt hat.

[22]Wenn ich nicht gekommen wäre und hätte es ihnen gesagt, so hätten sie keine Sünde; nun aber können sie nichts vorwenden, um ihre Sünde zu entschuldigen. [23]Wer mich haßt, der haßt auch meinen Vater. [24]Hätte ich nicht die Werke getan unter ihnen, die kein anderer getan hat, so hätten sie keine Sünde. Nun aber haben sie es gesehen, und doch hassen sie mich und meinen Vater. [25]Aber es muß das Wort erfüllt werden, das in ihrem Gesetz geschrieben steht: »Sie hassen mich ohne Grund« (Psalm 69,5).

[26]Wenn aber der Tröster kommen wird, den ich euch senden werde vom Vater, der Geist der Wahrheit, der vom Vater ausgeht, der wird Zeugnis geben von mir. [27]Und auch ihr seid meine Zeugen, denn ihr seid von Anfang an bei mir gewesen.

16 Das habe ich zu euch geredet, damit ihr nicht abfallt. [2]Sie werden euch aus der Synagoge ausstoßen. Es kommt aber die Zeit, daß, wer euch tötet, meinen wird, er tue Gott einen Dienst damit. [3]Und das werden sie darum tun, weil sie weder meinen Vater noch mich erkennen. [4]Aber dies habe ich zu euch geredet, damit, wenn ihre Stunde kommen wird, ihr daran denkt, daß ich's euch gesagt habe. Zu Anfang aber habe ich es euch nicht gesagt, denn ich war bei euch.

Kirche davor warnen, dem gleichen Fehler zu verfallen, Andersdenkende im Namen Gottes zu verstoßen und zu töten. – Die Gemeinde braucht nicht überrascht und ängstlich zu sein, wenn sie Haß erfährt; denn dadurch wird sie ihrem Meister gleichgestaltet, der ihr ein solches Schicksal angekündigt hat (vgl. Mt 10,22 f.; 24,9; Mk 13,13). Der Haß richtet sich gegen die Gemeinde, die wegen ihres Ursprungs in Gott als fremd empfunden wird, und wendet sich somit gegen Gott. Haß ist für Joh Ausdruck des Unglaubens und also mit Sünde identisch (vgl. aber auch Rö 14,23). Der weltweit praktizierten Maxime, das Eigene zu lieben und das Fremde zu hassen, wird hier der Kampf angesagt. Der Parakletspruch V. 26 f. spielt auf eine Gerichtssituation an (vgl. Mt 10,19 f.Parr) und will den Jüngern Mut zum Bekenntnis auch vor Richtern und Verfolgern geben. Die mit Jesu Auftreten begonnene Offenbarungsgeschichte Gottes findet in dem geistgewirkten Zeugnis der Gemeinde Fortsetzung und Vollendung (vgl. 14,12).

Das Werk des heiligen Geistes

[5]Jetzt aber gehe ich hin zu dem, der mich gesandt hat; und niemand von euch fragt mich: Wo gehst du hin? [6]Doch weil ich das zu euch geredet habe, ist euer Herz voll Trauer. [7]Aber ich sage euch die Wahrheit: Es ist gut für euch, daß ich weggehe. Denn wenn ich nicht weggehe, kommt der Tröster nicht zu euch. Wenn ich aber gehe, will ich ihn zu euch senden. [8]Und wenn er kommt, wird er der Welt die Augen auftun über die Sünde und über die Gerechtigkeit und über das Gericht; [9]über die Sünde: daß sie nicht an mich glauben; [10]über die Gerechtigkeit: daß ich zum Vater gehe und ihr mich hinfort nicht seht; [11]über das Gericht: daß der Fürst dieser Welt gerichtet ist.

[12]Ich habe euch noch viel zu sagen; aber ihr könnt es jetzt nicht ertragen. [13]Wenn aber jener, der Geist der Wahrheit, kommen wird, wird er euch in alle Wahrheit leiten. Denn er wird nicht aus sich selber reden; sondern was er hören wird, das wird er reden, und was zukünftig ist, wird er euch verkündigen. [14]Er wird mich verherrlichen; denn von dem Meinen wird er's nehmen und euch verkündigen. [15]Alles, was der Vater hat, das ist mein. Darum habe ich

In V. 7–11 und V. 13–15 finden sich die beiden letzten Parakletsprüche (vgl. zu 14,15–31). In V. 7–11 ist an eine Prozeßsituation gedacht. Angeklagt ist die Welt, Kläger ist der Geist Gottes, wie er in der Verkündigung der Gemeinde am Werk ist (vgl. 15,26 f.). Dreierlei wird in diesem Prozeß geklärt: 1. »Sünde« als Abweisung der Liebe Gottes, die in Christus erschienen ist; 2. »Gerechtigkeit« als göttliche Verherrlichung des ungerecht Verfolgten; 3. »Gericht« als Sieg über die Todesmacht der Finsternis, den Satan (vgl. 12,31; 14,30; 1Jh 2,13 f.). Nach V. 13–15 wird der Geist die Offenbarung in der Gemeinde zur Vollendung bringen und alle Unwissenheit beseitigen. »Alle Wahrheit« steht in Parallele zu den »größeren Werken« von 14,12. Das mit Jesu Weggang ermöglichte Kommen des Geistes führt zur Einheit der Gemeinde mit dem Vater im Sohn als dem Ziel von Gottes Heilsgeschichte und somit zur Verherrlichung von Jesu Heilswerk.

In V. 16–19 geht es um den Gegensatz: »Nicht mehr sehen« und »Wiedersehen«, der in V. 20–23 mit »Traurigkeit« und »Freude« umschrieben wird. Jesu kurz bevorstehender Weggang macht die Jünger traurig, die Welt aber froh. Da Jesu Tod jedoch Erhöhung und Rückkehr zum Vater und damit Voraussetzung seiner unmittelbar bevorstehenden Wiederkunft im Paraklet bedeutet, wird die nur kurze Zeit dauernde Traurigkeit einer immerwährenden Freude weichen. In ihr werden alle Fragen und Zweifel überwunden und alle Bitten erfüllt sein. Wie bei einer gebärenden Frau Traurigkeit und Mühsal mit dem Augenblick der Geburt des Kindes vergessen sind, so werden auch Trauer und Angst der Jünger in der Stunde der Begegnung mit dem erhöhten Christus im geisterfüllten Wort der Verkündigung vergangen sein und einer bleibenden Freude und einem tröstlichen Frieden weichen. Die Zeit der Kirche ist darum österliche Erfüllungszeit, die durch Freude und Geborgenheit gekennzeichnet ist; denn im »Geist der Wahrheit« hat die Gemeinde einen ständigen »Tröster« (vgl. 14,16f.). Jesu Worte haben vor Ostern für seine Jünger den Charakter von »Bildern«, die ihnen schwer verständlich sind (vgl. 12,16; 16,17). Erst mit dem »Tag« seines Wiederkommens im Paraklet wird ihnen Jesu Rede klar und einsichtig; denn dann haben sie direkten Zugang zum Vater (vgl. Rö 8,15; Gal 4,6; 1Jh 3,21f.). Im Geist erfährt die Gemeinde die Gewißheit, daß sie von Gott geliebt ist. V. 32 erinnert an Sach 13,7 (= Mk 14,27; Mt 26,31). Wie jedoch der Vater seinen Sohn auch in der Stunde seines Kreuzestodes nicht verlassen hat (anders Mk 15,34), so wird er auch die Gemeinde nicht im Stich lassen – selbst wenn diese, wie es das Verhalten der Jünger in Gethsemane zeigt, versagt. Weil Jesus über die Todeswelt triumphiert hat, darum

gesagt: Er wird's von dem Meinen nehmen und euch verkündigen.

Trauer und Hoffnung bei Jesu Abschied

[16]Noch eine kleine Weile, dann werdet ihr mich nicht mehr sehen; und abermals eine kleine Weile, dann werdet ihr mich sehen. [17]Da sprachen einige seiner Jünger untereinander: Was bedeutet das, was er zu uns sagt: Noch eine kleine Weile, dann werdet ihr mich nicht sehen; und abermals eine kleine Weile, dann werdet ihr mich sehen; und: Ich gehe zum Vater? [18]Da sprachen sie: Was bedeutet das, was er sagt: Noch eine kleine Weile? Wir wissen nicht, was er redet. [19]Da merkte Jesus, daß sie ihn fragen wollten, und sprach zu ihnen: Danach fragt ihr euch untereinander, daß ich gesagt habe: Noch eine kleine Weile, dann werdet ihr mich nicht sehen; und abermals eine kleine Weile, dann werdet ihr mich sehen? [20]Wahrlich, wahrlich, ich sage euch: Ihr werdet weinen und klagen, aber die Welt wird sich freuen; ihr werdet traurig sein, doch eure Traurigkeit soll in Freude verwandelt werden. [21]Eine Frau, wenn sie gebiert, so hat sie Schmerzen, denn ihre Stunde ist gekommen. Wenn sie aber das Kind geboren hat, denkt sie nicht mehr an die Angst um der Freude willen, daß ein Mensch zur Welt gekommen ist. [22]*Und auch ihr habt nun Traurigkeit; aber ich will euch wiedersehen, und euer Herz soll sich freuen, und eure Freude soll niemand von euch nehmen.* [23]An dem Tag werdet ihr mich nichts fragen.

Wahrlich, wahrlich, ich sage euch: Wenn ihr den Vater um etwas bitten werdet in meinem Namen, wird er's euch geben. [24]Bisher habt ihr um nichts gebeten in meinem Namen. Bittet, so werdet ihr nehmen, daß eure Freude vollkommen sei.

[25]Das habe ich euch in Bildern gesagt. Es kommt die Zeit, daß ich nicht mehr in Bildern mit euch reden werde, sondern euch frei heraus verkündigen von meinem Vater. [26]An jenem Tage werdet ihr bitten in meinem Namen. Und ich sage euch nicht, daß ich den Vater für euch bitten will; [27]denn er selbst, der Vater, hat euch lieb, weil ihr mich liebt und glaubt, daß ich von Gott ausgegangen bin. [28]Ich bin vom Vater ausgegangen und in die Welt gekommen; ich verlasse die Welt wieder und gehe zum Vater.

[29]Sprechen zu ihm seine Jünger: Siehe, nun redest du frei heraus und nicht mehr in Bildern. [30]Nun wissen wir, daß du alle Dinge weißt und bedarfst dessen nicht, daß dich jemand fragt. Darum glauben wir, daß du von Gott ausgegangen bist. [31]Jesus antwortete ihnen: Jetzt glaubt ihr? [32]Siehe, es kommt die Stunde und ist schon gekommen, daß ihr zerstreut werdet, ein jeder in das Seine, und mich

allein laßt. Aber ich bin nicht allein, denn der Vater ist bei mir. [33]Das habe ich mit euch geredet, damit ihr in mir Frieden habt. *In der Welt habt ihr Angst; aber seid getrost, ich habe die Welt überwunden.*

dürfen sich seine Nachfolger gerade in Versuchungen und Anfechtungen seines Sieges trösten und so Frieden haben (vgl. 14,27).

Das hohepriesterliche Gebet

Den Abschluß der Abschiedsreden bildet dieses Abschiedsgebet. Angesichts seines Todes blickt Jesus als der von Gott Gesandte auf sein Lebenswerk zurück und legt über die Erfüllung seines Auftrags Rechenschaft ab. Zugleich bittet er Gott um die Bewahrung der Gemeinde, die er nun allein in der Welt zurückläßt. Wegen der besonders in V.19 angesprochenen priesterlichen Tätigkeit (vgl. Heb 9,14; 10,12ff.) wird dieses Kapitel seit dem 16. Jh. das »hohepriesterliche Gebet« genannt.

17 So redete Jesus, und hob seine Augen auf zum Himmel und sprach: Vater, die Stunde ist da: verherrliche deinen Sohn, damit der Sohn dich verherrliche; [2]denn du hast ihm Macht gegeben über alle Menschen, damit er das ewige Leben gebe allen, die du ihm gegeben hast. [3]*Das ist aber das ewige Leben, daß sie dich, der du allein wahrer Gott bist, und den du gesandt hast, Jesus Christus, erkennen.* [4]Ich habe dich verherrlicht auf Erden und das Werk vollendet, das du mir gegeben hast, damit ich es tue. [5]Und nun, Vater, verherrliche du mich bei dir mit der Herrlichkeit, die ich bei dir hatte, ehe die Welt war. [6]Ich habe deinen Namen den Menschen offenbart, die du mir aus der Welt gegeben hast. Sie waren dein, und du hast sie mir gegeben, und sie haben dein Wort bewahrt. [7]Nun wissen sie, daß alles, was du mir gegeben hast, von dir kommt. [8]Denn die Worte, die du mir gegeben hast, habe ich ihnen gegeben, und sie haben sie angenommen und wahrhaftig erkannt, daß ich von dir ausgegangen bin, und sie glauben, daß du mich gesandt hast. [9]Ich bitte für sie und bitte nicht für die Welt, sondern für die, die du mir gegeben hast; denn sie sind dein. [10]Und alles, was mein ist, das ist dein, und was dein ist, das ist mein; und ich bin in ihnen verherrlicht. [11]Ich bin nicht mehr in der Welt; sie aber sind in der Welt, und ich komme zu dir. Heiliger Vater, erhalte sie in deinem Namen, den du mir gegeben hast, daß sie eins seien wie wir. [12]Solange ich bei ihnen war, erhielt ich sie in deinem Namen, den du mir gegeben hast, und ich habe sie bewahrt, und keiner von ihnen ist verloren außer dem Sohn des Verderbens, damit die Schrift erfüllt werde. [13]Nun aber komme ich zu dir und rede dies in der Welt, damit meine Freude in ihnen vollkommen sei. [14]Ich habe ihnen dein Wort gegeben, und die Welt hat sie gehaßt; denn sie sind nicht von der Welt, wie auch ich nicht von der Welt bin. [15]Ich bitte dich nicht, daß du sie aus der Welt nimmst, sondern daß du sie bewahrst vor dem Bösen. [16]Sie sind nicht von der Welt, wie auch ich nicht von der Welt bin. [17]*Heilige sie in der Wahrheit; dein Wort ist die*

Die grundlegende Bitte findet sich in V. 1f.: Die nahe Todesstunde (vgl. 12,23.27; 13,31f.) soll zur Stunde der Verherrlichung werden. Dabei geht es um die Einsetzung des Sohnes in seine himmlische Würdestellung (vgl. 1,1) und um die Ehrung seines Vaters durch die Vollendung seiner Sendung, den Seinen »das Leben« zu schenken. V. 3 verdeutlicht, daß das »ewige Leben« in der rechten Erkenntnis besteht (vgl. 1Jh 5,20). V.4f. führen die Bitte um Verherrlichung (V. 1) näher aus. Jesu Werk bestand nach V. 6–8 in der Kundgabe von Gottes »Namen«, d.h. in der Offenbarung von Gottes Wesen (vgl. 12,28), in der Weitergabe von Gottes Ruf und somit in der Erwählung der Glaubenden als der Seinen. Diesen Menschen gilt Jesu Fürbitte in V.9–19, in ihnen ist er »verherrlicht«, d. h. in ihnen ist sein Werk zum Ziel gekommen. Deshalb bittet jetzt Jesus, daß die Seinen in der Gemeinschaft mit ihm und dem Vater bleiben und so eins sind. Die der Jüngerschar verheißene Bewahrung bedeutet deshalb weder Herausnahme aus der Welt noch Verschonung vor Haß und Verfolgungen. Vielmehr geht es darum, vor dem Abfall zum Unglauben bewahrt und in der Liebe, mit der Vater und Sohn verbunden sind, erhalten zu werden. »Heiligen« (V. 17.19) meint Aussondern (vgl. Jer 1,5; Sir 49,7) und bezieht sich auf die in der Erwählung gründende Befreiung der Seinen von der Macht der Lüge und der Finsternis (vgl. 8,31ff.). »Heiligen« meint aber auch (vgl. 2Mo 13,2; 5Mo 15,19) sich

Wahrheit. [18]Wie du mich gesandt hast in die Welt, so sende ich sie auch in die Welt. [19]Ich heilige mich selbst für sie, damit auch sie geheiligt seien in der Wahrheit.

[20]Ich bitte aber nicht allein für sie, sondern auch für die, die durch ihr Wort an mich glauben werden, [21]*damit sie alle eins seien.* Wie du, Vater, in mir bist und ich in dir, so sollen auch sie in uns sein, damit die Welt glaube, daß du mich gesandt hast. [22]Und ich habe ihnen die Herrlichkeit gegeben, die du mir gegeben hast, damit sie eins seien, wie wir eins sind, [23]ich in ihnen und du in mir, damit sie vollkommen eins seien und die Welt erkenne, daß du mich gesandt hast und sie liebst, wie du mich liebst.

[24]Vater, ich will, daß, wo ich bin, auch die bei mir seien, die du mir gegeben hast, damit sie meine Herrlichkeit sehen, die du mir gegeben hast; denn du hast mich geliebt, ehe der Grund der Welt gelegt war. [25]Gerechter Vater, die Welt kennt dich nicht; ich aber kenne dich, und diese haben erkannt, daß du mich gesandt hast. [26]Und ich habe ihnen deinen Namen kundgetan und werde ihn kundtun, damit die Liebe, mit der du mich liebst, in ihnen sei und ich in ihnen.

zum Opfer weihen und zielt darum auf den Einsatz des Lebens für andere, wie er grundlegend und vorbildlich in Jesu Sendung erfolgte. Durch V. 20f. wird ausdrücklich verdeutlicht, daß Jesu Fürbitte sich auch auf alle späteren Gläubigen erstreckt (vgl. 10,16). Das am Schluß von V. 11 erwähnte »Einssein« wird in V. 21 und 22f. näher ausgeführt. Die Bestimmung der Kirche besteht darin, die göttliche Einheit in der Liebe zwischen Vater und Sohn in ihrem Sein und Verhalten abzubilden, also füreinander und miteinander im einigen Festhalten an Jesu Wort und Werk zu leben. In dieser Einheit erfüllt sich Jesu Werk. Durch ein solches Einssein werden Vater und Sohn verherrlicht. Durch diese Einigkeit kann die Kirche zu einem Gotteszeichen für die Welt werden. Mit der Bitte um Vollendung der Glaubenden (V. 24–26) schließt dieses Abschiedsgebet.

Jesu Leiden und Sterben (Kap. 18–19)

(Mt 26–28; Mk 14–16; Lk 22–24)

Kap. 18–19 enthalten den johanneischen Passionsbericht, der bereits mit 11,47ff. beginnt, zu dem auch Salbung, Einzug in Jerusalem und Fußwaschung gehören. Im einzelnen zeigen sich sowohl Gemeinsamkeiten als auch Unterschiede zu der synoptischen Passionsgeschichte. Vor allem fällt eine gewisse Berührung mit dem Lk auf (vgl. z. B. 18,1 mit Lk 22,39; 18,2f. 10f. mit Lk 22,47–53). Besonders bemerkenswert ist die Akzentverlagerung vom Kreuz als dem tiefsten Punkt der Erniedrigung bei den Synoptikern zum Kreuz als der Stätte der Verherrlichung und Erhöhung bei Joh (vgl. 12,27–33; 13,31–33). Statt der Schwachheit betont Joh die Hoheit dessen, der Gottes Wahrheit freimütig vor der Weltmacht Rom bezeugt, der um seine »Stunde« und sein Geschick weiß und beides freiwillig bejaht (vgl. 13,1.26f; 14,31; 18,4.11), der selbst sein Kreuz trägt und mit dem Ruf »Es ist vollbracht« sein Leben beschließt. In diesem Zusammenhang ist auch die Hervorhebung des Königsmotivs zu sehen: Durch das Kreuz wird Jesus zum König eingesetzt und tritt damit die Herrschaft über sein Reich an (vgl. auch 12,13.15). Das ganze Joh ist auf diesen Sieg Jesu über die ungläubige Welt angelegt (vgl. 12,31; 14,30; 16,33). Darum erwähnt nur Joh, daß bei Jesu Verhaftung neben Juden auch römische Soldaten – in 18,3 ist eine römische Kohorte, die aus 600–1000 Mann bestand, in 18,12 mit dem »Anführer« ein »Chiliarch«, ein Befehlshaber einer solchen Kohorte, gemeint – beteiligt waren. Sie stellen zusammen mit den christusfeindlichen Juden die »Welt« dar, mit der Jesus konfrontiert wird.

Jesu Gefangennahme

18 Als Jesus das geredet hatte, ging er hinaus mit seinen Jüngern über den Bach Kidron; da war ein Garten, in den gingen Jesus und seine Jünger. [2]Judas aber, der ihn verriet, kannte den Ort auch, denn Jesus versammelte sich oft dort mit seinen Jüngern. [3]Als nun Judas die Schar der Soldaten mit sich genommen hatte und Knechte

Allerdings weiß nur Joh etwas vom Verrat eines bestimmten Geheimnisses durch Judas. In V. 4–9 wird das joh. Verständnis von Jesu Passion deutlich erkennbar: Jesus wird von der Gefangennahme nicht überrascht, sondern geht seinen Feinden

von den Hohenpriestern und Pharisäern, kommt er dahin mit Fackeln, Lampen und mit Waffen. [4]Da nun Jesus alles wußte, was ihm begegnen sollte, ging er hinaus und sprach zu ihnen: Wen sucht ihr? [5]Sie antworteten ihm: Jesus von Nazareth. Er spricht zu ihnen: Ich bin's! Judas aber, der ihn verriet, stand auch bei ihnen. [6]Als nun Jesus zu ihnen sagte: Ich bin's!, wichen sie zurück und fielen zu Boden. [7]Da fragte er sie abermals: Wen sucht ihr? Sie aber sprachen: Jesus von Nazareth. [8]Jesus antwortete: Ich habe euch gesagt, daß ich es bin. Sucht ihr mich, so laßt diese gehen! [9]Damit sollte das Wort erfüllt werden, das er gesagt hatte: Ich habe keinen von denen verloren, die du mir gegeben hast. [10]Simon Petrus aber hatte ein Schwert und zog es und schlug nach dem Knecht des Hohenpriesters und hieb ihm sein rechtes Ohr ab. Und der Knecht hieß Malchus. [11]Da sprach Jesus zu Petrus: Steck dein Schwert in die Scheide! Soll ich den Kelch nicht trinken, den mir mein Vater gegeben hat?

entgegen und liefert sich freiwillig aus. Angesichts von Jesu Hoheit erfaßt die Feinde Erschrecken (zu V. 6 vgl. Dan 2,46; 8,18; 10,9). Die Jünger lassen ihren Meister nicht im Stich (anders Mk 14,50Parr). Aber Jesus setzt sich dafür ein, daß sie von der Verhaftung verschont bleiben und weggehen dürfen (zu V. 9 vgl. 6,39). Damit erweist er sich als der für seine Schafe sorgende gute Hirte von 10,28. Der anstößige Judaskuß (vgl. Mk 14,44f.Par) fehlt. An die Stelle eines Zuschauers (Mk 14,47) bzw. eines Begleiters Jesu (Mt 26,51) ist in V. 10 Simon Petrus getreten, der seine Behauptung von 13,37 unter Beweis stellen will. Den Namen des Knechts kennt nur Joh (V. 10). Zum Bild vom Kelch (V. 11) vgl. Mk 10,38f.; 14,36.

Jesu Verhör vor Hannas und Kaiphas und die Verleugnung des Petrus

[12]Die Schar aber und ihr Anführer und die Knechte der Juden nahmen Jesus und banden ihn [13]und führten ihn zuerst zu Hannas; der war der Schwiegervater des Kaiphas, der in jenem Jahr Hoherpriester war. [14]Kaiphas aber war es, der den Juden geraten hatte, es wäre gut, *ein* Mensch stürbe für das ganze Volk.

[15]Simon Petrus aber folgte Jesus nach und ein anderer Jünger. Dieser Jünger war dem Hohenpriester bekannt und ging mit Jesus hinein in den Palast des Hohenpriesters. [16]Petrus aber stand draußen vor der Tür. Da kam der andere Jünger, der dem Hohenpriester bekannt war, heraus und redete mit der Türhüterin und führte Petrus hinein. [17]Da sprach die Magd, die Türhüterin, zu Petrus: Bist du nicht auch einer von den Jüngern dieses Menschen? Er sprach: Ich bin's nicht. [18]Es standen aber die Knechte und Diener und hatten ein Kohlenfeuer gemacht, denn es war kalt, und sie wärmten sich. Aber auch Petrus stand bei ihnen und wärmte sich.

[19]Der Hohepriester befragte nun Jesus über seine Jünger und über seine Lehre. [20]Jesus antwortete ihm: Ich habe frei und offen vor aller Welt geredet. Ich habe allezeit gelehrt in der Synagoge und im Tempel, wo alle Juden zusammenkommen, und habe nichts im Verborgenen geredet. [21]Was fragst du mich? Frage die, die gehört haben, was ich zu ihnen geredet habe. Siehe, sie wissen, was ich gesagt habe. [22]Als er so redete, schlug einer von den Knechten, die dabeistanden, Jesus ins Gesicht und sprach: Sollst du dem Hohenpriester so antworten? [23]Jesus antwortete: Habe ich übel

In Übereinstimmung mit Mk 14,53ff.Parr sind Verhör und Verleugnung eng miteinander verkoppelt und ereignen sich beide nachts. Die Hauptunterschiede zu Mk und Mt liegen in Folgendem: Der Hohe Rat wird nicht erwähnt, Zeugen treten nicht auf, ein tempelkritisches Jesuswort begegnet nicht (vgl. aber 2,19), Jesu Messiasanspruch steht nicht zur Debatte (vgl. aber 7,26ff.), ein Todesurteil wird nicht gefällt (vgl. aber 10,33ff.). Die joh. Darstellung will offensichtlich nur die Überlegenheit Jesu über den Hohenpriester als den Repräsentanten des Judentums herausstellen, so daß die Frage, welcher Hohepriester eigentlich gemeint ist, nebensächlich wird. Historisch gesehen muß das Verhör von Kaiphas (vgl. 11,49) geleitet worden sein. Darum haben einige Handschriften V. 24 hinter V. 13 gestellt. Die Nennung von Hannas (dem Älteren), der von 6–15 n. Chr. amtierte, könnte sich daraus erklären, daß dieser auch nach seiner Absetzung noch lange in hohem Ansehen stand (vgl. Lk 3,2). V. 14 verweist auf 11,49f. Zur »Lehre« Jesu vgl. 7,16f.; zur Öffentlichkeit von Jesu Lehren vgl. 7,4.26. Der Backenstreich ist als Beschimpfung gemeint (vgl. Jes 50,6). Mit dem in V. 15f. erwähnten »anderen Jünger« ist wahrscheinlich der Lieblingsjünger gemeint (vgl. zu 13,21–30). – Die Petrusverleugnungen wollen ausschließlich die Zuverlässigkeit von Jesu Voraussage 13,38 unterstreichen und berichten darum nichts von einer Reue des Petrus (anders Mk 14,72Parr). Jesus erweist sich auch hier als der göttliche Herr, dessen Wort absolut wahr ist.

geredet, so beweise, daß es böse ist; habe ich aber recht geredet, was schlägst du mich? [24]Und Hannas sandte ihn gebunden zu dem Hohenpriester Kaiphas.

[25]Simon Petrus aber stand da und wärmte sich. Da sprachen sie zu ihm: Bist du nicht einer seiner Jünger? Er leugnete und sprach: Ich bin's nicht. [26]Spricht einer von den Knechten des Hohenpriesters, ein Verwandter dessen, dem Petrus das Ohr abgehauen hatte: Sah ich dich nicht im Garten bei ihm? [27]Da leugnete Petrus abermals, und alsbald krähte der Hahn.

JESUS VOR PILATUS (KAP. 18,28–19,16)

Der nur 5 Verse umfassenden Vernehmung durch den Hohenpriester (18,19–23) steht das sich über 29 Verse erstreckende Verhör durch den Prokurator Pontius Pilatus (26–36 n. Chr.) als Vertreter der römischen Weltmacht gegenüber, das von Joh zum theologischen Mittelpunkt des Passionsberichtes ausgestaltet und sehr dramatisch aufgebaut wurde:

18,28: Einleitung
18,29–32: Pilatus und die Juden I
18,33–38a: Pilatus und Jesus I
18,38b–40: Pilatus und die Juden II
19,1–3: Pilatus und Jesus II
19,4–7: Pilatus und die Juden III
19,8–12: Pilatus, Jesus und die Juden
19,13–16a: Jesu Verurteilung durch Pilatus

Das Geschehen vollzieht sich dabei auf zwei Bühnen: Draußen sind die Juden und drinnen Jesus. Beide sind unbeirrbar und fest in ihren Ansichten, während ausgerechnet der als Richter fungierende Pilatus immer zwischen draußen und drinnen hin- und herpendelt und insofern einem schwankendem Rohre gleicht. Die Juden draußen werden als völlig verblendet und als Repräsentanten der Welt der Lüge geschildert: Einerseits demonstrieren sie eine strikte Befolgung ihrer kultischen Bestimmungen, um am Passamahl teilnehmen zu können (Das Betreten eines heidnischen Hauses, hier in V. 28 der »Prätorium« genannten Amtswohnung des römischen Prokurators, bedeutet kultische Verunreinigung und damit Ausschluß vom Passaopfer); andrerseits übergeben sie Jesus als das wahre Passalamm in die Hände der heidnischen Weltmacht zur Beseitigung. Einerseits lehnen sie Jesus als den wahren Befreier ab (vgl. 8,32.36); andrerseits bitten sie einen Pseudo-Befreier los, den Aufrührer Barabbas (18,40). Einerseits bekennen sie sich zum heidnischen Kaiser als ihrem Herrn (19,15); andrerseits verstoßen sie ihren von Gott gesandten König. In diesem Prozeß wird darum der Angeklagte (Jesus) in Wahrheit zum Ankläger, der die Verlogenheit seiner Feinde entlarvt (vgl. 3,19; 16,8–11) und sich darin als Zeuge der Wahrheit erweist.

Jesu Verhör vor Pilatus

Die Pilatusfragen 18,33.37 werden von Jesus bejaht, aber mit Hilfe des Begriffs »Wahrheit« (vgl. 8,32; 14,6) aus dem zeitgeschichtlichen politischen Bezug herausgenommen. Jesu Königswürde stammt nicht aus dieser Welt, sondern aus Gott, der die Liebe ist (1Jh 4,16). Darum hat sie nichts mit weltlicher Gewalt zu tun (vgl. 6,15; 18,11), sondern ausschließlich mit Gottes Wahrheit als der Offenbarung seiner Liebe, die

[28]Da führten sie Jesus von Kaiphas zum Prätorium; es war früh am Morgen. Und sie gingen nicht hinein, damit sie nicht unrein würden, sondern das Passamahl essen könnten. [29]Da kam Pilatus zu ihnen heraus und fragte: Was für eine Klage bringt ihr gegen diesen Menschen vor? [30]Sie antworteten und sprachen zu ihm: Wäre dieser nicht ein Übeltäter, wir hätten ihn dir nicht überantwortet. [31]Da sprach Pilatus zu ihnen: So nehmt ihr ihn hin und richtet ihn nach eurem Gesetz. Da sprachen die Juden zu ihm: Wir dürfen niemand töten. [32]So sollte das Wort Jesu erfüllt

werden, das er gesagt hatte, um anzuzeigen, welchen Todes er sterben würde.

[33]Da ging Pilatus wieder hinein ins Prätorium und rief Jesus und fragte ihn: Bist du der König der Juden? [34]Jesus antwortete: Sagst du das von dir aus, oder haben dir's andere über mich gesagt? [35]Pilatus antwortete: Bin ich ein Jude? Dein Volk und die Hohenpriester haben dich mir überantwortet. Was hast du getan? [36]Jesus antwortete: *Mein Reich ist nicht von dieser Welt.* Wäre mein Reich von dieser Welt, meine Diener würden darum kämpfen, daß ich den Juden nicht überantwortet würde; nun aber ist mein Reich nicht von dieser Welt. [37]Da fragte ihn Pilatus: So bist du dennoch ein König? Jesus antwortete: Du sagst es, *ich bin ein König. Ich bin dazu geboren und in die Welt gekommen, daß ich die Wahrheit bezeugen soll. Wer aus der Wahrheit ist, der hört meine Stimme.* [38]Spricht Pilatus zu ihm: Was ist Wahrheit?

Und als er das gesagt hatte, ging er wieder hinaus zu den Juden und spricht zu ihnen: Ich finde keine Schuld an ihm. [39]Es besteht aber die Gewohnheit bei euch, daß ich euch einen zum Passafest losgebe; wollt ihr nun, daß ich euch den König der Juden losgebe? [40]Da schrien sie wiederum: Nicht diesen, sondern Barabbas! Barabbas aber war ein Räuber.

Jesu Geißelung und Verspottung

19 Da nahm Pilatus Jesus und ließ ihn geißeln. [2]Und die Soldaten flochten eine Krone aus Dornen und setzten sie auf sein Haupt und legten ihm ein Purpurgewand an [3]und traten zu ihm und sprachen: Sei gegrüßt, König der Juden! und schlugen ihm ins Gesicht. [4]Da ging Pilatus wieder hinaus und sprach zu ihnen: Seht, ich führe ihn heraus zu euch, damit ihr erkennt, daß ich keine Schuld an ihm finde. [5]Und Jesus kam heraus und trug die Dornenkrone und das Purpurgewand. Und Pilatus spricht zu ihnen: Seht, welch ein Mensch!

Jesu Verurteilung

[6]Als ihn die Hohenpriester und die Knechte sahen, schrien sie: Kreuzige! kreuzige! Pilatus spricht zu ihnen: Nehmt ihr ihn hin und kreuzigt ihn, denn ich finde keine Schuld an ihm. [7]Die Juden antworteten ihm: Wir haben ein Gesetz, und nach dem Gesetz muß er sterben, denn er hat sich selbst zu Gottes Sohn gemacht. [8]Als Pilatus dies Wort hörte, fürchtete er sich noch mehr [9]und ging wieder hinein in das Prätorium und spricht zu Jesus: Woher bist du? Aber Jesus gab ihm keine Antwort. [10]Da sprach Pilatus zu ihm: Redest du nicht mit mir? Weißt du nicht, daß ich Macht habe, dich loszugeben, und Macht habe, dich zu kreuzigen? [11]Jesus antwortete: Du hättest keine Macht über mich, wenn es dir

am Kreuz ihre Vollendung gefunden hat (vgl. 13,1; 15,13). Mit der Frage: »Was ist Wahrheit?« (18,38) gibt Pilatus zu erkennen, daß er als Staatsmann sich für solche Dinge nicht zuständig fühlt. In Übereinstimmung mit Lk 23,4.13–15.22 stellt er dreimal Jesu Schuldlosigkeit fest. Aber er wird in dem Augenblick wankend, als ihm die Ankläger mit Nachteilen für seine Person drohen, falls er ihren Willen nicht erfüllt (19,12). Indem er aus Angst um seine Karriere sein erstes Urteil widerruft, erweist er sich vor Jesus als aus der Lüge stammend. Auf diese Weise wird klar, daß es gegenüber der in Jesus gestellten Wahrheitsfrage keine Neutralität gibt, sondern nur Glaube oder Unglaube, Bejahung oder Verneinung. – 19,1–3 hat den Charakter einer Verspottungsszene, in der Jesu Königswürde lächerlich gemacht werden soll. Das berühmte Pilatuswort: »Seht, welch ein Mensch!« (19,5) dürfte deshalb ironisch gemeint sein und die Überzeugung des Statthalters von der politischen Harmlosigkeit Jesu zum Ausdruck bringen. Jedoch kann dieses Wort im Sinne des Joh prophetisch ausgerichtet sein: So ohnmächtig, geschändet und verachtet sieht der Mensch aus, der der König der Wahrheit ist! Zu 19,7b vgl. 5,18; 10,33 (3Mo 24,16). In 19,10f. soll lediglich die gottgewollte Funktion dieses römischen Staatsvertreters im Heilsgeschehen hervorgehoben werden. Aber Pilatus wird nicht ganz auf eine Stufe mit Judas und mit den Juden gestellt, die durch ihre Auslieferung Jesu ebenfalls zur Vollstreckung von Gottes Plan beitrugen (vgl. 13,26ff.). Die Sünde des Judas ist größer, weil er als Erwählter Jesu (vgl. 6,70; 13,18) sich mit vollem Bewußtsein vom Lichte abwandte und zur Finsternis überging (vgl. 13,30) und so zum »Teufel« wurde (vgl. 6,70f.). »Rüsttag für das Passafest« (19,14) ist der Tag der Vorbereitung auf das Passamahl, der 14. Nisan (anders Mk 15,25Parr). An diesem Tag begann nach 2Mo 12,1ff. einst die Befreiung des Gottesvolks aus der Knechtschaft Ägyptens. Mit der sechsten Stunde ist die Mittagsstunde (12

Uhr) gemeint, zu der in Jerusalem die Lämmer zur Schlachtung in den Tempelbezirk gebracht wurden. Genau zu dieser Stunde wird Jesus als »das Lamm Gottes« (1,29.36) und damit als das wahre Passaopfer ans Kreuz gebracht.

nicht von oben her gegeben wäre. Darum: der mich dir überantwortet hat, der hat größere Sünde. [12]Von da an trachtete Pilatus danach, ihn freizulassen. Die Juden aber schrien: Läßt du diesen frei, so bist du des Kaisers Freund nicht; denn wer sich zum König macht, der ist gegen den Kaiser. [13]Als Pilatus diese Worte hörte, führte er Jesus heraus und setzte sich auf den Richterstuhl an der Stätte, die da heißt Steinpflaster, auf hebräisch Gabbata. [14]Es war aber am Rüsttag für das Passafest um die sechste Stunde. Und er spricht zu den Juden: Seht, das ist euer König! [15]Sie schrien aber: Weg, weg mit dem! Kreuzige ihn! Spricht Pilatus zu ihnen: Soll ich euren König kreuzigen? Die Hohenpriester antworteten: Wir haben keinen König als den Kaiser. [16]Da überantwortete er ihnen Jesus, daß er gekreuzigt würde.

Joh erzählt sehr gestrafft unter Weglassung mancher Einzelzüge (Mk 15,21 ff.29 ff.Parr.34 f.Parr.38 f.Parr) und mit nur wenig Sondergut (19,17 a.20–22.26 f.31–37) Jesu Kreuzigung. Er versteht sie als Erfüllung atl. Ankündigungen (V. 23 f.28 f.36 f.). Als der leidende Gerechte ist Jesus der verheißene König, der den Ehrenplatz in der Mitte zwischen zwei Mitgekreuzigten einnimmt (V. 18). In königlicher Freiheit trägt er selbst sein Kreuz und vollendet das ihm aufgetragene Werk zur Rettung der Welt, wie es durch die Nennung der drei Weltsprachen (V. 20) hervorgehoben wird. Damit weist diese Darstellung in die Zukunft: Der jetzt von Israel abgelehnte König wird einst in allen Weltsprachen als »der Welt Heiland« (4,42) verkündet werden. Pilatus hat sich mit dieser Inschrift, ohne es zu wissen, als Prophet gezeigt wie Kaiphas in 11,49 f.; 18,14. Auch Jesu Feinde sind also Werkzeuge im Heilsplan Gottes. – V. 25 berührt sich mit Mk 15,40 f.Par und stellt den Anknüpfungspunkt für die Szene in V. 26 f. dar, die die bleibende Bedeutung des Liebesgebots 13,34 f. sichtbar veranschaulicht. Jesu Fürsorge gilt auch hier der innigsten Gemeinschaft der Seinen. Zeuge dafür ist der Lieblingsjünger (vgl. zu 13,21–30). Er erfüllt sogleich Jesu Vermächtnis (V. 27) und erweist sich so als der vorbildliche Gläubige, der ganz von Jesus ge-

Jesu Kreuzigung und Tod

Sie nahmen ihn aber, [17]und er trug sein Kreuz und ging hinaus zur Stätte, die da heißt Schädelstätte, auf hebräisch Golgatha. [18]Dort kreuzigten sie ihn und mit ihm zwei andere zu beiden Seiten, Jesus aber in der Mitte. [19]Pilatus aber schrieb eine Aufschrift und setzte sie auf das Kreuz; und es war geschrieben: Jesus von Nazareth, der König der Juden. [20]Diese Aufschrift lasen viele Juden, denn die Stätte, wo Jesus gekreuzigt wurde, war nahe bei der Stadt. Und es war geschrieben in hebräischer, lateinischer und griechischer Sprache. [21]Da sprachen die Hohenpriester der Juden zu Pilatus: Schreib nicht: Der König der Juden, sondern, daß er gesagt hat: Ich bin der König der Juden. [22]Pilatus antwortete: Was ich geschrieben habe, das habe ich geschrieben.

[23]Als aber die Soldaten Jesus gekreuzigt hatten, nahmen sie seine Kleider und machten vier Teile, für jeden Soldaten einen Teil, dazu auch das Gewand. Das war aber ungenäht, von oben an gewebt in einem Stück. [24]Da sprachen sie untereinander: Laßt uns das nicht zerteilen, sondern darum losen, wem es gehören soll. So sollte die Schrift erfüllt werden, die sagt (Psalm 22,19): »Sie haben meine Kleider unter sich geteilt und haben über mein Gewand das Los geworfen.« Das taten die Soldaten.

[25]Es standen aber bei dem Kreuz Jesu seine Mutter und seiner Mutter Schwester, Maria, die Frau des Klopas, und Maria von Magdala. [26]Als nun Jesus seine Mutter sah und bei ihr den Jünger, den er lieb hatte, spricht er zu seiner Mutter: *Frau, siehe, das ist dein Sohn!* [27]Danach spricht er zu dem Jünger: *Siehe, das ist deine Mutter!* Und von der Stunde an nahm sie der Jünger zu sich.

[28]Danach, als Jesus wußte, daß schon alles vollbracht war, spricht er, damit die Schrift erfüllt würde: *Mich dürstet.*

[29]Da stand ein Gefäß voll Essig. Sie aber füllten einen Schwamm mit Essig und steckten ihn auf ein Ysoprohr und hielten es ihm an den Mund. [30]Als nun Jesus den Essig genommen hatte, sprach er: *Es ist vollbracht!* und neigte das Haupt und verschied.

[31]Weil es aber Rüsttag war und die Leichname nicht am Kreuz bleiben sollten den Sabbat über – denn dieser Sabbat war ein hoher Festtag –, baten die Juden Pilatus, daß ihnen die Beine gebrochen und sie abgenommen würden. [32]Da kamen die Soldaten und brachen dem ersten die Beine und auch dem andern, der mit ihm gekreuzigt war. [33]Als sie aber zu Jesus kamen und sahen, daß er schon gestorben war, brachen sie ihm die Beine nicht; [34]sondern einer der Soldaten stieß mit dem Speer in seine Seite, und sogleich kam Blut und Wasser heraus. [35]Und der das gesehen hat, der hat es bezeugt, und sein Zeugnis ist wahr, und er weiß, daß er die Wahrheit sagt, damit auch ihr glaubt. [36]Denn das ist geschehen, damit die Schrift erfüllt würde (2. Mose 12,46): »Ihr sollt ihm kein Bein zerbrechen.« [37]Und wiederum sagt die Schrift an einer andern Stelle (Sacharja 12,10): »Sie werden den sehen, den sie durchbohrt haben.«

prägt ist. – Der Ruf in V. 30 ist Ausdruck des Triumphes: Nun ist sein Auftrag vollbracht, die Schrift erfüllt und Gott verherrlicht. – Zu V. 31 vgl. 5Mo 21,22 f. Um den bevorstehenden Feiertag nicht zu entheiligen, soll der langsame Kreuzestod durch Zerschmettern der Beinknochen beschleunigt werden. Da Jesus aber schon tot ist, bleiben seine Beine ungebrochen. So erfüllt sich an ihm, was von dem fehlerlosen Passalamm 2Mo 12,46 gesagt ist. Er ist also das wahre Passalamm (vgl. 1,29.36). V. 35 weist auf den Lieblingsjünger (vgl. zu 13,21–30) und will V. 34b als besonders wichtig hervorheben. Demzufolge könnten »Wasser« und »Blut« symbolisch gemeint und als Lebensströme verstanden sein, die vom Kreuz als der Vollendung der göttlichen Liebe ausgehen und die den Gläubigen in Taufe und Abendmahl Anteil am Heil geben.

Jesu Grablegung

[38]Danach bat Josef von Arimathäa, der ein Jünger Jesu war, doch heimlich, aus Furcht vor den Juden, den Pilatus, daß er den Leichnam Jesu abnehmen dürfe. Und Pilatus erlaubte es. Da kam er und nahm den Leichnam Jesu ab. [39]Es kam aber auch Nikodemus, der vormals in der Nacht zu Jesus gekommen war, und brachte Myrrhe gemischt mit Aloe, etwa hundert Pfund. [40]Da nahmen sie den Leichnam Jesu und banden ihn in Leinentücher mit wohlriechenden Ölen, wie die Juden zu begraben pflegen. [41]Es war aber an der Stätte, wo er gekreuzigt wurde, ein Garten und im Garten ein neues Grab, in das noch nie jemand gelegt worden war. [42]Dahin legten sie Jesus wegen des Rüsttags der Juden, weil das Grab nahe war.

Auch die Grablegungstradition Mk 15,42–47Parr zeigt bei Joh besondere Züge. Angehörige der Oberschicht und zwar ein Christ (Joseph von Arimathäa, der zum weiteren Jüngerkreis Jesu gerechnet wird, vgl. 6,60.66) und ein Jude (Nikodemus, vgl. 3,1 ff.; 7,50; 12,42) bereiten Jesus ein königliches Begräbnis mit einer herrschaftlichen Einbalsamierung. Dazu verwenden sie eine verschwenderische Fülle von aromatischen Harzen und Pulvern (ca. 33 kg nach heutigem Gewicht) als Ausdruck ihrer Verehrung. Zum Furchtmotiv in V. 38 vgl. 7,13; 9,22; 20,19.

Jesu Auferstehung (Kap. 20)

Obwohl Joh Jesu Kreuzigung als Erhöhung und Verherrlichung (vgl. 12,32f.; 13,31f.) und Jesu Weg als Herabsteigen und Hinaufsteigen des Menschensohnes (vgl. 3,13; 6,62) versteht, bringt er doch Ostergeschichten, die Berührungen mit der synoptischen Tradition zeigen. Insofern rechnet Joh mit einer Zwischenzeit zwischen Jesu Tod und seinem endgültigen Bleiben beim Vater (vgl. 20,17). Diese Zwischenzeit stellt darum eine Übergangszeit dar, in der bereits auf die Situation der Gemeinde nach Jesu Rückkehr zum Vater geblickt wird. Nach V. 1.19.26 erscheint Jesus jeweils am Sonntag inmitten seiner Jünger. Offensichtlich soll damit gesagt werden, daß die bleibende Heilsgegenwart des erhöhten Herrn seiner am Sonntag im Gottesdienst versammelten Gemeinde zuteil wird. Sie erhält wie in Mt 28,19; Mk 16,15; Lk 24,47 den Sendungsauftrag (V. 21). Indem ihr vom Erhöhten zugleich der heilige Geist samt der Schlüsselgewalt (zu V. 23 vgl. Hes 36,25–27; Mt 16,19; 18,18) als der Vollmacht zur Sündenvergebung verliehen wird, fallen hier Ostern und Pfingsten zusammen. Die Anbetung der Gemeinde gebührt dem auferstandenen Gekreuzigten als »dem Herrn«. Den Höhepunkt des Joh bildet demzufolge das Bekenntnis des Thomas zu Jesu Gottheit (V. 28). Damit bringt Thomas zum Ausdruck, daß er den Sinn von Jesu Kreuzestod begriffen hat. Jesu Gottheit (vgl. 1,1ff.; 10,30) ist der Inhalt des Bekenntnisses der durch Christus mit Gott in Gemeinschaft lebenden Gemeinde, in der sich die mit Jesus begonnene Verherrlichung Gottes vollendet (vgl. 15,8; 17,22). Das für Joh zentrale Wort in V. 29 enthält eine für alle künftigen Generationen gültige Belehrung über den rechten Osterglauben: Jesus will sich den Menschen nicht durch Erscheinungen und Zeichen, sondern durch das in der Gemeinde verkündigte Wort (vgl. 15,26f.) als der Lebendige und Lebenschaffende bezeugen. Der Gemeinde, die Jesus Christus nicht mehr leiblich sehen kann, gilt also nicht weniger das Heil als den damaligen Augenzeugen. V. 30f. bilden den ursprünglichen Schluß des Joh (vgl. 2Jh 12; 3Jh 13), der den Zweck dieses Buches angibt. Ziel ist der Glaube, wie er in dem Bekenntnis V. 28 Gestalt gefunden hat.

Der Ostermorgen

(Mt 28,1-10; Mk 16,1-8; Lk 24,1-12)

20 Am ersten Tag der Woche kommt Maria von Magdala früh, als es noch finster war, zum Grab und sieht, daß der Stein vom Grab weg war. [2] Da läuft sie und kommt zu Simon Petrus und zu dem andern Jünger, den Jesus lieb hatte, und spricht zu ihnen: Sie haben den Herrn weggenommen aus dem Grab, und wir wissen nicht, wo sie ihn hingelegt haben. [3] Da ging Petrus und der andere Jünger hinaus, und sie kamen zum Grab. [4] Es liefen aber die zwei miteinander, und der andere Jünger lief voraus, schneller als Petrus, und kam zuerst zum Grab, [5] schaut hinein und sieht die Leinentücher liegen; er ging aber nicht hinein. [6] Da kam Simon Petrus ihm nach und ging in das Grab hinein und sieht die Leinentücher liegen, [7] aber das Schweißtuch, das Jesus um das Haupt gebunden war, nicht bei den Leinentüchern liegen, sondern daneben, zusammengewickelt an einem besonderen Ort. [8] Da ging auch der andere Jünger hinein, der zuerst zum Grab gekommen war, und sah und glaubte. [9] Denn sie verstanden die Schrift noch nicht, daß er von den Toten auferstehen müßte. [10] Da gingen die Jünger wieder heim.

Zwischen V. 1 f. und V. 11–18 steht die Episode mit Petrus (zu V. 3–10 vgl. Lk 24,12.24). In diese ist auch die Gestalt des Lieblingsjünger (vgl. zu 13,21–30) eingefügt, woraus sich die Spannung zwischen V. 9 und V. 8 erklärt. Beide Begebenheiten veranschaulichen die Bewegung vom Unglauben (vgl. das »Wir« in V. 2) zum Glauben (vgl. V. 8.16–18). Als erster Glaubender – und damit als Vorbild für alle späteren Gläubigen – gilt der Lieblingsjünger (V. 8), der ohne Schriftbeweise und sichtbare Erscheinungen zum Glauben kommt (vgl. 20,29). Der 1Ko 15,4; Lk 24,34 als erster Auferstehungszeuge erwähnte Petrus betritt zwar als erster das Grab, sieht aber dort nur die Zeichen des Todes (V. 6 f.). Maria von Magdala wird überhaupt erst dadurch, daß der Auferstandene sie mit ihrem Namen anredet, gläubig (V. 16–18). Auf diese Weise gibt sich ihr Jesus als der gute Hirte, der die Seinen mit Namen nennt (10,3), zu erkennen. – Durch V. 17 wird verdeutlicht, daß nun die frühere Form des Umgangs mit Jesus aufgehört hat (anders Lk 24,28ff.; Mt 28,9); denn er geht zum Vater. Sein Weg vom Kreuz zum Vater als der Grundlage des Heils soll von Maria verkündigt werden. In Ostern gründet es, daß die Glaubenden zu Jesu »Brüdern« wurden und Gott »euer Gott« geworden ist. In V. 18 begegnet das eigentliche Osterbekenntnis: das Bekenntnis zu Jesus als »dem Herrn« (vgl. V. 20.25.28; Rö 10,9; 1 Ko 12,3; Phl 2,11).

Maria von Magdala

[11] Maria aber stand draußen vor dem Grab und weinte. Als sie nun weinte, schaute sie in das Grab [12] und sieht zwei Engel in weißen Gewändern sitzen, einen zu Häupten und den andern zu den Füßen, wo sie den Leichnam Jesu hingelegt hatten. [13] Und die sprachen zu ihr: Frau, was weinst du? Sie spricht zu ihnen: Sie haben meinen Herrn weggenommen, und ich weiß nicht, wo sie ihn hingelegt haben. [14] Und als sie das sagte, wandte sie sich um und sieht Jesus stehen und weiß nicht, daß es Jesus ist. [15] Spricht Jesus zu ihr: Frau, was weinst du? Wen suchst du? Sie meint, es sei der Gärtner, und spricht zu ihm: Herr, hast du ihn weggetragen, so sage mir, wo du ihn hingelegt hast; dann will ich ihn holen. [16] Spricht Jesus zu ihr: Maria! Da wandte sie sich

um und spricht zu ihm auf hebräisch: Rabbuni!, das heißt: Meister! [17] Spricht Jesus zu ihr: Rühre mich nicht an! denn ich bin noch nicht aufgefahren zum Vater. Geh aber hin zu meinen Brüdern und sage ihnen: Ich fahre auf zu meinem Vater und zu eurem Vater, zu meinem Gott und zu eurem Gott. [18] Maria von Magdala geht und verkündigt den Jüngern: Ich habe den Herrn gesehen, und das hat er zu mir gesagt.

Die Vollmacht der Jünger

(Mk 16,14-18; Lk 24,36-49)

[19] Am Abend aber dieses ersten Tages der Woche, als die Jünger versammelt und die Türen verschlossen waren aus Furcht vor den Juden, kam Jesus und trat mitten unter sie und spricht zu ihnen: Friede sei mit euch! [20] Und als er das gesagt hatte, zeigte er ihnen die Hände und seine Seite. Da wurden die Jünger froh, daß sie den Herrn sahen. [21] Da sprach Jesus abermals zu ihnen: *Friede sei mit euch! Wie mich der Vater gesandt hat, so sende ich euch.* [22] Und als er das gesagt hatte, blies er sie an und spricht zu ihnen: *Nehmt hin den heiligen Geist!* [23] *Welchen ihr die Sünden erlaßt, denen sind sie erlassen; und welchen ihr sie behaltet, denen sind sie behalten.*

Thomas

[24] Thomas aber, der Zwilling genannt wird, einer der Zwölf, war nicht bei ihnen, als Jesus kam. [25] Da sagten die andern Jünger zu ihm: Wir haben den Herrn gesehen. Er aber sprach zu ihnen: Wenn ich nicht in seinen Händen die Nägelmale sehe und meinen Finger in die Nägelmale lege und meine Hand in seine Seite lege, kann ich's nicht glauben. [26] Und nach acht Tagen waren seine Jünger abermals drinnen versammelt, und Thomas war bei ihnen. Kommt Jesus, als die Türen verschlossen waren, und tritt mitten unter sie und spricht: *Friede sei mit euch!* [27] Danach spricht er zu Thomas: Reiche deinen Finger her und sieh meine Hände und reiche deine Hand her und lege sie in meine Seite, und sei nicht ungläubig, sondern gläubig! [28] Thomas antwortete und sprach zu ihm: *Mein Herr und mein Gott!* [29] Spricht Jesus zu ihm: Weil du mich gesehen hast, Thomas, darum glaubst du. *Selig sind, die nicht sehen und doch glauben!*

[30] Noch viele andere Zeichen tat Jesus vor seinen Jüngern, die nicht geschrieben sind in diesem Buch. [31] Diese aber sind geschrieben, damit ihr glaubt, daß Jesus der Christus ist, der Sohn Gottes, und damit ihr durch den Glauben das Leben habt in seinem Namen.

Auf eine Erscheinung vor einzelnen (V. 1–18) folgt wie in 1Ko 15,5ff. eine solche vor den Jüngern (V. 19–23), an die sich wieder eine vor einem einzelnen Jünger anschließt (V. 24–29). V. 19–23 klingen zwar an Lk 24,36–49 an, wollen aber nicht Jesu Auferstehungsleiblichkeit, sondern die Identität des Auferstandenen mit dem Gekreuzigten (V. 20) unterstreichen. Der Ort des Geschehens wird nicht angegeben, nach 19,41; 20,1 wäre an Jerusalem zu denken. Der Hinweis auf die Furcht vor den Juden (zu V. 19 vgl. 7,13; u. ö.) akzentuiert den Unglauben der Jünger, der erst durch Jesu Gegenwart und Zuspruch überwunden wird. Damit erfüllen sich hier die Verheißungen der Parakletsprüche 14,16ff. 26f.; 15,26; 16,7ff.13. Friede und Freude sind die Frucht von Jesu Sterben, die seiner Gemeinde gelten. V. 24–29 sind Sondergut. Auch hier geht es um die Bewegung vom Unglauben zum Glauben; denn Thomas wurde bereits in 11,16 als ungläubig geschildert. Zur Bedingung des Glaubens macht Thomas das Sehen und Betasten der Leidensmerkmale Jesu. Indem sich Jesus ihm ganz besonders zuwendet und auf seine Bitte eingeht, erkennt Thomas, daß der zu ihm redende Erhöhte kein anderer ist als der Gekreuzigte. Weil es hier um die Erkenntnis und die Verkündigung von Jesu Liebe geht, die Tod und Unglauben überwindet, wird nicht vom Vollzug einer Berührung berichtet. Jesu Zusage wirkt bereits den Glauben.

NACHTRAG (KAP. 21)

Da 20,30f. eindeutig einen Beschluß anzeigen, muß Kap. 21 Nachtrag sein. Wie sich aus 21,20–25 ergibt, soll der Lieblingsjünger als der Verfasser des Joh gelten, dessen Tod bereits vorausgesetzt wird. Der vierte Evangelist wäre danach mit dem Lieblingsjünger identisch, Kap. 21 ginge auf einen seiner Schüler zurück. Wer jedoch dieser Lieblingsjünger wirklich war, wird auch hier nicht gesagt. Über den Verfasser des vierten Evangeliums lassen sich darum keine genauen Angaben machen. In den in Kap. 21 berichteten Begebenheiten (V. 1–14.15–23) steht Simon Petrus im Mittelpunkt, dem aber in V. 7.20–23 der Lieblingsjünger vorgeordnet wird (vgl. 13,23–26; 20,2–8). Simon Petrus hat nur für die Zeit bis zu seinem Martyrium Bedeutung, dem Lieblingsjünger wird dagegen bleibende Bedeutung verheißen. Sein Zeugnis, wie es im Joh schriftlich niedergelegt ist, gilt für alle Zeiten.

Der Auferstandene am See Tiberias

21 Danach offenbarte sich Jesus abermals den Jüngern am See Tiberias. Er offenbarte sich aber so: [2]Es waren beieinander Simon Petrus und Thomas, der Zwilling genannt wird, und Nathanael aus Kana in Galiläa und die Söhne des Zebedäus und zwei andere seiner Jünger. [3]Spricht Simon Petrus zu ihnen: Ich will fischen gehen. Sie sprechen zu ihm: So wollen wir mit dir gehen. Sie gingen hinaus und stiegen in das Boot, und in dieser Nacht fingen sie nichts. [4]Als es aber schon Morgen war, stand Jesus am Ufer, aber die Jünger wußten nicht, daß es Jesus war. [5]Spricht Jesus zu ihnen: Kinder, habt ihr nichts zu essen? Sie antworteten ihm: Nein. [6]Er aber sprach zu ihnen: Werft das Netz aus zur Rechten des Bootes, so werdet ihr finden. Da warfen sie es aus und konnten's nicht mehr ziehen wegen der Menge der Fische. [7]Da spricht der Jünger, den Jesus lieb hatte, zu Petrus: Es ist der Herr! Als Simon Petrus hörte, daß es der Herr war, gürtete er sich das Obergewand um, denn er war nackt, und warf sich ins Wasser. [8]Die andern Jünger aber kamen mit dem Boot, denn sie waren nicht fern vom Land, nur etwa zweihundert Ellen, und zogen das Netz mit den Fischen. [9]Als sie nun ans Land stiegen, sahen sie ein Kohlenfeuer und Fische darauf und Brot. [10]Spricht Jesus zu ihnen: Bringt von den Fischen, die ihr jetzt gefangen habt! [11]Simon Petrus stieg hinein und zog das Netz an Land, voll großer Fische, hundertdreiundfünfzig. Und obwohl es so viele waren, zerriß doch das Netz nicht. [12]Spricht Jesus zu ihnen: Kommt und haltet das Mahl! Niemand aber unter den Jüngern wagte, ihn zu fragen: Wer bist du? Denn sie wußten, daß es der Herr war. [13]Da kommt Jesus und nimmt das Brot und gibt's ihnen, desgleichen auch die Fische. [14]Das ist nun das dritte Mal, daß Jesus den Jüngern offenbart wurde, nachdem er von den Toten auferstanden war.

Auf die in und um Jerusalem zentralisierten Ostergeschichten von Kap. 20 folgen jetzt in Galiläa lokalisierte Erscheinungsberichte (vgl. Mt 28,16–20). Mit dem »See Tiberias« ist der See Genezareth gemeint. Von den »Söhnen des Zebedäus« (V. 2) ist in Joh 1–20 nie die Rede (vgl. Mk 1,19.29; 10,35Parr). Das Fischfangwunder berührt sich mit Lk 5,1–11 und symbolisiert die Arbeit der Jünger als Menschenfischer. Fraglich ist allerdings, was die Zahl 153 bedeuten soll. V. 4 erinnert an 20,14 und Lk 24,16, enthält also einen typischen Zug der Ostergeschichten. Jesu Bitte (V. 5) berührt sich mit Lk 24,41. Die rechte Seite nach antiker Auffassung ist die Glücksseite (vgl. Mt 25,33). Wie in 20,8 erweist sich auch in 21,7 der unvermittelt eingeführte Lieblingsjünger als der Glaubende, der dem Petrus zuvorkommt. V. 9 berichtet ein Mahlwunder, das in V. 12f. seine Fortsetzung findet: Jesus betätigt sich als Gastgeber und lädt seine Jünger zum Mahl ein, das wunderbarerweise für sie bereitet ist. Daran erkennen sie Jesus als »den Herrn« (zu V. 12 vgl. Lk 24,30f.). V. 13 spielt direkt auf das Abendmahl an, in dem sich die Gemeinschaft mit dem Erhöhten ereignet (vgl. Apg 10,41). Indem die Einsetzung dieses Mahles auf den Erhöhten zurückgeführt wird, macht sich die Erinnerung geltend, daß das Abendmahl eine nachösterliche Einrichtung ist, die auf das vollendete Heilswerk Jesu zurückschaut und daran Anteil gewährt.

Petrus und Johannes

[15]Als sie nun das Mahl gehalten hatten, spricht Jesus zu Simon Petrus: Simon, Sohn des Johannes, hast du mich lieber, als mich diese haben? Er spricht zu ihm: Ja, Herr, du weißt, daß ich dich lieb habe. Spricht Jesus zu ihm: Weide meine Lämmer! [16]Spricht er zum zweiten Mal zu ihm: Simon, Sohn des Johannes, hast du mich lieb? Er spricht zu

Auf die Übertragung der Gemeindeleitung an Petrus (V. 15–17; vgl. Mt 16,17–19) folgt ein Abschnitt (V. 18–25; Sondergut), der die bleibende Autorität des Lieblingsjüngers hervorhebt. Die Vorrangstellung des Petrus (vgl. Lk 24,34; 1Ko 15,5)

ihm: Ja, Herr, du weißt, daß ich dich lieb habe. Spricht Jesus zu ihm: Weide meine Schafe! [17]Spricht er zum dritten Mal zu ihm: Simon, Sohn des Johannes, hast du mich lieb? Petrus wurde traurig, weil er zum dritten Mal zu ihm sagte: Hast du mich lieb?, und sprach zu ihm: Herr, du weißt alle Dinge, du weißt, daß ich dich lieb habe. Spricht Jesus zu ihm: Weide meine Schafe!

[18]Wahrlich, wahrlich, ich sage dir: Als du jünger warst, gürtetest du dich selbst und gingst, wo du hin wolltest; wenn du aber alt wirst, wirst du deine Hände ausstrecken, und ein anderer wird dich gürten und führen, wo du nicht hin willst. [19]Das sagte er aber, um anzuzeigen, mit welchem Tod er Gott preisen würde. Und als er das gesagt hatte, spricht er zu ihm: Folge mir nach!

[20]Petrus aber wandte sich um und sah den Jünger folgen, den Jesus lieb hatte, der auch beim Abendessen an seiner Brust gelegen und gesagt hatte: Herr, wer ist's, der dich verrät? [21]Als Petrus diesen sah, spricht er zu Jesus: Herr, was wird aber mit diesem? [22]Jesus spricht zu ihm: Wenn ich will, daß er bleibt, bis ich komme, was geht es dich an? Folge du mir nach! [23]Da kam unter den Brüdern die Rede auf: Dieser Jünger stirbt nicht. Aber Jesus hatte nicht zu ihm gesagt: Er stirbt nicht, sondern: Wenn ich will, daß er bleibt, bis ich komme, was geht es dich an?

[24]Dies ist der Jünger, der dies alles bezeugt und aufgeschrieben hat, und wir wissen, daß sein Zeugnis wahr ist. [25]Es sind noch viele andere Dinge, die Jesus getan hat. Wenn aber eins nach dem andern aufgeschrieben werden sollte, so würde, meine ich, die Welt die Bücher nicht fassen, die zu schreiben wären.

wird dabei vorausgesetzt und die Wichtigkeit der ihm übertragenen kirchlichen Leitungsfunktion (zum Hirtenamt vgl. Apg 20,28; 1Pt 5,2) durch die dreimalige feierliche Wiederholung der Frage in V. 15.16.17 unterstrichen. In V. 18f. wird auf 13,36 Bezug genommen: Petrus wird wie Jesus den Märtyrertod erleiden. Nach V. 21f. wird der Lieblingsjünger den Petrus überleben (mit dem »Kommen« ist in V. 22 Jesu Wiederkunft am Ende der Tage gemeint, vgl. 1Jh 2,28). In V. 23 ist dagegen vorausgesetzt, daß der Lieblingsjünger zwar den Petrus überlebt hat, doch inzwischen ebenfalls verstorben ist. In V. 24f. gilt der Lieblingsjünger als Verfasser des Evangeliums. Demnach kommt die dem Petrus verliehene und nach dessen Tod auf den Lieblingsjünger übergegangene Autorität nun dem vierten Evangelium zu. V. 25 stellt eine Weiterbildung des ursprünglichen Schlusses 20,30f. dar.

DIE APOSTELGESCHICHTE DES LUKAS

Die Apostelgeschichte ist die Fortsetzung des Lukasevangeliums und stammt von demselben Verfasser. Sie will den unaufhaltsamen Siegeszug des Wortes Gottes von Jerusalem bis an die Enden der Erde schildern (1,8). Die Apg verkündigt mit Stilformen, die aus der antiken Geschichtsschreibung entlehnt sind (vor allem durch die Einfügung großer Reden), das Heil Gottes in der Geschichte der christlichen Gemeinde. Als theologischer Entwurf einer Heilsgeschichte unterscheidet sich die Apg von allen anderen Schriften im NT und hat auch keine Nachahmung gefunden. Insofern dient sie weniger historischem als vielmehr theologischem Anliegen.

Ein solcher Entwurf setzt einen grundlegenden Wandel im Geschichtsverständnis voraus: Die Gegenwart ist nicht mehr schon angebrochene Endzeit, wie bei Paulus und der ersten Generation von Christen. Sie ist eine eigene Epoche, die Zeit der Mission der Kirche. Die Apg überwindet so die Frage nach dem Ausbleiben der Wiederkunft Christi. Das Reich Gottes wird gewiß kommen, aber der Zeitpunkt ist unerforschlich und unwichtig. Die Aufgabe dieser Zeit ist die weltweite Mission. Dabei ist wichtig, daß die Kirche getreu an ihren Anfängen festhält. Deshalb behauptet Lk, alle Taten und Worte Jesu überliefert zu haben (1,1) und damit am Ende des Überlieferungsprozesses zu stehen. Der Unterschied von »echten« (kanonischen) und »unechten« (apokryphen) Worten und Taten Jesu ist schon ins Bewußtsein getreten. Die Beschränkung auf eine Darstellung der Anfänge der Kirche zeigt, daß diese als heilige Vergangenheit Norm für die Gegenwart ist. Indem Lk seine eigene Zeit davon abhebt, erweist er sich als Sprecher einer neuen Epoche.

In der Apg begegnen uns immer wieder vier theologische Grundgedanken:

1. Die Geschichte verläuft nach Gottes Plan. Alle bedeutenden Entscheidungen werden von ihm selbst gefällt; die Apostel und Paulus sind nur Werkzeuge (vgl. Kap. 2; 10; 16,9). Die sichtbaren Zeichen für Gottes Führung sind die Wunder.

2. Weil es eine Geschichte Gottes ist, darf es keine trennenden Unterschiede, wie sie gelegentlich durch die von Lk benutzten Quellen durchschimmern (Apg 6,1–7; 8,14–17; 15), geben. Die ersten Christen lebten nicht nur in geistiger Eintracht (die Reden von Petrus, Paulus und Jakobus zeigen keine Unterschiede), sondern auch in Gütergemeinschaft.

3. Die Geschichte Gottes verläuft geradlinig. Darum wird betont, daß die Christen das Erbe des Volkes Gottes antreten. Den Juden gilt die Botschaft zuerst. An allen Orten gehen die Missionare zuerst in die Synagoge, werden aber immer wieder abgelehnt. Allein darum zieht Paulus den Schluß: Dieses Volk ist verstockt. Nun dient die weitere Arbeit nur den Heiden (28,28). Die Einheitlichkeit wird auch geographisch verdeutlicht: Alle Ostererscheinungen geschehen in der heiligen Stadt Jerusalem. Dort wird die Kirche gegründet, die Entscheidung zur Heidenmission gefällt und Paulus zur Mission unter den Heiden berufen (21,17–21). Die in Jerusalem ansässigen Apostel bilden das Bindeglied zwischen Jesus und der Kirche und garantieren die Zuverlässigkeit der Überlieferung. Die Kirche ist darum für Lk apostolische Kirche.

4. Der Gedanke, Erbe des Volkes Israel zu sein, ist verknüpft mit dem Anliegen der Verteidigung des Christentums gegenüber dem römischen Staat. Alle Anklagen gegen Christen gehen von Juden aus. Nur sie wollen das Christentum vom Judentum lösen. Bei allen Konflikten zwischen Paulus und den römischen Beamten (Sergius Paulus, Gallio, Klaudius, Lysias, Felix, Festus, Julius) überzeugen sich diese von der Unschuld des Paulus. Damit will Lk offensichtlich den Römern ermöglichen, das Christentum als Sonderform des Judentums anzuerkennen und ihm die gleichen Rechte und Privilegien zu gewähren. In den letzten Verteidigungsreden empfiehlt Paulus das Christentum als die wahre Religion, die auch dem römischen Staat nützlich sei. Lk läßt Paulus so auftreten wie er es sich wünscht, daß sich Christen vor römischen Behörden verteidigen sollten.

Das Paulusbild zeigt die theologischen Leitlinien der Apg besonders deutlich. Der fanatische Christenverfolger wird von Christus überwunden und zum Heidenmissionar berufen. Er weilt mehrmals in Jerusalem und hält engen Kontakt zu den Aposteln. Er verkündigt die gleiche Botschaft, wie sie die 12 Apostel gelehrt haben (13,31f.). Vom leidenschaftlichen Kampf des Paulus um die gesetzesfreie Heidenmission, um die Anerkennung seines Apostolats und gegen judenchristliche Gegner, die seine Arbeit untergraben wollen (Gal; Phl; 2Ko), hören wir in der Apg nichts. Stattdessen hält Paulus sich auch als Christ zur »allerstrengsten Richtung« des Judentums (26,5), läßt Timotheus beschneiden (16,3) und löst Nasiräer aus (21,18–26). Damit will Lk jedes Mißverständnis ausräumen, Paulus sei ein Gegner des jüdischen Glaubens. Das Martyrium des Paulus wird in der Apg nicht erwähnt (vgl. zu 28,17–31). Überhaupt hat Lk die Leidenserfahrungen und Anfechtungen des Glaubens in den Hintergrund gerückt. Lk weiß wohl, daß Paulus viel leiden mußte (9,16). Er zeichnet Paulus als unwiderstehlichen Verkündiger und Wundertäter, der allen Feinden des Christentums überlegen ist. Dieses Paulusbild war lange Zeit wirksamer als der Paulus, wie er sich uns in seinen eigenen Briefen als der kühne Theologe und angefochtene Mensch enthüllt. Der wirkliche Paulus war weder ein großer Redner (1Ko 2,1–5), noch ein großer Wundertäter (vgl. zu 2Ko 12,11ff.), noch wurde er spielend leicht mit Gegnern fertig (vgl. vor allem 2Ko 10–13).

Dieses Paulusbild läßt in bezug auf die Verfasserschaft nur den Schluß zu: Die Apg kann nicht von jemand geschrieben sein, der auch nur zum weiteren Mitarbeiterkreis des Paulus gehört hat. Außerdem kann er keine Paulusbriefe gekannt haben. Gal 1–2 stehen in unausgleichbaren Widersprüchen zur Darstellung der Apg von den Anfängen des Paulus und dem Apostelkonzil. Der Verfasser der Apg ist ein großer Verehrer des Paulus gewesen, aber er stand dieser Zeit mit ihren wirklichen Kämpfen schon erheblich fern. Man wird die Abfassungszeit der Apg auf 90 n. Chr. ansetzen müssen und den Abfassungsort fern von dem Raum suchen, an dem etwa zu gleicher Zeit die Paulusbriefe gesammelt wurden. Vielleicht darf man an Rom denken, denn diese Stadt ist das Ziel des Wirkens des Paulus. In Rom fällt Paulus die endgültige Entscheidung für die alleinige Heidenmission. Man kann sich kaum einen Verfasser außerhalb Roms oder Italiens denken, der diese Stadt zum Zielort des Wirkens der ersten, die ganze weitere Geschichte bestimmenden Mission gemacht hätte. Bei der Frage nach Quellen der Apg ist Folgendes zu bedenken:

1. Die ganze Apg ist sprachlich wie sachlich aus einem Guß
2. Es gab keine zusammenhängenden Berichte über die Anfänge der Kirche, die Lk hätte benutzen können.
3. Ohne Quellen im weiteren Sinne kann aber eine geschichtliche Darstellung nicht unternommen werden. Es schimmern auch Quellen durch (vor allem die »Wir-Stücke« bei den Paulusreisen z. B. zwischen 16,10–21,15), die sich aber nie klar abgrenzen lassen.
4. Gemeindearchive gab es noch nicht. Die ersten Christen lebten in der Hoffnung auf die baldige Wiederkunft Christi und waren darum nicht an der Sammlung von Dokumenten ihrer eigenen Geschichte interessiert.

In Erwägung aller dieser Faktoren könnte sich für die Entstehung der Apg folgendes Bild ergeben: Lk unterrichtete brieflich Gemeinden von seinem Plan, eine Geschichte von den Anfängen der Kirche zu schreiben und bat sie um Informationen. Jerusalem war schon zerstört. So konnte er sich nur an die Gemeinden in Antiochia, Cäsarea, Philippi, Korinth usw. wenden. Er hat wohl Antworten mit historischen Erinnerungen und überlieferten Geschichten bekommen. Trotz der Unterschiede im Paulusbild stimmen einzelne Details der Reisen mit der Darstellung in den Paulusbriefen überein. Das ließe sich am besten so erklären, wenn die Informationen auf die Erinnerungen eines alten Mannes zurückgehen, der ein Begleiter des Paulus gewesen ist. Aus dem Abstand von 30–40 Jahren schrieb er nun auf die Bitte des Verfassers der Apg ein Stationsverzeichnis mit ein paar Denkwürdigkeiten nieder. Lk hat dieses Material dankbar, aber sehr frei benutzt. So ist die Apg als ganze kein Dokument der Frühzeit, sondern das einer Generation, die in Besinnung auf die Werte der Vergangenheit ihren eigenen Standort in der Welt bestimmen will.

Christi Himmelfahrt

1 Den ersten Bericht habe ich gegeben, lieber Theophilus, von all dem, was Jesus von Anfang an tat und lehrte [2]bis zu dem Tag, an dem er aufgenommen wurde, nachdem er den Aposteln, die er erwählt hatte, durch den heiligen Geist Weisung gegeben hatte. [3]Ihnen zeigte er sich nach seinem Leiden durch viele Beweise als der Lebendige und ließ sich sehen unter ihnen vierzig Tage lang und redete mit ihnen vom Reich Gottes. [4]Und als er mit ihnen zusammen war, befahl er ihnen, Jerusalem nicht zu verlassen, sondern zu warten auf die Verheißung des Vaters, die ihr, so sprach er, von mir gehört habt; [5]denn Johannes hat mit Wasser getauft, ihr aber sollt mit dem heiligen Geist getauft werden nicht lange nach diesen Tagen.

[6]Die nun zusammengekommen waren, fragten ihn und sprachen: Herr, wirst du in dieser Zeit wieder aufrichten das Reich für Israel? [7]Er sprach aber zu ihnen: Es gebührt euch nicht, Zeit oder Stunde zu wissen, die der Vater in seiner Macht bestimmt hat; [8]aber *ihr werdet die Kraft des heiligen Geistes empfangen, der auf euch kommen wird, und werdet meine Zeugen sein* in Jerusalem und in ganz Judäa und Samarien und bis an das Ende der Erde.

[9]Und als er das gesagt hatte, wurde er zusehends aufgehoben, und eine Wolke nahm ihn auf vor ihren Augen weg. [10]Und als sie ihm nachsahen, wie er gen Himmel fuhr, siehe, da standen bei ihnen zwei Männer in weißen

Die Darstellung des Ostergeschehens weist einige im NT singuläre Züge auf. Die Erscheinungen Jesu werden: 1. zeitlich begrenzt (zur heiligen Zahl 40 vgl. z. B. 2Mo 16,35; anders Lk 24,51); 2. räumlich auf die heilige Stadt Jerusalem beschränkt (anders Mk14,28; 16,7; Mt 28,16; Joh 21,1); 3. von späteren Christuserscheinungen durch die Leiblichkeit (essen und trinken mit den Jüngern) unterschieden. Darum kann Paulus für Lk (entgegen 1Ko 15,8) kein Zeuge der Auferstehung sein (vgl. zu 9,1–19). Die Abschiedsworte (V. 7f.) Jesu bestimmen den geschichtlichen Standort und die Aufgabe der Kirche. Die Ausgießung des Geistes ist nicht Beginn des Endgeschehens, sondern die Gabe für die Kirche, um den Auftrag zur Weltmission durchzuführen. Die vorsichtige Darstellung der Himmelfahrt will einerseits den Glauben an die Wiederkunft Jesu trotz des ungewissen Zeitpunktes stärken (V. 11b); andrerseits will sie erklären: Statt auf eine bessere Zukunft zu blicken, sollen sich die Jünger Jesu der Welt zuwenden. Die Spanne zwischen

Himmelfahrt und Pfingsten wird als Vorbereitungszeit auf den Geistempfang verstanden. Zu dem Kreis der Ostergemeinde gehören außer den elf Jüngern auch die Frauen, die bei Lk eine besondere Rolle spielen (vgl. dazu Lk 8,2 f.; 23, 49.55; 24,10) und die Familie Jesu. Die Ablehnung Jesu durch seine Familie (Mk 3,20 f.) hat Lk nicht überliefert. Auch Mk 3,31–35 ist in Lk 8,19–21 so umgestaltet, daß der Unterschied zwischen leiblicher und geistiger Familie aufgehoben ist. Zu V. 1 vgl. die Einl.

Gewändern. [11] Die sagten: Ihr Männer von Galiläa, was steht ihr da und seht zum Himmel? Dieser Jesus, der von euch weg gen Himmel aufgenommen wurde, wird so wiederkommen, wie ihr ihn habt gen Himmel fahren sehen.

[12] Da kehrten sie nach Jerusalem zurück von dem Berg, der heißt Ölberg und liegt nahe bei Jerusalem, einen Sabbatweg entfernt. [13] Und als sie hineinkamen, stiegen sie hinauf in das Obergemach des Hauses, wo sie sich aufzuhalten pflegten: Petrus, Johannes, Jakobus und Andreas, Philippus und Thomas, Bartholomäus und Matthäus, Jakobus, der Sohn des Alphäus, und Simon der Zelot und Judas, der Sohn des Jakobus. [14] Diese alle waren stets beieinander einmütig im Gebet samt den Frauen und Maria, der Mutter Jesu, und seinen Brüdern.

Die Nachwahl des zwölften Apostels

Die Zeit zwischen Himmelfahrt und Pfingsten füllt Lk mit der Geschichte von der Nachwahl aus. Lk nennt als eindeutige Merkmale eines Apostels: 1. Er ist Zeuge des Lebens Jesu von der Johannestaufe bis zur Himmelfahrt. 2. Er wird berufen. Das Losen soll zeigen, daß die Entscheidung zur Erwählung Gott vorbehalten bleibt. 3. Er hat als Augenzeuge für zuverlässige Weitergabe der Überlieferung zu sorgen. Deshalb können für Lk nur die Zwölf als Apostel gelten, während Paulus noch mit vielen Aposteln rechnete (1 Ko 15,7). Diese zwölf Apostel stellen für Lk die einzig legitime Kirchenleitung dar. – Eingebettet in diese Geschichte ist eine Erzählung vom Ende des Judas. Dessen rätselhaftes Verhalten wird durch den Schriftbeweis (V. 16) verstehbar: Er mußte so handeln, weil es in der Schrift, der Urkunde des Willens Gottes, so vorausgesagt war (vgl. Mk 14,21 Parr). Auch das Ende des Judas wird mit den Worten der Schrift (V. 20) erklärt. Die beiden Psalmworte sind ursprünglich Gebetsflüche des unschuldig Verfolgten gegenüber seinen Peinigern gewesen. Die Unterschiede zu Mt 27,3–10 weisen darauf hin, daß sich verschiedene Legenden um das Ende des Judas rankten. Mt erzählt das Ende als Selbstmord, Lk als Gericht Gottes.

[15] Und in den Tagen trat Petrus auf unter den Brüdern – es war aber eine Menge beisammen von etwa hundertzwanzig – und sprach: [16] Ihr Männer und Brüder, es mußte das Wort der Schrift erfüllt werden, das der heilige Geist durch den Mund Davids vorausgesagt hat über Judas, der denen den Weg zeigte, die Jesus gefangennahmen; [17] denn er gehörte zu uns und hatte dieses Amt mit uns empfangen. [18] Der hat einen Acker erworben mit dem Lohn für seine Ungerechtigkeit. Aber er ist vornüber gestürzt und mitten entzwei geborsten, so daß alle seine Eingeweide hervorquollen. [19] Und es ist allen bekannt geworden, die in Jerusalem wohnen, so daß dieser Acker in ihrer Sprache genannt wird: Hakeldamach, das heißt Blutacker. [20] Denn es steht geschrieben im Psalmbuch (Psalm 69,26; 109,8):

»Seine Behausung soll verwüstet werden,
und niemand wohne darin«,

und:

»Sein Amt empfange ein andrer.«

[21] So muß nun einer von diesen Männern, die bei uns gewesen sind die ganze Zeit über, als der Herr Jesus unter uns ein- und ausgegangen ist [22] – von der Taufe des Johannes an bis zu dem Tag, an dem er von uns genommen wurde –, mit uns Zeuge seiner Auferstehung werden. [23] Und sie stellten zwei auf: Josef, genannt Barsabbas, mit dem Beinamen Justus, und Matthias, [24] und beteten und sprachen: Herr, der du aller Herzen kennst, zeige an, welchen du erwählt hast von diesen beiden, [25] damit er diesen Dienst und das Apostelamt empfange, das Judas verlassen hat, um an den Ort zu gehen, wohin er gehört. [26] Und sie warfen das Los über sie, und das Los fiel auf Matthias; und er wurde zugeordnet zu den elf Aposteln.

Das Pfingstwunder

2 Und als der Pfingsttag gekommen war, waren sie alle an *einem* Ort beieinander. [2]Und es geschah plötzlich ein Brausen vom Himmel wie von einem gewaltigen Wind und erfüllte das ganze Haus, in dem sie saßen. [3]Und es erschienen ihnen Zungen zerteilt, wie von Feuer; und er setzte sich auf einen jeden von ihnen, [4]und sie wurden alle erfüllt von dem heiligen Geist und fingen an, zu predigen in andern Sprachen,* wie der Geist ihnen gab auszusprechen. [5]Es wohnten aber in Jerusalem Juden, die waren gottesfürchtige Männer aus allen Völkern unter dem Himmel. [6]Als nun dieses Brausen geschah, kam die Menge zusammen und wurde bestürzt; denn ein jeder hörte sie in seiner eigenen Sprache reden. [7]Sie entsetzten sich aber, verwunderten sich und sprachen: Siehe, sind nicht diese alle, die da reden, aus Galiläa? [8]Wie hören wir denn jeder seine eigene Muttersprache? [9]Parther und Meder und Elamiter und die wir wohnen in Mesopotamien und Judäa, Kappadozien, Pontus und der Provinz Asien, [10]Phrygien und Pamphylien, Ägypten und der Gegend von Kyrene in Libyen und Einwanderer aus Rom, [11]Juden und Judengenossen, Kreter und Araber: wir hören sie in unsern Sprachen von den großen Taten Gottes reden. [12]Sie entsetzten sich aber alle und wurden ratlos und sprachen einer zu dem andern: Was will das werden? [13]Andere aber hatten ihren Spott und sprachen: Sie sind voll von süßem Wein.

Lk hat hier versucht, verschiedene Nachrichten aus der Anfangszeit über die Zungenrede (vgl. zu 1Ko 14) zu einem Sprachenwunder umzugestalten. Dies ist ihm im Blick auf die Einzelheiten nicht gelungen. In der Gesamtheit entsteht aber ein geschlossenes Bild. Um der theologischen Aussage willen sprengte Lk den Rahmen des historisch Möglichen: Kein Haus der Antike hätte eine solche Menschenmenge fassen können; in der Völkerliste werden z. B. Meder und Elamiter genannt, die es z. Z. des Lk nicht mehr gab. Die Erzählung will das Bekenntnis »ich glaube an eine heilige apostolische Kirche« veranschaulichen. Wichtigste Gedanken sind: 1. Die Kirche hat ihren Ursprung in einer Tat Gottes. 2. Der Kirche ist der Geist Gottes gegeben, der sie befähigt, das Evangelium allen Völkern auszurichten. 3. Als Weltkirche ist sie Erfüllung der Geschichte des Volkes Israel. – Da die Entscheidung zur Heidenmission für Lk erst später erfolgt (Kap. 10), nehmen hier stellvertretend die Juden der Länder die Rolle der weltweiten Zuhörerschaft ein.

Lk datiert das Geschehen auf das jüdische Wochenfest, das als Erntefest und Fest der Offenbarung der zehn Gebote am 50. Tag nach dem Passafest (5Mo 16,9) begangen wurde. Von dem Datum ist der Name bei den griechisch sprechenden Juden entstanden (»pentekoste« = 50. Tag). Von ihm ist das deutsche Wort Pfingsten abgeleitet.

Die Pfingstpredigt des Petrus

[14]Da trat Petrus auf mit den Elf, erhob seine Stimme und redete zu ihnen: Ihr Juden, liebe Männer und alle, die ihr in Jerusalem wohnt, das sei euch kundgetan, und laßt meine Worte zu euren Ohren eingehen! [15]Denn diese sind nicht betrunken, wie ihr meint, ist es doch erst die dritte Stunde am Tage; [16]sondern das ist's, was durch den Propheten Joël gesagt worden ist (Joël 3,1-5):

[17]»Und es soll geschehen in den letzten Tagen, spricht Gott,
da will ich ausgießen von meinem Geist auf alles Fleisch;
und eure Söhne und eure Töchter sollen weissagen,
und eure Jünglinge sollen Gesichte sehen,
und eure Alten sollen Träume haben;
[18]und auf meine Knechte und auf meine Mägde

Obwohl Lk die Überlieferung von der Zungenrede in ein Sprachenwunder verwandelt hat, nimmt er am Schluß der Pfingstgeschichte (V. 15) das Motiv der unverständlichen Zungenrede wieder auf. Indem Petrus den Vorwurf der Trunkenheit abwehrt, will er die Mißverständnisse (V. 13) über die urchristliche Geistesrede beseitigen. Die Deutung des Pfingstgeschehens erfolgt durch ein Schriftzitat: Durch dieses erscheint die Geistbegabung als die Ausgießung des prophetischen Geistes, der für die Endzeit verheißen ist. Die urchristliche Gemeinde versteht sich somit als das endzeitliche Volk Gottes. Für Lk ist die Zeit der

Kirche die Zeit des Geistes, und sie hebt sich dadurch von aller vorangegangenen Geschichte grundlegend ab. Lk hat das im Zitat Angekündigte auf schon vorangegangene Ereignisse bezogen: die Wunder (V. 19) auf Jesu Wundertaten (V. 22), den Tag des Herrn (V. 20) auf die Auferweckung (V. 24) und die rettende Anrufung Gottes (V. 21) auf das Bekenntnis der christlichen Gemeinde zu Jesus als dem Herrn. Diese Übertragung war allein mit dem griechischen Text möglich, der in V. 20 (Joel 3,4) das hebräische Wort für »schrecklich« irrtümlich mit »offenbarend« übersetzte. – Der Tod Jesu wird nur unter dem doppelten Gesichtspunkt gesehen: von Gott gewollt, von Menschen verschuldet. Der Gedanke, daß Jesus um der Sünde des Menschen willen (als Sühnopfer; vgl. Rö 3,25) gestorben ist, tritt bei Lk in den Hintergrund. Er klingt nur Apg 20,28 an. Die Auferweckung Jesu wird wieder mit einem atl. Wort begründet (V. 25–28). Der Dichter des Psalms sprach ursprünglich von der Gewißheit, daß Gott den Gerechten nicht vorzeitig sterben lassen, sondern ihm ein erfülltes langes Leben schenken wird. Die christliche Gemeinde bezog den Psalm auf den endzeitlichen König, den »Davidssohn« Jesus Christus. Diese Deutung beweist Petrus, indem er auf das allen Bewohnern Jerusalems bekannte Davidgrab hinweist. Da David gestorben ist, können sich seine Worte nur auf Jesus beziehen. Er allein blieb nicht im Grab. Das haben die zwölf Apostel gesehen. Das zu bezeugen, ist ihre Aufgabe. Die Auferweckung Jesu ist gleichbedeutend mit seiner Einsetzung zum Herrn der Gemeinde und der ganzen Welt (vgl. Mt 28,18). Der Geist, den er als der Erhöhte empfing, war keine für ihn nötige Gabe. Er war ihm nur zur Verteilung an die Gemeinde gegeben. Nachdem nun erklärt ist, wer Jesus wirklich war, wirkt der Vorwurf, ihn getötet zu haben, noch schwerer. Doch soll hier nicht verurteilt, sondern zur Buße gerufen werden.

will ich in jenen Tagen von meinem Geist ausgießen,
und sie sollen weissagen.
[19]Und ich will Wunder tun oben am Himmel
und Zeichen unten auf Erden,
Blut und Feuer und Rauchdampf;
[20]die Sonne soll in Finsternis
und der Mond in Blut verwandelt werden,
ehe der große Tag der Offenbarung des Herrn kommt.
[21]Und es soll geschehen:
wer den Namen des Herrn anrufen wird, der soll gerettet werden.«

[22]Ihr Männer von Israel, hört diese Worte: Jesus von Nazareth, von Gott unter euch ausgewiesen durch Taten und Wunder und Zeichen, die Gott durch ihn in eurer Mitte getan hat, wie ihr selbst wißt – [23]diesen Mann, der durch Gottes Ratschluß und Vorsehung dahingegeben war, habt ihr durch die Hand der Heiden ans Kreuz geschlagen und umgebracht. [24]Den hat Gott auferweckt und hat aufgelöst die Schmerzen des Todes, wie es denn unmöglich war, daß er vom Tode festgehalten werden konnte. [25]Denn David spricht von ihm (Psalm 16,8-11):

»Ich habe den Herrn allezeit vor Augen,
denn er steht mir zur Rechten, damit ich nicht wanke.
[26]Darum ist mein Herz fröhlich, und meine Zunge frohlockt;
auch mein Leib wird ruhen in Hoffnung.
[27]Denn du wirst mich nicht dem Tod überlassen
und nicht zugeben, daß dein Heiliger die Verwesung sehe.
[28]Du hast mir kundgetan die Wege des Lebens;
du wirst mich erfüllen mit Freude vor deinem Angesicht.«

[29]Ihr Männer, liebe Brüder, laßt mich freimütig zu euch reden von dem Erzvater David. Er ist gestorben und begraben, und sein Grab ist bei uns bis auf diesen Tag. [30]Da er nun ein Prophet war und wußte, daß ihm Gott verheißen hatte mit einem Eid, daß ein Nachkomme von ihm auf seinem Thron sitzen sollte, [31]hat er's vorausgesehen und von der Auferstehung des Christus gesagt: Er ist nicht dem Tod überlassen, und sein Leib hat die Verwesung nicht gesehen. [32]Diesen Jesus hat Gott auferweckt; dessen sind wir alle Zeugen. [33]Da er nun durch die rechte Hand Gottes erhöht ist und empfangen hat den verheißenen heiligen Geist vom Vater, hat er diesen ausgegossen, wie ihr hier seht und hört. [34]Denn David ist nicht gen Himmel gefahren; sondern er sagt selbst (Psalm 110,1):

»Der Herr sprach zu meinem Herrn:
Setze dich zu meiner Rechten,
[35]bis ich deine Feinde zum Schemel deiner Füße mache.«

[36]So wisse nun das ganze Haus Israel gewiß, daß Gott diesen Jesus, den ihr gekreuzigt habt, zum Herrn und Christus gemacht hat.

Die erste Gemeinde

[37]Als sie aber das hörten, ging's ihnen durchs Herz, und sie sprachen zu Petrus und den andern Aposteln: Ihr Männer, liebe Brüder, was sollen wir tun? [38]Petrus sprach zu ihnen: *Tut Buße, und jeder von euch lasse sich taufen auf den Namen Jesu Christi zur Vergebung eurer Sünden, so werdet ihr empfangen die Gabe des heiligen Geistes.* [39]Denn euch und euren Kindern gilt diese Verheißung, und allen, die fern sind, so viele der Herr, unser Gott, herzurufen wird. [40]Auch mit vielen andern Worten bezeugte er das und ermahnte sie und sprach: Laßt euch erretten aus diesem verkehrten Geschlecht! [41]Die nun sein Wort annahmen, ließen sich taufen; und an diesem Tage wurden hinzugefügt etwa dreitausend Menschen.

[42]*Sie blieben aber beständig in der Lehre der Apostel und in der Gemeinschaft und im Brotbrechen und im Gebet.* [43]Es kam aber Furcht über alle Seelen, und es geschahen auch viele Wunder und Zeichen durch die Apostel. [44]Alle aber, die gläubig geworden waren, waren beieinander und hatten alle Dinge gemeinsam. [45]Sie verkauften Güter und Habe und teilten sie aus unter alle, je nach dem es einer nötig hatte. [46]Und sie waren täglich einmütig beieinander im Tempel und brachen das Brot hier und dort in den Häusern, hielten die Mahlzeiten mit Freude und lauterem Herzen [47]und lobten Gott und fanden Wohlwollen beim ganzen Volk. Der Herr aber fügte täglich zur Gemeinde hinzu, die gerettet wurden.

Die Erkenntnis, Jesu Tod mit verschuldet zu haben, führt zur Frage von V. 37. Der einzige richtige Rat ist der Aufruf zu völligem Gesinnungswandel und zum Anschluß an die Gemeinschaft, die sich zu Jesus bekennt. Weil andere Vorbedingungen unnötig sind, haben auch Fernstehende die gleiche Möglichkeit (V. 39). Die große Zahl (V. 41) soll die Wirkung der urchristlichen Predigt symbolisieren. Vom Leben des Urchristentums bietet Lk ein ideales Bild, an dem sich die Gemeinde seiner Zeit messen soll: Einheit in der Lehre, Gleichheit am Besitz (vgl. zu 4,32–37), gemeinsamer Lobpreis bei der Feier des Abendmahls (= Brotbrechen) und beim Gebet. Lk hat offensichtlich Einzelnachrichten über die Urgemeinde (Beteiligung am Tempelkult, Einhaltung fester Gebetszeiten und organisierte Armenunterstützung wie im Judentum) zu einem Gesamtbild wahrer Kirche verwoben. Damit will er sagen: Die ersten Christen haben die Bande zum Judentum nicht zerschnitten. Sie haben die Gemeinschaft mit ihm bewahrt, solange die jüdischen Behörden das zuließen.

Die Heilung des Gelähmten

3 Petrus aber und Johannes gingen hinauf in den Tempel um die neunte Stunde, zur Gebetszeit. [2]Und es wurde ein Mann herbeigetragen, lahm von Mutterleibe; den setzte man täglich vor die Tür des Tempels, die da heißt die Schöne, damit er um Almosen bettelte bei denen, die in den Tempel gingen. [3]Als er nun Petrus und Johannes sah, wie sie in den Tempel hineingehen wollten, bat er um ein Almosen. [4]Petrus aber blickte ihn an mit Johannes und sprach: Sieh uns an! [5]Und er sah sie an und wartete darauf, daß er etwas von ihnen empfinge. [6]Petrus aber sprach: Silber und Gold habe ich nicht; was ich aber habe, das gebe ich dir: Im Namen Jesu Christi von Nazareth steh auf und

Jesus hatte die Zwölf beauftragt, das Reich Gottes zu predigen und die Kranken zu heilen (Lk 9,2). Mit dem ersten Einzelereignis aus der Frühzeit zeigt Lk, daß die Jünger dem entsprochen haben. – Welches der Tempeltore Lk mit dem »schönen Tor« gemeint hat, ist nicht mehr feststellbar. Es fällt auf, daß von Jesus (vgl. Lk 5,17 ff.Parr) wie hier von Petrus und schließlich von Paulus (Apg 14,8 ff.) die Heilung eines Lahmen als erste Wundertat erzählt wird. Die Geschichte hat den symbolischen Sinn: Das Evangelium ermöglicht den Glaubenden, fest auf eigenen Füßen zu stehen und den rechten Weg zu gehen. Darum schließt die Geschichte auch so, daß der Geheilte lobend mit den Aposteln in den Tempel geht. Die Jünger Jesu weisen so von sich weg auf den, von dem allein Rettung erwartet werden darf. – Die Geschichte war ursprünglich wohl nur als eine Peruserzählung überliefert worden. Lk hat nachträglich Johannes als stummen Begleiter eingefügt, weil bei der folgenden Verhandlung vor dem Hohen Rat (Kap. 4) zwei Zeugen nötig sind. Denn nach dem Recht in der Antike wird eine Aussage nur durch das übereinstimmende Zeugnis von zwei Zeugen gültig. – Das Staunen der Menge über das Wunder gibt Petrus den Anlaß, von Jesus zu reden, in dessen Namen die Heilung geschah (zur Heilung im Namen Jesu vgl. zu 4,1–22). Die Rede führt Gedanken der Pfingstpredigt weiter. In der Tat der Jünger wird die Macht Jesu wirksam. Daran sollen die jüdischen Zuhörer erkennen, welches Unrecht sie begingen, als sie den zu Tode brachten, der sie zum Leben führen wollte. Der verhängnisvolle Gedanke einer Kollektivschuld des jüdischen Volkes klingt bei Lk (z. B. V. 13–15) an. Er wird jedoch dadurch etwas abgeschwächt, daß den Juden Unwissenheit (V. 17 vgl. 13,27; 17,30; Lk 23,34) zugestanden wird. Sie können im Hören auf das Zeugnis der Schrift zu Jesus finden. Auch nach dem Tod Jesu galt den Juden zuerst (V. 26) das Heilsangebot. Die Zeit zwischen Himmelfahrt und Wiederkunft gewährt die Möglichkeit zur Umkehr. Die Wiederkunft Christi wird darum nach V. 20f. erst dann erfolgen, wenn alle Weissagungen erfüllt sind. Der Friede Gottes kann erst wirken, wenn die Menschen zu Friede und Versöhnung bekehrt sind (vgl. 2Pt 3,9).

geh umher! [7]Und er ergriff ihn bei der rechten Hand und richtete ihn auf. Sogleich wurden seine Füße und Knöchel fest, [8]er sprang auf, konnte gehen und stehen und ging mit ihnen in den Tempel, lief und sprang umher und lobte Gott. [9]Und es sah ihn alles Volk umhergehen und Gott loben. [10]Sie erkannten ihn auch, daß er es war, der vor der Schönen Tür des Tempels gesessen und um Almosen gebettelt hatte; und Verwunderung und Entsetzen erfüllte sie über das, was ihm widerfahren war. [11]Als er sich aber zu Petrus und Johannes hielt, lief alles Volk zu ihnen in die Halle, die da heißt Salomos, und sie wunderten sich sehr.

[12]Als Petrus das sah, sprach er zu dem Volk: Ihr Männer von Israel, was wundert ihr euch darüber, oder was seht ihr auf uns, als hätten wir durch eigene Kraft oder Frömmigkeit bewirkt, daß dieser gehen kann? [13]Der Gott Abrahams und Isaaks und Jakobs, der Gott unsrer Väter, hat seinen Knecht Jesus verherrlicht, den ihr überantwortet und verleugnet habt vor Pilatus, als der ihn loslassen wollte. [14]Ihr aber habt den Heiligen und Gerechten verleugnet und darum gebeten, daß man euch den Mörder schenke; [15]aber den Fürsten des Lebens habt ihr getötet. Den hat Gott auferweckt von den Toten; dessen sind wir Zeugen. [16]Und durch den Glauben an seinen Namen hat sein Name diesen, den ihr seht und kennt, stark gemacht; und der Glaube, der durch ihn gewirkt ist, hat diesem die Gesundheit gegeben vor euer aller Augen.

[17]Nun, liebe Brüder, ich weiß, daß ihr's aus Unwissenheit getan habt wie auch eure Oberen. [18]Gott aber hat erfüllt, was er durch den Mund aller seiner Propheten zuvor verkündigt hat: daß sein Christus leiden sollte. [19]So tut nun Buße und bekehrt euch, daß eure Sünden getilgt werden, [20]damit die Zeit der Erquickung komme von dem Angesicht des Herrn und er den sende, der euch zuvor zum Christus bestimmt ist: Jesus. [21]Ihn muß der Himmel aufnehmen bis zu der Zeit, in der alles wiedergebracht wird, wovon Gott geredet hat durch den Mund seiner heiligen Propheten von Anbeginn. [22]Mose hat gesagt (5.Mose 18,15.19): »Einen Propheten wie mich wird euch der Herr, euer Gott, erwecken aus euren Brüdern; den sollt ihr hören in allem, was er zu euch sagen wird. [23]Und es wird geschehen, wer diesen Propheten nicht hören wird, der soll vertilgt werden aus dem Volk.« [24]Und alle Propheten von Samuel an, wie viele auch danach geredet haben, die haben auch diese Tage verkündigt. [25]Ihr seid die Söhne der Propheten und des Bundes, den Gott geschlossen hat mit euren Vätern, als er zu Abraham sprach (1.Mose 22,18): »Durch dein Geschlecht sollen gesegnet werden alle Völker auf Erden.« [26]Für euch zuerst hat Gott seinen Knecht Jesus

erweckt und hat ihn zu euch gesandt, euch zu segnen, daß ein jeder sich bekehre von seiner Bosheit.

Petrus und Johannes vor dem Hohen Rat

4 Während sie zum Volk redeten, traten zu ihnen die Priester und der Hauptmann des Tempels und die Sadduzäer, [2]die verdroß, daß sie das Volk lehrten und verkündigten an Jesus die Auferstehung von den Toten. [3]Und sie legten Hand an sie und setzten sie gefangen bis zum Morgen; denn es war schon Abend. [4]Aber viele von denen, die das Wort gehört hatten, wurden gläubig; und die Zahl der Männer stieg auf etwa fünftausend.

[5]Als nun der Morgen kam, versammelten sich ihre Oberen und Ältesten und Schriftgelehrten in Jerusalem, [6]auch Hannas, der Hohepriester, und Kaiphas und Johannes und Alexander und alle, die vom Hohenpriestergeschlecht waren; [7]und sie stellten sie vor sich und fragten sie: Aus welcher Kraft oder in welchem Namen habt ihr das getan? [8]Petrus, voll des heiligen Geistes, sprach zu ihnen: Ihr Oberen des Volkes und ihr Ältesten! [9]Wenn wir heute verhört werden wegen dieser Wohltat an dem kranken Menschen, durch wen er gesund geworden ist, [10]so sei euch und dem ganzen Volk Israel kundgetan: Im Namen Jesu Christi von Nazareth, den ihr gekreuzigt habt, den Gott von den Toten auferweckt hat; durch ihn steht dieser hier gesund vor euch. [11]Das ist der Stein, von euch Bauleuten verworfen, der zum Eckstein geworden ist. [12]Und *in keinem andern ist das Heil, auch ist kein andrer Name unter dem Himmel den Menschen gegeben, durch den wir sollen selig werden.*

[13]Sie sahen aber den Freimut des Petrus und Johannes und wunderten sich; denn sie merkten, daß sie ungelehrte und einfache Leute waren, und wußten auch von ihnen, daß sie mit Jesus gewesen waren. [14]Sie sahen aber den Menschen, der gesund geworden war, bei ihnen stehen und wußten nichts dagegen zu sagen. [15]Da hießen sie sie hinausgehen aus dem Hohen Rat und verhandelten miteinander und sprachen: [16]Was wollen wir mit diesen Menschen tun? Denn daß ein offenkundiges Zeichen durch sie geschehen ist, ist allen bekannt, die in Jerusalem wohnen, und wir können's nicht leugnen. [17]Aber damit es nicht weiter einreiße unter dem Volk, wollen wir ihnen drohen, daß sie hinfort zu keinem Menschen in diesem Namen reden. [18]Und sie riefen sie und geboten ihnen, keinesfalls zu reden oder zu lehren in dem Namen Jesu. [19]Petrus aber und Johannes antworteten und sprachen zu ihnen: Urteilt selbst, ob es vor Gott recht ist, daß wir euch mehr gehorchen als Gott. [20]*Wir können's ja nicht lassen, von dem zu reden, was wir gesehen und gehört haben.* [21]Da drohten sie ihnen und ließen

Aus verschiedenen Nachrichten über Verfolgungen der ersten Christen durch die jüdische Führungsschicht hat Lk mehrere Geschichten gestaltet. Dabei ist eine Steigerung sowohl der jüdischen Maßnahmen als auch der wunderbaren Hilfe Gottes von dem Verfasser beabsichtigt (vgl. 5,17–42; 12,1–17). So ist die erste Geschichte im Vergleich zu den folgenden handlungsarm. Desto klarer treten die theologischen Leitlinien des lukanischen Geschichtsbildes hervor. Die Apostel werden in dem Augenblick verhaftet, als sie Israel das Heilsangebot verkündigen (3,26). Sie haben aber nicht alle Juden zu Gegnern, sondern nur die Sadduzäer, die die Auferstehung der Toten ablehnen (Mk 12,18 bis 27Parr). Wirkungsvoll wird den feindlichen jüdischen Führern die große Zahl der Gläubigen (V. 4f.) gegenübergestellt. Das Verhör ist nicht als formelles Gerichtsverfahren dargestellt. Die Frage (V. 7) ist so formuliert, daß sie Petrus das Stichwort für sein Christuszeugnis gibt. Die Macht, die zu solch wunderbarem Tun befähigt, ist der Name Jesus Christus. Dahinter steht die Überzeugung, daß man nur den Namen einer überirdischen Macht nennen muß, um sich ihrer zu bedienen. Derartige Vorstellungen spielen z.B. im Zauber eine wesentliche Rolle. Bei Lk aber kann nur der sich der Macht des Namens bedienen, der zum Gehorsam bis hin zur Leidensnachfolge Jesu bereit ist; denn nur dann nützt die Kenntnis des wirkungsmächtigen Namens. Weil die Apostel ein solches Leben führen, wird der Geheilte zu einem lebendigen Zeugnis. Das können die Gegner nicht ungeschehen machen (vgl. auch Joh 5; 9). Durch das offenkundige Wunder ist die Behörde ratlos. Mit der Schilderung einer Geheimsitzung zeigt Lk: Die Verfolger sind zu keiner ernsthaften Auseinandersetzung mit der Predigt der Apostel fähig. Ihre Feindschaft führt aber nicht zu Tätlichkeiten, weil sie keinen Anklagepunkt finden. Da sie die Volksmeinung fürchten, bleibt ihre Drohung gegenüber der Glaubensgewißheit der Apostel (V. 19f.) wirkungslos.

sie gehen um des Volkes willen, weil sie nichts fanden, was Strafe verdient hätte; denn alle lobten Gott für das, was geschehen war. [22]Denn der Mensch war über vierzig Jahre alt, an dem dieses Zeichen der Heilung geschehen war.

Das Gebet der Gemeinde

Die Uneinigkeit und Ratlosigkeit der jüdischen Führer wird der Einigkeit und Gewißheit der Gemeinde gegenübergestellt. Das wird an dem längsten im NT überlieferten Gemeindegebet veranschaulicht. Es zeigt, daß die urchristliche Gemeinde Gebetstraditionen aus dem AT fortsetzt (vgl. z.B. Jes 37,16–20) und auf ihre Situation bezieht. Der Leser soll erkennen, wie sich Christen in schwerer Bedrängnis verhalten. Sie vertrauen nicht auf ihre eigene Kraft, sondern wenden sich an den, der alles geschaffen hat und nach dessen Willen alles geschieht. Selbst die Feinde Jesu sind nur Gottes Werkzeuge. Daß der von Gott erwählte König von Feinden bedrängt wird, hat der Beter des Ps 2 schon gewußt. Die ersten Christen fanden hier den Leidensweg Jesu und seine Erhöhung vorgezeichnet. Aus dieser Gewißheit heraus bitten sie um unverzagten Mut, der sich in Gefahr bewährt, und um sichtbare Zeichen Gottes, die ihre Predigt beglaubigen. Solche Bitten bleiben nicht wirkungslos. Das Erbeben des Ortes bekundet nach antiker Vorstellung, daß das Gebet erhört worden ist.

[23]Und als man sie hatte gehen lassen, kamen sie zu den Ihren und berichteten, was die Hohenpriester und Ältesten zu ihnen gesagt hatten. [24]Als sie das hörten, erhoben sie ihre Stimme einmütig zu Gott und sprachen: Herr, du hast Himmel und Erde und das Meer und alles, was darin ist, gemacht, [25]du hast durch den heiligen Geist, durch den Mund unseres Vaters David, deines Knechtes, gesagt (Psalm 2,1.2):

»Warum toben die Heiden,
und die Völker nehmen sich vor, was umsonst ist?
[26]Die Könige der Erde treten zusammen,
und die Fürsten versammeln sich
wider den Herrn und seinen Christus.«

[27]Wahrhaftig, sie haben sich versammelt in dieser Stadt gegen deinen heiligen Knecht Jesus, den du gesalbt hast, Herodes und Pontius Pilatus mit den Heiden und den Stämmen Israels, [28]zu tun, was deine Hand und dein Ratschluß zuvor bestimmt hatten, daß es geschehen solle. [29]Und nun, Herr, sieh an ihr Drohen und *gib deinen Knechten, mit allem Freimut zu reden dein Wort;* [30]strecke deine Hand aus, daß Heilungen und Zeichen und Wunder geschehen durch den Namen deines heiligen Knechtes Jesus. [31]Und als sie gebetet hatten, erbebte die Stätte, wo sie versammelt waren; und sie wurden alle vom heiligen Geist erfüllt und redeten das Wort Gottes mit Freimut.

Die Gütergemeinschaft der ersten Christen

Zur Einigkeit im Glauben und Beten gehört auch, daß es keine Gegensätze zwischen Reichen und Armen in der christlichen Gemeinde gibt. Das will Lk verkündigen. Dazu entwirft er andeutend ein Bild von der urchristlichen Gemeinde, das den gebildeten griechischen Leser an das auf Plato zurückgehende Ideal der Gleichheit aller am Besitz erinnert.

Die von Lk aufgenommenen Einzelnachrichten zeigen uns, daß es keinen urchristlichen Kommunismus gegeben hat. Dazu wäre eine organisierte gemeinsame Produktion nötig gewesen. Es waren wohl am Anfang einige bereit, wie z.B. Barnabas, auf privaten Besitz zugunsten der Gemeinde zu verzichten. Für ihre Versammlungen blieb die Gemeinde auf die Gastfreiheit der Häuser der Begüterten angewiesen. Diese Darstellung ist weniger eine geschichtliche

[32]Die Menge der Gläubigen aber war ein Herz und eine Seele; auch nicht einer sagte von seinen Gütern, daß sie sein wären, sondern es war ihnen alles gemeinsam. [33]Und mit großer Kraft bezeugten die Apostel die Auferstehung des Herrn Jesus, und große Gnade war bei ihnen allen. [34]Es war auch keiner unter ihnen, der Mangel hatte; denn wer von ihnen Äcker oder Häuser besaß, verkaufte sie und brachte das Geld für das Verkaufte [35]und legte es den Aposteln zu Füßen; und man gab einem jeden, was er nötig hatte. [36]Josef aber, der von den Aposteln Barnabas genannt wurde – das heißt übersetzt: Sohn des Trostes –, ein Levit,

aus Zypern gebürtig, [37] der hatte einen Acker und verkaufte ihn und brachte das Geld und legte es den Aposteln zu Füßen.

Beschreibung als vielmehr ein Appell an das soziale Gewissen der Gemeinde späterer Zeit.

Hananias und Saphira

Zum ersten Mal begegnet aus der christlichen Tradition ein Strafwunder. Alle Wundergeschichten über Jesus (außer Mk 11,13f.) zeigen ihn als Helfer bedrohter, gefährdeter und von der Gesellschaft ausgestoßener Menschen. Erst im 2. Jh. n. Chr. werden zunehmend auch von Jesus Straf- und Lohnwunder für böse oder gute Taten erdichtet. Diese fragwürdige Entwicklung hat bei der Überlieferung von Taten der Apostel schon im 1. Jh. n. Chr. eingesetzt. Das zeigt auch die vorliegende Geschichte, die sich allerdings noch am Anfang dieser Entwicklung befindet. Denn Petrus spricht noch kein Strafwort aus (anders 13,11), so daß der Tod als direktes Gericht Gottes erscheint.

5 Ein Mann aber mit Namen Hananias samt seiner Frau Saphira verkaufte einen Acker, [2] doch er hielt mit Wissen seiner Frau etwas von dem Geld zurück und brachte nur einen Teil und legte ihn den Aposteln zu Füßen. [3] Petrus aber sprach: Hananias, warum hat der Satan dein Herz erfüllt, daß du den heiligen Geist belogen und etwas vom Geld für den Acker zurückbehalten hast? [4] Hättest du den Acker nicht behalten können, als du ihn hattest? Und konntest du nicht auch, als er verkauft war, noch tun, was du wolltest? Warum hast du dir dies in deinem Herzen vorgenommen? Du hast nicht Menschen, sondern Gott belogen. [5] Als Hananias diese Worte hörte, fiel er zu Boden und gab den Geist auf. Und es kam eine große Furcht über alle, die dies hörten. [6] Da standen die jungen Männer auf und deckten ihn zu und trugen ihn hinaus und begruben ihn.

[7] Es begab sich nach einer Weile, etwa nach drei Stunden, da kam seine Frau herein und wußte nicht, was geschehen war. [8] Aber Petrus sprach zu ihr: Sag mir, habt ihr den Acker für diesen Preis verkauft? Sie sprach: Ja, für diesen Preis. [9] Petrus aber sprach zu ihr: Warum seid ihr euch denn einig geworden, den Geist des Herrn zu versuchen? Siehe, die Füße derer, die deinen Mann begraben haben, sind vor der Tür und werden auch dich hinaustragen. [10] Und sogleich fiel sie zu Boden, ihm vor die Füße, und gab den Geist auf. Da kamen die jungen Männer und fanden sie tot, trugen sie hinaus und begruben sie neben ihrem Mann. [11] Und es kam eine große Furcht über die ganze Gemeinde und über alle, die das hörten.

Lk hat dieses Strafwunder aufgenommen, um zu zeigen: Die erste christliche Gemeinde war auch nicht vollkommen, aber sie nahm Sünde in ihrer Mitte ernst. Die Voraussetzung der Geschichte (V. 2) steht im Widerspruch zu dem von Lk entworfenen Bild der Gütergemeinschaft. Die Geschichte setzt hier im Unterschied zu 2,44f. voraus, daß Besitzverzicht nicht die Regel, sondern eine außergewöhnliche Tat einzelner war. Durch angeblichen völligen Besitzverzicht wollten sich jene Eheleute besonderen Ruhm erwerben. Ihre Scheinheiligkeit wird aber von dem Apostel Petrus dank des heiligen Geistes durchschaut. Diese Geschichte ist die härteste urchristliche Predigt wider die Scheinheiligkeit. Obwohl die Legende Elemente aus Jos 7 und aus früher judenchristlicher Überlieferung enthält, läßt sich ihr historischer Kern nicht mehr sicher bestimmen. Die Geschichte will nicht historisch belehren, sondern zielt auf ein heilsames Erschrecken der Hörer.

Wundertaten der Apostel

[12] Es geschahen aber viele Zeichen und Wunder im Volk durch die Hände der Apostel; und sie waren alle in der Halle Salomos einmütig beieinander. [13] Von den andern aber wagte keiner, ihnen zu nahe zu kommen; doch das Volk hielt viel von ihnen. [14] Desto mehr aber wuchs die Zahl derer, die an den Herrn glaubten – eine Menge Männer und Frauen –, [15] so daß sie die Kranken sogar auf die

Lk fügt einen Sammelbericht von Heilungen ein, um das Strafwunder nicht unmittelbar vor dem nachfolgenden Verhör bringen zu müssen. Der Leser könnte sonst erwarten, daß das Strafwunder Gegenstand der Vorwürfe würde. Das Motiv der Furcht (V. 11) klingt noch in V. 13

an. Aber sie wird zur heiligen Scheu, die nicht Feindschaft, sondern Lobpreis hervorruft. So wird nun ausschließlich von der heilenden Kraft des Petrus erzählt. Dabei überträgt Lk die volkstümliche Idealvorstellung vom göttlichen Wundermann ungebrochen auf Petrus.

Die Geschichte der erneuten Verhaftung (vgl. 4,1–22) spitzt die Auseinandersetzung des sadduzäischen Priesteradels mit den Aposteln weiter zu. Dabei will Lk noch deutlicher zeigen: Gottes »Worte des Lebens« (V. 20) werden von den sadduzäischen Auferstehungsleugnern (Mk 12,18) abgelehnt. Gott gewährt den Aposteln seine Hilfe, damit im Jerusalemer Tempel die Christusbotschaft verkündigt wird. Wegen dieses Gedankens hat Lk das Motiv von der wunderbaren Befreiung aus dem Gefängnis aus der Petruslegende (12,3–11) schon hier verwendet. Für den Ablauf der Verhandlung haben die V. 19–25 keine Bedeutung. Der Leser soll jedoch spüren, wie verstockt der Hohe Rat ist. Das Wunder berührt ihn nicht, und die Predigt der Apostel löst nur blinde Wut aus. Von dem Geschehen unberührt verharrt der Hohepriester bei dem Verbot, den Namen Jesus auszusprechen. Wenn sich Jesus in den Taten der Apostel so mächtig erweist, könnte sein Todesurteil über ihn vor dem Volk als Justizmord erscheinen. Die Empörung könnte dazu führen, daß sich das Volk gegen den Hohen Rat erhebt (V. 26.28). Die Weigerung, den Justizirrtum einzugestehen, und die Angst um Macht sind die einzig wahren Motive. Der Menschenfurcht der jüdischen Repräsentanten steht die vorbildliche Haltung der christlichen Apostel gegenüber: Sie fragen nur nach Gottes Willen, ohne sich von den Machtmitteln des Hohen Rats schrecken zu lassen.

Der blinde Haß der Machthaber gegen die Apostel wird zunächst gehin-

Straßen hinaustrugen und sie auf Betten und Bahren legten, damit, wenn Petrus käme, wenigstens sein Schatten auf einige von ihnen fiele. [16] Es kamen auch viele aus den Städten rings um Jerusalem und brachten Kranke und solche, die von unreinen Geistern geplagt waren; und alle wurden gesund.

Die Apostel vor dem Hohen Rat

[17] Es erhoben sich aber der Hohepriester und alle, die mit ihm waren, nämlich die Partei der Sadduzäer, von Eifersucht erfüllt, [18] und legten Hand an die Apostel und warfen sie in das öffentliche Gefängnis. [19] Aber der Engel des Herrn tat in der Nacht die Türen des Gefängnisses auf und führte sie heraus und sprach: [20] Geht hin und tretet im Tempel auf und redet zum Volk alle Worte des Lebens. [21] Als sie das gehört hatten, gingen sie frühmorgens in den Tempel und lehrten. Der Hohepriester aber und die mit ihm waren, kamen und riefen den Hohen Rat und alle Ältesten in Israel zusammen und sandten zum Gefängnis, sie zu holen. [22] Die Knechte gingen hin und fanden sie nicht im Gefängnis, kamen zurück und berichteten: [23] Das Gefängnis fanden wir fest verschlossen und die Wächter vor den Türen stehen; aber als wir öffneten, fanden wir niemanden darin. [24] Als der Hauptmann des Tempels und die Hohenpriester diese Worte hörten, wurden sie betreten und wußten nicht, was daraus werden sollte. [25] Da kam jemand, der berichtete ihnen: Siehe, die Männer, die ihr ins Gefängnis geworfen habt, stehen im Tempel und lehren das Volk. [26] Da ging der Hauptmann mit den Knechten hin und holte sie, doch nicht mit Gewalt; denn sie fürchteten sich vor dem Volk, daß sie gesteinigt würden. [27] Und sie brachten sie und stellten sie vor den Hohen Rat. Und der Hohepriester fragte sie [28] und sprach: Haben wir euch nicht streng geboten, in diesem Namen nicht zu lehren? Und seht, ihr habt Jerusalem erfüllt mit eurer Lehre und wollt das Blut dieses Menschen über uns bringen. [29] Petrus aber und die Apostel antworteten und sprachen: *Man muß Gott mehr gehorchen als den Menschen.* [30] Der Gott unsrer Väter hat Jesus auferweckt, den ihr an das Holz gehängt und getötet habt. [31] Den hat Gott durch seine rechte Hand erhöht zum Fürsten und Heiland, um Israel Buße und Vergebung der Sünden zu geben. [32] Und wir sind Zeugen dieses Geschehens und mit uns der heilige Geist, den Gott denen gegeben hat, die ihm gehorchen. [33] Als sie das hörten, ging's ihnen durchs Herz, und sie wollten sie töten.

Der Rat des Gamaliel

[34] Da stand aber im Hohen Rat ein Pharisäer auf mit Namen Gamaliel, ein Schriftgelehrter, vom ganzen Volk in Ehren

gehalten, und ließ die Männer für kurze Zeit hinausführen. [35]Und er sprach zu ihnen: Ihr Männer von Israel, seht genau zu, was ihr mit diesen Menschen tun wollt. [36]Denn vor einiger Zeit stand Theudas auf und gab vor, er wäre etwas, und ihm hing eine Anzahl Männer an, etwa vierhundert. Der wurde erschlagen, und alle, die ihm folgten, wurden zerstreut und vernichtet. [37]Danach stand Judas der Galiläer auf in den Tagen der Volkszählung und brachte eine Menge Volk hinter sich zum Aufruhr; und der ist auch umgekommen, und alle, die ihm folgten, wurden zerstreut. [38]Und nun sage ich euch: Laßt ab von diesen Menschen und laßt sie gehen! Ist dies Vorhaben oder dies Werk von Menschen, so wird's untergehen; [39]ist es aber von Gott, so könnt ihr sie nicht vernichten – damit ihr nicht dasteht als solche, die gegen Gott streiten wollen. Da stimmten sie ihm zu [40]und riefen die Apostel herein, ließen sie geißeln und geboten ihnen, sie sollten nicht mehr im Namen Jesu reden, und ließen sie gehen. [41]Sie gingen aber fröhlich von dem Hohen Rat fort, weil sie würdig gewesen waren, um Seines Namens willen Schmach zu leiden, [42]und sie hörten nicht auf, alle Tage im Tempel und hier und dort in den Häusern zu lehren und zu predigen das Evangelium von Jesus Christus.

dert. Möglicherweise kannte Lk eine Überlieferung, nach der sich der hochangesehene Rabbi Gamaliel der Ältere gegen eine Verfolgung der Christen ausgesprochen habe. Die Rede ist jedoch ganz von Lk gestaltet, um einen vorbildlichen Mann der Gegenseite darzustellen: Ein fairer Gegner läßt den Christen die Möglichkeit, die Wahrheit ihres Glaubens in der Geschichte (V. 38 f.) zu beweisen. Die genannten Beispiele sind nur von dem historischen Blickwinkel des Lk beweiskräftig. Daß er sich in der Chronologie irrt, ist für die Aussage unwichtig. So ist er dennoch sachlich im Recht: Gewalt führt nicht zur Ausrottung, sondern eher zum Wachsen des Glaubens. Die Apostel erhalten – trotz der Zustimmung zu dem Rat des Gamaliel – die Synagogenstrafe (vgl. 2Ko 11,24), unter der mancher sogar tot zusammenbrechen konnte. Auf den Leser muß es wie ein Wunder wirken, daß sie das Evangelium sofort mit Freude weiterverkündigen.

Der Aufstand des Theudos erfolgte erst etwa 10 Jahre später als der mögliche Zeitpunkt der Gamalielrede. Problematischer jedoch ist, daß keine der genannten Bewegungen von selbst erloschen ist. Der Aufstand des Theudos wurde von den Römern brutal niedergeschlagen. Die Bewegung des Galiläers Judas begann im Jahre 6 n. Chr. Zu seinen Anhängern gehörten Zeloten (= die Eiferer) und Sikarier (vgl. 21,38), die bis zum bitteren Ende, dem Jüdischen Krieg (66–72 n. Chr.), gegen die Römer um die nationale und religiöse Freiheit und Unabhängigkeit des jüdischen Volkes kämpften.

Die Wahl der sieben Armenpfleger

6 In diesen Tagen aber, als die Zahl der Jünger zunahm, erhob sich ein Murren unter den griechischen Juden in der Gemeinde gegen die hebräischen, weil ihre Witwen übersehen wurden bei der täglichen Versorgung. [2]Da riefen die Zwölf die Menge der Jünger zusammen und sprachen: Es ist nicht recht, daß wir für die Mahlzeiten sorgen und darüber das Wort Gottes vernachlässigen. [3]Darum, ihr lieben Brüder, seht euch um nach sieben Männern in eurer Mitte, die einen guten Ruf haben und voll heiligen Geistes und Weisheit sind, die wir bestellen wollen zu diesem Dienst. [4]Wir aber wollen ganz beim Gebet und beim Dienst des Wortes bleiben. [5]Und die Rede gefiel der ganzen Menge gut; und sie wählten Stephanus, einen Mann voll Glaubens und heiligen Geistes, und Philippus und Prochorus und Nikanor und Timon und Parmenas und Nikolaus, den Judengenossen aus Antiochia. [6]Diese Männer stellten sie vor die Apostel; die beteten und legten die

Die Wahl der Sieben hat Lk so gestaltet, daß beim Leser der Eindruck entsteht, als sei damals das später bedeutsame Diakonenamt geschaffen worden. Die Gemeinde war so groß geworden, daß eine Aufgabenteilung notwendig wurde. Gleichzeitig will Lk zeigen, welche hohe Stellung der erste christliche Märtyrer innehatte. Ein Mißstand (V. 1) war eingetreten, den die Apostel unverzüglich durch die Wahl der sieben Männer beseitigen wollten. V. 7 soll zeigen, wie erfolgreich die Maßnahme war. Die Gemeinde wächst weiter und findet auch unter der Priesterschaft Anhänger.

Hände auf sie. [7]Und das Wort Gottes breitete sich aus, und die Zahl der Jünger wurde sehr groß in Jerusalem. Es wurden auch viele Priester dem Glauben gehorsam.

Bei einer kritischen Prüfung des Textes erkennt man jedoch, daß Lk geschickt die erste Spaltung in der Geschichte der christlichen Gemeinde zu überbrücken versucht. In Jerusalem wohnten neben den Hebräern, d. h. aramäisch sprechenden Juden, auch »Hellenisten«, d. h. griechisch sprechende Juden. Die meisten der »Hellenisten«, hatten ihr bisheriges Leben in der Diaspora verbracht, waren zu Wohlstand gekommen und konnten sich darum eine Rückkehr ins Land ihrer Väter leisten. Sie bildeten dort eine selbständige Gruppe und besaßen eigene Synagogen. Unter ihnen gab es auch bald Christen. Der Kreis um Stephanus vertrat wahrscheinlich die Auffassung, daß für die Christusgläubigen der Tempel und die jüdischen Kultgesetze ihre Heilsbedeutung verloren haben. Das führte zu Spannungen vor allem mit den jüdischen Landsleuten, aber auch innerhalb der christlichen Gemeinde. Möglicherweise gab die Frage nach der Versorgung der Witwen den Anlaß, daß der Kreis um Stephanus sich eine eigene Gemeindeorganisation schuf. Nur aus dieser Sicht erklären sich die folgenden Einzelnachrichten:

1. Alle 7 tragen griechische Namen.
2. Keiner von ihnen übt das Diakonenamt aus. Stephanus wie Philippus treten als Wortverkündiger wie die Apostel auf.
3. Stephanus erleidet das Martyrium aufgrund seiner Lehre über das Gesetz und den Tempel, nicht wegen seiner caritativen Arbeit in der Gemeinde.
4. Auch im weiteren Verlauf wird nur diese Gruppe verfolgt, während die Apostel zunächst unbehelligt in Jerusalem leben können (8,1).

Stephanus vor dem Hohen Rat

[8]Stephanus aber, voll Gnade und Kraft, tat Wunder und große Zeichen unter dem Volk. [9]Da standen einige auf von der Synagoge der Libertiner und der Kyrenäer und der Alexandriner und einige von denen aus Zilizien und der Provinz Asien und stritten mit Stephanus. [10]Doch sie vermochten nicht zu widerstehen der Weisheit und dem Geist, in dem er redete.

[11]Da stifteten sie einige Männer an, die sprachen: Wir haben ihn Lästerworte reden hören gegen Mose und gegen Gott. [12]Und sie brachten das Volk und die Ältesten und die Schriftgelehrten auf, traten herzu und ergriffen ihn und führten ihn vor den Hohen Rat [13]und stellten falsche Zeugen auf, die sprachen: Dieser Mensch hört nicht auf, zu reden gegen diese heilige Stätte und das Gesetz. [14]Denn wir haben ihn sagen hören: Dieser Jesus von Nazareth wird diese Stätte zerstören und die Ordnungen ändern, die uns Mose gegeben hat. [15]Und alle, die im Rat saßen, blickten auf ihn und sahen sein Angesicht wie eines Engels Angesicht.

Die Auseinandersetzungen mit Stephanus finden zunächst innerhalb der griechisch sprechenden Judenschaft statt. Es ist sehr wahrscheinlich, daß sich unter den Heimkehrern nach Jerusalem besonders strenggläubige Juden befanden. (Auch Paulus stammt aus diesen Kreisen.) Als Anklagepunkt wird Stephanus vorgeworfen, er sei gegen den Tempel und das Gesetz. Lk nennt das eine lügnerische Anklage, weil Stephanus sich zu dem geistigen Tempel und zum Erbe Israels bekennt. Doch vom Standpunkt eines strenggläubigen Judentums ist der Vorwurf berechtigt. Lk nimmt in V. 14 die gleiche Anklage auf, die nach Mk 14,58; Mt 26,61 gegen Jesus erhoben wurde. Lk hat sie für diese Situation aufgespart. Das Martyrium des ersten Christen ist für ihn Abbild des Prozesses Jesu (vgl. 7,59 f.).

Die Rede des Stephanus

Die längste aller Reden der Apg bereitet der Auslegung ungewöhnliche Schwierigkeiten: Der größte Teil der Rede paßt nicht zur Situation. Auf die Frage, wie Stephanus zu dem Vorwurf stehe, er sei gegen Tempel und Gesetz, antworten nur die V. 48–53. Dort erklärt Stephanus: Gott will nicht in einem Tempel verehrt werden; die früheren Generationen haben schon immer die wahren Propheten verfolgt; die jetzige Generation hat sich durch den Mord an Jesus als Übertreter des ihr gegebenen Gesetzes Gottes erwiesen. Damit aber widerlegt Stephanus nicht die gegen ihn erhobenen Vorwürfe (6,13 f.), sondern begründet sie eher.

7 Da fragte der Hohepriester: Ist das so? [2]Er aber sprach: Liebe Brüder und Väter, hört zu. Der Gott der Herrlichkeit erschien unserm Vater Abraham, als er noch in Mesopotamien war, ehe er in Haran wohnte, [3]und sprach zu ihm (1.Mose 12,1): »Geh aus deinem Land und von deiner Verwandtschaft und zieh in das Land, das ich dir zeigen will.« [4]Da ging er aus dem Land der Chaldäer und wohnte in Haran. Und als sein Vater gestorben war, brachte Gott ihn von dort herüber in dies Land, in dem ihr nun wohnt, [5]aber er gab ihm kein Eigentum darin, auch nicht einen Fuß breit, und verhieß ihm, er wolle es ihm und seinen Nachkommen zum Besitz geben, obwohl er noch kein Kind hatte. [6]Denn so sprach Gott (1.Mose 15,13.14): »Deine Nachkommen werden Fremdlinge sein in einem fremden Lande, und man wird sie knechten und mißhandeln vierhundert Jahre lang. [7]Aber das Volk, dem sie als Knechte dienen müssen, will ich richten«, sprach Gott, »und danach werden sie ausziehen und mir dienen an dieser Stätte.« [8]Und er gab ihm den Bund der Beschneidung. Und so zeugte er Isaak und beschnitt ihn am achten Tage, und Isaak den Jakob, und Jakob die zwölf Erzväter. [9]Und die Erzväter beneideten Josef und verkauften ihn nach Ägypten. Aber Gott war mit ihm [10]und errettete ihn aus aller seiner Bedrängnis und gab ihm Gnade und Weisheit vor dem Pharao, dem König von Ägypten; der setzte ihn zum Regenten über Ägypten und über sein ganzes Haus. [11]Es kam aber eine Hungersnot über ganz Ägypten und Kanaan und eine große Bedrängnis, und unsre Väter fanden keine Nahrung. [12]Jakob aber hörte, daß es in Ägypten Getreide gäbe, und sandte unsre Väter aus zum ersten Mal. [13]Und beim zweiten Mal gab sich Josef seinen Brüdern zu erkennen; so wurde dem Pharao Josefs Herkunft bekannt. [14]Josef aber sandte aus und ließ seinen Vater Jakob holen und seine ganze Verwandtschaft, fünfundsiebzig Menschen. [15]Und Jakob zog hinab nach Ägypten und starb, er und unsre Väter; [16]und sie wurden nach Sichem herübergebracht und in das Grab gelegt, das Abraham für Geld gekauft hatte von den Söhnen Hamors in Sichem.

[17]Als nun die Zeit der Verheißung sich nahte, die Gott dem Abraham zugesagt hatte, wuchs das Volk und mehrte sich in Ägypten, [18]bis ein andrer König über Ägypten aufkam, der nichts wußte von Josef. [19]Dieser ging mit Hinterlist vor gegen unser Volk und mißhandelte unsre Väter und ließ ihre kleinen Kinder aussetzen, damit sie nicht am Leben blieben. [20]Zu der Zeit wurde Mose geboren, und er war ein schönes Kind vor Gott und wurde drei Monate ernährt im Hause seines Vaters. [21]Als er aber ausgesetzt wurde, nahm ihn die Tochter des Pharao auf und zog ihn

Die V. 2–47 geben einen Überblick über die Heilsgeschichte Israels als eine Folge von Offenbarungen und Wohltaten Gottes. Der polemische Gedanke der V. 51–53, daß die Juden immer die von Gott gesandten Propheten abgelehnt und sich von Gott abgekehrt haben, wird hier nur an einzelnen Stellen (V. 25.35.39–43) in die Mosegeschichte eingefügt. Ohne sie würden die V. 2–47 als eine Heilsgeschichte von Verheißung und Erfüllung wirken: Trotz aller Widerstände erfüllt sich Gottes Verheißung, seinem Volk Heimat zu geben und inmitten seines Volkes zu wohnen. Schon Abraham bekommt die Zusage, daß das Volk nach der Fronschaft in Ägypten eine Stätte bekommen wird, wo es Gott dienen kann (V. 7). Mose führt das Volk aus der Wüste in das verheißende Land. Er empfängt die Botschaft auf dem Berg Sinai und die »Worte des Lebens« (V. 38). Wie Mose es geschaut hat, so wird die Stiftshütte gebaut. David fand bei Gott die Gnade, den Tempel zu bauen, den Salomo schließlich vollendete. So steht der Hauptteil der Rede – ohne die polemischen Zusätze – im Gegensatz zu den Schlußversen: Die Verheißung einer Heimat und einer Anbetungsstätte war schon Abraham gegeben und hat sich im Tempelbau Salomos erfüllt. – Ein weiteres Problem ist: Bisher war der Tempel in Jerusalem auch die Versammlungsstätte der christlichen Gemeinde (2,46; 3,1; 5,42). Jetzt dagegen wird er von Stephanus ganz abgelehnt und nur ein geistiger Tempelkult anerkannt. Außerdem stand bisher das Volk auf Seiten der Christen. Nur die Sadduzäer und der Hohe Rat traten als ihre Gegner auf. Dagegen ist jetzt zum ersten Mal das jüdische Volk als ganzes angeklagt, von Anfang an sich gegen die Boten Gottes und sein Gebot gestellt zu haben. Die Spannungen innerhalb der Rede und zu den bisherigen Aussagen des Lk haben mehrere Ursachen: 1. Lk hat bei dem heilsgeschichtlichen Abriß auf eine jüdische Quelle zurückgegriffen, die sich seinem Anliegen nicht nahtlos einfügen ließ. 2. Die historische Überlieferung von Stephanus und das Geschichtsbild des Lk fügen sich nicht ineinander. Die Nachrichten über Stephanus besagen, daß er und die Männer um ihn schon den Bruch mit dem Tempel und den jüdischen Kultgeboten vollzogen haben. Diese geschichtliche Entscheidung war aber nach Lk nur durch göttliches Eingreifen in den Gang der Geschichte möglich, indem der Vertreter der zwölf Apostel, Petrus, zur Bekehrung des Hauptmanns Kornelius geführt wurde (Kap. 10). 3. Letztlich steht Lk aber doch auf der Seite des Stephanus. Für die Gemeinde des Lk gibt es keine Bindung an das Judentum mehr. Der Tempel ist schon zerstört, und auch die jüdischen Reinheitsgebote sind überholt. – Da Lk die Geschichte des ersten christlichen Märtyrers nicht übergehen wollte, wählte er einen besonderen Weg der Darstellung. Die Geschichte des Stephanus nimmt andeutend vorweg, was dann später enthüllt wird. Dazu muß Lk zwei gegensätzliche Gedanken verfolgen: Einerseits verschleiert er, wie es wirklich war. Andrerseits verdeutlicht er, daß schon hier der Weg der Geschichte Gottes klar erkennbar war: In der christlichen Gemeinde erfüllen sich die Israel gegebenen Verheißungen. Deshalb ist die Suche nach der verheißenen Heimat und der Stätte der wahren Gottesverehrung im Jerusalemer Tempel vergeblich. Weil Lk die Gemeinde als Erbin der Geschichte Israels ansieht, kann er ein Lehrstück jüdischer Unterweisung vom Tempel überarbeitend aufnehmen. Überblicke über die Geschichte Gottes mit seinem Volk unter jeweils verschiedenen Gesichtspunkten und in vielfältigen Formen waren im Judentum beliebt (vgl. Ps 105; Heb 11). Diese Quelle stammt aus griechisch sprechenden Kreisen. Das zeigt sich nicht nur daran, daß die Gedankenführung nur vom griechischen Text des AT verständlich wird. Auch bestimmte Einzelzüge der Patriarchengestalten berühren sich mit der Idealvorstellung des vom griechischen Denken beeinflußten Judentums. So wird Mose trotz 2Mo 4,10–16 zum großen Redner gemacht (V. 22); sein Totschlag des Ägypters als symbolischer Hinweis

auf als ihren Sohn. [22] Und Mose wurde in aller Weisheit der Ägypter gelehrt und war mächtig in Worten und Werken.

[23] Als er aber vierzig Jahre alt wurde, gedachte er, nach seinen Brüdern, den Israeliten, zu sehen. [24] Und sah einen Unrecht leiden; da stand er ihm bei und rächte den, dem Leid geschah, und erschlug den Ägypter. [25] Er meinte aber, seine Brüder sollten's verstehen, daß Gott durch seine Hand ihnen Rettung bringe; aber sie verstanden's nicht. [26] Und am nächsten Tag kam er zu ihnen, als sie miteinander stritten, und ermahnte sie, Frieden zu halten, und sprach: Liebe Männer, ihr seid doch Brüder; warum tut einer dem andern Unrecht? [27] Der aber seinem Nächsten Unrecht getan hatte, stieß ihn von sich und sprach (2. Mose 2,14): »Wer hat dich zum Aufseher und Richter über uns gesetzt? [28] Willst du mich auch töten, wie du gestern den Ägypter getötet hast?« [29] Mose aber floh wegen dieser Rede und lebte als Fremdling im Lande Midian; dort zeugte er zwei Söhne.

[30] Und nach vierzig Jahren erschien ihm in der Wüste am Berge Sinai ein Engel in einer Feuerflamme im Dornbusch. [31] Als aber Mose das sah, wunderte er sich über die Erscheinung. Als er aber hinzuging, zu schauen, geschah die Stimme des Herrn zu ihm (2. Mose 3,5-10): [32] »Ich bin der Gott deiner Väter, der Gott Abrahams und Isaaks und Jakobs.« Mose aber fing an zu zittern und wagte nicht hinzuschauen. [33] Aber der Herr sprach zu ihm: »Zieh die Schuhe aus von deinen Füßen; denn die Stätte, auf der du stehst, ist heiliges Land! [34] Ich habe gesehen das Leiden meines Volkes, das in Ägypten ist, und habe sein Seufzen gehört und bin herabgekommen, es zu erretten. Und nun komm her, ich will dich nach Ägypten senden.« [35] Diesen Mose, den sie verleugnet hatten, als sie sprachen: »Wer hat dich als Aufseher und Richter eingesetzt?«, den sandte Gott als Anführer und Retter durch den Engel, der ihm im Dornbusch erschienen war. [36] Dieser Mose führte sie heraus und tat Wunder und Zeichen in Ägypten, im Roten Meer und in der Wüste vierzig Jahre lang. [37] Dies ist der Mose, der zu den Israeliten gesagt hat (5. Mose 18,15): »Einen Propheten wie mich wird euch der Herr, euer Gott, erwecken aus euren Brüdern.« [38] Dieser ist's, der in der Gemeinde in der Wüste stand zwischen dem Engel, der mit ihm redete auf dem Berge Sinai, und unsern Vätern. Dieser empfing Worte des Lebens, um sie uns weiterzugeben. [39] Ihm wollten unsre Väter nicht gehorsam werden, sondern sie stießen ihn von sich und wandten sich in ihrem Herzen wieder Ägypten zu [40] und sprachen zu Aaron (2. Mose 32,1): »Mache uns Götter, die vor uns hergehen; denn wir wissen nicht, was diesem Mose, der uns aus dem Lande Ägypten geführt hat, widerfahren ist.« [41] Und sie machten zu der Zeit ein Kalb

und opferten dem Götzenbild und freuten sich über das Werk ihrer Hände. [42]Aber Gott wandte sich ab und gab sie dahin, so daß sie dem Heer des Himmels dienten, wie geschrieben steht im Buch der Propheten (Amos 5,25-27):

»Habt ihr vom Hause Israel die vierzig Jahre in der Wüste
mir je Opfer und Gaben dargebracht?
[43]Ihr trugt die Hütte Molochs umher
und den Stern des Gottes Räfan,
die Bilder, die ihr gemacht hattet, sie anzubeten.
Und ich will euch wegführen bis über Babylon hinaus.«

[44]Es hatten unsre Väter die Stiftshütte in der Wüste, wie der es angeordnet hatte, der zu Mose redete, daß er sie machen sollte nach dem Vorbild, das er gesehen hatte. [45]Diese übernahmen unsre Väter und brachten sie mit Josua in das Land, das die Heiden inne hatten, die Gott vertrieb vor dem Angesicht unsrer Väter, bis zur Zeit Davids. [46]Der fand Gnade bei Gott und bat darum, daß er eine Stätte finden möge für das Haus Jakob. [47]Salomo aber baute ihm ein Haus. [48]Aber der Allerhöchste wohnt nicht in Tempeln, die mit Händen gemacht sind, wie der Prophet spricht (Jesaja 66,1.2):

[49]»Der Himmel ist mein Thron
und die Erde der Schemel meiner Füße;
was wollt ihr mir denn für ein Haus bauen«,
spricht der Herr,
»oder was ist die Stätte meiner Ruhe?
[50]Hat nicht meine Hand das alles gemacht?«

[51]Ihr Halsstarrigen, mit verstockten Herzen und tauben Ohren,* ihr widerstrebt allezeit dem heiligen Geist, wie eure Väter, so auch ihr. [52]Welchen Propheten haben eure Väter nicht verfolgt? Und sie haben getötet, die zuvor verkündigten das Kommen des Gerechten, dessen Verräter und Mörder ihr nun geworden seid. [53]Ihr habt das Gesetz empfangen durch Weisung von Engeln und habt's nicht gehalten.

auf ihn als den Erlöser aus der Hand der Ägypter ausgelegt (V. 25); aus den Gotteserscheinungen werden Engelerscheinungen (V. 30.38), weil das Judentum dieser Zeit von einer direkten Schau Gottes nicht mehr zu reden wagte. Bei den polemischen Einfügungen des Lk ist trotz seiner guten Kenntnis der heiligen Schrift ein distanziertes Verhältnis zur Überlieferung des Judentums zu bemerken: Die Stelle Am 5,25–27 wird in dem anklagenden Stück V. 39–43 entgegen dem ursprünglichen Sinn verwendet. Amos stellte die Wüstenzeit als Vorbild dar: Damals hat das Volk nicht äußere Opfer gebracht, sondern das Rechte getan. Lk dagegen macht das Wort zur Anklage: Schon damals haben die Juden Gott keine Opfer gebracht, sondern fremden Götzen gedient. Der Vorwurf in V. 48 stammt wahrscheinlich aus jüdischer Polemik gegen die heidnischen Göttertempel, in denen Götterbilder und –statuen aufgestellt waren. So zeigt sich, daß die Stephanusrede, trotz der Benutzung von Quellen, das Werk des Heidenchristen Lukas ist. Ihre geistliche Bedeutung liegt darin, daß der christlichen Gemeinde vor Augen geführt wird: Verwirklichung und Versagen des Glaubens wird erkennbar im geschichtlichen Handeln. Die Geschichte des Volkes Israel ist dafür sowohl vorbildliches als auch warnendes Beispiel.

Der Tod des Stephanus

[54]Als sie das hörten, ging's ihnen durchs Herz, und sie knirschten mit den Zähnen über ihn. [55]Er aber, voll heiligen Geistes, sah auf zum Himmel und sah die Herrlichkeit Gottes und Jesus stehen zur Rechten Gottes [56]und sprach: Siehe, ich sehe den Himmel offen und den Menschensohn zur Rechten Gottes stehen. [57]Sie schrien aber laut und hielten sich ihre Ohren zu und stürmten einmütig auf ihn ein, [58]stießen ihn zur Stadt hinaus und steinigten ihn. Und die Zeugen legten ihre Kleider ab zu den Füßen eines jungen

Nicht seine Rede gegen Tempel und Kultgesetz, sondern erst das Bekenntnis zu Jesus (V. 56) gibt den Anlaß, ihn zu steinigen. Offensichtlich wurde Stephanus Opfer einer Lynchjustiz. Lk aber hat Zeugen eingefügt, um den Eindruck eines ordentlichen Gerichtsverfahrens zu erwecken. So konnte er auch den Christenverfolger Saulus einführen (vgl. zu 9,1 ff.). Die letzten Worte des Stephanus (V. 59f.) entsprechen fast wörtlich zwei von Lk überlieferten Kreuzesworten (Lk 23, 34.46). Der Zeuge stirbt wie sein Herr im Frieden mit Gott und allen Menschen.

Mannes, der hieß Saulus, [59]und sie steinigten Stephanus; der rief den Herrn an und sprach: *Herr Jesus, nimm meinen Geist auf!* [60]Er fiel auf die Knie und schrie laut: *Herr, rechne ihnen diese Sünde nicht an!* Und als er das gesagt hatte, verschied er. [1]Saulus aber hatte Gefallen an seinem Tode.

An keiner weiteren Stelle im NT heißt es, daß der Menschensohn steht (V. 56), sonst sitzt er. Nach dem Hofzeremoniell der Antike steht der oberste Diener neben dem Thron, nur der Mitregent oder Thronerbe sitzt. Liegt hier eine ältere Christusanschauung vor, nach der Christus noch nicht als Gottes Sohn und Erbe, sondern nur als sein erster Diener gilt? Es könnte aber auch die Vorstellung zugrundeliegen, daß sich in diesem Augenblick Jesus (zum Gericht oder zum feierlichen Empfang seines Zeugen) vom Thron erhoben hat.

Die Verfolgung der Gemeinde in Jerusalem

Lk verschleiert, daß sich die Verfolgung damals nur gegen die Anhänger des Stephanus richtete (vgl. 11,19ff.), nicht wie zu erwarten zunächst gegen die Apostel als Gemeindeleiter. Da es für Lk außerhalb Jerusalems damals keine Gemeinde gab, tritt Saulus auch nur dort als Verfolger auf.

8 Es erhob sich aber an diesem Tag eine große Verfolgung über die Gemeinde in Jerusalem; da zerstreuten sich alle in die Länder Judäa und Samarien, außer den Aposteln. [2]Es bestatteten aber den Stephanus gottesfürchtige Männer und hielten eine große Klage über ihn. [3]Saulus aber suchte die Gemeinde zu zerstören, ging von Haus zu Haus, schleppte Männer und Frauen fort und warf sie ins Gefängnis.

Philippus in Samaria. Der Zauberer Simon

Die Überlieferung, daß der erste Missionar Samarias Philippus war, begegnet hier in Verbindung mit der Legende, daß Philippus sogar den berühmten Simon zum Glauben bekehrt habe. Zugleich liegt eine weitere Tradition vor, die später einen ganzen Legendenkranz darüber hervorbrachte, daß Petrus Simon zurückgewiesen habe. Diese Überlieferungsstücke werden nun von Lk kunstvoll miteinander verbunden und seinem Geschichtsentwurf dienstbar gemacht. Dabei treten die theologischen Leitgedanken besonders deutlich hervor: 1. Der Anlaß der Samariamission ist die Verfolgung der Gemeinde. Die Gegner sorgen wider Willen dafür, daß die Verheißung von 1,8 ihre Erfüllung findet. 2. Philippus behält zwar den Ruhm, der erste Missionar Samarias zu sein. Jedoch wird sein Werk nur dadurch vollendet, daß die Apostel den Segen dazu geben und so die neuentstandenen Gemeinden in die eine apostolische Kirche einfügen. Dazu muß Lk allerdings eine dem ganzen urchristlichen Taufverständnis widersprechende Vorstellung

[4]Die nun zerstreut worden waren, zogen umher und predigten das Wort. [5]Philippus aber kam hinab in die Hauptstadt Samariens und predigte ihnen von Christus. [6]Und das Volk neigte einmütig dem zu, was Philippus sagte, als sie ihm zuhörten und die Zeichen sahen, die er tat. [7]Denn die unreinen Geister fuhren aus mit großem Geschrei aus vielen Besessenen, auch viele Gelähmte und Verkrüppelte wurden gesund gemacht; [8]und es entstand große Freude in dieser Stadt.

[9]Es war aber ein Mann mit Namen Simon, der zuvor in der Stadt Zauberei trieb und das Volk von Samaria in seinen Bann zog, weil er vorgab, er wäre etwas Großes. [10]Und alle hingen ihm an, klein und groß, und sprachen: Dieser ist die Kraft Gottes, die die Große genannt wird. [11]Sie hingen ihm aber an, weil er sie lange Zeit mit seiner Zauberei in seinen Bann gezogen hatte. [12]Als sie aber den Predigten des Philippus von dem Reich Gottes und von dem Namen Jesu Christi glaubten, ließen sich taufen Männer und Frauen. [13]Da wurde auch Simon gläubig und ließ sich taufen und hielt sich zu Philippus. Und als er die Zeichen und großen Taten sah, die geschahen, geriet er außer sich vor Staunen.

[14]Als aber die Apostel in Jerusalem hörten, daß Samarien das Wort Gottes angenommen hatte, sandten sie zu ihnen Petrus und Johannes. [15]Die kamen hinab und beteten für

sie, daß sie den heiligen Geist empfingen. [16]Denn er war noch auf keinen von ihnen gefallen, sondern sie waren allein getauft auf den Namen des Herrn Jesus. [17]Da legten sie die Hände auf sie, und sie empfingen den heiligen Geist.

[18]Als aber Simon sah, daß der Geist gegeben wurde, wenn die Apostel die Hände auflegten, bot er ihnen Geld an [19]und sprach: Gebt auch mir die Macht, damit jeder, dem ich die Hände auflege, den heiligen Geist empfange. [20]Petrus aber sprach zu ihm: Daß du verdammt werdest mitsamt deinem Geld, weil du meinst, Gottes Gabe werde durch Geld erlangt. [21]Du hast weder Anteil noch Anrecht an dieser Sache; denn dein Herz ist nicht rechtschaffen vor Gott. [22]Darum tu Buße für diese deine Bosheit und flehe zum Herrn, ob dir das Trachten deines Herzens vergeben werden könne. [23]Denn ich sehe, daß du voll bitterer Galle bist und verstrickt in Ungerechtigkeit. [24]Da antwortete Simon und sprach: Bittet ihr den Herrn für mich, daß nichts von dem über mich komme, was ihr gesagt habt.

[25]Als sie nun das Wort des Herrn bezeugt und geredet hatten, kehrten sie wieder um nach Jerusalem und predigten das Evangelium in vielen Dörfern der Samariter.

einbringen. Er trennt Taufe und Geistempfang, indem Philippus nur tauft und Petrus durch Handauflegung den Geist überträgt. Dadurch ließ sich eine Verbindung zwischen den beiden Simonlegenden schaffen. Die Wundertaten des Philippus führen zwar zur Bekehrung des Simon, aber sein wahrer Charakter enthüllt sich erst in der Begegnung mit Petrus. Die Szene zwischen Petrus und Simon markiert gleichzeitig den Unterschied zwischen christlichen Wundern und heidnischem Zauberwesen. Der heidnische Zauber basiert nur auf äußerlichen Riten, die Macht der Apostel jedoch gründet in der Reinheit ihres ganzen Lebens. Es ist bemerkenswert, daß Lk, der bereits das Problem der heidnischen Praktiken in der Kirche kennt, im Unterschied zu der Auffassung von Heb 6,4–6 auch bei Rückfall ins Heidentum eine erneute Bekehrung für möglich hält.

Historische Anmerkungen:

1. Die Samariamission war keine Heidenmission. Die Samariter waren vom religiösen wie nationalen Gesichtspunkt jüdische Halbbrüder. Sie besaßen als heilige Schrift nur die 5 Bücher Mose und hatten eine eigene Kultstätte. Zwischen Juden und Samaritern herrschte damals jener Haß, wie er nur unter Nahestehenden aufkommen kann. Auch in der christlichen Gemeinde gab es Gegner der Samariamission (vgl. Mt 10,7). Die Mehrheit ließ sich aber wahrscheinlich doch von dem Joh 4,1–42 geschilderten Verhalten Jesu bestimmen und überwand die Schranken zu diesen Halbbrüdern.
2. Von Simon Magus (= der Zauberer) gibt es mehrere und widersprüchliche Nachrichten. Am besten bezeugt ist seine Behauptung: »Ich bin die große Kraft«. Er verstand sich als eine göttliche wundertätige Offenbarergestalt. Entweder hat er sich selbst als Wiedererscheinung Jesu verstanden, oder haben seine Anhänger ihn erst später dazu gemacht. Daraus erklären sich die ganz unterschiedlichen Urteile über ihn: In der Philippuslegende erscheint er als bekehrter Christ, in der Petruslegende als schlechter Zauberer und bei den Kirchenvätern als der Vater aller Ketzerei der Gnosis.

Der Kämmerer aus Äthiopien

Der Schritt der Heidenmission erschien im Rückblick vielen christlichen Gruppen als die wichtigste christliche Entscheidung der Kirche. Welcher unbeschnittene Heide als erster getauft wurde, ist nicht mehr feststellbar. Schon Lk kannte verschiedene Überlieferungen, die die erste Taufe eines Heiden mit jeweils anderen Personen verbanden. Da nach seiner Auffassung die wichtigsten Entscheidungen der Kirche von den 12 Aposteln gefällt wurden, stellt er die Taufe des Hauptmanns Kornelius als das grundlegende Ereignis dar (Kap. 10). Lk hat andere Überlieferungen jedoch nicht getilgt. Er hat sie nur so gestaltet, daß sie sich in sein Gesamtbild einfügen.

[26]Aber der Engel des Herrn redete zu Philippus und sprach: Steh auf und geh nach Süden auf die Straße, die von Jerusalem nach Gaza hinabführt und öde ist. [27]Und er stand auf und ging hin. Und siehe, ein Mann aus Äthiopien, ein

Die religiöse Herkunft des äthiopischen Beamten läßt Lk im Halbdunkel. Ein Mann, der in der heiligen Schrift des jüdischen Volkes liest,

Kämmerer und Mächtiger am Hof der Kandake, der Königin von Äthiopien, welcher ihren ganzen Schatz verwaltete, der war nach Jerusalem gekommen, um anzubeten. [28]Nun zog er wieder heim und saß auf seinem Wagen und las den Propheten Jesaja. [29]Der Geist aber sprach zu Philippus: Geh hin und halte dich zu diesem Wagen! [30]Da lief Philippus hin und hörte, daß er den Propheten Jesaja las, und fragte: Verstehst du auch, was du liest? [31]Er aber sprach: Wie kann ich, wenn mich nicht jemand anleitet? Und er bat Philippus, aufzusteigen und sich zu ihm zu setzen. [32]Der Inhalt aber der Schrift, die er las, war dieser (Jesaja 53,7.8):

»Wie ein Schaf, das zur Schlachtung geführt wird,
und wie ein Lamm, das vor seinem Scherer verstummt,
so tut er seinen Mund nicht auf.
[33]In seiner Erniedrigung wurde sein Urteil aufgehoben.
Wer kann seine Nachkommen aufzählen?
Denn sein Leben wird von der Erde weggenommen.«

[34]Da antwortete der Kämmerer dem Philippus und sprach: Ich bitte dich, von wem redet der Prophet das, von sich selber oder von jemand anderem? [35]Philippus aber tat seinen Mund auf und fing mit diesem Wort der Schrift an und predigte ihm das Evangelium von Jesus. [36]Und als sie auf der Straße dahinfuhren, kamen sie an ein Wasser. Da sprach der Kämmerer: Siehe, da ist Wasser; was hindert's, daß ich mich taufen lasse?* [38]Und er ließ den Wagen halten, und beide stiegen in das Wasser hinab, Philippus und der Kämmerer, und er taufte ihn. [39]Als sie aber aus dem Wasser heraufstiegen, entrückte der Geist des Herrn den Philippus, und der Kämmerer sah ihn nicht mehr; er zog aber seine Straße fröhlich. [40]Philippus aber fand sich in Aschdod wieder und zog umher und predigte in allen Städten das Evangelium, bis er nach Cäsarea kam.

wirkt wie ein Jude. Der ursprüngliche Sinn der Geschichte war wahrscheinlich der gleiche wie bei der Bekehrung des Kornelius: Die erste Taufe eines Heiden war keine menschliche Entscheidung, sondern alle handelnden Personen wurden dazu auf wunderbare Weise von Gott selbst geführt. Da Lk den Beamten nicht ausdrücklich als Heiden kennzeichnet, ist dessen Taufe und Bekehrung nun zu einem Bindeglied zwischen der Mission der Samariter und der der Heiden geworden. Die Schriftstelle, die Ausgangspunkt für die Predigt des Philippus ist, stammt aus dem Lied über den leidenden Gottesknecht (Jes 53). Die Hauptaussage des Liedes, das stellvertretende Leiden, hat Lk bemerkenswerterweise nicht zitiert. Der Gedanke vom stellvertretenden Opfer für die Sünden der Menschen ist auch sonst von Lk übergangen worden. Er hat nur den Gedanken des Gehorsams herausgehört und Jes 53,8 nicht als Umschreibung des Todes, sondern der Himmelfahrt verstanden (V. 33b). V. 37 ist erst in späten Handschriften zu finden. Man vermißte ein Taufbekenntnis und fügte darum den Vers ein: »Philippus aber sprach: Wenn du von ganzem Herzen glaubst, so kann es geschehen. Er aber antwortete und sprach: Ich glaube, daß Jesus Christus Gottes Sohn ist.«

Die Bekehrung des Saulus

Zur Darstellung des Lk über das Wirken des Paulus sind die Äußerungen des Paulus über sich selbst zu vergleichen. Lk kannte dessen Briefe offensichtlich nicht. Er mußte aus legendär überwucherten Einzelnachrichten ein Gesamtbild entwerfen. Jeder Geschichtsschreiber, der nur undatierbare Einzelnachrichten hat, braucht eine Vorstellung davon, wie es gewesen sein könnte. Lk will aber außerdem beim Erzählen der vergangenen Geschichte den Leser innerlich packen und ihm ermöglichen, von dieser Vergangenheit her den eigenen Standort in der Gegenwart zu finden. – Leben und Handeln des bedeutendsten Missionars dienen Lk in besonderer Weise dazu, die Macht Jesu zu zeigen. Durch das eigene Zeugnis des Paulus ist bestätigt, daß er die Gemeinde verfolgte. Lk stellt aber die Verfolgertätigkeit so schrecklich und machtvoll dar, daß der Leser den Eindruck gewinnt: Wie mächtig ist doch unser Herr Jesus Christus, der seinen fanatischsten Feind mit einer einzigen Erscheinung überwindet. Die Einzelzüge, die Lk über die Verfolgungen durch Paulus berichtet, sind nicht aufeinander abgestimmt. Gerade noch ist Paulus ein Jüngling, zu dessen Füßen die Zeugen bei der Steinigung des Stephanus die Kleider ablegen (7,58) und der dieser Hinrichtung

freudig zustimmt (8,1). Wenig später begegnet er als allgewaltiger Polizeichef von Jerusalem, der Männer und Frauen ins Gefängnis wirft (8,3). Schließlich hat er als einer der obersten Richter an Todesurteilen mitgewirkt (26,11). Nach jüdischem Recht hätte er dafür mindestens 40 Jahre alt sein müssen, sofern die jüdische Behörde überhaupt die Macht hatte, Todesurteile zu fällen.

9 Saulus aber schnaubte noch mit Drohen und Morden gegen die Jünger des Herrn und ging zum Hohenpriester [2] und bat ihn um Briefe nach Damaskus an die Synagogen, damit er Anhänger des neuen Weges, Männer und Frauen, wenn er sie dort fände, gefesselt nach Jerusalem führe. [3] Als er aber auf dem Wege war und in die Nähe von Damaskus kam, umleuchtete ihn plötzlich ein Licht vom Himmel; [4] und er fiel auf die Erde und hörte eine Stimme, die sprach zu ihm: Saul, Saul, was verfolgst du mich? [5] Er aber sprach: Herr, wer bist du? Der sprach: Ich bin Jesus, den du verfolgst. [6] Steh auf und geh in die Stadt; da wird man dir sagen, was du tun sollst. [7] Die Männer aber, die seine Gefährten waren, standen sprachlos da; denn sie horten zwar die Stimme, aber sahen niemanden. [8] Saulus aber richtete sich auf von der Erde; und als er seine Augen aufschlug, sah er nichts. Sie nahmen ihn aber bei der Hand und führten ihn nach Damaskus; [9] und er konnte drei Tage nicht sehen und aß nicht und trank nicht.

[10] Es war aber ein Jünger in Damaskus mit Namen Hananias; dem erschien der Herr und sprach: Hananias! Und er sprach: Hier bin ich, Herr. [11] Der Herr sprach zu ihm: Steh auf und geh in die Straße, die die Gerade heißt, und frage in dem Haus des Judas nach einem Mann mit Namen Saulus von Tarsus. Denn siehe, er betet [12] und hat in einer Erscheinung einen Mann gesehen mit Namen Hananias, der zu ihm hereinkam und die Hand auf ihn legte, damit er wieder sehend werde. [13] Hananias aber antwortete: Herr, ich habe von vielen gehört über diesen Mann, wieviel Böses er deinen Heiligen in Jerusalem angetan hat; [14] und hier hat er Vollmacht von den Hohenpriestern, alle gefangenzunehmen, die deinen Namen anrufen. [15] Doch der Herr sprach zu ihm: Geh nur hin; denn dieser ist mein auserwähltes Werkzeug, daß er meinen Namen trage vor Heiden und vor Könige und vor das Volk Israel. [16] Ich will ihm zeigen, wieviel er leiden muß um meines Namens willen. [17] Und Hananias ging hin und kam in das Haus und legte die Hände auf ihn und sprach: Lieber Bruder Saul, der Herr hat mich gesandt, Jesus, der dir auf dem Wege hierher erschienen ist, daß du wieder sehend und mit dem heiligen Geist erfüllt werdest. [18] Und sogleich fiel es von seinen Augen wie Schuppen, und er wurde wieder sehend; und er stand auf, ließ sich taufen [19] und nahm Speise zu sich und stärkte sich.

Nach V. 1 f. wirkt Paulus bereits außerhalb des jüdischen Stammlandes. Es ist schwer vorstellbar, daß Paulus solche Macht gehabt haben soll. Zuverlässig wissen wir nur, daß er aus der Diaspora stammte und mit der griechischen Bibel aufgewachsen ist und der pharisäischen Bewegung angehörte. Seine Feindschaft richtete sich möglicherweise allein gegen die Form des Christentums, wie es z. B. vom Stephanuskreis vertreten wurde. Dieser hielt das Bekenntnis zu Jesus für wichtiger als das jüdische Gesetz und stellte damit den jüdischen Glauben als ganzen in Frage. In welchen Formen sich die Verfolgertätigkeit des Paulus äußerte, ist ungewiß; mit Mord und Totschlag aber sicher nicht. Dann hätte er sich nicht im Rückblick auf seine vorchristliche Vergangenheit bescheinigt, er habe dem Gesetz nach untadelig gelebt (Phl 3,6).

Saulus in Damaskus und Jerusalem

Die Darstellung der Anfangszeit des Paulus steht im Widerspruch zu Gal 1,11–24. Lk weiß nichts von einem dreijährigen Wirken des Paulus in Arabien (Gal 1,17). Paulus geht nach Tarsus mit dem Segen der Apostel (V. 30). Freilich kann Lk ihn auch dort noch nicht als Missionar wirken lassen. Auch die elfjährige Missionsarbeit in Syrien und Zilizien (Gal 1,21) ist Lk unbekannt. Nach seinem Geschichtsbild ist es undenkbar, daß Paulus unabhängig und vor den Jerusalemer Aposteln als Heidenmissionar gewirkt habe. Darum schiebt er die Darstellung der Heidenmission des Paulus auf, bis er die Bekehrung des heidnischen Hauptmanns Kornelius durch den Apostel Petrus erzählt hat. Demgegenüber betrachtet Paulus selbst die Heidenmission von Anfang an als seine besondere Aufgabe. Freilich hält auch Lk Paulus für das auserwählte Werkzeug der Heidenmission (9,15 f.).

In V. 28 wirkt Paulus gleichberechtigt mit den Uraposteln in Jerusalem. Auf diese Weise hinterläßt Lk den Eindruck, daß Paulus von den Aposteln selbst berufen wurde. Sein Scheiden aus der Jerusalemer Gemeinde ist durch die Juden veranlaßt, die Paulus töten wollen. Auch in Damaskus wird Paulus von den Juden verfolgt, weil er nach Lk nur unter Juden gewirkt haben soll. Die Flucht aus Damaskus berichtete auch Paulus (2Ko 11,32 f.); aber als Flucht vor den Beamten des nabatäischen Königs Aretas. Lk hat somit aus drei Einzeltraditionen ein Gesamtbild entworfen. Historisch erkennbar sind folgende Überlieferungen: 1. die Flucht aus Damaskus; 2. der kurze Besuch in Jerusalem (vgl. Gal 1,18); 3. die gemeinsame Missionsarbeit mit Barnabas in Syrien und Zilizien. – Nach Lk ist mit der Bekehrung ein Geschichtsabschnitt beendet: Die erste Verfolgungswelle ist überstanden, es beginnt eine Zeit des ruhigen Wachsens der Gemeinde.

Saulus blieb aber einige Tage bei den Jüngern in Damaskus. [20]Und alsbald predigte er in den Synagogen von Jesus, daß dieser Gottes Sohn sei. [21]Alle aber, die es hörten, entsetzten sich und sprachen: Ist das nicht der, der in Jerusalem alle vernichten wollte, die diesen Namen anrufen, und ist er nicht deshalb hierhergekommen, daß er sie gefesselt zu den Hohenpriestern führe? [22]Saulus aber gewann immer mehr an Kraft und trieb die Juden in die Enge, die in Damaskus wohnten, und bewies, daß Jesus der Christus ist. [23]Nach mehreren Tagen aber hielten die Juden Rat und beschlossen, ihn zu töten. [24]Aber es wurde Saulus bekannt, daß sie ihm nachstellten. Sie bewachten Tag und Nacht auch die Tore, um ihn zu töten. [25]Da nahmen ihn seine Jünger bei Nacht und ließen ihn in einem Korb die Mauer hinab.

[26]Als er aber nach Jerusalem kam, versuchte er, sich zu den Jüngern zu halten; doch sie fürchteten sich alle vor ihm und glaubten nicht, daß er ein Jünger wäre. [27]Barnabas aber nahm ihn zu sich und führte ihn zu den Aposteln und erzählte ihnen, wie Saulus auf dem Wege den Herrn gesehen und daß der mit ihm geredet und wie er in Damaskus im Namen Jesu frei und offen gepredigt hätte. [28]Und er ging bei ihnen in Jerusalem ein und aus und predigte im Namen des Herrn frei und offen. [29]Er redete und stritt auch mit den griechischen Juden; aber sie stellten ihm nach, um ihn zu töten. [30]Als das die Brüder erfuhren, geleiteten sie ihn nach Cäsarea und schickten ihn weiter nach Tarsus.

[31]So hatte nun die Gemeinde Frieden in ganz Judäa und Galiläa und Samarien und baute sich auf und lebte in der Furcht des Herrn und mehrte sich unter dem Beistand des heiligen Geistes.

Petrus in Lydda

Mit Legenden aus der Petrusüberlieferung will Lk sagen, daß der jüdische Siedlungsraum – einschließlich Samariens und des syrophönizischen Küstenstreifens – von der christlichen Mission erreicht wurde. Jeder

[32]Es geschah aber, als Petrus überall im Land umherzog, daß er auch zu den Heiligen kam, die in Lydda wohnten. [33]Dort fand er einen Mann mit Namen Äneas, seit acht Jahren ans Bett gebunden; der war gelähmt. [34]Und Petrus sprach zu ihm: Äneas, Jesus Christus macht dich gesund;

steh auf und mach dir selber das Bett. Und sogleich stand er auf. [35]Da sahen ihn alle, die in Lydda und in Scharon wohnten, und bekehrten sich zu dem Herrn.

Jude konnte sich der Botschaft Jesu öffnen. – Die Wunder des Petrus demonstrieren die Macht Christi und sind eindringlicher Ruf zur Umkehr.

Die Auferweckung der Tabita

[36]In Joppe war eine Jüngerin mit Namen Tabita, das heißt übersetzt: Reh. Die tat viele gute Werke und gab reichlich Almosen. [37]Es begab sich aber zu der Zeit, daß sie krank wurde und starb. Da wuschen sie sie und legten sie in das Obergemach. [38]Weil aber Lydda nahe bei Joppe ist, sandten die Jünger, als sie hörten, daß Petrus dort war, zwei Männer zu ihm und baten ihn: Säume nicht, zu uns zu kommen! [39]Petrus aber stand auf und ging mit ihnen. Und als er hingekommen war, führten sie ihn hinauf in das Obergemach, und es traten alle Witwen zu ihm, weinten und zeigten ihm die Röcke und Kleider, die Tabita gemacht hatte, als sie noch bei ihnen war. [40]Und als Petrus sie alle hinausgetrieben hatte, kniete er nieder, betete und wandte sich zu dem Leichnam und sprach: Tabita, steh auf! Und sie schlug ihre Augen auf; und als sie Petrus sah, setzte sie sich auf. [41]Er aber gab ihr die Hand und ließ sie aufstehen und rief die Heiligen und die Witwen und stellte sie lebendig vor sie. [42]Und das wurde in ganz Joppe bekannt, und viele kamen zum Glauben an den Herrn. [43]Und es geschah, daß Petrus lange Zeit in Joppe blieb bei einem Simon, der ein Gerber war.

Weil Lk auf Steigerung Wert legt, berichtet er das größte Wunder an letzter Stelle. Es erinnert an die Totenerweckungen durch Elia (1Kö 17,17–24) und Elisa (2Kö 4,32ff.). Wie diese betet Petrus in Einsamkeit in einem Obergemach, bevor er die wunderwirkenden Worte spricht. Gleichzeitig ist an die Erweckung der Tochter des Jairus (Lk 8,40–56) zu denken. Jesu Wunder und die Taten der Apostel unterscheiden sich nicht in der Wirkung, sondern in der Vollmacht, aus der sie getan werden. Jesus offenbart sich selbst in den Wundern, während die Jünger durch sie die Macht ihres Herrn bezeugen. Darum gehören für Lk Wunder und Mission zusammen. Mit der Erweckung der Tabita ist die Mission der Juden beendet. Wenn sie an diesem Wunder nicht erkennen, daß sich im Handeln der Jünger die erhoffte Wiederkehr Elias (vgl. Mk 9,11–13) ereignet, ist weiteres Reden vergeblich.

Der Hauptmann Kornelius

Die wichtigste Entscheidung der urchristlichen Geschichte, die Wende zur Heidenmission, d.h. der Schritt von einer jüdischen Bewegung zur Weltreligion, stellt Lk in der Erzählung von der Bekehrung des Hauptmanns Kornelius dar. Die Geschichte hat einen Hauptgedanken: Die ersten Christen haben sich bis zum Äußersten gesträubt, Heiden aufzunehmen. Mehrmals lehnt Petrus ab, was ihm die himmlische Stimme befiehlt. Jeder weitere Schritt wird ihm gleichsam abgezwungen. Erst als der Geist so sichtbar sich der Hörer bemächtigt, gibt Petrus gehorsam nach. Außerdem ist wichtig, daß es allein der Apostel Petrus ist, der die Aufnahme der Heiden vollzieht. Es war somit die legitime apostolische Kirche, keine Randgruppe, die den Schritt zur Heidenmission getan hat. Der erste Heidenchrist ist für Lk eine Symbolfigur. Er ist einerseits römischer Bürger und Offizier, andrerseits ein Mann mit einem untadeligen frommen Leben (V.2). Er repräsentiert die römische Staatsmacht – und gerade er ist Christ. Mit den Mitteln historischer Erzählung erweckt Lk bei den Lesern ein zuversichtliches Vertrauen in Gottes Führung. Gott führt die Kirche seinen Weg; für die Glaubenden sind nur Gehorsam und Wachsamkeit nötig, um Gottes Zeichen zu sehen.

10 Es war aber ein Mann in Cäsarea mit Namen Kornelius, ein Hauptmann der Abteilung, die die Italische genannt wurde. [2]Der war fromm und gottesfürchtig mit seinem ganzen Haus und gab dem Volk viele Almosen und betete immer zu Gott. [3]Der hatte eine Erscheinung um die neunte Stunde am Tage und sah deutlich einen Engel Gottes bei sich eintreten; der sprach zu ihm: Kornelius! [4]Er aber sah ihn an, erschrak und fragte: Herr, was ist?

Mit größter Sorgfalt ist die Geschichte aufgebaut. Keine der handelnden Personen weiß am Anfang, worum es geht; auch der Leser wird bis zum letzten Augenblick in Spannung gehalten. Kornelius weiß nicht, wozu er den ihm unbekannten Petrus holen soll. Petrus rätselt über den Sinn seiner Vision nach. Als die

Der sprach zu ihm: Deine Gebete und deine Almosen sind vor Gott gekommen, und er hat ihrer gedacht. [5]Und nun sende Männer nach Joppe und laß holen Simon mit dem Beinamen Petrus. [6]Der ist zu Gast bei einem Gerber Simon, dessen Haus am Meer liegt. [7]Und als der Engel, der mit ihm redete, hinweggegangen war, rief Kornelius zwei seiner Knechte und einen frommen Soldaten von denen, die ihm dienten, [8]und erzählte ihnen alles und sandte sie nach Joppe.

[9]Am nächsten Tag, als diese auf dem Wege waren und in die Nähe der Stadt kamen, stieg Petrus auf das Dach, zu beten um die sechste Stunde. [10]Und als er hungrig wurde, wollte er essen. Während sie ihm aber etwas zubereiteten, geriet er in Verzückung [11]und sah den Himmel aufgetan und etwas wie ein großes leinenes Tuch herabkommen, an vier Zipfeln niedergelassen auf die Erde. [12]Darin waren allerlei vierfüßige und kriechende Tiere der Erde und Vögel des Himmels. [13]Und es geschah eine Stimme zu ihm: Steh auf, Petrus, schlachte und iß! [14]Petrus aber sprach: O nein, Herr; denn ich habe noch nie etwas Verbotenes und Unreines gegessen. [15]Und die Stimme sprach zum zweiten Mal zu ihm: Was Gott rein gemacht hat, das nenne du nicht verboten. [16]Und das geschah dreimal; und alsbald wurde das Tuch wieder hinaufgenommen gen Himmel.

[17]Als aber Petrus noch ratlos war, was die Erscheinung bedeute, die er gesehen hatte, siehe, da fragten die Männer, von Kornelius gesandt, nach dem Haus Simons und standen an der Tür, [18]riefen und fragten, ob Simon mit dem Beinamen Petrus hier zu Gast wäre. [19]Während aber Petrus nachsann über die Erscheinung, sprach der Geist zu ihm: Siehe, drei Männer suchen dich; [20]so steh auf, steig hinab und geh mit ihnen und zweifle nicht, denn ich habe sie gesandt.

[21]Da stieg Petrus hinab zu den Männern und sprach: Siehe, ich bin's, den ihr sucht; warum seid ihr hier? [22]Sie aber sprachen: Der Hauptmann Kornelius, ein frommer und gottesfürchtiger Mann mit gutem Ruf bei dem ganzen Volk der Juden, hat Befehl empfangen von einem heiligen Engel, daß er dich sollte holen lassen in sein Haus und hören, was du zu sagen hast. [23]Da rief er sie herein und beherbergte sie.

Am nächsten Tag machte er sich auf und zog mit ihnen, und einige Brüder aus Joppe gingen mit ihm. [24]Und am folgenden Tag kam er nach Cäsarea. Kornelius aber wartete auf sie und hatte seine Verwandten und nächsten Freunde zusammengerufen. [25]Und als Petrus hereinkam, ging ihm Kornelius entgegen und fiel ihm zu Füßen und betete ihn an. [26]Petrus aber richtete ihn auf und sprach:

Männer kommen, spürt er nur, daß er die Einladung in das Haus eines Heiden nicht abschlagen darf. Auch die Begegnung zwischen dem frommen Kornelius und Petrus, der demütig alle Ehrungen von sich weist, bringt noch keine Entscheidung. Die Predigt trägt nur dem Gedanken Rechnung, daß Gott kein Volk bevorzugt. Freilich geht Petrus bei der Predigt noch weiter: Er stellt die Erwählung Israels mit dem Gedanken in Frage, daß bei Gott alle gleichgeachtet sind (V. 34). Hier redet Petrus vom Erkenntnisstand eines späteren Heidenchristentums aus. Die Predigt bietet eine kurze Zusammenfassung des Evangeliums mit den für Lk wichtigsten Gesichtspunkten: Jesu Wunder; das schuldhafte Handeln der Juden, die Jesus kreuzigten; die Auferweckung als Gottes Antwort; die Hervorhebung der Augenzeugenschaft der Apostel von der Taufe des Johannes bis zur österlichen Mahlgemeinschaft. Nur statt des Bußrufes bringt Lk in diesem besonderen Fall das universale Heilsangebot für jeden, der glaubt (V. 43). Erst danach tritt das entscheidende Ereignis ein; aber nicht von Menschen veranlaßt: Der heilige Geist bemächtigt sich der Zuhörer. Lk hat vielleicht an Zungenrede wie beim Pfingstereignis gedacht. Die Judenchristen in der Begleitung des Petrus werden als erstaunte, aber neutrale Beobachter des Wunders genannt. Petrus spricht schließlich die Erkenntnis aus, zu der jeder beim aufmerksamen Hören der Geschichte kommen muß: Diesen Heiden kann die Taufe nicht verweigert werden. Das schließt ein, daß Petrus im Widerspruch zu seiner bisherigen Erkenntnis (V. 28) mit dieser heidenchristlichen Gemeinde mehrere Tage unter einem Dach wohnt (V. 48). – Diese Geschichtsdarstellung wirft manche Fragen auf. Schon die Kennzeichnung des Kornelius ist nicht zutreffend. Es hat tatsächlich eine römische Militärabteilung mit dem Beinamen »italische« (V. 1) gegeben. Sie wurde jedoch erst zu Beginn des Jüdischen Krieges nach Syrien verlegt. Lk hat also die politischen Verhältnisse seiner Zeit

Steh auf, ich bin auch nur ein Mensch. [27]Und während er mit ihm redete, ging er hinein und fand viele, die zusammengekommen waren. [28]Und er sprach zu ihnen: Ihr wißt, daß es einem jüdischen Mann nicht erlaubt ist, mit einem Fremden umzugehen oder zu ihm zu kommen; aber Gott hat mir gezeigt, daß ich keinen Menschen meiden oder unrein nennen soll. [29]Darum habe ich mich nicht geweigert zu kommen, als ich geholt wurde. So frage ich euch nun, warum ihr mich habt holen lassen. [30]Kornelius sprach: Vor vier Tagen um diese Zeit betete ich um die neunte Stunde in meinem Hause. Und siehe, da stand ein Mann vor mir in einem leuchtenden Gewand [31]und sprach: Kornelius, dein Gebet ist erhört, und deiner Almosen ist gedacht worden vor Gott. [32]So sende nun nach Joppe und laß herrufen Simon mit dem Beinamen Petrus, der zu Gast ist im Hause des Gerbers Simon am Meer. [33]Da sandte ich sofort zu dir; und du hast recht getan, daß du gekommen bist. Nun sind wir alle hier vor Gott zugegen, um alles zu hören, was dir vom Herrn befohlen ist.

[34]Petrus aber tat seinen Mund auf und sprach: *Nun erfahre ich in Wahrheit, daß Gott die Person nicht ansieht;* [35]*sondern in jedem Volk, wer ihn fürchtet und recht tut, der ist ihm angenehm.* [36]Er hat das Wort dem Volk Israel gesandt und Frieden verkündigt durch Jesus Christus, welcher ist Herr über alle. [37]Ihr wißt, was in ganz Judäa geschehen ist, angefangen von Galiläa nach der Taufe, die Johannes predigte, [38]wie Gott Jesus von Nazareth gesalbt hat mit heiligem Geist und Kraft; der ist umhergezogen und hat Gutes getan und alle gesund gemacht, die in der Gewalt des Teufels waren, denn Gott war mit ihm. [39]Und wir sind Zeugen für alles, was er getan hat im jüdischen Land und in Jerusalem. Den haben sie an das Holz gehängt und getötet. [40]Den hat Gott auferweckt am dritten Tag und hat ihn erscheinen lassen, [41]nicht dem ganzen Volk, sondern uns, den von Gott vorher erwählten Zeugen, die wir mit ihm gegessen und getrunken haben, nachdem er auferstanden war von den Toten. [42]Und er hat uns geboten, dem Volk zu predigen und zu bezeugen, daß er von Gott bestimmt ist zum Richter der Lebenden und der Toten. [43]Von diesem bezeugen alle Propheten, daß durch seinen Namen alle, die an ihn glauben, Vergebung der Sünden empfangen sollen.

[44]Während Petrus noch diese Worte redete, fiel der heilige Geist auf alle, die dem Wort zuhörten. [45]Und die gläubig gewordenen Juden, die mit Petrus gekommen waren, entsetzten sich, weil auch auf die Heiden die Gabe des heiligen Geistes ausgegossen wurde; [46]denn sie hörten, daß sie in Zungen redeten und Gott hoch priesen. Da antwortete Petrus: [47]Kann auch jemand denen das Wasser zur

in die Anfangszeit verlegt. Richtig ist, daß die ersten Heidenchristen aus dem Kreis der »Gottesfürchtigen« stammten. Es gab einen großen Personenkreis, der sich geistig am jüdischen Glauben orientierte, manche Gesetzesbestimmungen befolgte und sogar am Synagogengottesdienst teilnahm. Einige traten durch die Beschneidung ganz zum Judentum über und wurden Proselyten genannt. Andere taten diesen letzten Schritt nicht. Sie erhielten die Bezeichnung »Gottesfürchtige« (V. 2). In diesem Personenkreis hatte die urchristliche Mission besonders großen Erfolg. Sie folgte der jüdischen Mission und wurde deren Konkurrentin. Wahrscheinlich hat sich der Übergang zur Heidenmission unauffällig vollzogen, denn das Problem der Beschneidung wurde zunächst unterschiedlich gewertet. Für die einen stellte sich die Frage so, ob man außer der Taufe als letzten Schritt auch noch die Beschneidung fordern müsse, für andere, ob der Beschneidung die Taufe voranzugehen habe. Vor dieser Frage stand jede einzelne Gemeinde, der sich »Gottesfürchtige« anschlossen. Es hat offensichtlich darauf sehr unterschiedliche Antworten gegeben. Erst auf dem Apostelkonzil (Kap. 15) wurde eine grundsätzliche Regelung gefunden. – Die Petrusvision (V. 9–16) gehört nicht zur Bekehrungsgeschichte. Sie gab ursprünglich Antwort auf ein anderes wichtiges Problem der ersten Zeit: Haben die jüdischen Speisegebote aus dem AT noch Geltung für die christliche Gemeinde? Lk versteht V. 13 als Aufforderung, Heiden ohne Beschneidung in die christliche Gemeinde aufzunehmen. Durch seine große Erzählkunst überspielt er diese Unebenheit. Für den heutigen Leser besteht das eigentliche Problem der Darstellung in der theologischen Aussage des Lk: Im Bestreben, Gottes Führung sichtbar zu machen, drohen die handelnden Personen zu Marionetten zu werden. So leicht nimmt uns Gott aber Lebensentscheidungen nicht ab, so gern wir auch möchten. Vertrauen auf Gottes Führung entbindet uns nicht von eigenem verantwortlichen Handeln und schließt die Möglichkeit des Irrtums nicht aus.

Taufe verwehren, die den heiligen Geist empfangen haben ebenso wie wir? [48] Und er befahl, sie zu taufen in dem Namen Jesu Christi. Da baten sie ihn, noch einige Tage dazubleiben.

Da Lk die Bekehrung des Hauptmanns Kornelius als die Entscheidung zur Heidenmission dargestellt hat, werden die auch damit zusammenhängenden Fragen im Anschluß an die Geschichte behandelt. Vom jüdischen Standpunkt aus richtet sich sachgemäß der Vorwurf allein gegen die Tischgemeinschaft des Petrus mit den »Unbeschnittenen«. Gegen eine Mission unter Heiden hatten die Judenchristen ebensowenig einzuwenden wie die Juden, die zu dieser Zeit auch eine aktive Mission betrieben (vgl. Mt 23,15). Sie werfen Petrus auch nicht den Verzicht auf die Beschneidung vor. Es wäre ja denkbar, daß dieser sie noch als das letzte und entscheidende Bekenntniszeichen fordert. Die Frage nach dem völligen Verzicht auf die Beschneidung wird erst auf dem Apostelkonzil behandelt (15,1). Petrus wird hier nur vorgeworfen, daß er gegen das jüdische Gesetz verstößt, indem er vorbehaltlos mit diesen Bekehrten (vor ihrer hoffentlich noch folgenden Beschneidung) volle Tischgemeinschaft hält. Petrus antwortet mit einer verkürzten Darstellung der Geschichte, die der Leser aus Kap. 10 schon kennt. Dabei nimmt er kleinere Widersprüche in Kauf. So wird der Entschluß des Petrus, mit den Männern zu gehen, auf eine direkte Weisung durch den Geist zurückgeführt (V. 12; anders 10,17); der Geist bemächtigt sich der Zuhörer gleich zu Beginn der Predigt des Petrus (V. 15), nicht erst an ihrem Ende, wie in 10,44. Die Erzählung zielt auf den für die weitere Zukunft der Kirche allgemeingültigen und unumstößlichen Grundsatz von V. 17f.

Petrus in Jerusalem

11 Es kam aber den Aposteln und Brüdern in Judäa zu Ohren, daß auch die Heiden Gottes Wort angenommen hatten. [2] Und als Petrus hinaufkam nach Jerusalem, stritten die gläubig gewordenen Juden mit ihm [3] und sprachen: Du bist zu Männern gegangen, die nicht Juden sind, und hast mit ihnen gegessen! [4] Petrus aber fing an und erzählte es ihnen der Reihe nach und sprach: [5] Ich war in der Stadt Joppe im Gebet und geriet in Verzückung und hatte eine Erscheinung; ich sah etwas wie ein großes leinenes Tuch herabkommen, an vier Zipfeln niedergelassen vom Himmel; das kam bis zu mir. [6] Als ich hineinsah, erblickte ich vierfüßige Tiere der Erde und wilde Tiere und kriechende Tiere und Vögel des Himmels. [7] Ich hörte aber auch eine Stimme, die sprach zu mir: Steh auf, Petrus, schlachte und iß! [8] Ich aber sprach: O nein, Herr; denn es ist nie etwas Verbotenes oder Unreines in meinen Mund gekommen. [9] Aber die Stimme antwortete zum zweiten Mal vom Himmel: Was Gott rein gemacht hat, das nenne du nicht verboten. [10] Das geschah aber dreimal; und alles wurde wieder gen Himmel hinaufgezogen. [11] Und siehe, auf einmal standen drei Männer vor dem Hause, in dem wir waren, von Cäsarea zu mir gesandt. [12] Der Geist aber sprach zu mir, ich solle mit ihnen gehen und nicht zweifeln. Es kamen aber mit mir auch diese sechs Brüder, und wir gingen in das Haus des Mannes. [13] Der berichtete uns, wie er den Engel in seinem Haus gesehen habe, der zu ihm sagte: Sende Männer nach Joppe und laß holen Simon, mit dem Beinamen Petrus; [14] der wird dir die Botschaft sagen, durch die du selig wirst und dein ganzes Haus. [15] Als ich aber anfing zu reden, fiel der heilige Geist auf sie ebenso wie am Anfang auf uns. [16] Da dachte ich an das Wort des Herrn, als er sagte: Johannes hat mit Wasser getauft; ihr aber sollt mit dem heiligen Geist getauft werden. [17] Wenn nun Gott ihnen die gleiche Gabe gegeben hat wie auch uns, die wir zum Glauben gekommen sind an den Herrn Jesus Christus: wer war ich, daß ich Gott wehren konnte? [18] Als sie das hörten, schwiegen sie still und lobten Gott und sprachen: So hat Gott auch den Heiden die Umkehr gegeben, die zum Leben führt!

Die Nachrichten über die Gemeinde in Antiochia erscheinen als Auswir-

Erste Christen in Antiochia

[19] Die aber zerstreut waren wegen der Verfolgung, die sich wegen Stephanus erhob, gingen bis nach Phönizien und

Zypern und Antiochia und verkündigten das Wort niemandem als allein den Juden. [20]Es waren aber einige unter ihnen, Männer aus Zypern und Kyrene, die kamen nach Antiochia und redeten auch zu den Griechen und predigten das Evangelium vom Herrn Jesus. [21]Und die Hand des Herrn war mit ihnen, und eine große Zahl wurde gläubig und bekehrte sich zum Herrn.

[22]Es kam aber die Kunde davon der Gemeinde von Jerusalem zu Ohren; und sie sandten Barnabas, daß er nach Antiochia ginge. [23]Als dieser dort hingekommen war und die Gnade Gottes sah, wurde er froh und ermahnte sie alle, mit festem Herzen an dem Herrn zu bleiben; [24]denn er war ein bewährter Mann, voll heiligen Geistes und Glaubens. Und viel Volk wurde für den Herrn gewonnen. [25]Barnabas aber zog aus nach Tarsus, Saulus zu suchen. [26]Und als er ihn fand, brachte er ihn nach Antiochia. Und sie blieben ein ganzes Jahr bei der Gemeinde und lehrten viele. In Antiochia wurden die Jünger zuerst Christen genannt.

[27]In diesen Tagen kamen Propheten von Jerusalem nach Antiochia. [28]Und einer von ihnen mit Namen Agabus trat auf und sagte durch den Geist eine große Hungersnot voraus, die über den ganzen Erdkreis kommen sollte; dies geschah unter dem Kaiser Klaudius. [29]Aber unter den Jüngern beschloß ein jeder, nach seinem Vermögen den Brüdern, die in Judäa wohnten, eine Gabe zu senden. [30]Das taten sie auch und schickten sie zu den Ältesten durch Barnabas und Saulus.

kung der Entscheidung zur Heidenmission, wie sie nach Lk Petrus als Sprecher der zwölf Apostel vollzogen hat. Tatsächlich wird Antiochia selbst, die drittgrößte Stadt des Römischen Reiches, der Ort gewesen sein, an dem der erste Schritt aus dem Schoß des Judentums zur Weltreligion gewagt wurde. Die Namensgebung »Christen« für die Anhänger Jesu zeigt, daß sich auch für Betrachter von außen das Christentum nicht mehr als eine innerjüdische Bewegung darstellte, sondern als eine neue Religion. Die Person des Barnabas soll nach Lk die Verbindung zwischen der Jerusalemer Urkirche und anderen Gemeinden darstellen. Es ist aber wahrscheinlich, daß Barnabas zu dem Kreis gehörte, der wie Stephanus dachte (6,8–15), und selbst zu den bei der Verfolgung Zerstreuten (V. 19 vgl. 8,1) gehörte. Barnabas suchte die Zusammenarbeit mit Paulus, der natürlich nicht tatenlos in Tarsus weilte, sondern schon selbständige Missionserfahrung hatte (Gal 1,18). Von Antiochia aus beginnt ein gemeinsames fruchtbares Missionswerk der beiden.

Die abschließenden Nachrichten (V. 27–30) zeigen klar das lukanische Anliegen, bereiten aber dem geschichtlichen Verstehen große Schwierigkeiten. Lk will die enge Verbundenheit der Tochter- mit der Muttergemeinde zeigen. Die prophetische Kunde von bevorstehender Not läßt Antiochias Gemeinde nicht zuerst an sich selbst denken, sondern an die Jerusalemer Urgemeinde. Aber der kritische Leser fragt: Warum wird bei einer Welthungersnot gerade für Jerusalem gesammelt? Außerdem wissen wir von Paulus (Gal 2,10), daß die Kollektensammlung für Jerusalem ein Ergebnis des Apostelkonzils war (vgl. vor allem zu 2Ko 8 und 9). Offensichtlich hat Lk hier wieder zwei Nachrichten aus der Frühzeit miteinander verbunden, die nichts miteinander zu tun hatten und wahrscheinlich zeitlich auch weit auseinanderlagen.

Der Tod des Jakobus und die Befreiung des Petrus

12 Um diese Zeit legte der König Herodes Hand an einige von der Gemeinde, sie zu mißhandeln. [2]Er tötete aber Jakobus, den Bruder des Johannes, mit dem Schwert.

[3]Und als er sah, daß es den Juden gefiel, fuhr er fort und nahm auch Petrus gefangen. Es waren aber eben die Tage der Ungesäuerten Brote. [4]Als er ihn nun ergriffen hatte, warf er ihn ins Gefängnis und überantwortete ihn vier Wachen von je vier Soldaten, ihn zu bewachen. Denn er gedachte, ihn nach dem Fest vor das Volk zu stellen. [5]So

Herodes Agrippa I. hatte den römischen Kaisern Caligula (37–41 n. Chr.) und Klaudius (41–54 n. Chr.) auf ihrem Weg zur Macht wertvolle Hilfe geleistet. Zum Dank wurde er als selbständiger König eingesetzt; sein Reich war schließlich (41–44 n. Chr.) größer als das seines Großvaters Herodes d. Gr. (40–4 v. Chr.). Herodes Agrippa I. betrieb eine betont jüdische nationalistische Politik und bemühte sich

wurde nun Petrus im Gefängnis festgehalten; aber die Gemeinde betete ohne Aufhören für ihn zu Gott. [6]Und in jener Nacht, als ihn Herodes vorführen lassen wollte, schlief Petrus zwischen zwei Soldaten, mit zwei Ketten gefesselt, und die Wachen vor der Tür bewachten das Gefängnis. [7]Und siehe, der Engel des Herrn kam herein, und Licht leuchtete auf in dem Raum; und er stieß Petrus in die Seite und weckte ihn und sprach: Steh schnell auf! Und die Ketten fielen ihm von seinen Händen. [8]Und der Engel sprach zu ihm: Gürte dich und zieh deine Schuhe an! Und er tat es. Und er sprach zu ihm: Wirf deinen Mantel um und folge mir! [9]Und er ging hinaus und folgte ihm und wußte nicht, daß ihm das wahrhaftig geschehe durch den Engel, sondern meinte, eine Erscheinung zu sehen. [10]Sie gingen aber durch die erste und zweite Wache und kamen zu dem eisernen Tor, das zur Stadt führt; das tat sich ihnen von selber auf. Und sie traten hinaus und gingen eine Straße weit, und alsbald verließ ihn der Engel. [11]Und als Petrus zu sich gekommen war, sprach er: Nun weiß ich wahrhaftig, daß der Herr seinen Engel gesandt und mich aus der Hand des Herodes errettet hat und von allem, was das jüdische Volk erwartete.

[12]Und als er sich besonnen hatte, ging er zum Haus Marias, der Mutter des Johannes mit dem Beinamen Markus, wo viele beieinander waren und beteten. [13]Als er aber an das Hoftor klopfte, kam eine Magd mit Namen Rhode, um zu hören, wer da wäre. [14]Und als sie die Stimme des Petrus erkannte, tat sie vor Freude das Tor nicht auf, lief hinein und verkündete, Petrus stünde vor dem Tor. [15]Sie aber sprachen zu ihr: Du bist von Sinnen. Doch sie bestand darauf, es wäre so. Da sprachen sie: Es ist sein Engel. [16]Petrus aber klopfte weiter an. Als sie nun aufmachten, sahen sie ihn und entsetzten sich. [17]Er aber winkte ihnen mit der Hand, daß sie schweigen sollten, und erzählte ihnen, wie ihn der Herr aus dem Gefängnis geführt hatte, und sprach: Verkündet dies dem Jakobus und den Brüdern. Dann ging er hinaus und zog an einen andern Ort.

um ein gutes Verhältnis zu den Pharisäern. Die Verfolgung der christlichen Gemeinde und die Hinrichtung des Zebedäussohnes (Mk 10,38 ff.) ist wahrscheinlich auf dem Hintergrund dieser politischen Grundhaltung zu sehen. Die Jerusalemer Gemeinde hatte auf die Beschneidung der Heidenchristen verzichtet. Diese Ausnahme bedeutet zwar, das Apostelkonzil (Kap. 15) zeitlich vor Kap. 12 einzuordnen. Doch gewinnt man so nicht nur ein einsichtiges Motiv für die Verfolgung. Zur näheren Einordnung der Verfolgung vgl. die Einl. zu Kap. 13 und 14. In der Gemeindeleitung erfolgt ein Wechsel. Petrus geht nach seiner Befreiung fort, wahrscheinlich nach Antiochia (Gal 2, 11). An seine Stelle tritt der Herrenbruder Jakobus (V. 17 vgl. 15,13 ff.). Trotz der Rettung des Petrus in letzter Minute bleibt aber die Situation bedrängend. Die Jerusalemer Gemeinde verliert einen Teil ihrer führenden Männer. Mit der Übernahme der Leitung durch Jakobus beginnt die judenchristliche Gemeinde bedeutungslos zu werden. Lk erzählt jedoch so, daß der Leser in dem Gang der Ereignisse allein den wunderbaren zukunftsweisenden Willen Gottes sehen kann. Darum hat er die spannend und mit unbekümmerter Frische erzählte Legende in den Mittelpunkt gerückt. Sie überstrahlt das Dunkel der Verfolgung, den Tod des Zebedäussohnes Jakobus und die Vertreibung des Petrus. Auf diese Weise führt Lk den Leser dazu, nicht vergangenen Zeiten nachzutrauern, sondern die neue Situation als gottgewollte Fügung zu bejahen.

Das Ende des Herodes Agrippa

[18]Als es aber Tag wurde, entstand eine nicht geringe Verwirrung unter den Soldaten, was wohl mit Petrus geschehen sei. [19]Als aber Herodes ihn holen lassen wollte und ihn nicht fand, verhörte er die Wachen und ließ sie abführen. Dann zog er von Judäa hinab nach Cäsarea und blieb dort eine Zeitlang.

[20]Er war aber zornig auf die Einwohner von Tyrus und Sidon. Sie aber kamen einmütig zu ihm und überredeten Blastus, den Kämmerer des Königs, und baten um Frieden,

Das Ende des Herodes Agrippa I. wird in der von Lk übernommenen Quelle als Gericht Gottes gedeutet, weil der König die göttliche Verehrung seiner Person nicht abwies. Lk gibt ihr zusätzlich den Sinn, daß Gott mit der Vernichtung des Tyrannen seine Hilfe für die verfolgte Gemeinde vollendet. Auch der jüdische Historiker Josephus berichtet von dem plötzlichen Tod des Königs

weil ihr Land seine Nahrung aus dem Land des Königs bekam. [21]Und an einem festgesetzten Tag legte Herodes das königliche Gewand an, setzte sich auf den Thron und hielt eine Rede an sie. [22]Das Volk aber rief ihm zu: Das ist Gottes Stimme und nicht die eines Menschen! [23]Alsbald schlug ihn der Engel des Herrn, weil er Gott nicht die Ehre gab. Und von Würmern zerfressen, gab er den Geist auf.

[24]Und das Wort Gottes wuchs und breitete sich aus. [25]Barnabas und Saulus aber kehrten zurück, nachdem sie in Jerusalem die Gabe überbracht hatten, und nahmen mit sich Johannes, der den Beinamen Markus hat.

während der Feiern für den Kaiser in Cäsarea im März 44 n. Chr. Wie in der lukanischen Legende ist die göttliche Verehrung erwähnt. Bei Josephus geschieht sie durch Schmeichler, bei Lk durch das Volk. – V. 24 f. zeigen die Unaufhaltsamkeit des Wortes Gottes in der Geschichte und weisen auf die enge Verbundenheit, die zwischen der Jerusalemer und der für die weitere Geschichte so bedeutsamen antiochenischen Gemeinde bestand. Zu Johannes Markus vgl. 15,36–41.

Der Streit mit den phönizischen Städten wird zwar bei Josephus nicht erwähnt, ist aber wahrscheinlich historisch glaubwürdig. Möglicherweise handelt es sich um einen Wirtschaftskrieg. Die großzügig ausgebaute Hafenstadt Cäsarea brachte die phönizischen Küstenstädte in wirtschaftliche Schwierigkeiten.

Die erste Missionsreise (Kap. 13–14)

Die Reise von Barnabas und Paulus nach Zypern und Kleinasien erscheint vor den Lesern der Apg als das erste große Missionsunternehmen des Urchristentums. Aus Gal 1,18–2,1 wissen wir jedoch, daß Paulus bis zum Apostelkonzil schon 13 Jahre unter Heiden in Syrien und Zilizien missioniert hatte. Wir besitzen auch keinen Brief des Paulus an eine Gemeinde, die auf dieser Reise gegründet worden ist. So bleiben für die historische Beurteilung der Reise mehrere Möglichkeiten offen:

1. Lk hat diese Reise aufgrund ganz verschiedener Einzelnachrichten frei erfunden.
2. Paulus hat die Reise aus uns unerkennbaren Gründen bei seiner Darstellung der Ereignisse vor dem Apostelkonzil übergangen.
3. Die Reise hat erst nach dem Apostelkonzil stattgefunden.

Die letzte Möglichkeit hat die meisten Gründe für sich. Sie bedeutet: Diese Reise war eine Folge der Beschlüsse auf dem Apostelkonzil. Dementsprechend müßte der Zeitpunkt des Apostelkonzils bestimmt werden. Aus der Datierung des Apostelkonzils vor der Missionsreise ergibt sich folgender Geschehensverlauf: Das Apostelkonzil wurde im Winter 43/44 n. Chr. durchgeführt. Aufgrund der dort gefaßten Beschlüsse wurde die Jerusalemer Gemeinde verfolgt und ging Petrus nach Antiochia (Frühjahr 44 n. Chr.). Gleichzeitig begann diese erste von Antiochia aus verantwortete Mission in Zypern und Kleinasien. – Lk hat die Reise vor dem Apostelkonzil berichtet, um die Beschlüsse unter dem Eindruck des sichtbaren Erfolgs darstellen zu können. Außerdem kann Lk auf diese Weise die Verlagerung des Zentrums des Urchristentums von Jerusalem nach Antiochia als organische Folge zeigen. Gleichzeitig wird Paulus in den Gang der Geschichte eingeordnet. Bisher war Barnabas Mittelsmann zwischen Jerusalem und Antiochia und Paulus vorgeordnet. Nun wird Paulus zum Träger der urchristlichen Mission.

Der Beginn der ersten Missionsreise

13 Es waren aber in Antiochia in der Gemeinde Propheten und Lehrer, nämlich Barnabas und Simeon, genannt Niger, und Luzius von Kyrene und Manaën, der mit dem Landesfürsten Herodes erzogen worden war, und Saulus. [2]Als sie aber dem Herrn dienten und fasteten, sprach der heilige Geist: Sondert mir aus Barnabas und Saulus zu dem Werk, zu dem ich sie berufen habe. [3]Da fasteten sie und beteten und legten die Hände auf sie und ließen sie ziehen.

Lk hat wahrscheinlich eine aus Antiochia stammende Namensliste der führenden Männer verwendet, in der Saulus noch an letzter Stelle stand. – Das Fasten unterstreicht, wie intensiv die Gemeinde auf Gottes Entscheidung wartet. Erst nachdem diese gefallen ist, vollzieht sie die Handauflegung. Diese bedeutet nicht Übertragung einer Amtsgewalt (Ordination), sondern Segnung zum Dienst.

Auf der Insel Zypern

4 Nachdem sie nun ausgesandt waren vom heiligen Geist, kamen sie nach Seleuzia und von da zu Schiff nach Zypern. 5 Und als sie in die Stadt Salamis kamen, verkündigten sie das Wort Gottes in den Synagogen der Juden; sie hatten aber auch Johannes als Gehilfen bei sich. 6 Als sie die ganze Insel bis nach Paphos durchzogen hatten, trafen sie einen Zauberer und falschen Propheten, einen Juden, der hieß Barjesus; 7 der war bei dem Statthalter Sergius Paulus, einem verständigen Mann. Dieser rief Barnabas und Saulus zu sich und begehrte, das Wort Gottes zu hören. 8 Da widerstand ihnen der Zauberer Elymas – denn so wird sein Name übersetzt – und versuchte, den Statthalter vom Glauben abzuhalten. 9 Saulus aber, der auch Paulus heißt, voll heiligen Geistes, sah ihn an 10 und sprach: Du Sohn des Teufels, voll aller List und aller Bosheit, du Feind aller Gerechtigkeit, hörst du nicht auf, krumm zu machen die geraden Wege des Herrn? 11 Und nun siehe, die Hand des Herrn kommt über dich, und du sollst blind sein und die Sonne eine Zeitlang nicht sehen! Auf der Stelle fiel Dunkelheit und Finsternis auf ihn, und er ging umher und suchte jemanden, der ihn an der Hand führte. 12 Als der Statthalter sah, was geschehen war, wurde er gläubig und verwunderte sich über die Lehre des Herrn.

Von der Mission in Zypern kennt Lk nur die Legende von dem Strafwunder an Barjesus. Dessen Beiname Elymas ist vielleicht sein »Künstlername«. Er ist offensichtlich von dem arabischen Wort Elim (= Weise) abgeleitet. Wahrscheinlich gehört Barjesus zu den zwielichtigen Gestalten der Hofastrologen, deren sich damals fast alle Machthaber bedienten. Das Strafwunder soll die Ohnmacht aller Zauberei gegenüber der Kraft der christlichen Verkündigung hervorheben. Die Wirkung des Wunders ist der Glaube beim römischen Statthalter. Da Lk nichts von einer Taufe berichtet, ist Sergius Paulus wahrscheinlich kein Glied einer christlichen Gemeinde geworden. Lk will vor allem zeigen, welchen starken und positiven Eindruck die christliche Botschaft von Anfang an auf die verantwortlichen römischen Männer gemacht hat.

Von V. 9 an wird Saulus von Lk nur noch Paulus genannt. Die Auffassung, daß Paulus nach seiner Bekehrung den jüdischen Namen Saulus abgelegt habe, ist verkehrt. Sie wird auch durch die Apg nicht gestützt. Da Paulus römischer Bürger war, hatte er wahrscheinlich von Geburt an neben seinem jüdischen einen ähnlich klingenden rechtsgültigen lateinischen Namen.

In Antiochia in Pisidien

13 Paulus aber und die um ihn waren, fuhren von Paphos ab und kamen nach Perge in Pamphylien. Johannes aber trennte sich von ihnen und kehrte zurück nach Jerusalem. 14 Sie aber zogen von Perge weiter und kamen nach Antiochia in Pisidien und gingen am Sabbat in die Synagoge und setzten sich. 15 Nach der Lesung des Gesetzes und der Propheten aber schickten die Vorsteher der Synagoge zu ihnen und ließen ihnen sagen: Liebe Brüder, wollt ihr etwas reden und das Volk ermahnen, so sagt es. 16 Da stand Paulus auf und winkte mit der Hand und sprach: Ihr Männer von Israel und ihr Gottesfürchtigen*, hört zu! 17 Der Gott dieses Volkes Israel hat unsre Väter erwählt und das Volk groß gemacht, als sie Fremdlinge waren im Lande Ägypten, und mit starkem Arm führte er sie von dort heraus. 18 Und vierzig Jahre lang ertrug er sie in der Wüste 19 und vernichtete sieben Völker in dem Land Kanaan und gab ihnen deren Land zum Erbe; 20 das geschah in etwa vierhundertfünfzig

Mit einem raschen Szenenwechsel führt Lk die Darstellung der Missionsgeschichte des Urchristentums in das innere Kleinasiens. Spannende Reiseabenteuer durch das weder dem Verkehr noch der Zivilisation erschlossene Hochland Kleinasiens werden nicht geboten. Lk setzt dort ein, wo er wieder eine verläßliche Nachricht über eine urchristliche Gemeindegründung hat. Dieses Antiochia lag an der Grenze zu Pisidien, wurde aber während der römischen Zeit zur Provinz Galatien gerechnet. Die Bevölkerungsstruktur Antiochias war dadurch bestimmt, daß es seit dem Jahr 11 v. Chr. Heimstatt für römische Kriegsveteranen war und den Rechtsstatus einer freien Stadt be-

Jahren. Danach gab er ihnen Richter bis zur Zeit des Propheten Samuel. [21] Und von da an baten sie um einen König; und Gott gab ihnen Saul, den Sohn des Kisch, einen Mann aus dem Stamm Benjamin, für vierzig Jahre. [22] Und als er diesen verstoßen hatte, erhob er David zu ihrem König, von dem er bezeugte (1.Samuel 13,14): »Ich habe David gefunden, den Sohn Isais, einen Mann nach meinem Herzen, der soll meinen ganzen Willen tun.« [23] Aus dessen Geschlecht hat Gott, wie er verheißen hat, Jesus kommen lassen als Heiland für das Volk Israel, [24] nachdem Johannes, bevor Jesus auftrat, dem ganzen Volk Israel die Taufe der Buße gepredigt hatte. [25] Als aber Johannes seinen Lauf vollendete, sprach er: Ich bin nicht der, für den ihr mich haltet; aber siehe, er kommt nach mir, dessen Schuhriemen zu lösen ich nicht wert bin. [26] Ihr Männer, liebe Brüder, ihr Söhne aus dem Geschlecht Abrahams und ihr Gottesfürchtigen, uns ist das Wort dieses Heils gesandt. [27] Denn die Einwohner von Jerusalem und ihre Oberen haben, weil sie Jesus nicht erkannten, die Worte der Propheten, die an jedem Sabbat vorgelesen werden, mit ihrem Urteilsspruch erfüllt. [28] Und obwohl sie nichts an ihm fanden, das den Tod verdient hätte, baten sie doch Pilatus, ihn zu töten. [29] Und als sie alles vollendet hatten, was von ihm geschrieben steht, nahmen sie ihn von dem Holz und legten ihn in ein Grab. [30] Aber Gott hat ihn auferweckt von den Toten; [31] und er ist an vielen Tagen denen erschienen, die mit ihm von Galiläa hinauf nach Jerusalem gegangen waren; die sind jetzt seine Zeugen vor dem Volk. [32] Und wir verkündigen euch die Verheißung, die an die Väter ergangen ist, [33] daß Gott sie uns, ihren Kindern, erfüllt hat, indem er Jesus auferweckte; wie denn im zweiten Psalm geschrieben steht (Psalm 2,7): »Du bist mein Sohn, heute habe ich dich gezeugt.« [34] Daß er ihn aber von den Toten auferweckt hat und ihn nicht der Verwesung überlassen wollte, hat er so gesagt (Jesaja 55,3): »Ich will euch die Gnade, die David verheißen ist, treu bewahren.« [35] Darum sagt er auch an einer andern Stelle (Psalm 16,10): »Du wirst nicht zugeben, daß dein Heiliger die Verwesung sehe.« [36] Denn nachdem David zu seiner Zeit dem Willen Gottes gedient hatte, ist er entschlafen und zu seinen Vätern versammelt worden und hat die Verwesung gesehen. [37] Der aber, den Gott auferweckt hat, der hat die Verwesung nicht gesehen. [38] So sei euch nun kundgetan, liebe Brüder, daß euch durch ihn Vergebung der Sünden verkündigt wird; und in all dem, worin ihr durch das Gesetz des Mose nicht gerecht werden konntet, [39] ist der gerecht gemacht, der an ihn glaubt. [40] Seht nun zu, daß nicht über euch komme, was in den Propheten gesagt ist (Habakuk 1,5):

saß. Wie in allen kulturellen Zentren des Römischen Reiches gab es auch in Antiochia eine starke jüdische Gemeinde. Die christliche Mission versuchte ebenfalls an diesen kulturellen Zentren Fuß zu fassen. Der Umfang der Lk zur Verfügung stehenden Nachrichten über die Gemeindegründung Antiochias ist nicht erkennbar. Im einzelnen hat er die Überlieferung frei gestaltet (vgl. 2Ti 3,11). Am deutlichsten ist seine Hand an der Predigt des Paulus zu spüren. Dieser predigt genauso wie Petrus (vgl. 10,34ff.), weil die apostolische Verkündigung einheitlich ist. Der Grundgedanke der Theologie des Paulus, die Rechtfertigung aus Gnade allein ohne Werke des Gesetzes (Rö 3,21–31; Gal 3), klingt in V. 38 an. Doch lehnt Paulus nach Lk nicht grundsätzlich das Gesetz als Heilsweg ab. Vielmehr ist es für ihn zu schwer (vgl. 15,10), um gehalten zu werden. Im übrigen Teil der Predigt findet sich kein charakteristischer Gedanke des Paulus. Die Rede beginnt wie die des Stephanus mit einem Rückblick auf die Heilsgeschichte vom Auszug aus Ägypten bis zum Königtum Davids. Die Zeit der Patriarchen bis zur Gestalt des Mose ist ausgelassen, denn der Leser kennt sie schon aus der Stephanusrede. Die Ausführungen zu Johannes dem Täufer (V. 24f.) zeigen, daß es noch Anhänger desselben gab, die sich der christlichen Gemeinde nicht anschlossen (19,3). Das Bild der Christen vom Täufer soll die Johannesjünger werben (vgl. Joh 1,19–37; 3,22–30). Vom Leben Jesu wird nur die Passion berichtet unter dem Gesichtspunkt der Schuld der Juden, die wie in 3,17 mit Unwissenheit entschuldigt wird. Die Wahrheit der Auferweckung wird mit dem Zeugnis der zwölf Apostel begründet. Paulus selbst hätte seine eigene Christuserscheinung allerdings nicht übergangen (vgl. 1Ko 15,8). – Es folgt ein ausführlicher Schriftbeweis. Ps 16,10 war schon in 2,25ff. verwendet worden. Ps 2,7 meinte ursprünglich, daß der davidische König bei seiner Inthronisation für seinen Dienst auf Erden mit göttlicher Kraft ausgerüstet wird. In V. 33 dagegen ist an die Verleihung des ewigen Lebens gedacht. Daraus folgt, daß sich das Psalmwort nicht auf den irdischen König David bezogen haben kann, weil dieser – wie jedem Zuhörer bekannt – gestorben ist. Die Erfüllung des Verheißungswortes an David stand bisher noch aus, ist aber jetzt durch die Auferwekkung Jesu eingetreten. Die jüdischen Hörer sollen erkennen, daß ihnen in Jesus als Erfüllung der Geschichte Israels die Chance zur Umkehr angeboten wird. Die Rede schließt mit einem Drohwort des Propheten Habakuk (V. 41). Dieser hat damit die Auslieferung des Volkes an die Fremdherrschaft gemeint. Lk dagegen denkt offensichtlich an etwas anderes: Wenn die Juden das Heil nicht annehmen, wird es den Heiden gegeben werden. So fordert die Predigt die Entscheidung heraus, die zur Trennung von christlicher Gemeinde und Judentum führt. Die ab V. 44 geschilderte Szene ist typisch für die älteste Geschichte des Christentums. Die Mission wendet sich an die Juden und die ihnen nahestehenden »Gottesfürchtigen« (vgl. zu Kap. 10), stößt aber bald auf Ablehnung seitens der Leiter der Synagogen. Die Christen ziehen aus und gründen eine eigene Gemeinde. Wo die Juden – wie in Antiochia – Einfluß und Macht besaßen, benutzen sie diese, um die christlichen Missionare zu verdrängen. So müssen Paulus und Barnabas zwar weichen, aber eine kleine lebendige Gemeinde ist dennoch entstanden.

[41] »Seht, ihr Verächter, und wundert euch
und werdet zunichte!
Denn ich tue ein Werk zu euren Zeiten,
das ihr nicht glauben werdet,
wenn es euch jemand erzählt.«

[42] Als sie aber aus der Synagoge hinausgingen, baten die Leute, daß sie am nächsten Sabbat noch einmal von diesen Dingen redeten. [43] Und als die Gemeinde auseinanderging, folgten viele Juden und gottesfürchtige Judengenossen dem Paulus und Barnabas. Diese sprachen mit ihnen und ermahnten sie, daß sie bleiben sollten in der Gnade Gottes.

[44] Am folgenden Sabbat aber kam fast die ganze Stadt zusammen, das Wort Gottes zu hören. [45] Als aber die Juden die Menge sahen, wurden sie neidisch und widersprachen dem, was Paulus sagte, und lästerten. [46] Paulus und Barnabas aber sprachen frei und offen: Euch mußte das Wort Gottes zuerst gesagt werden; da ihr es aber von euch stoßt und haltet euch selbst nicht für würdig des ewigen Lebens, siehe, so wenden wir uns zu den Heiden. [47] Denn so hat uns der Herr geboten (Jesaja 49,6):

»Ich habe dich zum Licht der Heiden gemacht,
damit du das Heil seist bis an die Enden der Erde.«

[48] Als das die Heiden hörten, wurden sie froh und priesen das Wort des Herrn, und alle wurden gläubig, die zum ewigen Leben bestimmt waren. [49] Und das Wort des Herrn breitete sich aus in der ganzen Gegend. [50] Aber die Juden hetzten die gottesfürchtigen vornehmen Frauen und die angesehensten Männer der Stadt auf und stifteten eine Verfolgung an gegen Paulus und Barnabas und vertrieben sie aus ihrem Gebiet. [51] Sie aber schüttelten den Staub von ihren Füßen zum Zeugnis gegen sie und kamen nach Ikonion. [52] Die Jünger aber wurden erfüllt von Freude und heiligem Geist.

Die nächste Reisestation Ikonion – z. Z. des Lk ein wichtiger Verkehrsknotenpunkt – liegt 120 km östlich von Antiochia. Aufgrund fehlender Einzelnachrichten gestaltet Lk den Bericht als typischen Vorgang wie im vorhergehenden Abschnitt (vgl. die Erklärung zu 13,13–52).

In Ikonion

14 Es geschah aber in Ikonion, daß sie wieder in die Synagoge der Juden gingen und so predigten, daß eine große Menge Juden und Griechen gläubig wurde. [2] Die Juden aber, die ungläubig blieben, stifteten Unruhe und hetzten die Seelen der Heiden auf gegen die Brüder. [3] Dennoch blieben sie eine lange Zeit dort und lehrten frei und offen im Vertrauen auf den Herrn, der das Wort seiner Gnade bezeugte und ließ Zeichen und Wunder geschehen durch ihre Hände. [4] Die Menge in der Stadt aber spaltete sich; die einen hielten's mit den Juden und die andern mit den Aposteln. [5] Als sich aber ein Sturm erhob bei den Heiden und Juden und ihren Oberen und sie sie mißhandeln und steinigen wollten, [6] merkten sie es und entflohen in die

Städte Lykaoniens, nach Lystra und Derbe, und in deren Umgebung [7]und predigten dort das Evangelium.

In Lystra

Tief hafteten im Gedächtnis der urchristlichen Gemeinden die schweren Leiden, die Paulus auf dieser Reisestation erdulden mußte (vgl. 2Ko 11,25; 2Ti 3,10f.). Lk verschweigt sie nicht (vgl. 9,16), aber er verklärt sie durch die Art des Erzählens. Das Wunder und die Verehrung der Heiden überstrahlt die Stunde schwerster Demütigung. Lk will die Macht Christi in der Macht der Jünger zeigen und gestaltet darum die Missionsreise zum Triumphzug.

[8]Und es war ein Mann in Lystra, der hatte schwache Füße und konnte nur sitzen; er war gelähmt von Mutterleib an und hatte noch nie gehen können. [9]Der hörte Paulus reden. Und als dieser ihn ansah und merkte, daß er glaubte, ihm könne geholfen werden, [10]sprach er mit lauter Stimme: Stell dich aufrecht auf deine Füße! Und er sprang auf und ging umher. [11]Als aber das Volk sah, was Paulus getan hatte, erhoben sie ihre Stimme und riefen auf lykaonisch: Die Götter sind den Menschen gleich geworden und zu uns herabgekommen. [12]Und sie nannten Barnabas Zeus und Paulus Hermes, weil er das Wort führte. [13]Und der Priester des Zeus aus dem Tempel vor ihrer Stadt brachte Stiere und Kränze vor das Tor und wollte opfern samt dem Volk. [14]Als das die Apostel Barnabas und Paulus hörten, zerrissen sie ihre Kleider und sprangen unter das Volk und schrien: [15]Ihr Männer, was macht ihr da? Wir sind auch sterbliche Menschen wie ihr und predigen euch das Evangelium, daß ihr euch bekehren sollt von diesen falschen Göttern zu dem lebendigen Gott, der Himmel und Erde und das Meer und alles, was darin ist, gemacht hat. [16]Zwar hat er in den vergangenen Zeiten alle Heiden ihre eigenen Wege gehen lassen; [17]und doch hat er sich selbst nicht unbezeugt gelassen, hat viel Gutes getan und euch vom Himmel Regen und fruchtbare Zeiten gegeben, hat euch ernährt und eure Herzen mit Freude erfüllt. – [18]Und obwohl sie das sagten, konnten sie kaum das Volk davon abbringen, ihnen zu opfern.

[19]Es kamen aber von Antiochia und Ikonion Juden dorthin und überredeten das Volk und steinigten Paulus und schleiften ihn zur Stadt hinaus, und meinten, er wäre gestorben. [20]Als ihn aber die Jünger umringten, stand er auf und ging in die Stadt.

Je härter der Widerstand gegen das Wirken des Apostels ist, desto stärker zeigt sich die wunderbare Macht des Herrn. Dieser hilft seinen Boten so, daß sie schon einen Tag nach der Steinigung (V. 20b) weiterwandern können. – Die Schilderung der Ereignisse in Lystra veranschaulicht die Gefährdung und die Chancen urchristlicher Verkündigung in rein heidnischem Gebiet. – Die Wunder führen die Heiden nicht wie die Juden zum Lobpreis Gottes, sondern zu dem Trugschluß, die Apostel seien Götter in Menschengestalt. Die Geschichte ist dramatisch aufgebaut. Da Paulus und Barnabas die einheimische Sprache nicht verstehen (die meisten Einheimischen verstehen aber Griechisch), können sie die Vorbereitung zu ihrer Verehrung anfangs nicht verhindern. Dadurch kommt es zur Begegnung zwischen dem Zeuspriester und den Boten Jesu Christi. Auf diesem Höhepunkt der Geschichte hält Paulus eine Predigt, wie sie als typisch vor Heiden gelten kann: Vor der Botschaft von Christus wird erst der Glaube an den einen Gott verkündigt. Schon in der jüdischen Mission der vorchristlichen Zeit finden sich die Grundgedanken der Predigt: Wir sind keine Götter, denn es gibt nur einen einzigen Gott, den Schöpfer aller Dinge. Dieser hat zwar die Heiden ihre eigenen Wege gehen lassen, aber er hat auch sich durch sein Wirken in der Natur klar zu erkennen gegeben (vgl. 17,22ff.; Rö 1,20).

Die Rückkehr nach Antiochia in Syrien

Am nächsten Tag zog er mit Barnabas weiter nach Derbe; [21]und sie predigten dieser Stadt das Evangelium und machten viele zu Jüngern. Dann kehrten sie zurück nach Lystra und Ikonion und Antiochia, [22]stärkten die Seelen der Jün-

Von der letzten Station Derbe – wieder über 100 km östlich von Lystra gelegen – kennt Lk keine näheren Angaben. Die Rückkehr von Antiochia geschieht auf demselben be-

schwerlichen Weg durch das Hochland Kleinasiens. Das Motiv für diese Reiseroute liegt wahrscheinlich darin, die dort neu gegründeten Gemeinden durch einen nochmaligen Besuch zu festigen. So hat es Paulus auch später gehalten. Lk erzählt, daß bei dieser Rückreise überall Älteste eingesetzt wurden. Paulus selbst hatte jedoch eine andere Vorstellung von der Ordnung in einer Gemeinde (vgl. 1Ko 12,12ff.; Rö 12,4). So hat Lk wohl die Gemeindeverfassung seiner Zeit in die Zeit des Paulus zurückversetzt, um ihr auf diese Weise apostolische Würde zu verleihen (ähnlich Tit 1,5).

ger und ermahnten sie, im Glauben zu bleiben, und sagten: *Wir müssen durch viele Bedrängnisse in das Reich Gottes eingehen.* [23]Und sie setzten in jeder Gemeinde Älteste ein, beteten und fasteten und befahlen sie dem Herrn, an den sie gläubig geworden waren. [24]Und sie zogen durch Pisidien und kamen nach Pamphylien [25]und sagten das Wort in Perge und zogen hinab nach Attalia.

[26]Und von da fuhren sie mit dem Schiff nach Antiochia, wo sie der Gnade Gottes befohlen worden waren zu dem Werk, das sie nun ausgerichtet hatten. [27]Als sie aber dort ankamen, versammelten sie die Gemeinde und verkündeten, wieviel Gott durch sie getan und wie er den Heiden die Tür des Glaubens aufgetan hätte. [28]Sie blieben aber dort eine nicht geringe Zeit bei den Jüngern.

Die urchristliche Mission faßt zunächst in den Kulturzentren Fuß, wo man sich mit Griechisch, der Weltsprache der Antike, verständigen konnte. Darum halten sich die Apostel nicht in den nur von Bergstämmen bewohnten Pisidien auf. Sie kehren zu der Gemeinde zurück (V. 26–28), von der sie ausgesendet wurden. Wahrscheinlich fällt in jene Zeit der Streit über die Tischgemeinschaft mit den Heiden, der zur Trennung von Barnabas führte (Gal 2,11ff.). Apg 15,36ff. nennt allerdings einen anderen Grund.

Die Apostelversammlung in Jerusalem

Über Anlaß, Verlauf und Ergebnisse der Apostelversammlung besitzen wir die Darstellung eines Hauptbeteiligten, Paulus, in Gal 2,1–10. Lk dagegen ist auf Nachrichten angewiesen, die aus verschiedenen Gemeinden (vielleicht nicht einmal Beteiligten) stammen und von einem Erinnerungsstand von fast 40 Jahren her formuliert sind. Für die historische Beurteilung müssen wir uns daher mehr an die Aussagen des Paulus halten. Lk dagegen hat die Überlieferungen verwendet, um die Apostelversammlung als den entscheidenden Wendepunkt von der Urkirche zu der Kirche seiner Zeit zu gestalten: Bisher führten alle Wege nach Jerusalem als dem geistlichen Zentrum des Urchristentums. Hier verweilten die Augenzeugen des Lebens Jesu und der Auferstehung der Herrn. Alle Entscheidungen der Kirche erhielten hier ihren Segen. – Die Apostel treten zum letzten Mal in der Apg auf; selbst Petrus verschwindet ganz aus dem Blickfeld. Die Leitung der Jerusalemer Gemeinde geht an den Herrenbruder Jakobus über; die Entwicklung der heidenchristlichen Kirche wird allein von Paulus bestimmt.

Den Übergang in eine neue Epoche der Kirchengeschichte will Lk als ganz natürlich und in völliger Eintracht vollzogen darstellen. Darum bleibt Paulus im Hintergrund. Der Leser ist durch die von Lk vorgeschaltete erste Missionsreise (Kap. 13–14) schon eingestimmt, so daß Paulus sich nicht selbst verteidigen muß. Es ist weit wirkungsvoller, daß Petrus und sogar Jakobus das Anliegen des Paulus zu ihrem eigenen machen. Um dieser Harmonie willen muß Lk allerdings die sachlichen Probleme verharmlosen (vgl. die Einl. zum Gal). Nach seiner Darstellung waren es nur einige Außen-

15 Und einige kamen herab von Judäa und lehrten die Brüder: Wenn ihr euch nicht beschneiden laßt nach der Ordnung des Mose, könnt ihr nicht selig werden. [2]Als nun Zwietracht entstand, und Paulus und Barnabas einen nicht geringen Streit mit ihnen hatten, ordnete man an, daß Paulus und Barnabas und einige andre von ihnen nach Jerusalem hinaufziehen sollten zu den Aposteln und Ältesten um dieser Frage willen. [3]Und sie wurden von der Gemeinde geleitet und zogen durch Phönizien und Samarien und erzählten von der Bekehrung der Heiden und machten damit allen Brüdern große Freude. [4]Als sie aber nach Jerusalem kamen, wurden sie empfangen von der Gemeinde und von den Aposteln und von den Ältesten. Und sie verkündeten, wieviel Gott durch sie getan hatte.

[5]Da traten einige von der Partei der Pharisäer auf, die gläubig geworden waren, und sprachen: Man muß sie beschneiden und ihnen gebieten, das Gesetz des Mose zu halten. [6]Da kamen die Apostel und die Ältesten zusammen, über diese Sache zu beraten.

[7]Als man sich aber lange gestritten hatte, stand Petrus auf und sprach zu ihnen: Ihr Männer, liebe Brüder, ihr wißt, daß Gott vor langer Zeit unter euch bestimmt hat, daß durch meinen Mund die Heiden das Wort des Evangeliums hörten und glaubten. [8]Und Gott, der die Herzen kennt, hat es bezeugt und ihnen den heiligen Geist gegeben wie auch uns, [9]und er hat keinen Unterschied gemacht zwischen uns und ihnen, nachdem er ihre Herzen gereinigt hatte durch den Glauben. [10]Warum versucht ihr denn nun Gott dadurch, daß ihr ein Joch auf den Nacken der Jünger legt, das weder unsre Väter noch wir haben tragen können? [11]Vielmehr glauben wir, durch die Gnade des Herrn Jesus selig zu werden, ebenso wie auch sie. [12]Da schwieg die ganze Menge still und hörte Paulus und Barnabas zu, die erzählten, wie große Zeichen und Wunder Gott durch sie getan hatte unter den Heiden.

[13]Danach, als sie schwiegen, antwortete Jakobus und sprach: Ihr Männer, liebe Brüder, hört mir zu! [14]Simon hat erzählt, wie Gott zum ersten Mal die Heiden gnädig heimgesucht hat, um aus ihnen ein Volk für seinen Namen zu gewinnen. [15]Und dazu stimmen die Worte der Propheten, wie geschrieben steht (Amos 9,11.12):

[16]»Danach will ich mich wieder zu ihnen wenden
und will die zerfallene Hütte Davids wieder bauen,
und ihre Trümmer will ich wieder aufbauen
und will sie aufrichten,
[17]damit die Menschen, die übriggeblieben sind, nach dem Herrn fragen,
dazu alle Heiden, über die mein Name genannt ist,
spricht der Herr, [18]der tut, was von alters her bekannt ist.«

[19]Darum meine ich, daß man denen von den Heiden, die sich zu Gott bekehren, nicht Unruhe mache, [20]sondern ihnen vorschreibe, daß sie sich enthalten sollen von Beflekkung durch Götzen und von Unzucht* und vom Erstickten* und vom Blut. [21]Denn Mose hat von alten Zeiten her in allen Städten solche, die ihn predigen, und wird alle Sabbattage in den Synagogen gelesen.

seiter, ehemalige Pharisäer (V. 5), die von den Heidenchristen die Beschneidung forderten. Sie beruhigen sich auch sofort (V. 12), als Petrus andeutet, daß er – nach Gottes Ratschluß (V. 7) – bei der Taufe des Hauptmanns Kornelius (Kap. 10) sich ebenso wie Paulus verhalten hat. Außerdem weist Petrus darauf hin, daß das Gesetz eine untragbare Last ist, das den Heiden nicht aufgebürdet werden könne. Das hätte allerdings ein Jude nie so sagen können. Hier spricht der Heidenchrist Lk, in dessen Zeit die Trennung vom Judentum schon längst vollzogen ist. Nachdem erst Petrus, dann auch Paulus und Barnabas, durch ihren Bericht den Tatbeweis geliefert haben, daß Gott den Unterschied zwischen Heiden und Juden aufgehoben hat, bringt Jakobus noch den Schriftbeweis. Auch an ihm ist die Hand des Lk zu spüren. Der Schriftbeweis ist nur mit dem griechischen Text möglich. Der ursprüngliche hebräische Text von Am 9,11 f. spricht von der Herrschaft Israels über alle seine Feinde. Lk denkt jedoch allein an ein neues geistliches Israel, zu dem alle Völker gehören. Nach Lk ist somit die Entscheidung, auf die Beschneidung zu verzichten, von allen Seiten her gerechtfertigt: von Gottes Ratschluß, von dem Verlauf der Geschichte, von der Schrift und von allen maßgeblichen Männern der Urchristenheit. Jakobus schlägt vor, von den Heiden nur eine minimale Einhaltung von Geboten zu verlangen (vgl. zu 15,22–29). Der Begründungssatz V. 21 ist nicht sicher zu deuten. Möglicherweise ist gemeint: Überall in der Welt leben Juden, auf deren Einstellung zum Gesetz Rücksicht genommen werden muß. Dem soll der folgende Beschluß dienen.

Die Beschlüsse der Apostelversammlung

[22]Und die Apostel und Ältesten beschlossen samt der ganzen Gemeinde, aus ihrer Mitte Männer auszuwählen und mit Paulus und Barnabas nach Antiochia zu senden, näm-

Das sogenannte Aposteldekret enthält die vier Gesetze, die nach 3Mo 17,7–16;18 Nichtisraeliten in jüdischem Siedlungsgebiet auferlegt wurden. Durch sie sollten Juden, ohne sich zu verunreinigen, mit Nichtjuden zusammenleben können: 1. Verbot des Essens von Götzenopferfleisch; 2. Verbot des Genußes von Blut; 3. Verbot, Ersticktes zu essen; d. h. nur solches Fleisch, das nicht nach den jüdischen Bestimmungen der Schächtung geschlachtet worden ist; 4. Verbot der Unzucht; Übernahme des jüdischen Eherechts. – Paulus erwähnt nirgends das Aposteldekret und schließt eine solche Regelung in Gal 2,6 aus. Allerdings weisen 1 Ko 8; 10,22–11,1 in einigen Punkten Ähnlichkeiten auf. Das Aposteldekret dürfte darum kaum auf der Apostelversammlung beschlossen worden sein. Vielleicht stellt es die Kompromißformel nach dem Streit in Antiochia (Gal 2,11 bis 15) dar, durch die die Tischgemeinschaft wiederhergestellt werden konnte.

lich Judas mit dem Beinamen Barsabbas und Silas, angesehene Männer unter den Brüdern. 23 Und sie gaben ein Schreiben in ihre Hand, also lautend:

Wir, die Apostel und Ältesten, eure Brüder, wünschen Heil den Brüdern aus den Heiden in Antiochia und Syrien und Zilizien. 24 Weil wir gehört haben, daß einige von den Unsern, denen wir doch nichts befohlen hatten, euch mit Lehren irre gemacht und eure Seelen verwirrt haben, 25 so haben wir, einmütig versammelt, beschlossen, Männer auszuwählen und zu euch zu senden, mit unsern geliebten Brüdern Barnabas und Paulus, 26 Männer, die ihr Leben eingesetzt haben für den Namen unseres Herrn Jesus Christus. 27 So haben wir Judas und Silas gesandt, die euch mündlich dasselbe mitteilen werden. 28 Denn es gefällt dem heiligen Geist und uns, euch weiter keine Last aufzuerlegen als nur diese notwendigen Dinge: 29 daß ihr euch enthaltet vom Götzenopfer und vom Blut und vom Erstickten und von Unzucht. Wenn ihr euch davor bewahrt, tut ihr recht. Lebt wohl!

Judas und Silas sollen die Beschlüsse des Aposteldekrets durchsetzen. Lk hat die Namen des Paulus und Barnabas nachgetragen. Der erwähnte Silas (V. 27.32) kann nicht der Mitarbeiter des Paulus (V. 40) sein. Das nahmen aber schon spätere Schreiber des Textes an und fügten, um den Widerspruch (Rückkehr nach Jerusalem und Aufbruch mit Paulus) zu beheben den V. 34 hinzu: »Es gefiel aber Silas, dort zu bleiben«.

Die Benachrichtigung der Gemeinde in Antiochia

30 Als man sie hatte gehen lassen, kamen sie nach Antiochia und versammelten die Gemeinde und übergaben den Brief. 31 Als sie ihn lasen, wurden sie über den Zuspruch froh. 32 Judas aber und Silas, die selbst Propheten waren, ermahnten die Brüder mit vielen Reden und stärkten sie. 33 Und als sie eine Zeitlang dort verweilt hatten, ließen die Brüder sie mit Frieden gehen zu denen, die sie gesandt hatten.* 35 Paulus und Barnabas aber blieben in Antiochia, lehrten und predigten mit vielen andern das Wort des Herrn.

Der Beginn der zweiten Missionsreise

Der neuen Missionsreise des Paulus geht die Trennung von Barnabas voraus. Der wahre Grund, der Streit um die Tischgemeinschaft (Gal 2,11f.), war vielleicht schon längst in Vergessenheit geraten. Man wußte nur noch um einen Streit und daß Barnabas mit Markus und Paulus mit Silas getrennt voneinander wirkten. So ist in der Überlieferung aus dem sachlichen Gegensatz ein persönlicher Zwist geworden.

Phm 24 erwähnt einen Markus unter den engsten Mitarbeitern des Paulus. Kol 4,10 wird er als Vetter des Barnabas bezeichnet. Danach kann er kaum den Bruch zwischen den beiden bedeutendsten Missionaren des Urchristentums veranlaßt haben. – Paulus plant zunächst nur, die schon gegründeten Gemeinden zu besuchen. Damit will Lk zeigen, daß weitergehende Pläne nicht im Bereich menschlicher Entscheidungen lagen, sondern erst eines erneu-

36 Nach einigen Tagen sprach Paulus zu Barnabas: Laß uns wieder aufbrechen und nach unsern Brüdern sehen in allen Städten, in denen wir das Wort des Herrn verkündigt haben, wie es um sie steht. 37 Barnabas aber wollte, daß sie auch Johannes mit dem Beinamen Markus mitnähmen. 38 Paulus aber hielt es nicht für richtig, jemanden mitzunehmen, der sie in Pamphylien verlassen hatte und nicht mit ihnen ans Werk gegangen war. 39 Und sie kamen scharf aneinander, so daß sie sich trennten. Barnabas nahm Markus mit sich und fuhr nach Zypern. 40 Paulus aber wählte Silas und zog fort, von den Brüdern der Gnade Gottes

befohlen. [41]Er zog aber durch Syrien und Zilizien und stärkte die Gemeinden.

ten göttlichen Eingreifens bedurften (16,9 f.).

In Kleinasien

Bei dem erneuten Besuch der kleinasiatischen Gemeinden (vgl. Kap. 14) gewinnt Paulus Timotheus als Mitarbeiter, neben Titus – den die Apg nie erwähnt – den bedeutendsten (Phl 2,19–24). Gegenüber der Überlieferung, Paulus habe Timotheus beschnitten, bestehen kritische Bedenken. Paulus hat nach Gal 2,3 sogar in Jerusalem durchgesetzt, Titus unbeschnitten zu lassen. Gal 5,11 setzt möglicherweise schon Gerüchte voraus, Paulus habe gelegentlich doch die Beschneidung (zur Beschneidung vgl. S. 367) geübt, was Paulus empört zurückweist.

16 Er kam auch nach Derbe und Lystra; und siehe, dort war ein Jünger mit Namen Timotheus, der Sohn einer jüdischen Frau, die gläubig war, und eines griechischen Vaters. [2]Der hatte einen guten Ruf bei den Brüdern in Lystra und Ikonion. [3]Diesen wollte Paulus mit sich ziehen lassen, und er nahm ihn und beschnitt ihn wegen der Juden, die in jener Gegend waren; denn sie wußten alle, daß sein Vater ein Grieche war. [4]Als sie aber durch die Städte zogen, übergaben sie ihnen die Beschlüsse, die von den Aposteln und Ältesten in Jerusalem gefaßt worden waren, damit sie sich daran hielten. [5]Da wurden die Gemeinden im Glauben gefestigt und nahmen täglich zu an Zahl.

[6]Sie zogen aber durch Phrygien und das Land Galatien, da ihnen vom heiligen Geist verwehrt wurde, das Wort zu predigen in der Provinz Asien. [7]Als sie aber bis nach Mysien gekommen waren, versuchten sie, nach Bithynien zu reisen; doch der Geist Jesu ließ es ihnen nicht zu. [8]Da zogen sie durch Mysien und kamen hinab nach Troas.

Die Richtigkeit der Überlieferung von V. 3 kann man nicht mit 1Ko 9,20 erweisen, denn Timotheus war schon längst Christ geworden. Der Gedanke, die Beschneidung zu vollziehen, um Schwierigkeiten in der Missionsarbeit zu vermeiden, wäre für Paulus unmöglich gewesen (Gal 5,11). So kann nur ein Heidenchrist späterer Zeit urteilen, der nicht von der religiösen und verpflichtenden Kraft der Beschneidung weiß (vgl. Gal 5,3) und in ihr nicht mehr als einen jüdischen Brauch sieht. – V. 6–8 fassen einen längeren Zeitraum zusammen, über den Lk nicht mehr weiß, als daß Paulus nicht die direkte Straße nach Ephesus, die Via Sebaste, gehen konnte. Er wich nach Norden aus. Aus Gal erfahren wir, daß Paulus erkrankte (Gal 4,13 f.) und dann eine erfolgreiche Missionsarbeit unter den Galatern trieb.

Der Ruf nach Mazedonien

[9]Und Paulus sah eine Erscheinung bei Nacht: ein Mann aus Mazedonien stand da und bat ihn: Komm herüber nach Mazedonien und hilf uns! [10]Als er aber die Erscheinung gesehen hatte, da suchten wir sogleich nach Mazedonien zu reisen, gewiß, daß uns Gott dahin berufen hatte, ihnen das Evangelium zu predigen.

Der Schritt nach Europa wird wieder auf das direkte Eingreifen Gottes zurückgeführt. Der Weg der Mission ist nicht von Menschen geplant, sondern wird im Gehorsam gegenüber Gottes Weisung gegangen. In V. 10 begegnet zum ersten Mal das »Wir« (vgl. die Einl.).

In Philippi

[11]Da fuhren wir von Troas ab und kamen geradewegs nach Samothrake, am nächsten Tag nach Neapolis [12]und von da nach Philippi, das ist eine Stadt des ersten Bezirks von Mazedonien, eine römische Kolonie. Wir blieben aber einige Tage in dieser Stadt. [13]Am Sabbattag gingen wir hinaus vor die Stadt an den Fluß, wo wir dachten, daß man zu beten pflegte, und wir setzten uns und redeten mit den Frauen, die dort zusammenkamen.

Die erste Station in Europa ist Philippi (vgl. zur Stadt die Einl. zum Phl). Die Mehrheit der Bevölkerung bildeten römische Siedler. Die kleine Judenschaft besaß offensichtlich keine Synagoge, sondern nur eine Gebetsstätte außerhalb der Stadt am Fluß Angites. Unerklärlich bleibt, warum dort am Sabbat anscheinend nur Frauen zusammenkamen.

Die erste Christengemeinde in Europa ist die Hausgemeinde der Lydia, die sich bisher als »Gottesfürchtige« an die jüdische Gemeinde angeschlossen hatte. Aufgrund ihres Handels mit der begehrten Purpurfarbe war sie wohlhabend. Merkwürdigerweise wird Lydia im Phl nicht erwähnt. Doch könnte sie eine der in Phl 4,2 genannten Frauen sein und Lydia nur ihr Beiname (die Lydierin).

Die Bekehrung der Lydia

[14] Und eine gottesfürchtige Frau mit Namen Lydia, eine Purpurhändlerin aus der Stadt Thyatira, hörte zu; der tat der Herr das Herz auf, so daß sie darauf achthatte, was von Paulus geredet wurde. [15] Als sie aber mit ihrem Hause getauft war, bat sie uns und sprach: Wenn ihr anerkennt, daß ich an den Herrn glaube, so kommt in mein Haus und bleibt da. Und sie nötigte uns.

Nach dem Phl hat Paulus längere Zeit erfolgreich in Philippi gewirkt. Die Apg teilt aber nur mit, wie es dort zum Ende seiner Arbeit kam: Die christliche Verkündigung stößt mit der in Griechenland hochgeschätzten Wahrsagekunst (Mantik) zusammen. Die Geschichte setzt voraus, daß die Kunst der Seherin echt war (V. 17). Paulus will sich ihrer jedoch nicht bedienen. Damit dürfte – wenn auch legendär überwuchert – die Haltung des Paulus und die Anklage gegen ihn und Silas richtig wiedergegeben sein. Das Judentum war zwar eine rechtlich anerkannte Religion, durfte aber unter Römern keine Proselyten werben. Da Philippi politisch eine römische Stadt war, eignet sich der Vorwurf (V. 20f.) gut, um die unbequemen Missionare loszuwerden. Ohne ordentliches Gerichtsverfahren werden sie ausgepeitscht (vgl. 2Ko 11,25).

Die Magd mit dem Wahrsagegeist

[16] Es geschah aber, als wir zum Gebet gingen, da begegnete uns eine Magd, die hatte einen Wahrsagegeist und brachte ihren Herren viel Gewinn ein mit ihrem Wahrsagen. [17] Die folgte Paulus und uns überall hin und schrie: Diese Menschen sind Knechte des allerhöchsten Gottes, die euch den Weg des Heils verkündigen. [18] Das tat sie viele Tage lang. Paulus war darüber so aufgebracht, daß er sich umwandte und zu dem Geist sprach: Ich gebiete dir im Namen Jesu Christi, daß du von ihr ausfährst. Und er fuhr aus zu derselben Stunde. [19] Als aber ihre Herren sahen, daß damit ihre Hoffnung auf Gewinn ausgefahren war, ergriffen sie Paulus und Silas, schleppten sie auf den Markt vor die Oberen [20] und führten sie den Stadtrichtern vor und sprachen: Diese Menschen bringen unsre Stadt in Aufruhr; sie sind Juden [21] und verkünden Ordnungen, die wir weder annehmen noch einhalten dürfen, weil wir Römer sind. [22] Und das Volk wandte sich gegen sie; und die Stadtrichter ließen ihnen die Kleider herunterreißen und befahlen, sie mit Stöcken zu schlagen.

Eingeschoben in den Bericht von der Ausweisung aus Philippi (V. 35 führt V. 23 ohne Rücksicht auf die V. 24–34 fort) ist die Legende von der wunderbaren Befreiung der Missionare und der Bekehrung des Kerkermeisters. Die Erzählung darf nicht kleinlich an ihren vielen Unwahrscheinlichkeiten gemessen werden. Sie entfaltet in der Form einer Wundergeschichte, worin die Kraft der urchristlichen Mission (V. 25) bestand: Paulus und seine Mitarbeiter haben sich durch keine Gewalt und Drohung beeinflussen lassen. Die Ausstrahlungskraft der paulinischen Verkündigung gründete jedenfalls wesentlich darin, daß sich Paulus seiner Leiden nicht schämte. Er verstand sie als Ehre, als Wund-

Paulus und Silas im Gefängnis

[23] Nachdem man sie hart geschlagen hatte, warf man sie ins Gefängnis und befahl dem Aufseher, sie gut zu bewachen. [24] Als er diesen Befehl empfangen hatte, warf er sie in das innerste Gefängnis und legte ihre Füße in den Block.

[25] Um Mitternacht aber beteten Paulus und Silas und lobten Gott. Und die Gefangenen hörten sie. [26] Plötzlich aber geschah ein großes Erdbeben, so daß die Grundmauern des Gefängnisses wankten. Und sogleich öffneten sich alle Türen, und von allen fielen die Fesseln ab. [27] Als aber der Aufseher aus dem Schlaf auffuhr und sah die Türen des Gefängnisses offenstehen, zog er das Schwert und wollte sich selbst töten; denn er meinte, die Gefangenen wären entflohen. [28] Paulus aber rief laut: Tu dir nichts an; denn wir sind alle hier! [29] Da forderte der Aufseher ein Licht und stürzte hinein und fiel zitternd Paulus und Silas zu Füßen. [30] Und er führte sie heraus und sprach: Liebe Herren, was muß ich tun, daß ich gerettet werde? [31] Sie sprachen: *Glaube an den Herrn Jesus,*

so wirst du und dein Haus selig! [32]Und sie sagten ihm das Wort des Herrn und allen, die in seinem Hause waren. [33]Und er nahm sie zu sich in derselben Stunde der Nacht und wusch ihnen die Striemen. Und er ließ sich und alle die Seinen sogleich taufen [34]und führte sie in sein Haus und deckte ihnen den Tisch und freute sich mit seinem ganzen Hause, daß er zum Glauben an Gott gekommen war.

[35]Als es aber Tag geworden war, sandten die Stadtrichter die Amtsdiener und ließen sagen: Laß diese Männer frei! [36]Und der Aufseher überbrachte Paulus diese Botschaft: Die Stadtrichter haben hergesandt, daß ihr frei sein sollt. Nun kommt heraus und geht hin in Frieden! [37]Paulus aber sprach zu ihnen: Sie haben uns ohne Recht und Urteil öffentlich geschlagen, die wir doch römische Bürger sind, und in das Gefängnis geworfen, und sollten uns nun heimlich fortschicken? Nein! Sie sollen selbst kommen und uns hinausführen! [38]Die Amtsdiener berichteten diese Worte den Stadtrichtern. Da fürchteten sie sich, als sie hörten, daß sie römische Bürger seien, [39]und kamen und redeten ihnen zu, führten sie heraus und baten sie, die Stadt zu verlassen. [40]Da gingen sie aus dem Gefängnis und gingen zu der Lydia. Und als sie die Brüder gesehen und sie getröstet hatten, zogen sie fort.

male Jesu an seinem Leibe (2Ko 4,10). Er hat in seinem Leben die Botschaft bezeugt, daß nichts von der Liebe Gottes trennen kann (Rö 8,31 ff.). Dies wird mit der vorliegenden Geschichte veranschaulicht und das ist ihr Wahrheitskern. Sehr schön zeigt auch das Verhalten des bekehrten Kerkermeisters, daß Glaube zu brüderlichem Handeln und zu Gemeinschaft führt (V. 33 f.). – Am nächsten Morgen verfügen die römischen Beamten die Freilassung und Ausweisung des Paulus und seiner Mitarbeiter. Zum ersten Mal in der Apg beruft sich Paulus auf sein römisches Bürgerrecht (vgl. 22,23–30). Er erreicht zwar nicht die Rücknahme der Ausweisung, aber – und das ist Lk sehr wichtig – die Anerkennung, daß ihm Unrecht seitens der Römer widerfahren ist. Lk will zeigen: Es hat wohl vereinzelte Übergriffe gegeben. Doch die Römer müssen selbst zugeben, daß die Auspeitschung aufgrund ihrer eigenen Gesetze Unrecht ist.

In Thessalonich

17 Nachdem sie aber durch Amphipolis und Apollonia gereist waren, kamen sie nach Thessalonich; da war eine Synagoge der Juden. [2]Wie nun Paulus gewohnt war, ging er zu ihnen hinein und redete mit ihnen an drei Sabbaten von der Schrift, [3]tat sie ihnen auf und legte ihnen dar, daß Christus leiden mußte und von den Toten auferstehen und daß dieser Jesus, den ich - so sprach er - euch verkündige, der Christus ist. [4]Einige von ihnen ließen sich überzeugen und schlossen sich Paulus und Silas an, auch eine große Menge von gottesfürchtigen Griechen, dazu nicht wenige von den angesehensten Frauen. [5]Aber die Juden ereiferten sich und holten sich einige üble Männer aus dem Pöbel, rotteten sich zusammen und richteten einen Aufruhr in der Stadt an und zogen vor das Haus Jasons und suchten sie, um sie vor das Volk zu führen. [6]Sie fanden sie aber nicht. Da schleiften sie Jason und einige Brüder vor die Oberen der Stadt und schrien: Diese, die den ganzen Weltkreis erregen, sind jetzt auch hierher gekommen; [7]die beherbergt Jason. Und diese alle handeln gegen des Kaisers Gebote und sagen, ein anderer sei König, nämlich Jesus. [8]So brachten sie das Volk auf und die Oberen der Stadt, die das hörten. [9]Und erst nachdem ihnen von Jason und den andern Bürgschaft geleistet war, ließen sie sie frei.

Über die Via Egnatia erreichte Paulus Thessalonich (vgl. die Einl. zum 1Th). Nach 1Th 2,9–12 hielt er sich dort länger auf (anders V. 2). Die Straffung des Zeitraums des Wirkens an einem Ort erzielen den Eindruck: Die Christusbotschaft geht unaufhaltsam weiter. Die Feinde des Christentums sorgen durch ihre Verfolgung geradezu für die weitere Ausbreitung. Nach V. 5 erzwingen nur die Juden den Weggang der Missionare. Nach 1Th 2,14 nötigten aber die Einheimischen Paulus zum überstürzten Abbruch seiner Arbeit (vgl. dazu die Einl. des 1Th). Die Szene in V. 6–8 ist nicht ganz verständlich. Vielleicht ist sie so vorstellbar: Jason wird von den Behörden gezwungen, Paulus weitere Herberge zu verweigern. Als Bürgschaft zur Einhaltung der Verfügung muß Jason eine Geldsumme hinterlegen. So verläßt Paulus Thessalonich nicht aus Sorge um seine eigene Sicherheit, sondern mit Rücksicht auf seine Gastgeber.

In Beröa findet Paulus eine der Christusbotschaft zunächst aufgeschlossene Synagoge. Lk vermerkt, daß es hier (V. 12) – wie schon in Thessalonich (V. 4) – gelang, Gläubige aus der oberen einheimischen Gesellschaftsschicht zu gewinnen. Der Leser soll erkennen, daß die Christusbotschaft von Anfang an geachtet wurde. Lk will so den zu seiner Zeit verbreiteten Vorwurf abbauen, daß der christliche Glaube nur eine Religion der Sklaven und armen Leute sei. Im Unterschied dazu konnte Paulus die Armut der Gemeinden als Zeichen von Gottes Erwählung verstehen (1Ko 1,26–31). – Auch in Beröa kann Paulus nicht lange bleiben. Er läßt aber seine Mitarbeiter zurück. Zu Timotheus vgl. die Einl. zum 1Th und zu 1Th 3,1 f.

In Beröa

[10]Die Brüder aber schickten noch in derselben Nacht Paulus und Silas nach Beröa. Als sie dahin kamen, gingen sie in die Synagoge der Juden. [11]Diese aber waren freundlicher als die in Thessalonich; sie nahmen das Wort bereitwillig auf und forschten täglich in der Schrift, ob sich's so verhielte. [12]So glaubten nun viele von ihnen, darunter nicht wenige von den vornehmen griechischen Frauen und Männern. [13]Als aber die Juden von Thessalonich erfuhren, daß auch in Beröa das Wort Gottes von Paulus verkündigt wurde, kamen sie und erregten Unruhe und verwirrten auch dort das Volk. [14]Da schickten die Brüder Paulus sogleich weiter bis an das Meer; Silas und Timotheus aber blieben zurück. [15]Die aber Paulus geleiteten, brachten ihn bis nach Athen. Und nachdem sie den Auftrag empfangen hatten, daß Silas und Timotheus so schnell wie möglich zu ihm kommen sollten, kehrten sie zurück.

In Athen

Der Aufenthalt des Paulus in dieser Stadt führt zu keiner Gemeindegründung, denn die erste christliche Gemeinde Achajas ist die des Stephanas in Korinth (1Ko 16,15). Die ersten Christen Athens (V. 34) haben sich vielleicht erst später taufen lassen. – Athen war damals von den Römern zur politischen Bedeutungslosigkeit verurteilt worden, denn Korinth war die Hauptstadt der römischen Provinz Achaja. Athen hatte kaum mehr als 5000 Einwohner, galt aber als das Zentrum der antiken Geisteskultur. Darum wählt es Lk als Schauplatz für diese Rede. In ihr führt Paulus beispielhaft für die Zeit des Lk die geistige Auseinandersetzung mit der griechischen Philosophie. In der Szene sind meisterhaft verschiedene Motive miteinander verbunden. Sie ergeben zwar kein historisch getreues Bild, rufen aber einen in sich geschlossenen Gesamteindruck hervor. Am Anfang werden die beiden damals wichtigsten Philosophenschulen genannt. Die Begegnung mit ihnen bleibt in dem von Lk wohl beabsichtigten Zwielicht von Gerichtsverhandlung und philosophischem Disput. Der Gebildete wird in V. 18 z. B. an Sokrates erinnert, dem mit einem gleichen Vorwurf der Prozeß gemacht wurde.

Der Areopag war ein ursprünglich dem Ares geweihter Felsen. An ihm wurden einst vom König zusammen mit dreißig Männern die Todesurteile gefällt. Der Name »Areopag« blieb an dem Ratskollegium haften, das zur römischen Zeit in einer Säulenhalle am Marktplatz tagte. Lk hat offensichtlich keine genaue Ortsvorstellung. Für ihn dient der Areopag nur dazu, um der Szene besondere Feierlichkeit zu geben. Athen war für die Vielzahl seiner Altäre bekannt. Einen Altar mit der Inschrift »dem unbekannten Gott« hat man bisher nicht gefunden. Die Inschrift bietet gleichzeitig den Predigttext. Den Heiden wird nicht der Vorwurf der Gottlosigkeit und des Unglaubens gemacht. Paulus knüpft positiv an ihre Religiosität an. Er will ihnen

[16]Als aber Paulus in Athen auf sie wartete, ergrimmte sein Geist in ihm, als er die Stadt voller Götzenbilder sah. [17]Und er redete zu den Juden und den Gottesfürchtigen in der Synagoge und täglich auf dem Markt zu denen, die sich einfanden. [18]Einige Philosophen aber, Epikureer und Stoiker, stritten mit ihm. Und einige von ihnen sprachen: Was will dieser Schwätzer sagen? Andere aber: Es sieht so aus, als wolle er fremde Götter verkündigen. Er hatte ihnen nämlich das Evangelium von Jesus und von der Auferstehung verkündigt. [19]Sie nahmen ihn aber mit und führten ihn auf den Areopag* und sprachen: Können wir erfahren, was das für eine neue Lehre ist, die du lehrst? [20]Denn du bringst etwas Neues vor unsere Ohren; nun wollen wir gerne wissen, was das ist. [21]Alle Athener nämlich, auch die Fremden, die bei ihnen wohnten, hatten nichts anderes im Sinn, als etwas Neues zu sagen oder zu hören.

[22]Paulus aber stand mitten auf dem Areopag und sprach: Ihr Männer von Athen, ich sehe, daß ihr die Götter in allen

Stücken sehr verehrt. [23]Ich bin umhergegangen und habe eure Heiligtümer angesehen und fand einen Altar, auf dem stand geschrieben: Dem unbekannten Gott. Nun verkündige ich euch, was ihr unwissend verehrt. [24]Gott, der die Welt gemacht hat und alles, was darin ist, er, der Herr des Himmels und der Erde, wohnt nicht in Tempeln, die mit Händen gemacht sind. [25]Auch läßt er sich nicht von Menschenhänden dienen, wie einer, der etwas nötig hätte, da er doch selber jedermann Leben und Odem und alles gibt. [26]Und er hat aus einem Menschen das ganze Menschengeschlecht gemacht, damit sie auf dem ganzen Erdboden wohnen, und er hat festgesetzt, wie lange sie bestehen und in welchen Grenzen sie wohnen sollen, [27]damit sie Gott suchen sollen, ob sie ihn wohl fühlen und finden könnten; und *fürwahr, er ist nicht ferne von einem jeden unter uns.* [28]*Denn in ihm leben, weben und sind wir;* wie auch einige Dichter bei euch gesagt haben: Wir sind seines Geschlechts. [29]Da wir nun göttlichen Geschlechts sind, sollen wir nicht meinen, die Gottheit sei gleich den goldenen, silbernen und steinernen Bildern, durch menschliche Kunst und Gedanken gemacht. [30]Zwar hat Gott über die Zeit der Unwissenheit hinweggesehen; nun aber gebietet er den Menschen, daß alle an allen Enden Buße tun. [31]Denn er hat einen Tag festgesetzt, an dem er den Erdkreis richten will mit Gerechtigkeit durch einen Mann, den er dazu bestimmt hat, und hat jedermann den Glauben angeboten, indem er ihn von den Toten auferweckt hat.

[32]Als sie von der Auferstehung der Toten hörten, begannen die einen zu spotten; die andern aber sprachen: Wir wollen dich darüber ein andermal weiter hören. [33]So ging Paulus von ihnen. [34]Einige Männer schlossen sich ihm an und wurden gläubig; unter ihnen war auch Dionysius, einer aus dem Rat, und eine Frau mit Namen Damaris und andere mit ihnen.

enthüllen, wer der einzige wahre Gott ist, den sie bisher unwissend verehrten. Die Beschreibung von Gottes Wesen und Handeln ist in dieser Art einzigartig in der Bibel. Sie übernimmt die Grundgedanken der Gotteslehre der Stoiker auf (z.B. die völlige Unabhängigkeit Gottes V. 25). Selbst der Gedanke der Gottesverwandtschaft des Menschen wird mit einem Zitat aus dem Werk des Dichters Arat aufgegriffen. Freilich wird er durch den atl. und christlichen Gottesgedanken verwandelt. Die Stoiker dachten bei der Gottesverwandtschaft pantheistisch: Gott ist der eine Weltgeist, an dem der Mensch aufgrund seines Geistes teilhat. Lk denkt dagegen bei der Nähe Gottes an dessen gnädige Zuwendung in Jesus Christus. Darum bricht der Gegensatz auch sachgemäß bei der Auferstehung der Toten und dem Gericht auf. Denn nach biblischem Verständnis verschmilzt der Mensch nicht mit der Gottheit, sondern Gott bleibt der Schöpfer und Herr des Menschen. In der Aufnahme und Verwandlung dieses griechisch—philosophischen Erbes führt Lk in einer einmaligen Weise die Gedanken jenes Judentums fort, das den israelitischen Gottesglauben mit der griechischen Philosophie verbinden wollte. Die Areopagrede dokumentiert den beginnenden Dialog der christlichen Theologie mit der Philosophie und ist zugleich zeitloses Vorbild, wie christliche Verkündigung in Anknüpfung und Widerspruch entfaltet werden kann.

In Korinth

In Korinth entstand durch das Wirken des Paulus die lebendigste, aber auch am stärksten mit inneren Spannungen belastete christliche Gemeinde (vgl. die Einl. zu 1/2Ko). Davon berichtet Lk nicht, weil ihm nur die Missionserfolge des Paulus wichtig sind. Er verwendet einige zuverlässige Nachrichten, die es ermöglichen, die christliche Missionsgeschichte in die allgemeine Weltgeschichte einzuordnen:

1. Das Edikt des Klaudius vom Jahre 49 n.Chr. wies die Anführer der Juden aus. Die Ursache dafür war offensichtlich, daß das Christentum schon nach Rom gelangt war und Unruhen in der Judenschaft hervorgerufen hatte.
2. Das Prokonsulat des Gallio läßt sich mit hinreichender Sicherheit bestimmen (vgl. die Einl. zu 1Ko).

18 Danach verließ Paulus Athen und kam nach Korinth [2]und fand einen Juden mit Namen Aquila,

Paulus fand Arbeit bei dem judenchristlichen Ehepaar, das wohl in

aus Pontus gebürtig; der war mit seiner Frau Priszilla kürzlich aus Italien gekommen, weil Kaiser Klaudius allen Juden geboten hatte, Rom zu verlassen. Zu denen ging Paulus. [3]Und weil er das gleiche Handwerk hatte, blieb er bei ihnen und arbeitete mit ihnen; sie waren nämlich von Beruf Zeltmacher. [4]Und er lehrte in der Synagoge an allen Sabbaten und überzeugte Juden und Griechen. [5]Als aber Silas und Timotheus aus Mazedonien kamen, richtete sich Paulus ganz auf die Verkündigung des Wortes und bezeugte den Juden, daß Jesus der Christus ist. [6]Als sie aber widerstrebten und lästerten, schüttelte er die Kleider aus und sprach zu ihnen: Euer Blut komme über euer Haupt; ohne Schuld gehe ich von nun an zu den Heiden. [7]Und er machte sich auf von dort und kam in das Haus eines Mannes mit Namen Titius Justus, eines Gottesfürchtigen; dessen Haus war neben der Synagoge. [8]Krispus aber, der Vorsteher der Synagoge, kam zum Glauben an den Herrn mit seinem ganzen Hause, und auch viele Korinther, die zuhörten, wurden gläubig und ließen sich taufen.

[9]Es sprach aber der Herr durch eine Erscheinung in der Nacht zu Paulus: *Fürchte dich nicht, sondern rede und schweige nicht!* [10]*Denn ich bin mit dir, und niemand soll sich unterstehen, dir zu schaden; denn ich habe ein großes Volk in dieser Stadt.* [11]Er blieb aber dort ein Jahr und sechs Monate und lehrte unter ihnen das Wort Gottes.

[12]Als aber Gallio Statthalter in Achaja war, empörten sich die Juden einmütig gegen Paulus und führten ihn vor den Richterstuhl [13]und sprachen: Dieser Mensch überredet die Leute, Gott zu dienen dem Gesetz zuwider. [14]Als aber Paulus den Mund auftun wollte, sprach Gallio zu den Juden: Wenn es um einen Frevel oder ein Vergehen ginge, ihr Juden, so würde ich euch anhören, wie es recht ist; [15]weil es aber Fragen sind über Lehre und Namen und das Gesetz bei euch, so seht ihr selber zu; ich gedenke, darüber nicht Richter zu sein. [16]Und er trieb sie weg von dem Richterstuhl. [17]Da ergriffen sie alle Sosthenes, den Vorsteher der Synagoge, und schlugen ihn vor dem Richterstuhl, und Gallio kümmerte sich nicht darum.

einer Art Manufaktur Leder verarbeitete (»Zeltmacher« ist eine vom griechischen Wort her zu enge Spezialisierung). Lk übergeht stillschweigend, daß sie schon Christen sind. Wahrscheinlich waren sie erst kürzlich übergesiedelt und missionierten noch nicht, so daß Paulus zu Recht als Vater der Gemeinde in Korinth gelten kann (1Ko 4,15). Auch hier trennt er sich bald von der Synagoge. Der Fluchgestus (V.6 vgl. Neh 5,13) bedeutet die völlige Aufkündigung der Gemeinschaft. Anstatt in der Synagoge versammelte sich die christliche Gemeinde in den Häusern der getauften Christen. Die Taufe des Krispus (1Ko 1,14) löste offensichtlich eine Bekehrungswelle aus. Die Missionstätigkeit gilt als Grund für den langen Aufenthalt des Paulus an diesem Ort. Die vergebliche Anklage (V. 12ff.) verdeutlicht, wie die Verheißung (V. 10) erfüllt wird. So wie Gallio sollte sich nach Lk jeder römische Beamte dem christlichen Glauben gegenüber verhalten. Die undurchsichtige Szene (V. 17) will zeigen, wie unbeteiligt der Statthalter gegenüber den internen jüdischen Streitigkeiten war. Falls Sosthenes derselbe ist wie der Mitabsender des 1Ko (1,1), könnte Lk eine Überlieferung mißverstanden haben. Möglicherweise wurde Sosthenes wegen seines Übertritts zum Christentum von den Juden tätlich angegriffen. Lk hat es aber als innerjüdische Auseinandersetzung gedeutet.

Die Rückkehr nach Antiochia

[18]Paulus aber blieb noch eine Zeitlang dort. Danach nahm er Abschied von den Brüdern und wollte nach Syrien fahren und mit ihm Priszilla und Aquila. Zuvor ließ er sich in Kenchreä sein Haupt scheren, denn er hatte ein Gelübde getan. [19]Und sie kamen nach Ephesus, und er ließ die beiden dort zurück; er aber ging in die Synagoge und redete mit den Juden. [20]Sie baten ihn aber, daß er längere Zeit bei ihnen bliebe. Doch er willigte nicht ein, [21]sondern nahm

Bei dem Scheren der Haare denkt Lk wahrscheinlich an das Nasiräatsgelübde, ohne eine genauere Vorstellung davon zu haben (4Mo 6,5.18f.). Wahrscheinlich will Lk nur den Eindruck erwecken, Paulus sei ein frommer Jude gewesen. Unklar ist die Reiseroute. Paulus will nach Antiochia, landet aber 400 km

Abschied von ihnen und sprach: Will's Gott, so will ich wieder zu euch kommen. Und er fuhr weg von Ephesus [22]und kam nach Cäsarea und ging hinauf nach Jerusalem und grüßte die Gemeinde und zog hinab nach Antiochia.

Der Beginn der dritten Missionsreise

[23]Und nachdem er einige Zeit geblieben war, brach er wieder auf und durchzog nacheinander das galatische Land und Phrygien und stärkte alle Jünger.

Apollos in Ephesus

[24]Es kam aber nach Ephesus ein Jude mit Namen Apollos, aus Alexandria gebürtig, ein beredter Mann und gelehrt in der Schrift. [25]Dieser war unterwiesen im Weg des Herrn und redete brennend im Geist und lehrte richtig von Jesus, wußte aber nur von der Taufe des Johannes. [26]Er fing an, frei und offen zu predigen in der Synagoge. Als ihn Aquila und Priszilla hörten, nahmen sie ihn zu sich und legten ihm den Weg Gottes noch genauer aus. [27]Als er aber nach Achaja reisen wollte, schrieben die Brüder an die Jünger dort und empfahlen ihnen, ihn aufzunehmen. Und als er dahin gekommen war, half er denen viel, die gläubig geworden waren durch die Gnade. [28]Denn er widerlegte die Juden kräftig und erwies öffentlich durch die Schrift, daß Jesus der Christus ist.

südlich in Cäsarea. Von dort »ging er hinauf« – der Ortsname Jerusalem steht nicht im griechischen Text. War Paulus wirklich noch einmal in Jerusalem, wo es (vgl. 21,27ff.) für ihn gefährlich war und wo er z. Z. keine erkennbare Aufgabe hatte?

Auch der Beginn der neuen Missionsreise ist ohne Hinweis auf Anlaß und Motive geschildert. Paulus besucht nur die auf der vorhergehenden Missionsreise gegründeten Gemeinden Kleinasiens.

Apollos (vgl. 1Ko 3,4–9) war einer der bedeutendsten urchristlichen Missionare, der unabhängig neben Paulus in Kleinasien und Griechenland wirkte. Er stammte aus Alexandria, der Hochburg jüdisch–hellenistischen Geisteslebens. Paulus erkannte sein Wirken an, aber 1Ko 3,4–9 verrät auch kritische Distanz. Lk ordnet Apollos über die Anhänger des Paulus, Aquila und Priszilla, in die Kirche ein, die einheitlich lehrt und handelt. Ganz unklar bleibt der Schluß von V. 25: Gehörte Apollos zu einer urchristlichen Gruppe, die die Taufe nur als Bußritus fortsetzte, aber nicht als Taufe auf Christus?

Paulus in Ephesus

19 Es geschah aber, als Apollos in Korinth war, daß Paulus durch das Hochland zog und nach Ephesus kam und einige Jünger fand. [2]Zu denen sprach er: Habt ihr den heiligen Geist empfangen, als ihr gläubig wurdet? Sie sprachen zu ihm: Wir haben noch nie gehört, daß es einen heiligen Geist gibt. [3]Und er fragte sie: Worauf seid ihr denn getauft? Sie antworteten: Auf die Taufe des Johannes. [4]Paulus aber sprach: Johannes hat getauft mit der Taufe der Buße und dem Volk gesagt, sie sollten an den glauben, der nach ihm kommen werde, nämlich an Jesus. [5]Als sie das hörten, ließen sie sich taufen auf den Namen des Herrn Jesus. [6]Und als Paulus die Hände auf sie legte, kam der heilige Geist auf sie, und sie redeten in Zungen und weissagten. [7]Es waren aber zusammen etwa zwölf Männer.

[8]Er ging aber in die Synagoge und predigte frei und offen drei Monate lang, lehrte und überzeugte sie von dem Reich Gottes. [9]Als aber einige verstockt waren und nicht glaubten und vor der Menge übel redeten von der Lehre, trennte er sich von ihnen und sonderte auch die Jünger ab und redete täglich in der Schule des Tyrannus. [10]Und das geschah zwei Jahre lang, so daß alle, die in der Provinz Asien wohnten, das Wort des Herrn hörten, Juden und

Ephesus, die Hauptstadt der römischen Provinz Asia, ist die letzte Stätte, an der Paulus etwa 3½ Jahre frei gewirkt hat. Darum gestaltet Lk den Abschluß der Missionsarbeit so, daß das Bild des großen Missionars noch einmal in ungetrübtem Glanz erscheint. Zu dem Widerspruch zwischen diesem Paulusbild und dem historischen Paulus vgl. die Einl. Lk hat die wenigen konkreten Angaben ausgeschmückt. In der ersten Szene gliedert Paulus eine urchristliche Sondergruppe – vielleicht hängt sie mit Apollos zusammen (vgl. 18,25)? – in die Gemeinde ein. Nur an dieser Stelle wird im NT eine Wiedertaufe berichtet. Die Geistverleihung können nach Lk nur die Apostel (8,4ff.) und dann ihre Nachfolger vollziehen. – Die Trennung von der jüdischen Syngoge geschieht im Vergleich zu anderen Orten relativ spät. Über die Schule des Tyrannus ist sonst nichts bekannt. V. 10 erweckt den Eindruck, als wären die Leute aus ganz Asien zu Paulus nach Ephesus gekommen. Nach den Briefen hat Paulus von Ephesus aus mehrere Reisen unternommen. V. 11 f. setzen wie 5,12–16 ganz unproblematisch den Wunderglauben der Antike voraus. V. 13–16 wollen die Überlegenheit der Wunderkraft Jesu Christi über das ganze antike Zauberwesen demonstrieren. Sie kann allerdings nur von seinem rechtmäßigen Boten (Paulus) in Anspruch genommen werden. Mit volkstümlichem Humor wird anschaulich erzählt, wie übel es denen ergeht, die sich unberechtigt des Namens Jesu bedienen. Der Gebrauch des Namens Jesu als Zauberformel ist in Zaubertexten belegt und wird auch in Mk 9,38 vorausgesetzt. Zu Unrecht dichtet Lk die mißglückte Zauberei ausgerechnet Söhnen eines jüdischen Hohenpriester an. Einen jüdischen Hohenpriester namens Skevas hat es aber nie gegeben. Außerdem stand die Synagoge grundsätzlich dem antiken Zauberwesen genauso kritisch gegenüber wie die Kirche. Die V. 18–20 dürften von Lk als eindringliches Beispiel für seine Zeitgenossen geschildert sein: Christen trennen sich von Zaubermitteln. Der Wert der verbrannten Bücher ist unvorstellbar hoch. – Die Reisenotizen V. 21 f. – aus zuverlässiger Quelle stammend (vgl. die Einl.) – sollen klarstellen: Paulus beendet sein Wirken nicht erzwungenermaßen, sondern aufgrund eigenen Entschlusses.

Die farbenprächtige Szene hinterläßt den Gesamteindruck: Paulus war so erfolgreich, daß das Heidentum seinem Bankrott entgegengeht. Den Händlern, die mit Nachbildungen des als eines der sieben Weltwunder gefeierten Tempels und der Statue der Artemis schwunghaften Handel trieben, droht der Ruin. Die aufgeputschte Menge schrie sich vergeblich heiser. Die verantwortlichen Männer, der Einheimische wie der römische Staatsbeamte (V. 35), ergreifen heimlich Partei für Paulus und dokumentieren so, wem die Zukunft gehört. Obwohl Paulus selbst nicht erscheint, wirkt er doch als der

Griechen. [11] Und Gott wirkte nicht geringe Taten durch die Hände des Paulus. [12] So hielten sie auch die Schweißtücher und andere Tücher, die er auf seiner Haut getragen hatte, über die Kranken, und die Krankheiten wichen von ihnen, und die bösen Geister fuhren aus.

[13] Es unterstanden sich aber einige von den Juden, die als Beschwörer umherzogen, den Namen des Herrn Jesus zu nennen über denen, die böse Geister hatten, und sprachen: Ich beschwöre euch bei dem Jesus, den Paulus predigt. [14] Es waren aber sieben Söhne eines jüdischen Hohenpriesters mit Namen Skevas, die dies taten. [15] Aber der böse Geist antwortete und sprach zu ihnen: Jesus kenne ich wohl, und von Paulus weiß ich wohl; aber wer seid ihr? [16] Und der Mensch, in dem der böse Geist war, stürzte sich auf sie und überwältigte sie alle und richtete sie so zu, daß sie nackt und verwundet aus dem Haus flohen. [17] Das aber wurde allen bekannt, die in Ephesus wohnten, Juden und Griechen; und Furcht befiel sie alle, und der Name des Herrn Jesus wurde hoch gelobt.

[18] Es kamen auch viele von denen, die gläubig geworden waren, und bekannten und verkündeten, was sie getan hatten. [19] Viele aber, die Zauberei getrieben hatten, brachten die Bücher zusammen und verbrannten sie öffentlich und berechneten, was sie wert waren, und kamen auf fünfzigtausend Silbergroschen. [20] So breitete sich das Wort aus durch die Kraft des Herrn und wurde mächtig.

[21] Als das geschehen war, nahm sich Paulus im Geist vor, durch Mazedonien und Achaja zu ziehen und nach Jerusalem zu reisen, und sprach: Wenn ich dort gewesen bin, muß ich auch Rom sehen. [22] Und er sandte zwei, die ihm dienten, Timotheus und Erastus, nach Mazedonien; er aber blieb noch eine Weile in der Provinz Asien.

Der Aufruhr des Demetrius

[23] Es erhob sich aber um diese Zeit eine nicht geringe Unruhe über den neuen Weg. [24] Denn einer mit Namen Demetrius, ein Goldschmied, machte silberne Tempel der Diana* und verschaffte denen vom Handwerk nicht geringen Gewinn. [25] Diese und die Zuarbeiter dieses Handwerks versammelte er und sprach: Liebe Männer, ihr wißt, daß wir großen Gewinn von diesem Gewerbe haben; [26] und ihr seht und hört, daß nicht allein in Ephesus, sondern auch fast in der ganzen Provinz Asien dieser Paulus viel Volk abspenstig macht, überredet und spricht: Was mit Händen gemacht ist, das sind keine Götter. [27] Aber es droht nicht nur unser Gewerbe in Verruf zu geraten, sondern auch der Tempel der großen Göttin Diana wird für nichts geachtet werden, und zudem wird ihre göttliche Majestät unterge-

hen, der doch die ganze Provinz Asien und der Weltkreis Verehrung erweist. [28]Als sie das hörten, wurden sie von Zorn erfüllt und schrien: Groß ist die Diana der Epheser! [29]Und die ganze Stadt wurde voll Getümmel; sie stürmten einmütig zum Theater und ergriffen Gajus und Aristarch aus Mazedonien, die Gefährten des Paulus. [30]Als aber Paulus unter das Volk gehen wollte, ließen's ihm die Jünger nicht zu. [31]Auch einige der Oberen der Provinz Asien, die ihm freundlich gesinnt waren, sandten zu ihm und ermahnten ihn, sich nicht zum Theater zu begeben. [32]Dort schrien die einen dies, die andern das, und die Versammlung war in Verwirrung, und die meisten wußten nicht, warum sie zusammengekommen waren. [33]Einige aber aus der Menge unterrichteten den Alexander, den die Juden vorschickten. Alexander aber winkte mit der Hand und wollte sich vor dem Volk verantworten. [34]Als sie aber innewurden, daß er ein Jude war, schrie alles wie aus einem Munde fast zwei Stunden lang: Groß ist die Diana der Epheser! [35]Als aber der Kanzler das Volk beruhigt hatte, sprach er: Ihr Männer von Ephesus, wo ist ein Mensch, der nicht weiß, daß die Stadt Ephesus eine Hüterin der großen Diana ist und ihres Bildes, das vom Himmel gefallen ist? [36]Weil das nun unwidersprechlich ist, sollt ihr euch ruhig verhalten und nichts Unbedachtes tun. [37]Ihr habt diese Menschen hergeführt, die weder Tempelräuber noch Lästerer unserer Göttin sind. [38]Haben aber Demetrius und die mit ihm vom Handwerk sind einen Anspruch an jemanden, so gibt es Gerichte und Statthalter; da laßt sie sich untereinander verklagen. [39]Wollt ihr aber darüber hinaus noch etwas, so kann man es in einer ordentlichen Versammlung entscheiden. [40]Denn wir stehen in Gefahr, wegen der heutigen Empörung verklagt zu werden, ohne daß ein Grund vorhanden ist, mit dem wir diesen Aufruhr entschuldigen könnten. Und als er dies gesagt hatte, ließ er die Versammlung gehen.

glänzende Sieger. Historisch ist diese Darstellung anfechtbar. Von Paulus selbst wissen wir, daß er in Ephesus nur knapp dem Tod entgangen ist. (vgl. 1Ko 15,32; 2Ko 1,8). Er lag längere Zeit in Gefangenschaft (vgl. die Einl. zum Phl). Von den Ängsten und Nöten, die Paulus damals bewegten (Phl 1,12–26), schweigt Lk. Offensichtlich hat er Nachrichten von einem Aufruhr gegen Paulus gehabt. Er hat jedoch alle dunklen Töne aus ihnen getilgt. Die Geschichte ist auch in sich unwahrscheinlich. Die einheimischen Beamten (V. 31) waren keine politische Behörde, sondern Aufsichtsbeamte über den einheimischen wie den römischen Staatskult. Unter ihnen Freunde des Paulus zu finden, ist schwer vorstellbar. Eigentümlich ist auch das Auftreten des Juden Alexander (V. 33 f.). Das könnte darauf hinweisen, daß eine Überlieferung von Verfolgungen der Juden in Ephesus zugrundeliegt. Lk will vielleicht mit ihr zeigen, wie unbeliebt die Juden in Ephesus waren. Zugleich lenkt er davon ab, was aus den beiden Mitarbeitern des Paulus inmitten des Tumults geworden ist. Das stundenlange Geschrei der Menge löst sich plötzlich ins Nichts auf, als der römische Beamte die Leute an ihren guten Ruf und die ihnen von Rom verliehenen Privilegien erinnert. So kann die Erzählung nur als Dichtung gewürdigt werden. Dennoch drückt sich die Gewißheit aus, daß auch scheinbare Niederlagen Siege sein können.

Paulus in Mazedonien und Griechenland

20 Als nun das Getümmel aufgehört hatte, rief Paulus die Jünger zu sich und tröstete sie, nahm Abschied und brach auf, um nach Mazedonien zu reisen. [2]Und als er diese Gegenden durchzogen und die Gemeinden mit vielen Worten ermahnt hatte, kam er nach Griechenland [3]und blieb dort drei Monate. Da ihm aber die Juden nachstellten, als er zu Schiff nach Syrien fahren wollte, beschloß er, durch Mazedonien zurückzukehren. [4]Es zogen aber mit ihm Sopater aus Beröa, der Sohn des Pyrrhus, aus Thessalonich aber Aristarch und Sekundus und Gajus aus Derbe und Timotheus, aus der Provinz Asien aber Tychikus und

Da nach Lk das Werk des Paulus in diesem Gebiet abgeschlossen ist, verkürzt er die auf Jerusalem und Rom ausgerichteten Reiseangaben. Paulus wurde von Abgeordneten der Gemeinde begleitet, um jeden Verdacht der Veruntreuung der Kollekte für Jerusalem zu vermeiden (vgl. zu 2Ko 8,16–24). Da Lk die Kollekte nicht erwähnt, wirkt die Begleitung wie ein Ehrengeleit für den erfolgreichen Missionar. Merkwürdigerweise wer-

Trophimus. [5]Diese reisten voraus und warteten auf uns in Troas.

den Begleiter weder aus Korinth noch Philippi erwähnt.

In Troas

[6]Wir aber fuhren nach den Tagen der Ungesäuerten Brote mit dem Schiff von Philippi ab und kamen am fünften Tag zu ihnen nach Troas und blieben dort sieben Tage.

[7]Am ersten Tag der Woche aber, als wir versammelt waren, das Brot zu brechen, predigte ihnen Paulus, und da er am nächsten Tag weiterreisen wollte, zog er die Rede hin bis Mitternacht. [8]Und es waren viele Lampen in dem Obergemach, wo wir versammelt waren. [9]Es saß aber ein junger Mann mit Namen Eutychus in einem Fenster und sank in einen tiefen Schlaf, weil Paulus so lange redete; und vom Schlaf überwältigt fiel er hinunter vom dritten Stock und wurde tot aufgehoben. [10]Paulus aber ging hinab und warf sich über ihn, umfing ihn und sprach: Macht kein Getümmel; denn es ist Leben in ihm. [11]Dann ging er hinauf und brach das Brot und aß und redete viel mit ihnen, bis der Tag anbrach; und so zog er hinweg. [12]Sie brachten aber den jungen Mann lebend herein und wurden nicht wenig getröstet.

Die Schilderung des Abschiedsabends in Troas gibt Einblick in eine urchristliche Gemeindeversammlung. Da die meisten Gemeindeglieder schwer arbeiten mußten, konnte man erst am Abend zusammenkommen. Als Tag der Zusammenkunft hat sich bald der Sonntag (nach jüdischem Kalender: der erste Tag der Woche) eingebürgert. Zur Gemeindeversammlung gehörte die Feier des Abendmahls, die noch nicht von einer richtigen Mahlzeit getrennt war. Warum Lk ausdrücklich erwähnt, daß der Versammlungsraum hell war, ist unklar. Vielfach wird vermutet, daß Lk damit den später vielfach geäußerten Verleumdungen begegnen wollte, daß die Christen bei ihren nächtlichen Versammlungen im Dunkeln schändliche Dinge treiben.

In diesen Abschlußgottesdienst hat Lk eine aus anderer Überlieferung stammende Wundergeschichte (V. 8–10.12) eingefügt. Die Geschichte ist sehr zurückhaltend erzählt, so daß man gelegentlich gezweifelt hat, ob es sich überhaupt um eine Totenerweckung handelt. Der kundige Leser wird aber durch die Geste des Paulus (V. 10) deutlich an Elia (1Kö 17,21f.) und Elisa (2Kö 4,34ff.) erinnert und beim Verbot, Lärm zu machen, an Jesu Auferweckung der Tochter des Jairus (Lk 8,52). Durch die Komposition, die Totenerweckung in die Mahlfeier einzufügen, zeigt Lk, was ihm am Abendmahl der zentrale Gedanke ist: die helfende und tröstende Gegenwart des Herrn.

Die Reise nach Milet

[13]Wir aber zogen voraus zum Schiff und fuhren nach Assos und wollten dort Paulus zu uns nehmen; denn er hatte es so befohlen, weil er selbst zu Fuß gehen wollte. [14]Als er uns nun traf in Assos, nahmen wir ihn zu uns und kamen nach Mitylene. [15]Und von dort fuhren wir weiter und kamen am nächsten Tag auf die Höhe von Chios; am folgenden Tag gelangten wir nach Samos und am nächsten Tag kamen wir nach Milet. [16]Denn Paulus hatte beschlossen, an Ephesus vorüberzufahren, um in der Provinz Asien keine Zeit zu verlieren; denn er eilte, am Pfingsttag in Jerusalem zu sein, wenn es ihm möglich wäre.

Die Reise nach Jerusalem ist wesentlich genauer geschildert als in V. 2f. Die Begründung, warum Paulus Ephesus nicht aufsuchte, überzeugt nicht. Es kostete doch mehr Zeit, die Ältesten erst nach Milet zu holen (V. 17), als selbst nach Ephesus zu kommen. Da aber Lk von einem gewaltsamen Abbruch der Arbeit in Ephesus nicht berichten will (vgl. zu 19,23–40), kann er auch hier nicht von der lebensgefährlichen Bedrohung des Paulus in Ephesus sprechen.

Die Abschiedsrede des Paulus an die Ältesten von Ephesus

Die Abschiedsrede in Milet ist die einzige von Lk gestaltete Rede des Paulus an Christen. Sie stellt das Testament des Paulus für die künftige Kirche dar. Wenn man bedenkt, daß diese Worte Paulus nur in den Mund gelegt werden, verschwindet der peinliche Eindruck des Eigenlobs. Lk schärft ein, wie die spätere Kirche von Paulus als ihrem Vorbild und Lehrer des einzigen wahren Glaubens denken soll. Das Stilmittel der Abschiedsrede ermöglicht, daß Paulus unmittelbar zu den Proble-

men der Zeit des Lk reden kann. Das Missionsgebiet des Paulus wurde z.Z. des Lk von der Irrlehre der Gnosis bedroht, die sich sogar auf Paulus berief (vgl. 2Pt 3,15f.).

[17]Aber von Milet sandte er nach Ephesus und ließ die Ältesten der Gemeinde rufen. [18]Als aber die zu ihm kamen, sprach er zu ihnen: Ihr wißt, wie ich mich vom ersten Tag an, als ich in die Provinz Asien gekommen bin, die ganze Zeit bei euch verhalten habe, [19]wie ich dem Herrn gedient habe in aller Demut und mit Tränen und unter Anfechtungen, die mir durch die Nachstellungen der Juden widerfahren sind. [20]Ich habe euch nichts vorenthalten, was nützlich ist, daß ich's euch nicht verkündigt und gelehrt hätte, öffentlich und in den Häusern, [21]und habe Juden und Griechen bezeugt die Umkehr zu Gott und den Glauben an unsern Herrn Jesus. [22]Und nun siehe, durch den Geist gebunden, fahre ich nach Jerusalem und weiß nicht, was mir dort begegnen wird, [23]nur daß der heilige Geist in allen Städten mir bezeugt, daß Fesseln und Bedrängnisse auf mich warten. [24]Aber ich achte mein Leben nicht der Rede wert, wenn ich nur meinen Lauf vollende und das Amt ausrichte, das ich von dem Herrn Jesus empfangen habe, zu bezeugen das Evangelium von der Gnade Gottes. [25]Und nun siehe, ich weiß, daß ihr mein Angesicht nicht mehr sehen werdet, ihr alle, zu denen ich hingekommen bin und das Reich gepredigt habe. [26]Darum bezeuge ich euch am heutigen Tage, daß ich rein bin vom Blut aller; [27]denn ich habe nicht unterlassen, euch den ganzen Ratschluß Gottes zu verkündigen. [28]*So habt nun acht auf euch selbst und auf die ganze Herde, in der euch der heilige Geist eingesetzt hat zu Bischöfen*, zu weiden die Gemeinde Gottes, die er durch sein eigenes Blut erworben hat.* [29]Denn das weiß ich, daß nach meinem Abschied reißende Wölfe zu euch kommen, die die Herde nicht verschonen werden. [30]Auch aus eurer Mitte werden Männer aufstehen, die Verkehrtes lehren, um die Jünger an sich zu ziehen. [31]Darum seid wachsam und denkt daran, daß ich drei Jahre lang Tag und Nacht nicht abgelassen habe, einen jeden unter Tränen zu ermahnen. [32]Und nun befehle ich euch Gott und dem Wort seiner Gnade, der da mächtig ist, euch zu erbauen und euch das Erbe zu geben mit allen, die geheiligt sind. [33]Ich habe von niemandem Silber oder Gold oder Kleidung begehrt. [34]Denn ihr wißt selber, daß mir diese Hände zum Unterhalt gedient haben für mich und die, die mit mir gewesen sind. [35]Ich habe euch in allem gezeigt, daß man so arbeiten und sich der Schwachen annehmen muß im Gedenken an das Wort des Herrn Jesus, der selbst gesagt hat: *Geben ist seliger als nehmen.*

[36]Und als er das gesagt hatte, kniete er nieder und betete mit ihnen allen. [37]Da begannen alle laut zu weinen, und sie

Zur Abwehr dieser Irrlehre läßt Lk den Apostel das Nötige sagen: 1. Paulus hat in aller Öffentlichkeit die Botschaft vollständig entfaltet (V.20). Damit soll der Berufung auf angebliche Geheimlehren des Paulus der Boden entzogen werden. 2. Die Ältesten sind vom heiligen Geist durch Paulus zu Bischöfen eingesetzt worden. Ihnen ist also die Bewahrung der Reinheit der Lehre anvertraut. Lk geht damit den gleichen Weg wie die Past, die Einsetzung von Bischöfen auf Paulus selbst zurückzuführen (vgl. die Einl. der Past). 3. Die Gemeinde braucht sich über das Auftreten von Irrlehrern nicht zu beunruhigen. Paulus selbst hat ihr Erscheinen als Zeichen der kommenden Zeit vorausgesagt. 4. Paulus erinnert die Amtsträger daran, daß er sich mit seiner eigenen Hände Arbeit den Unterhalt verdient hat. Da Lk dieses Thema sehr betont (V.31–35), verstanden offensichtlich schon zu seiner Zeit einige ihren Dienst in der Gemeinde als Einnahmequellen (vgl. 1.Ti 5,17f.). So markiert die Abschiedsrede den Einschnitt zwischen apostolischer und nachapostolischer Zeit ideal verklärt als die Zeit der Eintracht in Denken und Handeln. Davon hebt sich die Gegenwart des Lk schmerzlich ab. Jedoch resigniert Lk nicht. Sein Werk – das zeigt diese Rede – will der späteren Gemeinde verdeutlichen, welchen sicheren Grund sie besitzt. Sie soll sich an der apostolischen Zeit orientieren und auf diese Weise zu ihrer wahren Bestimmung finden. Das Bewahren des Erbes ist für Lk nicht Selbstzweck, sondern soll zu missionarischer Verkündigung ermuntern. Das letzte Wort des Paulus an seine Gemeinden ist nach Lk ein Wort Jesu (V. 35), das aber sonst nicht überliefert ist. Es begegnet aber in griechischer Literatur und drückt den Stolz des freien Mannes, der in der Lage ist zu geben, anstatt auf Hilfe anderer angewiesen zu sein, aus. Hier allerdings dient es dem christlichen Gedanken

des Verzichts und kann darum von Lk als ein Jesuswort verstanden worden sein.

fielen Paulus um den Hals und küßten ihn, [38]am allermeisten betrübt über das Wort, das er gesagt hatte, sie würden sein Angesicht nicht mehr sehen. Und sie geleiteten ihn auf das Schiff.

Von Milet nach Cäsarea

Die Reise des Paulus nach Jerusalem schildert Lk als bewußten Gang ins Martyrium. Der Apostel sowie die Gemeinden wissen, was ihm bevorsteht. Der größte Missionar des Urchristentums erleidet das gleiche Schicksal in der gleichen Haltung wie der Herr, in dessen Auftrag und Namen er predigt und heilt. Die Juden haben beide gefangen genommen und den Römern ausgeliefert, um ihren Tod zu erwirken. Diesen Grundgedanken der Entsprechung von Jesus und seinen Boten hebt Lk so deutlich hervor, daß die Unterschiede im Handlungsablauf verblassen: Nicht die Juden, wie Agabus ankündigt (V. 11), nahmen Paulus gefangen, sondern die Römer (V. 33). Auch den Widerspruch, daß nach V. 4 Paulus gegen den Rat des Geistes nach Jerusalem zieht, scheut Lk nicht. Am Ende (V. 14) beugen sich auch die Gefährten in den Willen des Herrn, der Paulus das Leidensschicksal bestimmt hat (9,16). Über diese theologische Deutung hinaus erfährt der Leser nichts darüber, warum Paulus trotz solcher Warnungen nach Jerusalem will. Zur Darstellung benutzt Lk Reiseerinnerungen, die nur wenig Konkretes mitteilen. Lk läßt durch die Weissagungen in V. 4 und 11 mehrfach Paulus warnen; am Schluß dramatisch durch eine symbolische Handlung nach Art der alten Propheten (vgl. Jes 20,2; Jer 13,1 ff.). Dennoch bleibt dieser fest und geht seinen Weg ohne Zögern.

21 Als wir uns nun von ihnen losgerissen hatten und abgefahren waren, kamen wir geradewegs nach Kos und am folgenden Tage nach Rhodos und von da nach Patara. [2]Und als wir ein Schiff fanden, das nach Phönizien fuhr, stiegen wir ein und fuhren ab. [3]Als aber Zypern in Sicht kam, ließen wir es linker Hand liegen und fuhren nach Syrien und kamen in Tyrus an, denn dort sollte das Schiff die Ware ausladen. [4]Als wir nun die Jünger fanden, blieben wir sieben Tage dort. Die sagten Paulus durch den Geist, er solle nicht nach Jerusalem hinaufziehen. [5]Und es geschah, als wir die Tage zugebracht hatten, da machten wir uns auf und reisten weiter. Und sie geleiteten uns alle mit Frauen und Kindern bis hinaus vor die Stadt, und wir knieten nieder am Ufer und beteten. [6]Und als wir voneinander Abschied genommen hatten, stiegen wir ins Schiff; jene aber wandten sich wieder heimwärts. [7]Wir beendeten die Seefahrt und kamen von Tyrus nach Ptolemaïs, begrüßten die Brüder und blieben einen Tag bei ihnen.

[8]Am nächsten Tag zogen wir weiter und kamen nach Cäsarea und gingen in das Haus des Philippus, des Evangelisten, der einer von den Sieben war, und blieben bei ihm. [9]Der hatte vier Töchter, die waren Jungfrauen und weissagten. [10]Und als wir mehrere Tage dablieben, kam ein Prophet mit Namen Agabus aus Judäa herab. [11]Und als er zu uns kam, nahm er den Gürtel des Paulus und band sich die Füße und Hände und sprach: Das sagt der heilige Geist: Den Mann, dem dieser Gürtel gehört, werden die Juden in Jerusalem so binden und überantworten in die Hände der Heiden. [12]Als wir aber das hörten, baten wir und die aus dem Ort, daß er nicht hinauf nach Jerusalem zöge. [13]Paulus aber antwortete: Was macht ihr, daß ihr weint und brecht mir mein Herz? Denn ich bin bereit, nicht allein mich binden zu lassen, sondern auch zu sterben in Jerusalem für den Namen des Herrn Jesus. [14]Da er sich aber nicht überreden ließ, schwiegen wir und sprachen: Des Herrn Wille geschehe.

Die Ankunft in Jerusalem

Bei einem hellenistischen Judenchristen (vielleicht aus dem Stephanuskreis) findet Paulus in Jerusalem gastliche Aufnahme. Die Darstellung der Begegnung mit Jakobus, der nun allein die Führung der Jerusalemer Gemeinde übernommen hat, bereitet Lk erhebliche Schwierigkeiten. Da nach seiner Sicht zwischen allen Führern der Gemeinde Übereinstimmung besteht, behandelt Jakobus die Vorwürfe gegen Paulus als Verleumdungen, die im gemeinsamen Interesse schnell beseitigt werden müssen. Weiterhin übergeht Lk auch hier, daß Paulus nur nach Jerusalem kam, um die auf dem Apostelkonzil vereinbarte Kollekte (Gal 2,10) zu überbringen. Paulus hegte die nicht unbegründete

Befürchtung, daß die Jerusalemer die Annahme der Kollekte verweigern könnten (Rö 15,31). Man mag sich die Schwierigkeit der Begegnung ausmalen, falls Jakobus eine Abschrift des Gal in Händen hielt. Es kann sogar noch problematischer gewesen sein, wenn die Äußerungen des Paulus zum Gesetz (Gal 3) in entstellter Form nach Jerusalem kamen. Aus Achtung vor sich selbst wie aus Rücksichtsnahme auf die jüdischen Landsleute mußte die Jerusalemer Führung dem Vorwurf begegnen, sich von Paulus kaufen zu lassen. Die Mission in Israel stand ohnehin kurz vor ihrem Ende, weil gleichzeitige Zugehörigkeit zu Synagoge und Kirche von beiden Seiten für unvereinbar gehalten wurde (Joh 9,22). Auch Jakobus wird wenige Jahre später den Märtyrertod durch seine Landsleute erleiden. Die vorbehaltlose Annahme der Kollekte hätte bedeutet, sich mit Paulus solidarisch zu erklären. Wie hätte Lk das Zögern der Jerusalemer begreiflich machen sollen, ohne die Spannungen in der Urchristenheit sichtbar werden zu lassen? Vielleicht hat er darum hier die ihm bekannte (24,17) Kollektenangelegenheit ganz verschwiegen.

15 Und nach diesen Tagen machten wir uns fertig und zogen hinauf nach Jerusalem. 16 Es kamen aber mit uns auch einige Jünger aus Cäsarea und führten uns zu einem alten Jünger mit Namen Mnason aus Zypern, bei dem wir zu Gast sein sollten. 17 Als wir nun nach Jerusalem kamen, nahmen uns die Brüder gerne auf.

18 Am nächsten Tag aber ging Paulus mit uns zu Jakobus, und es kamen die Ältesten alle dorthin. 19 Und als er sie begrüßt hatte, erzählte er eins nach dem andern, was Gott unter den Heiden durch seinen Dienst getan hatte. 20 Als sie aber das hörten, lobten sie Gott und sprachen zu ihm: Bruder, du siehst, wieviel tausend Juden gläubig geworden sind, und alle sind Eiferer für das Gesetz. 21 Ihnen ist aber berichtet worden über dich, daß du alle Juden, die unter den Heiden wohnen, den Abfall von Mose lehrst und sagst, sie sollen ihre Kinder nicht beschneiden und auch nicht nach den Ordnungen leben. 22 Was nun? Auf jeden Fall werden sie hören, daß du gekommen bist. 23 So tu nun das, was wir dir sagen. Wir haben vier Männer, die haben ein Gelübde auf sich genommen; 24 die nimm zu dir und laß dich reinigen mit ihnen und trage die Kosten für sie, daß sie ihr Haupt scheren können; so werden alle erkennen, daß es nicht so ist, wie man ihnen über dich berichtet hat, sondern daß du selber auch nach dem Gesetz lebst und es hältst. 25 Wegen der gläubig gewordenen Heiden aber haben wir beschlossen und geschrieben, daß sie sich hüten sollen vor dem Götzenopfer, vor Blut, vor Ersticktem und vor Unzucht. 26 Da nahm Paulus die Männer zu sich und reinigte sich am nächsten Tag mit ihnen und ging in den Tempel und zeigte an, daß die Tage der Reinigung beendet sein sollten, sobald für jeden von ihnen das Opfer dargebracht wäre.

Lk überliefert nur den Ausweg, der schließlich zwischen Paulus und Jakobus gefunden wurde. Paulus soll einen demonstrativen Beweis antreten, daß er selbst dem jüdischen Gesetz treu ist. Die Auslösung der Nasiräer galt als besonders verdienstliches Werk jüdischer Frömmigkeit. Wenn ein Armer ein solches Gelübde getan hatte und das Geld für die vorgeschriebenen Opfer (4Mo 6,14ff.) nicht aufbringen konnte, galt es als besonders fromm, die nicht unerheblichen Kosten für ihn zu bezahlen. Lk scheint die – vielleicht auch nicht ganz klaren – Angaben seiner Quellen dahingehend mißverstanden zu haben, als habe sich Paulus ihrem Nasiräatsgelübde angeschlossen. Wie die sieben Tage (V. 27) zeigen, handelte es sich aber bei ihm um einen anderen Ritus. Da Paulus im Ausland gewesen war, galt er nach den jüdischen Gesetzen als unrein und mußte durch die Besprengung mit Reinigungswasser (4Mo 19,19) kultfähig gemacht werden. Es dürfte Paulus nicht ganz leicht gefallen sein, diesem Vorschlag zuzustimmen. Er konnte es nur mit dem Grundsatz rechtfertigen, den Juden gegenüber wie ein Jude zu sein (1Ko 9,20). Es ging schließlich darum, die Einheit der Kirche zu bewahren. Paulus mußte sich nun öffentlich der jüdischen Tempelpriesterschaft zeigen, und das wurde ihm zum Verhängnis.

Die Verhaftung des Paulus

27 Als aber die sieben Tage zu Ende gingen, sahen ihn die Juden aus der Provinz Asien im Tempel und erregten das ganze Volk, legten die Hände an ihn 28 und schrien: Ihr Männer von Israel, helft! Dies ist der Mensch, der alle Men-

Als Paulus sich nach den vorgeschriebenen Entsühnungsriten in den Tempel begibt, geschieht das Befürchtete. Seine Gegner erkennen

schen an allen Enden lehrt gegen unser Volk, gegen das Gesetz und gegen diese Stätte; dazu hat er auch Griechen in den Tempel geführt und diese heilige Stätte entweiht. [29]Denn sie hatten Trophimus, den Epheser, mit ihm in der Stadt gesehen; den, meinten sie, hätte Paulus in den Tempel geführt. [30]Und die ganze Stadt wurde erregt, und es entstand ein Auflauf des Volkes. Sie ergriffen aber Paulus und zogen ihn zum Tempel hinaus. Und sogleich wurden die Tore zugeschlossen.

[31]Als sie ihn aber töten wollten, kam die Nachricht hinauf vor den Oberst der Abteilung, daß ganz Jerusalem in Aufruhr sei. [32]Der nahm sogleich Soldaten und Hauptleute und lief hinunter zu ihnen. Als sie aber den Oberst und die Soldaten sahen, hörten sie auf, Paulus zu schlagen. [33]Als nun der Oberst herangekommen war, nahm er ihn fest und ließ ihn fesseln mit zwei Ketten und fragte, wer er wäre und was er getan hätte. [34]Einer aber rief dies, der andre das im Volk. Da er aber nichts Gewisses erfahren konnte wegen des Getümmels, ließ er ihn in die Burg führen. [35]Und als er an die Stufen kam, mußten ihn die Soldaten tragen wegen des Ungestüms des Volkes; [36]denn die Menge folgte und schrie: Weg mit ihm! [37]Als nun Paulus in die Burg geführt werden sollte, fragte er den Oberst: Darf ich mit dir reden? Er aber sprach: Kannst du Griechisch? [38]Bist du nicht der Ägypter, der vor diesen Tagen einen Aufruhr gemacht und viertausend von den Aufrührern in die Wüste hinausgeführt hat? [39]Paulus aber sprach: Ich bin ein jüdischer Mann aus Tarsus in Zilizien, Bürger einer namhaften Stadt. Ich bitte dich, erlaube mir, zu dem Volk zu reden. [40]Als er es ihm aber erlaubte, trat Paulus auf die Stufen und winkte dem Volk mit der Hand. Da entstand eine große Stille, und er redete zu ihnen auf hebräisch und sprach:

ihn und bringen die Menge mit einer gezielten Verleumdung gegen ihn auf. Die Juden waren in dieser Frage besonders empfindlich. Das Betreten des Tempels durch kultisch unreine Heiden galt als Religionsfrevel, auf dem die Todesstrafe stand. Paulus wird von der jüdischen Tempelpolizei aus dem heiligen Bezirk verwiesen und der Lynchjustiz der Menge überlassen. Da schreitet die römische Besatzungstruppe ein, die in der unmittelbar neben dem Tempel gelegenen Burg Antonia stationiert war. So weit dürften die Nachrichten von Lk zuverlässig überliefert worden sein. Die Schlußszene (V. 37–40) dagegen ist wahrscheinlich von Lk geschaffen, damit Paulus sich vor dem Volk verteidigen und Mißverständnisse zerstreuen kann. Es ist schwer denkbar, daß sich eine tobende Menge durch eine Handbewegung beruhigen läßt; daß sich der zusammengeschlagene Paulus zu einer großen Rede aufrafft; daß sich der Kommandant allein durch die Sprache von Paulus von dem Verdacht abbringen läßt, Paulus sei der gesuchte Ägypter.

Die Mitteilungen über den Ägypter stimmen nicht mit dem überein, was wir von dem jüdischen Historiker Josephus über ihn erfahren: Um 54 n. Chr. sammelte der Ägypter eine große Schar in der Wüste und führte sie auf den Ölberg (genau umgekehrt zu V. 38). Von einer begeisterten Menge umjubelt wollte er – wahrscheinlich als Messias – in Jerusalem einziehen. Die Prokuratur Felix schlug die Bewegung nieder. Nur wenige entgingen dem Blutbad, darunter auch der Ägypter selbst. Er verschwand spurlos, erweckte aber gerade dadurch die Phantasie bei Freund und Feind. Der Zug des Ägypters fand ohne Waffen statt, während Lk ihn zu der antirömischen Widerstandsbewegung zählt. Durch die Verschmelzung von messianischem Schwärmertum und antirömischer Aufstandsbewegung in einer Person will Lk jede Verwechslung des Paulus mit einem Aufrührer ausschließen.

Die Verteidigungsrede des Paulus

22 Ihr Männer, liebe Brüder und Väter, hört mir zu, wenn ich mich jetzt vor euch verantworte. [2]Als sie aber hörten, daß er auf hebräisch zu ihnen redete, wurden

Die Verteidigung des Christentums ist das Leitthema des Schlußteils der Apg. Die erste der Verteidigungsre-

sie noch stiller. Und er sprach: [3]Ich bin ein jüdischer Mann, geboren in Tarsus in Zilizien, aufgewachsen aber in dieser Stadt und mit aller Sorgfalt unterwiesen im väterlichen Gesetz zu Füßen Gamaliels, und war ein Eiferer für Gott, wie ihr es heute alle seid. [4]Ich habe die neue Lehre verfolgt bis auf den Tod; ich band Männer und Frauen und warf sie ins Gefängnis, [5]wie mir auch der Hohepriester und alle Ältesten bezeugen. Von ihnen empfing ich auch Briefe an die Brüder und reiste nach Damaskus, um auch die, die dort waren, gefesselt nach Jerusalem zu führen, damit sie bestraft würden.

[6]Es geschah aber, als ich dorthin zog und in die Nähe von Damaskus kam, da umleuchtete mich plötzlich um die Mittagszeit ein großes Licht vom Himmel. [7]Und ich fiel zu Boden und hörte eine Stimme, die sprach zu mir: Saul, Saul, was verfolgst du mich? [8]Ich antwortete aber: Herr, wer bist du? Und er sprach zu mir: Ich bin Jesus von Nazareth, den du verfolgst. [9]Die aber mit mir waren, sahen zwar das Licht, aber die Stimme dessen, der mit mir redete, hörten sie nicht. [10]Ich fragte aber: Herr, was soll ich tun? Und der Herr sprach zu mir: Steh auf und geh nach Damaskus. Dort wird man dir alles sagen, was dir zu tun aufgetragen ist. [11]Als ich aber, geblendet von der Klarheit dieses Lichtes, nicht sehen konnte, wurde ich an der Hand geleitet von denen, die bei mir waren, und kam nach Damaskus.

[12]Da war aber ein gottesfürchtiger Mann, der sich an das Gesetz hielt, mit Namen Hananias, der einen guten Ruf bei allen Juden hatte, die dort wohnten. [13]Der kam zu mir, trat vor mich hin und sprach zu mir: Saul, lieber Bruder, sei sehend. Und zur selben Stunde konnte ich ihn sehen. [14]Er aber sprach: Der Gott unserer Väter hat dich erwählt, daß du seinen Willen erkennen sollst und den Gerechten sehen und die Stimme aus seinem Munde hören; [15]denn du wirst für ihn vor allen Menschen Zeuge sein von dem, was du gesehen und gehört hast. [16]Und nun, was zögerst du? Steh auf und rufe seinen Namen an und laß dich taufen und deine Sünden abwaschen.

[17]Es geschah aber, als ich wieder nach Jerusalem kam und im Tempel betete, daß ich in Verzückung geriet [18]und ihn sah. Da sprach er zu mir: Eile und mach dich schnell auf aus Jerusalem; denn dein Zeugnis von mir werden sie nicht annehmen. [19]Und ich sprach: Herr, sie wissen doch, daß ich die, die an dich glaubten, gefangennahm und in den Synagogen geißeln ließ. [20]Und als das Blut des Stephanus, deines Zeugen, vergossen wurde, stand ich auch dabei und hatte Gefallen daran und bewachte denen die Kleider, die ihn töteten. [21]Und er sprach zu mir: Geh hin; denn ich will dich in die Ferne zu den Heiden senden.

den richtet sich an das Volk und rechtfertigt die Heidenmission. Auf den konkreten Vorwurf der Tempelschändung wird nicht eingegangen. Lk läßt Paulus nur zu den Grundfragen Stellung nehmen, die noch zu seiner Zeit aktuell waren. Das Stilmittel der Unterbrechung setzt Lk darum genau an der Stelle ein, als die entscheidende Aussage fällt (V. 21). Die Rechtfertigung der Heidenmission geschieht mittels einer Autobiographie des Paulus. Die Darstellung der vorchristlichen Zeit des Paulus ist dadurch bestimmt, daß ihn von seiner ganzen Erziehung, Bildung und Einstellung her nichts zum Heidenmissionar hätte machen können. Nur göttliches Eingreifen konnte ihn so völlig verwandeln. Der Gesinnungswandel des leidenschaftlichen Verfechters einer Sache zu ihrem Gegner ist zu allen Zeiten das schlagkräftigste Argument. Den Inhalt des Lebenslaufes und die Bekehrung des Paulus kennt der Leser schon (vgl. 8,1–3; 9,1–31). Lk verwendet den Stoff für den Zweck einer Verteidigungsrede großzügig; z. B. sehen nach V. 9 die Begleiter des Paulus das Licht, aber hören nichts (umgekehrt 9,7). Alle entbehrlichen Nebenzüge sind weggelassen. Zwei Überlieferungen hat Lk neu aufgenommen, die starken kritischen Bedenken ausgesetzt sind: Die rabbinische Schulung des Paulus bei Gamaliel in Jerusalem und die Berufung zum Heidenmissionar durch eine Christusschau im Tempel. Letztere steht in unüberwindlichem Widerspruch zur Selbstdarstellung des Paulus (Gal 1,15–24). Erstere macht Paulus zum Rabbinenschüler, wovon in den Paulusbriefen nichts berichtet wird. Noch fraglicher ist, ob Paulus Schüler Gamaliel I. war. Nach seiner Selbstdarstellung in Phl 3,5 rechnet er sich zum Pharisäerorden zugehörig. Darum kann eine Ausbildung in Jerusalem nicht ausgeschlossen werden. Jedoch seine Briefe verraten, daß er mit der griechischen Bibel des Diasporajudentums aufgewachsen ist. Das alles zeigt, daß er in der Rede nicht selbst spricht, sondern Lk durch den Mund des Paulus.

Daß Paulus erst unmittelbar vor der Folterung sich als römischer Bürger zu erkennen gibt, verrät das literarische Geschick des Lk. So wird die Spannung erhöht. In der Szene wird die Bedeutung des römischen Bürgerrechts anschaulich und damit auch die Rechtlosigkeit der von den Römern unterdrückten Völker. Mehrere Gesetze ließen den Unterschied zwischen Römern und den übrigen Menschen in ihrem Herrschaftbereich fühlbar werden. Römische Bürger waren von fast allen Steuern befreit, und entehrende Strafen durften an ihnen nicht vollzogen werden. Das römische Bürgerrecht konnte aufgrund von besonderen Verdiensten verliehen oder unter bestimmten Bedingungen erkauft werden. Cäsar war sehr großzügig mit der Verleihung (auch an Juden), später wurde es zunehmend schwerer. In seinen Briefen erwähnt Paulus nichts von seinem Bürgerrecht. Lk erklärt damit die Tatsache, daß Paulus nicht in Judäa, sondern in Rom abgeurteilt wurde.

Paulus vor dem römischen Oberst

[22]Sie hörten ihm aber zu bis zu diesem Wort; dann erhoben sie ihre Stimme und riefen: Hinweg mit diesem von der Erde! Denn er darf nicht mehr leben.

[23]Als sie aber schrien und ihre Kleider abwarfen und Staub in die Luft wirbelten, [24]befahl der Oberst, ihn in die Burg zu führen, und sagte, daß man ihn geißeln und verhören sollte, um zu erfahren, aus welchem Grund sie so gegen ihn schrien. [25]Als man ihn aber zum Geißeln festband, sprach Paulus zu dem Hauptmann, der dabeistand: Ist es erlaubt bei euch, einen Menschen, der römischer Bürger ist, ohne Urteil zu geißeln? [26]Als das der Hauptmann hörte, ging er zu dem Oberst und berichtete ihm und sprach: Was willst du tun? Dieser Mensch ist römischer Bürger. [27]Da kam der Oberst zu ihm und fragte ihn: Sage mir, bist du römischer Bürger? Er aber sprach: Ja. [28]Da sagte der Oberst: Ich habe dies Bürgerrecht für viel Geld erworben. Paulus aber sprach: Ich aber bin schon als römischer Bürger geboren. [29]Da ließen sogleich von ihm ab, die ihn verhören sollten. Und der Oberst fürchtete sich, als er vernahm, daß es ein römischer Bürger war, den er hatte festbinden lassen.

[30]Am nächsten Tag wollte er genau erkunden, warum Paulus von den Juden verklagt wurde. Er ließ ihn von den Ketten lösen und befahl den Hohenpriestern und dem ganzen Hohen Rat zusammenzukommen, und führte Paulus hinab und stellte ihn vor sie.

Für die Verteidigung des Christentums gilt nach Lk der Grundsatz: Zwischen jüdischem und christlichem Glauben besteht eine tiefe Gemeinsamkeit. Diese wird von einem Teil der Juden, vor allem ihren Führern, aus Angst um den Verlust ihrer eigenen Macht verleugnet. Nach Lk setzt der christliche Glaube konsequent fort, was die Frömmsten der Juden, die Pharisäer, schon geglaubt haben. Historisch ist die Szene aus vielen Gründen unvorstellbar: 1. Der römische Tribun als Heide konnte nicht an einer Versammlung des Hohen Rats teilnehmen. 2. Paulus ergreift unaufgefordert das Wort, obwohl der Tribun wissen will, was die Juden gegen Paulus haben. 3. Paulus war zwar Pharisäer, hat aber »um Christi willen« seine ganze frühere Frömmigkeit für nichtig erklärt (Phl 3,8). Am Ende seines Wirkens hätte er sich niemals als Pharisäer ausge-

Paulus vor dem Hohen Rat

23 Paulus aber sah den Hohen Rat an und sprach: Ihr Männer, liebe Brüder, ich habe mein Leben mit gutem Gewissen vor Gott geführt, bis auf diesen Tag. [2]Der Hohepriester Hananias aber befahl denen, die um ihn standen, ihn auf den Mund zu schlagen. [3]Da sprach Paulus zu ihm: Gott wird dich schlagen, du getünchte Wand! Sitzt du da und richtest mich nach dem Gesetz und läßt mich schlagen gegen das Gesetz? [4]Aber die dabeistanden, sprachen: Schmähst du den Hohenpriester Gottes? [5]Und Paulus sprach: Liebe Brüder, ich wußte es nicht, daß er der Hohepriester ist. Denn es steht geschrieben (2. Mose 22,27): »Dem Obersten deines Volkes sollst du nicht fluchen.« [6]Als aber Paulus erkannte, daß ein Teil Sadduzäer war und der andere Teil Pharisäer, rief er im Rat: Ihr Männer, liebe Brüder, ich bin ein Pharisäer und ein Sohn von Pharisäern. Ich werde angeklagt um der Hoffnung und um der Auferstehung der Toten willen. [7]Als er aber das sagte, entstand Zwietracht zwischen Pharisäern und Sadduzäern, und die Versammlung spaltete sich. [8]Denn die Sadduzäer sagen, es gebe keine Auferstehung noch Engel und Geister; die Pharisäer aber lehren beides. [9]Es entstand aber ein großes Geschrei; und einige Schriftgelehrte von der Partei der Pharisäer standen auf, stritten und sprachen: Wir finden nichts Böses an diesem Menschen; vielleicht hat ein Geist oder ein Engel mit ihm geredet. [10]Als aber die Zwietracht groß wurde, befürchtete der Oberst, sie könnten Paulus zerreißen, und ließ Soldaten hinabgehen und Paulus ihnen entreißen und in die Burg führen. [11]In der folgenden Nacht aber stand der Herr bei ihm und sprach: Sei getrost! denn wie du für mich in Jerusalem Zeuge warst, so mußt du auch in Rom Zeuge sein.

geben. 4. Paulus war nicht wegen seiner Verkündigung der Auferstehung von den Juden angeklagt, sondern wegen seiner Lehre vom Gesetz und wegen Tempelschändung (21,28). 5. Pharisäer und Sadduzäer kannten sich gut. Sie hätten sich nicht von Paulus mit einem Verweis auf ihre Lehrunterschiede ablenken lassen. Die weitere Geschichte zeigt, daß Paulus bei keiner jüdischen Partei Sympathie erhoffen konnte.

Lk scheint in den Sadduzäern Skeptiker zu sehen. In Wirklichkeit ließen die Sadduzäer nur die Gebote und Lehren gelten, die schon in den atl. Gesetzesbüchern (der Tora) enthalten waren. Alle späteren Anschauungen, vor allem die erst nach dem Exil aus Persien mitgebrachten von Totenauferstehung und Gericht, verwarfen sie als Neuerungen. Die Ablehnung von Engeln und Geistern durch die Sadduzäer ist sonst nicht überliefert. Die Verwerfung dieser Vorstellungen ist aber wahrscheinlich, weil diese erst in der Apokalyptik aufkamen und deshalb eine Neuerung darstellten.

Der Mordanschlag gegen Paulus

[12]Als es aber Tag wurde, rotteten sich einige Juden zusammen und verschworen sich, weder zu essen noch zu trinken, bis sie Paulus getötet hätten. [13]Es waren aber mehr als vierzig, die diese Verschwörung machten. [14]Die gingen zu den Hohenpriestern und Ältesten und sprachen: Wir haben uns durch einen Eid gebunden, nichts zu essen, bis wir Paulus getötet haben. [15]So wirkt nun ihr mit dem Hohen Rat bei dem Oberst darauf hin, daß er ihn zu euch herunterführen läßt, als wolltet ihr ihn genauer verhören; wir aber sind bereit, ihn zu töten, ehe er vor euch kommt.

[16]Als aber der Sohn der Schwester des Paulus von dem Anschlag hörte, ging er und kam in die Burg und berichtete es Paulus. [17]Paulus aber rief einen von den Hauptleuten zu sich und sprach: Führe diesen jungen Mann zu dem Oberst, denn er hat ihm etwas zu sagen. [18]Der nahm ihn und führte ihn zum Oberst und sprach: Der Gefangene Paulus hat mich zu sich rufen lassen und mich gebeten, diesen jungen Mann zu dir zu führen, der dir etwas zu sagen hat. [19]Da nahm ihn der Oberst bei der Hand und führte ihn beiseite und fragte ihn: Was ist's, das du mir zu sagen hast? [20]Er aber sprach: Die Juden sind übereingekommen, dich zu bitten, daß du Paulus morgen vor den Hohen Rat hinunterbringen läßt, so als wollten sie ihn genauer verhören. [21]Du aber traue ihnen nicht; denn mehr als vierzig Männer von ihnen lauern ihm auf; die haben sich verschworen, weder zu essen noch zu trinken, bis sie ihn getötet hätten; und jetzt sind sie bereit und warten auf deine Zusage. [22]Da ließ der Oberst den jungen Mann gehen und gebot ihm, niemandem zu sagen, daß er ihm das eröffnet hätte.

Der Mordanschlag gegen Paulus mit Wissen des Hohen Rats beweist, daß die jüdischen Parteien sich in der Ablehnung des Paulus einig waren. Die der Erzählung zugrundeliegende Nachricht dürfte zuverlässig sein. Freilich hat Lk sie ausgeschmückt. Ihm liegt hier daran zu zeigen, wie fanatisch die Juden Paulus verfolgten. Die sachliche Spannung zur Unschuldserklärung des Paulus durch die Pharisäer (V.9) hat Lk in Kauf genommen. Jede Szene hat für ihn ihre Aussage. Die Vertraulichkeit des Tribun mit dem Neffen des Paulus (V. 19) und sein bedingungsloses Vertrauen zu dessen Angaben lassen ein rührendes Bild fürsorglichen römischen Beamtentums entstehen. An diesem Eindruck liegt Lk viel (vgl. V. 10). – Der anonyme Neffe des Paulus ist nur hier erwähnt; wie er zu seinem Wissen gekommen ist, bleibt rätselhaft. Seine Gestalt bleibt völlig im Dunkel. Nur seine Aufgabe ist klar erkennbar: Er zeigt, daß Paulus nicht ohne menschliche Hilfe ist. Von einem Einsatz der christlichen Gemeinde Jerusalems für Paulus hatte Lk keine Nachricht. So wissen wir nicht, wie sich die Judenchristen zum Prozeß des Paulus verhielten.

Die Maßnahmen des Tribunen sollen zeigen, wie ernst die Römer ihre Aufgabe als Schutzmacht nahmen. Das Bild ist freilich von Lk tendenziös überzeichnet. Nicht weniger als die halbe Garnison Jerusalems schickt der Tribun als Schutzgeleit mit! Die Infanterie begleitet Paulus bis zum 60 km entfernten Antipatris, und das in einem Nachtmarsch! Lk hat offensichtlich keine geographischen Vorstellungen von Palästina. Auch der Brief des Tribun Lysias ist zwar stilecht, aber dennoch schriftstellerisches Werk des Lk. Der Brief legt die Ereignisse genau so aus, wie Lk es wünscht. Der römische Bürger Paulus hat nichts getan, was nach römischem Recht strafbar sein könnte. Es handelt sich um innerjüdische Streitigkeiten, die die Römer nichts angehen. Sie können deshalb nichts anderes tun, als ihren Bürger vor jüdischen Nachstellungen zu schützen. Die Wunschvorstellung des Lk, daß die römischen Beamten seiner Zeit genauso handeln möchten, ist deutlich erkennbar.

Die Überführung des Paulus nach Cäsarea

[23]Und der Oberst rief zwei Hauptleute zu sich und sprach: Rüstet zweihundert Soldaten, daß sie nach Cäsarea ziehen, und siebzig Reiter und zweihundert Schützen für die dritte Stunde der Nacht; [24]und haltet Tiere bereit, Paulus draufzusetzen und wohlverwahrt zu bringen zum Statthalter Felix. [25]Und er schrieb einen Brief, der lautete: [26]Klaudius Lysias dem edlen Statthalter Felix: Gruß zuvor! [27]Diesen Mann hatten die Juden ergriffen und wollten ihn töten. Da kam ich mit Soldaten dazu und entriß ihnen den und erfuhr, daß er ein römischer Bürger ist. [28]Da ich aber erkunden wollte, weshalb sie ihn anklagten, führte ich ihn hinunter vor ihren Hohen Rat. [29]Da fand ich, daß er beschuldigt wird wegen Fragen ihres Gesetzes, aber keine Anklage gegen sich hatte, auf die Tod oder Gefängnis steht. [30]Und als vor mich kam, daß ein Anschlag gegen den Mann geplant sei, sandte ich ihn sogleich zu dir und wies auch die Kläger an, vor dir zu sagen, was sie gegen ihn hätten.

[31]Die Soldaten nahmen Paulus, wie ihnen befohlen war, und führten ihn in der Nacht nach Antipatris. [32]Am nächsten Tag aber ließen sie die Reiter mit ihm ziehen und kehrten wieder in die Burg zurück. [33]Als aber jene nach Cäsarea kamen, übergaben sie den Brief dem Statthalter und führten ihm auch Paulus vor. [34]Als der Statthalter den Brief gelesen hatte, fragte er, aus welchem Land er sei. Und als er erfuhr, daß er aus Zilizien sei, sprach er: [35]Ich will dich verhören, wenn deine Ankläger auch da sind. Und er ließ ihn in Gewahrsam halten im Palast des Herodes.

Das weitere Schicksal des Paulus liegt bei dem römischen Prokurator Felix. Er soll wie alle römischen Beamten die Unschuld des Apostels bezeugen. Darum treten seine negativen Züge in den Hintergrund, obwohl sie V. 24f. noch erkennbar sind. Nach den Historikern der Antike war Felix einer der grausamsten römischen Beamten. Tacitus sagt von ihm, er habe königliche Macht mit sklavischer Gesinnung ausgeübt. Felix kam im Jahr 52 n. Chr. als Prokurator nach Judäa. Sein Schreckensregime entfesselte die Leidenschaften, die schließlich zum Jüdischen Krieg führten. Die Eingangsworte des jüdischen Anklägers (V. 2) sind darum nur als Höflichkeitsfloskeln zu werten. Tertullus wirft Paulus Aufruhr, Rädelsführerschaft

Vor dem Statthalter Felix

24 Nach fünf Tagen kam der Hohepriester Hananias mit einigen Ältesten und dem Anwalt Tertullus herab; die erschienen vor dem Statthalter gegen Paulus. [2]Als der aber herbeigerufen worden war, fing Tertullus an, ihn anzuklagen, und sprach: Daß wir in großem Frieden leben unter dir und daß diesem Volk viele Wohltaten widerfahren sind durch deine Fürsorge, edelster Felix, [3]das erkennen wir allezeit und überall mit aller Dankbarkeit an. [4]Damit ich dich aber nicht zu lange aufhalte, bitte ich dich, du wollest uns kurz anhören in deiner Güte. [5]Wir haben erkannt, daß dieser Mann schädlich ist und daß er Aufruhr erregt unter allen Juden auf dem ganzen Erdkreis und daß er ein Anführer der Sekte der Nazarener ist. [6]Er hat auch versucht, den Tempel zu entweihen. Ihn haben wir ergriffen.* [8]Wenn du ihn verhörst, kannst du selbst das alles von ihm erkunden, dessentwegen wir ihn verklagen. [9]Auch die Juden bekräftigten das und sagten, es verhielte sich so. [10]Paulus aber antwortete, als ihm der Statthalter winkte zu

reden: Weil ich weiß, daß du in diesem Volk nun viele Jahre Richter bist, will ich meine Sache unerschrocken verteidigen. [11]Du kannst feststellen, daß es nicht mehr als zwölf Tage sind, seit ich nach Jerusalem hinaufzog, um anzubeten. [12]Und sie haben mich weder im Tempel noch in den Synagogen noch in der Stadt dabei gefunden, wie ich mit jemandem gestritten oder einen Aufruhr im Volk gemacht hätte. [13]Sie können dir auch nicht beweisen, wessen sie mich jetzt verklagen. [14]Das bekenne ich dir aber, daß ich nach dem Weg, den sie eine Sekte nennen, dem Gott meiner Väter so diene, daß ich allem glaube, was geschrieben steht im Gesetz und in den Propheten. [15]Ich habe die Hoffnung zu Gott, die auch sie selbst haben, nämlich daß es eine Auferstehung der Gerechten wie der Ungerechten geben wird. [16]*Darin übe ich mich, allezeit ein unverletztes Gewissen zu haben vor Gott und den Menschen.* [17]Nach mehreren Jahren aber bin ich gekommen, um Almosen für mein Volk zu überbringen und zu opfern. [18]Als ich mich im Tempel reinigte, ohne Auflauf und Getümmel, fanden mich dabei [19]einige Juden aus der Provinz Asien. Die sollten jetzt hier sein vor dir und mich verklagen, wenn sie etwas gegen mich hätten. [20]Oder laß diese hier selbst sagen, was für ein Unrecht sie gefunden haben, als ich vor dem Hohen Rat stand; [21]es sei denn dies *eine* Wort, das ich rief, als ich unter ihnen stand: Um der Auferstehung der Toten willen werde ich von euch heute angeklagt.

einer gemeingefährlichen Sekte und Tempelschändung vor. Daß Paulus selbst diese Anklagepunkte bestätigen werde, erschien einem späteren Abschreiber so unmöglich, daß er nachträglich V.6b–8a einfügte: »und wollten ihn richten nach unserem Gesetz. Aber der Oberst Lysias kam dazu und riß ihn mit großer Gewalt aus unseren Händen und wies seine Ankläger an dich.« Lk wollte jedoch nur einen Übergang schaffen, um Paulus das Wort zu geben. Die Verteidigung des Paulus wendet sich hauptsächlich gegen den Vorwurf des Aufruhrs. Sein Aufenthalt war jedoch so kurz und jedermann offenbar, daß dieser Anklagepunkt in sich zusammenbricht. Zu seinem Glauben bekennt er sich in typisch jüdischer Form: Er habe dem einen Gott der Väter gedient und sich genau an die Schrift gehalten. Nicht bei einer Entheiligung des Tempels, sondern bei einer heiligen Handlung im Tempel wurde er ergriffen. So erscheint das Christentum nicht so sehr als eigene Größe, sondern vielmehr als rechtmäßiges Judentum. – Nach V. 17 hat Lk doch etwas von der Kollekte für Jerusalem gewußt. Sie ist ihm ein Zeichen für die Treue des Paulus zu seinem Volk.

Die Verschleppung des Prozesses

[22]Felix aber zog die Sache hin, denn er wußte recht gut um diese Lehre und sprach: Wenn der Oberst Lysias herabkommt, so will ich eure Sache entscheiden. [23]Er befahl aber dem Hauptmann, Paulus gefangen zu halten, doch in leichtem Gewahrsam, und niemandem von den Seinen zu wehren, ihm zu dienen.

[24]Nach einigen Tagen aber kam Felix mit seiner Frau Drusilla, die eine Jüdin war, und ließ Paulus kommen und hörte ihn über den Glauben an Christus Jesus. [25]Als aber Paulus von Gerechtigkeit und Enthaltsamkeit und von dem zukünftigen Gericht redete, erschrak Felix und antwortete: Für diesmal geh! Zu gelegener Zeit will ich dich wieder rufen lassen.

[26]Er hoffte aber nebenbei, daß ihm von Paulus Geld gegeben werde; darum ließ er ihn auch oft kommen und besprach sich mit ihm. [27]Als aber zwei Jahre um waren, kam Porzius Festus als Nachfolger des Felix. Felix aber wollte den Juden eine Gunst erweisen und ließ Paulus gefangen zurück.

Das Ergebnis der Verteidigung ist Hafterleichterung. Die Szene Paulus vor Felix und Drusilla kann an Johannes den Täufer (Mk 6,17–20) erinnern. Felix hatte Drusilla, die Tochter Herodes Agrippa I. (Kap. 12), zum Ehebruch verführt. Sie war mit einem syrischen König verheiratet, der ihretwegen zum Judentum übergetreten war. Dieser Ehebruch und die neue Ehe mit einem Heiden erregte die Juden sehr. Die Worte des Paulus und die Reaktion des Felix werden auf diesem Hintergrund verständlich. Da Felix nach Lk von der Unschuld des Paulus überzeugt war, mußte Lk verständlich machen, warum Paulus dennoch nicht freikommt. V. 26 gibt die historische Antwort: Felix wollte Bestechungsgelder und betrachtete seine Gefangenen als Handelsobjekte. Zu Nazarener vgl. zu Mt 2,23.

Über Porcius Festus wissen wir wenig. Das Jahr seines Amtsantritts ist unsicher. Er starb im Amt im Jahr 62 n. Chr. Lk zeichnet Festus, historisch wohl zutreffend, als einen tatkräftigen römischen Beamten, der schnell die unter Felix verschleppten Dinge ordnen will. So kommt auch der Prozeß des Paulus wieder in Gang. Die Schwierigkeit des Prozesses liegt an der Vielschichtigkeit der Anklagen gegen Paulus (V. 8): Verstöße gegen Reinheitsgebote sind eine innerjüdische Frage. Der Vorwurf der Tempelschändung dagegen betrifft die Römer mittelbar, da sie sich zum »Schutzherrn« des Tempels und seiner Einnahmen erklärt hatten. Die Anklage, er habe sich gegen den Kaiser vergangen, meint politischen Aufruhr. Für die Untersuchung zu diesem Anklagepunkt und die Verurteilung war nur der Prokurator zuständig. Darum führt Festus eine Verhandlung an seinem Amtssitz.

Lk stellt das Berufungsverfahren so dar, daß römische Beamte als Beschützer der christlichen Gemeinde gegenüber den Juden erscheinen. Zur Appellation an den Kaiser kommt es nur, weil Festus dem Drängen der Juden nachgibt, Paulus den Prozeß in Jerusalem zu machen. Rechtlich konnte nur der an den Kaiser appellieren, der wegen eines Kapitalverbrechens verurteilt war. Lk wollte jedoch keine Verurteilung des Paulus durch ein römisches Gericht berichten. Darum muß er ein, freilich nicht ganz überzeugendes, anderes Motiv für die Berufung an das kaiserliche Gericht nennen.

Da Lk eine Verurteilung des Paulus nicht berichten wollte und eine Freilassung nicht berichten konnte, gestaltet er eine Szene, die Paulus und das durch ihn repräsentierte Christentum von allen Anklagen entlastet. Wie schon der Tribun Lysias (23,29) hält auch Festus Paulus in allen Anklagepunkten für unschuldig. Die weitere Gefangenschaft des Paulus beruht auf dessen eigenem Wunsch, sich vor dem Kaiser in

Die Verhandlung vor Festus

25 Als nun Festus ins Land gekommen war, zog er nach drei Tagen von Cäsarea hinauf nach Jerusalem. [2]Da erschienen die Hohenpriester und die Angesehensten der Juden vor ihm gegen Paulus und drangen in ihn [3]und baten ihn um die Gunst, daß er Paulus nach Jerusalem kommen ließe; denn sie wollten ihm einen Hinterhalt legen, um ihn unterwegs umzubringen. [4]Da antwortete Festus, Paulus werde weiter in Gewahrsam gehalten in Cäsarea; er selber aber werde in Kürze wieder dahin ziehen. [5]Die nun unter euch ermächtigt sind, sprach er, die laßt mit hinabziehen und den Mann verklagen, wenn etwas Unrechtes an ihm ist.

[6]Nachdem aber Festus bei ihnen nicht mehr als acht oder zehn Tage gewesen war, zog er hinab nach Cäsarea. Und am nächsten Tag setzte er sich auf den Richterstuhl und ließ Paulus holen. [7]Als der aber vor ihn kam, umringten ihn die Juden, die von Jerusalem herabgekommen waren, und brachten viele und schwere Klagen gegen ihn vor, die sie aber nicht beweisen konnten. [8]Paulus aber verteidigte sich: Ich habe mich weder am Gesetz der Juden noch am Tempel noch am Kaiser versündigt.

Die Berufung an den Kaiser

[9]Festus aber wollte den Juden eine Gunst erweisen und antwortete Paulus und sprach: Willst du hinauf nach Jerusalem und dich dort in dieser Sache von mir richten lassen? [10]Paulus aber sprach: Ich stehe vor des Kaisers Gericht; da muß ich gerichtet werden. Den Juden habe ich kein Unrecht getan, wie auch du sehr wohl weißt. [11]Habe ich aber Unrecht getan und todeswürdig gehandelt, so weigere ich mich nicht zu sterben; ist aber nichts an dem, dessentwegen sie mich verklagen, so darf mich ihnen niemand preisgeben. Ich berufe mich auf den Kaiser! [12]Da besprach sich Festus mit seinen Ratgebern und antwortete: Auf den Kaiser hast du dich berufen, zum Kaiser sollst du ziehen.

König Agrippa beim Statthalter Festus

[13]Nach einigen Tagen kamen König Agrippa und Berenike nach Cäsarea, Festus zu begrüßen. [14]Und als sie mehrere Tage dort waren, legte Festus dem König die Sache des Paulus vor und sprach: Da ist ein Mann von Felix als Gefangener zurückgelassen worden; [15]um dessentwillen erschienen die Hohenpriester und Ältesten der Juden vor mir, als ich in Jerusalem war, und baten, ich solle ihn richten lassen. [16]Denen antwortete ich: Es ist der Römer Art nicht, einen Angeklagten preiszugeben, bevor er seinen Klägern gegenüberstand und Gelegenheit hatte, sich gegen die Anklage

zu verteidigen. [17]Als sie aber hier zusammenkamen, duldete ich keinen Aufschub, sondern hielt am nächsten Tag Gericht und ließ den Mann vorführen. [18]Als seine Ankläger auftraten, brachten sie keine Anklage vor wegen Vergehen, wie ich sie erwartet hatte. [19]Sie hatten aber Streit mit ihm über einige Fragen ihres Glaubens und über einen verstorbenen Jesus, von dem Paulus behauptete, er lebe. [20]Da ich aber von diesem Streit nichts verstand, fragte ich, ob er nach Jerusalem reisen und sich dort deswegen richten lassen wolle. [21]Als aber Paulus sich auf sein Recht berief, bis zur Entscheidung des Kaisers in Gewahrsam zu bleiben, ließ ich ihn gefangen halten, bis ich ihn zum Kaiser senden könnte. [22]Agrippa sprach zu Festus: Ich möchte den Menschen auch gerne hören. Er aber sprach: Morgen sollst du ihn hören.

[23]Und am nächsten Tag kamen Agrippa und Berenike mit großem Gepränge und gingen in den Palast mit den Hauptleuten und vornehmsten Männern der Stadt. Und als Festus es befahl, wurde Paulus gebracht. [24]Und Festus sprach: König Agrippa und all ihr Männer, die ihr mit uns hier seid, da seht ihr den, um dessentwillen die ganze Menge der Juden in Jerusalem und auch hier in mich drang und schrie, er dürfe nicht länger leben. [25]Als ich aber erkannte, daß er nichts getan hatte, das des Todes würdig war, und er auch selber sich auf den Kaiser berief, beschloß ich, ihn dorthin zu senden. [26]Etwas Sicheres über ihn aber habe ich nicht, das ich meinem Herrn schreiben könnte. Darum habe ich ihn vor euch bringen lassen, vor allem aber vor dich, König Agrippa, damit ich nach geschehenem Verhör etwas hätte, was ich schreiben könnte. [27]Denn es erscheint mir unsinnig, einen Gefangenen zu schicken und keine Beschuldigung gegen ihn anzugeben.

Rom verantworten zu können. Nicht als Verurteilter wird Paulus nach Rom gelangen, sondern um vor der höchsten weltlichen Macht Zeugnis für Christus abzulegen. Das Forum, vor dem Paulus seine letzte große Verteidigungsrede halten wird, ist das denkbar höchste. Vor Agrippa II. und Berenike (vgl. den Nachsatz zum Abschnitt), den römischen Militärbeamten und den Vornehmen der Regierungsstadt Cäsarea steht Paulus. Die Atmosphäre ist außerordentlich freundlich. Paulus ist kein Verurteilter, sondern eine vom höchsten römischen Regierungsbeamten so hoch geschätzte Persönlichkeit, daß er ihn frei vor diesem Publikum reden läßt. Paulus hat ihm durch seine Berufung an den Kaiser die Entscheidung abgenommen. Festus kann sich darum nur noch bemühen, für sich selbst Klarheit über den Gefangenen Apostel zu verschaffen.

Herodes Agrippa II. ist der Sohn des im Jahre 44 n.Chr. verstorbenen Herodes Agrippa I. (12,18–23). Weil er beim Tod seines Vaters noch zu jung war, ließen die Römer ihn nicht die Regierung über das Gesamtreich antreten. Er bekam nur ein Gebiet im Norden Palästinas, das er aber ständig vergrößern durfte. Er durfte den Königstitel führen und besaß das Recht, die Hohenpriester einzusetzen. Für Lk ist er der letzte jüdische König, dessen Urteil erhebliches moralisches und sachliches Gewicht hat. Die Skandalgeschichten über ihn und sein Verhältnis zu seiner Schwester Berenike übergeht Lk selbstverständlich. Berenike war den Lesern des Lk vor allem als Geliebte des späteren römischen Kaisers Titus bekannt.

Paulus vor Agrippa und Festus

26 Agrippa aber sprach zu Paulus: Es ist dir erlaubt, für dich selbst zu reden. Da streckte Paulus die Hand aus und verantwortete sich: [2]Es ist mir sehr lieb, König Agrippa, daß ich mich heute vor dir verantworten soll wegen all der Dinge, deren ich von den Juden beschuldigt werde, [3]vor allem weil du alle Ordnungen und Streit-

Die letzte Verteidigungsrede behandelt noch einmal grundlegend das Dreiecksverhältnis: Juden – Christen – römischer Staat. In einem großen Gerichtsverfahren spielen die Juden die Ankläger, die Christen die unschuldig Angeklagten und die

Römer die unfreiwilligen Richter. Jede Rolle hat ihre Tragik. Nach Lk müßte der wahre Jude Christ sein. Von der Schrift und den Propheten her müßte er der Botschaft von der Auferstehung Jesu zustimmen. Es ist schuldhaftes Versagen, wenn er den Glauben an Christus verweigert. So besteht die Tragik des Juden im Verfehlen seiner geschichtlichen Bestimmung. Die Tragik des Christen ist die des unschuldig Verfolgten, der für andere das Beste will. Die Tragik des römischen Staates ist, daß er zum Handeln gegen die Christen gezwungen wird, obwohl er ihnen nichts vorwerfen kann. So wird er wider seinen Willen zum ungerechten Richter. Diese Art der Verteidigung will vergangene Geschichte bewältigen. Die Leser der Apg wußten, daß Paulus von Rom zum Tode verurteilt worden war. Das schildert Lk freilich nicht, weil er den Weg des Paulus nur so weit verfolgt, wie die Entscheidung noch offen ist. An diesen Punkt möchte Lk die an den tragischen Entscheidungen Leidenden zurückführen. Sie könnten die Fehlentscheidungen korrigieren. Dieser kühnen Geschichtskonstruktion muß Lk viele Opfer bringen. Der Unterschied zwischen jüdischer und christlicher Auferstehungshoffnung wird eingeebnet. Das Ärgernis für den Juden, daß sich am Kreuz Jesu schon die Wende der Geschichte vollzogen habe (1Ko 1,18), wird übergangen. Der Unterschied im Verständnis des Gebotes Gottes wird übersprungen. Beschneidung, Sabbatheiligung und kultische Reinheit gelten als unverständliche Lasten; der eigentliche und auch einzige Kern des Gesetzes ist allein das sittliche Gebot. Lk mutet damit dem Juden die Preisgabe seiner Identität zu. Er kann darum auch dem Juden Paulus vor dessen Bekehrung nicht gerecht werden. Dieser war nichts als ein blinder und maßloser Verfolger, der von Christus auf wunderbare Weise verwandelt wurde. Diese Verfolgertätigkeit ist bis dahin gesteigert, daß Paulus als Richter an Todesurteilen mitgewirkt habe (vgl. V. 10 mit 22,4 und 7,58). Die zum dritten Mal erzählte Bekehrung ist eine Variante derselben Geschichte.

fragen der Juden kennst. Darum bitte ich dich, mich geduldig anzuhören.

[4] Mein Leben von Jugend auf, wie ich es von Anfang an unter meinem Volk und in Jerusalem zugebracht habe, ist allen Juden bekannt, [5] die mich von früher kennen, wenn sie es bezeugen wollten. Denn nach der allerstrengsten Richtung unsres Glaubens habe ich gelebt als Pharisäer. [6] Und nun stehe ich hier und werde angeklagt wegen der Hoffnung auf die Verheißung, die unsern Vätern von Gott gegeben ist. [7] Auf ihre Erfüllung hoffen die zwölf Stämme unsres Volkes, wenn sie Gott bei Tag und Nacht beharrlich dienen. Wegen dieser Hoffnung werde ich, o König, von den Juden beschuldigt. [8] Warum wird das bei euch für unglaublich gehalten, daß Gott Tote auferweckt? [9] Zwar meinte auch ich selbst, ich müßte viel gegen den Namen Jesu von Nazareth tun. [10] Das habe ich in Jerusalem auch getan; dort brachte ich viele Heilige ins Gefängnis, wozu ich Vollmacht von den Hohenpriestern empfangen hatte. Und wenn sie getötet werden sollten, gab ich meine Stimme dazu. [11] Und in allen Synagogen zwang ich sie oft durch Strafen zur Lästerung, und ich wütete maßlos gegen sie, verfolgte sie auch bis in die fremden Städte.

[12] Als ich nun nach Damaskus reiste mit Vollmacht und im Auftrag der Hohenpriester, [13] sah ich mitten am Tage, o König, auf dem Weg ein Licht vom Himmel, heller als der Glanz der Sonne, das mich und die mit mir reisten umleuchtete. [14] Als wir aber alle zu Boden stürzten, hörte ich eine Stimme zu mir reden, die sprach auf hebräisch: Saul, Saul, was verfolgst du mich? Es wird dir schwer sein, wider den Stachel zu löcken.* [15] Ich aber sprach: Herr, wer bist du? Der Herr sprach: Ich bin Jesus, den du verfolgst; [16] steh nun auf und stell dich auf deine Füße. Denn dazu bin ich dir erschienen, um dich zu erwählen zum Diener und zum Zeugen für das, was du von mir gesehen hast und was ich dir noch zeigen will. [17] Und ich will dich erretten von deinem Volk und von den Heiden, zu denen ich dich sende, [18] um ihnen die Augen aufzutun, daß sie sich bekehren von der Finsternis zum Licht und von der Gewalt des Satans zu Gott. So werden sie Vergebung der Sünden empfangen und das Erbteil samt denen, die geheiligt sind durch den Glauben an mich.

[19] Daher, König Agrippa, war ich der himmlischen Erscheinung nicht ungehorsam, [20] sondern verkündigte zuerst denen in Damaskus und in Jerusalem und im ganzen jüdischen Land und dann auch den Heiden, sie sollten Buße tun und sich zu Gott bekehren und rechtschaffene Werke der Buße tun. [21] Deswegen haben mich die Juden im Tempel ergriffen und versucht, mich zu töten. [22] Aber Gottes

Hilfe habe ich erfahren bis zum heutigen Tag und stehe nun hier und bin sein Zeuge bei groß und klein und sage nichts, als was die Propheten und Mose vorausgesagt haben: 23 daß Christus müsse leiden und als erster auferstehen von den Toten und verkündigen das Licht seinem Volk und den Heiden.

24 Als er aber dies zu seiner Verteidigung sagte, sprach Festus mit lauter Stimme: Paulus, du bist von Sinnen! Das große Wissen macht dich wahnsinnig. 25 Paulus aber sprach: Edler Festus, ich bin nicht von Sinnen, sondern ich rede wahre und vernünftige Worte. 26 Der König, zu dem ich frei und offen rede, versteht sich auf diese Dinge. Denn ich bin gewiß, daß ihm nichts davon verborgen ist; denn dies ist nicht im Winkel geschehen. 27 Glaubst du, König Agrippa, den Propheten? Ich weiß, daß du glaubst. 28 Agrippa aber sprach zu Paulus: Es fehlt nicht viel, so wirst du mich noch überreden und einen Christen aus mir machen. 29 Paulus aber sprach: Ich wünschte vor Gott, daß über kurz oder lang nicht allein du, sondern alle, die mich heute hören, das würden, was ich bin, ausgenommen diese Fesseln.

30 Da stand der König auf und der Statthalter und Berenike und die bei ihnen saßen. 31 Und als sie sich zurückzogen, redeten sie miteinander und sprachen: Dieser Mensch hat nichts getan, was Tod oder Gefängnis verdient hätte. 32 Agrippa aber sagte zu Festus: Dieser Mensch könnte freigelassen werden, wenn er sich nicht auf den Kaiser berufen hätte.

Das vornehme Publikum Cäsareas hört von der unüberwindlichen Macht Christi, die von Grund auf verwandelt. Dabei läßt Lk den erhöhten Christus ein allgemein bekanntes Zitat des Dichters Euripides verwenden (V. 14b). Für die Hörer hatte es den Sinn: Wie es einem vor einen Karren gespannten Tier nichts nützt, sich gegen den Treiber aufzulehnen, weil es sich dadurch schwerere Verletzungen zuzieht, so geht es dem Menschen, der sich gegen das ihm von den Göttern verhängte Schicksal auflehnt. Es ist bemerkenswert, daß Lk Christus als die Schicksalsmacht bezeichnen kann, die über Menschen wider ihren Willen verfügt. Auf diesem Höhepunkt bricht die Rede ab. Die abschließende Szene zeigt das Unverständnis des römischen Beamten und bringt einen weiteren Gedanken: Die Botschaft des Paulus ist öffentlich anerkannte Wahrheit. Daß sich die Botschaft der Christen nicht in Winkeln, sondern an den politischen und kulturellen Zentren des Lebens der Antike entfaltet, ist ein Leitgedanke, der die ganze Apg durchzieht. Die Verurteilung des Paulus war nur eine Verkettung unglücklicher Umstände.

Paulus auf der Fahrt nach Rom

27 Als es aber beschlossen war, daß wir nach Italien fahren sollten, übergaben sie Paulus und einige andre Gefangene einem Hauptmann mit Namen Julius von einer kaiserlichen Abteilung. 2 Wir bestiegen aber ein Schiff aus Adramyttion, das die Küstenstädte der Provinz Asien anlaufen sollte, und fuhren ab; mit uns war auch Aristarch, ein Mazedonier aus Thessalonich. 3 Und am nächsten Tag kamen wir in Sidon an; und Julius verhielt sich freundlich gegen Paulus und erlaubte ihm, zu seinen Freunden zu gehen und sich pflegen zu lassen. 4 Und von da stießen wir ab und fuhren im Schutz von Zypern hin, weil uns die Winde entgegen waren, 5 und fuhren über das Meer längs der Küste von Zilizien und Pamphylien und kamen nach Myra in Lyzien. 6 Und dort fand der Hauptmann ein Schiff aus Alexandria, das nach Italien ging, und ließ uns darauf übersteigen. 7 Wir kamen aber viele Tage nur langsam vorwärts und gelangten mit Mühe bis auf die Höhe von Knidos, denn der Wind hinderte uns; und wir fuhren im Schutz von Kreta hin, bis auf die Höhe von Salmone, 8 und gelang-

Der Schilderung liegt wahrscheinlich ein Erinnerungsbericht zugrunde. Die Angaben sind bis in die Fachausdrücke so präzis, daß der Bericht als zuverlässig gelten kann. Lk hat ihn allerdings literarisch überarbeitet. Die wichtigsten Zufügungen des Lk sind die V. 9–11.21–26.31.33–38. Sie lassen sich ohne Schwierigkeiten aus dem Text herauslösen und bieten das für Lk typische Paulusbild: Selbst als Gefangener verliert Paulus nicht den Mut, ist stets wachsam, gibt die richtigen Ratschläge und wird zum Retter für alle. So wird aus der abenteuerlichen Geschichte von einem Gefangenentransport eine Erzählung über Paulus, der in den schwierigsten Lagen mit Gottes Hilfe für alle denkt und sorgt. In diesem Sinne hat ihn Lk auch in die Szenen V. 30–32 und 42f. eingefügt. Wahrscheinlich bot der Lk vorliegende Bericht nicht viel von Paulus. Wir müssen bedenken, daß dieser wegen Aufruhr angeklagt war und sich auf dem Weg zum kaiserlichen Gericht befand. In diesen Szenen wird nun aus dem Gefangenen die wichtigste Person, die nicht nur unter dem Schutz Gottes, sondern auch des römischen Hauptmanns steht. Denkbar ist, daß Paulus in Sidon die Gelegenheit erhielt, sich von Freunden, d. h. wohl von christlichen Gemeindegliedern, versorgen zu lassen (V. 3). Er wird dabei von Wachsoldaten begleitet worden sein. Unvorstellbar ist, daß Paulus Ratschläge für die Weiterfahrt erteilt haben soll (V. 9–11). Darüber hinaus ist zu beachten: Die Getreideschiffe waren Privatbesitz. Das Transportrisiko lag allein beim Schiffseigner, der meist mitfuhr und sich mit dem Kapitän beriet. Die Stimme eines römischen Hauptmanns, der nur als Fahrgast mit seinem Gefangenentransport an Bord weilte, war bedeutungslos. Problematisch ist ferner V. 29 f. Kein Seemann würde auf die Idee kommen, mitten in der Nacht das Schiff zu verlassen und zu einer unbekannten klippenreichen Küste zu rudern, da doch das verankerte Schiff im Augenblick die größte Sicherheit bot. Möglicherweise wollten die Matrosen tatsächlich vom Beiboot aus nur noch den Buganker hinunterlassen. Daß mißtrauische Soldaten die Taue des Beibootes durchhauen, ist nur als Panikreaktion verstehbar. So geht das Beiboot verloren. Normalerweise hätte man mit Hilfe des Beibootes alle Schiffsinsassen ungefährdet an Land bringen können. Wegen der unbeherrschten Handlung der Soldaten muß der Kapitän den riskanten Versuch wagen, das Schiff auf Strand zu setzen. Das mißlingt und die Rettung der Schiffsinsassen erfordert nun größten Aufwand. Lk hat hier Paulus zum Anstifter dieser – vom seemännischen Fachmann gesehen – wahnwitzigen Handlung gemacht. Diese Szene zeigt, daß Lk einen schriftlichen Bericht verwendet und ihn bearbeitet hat, um Paulus so oft wie möglich zum Helden zu machen. Hier allerdings mißlingt

ten kaum daran vorbei und kamen an einen Ort, der »Guthafen« heißt; nahe dabei lag die Stadt Lasäa.

[9]Da nun viel Zeit vergangen war und die Schiffahrt bereits gefährlich wurde, weil auch die Fastenzeit schon vorüber war, ermahnte sie Paulus [10]und sprach zu ihnen: Liebe Männer, ich sehe, daß diese Fahrt nur mit Leid und großem Schaden vor sich gehen wird, nicht allein für die Ladung und das Schiff, sondern auch für unser Leben. [11]Aber der Hauptmann glaubte dem Steuermann und dem Schiffsherrn mehr als dem, was Paulus sagte. [12]Und da der Hafen zum Überwintern ungeeignet war, bestanden die meisten von ihnen auf dem Plan, von dort weiterzufahren und zu versuchen, ob sie zum Überwintern bis nach Phönix kommen könnten, einem Hafen auf Kreta, der gegen Südwest und Nordwest offen ist.

Seesturm und Schiffbruch

[13]Als aber der Südwind wehte, meinten sie, ihr Vorhaben ausführen zu können, lichteten die Anker und fuhren nahe an Kreta entlang. [14]Nicht lange danach aber brach von der Insel her ein Sturmwind los, den man Nordost nennt. [15]Und da das Schiff ergriffen wurde und nicht mehr gegen den Wind gerichtet werden konnte, gaben wir auf und ließen uns treiben. [16]Wir fuhren aber vorbei an einer Insel, die Kauda heißt, da konnten wir mit Mühe das Beiboot in unsre Gewalt bekommen. [17]Sie zogen es herauf und umspannten zum Schutz das Schiff mit Seilen. Da sie aber fürchteten, in die Syrte zu geraten, ließen sie den Treibanker herunter und trieben so dahin. [18]Und da wir großes Ungewitter erlitten, warfen sie am nächsten Tag Ladung ins Meer. [19]Und am dritten Tag warfen sie mit eigenen Händen das Schiffsgerät hinaus. [20]Da aber viele Tage weder Sonne noch Sterne schienen und ein gewaltiges Ungewitter uns bedrängte, war all unsre Hoffnung auf Rettung dahin.

[21]Und als man lange nichts gegessen hatte, trat Paulus mitten unter sie und sprach: Liebe Männer, man hätte auf mich hören sollen und nicht von Kreta aufbrechen, dann wäre uns Leid und Schaden erspart geblieben. [22]Doch nun ermahne ich euch: seid unverzagt; denn keiner von euch wird umkommen, nur das Schiff. [23]Denn diese Nacht trat zu mir der Engel des Gottes, dem ich gehöre und dem ich diene, [24]und sprach: Fürchte dich nicht, Paulus, du mußt vor den Kaiser gestellt werden; und siehe, Gott hat dir geschenkt alle, die mit dir fahren. [25]Darum, liebe Männer, seid unverzagt; denn ich glaube Gott, es wird so geschehen, wie mir gesagt ist. [26]Wir werden aber auf eine Insel auflaufen.

[27]Als aber die vierzehnte Nacht kam, seit wir in der Adria trieben, wähnten die Schiffsleute um Mitternacht, sie

kämen an ein Land. [28]Und sie warfen das Senkblei aus und fanden es zwanzig Faden tief; und ein wenig weiter loteten sie abermals und fanden es fünfzehn Faden tief. [29]Da fürchteten sie, wir würden auf Klippen geraten, und warfen hinten vom Schiff vier Anker aus und wünschten, daß es Tag würde. [30]Als aber die Schiffsleute vom Schiff zu fliehen suchten und das Beiboot ins Meer herabließen und vorgaben, sie wollten auch vorne die Anker herunterlassen, [31]sprach Paulus zu dem Hauptmann und zu den Soldaten: Wenn diese nicht auf dem Schiff bleiben, könnt ihr nicht gerettet werden. [32]Da hieben die Soldaten die Taue ab und ließen das Beiboot ins Meer fallen.

[33]Und als es anfing hell zu werden, ermahnte Paulus sie alle, Nahrung zu sich zu nehmen, und sprach: Es ist heute der vierzehnte Tag, daß ihr wartet und ohne Nahrung geblieben seid und nichts zu euch genommen habt. [34]Darum ermahne ich euch, etwas zu essen; denn das dient zu eurer Rettung; es wird keinem von euch ein Haar vom Haupt fallen. [35]Und als er das gesagt hatte, nahm er Brot, dankte Gott vor ihnen allen und brach's und fing an zu essen. [36]Da wurden sie alle guten Mutes und nahmen auch Nahrung zu sich. [37]Wir waren aber alle zusammen im Schiff zweihundertsechsundsiebzig. [38]Und nachdem sie satt geworden waren, erleichterten sie das Schiff und warfen das Getreide in das Meer.

[39]Als es aber Tag wurde, kannten sie das Land nicht; eine Bucht aber wurden sie gewahr, die hatte ein flaches Ufer. Dahin wollten sie das Schiff treiben lassen, wenn es möglich wäre. [40]Und sie hieben die Anker ab und ließen sie im Meer, banden die Steuerruder los und richteten das Segel nach dem Wind und hielten auf das Ufer zu. [41]Und als sie auf eine Sandbank gerieten, ließen sie das Schiff auflaufen, und das Vorderschiff bohrte sich ein und saß fest, aber das Hinterschiff zerbrach unter der Gewalt der Wellen. [42]Die Soldaten aber hatten vor, die Gefangenen zu töten, damit niemand fortschwimmen und entfliehen könne. [43]Aber der Hauptmann wollte Paulus am Leben erhalten und wehrte ihrem Vorhaben und ließ die, die schwimmen konnten, als erste ins Meer springen und sich ans Land retten, [44]die andern aber einige auf Brettern, einige auf dem, was noch vom Schiff da war. Und so geschah es, daß sie alle gerettet ans Land kamen.

es. Auch die V. 42f. verraten die Hand des Lk. Die Soldaten hatten kein Motiv, die Gefangenen zu töten. Die Verantwortung lag allein beim Hauptmann, der kaum ein Risiko einging. In dieser Situation können die ihm anvertrauten schwer entkommen. Lk sah wieder die Möglichkeit, einen römischen Beamten zum Beschützer des Paulus zu machen. So ist dieses Kapitel besonders anschaulich dafür, wie Lk die Quellen bearbeitet und seine Leitgedanken einfügt. Außerdem gewährt der sehr nüchterne Bericht einen guten Einblick in die Seefahrt der Antike und ihre Probleme: Normalerweise ruhte der Seeverkehr von November bis März. Diese Fahrt begann zu einem der letztgenannten Termine und barg hohes Risiko. Die Technik des Kreuzens war noch unbekannt. Man konnte den Kurs nur bei einem Seitenwind bis zu 90 Grad halten. So war die Seefahrt von der Windrichtung abhängig. Es gab auch noch keinen Kompaß. Man war allein auf die Beobachtung der Sterne angewiesen. Darum blieb man trotz längerer Fahrt möglichst im Sichtbereich der Küste, durfte ihr aber nicht zu nahe kommen, um nicht zu stranden. Deshalb galt die Route nördlich von Kreta als die normale, die aber durch den starken Nordostwind verwehrt wurde. Nachdem die Insel Klauda bei Kreta außer Sicht war, trieb das Schiff ohne jede Orientierungsmöglichkeit durchs Mittelmeer. Es muß allen als ein Wunder erschienen sein, daß sie in Malta strandeten.

Auf der Insel Malta

28 Und als wir gerettet waren, erfuhren wir, daß die Insel Malta hieß. [2]Die Leute aber erwiesen uns nicht geringe Freundlichkeit, zündeten ein Feuer an und nahmen uns alle auf wegen des Regens, der über uns gekommen war, und wegen der Kälte. [3]Als nun Paulus

Die Erzählung vom Aufenthalt in Malta läßt den Leser vergessen, daß Paulus als Gefangener nach Rom reiste. Haben bisher nur einsichtige Menschen Paulus für unschuldig erklärt, so bestätigt dies nun ein Wunder. Lk hat die Wundergeschichte als eindrucksvolles Zeichen gestaltet: Paulus scheint wie ein ruchloser Verbrecher von der Rachegöttin verfolgt zu werden. Doch das Gegenteil trifft zu: Er steht unter dem besonderen Schutz Gottes, in dessen unmittelbarer Nähe. Darum lehnt Paulus auch die göttliche Verehrung seiner Person nicht ab (anders 14,11–15). So wird aus dem Gefangenen eine hochgeachtete Persönlichkeit. Paulus wird von dem ersten Mann der Insel empfangen. Wie Lk den Abschied von Ephesus durch Wunder verklärt hat, so auch den Aufenthalt in Malta. Darum verabschieden sich die Einwohner von Paulus in großer Dankbarkeit und versorgen ihn und seine Begleiter mit allem Notwendigen. Paulus erscheint nicht mehr als Gefangener, der die Insel verläßt, sondern als Missionar, der für das nächste Ziel ausgerüstet wird.

einen Haufen Reisig zusammenraffte und aufs Feuer legte, fuhr wegen der Hitze eine Schlange heraus und biß sich an seiner Hand fest. [4]Als aber die Leute das Tier an seiner Hand hängen sahen, sprachen sie untereinander: Dieser Mensch muß ein Mörder sein, den die Göttin der Rache nicht leben läßt, obgleich er dem Meer entkommen ist. [5]Er aber schlenkerte das Tier ins Feuer, und es widerfuhr ihm nichts Übles. [6]Sie aber warteten, daß er anschwellen oder plötzlich tot umfallen würde. Als sie nun lange gewartet hatten und sahen, daß ihm nichts Schlimmes widerfuhr, änderten sie ihre Meinung und sprachen: Er ist ein Gott.

[7]In dieser Gegend hatte der angesehenste Mann der Insel, mit Namen Publius, Landgüter; der nahm uns auf und beherbergte uns drei Tage lang freundlich. [8]Es geschah aber, daß der Vater des Publius am Fieber und an der Ruhr darnieder lag. Zu dem ging Paulus hinein und betete und legte die Hände auf ihn und machte ihn gesund. [9]Als das geschehen war, kamen auch die andern Kranken der Insel herbei und ließen sich gesund machen. [10]Und sie erwiesen uns große Ehre; und als wir abfuhren, gaben sie uns mit, was wir nötig hatten.

Von Malta nach Rom

Der Weg nach Rom gleicht eher einem Triumphzug als einem Gefangenentransport. Von Puteoli, dem damaligen Überseehafen Roms, zieht Paulus mit seinen Begleitern die große Handelsstraße entlang. Die römische Gemeinde schickt Paulus ein Ehrengeleit entgegen. Das Forum Appii ist 65 km, Tres Tabernae 50 km von Rom entfernt. Die Darstellung nimmt bewußt keine Rücksicht darauf, daß es sich eigentlich um einen größeren Gefangenentransport handelt. Spätere Handschriften haben das vermißt und in V. 16 hinzugefügt: »übergab der Hauptmann die Gefangenen dem Oberst, aber es (wurde)«.

[11]Nach drei Monaten aber fuhren wir ab mit einem Schiff aus Alexandria, das bei der Insel überwintert hatte und das Zeichen der Zwillinge führte. [12]Und als wir nach Syrakus kamen, blieben wir drei Tage da. [13]Von da fuhren wir die Küste entlang und kamen nach Rhegion; und da am nächsten Tag der Südwind sich erhob, kamen wir in zwei Tagen nach Puteoli. [14]Dort fanden wir Brüder und wurden von ihnen gebeten, sieben Tage da zu bleiben. Und so kamen wir nach Rom. [15]Dort hatten die Brüder von uns gehört und kamen uns entgegen bis Forum Appii und Tres-Tabernae. Als Paulus sie sah, dankte er Gott und gewann Zuversicht. [16]Als wir nun nach Rom hineinkamen,* wurde dem Paulus erlaubt, für sich allein zu wohnen mit dem Soldaten, der ihn bewachte.

Paulus in Rom

Nur von den theologischen Anliegen des Lk wird dieses Kapitel verstehbar. Paulus soll nur mit Juden zusammengetroffen sein, aber nicht mit der christlichen Gemeinde, obwohl sie ihm ein Ehrengeleit entgegengeschickt hatte (V. 15). Zur Entstehung und Bedeutung der Gemeinde in Rom vgl. die Einl. zum Rö. – Lk will noch einmal begründen, warum sich die christliche Ge-

[17]Es geschah aber nach drei Tagen, daß Paulus die Angesehensten der Juden bei sich zusammenrief. Als sie zusammengekommen waren, sprach er zu ihnen: Ihr Männer, liebe Brüder, ich habe nichts getan gegen unser Volk und die Ordnungen der Väter und bin doch als Gefangener aus Jerusalem überantwortet in die Hände der Römer. [18]Diese wollten mich losgeben, nachdem sie mich verhört hatten, weil nichts gegen mich vorlag, das den Tod verdient hätte. [19]Da aber die Juden widersprachen, war ich genötigt, mich

auf den Kaiser zu berufen, nicht als hätte ich mein Volk wegen etwas zu verklagen. [20]Aus diesem Grund habe ich darum gebeten, daß ich euch sehen und zu euch sprechen könnte; denn um der Hoffnung Israels willen trage ich diese Ketten. [21]Sie aber sprachen zu ihm: Wir haben deinetwegen weder Briefe aus Judäa empfangen noch ist ein Bruder gekommen, der über dich etwas Schlechtes berichtet oder gesagt hätte. [22]Doch wollen wir von dir hören, was du denkst; denn von dieser Sekte ist uns bekannt, daß ihr an allen Enden widersprochen wird. [23]Und als sie ihm einen Tag bestimmt hatten, kamen viele zu ihm in die Herberge. Da erklärte und bezeugte er ihnen das Reich Gottes und predigte ihnen von Jesus aus dem Gesetz des Mose und aus den Propheten vom frühen Morgen bis zum Abend. [24]Die einen stimmten dem zu, was er sagte, die andern aber glaubten nicht.

[25]Sie waren aber untereinander uneins und gingen weg, als Paulus dies eine Wort gesagt hatte: Mit Recht hat der heilige Geist durch den Propheten Jesaja zu euren Vätern gesprochen (Jesaja 6,9.10):

[26]»Geh hin zu diesem Volk und sprich:
Mit den Ohren werdet ihr's hören
und nicht verstehen;
und mit den Augen werdet ihr's sehen
und nicht erkennen.
[27]Denn das Herz dieses Volkes ist verstockt,
und ihre Ohren hören schwer,
und ihre Augen sind geschlossen,
damit sie nicht etwa mit den Augen sehen
und mit den Ohren hören
und mit dem Herzen verstehen und sich bekehren,
und ich ihnen helfe.«

[28]*So sei es euch kundgetan, daß den Heiden dies Heil Gottes gesandt ist; und sie werden es hören.**

[30]Paulus aber blieb zwei volle Jahre in seiner eigenen Wohnung und nahm alle auf, die zu ihm kamen, [31]predigte das Reich Gottes und lehrte von dem Herrn Jesus Christus mit allem Freimut ungehindert.

meinde von der Synagoge getrennt hat. Darum läßt er Paulus auch am Ende seines Wirkens als Missionar der Juden auftreten. Denn das Christentum ist nach der Überzeugung des Lk das wahre Judentum. Daß die Mission sich schließlich doch an die Heiden wendet, liegt daran, daß die Juden die Annahme der Botschaft verweigerten. Das ist ihre geschichtliche Schuld und entspricht dem, was schon Jesaja gesagt hat. Ihre Glaubensverweigerung ist nach 13,46 der Grund der Heidenmission. Das Verhalten der Juden verdeutlichend ist in späteren Handschriften V. 29 hinzugefügt worden: »Und als er das gesagt hatte, gingen die Juden weg und stritten heftig untereinander.« – Die größte Überraschung bieten die beiden letzten Verse. Lk weiß sogar die Zeit, wie lange Paulus in Untersuchungshaft in Rom war, gibt aber nicht den leisesten Hinweis, was danach geschah. Die beiden letzten Worte entsprechen dem, was Lk mit dem ganzen Werk erreichen will: Die Botschaft von Christus möge freimütig und ungehindert verkündigt werden. Doch Lk – wie alle seine Leser – wußte, daß am Ende der Märtyrertod des Paulus stand. Diesen wollte er jedoch aus mehreren Gründen nicht berichten. Das Urteil über Paulus sprach Nero, dessen Taten zur Zeit des Lk als wahnsinnige Tyrannei galten und dessen Entscheidungen für die künftigen Beamten nicht richtungsweisend waren. Darum erzählt Lk die Geschichte nur so weit, wie er von Vertretern des römischen Staates als Vorbild – seinem Wunschbild entsprechend – erzählen kann. Lk wollte nicht die Bereitschaft zum Martyrium wecken, wie die zur gleichen Zeit geschriebene Off (vgl. die Einl. zu Off). Sein Anliegen war vielmehr, der Kirche ihre Aufgabe in der Welt zu zeigen.

DER BRIEF DES PAULUS AN DIE RÖMER

Der Römerbrief ist der letzte uns erhalten gebliebene Brief des Paulus und zugleich der bedeutendste. Der Apostel schrieb ihn im Frühjahr 57 n. Chr. in Korinth. Nachdem er die mit Jerusalem vereinbarte Kollekte in den neugegründeten heidenchristlichen Gemeinden um das Ägäische Meer gesammelt hatte, hielt er seine Arbeit im Osten des Römischen Reiches für beendet. Er muß nur noch die Kollekte nach Jerusalem überbringen. Sein neues Missionsziel ist Spanien. Dafür will er die Unterstützung der römischen Gemeinden erbitten. Das ist der äußere Anlaß des Römerbriefes.

Über die Anfänge der christlichen Gemeinde in der Hauptstadt des Weltreiches wissen wir nichts. Bei der regen Verbindung zwischen Rom und seinen Provinzen können wir sogar annehmen, daß der christliche Glaube ohne eine geplante Mission durch geschäftsreisende Christen in die Hauptstadt gelangte. Jedenfalls wuchs die Gemeinde sehr schnell. Paulus wollte sie schon seit vielen Jahren besuchen (15,23) und bescheinigte ihr, daß sie überall unter Christen bekannt ist (1,8). Der römische Historiker Sueton berichtet, der Kaiser Claudius habe im Jahre 49 n. Chr. die Juden aus Rom verbannt, weil es unter ihnen zu einem Aufruhr »auf Betreiben des Chrestus« gekommen sei: Diese etwas unklare Angabe ist wahrscheinlich so zu deuten: Die Verkündigung der Botschaft von Christus hat unter den Juden solche Kämpfe ausgelöst, daß sich der Kaiser entschloß, die führenden Vertreter beider Seiten auszuweisen. Zu ihnen gehörte offensichtlich auch das Ehepaar Aquila und Priska (= Priszilla), das zuerst nach Korinth auswanderte (Apg 18,2) und dann nach Ephesus übersiedelte (Apg 18,19). Durch sie erfuhr Paulus schon kurz nach seiner Ankunft in Korinth im Jahre 50 n. Chr. näheres über die römische Gemeinde; denn nichts deutet darauf hin, daß das Ehepaar durch Paulus zum christlichen Glauben bekehrt wurde. Die kaiserliche Maßnahme bestätigt die Größe und Stärke der neuen Glaubensbewegung in Rom, die den Widerspruch der Synagoge hervorrief. Der Grund dafür war aber nicht die Predigt vom Messias Jesus, sondern der bewußte Verzicht auf das Bundeszeichen des jüdischen Volkes, die Beschneidung. D. h.: In Rom ist wahrscheinlich auf der Grundlage des Apostelkonzils (Apg 15; Gal 2,1–10) die Verpflichtung auf das jüdische Gesetz aufgegeben worden. Die römische Gemeinde ist ein Zeugnis dafür, daß es unabhängig von Paulus eine Mission – vielleicht von Antiochia aus – gegeben hat, die auf die Beschneidung bewußt verzichtete. Zur Zeit der Abfassung des Rö rechnet Paulus fest damit, daß die Mehrheit Heidenchristen sind. Das geht eindeutig aus 1,5.13; 11,13–31 hervor. Die später nach Aufhebung des Edikts durch Nero zurückgekehrten Judenchristen bildeten eine Minderheit, für deren Recht und legitimen Anspruch sich Paulus einsetzte (9,1–5; 11,11–32; 15,7–13). Aus der Geschichte der Gemeinde wird verständlich, daß die römischen Christen in Rom eine eigene von der Synagoge unabhängige Organisation hatten. Einige Jahre später kann Nero sie als eine selbständige Gruppe dem Zorn des Pöbels als Sündenbock für den Brand der Stadt ausliefern.

Wenn Paulus sich also an die Gemeinde in Rom um Unterstützung seiner eigenen Arbeit wendet, so hat das offensichtlich nicht nur geographische Gründe, als wenn Spanien die einzige noch nicht missionierte Provinz des Römischen Reiches und Rom der günstigste Ausgangspunkt für eine Spanienmission gewesen wäre. Es gibt noch weitere Gründe. Einerseits wiegt die Anerkennung und moralische Unterstützung der bedeutenden Gemeinde der Hauptstadt schwer. Andrerseits kann Paulus hoffen, gerade in der von ihm unabhängigen heidenchristlichen Gemeinde Bundesgenossen für seinen Kampf um die gesetzesfreie Heidenmission zu finden.

Die bedrängte und angefochtene Situation des Apostels und seine Befürchtungen im Blick auf den bevorstehenden Jerusalembesuch müssen wir uns verdeutlichen, wenn wir den Rö in seinem Umfang geschichtlich verstehen wollen. Während der letzten Jahre seines Aufenthalts in Ephesus sah Paulus sein ganzes Missionswerk durch eine streng judenchristliche Gegenbewegung bedroht. Von Galatien über Philippi bis nach Korinth drangen Missionare vor, die die Rechtmäßigkeit seines Apostolats bestritten. So unterschiedlich das Auftreten der Gegner an den einzelnen Orten auch war (nähere Einzelheiten vgl. die Einl. zu Gal, Phl, 2Ko), so liefen doch im ganzen ihre Forderungen darauf hinaus, die heidenchristlichen Gemeinden stärker auf das jüdische Gesetz zu verpflichten. Paulus wurde Verrat an seinem eigenen Volk vorgeworfen und seine Theologie als Irrlehre gebrandmarkt (Einzelheiten vgl. dazu die Einleitung zu Kap. 9–11). Paulus vermutete, daß hinter den Gegnern auch die offiziellen Vertreter der Jerusalemer Gemeinde stehen. So bemühte er sich, um seine Loyalität gegenüber Jerusalem und den Abmachungen des Apostelkonzils zu unterstreichen, die versprochene Kollekte (Gal 2,10) in den Gemeinden stärker voranzutreiben (vgl. 2Ko 8 und 9). Doch brachte ihm das teilweise noch schlimmere Vorwürfe ein (2Ko 12,11–21). Mit letztem Einsatz gelang es Paulus, sich durchzusetzen, die Einheit der Gemeinde wieder herzustellen und die Kollektensammlung abzuschließen. Der in dieser Situation geschriebene Rö dient darum zugleich der Vorbereitung seiner Verteidigungsrede in Jerusalem; denn Paulus setzt sich hier mit Einwänden auseinander, die ihn in Jerusalem erwarten. Darum zitiert er gerade im Rö sehr viel aus dem AT, um auf diese Weise seine Bindung an die Bibel des Judentums zum Ausdruck zu bringen. Nun steht er unmittelbar vor der Reise nach Jerusalem und ist sich der Gefahren voll bewußt (15,22–33). Er fürchtete nicht nur die Nachstellungen der jüdischen Behörden, sondern auch, daß ihm die Jerusalemer Gemeinde die Annahme der Kollekte verweigern könnte (15,31). Die weitere Geschichte zeigt, daß die Befürchtungen des Paulus begründet waren (vgl. Apg 21–28). Er wurde in Jerusalem verhaftet, kam nur noch als Gefangener nach Rom und konnte seine Spanienpläne nicht ausführen. So steht der Rö am Ende des öffentlichen missionarischen Wirkens des Apostels. Aus diesem Grund nennt man oft den Rö das Testament des Paulus. Insofern es das letzte uns erhaltene Schreiben des Apostels ist und in ihm die für Paulus entscheidenden Fragen behandelt sind, ist das Urteil berechtigt. Paulus selbst hat den Brief nicht so gemeint. Die Situation ist für ihn völlig offen und seine Hoffnung auf ein weiteres Wirken größer als seine Befürchtungen.

Weil Paulus sich so hart angefeindet und schwer verleumdet weiß, versucht er, die Christen der römischen Gemeinde als Gesinnungsgenossen zu gewinnen. Man spürt an vielen Stellen des Briefes, daß Paulus auch in Rom mit Verleumdungen rechnet. Das zwingt ihn, seine angefeindete Theologie umfassend zu entfalten. Er legt sie aber so dar, daß als ihr Zentrum seine umstrittene Rechtfertigungsbotschaft erscheint: Der Mensch wird allein aus Glauben durch Gottes Gnade gerechtfertigt, nicht durch Erfüllung des Gesetzes. Demgegenüber treten der Glaube an den einen Gott, die Deutung des Todes Jesu als Sühnopfer, die Hoffnung auf Jesu Kommen usw. zurück und begegnen nur in schon geprägten liturgischen Formulierungen. Von der Kirche ist nur unter dem Gesichtspunkt der Gemeinschaft der begnadeten Sünder die Rede; das Abendmahl wird gar nicht erwähnt. Im Rö klingt außerdem der Kampf mit dem Schwärmertum nach, den Paulus vor allem im 1Ko geführt hat. Weit verbreitet waren die Anschauungen: Die Christen hätten durch die Sakramente an Christi Auferstehung schon so Anteil gewonnen, daß alle irdischen Dinge belanglos geworden seien. Flucht aus den bisherigen Bindungen und Verantwortungen waren die Folge. Die einen demonstrierten den Bruch mit der Vergangenheit durch Askese, die anderen durch hemmungsloses Sich-Ausleben. Deshalb mußte Paulus seine Rechtfertigungsbotschaft so entfalten, daß er sowohl die Größe des schon geschenkten Heils als auch die noch ausstehende Hoffnung in gleicher Weise betont.

Die zweifache Auseinandersetzung mit der judenchristlichen Gegenbewegung einerseits und dem Schwärmertum andrerseits veranlassen Paulus zu einer umfassenden Rechenschaftslegung seiner von beiden Seiten angefochtenen Theologie. Der Rö zeigt, wie Paulus am Ende der Auseinandersetzungen gereift seine Rechtfertigungslehre weiter vertieft hat.

Mit Ausnahme von Kap. 16, das nicht zum Rö gehört (vgl. die Einl. zum Kap.), ist der Rö literarisch eine Einheit, abgesehen von einigen kleineren Einfügungen. Dem Verdacht, eine spätere Einfügung zu sein, unterliegt in erster Linie 13,1–7 (vgl. die Erklärung zur Stelle). Im übrigen sind es nur einzelne Verse, die auf nachträgliche Bearbeitung hindeuten können (z. B. 2,1; 7,25b; 8,1; 10,17; vgl. jeweils die Erklärungen zur Stelle).

Alle Themen des Briefes sind von der eigenen Situation des Apostels bestimmt. Nur innerhalb des Ermahnungsteils findet sich ein Abschnitt, in dem sich Paulus mit besonderen Fragen in der römischen Gemeinde beschäftigt (14,1–15,13). Asketen und freier Denkende stritten um den Anspruch, den wahren dem Glauben entsprechenden Lebensstil gefunden zu haben. Diese internen Streitigkeiten in Rom sind sicherlich nicht der Anlaß des Briefes. Für den Apostel ist es aber eine Gelegenheit, den Römern deutlich zu machen, welche Auswirkungen auf ihre eigenen Probleme die Anerkennung seiner Rechtfertigungslehre haben könnte. Der Brief ist die Rechenschaftslegung seiner Theologie am Ende seines großen missionarischen Wirkens und am Ende der Kämpfe um seine Gemeinden. Ein Kompendium seiner Theologie, wie es die Reformatoren sagten, ist der Rö nicht. Er ist aber ein Zeugnis dafür, wie von der Mitte des christlichen Glaubens her letzte Konsequenzen für die Gestalt der Kirche wie für das Leben des einzelnen gezogen werden. Darum hat der Rö in der Geschichte der Kirche immer wieder neu den Anstoß zu einer reformatorischen Neubesinnung gegeben.

Paulus begründet die Rechtmäßigkeit seines Apostolats: Seine besondere Verkündigung unter den Heiden beruht auf der einzigartigen Berufung durch den Herrn, zu dem sich alle Christen bekennen. Als gemeinsame Grundlage zitiert Paulus in V. 3f. ein schon formuliertes Bekenntnis. In ihm wird die Auferstehung als die Einsetzung Jesu zum Sohn Gottes verstanden (vgl. Apg 13,32f.; Heb 1,5). Nach dem eigenen Bekenntnis des Paulus dagegen ist Jesus von Anfang an Gottes Sohn. Er kam auf die Erde, verzichtete auf alle göttliche Würde und nahm den Tod am Kreuz auf sich, um die Menschen von der Herrschaft der Sünde zu befreien.

Paulus der Apostel der Heiden

1 Paulus, ein Knecht Christi Jesu, berufen zum Apostel, ausgesondert, zu predigen das Evangelium Gottes, [2] das er zuvor verheißen hat durch seine Propheten in der heiligen Schrift, [3] von seinem Sohn Jesus Christus, unserm Herrn, der geboren ist aus dem Geschlecht Davids nach dem Fleisch, [4] und nach dem Geist, der heiligt, eingesetzt ist als Sohn Gottes in Kraft durch die Auferstehung von den Toten. [5] Durch ihn haben wir empfangen Gnade und Apostelamt, in seinem Namen den Gehorsam des Glaubens aufzurichten unter allen Heiden, [6] zu denen auch ihr gehört, die ihr berufen seid von Jesus Christus.

[7] An alle Geliebten Gottes und berufenen Heiligen in Rom: Gnade sei mit euch und Friede von Gott, unserm Vater, und dem Herrn Jesus Christus!

Paulus will die ihm unbekannte Gemeinde in Rom besuchen. Davon spricht er jedoch sehr zurückhaltend (anders 15,22–24). Eigentlich missionierte er nur dort, wo noch niemand gewesen war (vgl. 15,20; 2Ko 10,16). Die römische Gemeinde war aber schon von anderen gegründet worden. Wie Paulus seinen Missionsauftrag (V. 14) in Rom verwirklichen will, ist zunächst unklar. Er vermutet offensichtlich, daß seine Gegner ihm nachsagen, er wolle die römische Gemeinde unter seinen Einfluß bringen. Natürlich wollte er von ihr anerkannt werden; doch nicht durch Unterordnung, sondern durch Unterstützung seines besonderen Anliegens. Darum kann Paulus aber erst bitten, nachdem er seine Theologie der Gemeinde vorgelegt hat, was im folgenden Brief geschieht. Zu V. 8–10 vgl. die Einl.

Der Wunsch des Paulus, nach Rom zu kommen

[8] Zuerst danke ich meinem Gott durch Jesus Christus für euch alle, daß man von eurem Glauben in aller Welt spricht. [9] Denn Gott ist mein Zeuge, dem ich in meinem Geist diene am Evangelium von seinem Sohn, daß ich ohne Unterlaß euer gedenke [10] und allezeit in meinem Gebet flehe, ob sich's wohl einmal fügen möchte durch Gottes Willen, daß ich zu euch komme. [11] Denn mich verlangt danach, euch zu sehen, damit ich euch etwas mitteile an geistlicher Gabe, um euch zu stärken, [12] das heißt, damit ich zusammen mit euch getröstet werde durch euren und meinen Glauben, den wir miteinander haben.

[13] Ich will euch aber nicht verschweigen, liebe Brüder, daß ich mir oft vorgenommen habe, zu euch zu kommen – wurde aber bisher gehindert –, damit ich auch unter euch Frucht schaffe wie unter andern Heiden. [14] Ich bin ein Schuldner der Griechen und der Nichtgriechen, der Weisen und der Nichtweisen; [15] darum, soviel an mir liegt, bin ich willens, auch euch in Rom das Evangelium zu predigen.

Das Evangelium als Kraft Gottes

Die These der paulinischen Rechtfertigungslehre, die in den folgenden Abschnitten entfaltet wird, besagt: Es entspricht Gottes Gerechtigkeit, daß allen Menschen unterschiedslos das Heil angeboten und jedem Glaubenden Rettung im Endgericht zugesagt wird. Paulus erkennt aber einen Vorrang der Juden an, weil sie von Gott zuerst erwählt wurden. Gott bleibt sich treu und hält trotz allem an der Geschichte seines Volkes fest (vgl. dazu Kap. 9–11).

Die wörtliche Übersetzung von V. 17a »denn die Gerechtigkeit Gottes wird in ihm (d. h. dem Evangelium) offenbart aus Glauben zum Glauben« bedeutet: Jetzt, da allen Menschen das Evangelium gepredigt wird, enthüllt sich Gottes Gerechtigkeit als heilschaffende Macht, die jeden Glaubenden retten wird. Dieser schwierige Sachverhalt läßt sich in einer Übersetzung nicht wiedergeben. Schon Luther zog mehrere Übersetzungen in die engere Wahl: »Gerechtigkeit, die vor ihm gilt, die er macht, wirkt.«

In Zeiten, in denen die Glaubenden der Verachtung und Verfolgung

[16] Denn *ich schäme mich des Evangeliums nicht; denn es ist eine Kraft Gottes, die selig macht alle, die daran glauben, die Juden*

zuerst und ebenso die Griechen. [17]*Denn darin wird offenbart die Gerechtigkeit, die vor Gott gilt,* welche kommt aus Glauben in Glauben; wie geschrieben steht* (Habakuk 2,4): *»Der Gerechte wird aus Glauben leben.«*

durch ihre Umwelt ausgesetzt sind, gehört zum Bekenntnis Mut. Darum wählt Paulus für Bekennen den Ausdruck »nicht schämen«.

Die Offenbarung des Zornes Gottes (1,18–3,20)

Obwohl Paulus von der heilschaffenden Gerechtigkeit reden will, spricht er zunächst von der Offenbarung des Gerichts Gottes über alle Menschen. Wie das Heil unterschiedslos allen Glaubenden gilt, so auch der Zorn Gottes ohne Unterschied allen Menschen. Zorn ist eine in der jüdischen Literatur geläufige Umschreibung für das Gerichtshandeln Gottes. Das Gericht Gottes erfolgt »vom Himmel her«. Diese Ortsbestimmung darf nicht auf das Verb »offenbaren« bezogen werden. Darum ist V.18 besser so zu übersetzen: »Denn (im Evangelium) wird offenbart, daß Gottes himmlischer Zorn (zu recht) über alle Gottlosigkeit und Ungerechtigkeit der Menschen ergeht.« Weil alle in gleicher Weise unter dem Gericht stehen, muß um der Gerechtigkeit Gottes willen auch jedem das gleiche Angebot zur Rettung gemacht werden. Die Schwierigkeit des Gedankengangs besteht darin, daß nach Paulus die Offenbarung der heilschaffenden Gerechtigkeit gleichzeitig mit der des Zorns geschieht. Damit meint Paulus: Erst im Augenblick der Verkündigung des Evangeliums erkennt der Glaubende die Verkehrtheit seines bisherigen Lebens. Es zeigt sich ihm als egoistische Befriedigung und falsche Selbstbehauptung. Diese Erkenntnis führt zu dem Bekenntnis, daß der Mensch sich selbst nicht retten kann und unweigerlich dem Gericht Gottes verfallen ist. Zu dieser Einsicht gelangt der Mensch nicht von sich aus, sondern sie wird ihm von Gott gegeben (= offenbart). Mit dieser Erkenntnis ist es dem Menschen möglich zu verstehen, daß Gott auch seine heilschaffende Gerechtigkeit allen unterschiedslos anbieten muß. Paulus zeigt zunächst in 1,18–32, daß – vom Standpunkt des Glaubens – das heidnische Leben zu Sinnentleerung und Gottes Gericht führt. Danach entfaltet er in 2,1–3,8 dieselbe Bedeutung für den frommen Juden, dessen Gesetzesgehorsam als eine fromme Variante egoistischer Selbstbehauptung entlarvt wird. In 3,9–20 zieht er dann die Schlußfolgerung: Keiner kann sich selbst erlösen.

Die Gottlosigkeit der Heiden

[18]Denn Gottes Zorn wird vom Himmel her offenbart über alles gottlose Wesen und alle Ungerechtigkeit der Menschen, die die Wahrheit durch Ungerechtigkeit niederhalten. [19]Denn was man von Gott erkennen kann, ist unter ihnen offenbar; denn Gott hat es ihnen offenbart. [20]Denn Gottes unsichtbares Wesen, das ist seine ewige Kraft und Gottheit, wird seit der Schöpfung der Welt ersehen aus seinen Werken, wenn man sie wahrnimmt, so daß sie keine Entschuldigung haben. [21]Denn obwohl sie von Gott wußten, haben sie ihn nicht als Gott gepriesen noch ihm gedankt, sondern sind dem Nichtigen verfallen in ihren Gedanken, und ihr unverständiges Herz ist verfinstert. [22]Da sie sich für Weise hielten, sind sie zu Narren geworden [23]und haben die Herrlichkeit des unvergänglichen Gottes vertauscht mit einem Bild gleich dem eines vergänglichen Menschen und der Vögel und der vierfüßigen und der kriechenden Tiere.

[24]Darum hat Gott sie in den Begierden ihrer Herzen dahingegeben in die Unreinheit, so daß ihre Leiber durch sie selbst geschändet werden, [25]sie, die Gottes Wahrheit in Lüge verkehrt und das Geschöpf verehrt und ihm

Die Art und Weise, in der Paulus dem Heidentum vorwirft, zu einem sinnerfüllten Leben unfähig zu sein, lehnt sich an die Predigt der Synagoge an. Ein Grundgedanke jüdischer Mission ist es, daß die Anbetung selbstgefertigter Götter zu einem verfehlten Leben auch im moralischen Bereich führt. Ebenso gehört zu ihr das Motiv, daß auch der Heide Gott in den Schöpfungswerken erkennen kann (vgl. Spr 13–14). Für Paulus ist der Gedanke von der natürlichen Gotteserkenntnis nur Motiv für die Anklage, jedoch nicht der Anknüpfungspunkt für die Verkündigung (anders Apg 17,22–31). Darum ist der Hauptvorwurf die Auflehnung gegen Gott und seine Ordnung. Dadurch hat der Mensch seine Gottebenbildlichkeit verloren (nach weit verbreiteter jüdischer Anschauung bestand sie in der »Herrlichkeit« V. 23). Er ist zum Tier geworden, dem es nur um die Befriedi-

gedient haben statt dem Schöpfer, der gelobt ist in Ewigkeit. Amen.

[26]Darum hat sie Gott dahingegeben in schändliche Leidenschaften; denn ihre Frauen haben den natürlichen Verkehr vertauscht mit dem widernatürlichen; [27]desgleichen haben auch die Männer den natürlichen Verkehr mit der Frau verlassen und sind in Begierde zueinander entbrannt und haben Mann mit Mann Schande getrieben und den Lohn ihrer Verirrung, wie es ja sein mußte, an sich selbst empfangen.

[28]Und wie sie es für nichts geachtet haben, Gott zu erkennen, hat sie Gott dahingegeben in verkehrten Sinn, so daß sie tun, was nicht recht ist, [29]voll von aller Ungerechtigkeit, Schlechtigkeit, Habgier, Bosheit, voll Neid, Mord, Hader, List, Niedertracht; Zuträger, [30]Verleumder, Gottesverächter, Frevler, hochmütig, prahlerisch, erfinderisch im Bösen, den Eltern ungehorsam, [31]unvernünftig, treulos, lieblos, unbarmherzig. [32]Sie wissen, daß, die solches tun, nach Gottes Recht den Tod verdienen; aber sie tun es nicht allein, sondern haben auch Gefallen an denen, die es tun.

gung körperlicher Bedürfnisse geht. Der damals um sich greifende sittliche Verfall ist nach Paulus nicht die Ursache für Gottes Zorn, sondern dessen Auswirkung. Der Mensch, der nur nach materieller Befriedigung sucht, wird damit bestraft, daß seine Wünsche immer maßloser werden. Nirgends zeigt sich für Paulus der Grundirrtum des Menschen, auf materielle Weise sich befriedigen zu können, so deutlich und verhängnisvoll wie im Sexualbereich. Während der Mensch andere nur als Objekt zur Befriedigung seines Triebes nutzt, erfährt er das gleiche an sich. Statt Befriedigung tritt Leere ein, die durch neue Reize nicht verdrängt werden kann.

Die ungestillte Lebensgier ist nach Paulus Wurzel aller Laster. Von diesem Ansatz aus kann er auf die damals weit verbreitete Form des Lasterkatalogs (V. 29–31) zurückgreifen. Die philosophische Predigt der Stoa stellte Laster- und Tugendkataloge auf, die jeweils auf vier Grundlaster (Dummheit, Unmäßigkeit, Ungerechtigkeit, Feigheit) bzw. Grundtugenden (Einsicht, Besonnenheit, Gerechtigkeit, Tapferkeit) zurückgeführt wurden. Der Weg zur Tugend sei erreichbar durch Reinigung der Triebe, indem sie aus dem sinnlichen in den sittlichen Bereich gelenkt werden. Paulus will mit Hilfe des Lasterkatalogs allerdings nur die allgemeine Situation eines Lebens ohne Gott beschreiben. Gewiß will er nicht unterstellen, daß jeder so handelt. Er kann wenig später (2,14f.) auch eine hohe sittliche Moral anerkennen. Für ihn ist der einzelne jedoch nicht von seiner Welt zu trennen. Er kann sich ihr zwar graduell, aber nicht wirklich entziehen.

Der Maßstab des göttlichen Gerichts

2 Darum, o Mensch, kannst du dich nicht entschuldigen, wer du auch bist, der du richtest. Denn worin du den andern richtest, verdammst du dich selbst, weil du ebendasselbe tust, was du richtest. [2]Wir wissen aber, daß Gottes Urteil recht ist über die, die solches tun. [3]Denkst du aber, o Mensch, der du die richtest, die solches tun, und tust auch dasselbe, daß du dem Urteil Gottes entrinnen wirst? [4]Oder verachtest du den Reichtum seiner Güte, Geduld und Langmut? *Weißt du nicht, daß dich Gottes Güte zur Buße leitet?* [5]Du aber mit deinem verstockten und unbußfertigen Herzen häufst dir selbst Zorn an auf den Tag des Zorns und der Offenbarung des gerechten Gerichtes Gottes, [6]der einem jeden geben wird nach seinen Werken: [7]ewiges Leben denen, die in aller Geduld mit guten Werken trachten nach Herrlichkeit, Ehre und unvergänglichem Leben; [8]Ungnade und Zorn aber denen, die streitsüchtig sind und der Wahrheit nicht gehorchen, gehorchen aber der Unge-

V. 1, der den Gedankengang von 1,32 zu 2,2 stört, ist vielleicht eine erläuternde Randbemerkung zu V. 3. Da Paulus die Annahme der Heiden durch Gott allein aufgrund des Glaubens verkündet, richtet er sich offensichtlich mit besonderer Schärfe gegen jeden selbstgerechten frommen Juden, den er aber nicht als Adressaten nennt. Dieser soll selbst erkennen, daß er gemeint ist. Erst in V. 17 spricht Paulus direkt zu dem für ihn typischen Juden. Dem, der andere verurteilt, wirft Paulus den Widerspruch zwischen Anspruch und Wirklichkeit (V. 3) vor. Der Jude hat das große Vorrecht, Gottes Weisung erhalten zu haben (9,4). Gerade darum kommt er auch »zuerst« (1,16) in das Gericht. Am

rechtigkeit; [9]Trübsal und Angst über alle Seelen der Menschen, die Böses tun, zuerst der Juden und ebenso der Griechen; [10]Herrlichkeit aber und Ehre und Frieden allen denen, die Gutes tun, zuerst den Juden und ebenso den Griechen.

[11]Denn *es ist kein Ansehen der Person vor Gott.* [12]Alle, die ohne Gesetz gesündigt haben, werden auch ohne Gesetz verloren gehen; und alle, die unter dem Gesetz gesündigt haben, werden durchs Gesetz verurteilt werden. [13]Denn vor Gott sind nicht gerecht, die das Gesetz *hören,* sondern die das Gesetz *tun,* werden gerecht sein. [14]Denn wenn Heiden, die das Gesetz nicht haben, doch von Natur tun, was das Gesetz fordert, so sind sie, obwohl sie das Gesetz nicht haben, sich selbst Gesetz. [15]Sie beweisen damit, daß in ihr Herz geschrieben ist, was das Gesetz fordert, zumal ihr Gewissen es ihnen bezeugt, dazu auch die Gedanken, die einander anklagen oder auch entschuldigen – [16]an dem Tag, an dem Gott das Verborgene der Menschen durch Christus Jesus richten wird, wie es mein Evangelium bezeugt.

Ende gilt allein das Werk des Gehorsams. Die Ankündigung eines Gerichts allein nach den Taten scheint in unauflöslichem Widerspruch zur Verkündigung von der Rechtfertigung des Sünders allein aus Glauben zu stehen. Jedoch gilt für Paulus, daß Glaube ohne Werke undenkbar ist. Der Gegensatz von Glaube und Werken läßt sich freilich nicht auf ein Gegenüber vom christlichen Glauben zum Judentum eingrenzen. Es handelt sich vielmehr um ein grundsätzliches Problem, das genauso in christlichen Gemeinden auftauchen kann: sich nach einem Gesetz zu richten oder im Vertrauen Leben zu gestalten. Wer sich nach dem Gesetz richtet, weiß was er tut und erhebt Anspruch auf Lohn. Wer aus Glauben handelt, mißt sein Handeln nicht am Gesetz und kennt gleichzeitig das Unvollkommene seines Tuns.

Mit V.12–16 antwortet Paulus auf den jüdischen Einwand, daß Gott allein dem Volk Israel das Gesetz als Weg zum Heil gegeben hat: Nicht der Besitz des Gesetzes, sondern das Tun der Gebote ist entscheidend. Das Gesetz vertritt darum die Anklage Gottes gegen den Menschen. Denn der Jude weiß, was er zu tun hat. Aber auch der Heide weiß um die Verfehltheit seines Lebens. Paulus nimmt hier den Gedanken von dem im Menschen wohnenden Gesetz auf und identifiziert es mit dem Gewissen. Er sieht aber auch dieses Gesetz nur unter dem Gesichtspunkt, daß es den Menschen anklagt. So beweist Paulus die Gleichheit aller Menschen vor Gott.

Die Anklage gegen die Juden

[17]Wenn du dich aber Jude nennst und verläßt dich aufs Gesetz und rühmst dich Gottes [18]und kennst seinen Willen und prüfst, weil du aus dem Gesetz unterrichtet bist, was das Beste zu tun sei, [19]und maßt dir an, ein Leiter der Blinden zu sein, ein Licht derer, die in Finsternis sind, [20]ein Erzieher der Unverständigen, ein Lehrer der Unmündigen, weil du im Gesetz die Richtschnur der Erkenntnis und Wahrheit hast –: [21]Du lehrst nun andere, und lehrst dich selber nicht? Du predigst, man solle nicht stehlen, und du stiehlst? [22]Du sprichst, man solle nicht ehebrechen, und du brichst die Ehe? Du verabscheust die Götzen, und beraubst ihre Tempel? [23]Du rühmst dich des Gesetzes, und schändest Gott durch Übertretung des Gesetzes? [24]Denn »euretwegen wird Gottes Name gelästert unter den Heiden«, wie geschrieben steht (Jesaja 52,5).

[25]Die Beschneidung nützt etwas, wenn du das Gesetz hältst; hältst du aber das Gesetz nicht, so bist du aus einem Beschnittenen schon ein Unbeschnittener geworden. [26]Wenn nun der Unbeschnittene hält, was nach dem Gesetz

Paulus behaftet den Juden mit dem, was ihn als Juden auszeichnet und worauf er stolz ist: Gottes Willen zu erkennen; Wegweiser für andere zu sein; das Gesetz Gottes zu haben; die Beschneidung als Zeichen der Erwählung zu tragen. Gerade die höhere sittliche Verantwortung war eine der stärksten Anziehungskräfte des Judentums auf das Heidentum. Paulus wirft jedoch seinen jüdischen Mitbrüdern (analog zu Mat 23) vor, im Widerspruch zwischen Lehre und Tun zu leben. Darum schildert er extreme Verhaltensweisen, die auch zeitgenössische jüdische Schriften heftig beklagten. Doch für ihn sind die Entartungen repräsentativ für die Gemeinschaft. Dabei geht es ihm aber nicht um eine antijüdische Polemik. Vielmehr will er jeden Rechtsanspruch des Menschen gegenüber Gott in Frage stellen. Das Tun des

Menschen enthüllt sein Sein. Darum kann Paulus die für Juden lästerliche Behauptung wagen, daß ein Heide, der das Gesetz tut, zum Richter für den Juden wird. Natürlich gibt es diesen »wahren Juden« nicht, da es überhaupt keinen Menschen gibt, der das Gesetz erfüllt (3,23). »Wahrer Jude« kann der Mensch von sich aus nicht sein. Das ist Gabe des Geistes. Zum Gegensatz von Geist und Buchstabe vgl. 2Ko 3; zu Beschneidung vgl. Einleitung zum Gal. S. 317.

recht ist, meinst du nicht, daß dann der Unbeschnittene vor Gott als Beschnittener gilt? 27 Und so wird der, der von Natur unbeschnitten ist und das Gesetz erfüllt, dir ein Richter sein, der du unter dem Buchstaben und der Beschneidung stehst und das Gesetz übertrittst. 28 Denn nicht der ist ein Jude, der es äußerlich ist, auch ist nicht das die Beschneidung, die äußerlich am Fleisch geschieht; 29 sondern der ist ein Jude, der es inwendig verborgen ist, und das ist die Beschneidung des Herzens, die im Geist und nicht im Buchstaben geschieht. Das Lob eines solchen ist nicht von Menschen, sondern von Gott.

Gottes unwandelbare Treue

Gegen die Botschaft des Paulus von der unterschiedslosen Rechtfertigung der Heiden und der Juden allein aufgrund des Glaubens wurden zwei entscheidende Einwände erhoben:

1. Gott wird zum Lügner, wenn der Vorrang der Juden bestritten wird. Gott ist treulos oder er hat die Menschen getäuscht, wenn seine Verheißungen für sein Volk nicht mehr gelten sollten. Dann beruht die Geschichte seines Volkes auf einem Irrtum.
2. Wenn Gottes Größe und Güte sich in der Sündenvergebung erweist, dann tragen unsere Sünden zu Gottes Verherrlichung bei; je mehr Sünden, desto mehr Vergebung, desto größer Gottes Güte.

Den zweiten Einwand weist Paulus entschieden zurück. Wer Liebe durch absichtliches Unrecht auf die Probe stellt, befindet sich außerhalb jeder Gemeinschaft. Der erste Einwand ist dagegen schwieriger, weil für Paulus Jesus durch den Gott Israels von den Toten auferweckt ist. Die Zusagen Gottes an sein Volk können also nicht grundsätzlich aufgehoben sein. Eine Lösung des Problems bietet Paulus erst in Kap. 9–11. Hier stellt er nur fest: Durch ihr schuldhaftes Versagen gefährden seine Landsleute ihren Vorrang. Sie haben die Treue gegenüber Gott gebrochen und müssen die Folgen ihres Handelns tragen.

3 Was haben dann die Juden für einen Vorzug, oder was nützt die Beschneidung? 2 Viel in jeder Weise! Zum ersten: ihnen ist anvertraut, was Gott geredet hat. 3 Daß aber einige nicht treu waren, was liegt daran? Sollte ihre Untreue Gottes Treue aufheben? 4 Das sei ferne! Es bleibe vielmehr so: Gott ist wahrhaftig und alle Menschen sind Lügner; wie geschrieben steht (Psalm 51,6):

»Damit du recht behältst in deinen Worten
und siegst, wenn man mit dir rechtet.«

5 Ist's aber so, daß unsre Ungerechtigkeit Gottes Gerechtigkeit ins Licht stellt, was sollen wir sagen? Ist Gott dann nicht ungerecht, wenn er zürnt? – Ich rede nach Menschenweise. – 6 Das sei ferne! Wie könnte sonst Gott die Welt richten? 7 Wenn aber die Wahrheit Gottes durch meine Lüge herrlicher wird zu seiner Ehre, warum sollte ich dann noch als ein Sünder gerichtet werden? 8 Ist es etwa so, wie wir verlästert werden und einige behaupten, daß wir sagen: Laßt uns Böses tun, damit Gutes daraus komme? Deren Verdammnis ist gerecht.

Die Schuld aller vor Gott

Der Gedankengang von 1,18 an schließt mit der Aussage: Alle ohne Ausnahme sind unter der Sünde. Paulus versteht unter der Sünde nicht die einzelnen bösen Taten des Menschen, sondern jene Macht, die

9 Was sagen wir denn nun? Haben wir Juden einen Vorzug? Gar keinen. Denn wir haben soeben bewiesen, daß alle, Juden wie Griechen, unter der Sünde sind, 10 wie geschrieben steht:

»Da ist keiner, der gerecht ist, auch nicht einer.

[11]Da ist keiner, der verständig ist;
da ist keiner, der nach Gott fragt.
[12]Sie sind alle abgewichen und allesamt verdorben.
Da ist keiner, der Gutes tut, auch nicht einer (Psalm 14,1-3).
[13]Ihr Rachen ist ein offenes Grab;
mit ihren Zungen betrügen sie (Psalm 5,10),
Otterngift ist unter ihren Lippen (Psalm 140,4);
[14]ihr Mund ist voll Fluch und Bitterkeit (Psalm 10,7).
[15]Ihre Füße eilen, Blut zu vergießen;
[16]auf ihren Wegen ist lauter Schaden und Jammer,
[17]und den Weg des Friedens kennen sie nicht (Jesaja 59,7.8).
[18]Es ist keine Gottesfurcht bei ihnen (Psalm 36,2).«
[19]Wir wissen aber: was das Gesetz sagt, das sagt es denen, die unter dem Gesetz sind, damit allen der Mund gestopft werde und alle Welt vor Gott schuldig sei, [20]weil kein Mensch durch die Werke des Gesetzes vor ihm gerecht sein kann. Denn *durch das Gesetz kommt Erkenntnis der Sünde.*

den Menschen zu seinem verfehlten Tun zwingt. Er sieht die Sünde wie einen Herrscher, der erbarmungslos seine Sklaven zum Dienst treibt. Das Tun der Menschen ist so ineinander verflochten, daß keiner aus dem Gefüge ausbrechen kann: Unrecht gebiert Unrecht; Gewalt ruft Vergeltung hervor. – Wahrscheinlich sind V. 10–18 eine selbständige Psalmendichtung, in der verschiedene Schriftworte aufgenommen und umgeformt sind. Sie ist ein Klagelied über die Bosheit der Menschen. Paulus aber betrachtet den Psalm als einheitliches Schriftzeugnis, das den unentrinnbaren Schuldzusammenhang aller Menschen aufdeckt. Er bezieht ihn in besonderer Weise auf seine Mitbrüder (V. 19 f.). Für ihn repräsentieren die Juden die schuldbeladene Menschheit, weil bei ihnen der Widerspruch zwischen Erkenntnis und Tun aufgrund der Gabe des Gesetzes am offensichtlichsten ist.

Die Rechtfertigung allein durch Glauben

Mit V. 21 kommt Paulus direkt zu dem in 1,17 ausgesprochenen Thema des Rö. »Jetzt« geschieht »die Gerechtigkeit, die vor Gott gilt«: die Gerechtigkeit allein aus Glauben. Wie das Zornesgericht Gottes über alle Menschen ergeht, weil alle sündigten, so wird nun auch die heilschaffende Gerechtigkeit Gottes allen Glaubenden zuteil. Gerechtigkeit ist in der hebräischen Sprache immer Gottes heilschaffende Macht, die zu seiner strafenden Gewalt, dem Zorn, im Gegensatz steht. Nach jüdischem Denken wendet sich Gott den Gerechten mit seiner heilschaffenden Gerechtigkeit zu, während die Sünder sein Zorn trifft. Der besondere Gedanke des Paulus ist: Denselben Menschen, die eigentlich Gottes Zorn verdienen, widerfährt jetzt die heilschaffende Gerechtigkeit Gottes. Da der Mensch sie nur als unverdientes Geschenk glaubend empfangen kann, ist jeder Selbstruhm ausgeschlossen. Diese Weg zum Heil ist durch den Tod Christi am Kreuz von Gott eröffnet worden.

[21]Nun aber ist ohne Zutun des Gesetzes die Gerechtigkeit, die vor Gott gilt, offenbart, bezeugt durch das Gesetz und die Propheten. [22]Ich rede aber von der Gerechtigkeit vor Gott, die da kommt durch den Glauben an Jesus Christus zu allen, die glauben. *Denn es ist hier kein Unterschied:* [23]*sie sind allesamt Sünder und ermangeln des Ruhmes, den sie bei Gott haben sollten,** [24]*und werden ohne Verdienst gerecht aus seiner Gnade durch die Erlösung, die durch Christus Jesus geschehen ist.* [25]Den hat Gott für den Glauben hingestellt als Sühne in seinem Blut zum Erweis seiner Gerechtigkeit, indem er die Sünden vergibt, die früher [26]begangen wurden in der Zeit seiner Geduld, um nun in dieser Zeit seine Gerechtigkeit zu erweisen, daß er selbst gerecht ist und gerecht macht den, der da ist aus dem Glauben an Jesus.
[27]Wo bleibt nun das Rühmen? Es ist ausgeschlossen. Durch welches Gesetz? Durch das Gesetz der Werke? Nein,

Die Bedeutung des Todes Jesu gibt Paulus mit den Worten aus einem älteren judenchristlichen Bekenntnis wieder (V. 25.26 a). Mehrere Beobachtungen zeigen, daß ein Zitat vorliegt: 1. Der Gedankengang wirkt überladen und schwer verständlich; 2. Die kultische Vorstellung von Christus als Sühnopfer wird von Paulus nicht weitergeführt; 3. Paulus spricht von Entmachtung der Sünde (vgl. zu 3,9–20), aber nicht von Vergebung einzelner Sünden. – In V. 28 ist die paulinische Rechtfertigungslehre auf ihre kürzeste Form gebracht. In V. 29 f. legt Paulus das israelitische Grundbekenntnis zu dem einen Gott polemisch gegen die jüdische Auffassung aus: Gibt es nur den einen Gott, dann muß er sich auch allen Menschen in gleicher Weise zuwenden. Die Rechtfertigung hebt jedoch das Gesetz nicht auf, sondern gibt ihm seine eigentliche Bedeutung wieder. Der Mensch hat das Gesetz mißbraucht, indem er sich durch seine Erfüllung Selbstruhm zu erwerben suchte. Für den von Gott angenommenen Menschen ist das Gesetz eine Orientierungshilfe.

Die Grundthese für seine Rechtfertigungslehre (3,28), die durch die Schrift bezeugt wird (3,21), wird nun von Paulus entfaltet. Abraham hatte für die Israeliten als Stammvater ihres Volkes auch Heilsbedeutung. Mit ihm schloß Gott den Bund, auf dem die Geschichte Israels beruht (Mt 3,9; Joh 8,33); ihm gab er die Beschneidung als Zeichen der Erwählung (1Mo 17); er ist Fürsprecher bei Gott. Der fromme Jude hofft, nach seinem Tode in Abrahams Schoß Ruhe zu finden (Lk 16,22). Paulus muß darum zeigen, daß der Weg der gesetzesfreien Heidenmission und die Verkündigung der Rechtfertigung allein aus Glauben sich auf Abraham berufen können. Schon in Gal 3,6–14 berief sich Paulus auf 1Mo 15,6, um die an Christus Glaubenden als die rechtmäßigen Kinder Abrahams zu erweisen, obwohl sie nicht mehr an das atl. Gesetz gebunden sind. Der Gedankengang von Gal 3 ist in folgender Weise verändert: 1. Scheint in Gal 3 die Abrahamkindschaft allein den Heidenchristen zugesprochen zu sein, so sind hier die Juden einbezogen, sofern sie wie Abraham glauben (V. 12). 2. Paulus nimmt die Beschneidung neu in seine Überlegungen auf. Doch kann er sie nicht wie die Juden als Bundes- und Erwählungszeichen sehen. Er betrachtet sie als Bestätigung Gottes für die, die wie Abraham nicht auf eigene Gerechtigkeit, sondern allein auf Gottes Gnade hoffen. Der Beweisgang beruht darauf, daß Paulus aus der zeitlichen Folge in der Abrahamsgeschichte (erst Erwählung aufgrund des Glaubens 1Mo 15; dann Bundesschluß mit Beschneidung 1Mo 17) eine sachliche Über-

sondern durch das Gesetz des Glaubens. [28] *So halten wir nun dafür, daß der Mensch gerecht wird ohne des Gesetzes Werke, allein durch den Glauben.* [29] Oder ist Gott allein der Gott der Juden? Ist er nicht auch der Gott der Heiden? Ja gewiß, auch der Heiden. [30] Denn es ist der eine Gott, der gerecht macht die Juden aus dem Glauben und die Heiden durch den Glauben. [31] Wie? Heben wir denn das Gesetz auf durch den Glauben? Das sei ferne! Sondern wir richten das Gesetz auf.

Abraham der Vater des Glaubens

4 Was sagen wir denn von Abraham, unserm leiblichen Stammvater? Was hat er erlangt? [2] Das sagen wir: Ist Abraham durch Werke gerecht, so kann er sich wohl rühmen, aber nicht vor Gott. [3] Denn was sagt die Schrift? »Abraham hat Gott geglaubt, und das ist ihm zur Gerechtigkeit gerechnet worden.« (1. Mose 15,6) [4] Dem aber, der mit Werken umgeht, wird der Lohn nicht aus Gnade zugerechnet, sondern aus Pflicht. [5] *Dem aber, der nicht mit Werken umgeht, glaubt aber an den, der die Gottlosen gerecht macht, dem wird sein Glaube gerechnet zur Gerechtigkeit.*

[6] Wie ja auch David den Menschen selig preist, dem Gott zurechnet die Gerechtigkeit ohne Zutun der Werke (Psalm 32,1.2):

[7] »Selig sind die, denen die Ungerechtigkeiten vergeben
und denen die Sünden bedeckt sind!
[8] Selig ist der Mann, dem der Herr die Sünde nicht zurechnet!«

[9] Diese Seligpreisung nun, gilt sie den Beschnittenen oder auch den Unbeschnittenen? Wir sagen doch: »Abraham ist sein Glaube zur Gerechtigkeit gerechnet worden.« [10] Wie ist er ihm denn zugerechnet worden? Als er beschnitten oder als er unbeschnitten war? Ohne Zweifel: nicht als er beschnitten, sondern als er unbeschnitten war. [11] Das Zeichen der Beschneidung aber empfing er als Siegel der Gerechtigkeit des Glaubens, den er hatte, als er noch nicht beschnitten war. So sollte er ein Vater werden aller, die glauben, ohne beschnitten zu sein, damit auch ihnen der Glaube gerechnet werde zur Gerechtigkeit; [12] und ebenso ein Vater der Beschnittenen, wenn sie nicht nur beschnitten sind, sondern auch gehen in den Fußtapfen des Glaubens, den unser Vater Abraham hatte, als er noch nicht beschnitten war.

[13] Denn die Verheißung, daß er der Erbe der Welt sein solle, ist Abraham oder seinen Nachkommen nicht zuteil geworden durchs Gesetz, sondern durch die Gerechtigkeit des Glaubens. [14] Denn wenn die vom Gesetz Erben sind,

dann ist der Glaube nichts, und die Verheißung ist dahin. [15]Denn das Gesetz richtet nur Zorn an; wo aber das Gesetz nicht ist, da ist auch keine Übertretung. [16]Deshalb muß die Gerechtigkeit durch den Glauben kommen, damit sie aus Gnaden sei und die Verheißung fest bleibe für alle Nachkommen, nicht allein für die, die unter dem Gesetz sind, sondern auch für die, die wie Abraham aus dem Glauben leben. Der ist unser aller Vater [17]– wie geschrieben steht (1.Mose 17,5): »Ich habe dich gesetzt zum Vater vieler Völker« – vor Gott, dem er geglaubt hat, der die Toten lebendig macht und ruft das, was nicht ist, daß es sei. [18]Er hat geglaubt auf Hoffnung, wo nichts zu hoffen war, daß er der Vater vieler Völker werde, wie zu ihm gesagt ist (1.Mose 15,5): »So zahlreich sollen deine Nachkommen sein.« [19]Und er wurde nicht schwach im Glauben, als er auf seinen eigenen Leib sah, der schon erstorben war, weil er fast hundertjährig war, und auf den erstorbenen Leib der Sara. [20]Denn er zweifelte nicht an der Verheißung Gottes durch Unglauben, sondern wurde stark im Glauben und gab Gott die Ehre [21]und wußte aufs allergewisseste: was Gott verheißt, das kann er auch tun. [22]Darum ist es ihm auch »zur Gerechtigkeit gerechnet worden« (1.Mose 15,6). [23]Daß es ihm zugerechnet worden ist, ist aber nicht allein um seinetwillen geschrieben, [24]sondern auch um unsertwillen, denen es zugerechnet werden soll, wenn wir glauben an den, der unsern Herrn Jesus auferweckt hat von den Toten, [25]*welcher ist um unsrer Sünden willen dahingegeben und um unsrer Rechtfertigung willen auferweckt.*

ordnung ableitet: Das Entscheidende geschieht am Anfang; das Spätere kann nur bestätigende Bedeutung haben. Möglicherweise hat Paulus von der Beschneidung als Bestätigungszeichen gesprochen, weil die Taufe im Urchristentum die Bedeutung eines Siegels (V. 11) hatte (vgl. 2Ko 1,22; Eph 1,13). So könnte die Beschneidung als Urbild der christlichen Taufe dienen, da sie ebenso die Annahme des Menschen durch Gott allein aufgrund des Glaubens bestätigt. – Die V. 16–25 zeigen, worin die vorbildhafte Glaubenshaltung des Abraham besteht: in dem unbedingten, unbeirrbaren Zutrauen zu Gottes Schöpferkraft. Dort, wo irdisch nichts mehr zu hoffen ist, vertraut Abraham auf Gottes Macht, die aus Tod Leben zu schaffen vermag. Die Christen unterscheiden sich dadurch von Abraham, daß ihr Glaube schon bestätigt ist. Die Schöpfermacht Gottes hat sich für sie schon erwiesen, indem Gott den Gekreuzigten auferweckt hat. Diese Überzeugung spricht Paulus in V. 25 mit einem Bekenntnissatz aus, der vielleicht schon von Judenchristen formuliert wurde. So führt Paulus seinen Beweis mit dem gemeinsamen urchristlichen Bekenntnis, das er nur konsequent weitergedacht hat.

Die Freiheit von der Todesmacht (5,1–21)

Das Kapitel bildet den Übergang vom ersten zum zweiten Teil des Briefes, von der Begründung der Rechtfertigungslehre zur Entfaltung des Lebens der Glaubenden in der Spannung zwischen schon geschenkter Rechtfertigung und noch ausstehender Erlösung. Einerseits wird das Rechtfertigungsgeschehen noch einmal mit einer Deutung des Todes Jesu begründet (V. 6–8): Er ist Ausdruck grenzenloser Liebe und nicht zu vergleichen mit dem heroischen Sterben für Freunde oder eine gute Sache. Dieser Tod ist ein Sterben für Jesu Feinde und steht darum im Zeichen der Feindesliebe (Mt 5,43–48). Andrerseits klingen die Leitmotive an, die bis Kap. 8 in immer neuen Variationen weitergeführt werden: Der im Glauben Gerechtfertigte lebt in Frieden mit Gott (V. 1); er hat die begründete Hoffnung, daß er durch das alles menschliche Vorstellungsvermögen übersteigende Opfer einst mehr sein wird als er jetzt schon ist (V. 6–10); er ist frei vom Todesverhängnis (V. 12–21).

Frieden mit Gott

5 *Da wir nun gerecht geworden sind durch den Glauben, haben wir Frieden mit Gott durch unsern Herrn Jesus Christus;* [2]durch ihn haben wir auch den Zugang im Glauben zu dieser Gnade, in der wir stehen, und rühmen uns der Hoffnung der zukünftigen Herrlichkeit, die Gott geben wird.

Aus der geschenkten Rechtfertigung folgt: Der Glaubende lebt in der Gewißheit, daß nichts mehr zwischen Gott und ihm steht, weder seine Schuld noch Gottes Zorn. Die Formulierung »Zugang zur Gnade«

(V. 2) stammt aus der kultischen Sprache. Nur der kultisch gereinigte Hohepriester durfte das Innerste des Tempels betreten. Jetzt aber dürfen alle Christen zu jeder Zeit sich mit allem, was sie bedrückt, furchtlos an Gott wenden (vgl. Heb 9,11–25). Paulus weiß, daß es zum Menschen gehört, sich rühmen zu können. Das falsche Rühmen besteht darin, auf eigene Leistung stolz zu sein und das Leben nur zu bejahen, wenn man genug getan hat. Das rechte Rühmen bedeutet Gelassenheit, die zu sicherem Handeln führt. Sie erwächst aus dem Wissen um Geborgenheit. Darum zeigt sich christlicher Glaube gerade darin, daß er sich sogar der Leiden rühmen kann. Sie sind für ihn weder Grund zur Klage gegenüber Gott noch Folgen von Gottes Zorn. Für den Glaubenden dienen sie vielmehr zur Bewährung (1Pt 1,6; Jak 1,2–4) und sind Zeichen der Zugehörigkeit zu seinem Herrn, der seine Liebe im Leiden bewies.

Die Wirkung des Christusgeschehens stellt Paulus mit der Vorstellung von Christus als dem zweiten Adam dar. Der erste Mensch brachte über alle Menschen den Tod, der zweite Auferstehung und ewiges Leben (1Ko 15,21). Paulus will auf diese Weise die Übermacht der Gnade Gottes über die Sünde verdeutlichen. Von Adam an befindet sich der Mensch in dem Zusammenhang von Schuld und deren Folgen. Jeder wird in ein geschichtliches Beziehungsgeflecht hineingeboren, das durch begangenes und erlittenes Unrecht bestimmt ist. Trotz aller vorgegebenen Bedingungen entschuldigen die Verhältnisse nicht das eigene schuldhafte Versagen. Getrieben und selbst treibend befinden wir uns im Räderwerk der Geschichte, das Verderben und Tod bringt. Für die Glaubenden dagegen hat mit Christus eine neue Menschheitsgeschichte begonnen, die nicht mit dem Tode endet, sondern zu einem neuen Leben jenseits aller irdischen Erfahrungen führt (1Ko 15,35–49). Die Gleichheit zwischen Adam und Christus besteht darin, daß jeweils ihre Tat universale Folgen hat. Die

3 Nicht allein aber das, sondern wir rühmen uns auch der Bedrängnisse, weil *wir wissen, daß Bedrängnis Geduld bringt,* 4 *Geduld aber Bewährung, Bewährung aber Hoffnung,* 5 *Hoffnung aber läßt nicht zuschanden werden; denn die Liebe Gottes ist ausgegossen in unsre Herzen durch den heiligen Geist, der uns gegeben ist.* 6 Denn Christus ist schon zu der Zeit, als wir noch schwach waren, für uns Gottlose gestorben. 7 Nun stirbt kaum jemand um eines Gerechten willen; um des Guten willen wagt er vielleicht sein Leben. 8 Gott aber erweist seine Liebe zu uns darin, daß Christus für uns gestorben ist, als wir noch Sünder waren. 9 Um wieviel mehr werden wir nun durch ihn bewahrt werden vor dem Zorn, nachdem wir jetzt durch sein Blut gerecht geworden sind! 10 Denn wenn wir mit Gott versöhnt worden sind durch den Tod seines Sohnes, als wir noch Feinde waren, um wieviel mehr werden wir selig werden durch sein Leben, nachdem wir nun versöhnt sind. 11 Nicht allein aber das, sondern wir rühmen uns auch Gottes durch unsern Herrn Jesus Christus, durch den wir jetzt die Versöhnung empfangen haben.

Adam und Christus

12 Deshalb, wie durch *einen* Menschen die Sünde in die Welt gekommen ist und der Tod durch die Sünde, so ist der Tod zu allen Menschen durchgedrungen, weil sie alle gesündigt haben. 13 Denn die Sünde war wohl in der Welt, ehe das Gesetz kam; aber wo kein Gesetz ist, da wird Sünde nicht angerechnet. 14 Dennoch herrschte der Tod von Adam an bis Mose auch über die, die nicht gesündigt hatten durch die gleiche Übertretung wie Adam, welcher ist ein Bild dessen, der kommen sollte. 15 Aber nicht verhält sich's mit der Gabe wie mit der Sünde. Denn wenn durch die Sünde des Einen die Vielen gestorben sind, um wieviel mehr ist Gottes Gnade und Gabe den vielen überreich zuteil geworden durch die Gnade des einen Menschen Jesus Christus. 16 Und nicht verhält es sich mit der Gabe wie mit dem, was durch den einen Sünder geschehen ist. Denn das Urteil hat von dem Einen her zur Verdammnis geführt, die Gnade aber hilft aus vielen Sünden zur Gerechtigkeit. 17 Denn wenn wegen der Sünde des Einen der Tod geherrscht hat durch den Einen, um wieviel mehr werden die, welche die Fülle der Gnade und der Gabe der Gerechtigkeit empfangen, herrschen im Leben durch den Einen, Jesus Christus. 18 *Wie nun durch die Sünde des Einen die Verdammnis über alle Menschen gekommen ist, so ist auch durch die Gerechtigkeit des Einen für alle Menschen die Rechtfertigung gekommen, die zum Leben führt.* 19 Denn wie durch den Ungehorsam des einen Menschen die Vielen zu Sündern geworden sind, so wer-

den auch durch den Gehorsam des Einen die Vielen zu Gerechten.
[20]Das Gesetz aber ist dazwischen hineingekommen, damit die Sünde mächtiger würde. Wo aber die Sünde mächtig geworden ist, da ist doch die Gnade noch viel mächtiger geworden, [21]damit, wie die Sünde geherrscht hat zum Tode, so auch die Gnade herrsche durch die Gerechtigkeit zum ewigen Leben durch Jesus Christus, unsern Herrn.

Ungleichheit besteht darin, daß in der Nachfolge Adams jeder selbst handelt; wenn auch bestimmt durch den Zusammenhang von Tat, Schuld und Sühne. Der von Christus befreite Mensch dagegen steht nicht mehr unter dem Zwang sündigen Handelns und erhält die neue Lebensmöglichkeit als Geschenk.

Bei der Gegenüberstellung von Adam und Christus spielt das Gesetz eigentlich keine Rolle. Da es Paulus aber im Rö immer wieder um die Bedeutung des Gesetzes geht, bezieht er es auch hier in seine Überlegungen ein. Der Zusammenhang von Schuld und Tod bestand schon, bevor er dem Menschen durch das Gesetz Gottes bewußt wurde. Erst im Wissen um Gottes Willen wird das Fernsein von Gott dem Menschen bewußt. Der Gedanke, daß die Sünde ohne das Gesetz nicht angerechnet wird, erklärt sich aus der jüdischen Vorstellung vom Endgericht. Solange der Mensch das Gesetz nicht kannte, war er zwar der Folge von Schuld und Sühne, Sühne und Tod ausgeliefert. Aber seine einzelnen bösen Taten wurden nicht in das Buch geschrieben, das beim Gericht Gottes aufgeschlagen wird und jeden seiner Taten überführt. – Doch ist die Frage nach dem Gesetz ein Nebengedanke, der erst in Kap. 7 ausgeführt wird.

In den folgenden Kapiteln stellt sich Paulus dem Einwand: Wie wird das Leben der Glaubenden jetzt schon wirklich, wenn wir nach wie vor in der von Adam bestimmten Geschichte von Sünde und Tod leben?

Taufe und neues Leben

Den Vorwurf, seine Lehre von der Rechtfertigung verführe den Menschen geradezu zum Sündigen (vgl. zu 3,1–8), widerlegt Paulus noch einmal mit Hilfe der urchristlichen Anschauung von der Taufe als einem Sterben und Auferstehen mit Christus. Diese uns heute fremde Vorstellung von der Taufe ist unter dem Einfluß der damals in hoher Blüte stehenden hellenistischen Mysterienreligionen entstanden. Die zahlreichen Mysterienkulte hatten trotz der Verschiedenheit der äußeren Formen gemeinsame Grundzüge der Frömmigkeit. Die Kultgötter und -göttinnen galten ursprünglich als Vegetationsgottheiten, die dem Jahreslauf entsprechend starben und auferstanden. In einer Kultlegende wurde erzählt, wie die Gottheit grausam starb und dann auf wunderbare Weise wieder auferstand. Ihr Tod und Auferstehen wurden als Ackerbau- oder Weinfeste begangen. Zur Zeit des Paulus ging es aber in diesen Kulten nicht mehr um die Natur, sondern um den einzelnen Menschen. Neben die alten Volksfeste traten geheime Kultfeiern. In einem Kultakt wurde symbolisch an dem Mysten (d.h. an dem, der sich in den Kult einweihen ließ) Tod und Auferstehung der Gottheit vollzogen. Der Sinn der Handlung ist: Der auf diese Art Geweihte wurde mit der Kultgottheit eins. Nach dem Weiheakt wurde er von schon geweihten Kultgenossen sogar als Gott angebetet. Als Wirkung erhoffte er, daß er wie die Gottheit selbst ewig leben werde, obwohl er noch den physischen Tod erleiden wird. Es lag nahe, daß ehemalige Heiden auch die christliche Taufe als Mysterium der Vergottung und Wiedergeburt betrachteten. Wir begegnen dieser Taufvorstellung mehrfach im NT (vgl. noch Kol 2,12; 1Pt 1,23; 2,2). Paulus nimmt sie auf, verändert aber die Akzente entsprechend seinem Christusverständnis.

6 Was sollen wir nun sagen? Sollen wir denn in der Sünde beharren, damit die Gnade um so mächtiger werde? [2]Das sei ferne! Wie sollten wir in der Sünde leben wollen, der wir doch gestorben sind? [3]Oder *wißt ihr nicht, daß alle, die wir auf Christus Jesus getauft sind, die sind in seinen*

Der Mensch stirbt in der Taufe, indem er der ihn beherrschenden Macht, der Sünde, entzogen wird und unter die Herrschaft Christi kommt. Damit ist der Einwand von V. 1 klar abgewiesen. Der Getaufte wird mit Christus so eins, daß er in seinem Handeln Christus nachahmt. Paulus korrigiert jedoch die von den Mysterienreligionen beeinflußte Taufdeutung: 1. Trotz der Teilhabe an Christi Tod und Auferstehen bleibt Christus der Herr und sind ihm die Glaubenden zu Gehorsam verpflichtet. 2. Paulus redet nur im Blick auf Sterben und Gekreuzigtwerden als Vergangenem, während er die Auferstehung ganz der Zukunft vorbehält (V. 5). Das neue Leben zeigt sich nicht in schwärmerischem Vollendungsbewußtsein, sondern in der Bereitschaft, mit Christus zu leiden (Phl 3,10–14). Durch die Aufnahme und gleichzeitige Korrektur der Mysterienfrömmigkeit kann Paulus sowohl von der Wirklichkeit des neuen Lebens als auch von seiner Verborgenheit reden. Im Wissen um den religionsgeschichtlichen Hintergrund könnte V. 5 so übersetzt werden: »Wenn wir aufgrund des Abbilds (d.h. durch die Taufe, die das Christusgeschehen am Täufling abbildet) des Todes (Christi) teilhaftig geworden sind, werden wir es auch seiner Auferstehung werden.« An der Vorstellung von der Taufe als Sterben und Auferstehen ist Paulus im Zusammenhang seiner Rechtfertigungslehre nur das wichtig: Durch den sakramentalen Tod wird der Getaufte dem Machtbereich der Sünde und dem Zwang zu einem verfehlten Leben entrissen und so frei für ein Leben für Gott. Für Paulus gibt es nicht den Menschen, der über sich selbst Macht hat und sein Leben frei gestalten kann. Menschliches Leben geschieht immer in Bindungen und Abhängigkeiten. Es fragt sich nur, wer unsere Gaben und Fähigkeiten in Dienst nimmt. Die Taufe bietet einen Herrschaftswechsel an, den der Mensch aus eigenem Entschluß nicht vollziehen kann. Nachdem aber Christus sein neuer Herr ist, wäre es widersinnig, sich noch den Zwängen eines Lebens zu unterwerfen, das keinen weiteren Horizont als den physischen Tod hat. Ein Leben im Vertrauen auf Gottes den Tod überwindende Macht dagegen eröffnet eine unzerstörbare Zukunft.

Tod getauft? [4]*So sind wir ja mit ihm begraben durch die Taufe in den Tod, damit, wie Christus auferweckt ist von den Toten durch die Herrlichkeit des Vaters, auch wir in einem neuen Leben wandeln.* [5]Denn wenn wir mit ihm verbunden und ihm gleichgeworden sind in seinem Tod, so werden wir ihm auch in der Auferstehung gleich sein. [6]Wir wissen ja, daß unser alter Mensch mit ihm gekreuzigt ist, damit der Leib der Sünde vernichtet werde, so daß wir hinfort der Sünde nicht dienen. [7]Denn wer gestorben ist, der ist frei geworden von der Sünde. [8]Sind wir aber mit Christus gestorben, so glauben wir, daß wir auch mit ihm leben werden, [9]und wissen, daß Christus, von den Toten erweckt, hinfort nicht stirbt; der Tod kann hinfort über ihn nicht herrschen. [10]Denn was er gestorben ist, das ist er der Sünde gestorben ein für allemal; was er aber lebt, das lebt er Gott. [11]So auch ihr, haltet dafür, daß ihr der Sünde gestorben seid und lebt Gott in Christus Jesus.

[12]So laßt nun die Sünde nicht herrschen in eurem sterblichen Leibe, und leistet seinen Begierden keinen Gehorsam. [13]Auch gebt nicht der Sünde eure Glieder hin als Waffen der Ungerechtigkeit, sondern gebt euch selbst Gott hin, als solche, die tot waren und nun lebendig sind, und eure Glieder Gott als Waffen der Gerechtigkeit. [14]Denn die Sünde wird nicht herrschen können über euch, weil ihr ja nicht unter dem Gesetz seid, sondern unter der Gnade.

[15]Wie nun? Sollen wir sündigen, weil wir nicht unter dem Gesetz, sondern unter der Gnade sind? Das sei ferne! [16]Wißt ihr nicht: wem ihr euch zu Knechten macht, um ihm zu gehorchen, dessen Knechte seid ihr und müßt ihm gehorsam sein, es sei der Sünde zum Tode oder dem Gehorsam zur Gerechtigkeit? [17]Gott sei aber gedankt, daß ihr Knechte der Sünde *gewesen* seid, aber nun von Herzen gehorsam geworden der Gestalt der Lehre, der ihr ergeben seid. [18]Denn indem ihr nun frei geworden seid von der Sünde, seid ihr Knechte geworden der Gerechtigkeit.

[19]Ich muß menschlich davon reden um der Schwachheit eures Fleisches willen: Wie ihr eure Glieder hingegeben hattet an den Dienst der Unreinheit und Ungerechtigkeit zu immer neuer Ungerechtigkeit, so gebt nun eure Glieder hin an den Dienst der Gerechtigkeit, daß sie heilig werden. [20]Denn als ihr Knechte der Sünde wart, da wart ihr frei von der Gerechtigkeit. [21]Was hattet ihr nun damals für Frucht? Solche, deren ihr euch jetzt schämt; denn das Ende derselben ist der Tod. [22]Nun aber, da ihr von der Sünde frei und Gottes Knechte geworden seid, habt ihr darin eure Frucht, daß ihr heilig werdet; das Ende aber ist das ewige Leben. [23]Denn *der Sünde Sold ist der Tod; die Gabe Gottes aber ist das ewige Leben in Christus Jesus, unserm Herrn.*

Freiheit vom Gesetz

7 Wißt ihr nicht, liebe Brüder – denn ich rede mit denen, die das Gesetz kennen –, daß das Gesetz nur herrscht über den Menschen, solange er lebt? [2]Denn eine Frau ist an ihren Mann gebunden durch das Gesetz, solange der Mann lebt; wenn aber der Mann stirbt, so ist sie frei von dem Gesetz, das sie an den Mann bindet. [3]Wenn sie nun bei einem andern Mann ist, solange ihr Mann lebt, wird sie eine Ehebrecherin genannt; wenn aber ihr Mann stirbt, ist sie frei vom Gesetz, so daß sie nicht eine Ehebrecherin ist, wenn sie einen andern Mann nimmt. [4]Also seid auch ihr, meine Brüder, dem Gesetz getötet durch den Leib Christi, so daß ihr einem andern angehört, nämlich dem, der von den Toten auferweckt ist, damit wir Gott Frucht bringen. [5]Denn solange wir dem Fleisch verfallen waren, da waren die sündigen Leidenschaften, die durchs Gesetz erregt wurden, kräftig in unsern Gliedern, so daß wir dem Tode Frucht brachten. [6]Nun aber sind wir vom Gesetz frei geworden und ihm abgestorben, das uns gefangen hielt, so daß wir dienen im neuen Wesen des Geistes und nicht im alten Wesen des Buchstabens.

Behutsam nähert sich Paulus der von Juden und Judenchristen heftig bestrittenen Konsequenz seiner Rechtfertigungslehre: Wie der Christ nicht mehr unter der Herrschaft von Sünde und Tod steht, so ist er auch aus dem Gefängnis des Gesetzes befreit. Dabei denkt Paulus nicht nur an die einzelnen kultischen Gebote (Beschneidung, Sabbat, Unterscheidung von Rein und Unrein), sondern auch an das Gesetz in seiner umfassenden Bedeutung: als die Ordnung, die jedem genau sagt, was er zu lassen und zu tun hat. Außerdem sieht er hier das Gesetz als Sünde, Tod und Fluch bringende Macht, die den Sünder bei seiner Sünde behaftet und ihn vom Leben ausschließt. Der Christ steht unter dem Geist Christi (vgl. 8,1–17) und weiß aus seinem Herzen heraus, was er zu tun hat (wie das konkret aussieht, entfaltet Paulus in Kap. 12–15). Darum braucht er sich nicht mehr vor dem Gesetz mit seinem Verdammungsurteil zu fürchten.

Der Mensch unter dem Gesetz

[7]Was sollen wir denn nun sagen? Ist das Gesetz Sünde? Das sei ferne! Aber die Sünde erkannte ich nicht außer durchs Gesetz. Denn ich wußte nichts von der Begierde, wenn das Gesetz nicht gesagt hätte (2.Mose 20,17): »Du sollst nicht begehren!« [8]Die Sünde aber nahm das Gebot zum Anlaß und erregte in mir Begierden aller Art; denn ohne das Gesetz war die Sünde tot. [9]Ich lebte einst ohne Gesetz; als aber das Gebot kam, wurde die Sünde lebendig, [10]ich aber starb. Und so fand sich's, daß das Gebot mir den Tod brachte, das doch zum Leben gegeben war. [11]Denn die Sünde nahm das Gebot zum Anlaß und betrog mich und tötete mich durch das Gebot. [12]So ist also das Gesetz heilig, und das Gebot ist heilig, gerecht und gut. [13]Ist dann, was doch gut ist, mir zum Tod geworden? Das sei ferne! Sondern die Sünde, damit sie als Sünde sichtbar werde, hat mir durch das Gute den Tod gebracht, damit die Sünde überaus sündig werde durchs Gebot.

[14]Denn wir wissen, daß das Gesetz geistlich ist; ich aber bin fleischlich, unter die Sünde verkauft. [15]Denn ich weiß nicht, was ich tue. Denn ich tue nicht, was ich will; sondern was ich hasse, das tue ich. [16]Wenn ich aber das tue, was ich nicht will, so gebe ich zu, daß das Gesetz gut ist. [17]So tue nun nicht ich es, sondern die Sünde, die in mir wohnt. [18]Denn ich weiß, daß in mir, das heißt in meinem Fleisch*, nichts Gutes wohnt. *Wollen habe ich wohl, aber das Gute*

Paulus wendet sich gegen die nach 3,19f.; 4,15; 7,5 naheliegende Folgerung, das Gesetz selbst sei Sünde. Vielmehr gehören die Gebote auf die Seite Gottes (V. 14) und sind darum heilig, gerecht und gut (V. 12). Aus diesem Grund ist die Sünde nicht dem Gesetz anzulasten, sondern dem Menschen, der Sünder ist. In dieser Situation führt das zum Leben gegebene Gesetz notwendigerweise zum Tod (V. 10). Durch das Gesetz wird die Lage des Menschen sogar noch zum Sündigen gereizt. In V. 9–12 stellt Paulus das Zusammenspiel von Sünde und Gesetz anhand der Geschichte vom Sündenfall Adams (1Mo 3) dar: Adam lebte zunächst ohne jedes Gebot. Nur eins sollte er dann einhalten; aber selbst das war zuviel. Das sündige Begehren war stärker als der Gehorsam. So traf Adam der Fluch. Er wurde aus dem Paradies vertrieben und dem Todesverhängnis unterworfen (vgl. 5,1–21). Weil seine Tat für alle Menschen vor Christus die gleichen Folgen hatte, konnte Paulus den Klagegesang Adams in der Ich–Form gestalten. Paulus will mit dieser Ich—Form nicht seine vorchristliche Vergangenheit beschreiben. Noch viel weniger spricht er von inneren Konflikten, in denen sich Christen jetzt befänden. So (V. 14 ff.) sieht vielmehr vom christlichen Glauben her die dem Menschen normalerweise gar nicht bewußte Situation aus.

vollbringen kann ich nicht. [19] *Denn das Gute, das ich will, das tue ich nicht; sondern das Böse, das ich nicht will, das tue ich.* [20] Wenn ich aber tue, was ich nicht will, so tue nicht ich es, sondern die Sünde, die in mir wohnt. [21] So finde ich nun das Gesetz, daß mir, der ich das Gute tun will, das Böse anhängt. [22] Denn ich habe Lust an Gottes Gesetz nach dem inwendigen Menschen. [23] Ich sehe aber ein anderes Gesetz in meinen Gliedern, das widerstreitet dem Gesetz in meinem Gemüt* und hält mich gefangen im Gesetz der Sünde, das in meinen Gliedern ist. [24] *Ich elender Mensch! Wer wird mich erlösen von diesem todverfallenen Leibe?* [25] *Dank sei Gott durch Jesus Christus, unsern Herrn!*

So diene ich nun mit dem Gemüt dem Gesetz Gottes, aber mit dem Fleisch dem Gesetz der Sünde.

An einzelnen Zügen des Klagegesangs ist erkennbar, daß Paulus Gedanken aus der zeitgenössischen jüdischen Auslegung übernimmt: z. B. die Begierde als die Grundsünde anzusehen und dementsprechend das Verbot des Begehrens als den Kern des ganzen Gesetzes zu werten. Das Klagelied über den Menschen, der im Zwiespalt zwischen dem guten Wollen und dem Mißlingen seiner Vorsätze steht, ist auch von frommen Juden erhoben worden. Diese haben sich darum noch fester an das Gesetz halten wollen. Paulus jedoch betrachtet das als Verhängnis und Irrtum. Der Mensch sucht so nur noch mehr, sich selbst vor Gott zu bestätigen; lebt statt aus der Liebe aus Pflichterfüllung, statt aus Dankbarkeit aus Selbstruhm. Darum kann nur das Eingeständnis der eigenen Ohnmacht und der Dank für Gottes Tat in Christus der Beginn der Wende sein (V. 24–25 a). V. 25 b bereitet der Auslegung große Schwierigkeiten.

1. **Er zerstört den Zusammenhang zwischen dem Dankesruf und seiner Begründung (8,2).**
2. **Die Behauptung, der Mensch diene mit der Vernunft dem Gesetz Gottes ist weniger prägnant, als was Paulus von den inneren Konflikten des Menschen im Schatten Adams sagt. Nicht nur sein Tun, sondern auch seine Vernunft ist so verdunkelt, daß keine Möglichkeit besteht, sich aus den Fesseln der Sünde zu befreien (V. 23).**

Vielleicht ist eine Randbemerkung eines späteren Lesers von einem Abschreiber irrtümlich in den Text übernommen worden. Das könnte man auch für V. 1 des folgenden Kapitels vermuten. Er bietet zwar eine im Sinne des Paulus sachliche Schlußfolgerung, fügt sich jedoch schlecht dem Gedankengang ein.

V. 2 begründet den Dank aus 7,25 a. – Die Frage nach den Folgen der Rechtfertigung aufgrund des Todes Christi (V. 3 f.; vgl. Gal 3,13 f.) wird abschließend damit beantwortet: Der Glaubende hat den Geist. In der Entfaltung seiner Lehre vom Geist bemüht sich Paulus, einem schwärmerischen Mißverständnis des Geistbesitzes den Boden zu entziehen. Der vom Geist Erfüllte lebt nicht gelöst von allen Bindungen und Verpflichtungen. Der Glaubende wird vielmehr fähig zur Erfüllung der Forderungen des Gesetzes, d. h. zu einem selbstlosen, Gott verherrlichenden Handeln. Ein Wirken des Geistes, das nicht auch jetzt und in

Das Leben im Geist

8 *So gibt es nun keine Verdammnis für die, die in Christus Jesus sind.* [2] Denn das Gesetz des Geistes, der lebendig macht in Christus Jesus, hat dich frei gemacht von dem Gesetz der Sünde und des Todes. [3] Denn was dem Gesetz unmöglich war, weil es durch das Fleisch geschwächt war, das tat Gott: er sandte seinen Sohn in der Gestalt des sündigen Fleisches und um der Sünde willen und verdammte die Sünde im Fleisch, [4] damit die Gerechtigkeit, vom Gesetz gefordert, in uns erfüllt würde, die wir nun nicht nach dem Fleisch leben, sondern nach dem Geist. [5] Denn die da fleischlich sind, die sind fleischlich gesinnt; die aber geistlich sind, die sind geistlich gesinnt. [6] Aber fleischlich gesinnt sein ist der Tod, und geistlich gesinnt sein ist Leben und Friede. [7] Denn fleischlich gesinnt sein ist Feindschaft gegen Gott, weil das Fleisch dem Gesetz Gottes nicht untertan ist;

denn es vermag's auch nicht. [8]Die aber fleischlich sind, können Gott nicht gefallen. [9]Ihr aber seid nicht fleischlich, sondern geistlich, wenn denn Gottes Geist in euch wohnt. Wer aber Christi Geist nicht hat, der ist nicht sein. [10]Wenn aber Christus in euch ist, so ist der Leib zwar tot um der Sünde willen, der Geist aber ist Leben um der Gerechtigkeit willen. [11]Wenn nun der Geist dessen, der Jesus von den Toten auferweckt hat, in euch wohnt, so wird er, der Christus von den Toten auferweckt hat, auch eure sterblichen Leiber lebendig machen durch seinen Geist, der in euch wohnt.

[12]So sind wir nun, liebe Brüder, nicht dem Fleisch schuldig, daß wir nach dem Fleisch leben. [13]Denn wenn ihr nach dem Fleisch lebt, so werdet ihr sterben müssen; wenn ihr aber durch den Geist die Taten des Fleisches tötet, so werdet ihr leben. [14]Denn *welche der Geist Gottes treibt, die sind Gottes Kinder.* [15]Denn ihr habt nicht einen knechtischen Geist empfangen, daß ihr euch abermals fürchten müßtet; sondern ihr habt einen kindlichen Geist empfangen, durch den wir rufen: Abba, lieber Vater! [16]Der Geist selbst gibt Zeugnis unserm Geist, daß wir Gottes Kinder sind. [17]Sind wir aber Kinder, so sind wir auch Erben, nämlich Gottes Erben und Miterben Christi, wenn wir denn mit ihm leiden, damit wir auch mit zur Herrlichkeit erhoben werden.

Zukunft Konsequenzen für das leibliche Leben hat (V. 11), ist undenkbar. Möglicherweise ist Paulus der erste Theologe, der den endzeitlichen Geist Gottes (Joel 3,1–5; vgl. Apg 2,17–21) als Geist Christi bezeichnet (V. 9). Damit meint er, daß die Herrschaft des für uns gekreuzigten Christus sich gegenwärtig im Leben der Glaubenden durch selbstlose Hingabe erweist (vgl. 13,8–10). Leben nach dem Geist bedeutet, unter der Herrschaft Christi zu stehen, wie er leben, und Egoismus überwinden zu können. Paulus nennt das, was überwunden werden muß, das Fleisch. – In V. 12–17 beschreibt Paulus einen weiteren Aspekt des Geistbesitzes: Mit Hilfe des Geistes lebt der Mensch in der Hoffnung, von Gott angenommen zu sein. Im Geist dürfen wir Gott kindlich mit »Abba« (= Vater) anreden, wie es Jesus getan hat (Mk 14,36). Als Kinder Gottes und damit als Brüder Jesu sind die Glaubenden Erben der Verheißung Gottes. Diese durch den Geist eröffnete Erkenntnis macht fähig, die eigenen Leiden als Ausdruck der Zugehörigkeit zu dem gekreuzigten Christus zu verstehen.

Hoffnung für die Schöpfung und Gewißheit des Heils

[18]Denn ich bin überzeugt, daß dieser Zeit Leiden nicht ins Gewicht fallen gegenüber der Herrlichkeit, die an uns offenbart werden soll. [19]Denn das ängstliche Harren der Kreatur wartet darauf, daß die Kinder Gottes offenbar werden. [20]Die Schöpfung ist ja unterworfen der Vergänglichkeit – ohne ihren Willen, sondern durch den, der sie unterworfen hat –, doch auf Hoffnung; [21]denn auch die Schöpfung wird frei werden von der Knechtschaft der Vergänglichkeit zu der herrlichen Freiheit der Kinder Gottes. [22]Denn wir wissen, daß die ganze Schöpfung bis zu diesem Augenblick mit uns seufzt und sich ängstet. [23]Nicht allein aber sie, sondern auch wir selbst, die wir den Geist als Erstlingsgabe haben, seufzen in uns selbst und sehnen uns nach der Kindschaft, der Erlösung unseres Leibes. [24]Denn *wir sind zwar gerettet, doch auf Hoffnung.* Die Hoffnung aber, die man sieht, ist nicht Hoffnung; denn wie kann man auf das hoffen, was man sieht? [25]Wenn wir aber auf das hoffen, was wir nicht sehen, so warten wir darauf in Geduld.

[26]Desgleichen hilft auch der Geist unsrer Schwachheit auf. Denn wir wissen nicht, was wir beten sollen, wie sich's gebührt; sondern der Geist selbst vertritt uns mit unaus-

Der Widerspruch zwischen geglaubter Freiheit und erlittener Unterdrückung ist nur für die vom Geist Christi Erfüllten ertragbar. Im Unterschied zu den Schwärmern überspielt Paulus die Schrecken des unstillbaren Leidens nicht. Eine gedankliche Hilfe für ihn ist die jüdische Vorstellung von den »Messiaswehen«: Vor dem Kommen des Reiches Gottes verdoppeln die widergöttlichen Mächte ihre Anstrengungen, um nicht zu unterliegen. So versteht Paulus auch die gegenwärtige Zeit, in der sich Unrecht und Leid zeigen. Der Christ sieht die mißhandelte Schöpfung. Er begehrt leidenschaftlich die neue Welt, in der alles Seufzen in Lobgesang mündet. Die durch Christus gewirkte Rettung zielt auf die Heimholung der gesamten Schöpfung unter Gottes Herrschaft (vgl. 1Ko 15,24–28). Für die vom Geist der Hoffnung Erfüllten ist der scheinbare Triumph dieser widergöttlichen Mächte ein Zeichen ihrer unaufhaltsamen Niederlage. Die Christen haben an der gegenwärtigen Schwachheit teil. Das zeigt Paulus gerade im Blick auf das Beten. Den Schwärmern war die Zungenrede ein Beweis ihrer Stärke. Sie meinten, sie seien schon den Engeln gleich geworden, weil sie in himmlischer Sprache reden könnten (vgl. zu 1Ko 14). Paulus dagegen sagt (V. 26f.): So schwach sind wir, daß wir mit unserer menschlichen Sprache und unserem Denkvermögen nicht einmal mehr beten können. Diesem Unvermögen hilft der Geist, indem er in Worten, die uns unverständlich sind, das vor Gott bringt, was im Blick auf die leidende Schöpfung gesagt werden muß. Wenn die Gewalttaten gegen die wehrlose Schöpfung als der letzte aber doch vergebliche Aufruhr gegen Gott verstanden werden, dann können die Glaubenden wagen, leidend dem Unrecht zu widerstehen. Sie wissen, daß niemand die Zusage widerrufen kann, die Gott ihnen gegeben hat.

sprechlichem Seufzen. [27] Der aber die Herzen erforscht, der weiß, worauf der Sinn des Geistes gerichtet ist; denn er vertritt die Heiligen, wie es Gott gefällt. [28] *Wir wissen aber, daß denen, die Gott lieben, alle Dinge zum Besten dienen, denen, die nach seinem Ratschluß berufen sind.* [29] Denn die er ausersehen hat, die hat er auch vorherbestimmt, daß sie gleich sein sollten dem Bild seines Sohnes, damit dieser der Erstgeborene sei unter vielen Brüdern. [30] Die er aber vorherbestimmt hat, die hat er auch berufen; die er aber berufen hat, die hat er auch gerecht gemacht; die er aber gerecht gemacht hat, die hat er auch verherrlicht.

[31] Was wollen wir nun hierzu sagen? *Ist Gott für uns, wer kann wider uns sein?* [32] *Der auch seinen eigenen Sohn nicht verschont hat, sondern hat ihn für uns alle dahingegeben – wie sollte er uns mit ihm nicht alles schenken?* [33] *Wer will die Auserwählten Gottes beschuldigen? Gott ist hier, der gerecht macht.* [34] *Wer will verdammen? Christus Jesus ist hier, der gestorben ist, ja vielmehr, der auch auferweckt ist, der zur Rechten Gottes ist und uns vertritt.* [35] Wer will uns scheiden von der Liebe Christi? Trübsal oder Angst oder Verfolgung oder Hunger oder Blöße oder Gefahr oder Schwert? [36] wie geschrieben steht (Psalm 44,23): »Um deinetwillen werden wir getötet den ganzen Tag; wir sind geachtet wie Schlachtschafe.«

[37] Aber in dem allen überwinden wir weit durch den, der uns geliebt hat. [38] Denn *ich bin gewiß, daß weder Tod noch Leben, weder Engel noch Mächte noch Gewalten, weder Gegenwärtiges noch Zukünftiges,* [39] *weder Hohes noch Tiefes noch eine andere Kreatur uns scheiden kann von der Liebe Gottes, die in Christus Jesus ist, unserm Herrn.*

Sein persönliches Bekenntnis, das unter ständiger Verfolgung und Bedrückung (2Ko 11,22–33) gewonnen ist, spricht Paulus in einem Triumphlied (V. 31–39) aus. Es ist kein Siegeslied nach beendeter Schlacht, sondern ein Lob derer, die sich durch Gewalt nicht ihrer Menschenwürde berauben lassen. Nach Paulus hat der Christ nicht nur mit menschlichen Feinden, sondern auch mit den gefallenen Engelmächten (vgl. Jud 6f.) zu tun. Sowohl der Aufruhr gegen Gott als auch der leidende Widerstand der in Hoffnung Glaubenden hat Bedeutung für den gesamten Kosmos.

Gottes Weg mit Israel (Kap. 9–11)

Die längste in sich geschlossene Darstellung von Paulus behandelt das Thema: »Gottes Weg mit Israel«. Sie berücksichtigt die von Juden und Judenchristen im Verlauf der vorangegangenen Jahre gegen seine Lehre von der Rechtfertigung erhobenen Vorwürfe:

1. Er habe das Bekenntniszeichen seines Volkes, die Beschneidung, preisgegeben und damit sein Volk verraten.
2. Er habe Gottes Verheißung an Israel für überholt erklärt und Gott so zum Lügner gemacht.
3. Er habe Gottes Heilshandeln auf Christi Kreuz eingeengt und so Geschichte und Schöpfung preisgegeben.
4. Er habe Gottes Gerechtigkeit bestritten, indem er anstelle von einer Beurteilung des Menschen aufgrund seiner Werke von der Annahme des Menschen aufgrund der Gnade spreche.

Andrerseits hat es aber auch heidenchristliche Einwände gegeben: Ist der weithin zu beobachtende Unglaube der Juden gegenüber der christlichen Heilsverkündigung (1Th 2,14f.) nicht ein Hinweis

darauf, daß ihre Erwählung hinfällig geworden ist, Israel also keinen Vorrang mehr besitzt (vgl. 3,1)?

Wegen der Vielfalt und Ernsthaftigkeit der Einwände sieht sich Paulus verpflichtet, das Verhältnis seiner Rechtfertigungslehre zur Heilsgeschichte Israels grundlegend zu klären. Obwohl er hier aktuelle Fragen seiner Zeit beantwortet, bleiben die Aussagen auch bis heute bedeutsam und sind zum Schaden der Kirche oft aus dem Blick geraten. Die wichtigsten Grundgedanken sind:

1. **Die Geschichte der Kirche läßt sich nicht von Israel trennen.**
2. **Die Geschichte ist von der Schöpfung bis hin zur Vollendung der Welt von Gottes Treue bestimmt; die geschichtlichen Katastrophen haben ihre Ursache in der Untreue der Menschen.**
3. **Die Kirche verdankt sich ganz der Gnade Gottes und hat darum keinen Grund, sich über Israel zu erheben.**

Israels Gotteskindschaft

9 Ich sage die Wahrheit in Christus und lüge nicht, wie mir mein Gewissen bezeugt im heiligen Geist, [2]daß ich große Traurigkeit und Schmerzen ohne Unterlaß in meinem Herzen habe. [3]Ich selber wünschte, verflucht und von Christus getrennt zu sein für meine Brüder, die meine Stammverwandten sind nach dem Fleisch, [4]die Israeliten sind, denen die Kindschaft gehört und die Herrlichkeit und der Bund und das Gesetz und der Gottesdienst und die Verheißungen, [5]denen auch die Väter gehören, und aus denen Christus herkommt nach dem Fleisch, der da ist Gott über alles, gelobt in Ewigkeit. Amen.

Dem Vorwurf, sein Volk verraten und preisgegeben zu haben, begegnet Paulus mit einem feierlichen Angebot: Wenn es möglich wäre, zur Rettung seiner jüdischen Mitbrüder seine Gemeinschaft mit Christus hinzugeben und sich stellvertretend dem Fluch Gottes auszuliefern wie der Knecht Gottes (vgl. Jes 53), würde er dazu bereit sein. Die Vorzüge Israels vor allen Völkern zählt Paulus in deutlicher Steigerung auf.

Die Kinder der Verheißung als das wahre Israel

[6]Aber ich sage damit nicht, daß Gottes Wort hinfällig geworden sei. Denn nicht alle sind Israeliten, die von Israel stammen; [7]auch nicht alle, die Abrahams Nachkommen sind, sind darum seine Kinder. Sondern nur »was von Isaak stammt, soll dein Geschlecht genannt werden« (1.Mose 21,12), [8]das heißt: nicht das sind Gottes Kinder, die nach dem Fleisch Kinder sind; sondern nur die Kinder der Verheißung werden als seine Nachkommenschaft anerkannt. [9]Denn dies ist ein Wort der Verheißung, da er spricht (1.Mose 18,10): »Um diese Zeit will ich kommen, und Sara soll einen Sohn haben.«

[10]Aber nicht allein hier ist es so, sondern auch bei Rebekka, die von dem einen, unserm Vater Isaak, schwanger wurde. [11]Ehe die Kinder geboren waren und weder Gutes noch Böses getan hatten, da wurde, damit der Ratschluß Gottes bestehen bliebe und seine freie Wahl – [12]nicht aus Verdienst der Werke, sondern durch die Gnade des Berufenden –, zu ihr gesagt: »Der Ältere soll dienstbar werden dem Jüngeren« (1.Mose 25,23), [13]wie geschrieben steht (Maleachi 1,2.3): »Jakob habe ich geliebt, aber Esau habe ich gehaßt.«

Die Zugehörigkeit zu Israel wird nicht durch äußere Merkmale entschieden. Die Erwählung gilt zwar Israel, aber Gottes Handeln richtet sich nicht nach nationalen Grenzen; es kann Israeliten aus- und Fremde einschließen. Gotteskindschaft ist kein von Menschen einklagbares Recht, sondern Gottes freies Angebot (vgl. Mt 3,9Par). Die Beispiele aus der Geschichte Israels zeigen die Unergründbarkeit von Gottes Wahl. Paulus erklärt in gleicher Weise für gültig: Gottes freie Wahl und die Zugehörigkeit zum Volk Israel. Würde er nur von der unerforschlichen Freiheit reden, könnte er nicht von Gottes Treue in der Geschichte und von Vertrauen auf Gottes Wort sprechen. Israel ist für Paulus sowohl geschichtlicher Mittelpunkt als auch Ausgang und Ziel von Gottes Handeln, obwohl das dem Menschen zu keinem Zeitpunkt sichtbar ist.

Gottes freie Gnadenwahl

[14]Was sollen wir nun hierzu sagen? Ist denn Gott ungerecht? Das sei ferne! [15]Denn er spricht zu Mose (2.Mose

Zunächst spricht Paulus von Gottes freiem Erwählen. Zentrum des Ge-

dankenganges ist V. 16. Alles andere begründet nur den Satz: Keiner kann Gott zwingen, ihn zu erwählen. Gottes Erbarmen kann nur als Geschenk empfangen werden. Weder eigene Anstrengung noch die Zugehörigkeit zum Volk Israel haben darauf Einfluß, sondern allein Gottes freier Wille. Der Apostel mildert das Unfaßbare von Gottes Handeln nicht. Warum Gott Unrecht zuläßt und Menschen wie Pharao sogar zum Werkzeug des Bösen bestimmt, bleibt unergründbar. Das Unverständnis der Menschen beruht auf ihrer geschöpflichen Begrenztheit. Von menschlichem Denkhorizont aus sind Gottes Wege unbegreiflich und ist der Blickwinkel auf das eigene Ich beschränkt. Über Gottes Tun zu richten und ihn anzuklagen, steht den Menschen nicht zu. Das haben schon mit ähnlichen Bildern die Propheten dem aufbegehrenden Volk Israel eingeschärft (vgl. Jes 29,16; 45,9; Jer 18,3–6). Der Apostel will aber nicht die Rätselhaftigkeit von Gottes Wegen aufzeigen, sondern das für Juden unbegreifliche Wunder verteidigen: Gott hat sich aus Juden und Heiden ein Volk erwählt, das den geschichtlichen Auftrag und die Bestimmung Israels verwirklichen soll, Zeugnis von Gottes Gnade zu sein. In diesem Volk gibt es keine Bevorzugten, sondern nur angenommene Sünder. Die atl. Schriftworte sollen zeigen: Zu keiner Zeit hat sich Gott auf das historische Volk Israel festgelegt, sondern er konnte auch immer die nationalen Grenzen überschreiten. Nur ein kleiner Rest Israels wird bezeugen, daß Gott sein einmal gegebenes Wort halten wird, auch wenn das Volk als Ganzes den Gottesbund gebrochen hat.

33,19): »Wem ich gnädig bin, dem bin ich gnädig; und wessen ich mich erbarme, dessen erbarme ich mich.« [16] *So liegt es nun nicht an jemandes Wollen oder Laufen, sondern an Gottes Erbarmen.* [17] Denn die Schrift sagt zum Pharao (2. Mose 9,16): »Eben dazu habe ich dich erweckt, damit ich an dir meine Macht erweise und damit mein Name auf der ganzen Erde verkündigt werde.« [18] So erbarmt er sich nun, wessen er will, und verstockt, wen er will.

[19] Nun sagst du zu mir: Warum beschuldigt er uns dann noch? Wer kann seinem Willen widerstehen? [20] Ja, lieber Mensch, wer bist du denn, daß du mit Gott rechten willst? Spricht auch ein Werk zu seinem Meister: Warum machst du mich so? [21] Hat nicht ein Töpfer Macht über den Ton, aus demselben Klumpen ein Gefäß zu ehrenvollem und ein anderes zu nicht ehrenvollem Gebrauch zu machen? [22] Da Gott seinen Zorn erzeigen und seine Macht kundtun wollte, hat er mit großer Geduld ertragen die Gefäße des Zorns, die zum Verderben bestimmt waren, [23] damit er den Reichtum seiner Herrlichkeit kundtue an den Gefäßen der Barmherzigkeit, die er zuvor bereitet hatte zur Herrlichkeit. [24] Dazu hat er uns berufen, nicht allein aus den Juden, sondern auch aus den Heiden. [25] Wie er denn auch durch Hosea spricht (Hosea 2,25; 2,1):

»Ich will das mein Volk nennen, das nicht mein Volk war,
und meine Geliebte, die nicht meine Geliebte war.«
[26] »Und es soll geschehen: Anstatt daß zu ihnen gesagt wurde:
‚Ihr seid nicht mein Volk',
sollen sie Kinder des lebendigen Gottes genannt werden.«

[27] Jesaja aber ruft aus über Israel (Jesaja 10,22.23):

»Wenn die Zahl der Israeliten wäre wie der Sand am Meer,
so wird doch nur ein Rest gerettet werden;
[28] denn der Herr wird sein Wort, indem er vollendet und scheidet, ausrichten auf Erden.«

[29] Und wie Jesaja vorausgesagt hat (Jesaja 1,9):

»Wenn uns nicht der Herr Zebaoth Nachkommen übriggelassen hätte,
so wären wir wie Sodom geworden und wie Gomorra.«

Gesetzesgerechtigkeit und Glaubensgerechtigkeit

Die Wende der Geschichte, die Zuwendung Gottes zu Heiden, hat ihre Ursache in der Schuld Israels. Es hat die Gebote Gottes mißbraucht, in-

[30] Was sollen wir nun hierzu sagen? Das wollen wir sagen: Die Heiden, die nicht nach der Gerechtigkeit trachteten, haben die Gerechtigkeit erlangt; ich rede aber von der Gerechtigkeit, die aus dem Glauben kommt. [31] Israel aber

hat nach dem Gesetz der Gerechtigkeit getrachtet und hat es doch nicht erreicht. [32]Warum das? Weil es die Gerechtigkeit nicht aus dem Glauben sucht, sondern als komme sie aus den Werken. Sie haben sich gestoßen an dem Stein des Anstoßes, [33]wie geschrieben steht (Jesaja 8,14; 28,16):

»Siehe, ich lege in Zion einen Stein des Anstoßes
und einen Fels des Ärgernisses;
und wer an ihn glaubt,
der soll nicht zuschanden werden.«

10 Liebe Brüder, meines Herzens Wunsch ist, und ich flehe auch zu Gott für sie, daß sie gerettet werden. [2]Denn ich bezeuge ihnen, daß sie Eifer für Gott haben, aber ohne Einsicht. [3]Denn sie erkennen die Gerechtigkeit nicht, die vor Gott gilt, und suchen ihre eigene Gerechtigkeit aufzurichten und sind so der Gerechtigkeit Gottes nicht untertan. [4]Denn *Christus ist des Gesetzes Ende; wer an den glaubt, der ist gerecht.*

[5]Mose nämlich schreibt von der Gerechtigkeit, die aus dem Gesetz kommt (3.Mose 18,5): »Der Mensch, der das tut, wird dadurch leben.« [6]Aber die Gerechtigkeit aus dem Glauben spricht so (5.Mose 30,11-14): »Sprich nicht in deinem Herzen: Wer will hinauf gen Himmel fahren?« – nämlich um Christus herabzuholen – [7]oder: »Wer will hinab in die Tiefe fahren?« – nämlich um Christus von den Toten heraufzuholen –, [8]sondern was sagt sie? »Das Wort ist dir nahe, in deinem Munde und in deinem Herzen.« Dies ist das Wort vom Glauben, das wir predigen. [9]Denn wenn du mit deinem Munde bekennst, daß Jesus der Herr ist, und in deinem Herzen glaubst, daß ihn Gott von den Toten auferweckt hat, so wirst du gerettet. [10]Denn *wenn man von Herzen glaubt, so wird man gerecht; und wenn man mit dem Munde bekennt, so wird man gerettet.* [11]Denn die Schrift spricht (Jesaja 28,16): »Wer an ihn glaubt, wird nicht zuschanden werden.« [12]Es ist hier kein Unterschied zwischen Juden und Griechen; es ist über alle derselbe Herr, reich für alle, die ihn anrufen. [13]Denn »wer den Namen des Herrn anrufen wird, soll gerettet werden« (Joel 3,5).

dem es durch Gesetzeserfüllung unwiderrufliche Ansprüche gegenüber Gott zu erheben suchte. Israel lebte in dem Wahn, das allein Richtige zu wissen und Gottes Reaktionen zu kennen. Darum konnten Juden sich nicht als so schuldig sehen, daß auch für sie Jesus am Kreuz sterben mußte. Zu der Zitatenkomposition in V. 33 vgl. 1Pt 2,4–10. – Das Urteil, daß Israel trotz seines Eifers die ihm von Gott gegebene Bestimmung verfehlt hat, fällt Paulus schwer. Für ihn ist die Botschaft von Christus der Maßstab, ob eine Schriftstelle toter Buchstabe (vgl. 2Ko 3) oder lebendiges Wort Gottes ist. Es gibt nur die Alternative: Entweder rücksichtslose Selbstbehauptung, die immer weiter von Gott wegführt, oder dankbares Ergreifen der unverdienten Gnade. Sie ist mit dem Kreuz und der Auferstehung Christi erstmalig und endgültig angeboten. So stehen sich Gesetzes- und Glaubensgerechtigkeit unvereinbar gegenüber. In diesem Sinne hat Paulus in 10,4 vom »Ende des Gesetzes« gesprochen. Das griechische Wort telos läßt aber auch die Bedeutung »Ziel« und »Erfüllung« zu. Doch findet sich beides in der Schrift, sogar in demselben Buch (5Mo). 5Mo 30,11–14 ist ursprünglich ein Lobpreis auf das Gesetz, das den Menschen nah und erfüllbar geworden ist. Für Paulus beantwortet die Schriftstelle jedoch die Frage, »Wo ist Christus nach Kreuz und Auferstehung?«: Er ist nicht außerhalb der Welt, sondern dort, wo er gepredigt wird und Menschen sich mit Wort und Tat zu ihm als ihrem Herrn bekennen. Weil Zeugnis und Bekenntnis allein entscheiden, sind alle bisher gültigen irdischen Unterschiede aufgehoben.

Israel hat keine Entschuldigung

[14]Wie sollen sie aber den anrufen, an den sie nicht glauben? Wie sollen sie aber an den glauben, von dem sie nichts gehört haben? Wie sollen sie aber hören ohne Prediger? [15]Wie sollen sie aber predigen, wenn sie nicht gesandt werden? Wie denn geschrieben steht (Jesaja 52,7): »Wie lieblich sind die Füße der Freudenboten, die das Gute verkündigen!« [16]Aber nicht alle sind dem Evangelium gehorsam. Denn Jesaja spricht: (Jesaja 53,1): »Herr, wer glaubt

Wenn Bekenntnis ohne Glaube, Glaube ohne Predigt, Predigt ohne bevollmächtigte Sendung nicht möglich ist, kann Israel sich dann damit entschuldigen: Zu uns ist niemand gekommen? Die Schriftbeweise zeigen, daß kein Volk besser auf die christliche Botschaft vorbereitet war als Israel. Ständig hat ihm Gott durch die Propheten den Weg der Glaubensgerechtigkeit angeboten. Auch wußte es, daß am Ende der Zeit das Wort Gottes alle Völker zusammenrufen wird. Dieses von den Propheten geweissagte universale Heilsangebot ist für Paulus jetzt gekommen. Je dringender es ist, desto schlimmer sind die Folgen seiner Ablehnung. So besteht die Schuld Israels darin, die Dringlichkeit der Stunde nicht erkannt zu haben. Weil Israel den Glauben verweigert, wendet sich Gott zunächst den anderen Völkern zu. Doch das ist nicht das letzte Wort Gottes in der Geschichte mit seinem Volk (vgl. Kap. 11).

unserm Predigen?« [17] *So kommt der Glaube aus der Predigt, das Predigen aber durch das Wort Christi.* [18] Ich frage aber: Haben sie es nicht gehört? Doch,

es ist ja »in alle Lande ausgegangen ihr Schall
und ihr Wort bis an die Enden der Welt« (Psalm 19,5).

[19] Ich frage aber: Hat es Israel nicht verstanden? Als erster spricht Mose (5. Mose 32,21):

»Ich will euch eifersüchtig machen auf ein Nicht-Volk;
und über ein unverständiges Volk will ich euch zornig machen.«

[20] Jesaja aber wagt zu sagen (Jesaja 65,1):

»Ich ließ mich finden von denen, die mich nicht suchten,
und erschien denen, die nicht nach mir fragten.«

[21] Zu Israel aber spricht er (Jesaja 65,2): »Den ganzen Tag habe ich meine Hände ausgestreckt nach dem Volk, das sich nichts sagen läßt und widerspricht.«

Nicht ganz Israel ist verstockt

Die naheliegende Folgerung, Gott habe sein Volk endgültig verstoßen, lehnt Paulus energisch ab. Die Ausnahmen zeigen, daß die Geschichte Gottes mit seinem Volk nicht beendet ist. Dafür ist Paulus der beste Beweis. Er vergleicht sich mit Elia, der die tröstliche Antwort erhält, daß ein heiliger Rest übriggeblieben ist. Die Vorstellung von einem heiligen Rest spielt in der jüdischen Frömmigkeit eine große Rolle. Von der geläufigen jüdischen Anschauung unterscheidet sich die des Paulus durch zwei Dinge: 1. Der heilige Rest sind nicht standhaft gebliebene Treue, sondern die ohne eigenes Verdienst von Gott Erwählten. 2. Der heilige Rest sind die Judenchristen, die sich von Gott in Christus neu berufen ließen. Diese Berufung gehört in das Heilshandeln Gottes mit seinem Volk von Anfang an. Die Mehrheit des Volkes hat sich diesem Ruf Gottes verschlossen. Darum kommt das Volk in seiner Mehrheit unter Gottes Gericht. Dieses vollzieht sich in der Weise, daß dem Volk für eine Zeit die Möglichkeit zum Glauben genommen wird. Diese »Verfinsterung« (V. 10) kann allein von Gott her überwunden werden.

11 So frage ich nun: Hat denn Gott sein Volk verstoßen? Das sei ferne! Denn ich bin auch ein Israelit, vom Geschlecht Abrahams, aus dem Stamm Benjamin. [2] Gott hat sein Volk nicht verstoßen, das er zuvor erwählt hat. Oder wißt ihr nicht, was die Schrift sagt von Elia, wie er vor Gott tritt gegen Israel und spricht (1. Könige 19,10): [3] »Herr, sie haben deine Propheten getötet und haben deine Altäre zerbrochen, und ich bin allein übriggeblieben, und sie trachten mir nach dem Leben«? [4] Aber was sagt ihm die göttliche Antwort? (1. Könige 19,18): »Ich habe mir übriggelassen siebentausend Mann, die ihre Knie nicht gebeugt haben vor dem Baal.« [5] So geht es auch jetzt zu dieser Zeit, daß einige übriggeblieben sind nach der Wahl der Gnade. [6] Ist's aber aus Gnade, so ist's nicht aus Verdienst der Werke; sonst wäre Gnade nicht Gnade. [7] Wie nun? Was Israel sucht, das hat es nicht erlangt; die Auserwählten aber haben es erlangt. Die andern sind verstockt, [8] wie geschrieben steht (Jesaja 29,10):

»Gott hat ihnen einen Geist der Betäubung gegeben,
Augen, daß sie nicht sehen, und Ohren, daß sie nicht hören, bis auf den heutigen Tag.«

[9] Und David spricht (Psalm 69,23.24):

»Laß ihren Tisch zur Falle werden und zu einer Schlinge
und ihnen zum Anstoß und zur Vergeltung.
[10] Ihre Augen sollen finster werden, daß sie nicht sehen,
und ihren Rücken beuge allezeit.«

Die Berufung der Heiden als Hoffnung für Israel

[11]So frage ich nun: Sind sie gestrauchelt, damit sie fallen? Das sei ferne! Sondern durch ihren Fall ist den Heiden das Heil widerfahren, damit Israel ihnen nacheifern sollte. [12]Wenn aber schon ihr Fall Reichtum für die Welt ist und ihr Schade Reichtum für die Heiden, wieviel mehr wird es Reichtum sein, wenn ihre Zahl voll wird.

[13]Euch Heiden aber sage ich: Weil ich Apostel der Heiden bin, preise ich mein Amt, [14]ob ich vielleicht meine Stammverwandten zum Nacheifern reizen und einige von ihnen retten könnte. [15]Denn wenn ihre Verwerfung die Versöhnung der Welt ist, was wird ihre Annahme anderes sein als Leben aus den Toten! [16]Ist die Erstlingsgabe vom Teig heilig, so ist auch der ganze Teig heilig; und wenn die Wurzel heilig ist, so sind auch die Zweige heilig.

Paulus ist davon überzeugt, daß am Ende die Umkehr ganz Israels steht. Verborgen ist nur der Weg dahin. Der von Israel zunächst wegführende Weg zu den Heiden ist für Paulus – der hier zum prophetischen Geschichtsdeuter wird – ein besonderes göttliches Geheimnis. Israel ist so sehr auserwähltes Volk, daß auch sein ablehnendes Verhalten von Gott in Segen verwandelt wird. Es hat unabsichtlich den Anstoß zur Heidenmission gegeben. Mit einem typisch jüdischen Verfahren, vom Kleineren auf das Größere zu schließen, beendet Paulus den Gedankengang. Bringt schon Israels böses Verhalten Segen, wieviel mehr erst sein rechtes!

Warnung an die Heidenchristen vor Überheblichkeit

[17]Wenn aber nun einige von den Zweigen ausgebrochen wurden und du, der du ein wilder Ölzweig warst, in den Ölbaum eingepfropft worden bist und teilbekommen hast an der Wurzel und dem Saft des Ölbaums, [18]so rühme dich nicht gegenüber den Zweigen. Rühmst du dich aber, so sollst du wissen, daß nicht du die Wurzel trägst, sondern die Wurzel trägt dich. [19]Nun sprichst du: Die Zweige sind ausgebrochen worden, damit ich eingepfropft würde. [20]Ganz recht! Sie wurden ausgebrochen um ihres Unglaubens willen; du aber stehst fest durch den Glauben. Sei nicht stolz, sondern fürchte dich! [21]Hat Gott die natürlichen Zweige nicht verschont, wird er dich doch wohl auch nicht verschonen. [22]Darum sieh die Güte und den Ernst Gottes: den Ernst gegenüber denen, die gefallen sind, die Güte Gottes aber dir gegenüber, sofern du bei seiner Güte bleibst; sonst wirst du auch abgehauen werden. [23]Jene aber, sofern sie nicht im Unglauben bleiben, werden eingepfropft werden; denn Gott kann sie wieder einpfropfen. [24]Denn wenn du aus dem Ölbaum, der von Natur wild war, abgehauen und wider die Natur in den edlen Ölbaum eingepfropft worden bist, wieviel mehr werden die natürlichen Zweige wieder eingepfropft werden in ihren eigenen Ölbaum.

Die Verweigerung des Glaubens an Christus durch die Mehrheit Israels und Gottes zeitweilige Abwendung von seinem Volk berechtigen die Heidenchristen nicht, sich für besser zu halten, sich von Israel zu lösen und die Glaubensverweigerung Israels für einen bleibenden Gottesfluch zu halten. Jede Überheblichkeit schließt vom Heil aus. Heidenchristen sollten sich darüber klar sein, daß sie nur aufgrund der Rechtfertigung und nicht durch irgendwelche moralischen Verdienste zum Volk Gottes gehören. Das schärft Paulus mit Bildern aus dem Obstbau, die aber so nicht stimmen, ein (das Propfen geschieht umgekehrt zur Veredlung eines Wildlings!). Klar ist die Sachaussage: Die Heidenmission zielt auf eine Kirche aus Juden und Heiden (vgl. Eph 2,11–22) als dem universalen »Israel Gottes« (Gal 6,16).

Israels endliche Errettung

[25]Ich will euch, liebe Brüder, dieses Geheimnis nicht verhehlen, damit ihr euch nicht selbst für klug haltet: Verstokkung ist einem Teil Israels widerfahren, so lange bis die Fülle der Heiden zum Heil gelangt ist; [26]und so wird ganz Israel gerettet werden, wie geschrieben steht (Jesaja 59,20; Jeremia 31,33):

Der Gedanke der Bekehrung der Heiden als Vorspiel zur Rettung ganz Israels wird fortgeführt und zum Ziel gebracht. Er ist die Umkehrung zu einer Vorstellung der jüdischen Prophetie, die besagt: Nach Israels Erlösung werden bei der Ankunft des Messias auf dem Zion auch alle Völker erlöst, die zum heiligen Berg wallfahren (Jes 60). Das ist zugleich auch der Grund, warum Paulus sich mit letzter Hingabe der Heidenmission zuwandte. So ist die Heilsgeschichte Gottes von Paulus als Rechtfertigung der Sünder begriffen: Alle waren Sünder und unter dem Zorn Gottes (1,18–3,20). Darum kann ihre Rettung auch nur in Gottes Erbarmen zustande kommen. Die Fürbitte des Apostels in 9,1–3; 10,1 hat in diesem Geheimnis (V. 25) ihre göttliche Antwort erhalten.

»Es wird kommen aus Zion der Erlöser,
der abwenden wird alle Gottlosigkeit von Jakob.
27 Und dies ist mein Bund mit ihnen,
wenn ich ihre Sünden wegnehmen werde.«

28 Im Blick auf das Evangelium sind sie zwar Feinde um euretwillen; aber im Blick auf die Erwählung sind sie Geliebte um der Väter willen. 29 Denn *Gottes Gaben und Berufung können ihn nicht gereuen.* 30 Denn wie ihr zuvor Gott ungehorsam gewesen seid, nun aber Barmherzigkeit erlangt habt wegen ihres Ungehorsams,* 31 so sind auch jene jetzt ungehorsam geworden wegen der Barmherzigkeit, die euch widerfahren ist, damit auch sie jetzt Barmherzigkeit erlangen. 32 Denn Gott hat alle eingeschlossen in den Ungehorsam, damit er sich aller erbarme.

Der Einblick in das Geheimnis der Geschichte, daß Gott allen menschlichen Widerständen zum Trotz alle in sein Erbarmen einschließen will, ist der Anlaß für den kunstvoll gestalteten Hymnus. Der Mensch, der außer dieser Welt nichts wahrzunehmen vermag, wird maßlos in seiner Begierde und verweigert Gott die Ehre (1,18–32). Wer dagegen von Christi Geist ergriffen ist, kann trotz aller Anfechtung loben.

Lobpreis der Wunderwege Gottes

33 *O welch eine Tiefe des Reichtums,*
beides, der Weisheit und der Erkenntnis Gottes!
Wie unbegreiflich sind seine Gerichte
und unerforschlich seine Wege!
34 Denn »wer hat des Herrn Sinn erkannt,
oder wer ist sein Ratgeber gewesen?« (Jesaja 40,13)
35 Oder »wer hat ihm etwas zuvor gegeben,
daß Gott es ihm vergelten müßte?« (Hiob 41,3)
36 *Denn von ihm und durch ihn und zu ihm sind alle Dinge.*
Ihm sei Ehre in Ewigkeit! Amen.

In dem Hymnus sind atl.-jüdische und griechisch-philosophische Elemente verbunden. Die drei aus atl. Texten entnommenen Fragen verlangen die Antwort: Niemand. Die Schlußwendung erinnert an Formulierungen der Stoa über die Einheit von Gott und Natur und das Vorhandensein aller Dinge. Aber für Paulus wird sie zum Lobpreis des Schöpfers, der sein Werk in der barmherzigen Annahme des verirrten Menschen vollendet.

Das Leben als Gottesdienst

Die Barmherzigkeit Gottes, von der Paulus in Kap. 1–11 im Blick auf Christi Kreuzesopfer für uns gesprochen hat, bildet auch die Grundlage der Mahnungen in den folgenden Kapiteln. Deshalb geht es jetzt um die Entfaltung der Folgerungen aus dem Rechtfertigungsgeschehen für das praktische Verhalten der Christen. Der »vernünftige« Gottesdienst besteht in dem Opfer der Hingabe an Gott im Alltag des Lebens.

Es ist bedeutsam, daß Paulus wie die Stoa die Besonnenheit in V. 3 an erster Stelle nennt. Die schmerzlichen Erfahrungen des Paulus mit den Schwärmern in Korinth mögen ihn zu dieser Mahnung veranlaßt haben. Wer sich von Gott angenommen weiß, vermag ohne Angst seine eigenen Fähigkeiten und Grenzen wie auch die der anderen nüchtern einzuschätzen. Die eigenen Fähigkeiten wachsen, wenn man erkennt, daß wir alle aufeinander angewiesen sind. Unter der Herrschaft Christi sind wir ein Leib und viele Glieder (vgl. 1Ko 12,12–31).

Paulus fordert die Christen nicht zur Flucht aus der Welt auf. Vielmehr sollen sie darüber nachdenken, wie

12 Ich ermahne euch nun, liebe Brüder, durch die Barmherzigkeit Gottes, daß ihr eure Leiber hingebt als ein Opfer, das lebendig, heilig und Gott wohlgefällig ist. Das sei euer vernünftiger Gottesdienst. [2]Und stellt euch nicht dieser Welt gleich, sondern ändert euch durch Erneuerung eures Sinnes, damit ihr prüfen könnt, was Gottes Wille ist, nämlich das Gute und Wohlgefällige und Vollkommene.

der Wille Gottes für sie in ihren konkreten Situationen aussieht. Eine große Rolle spielen dabei die Gaben, die dem einzelnen von Gott zuteil wurden und die er zum gemeinsamen Nutzen gebrauchen soll. Zur Zeit des Paulus gab es noch keine an bestimmte Personen gebundenen Ämter, sondern vielfältige Aufgaben, die nach einer Arbeitsteilung verlangten. Dabei hat Paulus zwei Anliegen: 1. Im Leib Christi gibt es keine geringen und niedrigen Funktionen. Verschiedene Aufgaben begründen keine Herrschaft des einen über den anderen, sondern alle sind aufeinander bezogen. Das kann im konkreten Fall Unterordnung bedeuten, indem die Gabe eines anderen (z. B. zur Leitung) anerkannt wird. 2. Jede Arbeit für die Gemeinde soll mit vollem Einsatz und der Aufgabe entsprechend getan werden.

Die Gnadengaben im Dienst der Gemeinde

[3]Denn ich sage durch die Gnade, die mir gegeben ist, jedem unter euch, daß niemand mehr von sich halte, als sich's gebührt zu halten, sondern daß er maßvoll von sich halte, ein jeder, wie Gott das Maß des Glaubens ausgeteilt hat. [4]Denn wie wir an *einem* Leib viele Glieder haben, aber nicht alle Glieder dieselbe Aufgabe haben, [5]so sind wir viele *ein* Leib in Christus, aber untereinander ist einer des andern Glied, [6]und haben verschiedene Gaben nach der Gnade, die uns gegeben ist. Ist jemand prophetische Rede gegeben, so übe er sie dem Glauben gemäß. [7]Ist jemand ein Amt gegeben, so diene er. Ist jemand Lehre gegeben, so lehre er. [8]Ist jemand Ermahnung gegeben, so ermahne er. Gibt jemand, so gebe er mit lauterem Sinn. Steht jemand der Gemeinde vor, so sei er sorgfältig. Übt jemand Barmherzigkeit, so tue er's gern.

Das Leben der Gemeinde

[9]Die Liebe sei ohne Falsch. Haßt das Böse, hängt dem Guten an. [10]Die brüderliche Liebe untereinander sei herzlich. Einer komme dem andern mit Ehrerbietung zuvor. [11]Seid nicht träge in dem, was ihr tun sollt. Seid brennend im Geist. Dient dem Herrn. [12]*Seid fröhlich in Hoffnung, geduldig in Trübsal, beharrlich im Gebet.* [13]Nehmt euch der Nöte der Heiligen an. Übt Gastfreundschaft. [14]Segnet, die euch verfolgen; segnet, und flucht nicht. [15]*Freut euch mit den Fröhlichen und weint mit den Weinenden.* [16]Seid eines Sinnes untereinander. Trachtet nicht nach hohen Dingen, sondern haltet euch herunter zu den geringen. Haltet euch nicht selbst für klug. [17]Vergeltet niemand Böses mit Bösem. Seid auf Gutes bedacht gegenüber jedermann. [18]*Ist's möglich, soviel* an euch liegt, so *habt mit allen Menschen Frieden.* [19]Rächt euch nicht selbst, meine Lieben, sondern gebt Raum dem Zorn Gottes; denn es steht geschrieben (5. Mose 32,35): »Die Rache ist mein; ich will vergelten, spricht der Herr.« [20]Vielmehr, »wenn deinen Feind hungert, gib ihm zu essen; dürstet ihn, gib ihm zu trinken. Wenn du das tust, so wirst du feurige Kohlen auf sein Haupt sammeln« (Sprüche 25,21.22). [21]*Laß dich nicht vom Bösen überwinden, sondern überwinde das Böse mit Gutem.*

Auch dieser Abschnitt spricht wie der vergangene vom wahren Gottesdienst im Alltag und entfaltet die Gnadengaben in der Gemeinde. Für Paulus ist auch gutes Handeln Geschenk des Geistes Gottes. Die Einzelmahnungen zeigen beispielhaft, wie sich christlicher Glaube in der Welt bezeugt. Dabei liegt in den V. 9–13 der Akzent stärker auf dem Verhalten untereinander, in den V. 14–21 auf dem gegenüber zur nichtchristlichen Umwelt. Ähnliche Mahnungen finden sich auch in alttestamentlich-jüdischer und in griechischer Tradition. Denn Christen sollen nicht als Sonderlinge in Erscheinung treten, sondern als Menschen, die mit offenen Augen wahrnehmen, was um sie herum vor sich geht, und die dort helfend eingreifen, wo sie Not und Zwietracht erblicken.

Die Gebote der Feindesliebe (vgl. Mt 5,43–48Parr) und des Verzichts auf Vergeltung (vgl. Mt 5,38–42) sind wahrscheinlich aus der mündlichen Tradition der Worte Jesu aufgenommen. Sie sind nicht ethisches Allgemeingut der Antike, sondern Höchstforderungen, die nur selten gewagt worden sind. Der Christ kann darum auf Vergeltung verzichten, weil er auf Gottes gerechtes Gericht vertraut. – Die Wendung »feurige Kohlen auf das Haupt sammeln« geht vermutlich auf einen ägyptischen Bußritus zurück. Der Büßer bekennt sich zu seiner bösen Tat und setzt sich zum Zeichen der Reue unter ein Becken mit brennender Kohle. Übertragen bedeutet das Wort hier: »So wirst du den anderen zu einem völligen Gesinnungswandel führen«.

Die Stellung zur staatlichen Gewalt

Das Thema überrascht vor allem durch seine Ausführlichkeit und Gedankenführung. Der Staat wird ausschließlich unter dem Blickwinkel der Ordnungsmacht gesehen und Gehorsam ihm gegenüber ohne jede Einschränkung gefordert. Die staatliche Gewalt wird mit der göttlichen Schöpfungsordnung begründet. Der typisch paulinische Vorbehalt, daß alle Ordnungen der Welt für Christen nur relative Bedeutung haben, unterbleibt (vgl. dagegen 1Ko 6,1f.; 7,17–24). Paulus hat mehrfach staatliche Gewalt als willkürlichen Terror erlebt (vgl. 2Ko 1,8–11; 11,25; Phl 1,12). Der Konflikt, um des Glaubens willen verfolgt zu werden (vgl. Mk 13,9Parr), schlägt sich mit keinem Wort nieder. Wegen der Einseitigkeit kann der Text nicht eine christliche Lehre über den Staat begründen.

Der Abschnitt atmet den Geist des Diasporajudentums, das sich um einen Ausgleich mit dem römischen Staat bemühte. So haben auch später die Verfasser der Apg, des 1Pt (2,13–17) und der Past (1Ti 2,1 f.; Tit 3,1 f.) geschrieben. Darum ist mit der Möglichkeit zu rechnen, daß der Abschnitt erst später eingefügt wurde. Stammt er von Paulus, ist er nur auf dem Hintergrund der Auseinandersetzungen mit den Schwärmern in Korinth zu verstehen. Denjenigen, die sich nur als Himmelsbürger und aller weltlichen Ordnung enthoben fühlen (1Ko 4,8), soll deutlich werden: Christlicher Geist will nicht Anarchie, sondern sucht nach Ordnung (1Ko 14,33).

13 *Jedermann sei untertan der Obrigkeit*, die Gewalt über ihn hat. Denn es ist keine Obrigkeit außer von Gott; wo aber Obrigkeit ist, die ist von Gott angeordnet.* [2]Wer sich nun der Obrigkeit widersetzt, der widerstrebt der Anordnung Gottes; die ihr aber widerstreben, ziehen sich selbst das Urteil zu. [3]Denn vor denen, die Gewalt haben, muß man sich nicht fürchten wegen guter, sondern wegen böser Werke. Willst du dich aber nicht fürchten vor der Obrigkeit, so tue Gutes; so wirst du Lob von ihr erhalten. [4]Denn sie ist Gottes Dienerin, dir zugut. Tust du aber Böses, so fürchte dich; denn sie trägt das Schwert nicht umsonst: sie ist Gottes Dienerin und vollzieht das Strafgericht an dem, der Böses tut. [5]Darum ist es notwendig, sich unterzuordnen, nicht allein um der Strafe, sondern auch um des Gewissens willen. [6]Deshalb zahlt ihr ja auch Steuer; denn sie sind Gottes Diener, auf diesen Dienst beständig bedacht. [7]So gebt nun jedem, was ihr schuldig seid: Steuer, dem die Steuer gebührt; Zoll, dem der Zoll gebührt; Furcht, dem die Furcht gebührt; Ehre, dem die Ehre gebührt.

Die Liebe als Erfüllung des Gesetzes

Die Gedanken von 12,9–21 werden weitergeführt. In Übereinstimmung mit Jesus (vgl. Mt 22,34–40) gilt auch hier das Liebesgebot als Zusammenfassung aller Gebote. Eine solche Gesetzeserfüllung als Tun der sich für andere hingebenden Liebe wird im Geiste Christi (vgl. 8,4) möglich.

[8]Seid niemand etwas schuldig, außer, daß ihr euch untereinander liebt; denn wer den andern liebt, der hat das Gesetz erfüllt. [9]Denn was da gesagt ist (2. Mose 20,13-17): »Du sollst nicht ehebrechen; du sollst nicht töten; du sollst nicht stehlen; du sollst nicht begehren«, und was da sonst an Geboten ist, das wird in diesem Wort zusammengefaßt (3. Mose 19,18): »Du sollst deinen Nächsten lieben wie dich selbst.« [10]Die Liebe tut dem Nächsten nichts Böses. *So ist nun die Liebe des Gesetzes Erfüllung.*

Leben im Licht des kommenden Tages

[11]Und das tut, weil ihr die Zeit erkennt, nämlich daß die Stunde da ist, aufzustehen vom Schlaf, denn unser Heil ist jetzt näher als zu der Zeit, da wir gläubig wurden. [12]*Die Nacht ist vorgerückt, der Tag aber nahe herbeigekommen. So laßt uns ablegen die Werke der Finsternis und anlegen die Waffen des Lichts.* [13]Laßt uns ehrbar leben wie am Tage, nicht in Fressen und Saufen, nicht in Unzucht und Ausschweifung, nicht in Hader und Eifersucht; [14]sondern zieht an den Herrn Jesus Christus und sorgt für den Leib nicht so, daß ihr den Begierden verfallt.

Die Gewißheit, der neuen Welt Gottes nahe zu sein, verleiht den vorangegangenen Mahnungen besonderes Gewicht. Der Christ ist mitten im Kampf von Licht und Finsternis. Er soll im Heute bezeugen, daß er schon im Blick auf die künftige Welt Gottes lebt. Das entspricht der urchristlichen Taufanschauung. In der Taufe empfängt der Christ die geistliche Waffenrüstung (vgl. Rö 6,12–14). – Der Lasterkatalog (vgl. Rö 1,29–31) zeigt, daß christliches Verhalten sich im Widerspruch zu einer Moral befindet, die nur nach irdischem Lebensgenuß fragt.

Von den Schwachen und Starken im Glauben

Die christliche Mission stand von Anfang an vor der schwierigen Aufgabe, Menschen aus den verschiedenen Kulturen zu einer Gemeinde zu verbinden. Die größte Schwierigkeit war, ein gemeinsames Leben von Juden- und Heidenchristen zu ermöglichen. Darüber hinaus gab es Fragen, welche Sitten und Gebräuche in der christlichen Gemeinde weiter bestehen konnten oder als heidnischer Aberglaube bekämpft werden mußten. Anzuerkennende Eigenart oder urchristliche Lebensweise – das ist eine Frage, die christliche Gemeinden ständig neu mit Takt und Verantwortungsgefühl beantworten müssen.

14 Den Schwachen im Glauben nehmt an und streitet nicht über Meinungen.* [2]Der eine glaubt, er dürfe alles essen; wer aber schwach ist, der ißt kein Fleisch. [3]Wer ißt, der verachte den nicht, der nicht ißt; und wer nicht ißt, der richte den nicht, der ißt; denn Gott hat ihn angenommen. [4]Wer bist du, daß du einen fremden Knecht richtest? Er steht oder fällt seinem Herrn. Er wird aber stehen bleiben; denn der Herr kann ihn aufrecht halten. [5]Der eine hält einen Tag für höher als den andern; der andere aber hält alle Tage für gleich. Ein jeder sei in seiner Meinung gewiß. [6]Wer auf den Tag achtet, der tut's im Blick auf den Herrn; wer ißt, der ißt im Blick auf den Herrn, denn er dankt Gott; und wer nicht ißt, der ißt im Blick auf den Herrn nicht und dankt Gott auch. [7]Denn *unser keiner lebt sich selber, und keiner stirbt sich selber.* [8]*Leben wir, so leben wir dem Herrn; sterben wir, so sterben wir dem Herrn. Darum: wir leben oder sterben, so sind wir des Herrn.* [9]*Denn dazu ist Christus gestorben und wieder lebendig geworden, daß er über Tote und Lebende Herr sei.*

[10]Du aber, was richtest du deinen Bruder? Oder du, was verachtest du deinen Bruder? Wir werden alle vor den Richterstuhl Gottes gestellt werden. [11]Denn es steht geschrieben (Jesaja 45,23):

»So wahr ich lebe, spricht der Herr,
mir sollen sich alle Knie beugen,
und alle Zungen sollen Gott bekennen.«

Die Art des Paulus, die hier anstehenden Fragen zu behandeln, kann beispielhaft für alle Zeiten sein. Wahrscheinlich hatte sich unter dem Einfluß damals weit verbreiteter asketischer Strömungen in Rom eine Gruppe gebildet, für die drei Dinge charakteristisch waren: 1. Ablehnung von Fleischgenuß, d.h. Vegetarismus (14,2 f.); 2. Ablehnung von Wein, d. h. Antialkoholismus (14,21); 3. Beachtung heiliger Zeiten (14,5 f.). Das zuletzt Genannte ist uns nur schwer verständlich, weil Paulus im Gal die Einhaltung bestimmter Zeiten für Götzendienst erklärte (Gal 4,10). Es handelt sich hier vielleicht nur um das Festhalten am bisher gewohnten Festkalender (vielleicht dem jüdischen). Im Blick auf Vegetarismus und Antialkoholismus gibt es in den anderen Paulusbriefen keine Parallelen. Doch finden sich ähnliche Argumente, mit denen Paulus die Gemeinde zu gegenseitiger Rücksichtnahme auffordert. Wahrscheinlich haben sich in Rom diese Asketen als die wahren Christen verstanden. Demgegenüber behauptet die Mehrheit: Wir sind die im Glauben starken Christen, weil

wir ohne Angst alle Dinge genießen, die der Schöpfer uns gewährt. Paulus bejaht zwar grundsätzlich den Standpunkt der Starken, läßt sich aber nicht zu deren Parteigängern machen. Über alle Gruppeninteressen, mögen sie auch noch so berechtigt sein, geht ihm die Einheit der Gemeinde. Das entfaltet er in drei Gedankenreihen: 1. 14,1–11: Wir haben kein Recht, uns in diesen Fragen gegenseitig zu verurteilen. Wir sind alle untereinander gleich und haben unsere Entscheidungen nur vor dem zu verantworten, der unser Herr im Leben und im Tod ist.
2. 14,12–23: Die Liebe zum Bruder und der Wille, die Einheit zu bewahren, können (notfalls müssen) uns veranlassen, auf die Verwirklichung unserer Einsicht zu verzichten. Paulus ist wie Jesus (V. 14 vgl. Mk 7,15) davon überzeugt, daß nichts Materielles uns verunreinigen kann. Das ist die kühne Auffassung des Christentums. Es gibt keine kultischen Tabus, denn alle Dinge sind von Gott geschaffen und in seiner Hand, nicht aber in der Gewalt von Dämonen. Paulus erkennt jedoch an, daß Denkgewohnheiten über uns Macht ausüben. Auf das Gewissen des anderen wie auf das eigene muß Rücksicht genommen werden (vgl. 1Ko 8,9–13). Es ist für eine Gemeinschaft bedrohlich, wenn Menschen nur mit verletztem Gewissen in ihr leben können.
3. 15,1–5: Die Stärke der Gemeinde zeigt sich darin, in welchem Maße sie zur Annahme Andersdenkender, vor allem der Schwachen und Angefochtenen, bereit ist. In der Bereitschaft, zugunsten Schwacher auf eigenes Recht zu verzichten, hat die Gemeinde in Jesus Christus ihr verpflichtendes Vorbild.
In den abschließenden Gedanken (15,7–13) beschäftigt sich Paulus noch einmal mit dem Problem, das ihm immer mehr zur Bewährungsprobe für die Einheit der Gemeinde geworden war. Das brüderliche und gleichberechtigte Miteinander von Heiden und Juden in der Gemeinde Jesu Christi. Die Erwählung der Juden ist ausdrücklich bestätigt durch die Art, wie Jesus sich um sein Volk bemüht hat. Die Erwählung der Hei-

[12]So wird nun jeder von uns für sich selbst Gott Rechenschaft geben. [13]Darum laßt uns nicht mehr einer den andern richten; sondern richtet vielmehr darauf euren Sinn, daß niemand seinem Bruder einen Anstoß oder Ärgernis bereite.

[14]Ich weiß und bin gewiß in dem Herrn Jesus, daß nichts unrein ist an sich selbst; nur für den, der es für unrein hält, ist es unrein. [15]Wenn aber dein Bruder wegen deiner Speise betrübt wird, so handelst du nicht mehr nach der Liebe. Bringe nicht durch deine Speise den ins Verderben, für den Christus gestorben ist. [16]Es soll doch nicht verlästert werden, was ihr Gutes habt. [17]Denn *das Reich Gottes ist nicht Essen und Trinken, sondern Gerechtigkeit und Friede und Freude in dem heiligen Geist.* [18]Wer darin Christus dient, der ist Gott wohlgefällig und bei den Menschen geachtet.

[19]Darum laßt uns dem nachstreben, was zum Frieden dient und zur Erbauung untereinander. [20]Zerstöre nicht um der Speise willen Gottes Werk. Es ist zwar alles rein; aber es ist nicht gut für den, der es mit schlechtem Gewissen ißt. [21]Es ist besser, du ißt kein Fleisch und trinkst keinen Wein und tust nichts, woran sich dein Bruder stößt. [22]Den Glauben, den du hast, behalte bei dir selbst vor Gott. Selig ist, der sich selbst nicht zu verurteilen braucht, wenn er sich prüft. [23]Wer aber dabei zweifelt und dennoch ißt, der ist gerichtet, denn es kommt nicht aus dem Glauben. *Was aber nicht aus dem Glauben kommt, das ist Sünde.*

15 Wir aber, die wir stark sind, sollen das Unvermögen der Schwachen tragen und nicht Gefallen an uns selber haben. [2]Jeder von uns lebe so, daß er seinem Nächsten gefalle zum Guten und zur Erbauung. [3]Denn auch Christus hatte nicht an sich selbst Gefallen, sondern wie geschrieben steht (Psalm 69,10): »Die Schmähungen derer, die dich schmähen, sind auf mich gefallen.« [4]Denn was zuvor geschrieben ist, das ist uns zur Lehre geschrieben, damit wir durch Geduld und den Trost der Schrift Hoffnung haben. [5]Der Gott aber der Geduld und des Trostes gebe euch, daß ihr einträchtig gesinnt seid untereinander, Christus Jesus gemäß, [6]damit ihr einmütig mit *einem* Munde Gott lobt, den Vater unseres Herrn Jesus Christus.

[7]Darum *nehmt einander an, wie Christus euch angenommen hat zu Gottes Lob.* [8]Denn ich sage: Christus ist ein Diener der Juden geworden um der Wahrhaftigkeit Gottes willen, um die Verheißungen zu bestätigen, die den Vätern gegeben sind; [9]die Heiden aber sollen Gott loben um der Barmherzigkeit willen, wie geschrieben steht (Psalm 18,50):

»Darum will ich dich loben unter den Heiden
und deinem Namen singen.«

[10]Und wiederum heißt es (5. Mose 32,43):
»Freut euch, ihr Heiden, mit seinem Volk!«
[11]Und wiederum (Psalm 117,1):
»Lobet den Herrn, alle Heiden,
und preist ihn, alle Völker!«
[12]Und wiederum spricht Jesaja (Jesaja 11,10):
»Es wird kommen der Sproß aus der Wurzel Isais
und wird aufstehen, um zu herrschen über die
Heiden;
auf den werden die Heiden hoffen.«
[13]Der Gott der Hoffnung aber erfülle euch mit aller Freude und Frieden im Glauben, daß ihr immer reicher werdet an Hoffnung durch die Kraft des heiligen Geistes.

den dagegen gründet allein in Gottes freier Gnade. Im Blick auf ihre unterschiedliche Heilsgeschichte sind sie zur gegenseitigen Anerkennung ihrer Eigenart verpflichtet. So werden sie frei zum gemeinsamen Lob Gottes.

Die Vollmacht des Apostels

[14]Ich weiß aber selbst sehr wohl von euch, liebe Brüder, daß auch ihr selber voll Güte seid, erfüllt mit aller Erkenntnis, so daß ihr euch untereinander ermahnen könnt. [15]Ich habe es aber dennoch gewagt und euch manches geschrieben, um euch zu erinnern kraft der Gnade, die mir von Gott gegeben ist, [16]damit ich ein Diener Christi Jesu unter den Heiden sei, um das Evangelium Gottes priesterlich auszurichten, damit die Heiden ein Opfer werden, das Gott wohlgefällig ist, geheiligt durch den heiligen Geist. [17]Darum kann ich mich rühmen in Christus Jesus vor Gott. [18]Denn ich werde nicht wagen, von etwas zu reden, das nicht Christus durch mich gewirkt hat, um die Heiden zum Gehorsam zu bringen durch Wort und Werk, [19]in der Kraft von Zeichen und Wundern und in der Kraft des Geistes Gottes. So habe ich von Jerusalem aus ringsumher bis nach Illyrien das Evangelium von Christus voll ausgerichtet. [20]Dabei habe ich meine Ehre darein gesetzt, das Evangelium zu predigen, wo Christi Name noch nicht bekannt war, damit ich nicht auf einen fremden Grund baute, [21]sondern ich habe getan, wie geschrieben steht (Jesaja 52,15):
»Denen nichts von ihm verkündigt worden ist,
die sollen sehen,
und die nichts gehört haben,
sollen verstehen.«

Paulus will durch sein Lob über das Urteilsvermögen der römischen Gemeinde ihre Unterstützung für seine einmalige Aufgabe gewinnen. Sein besonderes Amt verdeutlicht er mit Begriffen aus sakraler Sprache: Er ist der Priester, der die Heidenvölker seinem Herrn als Opfer darbringt. Dieses hohe Sendungsbewußtsein kann er sonst auch ganz anders ausdrücken (vgl. 2Ko 10, 14ff.). Es ist nur auf dem Hintergrund seiner brennenden Erwartung der baldigen Wiederkunft Christi zu verstehen. Paulus sieht sich als der Herold, der den Namen seines kommenden Herrn als erster in der ganzen Welt ausruft. Das ermöglicht ihm die kühne Behauptung, den ganzen östlichen Teil des Römischen Reiches missioniert zu haben. Begrenzt wird sein Selbstbewußtsein allein dadurch, daß er sich nur als Diener seines Herrn versteht, der nichts aus sich selbst tut. Zu den Zeichen und Wundern des Apostels vgl. 2Ko 12,12.

Reisepläne des Apostels

[22]Das ist auch der Grund, warum ich so viele Male daran gehindert worden bin, zu euch zu kommen. [23]Nun aber habe ich keine Aufgabe mehr in diesen Ländern, habe aber seit vielen Jahren das Verlangen, zu euch zu kommen, [24]wenn ich nach Spanien reisen werde. Denn ich hoffe, daß ich bei euch durchreisen und euch sehen kann und von euch dorthin weitergeleitet werde, doch so, daß ich mich

Nach der umfassenden Darlegung seiner Theologie wird das in 1,8–15 angedeutete Anliegen nun von Paulus konkretisiert. Er möchte, daß ihn die römische Gemeinde in seinem Vorhaben, Spanien zu missionieren, unterstützt. Durch die sorgfältige Wortwahl will Paulus vermeiden, daß diese Gemeinde meint, er wolle in ihr eine beherrschende Rolle spielen und sie nur zum Handlanger für sich gebrauchen. – Zuerst muß Paulus jedoch nach Jerusalem. Die Schwierigkeiten und Befürchtungen im Blick auf diese Reise und die Überbringung der Kollekte deutet er nur an. Er erwähnt allein die moralische Verpflichtung der Sammlung, aber nicht das Verpflichtende der Abmachung (Gal 2,10). Weder nennt er die Nöte und Verleumdungen, die ihm die Kollekte einbrachte (vgl. 2Ko 8 und 9), noch den Grund, warum sie der Jerusalemer Gemeinde nicht willkommen sein wird (vgl. zu Apg 21, 15–26). Die Befürchtungen des Paulus waren nicht unbegründet, denn er ist nur noch als Gefangener nach Rom gekommen und konnte die Spanienmission nicht mehr beginnen. So bleibt der Gebetswunsch des Apostels unerfüllt.

zuvor ein wenig an euch erquicke. [25]Jetzt aber fahre ich hin nach Jerusalem, um den Heiligen zu dienen. [26]Denn die in Mazedonien und Achaja haben willig eine gemeinsame Gabe zusammengelegt für die Armen unter den Heiligen in Jerusalem. [27]Sie haben's willig getan und sind auch ihre Schuldner. Denn wenn die Heiden an ihren geistlichen Gütern Anteil bekommen haben, ist es recht und billig, daß sie ihnen auch mit leiblichen Gütern Dienst erweisen. [28]Wenn ich das nun ausgerichtet und ihnen diesen Ertrag zuverlässig übergeben habe, will ich von euch aus nach Spanien ziehen. [29]Ich weiß aber, wenn ich zu euch komme, daß ich mit dem vollen Segen Christi kommen werde.

[30]Ich ermahne euch aber, liebe Brüder, durch unsern Herrn Jesus Christus und durch die Liebe des Geistes, daß ihr mir kämpfen helft durch eure Gebete für mich zu Gott, [31]damit ich errettet werde von den Ungläubigen in Judäa und mein Dienst, den ich für Jerusalem tue, den Heiligen willkommen sei, [32]damit ich mit Freuden zu euch komme nach Gottes Willen und mich mit euch erquicke. [33]Der Gott des Friedens aber sei mit euch allen! Amen.

Die Eigenart des 16. Kapitels

Mit Rö 15,33 hat der Römerbrief seinen organischen Abschluß. Überraschenderweise folgt aber noch ein Kapitel mit einer umfangreichen Grußliste. Es sprechen mehrere Gründe dafür, daß es sich um ein selbständiges Schreiben nach Ephesus handelt.

1. Nach Apg 18,19; 1Ko 16,19 ist das Ehepaar Priska und Aquila nach Ephesus übergesiedelt und hat dort eine Hausgemeinde gegründet. Auch 2Ti 4,19 setzt Ephesus als ihren Wohnsitz voraus.
2. Der Hinweis darauf, daß Epänetus der erste Christ in Asien war, ist verständlich im Brief an die Hauptstadt des Landes (vgl. 1Ko 16,15). In einem Brief nach Rom wirkt die Angabe befremdlich.
3. Die lange Grußliste (28 Einzelpersonen und 5 Hausgemeinden) setzt enge Verbindung mit der Gemeinde voraus. Die römische Gemeinde war Paulus jedoch unbekannt, während er in Ephesus 2½ Jahre erfolgreich gewirkt hat.
4. Paulus legt den Römern seine Theologie so vor, als wenn sie diese zum ersten Mal hören und sich ein selbständiges Urteil bilden können. Wäre das nötig, wenn er so viele Christen und Gemeinden in Rom gekannt hätte?
5. Die kurze und energische Warnung vor den Irrlehrern steht in keinem Zusammenhang mit den im Rö behandelten Fragen. In 14,1–15,13 geht es nicht um Irrlehre, sondern um die verschiedenen Lebensformen. Die Kennzeichnung der Irrlehrer berührt sich am meisten mit der von Phl 3,18f. und 2Ko 11,13ff. Es liegt darum nahe, daß sich Paulus auch hier mit jener vielfältigen, aber letztlich einheitlichen Gegenaktion aus seinem eigenen Missionsgebiet auseinandersetzt. (vgl. die Einl. zum Gal; Phl und 2Ko).

So weist in diesem Kapitel nichts auf Rom, aber vieles auf Ephesus. Am ehesten ist hier ein selbständiges Empfehlungsschreiben für die Diakonin Phöbe zu vermuten. Diese war bisher in Kenchreä, dem östlichen Hafen Korinths, tätig gewesen. Sie siedelte nach Ephesus über und wollte dort ihre Tätigkeit fortsetzen. Die lange Grußliste diente so als Empfehlung der Phöbe an die verschiedenen christlichen Häuser in Ephesus und zugleich als Hilfe, wo sie überall Christen finden kann.

Wie konnte sich dieses nach Ephesus gerichtete Empfehlungsschreiben literarisch so eng mit dem Rö verbinden? Am nächsten liegt die Annahme: Paulus hat seinen engen Mitarbeitern in Ephesus eine Abschrift des Rö geschickt. Auf diese Weise wurden sie ins Vertrauen gezogen, wie er seine künftige Arbeit plante und vorbereitete. Wahrscheinlich ist die Anregung, die Paulusbriefe zu sammeln, von Ephesus ausgegangen. Man fand dabei neben der Abschrift des Rö auch das Empfehlungsschreiben für die Diakonin Phöbe, das wohl nur durch die Anfügung an den großen Römerbrief uns erhalten geblieben ist.

Das Empfehlungsschreiben besteht wahrscheinlich nur aus V. 1–23. Viele Handschriften haben mit V. 24 die Schlußformel von 2Th 2,18 angefügt: »Die Gnade unseres Herrn Jesus Christus sei mit euch allen. Amen.« Weit umfangreicher ist der hymnische Abschluß V. 25–27, der allerdings nicht von Paulus stammt. Er findet sich in den einzelnen Handschriften an verschiedenen Stellen (auch nach 14,23 und 15,33).

Das alles zeigt, daß bereits in der ältesten Zeit V. 1–23 als ein Fremdkörper in dem sonst gedanklich so geschlossenen Rö empfunden wurden.

Empfehlung der Phöbe. Grüße

16 Ich befehle euch unsere Schwester Phöbe an, die im Dienst der Gemeinde von Kenchreä ist, [2] daß ihr sie aufnehmt in dem Herrn, wie sich's ziemt für die Heiligen, und ihr beisteht in jeder Sache, in der sie euch braucht; denn auch sie hat vielen beigestanden, auch mir selbst.

[3] Grüßt die Priska und den Aquila, meine Mitarbeiter in Christus Jesus, [4] die für mein Leben ihren Hals hingehalten haben, denen nicht allein ich danke, sondern alle Gemeinden unter den Heiden. [5] Grüßt auch die Gemeinde in ihrem Hause. Grüßt Epänetus, meinen Lieben, der aus der Provinz Asien der Erstling für Christus ist. [6] Grüßt Maria, die viel Mühe und Arbeit um euch gehabt hat. [7] Grüßt Andronikus und Junias, meine Stammverwandten und Mitgefangenen, die berühmt sind unter den Aposteln und schon vor mir in Christus gewesen sind. [8] Grüßt Ampliatus, meinen Lieben in dem Herrn. [9] Grüßt Urbanus, unsern Mitarbeiter in Christus, und Stachys, meinen Lieben. [10] Grüßt Apelles, den Bewährten in Christus. Grüßt die aus dem Haus des Aristobul. [11] Grüßt Herodion, meinen Stammverwandten. Grüßt die aus dem Haus des Narzissus, die in dem Herrn sind. [12] Grüßt die Tryphäna und die Tryphosa, die in dem Herrn arbeiten. Grüßt die Persis, meine Liebe, die sich viel gemüht hat im Dienst des Herrn. [13] Grüßt Rufus, den Auserwählten in dem Herrn, und seine Mutter, die auch mir eine Mutter geworden ist. [14] Grüßt Asynkritus, Phlegon, Hermes, Patrobas, Hermas und die Brüder bei ihnen. [15] Grüßt Philologus und Julia, Nereus und seine Schwester und Olympas und alle Heiligen bei ihnen. [16] Grüßt euch untereinander mit dem heiligen Kuß. Es grüßen euch alle Gemeinden Christi.

Der warmherzigen Empfehlung der Diakonin Phöbe folgt die längste Grußliste, die uns von Paulus erhalten geblieben ist. Sie ist sehr aufschlußreich im Blick auf das Leben und die Organisation der ersten christlichen Gemeinden in einer Großstadt der Antike. Die Gesamtgemeinde besteht aus mehreren Hausgemeinden (des Ehepaars Priska und Aquila V. 3; des Aristobul V. 10; des Narzissus V. 11; des Hermas V. 14 und des Olympas V. 15). Überraschend hoch ist der Anteil der in der Gemeinde aktiven Frauen. In der Antike war das Leben der Männer und Frauen stärker getrennt. Wollte man die Ehefrauen erreichen, brauchte man auch Frauen als Missionare. Frauen als urchristliche Missionare sind in ihrer Bedeutung oft unterschätzt worden, weil sie schon zwei Generationen später aus dem öffentlichen Gemeindeleben zurückgedrängt wurden. Das zeigt sich bereits in den spätesten Texten des NT (vgl. zu 1Ko 14,33b–36; 1Ti 2,8–15). – Zur festen liturgischen Sitte gehörte der »heilige Kuß«, mit dem man sich gegenseitig Segen spendete.

Warnung vor Irrlehrern

[17] Ich ermahne euch aber, liebe Brüder, daß ihr euch in acht nehmt vor denen, die Zwietracht und Ärgernis anrichten entgegen der Lehre, die ihr gelernt habt, und euch von ihnen abwendet. [18] Denn solche dienen nicht unserm Herrn Christus, sondern ihrem Bauch; und durch süße Worte und prächtige Reden verführen sie die Herzen der Arglosen. [19] Denn euer Gehorsam ist bei allen bekannt geworden. Deshalb freue ich mich über euch; ich will aber, daß

Zur Kennzeichnung der Irrlehre vgl. die Einl. zum Kapitel unter 5. Paulus verheißt, daß die standhafte Gemeinde an Gottes Sieg über die als satanischer Drachen geschilderte Irrlehre teilhaben wird. V. 20 ist so gemeint: Gott vernichtet den Drachen und läßt die Gemeinde an diesem Sieg teilhaben, indem sie den antiken Gestus des Sieges ausführt (den Fuß auf den Besiegten setzen). Paulus gerät hier in die Nähe der später üblichen Ketzerpolemik.

ihr weise seid zum Guten, aber geschieden vom Bösen. [20]Der Gott des Friedens aber wird den Satan unter eure Füße treten in Kürze. Die Gnade unseres Herrn Jesus Christus sei mit euch!

Grüße der Mitarbeiter

Weil zwischen der Gemeinde von Korinth und Ephesus rege Beziehungen bestanden, verwundert es nicht, daß dem Empfehlungsschreiben auch noch mehrere persönliche Grüße aus Korinth angefügt wurden. – Zur späteren Anfügung von V. 24 vgl. die Einl. zum Kapitel.

[21]Es grüßen euch Timotheus, mein Mitarbeiter, und Luzius, Jason und Sosipater, meine Stammverwandten. [22]Ich, Tertius, der ich diesen Brief geschrieben habe, grüße euch in dem Herrn. [23]Es grüßt euch Gajus, mein und der ganzen Gemeinde Gastgeber. Es grüßt euch Erastus, der Stadtkämmerer, und Quartus, der Bruder.

Lobpreis Gottes*

Der Lobpreis (vgl. die Einl. zum Kapitel) unterscheidet die Zeit der Verborgenheit Gottes von der seiner Offenbarung in den prophetischen Schriften. Damit sind wahrscheinlich in erster Linie die Schriften des NT gemeint. So ist der Hymnus ein Zeugnis für den Anfang des Kanons, wie aus den aktuellen Briefen des Paulus verbindliche heilige Schrift wurde.

[25]Dem aber, der euch stärken kann gemäß meinem Evangelium und der Predigt von Jesus Christus, durch die das Geheimnis offenbart ist, das seit ewigen Zeiten verschwiegen war, [26]nun aber offenbart und kundgemacht ist durch die Schriften der Propheten nach dem Befehl des ewigen Gottes, den Gehorsam des Glaubens aufzurichten unter allen Heiden: [27]dem Gott, der allein weise ist, sei Ehre durch Jesus Christus in Ewigkeit! Amen.

DER ERSTE BRIEF DES PAULUS AN DIE KORINTHER

Paulus kam wahrscheinlich im Herbst 50 n. Chr. von Athen nach Korinth. Korinth war 146 v. Chr. von den Römern völlig zerstört worden. Erst auf Befehl Cäsars wurde es als wichtigstes Handelszentrum der griechischen Halbinsel neu gegründet (44 v. Chr.) und mit römischen Kolonisten besiedelt. Aufgrund seiner verkehrstechnisch und strategisch günstigen Lage entwickelte sich das neue Korinth sehr schnell. Die beiden Häfen ermöglichten den direkten Handel, Lecheion mit Italien und Kenchreä mit Kleinasien. 27 v. Chr. wurde Korinth Hauptstadt der Provinz Achaja mit einem Prokonsul an der Spitze. Die Amtszeit eines Prokonsuls dauerte ein Jahr (Amstantritt im Frühsommer). Nach Apg 18,12 wurde Paulus dem Prokonsul Gallio vorgeführt. Nach einer Inschrift (Gallioinschrift) kann man seine Amtszeit ziemlich sicher bestimmen: Sommer 51 bis Sommer 52 n. Chr. Weil die neutestamentlichen Quellen (Apg; Gal 1,13–2,1) nur relative Zeitangaben machen, gründen heute alle Versuche, die Geschichte des Urchristentums genau zu bestimmen, auf dieser Inschrift. Die 18 Monate des Wirkens des Paulus in Korinth (Apg 18,11) dauerten wohl vom Herbst 50 bis Frühjahr 52 n. Chr. Danach machte Paulus einen kurzen Zwischenbesuch in Jerusalem (Apg 18,22) und begann dann von Antiochia aus die »dritte« Missionsreise (Apg 18,23). Wahrscheinlich hielt er sich ab Herbst 54 n. Chr. in Ephesus auf, etwa 2 1/2 Jahre (Apg 19,8–10). Von dort stammt auch sein Briefwechsel mit der Gemeinde von Korinth, der durch den regen Seeverkehr beider Städte begünstigt worden ist.

Als römische Gründung unterschied sich Korinth von anderen griechischen Städten. Die römischen Kolonisten und Händler bildeten eine kleine aristokratische Oberschicht. Zu ihr gehörten auch die Juden, die in Korinth eine Synagoge (vielleicht auch mehrere) besaßen. Zwei Drittel der

Bevölkerung waren Hafenarbeiter und Sklaven aus allen Teilen des Römischen Reiches. Es bestanden also erhebliche soziale Gegensätze, die sich auch im Leben der christlichen Gemeinde widerspiegelten (1,26–31; 11,22). In Korinth fanden fast alle bedeutenden Kulte (Aphrodite, Isis, Serapis, Zeus, Asklepeos, Kybele) des Römischen Reiches eine Heimstatt. In kultureller Beziehung stand Korinth im Schatten Athens, doch haben die Philosophenschulen, wie z.B. die der Stoa Einfluß gehabt. Gerade im 1Ko nimmt Paulus, wenn auch verändernd, Gedankengut der Stoa auf. Korinth war weltberühmt wegen seiner sportlichen Wettkämpfe (Isthmische Spiele), berüchtigt aber als Stätte sexueller Lasterhaftigkeit. An seinem schlechten Ruf haben die alten griechischen Kulturstädte (z.B. Athen) kräftig mitgewirkt. Die Anfragen der Gemeinde (Kap. 7; 8) beweisen, daß es in Korinth als Gegenreaktion auch asketische Strömungen gab.

Die Briefe des Paulus geben uns einen einmaligen Einblick in die Entstehung einer christlichen Gemeinde in einer von so vielen Widersprüchen geprägten Stadt. Paulus hatte nach seiner Ankunft in Korinth Wohnung und Arbeit bei dem Ehepaar Aquila und Priszilla gefunden (vgl. Apg 18,2f.). Zunächst verkündigte er das Evangelium in der Synagoge und erzielte unter den Juden und den der jüdischen Gemeinde nahestehenden Heiden (den »Gottesfürchtigen«) starke Wirkung. Selbst Synagogenvorsteher wie Krispus (Apg 18,8) und Sosthenes (dieser in 1,1 Genannte ist vielleicht mit dem von Apg 18,17 identisch) kamen zum christlichen Glauben. Die entstehende christliche Gemeinde, die sich unmittelbar neben der jüdischen Synagoge versammelte, erhielt bald Zulauf aus rein heidnischen Kreisen und fand vor allem bei der sozial schwachen Bevölkerung Gehör (1,26–31).

Nachdem Paulus Korinth verlassen hatte, kamen auch andere christliche Missionare nach Korinth. Der bedeutendste von ihnen war Apollos, der aus dem Zentrum des philosophisch hochgebildeten Diasporajudentums, aus Alexandria, stammte. Mit seiner Redegewandtheit und Schriftgelehrsamkeit erreichte er wohl vor allem Angehörige gebildeter Schichten. Außerdem kamen auch judenchristliche Missionare, die sich auf Kephas (= Petrus) beriefen.

Der Briefwechsel des Paulus an die Gemeinde war also durch widersprüchliche Entwicklungen in der Gemeinde verursacht. Im Vordergrund stand zunächst die Auseinandersetzung mit den Fragen, die sich aus der unterschiedlichen geprägten Vergangenheit der Gemeindemitglieder ergaben. Ursprünglich rechtgläubige Juden; Heiden, die sich Mysterienkulten angeschlossen hatten; philosophische Wahrheitssucher, die in der Stoa zu Hause waren; Hafenarbeiter und Sklaven, die ohne tiefere Bildung und Erkenntnis von dem neuen Glauben Erlösung aus ihrem trostlosen Dasein erhofften – sie alle mußten einen gemeinsamen Weg zu einem christlichen Leben finden. Das wurde durch das Wirken verschieden geprägter christlicher Missionare erschwert. Die Parteienfrage und die Sachfragen waren unlöslich miteinander verbunden. Das zeigt die Berufung auf verschiedene Taufväter (vgl. 1,10–17). Nur einzelne Fragen lassen sich einer der genannten Gruppen zuordnen: Die Hochschätzung von Weisheit und Erkenntnis z.B. könnte typisch für die Anhänger des Apollos sein; die Frage nach der Rechtmäßigkeit des Apostolats des Paulus könnte von Anhängern des Kephas gestellt sein (9,1–23). Dennoch überwiegen im 1Ko Sachfragen, denen sich jede christliche Gruppe in einer solchen Umwelt stellen mußte. Erst im 2Ko tritt die Parteienfrage in den Vordergrund. Besonders problematisch erscheint uns die »Christuspartei« (vgl. zu 1,10-17).

Um den Gedankenaustausch des Paulus mit der Gemeinde in Korinth besser zu verstehen, wäre es hilfreich, wir wüßten, wie viele Briefe von Paulus in dem vorliegenden Schreiben durch einen späteren Herausgeber zusammengefaßt sind. Paulus teilt (5,9) mit, daß er der Gemeinde schon einen Brief geschrieben habe. Dieser sei Anlaß zu dem Mißverständnis gewesen, daß die Christen sich ganz aus der Welt zurückziehen sollen. Mehrere Beobachtungen unterstützen die Vermutung, daß uns Teile von diesem Brief erhalten geblieben sind:

1. Es gibt Textstücke, die jenes Mißverständnis hervorrufen könnten (6,12–20; 10,1–22).
2. Es gibt Spannungen innerhalb des 1Ko, die einen unterschiedlichen Informationsstand bei Paulus voraussetzen könnten: Z.B. hält er 11,18f. die Gruppenbildung für zweitrangig, In 1,10–4,21 bekämpft er sie als Grundübel. Die Frage nach dem Genuß von Götzenopferfleisch in 8,1–13 und 10,23–11,1 behandelt er anders als in 10,1–22.
3. Einige Stücke (z.B. Kap. 13; 15) unterbrechen den Gedankengang.

Diese Beobachtungen lassen sich zu der These verdichten, daß uns Teile des ersten in 5,9 erwähnten Briefes in dem jetzt vorliegenden 1Ko erhalten geblieben sind. Der Herausgeber hätte diese Teile dann in die entsprechenden Sachzusammenhänge eingefügt. Seiner Hand könnte man auch die »ökumenische Adressierung« (1,2), die Losung »ich aber gehöre zu Christus« (1,12) und das Schweigegebot für die Frau im Gottesdienst (14,33b–36) zuschreiben.

Man könnte sich den Gedankenaustausch des Paulus mit seiner Gemeinde so vorstellen: Er wurde davon unterrichtet, daß Schwärmer in Korinth die Gemeinde in Unruhe versetzen. Für sie war durch Taufe und Abendmahl ihr wahres geistiges Selbst schon erlöst, die geistliche Auferstehung hatte schon stattgefunden. Was sie mit ihrem Leib taten oder was diesem widerfuhr, war ihnen gleichgültig. Mit dieser Haltung rechtfertigten einige Freizügigkeit im sexuellen Bereich (6,12–20) und in bezug auf Teilnahme an Götzenopfermahlzeiten (10,1–22). Außerdem hörte Paulus von Spaltungen, die sich auf die Feier des Abendmahles schädlich auswirkten (11,17–34). Darum schreibt er einen ersten energischen Brief, zu dem man rechnen könnte: 6,12–20; 9,24–10,22; 11,2–34; 13; 15 und 16,10f. (ein Besuch des Timotheus wird angekündigt, der nach 4,17 schon erfolgt ist; bei einer anderen Deutung müßte man mehrere Besuche des Timotheus annehmen). Durch Timotheus, die Leute der Chloe (1,11) und eine Abordnung aus der Gemeinde (16,17f.) erfährt Paulus Genaueres. Die Letztgenannten haben außerdem einen Brief mit konkreten Anfragen mitgebracht, die Paulus (ab Kap. 7) beantwortet. Aus den Anfragen erfährt er auch, daß ein bemerkenswerter Teil der Schwärmer seine Überlegenheit über die Welt nicht durch zügellose Freiheit, sondern durch Askese gegenüber leiblichen Bedürfnissen demonstrierte. Die Spaltungen in der Gemeinde sind tiefer geworden, und die Unsicherheit in der Beurteilung ethischer Fragen hat zugenommen (Kap. 5). Darum schreibt Paulus einen zweiten Brief, der wohl für den späteren Herausgeber den Rahmen bildete.

Allerdings läßt sich keine letzte Klarheit erreichen. – Bemerkenswert ist die Einheitlichkeit der theologischen Grundhaltung des Paulus, selbst dann, wenn er Zugeständnisse macht und mit sich selbst im Widerspruch zu stehen scheint: Es gibt für ihn keinen anderen Weg zur Erlösung als den Glauben an Gottes Tat am Kreuz Jesu Christi. Diese Suche nach zusätzlichen Heilsmitteln zerstört das Wesen des christlichen Glaubens. Im Gal hat Paulus diesen Grundgedanken gegen Judaisten in seiner Rechtfertigungslehre entfaltet. In Korinth wendet er ihn an gegen Überschätzung von Weisheit und schwärmerischen Sakramentalismus. Die Gemeinde kann nur leben und wachsen, wenn sie ihren Standort in Gottes Geschichte begreift: Sie lebt zwischen der durch das Kreuz Jesu verbürgten Zusicherung des Heils und der noch ausstehenden Erfüllung mitten in dieser Welt. Darum ist der Briefwechsel mit der Gemeinde in Korinth ein hervorragendes Zeugnis, wie Theologie in der harten Auseinandersetzung mit der Umwelt und der eigenen Vergangenheit gelebt wird.

Diese Verse zeigen: 1Ko ist ein offizielles apostolisches Schreiben an die eine Kirche, wie sie in Korinth in Erscheinung tritt. Der Mitabsender (nicht Mitverfasser!) Sosthenes war möglicherweise der ehemalige Synagogenvorsteher (Apg 18,17). Die Würdetitel (V. 2) kennzeichnen nicht das Verhalten der Gemeinde, sondern ihren durch die Taufe geschenkten Stand vor Gott.

1 Paulus, berufen zum Apostel Christi Jesu durch den Willen Gottes, und Sosthenes, unser Bruder, [2]an die Gemeinde Gottes in Korinth, an die Geheiligten in Christus Jesus, die berufenen Heiligen samt allen, die den Namen unseres Herrn Jesus Christus anrufen an jedem Ort, bei ihnen und bei uns:

[3]Gnade sei mit euch und Friede von Gott, unserm Vater, und dem Herrn Jesus Christus!

Dank für Gottes reiche Gaben in Korinth

Stilgemäß beginnt Paulus mit einer Danksagung. Sie ist berechtigt, denn die Gemeinde war geistig lebendig und offen für Lehre und vertiefte Erkenntnis. Das verdankt sie allein der wirksamen Predigt. Statt Taten der Liebe zu erwähnen (wie 1Th 1,3ff.; Phl 1,3ff), weist Paulus die Korinther auf Christus hin, der sie vor Verurteilung am Gerichtstag Gottes bewahren kann. Nur in fester Gemeinschaft mit Christus kann die Gemeinde der Zukunft furchtlos entgegensehen.

[4]Ich danke meinem Gott allezeit euretwegen für die Gnade Gottes, die euch gegeben ist in Christus Jesus, [5]daß ihr durch ihn in allen Stücken reich gemacht seid, in aller Lehre und in aller Erkenntnis. [6]Denn die Predigt von Christus ist in euch kräftig geworden, [7]so daß ihr keinen Mangel habt an irgendeiner Gabe und wartet nur auf die Offenbarung unseres Herrn Jesus Christus. [8]Der wird euch auch fest erhalten bis ans Ende, daß ihr untadelig seid am Tag unseres Herrn Jesus Christus. [9]Denn *Gott ist treu, durch den ihr berufen seid zur Gemeinschaft seines Sohnes Jesus Christus, unseres Herrn.*

Spaltungen in der Gemeinde

Paulus bekämpft nicht einzelne Positionen, sondern greift das Partei-

[10]Ich ermahne euch aber, liebe Brüder, im Namen unseres Herrn Jesus Christus, daß ihr alle mit einer Stimme redet

und laßt keine Spaltungen unter euch sein, sondern haltet aneinander fest in *einem* Sinn und in *einer* Meinung. [11]Denn es ist mir bekannt geworden über euch, liebe Brüder, durch die Leute der Chloë, daß Streit unter euch ist. [12]Ich meine aber dies, daß unter euch der eine sagt: Ich gehöre zu Paulus, der andere: Ich zu Apollos, der dritte: Ich zu Kephas, der vierte: Ich zu Christus. [13]Wie? Ist Christus etwa zerteilt? Ist denn Paulus für euch gekreuzigt? Oder seid ihr auf den Namen des Paulus getauft? [14]Ich danke Gott, daß ich niemanden unter euch getauft habe außer Krispus und Gajus, [15]damit nicht jemand sagen kann, ihr wäret auf meinen Namen getauft. [16]Ich habe aber auch Stephanas und sein Haus getauft; sonst weiß ich nicht, ob ich noch jemand getauft habe. [17]Denn Christus hat mich nicht gesandt zu taufen, sondern das Evangelium zu predigen – nicht mit klugen Worten, damit nicht das Kreuz Christi zunichte werde.

wesen als solches an. Die in den folgenden Kapiteln behandelten Mißstände und fragwürdigen Erscheinungen lassen sich nicht eindeutig auf die in V. 12 genannten Gruppen verteilen. In Korinth gab es offensichtlich eine Taufanschauung, die der Auffassung heidnischer Mysterienkulte glich: Wer einen Neuling in den Kult einführte, blieb für immer dessen geistlicher Vater. Im Blick darauf ist Paulus froh, keinen Anlaß für eine solche Bindung gegeben zu haben. Für Paulus ist allein wichtig, daß der Täufling durch die Taufe in ein lebendiges Verhältnis zu Christus gesetzt worden ist. Die Gestalt eines Täufers darf sich nicht zwischen Christus und den Täufling drängen.

Die Losung »Ich aber gehöre zu Christus« steht merkwürdig fremd innerhalb des Textes. Der Vorwurf, Christus zu zerteilen (1,13) und sich auf menschliche Autorität zu berufen, könnte gegen diese Gruppe nicht erhoben werden. Bei der Zusammenfassung (3,21–23) werden nur Paulus, Apollos und Kephas als »Parteihäupter« genannt. Ihnen wird von Paulus Christus als der einzige Herr der Gemeinde gegenübergestellt. Eine »Christuspartei« kann es also kaum gegeben haben, sonst hätte Paulus anders argumentiert. Entweder hat Paulus hier den Gedankengang selbst unterbrochen und überbietend sein Bekenntnis den Parteiparolen entgegengestellt, oder der Herausgeber des Briefes hat sein eigenes Bekenntnis eingefügt.

Die Weisheit der Welt ist Torheit vor Gott

[18]Denn *das Wort vom Kreuz ist eine Torheit denen, die verloren werden; uns aber, die wir selig werden, ist's eine Gotteskraft.* [19]Denn es steht geschrieben (Jesaja 29,14):

»Ich will zunichte machen die Weisheit der Weisen,
und den Verstand der Verständigen will ich verwerfen.«

[20]Wo sind die Klugen? Wo sind die Schriftgelehrten? Wo sind die Weisen dieser Welt? Hat nicht Gott die Weisheit der Welt zur Torheit gemacht? [21]Denn weil die Welt, umgeben von der Weisheit Gottes, Gott durch ihre Weisheit nicht erkannte, gefiel es Gott wohl, durch die Torheit der Predigt selig zu machen, die daran glauben. [22]Denn die Juden fordern Zeichen, und die Griechen fragen nach Weisheit, [23]wir aber predigen den gekreuzigten Christus, den Juden ein Ärgernis und den Griechen eine Torheit; [24]denen aber, die berufen sind, Juden und Griechen, predigen wir Christus als Gottes Kraft und Gottes Weisheit. [25]Denn die Torheit Gottes ist weiser, als die Menschen sind, und die Schwachheit Gottes ist stärker, als die Menschen sind.

[26]Seht doch, liebe Brüder, auf eure Berufung. Nicht viele Weise nach dem Fleisch, nicht viele Mächtige, nicht viele Angesehene sind berufen. [27]Sondern was töricht ist vor der

Die griechische Überzeugung, daß der Mensch Freiheit nur durch Erkenntnis erlangen könne, war in Korinth zum Leitgedanken einer religiösen Weisheitslehre geworden. Ziel der Philosophie war es, sich selbst als teilhaftig am göttlichen Wesen zu begreifen. Einige Christen in Korinth verstanden auch den christlichen Glauben als eine solche Philosophie. Diese Haltung ist nach Paulus schwerer Irrtum. Die Botschaft vom Kreuz, Gottes Sohn um des Menschen willen zu Tode gemartert, hat in einer solchen Weisheitslehre keinen Raum. Keiner kann diese Antwort Gottes auf des Menschen Sünde erwarten. Läge sie im Bereich menschlichen Denkens, könnte der Mensch sie durch Ausnutzung seiner geistigen Gaben selbst finden und würde sich selbst erlösen. Doch kann der Mensch weder durch moralische (so die jüdische Überzeugung gemäß Gal 3) noch durch geistige Leistung Gottes Heil erreichen: Weil der Mensch

Heil nur als Geschenk empfangen kann, ist die Botschaft vom Kreuz für menschliche Maßstäbe Torheit. Im letzten Sinne Gottes jedoch ist sie wahre Weisheit, weil der Mensch durch sie Gerechtigkeit (V. 30) erlangt und damit Erfüllung seines Menschseins. Die Einsicht, daß Gott nicht nach menschlichen Maßstäben erwählt, konnte die Gemeinde an ihrer sozialen Struktur erkennen: Es gab kaum Adlige und politisch Einflußreiche; die meisten gehörten zu den rechtlosen Schichten.

Weil der christliche Glaube keine mystische Schau ist, verzichtet Paulus auch auf alle Philosophie und Redekunst, die als menschliche Unterstützung für seine Botschaft ausgelegt werden könnten. In der Sorge, ob er seiner Aufgabe gewachsen sei und im Wissen um seine körperliche Gebrechlichkeit (vgl. 2Ko 12,7; Gal 4,13 f.) verläßt er sich allein auf Gott, der selbst die Wahrheit der Botschaft beweisen wird. Paulus kann nur Werkzeug für Gottes Wirken sein.

Der christliche Glaube ist keine geschlossene, alle Fragen lösende Philosophie. Dennoch gewährt er dem von der Kreuzesbotschaft Ergriffenen Einblick in Gottes Geheimnisse, die selbst Engeln (vgl. 1Pt 1,12) unzugänglich sind. Das gibt Paulus den Grund, die Christen hier Vollkommene zu nennen. Die dämonischen Herrscher dieser Welt (irdische Machthaber sind nur Werkzeuge) haben in ihrer Blindheit Gottes Sohn ermordet. Der Christ versteht, daß allein auf diese Weise Gott zum Menschen kommt. Paulus verwandelt (V. 10–12) den griechischen Gedanken von der Teilhabe des Menschen am Wesen Gottes: Den Geist Gottes hat der Mensch nicht von Natur aus, sondern er empfängt ihn als endzeitliche Gabe Gottes. Das für diesen Gedanken angeführte Schriftzitat hat Anklänge an Jes 64,3, stammt aber möglicherweise aus einer verlorengegangenen frühjüdischen Schrift, die Paulus für kanonisch hielt. Im zeitgenössischen Judentum war der Gedanke verbreitet, daß erst am Ende der Zeiten

Welt, das hat Gott erwählt, damit er die Weisen zuschanden mache; und was schwach ist vor der Welt, das hat Gott erwählt, damit er zuschanden mache, was stark ist; [28]und das Geringe vor der Welt und das Verachtete hat Gott erwählt, das, was nichts ist, damit er zunichte mache, was etwas ist, [29]damit sich kein Mensch vor Gott rühme. [30]Durch ihn aber seid ihr in Christus Jesus, *der uns von Gott gemacht ist zur Weisheit und zur Gerechtigkeit und zur Heiligung und zur Erlösung,* [31]damit, wie geschrieben steht (Jeremia 9,22.23): »Wer sich rühmt, der rühme sich des Herrn!«

Die Predigt des Apostels vom Gekreuzigten

2 Auch ich, liebe Brüder, als ich zu euch kam, kam ich nicht mit hohen Worten und hoher Weisheit, euch das Geheimnis Gottes zu verkündigen. [2]Denn ich hielt es für richtig, unter euch nichts zu wissen als allein Jesus Christus, den Gekreuzigten. [3]Und ich war bei euch in Schwachheit und in Furcht und mit großem Zittern; [4]und mein Wort und meine Predigt geschahen nicht mit überredenden Worten menschlicher Weisheit, sondern in Erweisung des Geistes und der Kraft, [5]damit euer Glaube nicht stehe auf Menschenweisheit, sondern auf Gottes Kraft.

Von der Weisheit Gottes

[6]Wovon wir aber reden, das ist dennoch Weisheit bei den Vollkommenen; nicht eine Weisheit dieser Welt, auch nicht der Herrscher dieser Welt, die vergehen. [7]Sondern wir reden von der Weisheit Gottes, die im Geheimnis verborgen ist, die Gott vorherbestimmt hat vor aller Zeit zu unserer Herrlichkeit, [8]die keiner von den Herrschern dieser Welt erkannt hat; denn wenn sie die erkannt hätten, so hätten sie den Herrn der Herrlichkeit nicht gekreuzigt. [9]Sondern es ist gekommen, wie geschrieben steht (Jesaja 64,3):

»Was kein Auge gesehen hat und kein Ohr gehört hat
und in keines Menschen Herz gekommen ist,
was Gott bereitet hat denen, die ihn lieben.«

[10]Uns aber hat es Gott offenbart durch seinen Geist; denn der Geist erforscht alle Dinge, auch die Tiefen der Gottheit. [11]Denn welcher Mensch weiß, was im Menschen ist, als allein der Geist des Menschen, der in ihm ist? So weiß auch niemand, was in Gott ist, als allein der Geist Gottes. [12]Wir aber haben nicht empfangen den Geist der Welt, sondern den Geist aus Gott, daß wir wissen können, was uns von Gott geschenkt ist. [13]Und davon reden wir auch nicht mit Worten, wie sie menschliche Weisheit lehren kann, sondern mit Worten, die der Geist lehrt, und deuten geistliche Dinge für geistliche Menschen. [14]Der natürliche

Mensch aber vernimmt nichts vom Geist Gottes; es ist ihm eine Torheit, und er kann es nicht erkennen; denn es muß geistlich beurteilt werden. [15]Der geistliche Mensch aber beurteilt alles und wird doch selber von niemandem beurteilt. [16]Denn »wer hat des Herrn Sinn erkannt, oder wer will ihn unterweisen« (Jesaja 40,13)? Wir aber haben Christi Sinn.

Gott seinen Auserwählten Verstehen und Einblick in sein Tun gewähren wird. Für Paulus ist diese Zeit schon angebrochen. Darum kann er so triumphierend sagen: Wir kennen schon das jeder natürlichen Einsicht verborgene Ziel aller Wege Gottes: eine mit ihm versöhnte Schöpfung (vgl. 1Ko 15,28).

Unmündigkeit der Korinther

3 Und ich, liebe Brüder, konnte nicht zu euch reden wie zu geistlichen Menschen, sondern wie zu fleischlichen, wie zu unmündigen Kindern in Christus. [2]Milch habe ich euch zu trinken gegeben und nicht feste Speise; denn ihr konntet sie noch nicht vertragen. Auch jetzt könnt ihr's noch nicht, [3]weil ihr noch fleischlich seid. Denn wenn Eifersucht und Zank unter euch sind, seid ihr da nicht fleischlich und lebt nach Menschenweise? [4]Denn wenn der eine sagt: Ich gehöre zu Paulus, der andere aber: Ich zu Apollos –, ist das nicht nach Menschenweise geredet?

Obwohl alle Christen durch die Taufe den Geist empfangen haben und die Korinther als geistig lebendig gerühmt werden (1,5), sind sie doch wie unmündige Kinder: Sie orientieren sich an menschlichen Autoritäten und streiten um Machtpositionen. – Das verwendete Bild war geläufig in der Stoa, die den Menschen schrittweise zu tieferer Erkenntnis erziehen wollte (vgl. auch 1Pt 2,2). Zur Aufnahme stoischen Gedankenguts vgl. zu 3,22; 12,12ff.

Mitarbeiter Gottes

[5]Wer ist nun Apollos? Wer ist Paulus? Diener sind sie, durch die ihr gläubig geworden seid, und das, wie es der Herr einem jeden gegeben hat: [6]Ich habe gepflanzt, Apollos hat begossen; aber Gott hat das Gedeihen gegeben. [7]So ist nun weder der pflanzt noch der begießt etwas, sondern Gott, der das Gedeihen gibt. [8]Der aber pflanzt und der begießt, sind einer wie der andere. Jeder aber wird seinen Lohn empfangen nach seiner Arbeit.

[9]Denn wir sind Gottes Mitarbeiter; ihr seid Gottes Ackerfeld und Gottes Bau. [10]Ich nach Gottes Gnade, die mir gegeben ist, habe den Grund gelegt als ein weiser Baumeister; ein anderer baut darauf. Ein jeder aber sehe zu, wie er darauf baut. [11]*Einen andern Grund kann niemand legen als den, der gelegt ist, welcher ist Jesus Christus.* [12]Wenn aber jemand auf den Grund baut Gold, Silber, Edelsteine, Holz, Heu, Stroh, [13]so wird das Werk eines jeden offenbar werden. Der Tag des Gerichts wird's klar machen; denn mit Feuer wird er sich offenbaren. Und von welcher Art eines jeden Werk ist, wird das Feuer erweisen. [14]Wird jemandes Werk bleiben, das er darauf gebaut hat, so wird er Lohn empfangen. [15]Wird aber jemandes Werk verbrennen, so wird er Schaden leiden; er selbst aber wird gerettet werden, doch so wie durchs Feuer hindurch.

[16]Wißt ihr nicht, daß ihr Gottes Tempel seid und der Geist Gottes in euch wohnt? [17]Wenn jemand den Tempel Gottes verdirbt, den wird Gott verderben, denn der Tempel Gottes ist heilig; der seid ihr.

Paulus will die Spannung zwischen seinen und des Apollos Anhängern dadurch beseitigen, daß er dessen Wirken deutet (zu Apollos vgl. Apg 18,24–28). Sie sind beide, jeder in besonderer Weise, Gottes Mitarbeiter. Das Urteil über ihr Werk steht darum allein Gott zu. Paulus bestimmt sein eigenes apostolisches Wirken so: Er hat durch seine Verkündigung das Fundament gelegt. Glaubensgrund ist allein Christus als Gekreuzigter (vgl. 1,18–25). Die Nachfolger des Apostels müssen auf dieser Grundlage weiterbauen. Ihr Werk wird im Gericht einer »Feuerprobe« unterzogen. Man spürt die begründete Befürchtung des Apostels, daß es in Korinth Leute gibt, die ein anderes Fundament legen wollen. – Die Erwartung eines endzeitlichen Tempels war ein fester Bestandteil jüdischer Zukunftshoffnung. Paulus überträgt sie ins Geistige: Der endzeitliche Tempel ist die glaubende Gemeinde. Wer den Tempel schändet (vgl. 6,12–19), verfällt dem Gericht Gottes.

Die in V.13–15 aufgenommene Vorstellung von einer Strafe, die nur das Werk, aber nicht den Menschen trifft, hat zwei verschiedene Wurzeln:

1. Die jüdische Vorstellung: Die Werke begleiten den Menschen als Fürsprecher oder Ankläger wie selbständige Wesen (vgl. Off 14,13).
2. Die paulinische Rechtfertigungslehre: Nur Verleugnung des Glaubens führt zum Verlust des Heils; fehlerhaftes Handeln dagegen kann letztlich nicht die Annahme durch Gott aufheben. Die spätere Lehre vom Fegefeuer führte den Gedanken einer Läuterung durch ein Gerichtsfeuer fort.

Kein Grund zum Ruhm

Wahre Weisheit erlangt, wer darauf verzichtet, sich durch eigene Leistungen vor Gott zu behaupten. Auch der Stoiker suchte die Freiheit zu erlangen, indem er sich einredete: Kein noch so schlimmer Schicksalsweg kann den göttlichen Teil im Menschen zerstören; selbst durch den Tod wird nur die äußere Hülle des Menschen vernichtet. Der Christ dagegen findet die Freiheit in dem Glauben: Weil Christus den Tod überwunden hat, haben die irdischen Todesmächte über die Glaubenden keine letzte Gewalt.

[18]Niemand betrüge sich selbst. Wer unter euch meint, weise zu sein in dieser Welt, der werde ein Narr, daß er weise werde. [19]Denn die Weisheit dieser Welt ist Torheit bei Gott. Denn es steht geschrieben (Hiob 5,13): »Die Weisen fängt er in ihrer Klugheit«, [20]und wiederum (Psalm 94,11): »Der Herr kennt die Gedanken der Weisen, daß sie nichtig sind.« [21]Darum rühme sich niemand eines Menschen; denn alles ist euer: [22]es sei Paulus oder Apollos oder Kephas, es sei Welt oder Leben oder Tod, es sei Gegenwärtiges oder Zukünftiges, *alles ist euer,* [23]*ihr aber seid Christi, Christus aber ist Gottes.*

Kein Recht zum Richten

Nachdem sich Paulus mit der Vergötzung von Weisheit und Autoritätsgläubigkeit auseinandergesetzt hat, wendet er sich einem ihn persönlich betreffenden Streitpunkt zu. Offensichtlich hatten einige ihn und seine Arbeit hart angegriffen. Paulus erwidert: allein Gottes Gericht ist zuständig. Darum kann Paulus kein menschliches Urteil anerkennen; nicht einmal das seines eigenen Gewissens. Denn der Mensch betrügt in seinem Richten sowohl den anderen als auch sich selbst. Gott allein vermag die wahren Beweggründe menschlichen Tuns aufzudecken.

4 Dafür halte uns jedermann: für Diener Christi und Haushalter über Gottes Geheimnisse. [2]Nun fordert man nicht mehr von den Haushaltern, als daß sie für treu befunden werden. [3]Mir aber ist's ein Geringes, daß ich von euch gerichtet werde oder von einem menschlichen Gericht; auch richte ich mich selbst nicht. [4]Ich bin mir zwar nichts bewußt, aber darin bin ich nicht gerechtfertigt; der Herr ist's aber, der mich richtet. [5]Darum richtet nicht vor der Zeit, bis der Herr kommt, der auch ans Licht bringen wird, was im Finstern verborgen ist, und wird das Trachten der Herzen offenbar machen. Dann wird einem jeden von Gott sein Lob zuteil werden.

Gegen die Überheblichkeit der Korinther

Frömmigkeit kann leicht in beleidigende Überheblichkeit umschlagen. Der geistliche Hochmut hatte in Korinth verheerende Formen angenommen, indem einer den anderen zu übertrumpfen suchte. Man muß für diese Erscheinung zwei Dinge bedenken:

1. Die urchristliche Überzeugung, daß Gott den Geist der Endzeit (Joel 3,1–5) jetzt schon der christlichen Gemeinde gegeben hat (vgl. Rö 8; Apg 2);
2. Das griechische Ideal vom Königtum der Weisen

Indem in Korinth beides gleichgesetzt wurde, galt der Geist Gottes nicht mehr als Gabe an die Gesamtgemeinde, sondern als persönlicher Besitz von einzelnen. Als Folge davon fühlten sich die vom Geist Ergriffenen allen Dingen dieser Welt überlegen; äußeres Zeichen dafür war die ekstatische Zungenrede (vgl. Kap. 14). Bei Paulus vermißte man entsprechende Äußerungen.

Paulus stellt der Überheblichkeit der Korinther in bitterer Ironie seine Existenz als Apostel gegenüber. An ihr sollen sie erkennen: Der Geist

[6]Dies aber, liebe Brüder, habe ich im Blick auf mich selbst und Apollos gesagt um euretwillen, damit ihr an uns lernt, was das heißt: Nicht über das hinaus, was geschrieben steht!, damit sich keiner für den einen gegen den andern aufblase.

[7]Denn wer gibt dir einen Vorrang? Was hast du, das du nicht empfangen hast? Wenn du es aber empfangen hast, was rühmst du dich dann, als hättest du es nicht empfangen? [8]Ihr seid schon satt geworden? Ihr seid schon reich geworden? Ihr herrscht ohne uns? Ja, wollte Gott, ihr würdet schon herrschen, damit auch wir mit euch herrschen könnten! [9]Denn ich denke, Gott hat uns Apostel als die Allergeringsten hingestellt, wie zum Tode Verurteilte. Denn wir sind ein Schauspiel geworden der Welt und den Engeln und den Menschen. [10]Wir sind Narren um Christi willen, ihr aber seid klug in Christus; wir schwach, ihr aber stark; ihr herrlich, wir aber verachtet. [11]Bis auf diese Stunde leiden wir Hunger und Durst und Blöße und werden geschlagen und haben keine feste Bleibe [12]und mühen uns ab mit unsrer Hände Arbeit. Man schmäht uns, so segnen wir; man verfolgt uns, so dulden wir's, [13]man verlästert uns, so reden wir freundlich. Wir sind geworden wie der Abschaum der Menschheit, jedermanns Kehricht, bis heute.

Gottes nimmt den Christen nicht aus der Welt, sondern stellt ihn in die Nachfolge des Gekreuzigten. Christliches Leben ist jetzt nur unter dem Kreuz möglich, die Teilhabe an der Auferstehung dagegen bleibt der Zukunft vorbehalten (vgl. 2Ko 4,7–18; 11,16–33). Der Geist gibt die Kraft, im Leiden die Menschenwürde nicht zu verlieren und Jesu Forderung zu entsprechen (vgl. Lk 6,27ff.). – Der Sinn von V. 6b ist nicht eindeutig zu klären: korinthisches Schlagwort oder paulinische Forderung? – Bei »Schauspiel« (V. 9) denkt Paulus nicht wie die Stoiker an die olympische Arena, in der der Sieger bewundert wird, sondern an das römische Theater, in dem Tiere und Menschen zur Volksbelustigung zu Tode gehetzt wurden.

Paulus der Vater der Gemeinde in Korinth

[14]Nicht um euch zu beschämen, schreibe ich dies; sondern ich ermahne euch als meine lieben Kinder. [15]Denn wenn ihr auch zehntausend Erzieher hättet in Christus, so habt ihr doch nicht viele Väter; denn ich habe euch gezeugt in Christus Jesus durchs Evangelium. [16]Darum ermahne ich euch: Folgt meinem Beispiel! [17]Aus demselben Grund habe ich Timotheus zu euch gesandt, der mein lieber und getreuer Sohn ist in dem Herrn, damit er euch erinnere an meine Weisungen in Christus Jesus, wie ich sie überall in allen Gemeinden lehre.

[18]Es haben sich einige aufgebläht, als würde ich nicht zu euch kommen. [19]Ich werde aber, wenn der Herr will, recht bald zu euch kommen und nicht die Worte der Aufgeblasenen kennenlernen, sondern ihre Kraft. [20]Denn das Reich Gottes steht nicht in Worten, sondern in Kraft. [21]Was wollt ihr? Soll ich mit dem Stock zu euch kommen oder mit Liebe und sanftmütigem Geist?

Paulus wechselt von der scharfen Ironie zur dringenden väterlichen Bitte. Aufgrund der ihm von Christus übertragenen Vollmacht versteht Paulus sein Wirken als »geistliche Zeugung« (vgl. Gal 4,19). Diese einzigartige Aufgabe unterscheidet ihn von den Aufsehern, den Erziehern (in der Antike waren das meist Sklaven). Er hatte Timotheus geschickt, um sie an das Beispiel des Apostels zu erinnern. Einige jedoch haben das so ausgelegt: Paulus wage nicht, selbst zu kommen. Ihnen kündigt Paulus sein baldiges Kommen an. Es liegt bei ihnen, mit welcher Haltung er auftreten wird. Nur eins ist sicher: Schwach werden sie ihn nicht erleben.

Ausschluß der Unzüchtigen aus der Gemeinde

Nach alttestamentlichem Gesetz (3Mo 18,8) war der Beischlaf mit der Stiefmutter ein Vergehen, das mit dem Tod bestraft wurde. Auch nach römischem Recht war eine solche eheliche Verbindung gesetzwidrig. Für Paulus ist es unbegreiflich, daß die Korinther gegen dieses Vergehen nicht mit der nötigen Strenge vorgegangen sind. Darum führt er ein unserem Denken kaum verstehbares geistliches Gericht durch: Während einer Gemeindeversammlung wird Paulus geistig anwesend sein und im Namen des Herrn den Sünder dem Satan übergeben. Paulus ist hier von den jüdischen Vorstellungen von Fluch und Bann beeinflußt. Der Betroffene wird aus der Gemeinschaft ausgestoßen und den dämonischen Mächten während seines irdischen Lebens (vielleicht auch noch im Fegefeuer) preisgegeben. Wahrscheinlich soll er dadurch geläutert werden, damit der ihm bei der Taufe verliehene Geist beim Endgericht gerettet wird.

Paulus bringt in V 6 b ein Sprichwort (vgl. Mt 13,33). V. 7f. gründet auf dem Ritus des Passafestes: Vor Beginn des Festes mußte das Haus vom Sauerteig gereinigt werden. Acht Tage wurde nur ungesäuertes Brot (Mazzen) gegessen. Die Korinther sollen bedenken: Ihr Passalamm, Christus, ist schon geschlachtet; jetzt noch Sauerteig (d. h. einen schweren Frevler) im Haus zu haben, verunreinigt die ganze Gemeinde. Nachdem Christus als Passalamm geopfert ist, braucht es keine weiteren Opfer. Deshalb ist für die Christen dauernde Festzeit (vgl. Mk 2,19 a). Sie sollen darum so frei von Bosheit wie die Mazzen vom Sauerteig sein. – Paulus beseitigt ein Mißverständnis aus einem früheren Brief (vgl. dazu die Einl.). Seine Mahnung, sich von Frevlern zu trennen, darf nicht als Weltflucht mißdeutet werden. Die Welt (am Arbeitsplatz, im Geschäftsleben usw.) ist der Ort, an dem sich der Glaube zu bewähren hat. Die Gemeinde kann aber nicht sofort die Welt verändern, doch ist sie dazu verpflichtet, bei sich selbst für saubere menschliche Beziehungen zu sorgen. Daran hat sie es fehlen lassen. Das soll nun so nachgeholt werden, wie es Paulus mit einer Fluchformel verlangt, die in ähnlichen Fällen auch im AT gebraucht wurde (V. 13 vgl. 5Mo 17,7 u. ö.).

5 Überhaupt geht die Rede, daß Unzucht unter euch ist, und zwar eine solche Unzucht, wie es sie nicht einmal unter den Heiden gibt: daß einer die Frau seines Vaters hat. [2]Und ihr seid aufgeblasen und seid nicht vielmehr traurig geworden, so daß ihr den aus eurer Mitte verstoßen hättet, der diese Tat begangen hat? [3]Ich aber, der ich nicht leiblich bei euch bin, doch mit dem Geist, habe schon, als wäre ich bei euch, beschlossen über den, der solches getan hat: [4]wenn ihr in dem Namen unseres Herrn Jesus versammelt seid und mein Geist samt der Kraft unseres Herrn Jesus bei euch ist, [5]soll dieser Mensch dem Satan übergeben werden zum Verderben des Fleisches, damit der Geist gerettet werde am Tage des Herrn.

[6]Euer Rühmen ist nicht gut. Wißt ihr nicht, daß ein wenig Sauerteig den ganzen Teig durchsäuert? [7]Darum schafft den alten Sauerteig weg, damit ihr ein neuer Teig seid, wie ihr ja ungesäuert seid. Denn *auch wir haben ein Passalamm, das ist Christus, der geopfert ist.* [8]Darum laßt uns das Fest feiern nicht im alten Sauerteig, auch nicht im Sauerteig der Bosheit und Schlechtigkeit, sondern im ungesäuerten Teig der Lauterkeit und Wahrheit.

[9]Ich habe euch in dem Brief geschrieben, daß ihr nichts zu schaffen haben sollt mit den Unzüchtigen. [10]Damit meine ich nicht allgemein die Unzüchtigen in dieser Welt oder die Geizigen oder Räuber oder Götzendiener; sonst müßtet ihr ja die Welt räumen. [11]Vielmehr habe ich euch geschrieben: Ihr sollt nichts mit einem zu schaffen haben, der sich Bruder nennen läßt und ist ein Unzüchtiger oder ein Geiziger oder ein Götzendiener oder ein Lästerer oder ein Trunkenbold oder ein Räuber; mit so einem sollt ihr auch nicht essen. [12]Denn was gehen mich die draußen an, daß ich sie richten sollte? Habt ihr nicht die zu richten, die drinnen sind? [13]Gott aber wird, die draußen sind, richten. Verstoßt ihr den Bösen aus eurer Mitte!

Rechtssachen unter Christen

Der jüdischen Synagoge war in allen internen Rechtsfragen (dazu gehörten z. B. auch Besitz- und Familienrecht) von den Römern eigene Gerichtsbarkeit zugestanden worden. Dieses Vorbild und die Glaubenserkenntnis von der Stellung des Christen in der Welt und vor Gott veranlassen Paulus, Denkanstöße zum Verhältnis Christ und Recht zu geben:

1. Anerkennung weltlicher Gerichtsbarkeit steht nach Paulus in Widerspruch zur Würde der Christen. Das begründet Paulus mit einer jüdisch-christlichen Zukunftserwartung: Die Auserwählten nehmen am Gericht Gottes über die gefallenen Engel teil (vgl. Jes 24,21–23; Jud 6;

6 Wie kann jemand von euch wagen, wenn er einen Streit hat mit einem andern, sein Recht zu suchen vor den Ungerechten und nicht vor den Heiligen? [2]Wißt ihr nicht, daß die Heiligen die Welt richten werden? Wenn nun die Welt von euch gerichtet werden soll, seid ihr dann nicht gut genug, geringe Sachen zu richten? [3]Wißt ihr nicht, daß wir über Engel richten werden? Wieviel mehr über Dinge

des täglichen Lebens. [4]Ihr aber, wenn ihr über diese Dinge rechtet, nehmt solche, die in der Gemeinde nichts gelten, und setzt sie zu Richtern. [5]Euch zur Schande muß ich das sagen. Ist denn gar kein Weiser unter euch, auch nicht einer, der zwischen Bruder und Bruder richten könnte? [6]Vielmehr rechtet ein Bruder mit dem andern, und das vor Ungläubigen! [7]Es ist schon schlimm genug, daß ihr miteinander rechtet. Warum laßt ihr euch nicht lieber Unrecht tun? Warum laßt ihr euch nicht lieber übervorteilen? [8]Vielmehr tut ihr Unrecht und übervorteilt, und das unter Brüdern!

[9]Oder wißt ihr nicht, daß die Ungerechten das Reich Gottes nicht ererben werden? Laßt euch nicht irreführen! Weder Unzüchtige noch Götzendiener, Ehebrecher, Lustknaben, Knabenschänder, [10]Diebe, Geizige, Trunkenbolde, Lästerer oder Räuber werden das Reich Gottes ererben. [11]Und solche sind einige von euch gewesen. Aber ihr seid reingewaschen, ihr seid geheiligt, ihr seid gerecht geworden durch den Namen des Herrn Jesus Christus und durch den Geist unseres Gottes.

2Pt 2,4). 2. Streitigkeiten zwischen Brüdern sollen innerhalb der Gemeinde geregelt werden. 3. Ein christliches Schiedsgericht ist ein Zugeständnis. Paulus fordert in V. 1–6 nicht völligen Rechtsverzicht (anders Mt 5,34). Seine eigentliche Überzeugung ist aber, auf die Durchsetzung des eigenen Rechts zu verzichten. Lieber Unrecht zu leiden als zu tun, war ein Grundsatz stoischer Ethik, die als Anweisung für den einzelnen zur Selbstverwirklichung dienen sollte. Paulus dagegen erhebt diesen Grundsatz zur Lebensordnung der ganzen Gemeinde. Diese Forderung leitet er von dem ab, was die Christen durch die Taufe schon geworden sind (V. 11). Sie brauchen nur die in der Taufe geschenkte neue Ordnung zu verwirklichen. – Zum Lasterkatalog (V. 9 f.) vgl. Gal 5,19–21.

Der Leib ein Tempel des heiligen Geistes

[12]*Alles ist mir erlaubt, aber nicht alles dient zum Guten. Alles ist mir erlaubt, aber es soll mich nichts gefangennehmen.* [13]Die Speise dem Bauch und der Bauch der Speise; aber Gott wird das eine wie das andere zunichte machen. Der Leib aber nicht der Hurerei, sondern dem Herrn, und der Herr dem Leibe. [14]Gott aber hat den Herrn auferweckt und wird auch uns auferwecken durch seine Kraft. [15]Wißt ihr nicht, daß eure Leiber Glieder Christi sind? Sollte ich nun die Glieder Christi nehmen und Hurenglieder daraus machen? Das sei ferne! [16]Oder wißt ihr nicht: wer sich an die Hure hängt, der ist *ein* Leib mit ihr? Denn die Schrift sagt: »Die zwei werden *ein* Fleisch sein« (1. Mose 2,24). [17]Wer aber dem Herrn anhängt, der ist *ein* Geist mit ihm. [18]Flieht die Hurerei! Alle Sünden, die der Mensch tut, bleiben außerhalb des Leibes; wer aber Hurerei treibt, der sündigt am eigenen Leibe. [19]Oder wißt ihr nicht, daß euer Leib ein Tempel des heiligen Geistes ist, der in euch ist und den ihr von Gott habt, und daß ihr nicht euch selbst gehört? [20]Denn *ihr seid teuer erkauft; darum preist Gott mit eurem Leibe.*

Paulus nimmt eine Losung der Schwärmer auf, mit der sie sexuelle Freiheit begründeten. Für sie war es bedeutungslos, was der Körper tat oder erlitt; er war für sie nur ein vorübergehender Aufenthaltsort für den Geist. Als Leib (bei Paulus = Persönlichkeit) ist der Mensch aber ein Ganzes. Die leibliche Auferstehung zeigt: Gott ist es nicht gleichgültig, was mit unserem Leib geschieht. Über den Leib können wir nicht verfügen, da er nur Christus gehört (V. 15) und Wohnung des Geistes Gottes ist (V. 19 vgl. 3,16). Freiheit ist nur in dieser Zugehörigkeit möglich. Sexueller Verkehr mit einer Hure zerstört die Gemeinschaft mit Gott. Durch die Gewißheit, eine Zukunft bei Gott zu haben, sind wir von der Lebensgier befreit.

Fragen des Geschlechtslebens (7,1–40)

In der korinthischen Gemeinde gab es offensichtlich nicht nur freie Anschauungen zur Frage der Sexualität (6,12), sondern auch asketische Strömungen. Diese Kreise könnten vermutlich frühere Äußerungen des Paulus so verstanden haben, als sei Geschlechtsverkehr selbst in der Ehe mit dem christlichen Glauben unvereinbar. Wegen solcher Tendenzen bitten die Korinther Paulus um Erläuterungen und klare Weisungen.

Ehe und Ehelosigkeit

7 Wovon ihr aber geschrieben habt, darauf antworte ich: Es ist gut für den Mann, keine Frau zu berühren. [2]Aber um Unzucht zu vermeiden, soll jeder seine eigene Frau haben und jede Frau ihren eigenen Mann. [3]Der Mann leiste der Frau, was er ihr schuldig ist, desgleichen die Frau dem Mann. [4]Die Frau verfügt nicht über ihren Leib, sondern der Mann. Ebenso verfügt der Mann nicht über seinen Leib, sondern die Frau. [5]Entziehe sich nicht eins dem andern, es sei denn eine Zeitlang, wenn beide es wollen, damit ihr zum Beten Ruhe habt; und dann kommt wieder zusammen, damit euch der Satan nicht versucht, weil ihr euch nicht enthalten könnt. [6]Das sage ich aber als Erlaubnis und nicht als Gebot. [7]Ich wollte zwar lieber, alle Menschen wären, wie ich bin, aber jeder hat seine eigene Gabe von Gott, der eine so, der andere so.

[8]Den Ledigen und Witwen sage ich: Es ist gut für sie, wenn sie bleiben wie ich. [9]Wenn sie sich aber nicht enthalten können, sollen sie heiraten; denn es ist besser, zu heiraten als sich in Begierde zu verzehren.

Zuerst antwortet Paulus auf die Frage, ob man in einer Ehe auf Geschlechtsverkehr verzichten solle: Asketischer Zwang in der Ehe ist wider die Natur und kann zur Ursache viel schlimmerer Versuchungen werden. Paulus sieht die Ehe hier als Damm gegen Zügellosigkeit im Geschlechtsleben. Diese einseitige Sicht ist durch die konkrete Anfrage der Korinther veranlaßt. Darüber hinaus läßt Paulus erkennen, daß er der Ehelosigkeit den Vorzug gibt, diese aber als Gabe bezeichnet (V. 7f.) und darum nicht zum Gesetz erheben will. Den Grundsatz seiner Theologie – man kann das Heil nicht durch eigenes Handeln verdienen – läßt er kritisch auch gegenüber sich selbst gelten. – Für ein intensives Studium des Gesetzes lassen auch jüdische Rabbinen eine Unterbrechung des ehelichen Geschlechtsverkehrs bis zu zwei Wochen zu.

Ehescheidung

[10]Den Verheirateten aber gebiete nicht ich, sondern der Herr, daß die Frau sich nicht von ihrem Manne scheiden soll [11]– hat sie sich aber geschieden, soll sie ohne Ehe bleiben oder sich mit ihrem Mann versöhnen – und daß der Mann seine Frau nicht verstoßen soll. [12]Den andern aber sage ich, nicht der Herr: Wenn ein Bruder eine ungläubige Frau hat und es gefällt ihr, bei ihm zu wohnen, so soll er sich nicht von ihr scheiden. [13]Und wenn eine Frau einen ungläubigen Mann hat und es gefällt ihm, bei ihr zu wohnen, so soll sie sich nicht von ihm scheiden. [14]Denn der ungläubige Mann ist geheiligt durch die Frau, und die ungläubige Frau ist geheiligt durch den gläubigen Mann. Sonst wären eure Kinder unrein; nun aber sind sie heilig. [15]Wenn aber der Ungläubige sich scheiden will, so laß ihn sich scheiden. Der Bruder oder die Schwester ist nicht gebunden in solchen Fällen. Zum Frieden hat euch Gott berufen. [16]Denn was weißt du, Frau, ob du den Mann retten wirst? Oder du, Mann, was weißt du, ob du die Frau retten wirst?

Jesu Verbot der Ehescheidung (Mk 10,11f.Par) gilt (im Unterschied zu Juden wie Heiden) für Christen uneingeschränkt. Den Korinthern waren dennoch Zweifel gekommen, ob nicht die Fortführung der Ehe mit einem heidnischen Ehepartner dem christlichen Grundsatz widerspricht, sich von allem Heidnischen zu trennen. Da Paulus sich nicht auf ein Wort Jesu berufen kann, gibt er als seine apostolische Weisung: Der christliche Ehepartner soll darauf vertrauen, daß gelebter Glaube auf die Familie ausstrahlt und stärker als die Macht des Heidentums ist. Andererseits sollte sich der christliche Ehepartner nicht an die Ehe klammern. Denn das Heil ist nicht davon abhängig, ob jemand verheiratet oder nicht verheiratet ist. Während für den Juden die Ehe ein Pflichtgebot ist (1Mo 1,28), stellt sie für den Christen eine Möglichkeit dar.

Gottes Ruf und der Stand der Berufenen

[17]Nur soll jeder so leben, wie der Herr es ihm zugemessen, wie Gott einen jeden berufen hat. Und so ordne ich es an in allen Gemeinden. [18]Ist jemand als Beschnittener berufen, der bleibe bei der Beschneidung. Ist jemand als Unbeschnittener berufen, der lasse sich nicht beschneiden.

Unter Christen haben alle Unterschiede ihre trennende Bedeutung verloren. Gegen die Bestrebungen, diese Unterschiede im alltäglichen Leben völlig einzuebnen, betont Paulus, daß sich die zukünftige Ord-

[19]Beschnitten sein ist nichts, und unbeschnitten sein ist nichts, sondern: Gottes Gebote halten. [20]Jeder bleibe in der Berufung, in der er berufen wurde. [21]Bist du als Knecht berufen, so sorge dich nicht; doch kannst du frei werden, so nutze es um so lieber. [22]Denn wer als Knecht berufen ist in dem Herrn, der ist ein Freigelassener des Herrn; desgleichen, wer als Freier berufen ist, der ist ein Knecht Christi. [23]*Ihr seid teuer erkauft; werdet nicht der Menschen Knechte.* [24]Liebe Brüder, ein jeder bleibe vor Gott, worin er berufen ist.

nung des Reiches Gottes nicht in die Gegenwart übertragen läßt. Gewaltsame Änderungen schaffen keine Freiheit, sondern nur neue Abhängigkeit. In Erwartung des nahen Weltendes rät Paulus den Sklaven, auf Veränderung zu verzichten und ihre Arbeit noch besser zu tun (vgl. 1Pt 2,21). V. 21 b meint wahrscheinlich entgegen dem Luthertext: Selbst wenn du freiwerden kannst, bleibe lieber (in einem Dienst).

Von den Unverheirateten

[25]Über die Jungfrauen habe ich kein Gebot des Herrn; ich sage aber meine Meinung als einer, der durch die Barmherzigkeit des Herrn Vertrauen verdient. [26]So meine ich nun, es sei gut um der kommenden Not willen, es sei gut für den Menschen, ledig zu sein. [27]Bist du an eine Frau gebunden, so suche nicht, von ihr loszukommen; bist du nicht gebunden, so suche keine Frau. [28]Wenn du aber doch heiratest, sündigst du nicht, und wenn eine Jungfrau heiratet, sündigt sie nicht; doch werden solche in äußere Bedrängnis kommen. Ich aber möchte euch gerne schonen.

[29]Das sage ich aber, liebe Brüder: *Die Zeit ist kurz. Fortan sollen auch die, die Frauen haben, sein, als hätten sie keine; und die weinen, als weinten sie nicht;* [30]*und die sich freuen, als freuten sie sich nicht; und die kaufen, als behielten sie es nicht;* [31]*und die diese Welt gebrauchen, als brauchten sie sie nicht. Denn das Wesen dieser Welt vergeht.* [32]Ich möchte aber, daß ihr ohne Sorge seid. Wer ledig ist, der sorgt sich um die Sache des Herrn, wie er dem Herrn gefalle; [33]wer aber verheiratet ist, der sorgt sich um die Dinge der Welt, wie er der Frau gefalle, und so ist er geteilten Herzens. [34]Und die Frau, die keinen Mann hat, und die Jungfrau sorgen sich um die Sache des Herrn, daß sie heilig seien am Leib und auch am Geist; aber die verheiratete Frau sorgt sich um die Dinge der Welt, wie sie dem Mann gefalle. [35]Das sage ich zu eurem eigenen Nutzen; nicht um euch einen Strick um den Hals zu werfen, sondern damit es recht zugehe, und ihr stets und ungehindert dem Herrn dienen könnt.

[36]Wenn aber jemand meint, er handle unrecht an seiner Jungfrau*, wenn sie erwachsen ist, und es kann nicht anders sein, so tue er, was er will; er sündigt nicht, sie sollen heiraten. [37]Wenn einer aber in seinem Herzen fest ist, weil er nicht unter Zwang ist und seinen freien Willen hat, und beschließt in seinem Herzen, seine Jungfrau unberührt zu lassen, so tut er gut daran. [38]Also, wer seine Jungfrau heiratet, der handelt gut; wer sie aber nicht heiratet, der handelt besser.

Die Frage, ob man angesichts des baldigen Weltendes überhaupt noch heiraten könne, war für alle verlobten Paare bedrückend. Paulus teilt die Ansicht, daß in der bevorstehenden schweren Zeit die Sorge um eine Familie zusätzliche Lasten aufbürdet (vgl. Mk 13,17Parr). Vor ihnen will er die jungen Christen bewahren. Eine Lösung der Verlobung empfiehlt er dennoch nicht. Gerade in dieser Frage will er jede gesetzliche Reglung vermeiden und nur seelsorgerliche Ratschläge geben. Alle auf Erden so wichtigen Handlungen und Ziele stehen für ihn unter dem Zeichen der Vorläufigkeit. Formal ist sein Rat (V. 29 f.) der stoischen Weisung ähnlich, sich von nichts Äußerlichem in der Welt berühren zu lassen. Für den Stoiker war unberührbare Seelenruhe die einzig wahre menschliche Haltung. Für Paulus dagegen ist die Distanz zu Ehe und Familie ein Opfer, das aufgrund der aktuellen Situation erforderlich sein kann. Er möchte seinen vorsichtigen Rat, Ehelosigkeit vorzuziehen, nicht als eine zusätzliche Last verstanden wissen, sondern als Orientierungshilfe. So sagt er ausdrücklich, daß keiner sich schuldig fühlen soll, wenn er dennoch heiratet. Verdrängte Sexualität schafft nicht die von Paulus erwünschte Freiheit, sondern erzeugt inneren Zwang. Ehelosigkeit ist keine Tugend, die man erlernen kann. Sie kann Gabe für einzelne sein, die durch sie die Freiheit gewinnen, sich uneingeschränkt dem Dienst für andere hingeben zu können.

Witwen sollen nur einen christlichen Ehepartner wieder heiraten. Lieber sähe es Paulus jedoch, wenn sie unverheiratet blieben und sich ganz dem Dienst für die Gemeinde widmen würden. Daraus erwuchs später für die Gemeinden das so wichtige Amt der Witwen (vgl. 1 Ti 5,3–16).

Von den Witwen

[39]Eine Frau ist gebunden, solange ihr Mann lebt; wenn aber der Mann entschläft, ist sie frei, zu heiraten, wen sie will; nur daß es in dem Herrn geschehe! [40]Seliger ist sie aber, nach meiner Meinung, wenn sie ledig bleibt. Ich meine aber: ich habe auch den Geist Gottes.

Vom Essen des Götzenopferfleisches

In der Antike war jede Schlachtung eine kultische Handlung. Das Fleisch wurde auf dem Markt verkauft, auch von Tieren, die im Tempel geschlachtet worden waren. Die Tempel waren jedoch nicht nur Kultstätte, sondern in ihnen fanden auch Versammlungen von Vereinen, Zusammenkünfte von Bürgern und sogar Feiern von Familien statt. Um auf keine Weise mit heidnischem Kult in Berührung zu kommen, hatten die Juden eine Selbstverwaltung mit eigenem Handelsnetz aufgebaut. Wenn die Christen sich nicht mehr an eine jüdische Gemeinde anschließen konnten und in einer heidnischen Umwelt leben mußten, brachte es erhebliche Beschwernisse mit sich, das Betreten des Tempels und das Essen von dort Geschlachtetem zu vermeiden. Paulus wird mit dieser Frage offensichtlich in Korinth zum ersten Mal in ihrer ganzen Schwere konfrontiert.

Die Antworten des Paulus kommen in V. 1–13 und 10,23–11,1 zu demselben Ergebnis. Doch nach 10,1–22 lehnt er die Teilnahme an Mahlzeiten im Tempel uneingeschränkt ab. Nach V. 1–13 und 10,23–11,1 dagegen schließt er die Möglichkeit einer Teilnahme nicht aus. Man könnte den Unterschied damit erklären, daß er 10,14–22 an eine richtige Kultmahlzeit, in V. 1–13 und 10,23–11,1 an eine Privateinladung denkt. Vielleicht stammen aber 10,1–22 aus dem früheren Brief (vgl. die Einl.), und die Korinther haben darauf Paulus erklärt, warum viele eine so radikale Lösung für unnötig halten: Da wir wissen, daß es diese Götter gar nicht gibt, sind Tempelbesuch und Genuß von kultisch Geschlachtetem für uns bedeutungslos. Paulus gibt ihnen grundsätzlich recht, aber er weiß, daß das Leben sich nicht allein mit theoretischen Einsichten gestalten läßt. Richtige Erkenntnisse sind wertlos, wenn ihre Durchsetzung das Gewissen des anderen verletzt. Gerade in der Rücksichtnahme auf den schwachen Bruder bewährt sich die christliche Freiheit. Außerdem haben die Korinther vergessen: Alle Dinge, die sie für wahr halten und vor denen sie sich fürchten, werden zu Mächten, die über sie Gewalt gewinnen. Von der Glaubenserkennt-

8 Was aber das Götzenopfer angeht, so wissen wir, daß wir alle die Erkenntnis haben. Die Erkenntnis bläht auf; aber die Liebe baut auf. [2]Wenn jemand meint, er habe etwas erkannt, der hat noch nicht erkannt, wie man erkennen soll. [3]Wenn aber jemand Gott liebt, der ist von ihm erkannt.

[4]Was nun das Essen von Götzenopferfleisch angeht, so wissen wir, daß es keinen Götzen gibt in der Welt und keinen Gott als den einen. [5]Und obwohl es solche gibt, die Götter genannt werden, es sei im Himmel oder auf Erden, wie es ja viele Götter und viele Herren gibt, [6]*so haben wir doch nur einen Gott, den Vater, von dem alle Dinge sind und wir zu ihm; und einen Herrn, Jesus Christus, durch den alle Dinge sind und wir durch ihn.*

[7]Aber nicht jeder hat die Erkenntnis. Denn einige, weil sie bisher an die Götzen gewöhnt waren, essen's als Götzenopfer; dadurch wird ihr Gewissen, weil es schwach ist, befleckt. [8]Aber Speise wird uns nicht vor Gottes Gericht bringen. Essen wir nicht, so werden wir darum nicht weniger gelten, essen wir, so werden wir darum nicht besser sein. [9]Seht aber zu, daß diese eure Freiheit für die Schwachen nicht zum Anstoß wird! [10]Denn wenn jemand dich, der du die Erkenntnis hast, im Götzentempel zu Tisch sitzen sieht, wird dann nicht sein Gewissen, da er doch schwach ist, verleitet, das Götzenopfer zu essen? [11]Und so wird durch deine Erkenntnis der Schwache zugrunde gehen, der Bruder, für den doch Christus gestorben ist. [12]Wenn ihr aber so sündigt an den Brüdern und verletzt ihr schwaches Gewissen, so sündigt ihr an Christus. [13]Darum, wenn Speise meinen Bruder zu Fall bringt, will

ich nie mehr Fleisch essen, damit ich meinen Bruder nicht zu Fall bringe.

Recht und Freiheit des Apostels

9 Bin ich nicht frei? Bin ich nicht ein Apostel? Habe ich nicht unsern Herrn Jesus gesehen? Seid nicht ihr mein Werk in dem Herrn? [2]Bin ich für andere kein Apostel, so bin ich's doch für euch; denn das Siegel meines Apostelamts seid ihr in dem Herrn. [3]Denen, die mich verurteilen, antworte ich so: [4]Haben wir nicht das Recht, zu essen und zu trinken? [5]Haben wir nicht auch das Recht, eine Schwester als Ehefrau mit uns zu führen wie die andern Apostel und die Brüder des Herrn und Kephas? [6]Oder haben allein ich und Barnabas nicht das Recht, nicht zu arbeiten? [7]Wer zieht denn in den Krieg und zahlt sich selbst den Sold? Wer pflanzt einen Weinberg und ißt nicht von seiner Frucht? Oder wer weidet eine Herde und nährt sich nicht von der Milch der Herde? [8]Rede ich das nach menschlichem Gutdünken? Sagt das nicht auch das Gesetz? [9]Denn im Gesetz des Mose steht geschrieben (5. Mose 25,4): »Du sollst dem Ochsen, der da drischt, nicht das Maul verbinden.« Sorgt sich Gott etwa um die Ochsen? [10]Oder redet er nicht überall um unsertwillen? Ja, um unsertwillen ist es geschrieben: Wer pflügt, soll auf Hoffnung pflügen; und wer drischt, soll in der Hoffnung dreschen, daß er seinen Teil empfangen wird. [11]Wenn wir euch zugut Geistliches säen, ist es dann zuviel, wenn wir Leibliches von euch ernten? [12]Wenn andere dieses Recht an euch haben, warum nicht viel mehr wir? Aber wir haben von diesem Recht nicht Gebrauch gemacht, sondern wir ertragen alles, damit wir nicht dem Evangelium von Christus ein Hindernis bereiten. [13]Wißt ihr nicht, daß, die im Tempel dienen, vom Tempel leben, und die am Altar dienen, vom Altar ihren Anteil bekommen? [14]So hat auch der Herr befohlen, daß, die das Evangelium verkündigen, sich vom Evangelium nähren sollen. [15]Ich aber habe von alledem keinen Gebrauch gemacht. Ich schreibe auch nicht deshalb davon, damit es nun mit mir so gehalten werden sollte. Lieber würde ich sterben – nein, meinen Ruhm soll niemand zunichte machen! [16]Denn daß ich das Evangelium predige, dessen darf ich mich nicht rühmen; denn ich muß es tun. Und *wehe mir, wenn ich das Evangelium nicht predigte!* [17]Täte ich's aus eigenem Willen, so erhielte ich Lohn. Tue ich's aber nicht aus eigenem Willen, so ist mir doch das Amt anvertraut. [18]Was ist denn nun mein Lohn? Daß ich das Evangelium predige ohne Entgelt und von meinem Recht am Evangelium nicht Gebrauch mache.

nis (V. 6) bis zu ihrer Auswirkung in allen Lebensbereichen ist jedoch ein weiter Weg, der nicht durch übereiltes Besserwissen gefährdet werden darf.

Fast in allen von Paulus gegründeten Gemeinden traten nach kurzer Zeit Leute auf, die die Rechtmäßigkeit seines Apostolats bestritten. In Korinth hatte ihr Wirken schwere Verwirrung angerichtet und fast das Verhältnis des Paulus zu dieser Gemeinde zerstört. Die Vorwürfe und die Verteidigung des Paulus in V. 1–23 sind nur ein Vorspiel der Auseinandersetzungen von 2Ko 10–13. Die Gegner des Paulus waren offensichtlich Judenchristen (vielleicht die Partei des Kephas 1,12; 3,22), denn sie bestritten seinen Apostolat mit den zwei Argumenten: 1. Paulus sei kein echter Jünger Jesu; 2. Entgegen der Weisung Jesu (Lk 10,8 Parr) verzichte Paulus auf Unterhalt durch die Gemeinde (vgl. 1Th 2,1–12). Man legte ihm den Verzicht wahrscheinlich als Überheblichkeit und Unsicherheit aus. Gegen diesen doppelten Vorwurf verteidigt sich Paulus mit den drei Argumenten: 1. Ich habe Jesus als den Auferstandenen gesehen und bin durch ihn berufen worden (V. 1 vgl. 15,8 ff.; Gal 1,15 f.). 2. Der Erfolg meines Wirkens, die Existenz der korinthischen Gemeinde, ist meine menschliche Legitimation (V. 2 vgl. 2Ko 3,2). 3. Grundsätzlich habe ich dasselbe Recht wie die anderen Apostel, von der Gemeinde mich versorgen zu lassen. Das ist mein natürliches Recht (V. 7) und ist auch durch das Gesetz Mose gesichert. 5Mo 25,4 (vgl. V. 9) ist eigentlich entgegen der Auslegung des Paulus eine Tierschutzbestimmung. Paulus legte sie nach der Anschauung des Diasporajudentums seiner Zeit aus, daß Gott sich nur um Höheres (V. 10) kümmere. – Der Rechtsverzicht des Paulus ist begründet in der besonderen Art seines Apostolats: Sein Amt liegt auf ihm so unausweichlich wie das Schicksal (V. 16). Er ist von seinem Herrn in Dienst genommen. Dieser allein kann ihm Lohn geben. Der Gemeinde ist er durch den

Herrn zu unentgeltlichem Dienst verpflichtet (V. 18). – V. 19–23 dürfen nicht mißverstanden werden, als habe Paulus in konkreten Situationen die Grundsätze seiner Botschaft verleugnet, um erfolgreich zu sein. Die Freiheit des Paulus besteht darin, daß er in jüdischen Kreisen sich an deren Sitten und Gebräuche hält, in heidnischen aber darauf völlig verzichten kann, um besonders auf schwache Brüder Rücksicht zu nehmen (vgl. 8,13). – V. 24–27 stehen in keinem erkennbaren Zusammenhang zum vorhergehenden Text, sondern leiten den Abschnitt 10,1–22 ein. Sachlich nimmt Paulus das Thema von 6,12–20 (Enthaltsamkeit) auf. Darum könnte 9,24–10,22 in dem ersten Brief (vgl. dazu die Einl.) die Fortsetzung von 6,20 gebildet haben. Paulus hat, um das Ziel zu erreichen, Enthaltsamkeit geübt. Mit der gleichen Haltung sollen die Korinther den Versuchungen im sexuellen Bereich (6,12ff.; 10,8) wie auch dem Götzendienst (10,7) widerstehen.

[19]Denn obwohl ich frei bin von jedermann, habe ich doch mich selbst jedermann zum Knecht gemacht, damit ich möglichst viele gewinne. [20]Den Juden bin ich wie ein Jude geworden, damit ich die Juden gewinne. Denen, die unter dem Gesetz sind, bin ich wie einer unter dem Gesetz geworden – obwohl ich selbst nicht unter dem Gesetz bin –, damit ich die, die unter dem Gesetz sind, gewinne. [21]Denen, die ohne Gesetz sind, bin ich wie einer ohne Gesetz geworden – obwohl ich doch nicht ohne Gesetz bin vor Gott, sondern bin in dem Gesetz Christi –, damit ich die, die ohne Gesetz sind, gewinne. [22]Den Schwachen bin ich ein Schwacher geworden, damit ich die Schwachen gewinne. Ich bin allen alles geworden, damit ich auf alle Weise einige rette. [23]Alles aber tue ich um des Evangeliums willen, um an ihm teilzuhaben.

[24]Wißt ihr nicht, daß die, die in der Kampfbahn laufen, die laufen alle, aber einer empfängt den Siegespreis? Lauft so, daß ihr ihn erlangt. [25]Jeder aber, der kämpft, enthält sich aller Dinge; jene nun, damit sie einen vergänglichen Kranz empfangen, wir aber einen unvergänglichen. [26]Ich aber laufe nicht wie aufs Ungewisse; ich kämpfe mit der Faust, nicht wie einer, der in die Luft schlägt, [27]sondern ich bezwinge meinen Leib und zähme ihn, damit ich nicht andern predige und selbst verwerflich werde.

Das warnende Beispiel Israels

In der korinthischen Gemeinde gab es die Anschauung: Die Sakramente Taufe und Abendmahl bewirken eine wunderbare Verwandlung des Menschen und bewahren ihn vor allen bösen Mächten. Diese Korinther fühlten sich so sicher, daß sie ihre Überlegenheit über alle Versuchungen beweisen wollten. Bevorzugte Bereiche, in denen sie ihre Freiheit demonstrierten, waren die Sexualität und die Teilnahme am heidnischen Tempelkult (vgl. auch zu 8,1–13). Gegen solche Selbstsicherheit stellt Paulus ihnen das warnende Beispiel Israels vor Augen.

In seiner Darstellung der Geschichte Israels verwendet Paulus Auslegungen, wie sie uns aus dem zeitgenössischen Diasporajudentum bekannt sind. Dazu zählen: die Wüstenwanderung als einziges sakramentales Geschehen, durch das die Einzigartigkeit des Volkes Israel begründet wurde; das Manna und das Wasser aus dem Felsen als nicht irdische, sondern geistige Nahrung; auch das Motiv vom wandernden Felsen, der als die göttliche Weisheit gedeutet wurde. Der eigene Beitrag des Paulus besteht darin: 1. Er will die Entsprechung zu den christlichen Sakramenten deutlich machen. Der Ausdruck »Taufe auf Mose« ist nicht jü-

10 Ich will euch aber, liebe Brüder, nicht in Unwissenheit darüber lassen, daß unsre Väter alle unter der Wolke gewesen und alle durchs Meer gegangen sind; [2]und alle sind auf Mose getauft worden durch die Wolke und durch das Meer [3]und haben alle dieselbe geistliche Speise gegessen [4]und haben alle denselben geistlichen Trank getrunken; sie tranken nämlich von dem geistlichen Felsen, der ihnen folgte; der Fels aber war Christus. [5]Aber an den meisten von ihnen hatte Gott kein Wohlgefallen, denn sie wurden in der Wüste erschlagen. [6]Das ist aber geschehen uns zum Vorbild, damit wir nicht am Bösen unsre Lust haben, wie jene sie hatten. [7]Werdet auch nicht Götzendiener, wie einige von ihnen es wurden, wie geschrieben steht (2. Mose 32,6): »Das Volk setzte sich nieder, um zu essen und zu trinken, und stand auf, um zu tanzen.« [8]Auch laßt

uns nicht Hurerei treiben, wie einige von ihnen Hurerei trieben: und an einem einzigen Tag kamen dreiundzwanzigtausend um. [9]Laßt uns auch nicht Christus versuchen, wie einige von ihnen ihn versuchten und wurden von den Schlangen umgebracht. [10]Murrt auch nicht, wie einige von ihnen murrten und wurden umgebracht durch den Verderber. [11]Dies widerfuhr ihnen als ein Vorbild. Es ist aber geschrieben uns zur Warnung, auf die das Ende der Zeiten gekommen ist. [12]Darum, *wer meint, er stehe, mag zusehen, daß er nicht falle.* [13]Bisher hat euch nur menschliche Versuchung getroffen. Aber *Gott ist treu, der euch nicht versuchen läßt über eure Kraft, sondern macht, daß die Versuchung so ein Ende nimmt, daß ihr's ertragen könnt.*

disch, sondern in Analogie zur »Taufe auf Christus« gebildet. 2. Den wandernde Fels ist nach Paulus nicht mehr die Weisheit Gottes, sondern Christus selbst. 3. Das Geschehen in der Wüste (auch die Strafe an dem ungehorsamen Volk) erhält seinen wahren Sinn erst dadurch, daß es zur Warnung für die Menschen der letzten Zeit Gottes, für die christliche Gemeinde, dient. – Abschließend erklärt Paulus den selbstsicheren Korinthern: Auf sie werden weit schwerere Versuchungen zukommen, denen sie nicht aus eigener Kraft, sondern allein mit dem Beistand Gottes widerstehen können.

Die Unvereinbarkeit von Abendmahl und Götzendienst

[14]Darum, meine Lieben, flieht den Götzendienst! [15]Ich rede doch zu verständigen Menschen; beurteilt ihr, was ich sage. [16]*Der gesegnete Kelch, den wir segnen, ist der nicht die Gemeinschaft des Blutes Christi? Das Brot, das wir brechen, ist das nicht die Gemeinschaft des Leibes Christi?* [17]*Denn ein Brot ist's: So sind wir viele ein Leib, weil wir alle an einem Brot teilhaben.* [18]Seht an das Israel nach dem Fleisch! Welche die Opfer essen, stehen die nicht in der Gemeinschaft des Altars? [19]Was will ich nun damit sagen? Daß das Götzenopfer etwas sei? Oder daß der Götze etwas sei? [20]Nein, sondern was man da opfert, das opfert man den bösen Geistern und nicht Gott. Nun will ich nicht, daß ihr in der Gemeinschaft der bösen Geister seid. [21]Ihr könnt nicht zugleich den Kelch des Herrn trinken und den Kelch der bösen Geister; ihr könnt nicht zugleich am Tisch des Herrn teilhaben und am Tisch der bösen Geister. [22]Oder wollen wir den Herrn herausfordern? Sind wir stärker als er?

Paulus untersagt eine Teilnahme an heidnischen Kultmahlen. Die Teilnahme an ihnen ist für Paulus Bekenntnis zu einem anderen Gott. Im Blick darauf kann es keinen Kompromiß geben. Das Abendmahl schafft nach Paulus untrennbare Gemeinschaft mit Christus und untereinander. Dieser Gedanke wird am Ritus des Brotbrechens besonders anschaulich. Darum hat Paulus die Reihenfolge von Brot und Kelch vertauscht (anders 11,23–26). Vorausgesetzt ist die jüdische Tischsitte: Der Hausherr bricht einen Brotfladen in Stücke und verteilt sie. Das bedeutet: Wir erhalten Anteil an dem Leib des gekreuzigten Christus und werden dadurch zu einem Leib (die Gemeinde). Neben dieser Bindung ist keine andere möglich.

Rücksicht auf das Gewissen

[23]*Alles ist erlaubt, aber nicht alles dient zum Guten. Alles ist erlaubt, aber nicht alles baut auf.* [24]*Niemand suche das Seine, sondern was dem andern dient.* [25]Alles, was auf dem Fleischmarkt verkauft wird, das eßt, und forscht nicht nach, damit ihr das Gewissen nicht beschwert. [26]Denn »die Erde ist des Herrn und was darinnen ist« (Psalm 24,1). [27]Wenn euch einer von den Ungläubigen einlädt und ihr wollt hingehen, so eßt alles, was euch vorgesetzt wird, und forscht nicht nach, damit ihr das Gewissen nicht beschwert. [28]Wenn aber jemand zu euch sagen würde: Das ist Opferfleisch, so eßt nicht davon, um dessentwillen, der es euch gesagt hat, und damit ihr das Gewissen nicht beschwert. [29]Ich rede aber nicht von deinem eigenen Gewissen, sondern von dem des andern. Denn warum sollte ich das Gewissen eines andern

Paulus vertritt den Standpunkt derer, die den Genuß von Götzenopferfleisch für unbedenklich erklärten. Er fordert jedoch den Verzicht auf diese Freiheit, wenn sie bei Außenstehenden und bei schwachen Gemeindegliedern Anstoß erregen sollte. Während der Jude nach der Herkunft des Fleisches zu fragen und im Zweifelsfall auf dessen Genuß zu verzichten hatte, hält Paulus diese Vorsicht für unnötig. Eine solche Prüfung ist auch bei der Einladung in das Haus eines Ungläubigen nicht erforderlich. Wenn aber jemand auf die Herkunft des Fleisches aufmerksam macht, sieht dieser wohl in dem Fleischgenuß eine Bekenntnisfrage (V. 28). In diesem Fall soll man lieber verzichten, jedoch sich in seinem geistigen Urteil in dieser Frage nicht beirren lassen (V. 29b). Denn der Christ spricht beim Essen ein Tischgebet (V. 30), so daß ihm jede Nahrung Gabe Gottes ist. Wahre christliche Haltung äußert sich nicht in der Demonstration der eigenen Freiheit, sondern im Dienst für den anderen. So hat es Paulus in der Nachfolge Christi vorgelebt.

über meine Freiheit urteilen lassen? [30]Wenn ich's mit Danksagung genieße, was soll ich mich dann wegen etwas verlästern lassen, wofür ich danke? [31] *Ob ihr nun eßt oder trinkt oder was ihr auch tut, das tut alles zu Gottes Ehre.* [32]Erregt keinen Anstoß, weder bei den Juden noch bei den Griechen noch bei der Gemeinde Gottes, [33]so wie auch ich jedermann in allem zu Gefallen lebe und suche nicht, was mir, sondern was vielen dient, damit sie gerettet werden. [1]Folgt meinem Beispiel, wie ich dem Beispiel Christi!

Die Frau im Gottesdienst

Nach allgemeiner orientalischer Sitte, wohl auch nach griechischer, trat die ehrbare Frau in der Öffentlichkeit nur verschleiert auf. Unverschleiert ließen sich nur Prostituierte auf der Straße sehen. Bei bestimmten Vergehen (z. B. Ehebruch) wurden Frauen die Haare abgeschnitten und sie so an den Pranger gestellt. Wahrscheinlich begründeten die Frauen in Korinth ihr Verhalten, unverschleiert zu gehen, mit der Botschaft, daß in Christus alle Unterschiede bedeutungslos seien.

Obwohl Paulus die Gleichheit aller Menschen vor Gott verkündigt, ist er wie in 10,23–11,1 gegen eine Demonstration christlicher Freiheit. Der Grundsatz, jeder solle in seinem Stand bleiben, in dem er berufen wurde (7,20), ist auch hier gültig. Außerdem kann Paulus trotz theologischer Einsicht nicht ganz über den Schatten seiner Denktradition springen, in der die Frau als dem Manne nicht gleichwertig galt. Paulus nennt 5 Argumente, deren mangelnde Überzeugungskraft er zu spüren scheint (V. 16): 1. Die Frau ist nur das Abbild des Mannes. Der Gedanke vom Urbild-Abbild (vgl. Heb 8) besagt: Jede Abbildung bringt einen Qualitätsverlust. Die Gottebenbildlichkeit ist am »Haupt« (Christus) am sichtbarsten. So steht die Frau in der Reihe der Abbilder Gott – Christus – Mann – Frau an letzter Stelle. 2. Nach der Schöpfungsgeschichte 1Mo 2,21 ff. ist die Frau für den Mann geschaffen worden. 3. Die Verschleierung der Frau ist wegen des sexuellen Begehrens der gefallenen Engel notwendig (vgl. 1Mo 6,2; Jud 6). 4. Die Verschleierung entspricht der allgemeinen Sitte. 5. Sie ist Brauch in allen christlichen Gemeinden.

11 [2]Ich lobe euch, weil ihr in allen Stücken an mich denkt und an den Überlieferungen festhaltet, wie ich sie euch gegeben habe. [3]Ich lasse euch aber wissen, daß Christus das Haupt eines jeden Mannes ist; der Mann aber ist das Haupt der Frau; Gott aber ist das Haupt Christi. [4]Ein jeder Mann, der betet oder prophetisch redet und hat etwas auf dem Haupt, der schändet sein Haupt. [5]Eine Frau aber, die betet oder prophetisch redet mit unbedecktem Haupt, die schändet ihr Haupt; denn es ist gerade so, als wäre sie geschoren. [6]Will sie sich nicht bedecken, so soll sie sich doch das Haar abschneiden lassen! Weil es aber für die Frau eine Schande ist, daß sie das Haar abgeschnitten hat oder geschoren ist, soll sie das Haupt bedecken. [7]Der Mann aber soll das Haupt nicht bedecken, denn er ist Gottes Bild und Abglanz; die Frau aber ist des Mannes Abglanz. [8]Denn der Mann ist nicht von der Frau, sondern die Frau von dem Mann. [9]Und der Mann ist nicht geschaffen um der Frau willen, sondern die Frau um des Mannes willen. [10]Darum soll die Frau eine Macht* auf dem Haupt haben um der Engel willen. [11]Doch in dem Herrn ist weder die Frau etwas ohne den Mann noch der Mann etwas ohne die Frau; [12]denn wie die Frau von dem Mann, so kommt auch der Mann durch die Frau; aber alles von Gott. [13]Urteilt bei euch selbst, ob es sich ziemt, daß eine Frau unbedeckt vor Gott betet. [14]Lehrt euch nicht auch die Natur, daß es für einen Mann eine Unehre ist, wenn er langes Haar trägt, [15]aber für eine Frau eine Ehre, wenn sie langes Haar hat? Das Haar ist ihr als Schleier gegeben. [16]Ist aber jemand unter euch, der Lust hat, darüber zu streiten, so soll er wissen, daß wir diese Sitte nicht haben, die Gemeinden Gottes auch nicht.

Vom Abendmahl des Herrn

Die Feier des Abendmahls war zu paulinischer Zeit noch eine richtige Mahlzeit. Jeder brachte sein eigenes Essen mit. Man setzte sich mit seinen Gesinnungsgenossen zusammen. Die schwer Arbeitenden kamen nicht nur später, sondern hatten als die Ärmeren auch weniger zu essen. Die geistigen und sozialen Spaltungen in der Gemeinde hatten zwar noch nicht zur Auflösung der gemeinsamen Gemeindeversammlungen geführt, aber belasteten sie doch schwer. Das unbrüderliche Verhalten löst bei Paulus Besorgnis und Kritik aus. Paulus betrachtet die Rücksichtslosigkeit und Unbrüderlichkeit bei den Gemeindeversammlungen als »unwürdigen« Genuß des Sakraments, der Gottes Strafe heraufbeschwört. Hinter dem lockeren Verhalten der Gemeinde steht sicher keine Mißachtung des Abendmahls, denn die Korinther hatten im Gegenteil eher zu hohe sakramentale Erwartungen (vgl. 10,1–13). Wahrscheinlich fand der eigentliche sakramentale Akt erst am Schluß der Versammlung statt, so daß man dem Beginn keine besondere geistliche Bedeutung beimaß.

[17]Dies aber muß ich befehlen: Ich kann's nicht loben, daß ihr nicht zu eurem Nutzen, sondern zu eurem Schaden zusammenkommt. [18]Zum ersten höre ich: Wenn ihr in der Gemeinde zusammenkommt, sind Spaltungen unter euch; und zum Teil glaube ich's. [19]Denn es müssen ja Spaltungen unter euch sein, damit die Rechtschaffenen unter euch offenbar werden. [20]Wenn ihr nun zusammenkommt, so hält man da nicht das Abendmahl des Herrn. [21]Denn ein jeder nimmt beim Essen sein eigenes Mahl vorweg, und der eine ist hungrig, der andere ist betrunken. [22]Habt ihr denn nicht Häuser, wo ihr essen und trinken könnt? Oder verachtet ihr die Gemeinde Gottes und beschämt die, die nichts haben? Was soll ich euch sagen? Soll ich euch loben? Hierin lobe ich euch nicht.

[23]Denn ich habe von dem Herrn empfangen, was ich euch weitergegeben habe: *Der Herr Jesus, in der Nacht, da er verraten ward, nahm er das Brot,* [24]*dankte und brach's und sprach:*** *Das ist mein Leib, der für euch gegeben wird; das tut zu meinem Gedächtnis.* [25]*Desgleichen nahm er auch den Kelch nach dem Mahl und sprach: Dieser Kelch ist der neue Bund** in meinem Blut; das tut, sooft ihr daraus trinkt, zu meinem Gedächtnis.* [26]Denn sooft ihr von diesem Brot eßt und aus dem Kelch trinkt, verkündigt ihr den Tod des Herrn, bis er kommt. [27]Wer nun unwürdig** von dem Brot ißt oder aus dem Kelch des Herrn trinkt, der wird schuldig sein am Leib und Blut des Herrn. [28]Der Mensch prüfe aber sich selbst, und so esse er von diesem Brot und trinke aus diesem Kelch. [29]Denn wer so ißt und trinkt, daß er den Leib des Herrn nicht achtet, der ißt und trinkt sich selber zum Gericht. [30]Darum sind auch viele Schwache und Kranke unter euch, und nicht wenige sind entschlafen. [31]Wenn wir uns selber richteten, so würden wir nicht gerichtet. [32]Wenn wir aber von dem Herrn gerichtet werden, so werden wir gezüchtigt, damit wir nicht samt der Welt verdammt werden. [33]Darum, meine lieben Brüder, wenn ihr zusammenkommt, um zu essen, so wartet aufeinander. [34]Hat jemand

In V. 30 bezieht er sich auf die einmalige Situation in Korinth. Paulus beschuldigt nicht einzelne Kranke, sondern erklärt die Gemeinde wegen ihres Verhaltens für krank. Daraus wird erkennbar, wie folgenschwer die falsche Sakramentspraxis war, die die Liebe nicht praktiziert, sondern verleugnet. Wegen der Mißstände neigt er dazu, die Sättigungsmahlzeit aus dem gottesdienstlichen Leben der Gemeinde herauszulösen. Das Abendmahl soll zu einer in sich geschlossenen Feier mit einfacher Mahlzeit werden. Grundlage der Kritik an dem Verhalten der Korinther ist die Überlieferung der Einsetzungsworte. Sie liegen in V. 23–25 in ihrer ältesten Gestalt vor; sie sind aber in späteren Handschriften mehrfach mit Worten aus Mt 26,26 erweitert worden. Die wichtigsten Erkenntnisse für das Verständnis des Abendmahls in den paulinischen Gemeinden sind: 1. Der Akzent liegt nicht auf den Elementen Brot und Wein und ihrem Genuß als Leib und Blut Christi, sondern auf der Handlung: dem Verteilen des einen Brotes (vgl. 10,16f.) und dem Kreisen des Bechers. Dadurch werden die Feiernden zur Gemeinde des neuen Bundes, d.h. zu Christi Leib zusammengeschlossen. 2. Im Abendmahl wird der Tod Christi als stellvertretendes Opfer vergegenwärtigt (»Gedächtnis«) und verkündigt (V. 26). Vielleicht hat die Passionsgeschichte an dieser Stelle des Gottesdienstes ihre feste Gestalt gewonnen. 3. Das Abendmahl stärkt die Hoffnung der Gemeinde auf das Kommen ihres Herrn.

Hunger, so esse er daheim, damit ihr nicht zum Gericht zusammenkommt.

Das andre will ich ordnen, wenn ich komme.

Viele Gaben – ein Geist

Für einige in Korinth war Zungenrede das wichtigste Kennzeichen eines Christen. Anderen war ihr Wert unsicher und sie fragten Paulus um Rat. Dieser antwortet zunächst mit zwei grundlegenden Aussagen: 1. Ekstatische Zungenrede ist nicht spezifisch christlich. Sie gehörte bei mehreren heidnischen Kulten zum festen Bestandteil ihrer Feiern. Der Gegensatz in V. 3 (fluchen – bekennen) ist wohl von Paulus formuliert, um der Gemeinde einen Maßstab zur Bewertung der Zungenrede zu geben: Christlich ist sie nur als Bekenntnis zu Jesus als dem Herrn. 2. Die Zungenredner sind nicht über andere herausgehoben. Auch die Zungenrede ist nur eine Gabe unter anderen. Auch alltägliche Dienstleistungen in der Gemeinde sind Wirkungen des einen unteilbaren Geistes. Weil alle Fähigkeiten Gaben Gottes sind, ist eine Überschätzung einzelner Gaben unberechtigt.

12 Über die Gaben des Geistes aber will ich euch, liebe Brüder, nicht in Unwissenheit lassen. [2] Ihr wißt: als ihr Heiden wart, zog es euch mit Macht zu den stummen Götzen. [3] Darum tue ich euch kund, daß niemand Jesus verflucht, der durch den Geist Gottes redet; und niemand kann Jesus den Herrn nennen außer durch den heiligen Geist. [4] *Es sind verschiedene Gaben; aber es ist ein Geist.* [5] *Und es sind verschiedene Ämter; aber es ist ein Herr.* [6] *Und es sind verschiedene Kräfte; aber es ist ein Gott, der da wirkt alles in allen.* [7] In einem jeden offenbart sich der Geist zum Nutzen aller; [8] dem einen wird durch den Geist gegeben, von der Weisheit zu reden; dem andern wird gegeben, von der Erkenntnis zu reden, nach demselben Geist; [9] einem andern Glaube, in demselben Geist; einem andern die Gabe, gesund zu machen, in dem *einen* Geist; [10] einem andern die Kraft, Wunder zu tun; einem andern prophetische Rede; einem andern die Gabe, die Geister zu unterscheiden; einem andern mancherlei Zungenrede; einem andern die Gabe, sie auszulegen. [11] Dies alles aber wirkt derselbe *eine* Geist und teilt einem jeden das Seine zu, wie er will.

Viele Glieder – ein Leib

Die Aussage (12,1–11) verdeutlicht und vertieft Paulus mit dem damals weit verbreiteten Bild vom Leib als einem Organismus, der nur funktionsfähig ist, wenn jedes Glied und Organ seine Funktion erfüllt. Paulus gebraucht »Leib« nicht nur als Bild für die rechten Beziehungen in der Kirche. Vielmehr besteht für ihn der Leib Christi, die Kirche, ganz real. Wie ein Haus gebaut wird, bevor die Bewohner einziehen, so hat Gott die Kirche als den Leib Christi schon vorher geschaffen. Christen werden durch die Taufe (V. 12) zu Gliedern dieses Leibes, in dem alle gleich geachtet sind (V. 13). So überschneiden sich hier zwei Redeweisen: Die theologische vom Leib Christi als der endzeitlichen Gemeinde Gottes und die bildliche vom Leib als einem Organismus, der nur gesund leben kann, wenn alle Glieder und Organe aufeinander abgestimmt sind. Die bildliche Rede (V. 14–27) hat ledig-

[12] Denn wie der Leib *einer* ist und doch viele Glieder hat, alle Glieder des Leibes aber, obwohl sie viele sind, doch *ein* Leib sind: so auch Christus. [13] Denn wir sind durch *einen* Geist alle zu *einem* Leib getauft, wir seien Juden oder Griechen, Sklaven oder Freie, und sind alle mit *einem* Geist getränkt. [14] Denn auch der Leib ist nicht *ein* Glied, sondern viele. [15] Wenn aber der Fuß spräche: Ich bin keine Hand, darum bin ich nicht Glied des Leibes, sollte er deshalb nicht Glied des Leibes sein? [16] Und wenn das Ohr spräche: Ich bin kein Auge, darum bin ich nicht Glied des Leibes, sollte es deshalb nicht Glied des Leibes sein ? [17] Wenn der ganze Leib Auge wäre, wo bliebe das Gehör? Wenn er ganz Gehör wäre, wo bliebe der Geruch? [18] Nun aber hat Gott die Glieder eingesetzt, ein jedes von ihnen im Leib, so wie er gewollt hat. [19] Wenn aber alle Glieder *ein* Glied wären, wo bliebe der Leib? [20] Nun aber sind es viele Glieder, aber der Leib ist *einer.* [21] Das Auge kann nicht sagen zu der Hand: Ich brauche dich nicht; oder auch das Haupt zu den Füßen: Ich brauche euch nicht. [22] Vielmehr sind die Glieder des Leibes, die uns die schwächsten zu sein scheinen, die nötigsten; [23] und die uns am wenigsten ehrbar zu sein scheinen,

die umkleiden wir mit besonderer Ehre; und bei den unanständigen achten wir besonders auf Anstand; [24]denn die anständigen brauchen's nicht. Aber Gott hat den Leib zusammengefügt und dem geringeren Glied höhere Ehre gegeben, [25]damit im Leib keine Spaltung sei, sondern die Glieder in gleicher Weise füreinander sorgen. [26]Und *wenn ein Glied leidet, so leiden alle Glieder mit, und wenn ein Glied geehrt wird, so freuen sich alle Glieder mit.*

[27]Ihr aber seid der Leib Christi und jeder von euch ein Glied. [28]Und Gott hat in der Gemeinde eingesetzt erstens Apostel, zweitens Propheten, drittens Lehrer, dann Wundertäter, dann Gaben, gesund zu machen, zu helfen, zu leiten und mancherlei Zungenrede. [29]Sind alle Apostel? Sind alle Propheten? Sind alle Lehrer? Sind alle Wundertäter? [30]Haben alle die Gabe, gesund zu machen? Reden alle in Zungen? Können alle auslegen? [31]Strebt aber nach den größeren Gaben!

Und ich will euch einen noch besseren Weg zeigen.

lich dienende Funktion. – Die Stoa benutzte das Bild vom Leib häufig für ein rechtes Staatswesen: teils als Mahnung an Regierende, sich nicht über das Volk zu erheben; teils als Warnung an Aufständische, sich nicht gegen bestehende Machtverhältnisse aufzulehnen. Paulus greift es auf, um der Überschätzung einzelner Geisteswirkungen vorzubeugen. Obwohl in dem endzeitlichen Leib Christi alle Gaben gleich geachtet sind, so ist dennoch eine Ordnung notwendig. In V. 28 ff. nennt er zunächst die wichtigsten Ämter für die Gemeinde: Apostel, Propheten und Lehrer. Feste Ämter waren sie z. Z. des Paulus aber noch nicht. Doch sind sie schon von bestimmten Personen als ständige Aufgaben übernommen worden. Anschließend nennt Paulus weitere Aufgaben, die Zungenrede jedoch an letzter Stelle.

Das Hohelied der Liebe

13 Wenn ich mit Menschen- und mit Engelzungen redete und hätte die Liebe nicht, so wäre ich ein tönendes Erz oder eine klingende Schelle. [2]Und wenn ich prophetisch reden könnte und wüßte alle Geheimnisse und alle Erkenntnis und hätte allen Glauben, so daß ich Berge versetzen könnte, und hätte die Liebe nicht, so wäre ich nichts. [3]Und wenn ich alle meine Habe den Armen gäbe und ließe meinen Leib verbrennen,* und hätte die Liebe nicht, so wäre mir's nichts nütze.

[4]Die Liebe ist langmütig und freundlich, die Liebe eifert nicht, die Liebe treibt nicht Mutwillen, sie bläht sich nicht auf, [5]sie verhält sich nicht ungehörig, sie sucht nicht das Ihre, sie läßt sich nicht erbittern, sie rechnet das Böse nicht zu, [6]sie freut sich nicht über die Ungerechtigkeit, sie freut sich aber an der Wahrheit; [7]sie erträgt alles, sie glaubt alles, sie hofft alles, sie duldet alles.

[8]Die Liebe hört niemals auf, wo doch das prophetische Reden aufhören wird und das Zungenreden aufhören wird und die Erkenntnis aufhören wird. [9]Denn unser Wissen ist Stückwerk, und unser prophetisches Reden ist Stückwerk. [10]Wenn aber kommen wird das Vollkommene, so wird das Stückwerk aufhören. [11]Als ich ein Kind war, da redete ich wie ein Kind und dachte wie ein Kind und war klug wie ein Kind; als ich aber ein Mann wurde, tat ich ab, was kindlich war. [12]Wir sehen jetzt durch einen Spiegel ein dunkles Bild; dann aber von Angesicht zu Angesicht. Jetzt erkenne ich stückweise; dann aber werde ich erkennen, wie ich erkannt bin.

Kap. 13 unterbricht den Gedankengang von 12,31 zu 14,1. Wegen des Stichwortes »mit Engelzungen reden« (V. 1) hat der Herausgeber vielleicht dieses Stück aus dem früheren Brief (vgl. die Einl.) gerade hier eingefügt. Ohne Liebe ist Zungenrede nicht wertvoller als das Dröhnen der Handbecken und Zimbeln, mit denen in kleinasiatischen Kulten die Anhänger in ekstatische Tänze versetzt wurden. Rücksichtslose Durchsetzung religiöser Erkenntnis verletzt den schwachen Bruder (vgl. 8,7 ff.). Sogar Besitzverzicht und Selbstverbrennung können Ausdruck von egoistischem Fanatismus sein. Liebe wirkt behutsam im Verborgenen. Auch die tiefsten religiösen Einsichten sind der Liebe unterlegen. Die direkte Schau von Gottes Wesen und das Verstehen seines Handelns sind dem Menschen nicht möglich: Er kann nur verzerrte Spiegelbilder wahrnehmen. Das Bild von der Schöpfung als einem unvollkommenen Spiegel des göttlichen Wirkens ist in der Philosophie z. Z. des Paulus geläufig. Erst am Ende aller Zeiten werden Christen Gott so klar erkennen, wie er sie jetzt schon durchschaut. Da wird sich zeigen, daß allein Liebe gepaart mit Hoffnung und Glaube (vgl. Rö 5,1–10) den Tod überdauert.

[13]*Nun aber bleiben Glaube, Hoffnung, Liebe, diese drei; aber die Liebe ist die größte unter ihnen.*

Die Fragen der korinthischen Gemeinde nach Wert und Bedeutung der Zungenrede hatte Paulus in Kap. 12 unter dem Gesichtspunkt der Einheit des Geistes Gottes beantwortet. Danach haben alle Gaben gleichen Wert, weil sie Wirkungen des einen Geistes Gottes sind. Nach Kap. 14 bedenkt Paulus ihre Anfrage noch einmal unter dem Aspekt der Nützlichkeit für den Aufbau der Gemeinde. Nach Ansicht mancher Korinther verdiente die Zungenrede den Vorzug gegenüber der Prophetie. Dieser Wertung lag die Auffassung zugrunde: Außer den vielen menschlichen Sprachen gibt es auch eine himmlische Sprache, mit der sich himmlische Wesen verständigen und mit der die Engel das Lob Gottes singen. Manche Menschen werden so vom Geist ergriffen, daß sie, ohne sich dessen bewußt zu sein, in einer solchen Himmelssprache reden. In diesem Zustand wurden sie Engeln gleichgeachtet. Auch die Pythia von Delphi sprach ihre Orakel in »Zungenrede«, die dann von Priestern in menschliche Sprache übersetzt wurden. Die Prophetie dagegen wurde geringer geachtet, weil sie »nur« in menschlicher Sprache redete. Inhaltlich ist die Prophetie nicht auf Zukunftsweissagung beschränkt. Nach paulinischem Verständnis gehörten zur prophetischen Rede konkrete Mahnung und Zuspruch (V. 3) sowie Enthüllung des jetzigen Zustandes von Welt und Mensch und deren Zukunft (V. 25). Paulus ist nicht gegen die Zungenrede; er erkennt sie ausdrücklich als eine Gabe Gottes an (V. 5), und er ist dankbar, daß er selbst diese Fähigkeit besitzt (V. 18). Rationale Gründe bewegen ihn also nicht, wenn er der Prophetie den Vorzug gibt. Er denkt allein von der Gemeinde her. Nicht alle wertvollen persönlichen religiösen Erfahrungen gehören in die Öffentlichkeit des Gottesdienstes. Das Erleben des Einswerdens mit Gott und die Enthüllung des eigenen Selbst im Gebet

Zungenrede und prophetische Rede

14 Strebt nach der Liebe! Bemüht euch um die Gaben des Geistes, am meisten aber um die Gabe der prophetischen Rede! [2]Denn wer in Zungen* redet, der redet nicht für Menschen, sondern für Gott; denn niemand versteht ihn, vielmehr redet er im Geist von Geheimnissen. [3]Wer aber prophetisch redet, der redet den Menschen zur Erbauung und zur Ermahnung und zur Tröstung. [4]Wer in Zungen redet, der erbaut sich selbst; wer aber prophetisch redet, der erbaut die Gemeinde. [5]Ich wollte, daß ihr alle in Zungen reden könntet; aber noch viel mehr, daß ihr prophetisch reden könntet. Denn wer prophetisch redet, ist größer als der, der in Zungen redet; es sei denn, er legt es auch aus, damit die Gemeinde dadurch erbaut werde.

[6]Nun aber, liebe Brüder, wenn ich zu euch käme und redete in Zungen, was würde ich euch nützen, wenn ich nicht mit euch redete in Worten der Offenbarung oder der Erkenntnis oder der Prophetie oder der Lehre? [7]Verhält sich's doch auch so mit leblosen Dingen, die Töne hervorbringen, es sei eine Flöte oder eine Harfe: wenn sie nicht unterschiedliche Töne von sich geben, wie kann man erkennen, was auf der Flöte oder auf der Harfe gespielt wird? [8]Und wenn die Posaune einen undeutlichen Ton gibt, wer wird sich zum Kampf rüsten? [9]So auch ihr: wenn ihr in Zungen redet und nicht mit deutlichen Worten, wie kann man wissen, was gemeint ist? Ihr werdet in den Wind reden. [10]Es gibt so viele Arten von Sprache in der Welt, und nichts ist ohne Sprache. [11]Wenn ich nun die Bedeutung der Sprache nicht kenne, werde ich den nicht verstehen, der redet, und der redet, wird mich nicht verstehen. [12]So auch ihr: da ihr euch bemüht um die Gaben des Geistes, so trachtet danach, daß ihr die Gemeinde erbaut und alles reichlich habt. [13]Wer also in Zungen redet, der bete, daß er's auch auslegen könne. [14]Denn wenn ich in Zungen bete, so betet mein Geist; aber was ich im Sinn habe, bleibt ohne Frucht. [15]Wie soll es denn nun sein? Ich will beten mit dem Geist und will auch beten mit dem Verstand; ich will Psalmen singen mit dem Geist und will auch Psalmen singen mit dem Verstand. [16]Wenn du Gott lobst im Geist, wie soll der, der als Unkundiger dabeisteht, das Amen sagen auf dein Dankgebet, da er doch nicht weiß, was du sagst? [17]Dein Dankgebet mag schön sein; aber der andere wird dadurch nicht erbaut. [18]Ich danke Gott, daß ich mehr in Zungen rede als ihr alle. [19]Aber ich will in der Gemeinde lieber fünf Worte reden mit meinem Verstand, damit ich

auch andere unterweise, als zehntausend Worte in Zungen.

[20]Liebe Brüder, seid nicht Kinder, wenn es ums Verstehen geht; sondern seid Kinder, wenn es um Böses geht; im Verstehen aber seid vollkommen. [21]Im Gesetz steht geschrieben (Jesaja 28,11.12): »Ich will in andern Zungen und mit andern Lippen reden zu diesem Volk, und sie werden mich auch so nicht hören, spricht der Herr.« [22]Darum ist die Zungenrede ein Zeichen nicht für die Gläubigen, sondern für die Ungläubigen; die prophetische Rede aber ein Zeichen nicht für die Ungläubigen, sondern für die Gläubigen. [23]Wenn nun die ganze Gemeinde an einem Ort zusammenkäme und alle redeten in Zungen, es kämen aber Unkundige oder Ungläubige hinein, würden sie nicht sagen, ihr seid von Sinnen? [24]Wenn sie aber alle prophetisch redeten und es käme ein Ungläubiger oder Unkundiger hinein, der würde von allen geprüft und von allen überführt; [25]was in seinem Herzen verborgen ist, würde offenbar, und so würde er niederfallen auf sein Angesicht, Gott anbeten und bekennen, daß Gott wahrhaftig unter euch ist.

[26]Wie ist es denn nun, liebe Brüder? Wenn ihr zusammenkommt, so hat ein jeder einen Psalm, er hat eine Lehre, er hat eine Offenbarung, er hat eine Zungenrede, er hat eine Auslegung. *Laßt es alles geschehen zur Erbauung!* [27]Wenn jemand in Zungen redet, so seien es zwei oder höchstens drei, und einer nach dem andern; und einer lege es aus. [28]Ist aber kein Ausleger da, so schweige er in der Gemeinde und rede für sich selber und für Gott. [29]Auch von den Propheten laßt zwei oder drei reden, und die andern laßt darüber urteilen. [30]Wenn aber einem andern, der dabeisitzt, eine Offenbarung zuteil wird, so schweige der erste. [31]Ihr könnt alle prophetisch reden, doch einer nach dem andern, damit alle lernen und alle ermahnt werden. [32]Die Geister der Propheten sind den Propheten untertan. [33]Denn Gott ist nicht ein Gott der Unordnung, sondern des Friedens.

Wie in allen Gemeinden der Heiligen [34]sollen die Frauen schweigen in der Gemeindeversammlung; denn es ist ihnen nicht gestattet zu reden, sondern sie sollen sich unterordnen, wie auch das Gesetz sagt. [35]Wollen sie aber etwas lernen, so sollen sie daheim ihre Männer fragen. Es steht der Frau schlecht an, in der Gemeinde zu reden. [36]Oder ist das Wort Gottes von euch ausgegangen? Oder ist's allein zu euch gekommen?

[37]Wenn einer meint, er sei ein Prophet oder vom Geist erfüllt, der erkenne, daß es des Herrn Gebot ist, was ich euch schreibe. [38]Wer aber das nicht anerkennt, der wird auch nicht anerkannt. [39]Darum, liebe Brüder, bemüht euch um die prophetische Rede und wehrt nicht der Zungenrede. [40]Laßt aber alles ehrbar und ordentlich zugehen.

stoßen ab, wenn sie zur Schau gestellt werden. Darum empfiehlt Paulus, mit der Zungenrede im Gottesdienst sehr zurückhaltend zu sein. Er will sie nur gelten lassen, wenn sie für die versammelte Gemeinde in allgemeinverständliche Sprache übersetzt werden kann. – Die V. 23 ff. geben einen einmaligen Einblick in einen urchristlichen Gottesdienst. Auch Ungläubige und noch nicht Getaufte konnten daran teilnehmen; letztere sprachen schon das »Amen« mit (V. 16), das Lobpreisungen und Gebete bestätigte. Als wesentliche Elemente des urchristlichen Gottesdienstes erscheinen hier neben der Zungenrede und Prophetie auch Schriftauslegung und Psalmengesänge. Leider ist uns die urchristliche Psalmendichtung nur in Form von Zitaten in den Schriften des NT erhalten geblieben (z. B. Lk 1,46–55; Phl 2,6–11; 1Ti 3,16). In der Schriftauslegung eignete sich die christliche Gemeinde die jüdische heilige Schrift als ihr Buch an. Eine feste liturgische Ordnung für den Ablauf des Gottesdienstes kennt Paulus noch nicht. Ihm liegt allein daran, daß alle Gaben sich entfalten und zur Förderung der Gemeinde beitragen können. – Mitten in diesen Darlegungen findet sich das Schweigegebot für die Frau im Gottesdienst (V. 33b–36). Diese Verse sind wahrscheinlich ein späterer Einschub und entsprechen der in 1Ti 2,9–15 erkennbaren Haltung. Sie stören den Gedankengang (einige Handschriften bringen sie erst nach V. 40). Hinzu kommt, daß in 11,5 prophetische Verkündigung der Frau im Gottesdienst vorausgesetzt wird. Nach Gal 3,28 sind Mann und Frau gleichgeachtet.

Die Auferstehung der Toten (15,1–58)

Auch die ausführliche Darlegung zu dem Thema »Auferstehung der Toten« ist durch die Fragen und Meinungsverschiedenheiten in der korinthischen Gemeinde veranlaßt worden. Es ist allerdings nicht eindeutig, gegen welche Auffassungen sich Paulus wendet. V. 13 und 32b lassen sich als grundsätzliche Zweifel an jeder Hoffnung auf eine Zukunft nach dem Tode deuten. Es ist jedoch kaum vorstellbar, daß in einer christlichen Gemeinde eine solche Meinung Fuß gefaßt haben sollte, die in der Antike nur ganz vereinzelt in philosophischen Kreisen (z. B. in der Schule Epikurs) begegnete. Gegen eine solche Deutung dieser Verse sprechen zwei weitere Beobachtungen am Text: 1. Das Bekenntnis zur Auferweckung Jesu setzt Paulus als gemeinsamen Ausgangspunkt voraus. 2. Paulus kann die Sakramentsfrömmigkeit der Korinther als Argument gegen sie gebrauchen (15,29). Schließlich gewinnt der Gedanke des Paulus in Kap. 15 nur Überzeugungskraft auf einer gemeinsamen christlichen Basis. Am besten ist die Annahme, Paulus setze sich mit Schwärmern auseinander, die einerseits nur auf die Unsterblichkeit der Seele hofften und den irdischen Leib verachteten und andrerseits aus den Sakramenten Taufe und Abendmahl folgerten: Unser geistiges Ich hat die Unsterblichkeit schon erlangt. Der physische Tod ist bedeutungslos. Der Tod ist nur der Zeitpunkt, an dem die schon durch die Sakramente vergöttlichte Seele in den Himmel aufsteigt. Dagegen spricht Paulus vom Glauben an die Auferstehung der Toten als Erfüllung der Geschichte. Diese Vorstellung stammt ursprünglich aus Persien und ist unter bestimmten Verwandlungen von weiten Kreisen des Judentums aufgenommen und von der urchristlichen Gemeinde fortgeführt worden. Es scheint sich in Kap. 15 auf den ersten Blick nur um einen Streit verschiedener Vorstellungsweisen zu handeln. Letztlich geht es aber um die gesamte Einstellung zur Welt und zum Menschen: Wird die Auferstehung der Toten als die letzte Erfüllung von Gottes Geschichte geglaubt, dann darf leibliches Leiden nicht übersehen werden. Dann muß der Tod als »der letzte Feind« des Menschen (V. 26) ernst genommen und um Raum für das Evangelium in dieser Welt gekämpft und gelitten (V. 29f.) werden. In dieser Sache kann Paulus nicht nachgeben, während er in der Frage, wie man sich Auferstehungsleiblichkeit vorstellen solle, dem griechisch geprägten Denken der Korinther entgegenkommen kann (V. 35f.).

Das Zeugnis von der Auferstehung Christi

Aus den Aussagen des Paulus in diesem Abschnitt ergibt sich, daß das älteste Glaubensbekenntnis die verbindliche Auslegung des Kreuzes Christi und der Ostererscheinungen vor den Zeugen sein will. Paulus versteht sein Bekehrungserlebnis vor Damaskus als Ostererscheinung. Dementsprechend gilt für ihn die Ostererscheinung als himmlische Offenbarung, in der sich Jesus als der von Gott eingesetzte Herr zeigt (Mt 28,16–20). Lk und Joh schildern die Ostererscheinung als vorübergehende Rückkehr in eine Art irdische Leiblichkeit.

Mit seinen Aussagen erinnert Paulus die Korinther an das auch von ihnen angenommene gemeinsame Bekenntnis. Drei Aussagen sind für ihn besonders wichtig: 1. Die Auferstehung Jesu erfolgte durch Gottes Tat aus dem Grabe heraus. Diese Bekenntnisformulierung steht im Gegensatz zu der Anschauung: Jesus habe sich als geistiges Wesen schon am Kreuz von seinem irdischen Leib getrennt. Ein solcher Gedanke einer Himmelfahrt Jesu direkt vom Kreuz begegnet im Heb (vgl. die Einl. dort), ist aber vor allem von der Gnosis fortgeführt worden. 2. Das Heilsgeschehen von Kreuz und Auferstehung hat sich nach dem in der Schrift niedergelegten Willen Gottes

15 Ich erinnere euch aber, liebe Brüder, an das Evangelium, das ich euch verkündigt habe, das ihr auch angenommen habt, in dem ihr auch fest steht, [2] durch das ihr auch selig werdet, wenn ihr's festhaltet in der Gestalt, in der ich es euch verkündigt habe; es sei denn, daß ihr umsonst gläubig geworden wärt. [3] Denn als erstes habe ich euch weitergegeben, was ich auch empfangen habe: *Daß Christus gestorben ist für unsre Sünden nach der Schrift;* [4] *und daß er begraben worden ist; und daß er auferstanden ist am dritten Tage nach der Schrift;* [5] *und daß er gesehen worden ist von Kephas, danach von den Zwölfen.* [6] Danach ist er gesehen worden von mehr als fünfhundert Brüdern auf einmal, von denen die meisten noch heute leben, einige aber sind entschlafen. [7] Danach ist er gesehen worden von Jakobus, danach von allen Aposteln. [8] Zuletzt von allen ist er auch von mir als einer unzeitigen Geburt gesehen worden. [9] Denn ich bin der geringste unter den Aposteln, der ich nicht wert bin, daß ich ein Apostel heiße, weil ich die Gemeinde Gottes verfolgt habe. [10]Aber durch Gottes Gnade bin ich, was ich bin. Und seine Gnade an mir ist nicht vergeblich gewesen, sondern ich habe viel mehr gearbeitet als sie alle; nicht aber ich, sondern Gottes Gnade, die mit mir ist. [11]Es sei nun ich oder jene: so predigen wir, und so habt ihr geglaubt.

Gegen die Leugnung der Auferstehung der Toten

[12]Wenn aber Christus gepredigt wird, daß er von den Toten auferstanden ist, wie sagen dann einige unter euch: Es gibt keine Auferstehung der Toten? [13]Gibt es keine Auferstehung der Toten, so ist auch Christus nicht auferstanden. [14]*Ist aber Christus nicht auferstanden, so ist unsre Predigt vergeblich, so ist auch euer Glaube vergeblich.* [15]Wir würden dann auch als falsche Zeugen Gottes befunden, weil wir gegen Gott bezeugt hätten, er habe Christus auferweckt, den er nicht auferweckt hätte, wenn doch die Toten nicht auferstehen. [16]Denn wenn die Toten nicht auferstehen, so ist Christus auch nicht auferstanden. [17]Ist Christus aber nicht auferstanden, so ist euer Glaube nichtig, so seid ihr noch in euren Sünden; [18]so sind auch die, die in Christus entschlafen sind, verloren. [19]*Hoffen wir allein in diesem Leben auf Christus, so sind wir die elendesten unter allen Menschen.*

Christus ist auferstanden

[20]*Nun aber ist Christus auferstanden von den Toten als Erstling unter denen, die entschlafen sind.* [21]Denn da durch *einen* Menschen der Tod gekommen ist, so kommt auch durch *einen* Menschen die Auferstehung der Toten. [22]Denn wie sie in Adam alle sterben, so werden sie in Christus alle lebendig gemacht werden. [23]Ein jeder aber in seiner Ordnung: als Erstling Christus; danach, wenn er kommen wird, die, die Christus angehören; [24]danach das Ende, wenn er das Reich Gott, dem Vater, übergeben wird, nachdem er alle Herrschaft und alle Macht und Gewalt vernichtet hat. [25]Denn er muß herrschen, bis Gott ihm »alle Feinde unter seine Füße legt« (Psalm 110,1). [26]*Der letzte Feind, der vernichtet wird, ist der Tod.* [27]Denn »alles hat er unter seine Füße getan« (Psalm 8,7). Wenn es aber heißt, *alles* sei ihm unterworfen, so ist offenbar, daß der ausgenommen ist, der ihm alles unterworfen hat. [28]Wenn aber alles ihm untertan sein wird, dann wird auch der Sohn selbst untertan sein dem, der ihm alles unterworfen hat, damit Gott sei alles in allem.

Leben aus der Auferstehung

[29]Was soll es sonst, daß sich einige für die Toten taufen lassen? Wenn die Toten gar nicht auferstehen, was lassen

vollzogen. 3. Alle Zeugen, denen Christus nach seinem Tod erschienen ist, lehren in dieser Frage dasselbe wie er.

Zur Leugnung der Auferstehung der Toten vgl. die Einl. zum Kapitel. – Der Glaube ist unteilbar und wirkt sich auf die ganze Lebenshaltung aus. Es ist unmöglich, aus der christlichen Botschaft sich ein Stück herauszuschneiden und darauf eine Insel privater Religiosität zu bauen. Das wollen jene Korinther, die die Auferweckung Christi aus ihrem geschichtlichen Zusammenhang lösen und als ein Wunder sehen, das sie mit Hilfe des Sakraments als Selbstvergottung auf sich übertragen können. Für Paulus dagegen ist die Auferstehung Jesu von den Toten der Beginn des letzten Abschnitts der Geschichte Gottes: Nun gilt eine grundlegend andere Ordnung als in der ganzen bisherigen Menschheitsgeschichte. Während die Geschichte von Adam an Verderben und Entfremdung von Gott über die Menschheit brachte, führt die Geschichte von Christi Kreuz an zu Vergebung und Geborgenheit bei Gott (vgl. Rö 5, 12–21). Es kommt jedoch alles darauf an, als Christ seinen Standort in dieser Geschichte verantwortlich zu erkennen. Das bedeutet, die Spannung des Zwischenzustandes zwischen der Auferwekkung Jesu und der Überwindung des Todes auszuhalten. Die Entscheidungsschlacht ist geschlagen. Wer sie jedoch mit der Siegesfeier verwechselt, wird nach kurzer Begeisterung in bittere Enttäuschung fallen. Der heftigste Kampf entbrennt, wenn ein schon geschlagener Feind jede Rücksicht aufgegeben hat, weil er nichts mehr verlieren kann. Auch in der Gewißheit auf Christi Vergebung und Gottes Sieg müssen Schuld und Tod ernstgenommen werden. – Wie wichtig den Korinthern die Überwindung des Todes ist, zeigen sie mit der stellvertretenden Taufe für die Toten (V. 29). Auch aus den Mysterienkulten ist uns ein ähnlicher Brauch bekannt, mit dem man den Seelen verstorbener Angehöriger nachträglich den Aufstieg aus der Hölle in den Himmel ermöglichen wollte. Paulus kritisiert diesen Ritus nicht. Er verwendet ihn nur als Argument für die Inkonsequenz des Denkens der Korinther.

sie sich dann für sie taufen? [30]Und was stehen wir dann jede Stunde in Gefahr? [31]So wahr ihr, liebe Brüder, mein Ruhm seid, den ich in Christus Jesus, unserm Herrn, habe: ich sterbe täglich. [32]Habe ich nur im Blick auf dieses Leben in Ephesus mit wilden Tieren gekämpft, was hilft's mir? Wenn die Toten nicht auferstehen, dann »laßt uns essen und trinken; denn morgen sind wir tot!« (Jesaja 22,13) [33]*Laßt euch nicht verführen! Schlechter Umgang verdirbt gute Sitten.* [34]Werdet doch einmal recht nüchtern und sündigt nicht! Denn einige wissen nichts von Gott; das sage ich euch zur Schande.

V. 32 läßt die Vermutung zu, daß Paulus in Ephesus in römischer Gefangenschaft war und mit seiner Verurteilung zum Tode durch Tierkampf gerechnet hatte. Von dieser, in der Apg allerdings nicht berichteten Gefangenschaft, spricht Paulus wahrscheinlich auch Phl 1,12ff. Paulus weiß, daß der Weg zu Gottes Herrschaft Opfer kostet. Darum distanziert er sich sowohl von den siegesgewissen Schwärmern in Korinth, wie von den Lebensgenießern, die nicht nach einem Leben nach dem Tode fragen.

Der neue Leib bei der Auferstehung

Paulus hatte bisher erläutert: Der Glaube an die Auferstehung von den Toten am Ende der Geschichte bestimmt den Standort der Christen in der Welt zwischen dem Kreuzestod Jesu und Gottes endgültiger Herrschaft. Für die Korinther dagegen war der Glaube an eine Auferstehung der Toten eine primitive Vorstellung. Sie hatten vielleicht spöttisch gefragt: Wie kann man sich eine Auferstehung aus dem Grabe von verstümmelten, verbrannten und in alle Winde als Asche verstreuten Leibern vorstellen? Paulus wirft ihnen Mangel an Vorstellungsvermögen vor. Schon im Bereich der Natur vollziehen sich nahezu unglaubliche Wandlungen. Viel größere sind bei der Erfüllung von Gottes Verheißung zu erwarten. Für das Denken des Paulus ist aufschlußreich: Das Wort »Leib« verbindet Gegenwart und Zukunft des Menschen – trotz der jedes menschliche Vorstellen übersteigenden Verwandlung. In Leiblichkeit handeln und leiden wir in dieser Welt. Darum werden wir auch in Leiblichkeit vor Gott im Gericht zur Verantwortung gezogen werden. Die neue Leiblichkeit wird der jetzigen Christi entsprechen (vgl. Phl 3,21), die sich von der Adams grundlegend unterscheidet.

[35]Es könnte aber jemand fragen: Wie werden die Toten auferstehen, und mit was für einem Leib werden sie kommen? [36]Du Narr: Was du säst, wird nicht lebendig, wenn es nicht stirbt. [37]Und was du säst, ist ja nicht der Leib, der werden soll, sondern ein bloßes Korn, sei es von Weizen oder etwas anderem. [38]Gott aber gibt ihm einen Leib, wie er will, einem jeden Samen seinen eigenen Leib. [39]Nicht alles Fleisch ist das gleiche Fleisch, sondern ein anderes Fleisch haben die Menschen, ein anderes das Vieh, ein anderes die Vögel, ein anderes die Fische. [40]Und es gibt himmlische Körper und irdische Körper; aber eine andere Herrlichkeit haben die himmlischen und eine andere die irdischen. [41]Einen andern Glanz hat die Sonne, einen andern Glanz hat der Mond, einen andern Glanz haben die Sterne; denn ein Stern unterscheidet sich vom andern durch seinen Glanz. [42]So auch die Auferstehung der Toten. *Es wird gesät verweslich und wird auferstehen unverweslich.* [43]*Es wird gesät in Niedrigkeit und wird auferstehen in Herrlichkeit. Es wird gesät in Armseligkeit und wird auferstehen in Kraft.* [44]*Es wird gesät ein natürlicher Leib und wird auferstehen ein geistlicher Leib.* Gibt es einen natürlichen Leib, so gibt es auch einen geistlichen Leib. [45]Wie geschrieben steht: Der erste Mensch, Adam, »wurde zu einem lebendigen Wesen« (1. Mose 2,7), und der letzte Adam zum Geist, der lebendig macht. [46]Aber der geistliche Leib ist nicht der erste, sondern der natürliche; danach der geistliche. [47]Der erste Mensch ist von der Erde und irdisch; der zweite Mensch ist vom Himmel. [48]Wie der irdische ist, so sind auch die irdischen; und wie der himmlische ist, so sind auch die himmlischen. [49]Und wie wir getragen haben das

Bild des irdischen, so werden wir auch tragen das Bild des himmlischen.

Verwandlung der Gläubigen und Sieg über den Tod

50 Das sage ich aber, liebe Brüder, daß Fleisch und Blut das Reich Gottes nicht ererben können; auch wird das Verwesliche nicht erben die Unverweslichkeit. 51 Siehe, ich sage euch ein Geheimnis: Wir werden nicht alle entschlafen, wir werden aber alle verwandelt werden; 52 und das plötzlich, in einem Augenblick, zur Zeit der letzten Posaune. Denn es wird die Posaune erschallen, und die Toten werden auferstehen unverweslich, und wir werden verwandelt werden. 53 Denn dies Verwesliche muß anziehen die Unverweslichkeit, und dies Sterbliche muß anziehen die Unsterblichkeit. 54 Wenn aber dies Verwesliche anziehen wird die Unverweslichkeit und dies Sterbliche anziehen wird die Unsterblichkeit, dann wird erfüllt werden das Wort, das geschrieben steht (Jesaja 25,8; Hosea 13,14):

»Der Tod ist verschlungen vom Sieg.
55 *Tod, wo ist dein Sieg?*
*Tod, wo ist dein Stachel?«**

56 Der Stachel des Todes aber ist die Sünde, die Kraft aber der Sünde ist das Gesetz. 57 *Gott aber sei Dank, der uns den Sieg gibt durch unsern Herrn Jesus Christus!*

58 Darum, meine lieben Brüder, seid fest, unerschütterlich und nehmt immer zu in dem Werk des Herrn, weil ihr wißt, daß eure Arbeit nicht vergeblich ist in dem Herrn.

Die Gemeinde in Thessalonich hatte die Frage beunruhigt, ob die schon verstorbenen Christen bei Christi Wiederkunft benachteiligt seien (1Th 4,13–18). Ähnliche Fragen gab es auch in Korinth. Die Antwort des Paulus unterscheidet sich im Blick auf die Vorstellung etwas, aber nicht im Anliegen: Keiner ist benachteiligt. Sowohl die Toten wie die zu diesem Zeitpunkt Lebenden müssen in die himmlische Leiblichkeit verwandelt werden. – V. 54 übersetzte Luther nach einer anderen Textvorlage. »Der Tod ist verschlungen in den Sieg. Tod, wo ist dein Stachel? Hölle, wo ist dein Sieg?« – Paulus beendet den Abschnitt nicht mit dem Ausblick auf die Zukunft. Er bestimmt noch einmal die Aufgaben in der Gegenwart angesichts des schon vollbrachten Sieges Christi. Noch ist die Kraft des Todes mit dem Willen, den anderen zu demütigen und zu vernichten, mächtig. Der Sieg Christi am Kreuz darf nicht durch falsche Sicherheit gefährdet werden.

Geldsammlung für die Gemeinde in Jerusalem

16 Was aber die Sammlung für die Heiligen angeht: wie ich in den Gemeinden in Galatien angeordnet habe, so sollt auch ihr tun! 2 An jedem ersten Tag der Woche lege ein jeder von euch bei sich etwas zurück und sammle an, soviel ihm möglich ist, damit die Sammlung nicht erst dann geschieht, wenn ich komme. 3 Wenn ich aber gekommen bin, will ich die, die ihr für bewährt haltet, mit Briefen senden, damit sie eure Gabe nach Jerusalem bringen. 4 Wenn es aber die Mühe lohnt, daß ich auch hinreise, sollen sie mit mir reisen.

Paulus hatte sich auf dem Apostelkonzil zu einer Kollekte für die Jerusalemer Gemeinde verpflichtet (Gal 2,10). Eine Geldsammlung zur Unterstützung anderer Gemeinden war für die heidenchristlichen Gemeinden neu und ungewohnt. Paulus blieb vom Verdacht der Selbstbereicherung nicht verschont (2Ko 11,7–9). Darum sollten auch bewährte Mitarbeiter der Gemeinde das Geld überbringen. Nur auf ihren Wunsch hin wird Paulus mit nach Jerusalem reisen (vgl. Rö 15,25–28).

Reisepläne

5 Ich will aber zu euch kommen, sobald ich durch Mazedonien gezogen bin; denn durch Mazedonien werde ich nur durchreisen. 6 Bei euch aber werde ich, wenn möglich, eine Weile bleiben oder auch den Winter zubringen, damit ihr mich dann dahin geleitet, wohin ich ziehen werde. 7 Ich will euch jetzt nicht nur sehen, wenn ich durchreise; denn ich hoffe, ich werde einige Zeit bei euch bleiben, wenn es

Paulus hält einen ausführlichen Besuch in Korinth für dringend geboten. Er will aber seine Arbeit in Ephesus nicht vorzeitig abbrechen. Außerdem liegt ihm ein kurzer Besuch der Gemeinden in Mazedonien am Herzen. Zur Ausführung seiner Pläne vgl. die Einl. zu 2Ko. – Noch

der Herr zuläßt. [8]Ich werde aber in Ephesus bleiben bis Pfingsten. [9]Denn mir ist eine Tür aufgetan zu reichem Wirken; aber auch viele Widersacher sind da.

[10]Wenn Timotheus kommt, so seht zu, daß er ohne Furcht bei euch sein kann; denn er treibt auch das Werk des Herrn wie ich. [11]Daß ihn nur nicht jemand verachte! Geleitet ihn aber in Frieden, daß er zu mir komme; denn ich warte auf ihn mit den Brüdern. [12]Von Apollos, dem Bruder, aber sollt ihr wissen, daß ich ihn oft ermahnt habe, mit den Brüdern zu euch zu kommen; aber es war durchaus nicht sein Wille, jetzt zu kommen; er wird aber kommen, wenn es ihm gelegen sein wird.

einmal kommt Paulus auf die belastenden Parteistreitigkeiten (1Ko 1,10–4,21) zurück. Er hofft, daß sein engster Mitarbeiter Timotheus in Korinth ohne Furcht vor Verleumdung seine Arbeit in der Gemeinde tun kann. Weil Paulus über allem Konkurrenzdenken steht, hat er sich auch um den Besuch des Apollos bei der Gemeinde bemüht. Ihm ist dessen Besuch als Zeichen gemeinsamer Verantwortung für die Gemeinde ein wichtiges Anliegen. Auf die Ausführung hat er allerdings keinen Einfluß, weil Apollos ein von Paulus unabhängiger Missionar ist.

Ermahnungen und Grüße

[13]*Wachet, steht im Glauben, seid mutig und seid stark!* [14]*Alle eure Dinge laßt in der Liebe geschehen!*

[15]Ich ermahne euch aber, liebe Brüder: Ihr kennt das Haus des Stephanas, daß sie die Erstlinge in Achaja sind und haben sich selbst bereitgestellt zum Dienst für die Heiligen. [16]Ordnet auch ihr euch solchen unter und allen, die mitarbeiten und sich mühen! [17]Ich freue mich über die Ankunft des Stephanas und Fortunatus und Achaikus; denn sie haben mir euch, die ihr nicht hier sein könnt, ersetzt. [18]Sie haben meinen und euren Geist erquickt. Erkennt solche Leute an!

[19]Es grüßen euch die Gemeinden in der Provinz Asien. Es grüßen euch vielmals in dem Herrn Aquila und Priska samt der Gemeinde in ihrem Hause. [20]Es grüßen euch alle Brüder. Grüßt euch untereinander mit dem heiligen Kuß.

[21]Hier mein, des Paulus, eigenhändiger Gruß. [22]Wenn jemand den Herrn nicht lieb hat, der sei verflucht. Maranata!* [23]Die Gnade des Herrn Jesus sei mit euch! [24]Meine Liebe ist mit euch allen in Christus Jesus!

Im Unterschied zu antiken Religionen schufen sich die ersten Christen keine eigenen Kultstätten, sondern versammelten sich in den Häusern. Der Hausherr bekam damit eine wichtige Bedeutung für die Gemeinde. Die Hausgemeinde des Stephanas war die erste christliche Gemeinde Europas (1Ko 1,16). – Zwei Einzelheiten aus dem urchristlichen Gottesdienst sind erkennbar: 1. Paulus rechnet damit, daß sein Brief im Gottesdienst verlesen wird. 2. Die Verlesung fand vor der Feier des Abendmahls statt, die mit dem »heiligen Kuß« eingeleitet wurde (vgl. Rö 16,16). – V. 22 könnte die liturgische Formel sein, mit der noch nicht Getaufte von der weiteren Versammlung ausgeschlossen wurden. »Maranata« ist aus der Liturgie der judenchristlichen Gemeinde übernommen und heißt: »Unser Herr, kommt!« (vgl. zu Off 22,20).

DER ZWEITE BRIEF DES PAULUS AN DIE KORINTHER

In der Zeit zwischen der Abfassung des 1Ko und 2Ko haben sich Dinge ereignet, die für das Verständnis des vorliegenden Briefes wichtig sind. Da die Apg davon nichts erwähnt, sind wir auf die Angaben im 2Ko angewiesen. Weil Paulus aber nicht berichtet, sondern leidenschaftlich auf die den Lesern bekannten Vorfälle reagiert, können wir die Ereignisse nur bruchstückhaft erkennen. Deutlich sind nur:

1. Paulus war zu einem kurzen Besuch von Ephesus aus in Korinth gewesen (»Zwischenbesuch« 2,1; 12,14; 13,1).

2. Paulus war von einem Gemeindeglied schwer beleidigt worden, was die Beziehungen zur ganzen Gemeinde belastet hat (»Zwischenfall« 2,5; 7,11 f.).
3. Paulus hatte einen Brief »unter vielen Tränen« geschrieben (»Tränenbrief« 2,3 f.9; 7,8.12).
4. In der Gemeinde hatten fremde Wandermissionare Gehör gefunden, die gegen Paulus heftige und persönliche Angriffe führten (»Gegner«, vor allem in 10–13).
5. Paulus hatte Titus nach Korinth geschickt, um die Kollekte für Jerusalem zum Abschluß zu bringen.

In welchem Verhältnis Zwischenbesuch, Zwischenfall, Tränenbrief, die Gegner und der Besuch des Titus stehen, läßt sich nur vermuten. Am nächsten liegt die Annahme: Das Auftreten der Gegner veranlaßte den Zwischenbesuch. Paulus konnte jedoch sein Ziel, die Mißverständnisse abzubauen, nicht erreichen. Denn ihm wurde durch ein Gemeindeglied, das unter dem Einfluß der gegnerischen Propaganda stand, offensichtlich die Rechtmäßigkeit seines Apostolats bestritten (vgl. 7,12). Das Verhältnis zwischen Paulus und der Gemeinde war dadurch schwer belastet. Darum kehrte Paulus nach Ephesus zurück und schrieb dort den Tränenbrief. In der Sorge, ob sein Brief das Verhältnis nicht noch mehr zerstöre, schickte der Titus nach Korinth. Paulus war inzwischen nach Mazedonien aufgebrochen und wartete ungeduldig auf die Antwort des Titus (2,12 f.; 7,5) und erfuhr nach dessen Rückkehr, daß die Gemeinde im ganzen treu zu ihm stand (7,7). Voller Freude und Erleichterung schrieb er nun der Gemeinde noch einmal, um ihr vor seinem letzten Besuch in Korinth zu erklären, daß auch seinerseits alle Zweifel an ihrer Treue beseitigt sind.

Wer aber waren die Gegner? Sie waren Judenchristen, die auf ihre jüdische Abstammung großen Wert legten (11,22). Durch Empfehlungsbriefe konnten sie sich vor der Gemeinde ausweisen (10,12.18). Sie erhoben den Anspruch, als wahre Apostel und Diener Christi das Evangelium zu verkündigen (11,5.13; 12,11). Durch Wundertaten (wie Krankenheilungen, Visionen und Zungenrede) bestätigten sie ihren Geistbesitz demonstrativ vor der Gemeinde (12,12). Ihre Mission verbanden sie mit einer Agitation gegen Paulus. Sie bestritten die Rechtmäßigkeit seines Apostolats, weil er weder Empfehlungsbriefe noch die in ihren Augen allein gültigen Wunder vorweisen könne. Diesen Vorwurf untermauerten sie mit bösartigen Unterstellungen: Er sei zu feige, um in Korinth aufzutreten. Das zeige sich an den mehrfachen Änderungen seiner Reisepläne (1,12 ff.). Sein Verzicht, von der Gemeinde sich versorgen zu lassen, verrate seine Unsicherheit. Am meisten verletzten sie ihm mit der Verdächtigung, die Kollektensammlung für Jerusalem sei ein Trick, um sich nachträglich doch noch an den Gemeinden zu bereichern (12,13–18). Daß sie ein von Paulus abweichendes Evangelium lehrten (11,4), ist sicher; aber der Inhalt ihrer Botschaft ist nicht erkennbar. Da sie keine Beschneidung forderten (das hätte Paulus erwähnt), können es nicht Judaisten wie in Galatien (vgl. die Einleitung zu Gal) gewesen sein. Ihr Stolz auf ihre jüdische Herkunft und ihre Wertschätzung von Wundern und ekstatischen Visionen läßt an judenchristliche Missionare im Sinne der Aussendungsrede (vgl. Lk 10Parr) denken. Durch die eigentümliche Verbindung von jüdischem Erwählungsglauben und ekstatischer Frömmigkeit konnten sie sowohl bei den Anhängern des Kephas (= Petrus) wie bei denen des Apollos Gehör finden. Das könnte erklären, warum nicht (wie 1Ko 1,10 ff.) von mehreren Parteien, sondern nur noch von einer gegnerischen Position die Rede ist.

Der 2Ko läßt sich in seinem jetzigen Aufbau schwer verstehen. Die größten Anstöße an der vorliegenden Gestalt bereiten folgende Beobachtungen:
1. Auf die Freude des Paulus über die nach bitteren Zeiten wiedergefundene Verbundenheit mit der Gemeinde folgt in den Kap. 10–13 die schärfste persönliche Auseinandersetzung, die uns von Paulus überliefert ist.
2. Sowohl 2,13 und 7,5 als auch 6,13 und 7,2 passen nahtlos zusammen und sind durch in sich geschlossene Stücke jeweils ganz anderen Inhalts voneinander getrennt.
3. Die Kollektensammlung wird zweimal ausführlich behandelt, aber anscheinend aus verschiedenen Situationen. Denn in 9,2 schreibt Paulus, die Korinther seien mit ihrem Eifer ein Vorbild für die Mazedonier gewesen; in 8,1–16 dagegen hält Paulus die Mazedonier den Korinthern als sie beschämendes Beispiel vor.

Darum empfiehlt sich folgender Lösungsvorschlag: Mit Ausnahme von 6,14–7,1 (nähere Begründung vgl. die Erklärung zur Stelle) ist mit drei verschiedenen Briefen zu rechnen, die jeweils einen anderen Stand der Beziehung zwischen Paulus und der Gemeinde in Korinth widerspiegeln. Ausdrücklich muß darauf hingewiesen werden, daß bei der Zusammenstellung wahrscheinlich nicht nur Briefanfänge und -schlüsse weggelassen, sondern teilweise auch inhaltliche Kürzungen vorgenommen worden sind.

Brief A Verteidigungsbrief (2,14–6,13). Paulus hat von ersten Vorwürfen in bezug auf die Rechtmäßigkeit seines Apostolats gehört und schreibt einen Brief, in dem er sachlich ohne Bitterkeit von der Würde und dem Recht seines Apostolats spricht. Zugleich wiederholt er noch einmal die Bitte, die 1Ko 16,1–4 angesprochene Kollektensammlung zum Abschluß zu bringen. Dieser Brief ist wohl in Ephesus (etwa im Jahre 55 n. Chr.) vor dem Zwischenbesuch und Zwischenfall geschrieben worden.

Brief B Tränenbrief (10–13). Er wurde in Ephesus nach dem Zwischenbesuch geschrieben. Er ist unvollständig. Nach 2,5–11 muß man annehmen, daß Paulus auch die Bestrafung des Beleidigers gefordert hatte. Der Herausgeber hat wahrscheinlich diesen persönlichen Teil (wie auch einige Namen) deshalb ausgelassen, weil ihm nur der sachliche Gehalt wichtig war.

Brief C Versöhnungsbrief (1,1–2,13; 7,5–8,24). Nach der erfolgreichen Sendung des Titus schreibt Paulus den Brief, der ganz im Ton der Freude über die wiedergefundene Gemeinschaft geschrieben ist. Paulus ist auch der Hoffnung, daß die angefangene Kollektensammlung, die über den Streitigkeiten ins Stocken geraten war, gut beendet werden wird. Wenige Wochen später (etwa Herbst 56 n. Chr.) traf Paulus in Korinth ein, blieb 3 Monate (Apg 20,3) und schrieb den Römerbrief (Rö 15,25–27).

Warum der Herausgeber die in unseren Augen unglückliche Ordnung gewählt hat, läßt sich im einzelnen schwer begründen. Da die Warnung vor Irrlehre zu seiner Zeit eine typische Schlußmahnung war, hat er die Auseinandersetzung mit den Gegnern (den »Tränenbrief«) an den Schluß gesetzt. Die Zuordnung von Kap. 9 zu Kap. 8 kann durch das Thema Kollekte veranlaßt sein.

So verschieden die Situationen der Brief(teil)e sind, so werden sie doch durch ein Thema zusammengehalten: Paulus ist rechtmäßiger Apostel Jesu Christi. Er hat die Nachfolge des Gekreuzigten in Verzicht und Leidensbereitschaft auf sich genommen. Auf diese Weise hat er vorgelebt, wie christliches Leben im Zeichen des Kreuzes Jesu Christi und im Blick auf die zukünftige Auferstehung verstanden werden muß: bedrängt von allen Seiten, doch ohne Angst; ratlos, doch nicht verzweifelt; zu Boden geworfen, und doch nicht besiegt (4,8f.).

Timotheus wird wie in 1Th 1,1 als Mitabsender genannt. Er und Silvanus (1,19) sind engste Mitarbeiter des Paulus bei der Gründung der korinthischen Gemeinde. Daß ganz Achaja Mitadressat ist, erklärt sich daraus, daß Korinth Hauptstadt dieser Provinz war.

Paulus kleidet die Mitteilung über seine schweren Leiden in die Form eines Dankgebetes, in das die Gemeinde mit einstimmen soll. Er hat in den dunklen Stunden der Todesangst (vgl. 1Ko 15,30–32) erfahren, wie von der Mitte des christlichen Glaubens aus Leid begriffen und bewältigt werden kann. Der Christ kann seine Leiden als Teilhabe am Schicksal Christi verstehen, als Zeichen der besonderen Zugehörigkeit zum Gekreuzigten (d. h. als »Gabe« V. 11). Der Glaubende lebt aber auch in der Gewißheit, daß das Kreuz zugleich die Wende zum neuen Leben in Gottes Zukunft ist. Im Durchbruch dieser Erkenntnis findet Paulus Trost im Leiden, Vertrauen auf Gottes Wirken in der Sorge um das eigene Werk. Die Erfahrung des Apostels Jesu Christi ist beispielhaft für alle Christen. Allein darum beginnt er diesen Brief, der

1 Paulus, ein Apostel Christi Jesu durch den Willen Gottes, und Timotheus, unser Bruder, an die Gemeinde Gottes in Korinth samt allen Heiligen in ganz Achaja:

2 Gnade sei mit euch und Friede von Gott, unserm Vater, und dem Herrn Jesus Christus!

Dank für Gottes Trost in Trübsal

3 *Gelobt sei Gott, der Vater unseres Herrn Jesus Christus, der Vater der Barmherzigkeit und Gott allen Trostes,* 4 *der uns tröstet in aller unserer Trübsal, damit wir auch trösten können, die in allerlei Trübsal sind, mit dem Trost, mit dem wir selber getröstet werden von Gott.* 5 Denn wie die Leiden Christi reichlich über uns kommen, so werden wir auch reichlich getröstet durch Christus. 6 Haben wir aber Trübsal, so geschieht es euch zu Trost und Heil. Haben wir Trost, so geschieht es zu eurem Trost, der sich wirksam erweist, wenn ihr mit Geduld dieselben Leiden ertragt, die auch wir leiden. 7 Und unsre Hoffnung steht fest für euch, weil wir wissen: wie ihr an den Leiden teilhabt, so werdet ihr auch am Trost teilhaben.

8 Denn wir wollen euch, liebe Brüder, nicht verschweigen die Bedrängnis, die uns in der Provinz Asien widerfahren ist, wo wir über die Maßen beschwert waren und über unsere Kraft, so daß wir auch am Leben verzagten 9 und es bei uns selbst für beschlossen hielten, wir müßten sterben. Das geschah aber, damit wir unser Vertrauen nicht auf uns selbst setzten, sondern auf Gott, der die Toten auferweckt, 10 der uns aus solcher Todesnot errettet hat und erretten wird. Auf ihn hoffen wir, er werde uns auch hinfort erret-

ten. [11]Dazu helft auch ihr durch eure Fürbitte für uns, damit unsertwegen für die Gabe, die uns gegeben ist, durch viele Personen viel Dank dargebracht werde.

Gegen den Vorwurf der Unwahrhaftigkeit

[12]Denn dies ist unser Ruhm: das Zeugnis unseres Gewissens, daß wir in Einfalt und göttlicher Lauterkeit, nicht in fleischlicher Weisheit, sondern in der Gnade Gottes unser Leben in der Welt geführt haben, und das vor allem bei euch. [13]Denn wir schreiben euch nichts anderes, als was ihr lest und auch versteht. Ich hoffe aber, ihr werdet es noch völlig verstehen, [14]wie ihr uns zum Teil auch schon verstanden habt, nämlich, daß wir euer Ruhm sind, wie auch ihr unser Ruhm seid am Tage unseres Herrn Jesus.

[15]Und in solchem Vertrauen wollte ich zunächst zu euch kommen, damit ihr abermals eine Wohltat empfinget. [16]Von euch aus wollte ich nach Mazedonien reisen, aus Mazedonien wieder zu euch kommen und mich von euch geleiten lassen nach Judäa. [17]Bin ich etwa leichtfertig gewesen, als ich dies wollte? Oder ist mein Vorhaben fleischlich, so daß das Ja Ja bei mir auch ein Nein Nein ist? [18]Gott ist mein Zeuge, daß unser Wort an euch nicht Ja und Nein zugleich ist. [19]Denn der Sohn Gottes, Jesus Christus, der unter euch durch uns gepredigt worden ist, durch mich und Silvanus und Timotheus, der war nicht Ja und Nein, sondern es war Ja in ihm. [20]Denn *auf alle Gottesverheißungen ist in ihm das Ja; darum sprechen wir auch durch ihn das Amen, Gott zum Lobe.* [21]Gott ist's aber, der uns fest macht samt euch in Christus und uns gesalbt [22]und versiegelt und in unsre Herzen als Unterpfand den Geist gegeben hat.

[23]Ich rufe aber Gott zum Zeugen an bei meiner Seele, daß ich euch schonen wollte und darum nicht wieder nach Korinth gekommen bin. [24]Nicht daß wir Herren wären über euren Glauben, sondern wir sind Gehilfen eurer Freude; denn ihr steht im Glauben.

2 Ich hatte aber dies bei mir beschlossen, daß ich nicht abermals in Traurigkeit zu euch käme. [2]Denn wenn ich euch traurig mache, wer soll mich dann fröhlich machen? Doch nur der, der von mir betrübt wird. [3]Und eben dies habe ich geschrieben, damit ich nicht, wenn ich komme, über die traurig sein müßte, über die ich mich freuen sollte. Habe ich doch zu euch allen das Vertrauen, daß meine Freude euer aller Freude ist. [4]Denn ich schrieb euch aus großer Trübsal und Angst des Herzens unter vielen Tränen; nicht, damit ihr betrübt werden sollt, sondern damit ihr die Liebe erkennt, die ich habe besonders zu euch.

die Aussöhnung mit der Gemeinde besiegeln soll, mit diesen persönlichen Mitteilungen. In der Solidarität im Leiden und in der Fürbitte wächst die Gemeinde zum Leib Christi zusammen.

Paulus wurde unterstellt, er sei wortbrüchig, weil er seine Reisepläne geändert habe. Ein von ihm versprochener Besuch (1Ko 16,5) war unterblieben. Das führte zum Zweifel an seiner Zuverlässigkeit. Tiefe Betroffenheit spricht aus der Art, wie Paulus Gott zum Zeugen anruft (1,18.23). Der Vorwurf der Korinther zwingt ihn, sich zu rühmen. Doch ist es letztlich kein Selbstruhm, sondern Dank an Gott. Denn Gottes Gnade verdankt Paulus sein ganzes Wirken (V. 12 vgl. 1Ko 15,10). Darum kann es Paulus wagen, die Korinther an seinen Lebenswandel zu erinnern. 1½ Jahre war er bei ihnen. Er erwartet gegenseitiges Vertrauen, das Verständnis für notwendige Änderungen einzelner Entscheidungen aufbringt. Paulus ist darüber erschrocken, daß ihm Wankelmütigkeit vorgeworfen wird. Er betrachtet diesen Vorwurf als Aberkennung seiner Zugehörigkeit zu Jesus Christus. Für jeden Christen und erst recht für den Apostel gilt, daß er ebenso treu zu seinem Wort (Amen V. 20 ist eine liturgische Beteuerungsformel) steht, wie Gott zu seinen Verheißungen. Durch sein Versprechen weiß er sich mit der Gemeinde unverbrüchlich verbunden bis zur Widerkunft Christi (V. 14). Da von der christlichen Taufe die Geistverleihung und die Bewahrung im Endgericht erwartet wurde, ist sie mit den Begriffen »Salbung« (1Jh 2,20.27) und »Versiegelung« in V.22 gemeint. Die Getauften gehören zusammen, so daß sie nur miteinander vor Gott bestehen können. Nicht Treulosigkeit verhinderte den Besuch des Paulus. Infolge der betrüblichen Vorkommnisse bei seinem Zwischenbesuch wollte Paulus einige Zeit zum Nachdenken einräumen. Darum schrieb er der Gemeinde einen »Tränenbrief« (vgl. die Einl.), der die Grundlage zu einer Neubesinnung geben sollte.

Vergebung für ein bestraftes Gemeindeglied

Die Korinther hatten sich zunächst von den gegen Paulus erhobenen Beschuldigungen durch ein Gemeindeglied beeinflussen lassen. Inzwischen hat aber die Mehrheit ihr Unrecht eingesehen und den »Tränenbrief« des Paulus aus Ephesus befolgt. Der Verleumder wurde (vielleicht durch Ausschluß aus der Gemeindeversammlung) bestraft. Der Apostel und die Gemeinde bilden damit wieder eine Einheit. So kann Paulus bitten, dem Mann zu verzeihen. Es geht ihm allein um die Erhaltung der Vertrauensbasis. Jede Strafe über die Wiederherstellung der Ordnung hinaus befriedigt nur Rachegefühle, gebiert neues Unrecht und treibt somit »Teufelswerk«.

[5]Wenn aber jemand Betrübnis angerichtet hat, der hat nicht mich betrübt, sondern zum Teil – damit ich nicht zu viel sage – euch alle. [6]Es ist aber genug, daß derselbe von den meisten gestraft ist, [7]so daß ihr nun ihm desto mehr vergeben und ihn trösten sollt, damit er nicht in allzu große Traurigkeit versinkt. [8]Darum ermahne ich euch, daß ihr ihm Liebe erweist. [9]Denn darum habe ich auch geschrieben, um eure Bewährung zu erkennen, ob ihr gehorsam seid in allen Stücken. [10]Wem aber ihr etwas vergebt, dem vergebe ich auch. Denn auch ich habe, wenn ich etwas zu vergeben hatte, es vergeben um euretwillen vor Christi Angesicht, [11]damit wir nicht übervorteilt werden vom Satan; denn uns ist wohl bewußt, was er im Sinn hat.

Die Verkündigung des Evangeliums als Siegeszug Christi

Mit dem Bericht seiner Reisen will Paulus den Korinthern nur zeigen, mit welcher Unruhe und Sorge er auf die Nachrichten über sie durch Titus wartet. Der Bericht wird allerdings nach V.13 unterbrochen und erst in 7,5 fortgesetzt. (Zu dem Problem vgl. die Einleitung.) Mit V.14 beginnt ein in sich geschlossener Briefteil (bis 7,4) über die Bedeutung des Amtes des Apostels als Diener und Zeuge Christi.

Paulus beginnt mit einem Dankgebet für seine Erwählung. Er ist dazu ausersehen, das Werk Christi durch seine Predigt und seine Leidensnachfolge fortzuführen. Während er nach 4,6 für die Wirkung der Predigt das geläufige Bild von der Erleuchtung verwendet, benutzt er hier die Vorstellung von der Erkenntnis als Duft (vgl. Sir 24,15; 39,14). Beides vergleicht die Erkenntnis Gottes mit einer übersteigernden Sinneswahrnehmung, die an die Grenze von Tod und Leben führt (ohne Bild vgl. 1Ko 1,18). Menschen dorthin führen darf nur, wer ohne Schielen auf persönlichen Gewinn sich Gott ganz ausliefert.

[12]Als ich aber nach Troas kam, zu predigen das Evangelium Christi, und mir eine Tür aufgetan war in dem Herrn, [13]da hatte ich keine Ruhe in meinem Geist, weil ich Titus, meinen Bruder, nicht fand; sondern ich nahm Abschied von ihnen und fuhr nach Mazedonien.

[14]Gott aber sei gedankt, der uns allezeit Sieg gibt in Christus und offenbart den Wohlgeruch seiner Erkenntnis durch uns an allen Orten! [15]Denn wir sind für Gott ein Wohlgeruch Christi unter denen, die gerettet werden, und unter denen, die verloren werden: [16]diesen ein Geruch des Todes zum Tode, jenen aber ein Geruch des Lebens zum Leben. Wer aber ist dazu tüchtig? [17]Wir sind ja nicht wie die vielen, die mit dem Wort Gottes Geschäfte machen; sondern wie man aus Lauterkeit und aus Gott reden muß, so reden wir vor Gott in Christus.

Die Herrlichkeit des Dienstes im neuen Bund

Auch in den christlichen Gemeinden bürgerte sich die Sitte ein, Vertrauenspersonen Empfehlungsbriefe (vgl. dazu die Einleitung) auszustellen, um sich vor unlauteren Wanderpredigern (vgl. 1Th 2,1–12) zu schützen. Die Gegner des Paulus wiesen argwöhnisch darauf hin, daß er keine Empfehlungsbriefe vorweisen könne. Tatsächlich war die Mission des Paulus nicht von einer Institution getragen, sondern gründete allein in seiner Berufung durch Gott. Sein »Empfehlungsbrief« sind allein sein Werk, der Glaube der Korinther und die lebendigen Erfahrungen, die sie mit dem Glauben gemacht haben. In dem großen Vergleich zwischen dem Amt des Mose und dem des Paulus wird das Grundthema paulinischer Theologie »Gesetz oder Evangelium« hier unter dem Gesichtspunkt der Bedeutung des Amtes der Verkündigung behandelt.

3 Fangen wir denn abermals an, uns selbst zu empfehlen? Oder brauchen wir, wie gewisse Leute, Empfehlungsbriefe an euch oder von euch? [2]Ihr seid unser Brief, in unser Herz geschrieben, erkannt und gelesen von allen Menschen! [3]Ist doch offenbar geworden, daß ihr ein Brief Christi seid, durch unsern Dienst zubereitet, geschrieben nicht mit Tinte, sondern mit dem Geist des lebendigen Gottes, nicht auf steinerne Tafeln, sondern auf fleischerne Tafeln, nämlich eure Herzen.

[4]Solches Vertrauen aber haben wir durch Christus zu Gott. [5]Nicht daß wir tüchtig sind von uns selber, uns etwas zuzurechnen als von uns selber; sondern daß wir tüchtig sind, ist von Gott, [6]der uns auch tüchtig gemacht hat zu Dienern des neuen Bundes, nicht des Buchstabens, sondern des Geistes. Denn *der Buchstabe tötet, aber der Geist macht lebendig.*

[7]Wenn aber schon das Amt, das den Tod bringt und das mit Buchstaben in Stein gehauen war, Herrlichkeit hatte, so daß die Israeliten das Angesicht des Mose nicht ansehen konnten wegen der Herrlichkeit auf seinem Angesicht, die doch aufhörte, [8]wie sollte nicht viel mehr das Amt, das den Geist gibt, Herrlichkeit haben? [9]Denn wenn das Amt, das zur Verdammnis führt, Herrlichkeit hatte, wieviel mehr hat das Amt, das zur Gerechtigkeit führt, überschwengliche Herrlichkeit. [10]Ja, jene Herrlichkeit ist nicht für Herrlichkeit zu achten gegenüber dieser überschwenglichen Herrlichkeit. [11]Denn wenn das Herrlichkeit hatte, was aufhört, wieviel mehr wird das Herrlichkeit haben, was bleibt.

[12]Weil wir nun solche Hoffnung haben, sind wir voll großer Zuversicht [13]und tun nicht wie Mose, der eine Decke vor sein Angesicht hängte, damit die Israeliten nicht sehen konnten das Ende der Herrlichkeit, die aufhört. [14]Aber ihre Sinne wurden verstockt. Denn bis auf den heutigen Tag bleibt diese Decke unaufgedeckt über dem alten Testament, wenn sie es lesen, weil sie nur in Christus abgetan wird. [15]Aber bis auf den heutigen Tag, wenn Mose gelesen wird, hängt die Decke vor ihrem Herzen. [16]Wenn Israel aber sich bekehrt zu dem Herrn, so wird die Decke abgetan. [17]*Der Herr ist der Geist; wo aber der Geist des Herrn ist, da ist Freiheit.* [18]Nun aber schauen wir alle mit aufgedecktem Angesicht die Herrlichkeit des Herrn wie in einem Spiegel, und wir werden verklärt in sein Bild von einer Herrlichkeit zur andern von dem Herrn, der der Geist ist.

Hinter der Forderung, Paulus müsse sich als Apostel ordentlich ausweisen, sieht dieser die jüdische Auffassung, daß Gottes Wille wie bei Mose schriftlich niedergelegt sein müsse. Das veranlaßt Paulus, das Wesen seines Amtes im Unterschied von dem des Mose zu entfalten. Mose brachte die Gesetzestafeln, die dem Übertreter der Gebote den Tod ankündigten. Der Apostel dagegen verkündigt: Ihr dürft ohne Angst in Offenheit und Freiheit vor Gott hintreten. Schon das Amt des Mose war mit Herrlichkeit erfüllt; wie viel mehr das des Apostels, der den neuen Bund (vgl. Jer 31,31) mit Gott verkündigt! Dieser Grundgedanke wird in einer schwer verständlichen und problematischen Auslegung von 2Mo 34,29–35 entwickelt. Paulus benutzt die Vorstellung von der göttlichen Lichtherrlichkeit, die sich auf den überträgt, der in Gottes Nähe kommt. Er will damit den Unterschied von Judentum und Christentum verdeutlichen. Mose schaut Gott für einen kurzen Augenblick und verhüllt sein von Gottes Lichtglanz verklärtes Angesicht vor den Israeliten. (Paulus unterstellt hier, Mose habe nicht zugeben wollen, daß der Glanz wieder verlischt und daß das Volk Israel bis jetzt beim Verlesen des AT verblendet ist.) Demgegenüber hat Christus den Vorhang (Heb 10,20), der Gott und Menschen trennte, beseitigt. Damit hat er das Todesurteil des Gesetzes (= den Buchstaben) über die Menschheit (vgl. 3,9 ff.) aufgehoben. Durch den Geist Christi gibt es darum Liebe und Freiheit: Nun können alle Gott schauen und so verwandelt werden. Den Gedanken der Verwandlung des Menschen durch das Schauen Gottes den er sonst vermeidet (vgl. 1Ko 13,12; 2Ko 5,7), hat Paulus aus den Mysterienreligionen übernommen und zugleich verändert: Die Verwandlung wirkt sich nicht in wundersamen Erlebnissen aus, sondern in einer neuen Einstellung zu Leben und Tod.

Das Licht des Evangeliums im Amt des Apostels

4 Darum, weil wir dieses Amt haben nach der Barmherzigkeit, die uns widerfahren ist, werden wir nicht müde, [2]sondern wir meiden schändliche Heimlichkeit und gehen

Paulus stellt sich den Einwänden, die gegen ihn vorgebracht werden. Als echter Verkündiger, bei dem Wort und Handeln übereinstimmen, muß Paulus das Mißverständnis riskieren, sich selbst zu verkündigen. Die Korinther müßten aber anerkennen, daß er auf jedes Anpreisen seiner Person verzichtet (V. 5) und allein Christus als ihren Herrn und sich selbst nur als ihren Diener verkündigt hat. Es liegt an den Hörern, nicht am Evangelium, wenn dieses nicht wirksam wird. In solcher ablehnenden Haltung sieht Paulus den Satan am Werk (vgl. Mk 4,15). Die Herrlichkeit Gottes ist jetzt für den Glaubenden allein an Jesus Christus erkennbar (V. 4). Im glaubenden Sehen auf Christus kommt der Mensch aus der Finsternis zum Licht (vgl. 1Mo 1,3).

Die »neue Kreatur« (5,17) in seiner Herrlichkeit ist mit irdischen Augen nicht wahrnehmbar. Sichtbar ist allein seine leibliche und seelische Zerbrechlichkeit. Dieser Widerspruch ist sachgemäß: die neue Schöpfung ist kein menschliches Werk, sondern allein Gottes Tat. Für Christen geht der Weg zu Gottes Herrlichkeit nur über die Teilhabe an Christi Leiden. Erkennbar ist allerdings eine Haltung der inneren Zuversicht und Kraft. Wer an die unauflösliche Gemeinschaft mit Christus glaubt, kann weder in abgrundtiefe Verzweiflung fallen noch vom Tod vernichtet werden. Darum versteht Paulus seine Leiden als wesentlichen Teil seiner Verkündigung. Sie sind gelebter Glaube. Wo in schwerer Bedrängnis Gottes Lob gesungen wird, schwindet Angst und breitet sich Zuversicht aus. Der von Todesangst und Lebensgier befreite neue Mensch (= der »innere Mensch« V. 16) entwickelt sich aber nicht wie eine Pflanze aus dem Keim. Er wächst vielmehr durch das tägliche neue Wagnis, aus dem Vertrauen auf Gottes Wort zu leben und irdische Lebensbefriedigung nicht für die letzte Sinngebung menschlichen Daseins zu halten.

Der christliche Glaube unterstützt weder Vergötzung noch Verachtung des Lebens. Das irdische Leben

nicht mit List um, fälschen auch nicht Gottes Wort, sondern durch Offenbarung der Wahrheit empfehlen wir uns dem Gewissen aller Menschen vor Gott. [3]Ist nun aber unser Evangelium verdeckt, so ist's denen verdeckt, die verloren werden, [4]den Ungläubigen, denen der Gott dieser Welt den Sinn verblendet hat, daß sie nicht sehen das helle Licht des Evangeliums von der Herrlichkeit Christi, welcher ist das Ebenbild Gottes. [5]Denn wir predigen nicht uns selbst, sondern Jesus Christus, daß er der Herr ist, wir aber eure Knechte um Jesu willen. [6]Denn *Gott, der sprach: Licht soll aus der Finsternis hervorleuchten, der hat einen hellen Schein in unsre Herzen gegeben, daß durch uns entstünde die Erleuchtung zur Erkenntnis der Herrlichkeit Gottes in dem Angesicht Jesu Christi.*

Leidensgemeinschaft mit Christus

[7]Wir haben aber diesen Schatz in irdenen Gefäßen, damit die überschwengliche Kraft von Gott sei und nicht von uns. [8]Wir sind von allen Seiten bedrängt, aber wir ängstigen uns nicht. Uns ist bange, aber wir verzagen nicht. [9]Wir leiden Verfolgung, aber wir werden nicht verlassen. Wir werden unterdrückt, aber wir kommen nicht um. [10]Wir tragen allezeit das Sterben Jesu an unserm Leibe, damit auch das Leben Jesu an unserm Leibe offenbar werde. [11]Denn wir, die wir leben, werden immerdar in den Tod gegeben um Jesu willen, damit auch das Leben Jesu offenbar werde an unserm sterblichen Fleisch. [12]So ist nun der Tod mächtig in uns, aber das Leben in euch. [13]Weil wir aber denselben Geist des Glaubens haben, wie geschrieben steht (Psalm 116,10): *»Ich glaube, darum rede ich«,* so glauben wir auch, darum reden wir auch; [14]denn wir wissen, daß der, der den Herrn Jesus auferweckt hat, wird uns auch auferwecken mit Jesus und wird uns vor sich stellen samt euch. [15]Denn es geschieht alles um euretwillen, damit die überschwengliche Gnade durch die Danksagung vieler noch reicher werde zur Ehre Gottes.

[16]Darum werden wir nicht müde; sondern wenn auch unser äußerer Mensch verfällt, so wird doch der innere von Tag zu Tag erneuert. [17]Denn *unsre Trübsal, die zeitlich und leicht ist, schafft eine ewige und über alle Maßen gewichtige Herrlichkeit,* [18]*uns, die wir nicht sehen auf das Sichtbare, sondern auf das Unsichtbare. Denn was sichtbar ist, das ist zeitlich; was aber unsichtbar ist, das ist ewig.*

Sehnsucht nach der himmlischen Heimat

5 Denn wir wissen: wenn unser irdisches Haus, diese Hütte, abgebrochen wird, so haben wir einen Bau, von Gott erbaut, ein Haus, nicht mit Händen gemacht, das ewig

ist im Himmel. [2]Denn darum seufzen wir auch und sehnen uns danach, daß wir mit unserer Behausung, die vom Himmel ist, überkleidet werden, [3]weil wir dann bekleidet und nicht nackt befunden werden. [4]Denn solange wir in dieser Hütte sind, seufzen wir und sind beschwert, weil wir lieber nicht entkleidet, sondern überkleidet werden wollen, damit das Sterbliche verschlungen werde von dem Leben. [5]Der uns aber dazu bereitet hat, das ist Gott, der uns als Unterpfand den Geist gegeben hat. [6]So sind wir denn allezeit getrost und wissen: solange wir im Leibe wohnen, weilen wir fern von dem Herrn; [7]denn *wir wandeln im Glauben und nicht im Schauen.* [8]Wir sind aber getrost und haben vielmehr Lust, den Leib zu verlassen und daheim zu sein bei dem Herrn. [9]Darum setzen wir auch unsre Ehre darein, ob wir daheim sind oder in der Fremde, daß wir ihm wohlgefallen. [10]Denn *wir müssen alle offenbar werden vor dem Richterstuhl Christi, damit jeder seinen Lohn empfange für das, was er getan hat bei Lebzeiten, es sei gut oder böse.*

gleicht dem Wohnen in Zelten (= Hütten), die nur notdürftig vor Stürmen und Leiden schützen, und hat den Charakter einer ruhelosen Wanderschaft. Durch die Gabe des Geistes haben Christen aber jetzt schon das »Unterpfand« (vgl. 1,22), d. h. die feste Gewißheit erhalten, daß Gott jenseits des Todes eine feste Wohnung bzw. ein neues Gewand (vgl. hierzu Mt 22,1 ff.; Off 3,4 f.) für sie bereithalten wird. Für Paulus ist die völlige Auflösung der Persönlichkeit (= »Nacktheit«) undenkbar (vgl. 1Ko 15,35 ff.). Gerade darum haben Christen dieses Leben ernst zu nehmen. Auch das Fernsein von Christus und seine Verborgenheit schrecken sie nicht (V. 6 f.). Befreit von Todesfurcht erkennen sie ihr Leben als Möglichkeit, Christus zu dienen. Die Größe der Verantwortung hier setzt der Todessehnsucht eine Grenze (vgl. Phl 1,23).

Botschafter der Versöhnung

[11]Weil wir nun wissen, daß der Herr zu fürchten ist, suchen wir Menschen zu gewinnen; aber vor Gott sind wir offenbar. Ich hoffe aber, daß wir auch vor eurem Gewissen offenbar sind. [12]Damit empfehlen wir uns nicht abermals bei euch, sondern geben euch Anlaß, euch unser zu rühmen, damit ihr antworten könnt denen, die sich des Äußeren rühmen und nicht des Herzens. [13]Denn wenn wir außer uns waren, so war es für Gott; sind wir aber besonnen, so sind wir's für euch. [14]Denn die Liebe Christi drängt uns, zumal wir überzeugt sind, daß, wenn *einer* für alle gestorben ist, so sind sie *alle* gestorben. [15]Und er ist darum für alle gestorben, damit, die da leben, hinfort nicht sich selbst leben, sondern dem, der für sie gestorben und auferstanden ist.

[16]Darum kennen wir von nun an niemanden mehr nach dem Fleisch; und auch wenn wir Christus gekannt haben nach dem Fleisch, so kennen wir ihn doch jetzt so nicht mehr. [17]Darum: *Ist jemand in Christus, so ist er eine neue Kreatur; das Alte ist vergangen, siehe, Neues ist geworden.* [18]Aber das alles von Gott, der uns mit sich selber versöhnt hat durch Christus und uns das Amt gegeben, das die Versöhnung predigt. [19]Denn *Gott war in Christus und versöhnte die Welt mit sich selber und rechnete ihnen ihre Sünden nicht zu und hat unter uns aufgerichtet das Wort von der Versöhnung.* [20]*So sind wir nun Botschafter an Christi Statt, denn Gott ermahnt durch uns; so bitten wir nun an Christi Statt: Laßt euch versöhnen mit Gott!* [21]Denn er hat den, der von keiner Sünde wußte, für uns zur Sünde gemacht, damit wir in ihm die Gerechtigkeit würden, die vor Gott gilt.

Noch einmal verteidigt Paulus sein Amt (vgl. 2,14–4,6). Das Urteil seiner Gegner, er überrede nur die Menschen (vgl. Gal 1,10) und seinem Auftreten fehle der heilige Geist (Zungenrede, Wundertaten u. a.), erkennt Paulus nicht an. Gott allein ist sein Richter. Ekstatische Verzükkung gehört in die einsame Begegnung mit Gott, nicht vor die Öffentlichkeit (vgl. 1Ko 14,2 ff.). Die Gemeinde hat Paulus nur nach dem Inhalt seiner Botschaft zu messen. Er verkündigt, daß mit dem Tod Christi am Kreuz die große Wende in der Geschichte der Menschheit begonnen hat. Auch Jesus kann ohne die Vollendung seines Wirkens in Tod und Auferstehung nicht verstanden werden. Durch Gottes Entscheidung ist die neue Schöpfung schon Wirklichkeit; die Schranke zwischen ihm und den Menschen ist geöffnet. Das Wort von der Versöhnung ist nicht zuerst das versöhnende Wort zwischen Menschen, sondern die Botschaft von der schon vollzogenen Versöhnung durch Gott. Weil er auf Strafe verzichtet hat, bedarf es keiner Anstrengungen, ihn milde zu stimmen. Durch diese Atmosphäre des Vertrauens wandeln sich auch die zwischenmenschlichen Beziehungen.

Paulus setzt mit dieser Botschaft fort, was Christus mit dem Einsatz seines Lebens begründet hat. Der Sündlose nahm den Tod als Folge der Sünde auf sich, damit wir die Möglichkeit eines Neuanfangs, eines Lebens in Gerechtigkeit (vgl. Rö 1,17), haben.

Die Bewährung des Apostels in seinem Dienst

6 Als Mitarbeiter aber ermahnen wir euch, daß ihr die Gnade Gottes nicht vergeblich empfangt. [2]Denn er spricht (Jesaja 49,8):

»Ich habe dich zur Zeit der Gnade erhört
und habe dir am Tage des Heils geholfen.«

Siehe, jetzt ist die Zeit der Gnade, siehe, jetzt ist der Tag des Heils! [3]Und wir geben in nichts irgendeinen Anstoß, damit unser Amt nicht verlästert werde; [4]sondern in allem erweisen wir uns als Diener Gottes: in großer Geduld, in Trübsalen, in Nöten, in Ängsten, [5]in Schlägen, in Gefängnissen, in Verfolgungen, in Mühen, im Wachen, im Fasten, [6]in Lauterkeit, in Erkenntnis, in Langmut, in Freundlichkeit, im heiligen Geist, in ungefärbter Liebe, [7]in dem Wort der Wahrheit, in der Kraft Gottes, mit den Waffen der Gerechtigkeit zur Rechten und zur Linken, [8]in Ehre und Schande; in bösen Gerüchten und guten Gerüchten, als Verführer und doch wahrhaftig; [9]*als die Unbekannten, und doch bekannt; als die Sterbenden und siehe, wir leben; als die Gezüchtigten, und doch nicht getötet;* [10]*als die Traurigen, aber allezeit fröhlich; als die Armen, aber die doch viele reich machen; als die nichts haben, und doch alles haben.*

Weil das Heil durch das Wort des Apostels angeboten wird, ist dieser Gottes Mitarbeiter. Wenn ein Mensch vom Evangelium ergriffen wird, bricht für ihn der Tag des Heils an. Verkündigung wird jedoch nur glaubwürdig und wirksam, wenn der Prediger sie mit seinem Lebenszeugnis bestätigt. Paulus zeigt, wie das Evangelium sich auf sein Leben ausgewirkt hat: Obwohl er von Gegnern geschlagen und verleumdet wurde; obwohl er in Ausübung seines Berufs bis an die Grenze der Leistungsfähigkeit getrieben wurde; obwohl er manchmal auch selbst am Verzagen war – hat er dennoch nicht aufgegeben. Er hat sich nicht verführen lassen, mit gleicher Münze heimzuzahlen. Er kämpft weiter, allein mit den Waffen der Gerechtigkeit (vgl. Eph 6,10–17). So wurde sein Leben zum Zeugnis. Nach menschlichen Maßstäben lebte er erbärmlich, aber er bezeugte gerade so, was Glaube an Gottes Macht heißt.

Werbung um die Gemeinde und Warnung vor Götzendienst

[11]O ihr Korinther, unser Mund hat sich euch gegenüber aufgetan, unser Herz ist weit geworden. [12]Eng ist nicht der Raum, den ihr in uns habt; eng aber ist's in euren Herzen. [13]Ich rede mit euch als mit meinen Kindern; stellt euch doch zu mir auch so, und macht auch ihr euer Herz weit.

[14]Zieht nicht am fremden Joch mit den Ungläubigen. Denn was hat die Gerechtigkeit zu schaffen mit der Ungerechtigkeit? Was hat das Licht für Gemeinschaft mit der Finsternis? [15]Wie stimmt Christus überein mit Beliar? Oder was für ein Teil hat der Gläubige mit dem Ungläubigen? [16]Was hat der Tempel Gottes gemein mit den Götzen? Wir aber sind der Tempel des lebendigen Gottes; wie denn Gott spricht (3.Mose 26,11.12; Hesekiel 37,27):

»Ich will unter ihnen wohnen und wandeln
und will ihr Gott sein, und sie sollen mein Volk sein.«

[17]Darum »geht aus von ihnen
und sondert euch ab«, spricht der Herr;

Weil Paulus sich in seinem Dienst bis zur Selbstverleugnung verzehrt, kann er die Gemeinde um Vertrauen, Weitherzigkeit und Offenheit bitten. Gemeinde und Apostel werden selbst durch den Tod nicht getrennt (7,3), so daß Paulus auch in schwerer Bedrängnis die Freude unzerstörbarer Gemeinschaft spürt. Damit schließt der Brief(teil?), in dem Paulus die Bedeutung und Würde seines Apostelamtes dargelegt hat (2,14–7,4). Dieser Teil wird unterbrochen: Das Stück 6,14–7,1 bereitet der Auslegung große Schwierigkeiten, weil hier die vollkommene Trennung von der Welt gefordert wird. Außerdem enthält es auch mehrere dem Paulus fremde Gedanken und Begriffe. Am auffälligsten sind: 1. Der Gegenspieler Gottes heißt bei Paulus immer der Satan. Der Name Beliar findet sich zwar häufig in zeitgenössischen jü-

»und rührt nichts Unreines an,
so will ich euch annehmen
[18]und euer Vater sein,
und ihr sollt meine Söhne und Töchter sein«,
spricht der allmächtige Herr (Jesaja 52,11; Hesekiel 20,41; 2.Samuel 7,14).

7 Weil wir nun solche Verheißungen haben, meine Lieben, so laßt uns von aller Befleckung des Fleisches und des Geistes uns reinigen und die Heiligung vollenden in der Furcht Gottes.

[2]Gebt uns Raum in euren Herzen! Wir haben niemand Unrecht getan, wir haben niemand verletzt, wir haben niemand übervorteilt. [3]Nicht sage ich das, um euch zu verurteilen; denn ich habe schon zuvor gesagt, daß ihr in unserm Herzen seid, mitzusterben und mitzuleben. [4]Ich rede mit großer Zuversicht zu euch; ich rühme viel von euch; ich bin erfüllt mit Trost; ich habe überschwengliche Freude in aller unsrer Bedrängnis.

dischen Schriften, aber sonst nicht im NT 2. Paulus redet sonst niemals von einer Befleckung des Fleisches oder des Geistes (7,1). Fleisch ist nach Paulus der Mensch, sofern er sündig handelt; Geist dagegen ist die göttliche Kraft, die den Menschen zum Guten treibt (vgl. Gal 5,16–26). Eine Befleckung des Geistes wäre nach Paulus nichts anderes als eine Befleckung Gottes. – Wahrscheinlich handelt es sich hier um ein Stück urchristlicher Bekehrungspredigt, das der Herausgeber des Briefes für einen Teil des Paulusbriefes hielt. Denkbar ist auch, daß hier ein Abschnitt des ersten verloren gegangenen Briefes, in dem sich Paulus nach 1Ko 5,9ff. sehr rigoros geäußert hatte, zugrundeliegt.

Die Freude des Paulus über die Reue der Gemeinde

[5]Denn als wir nach Mazedonien kamen, fanden wir keine Ruhe; sondern von allen Seiten waren wir bedrängt, von außen mit Streit, von innen mit Furcht. [6]Aber Gott, der die Geringen tröstet, der tröstete uns durch die Ankunft des Titus; [7]nicht allein aber durch seine Ankunft, sondern auch durch den Trost, mit dem er bei euch getröstet worden war. Er berichtete uns von eurem Verlangen, eurem Weinen, eurem Eifer für mich, so daß ich mich noch mehr freute.

[8]Denn wenn ich euch auch durch den Brief traurig gemacht habe, reut es mich nicht. Und wenn es mich reute – ich sehe ja, daß jener Brief euch wohl eine Weile betrübt hat –, [9]so freue ich mich doch jetzt nicht darüber, daß ihr betrübt worden seid, sondern darüber, daß ihr betrübt worden seid zur Reue. Denn ihr seid betrübt worden nach Gottes Willen, so daß ihr von uns keinen Schaden erlitten habt. [10]Denn *die Traurigkeit nach Gottes Willen wirkt zur Seligkeit eine Reue, die niemanden reut; die Traurigkeit der Welt aber wirkt den Tod.* [11]Siehe: eben dies, daß ihr betrübt worden seid nach Gottes Willen, welches Mühen hat das in euch gewirkt, dazu Verteidigung, Unwillen, Furcht, Verlangen, Eifer, Bestrafung! Ihr habt in allen Stücken bewiesen, daß ihr rein seid in dieser Sache. [12]Darum, wenn ich euch auch geschrieben habe, so ist's doch nicht geschehen um dessentwillen, der beleidigt hat, auch nicht um dessentwillen, der beleidigt worden ist, sondern damit euer Mühen für uns offenbar werde bei euch vor Gott. [13]Dadurch sind wir getröstet worden.

Das Stück bildet die organische Fortsetzung und den Abschluß von 2,13 (vgl. die Einl.). Nachdem Paulus einen Brief mit harten Vorwürfen nach Korinth geschrieben hatte (2,4), schickte er Titus als Boten, um die Spannungen zu beseitigen. Der Abschnitt gibt einen bewegenden Einblick in die innere Verfassung des Apostels: Die tiefe Sorge daß sein Wirken umsonst gewesen sein könnte; die leise Unruhe, ob er nicht durch seinen scharfen Brief Schaden angerichtet habe; und dann die überschwengliche Freude und Erleichterung, daß die Gemeinde (zumindest in ihrer Mehrheit) doch fest zu ihm hält. Paulus ist glücklich, daß sein Tränenbrief die erhoffte Wirkung gehabt hat. Echte Trauer blickt nach vorn in die gemeinsame Zukunft und bewältigt so durch Umdenken die schuldhafte Vergangenheit. Falsche Trauer wendet sich rückwärts und bleibt stehen bei gegenseitiger Anklage und Selbstmitleid. Die Korinther hatten sich bemüht, jeden Schatten von Untreue gegenüber Paulus zu tilgen. Paulus ist jetzt überzeugt, daß die Gemeinde im Grunde ihres Herzens nie anders gedacht hat. Leider läßt auch dieser Text nicht erkennen, worin die Beleidigung bestand. Der Beleidigte ist wegen 2,5–11 Paulus, obwohl die Formulierung in V. 12 nicht eindeutig ist. Paulus nimmt den Streitpunkt absichtlich nicht nóch einmal auf, denn ihm geht es um das Vertrauensverhältnis zwischen Gemeinde und Apostel. Er freut sich auch für Titus, daß dessen Aufgabe erfolgreich war. Titus ist dadurch gestärkt worden. Gerade junge Mitarbeiter brauchen Ermunterung durch menschliche Bestätigung. Paulus ist dankbar, daß die Gemeinde Titus so aufgenommen hat, wie er es erhofft hatte.

Wahrscheinlich bildete Kap. 8 ursprünglich den Schluß des Versöhnungsbriefes des Paulus an die Gemeinde in Korinth (vgl. die Einl.). Zunächst hatten die Korinther mit ihrem Eifer bei der Geldsammlung für Jerusalem den Gemeinden Mazedoniens ein Vorbild gegeben (vgl. zu Kap. 9). Nun haben umgekehrt die Gemeinden Mazedoniens durch ihre große Opferwilligkeit ein vorbildhaftes Zeichen gesetzt. In der Zeit der schweren Spannungen zwischen Gemeinde und Paulus war auch das Kollektenwerk ins Stocken geraten. Nachdem Titus mit so guten Nachrichten und Erfahrungen zurückgekommen war (7,7), konnte Paulus ihn bei der Überbringung des Versöhnungsbriefes auch mit dem Abschluß der Sammlung betrauen. Paulus ist nun zwar zuversichtlich, daß auch in Korinth eine reiche Gabe zusammenkommen wird, nennt aber noch einmal die ihm wichtigsten Motive (vgl. auch Kap. 9): 1. In Opferwilligkeit finden Glaube, Erkenntnis und Liebe ihren wahren Ausdruck (V. 7). 2. In der Hingabe für den anderen folgt die Gemeinde dem Beispiel ihres Herrn. Er hat auf alle göttliche Macht und Würde verzichtet und menschliches Leben in Armut auf sich genommen (V. 9 vgl. Phl 2,6.8). 3. Unter Christen sollen die Güter dieser Erde gerecht und gleich verteilt sein. Paulus hofft, daß durch diese Sammlung das Bewußtsein der Gemeinde und die Verantwortung füreinander wachsen. Das griechische Ideal der Gleichheit soll in der Gemeinde

Außer diesem unserm Trost aber haben wir uns noch überschwenglicher gefreut über die Freude des Titus; denn sein Geist ist erquickt worden von euch allen. [14]Denn was ich vor ihm von euch gerühmt habe, darin bin ich nicht zuschanden geworden; sondern wie alles wahr ist, was wir mit euch geredet haben, so hat sich auch unser Rühmen vor Titus als wahr erwiesen. [15]Und er ist überaus herzlich gegen euch gesinnt, wenn er an den Gehorsam von euch allen denkt, wie ihr ihn mit Furcht und Zittern aufgenommen habt. [16]Ich freue mich, daß ich mich in allem auf euch verlassen kann.

Die Geldsammlung für die Gemeinde in Jerusalem

8 Wir tun euch aber kund, liebe Brüder, die Gnade Gottes, die in den Gemeinden Mazedoniens gegeben ist. [2]Denn ihre Freude war überschwenglich, als sie durch viel Bedrängnis bewährt wurden, und obwohl sie sehr arm sind, haben sie doch reichlich gegeben in aller Einfalt. [3]Denn nach Kräften, das bezeuge ich, und sogar über ihre Kräfte haben sie willig gegeben [4]und haben uns mit vielem Zureden gebeten, daß sie mithelfen dürften an der Wohltat und der Gemeinschaft des Dienstes für die Heiligen; [5]und das nicht nur, wie wir hofften, sondern sie gaben sich selbst, zuerst dem Herrn und danach uns, nach dem Willen Gottes. [6]So haben wir Titus zugeredet, daß er, wie er zuvor angefangen hatte, nun auch diese Wohltat unter euch vollends ausrichte.

[7]Wie ihr aber in allen Stücken reich seid, im Glauben und im Wort und in der Erkenntnis und in allem Eifer und in der Liebe, die wir in euch erweckt haben, so gebt auch reichlich bei dieser Wohltat. [8]Nicht sage ich das als Befehl; sondern weil andere so eifrig sind, prüfe ich auch eure Liebe, ob sie rechter Art sei. [9]Denn *ihr kennt die Gnade unseres Herrn Jesus Christus: obwohl er reich ist, wurde er doch arm um euretwillen, damit ihr durch seine Armut reich würdet.* [10]Und darin sage ich meine Meinung; denn das ist euch nützlich, die ihr seit vorigem Jahr angefangen habt nicht allein mit dem Tun, sondern auch mit dem Wollen. [11]Nun aber vollbringt auch das Tun, damit, wie ihr geneigt seid zu wollen, ihr auch geneigt seid zu vollbringen nach dem Maß dessen, was ihr habt. [12]Denn wenn der gute Wille da ist, so ist er willkommen nach dem, was einer hat, nicht nach dem, was er nicht hat. [13]Nicht, daß die andern gute Tage haben sollen und ihr Not leidet, sondern daß es zu einem Ausgleich komme. [14]Jetzt helfe euer Überfluß ihrem Mangel ab, damit danach auch ihr Überfluß eurem Mangel abhelfe und so ein Ausgleich geschehe, [15]wie geschrieben steht (2.Mose 16,18): »Wer viel sammelte, hatte kei-

nen Überfluß, und wer wenig sammelte, hatte keinen Mangel.«

[16]Gott aber sei Dank, der dem Titus solchen Eifer für euch ins Herz gegeben hat. [17]Denn er ließ sich gerne zureden; ja, weil er so sehr eifrig war, ist er von selber zu euch gereist. [18]Wir haben aber den Bruder mit ihm gesandt, dessen Lob wegen seines Dienstes am Evangelium durch alle Gemeinden geht. [19]Nicht allein aber das, sondern er ist auch von den Gemeinden dazu eingesetzt, uns zu begleiten, wenn wir diese Gabe überbringen dem Herrn zur Ehre und zum Erweis unsres guten Willens. [20]So verhüten wir, daß uns jemand übel nachredet wegen dieser reichen Gabe, die durch uns überbracht wird. [21]Denn wir sehen darauf, daß es redlich zugehe nicht allein vor dem Herrn, sondern auch vor den Menschen. [22]Auch haben wir mit ihnen unsern Bruder gesandt, dessen Eifer wir oft in vielen Stükken erprobt haben, nun aber ist er noch viel eifriger aus großem Vertrauen zu euch. [23]Es sei nun Titus, der mein Gefährte und mein Mitarbeiter unter euch ist, oder es seien unsere Brüder, die Abgesandte der Gemeinden sind und eine Ehre Christi: [24]erbringt den Beweis eurer Liebe und zeigt, daß wir euch zu Recht vor ihnen gerühmt haben öffentlich vor den Gemeinden.

Christi Wirklichkeit werden. – Die Geldsammlung für Jerusalem hatte Paulus auf dem Apostelkonzil zugesagt (Gal 2,10). Leicht ist ihm die Einlösung dieses Versprechens nicht gefallen. Um das Evangelium nicht in Mißkredit zu bringen, hatte Paulus auf jede Bezahlung verzichtet (vgl. 1Th 2,1–12). Nun bittet er doch um Geld (V. 20). Um den Verdacht auszuräumen, er wolle sich nachträglich doch bereichern, hat er für die Überbringung der Geldsammlung nicht nur seine eigenen Mitarbeiter (Titus, der ungenannte Bruder V. 22) gesandt, sondern mit ihnen einen von den Gemeinden gewählten Vertreter. Da Paulus sonst immer die Namen nennt, hat das Verschweigen derselben schon die frühchristlichen Gelehrten befremdet und vielfältiges Rätselraten ausgelöst. Vielleicht hat der Herausgeber dieser Briefe die Namen hier und in 9,3 gestrichen, weil jeweils verschiedene Leute genannt waren und er so einen zu offenkundigen Widerspruch vermeiden wollte.

Der Segen der Geldsammlung

9 Von dem Dienst, der für die Heiligen geschieht, brauche ich euch nicht zu schreiben. [2]Denn ich weiß von eurem guten Willen, den ich an euch rühme bei denen aus Mazedonien, wenn ich sage: Achaja ist schon voriges Jahr bereit gewesen! Und euer Beispiel hat die meisten angespornt. [3]Ich habe aber die Brüder gesandt, damit nicht unser Rühmen über euch zunichte werde in diesem Stück, und damit ihr vorbereitet seid, wie ich von euch gesagt habe, [4]daß nicht, wenn die aus Mazedonien mit mir kommen und euch nicht vorbereitet finden, wir, um nicht zu sagen: ihr, zuschanden werden mit dieser unsrer Zuversicht. [5]So habe ich es nun für nötig angesehen, die Brüder zu ermahnen, daß sie voranzögen zu euch, um die von euch angekündigte Segensgabe vorher fertig zu machen, so daß sie bereitliegt als eine Gabe des Segens und nicht des Geizes.

[6]Ich meine aber dies: *Wer da kärglich sät, der wird auch kärglich ernten; und wer da sät im Segen, der wird auch ernten im Segen.* [7]Ein jeder, wie er's sich im Herzen vorgenommen hat, nicht mit Unwillen oder aus Zwang; denn *einen fröhlichen Geber hat Gott lieb.* [8]Gott aber kann machen, daß alle Gnade unter euch reichlich sei, damit ihr in allen Dingen allezeit volle Genüge habt und noch reich seid zu jedem

Kap. 9 behandelt zwar die gleiche Frage (Kollektensammlung für Jerusalem) wie Kap. 8. Es setzt aber offensichtlich eine frühere Situation voraus (vgl. zu Kap. 8). Am leichtesten ließe sich das Kapitel an den ältesten Briefteil (an 7,4) fügen. Paulus ist überzeugt, daß die von ihm erbetene Sammlung (vgl. 1Ko 16,1 f.) durchgeführt wird und möchte sie nun zu einem guten Abschluß bringen. Wenn die von ihm gesandten Brüder kommen, erhofft er zuversichtlich eine reiche Gabe von den Korinthern, die für die Gemeinden Mazedoniens ein Ansporn sein könnte. Paulus nennt wichtige Gründe, um die Willigkeit der Korinther zu stärken (vgl. auch Kap. 8): 1. Wer ängstlich gibt, beraubt sich selbst der Freude am Schenken. 2. Alles Geben unter Menschen ist nur gerechtes Verteilen von Gottes Gaben. 3. Beim Schenken entscheidet nicht die Größe der Gabe, sondern die innere Einstellung. Gott vermag aus der kleinsten Gabe großen Segen zu schaffen (vgl. Mk 12,41–44Parr).

4. Für die Jerusalemer Gemeinde ist die Gabe Ausdruck des gemeinsamen Bekenntnisses und Glaubens und der Zusammengehörigkeit von Heiden und Juden in der einen Kirche. Nach Rö 15,26f. ist die Kollekte zugleich Zeichen des bleibenden Schuldverhältnisses der Heidenchristen gegenüber den Judenchristen. 5. Der letzte Sinn alles Gebens ist es, Menschen zum Lob Gottes zu bringen. Wenn der Glaube Menschen von egoistischer Lebensgier zum Dasein für andere befreit, dann keimt auch Skeptikern Hoffnung. Die Dankbarkeit gegenüber dem gebenden Menschen mündet im Dank an Gott, der Menschen zu solchem Tun verwandelt hat.

guten Werk; [9] wie geschrieben steht (Psalm 112,9):

»Er hat ausgestreut und den Armen gegeben;
seine Gerechtigkeit bleibt in Ewigkeit.«

[10] Der aber Samen gibt dem Sämann und Brot zur Speise, der wird auch euch Samen geben und ihn mehren und wachsen lassen die Früchte eurer Gerechtigkeit. [11] So werdet ihr reich sein in allen Dingen, zu geben in aller Einfalt, die durch uns wirkt Danksagung an Gott. [12] Denn der Dienst dieser Sammlung hilft nicht allein dem Mangel der Heiligen ab, sondern wirkt auch überschwenglich darin, daß viele Gott danken. [13] Denn für diesen treuen Dienst preisen sie Gott über eurem Gehorsam im Bekenntnis zum Evangelium Christi und über der Einfalt eurer Gemeinschaft mit ihnen und allen. [14] Und in ihrem Gebet für euch sehnen sie sich nach euch wegen der überschwenglichen Gnade Gottes bei euch. [15] *Gott aber sei Dank für seine unaussprechliche Gabe!*

Die Gehässigkeit in den Vorwürfen der Gegner und die bittere Betroffenheit des Paulus, die aus den Kap. 10–13 zu spüren sind, lassen vermuten, daß diese Kapitel ein Teil des »Tränenbriefes« (2,3 vgl. die Einl.) sind. Weil die Angriffe so persönlich sind, ist Paulus gezwungen, sich persönlich zu verteidigen. Der sachliche Hintergrund des Streits gerät dadurch aus dem Blickfeld. Deutlich ist nur, daß die Vorwürfe von Leuten erhoben werden, die sich besonderer Nähe zu Christus rühmen (V. 7). Es sind judenchristliche Missionare (11,22). Für sie galten Wunder, ekstatische Erfahrungen und Einblick in himmlische Geheimnisse als Zeichen eines rechten Apostels. Das alles vermissen sie an Paulus. Nur in seinen Briefen zeige sich Geistesstärke. Sein persönliches Auftreten sei kraftlos und beweise, daß er nur irdische Gedanken vertrete. Sie unterstellen ihm persönlichen Ehrgeiz und Gewinnsucht. Paulus verteidigt sich leidenschaftlich. Weil er sich jedoch am Beispiel Christi (V. 1) orientiert, verzichtet er auf lautstarke Demonstration seiner geistigen Macht. Nur mit Geduld und Liebe wird Gemeinde gebaut. Paulus hofft, daß er statt der Gnade Gottes nicht das Gericht verkündigen muß.

Verteidigung des Apostels gegen persönliche Angriffe

10 Ich selbst aber, Paulus, ermahne euch bei der Sanftmut und Güte Christi, der ich in eurer Gegenwart unterwürfig sein soll, aber mutig, wenn ich fern von euch bin. [2] Ich bitte aber, daß ihr mich nicht zwingt, wenn ich bei euch bin, mutig zu sein und die Kühnheit zu gebrauchen, mit der ich gegen einige vorzugehen gedenke, die unsern Wandel für fleischlich halten. [3] Denn obwohl wir im Fleisch leben, kämpfen wir doch nicht auf fleischliche Weise. [4] Denn die Waffen unsres Kampfes sind nicht fleischlich, sondern mächtig im Dienste Gottes, Festungen zu zerstören. [5] Wir zerstören damit Gedanken und alles Hohe, das sich erhebt gegen die Erkenntnis Gottes, und nehmen gefangen alles Denken in den Gehorsam gegen Christus. [6] So sind wir bereit, zu strafen allen Ungehorsam, sobald euer Gehorsam vollkommen geworden ist.

[7] Seht, was vor Augen liegt! Verläßt sich jemand darauf, daß er Christus angehört, der bedenke wiederum auch dies bei sich, daß, wie er Christus angehört, so auch wir! [8] Auch wenn ich mich noch mehr der Vollmacht rühmen würde, die uns der Herr gegeben hat, euch zu erbauen, und nicht euch zu zerstören, so würde ich nicht zuschanden werden. [9] Das sage ich aber, damit es nicht scheint, als hätte ich euch mit den Briefen schrecken wollen. [10] Denn seine Briefe, sagen sie, wiegen schwer und sind stark; aber wenn er selbst anwesend ist, ist er schwach und seine Rede kläglich. [11] Wer so redet, der bedenke: wie wir aus der Ferne in den Worten unsrer Briefe sind, so werden wir, wenn wir anwesend sind, auch mit der Tat sein.

Der Maßstab für die Beurteilung des Apostels

[12]Denn wir wagen nicht, uns unter die zu rechnen oder mit denen zu vergleichen, die sich selbst empfehlen; aber weil sie sich nur an sich selbst messen und mit sich selbst vergleichen, verstehen sie nichts. [13]Wir aber wollen uns nicht über alles Maß hinaus rühmen, sondern nur nach dem Maß, das uns Gott zugemessen hat, nämlich daß wir auch bis zu euch gelangen sollten. [14]Denn es ist nicht so, daß wir uns zuviel anmaßen, als wären wir nicht bis zu euch gelangt; denn wir sind ja mit dem Evangelium Christi bis zu euch gekommen [15]und rühmen uns nicht über alles Maß hinaus mit dem, was andere gearbeitet haben. Wir haben aber die Hoffnung, daß wir, wenn euer Glaube in euch wächst, nach dem Maß, das uns zugemessen ist, überschwenglich zu Ehren kommen. [16]Denn wir wollen das Evangelium auch denen predigen, die jenseits von euch wohnen, und rühmen uns nicht mit dem, was andere nach ihrem Maß vollbracht haben. [17]»Wer sich aber rühmt, der rühme sich des Herrn« (Jeremia 9,22.23). [18]Denn nicht der ist tüchtig, der sich selbst empfiehlt, sondern der, den der Herr empfiehlt.

Paulus ist durch die Gegner gezwungen, sich zu rühmen, d.h. sein Werk und seine Mühe zu verdeutlichen. Er kennt die Gefahren einer solchen Verteidigung. Bei sehr guten Textzeugen fehlen in V. 12b und 13a einige Worte. Ohne sie ergibt sich der gegenteilige, aber wohl richtige Sinn: Jene vergleichen sich untereinander. »Aber da wir uns nur an uns selbst messen und mit uns selbst vergleichen, werden wir uns nicht maßlos rühmen«. Der Apostel kann sich darum nicht mit anderen vergleichen, sondern darf sich nur an dem messen, was Gott ihm aufgetragen hat. Paulus kann sich letztlich nur Gottes rühmen, und diesem allein steht das Urteil über ihn zu. Gott hat ihn ausgesandt, das Evangelium dort zu verkündigen, wo es noch nicht laut geworden ist. So war Paulus als erster Missionar in Korinth. Als Vater dieser Gemeinde (1Ko 4,15) hofft er auf ihre Festigung, damit er wieder Neuland für Christus gewinnen kann.

Paulus und die falschen Apostel

11 Wollte Gott, ihr hieltet mir ein wenig Torheit zugut! Doch ihr haltet mir's wohl zugut. [2]Denn ich eifere um euch mit göttlichem Eifer; denn ich habe euch verlobt mit einem einzigen Mann, damit ich Christus eine reine Jungfrau zuführte. [3]Ich fürchte aber, daß, wie die Schlange Eva verführte mit ihrer List, so auch eure Gedanken abgewendet werden von der Einfalt und Lauterkeit gegenüber Christus. [4]Denn wenn einer zu euch kommt und einen andern Jesus predigt, den wir nicht gepredigt haben, oder ihr einen andern Geist empfangt, den ihr nicht empfangen habt, oder ein anderes Evangelium, das ihr nicht angenommen habt, so ertragt ihr das recht gern! [5]Ich meine doch, ich sei nicht weniger als die Überapostel. [6]Und wenn ich schon ungeschickt bin in der Rede, so bin ich's doch nicht in der Erkenntnis; sondern in jeder Weise und vor allen haben wir sie bei euch kundgetan.

[7]Oder habe ich gesündigt, als ich mich erniedrigt habe, damit ihr erhöht würdet? Denn ich habe euch das Evangelium Gottes ohne Entgelt verkündigt. [8]Andere Gemeinden habe ich beraubt und Geld von ihnen genommen, um euch dienen zu können. [9]Und als ich bei euch war und Mangel hatte, fiel ich niemandem zur Last. Denn meinem Mangel halfen die Brüder ab, die aus Mazedonien kamen. So bin ich euch in keiner Weise zur Last gefallen und will es auch weiterhin so halten. [10]So gewiß die Wahrheit Christi in mir

Paulus bittet die Korinther, seine »Narrenrede« (vgl. zu V. 16ff.) zu ertragen. Er muß sich selbst rühmen wegen der Art des Auftretens der Gegner, wegen der Bereitschaft der Gemeinde, auf diese zu hören und wegen seiner Verantwortung für die Gemeinde. Seine Aufgabe gegenüber der Gemeinde veranschaulicht er mit einem Bild, das antikes jüdisches Familienrecht widerspiegelt: Der Vater wacht eifersüchtig über die Tochter, um sie rein dem Bräutigam anzuvertrauen. Zum Bild von der Kirche als Braut Christi vgl. zu Eph 5,22–33; Off 19,7f. Wie Christus der vollkommene wahre Adam ist (vgl. 1Ko 15,45ff.), so soll auch die Kirche die vollkommene Eva sein, die sich nicht verführen läßt. (Die Vorstellung, daß der Satan Eva mehrfach versuchte und sich zu diesem Zwecke auch als Lichtengel verkleidete V. 14, gehört zum jüdischen Legendenschatz.) Darum fühlt sich Paulus zu äußerster Wachsamkeit verpflichtet. Da die Gegner Paulus vor allem persönlich angreifen, lassen sich ihre Lehren nur undeutlich erkennen. Sie verletzten Paulus tief, indem sie seinem Verzicht auf Bezahlung (vgl. die Erklärung zu Kap. 8) unlautere Motive unterschoben. Denn er erkenne sonst an, daß die Missionare von den Gemeinden Lebensunterhalt erhalten (vgl. 1Ko 9,4 ff.). Aufgrund des Vorwurfs verzichtet Paulus erst recht. Er nimmt nur freiwillige Gaben (z. B. von den Mazedoniern) an. – Die V. 13–15 sind der schärfste Angriff des Paulus. Er bestreitet seinen Gegnern jede gute Absicht. Damit erschwert er uns ein gerechtes Verständnis ihrer Anliegen.

Paulus verteidigt sich in Form der »Narrenrede« und spielt die Komödienrolle des »Prahlhans«. Das Unheimliche und Hintergründige der Rede wird deutlich, wenn man den tiefen Zwiespalt, den Paulus selbst als bedrückend empfindet, erkennt: 1. Was er von sich sagt, ist die reine Wahrheit. 2. Statt großer Leistungen und Abenteuer berichtet er nur von seinen Leiden als Apostel. 3. Auch die Aufzählung seiner Bedrückungen ist Selbstruhm und darum nicht im Sinne seines Herrn, bei dem es keine eigenen Verdienste gibt. Deshalb klagt er die Korinther bitter an, daß sie ihn in diese Rolle gedrängt haben. In ihr muß er dem Grundsatz seiner Rechtfertigungslehre – wir werden allein aus dem Glauben an Gottes Gnade gerecht – untreu werden. Darum kann er sein Wirken und Leiden nur in dieser Komödienrolle darstellen. Seine Rede wird zur Ironie und beschämt die Korinther. Die Apg hat von den hier genannten Leiden nur wenig mitgeteilt (vgl. Apg 14,19). – Nach 5Mo 25,3 waren nicht mehr als vierzig Schläge erlaubt. Darum setzte die Synagoge das Höchstmaß auf 39 herab. Nach den Beschreibungen war die Tortur so hart, daß oft der Geschlagene verendete, ehe die Strafe vollzogen war. Es ist kaum vorstellbar, was Paulus physisch durchgestanden und dennoch geleistet hat. – Die in V. 32 f. nachgetragene Episode von einer geglückten Flucht wird von der Apg (wahrscheinlich irrtümlich) im Zusammenhang mit der Bekehrung des Paulus (Apg 9,24 f.) erzählt. Nach

ist, so soll mir dieser Ruhm im Gebiet von Achaja nicht verwehrt werden. [11]Warum das? Weil ich euch nicht lieb habe? Gott weiß es. [12]Was ich aber tue, das will ich auch weiterhin tun und denen den Anlaß nehmen, die einen Anlaß suchen, sich zu rühmen, sie seien wie wir. [13]Denn solche sind falsche Apostel, betrügerische Arbeiter und verstellen sich als Apostel Christi. [14]Und das ist auch kein Wunder; denn er selbst, der Satan, verstellt sich als Engel des Lichts. [15]Darum ist es nichts Großes, wenn sich auch seine Diener verstellen als Diener der Gerechtigkeit; deren Ende wird sein nach ihren Werken.

Die Leiden und Mühen des Apostels

[16]Ich sage abermals: niemand halte mich für töricht; wenn aber doch, so nehmt mich an als einen Törichten, damit auch ich mich ein wenig rühme. [17]Was ich jetzt rede, das rede ich nicht dem Herrn gemäß, sondern wie in Torheit, weil wir so ins Rühmen gekommen sind. [18]Da viele sich rühmen nach dem Fleisch, will ich mich auch rühmen. [19]Denn ihr ertragt gerne die Narren, ihr, die ihr klug seid! [20]Ihr ertragt es, wenn euch jemand knechtet, wenn euch jemand ausnützt, wenn euch jemand gefangennimmt, wenn euch jemand erniedrigt, wenn euch jemand ins Gesicht schlägt. [21]Zu meiner Schande muß ich sagen, dazu waren wir zu schwach!

Wo einer kühn ist – ich rede in Torheit –, da bin ich auch kühn. [22]Sie sind Hebräer – ich auch! Sie sind Israeliten – ich auch! Sie sind Abrahams Kinder – ich auch! [23]Sie sind Diener Christi – ich rede töricht: ich bin's weit mehr! Ich habe mehr gearbeitet, ich bin öfter gefangen gewesen, ich habe mehr Schläge erlitten, ich bin oft in Todesnöten gewesen. [24]Von den Juden habe ich fünfmal erhalten vierzig Geißelhiebe weniger einen; [25]ich bin dreimal mit Stöcken geschlagen, einmal gesteinigt worden; dreimal habe ich Schiffbruch erlitten, einen Tag und eine Nacht trieb ich auf dem tiefen Meer. [26]Ich bin oft gereist, ich bin in Gefahr gewesen durch Flüsse, in Gefahr unter Räubern, in Gefahr unter Juden, in Gefahr unter Heiden, in Gefahr in Städten, in Gefahr in Wüsten, in Gefahr auf dem Meer, in Gefahr unter falschen Brüdern; [27]in Mühe und Arbeit, in viel Wachen, in Hunger und Durst, in viel Fasten, in Frost und Blöße; [28]und außer all dem noch das, was täglich auf mich einstürmt, und die Sorge für alle Gemeinden. [29]Wer ist schwach, und ich werde nicht schwach? Wer wird zu Fall gebracht, und ich brenne nicht?

[30]Wenn ich mich denn rühmen soll, will ich mich meiner Schwachheit rühmen. [31]Gott, der Vater des Herrn Jesus, der gelobt sei in Ewigkeit, weiß, daß ich nicht lüge. [32]In

Damaskus bewachte der Statthalter des Königs Aretas die Stadt der Damaszener und wollte mich gefangennehmen, [33]und ich wurde in einem Korb durch ein Fenster die Mauer hinuntergelassen und entrann seinen Händen.

der erdrückenden Aufzählung der Leiden spüren die Hörer aus dieser kleinen Geschichte, daß Paulus auch Gottes Schutz und Hilfe von Brüdern erfahren hat.

Die Offenbarungen des Herrn und die Schwachheit des Apostels

12 Gerühmt muß werden; wenn es auch nichts nützt, so will ich doch kommen auf die Erscheinungen und Offenbarungen des Herrn. [2]Ich kenne einen Menschen in Christus; vor vierzehn Jahren – ist er im Leib gewesen? ich weiß es nicht; oder ist er außer dem Leib gewesen? ich weiß es auch nicht; Gott weiß es –, da wurde derselbe entrückt bis in den dritten Himmel. [3]Und ich kenne denselben Menschen – ob er im Leib oder außer dem Leib gewesen ist, weiß ich nicht; Gott weiß es –, [4]der wurde entrückt in das Paradies und hörte unaussprechliche Worte, die kein Mensch sagen kann. [5]Für denselben will ich mich rühmen; für mich selbst aber will ich mich nicht rühmen, außer meiner Schwachheit. [6]Und wenn ich mich rühmen wollte, wäre ich nicht töricht; denn ich würde die Wahrheit sagen. Ich enthalte mich aber dessen, damit nicht jemand mich höher achte, als er an mir sieht oder von mir hört. [7]Und damit ich mich wegen der hohen Offenbarungen nicht überhebe, ist mir gegeben ein Pfahl ins Fleisch, nämlich des Satans Engel, der mich mit Fäusten schlagen soll, damit ich mich nicht überhebe. [8]Seinetwegen habe ich dreimal zum Herrn gefleht, daß er von mir weiche. [9]Und er hat zu mir gesagt: *Laß dir an meiner Gnade genügen; denn meine Kraft ist in den Schwachen mächtig.* Darum will ich mich am allerliebsten rühmen meiner Schwachheit, damit die Kraft Christi bei mir wohne. [10]Darum bin ich guten Mutes in Schwachheit, in Mißhandlungen, in Nöten, in Verfolgungen und Ängsten, um Christi willen; denn wenn ich schwach bin, so bin ich stark.

Die »Narrenrede« (vgl. zu 11,16ff.) nimmt eine neue Wendung. Offensichtlich haben die Gegner des Paulus auf ihre ekstatischen Erlebnisse besonderen Wert gelegt. Paulus deutet an, daß auch ihm solche widerfahren sind. Doch spricht er von sich in der dritten Person, weil er an dem Geschehen unbeteiligt war. Es vollzog sich an ihm wie an einem Fremden. Paulus kann sich dessen rühmen, weil der Ruhm ihm nicht selbst gilt, sondern Gott, der das Wunder an ihm getan hat. Weil seine Visionen nichts mit seinem Auftrag als Apostel zu tun haben, will er sich ihrer nicht rühmen, sondern allein seiner Schwachheit. Die Mitteilung geschauter himmlischer Geheimnisse ist ausdrücklich verboten (V. 4 statt »kann« wörtlich »darf«). Paulus ist vom Herrn belehrt worden, daß das Leiden einziges Zeichen seines Apostolats ist. Er hat sich gegen die schmerzhafte und chronische Krankheit (V. 7f. vgl. zu Gal 4,13f.) aufgelehnt, die ihn an seinem missionarischen Wirken hinderte. – Der Herr aber hat ihm erklärt: »Die Kraft vollendet sich in Schwachheit« (so V. 9 wörtlich); die Macht Gottes wirkt am stärksten, wenn Paulus seine Schwachheit bejaht und darauf verzichtet, »Wunderbares« leisten zu wollen.

Das Ringen des Apostels um seine Gemeinde

[11]Ich bin ein Narr geworden! Dazu habt ihr mich gezwungen. Denn ich sollte von euch gelobt werden, da ich doch nicht weniger bin als die Überapostel, obwohl ich nichts bin. [12]Denn es sind ja die Zeichen eines Apostels unter euch geschehen in aller Geduld, mit Zeichen und mit Wundern und mit Taten. [13]Was ist's, worin ihr zu kurz gekommen seid gegenüber den andern Gemeinden, außer daß ich euch nicht zur Last gefallen bin? Vergebt mir dieses Unrecht! [14]Siehe, ich bin jetzt bereit, zum dritten Mal zu euch zu kommen, und will euch nicht zur Last fallen; denn ich suche nicht das Eure, sondern euch. Denn es sollen nicht die Kinder den Eltern Schätze sammeln, sondern die

Paulus kommt auf die Rolle des Narren zurück. Noch einmal wirft er den Korinthern den ihm aufgezwungenen Selbstruhm vor. Paulus hat ihnen nicht vorenthalten, was zum Wachstum einer Gemeinde gehört. Auch Wunder sind geschehen, obwohl er sich gerade solcher außergewöhnlichen Taten und Erscheinungen nicht rühmt und sich zurückhaltend dazu äußert (vgl. 1Ko 14). Offensichtlich spielte bei den Verleumdungen gegen Paulus sein Umgang mit Geld eine wichtige

Rolle: Einerseits verzichte er auf sein apostolisches Recht, sich von der Gemeinde materiell unterstützen zu lassen (11,7; 1Ko 9,4ff.; Lk 10,7). Andrerseits nehme er Gaben von anderen Gemeinden an und organisiere durch seine Mitarbeiter eine große Kollekte für Jerusalem (8; 9). Man kann sich leicht vorstellen, wie böse Zungen Verdächtigungen konstruieren: Vom mangelnden Vertrauen zu seiner Gemeinde über Unsicherheit bis zur raffinierten Täuschung (vgl. zu Kap. 8; 11,1–15). Paulus ist in gewisser Weise wehrlos. Alle menschlichen Taten sind mehrdeutig. Ihre Auslegung ist durch das Verhältnis der Menschen zueinander bestimmt. Paulus bringt darum Argumente, die weniger an die Vernunft als an das Herz appellieren. Er hofft, daß das Vertrauensverhältnis bis zu seinem nächsten Besuch wiederhergestellt ist. Mißtrauen in dieser Schwere unter Christen kommt für ihn dem Rückfall ins Heidentum gleich.

Eltern den Kindern. [15]Ich aber will gern hingeben und hingegeben werden für eure Seelen. Wenn ich euch mehr liebe, soll ich darum weniger geliebt werden?

[16]Nun gut, ich bin euch nicht zur Last gefallen. Aber bin ich etwa heimtückisch und habe euch mit Hinterlist gefangen? [17]Habe ich euch etwa übervorteilt durch einen von denen, die ich zu euch gesandt habe? [18]Ich habe Titus zugeredet und den Bruder mit ihm gesandt. Hat euch etwa Titus übervorteilt? Haben wir nicht beide in demselben Geist gehandelt? Sind wir nicht in denselben Fußtapfen gegangen?

[19]Schon lange werdet ihr denken, daß wir uns vor euch verteidigen. Wir reden jedoch in Christus vor Gott! Aber das alles geschieht, meine Lieben, zu eurer Erbauung. [20]Denn ich fürchte, wenn ich komme, finde ich euch nicht, wie ich will, und ihr findet mich auch nicht, wie ihr wollt, sondern es gibt Hader, Neid, Zorn, Zank, üble Nachrede, Verleumdung, Aufgeblasenheit, Unordnung. [21]Ich fürchte, wenn ich abermals komme, wird mein Gott mich demütigen bei euch, und ich muß Leid tragen über viele, die zuvor gesündigt und nicht Buße getan haben für die Unreinheit und Unzucht und Ausschweifung, die sie getrieben haben.

Der dritte Besuch wird die Entscheidung bringen, wie der Apostel und die Gemeinde zueinander und vor Gott stehen. Das Zitat des atl. Rechtssatzes erscheint etwas gezwungen. Denn das Gesetz fordert drei verschiedene Zeugen, aber Paulus bleibt immer derselbe. Der Abschnitt bereitet dem Verstehen durch den mehrfachen Wechsel der Anklägerrolle erhebliche Schwierigkeiten. Zum Verständnis ist Folgendes zu bedenken: 1. Die Korinther beschuldigten Paulus des Mangels am Geist Gottes und verlangten, er solle durch Wundertaten zeigen, daß Christus ihn ergriffen habe. 2. Paulus muß ein solches Beweisverfahren ablehnen und kann nur auf seine Leiden verweisen (11,22ff.), weil auch bei Christus die Macht im Verzicht auf sie und im Leidensgehorsam bis zum Kreuzestod begründet ist. 3. Weil Paulus die Nachfolge Jesu beispielhaft lebt, kann er seinerseits die Gemeinde auffordern, sich zu prüfen, ob sie in der gleichen Weise dem Beispiel Christi folgt. Mit

Mahnungen vor dem dritten Besuch

13 Jetzt komme ich zum dritten Mal zu euch. »Durch zweier oder dreier Zeugen Mund soll jede Sache bestätigt werden.« (5. Mose 19,15) [2]Ich habe es vorausgesagt und sage es abermals voraus – wie bei meinem zweiten Besuch, so auch nun aus der Ferne – denen, die zuvor gesündigt haben, und den andern allen: Wenn ich noch einmal komme, dann will ich nicht schonen. [3]Ihr verlangt ja einen Beweis dafür, daß Christus in mir redet, der euch gegenüber nicht schwach ist, sondern ist mächtig unter euch. [4]Denn wenn er auch gekreuzigt worden ist in Schwachheit, so lebt er doch in der Kraft Gottes. Und wenn wir auch schwach sind in ihm, so werden wir uns doch mit ihm lebendig erweisen an euch in der Kraft Gottes.

[5]Erforscht euch selbst, ob ihr im Glauben steht; prüft euch selbst! Oder erkennt ihr euch selbst nicht, daß Jesus Christus in euch ist? Wenn nicht, dann wärt ihr ja untüchtig. [6]Ich hoffe aber, ihr werdet erkennen, daß wir nicht untüchtig sind. [7]Wir bitten aber Gott, daß ihr nichts Böses tut; nicht damit wir als tüchtig angesehen werden, sondern damit ihr das Gute tut und wir wie die Untüchtigen seien. [8]Denn wir vermögen nichts wider die Wahrheit, sondern nur etwas für die Wahrheit. [9]Wir freuen uns ja, wenn wir schwach sind und ihr mächtig seid. Um dies beten wir

auch, um eure Vollkommenheit. [10]Deshalb schreibe ich auch dies aus der Ferne, damit ich nicht, wenn ich anwesend bin, Strenge gebrauchen muß nach der Vollmacht, die mir der Herr gegeben hat, zu erbauen, nicht zu zerstören.

[11]Zuletzt, liebe Brüder, freut euch, laßt euch zurechtbringen, laßt euch mahnen, habt einerlei Sinn, haltet Frieden! So wird der Gott der Liebe und des Friedens mit euch sein. [12]Grüßt euch untereinander mit dem heiligen Kuß. Es grüßen euch alle Heiligen. [13]*Die Gnade unseres Herrn Jesus Christus und die Liebe Gottes und die Gemeinschaft des heiligen Geistes sei mit euch allen!*

ihrem Urteil über Paulus fällen sie zugleich das Urteil, wie sie selbst zu Christus stehen. 4. Durch seine Opferbereitschaft und Verzicht ist die Gemeinde gegründet worden. Da aber der Gekreuzigte durch die Auferweckung zum Richter eingesetzt ist, hat auch sein Apostel die Vollmacht zu richten. Der Brief soll ermöglichen, daß Paulus bei seinem Besuch diese Macht allein zur Festigung und nicht zur Zerstörung der Gemeinde anwenden kann (V. 10).

Nach der Drohung beginnen die Schlußgrüße überraschend mit dem Aufruf zur Freude. Vielleicht stammt der Briefschluß aus dem letzten Brief des Paulus, der die Versöhnung besiegelte (vgl. die Einleitung). – Der dreiteilige Segenswunsch (heute liturgisch als Kanzelgruß verwendet) nennt die Gaben, die für die Gemeinde unerläßliche Voraussetzung ihres Lebens sind.

DER BRIEF DES PAULUS AN DIE GALATER

Der Galaterbrief ist als einziger der uns erhalten gebliebenen Paulusbriefe nicht an eine Ortsgemeinde, sondern an mehrere wohl nahe beieinander gelegene gerichtet. Der Name Galatien hatte damals zwei verschiedene Bedeutungen. Er bezeichnete einerseits eine Landschaft im Innern Kleinasiens um die Städte Tavium, Ancyra und Pessinus. Andrerseits war Galatien Name einer römischen Provinz, die außer der Landschaft auch Gebiete umfaßte, in denen Paulus und Barnabas schon auf der ersten Missionsreise Gemeinden gründeten. Die Entscheidung, ob der Brief an die Gemeinden der Landschaft oder der ganzen Provinz gerichtet war, ist für die Datierung des Briefes und damit auch für das Bild von der Geschichte des Urchristentums bedeutungsvoll. Die Argumente dafür, daß die Landschaft gemeint ist, sind überzeugender: Paulus bezeichnet sich selbst als alleinigen Gründer der Gemeinde (4,12–20; die Trennung von Barnabas nach Apg 15,39 war also schon erfolgt); der Provinzname hat sich in der Umgangssprache kaum eingebürgert; Paulus hätte Einwohner Lykaoniens wohl niemals als »Galater« (3,1) angeredet.

So ergibt sich als Vorgeschichte unseres Briefes: Auf der zweiten Missionsreise mußte Paulus seine Reisepläne wegen schwerer Krankheit ändern (Apg 16,6; Gal 4,13). Er fand gastliche Aufnahme bei den Galatern. Paulus nutzte die Gelegenheit seines unfreiwilligen Aufenthaltes zur Gründung von Gemeinden. Später (etwa im Jahre 53 n. Chr.) hat Paulus die Gemeinden noch einmal besucht (Apg 18,23) und dabei die mit Jerusalem vereinbarte Geldsammlung (2,10) in Galatien zum Abschluß gebracht (vgl. 1Ko 16,1). Das Verhältnis zwischen Paulus und den galatischen Gemeinden bestand über mehrere Jahre in ungetrübter Herzlichkeit.

Umso überraschter war Paulus, daß diese Gemeinden nun ganz anderen Missionaren Gehör und Glauben schenkten. Aus diesem konkreten Anlaß schrieb er den Gal als Widerlegung der Lehre der eingedrungenen Missionare. Sie forderten von den Galatern, sich beschneiden zu lassen, wenn sie echte Christen sein wollten. Es sind somit eindeutig judenchristliche (vgl. dazu Apg 10) Missionare, die man in der ntl. Forschung Judaisten nennt. Außer der Beschneidung haben sie die Einhaltung von bestimmten heiligen Zeiten (4,10) gefordert. Eine solche Gesetzesfrömmigkeit konnte mit dem Glauben an die Gestirne, die auf das Schicksal jedes Menschen bestimmenden Einfluß haben, verbunden werden, wie wir auch aus zeitgenössischen jüdischen Quellen wissen. Paulus setzt diese Verbindung bei den Galatern voraus und nimmt an, daß ihrer Agitation hauptsächlich politische

Motive zugrunde lagen. Das Judentum war zwar bereit, Jesusgläubige als eine jüdische Sekte zu dulden. Die Preisgabe der Beschneidung wurde als Aufhebung des Gesetzes und damit als Zerstörung der nationalen und politischen Einheit empfunden. Anfänglich richtete sich der Kampf der jüdischen Synagoge nur gegen das »gesetzesfreie« Christentum. Es gab auch Judenchristen, die nicht gegen ihr Volk arbeiten wollten und darum die Forderung der Beschneidung für unerläßlich hielten. Als Minderheit waren sie zwar auf dem Apostelkonzil (Gal 2,1–10; Apg 15) unterlegen, führten aber dennoch ihren Kampf weiter. Der Friede mit dem Judentum bedeutete zugleich auch Duldung durch den römischen Staat, der seit Caesar dem Judentum besondere Recht gewährte. Der Bruch mit dem Judentum bedeutete den Verlust dieser Vorrechte (z. B. Befreiung vom Kaiserkult; Versammlungsfreiheit; eigene Rechtsprechung). Über diese politischen Motive hinaus dürften die Missionare aber vor allem dadurch Eindruck gemacht haben, daß sie erklärten: Paulus hat mit seiner Botschaft – wir werden allein durch den Glauben an den Gekreuzigten gerettet – die Galater betrogen. Wer es wirklich ernst meint, nimmt auch das ganze Gesetz mit allen Bestimmungen auf sich. Sie werden sich als Anwälte echter sittliche Frömmigkeit dargestellt und Paulus vorgeworfen haben, er predige nur »billige Gnade«.

Jedenfalls setzt sich Paulus in dieser Streitschrift nicht nur mit der Frage der Beschneidung und des Festkalenders auseinander, sondern stellt die beiden Wege als unvereinbar gegenüber: Entweder versucht der Mensch sein Heil dadurch zu gewinnen, daß er sich allen Geboten unterwirft. Oder er glaubt, daß er bereits durch Christus von Gott angenommen ist. Die einseitige Wertung des Gesetzes im Gal ist im Rö einer anderen Sicht gewichen.

Der Gal hat außer seiner besonderen theologischen Bedeutung auch großen Wert für die Kenntnis der Frühgeschichte des Christentums. Die chronologischen und sachlichen Mitteilungen in Gal 2,13–15 ergeben ein wesentlich anderes Bild als die ihnen entsprechenden Stücke in der Apg. (Z. B. weiß die Apg von den Anfängen des Wirkens des Paulus in Arabien, Gal 1,17, nichts. Das Verhältnis des Paulus zu Jerusalem wird wesentlich anders gesehen und sachliche Gegensätze [vgl. Apg 15] werden gemildert.) So gibt uns der Gal nicht nur die Erkenntnis in das Wesen des christlichen Glaubens, sondern zugleich einen Einblick in die großen geistigen Auseinandersetzungen der frühen Christenheit.

Der Brief ist wahrscheinlich in den Jahren 55/56 n. Chr. während des mehrjährigen Aufenthalts des Paulus in Ephesus geschrieben worden.

Paulus antwortet auf den Vorwurf, seine Verkündigung beruhe auf eigener Überlegung. Darum ist seine Verteidigung des Evangeliums auch Selbstverteidigung: Menschen haben ihn nicht berufen, sondern Gott der Vater Jesu Christi. Dieser hat die Menschen nicht verurteilt, sondern hat seinen Sohn geopfert. An diese Tat erinnert Paulus. In den anderen Briefen dankt er an dieser Stelle für den Glauben der Gemeinde.

1 Paulus, ein Apostel nicht von Menschen, auch nicht durch einen Menschen, sondern durch Jesus Christus und Gott, den Vater, der ihn auferweckt hat von den Toten, [2] und alle Brüder, die bei mir sind,
an die Gemeinden in Galatien:

[3] Gnade sei mit euch und Friede von Gott, unserm Vater, und dem Herrn Jesus Christus, [4] der sich selbst für unsre Sünden dahingegeben hat, daß er uns errette von dieser gegenwärtigen, bösen Welt nach dem Willen Gottes, unseres Vaters; [5] dem sei Ehre von Ewigkeit zu Ewigkeit! Amen.

Gegen die Verfälschung des Evangeliums

Die Gegner des Paulus haben die Galater verwirrt. Wahrscheinlich waren es Missionare, die von einer jüdischen Auffassung aus erklärten: Gnade ist nicht das ganze Evangelium. Auf Gottes Gnade kann nur rechnen, wer auch die Last des Gesetzes einschließlich der Beschneidung auf sich nimmt. Paulus habe das verschwiegen, um Menschen leichter für den Glauben zu gewinnen. – Im Stil prophetischer Ge-

[6] Mich wundert, daß ihr euch so bald abwenden laßt von dem, der euch berufen hat in die Gnade Christi, zu einem andern Evangelium, [7] obwohl es doch kein andres gibt; nur daß einige da sind, die euch verwirren und wollen das Evangelium Christi verkehren. [8] Aber auch wenn wir oder ein Engel vom Himmel euch ein Evangelium predigen würden, das anders ist, als wir es euch gepredigt haben, der sei verflucht. [9] Wie wir eben gesagt haben, so sage ich abermals: Wenn jemand euch ein Evangelium predigt, anders als ihr es empfangen habt, der sei verflucht.

[10] Predige ich denn jetzt Menschen oder Gott zuliebe? Oder suche ich Menschen gefällig zu sein? Wenn ich noch Menschen gefällig wäre, so wäre ich Christi Knecht nicht.

richtsrede spricht Paulus den Fluch über jeden, der Gottes Gnade in Frage stellt. Verfluchung bedeutet hier Ausschluß vom Endheil (vgl. 1Ko 16,22).

Die Berufung des Paulus zum Apostel

[11] Denn ich tue euch kund, liebe Brüder, daß das Evangelium, das von mir gepredigt ist, nicht von menschlicher Art ist. [12] Denn ich habe es nicht von einem Menschen empfangen oder gelernt, sondern durch eine Offenbarung Jesu Christi. [13] Denn ihr habt ja gehört von meinem Leben früher im Judentum, wie ich über die Maßen die Gemeinde Gottes verfolgte und sie zu zerstören suchte [14] und übertraf im Judentum viele meiner Altersgenossen in meinem Volk weit und eiferte über die Maßen für die Satzungen der Väter.

[15] Als es aber Gott wohlgefiel, der mich von meiner Mutter Leib an ausgesondert und durch seine Gnade berufen hat, [16] daß er seinen Sohn offenbarte in mir, damit ich ihn durchs Evangelium verkündigen sollte unter den Heiden, da besprach ich mich nicht erst mit Fleisch und Blut, [17] ging auch nicht hinauf nach Jerusalem zu denen, die vor mir Apostel waren, sondern zog nach Arabien und kehrte wieder zurück nach Damaskus. [18] Danach, drei Jahre später, kam ich hinauf nach Jerusalem, um Kephas kennenzulernen, und blieb fünfzehn Tage bei ihm. [19] Von den andern Aposteln aber sah ich keinen außer Jakobus, des Herrn Bruder. [20] Was ich euch aber schreibe – siehe, Gott weiß, ich lüge nicht! [21] Danach kam ich in die Länder Syrien und Zilizien. [22] Ich war aber unbekannt von Angesicht den christlichen Gemeinden in Judäa. [23] Sie hatten nur gehört: Der uns früher verfolgte, der predigt jetzt den Glauben, den er früher zu zerstören suchte, [24] und priesen Gott über mir.

Paulus will anhand seines Lebensweges beweisen, daß seine Botschaft unabhängig von menschlichen Einflüssen ist. 1. Früher vertrat er als Jude denselben Standpunkt wie jetzt seine Gegner in Galatien. Er hatte Christen verfolgt, die lehrten: Über die Zugehörigkeit zur christlichen Gemeinde entscheidet allein das Bekenntnis zu Jesus Christus. 2. Gott aber hat ihm bei Damaskus (Apg 9) das Verkehrte seines bisherigen Weges gezeigt. Damit war sich Paulus bewußt, daß der Weg der von ihm Verfolgten sein eigener werden mußte. So wurde er zum Missionar der Heiden. 3. Da er sich von Gott selbst überwunden sah, ließ er sich auch nicht von den Jerusalemer Aposteln über den Glauben belehren. Er wußte selbst, warum er Christen verfolgt hatte. – Sein kurzer Besuch bei den Jerusalemer Autoritäten (Gemeindebesuche hatte er offensichtlich bewußt vermieden V. 22) nach drei Jahren selbständigen Wirkens im Nabatäerreich (Arabien) hatte keinerlei rechtliche Bedeutung: Weder hatte er sich den Jerusalemern untergeordnet noch eine verbindliche Absprache getroffen. Er wirkte weiter selbständig und unangefochten als Missionar in Syrien und Zilizien.

Die Anerkennung des Paulus durch die anderen Apostel

Auf dem »Apostelkonzil« (vgl. Apg 15) haben die Autoritäten von Jerusalem bestätigt: Ein Heide wird zum Christen allein durch den Glauben an Christus. Der vorherige Übertritt zum Judentum durch Beschneidung ist unnötig. Diese Entscheidung bedeutete letztlich: Die christliche Gemeinde ist keine innerjüdische Bewegung. Sie ist zur vorbehaltlosen Mission unter allen Völkern berufen.

2 Danach, vierzehn Jahre später, zog ich abermals hinauf nach Jerusalem mit Barnabas und nahm auch Titus mit mir. [2] Ich zog aber hinauf aufgrund einer Offenbarung und besprach mich mit ihnen über das Evangelium, das ich predige unter den Heiden, besonders aber mit denen, die das Ansehen hatten, damit ich nicht etwa vergeblich liefe oder gelaufen wäre. [3] Aber selbst Titus, der bei mir war, ein

Diese Übereinkunft kam gegen den Willen einer ernstzunehmenden Minderheit von Judenchristen zustande. Sie befürchteten (nicht zu Unrecht!), daß dadurch dem Judentum in der Heimat wie in der Diaspora schwerer Schaden zugefügt werde. Paulus, obwohl selbst Jude und um das Heil seines Volkes besorgt (vgl. Rö 9,1–5), sah keine Möglichkeit, im entscheidenden Punkt (V. 5) nachzugeben. Mit Anerkennung »gesetzesfreier« Heidenmission wurden Paulus und Barnabas als selbständige Missionare bestätigt. Da die Galater offensichtlich die Jünger Jesu und den Herrenbruder wegen ihrer größeren Nähe zu Jesus gegen Paulus ausgespielt haben, erklärt dieser in V. 6, daß mit der Berufung durch Gott auch diese Vorzüge gleichgültig geworden sind. Die Vereinbarung bedeutete: 1. Juden dürfen als Christen Juden bleiben. Für sie ist Petrus verantwortlich. 2. Den Heiden wird nur auferlegt, was sich selbstverständlich aus dem Bekenntnis zu Jesus Christus ergibt (anders Apg 15,29!). Paulus verpflichtete sich nur, in den neugegründeten Gemeinden eine einmalige Kollekte als Ausdruck der Verbundenheit zur Jerusalemer Gemeinde zu sammeln (vgl. 2Ko 8–9).

Aus der Grundentscheidung des »Apostelkonzils« ergab sich ein neues Problem: Nach strenger jüdischer Auffassung war Tischgemeinschaft mit Heiden (wenn überhaupt!) nur unter besonderen Bedingungen möglich. Die antiochenische Lösung – bedingungslose Teilnahme der Heidenchristen am Gemeindemahl – bedeutete für Jakobus Verrat der Judenchristen am Judentum. Das kann zum Ausschluß aus der Gemeinschaft des jüdischen Volkes führen. Von Sorge um die nationale und religiöse Einheit des Judentums bewegt, kündigten Petrus und dann auch Barnabas die Tischgemeinschaft mit den Heidenchristen wieder auf. Da stellt Paulus die Entscheidungsfrage: Entweder versuchen wir das Heil durch Gebotserfüllung zu gewinnnen. Dann richten wir Grenzen zwischen Juden und Heiden auf. Damit ist Christus umsonst gestorben. Oder wir bekennen uns zu dem durch Christus für alle Menschen gewirkten Heil. Dann bedeutet jedes gesetzliche Tun, das Barrieren zwischen Menschen errichtet, Verleugnung Chri-

Grieche, wurde nicht gezwungen, sich beschneiden zu lassen. [4]Denn es hatten sich einige falsche Brüder mit eingedrängt und neben eingeschlichen, um unsere Freiheit auszukundschaften, die wir in Christus Jesus haben, und uns zu knechten. [5]Denen wichen wir auch nicht eine Stunde und unterwarfen uns ihnen nicht, damit die Wahrheit des Evangeliums bei euch bestehen bliebe. [6]Von denen aber, die das Ansehen hatten – was sie früher gewesen sind, daran liegt mir nichts; denn Gott achtet das Ansehen der Menschen nicht –, mir haben die, die das Ansehen hatten, nichts weiter auferlegt. [7]Im Gegenteil, da sie sahen, daß mir anvertraut war das Evangelium an die Heiden so wie Petrus das Evangelium an die Juden [8]– denn der in Petrus wirksam gewesen ist zum Apostelamt unter den Juden, der ist auch in mir wirksam gewesen unter den Heiden –, [9]und da sie die Gnade erkannten, die mir gegeben war, gaben Jakobus und Kephas und Johannes, die als Säulen angesehen werden, mir und Barnabas die rechte Hand und wurden mit uns eins, daß wir unter den Heiden, sie aber unter den Juden predigen sollten, [10]nur daß wir an die Armen dächten, was ich mich auch eifrig bemüht habe zu tun.

Die Auseinandersetzung des Paulus mit Petrus in Antiochia

[11]Als aber Kephas nach Antiochia kam, widerstand ich ihm ins Angesicht, denn es war Grund zur Klage gegen ihn. [12]Denn bevor einige von Jakobus kamen, aß er mit den Heiden; als sie aber kamen, zog er sich zurück und sonderte sich ab, weil er die aus dem Judentum fürchtete. [13]Und mit ihm heuchelten auch die andern Juden, so daß selbst Barnabas verführt wurde, mit ihnen zu heucheln. [14]Als ich aber sah, daß sie nicht richtig handelten nach der Wahrheit des Evangeliums, sprach ich zu Kephas öffentlich vor allen: Wenn du, der du ein Jude bist, heidnisch lebst und nicht jüdisch, warum zwingst du dann die Heiden, jüdisch zu leben?

[15]Wir sind von Geburt Juden und nicht Sünder aus den Heiden. [16]Doch weil wir wissen, daß der Mensch durch Werke des Gesetzes nicht gerecht wird, sondern durch den Glauben an Jesus Christus, sind auch wir zum Glauben an Christus Jesus gekommen, damit wir gerecht werden durch den Glauben an Christus und nicht durch Werke des Gesetzes; denn durch Werke des Gesetzes wird kein Mensch gerecht. [17]Sollten wir aber, die wir durch Christus gerecht zu werden suchen, auch selbst als Sünder befunden werden – ist dann Christus ein Diener der Sünde? Das sei ferne! [18]Denn wenn ich das, was ich abgebrochen habe, wieder aufbaue, dann mache ich mich selbst zu einem Übertreter. [19]Denn ich bin durchs Gesetz dem Gesetz gestorben, damit

ich Gott lebe. Ich bin mit Christus gekreuzigt. [20] *Ich lebe, doch nun nicht ich, sondern Christus lebt in mir. Denn was ich jetzt lebe im Fleisch, das lebe ich im Glauben an den Sohn Gottes, der mich geliebt hat und sich selbst für mich dahingegeben.* [21] Ich werfe nicht weg die Gnade Gottes; denn wenn die Gerechtigkeit durch das Gesetz kommt, so ist Christus vergeblich gestorben.

sti. Paulus begegnet damit auch folgendem Einwand: Der Glaube, daß allein Gnade retten kann, ermögliche sorgloses Sündigen. Nach Paulus wird der Glaubende völlig von Christus ergriffen und so von Selbstsucht befreit.

An seiner Grundentscheidung hielt Paulus fest. Vielleicht setzte sich seine radikale Auffassung nicht durch, so daß man noch einmal mit Jerusalem verhandelt hat. Das Ergebnis war vielleicht das Aposteldekret (vgl. zu Apg 15,29–32). Lukas verband es mit dem Apostelkonzil, Paulus hat es nicht gekannt.

Die Gerechtigkeit aus dem Glauben

3 O ihr unverständigen Galater! Wer hat euch bezaubert, denen doch Jesus Christus vor die Augen gemalt war als der Gekreuzigte? [2] Das allein will ich von euch erfahren: Habt ihr den Geist empfangen durch des Gesetzes Werke oder durch die Predigt vom Glauben? [3] Seid ihr so unverständig? Im Geist habt ihr angefangen, wollt ihr's denn nun im Fleisch vollenden? [4] Habt ihr denn so vieles vergeblich erfahren? Wenn es denn vergeblich war! [5] Der euch nun den Geist darreicht und tut solche Taten unter euch, tut er's durch des Gesetzes Werke oder durch die Predigt vom Glauben?

[6] So war es mit Abraham: »Er hat Gott geglaubt, und es ist ihm zur Gerechtigkeit gerechnet worden« (1. Mose 15,6). [7] Erkennt also: die aus dem Glauben sind, das sind Abrahams Kinder. [8] Die Schrift aber hat es vorausgesehen, daß Gott die Heiden durch den Glauben gerecht macht. Darum verkündigte sie dem Abraham (1. Mose 12,3): »In dir sollen alle Heiden gesegnet werden.« [9] So werden nun die, die aus dem Glauben sind, gesegnet mit dem gläubigen Abraham. [10] Denn die aus den Werken des Gesetzes leben, die sind unter dem Fluch. Denn es steht geschrieben (5. Mose 27,26): »Verflucht sei jeder, der nicht bleibt bei alledem, was geschrieben steht in dem Buch des Gesetzes, daß er's tue!« [11] Daß aber durchs Gesetz niemand gerecht wird vor Gott, ist offenbar; denn »der Gerechte wird aus Glauben leben« (Habakuk 2,4). [12] Das Gesetz aber ist nicht »aus Glauben«, sondern: »der Mensch, der es tut, wird dadurch leben« (3. Mose 18,5). [13] *Christus aber hat uns erlöst von dem Fluch des Gesetzes, da er zum Fluch wurde für uns;* denn es steht geschrieben (5. Mose 21,23): »Verflucht ist jeder, der am Holz hängt«, [14] damit der Segen Abrahams unter die Heiden komme in Christus Jesus und wir den verheißenen Geist empfingen durch den Glauben.

Die Galater bewegte die gleiche Frage wie die Antiochener: Gründet das Heil der Christen im Gehorsam gegenüber dem Gesetz oder im Glauben an den Gekreuzigten? Mit immer neuen Schriftbeweisen will Paulus überzeugen: Das Gesetz urteilt gnadenlos nach dem Tun und bringt darum keinen Segen. Der Glaubende dagegen empfängt als Geschenk des Geistes den Abraham verheißenen Gottessegen. Schon Abraham wurde aufgrund seines Glaubens von Gott als gerecht angenommen. »Kinder Abrahams« vertrauen Gott ebenso bedingungslos. Es sind keine leiblichen Nachkommen. Ihnen stehen die gegenüber, die durch das Gesetz zum Heil kommen wollen. Das Gesetz aber ist unbarmherzig. Schon die Übertretung eines Gebotes führt zum Unheil. Die Lage für den Menschen ist darum hoffnungslos, weil niemand alle Gebote hält. Wer es dennoch versucht, den packt die schlimmste Sünde – die überhebliche Selbstgerechtigkeit: »Ich habe es geschafft«. Eine Wende kann nur von außen kommen. Sie trat ein mit dem Kreuzestod Jesu. Das Gesetz hat sich durch die Verurteilung des Unschuldigen selbst ins Unrecht gesetzt. Auf ihn ist der Fluch gefallen, der uns zugedacht war. Damit ist die verschüttete Abrahamskindschaft, ein Leben aus Glauben und Vertrauen, neu eröffnet worden.

Die Gegner des Paulus hatten wahrscheinlich die Übernahme des Gesetzes durch die Heidenchristen als notwendige Ergänzung zum Glauben an Christus gefordert. Dem tritt Paulus mit dem Beispiel entgegen: Die Verheißung an Abraham gleicht einem rechtskräftigen Testament, das nicht geändert werden darf. Sie galt entgegen dem Wortsinn nur dem einen Nachkommen: Christus, durch den alle Menschen Segen empfangen (vgl. V. 8). – Diese Art der Schriftauslegung findet sich auch bei jüdischen Zeitgenossen. Dahinter steht die Überzeugung, daß die ganze Schrift für die am Ende der Zeit von Gott Auserwählten geschrieben sei (1Ko 10,11). – Die Rolle des Gesetzes bestimmt Paulus (vgl. etwas anders Rö 7) so: 1. Es widerspiegelt mit seinen Geboten, wie weit sich der Mensch von Gott entfernt hat. 2. Es ist nicht von Gott, sondern von ihm untergeordneten Mächten erlassen worden. 3. Es ist begrenzt gültig, bis sich Gottes Verheißung an Abraham erfüllt. 4. Es hat die Aufgabe, die im antiken Haushalt der Sklave versah: bis zu ihrer Mündigkeit die Kinder zu lehren, zu strafen und zu bewachen. – In dem Augenblick, in dem Gott den unmittelbaren Zugang zu sich ermöglicht, ist die Zeit des »Zuchtmeisters« vorbei. Anstelle der alten Ordnung tritt die neue Verfassung des Reiches Gottes: Alle diskriminierenden Unterschiede zwischen Menschen werden aufgehoben. Jeder hat von seiner Taufe an den gleichen Zugang zu Gott. – Die Wendung »Christus anziehen« (vgl. Eph 4,24; Kol 3,10) weist auf die Taufe (Rö 6,3 ff.). Nachdem der Täufling im Wasser untergetaucht (= gestorben) ist, wird ihm beim Heraussteigen das Taufgewand angelegt; d. h. er bekommt das wahre Leben und wird eins mit Christus.

Paulus bestimmt nun die Bedeutung von Erbe und Sohnschaft als Freiheit von den Mächten dieser Welt. Der Glaube, daß die Gestirne das Schicksal jedes Menschen festlegen, war auch in jüdische Kreise gedrungen. Wer in Jesus Gott selbst zu erkennen vermag, achtet Sterndeutung für

Verheißung und Gesetz

15 Liebe Brüder, ich will nach menschlicher Weise reden: Man hebt doch das Testament eines Menschen nicht auf, wenn es bestätigt ist, und setzt auch nichts dazu. 16 Nun ist die Verheißung Abraham zugesagt und seinem Nachkommen. Es heißt nicht: und den Nachkommen, als gälte es vielen, sondern es gilt einem: »und deinem Nachkommen« (1. Mose 22,18), welcher ist Christus. 17 Ich meine aber dies: Das Testament, das von Gott zuvor bestätigt worden ist, wird nicht aufgehoben durch das Gesetz, das vierhundertdreißig Jahre danach gegeben worden ist, so daß die Verheißung zunichte würde. 18 Denn wenn das Erbe durch das Gesetz erworben würde, so würde es nicht durch Verheißung gegeben; Gott aber hat es Abraham durch Verheißung frei geschenkt.

19 Was soll dann das Gesetz? Es ist hinzugekommen um der Sünden willen, bis der Nachkomme da sei, dem die Verheißung gilt, und zwar ist es von Engeln verordnet durch die Hand eines Mittlers. 20 Ein Mittler aber ist nicht Mittler eines Einzigen, Gott aber ist Einer. 21 Wie? Ist dann das Gesetz gegen Gottes Verheißungen? Das sei ferne! Denn nur, wenn ein Gesetz gegeben wäre, das lebendig machen könnte, käme die Gerechtigkeit wirklich aus dem Gesetz. 22 Aber die Schrift hat alles eingeschlossen unter die Sünde, damit die Verheißung durch den Glauben an Jesus Christus gegeben würde denen, die glauben.

23 Ehe aber der Glaube kam, waren wir unter dem Gesetz verwahrt und verschlossen auf den Glauben hin, der dann offenbart werden sollte. 24 So ist das Gesetz unser Zuchtmeister* gewesen auf Christus hin, damit wir durch den Glauben gerecht würden. 25 Nachdem aber der Glaube gekommen ist, sind wir nicht mehr unter dem Zuchtmeister. 26 Denn *ihr seid alle durch den Glauben Gottes Kinder in Christus Jesus.* 27 Denn ihr alle, die ihr auf Christus getauft seid, habt Christus angezogen. 28 *Hier ist nicht Jude noch Grieche, hier ist nicht Sklave noch Freier, hier ist nicht Mann noch Frau; denn ihr seid allesamt einer in Christus Jesus.* 29 Gehört ihr aber Christus an, so seid ihr ja Abrahams Kinder und nach der Verheißung Erben.

Befreiung vom Gesetz durch Christus

4 Ich sage aber: Solange der Erbe unmündig ist, ist zwischen ihm und einem Knecht kein Unterschied, obwohl er Herr ist über alle Güter; 2 sondern er untersteht Vormündern und Pflegern bis zu der Zeit, die der Vater bestimmt hat. 3 So auch wir: Als wir unmündig waren, waren wir in der Knechtschaft der Mächte der Welt. 4 *Als aber die Zeit erfüllt war, sandte Gott seinen Sohn, geboren von*

einer Frau und unter das Gesetz getan, [5]*damit er die, die unter dem Gesetz waren, erlöste, damit wir die Kindschaft empfingen.* [6]Weil ihr nun Kinder seid, hat Gott den Geist seines Sohnes gesandt in unsre Herzen, der da ruft: Abba, lieber Vater! [7]So bist du nun nicht mehr Knecht, sondern Kind; wenn aber Kind, dann auch Erbe durch Gott.

Aberglauben. Frei von Angst vor den Schicksalsmächten, weiß sich der mündige Sohn im Vertrauen des Vaters geborgen. Der in unendlicher Ferne geglaubte Gott ist für Christen so nahe gekommen, daß sie ihn zärtlich mit »Abba« (= Vati) anreden können (vgl. Rö 8,15).

Warnung vor Rückfall in die Gesetzlichkeit

[8]Aber zu der Zeit, als ihr Gott noch nicht kanntet, dientet ihr denen, die in Wahrheit nicht Götter sind. [9]Nachdem ihr aber Gott erkannt habt, ja vielmehr von Gott erkannt seid, wie wendet ihr euch dann wieder den schwachen und dürftigen Mächten zu, denen ihr von neuem dienen wollt? [10]Ihr haltet bestimmte Tage ein und Monate und Zeiten und Jahre. [11]Ich fürchte für euch, daß ich vielleicht vergeblich an euch gearbeitet habe. [12]Werdet doch wie ich, denn ich wurde wie ihr, liebe Brüder, ich bitte euch. Ihr habt mir kein Leid getan. [13]Ihr wißt doch, daß ich euch in Schwachheit des Leibes das Evangelium gepredigt habe beim erstenmal. [14]Und obwohl meine leibliche Schwäche euch ein Anstoß war, habt ihr mich nicht verachtet oder vor mir ausgespuckt, sondern wie einen Engel Gottes nahmt ihr mich auf, ja wie Christus Jesus. [15]Wo sind nun eure Seligpreisungen geblieben? Denn ich bezeuge euch, ihr hättet, wenn es möglich gewesen wäre, eure Augen ausgerissen und mir gegeben. [16]Bin ich denn damit euer Feind geworden, daß ich euch die Wahrheit vorhalte? [17]Es ist nicht recht, wie sie um euch werben; sie wollen euch nur von mir abspenstig machen, damit ihr um sie werben sollt. [18]Umworben zu werden ist gut, wenn's im Guten geschieht, und zwar immer und nicht nur in meiner Gegenwart, wenn ich bei euch bin. [19]Meine lieben Kinder, die ich abermals unter Wehen gebäre, bis Christus in euch Gestalt gewinne! – [20]Ich wollte aber, daß ich jetzt bei euch wäre und mit andrer Stimme zu euch reden könnte; denn ich bin irre an euch.

Die Bereitschaft, sich der Gesetzesfrömmigkeit verbunden mit dem Glauben an Gestirnsmächte zu öffnen, setzt Paulus dem Rückfall ins Heidentum gleich. Alle seine Mühsal scheint vergeblich gewesen zu sein. Darum erinnert er die Galater an ihr besonderes Vertrauensverhältnis zu ihm. Schwere Krankheit hatte Paulus gezwungen, seine Missionspläne zu ändern (vgl. Apg 16,7.8). Die herzliche Gastfreundschaft der Galater machte aus dem unfreiwilligen Aufenthalt ein missionarisches Wirken. Sie haben den erkrankten Paulus nicht – wie in der Antike üblich – als einen vom Krankheitsdämon Befallenen behandelt (ausspucken), sondern haben sein Leiden im Zusammenhang mit seiner Botschaft vom Gekreuzigten gesehen. Kann solche Freundschaft sich in Feindschaft wandeln? – Die Krankheit des Paulus läßt sich nicht mehr feststellen. Wahrscheinlich war sie chronisch und führte zu einzelnen sehr heftigen Anfällen mit Sehstörungen (V. 15; vgl. 2Ko 12,7–9). – Paulus weiß, daß eine persönliche Aussprache nachhaltiger sein kann. Er fühlt sich für das Wachsen des Glaubens der Galater verantwortlich wie eine Mutter (vgl. 1Th 2,7).

Knechtschaft und Freiheit

[21]Sagt mir, die ihr unter dem Gesetz sein wollt: Hört ihr das Gesetz nicht? [22]Denn es steht geschrieben, daß Abraham zwei Söhne hatte, den einen von der Magd, den andern von der Freien. [23]Aber der von der Magd ist nach dem Fleisch gezeugt worden, der von der Freien aber kraft der Verheißung. [24]Diese Worte haben tiefere Bedeutung. Denn die beiden Frauen bedeuten zwei Bundesschlüsse: einen vom Berg Sinai, der zur Knechtschaft gebiert, das ist Hagar; [25]denn Hagar bedeutet den Berg Sinai in Arabien und ist ein Gleichnis für das jetzige Jerusalem, das mit seinen Kindern in der Knechtschaft lebt. [26]Aber das Jerusalem, das

Noch einmal will Paulus mit einer Schriftauslegung beweisen: Allein die Glaubenden gewinnen Freiheit und Sohnschaft. Diese Auslegung ist fragwürdig und nur aus der scharfen polemischen Frontstellung des Gal zu begreifen. Ihre Grundlagen sind: 1. Die allegorische Auslegung: Der Text ist nicht wörtlich zu verstehen. So entstehen zwei Gedankenreihen: Sohn der Magd = fleischlich geboren = Unterordnung unter das am Sinai gegebene Gesetz = jetziges

Judentum, das die Verkündiger des Glaubens verfolgt; Sohn der Freien = geistlich geboren (himmlisches Jerusalem) = die von Gott jetzt zum Glauben Berufenen. 2. Die typologische Auslegung: die im AT genannten Ereignisse und Personen sind nur Vorbilder im Guten wie im Bösen für die Menschen in der Heilszeit. 3. Im damaligen Judentum verbreitete Sonderlehren: Isaak wurde nicht auf natürliche Art gezeugt; das himmlische Jerusalem wird sich am Ende der Zeit offenbaren (vgl. Off 21,2); In 1Mo 21,9 hat Ismael die Absicht gehabt, Isaak zu töten. So bekommt die Ausweisung Hagars nachträglich den Sinn von Notwehr, die auch Paulus gegenüber den jüdischen Irrlehrern empfiehlt.

droben ist, das ist die Freie; das ist unsre Mutter. [27]Denn es steht geschrieben (Jesaja 54,1):

»Sei fröhlich, du Unfruchtbare,
die du nicht gebierst!
Brich in Jubel aus und jauchze,
die du nicht schwanger bist.
Denn die Einsame hat viel mehr Kinder,
als die den Mann hat.«

[28]Ihr aber, liebe Brüder, seid wie Isaak Kinder der Verheißung. [29]Aber wie zu jener Zeit der, der nach dem Fleisch gezeugt war, den verfolgte, der nach dem Geist gezeugt war, so geht es auch jetzt. [30]Doch was spricht die Schrift? »Stoß die Magd hinaus mit ihrem Sohn; denn der Sohn der Magd soll nicht erben mit dem Sohn der Freien« (1.Mose 21,10). [31]So sind wir nun, liebe Brüder, nicht Kinder der Magd, sondern der Freien.

Die dunkle Vergangenheit des unbarmherzigen »Du sollst« ist vorbei. Wer dorthin zurückkehrt, für den ist Christus umsonst gestorben. Der Christ lebt schon nach der »Verfassung« des Reiches Christi (vgl. 6,2). Für den Christen gilt nur das Gebot von der Liebe (V. 14). Die Kraft zu einem solchen Leben nennt Paulus den Geist Gottes. Dieser Geist befreit zur Liebe. Allerdings ist der Christ sich selbst und dieser Welt nicht enthoben, sondern muß diese Freiheit gerade darin bewähren und bezeugen. In einer Welt von Gesetzen und weltlichen wie frommen Tabus soll er zeigen, daß der wahre Mensch sich erst jenseits aller Gesetzlichkeit entfaltet. So lebt der Christ in der eigentümlichen Spannung von »Schon« und »Noch nicht«. Er weiß sich von Gott gerechtfertigt und wartet doch noch auf die Zukunft, in der sich Gottes Gerechtigkeit vor allen enthüllt (V. 5). Paulus hat spüren müssen, was es heißt, diese Freiheit zu wagen. Das Judentum duldete Jesusgläubige als eine jüdische Sekte. Die Leugnung des Gesetzes und die Preisgabe der Beschneidung als Bundeszeichen käme jedoch der Selbstaufgabe des Judentums gleich. So verfolgten die Juden Paulus (vgl. 2Ko 11,24) und seine Anhänger. – Paulus unterstellt seinen Gegnern,

Aufruf zur rechten Freiheit

5 *Zur Freiheit hat uns Christus befreit! So steht nun fest und laßt euch nicht wieder das Joch der Knechtschaft auflegen!* [2]Siehe, ich, Paulus, sage euch: Wenn ihr euch beschneiden laßt, so wird euch Christus nichts nützen. [3]Ich bezeuge abermals einem jeden, der sich beschneiden läßt, daß er das ganze Gesetz zu tun schuldig ist. [4]Ihr habt Christus verloren, die ihr durch das Gesetz gerecht werden wollt, und seid aus der Gnade gefallen. [5]Denn wir warten im Geist durch den Glauben auf die Gerechtigkeit, auf die man hoffen muß. [6]Denn *in Christus Jesus gilt weder Beschneidung noch Unbeschnittensein etwas, sondern der Glaube, der durch die Liebe tätig ist.*

[7]Ihr lieft so gut. Wer hat euch aufgehalten, der Wahrheit nicht zu gehorchen? [8]Solches Überreden kommt nicht von dem, der euch berufen hat. [9]Ein wenig Sauerteig durchsäuert den ganzen Teig. [10]Ich habe das Vertrauen zu euch in dem Herrn, ihr werdet nicht anders gesinnt sein. Wer euch aber irremacht, der wird sein Urteil tragen, er sei, wer er wolle.

[11]Ich aber, liebe Brüder, wenn ich die Beschneidung noch predige, warum leide ich dann Verfolgung? Dann wäre das Ärgernis des Kreuzes aufgehoben. [12]Sollen sie sich doch gleich verschneiden lassen, die euch aufhetzen!

[13]Ihr aber, liebe Brüder, seid zur Freiheit berufen. Allein seht zu, daß ihr durch die Freiheit nicht dem Fleisch* Raum gebt; sondern durch die Liebe diene einer dem andern. [14]Denn *das ganze Gesetz ist in einem Wort erfüllt, in dem* (3.Mose 19,18): *»Liebe deinen Nächsten wie dich selbst!«* [15]Wenn ihr euch aber untereinander beißt und freßt, so

seht zu, daß ihr nicht einer vom andern aufgefressen werdet.

Das Leben im Geist

[16]Ich sage aber: Lebt im Geist, so werdet ihr die Begierden des Fleisches nicht vollbringen. [17]Denn das Fleisch begehrt auf gegen den Geist und der Geist gegen das Fleisch; die sind gegeneinander, so daß ihr nicht tut, was ihr wollt. [18]Regiert euch aber der Geist, so seid ihr nicht unter dem Gesetz. [19]Offenkundig sind aber die Werke des Fleisches, als da sind: Unzucht, Unreinheit, Ausschweifung, [20]Götzendienst, Zauberei, Feindschaft, Hader, Eifersucht, Zorn, Zank, Zwietracht, Spaltungen, [21]Neid, Saufen, Fressen und dergleichen. Davon habe ich euch vorausgesagt und sage noch einmal voraus: die solches tun, werden das Reich Gottes nicht erben. [22]*Die Frucht aber des Geistes ist Liebe, Freude, Friede, Geduld, Freundlichkeit, Güte, Treue,* [23]*Sanftmut, Keuschheit;* gegen all dies ist das Gesetz nicht. [24]Die aber Christus Jesus angehören, die haben ihr Fleisch gekreuzigt samt den Leidenschaften und Begierden. [25]*Wenn wir im Geist leben, so laßt uns auch im Geist wandeln.* [26]Laßt uns nicht nach eitler Ehre trachten, einander nicht herausfordern und beneiden.

daß sie die Beschneidung für die Heidenchristen nur aus Angst vor der damals mächtigen Judenschaft forderten.

Der Christ ist schon von dem Geist des zukünftigen Reiches ergriffen. Darum empfindet er den Widerspruch zu einer Lebensweise, die nur auf gegenwärtigen Genuß, Besitz und Macht zielt, härter als andere. Paulus stellt die Gegenwart bildlich als Kampf dar: In ihm liegen die Macht der Zukunft (Geist) mit der vergangenen Macht (»Fleisch«) im Streit. Der Christ ist in diesem Kampf zur Parteinahme für die Macht verpflichtet, der die Zukunft gehört: dem Geist. Ein feiner sprachlicher Unterschied ist hier bedeutsam: Das Fleisch hat viele Werke (V. 19), der Geist aber nur eine Frucht (V. 22) mit vielen Entfaltungsmöglichkeiten.

Die Aufzählungen selbst entsprechen dem damals verbreiteten Schema von Tugend- und Lasterkatalogen (vgl. zu Rö 1). Sie bieten darum keine Aussagen über die sittlichen Zustände in den Gemeinden. Sie sind Beispiele: einerseits für die Auswirkungen der Macht des »Fleisches« und andrerseits für die des Geistes.

Mahnung zur Brüderlichkeit

6 Liebe Brüder, wenn ein Mensch etwa von einer Verfehlung ereilt wird, so helft ihm wieder zurecht mit sanftmütigem Geist, ihr, die ihr geistlich seid; und sieh auf dich selbst, daß du nicht auch versucht werdest. [2]*Einer trage des andern Last, so werdet ihr das Gesetz Christi erfüllen.* [3]Denn wenn jemand meint, er sei etwas, obwohl er doch nichts ist, der betrügt sich selbst. [4]Ein jeder aber prüfe sein eigenes Werk; und dann wird er seinen Ruhm bei sich selbst haben und nicht gegenüber einem andern. [5]Denn ein jeder wird seine eigene Last tragen.

[6]Wer aber unterrichtet wird im Wort, der gebe dem, der ihn unterrichtet, Anteil an allem Guten. [7]*Irret euch nicht! Gott läßt sich nicht spotten. Denn was der Mensch sät, das wird er ernten.* [8]Wer auf sein Fleisch sät, der wird von dem Fleisch das Verderben ernten; wer aber auf den Geist sät, der wird von dem Geist das ewige Leben ernten. [9]Laßt uns aber Gutes tun und nicht müde werden; denn zu seiner Zeit werden wir auch ernten, wenn wir nicht nachlassen.

Ergriffensein vom Geist Gottes hebt Menschsein und damit Irrtum und Schuldigwerden nicht auf. Jeder belastet mit seinem Charakter und Verhalten die Gemeinschaft. Christliche Gemeinde bewährt sich in der Bereitschaft, wie Christus die Schwächen des anderen mitzutragen. (Zum Gesetz Christi vgl. zu 5,1–15.) Wie jeder seinen eigenen Tod stirbt, so muß er auch die Last seines Lebens vor Gottes Gericht bringen. Gott läßt sich nicht verspotten, indem man die Verantwortung für sein Tun den bösen Umständen zuschiebt und sich mit dem vermeintlich schlimmeren Verhalten anderer entschuldigt. Entscheidend im Gericht ist aber die Grundausrichtung des Lebens (V. 7). Solange wir leben, können wir etwas von Gottes Güte in unserer Welt sichtbar machen. Zu den erwähnten Lasten gehört auch der Unterhalt der Lehrer des Evangeliums (vgl. zu 1Ko 9).

[10] Darum, solange wir noch Zeit haben, *laßt uns Gutes tun an jedermann, allermeist aber an des Glaubens Genossen.*

Mit dem eigenhändigen Schluß (V. 11) unterstreicht Paulus die Dringlichkeit seines Anliegens. Noch einmal mahnt er zur Entscheidung: Entweder aus Furcht vor der Macht der jüdischen Synagoge sich beschneiden zu lassen und Christus zu verleugnen, oder sich zum Kreuz Christi und damit auch zum Leiden zu bekennen. Paulus hat für sich die Entscheidung vollzogen. Darum trägt er auch die »Malzeichen Jesu«. Damit meint er wahrscheinlich die Narben, die er bei den schweren Geißelungen (2Ko 11,24) davongetragen hat. – Die leidenschaftliche Streitschrift des Paulus endet nicht mit den sonst üblichen persönlichen Grüßen, aber mit dem apostolischen Segen für die angefochtene Gemeinde.

Eigenhändiger Briefschluß

[11] Seht, mit wie großen Buchstaben ich euch schreibe mit eigener Hand! [12] Die Ansehen haben wollen nach dem Fleisch, die zwingen euch zur Beschneidung, nur damit sie nicht um des Kreuzes Christi willen verfolgt werden. [13] Denn auch sie selbst, die sich beschneiden lassen, halten das Gesetz nicht, sondern sie wollen, daß ihr euch beschneiden laßt, damit sie sich dessen rühmen können. [14] *Es sei aber fern von mir, mich zu rühmen als allein des Kreuzes unseres Herrn Jesus Christus, durch den mir die Welt gekreuzigt ist und ich der Welt.* [15] Denn in Christus Jesus gilt weder Beschneidung noch Unbeschnittensein etwas, sondern eine neue Kreatur. [16] Und alle, die sich nach diesem Maßstab richten – Friede und Barmherzigkeit über sie und über das Israel Gottes! [17] Hinfort mache mir niemand weiter Mühe; denn ich trage die Malzeichen Jesu an meinem Leibe.

[18] Die Gnade unseres Herrn Jesus Christus sei mit eurem Geist, liebe Brüder! Amen.

Paulus ist kein grundsätzlicher Gegner der Beschneidung, wie er auch jüdische Sitte nicht abgelehnt hat (vgl. 1Ko 9,20). Als Brauchtum eines Volkes kann sie weiterhin geübt werden. Sein Kampf richtet sich allein dagegen, die Beschneidung für heilsnotwendig zu erklären. Für die neue Schöpfung sind alle irdischen Zeichen und Unterschiede bedeutungslos.

Die Pseudepigraphie

Die Pseudepigraphie (= das Schreiben unter einem anderen Namen) war in der Antike weit verbreitet. Besonders in Philosophenschulen war es üblich, neue Lehren unter dem Namen des Schulhauptes zu formulieren. Es galt geradezu als ein Zeichen von Anmaßung und Selbstüberhebung, Sprüche und Lehren unter eigenem Namen weiterzugeben. Aber man wußte auch in der Antike, daß die Pseudepigraphie mißbraucht werden konnte. Jedoch wurde sie deshalb nicht abgelehnt. In der Umwelt des Urchristentums war sie besonders in der Apokalyptik ausgeprägt, weil man der Überzeugung war, daß die Zeit der Prophetie vorbei ist und neue Kenntnisse nur im Namen heiliger Männer aus der Vergangenheit (Abraham, Henoch u. a.) vorgetragen werden können.

Im Urchristentum selbst war die Pseudepigraphie besonders stark verbreitet. Außer den echten Paulusbriefen ist wahrscheinlich keine Schrift des NT von dem verfaßt worden, auf dessen Namen sie sich beruft. Als Ausnahme kann man die beiden letzten Johannesbriefe ansehen, die wahrscheinlich auf den der Gemeinde bekannten »Ältesten« zurückgehen. Möglicherweise ist auch der Name des Verfassers der Offenbarung ein Johannes gewesen. Persönliche Autorschaft begegnet im urchristlichen Schrifttum nach Paulus erst bei Ignatius von Antiochia (Martyrium um 110 n. Chr.).

Die Pseudepigraphie zeigt sich im NT in mannigfaltigen Formen: Es begegnet völlige Anonymität (alle Evangelien sind erst im 2. Jh. n. Chr. nachträglich unter einen Namen gestellt worden); es gibt direkte Anspielungen auf eine andere Autorschaft (so legt der Heb den Schluß nahe, Paulus könne sein Autor sein); schließlich findet sich die logisch durchdachte Form, die genaue Umstände der Abfassungszeit zu bieten versucht (so die Past). Zwischen 60 (nach Abfassung der Paulusbriefe) und 100 n. Chr. rückt keine Person deutlich ins Blickfeld, und die literarische Anonymität oder Pseudepigraphie ist die einzige Ausdrucksform der Christenheit dieser Zeit. Es ist bemerkenswert, daß aus dieser ganzen Zeitspanne kein einziges Dokument erhalten geblieben ist, das unter eigenem Namen geschrieben wurde. Dieses eigentümliche Phänomen läßt nur den Schluß zu, daß es in dieser Zeit keine Person oder Institution gab, die gesamtkirchliche – und sei es auch nur gebietsweise – Autorität hatten. Wer ökumenisch reden wollte, konnte das nicht in eigner Person, sondern nur unter dem Namen derer, die aus der Vergangenheit her Autorität besaßen. Nur als »Paulus«, »Petrus« oder »Johannes« konnte man hoffen, Gehör zu finden. Dabei zeigen die neutestamentlichen Schriften, daß bedeutende und weitsichtige Persönlichkeiten die christliche Kirche in ihrem Weg während jener Jahrzehnte bestimmt haben.

Theologisch wurde diese Art des Schreibens damit begründet, daß es der eine Geist Gottes ist, der in allen wirkt. So war es für die Tradition der Worte Jesu grundlegend, daß es im Bewußtsein der frühen Christen keinen Unterschied zwischen den Worten des historischen Jesus und der durch den Mund von Propheten gesprochenen Worte des Auferstandenen gab. In ähnlicher Weise galt es auch für die kirchengründenden Gestalten der Christenheit. Man schrieb in der festen Überzeugung, so und nicht anders hätte Paulus, Petrus, Jakobus usw. heute gesprochen.

Die Pseudepigraphie wurde aber auch von Irrlehrern gebraucht. Fast das gesamte Schrifttum der Gnosis gibt sich als Geheimoffenbarung an die Apostel und engsten Vertrauten Jesu. Aus diesem Grund wurde dann schließlich das Mittel der Pseudepigraphie aus dem kirchlichen Schrifttum verbannt. Das war aber erst möglich, als sich ein kirchliches Amt und eine verbindliche Lehre herausgebildet hatten. Für die Zeit des NT aber gilt das noch nicht. Hier hat das Urteil »echt« oder »unecht« nur historische Bedeutung für die sachgemäße historische Einordnung einer Schrift. Die geistige Auseinandersetzung mit den pseudepigraphen bzw. anonymen Schriften des NT kann darum nur vom Inhalt her erfolgen, nicht aber aufgrund ihres literarischen Ausdrucksmittels. Es ist darum kein negatives Werturteil, wenn Schriften des NT als Pseudepigraphen bezeichnet werden.

DER BRIEF AN DIE EPHESER

Die Überlieferungsgeschichte des Briefes zeigt, daß schon Theologen der Alten Kirche Schwierigkeiten hatten, das Schreiben in das Leben und Wirken des Paulus einzuordnen.

In wichtigen alten Handschriften fehlt die Ortsangabe »in Ephesus«. Diese Ortsangabe ist für einen echten Paulusbrief kaum möglich. Paulus hat sich in Ephesus fast 3 Jahre aufgehalten (Apg 19,8–10) und von dort aus Kleinasien missioniert. Der Brief setzt jedoch voraus, daß die Leser nur von Paulus gehört haben (1,15; 3,2). Darum haben entweder einige die Worte »in Ephesus« gestrichen, weil sie noch wußten, daß Paulus an die ihm vertraute Gemeinde so nicht schreiben konnte. Oder der Brief hat ursprünglich gar keine Adresse, weil er ein allgemeines und umfassendes Problem behandelt. Zu seiner Adresse ist er bei der Sammlung der Paulusbriefe, die alle mit einer Ortsanschrift versehen waren, gekommen.

Der Eph will zur gleichen Zeit wie der Kol geschrieben sein, wie aus der wörtlichen Übereinstimmung von 6,21f. mit Kol 4,7f. hervorgeht. Paulus befindet sich nach 3,1.13 in Gefangenschaft. Es wird jedoch wesentlich weniger Konkretes mitgeteilt als im Kol. Darum lassen sich die Abfassungsverhältnisse nur in Umrissen erschließen. Dabei muß bedacht werden, daß der Eph nicht nur in den Situationsangaben, sondern auch in den Gedanken und Vorstellungen mit dem Kol eng verwandt ist. Außerdem zeigt der Eph Kenntnisse nahezu aller Paulusbriefe. Da der Kol wahrscheinlich nicht von Paulus stammt (vgl. die Einleitung zu Kol), gilt das erst recht für den Eph. Er stammt wohl aus derselben Schule wie der Kol, ist aber etwas später, um das Jahr 90 n. Chr. von einem judenchristlichen Paulusschüler geschrieben worden. Möglicherweise ist seine Adresse durch den Entstehungsort gegeben. Vermutlich ist in Ephesus das Erbe des Paulus in ganz besonderer Weise gepflegt worden.

Ein besonderes Merkmal des Eph ist seine enge Bindung an vorgegebene Traditionen. Einige Textstücke erklären sich am besten so, daß der Verfasser schon festformulierte Hymnen verwendet (1,3–12.20–23; 2,14–18; 4,4–6). In 5,14 sagt er ausdrücklich, daß er ein Zitat bringt. Es kann sich dabei nur um ein christliches Tauflied handeln. Jedoch lassen sich die vorgegebenen Traditionen nicht immer deutlich abgrenzen, weil der Eph überhaupt eine liturgisch feierliche Sprache bevorzugt. Sie unterscheidet sich deutlich von der lebhaften Sprache des Paulus. Das ist ein weiteres Merkmal für die Entstehung in einer Schule. Dennoch bedient diese sich des geistigen Erbes, wie es sich in liturgischen Formulierungen bei Paulus niedergeschlagen hat (Rö 11,33–36; 1Ko 8,6). Auch im Ermahnungsteil nimmt der Brief schon geprägte Formen auf: die Taufmahnung, den alten Menschen abzulegen und den neuen anzuziehen (4,22–24); die Haustafel (5,22–6,9); die geistliche Waffenrüstung (6,10–17). Der Rückgriff auf formulierte Bekenntnisse und solche Ermahnungen, die das Christsein begründen, erklärt sich aus dem Bestreben, die Einheit der Kirche zu sichern.

Das Hauptthema des Eph ist die Einheit der Kirche. Vom Kol hat er das Bekenntnis übernommen, daß Christus durch die Auferstehung zum Herrn über alle Mächte geworden ist. Er engt diese Aussage aber ein, indem er nur von Christus als dem Haupt und der Kirche als seinem Leib spricht. Der Gedanke vom Herrn der Welt klingt gelegentlich an, aber Eph geht es allein darum: Christus ist der eine Herr, dessen Leib unteilbar ist.

Am schwersten läßt sich erklären, von welcher Seite aus der Eph die Einheit der Kirche aktuell bedroht sieht. Denn es fehlen Hinweise darauf. Auch gibt es keine Auseinandersetzung mit einer Irrlehre. So könnte der Brief am besten auf dem Hintergrund der aus anderen neutestamentlichen Schriften bekannten Gesamtentwicklung der Christenheit Kleinasiens am Ausgang des 1. Jh. verständlich werden. Die Situation der Gemeinden jener Zeit war vor allem durch zwei Tendenzen bestimmt:

1. Nach dem Tod des Paulus hat es weder eine von allen anerkannte Persönlichkeit noch eine übergemeindliche Institution gegeben. Die einzelnen Gemeinden festigen sich und grenzen sich auch nach außen hin ab. Die Zeit der Wanderprediger (= Apostel) und umherziehenden Propheten geht zu Ende. Die Gemeinden hatten oft trübe Erfahrungen gemacht, denn diese brachten nicht nur heilsame Unruhe, sondern auch oft Irrlehren. Um die Gemeinden davor zu schützen, erhalten die lokalen Gemeindeleiter immer größere Vollmachten und Befugnisse. Aus dem Hausvater, der sein Haus für die Gemeindeversammlungen zur Verfügung stellte – bzw. aus dem Kreis mehrerer solcher Hausväter – wächst der Gemeindeleiter hervor, der innerhalb seines Bereiches zur alleinigen Autorität wird: der Bischof. Ihm zur Seite stehen die Diakone, die sich um die caritativen Aufgaben in der Gemeinde kümmern. Dieser sicherlich notwendige Prozeß zu einer festgefügten Ortsgemeinde hin hatte allerdings zwei negative Folgen: Einerseits wurde das charismatische Element (wie z. B. Prophetie) zurückgedrängt (vgl. die Einleitung zu den Past). Andrerseits trat das gesamtkirchliche Bewußtsein in den Hintergrund (vgl. den Abschn. zur Pseudepigraphie). Das führte zur Verkümmerung und schließlich Auflösung der Funktion der Wandermissionare.
2. Paulus hatte darum gekämpft, daß die Heiden sich nicht erst beschneiden und auf das jüdische Gesetz verpflichten mußten, sondern allein durch Glaube und Taufe zu vollgültigen Gliedern der christlichen Gemeinde werden konnten. Das hatte den scharfen Widerstand und Protest von Judenchristen hervorgerufen. Auf dem Apostelkonzil war es zwar zur Einigung gekommen, aber auch danach gab es noch Widerstand gegen die gesetzesfreie Heidenmission (vgl. die Einleitungen zu Gal und 2Ko). Schon wenige Jahrzehnte später wandelte sich die Lage ins Gegenteil. Die Christen kamen immer mehr zu der Überzeugung, daß es unvereinbar sei, zu einer christlichen Gemeinde zu gehören und gleichzeitig am jüdischen Brauchtum festzuhalten. Der Bruch zwischen Kirche und Synagoge trieb die Judenchristen in eine Existenz von Randsiedlern. Der Konflikt war noch dadurch verschärft, daß sich nach dem Jüdischen Krieg (66–70 n. Chr.) im ganzen römischen Reich eine antijüdische Stimmung durchsetzte. Die Folge davon war, daß sich die Judenchristen auch in ihrer Lebensweise den Heidenchristen angleichen mußten. Sonst wurden sie als häretische Minderheit aus der Gemeinde ausgeschlossen.

Auf dem Hintergrund dieser beiden Tendenzen, der Isolierung der Ortsgemeinden und dem sich ausbreitenden Antijudaismus, läßt sich der Eph in seinem Anliegen am besten verstehen. Daraus erklärt sich, warum er auf die kirchengründenden Funktionen der Apostel und Propheten (2,20; 3,5; 4,11) zurückgreift und jene Ämter übergeht, die für die Herausbildung der isolierten Ortsgemeinden die bestimmende Rolle gespielt haben. Eph will so die Organisationsform der paulinischen Gemeinden festhalten. Der Verfasser ist wahrscheinlich Judenchrist (1,11f.; 2,17); das zeigt sich auch an seinem Sprachstil, der viel stärker als alle echten Paulusbriefe an semitischer Sprache orientiert ist. Er gehört demnach der Minderheit an. Vielleicht erklärt das die große Behutsamkeit und Vorsicht, mit der er sein Anliegen vorträgt. Mit seiner Theologie von der Versöhnung, daß Christus alle Gegensätze überwunden und überall Frieden geschaffen hat (2,14–18), versucht er die unheilvolle Entwicklung zu einer solchen heidenchristlichen Kirche, die ihre heilsgeschichtliche Bindung an Israel preisgegeben hat, aufzuhalten.

Der Versuch des Eph ist gescheitert. Die Entwicklung ist in die Richtung weitergegangen, die er vermeiden wollte. Der Grund des Scheiterns liegt darin, daß er seine Botschaft von der Versöhnung nicht in konkrete Weisungen zur Lösung der vorhandenen Widersprüche umsetzen konnte. Seine bis heute weiterwirkende Bedeutung besteht aber darin, daß er der dringlichste Ruf im Neuen Testament ist, kirchliches Gruppendenken zu überwinden und in ökumenischer Weite zu denken und dabei die Wurzel des Christentums (das Judentum) nicht zu vergessen und nicht zu verachten.

Die Adresse ist in Anlehnung an die Paulusbriefe gestaltet. »Heilige« und »Gläubige« meinen nicht verschiedene Gruppen (z.B. Juden- und Heidenchristen), sondern charakterisieren die eine Gemeinde in ihrem Handeln und Denken (vgl. Kol 1,2).

1 Paulus, ein Apostel Christi Jesu durch den Willen Gottes, an die Heiligen in Ephesus,* die Gläubigen in Christus Jesus:

[2] Gnade sei mit euch und Friede von Gott, unserm Vater, und dem Herrn Jesus Christus!

Der Eph beginnt wahrscheinlich mit einem schon geprägten Lied der Gemeinde. Es scheint drei Strophen zu haben: Die erste besingt unsere von Gott dem Vater schon vor der Schöpfung beschlossene Erwählung (V. 3–6). Die zweite preist die vom Sohn geschenkte Vergebung, die wir in der Gegenwart erfahren (V. 7–12). Die dritte dankt für die Gabe des heiligen Geistes, der das zukünftige Leben in Gottes Gemeinschaft verbürgt (V. 13–14). Diesen in sich geschlossenen Hymnus hat der Eph durch zwei Gedanken erweitert. 1. Die Glaubenden sind in das Geheimnis von Gottes Plan eingeweiht, daß der Kosmos in Christus versöhnt ist (V. 9f.). Die Versöhnung ist jetzt schon darin sichtbar, daß Juden- und Heidenchristen in der einen Kirche gleichberechtigt miteinander leben. 2. Die Judenchristen werden als die schon lange Hoffenden (V. 12) den Heidenchristen gegenübergestellt, die erst durch die apostolische Predigt von Gottes Gnade gehört haben (V. 13f.). Durch den Empfang des einen Geistes sind die trennenden Unterschiede aufgehoben. So ist aus einem Lobpreis über Gottes Handeln an den Glaubenden eine Meditation über das Wesen der Kirche geworden.

Lobpreis Gottes für die Erlösung durch Christus

[3] *Gelobt sei Gott, der Vater unseres Herrn Jesus Christus, der uns gesegnet hat mit allem geistlichen Segen im Himmel durch Christus.* [4] Denn in ihm hat er uns erwählt, ehe der Welt Grund gelegt war, daß wir heilig und untadelig vor ihm sein sollten; in seiner Liebe [5] hat er uns dazu vorherbestimmt, seine Kinder zu sein durch Jesus Christus nach dem Wohlgefallen seines Willens, [6] zum Lob seiner herrlichen Gnade, mit der er uns begnadet hat in dem Geliebten.

[7] In ihm haben wir die Erlösung durch sein Blut, die Vergebung der Sünden, nach dem Reichtum seiner Gnade, [8] die er uns reichlich hat widerfahren lassen in aller Weisheit und Klugheit. [9] Denn Gott hat uns wissen lassen das Geheimnis seines Willens nach seinem Ratschluß, den er zuvor in Christus gefaßt hatte, [10] um ihn auszuführen, wenn die Zeit erfüllt wäre, daß alles zusammengefaßt würde in Christus, was im Himmel und auf Erden ist.

[11] In ihm sind wir auch zu Erben eingesetzt worden, die wir dazu vorherbestimmt sind nach dem Vorsatz dessen, der alles wirkt nach dem Ratschluß seines Willens; [12] damit wir etwas seien zum Lob seiner Herrlichkeit, die wir zuvor auf Christus gehofft haben.

[13] In ihm seid auch ihr, die ihr das Wort der Wahrheit gehört habt, nämlich das Evangelium von eurer Seligkeit – in ihm seid auch ihr, als ihr gläubig wurdet, versiegelt worden mit dem heiligen Geist, der verheißen ist, [14] welcher ist das Unterpfand unsres Erbes, zu unsrer Erlösung, daß wir sein Eigentum würden zum Lob seiner Herrlichkeit.

Das Dankgebet geht in die Fürbitte über. Glaube, Liebe, Hoffnung, die das christliche Leben bestimmen, sollen sich weiter entfalten. Rechtes Verstehen führt zum rechten Handeln. Darum betont Eph die Notwendigkeit immer tieferer Erkenntnis. Die wichtigste ist, daß Christus seit seiner Auferstehung der Herr über alle Mächte geworden ist (Kol 1,18–20). Diese Herrschaft ist dem Glaubenden noch verborgen. Die Herrschaft Christi über die Kirche ist ihm aber bereits erfahrbar. Denn

Gebet um Erkenntnis der Herrlichkeit Christi

[15] Darum auch ich, nachdem ich gehört habe von dem Glauben bei euch an den Herrn Jesus und von eurer Liebe zu allen Heiligen, [16] höre ich nicht auf, zu danken für euch, und gedenke euer in meinem Gebet, [17] daß der Gott unseres Herrn Jesus Christus, der Vater der Herrlichkeit, euch gebe den Geist der Weisheit und der Offenbarung, ihn zu erkennen. [18] Und er gebe euch erleuchtete Augen des Herzens, damit ihr erkennt, zu welcher Hoffnung ihr von ihm berufen seid, wie reich die Herrlichkeit seines Erbes für die Heiligen ist [19] und wie überschwenglich groß seine Kraft an uns, die wir glauben, weil die Macht seiner Stärke bei uns wirksam wurde, [20] mit der er in Christus gewirkt hat. Durch

sie hat er ihn von den Toten auferweckt und eingesetzt zu seiner Rechten im Himmel [21] über alle Reiche, Gewalt, Macht, Herrschaft und alles, was sonst einen Namen hat, nicht allein in dieser Welt, sondern auch in der zukünftigen. [22] Und alles hat er unter seine Füße getan und hat ihn gesetzt der Gemeinde zum Haupt über alles, [23] welche sein Leib ist, nämlich die Fülle dessen, der alles in allem erfüllt.

in der Kirche wird Jesus Christus als Herr anerkannt und jeder empfängt Leben. Während die Welt unter dem Mangel an Glaube, Liebe und Hoffnung leidet, hat die Gemeinde diese Gabe in Fülle. Das ganze gilt als grundsätzliche Bestimmung des Wesens der Kirche, nicht aber als Beschreibung ihrer konkreten Erscheinung.

Das neue Leben als Geschenk der Gnade

In V. 1–3 liegt ein damals geläufiges Weltbild zugrunde: Die Erde ist die unterste Grenze des Weltalls; der Luftbereich über der Erde ist die »Hölle«, in der die dämonischen, den Menschen feindlichen, Schicksalsmächte (die Planeten) hausen. Der Himmel befindet sich erst jenseits der Planetensphäre. Im frühen Weltbild der Antike dagegen war die Erde die Mitte, sowohl offen für den unmittelbaren Zugang zur Welt des Himmels als auch bedroht von bösen Mächten der Tiefe. Nun schiebt sich die Hölle zwischen Erde und Himmel. Dieser Veränderung des Weltbildes liegt ein Wandel im Bewußtsein zugrunde, der durch das Entstehen von hellenistischen Weltreichen hervorgerufen wurde. Sie zerstörten die natürlich gewachsenen Bindungen an Familie, Sippe und Volk. Darum fühlte sich der Mensch jetzt ungeborgen und ausgeliefert an böse Schicksalsmächte, die ihn verknechten. Er wird zum bösen Tun getrieben und will es auch. In dieser Einheit von Zwang und eigenem Wollen liegt seine wahre Verlorenheit. Nur Gott kann von oben her den Menschen aus der Verflochtenheit von Schuld und Sühne befreien.

2 Auch ihr wart tot durch eure Übertretungen und Sünden, [2] in denen ihr früher gelebt habt nach der Art dieser Welt, unter dem Mächtigen, der in der Luft herrscht, nämlich dem Geist, der zu dieser Zeit am Werk ist in den Kindern des Ungehorsams. [3] Unter ihnen haben auch wir alle einst unser Leben geführt in den Begierden unsres Fleisches und taten den Willen des Fleisches und der Sinne und waren Kinder des Zorns von Natur wie auch die andern. [4] Aber Gott, der reich ist an Barmherzigkeit, hat in seiner großen Liebe, mit der er uns geliebt hat, [5] auch uns, die wir tot waren in den Sünden, mit Christus lebendig gemacht – aus Gnade seid ihr selig geworden –; [6] und er hat uns mit auferweckt und mit eingesetzt im Himmel in Christus Jesus, [7] damit er in den kommenden Zeiten erzeige den überschwenglichen Reichtum seiner Gnade durch seine Güte gegen uns in Christus Jesus. [8] Denn *aus Gnade seid ihr selig geworden durch Glauben, und das nicht aus euch: Gottes Gabe ist es,* [9] *nicht aus Werken, damit sich nicht jemand rühme.* [10] Denn wir sind sein Werk, geschaffen in Christus Jesus zu guten Werken, die Gott zuvor bereitet hat, daß wir darin wandeln sollen.

Der Eph beschreibt das Heil weniger in zeitlichen als in räumlichen Kategorien. Dabei verwendet er jene Taufanschauung, die bereits Paulus aufgegriffen hat (vgl. die Einl. vor Rö 6). Wie in Kol 2,12; 3,1 wird aber das Mitauferstehen mit Christus als Vergangenes verstanden. Der Eph geht noch darüber hinaus, indem er als einzige ntl. Schrift sogar die Formulierung wagt: Die Christen sind durch die Taufe schon in die Himmel versetzt. Dadurch wird die Gegenwärtigkeit des Heils besonders stark betont. Jedoch lehnt auch der Eph den schwärmerischen Enthusiasmus ab: Erst die Zukunft enthüllt, wo wir verborgen jetzt schon stehen. Das Heil ist ein Geschenk, damit wir frei werden zum rechten Tun.

Die Einheit der Gemeinde aus Juden und Heiden

[11] Darum denkt daran, daß ihr, die ihr von Geburt einst Heiden wart und Unbeschnittene genannt wurdet von denen, die äußerlich beschnitten sind, [12] daß ihr zu jener Zeit ohne Christus wart, ausgeschlossen vom Bürgerrecht Israels und Fremde außerhalb des Bundes der Verheißung;

Das Hauptthema »Die Kirche als der Ort der Versöhnung« wird entfaltet. Dabei sind dem Eph mehrere Aspekte wichtig: 1. Christus hat bei seinem Kommen die Wand durchbrochen, die Gott und Menschen voneinander trennte. Die Vorstellung vom Firmament als Himmelsmauer gehört zum Weltbild des Eph (vgl. die Einl.). Jetzt gibt es wieder den unmittelbaren Zugang zu Gott. 2. Christus hat die Trennung zwischen Menschengruppen beseitigt. Die jüdischen Reinheitsgebote, die den freien Umgang zwischen Juden und Heiden verhinderten, haben in der Kirche ihre Gültigkeit verloren. 3. Versöhnung ist jedoch nicht Gleichschaltung. Sie wird nur dort wirklich, wo man sich seiner durch die Geschichte geprägten Besonderheit bewußt wird und die des anderen achtet. Der Eph erinnert vor allem die Heidenchristen daran, daß sie nur in Gemeinschaft mit dem jüdischen Bruder Zugang zu Gott haben. Damit wird vor dem aufkommenden Antijudaismus der Kirche gewarnt. – In den V.14–18 hat der Eph wahrscheinlich wieder auf einen Hymnus zurückgegriffen. Die Aktualisierung auf die Kirche seiner Zeit ist vom Eph hinzugefügt worden.

daher hattet ihr keine Hoffnung und wart ohne Gott in der Welt. [13]Jetzt aber in Christus Jesus seid ihr, die ihr einst Ferne wart, Nahe geworden durch das Blut Christi.

[14]Denn *er ist unser Friede,* der aus beiden *eines* gemacht hat und den Zaun abgebrochen hat, der dazwischen war, nämlich die Feindschaft. Durch das Opfer seines Leibes [15]hat er abgetan das Gesetz mit seinen Geboten und Satzungen, damit er in sich selber aus den zweien *einen neuen* Menschen schaffe und Frieden mache [16]und die beiden versöhne mit Gott in *einem* Leib durch das Kreuz, indem er die Feindschaft tötete durch sich selbst. [17]Und er ist gekommen und hat im Evangelium Frieden verkündigt euch, die ihr fern wart, und Frieden denen, die nahe waren. [18]Denn durch ihn haben wir alle beide in *einem* Geist den Zugang zum Vater.

[19]*So seid ihr nun nicht mehr Gäste und Fremdlinge, sondern Mitbürger der Heiligen und Gottes Hausgenossen,* [20]*erbaut auf den Grund der Apostel und Propheten, da Jesus Christus der Eckstein ist,* [21]auf welchem der ganze Bau ineinandergefügt wächst zu einem heiligen Tempel in dem Herrn. [22]Durch ihn werdet auch ihr miterbaut zu einer Wohnung Gottes im Geist.

Für die Beschreibung der einen in sich versöhnten Kirche (V.19–22) verwendet der Eph mehrere Bilder, die ineinander übergehen und so das Verstehen erschweren. Zunächst sind die Heiden als Bürger (Mitbürger mit den jüdischen Hausgenossen) bezeichnet, die im Unterschied zu Fremden, Sklaven, Freigelassenen u. a. volles Bürgerrecht besitzen. Dann werden sie Steine eines Baues genannt (vgl. zu 1Pt 2,5ff.). Schließlich gleitet das Bild vom Bau in das vom organischen Wachstum. Das Bild vom Bau stellt Abgeschlossenheit dar, denn der Schlußstein Christus (Luther übersetzte irrtümlich »Eckstein«) ist schon eingesetzt. Doch das Bild vom Wachstum bringt zum Ausdruck, daß der Bau noch nicht vollendet ist. Die Überladenheit der Bilder wird verständlich, weil der Verfasser mehrere Aussagen gleichzeitig bringen will: Einerseits ist die Kirche in ihrer Grundstruktur abgeschlossen und vollkommen. Andrerseits trägt jeder einzelne durch sein Handeln zum Wachstum der Kirche bei.

Das Amt des Apostels für die Heiden

Das Apostelamt des Paulus hat nach Auffassung seiner Schüler (Rö 16,25–27; 2Ti 1,8–12) grundlegende Bedeutung für die Entstehung der einen alle Völker umfassenden Kirche. Paulus hat bei seiner Berufung Einsicht in den bisher der ganzen Menschheit verborgenen Plan Gottes erhalten, sich eine heilige Kirche aus allen Völkern zu schaffen. Das Amt des Apostels ist die Kundgabe dieses Geheimnisses. Doch verdankt Paulus dieses Amt nicht seiner Tüchtigkeit, sondern allein Gottes Gnade. Deshalb wird er in V.8 als der Allergeringste bezeichnet. So soll die Alleinwirksamkeit

3 Deshalb sage ich, Paulus, der Gefangene Christi Jesu für euch Heiden – [2]ihr habt ja gehört, welches Amt die Gnade Gottes mir für euch gegeben hat: [3]Durch Offenbarung ist mir das Geheimnis kundgemacht worden, wie ich eben aufs kürzeste geschrieben habe. [4]Daran könnt ihr, wenn ihr's lest, meine Einsicht in das Geheimnis Christi erkennen. [5]Dies war in früheren Zeiten den Menschenkindern nicht kundgemacht, wie es jetzt offenbart ist seinen heiligen Aposteln und Propheten durch den Geist; [6]nämlich daß die Heiden Miterben sind und mit zu seinem Leib gehören und Mitgenossen der Verheißung in Christus Jesus sind durch das Evangelium, [7]dessen Diener ich geworden bin durch die Gabe der Gnade Gottes, die mir nach seiner mächtigen Kraft gegeben ist.

[8]Mir, dem allergeringsten unter allen Heiligen, ist die Gnade gegeben worden, den Heiden zu verkündigen den unausforschlichen Reichtum Christi [9]und für alle ans Licht zu bringen, wie Gott seinen geheimen Ratschluß ausführt, der von Ewigkeit her verborgen war in ihm, der alles geschaffen hat; [10]damit jetzt kund werde die mannigfaltige Weisheit Gottes den Mächten und Gewalten im Himmel durch die Gemeinde. [11]Diesen ewigen Vorsatz hat Gott ausgeführt in Christus Jesus, unserm Herrn, [12]durch den wir Freimut und Zugang haben in aller Zuversicht durch den Glauben an ihn. [13]Darum bitte ich, daß ihr nicht müde werdet wegen der Bedrängnisse, die ich für euch erleide, die für euch eine Ehre sind.

Gottes hervorgehoben werden. Der persönliche Beitrag des Apostels ist, daß er sich bis zum Tode zu seinem Amt bekannt hat. Der Gedanke des stellvertretend für die Gemeinde leidenden Apostels (Kol 1,24) klingt an (V. 1.13) und verleiht den Worten testamentarischen Charakter. Die Kirche aus Juden und Heiden ist jedoch nicht Selbstzweck. Sie ist das Modell der neuen Schöpfung. Mit ihrem Leben und Handeln soll sie der ganzen Welt bezeugen (V. 10), was das letzte Ziel der ganzen Weltgeschichte ist: eine mit sich und Gott versöhnte Menschheit (1,10).

Die Fürbitte des Apostels für die Gemeinde

[14]*Deshalb beuge ich meine Knie vor dem Vater,* [15]*der der rechte Vater ist über alles, was da Kinder heißt im Himmel und auf Erden,* [16]*daß er euch Kraft gebe nach dem Reichtum seiner Herrlichkeit, stark zu werden durch seinen Geist an dem inwendigen Menschen,* [17]*daß Christus durch den Glauben in euren Herzen wohne und ihr in der Liebe eingewurzelt und gegründet seid.* [18]So könnt ihr mit allen Heiligen begreifen, welches die Breite und die Länge und die Höhe und die Tiefe ist, [19]auch die Liebe Christi erkennen, die alle Erkenntnis übertrifft, damit ihr erfüllt werdet mit der ganzen Gottesfülle. [20]Dem aber, der überschwenglich tun kann über alles hinaus, was wir bitten oder verstehen, nach der Kraft, die in uns wirkt, [21]dem sei Ehre in der Gemeinde und in Christus Jesus zu aller Zeit, von Ewigkeit zu Ewigkeit! Amen.

Die Fürbitte des Apostels konzentriert sich auf die den Menschen verwandelnde Erkenntnis. Dazu werden Begriffe der Mystik angeführt: innerer Mensch, Einwohnung Christi, Begreifen der Gottesfülle. Doch muß beachtet werden, daß diese Begriffe nicht im Sinne der Mystik verwendet werden: Der innere Mensch ist kein in uns verborgener Seelenfunke, sondern der Mensch in seiner neuen Geschöpflichkeit. Die Erkenntnis vollzieht sich nicht in Zurückgezogenheit auf das eigene Ich, sondern in der Gemeinschaft mit allen Christen (V. 18).

Die Einheit im Geist und die Vielfalt der Gaben

4 So ermahne ich euch nun, ich, der Gefangene in dem Herrn, daß ihr der Berufung würdig lebt, mit der ihr berufen seid, [2]in aller Demut und Sanftmut, in Geduld. Ertragt einer den andern in Liebe [3]und *seid darauf bedacht, zu wahren die Einigkeit im Geist durch das Band des Friedens:* [4]*ein Leib und ein Geist, wie ihr auch berufen seid zu einer Hoffnung eurer Berufung;* [5]*ein Herr, ein Glaube, eine Taufe;* [6]*ein Gott und Vater aller, der da ist über allen und durch alle und in allen.*

[7]Einem jeden aber von uns ist die Gnade gegeben nach dem Maß der Gabe Christi. [8]Darum heißt es (Psalm 68,19):

»Er ist aufgefahren zur Höhe
und hat Gefangene mit sich geführt*
und hat den Menschen Gaben gegeben.«

[9]Daß er aber aufgefahren ist, was heißt das anderes, als daß er auch hinabgefahren ist in die Tiefen der Erde? [10]Der hinabgefahren ist, das ist derselbe, der aufgefahren ist über

Die Mahnung beschwört die Einheit der Kirche, weil der Eph sie bedroht sieht. Die Aufzählung der siebenfachen Einheit (V. 4–6) mündet in einem – stoische Allformeln aufnehmenden – Lobpreis (vgl. zu Rö 11,33–36). Dennoch bedeutet Einheit nicht Unterschiedslosigkeit. Jedem einzelnen hat Christus seine Gabe gegeben, die sich nur in der rechten Zuordnung entfalten kann. Die Begründung der Ämter als Gaben Christi wird mit einem Schriftwort gegeben. Das wird aber gegen seinen ursprünglichen Sinn und Wortlaut (Lobpreis auf Gott den Sieger, der Gaben von den unterworfenen Mächten empfängt) zitiert. Diese Psalmstelle wird auf Christus bezogen, weshalb neben

alle Himmel, damit er alles erfülle. [11] Und er hat einige als Apostel eingesetzt, einige als Propheten, einige als Evangelisten, einige als Hirten und Lehrer, [12] damit die Heiligen zugerüstet werden zum Werk des Dienstes. Dadurch soll der Leib Christi erbaut werden, [13] bis wir alle hingelangen zur Einheit des Glaubens und der Erkenntnis des Sohnes Gottes, zum vollendeten Mann, zum vollen Maß der Fülle Christi, [14] damit wir nicht mehr unmündig seien und uns von jedem Wind einer Lehre bewegen und umhertreiben lassen durch trügerisches Spiel der Menschen, mit dem sie uns arglistig verführen. [15] *Laßt uns aber wahrhaftig sein in der Liebe und wachsen in allen Stücken zu dem hin, der das Haupt ist, Christus,* [16] von dem aus der ganze Leib zusammengefügt ist und ein Glied am andern hängt durch alle Gelenke, wodurch jedes Glied das andere unterstützt nach dem Maß seiner Kraft und macht, daß der Leib wächst und sich selbst aufbaut in der Liebe.

dem Aufstieg ausdrücklich der Abstieg Christi auf die Erde hervorgehoben wird. Mit seinem Kommen bringt er den Menschen Gaben, von denen dem Eph die Fähigkeiten zum Dienst in der Gemeinde die wichtigsten sind. Diese verhelfen zur Mündigkeit, so daß sich die Gemeindeglieder in voller Verantwortung am Aufbau der Kirche mit beteiligen können. Die entscheidende Größe dabei ist die Liebe (1Ko 13). Neben den beiden grundlegenden Ämtern der Apostel und Propheten werden weitere genannt, die sonst im NT nicht erwähnt sind. Auffälligerweise fehlen die drei Ämter, die in der nachpaulinischen Zeit das Leben der Ortsgemeinden bestimmen: Bischöfe, Presbyter und Diakone (Näheres dazu vgl. die Einl.).

Bei der Beschreibung, wie die einzelnen Ämter zur Harmonie der einen Kirche beitragen, greift der Verfasser auf eine Vorstellung zurück, in der Gott die ganze Welt und zugleich doch ihr Schöpfer und Erhalter ist. Als Haupt läßt Gott alles wachsen und steht dem ganzen Kosmos hilfreich und gütig zur Seite, obwohl er gleichzeitig der Leib (= Kosmos) selbst ist. Die Vorstellung vom Allgott als Riesenleib vermag also zwei unterschiedliche Aspekte in sich aufzunehmen, sowohl die vollkommene Einheit wie auch die Abhängigkeit von Gottes Schöpfermacht. Sie erscheint dem Eph besonders angemessen, um das Verhältnis von Christus und Kirche darzustellen.

Der alte und der neue Mensch

[17] So sage ich nun und bezeuge in dem Herrn, daß ihr nicht mehr leben dürft, wie die Heiden leben in der Nichtigkeit ihres Sinnes. [18] Ihr Verstand ist verfinstert, und sie sind entfremdet dem Leben, das aus Gott ist, durch die Unwissenheit, die in ihnen ist, und durch die Verstockung ihres Herzens. [19] Sie sind abgestumpft und haben sich der Ausschweifung ergeben, um allerlei unreine Dinge zu treiben in Habgier.

[20] Ihr aber habt Christus nicht so kennengelernt; [21] ihr habt doch von ihm gehört und seid in ihm unterwiesen, wie es Wahrheit in Jesus ist. [22] Legt von euch ab den alten Menschen mit seinem früheren Wandel, der sich durch trügerische Begierden zugrunde richtet. [23] Erneuert euch aber in eurem Geist und Sinn [24] und *zieht den neuen Menschen an, der nach Gott geschaffen ist in wahrer Gerechtigkeit und Heiligkeit.*

Die Christen werden zunächst ermahnt, dem Heidentum abzusagen. Die Darstellung des Heidentums als schuldhafte Unwissenheit, die aus sich alle Laster gebiert, gehört schon zur Synagogenpredigt und ist von Paulus (Rö 1,18–32) weitergeführt worden. Daran lehnt sich der Eph an. Jedoch ist das verfehlte Leben nicht mehr Strafe Gottes (so Rö 1,24), sondern eigenes moralisches Versagen. Das christliche Handeln wird mit der Taufe begründet. Im Taufunterricht hat der Christ die rechte Lehre über Christus empfangen, die ihn zum richtigen Handeln befähigt. Dieser Grundsatz wird in den Past breit entfaltet (1Ti 1,3–11; 4,1–5; Tit 3,1–9). Zum Bild vom Ablegen des alten und Anziehen des neuen Menschen vgl. zu Kol 3,1–17.

Weisungen für das neue Leben

[25] Darum legt die Lüge ab und redet die Wahrheit, ein jeder mit seinem Nächsten, weil wir untereinander Glieder sind. [26] Zürnt ihr, so sündigt nicht; *laßt die Sonne nicht über eurem Zorn untergehen,* [27] und gebt nicht Raum dem Teufel. [28] Wer

Die konkreten Einzelmahnungen stammen teilweise aus dem AT oder jüdischem Spruchgut. Erst in V. 32 wird das gesamte Verhalten auf den gestohlen hat, der stehle nicht mehr, sondern arbeite und schaffe mit eigenen Händen das nötige Gut, damit er dem Bedürftigen abgeben kann. [29]Laßt kein faules Geschwätz aus eurem Mund gehen, sondern redet, was gut ist, was erbaut und was notwendig ist, damit es Segen bringe denen, die es hören. [30]Und betrübt nicht den heiligen Geist Gottes, mit dem ihr versiegelt seid für den Tag der Erlösung. [31]Alle Bitterkeit und Grimm und Zorn und Geschrei und Lästerung seien fern von euch samt aller Bosheit. [32]Seid aber untereinander freundlich und herzlich und vergebt einer dem andern, wie auch Gott euch vergeben hat in Christus.

Grundsatz zurückgeführt: ganz von der Vergebung Gottes in Christus das Leben zu gestalten (vgl. Mt 6,12; 18,21–35). V. 26 nimmt Ps 4,5 auf und ist wohl so zu verstehen: Wenn Kritik am Mitmenschen nötig ist, so darf sie nicht zurückgehalten werden, aber soll danach auch erledigt sein. Die Bewertung der Arbeit führt paulinische Gedanken (1Th 2,9; 4,11) weiter. Das Christliche der Arbeit besteht darin, Güter zu schaffen, um den Notleidenden helfen zu können.

Das Leben im Licht

Die Auffassung, dem Beispiel Gottes zu folgen (wörtlich: Nachahmer. Mime zu sein), ist im NT einzigartig. Sie stammt aus griechischer Religiosität, für die Gottähnlichkeit das Zentrum ihres Denkens ist. Doch ist die Begründung jüdisch und christlich: In jüdischen Texten wird die Gottähnlichkeit mit dem Bild von Vater und Kind dargestellt. Das Kind darf wie der Vater handeln und bleibt ihm doch untergeordnet. Der Gedanke wird hier verchristlicht, indem das beispielhafte Verhalten an Jesu Hingabe am Kreuz verdeutlicht wird. In dieser Umwandlung konnte die Nachahmung Gottes und Christi für die spätere Zeit Leitgedanke eines verinnerlichten christlichen Lebens werden.

5 So folgt nun Gottes Beispiel als die geliebten Kinder [2]und lebt in der Liebe, wie auch Christus uns geliebt hat und hat sich selbst für uns gegeben als Gabe und Opfer, Gott zu einem lieblichen Geruch. [3]Von Unzucht aber und jeder Art Unreinheit oder Habsucht soll bei euch nicht einmal die Rede sein, wie es sich für die Heiligen gehört. [4]Auch schandbare und närrische oder lose Reden stehen euch nicht an, sondern vielmehr Danksagung. [5]Denn das sollt ihr wissen, daß kein Unzüchtiger oder Unreiner oder Habsüchtiger – das sind Götzendiener – ein Erbteil hat im Reich Christi und Gottes. [6]Laßt euch von niemandem verführen mit leeren Worten; denn um dieser Dinge willen kommt der Zorn Gottes über die Kinder des Ungehorsams. [7]Darum seid nicht ihre Mitgenossen. [8]Denn ihr wart früher Finsternis; nun aber seid ihr Licht in dem Herrn. Lebt als Kinder des Lichts; [9]*die Frucht des Lichts ist lauter Güte und Gerechtigkeit und Wahrheit.* [10]Prüft, was dem Herrn wohlgefällig ist, [11]und habt nicht Gemeinschaft mit den unfruchtbaren Werken der Finsternis; deckt sie vielmehr auf. [12]Denn was von ihnen heimlich getan wird, davon auch nur zu reden ist schändlich. [13]Das alles aber wird offenbar, wenn's vom Licht aufgedeckt wird; [14]denn alles, was offenbar wird, das ist Licht. Darum heißt es:

Wach auf, der du schläfst,
und steh auf von den Toten,
so wird dich Christus erleuchten.

Die konkrete Nachfolge meint zunächst die grundsätzliche Absage gegenüber schweren Verfehlungen. Erst dann wird darauf verwiesen, daß christliches Leben nicht einfach ist und ständig geprüft werden muß, was Gottes Wille ist. Dabei soll sich der Glaubende bewußt sein, daß vor Christus nichts verborgen bleibt. Darum muß christliches Handeln durchsichtig sein und darf die Öffentlichkeit nicht scheuen. – Größere Schwierigkeiten bereitet V. 14. Der Begründungssatz ist schwer verständlich (Schändlichkeiten werden doch nicht durch Aufdecken Licht!). Mit einem kleinen Eingriff in den griechischen Text kann man den Versteil aber so übersetzen, daß er im ganzen Gedankengang einen guten Sinn gibt: »Denn das Licht offenbart alles«. Das alles durchdringende Licht ist Christus. Außerdem ist die Herkunft des Zitats unbekannt. Wahrscheinlich stammt es aus einer urchristlichen Taufliturgie. Vielleicht gab es schon die später bezeugte Sitte, daß sich (ähnlich wie bei den Mysterienkulten) die Täuflinge durch ein längeres Fasten auf die Taufe vorbereiteten. Zu Beginn der

Tauffeier wurden die Täuflinge möglicherweise durch einen solchen Spruch hereingerufen. – Die Mahnungen in V. 15–20 scheinen Verhaltensregeln für die Gemeindefeiern zu geben. Mißstände bei der Feier des Abendmahles, die noch als richtige Mahlzeit begangen wurde, prangert auch Paulus an (1Ko 11,17–34). Bei den Mahlfeiern sollen nicht Essen und Trinken die Hauptsache sein, sondern geistliche Lieder (vgl. Kol 3,16 f.) und der Wille, sich dem anderen unterzuordnen.

Der Verfasser hat die Haustafel aus Kol 3,18–4,1 übernommen (zur Haustafel vgl. die Erklärung dort). Er hat sie vor allem im ersten Teil vertieft, indem er das Verhältnis von Mann und Frau durch den Vergleich mit dem Verhältnis von Christus und Kirche erläutert. Die Sozialordnung der Antike, nach der die Frau dem Mann untergeordnet ist, wird dadurch zwar nicht aufgehoben, aber in ihrer Härte gemildert. Die Rolle des Mannes wird von dem Motiv der opferbereiten Hingabe bestimmt; die der Frau vom Motiv der dienenden Fürsorge. Gut atl. wird die Ehe von der körperlichen Gemeinschaft aus begründet. Der Gedanke über das Verhältnis von Mann und Frau gibt den Anstoß, um das Hauptthema des Briefes, das Verhältnis von Christus und Kirche, weiterzuführen. Dabei sprengen die Äußerungen über die Bedeutung Christi den Rahmen des Bildes. Denn Christus ist für die Kirche mehr, als je ein Mann für seine Frau sein kann: Er ist der Erlöser der Kirche, der sich für sie in den Tod gibt und gerade so zur völligen Gemeinschaft mit ihr findet. Diesen schwer verständlichen Gedanken nennt der Eph ein großes Geheimnis (V. 32). Wahrscheinlich liegt dieser Darstellung eine mystische Anschauung zugrunde, wie wir sie in der Gnosis finden: Die Kirche ist gleichsam ein himmlisches Wesen, das sich in diese Welt verirrt hat und den Weg nicht mehr zurückfindet. Der Erlöser (ihr Bräutigam) muß darum aus dem Himmel herabsteigen, um die verlorene Braut zu

[15] So seht nun sorgfältig darauf, wie ihr euer Leben führt, nicht als Unweise, sondern als Weise, [16] und *kauft die Zeit aus; denn es ist böse Zeit.* [17] Darum werdet nicht unverständig, sondern versteht, was der Wille des Herrn ist. [18] Und sauft euch nicht voll Wein, woraus ein unordentliches Wesen folgt, sondern laßt euch vom Geist erfüllen. [19] Ermuntert einander mit Psalmen und Lobgesängen und geistlichen Liedern, singt und spielt dem Herrn in eurem Herzen [20] und sagt Dank Gott, dem Vater, allezeit für alles, im Namen unseres Herrn Jesus Christus.

Die christliche Haustafel

(Kol 3,18–4,1; 1.Petr 2,18–3,7)

[21] Ordnet euch einander unter in der Furcht Christi. [22] Ihr Frauen, ordnet euch euren Männern unter wie dem Herrn. [23] Denn der Mann ist das Haupt der Frau, wie auch Christus das Haupt der Gemeinde ist, die er als seinen Leib erlöst hat. [24] Aber wie nun die Gemeinde sich Christus unterordnet, so sollen sich auch die Frauen ihren Männern unterordnen in allen Dingen.

[25] Ihr Männer, liebt eure Frauen, wie auch Christus die Gemeinde geliebt hat und hat sich selbst für sie dahingegeben, [26] um sie zu heiligen. Er hat sie gereinigt durch das Wasserbad im Wort, damit er [27] sie vor sich stelle als eine Gemeinde, die herrlich sei und keinen Flecken oder Runzel oder etwas dergleichen habe, sondern die heilig und untadelig sei. [28] So sollen auch die Männer ihre Frauen lieben wie ihren eigenen Leib. Wer seine Frau liebt, der liebt sich selbst. [29] Denn niemand hat je sein eigenes Fleisch gehaßt; sondern er nährt und pflegt es, wie auch Christus die Gemeinde. [30] Denn wir sind Glieder seines Leibes. [31] »Darum wird ein Mann Vater und Mutter verlassen und an seiner Frau hängen, und die zwei werden *ein* Fleisch sein« (1.Mose 2,24). [32] Dies Geheimnis ist groß; ich deute es aber auf Christus und die Gemeinde. [33] Darum auch ihr: ein jeder habe lieb seine Frau wie sich selbst; die Frau aber ehre den Mann.

6 Ihr Kinder, seid gehorsam euren Eltern in dem Herrn; denn das ist recht. [2] »Ehre Vater und Mutter«, das ist das erste Gebot, das eine Verheißung hat: [3] »auf daß dir's wohl gehe und du lange lebest auf Erden« (5.Mose 5,16).

[4] Und ihr Väter, reizt eure Kinder nicht zum Zorn, sondern erzieht sie in der Zucht und Ermahnung des Herrn.

[5] Ihr Sklaven, seid gehorsam euren irdischen Herren mit Furcht und Zittern, in Einfalt eures Herzens, als dem Herrn Christus; [6] nicht mit Dienst allein vor Augen, um den Menschen zu gefallen, sondern als Knechte Christi, die den Willen Gottes tun von Herzen. [7] Tut euren Dienst mit

gutem Willen als dem Herrn und nicht den Menschen; [8]denn ihr wißt: Was ein jeder Gutes tut, das wird er vom Herrn empfangen, er sei Sklave oder Freier.

[9]Und ihr Herren, tut ihnen gegenüber das gleiche und laßt das Drohen; denn ihr wißt, daß euer und ihr Herr im Himmel ist, und bei ihm gilt kein Ansehen der Person.

suchen. Nur durch seine opferbereite Liebe kann er sie befreien und sich mit ihr vereinigen. Auf diese Weise wird die Hochzeit zu einem Bild für die Erlösung.

Die Mahnungen an die Kinder und Eltern sowie an die Sklaven und Herren weisen keine größeren sachlichen Unterschiede zu den entsprechenden Teilen der Haustafel im Kol auf (vgl. die Erklärung dort). Nur das Gebot, die Eltern zu ehren, wird mit dem Zitat der Verheißung stärker begründet (V.3). Außerdem werden die Väter, die damals allein das Erziehungsrecht ausübten, stärker zur leiblichen und geistigen Fürsorge verpflichtet.

Die geistliche Waffenrüstung

Das Bild von der geistlichen Waffenrüstung hat eine lange Tradition. Die Rüstung Gottes besteht in seiner heilschaffenden Macht (Jes 59,17; Wsh 5,18–21). Dahinter steht die Überzeugung, daß das Gute den Sieg über das Böse nur erringt, wenn es sich selbst treu bleibt und nur die seinem eigenen Wesen entsprechenden Waffen einsetzt. Mit der Taufe wird der Christ mit diesen Waffen ausgerüstet, die er nun einzusetzen hat (Rö 13,12). In diesem Sinn ist die Verkündigung des Evangeliums Kampf gegen das Böse.

[10]Zuletzt: *Seid stark in dem Herrn und in der Macht seiner Stärke.* [11]Zieht an die Waffenrüstung Gottes, damit ihr bestehen könnt gegen die listigen Anschläge des Teufels. [12]Denn wir haben nicht mit Fleisch und Blut zu kämpfen, sondern mit Mächtigen und Gewaltigen, nämlich mit den Herren der Welt, die in dieser Finsternis herrschen, mit den bösen Geistern unter dem Himmel. [13]Deshalb ergreift die Waffenrüstung Gottes, damit ihr an dem bösen Tag Widerstand leisten und alles überwinden und das Feld behalten könnt. [14]So steht nun fest, umgürtet an euren Lenden mit Wahrheit und angetan mit dem Panzer der Gerechtigkeit, [15]und an den Beinen gestiefelt, bereit, einzutreten für das Evangelium des Friedens. [16]*Vor allen Dingen aber ergreift den Schild des Glaubens, mit dem ihr auslöschen könnt alle feurigen Pfeile des Bösen,* [17]*und nehmt den Helm des Heils und das Schwert des Geistes, welches ist das Wort Gottes.*

[18]Betet allezeit mit Bitten und Flehen im Geist und wacht dazu mit aller Beharrlichkeit im Gebet für alle Heiligen [19]und für mich, daß mir das Wort gegeben werde, wenn ich meinen Mund auftue, freimütig das Geheimnis des Evangeliums zu verkündigen, [20]dessen Bote ich bin in Ketten, daß ich mit Freimut davon rede, wie ich es muß.

Nachdem Christi Triumph über die Mächte gepriesen wurde (1,20–23), werden nun überraschend die Gläubigen zum Kampf aufgefordert. Daran zeigt sich, daß Eph nicht schwärmerisch über die Anfechtungen der Gegenwart hinweggeht. Das Neue für die Gläubigen ist, daß sie erfolgreich Widerstand leisten können, während sie bisher ohnmächtig ausgeliefert waren. Das Bild von den Gläubigen als Kämpfern ist vor allem in der Apokalyptik ausgeprägt. Bei der Entscheidungsschlacht Gottes gegen den Satan nehmen die Auserwählten teil. Diese Tradition findet sich noch in V.13. Doch denkt der Eph nicht mehr an einen besonderen Tag, sondern versteht das ganze Christsein als ständigen Kampf. – Die Mahnung zur Fürbitte (V. 18–20) überschreitet den Rahmen der vorgestellten Briefsituation. Es geht letztlich nicht um eine Gelegenheit zur Rede für den Apostel im Gefängnis, sondern um die Freiheit zur Verkündigung des Evangeliums in der ganzen Welt.

Grüße und Segenswünsche

[21]Damit aber auch ihr wißt, wie es um mich steht und was ich mache, wird euch Tychikus alles berichten, mein lieber Bruder und treuer Diener in dem Herrn, [22]den ich eben dazu gesandt habe zu euch, daß ihr erfahret, wie es um uns steht, und daß er eure Herzen tröste.

Der Eph setzt die gleiche Situation voraus wie der Kol (vgl. die Einl.). Allerdings hat er die konkreten Nachrichten des Kol zurückgedrängt. Der Segen ist in Anlehnung an andere Paulusbriefe frei gestaltet.

Er bringt den Friedenswunsch an erster Stelle. Das entspricht dem Anliegen des Briefes: Mahnung zu Frieden und Versöhnung zu sein.

[23] Friede sei mit den Brüdern und Liebe mit Glauben von Gott, dem Vater, und dem Herrn Jesus Christus! [24] Die Gnade sei mit allen, die lieb haben unsern Herrn Jesus Christus, in Unvergänglichkeit.

DER BRIEF DES PAULUS AN DIE PHILIPPER

Zu der Gemeinde in Philippi hatte Paulus enge und herzliche Verbindung. Etwa im Jahre 49 n. Chr. war er nach Europa gelangt und gründete dort sein erstes Missionszentrum. Auch nach der Darstellung der Apg ist Philippi die erste feste Missionsstation des Paulus (vgl. zu Apg 16,11–40).

Nach relativ kurzer Zeit war es Paulus gelungen, hier eine Gemeinde zu gründen. Der Erfolg war so groß, daß es zu Gegenreaktionen kam. Paulus und seine Mitarbeiter wurden vertrieben (Apg 16,39f.). Dennoch blieb die Gemeinde lebensfähig und unterstützte auch mit ihren Gaben den weiteren Weg des Paulus.

Philippi war von Philipp II., dem Vater Alexander des Großen, gegründet worden. Die Stadt lag 15 km landeinwärts von der dazugehörigen Hafenstadt Neapolis entfernt. Durch Philippi führte die wichtige Handelsstraße, die Rom mit dem Osten verband (die Via Egnatia). Zur Zeit des Paulus war Philippi jedoch keine bedeutende Stadt mehr. Ihren besonderen Charakter hatte sie durch Augustus erhalten, der sie zur römischen Militärkolonie (um 30 v. Chr.) ausbaute. Ausgediente und in Ehren entlassene römische Veteranen sollten hier eine Heimat finden. Aus diesem Grund besaß die Stadt besondere Privilegien (z. B. städtische Selbstverwaltung und Steuerfreiheit). Daran mag es liegen, daß die Einwohner Philippis wohlhabender waren als die anderer Städte und Paulus finanziell unterstützen konnten. Gegenüber den Veteranen bildeten die anderen Bevölkerungsgruppen eine Minderheit. Die jüdische Gemeinde z. B. war so klein, daß sie nicht einmal eine eigene Synagoge besaß, sondern sich im Freien versammelte (Apg 16,13).

Der konkrete Anlaß des Phl besteht darin, daß Paulus sich im Gefängnis befindet und die Philipper auf diese Nachricht hin Epaphroditus mit einer ansehnlichen finanziellen Gabe zu ihm schikken. Dafür bedankt sich Paulus, berichtet von sich und geht auf Probleme der Gemeinde ein, von denen er durch ihre Abgesandten gehört hat.

Aus dem Brief geht hervor, daß zwischen Paulus und den Philippern eine rege Verbindung bestand. Daher kann kaum Rom der Ort seiner Gefangenschaft sein. Nach allgemeiner Auffassung ist der Phl in der (in der Apg zwar nicht erwähnten) Gefangenschaft in Ephesus geschrieben worden (zur näheren Begründung der Gefangenschaft in Ephesus vgl. die Einleitung zum Phm).

Der Phl bietet allerdings ähnlich wie der 2Ko das Problem, daß er in der vorliegenden Gestalt schwer zu verstehen ist.

1. Vor allem fällt auf, daß zwischen 3,1 und 3,2 ein Bruch liegt. Paulus wechselt in 3,2ff. nicht nur den Ton, sondern wendet sich in schärfster Form gegen Irrlehrer, die in der Gemeinde Fuß fassen wollen. Die Situation ist hier anders als im übrigen Brief, in dem Paulus behutsam und im Bewußtsein enger Verbundenheit innergemeindliche Fragen behandelt. Der Ton der Freude über die Solidarität im Leiden ist auch dort zu hören, wo Paulus auf Schwierigkeiten der Gemeinde eingeht.
2. Außerdem schließt sich 4,4 nahtlos an 3,1 an. Es ist darum zu erwägen, 3,2–4,3 als Hauptteil eines späteren Briefes anzusehen, zu dem als Schlußgruß 4,8f. passen würde.
3. Auch die vorliegende Stellung von 4,10–20 ist problematisch. Mit diesem Stück bedankt sich Paulus herzlich für die Gabe der Philipper. Epaphroditus hat sie überbracht (4,18) und blieb bei Paulus und erkrankte schwer. Die Kunde davon kam nach Philippi (2,26). Sollte Paulus erst bis zur Gesundung des Epaphroditus gewartet haben, bis er schließlich schriftlich für die so reiche Gabe dankt? Weil dies schwer vorstellbar ist, könnte in 4,10–20 ein selbständiges Schreiben vorliegen.

Allerdings läßt sich die Stellung des Dankes am Schluß auch begründen: Paulus hat den Dank bewußt dahin gesetzt, um das Verhältnis der Gemeinde trotz der zu behandelnden Schwierigkeiten im besten Licht erscheinen zu lassen.

Wir neigen aber mit mehreren Forschern dazu, das vorliegende Schreiben als Briefsammlung aus drei Briefen anzusehen:

1. Das Dankschreiben (4,10–20), das unmittelbar nach Erhalt der Gabe geschrieben wurde;
2. Der Gefangenschaftsbrief (1,1–3,1; 4,4–7.21–23), der wohl von Epaphroditus überbracht wurde;
3. Der Kampfbrief gegen die Irrlehrer (3,2–4,3.8f.).

Die ersten beiden Briefe sind wohl während der Gefangenschaft des Paulus in Ephesus geschrieben, der Kampfbrief dagegen gehört in eine spätere Situation des Ephesusaufenthalts. Der Redaktor hat dann den Gefangenschaftsbrief zur Grundlage genommen, den Dankbrief wirkungsvoll an den Schluß gesetzt und das Kampfschreiben an den Anfang der Schlußmahnungen des Gefangenschaftsbriefes geschoben.

Die Beurteilung des Kampfbriefes hängt eng zusammen mit der Frage, welche Irrlehre der Gemeinde drohte. Die Verwandtschaft zum Tränenbrief (2Ko 10–13; vgl. die Einleitung zum 2Ko) und zum Gal ist so auffallend, daß man mit einer mindestens im Ansatz gleichen Gegnerschaft in Philippi, Galatien und Korinth rechnen muß. Die Briefe des Paulus aus der Spätzeit in Ephesus ergeben folgendes Bild: Nach einer Zeit guten Wachstums der paulinischen Gemeinden machte sich eine Gruppe von Missionaren auf, um diese Gemeinden zum »wahren« Christentum zu bekehren. Es waren Judenchristen, die stolz auf die Beschneidung waren. Sie meinten, mit dem Geist Christi ausgerüstet und vollkommen zu sein. Darum behaupteten sie auch, andere zu gleicher Vollkommenheit führen zu können. Die judenchristliche Gruppe kann an den einzelnen Orten unterschiedliche Forderungen gestellt haben. In Galatien z.B. haben sie sogar nachträglich die Beschneidung gefordert; in Philippi vielleicht (3,2 »Zerschneidung« kann so gedeutet werden); in Korinth offensichtlich nicht. Von der Rechtfertigungslehre des Paulus her, daß der Selbstruhm die schwerste Sünde ist, erklärt es sich, daß er ihren Stolz auf die eigenen irdischen Vorzüge mit so harten Worten angreift.

Wahrscheinlich hat Paulus den Kampfbrief am Ende seiner Zeit in Ephesus (etwa 55 n.Chr.) geschrieben. Vielleicht weilte Timotheus, wie in 2,19 versprochen, schon in Philippi. Er könnte daher der in 4,3 angeredete Kampfgefährte sein, der sich um die Einigkeit der Gemeinde bemühen soll.

1 Paulus und Timotheus, Knechte Christi Jesu, an alle Heiligen in Christus Jesus in Philippi samt den Bischöfen und Diakonen:*

2 Gnade sei mit euch und Friede von Gott, unserm Vater, und dem Herrn Jesus Christus!

Die Nennung von Bischöfen und Diakonen (= Verwalter und Helfer) ist auffallend, weil diese Ämter erst in der nachpaulinischen Zeit bezeugt sind. Vielleicht liegt hier eine Einfügung des Redaktors vor.

Dank und Fürbitte für die Gemeinde

3 Ich danke meinem Gott, sooft ich euer gedenke – 4 was ich allezeit tue in allen meinen Gebeten für euch alle, und ich tue das Gebet mit Freuden –, 5 für eure Gemeinschaft am Evangelium vom ersten Tage an bis heute; 6 und *ich bin darin guter Zuversicht, daß der in euch angefangen hat das gute Werk, der wird's auch vollenden bis an den Tag Christi Jesu.* 7 Wie es denn recht und billig ist, daß ich so von euch allen denke, weil ich euch in meinem Herzen habe, die ihr alle mit mir an der Gnade teilhabt in meiner Gefangenschaft und wenn ich das Evangelium verteidige und bekräftige. 8 Denn Gott ist mein Zeuge, wie mich nach euch allen verlangt von Herzensgrund in Christus Jesus. 9 Und ich bete darum, daß eure Liebe immer noch reicher werde an Erkenntnis und aller Erfahrung, 10 so daß ihr prüfen könnt,

Der gefangene Apostel hat die Verbundenheit mit den Philippern in besonderer Weise erfahren (vgl. 4,10ff.). Im Gebet gedenkt er darum mit Freude dankend und fürbittend dieser Gemeinde. Die Freude hat ihre Ursache weniger in menschlichen Taten als in Gottes Treue. Gott aber läßt die von ihm erwählten Menschen nicht im Stich. Wer diese Gewißheit hat, vermag Gefangenschaft um des Evangeliums willen als eine Gelegenheit zu begreifen, den Glauben an Gottes Treue und die Unzerstörbarkeit seiner Liebe zu bezeugen. Paulus bittet für die Philipper, daß sie aus dieser Erkenntnis schöpfen, immer klarer das Wesentliche vom Unwesentlichen unterscheiden und so im Glauben und Handeln Gott loben.

was das Beste sei, damit ihr lauter und unanstößig seid für den Tag Christi, [11]erfüllt mit Frucht der Gerechtigkeit durch Jesus Christus zur Ehre und zum Lobe Gottes.

Die Gefangenschaft des Paulus und die Verkündigung des Evangeliums

Die Philipper wollen hören, wie es dem Apostel geht. Er aber spricht davon, wie es dem Evangelium geht. Für Paulus sind sein persönliches Schicksal und der Weg des Evangeliums eins. Dankbar kann er feststellen, daß seine Gefangenschaft andere zu offenem Bekennen ermutigt. Sein öffentlicher Prozeß zeigt, daß das christliche Glaubenszeugnis ernst genommen wird. Denn von ihm geht eine Kraft zur Veränderung menschlicher Beziehungen aus. Freilich sind nicht alle Verkündiger Christi auch Freunde des Paulus. Um Irrlehrer (wie in 3,2 ff.) handelt es sich aber nicht. Dann würde Paulus nicht so rückhaltlos bestätigen, daß sie Christus verkündigen. Menschliche Schwächen können den Gang des Evangeliums nicht aufhalten. – Vom persönlichen Schicksal des Paulus ist eins wichtig: Der Ausgang seines Prozesses (Todesurteil oder Freispruch) wird in jedem Fall dazu dienen, Christus groß zu machen. Paulus weiß um die Zeugniskraft seines Märtyrertodes. Weil er weiß, daß der Tod seine Gemeinschaft mit Christus nicht zerstören kann, hat er keine Todesangst, sondern sehnt sich nach der persönlichen Heilsvollendung. Im Blick auf seinen apostolischen Auftrag ist er gewiß, daß Christus für ihn bestimmen wird, weiter für die Gemeinde zu wirken. Nur einen kurzen Einblick in seine persönlichen Überlegungen gewährt Paulus, denn er weiß, daß er nicht selbst entscheiden muß.

[12]Ich lasse euch aber wissen, liebe Brüder: Wie es um mich steht, das ist nur mehr zur Förderung des Evangeliums geraten. [13]Denn daß ich meine Fesseln für Christus trage, das ist im ganzen Prätorium und bei allen andern offenbar geworden, [14]und die meisten Brüder in dem Herrn haben durch meine Gefangenschaft Zuversicht gewonnen und sind um so kühner geworden, das Wort zu reden ohne Scheu. [15]Einige zwar predigen Christus aus Neid und Streitsucht, einige aber auch in guter Absicht: [16]diese aus Liebe, denn sie wissen, daß ich zur Verteidigung des Evangeliums hier liege; [17]jene aber verkündigen Christus aus Eigennutz und nicht lauter, denn sie möchten mir Trübsal bereiten in meiner Gefangenschaft. [18]Was tut's aber? Wenn nur Christus verkündigt wird auf jede Weise, es geschehe zum Vorwand oder in Wahrheit, so freue ich mich darüber.

Aber ich werde mich auch weiterhin freuen; [19]denn ich weiß, daß mir dies zum Heil ausgehen wird durch euer Gebet und durch den Beistand des Geistes Jesu Christi, [20]wie ich sehnlich warte und hoffe, daß ich in keinem Stück zuschanden werde, sondern daß frei und offen, wie allezeit so auch jetzt, Christus verherrlicht werde an meinem Leibe, es sei durch Leben oder durch Tod. [21]Denn *Christus ist mein Leben, und Sterben ist mein Gewinn.* [22]Wenn ich aber weiterleben soll im Fleisch, so dient mir das dazu, mehr Frucht zu schaffen; und so weiß ich nicht, was ich wählen soll. [23]Denn es setzt mir beides hart zu: ich habe Lust, aus der Welt zu scheiden und bei Christus zu sein, was auch viel besser wäre; [24]aber es ist nötiger, im Fleisch zu bleiben, um euretwillen. [25]Und in solcher Zuversicht weiß ich, daß ich bleiben und bei euch allen sein werde, euch zur Förderung und zur Freude im Glauben, [26]damit euer Rühmen in Christus Jesus größer werde durch mich, wenn ich wieder zu euch komme.

Bereitschaft der Gemeinde zum Leiden für Christus

Die Gemeinde lebt des Evangeliums würdig, wenn sie das gemeinsame Bedenken über persönliche Interessen stellt und vor damit verbundenen Schwierigkeiten nicht zurückscheut. Die Solidarität im Leiden untereinander und mit dem Apostel kann als Geschenk zur Bewährung des Glaubens begriffen werden. Im Blick auf

[27]Wandelt nur würdig des Evangeliums Christi, damit – ob ich komme und euch sehe oder abwesend von euch höre – ihr in *einem* Geist steht und einmütig mit uns kämpft für den Glauben des Evangeliums [28]und euch in keinem Stück erschrecken laßt von den Widersachern, was ihnen ein Anzeichen der Verdammnis ist, euch aber der Seligkeit, und das von Gott. [29]Denn euch ist es gegeben um Christi willen, nicht allein an ihn zu glauben, sondern auch um

seinetwillen zu leiden, [30]habt ihr doch denselben Kampf, den ihr an mir gesehen habt und nun von mir hört.

die Bedrücker der Gemeinden erklärt Paulus, daß brutale Gewaltanwendung ein Zeichen nicht von Stärke, sondern von geistiger Unterlegenheit ist.

Leben in der Gemeinschaft mit Christus

In die Mahnungen, des Evangeliums würdig zu leben, hat Paulus ein urchristliches Lied eingefügt (V. 6–11). Es ist der älteste uns überlieferte Christushymnus. Die dichterische Form und Sprache sind von der jüdischen Poesie der Psalmen und Weisheitsliteratur her geprägt. Ähnliche Hymnen finden sich auch Kol 1,15–20 und Joh 1,1–18. Das Lied besteht aus zwei Strophen (V. 6–8 und 9–11).

Paulus hat den ihm vorliegenden Hymnus leicht bearbeitet (Kürzung am Anfang, Einfügung des Kreuzes als Inbegriff des Heilsgeschehens für Paulus in V. 8 und Ergänzungen in V. 10 und am Schluß). So hat er ihn in den Briefzusammenhang gestellt, damit die Philipper ihren Standort besser bestimmen können. Sie bekennen den als Herrn, der den Weg der tiefsten Erniedrigung bis ans Kreuz gegangen ist. Das muß sich auch in ihrem Verhalten widerspiegeln.

2 Ist nun bei euch Ermahnung in Christus, ist Trost der Liebe, ist Gemeinschaft des Geistes, ist herzliche Liebe und Barmherzigkeit, [2]so macht meine Freude dadurch vollkommen, daß ihr *eines* Sinnes seid, gleiche Liebe habt, einmütig und einträchtig seid. [3]Tut nichts aus Eigennutz oder um eitler Ehre willen, sondern in Demut achte einer den andern höher als sich selbst, [4]und ein jeder sehe nicht auf das Seine, sondern auch auf das, was dem andern dient.

[5]*Seid so unter euch gesinnt, wie es auch der Gemeinschaft in Christus Jesus entspricht:**

[6]*Er, der in göttlicher Gestalt war,*
hielt es nicht für einen Raub, Gott gleich zu sein,
[7]*sondern entäußerte sich selbst*
und nahm Knechtsgestalt an,
ward den Menschen gleich
und der Erscheinung nach als Mensch erkannt.
[8]*Er erniedrigte sich selbst*
und ward gehorsam bis zum Tode,
ja zum Tode am Kreuz.
[9]*Darum hat ihn auch Gott erhöht*
und hat ihm den Namen gegeben, der über alle Namen ist,
[10]*daß in dem Namen Jesu sich beugen sollen aller derer Knie,*
die im Himmel und auf Erden und unter der Erde sind,
[11]*und alle Zungen bekennen sollen,*
daß Jesus Christus der Herr ist,
zur Ehre Gottes, des Vaters.

Menschen mit einem gemeinsamen Ziel bilden nicht sofort eine echte Gemeinschaft. Einige stürmen los und verachten die Bedächtigen. Dadurch entstehen leidvolle Spannungen. Gerade den Philippern blieb diese Krise nicht erspart. Zu ihrer Überwindung rät Paulus, sich in der Demut zu üben (V. 3). Die Gemeinde sollte begreifen, daß sie allein durch die von Gott zu Ostern bestätigte Selbstverleugnung und Erniedrigung Christi begründet wurde. Darum zitiert Paulus das vielleicht auch ihnen bekannte Christuslied. Es besingt Christi Würde und Macht, die er schon vor seiner Menschwerdung besaß. Er nutzte diese Macht nicht aus, sondern ging den Weg des Gehorsams. Um Gottes Nähe zu den Menschen zu bekunden, wurde er mit ihnen solidarisch. Er wählte ein Menschenschicksal, das das Ausgeliefertsein an brutale geschichtliche Gewalten bis zur Neige auskostete. Indem dieser leidende Gerechte von Gott erhöht wurde, bekam Jesu Tod den Charakter einer großen Wende in der Geschichte. Wer am Kreuz Gottes Sohn erkennt, wird darum frei von Lebens- und Todesangst und kann Gott preisen.

Sorge um das Heil

[12]Also, meine Lieben, – wie ihr allezeit gehorsam gewesen seid, nicht allein in meiner Gegenwart, sondern jetzt noch viel mehr in meiner Abwesenheit, – *schaffet, daß ihr selig werdet, mit Furcht und Zittern.* [13]*Denn Gott ist's, der in euch wirkt beides, das Wollen und das Vollbringen, nach seinem Wohlgefallen.*

Wer den Weg Christi von der göttlichen Herrlichkeit über die Selbstverleugnung am Kreuz bis zur Einsetzung zum Herrn über alle Mächte bedenkt, den ergreift »Furcht und Zittern«. Er spürt, wie weit er von dem hier geforderten Verhalten entfernt ist. Aller Hochmut zerbricht ihm. Gerade so kann er aber rechtes Tun wagen. Er ist dazu befähigt, Gottes Werkzeug und Wegweiser für andere Menschen zu werden. Er wird frei von dem Stöhnen über die Last der Verantwortung und von dem Zweifel, ob er das gewünschte Ziel erreicht. Paulus hat das im Gefängnis erkannt. Sein Märtyrertod wird den Siegeszug des Evangeliums nicht aufhalten, sondern sich als Segen für die Gemeinde erweisen. Aus dieser Gewißheit sollen die Philipper die Kraft zur Freude schöpfen.

Trotz Lebensgefahr entwickelt Paulus Pläne für die Arbeit mit seinen Gemeinden. Seinen Mitarbeiter Timotheus, den die Philipper von den ersten Tagen der Mission kennen (vgl. Apg 16, 1 ff.), will er vorerst noch nicht schicken. Er möchte ihn bis zum Ende des Prozesses bei sich behalten und ihn im Falle seines Todes als Nachfolger anerkannt wissen. Auch im engen Mitarbeiterkreis hat Paulus Enttäuschungen erlebt (V. 21), so daß ihm die Frage eines geeigneten Nachfolgers wichtig ist. Jedoch hofft er, daß er selbst die Gemeinde besuchen kann. Zunächst schickt er ihnen Epaphroditus zurück, der ihre Geldspende überbracht hatte (vgl. 4,18) und ihn bei seiner Arbeit unterstützen sollte. Dazu war es jedoch wegen einer Erkrankung des Epaphroditus nicht gekommen. Die Philipper waren offensichtlich enttäuscht, daß Epaphroditus dem Paulus zur Last gefallen war, statt ihm eine wirksame Hilfe zu sein. Mit Feingefühl und Takt überspielt das Paulus und setzt sich für seine ehrenvolle Aufnahme durch die Heimatgemeinde ein.

Die Schlußgrüße beginnen mit 3,1, finden aber erst in 4,4 ihre Fortführung. Durch eine scharfe Warnung vor Irrlehrern (= »Hunde« – gehört zum Stil damaliger Ketzerpolemik) werden sie jäh unterbrochen. Diese Irrlehrer waren stolz auf ihr Judentum und ihr Vollkommenheitsbewußtsein. Damit standen sie

[14] Tut alles ohne Murren und ohne Zweifel, [15] damit ihr ohne Tadel und lauter seid, Gottes Kinder, ohne Makel mitten unter einem verdorbenen und verkehrten Geschlecht, unter dem ihr scheint als Lichter in der Welt, [16] dadurch daß ihr festhaltet am Wort des Lebens, mir zum Ruhm an dem Tage Christi, so daß ich nicht vergeblich gelaufen bin noch vergeblich gearbeitet habe. [17] Und wenn ich auch geopfert werde bei dem Opfer und Gottesdienst eures Glaubens, so freue ich mich und freue mich mit euch allen. [18] Darüber sollt ihr euch auch freuen und sollt euch mit mir freuen.

Sendung des Timotheus und Rückkehr des Epaphroditus

[19] Ich hoffe aber in dem Herrn Jesus, daß ich Timotheus bald zu euch senden werde, damit ich auch erquickt werde, wenn ich erfahre, wie es um euch steht. [20] Denn ich habe keinen, der so ganz meines Sinnes ist, der so herzlich für euch sorgen wird. [21] Denn sie suchen alle das Ihre, nicht das, was Jesu Christi ist. [22] Ihr aber wißt, daß er sich bewährt hat; denn wie ein Kind dem Vater hat er mit mir dem Evangelium gedient. [23] Ihn hoffe ich zu senden, sobald ich erfahren habe, wie es um mich steht. [24] Ich vertraue aber in dem Herrn darauf, daß auch ich selbst bald kommen werde.

[25] Ich habe es aber für nötig angesehen, den Bruder Epaphroditus zu euch zu senden, der mein Mitarbeiter und Mitstreiter ist und euer Abgesandter und Helfer in meiner Not; [26] denn er hatte nach euch allen Verlangen und war tief bekümmert, weil ihr gehört hattet, daß er krank geworden war. [27] Und er war auch todkrank, aber Gott hat sich über ihn erbarmt; nicht allein aber über ihn, sondern auch über mich, damit ich nicht eine Traurigkeit zu der anderen hätte. [28] Ich habe ihn nun um so eiliger gesandt, damit ihr ihn seht und wieder fröhlich werdet und auch ich weniger Traurigkeit habe. [29] So nehmt ihn nun auf in dem Herrn mit aller Freude und haltet solche Menschen in Ehren. [30] Denn um des Werkes Christi willen ist er dem Tode so nahe gekommen, da er sein Leben nicht geschont hat, um mir zu dienen an eurer Statt.

Warnung vor Rückfall in die Gesetzesgerechtigkeit

3 Weiter, liebe Brüder: Freut euch in dem Herrn! Daß ich euch immer dasselbe schreibe, verdrießt mich nicht und macht euch um so gewisser.

[2] Nehmt euch in acht vor den Hunden, nehmt euch in acht vor den böswilligen Arbeitern, nehmt euch in acht vor der Zerschneidung!* [3] Denn *wir* sind die Beschneidung, die wir im Geist Gottes dienen und uns Christi Jesu rühmen und uns nicht verlassen auf Fleisch**, [4] obwohl ich mich

auch des Fleisches rühmen könnte. Wenn ein anderer meint, er könne sich auf Fleisch verlassen, so könnte ich es viel mehr, [5]der ich am achten Tag beschnitten bin, aus dem Volk Israel, vom Stamm Benjamin, ein Hebräer von Hebräern, nach dem Gesetz ein Pharisäer, [6]nach dem Eifer ein Verfolger der Gemeinde, nach der Gerechtigkeit, die das Gesetz fordert, untadelig gewesen. [7]Aber *was mir Gewinn war, das habe ich um Christi willen für Schaden erachtet.* [8]Ja, ich erachte es noch alles für Schaden gegenüber der überschwenglichen Erkenntnis Christi Jesu, meines Herrn. Um seinetwillen ist mir das alles ein Schaden geworden, und ich erachte es für Dreck, damit ich Christus gewinne [9]und in ihm gefunden werde, daß ich nicht habe meine Gerechtigkeit, die aus dem Gesetz kommt, sondern die durch den Glauben an Christus kommt, nämlich die Gerechtigkeit, die von Gott dem Glauben zugerechnet wird.* [10]Ihn möchte ich erkennen und die Kraft seiner Auferstehung und die Gemeinschaft seiner Leiden und so seinem Tode gleichgestaltet werden, [11]damit ich gelange zur Auferstehung von den Toten.

in scharfem Gegensatz zur Verkündigung des Paulus. So sieht sich dieser zu einer Verteidigung (ähnlich 2Ko 11,16ff.) gezwungen. Paulus war in einer strenggläubigen jüdischen Familie aufgewachsen, hatte der pharisäischen Bewegung angehört und jene Christen verfolgt, die an der Heilsnotwendigkeit der Beschneidung zweifelten. Vor Damaskus war ihm das alles zerbrochen. Paulus begriff, daß der Weg zu Gott nicht über eigene Anstrengungen und Gebotserfüllung führt. Anerkennung durch Gott ist Geschenk, das nur im Glauben an den Gekreuzigten angenommen werden kann. Diese Wende in seinem Leben und Denken führte ihn in immer tiefere Einsicht des Geheimnisses des Kreuzes Christi. Dabei erkannte Paulus, daß das Leiden Christi nur erlösende Wirkung hat, wenn er denselben Weg der Selbstverleugnung und Leidensbereitschaft geht.

Das Ziel

[12]Nicht, daß ich's schon ergriffen habe oder schon vollkommen sei; ich jage ihm aber nach, ob ich's wohl ergreifen könnte, weil ich von Christus Jesus ergriffen bin. [13]Meine Brüder, ich schätze mich selbst noch nicht so ein, daß ich's ergriffen habe. Eins aber sage ich: *Ich vergesse, was dahinten ist, und strecke mich aus nach dem, was da vorne ist,* [14]*und jage nach dem vorgesteckten Ziel, dem Siegespreis der himmlischen Berufung Gottes in Christus Jesus.* [15]Wie viele nun von uns vollkommen sind, die laßt uns so gesinnt sein. Und solltet ihr in einem Stück anders denken, so wird euch Gott auch das offenbaren. [16]Nur, was wir schon erreicht haben, darin laßt uns auch leben.

[17]Folgt mir, liebe Brüder, und seht auf die, die so leben, wie ihr uns zum Vorbild habt. [18]Denn viele leben so, daß ich euch oft von ihnen gesagt habe, nun aber sage ich's auch unter Tränen: sie sind die Feinde des Kreuzes Christi. [19]Ihr Ende ist die Verdammnis, ihr Gott ist der Bauch, und ihre Ehre ist in ihrer Schande; sie sind irdisch gesinnt. [20]Unser Bürgerrecht aber ist im Himmel; woher wir auch erwarten den Heiland, den Herrn Jesus Christus, [21]der unsern nichtigen Leib verwandeln wird, daß er gleich werde seinem verherrlichten Leibe nach der Kraft, mit der er sich alle Dinge untertan machen kann.

Paulus weiß, daß er dem sich selbstverleugnenden Christus (vgl. 2,6–8) nicht entspricht. Doch er vertraut darauf, daß Christus ihm die Kraft zur Selbstüberwindung gibt. Er vergleicht sich mit dem Wettläufer, der das Ziel und die Strecke, die noch vor ihm liegt, vor Augen haben muß. So wird die paradoxe Aussage von V. 15 zu V. 12 verständlich: Die wahrhaft Vollkommenen sind die, die um ihre Unvollkommenheit wissen. Paulus hofft, daß Gott den Philippern diese rechte Erkenntnis geben wird. Unter keinen Umständen dürfen sie sich mit Erreichtem zufriedengeben. Das Ziel ist erst erreicht, wenn Christus erscheint und alle Dinge verwandelt. Erst dann wird die Hoffnung des Paulus auf die völlige Gemeinschaft mit Christus (vgl. V. 10) erfüllt werden. Wer diesen Unterschied zwischen der Gegenwart und der Zukunft leugnet, erweist sich als ein »Feind des Kreuzes Christi« (V. 18). V. 19 gehört zum Stil damals üblicher Ketzerpolemik.

Mahnung zur Einigkeit und zur Freude im Herrn

4 Also, meine lieben Brüder, nach denen ich mich sehne, meine Freude und meine Krone, steht fest in dem

Persönliche Zwistigkeiten in der Gemeinde erschüttern deren Standhaftigkeit und Einigkeit. Deshalb bittet Paulus seine engsten Vertrauten, zur Aussöhnung beizutragen. Die Freude, zu der Paulus in V.4–7 aufruft (vgl. 3,1), hat ihren Grund in der Nähe des Herrn, die die Philipper geistlich schon jetzt erfahren und bald unverhüllt erleben werden. Aus der getrosten Zuversicht darauf erwächst die Güte gegenüber allen Menschen und die Freiheit von der Sorge um Lebenssicherung (vgl. Mt 6,25–34). – Es ist notwendig, sich von negativen Erscheinungen der Umwelt zu distanzieren. Doch sollten ihre sittlichen Werte aufgenommen werden. Die empfohlenen Eigenschaften (V. 8f.) sind nicht typisch christliche, sondern stehen an der Spitze der Moralkataloge der Stoa. Die Möglichkeit, vom Besten einer Gesellschaft zu lernen, sollte von Christen wahrgenommen werden nach dem Grundsatz: Prüfet alles, und behaltet das Gute (1Th 5,21).

Paulus bedankt sich für die finanzielle Unterstützung, die ihm die Philipper durch Epaphroditus zuschickten. Nur von den Gemeinden Mazedoniens nahm Paulus eine Gabe an. Die Mazedonier waren auch bei der Sammlung der Kollekte für Jerusalem führend (vgl. 2Ko 8,1–6). Paulus wollte nicht mit gewinnsüchtigen Wanderpredigern verwechselt werden. Darum hatte er sowohl in Thessalonich (vgl. 1Th 2,5) als auch in Korinth (vgl. 1Ko 9,12) kein Geld genommen, sondern sich mit seinem Handwerk (vgl. Apg 18,1–17) das Nötigste verdient. Aus seiner Genügsamkeit macht er aber kein Prinzip; er kann auch einmal dankbar mitfeiern. Er gesteht, daß die Hilfe zur rechten Zeit kam. Denn seine Gefängnishaft wird ihm kaum die Möglichkeit gelassen haben, Geld zu verdienen. Er benutzt für den Dank die Fachbegriffe, wie wir sie von antiken Quittungen kennen (V. 15.17). Doch betrachtet Paulus ihre Gabe nicht als Steuer oder Lohn, sondern als Ausdruck enger Verbundenheit. So gibt er den Philippern die Zusicherung, daß sie durch ihre Gabe nicht ärmer, sondern vor Gott reicher geworden sind (vgl. 2Ko 9,6–15).

Herrn, ihr Lieben. [2]Evodia ermahne ich und Syntyche ermahne ich, daß sie *eines* Sinnes seien in dem Herrn. [3]Ja, ich bitte auch dich, mein treuer Gefährte, steh ihnen bei; sie haben mit mir für das Evangelium gekämpft, zusammen mit Klemens und meinen andern Mitarbeitern, deren Namen im Buch des Lebens stehen.

[4]*Freuet euch in dem Herrn allewege, und abermals sage ich: Freuet euch!* [5]*Eure Güte laßt kund sein allen Menschen! Der Herr ist nahe!* [6]*Sorgt euch um nichts, sondern in allen Dingen laßt eure Bitten in Gebet und Flehen mit Danksagung vor Gott kund werden!* [7]*Und der Friede Gottes, der höher ist als alle Vernunft, bewahre eure Herzen und Sinne in Christus Jesus.*

[8]Weiter, liebe Brüder: Was wahrhaftig ist, was ehrbar, was gerecht, was rein, was liebenswert, was einen guten Ruf hat, sei es eine Tugend, sei es ein Lob – darauf seid bedacht! [9]Was ihr gelernt und empfangen und gehört und gesehen habt an mir, das tut; so wird der Gott des Friedens mit euch sein.

Dank für die Gabe der Gemeinde

[10]Ich bin aber hoch erfreut in dem Herrn, daß ihr wieder eifrig geworden seid, für mich zu sorgen; ihr wart zwar immer darauf bedacht, aber die Zeit hat's nicht zugelassen. [11]Ich sage das nicht, weil ich Mangel leide; denn ich habe gelernt, mir genügen zu lassen, wie's mir auch geht.

[12]Ich kann niedrig sein und kann hoch sein;
mir ist alles und jedes vertraut:
beides, satt sein und hungern,
beides, Überfluß haben und Mangel leiden;
[13]*ich vermag alles durch den, der mich mächtig macht.*

[14]Doch ihr habt wohl daran getan, daß ihr euch meiner Bedrängnis angenommen habt. [15]Denn ihr Philipper wißt, daß am Anfang meiner Predigt des Evangeliums, als ich auszog aus Mazedonien, keine Gemeinde mit mir Gemeinschaft gehabt hat im Geben und Nehmen als ihr allein. [16]Denn auch nach Thessalonich habt ihr etwas gesandt für meinen Bedarf, einmal und danach noch einmal. [17]Nicht, daß ich das Geschenk suche, sondern ich suche die Frucht, damit sie euch reichlich angerechnet wird. [18]Ich habe aber alles erhalten und habe Überfluß. Ich habe in Fülle, nachdem ich durch Epaphroditus empfangen habe, was von euch gekommen ist: ein lieblicher Geruch, ein angenehmes Opfer, Gott gefällig. [19]Mein Gott aber wird all eurem Mangel abhelfen nach seinem Reichtum in Herrlichkeit in Christus Jesus. [20]Gott aber, unserm Vater, sei Ehre von Ewigkeit zu Ewigkeit! Amen.

Grüße und Segenswunsch

[21] Grüßt alle Heiligen in Christus Jesus. Es grüßen euch die Brüder, die bei mir sind. [22] Es grüßen euch alle Heiligen, besonders aber die aus dem Haus des Kaisers. [23] Die Gnade des Herrn Jesus Christus sei mit eurem Geist!

Zu V. 22 vgl. die Einl. Nach Inschriften können das Mitglieder einer römischen Garnison in der Provinz gewesen sein. Die Mission des Paulus ist so weit vorangekommen, daß sich schon römische Soldaten zum christlichen Glauben bekannten.

DER BRIEF AN DIE KOLOSSER

Die in dem Brief verstreuten Nachrichten ergeben für die Abfassungsverhältnisse folgendes Bild: Die Gemeinden des Lykostals, Hierapolis, Laodizea und Kolossä, sind nicht von Paulus, sondern von dem Missionar Epaphras (1,7; 4,12f.) gegründet worden. Paulus kennt sie nicht und kann sie wegen seiner Gefangenschaft auch nicht besuchen. Die Nachrichten, die er von Epaphras bekommen hat, bezeugen, daß die Gemeinden fest den Glauben bekennen, aber durch eine Irrlehre in Anfechtung geraten sind.

Darum schreibt der Apostel seinen Brief mit dreifacher Absicht.

1. Er mahnt, an dem ursprünglichen Glaubensbekenntnis festzuhalten.
2. Er stärkt die Autorität der glaubenstreuen Diener, vor allem die des Epaphras.
3. Er entlarvt die Irrlehre als unvereinbar mit dem Bekenntnis.

Der Apostel befindet sich zur Abfassungszeit des Briefes in Gefangenschaft (1,24; 4,2–4). Nach der Grußliste (4,7–18) sind um ihn die gleichen Personen wie zur Zeit der Abfassung des Phm. Darum müßte der Kol zur gleichen Zeit wie dieser in Ephesus geschrieben worden sein.

Bei aller Nähe zu Paulus zeigt der Kol jedoch in Ausdruck, Stil und Gedanken auch auffallende Unterschiede zu den als echt anerkannten Paulusbriefen. Diese Differenzen sind noch gewichtiger, wenn man die im Kol vorausgesetzte gleichzeitige Abfassung mit den Kampfbriefen des Paulus nach Galatien, Philippi und Korinth ernst nimmt. Der Kol spiegelt die Probleme einer Zeit wider, die auf die ersten Anfänge schon zurückblickt und die Bewahrung des ursprünglichen Bekenntnisses als wichtigste Aufgabe ansieht. Die Irrlehre, von der die Gemeinden bedroht sind, ist wesentlich anders als die in den Paulusbriefen bekämpfte. Dort war die apostolische Autorität umstritten und wollten die Irrlehrer die Gemeinden wieder auf das jüdische Gesetz verpflichten. Hier dagegen erscheint die Irrlehre als eine neue Heilslehre. Sie läßt sich aus dem Brief nicht eindeutig bestimmen. Erkennbar sind aber folgende Züge:

1. Verehrt werden Engelmächte (2,18), offensichtlich Schicksalsmächte, denen bestimmender Einfluß auf Leben und Tod zugeschrieben wird.
2. Zu ihrem Kult gehört die Einhaltung bestimmter Vorschriften (2,20–23): Unheilige Gegenstände dürfen nicht berührt werden. Wahrscheinlich war Fleischgenuß verboten; ob auch Sexualaskese geübt wurde, ist nicht sicher.
3. Heilige Zeiten müssen genau beachtet werden, um nicht Schaden zu erleiden (2,16).
4. Offensichtlich gab es besondere ekstatische Visionen (2,18). Die Schau hat wahrscheinlich die Bedeutung erlösender Wirkung.

Alle diese Merkmale können mit sehr verschiedenen Religionen in Zusammenhang gebracht werden. Doch lassen sich alle genannten Einzelzüge mit der Gnosis vereinbaren, die ja in vielen Spielarten auftreten konnte. Ihr Grundgedanke ist, daß die Welt unter der Herrschaft dämonischer Mächte steht, denen man sich durch besondere Übungen entziehen muß. Das eigentliche Ziel ist die Rückkehr in die wahre himmlische Heimat, die der Gnostiker auf den Höhepunkten seines religiösen Lebens schon erschaut hat. So läge hier eine Variante der Gnosis vor, die stärker asketisch ausgerichtet ist. Das Besondere und nicht leicht Verständliche an der Engelverehrung der Irrlehrer ist, daß sie die Engelmächte nicht lieben, sondern ausschließlich fürchten. Der ganze Kult ist allein darauf ausgerichtet, dem Haß und Einfluß jener himmlischen Mächte zu entgehen. Der wahre

Himmel ist weit jenseits jener dämonischen Engel, die jetzt und hier herrschen. Um ihrem Machtbereich nach dem Tode endgültig entfliehen zu können, muß man sich solcher strengen Askese unterwerfen.

Dieser Irrlehre, die an dem damals weit verbreiteten Gefühl der Daseinsangst und des Ausgeliefertseins an dämonische Mächte anknüpft, setzt der Verfasser im Namen des Apostels Paulus die befreiende Botschaft entgegen: Alle diese Mächte sind schon von Christus unterworfen, und wir haben Anteil an seinem Sieg.

Aus dieser Auseinandersetzung erklären sich die dem Kol eigenen theologischen Gedanken:

1. Christus ist der Schöpfer und Versöhner des ganzen Kosmos. Diese Aussage hat der Verfasser aus einem Hymnus (vgl. zu 1,15–20) übernommen und entfaltet sie gegenüber der Irrlehre. Die Schicksalsmächte, denen die Irrlehrer ängstlich kultische Verehrung erweisen, sind von Christus schon bei seiner Himmelfahrt überwunden worden (2,15). Das Kreuz Jesu, das bei Paulus im Mittelpunkt steht, wird zwar gelegentlich erwähnt (1,20), spielt aber im Denken des Verfassers keine Rolle.
2. Die Kirche ist der Repräsentant der neuen Schöpfung. Christus ist das Haupt, die Kirche sein die ganze Welt umfassender Leib. Bei Paulus dagegen ist die Kirche primär im Zeichen des Kreuzes als die Gemeinschaft der unverdient begnadeten Sünder verstanden.
3. Das Bild des Apostels Paulus ist verklärt. Er leidet stellvertretend für die Kirche und ist der erwählte Heidenmissionar, der durch Gottes Ratschluß das bisher verborgene Geheimnis jetzt den Völkern offenbart hat (1,24–29).
4. Dem Sakrament der Taufe wird eine größere Bedeutung zugesprochen. Auch Paulus kann die Taufe als Teilhabe am Geschick Christi deuten. Jedoch meint er damit, daß wir schon jetzt mit Christus gestorben und begraben sind, aber erst in der Zukunft mit ihm auferstehen werden (Rö 6,4–6). Der Kol sagt aber, daß wir auch schon mit ihm auferstanden sind (2,12; 3,1).
5. Daraus ergibt sich eine veränderte Sicht der Zeit: Der Gegenwartsaspekt des Heils wird stärker als bei Paulus betont. Vom sehnsüchtigen Warten auf die noch ausstehende Vollendung (Rö 8,18–25) ist nicht die Rede.
6. Bei den ethischen Mahnungen fehlt der für Paulus typische Rückgriff auf die Rechtfertigung, die dem Menschen aufgrund des Kreuzestodes unverdient geschenkt wird. Stattdessen werden sie ausschließlich mit dem Taufgeschehen begründet. Die Kol 3,18–4,1 auftauchende christliche Haustafel zeigt das Bemühen, zwischen der Gemeindeordnung, nach der alle Bürger gleich sind, und der Sozialordnung der Antike einen Ausgleich zu finden.

Aus dem allen ergibt sich, daß der Kol das Werk eines Paulusschülers etwa 15 Jahre (also zwischen 75 und 80 n. Chr.) nach dem Tod des Apostels ist. Zu diesem Zeitpunkt hatte die Gnosis alle kleinasiatischen Gemeinden erfaßt. Auf diesem Hintergrund ist auch die Ortsangabe Kolossä zu erklären. Kolossä war im Jahre 61 n. Chr. durch ein Erdbeben schwer zerstört worden. Es ist nicht einmal sicher, daß der Ort zur Abfassungszeit des Briefes besiedelt war. Er eignete sich darum umso besser als Adresse für einen bisher unbekannten Paulusbrief, der nun ökumenisch verbreitet werden sollte. Da die Gemeindeverhältnisse nicht mehr greifbar waren, konnte der Verfasser das Mittel der Pseudepigraphie benutzen.

Der Briefeingang ist Segenswunsch. Die apostolische Würde des Absenders wird betont; ebenso der Stand der Empfänger, Heilige, zu dem sie aufgrund der Berufung Gottes gelangt sind.

1 Paulus, ein Apostel Christi Jesu durch den Willen Gottes, und Bruder Timotheus [2] an die Heiligen in Kolossä, die gläubigen Brüder in Christus:

Gnade sei mit euch und Friede von Gott, unserm Vater!

Dank und Fürbitte für die Gemeinde

Die Gemeinde wird getragen vom Gebet des Apostels. Sie wird verpflichtet, weiterhin an den drei Grundpfeilern christlichen Lebens festzuhalten: Glaube, Liebe, Hoffnung (1Ko 13,13). Glaube meint hier mehr das treue Festhalten an der apostolischen Botschaft. Die unmittelbare Gefahr droht der Gemeinde

[3] Wir danken Gott, dem Vater unseres Herrn Jesus Christus, allezeit, wenn wir für euch beten, [4] da wir gehört haben von eurem Glauben an Christus Jesus und von der Liebe, die ihr zu allen Heiligen habt, [5] um der Hoffnung willen, die für euch bereit ist im Himmel. Von ihr habt ihr schon zuvor gehört durch das Wort der Wahrheit, das Evangelium, [6] das zu euch gekommen ist, wie es auch in aller Welt Frucht bringt und auch bei euch wächst von dem Tag an,

da ihr's gehört und die Gnade Gottes erkannt habt in der Wahrheit. [7]So habt ihr's gelernt von Epaphras, unserm lieben Mitknecht, der ein treuer Diener Christi für euch ist, [8]der uns auch berichtet hat von eurer Liebe im Geist.

[9]Darum lassen wir auch von dem Tag an, an dem wir's gehört haben, nicht ab, für euch zu beten und zu bitten, daß ihr erfüllt werdet mit der Erkenntnis seines Willens in aller geistlichen Weisheit und Einsicht, [10]daß ihr des Herrn würdig lebt, ihm in allen Stücken gefallt und Frucht bringt in jedem guten Werk und wachst in der Erkenntnis Gottes [11]und gestärkt werdet mit aller Kraft durch seine herrliche Macht zu aller Geduld und Langmut. [12]Mit Freuden sagt Dank dem Vater, der euch tüchtig gemacht hat zu dem Erbteil der Heiligen im Licht. [13]Er hat uns errettet von der Macht der Finsternis und hat uns versetzt in das Reich seines lieben Sohnes, [14]in dem wir die Erlösung haben, nämlich die Vergebung der Sünden.

nicht vom Unglauben, sondern vom irregeleiteten Glauben. Erkenntniszuwachs vollzieht sich im Handeln (V. 10). Um das verheißene Hoffnungsgut (V. 5) zu erlangen, bedarf es der Geduld gegenüber äußeren Widrigkeiten und des langen Atems, den Mitmenschen in Liebe zu tragen (V. 11). V. 13 klingt wie eine schwärmerische Losung, wie sie z. B. von Paulus in 1Ko 15 bekämpft wurde. Gemeint ist hier jedoch nicht, daß die Glaubenden der Welt enthoben seien. Ihnen gehört das Reich des Sohnes, weil sie im Wissen um Gottes Vergebung ihrer Schuld leben. Vom Standpunkt des begnadeten Sünders erscheint die von Angst erfüllte Vergangenheit als Finsternis, die Gegenwart aber als Licht.

Christus, der Erste in Schöpfung und Erlösung

Das Gebet mündet in einen Christushymnus. Sprache und Stil zeigen, daß hier schon geprägtes Liedgut vorliegt. Das ursprüngliche Lied hatte zwei Strophen. Die erste besingt Christus als den Schöpfungsmittler, durch den alles geworden ist (Wsh 7,24–8,1); die zweite (beginnend mit V. 18, Zeile 2) als den Urheber der Erlösung und Versöhnung aufgrund seiner Auferstehung und Himmelfahrt. Der Grund, warum die von Christus mitgeschaffene Schöpfung so tief fiel, daß sie eines besonderen Aktes der Versöhnung bedurfte, bleibt ungenannt. Der Lobgesang ist ganz aus der Dankbarkeit entworfen, daß der schmerzlich empfundene Bruch in der Schöpfung nun endlich geheilt ist.

[15]Er ist das Ebenbild des unsichtbaren Gottes,
der Erstgeborene vor aller Schöpfung.
[16]Denn *in ihm ist alles geschaffen,*
was im Himmel und auf Erden ist,
das Sichtbare und das Unsichtbare,
es seien Throne oder Herrschaften
oder Mächte oder Gewalten;
es ist alles durch ihn und zu ihm geschaffen.
[17]Und er ist vor allem,
und es besteht alles in ihm.
[18]Und er ist das Haupt des Leibes, nämlich der Gemeinde.

Er ist der Anfang,
der Erstgeborene von den Toten,
damit er in allem der Erste sei.
[19]Denn es hat Gott wohlgefallen,
daß in ihm alle Fülle wohnen sollte
[20]und er durch ihn alles mit sich versöhnte,
es sei auf Erden oder im Himmel,
indem er Frieden machte durch sein Blut am Kreuz.

Das Liedgut ist erweitert und aktualisiert worden. Zumindest wurden zwei Gedanken hinzugefügt: 1. In V. 18a die Wendung »nämlich der Gemeinde«. Dadurch wird in der ersten Strophe nicht mehr von der Schöpfung allgemein, sondern von der Kirche als der auf Christus hin orientierten Schöpfung gesungen. 2. In V. 20c die Wendung »durch sein Blut am Kreuz«. Denn nach Paulus gründet die Versöhnung im Opfer Jesu. Im Hymnus dagegen ist die Versöhnung des Kosmos in Christi Auferstehung und Himmelfahrt begründet. – Denkbar ist auch, daß die Aufzählung aller Mächte (V. 16) erst mit der Absicht eingefügt wurde: Alle Mächte, vor denen die Irrlehrer Angst machen wollen, sind von Christus geschaffen und ihm untertan. – Der ursprüngliche Hymnus – neben Phl 2,6–11 der längste uns im NT überlieferte – ist ein Beispiel für die ältesten urchristlichen

[21]Auch euch, die ihr einst fremd und feindlich gesinnt wart in bösen Werken, [22]hat er nun versöhnt durch den Tod seines sterblichen Leibes, damit er euch heilig und untadelig und makellos vor sein Angesicht stelle; [23]wenn ihr nur bleibt im Glauben, gegründet und fest, und nicht weicht von der Hoffnung des Evangeliums, das ihr gehört habt und das gepredigt ist allen Geschöpfen unter dem Himmel. Sein Diener bin ich, Paulus, geworden.

Lieder. Im Gottesdienst nimmt die Gemeinde jene Zukunft vorweg, in der alles Seufzen der Schöpfung in Lobgesang mündet. Im Blick auf die Zukunft, die im Glauben schon Gegenwart ist, soll die Gemeinde die Kraft für den Alltag schöpfen (V. 21–23). In ihm hat sie zu bezeugen, daß sie frei von Angst vor allen Mächten als Gemeinschaft der Versöhnten lebt.

Das Amt des Apostels unter den Heiden

[24]Nun freue ich mich in den Leiden, die ich für euch leide, und erstatte an meinem Fleisch, was an den Leiden Christi noch fehlt, für seinen Leib, das ist die Gemeinde. [25]Ihr Diener bin ich geworden durch das Amt, das Gott mir gegeben hat, daß ich euch sein Wort reichlich predigen soll, [26]nämlich das Geheimnis, das verborgen war seit ewigen Zeiten und Geschlechtern, nun aber ist es offenbart seinen Heiligen, [27]denen Gott kundtun wollte, was der herrliche Reichtum dieses Geheimnisses unter den Heiden ist, nämlich Christus in euch, die Hoffnung der Herrlichkeit. [28]Den verkündigen wir und ermahnen alle Menschen und lehren alle Menschen in aller Weisheit, damit wir einen jeden Menschen in Christus vollkommen machen. [29]Dafür mühe ich mich auch ab und ringe in der Kraft dessen, der in mir kräftig wirkt.

Die beiden wichtigsten Züge am Paulusbild in nachpaulinischen Texten sind sein Leiden und sein Auftrag zur Heidenmission. Die Bedeutung des Leidens wird mit Hilfe der Vorstellung von den »Messiaswehen« erläutert. Vor der Wiederkunft Christi hat Gott noch ein bestimmtes Maß an Leiden (vgl. Mk 13,19 f.; 2Th 2,1 bis 12) festgesetzt. Die Bedeutung des Leidens des Apostels wird innerhalb des NT in einmaliger Weise als stellvertretendes Christusleiden hervorgehoben: Er hat stellvertretend für die Gemeinde ihren Teil des ihr verordneten Leidensmaßes auf sich genommen und dadurch die Vollendung der zukünftigen Herrlichkeit beschleunigt.

Die Bedeutung des Heidenapostolats verdeutlicht der Offenbarungsgedanke: Seit ewigen Zeiten war das Geheimnis Gottes verborgen; jetzt aber ist es auf Anordnung Gottes durch den Apostel Paulus den Heiden kundgemacht worden (vgl. Rö 16,25; Eph 3,1–13; 1Ti 3,16). In V. 28 wird allerdings nicht so sehr die erste Verkündigung an die Heiden betont, sondern vielmehr das feste Bewahren des schon angenommenen Glaubens.

Warnung vor den Irrlehrern

2 Ich will euch nämlich wissen lassen, welchen Kampf ich um euch führe und um die in Laodizea und um alle, die mich nicht von Angesicht gesehen haben, [2]damit ihre Herzen gestärkt und zusammengefügt werden in der Liebe und zu allem Reichtum an Gewißheit und Verständnis, zu erkennen das Geheimnis Gottes, das Christus ist, [3]*in welchem verborgen liegen alle Schätze der Weisheit und der Erkenntnis.*

[4]Ich sage das, damit euch niemand betrüge mit verführerischen Reden. [5]Denn obwohl ich leiblich abwesend bin, so bin ich doch im Geist bei euch und freue mich, wenn ich eure Ordnung und euren festen Glauben an Christus sehe. [6]Wie ihr nun den Herrn Christus Jesus angenommen habt, so lebt auch in ihm [7]und seid in ihm verwurzelt und gegründet und fest im Glauben, wie ihr gelehrt worden seid, und seid reichlich dankbar.

Vor der Auseinandersetzung mit der Irrlehre wird der Gemeinde gesagt, wo sie festen Halt finden kann, um allen Verlockungen der Irrlehre zu widerstehen: Es ist der Christus, zu dem sie sich am Anfang ihres Glaubensweges bekannt hat. Es bedarf keiner neuen philosophischen Lehre über Christus. Das schlichte Bekenntnis zu ihm als dem Herrn enthält alle Schätze der Erkenntnis. Die Verborgenheit des Schatzes meint nicht Unzugänglichkeit. Ein verborgener Schatz reizt, ihn zu heben. Das gelingt, wenn die Gemeinde gehorsam gegenüber dem Bekenntnis lebt, aber nicht in Untertanengeist, sondern in dankbarer Freude (3,16 f.). Das Einfallstor der Irrlehre

[8]Seht zu, daß euch niemand einfange durch Philosophie und leeren Trug, gegründet auf die Lehre von Menschen und auf die Mächte der Welt und nicht auf Christus. [9]Denn *in ihm wohnt die ganze Fülle der Gottheit leibhaftig,* [10]und an dieser Fülle habt ihr teil in ihm, der das Haupt aller Mächte und Gewalten ist. [11]In ihm seid ihr auch beschnitten worden mit einer Beschneidung, die nicht mit Händen geschieht, als ihr nämlich euer fleischliches Wesen ablegtet in der Beschneidung durch Christus. [12]Mit ihm seid ihr begraben worden durch die Taufe; mit ihm seid ihr auch auferstanden durch den Glauben aus der Kraft Gottes, der ihn auferweckt hat von den Toten. [13]Und er hat euch mit ihm lebendig gemacht, die ihr tot wart in den Sünden und in der Unbeschnittenheit eures Fleisches, und hat uns vergeben alle Sünden. [14]*Er hat den Schuldbrief getilgt, der mit seinen Forderungen gegen uns war,* und hat ihn weggetan und an das Kreuz geheftet. [15]Er hat die Mächte und Gewalten ihrer Macht entkleidet und sie öffentlich zur Schau gestellt und hat einen Triumph aus ihnen gemacht in Christus.

[16]So laßt euch nun von niemandem ein schlechtes Gewissen machen wegen Speise und Trank oder wegen eines bestimmten Feiertages, Neumondes oder Sabbats. [17]Das alles ist nur ein Schatten des Zukünftigen; leibhaftig aber ist es in Christus. [18]Laßt euch den Siegespreis von niemandem nehmen, der sich gefällt in falscher Demut und Verehrung der Engel und sich dessen rühmt, was er geschaut hat, und ist ohne Grund aufgeblasen in seinem fleischlichen Sinn [19]und hält sich nicht an das Haupt, von dem her der ganze Leib durch Gelenke und Bänder gestützt und zusammengehalten wird und wächst durch Gottes Wirken.

[20]Wenn ihr nun mit Christus den Mächten der Welt gestorben seid, was laßt ihr euch dann Satzungen auferlegen, als lebtet ihr noch in der Welt: [21]Du sollst das nicht anfassen, du sollst das nicht kosten, du sollst das nicht anrühren? [22]Das alles soll doch verbraucht und verzehrt werden. Es sind Gebote und Lehren von Menschen, [23]die zwar einen Schein von Weisheit haben durch selbsterwählte Frömmigkeit und Demut und dadurch, daß sie den Leib nicht schonen; sie sind aber nichts wert und befriedigen nur das Fleisch.

(vgl. die Einl.) war offensichtlich das damals weit verbreitete Gefühl der Weltangst und des Ausgeliefertseins an überirdische Schicksalsmächte. Demgegenüber wird die Botschaft von Christus entfaltet als Befreiung von Angst und Schuldgefühlen. Christus ist der Herr über die Mächte aufgrund seines Todes und seiner Auferstehung (Phl 2,9–11; 1Ti 3,16). Durch die Taufe (= Beschneidung V.11) haben die Glaubenden Anteil an dem Sieg Christi. Die Gemeinde repräsentiert die neue Schöpfung und zieht sich nicht ängstlich in geheime Kultpraktiken zurück. Die jetzt schon wirksame Teilhabe an Christi Geschick wird nicht nur auf den Tod Jesu (so Rö 6,3–6), sondern ausdrücklich auch auf die Auferstehung ausgedehnt. – Die Irrlehrer sehen den Menschen als Angeklagten, der durch Erfüllung asketischer Forderungen das ihm drohende ewig geltende Todesurteil abwenden muß. Die Gemeinde dagegen bekennt, Christus habe die gegen uns gerichtete Anklageschrift vernichtet und alle Strafe auf sich genommen (Gal 3,13). Der Sieg über die Schicksalsmächte wird wie ein Triumphzug geschildert, bei dem die Besiegten gefesselt dem Gespött der Menge preisgegeben sind. Wer sich jetzt noch ängstigt und nach ihren Geboten handelt, lebt im Denken vergangener Zeiten. Mit der Überwindung der Mächte und mit der Versöhnung des Kosmos (1,20) ist auch die Gespaltenheit der Welt aufgehoben. Für die Irrlehrer gab es eine heilige und eine profane Welt. Die heilige Welt mußte vor dem »Schmutz« des Profanen und vor Berührung mit unheiligen Dingen bewahrt werden. Für Christen dagegen gibt es nur die eine Welt Gottes unter der Herrschaft Christi.

Damals bestand die Gefahr, Gottes Gaben abzulehnen, weil sie für dämonisch gehalten wurden. Heute werden sie mißbraucht, weil die Welt und ihre Reichtümer nicht mehr als uns anvertraute Gaben Gottes geachtet werden. Von beiden Haltungen werden wir frei, wenn wir bedenken: Alles gehört Christus.

Der alte und der neue Mensch

Der Mensch wird in seinen Handlungen und Entscheidungen von dem bestimmt, was er für das Ziel seines Lebens hält. Darum verwandelt der ständige Blick auf den erhöhten Herrn, vor dem er sich zu verantworten hat, seine ganze Lebenshaltung. Das neue Leben hat er jetzt nur verborgen, weil er es im Kampf gegen sein selbstsüchtiges Wollen bewähren muß. Aber er hat die Verheißung, es einst offen als Geschenk des Herrn in Besitz nehmen zu dürfen.

Hinter der Vorstellung vom Ablegen des alten und Anziehen des neuen Menschen (vgl. Rö 13,12–14; Eph 4,20–24) steht ein uns ungewohntes Verständnis: Der Mensch wird in seinem Wesen davon bestimmt, welcher Macht er den entscheidenden Einfluß über sich zugesteht. Er handelt nicht selbständig aus eigenem Entschluß, sondern ihm wird durch überlegene Mächte ein Handeln aufgezwungen. Seine bösen Taten empfindet er darum wie ein übergestülptes Gewand; wie eine Zwangsjacke, aus der er sich nicht selbst befreien kann. Aufgrund dieses Verständnisses ist die Taufe als Ablegen des alten Menschen gedeutet worden. Der Täufling zieht Christus an und bekommt dadurch seine ursprüngliche Geschöpflichkeit wieder (V. 10). Die Herrschaft Christi wirkt sich bis in seine leiblichen Handlungen aus. Es kommt also darauf an, daß der Christ diesen Herrschaftswechsel in seinem Leben bezeugt. In der Gemeinschaft der Getauften heißt das, daß die kulturellen und sozialen Unterschiede keine trennende Bedeutung mehr haben (Gal 3,27f.; 1Ko 12,13). Diese Glaubenserfahrung findet im gemeinsamen Lobgesang im Gottesdienst ihren Ausdruck. Doch soll der Gottesdienst nicht Selbstzweck sein. Er will die Kraft dazu geben, daß der ganze Alltag von dem Geist des neuen Menschen (V. 12f.) durchdrungen wird (V. 17).

3 Seid ihr nun mit Christus auferstanden, so sucht, was droben ist, wo Christus ist, sitzend zur Rechten Gottes. [2] *Trachtet nach dem, was droben ist, nicht nach dem, was auf Erden ist.* [3] *Denn ihr seid gestorben, und euer Leben ist verborgen mit Christus in Gott.* [4] *Wenn aber Christus, euer Leben, sich offenbaren wird, dann werdet ihr auch offenbar werden mit ihm in Herrlichkeit.*

[5] So tötet nun die Glieder, die auf Erden sind, Unzucht, Unreinheit, schändliche Leidenschaft, böse Begierde und die Habsucht, die Götzendienst ist. [6] Um solcher Dinge willen kommt der Zorn Gottes über die Kinder des Ungehorsams. [7] In dem allen seid auch ihr einst gewandelt, als ihr noch darin lebtet. [8] Nun aber legt alles ab von euch: Zorn, Grimm, Bosheit, Lästerung, schandbare Worte aus eurem Munde; [9] belügt einander nicht; denn ihr habt den alten Menschen mit seinen Werken ausgezogen [10] und den neuen angezogen, der erneuert wird zur Erkenntnis nach dem Ebenbild dessen, der ihn geschaffen hat. [11] Da ist nicht mehr Grieche oder Jude, Beschnittener oder Unbeschnittener, Nichtgrieche, Skythe, Sklave, Freier, sondern alles und in allen Christus.

[12] So zieht nun an als die Auserwählten Gottes, als die Heiligen und Geliebten, herzliches Erbarmen, Freundlichkeit, Demut, Sanftmut, Geduld; [13] und ertrage einer den andern und vergebt euch untereinander, wenn jemand Klage hat gegen den andern; wie der Herr euch vergeben hat, so vergebt auch ihr! [14] Über alles aber zieht an die Liebe, die da ist das Band der Vollkommenheit. [15] Und der Friede Christi, zu dem ihr auch berufen seid in *einem* Leibe, regiere in euren Herzen; und seid dankbar. [16] *Laßt das Wort Christi reichlich unter euch wohnen: lehrt und ermahnt einander in aller Weisheit; mit Psalmen, Lobgesängen und geistlichen Liedern singt Gott dankbar in euren Herzen.* [17] *Und alles, was ihr tut mit Worten oder mit Werken, das tut alles im Namen des Herrn Jesus und dankt Gott, dem Vater, durch ihn.*

Die christliche Haustafel

(Eph 5,22–6,9; 1.Petr 2,18–3,7)

Die sogenannte christliche Haustafel setzt die damals gültigen gesellschaftlichen Ordnungen und Anschauungen voraus. Sie bezeugt, wie sich das junge Christentum in die Idealvorstellung seiner Zeit von einem ehrbaren Leben einzufügen sucht. Das geschieht keineswegs einseitig als Anpassung an das Vorgegebene, sondern auch durch Veränderung. Denn die christlichen Gemeinden standen vor der schwierigen Frage, einen Ausgleich zwischen der Gemeindeordnung (nach der alle Brüder sind) und der Sozialordnung zu finden (vgl. die Erklärungen zu Phm). Die Anpassung war möglich, weil Ordnung für besser als Anarchie gehalten wurde (vgl. 1Ko 14,33). Aber keine der weltlichen Ordnungen ist Heilsordnung Gottes. Darum ist eine Veränderung vom Zentrum des christlichen Glaubens her eine bleibende Verpflichtung. Die geistige Vorgeschichte der Haustafel vermag das spezifisch Christliche zu verdeutlichen. Ihr Ausgangspunkt ist die philosophische Ethik der Stoa. Der wahre Weise wird belehrt, wie er sich in allen Lebensbereichen jeweils anständig verhalten soll; gegenüber dem Staat, Vaterland, Familie, Freunden, Sklaven usw. Das Diasporajudentum hat diese Form aufgenommen und an den zehn Geboten orientiert. Auf diese Weise trat das jeweilige Verhältnis von Eltern und Kindern, von Mann zu Frau, von Herren zu Sklaven stärker hervor. Von dem Diasporajudentum hat das Christentum die Haustafel übernommen. Ihre Christlichkeit zeigt sich vor allem auch daran, daß die Begründung für das Verhalten im sozialen Bereich Ausdruck des Bekenntnisses zu dem einen Herrn sein soll. Hier bekundet sich der Wille, die damaligen gesellschaftlichen Gegebenheiten durch das christliche Bekenntnis zu humanisieren und so letztlich zu verändern. In dieser Zielrichtung kommt der Haustafel bleibende Gültigkeit zu.

18 Ihr Frauen, ordnet euch euren Männern unter, wie sich's gebührt in dem Herrn. 19 Ihr Männer, liebt eure Frauen und seid nicht bitter gegen sie. 20 Ihr Kinder, seid gehorsam den Eltern in allen Dingen; denn das ist wohlgefällig in dem Herrn. 21 Ihr Väter, erbittert eure Kinder nicht, damit sie nicht scheu werden.

22 Ihr Sklaven, seid gehorsam in allen Dingen euren irdischen Herren, nicht mit Dienst vor Augen, um den Menschen zu gefallen, sondern in Einfalt des Herzens und in der Furcht des Herrn. 23 *Alles, was ihr tut, das tut von Herzen als dem Herrn und nicht den Menschen,* 24 denn ihr wißt, daß ihr von dem Herrn als Lohn das Erbe empfangen werdet. Ihr dient dem Herrn Christus! 25 Denn wer unrecht tut, der wird empfangen, was er unrecht getan hat; und es gilt kein Ansehen der Person.

4 Ihr Herren, was recht und billig ist, das gewährt den Sklaven, und bedenkt, daß auch ihr einen Herrn im Himmel habt.

Das Besondere an der christlichen Haustafel ist, daß die untergeordneten Stände als selbständig handelnde angesprochen werden. Zum ersten Mal werden die Sklaven nicht als Objekt betrachtet, gegenüber denen man sich »anständig« verhalten soll. Sie sind Partner, die vor Gott die gleiche Achtung haben wie jeder andere. Damit ist die Sklavenordnung der Antike zwar nicht durchbrochen, aber ihr geistiges Fundament unterhöhlt, sofern sie von der Minderwertigkeit bestimmter Klassen ausgeht. V. 25 und die Mahnungen in 4,1 zeigen das sehr eindrücklich: Vor Gottes Gericht gibt es keine Unterschiede. Sklaven wie Herren müssen vor Gott Rechenschaft ablegen und werden ohne Ansehen der Person nach ihrem Verhalten beurteilt.

Ermahnung zum Gebet und zum rechten Wort

2 Seid beharrlich im Gebet und wacht in ihm mit Danksagung! 3 Betet zugleich auch für uns, daß Gott uns eine Tür für das Wort auftue und wir das Geheimnis Christi sagen können, um dessentwillen ich auch in Fesseln bin, 4 damit ich es offenbar mache, wie ich es sagen muß.

5 Verhaltet euch weise gegenüber denen, die draußen sind, und kauft die Zeit aus. 6 Eure Rede sei allezeit freundlich und mit Salz gewürzt, daß ihr wißt, wie ihr einem jeden antworten sollt.

Zur christlichen Lebenshaltung gehört das Beten. Mit ihm wird die Zeit bis zur Wiederkunft Christi »wachend« verbracht (zum Bild ständiger Wachsamkeit vgl. Mt 25,13; Lk 12,35–40; 1Th 5,6). Vor allem geht es um das Gebet für die ungehinderte Verkündigung des Evangeliums. – Das Verhältnis zur Umwelt bedarf nur kurzer Worte, denn das junge Christentum war noch keine gesellschaftspolitische Kraft.

Grüße und Segenswünsche

7 Wie es um mich steht, wird euch alles Tychikus berichten, der liebe Bruder und treue Diener und Mitknecht in dem Herrn, 8 den ich darum zu euch sende, daß ihr erfahrt, wie es uns ergeht, und damit er eure Herzen tröste. 9 Mit ihm sende ich Onesimus, den treuen und lieben Bruder, der

Die Grußliste schließt sich eng an die im Phm genannten Namen an. Alle – außer Philemon und Apphia – kehren wieder; neu eingeführt sind Tychikus und Nympha. Zu den Personen sind charakterisierende

Bemerkungen hinzugefügt (zu Onesimus vgl. zu Phm). Nur aus diesen Versen erfahren wir, daß Markus Vetter des Barnabas (V. 10) und Lukas Arzt (V. 14) gewesen sind. Die durch die Grußliste vorausgesetzte gleiche Abfassungssituation wie beim Phm (gleiche Personen um den gefangenen Paulus) ist zugleich einer der wichtigsten Gründe, den vorliegenden Brief Paulus ab- und einem späteren Schüler zuzusprechen (Näheres vgl. die Einl.). Da der Kol sich mit dem äußeren Rahmen so eng an den Phm anlehnt, darf man annehmen, daß er die Hausgemeinde des Archippus (bzw. des Philemon) in Laodizea vermutet. Für ihn hat der Phm also schon exemplarische Bedeutung. Der Kol soll auch weitergegeben und ökumenisch verbreitet werden. Darum dienen die Mitteilungen und Grüße dazu, den Kol als apostolisches Schreiben auszuweisen und die genannten Männer der Gemeinde zu empfehlen.

einer der Euren ist. Alles, wie es hier steht, werden sie euch berichten.

10 Es grüßt euch Aristarch, mein Mitgefangener, und Markus, der Vetter des Barnabas – seinetwegen habt ihr schon Weisungen empfangen; wenn er zu euch kommt, nehmt ihn auf! –, 11 und Jesus mit dem Beinamen Justus. Von den Juden sind diese allein meine Mitarbeiter am Reich Gottes, und sie sind mir ein Trost geworden. 12 Es grüßt euch Epaphras, der einer von den Euren ist, ein Knecht Christi Jesu, der allezeit in seinen Gebeten für euch ringt, damit ihr feststeht, vollkommen und erfüllt mit allem, was Gottes Wille ist. 13 Ich bezeuge ihm, daß er viel Mühe hat um euch und um die in Laodizea und in Hierapolis. 14 Es grüßt euch Lukas, der Arzt, der Geliebte, und Demas.

15 Grüßt die Brüder in Laodizea und die Nympha und die Gemeinde in ihrem Hause. 16 Und wenn der Brief bei euch gelesen ist, so sorgt dafür, daß er auch in der Gemeinde von Laodizea gelesen wird und daß ihr auch den von Laodizea lest. 17 Und sagt dem Archippus: Sieh auf das Amt, das du empfangen hast in dem Herrn, daß du es ausfüllst!

18 Mein Gruß mit meiner, des Paulus, Hand. Gedenket meiner Fesseln! Die Gnade sei mit euch!

DER ERSTE BRIEF DES PAULUS AN DIE THESSALONICHER

Der erste Thessalonicherbrief ist die älteste uns erhalten gebliebene Korrespondenz des Paulus mit einer Gemeinde. Nach seiner Ausweisung aus Philippi (Apg 16,39) versuchte Paulus in Thessalonich ein neues Missionszentrum zu gründen. Thessalonich (später Saloniki) war z. Z. des Paulus Hauptstadt der römischen Provinz Mazedonien. Aufgrund ihrer Lage am Meer und an der wichtigen Heerstraße, die Rom mit dem Osten verband, war sie ein bedeutender Handelsplatz der antiken Welt. Es gelang Paulus, eine kleine Gemeinde zu sammeln. Das Bild von seinem Wirken, das Paulus bei seinen Lesern voraussetzt (besonders 2,10–12), läßt an einen längeren Aufenthalt denken, etwa ein halbes Jahr (anders Apg 17,2). Das gemeinsame Vorgehen der jüdischen Synagoge (Apg 17,5) und der Stadtbehörden zwang Paulus zum vorzeitigen Abbruch seines Wirkens und brachte der Gemeinde empfindliche Bedrückungen (1,6; 2,14). In tiefer Besorgnis um das Wachstum der noch nicht gefestigten Gemeinde versuchte Paulus, sie zu besuchen. Doch ließen es offensichtlich die politischen Zustände in der Stadt nicht zu (2,18). So schickte er (etwa im Sommer 50 n. Chr.) von Athen aus seinen engsten Mitarbeiter Timotheus, um die Gemeinde zu stärken (3,2). Bei seiner Rückkehr brachte Timotheus nicht nur gute Nachrichten mit, sondern auch konkrete Anfragen. Diese betreffen: Die Gastfreundschaft (4,9 f.); die rechte Einstellung gegenüber dem nahen Weltende (4,11 f.); ob die Verstorbenen die Wiederkunft Christi erleben werden (4,13–18); den Zeitpunkt des Tags des Herrn (5,1–11).

Frühere Zweifel an der Echtheit von 1Th wegen des Fehlens zentraler Themen der paulinischen Theologie sind unbegründet. Die Nennung von Timotheus und Silvanus als Mitabsender erhebt sie nicht zu Mitverfassern. 1Th ist in seiner Gesamtheit ein wertvolles Dokument der schwierigen Anfänge und Probleme christlicher Gemeinden auf heidnischem Boden und der missionarischen Arbeit des Paulus als Prediger und Seelsorger.

Die Gedankenführung bereitet allerdings einige Schwierigkeiten. Darum sei die These angeboten, daß 1Th ähnlich wie auch Rö, 1/2Ko und Phl in der vorliegenden Form erst nachträglich aus verschiedenen Briefen zusammengesetzt worden ist. Anstoß zu dieser Überlegung ist, daß zwei verschiedene Briefsituationen vorzuliegen scheinen: Einerseits ist Paulus in großer Sorge, daß die Gemeinde sein Wirken und seine schnelle Abreise mißverstanden haben könne und verteidigt sich entsprechend. Andrerseits ist er glücklich, von Timotheus so gute Nachrichten über die Gemeinde zu hören (3,6) und beantwortet konkrete Fragen der Gemeinde. So könnte man annehmen, daß Paulus dem Timotheus einen Begleitbrief mitgab. Zu diesem in Athen abgefaßten Brief könnte man rechnen: die Verteidigung des Paulus (2,1–12), die Sorge um den Zustand der Gemeinde (2,17–3,4) und die grundsätzlichen Mahnungen zu einem christlichen Leben. Zu dem nach der Rückkehr des Timotheus in Korinth (etwa Herbst 50 n.Chr.) abgefaßten Brief gehören als Grundbestand 1,1–10; 3,6–10 und 4,9–5,28. Die Annahme der Verarbeitung zweier Briefe zu einem wird durch die Beobachtung gestützt, daß zwei Briefeingänge 1,2; 2,13 und zwei Schlußgebete 3,11–13; 5,23f. vorhanden sind. Der Herausgeber legte den zweiten Brief als Rahmen zugrunde und ordnete den ersten nach thematischen Gesichtspunkten ein. Der Hand dieses Bearbeiters möchte man am liebsten auch die wenigen Verse zuschreiben, die in einem echten Brief des Paulus befremden würden, aber für die Zeit der Sammlung der Paulusbriefe typisch sind: die scharfe Polemik gegen die Juden (2,15f.) und die beschwörende Mahnung, den Brief in der Gemeinde vorzulesen (5,27). Ansonsten (von kleinen Eingriffen in 3,5; 4,18 abgesehen) hat der Herausgeber gewissenhaft und möglichst vollständig die Korrespondenz der Nachwelt zu erhalten versucht. Freilich bleiben solche Vermutungen über die Entstehung einer solchen Briefsammlung außerordentlich unsicher. Sie können jedoch dazu dienen, nicht nur diesen Brief besser zu verstehen, sondern auch die lebendigen Beziehungen zwischen Paulus und seiner Gemeinde anschaulich zu machen.

1 Paulus und Silvanus und Timotheus an die Gemeinde in Thessalonich in Gott, dem Vater, und dem Herrn Jesus Christus:

Gnade sei mit euch und Friede!

Paulus nennt Silvanus und Timotheus als Mitbegründer der Gemeinde in Thessalonich. Sie predigen selbständig das von ihm verkündigte Evangelium.

Der vorbildliche Glaube der Gemeinde

2 Wir danken Gott allezeit für euch alle und gedenken euer in unserm Gebet 3 und denken ohne Unterlaß vor Gott, unserm Vater, an euer Werk im Glauben und an eure Arbeit in der Liebe und an eure Geduld in der Hoffnung auf unsern Herrn Jesus Christus. 4 Liebe Brüder, von Gott geliebt, wir wissen, daß ihr erwählt seid; 5 denn unsere Predigt des Evangeliums kam zu euch nicht allein im Wort, sondern auch in der Kraft und in dem heiligen Geist und in großer Gewißheit. Ihr wißt ja, wie wir uns unter euch verhalten haben um euretwillen. 6 Und ihr seid unserm Beispiel gefolgt und dem des Herrn und habt das Wort aufgenommen in großer Bedrängnis mit Freuden im heiligen Geist, 7 so daß ihr ein Vorbild geworden seid für alle Gläubigen in Mazedonien und Achaja. 8 Denn von euch aus ist das Wort des Herrn erschollen nicht allein in Mazedonien und Achaja, sondern an allen Orten ist euer Glaube an Gott bekannt geworden, so daß wir es nicht nötig haben,

Dankbarkeit erfüllt Paulus über die – trotz seines kurzen Aufenthalts – gefestigte und lebendige Gemeinde. Gleich Paulus wurden die Christen von der jüdischen Synagoge ausgewiesen, verleumdet und von Landsleuten schikaniert (2,14). Dennoch sind Glaube, Liebe, Hoffnung unter ihnen gereift. Die Thessalonicher haben gelernt, daß Glaube an Christus ins Leiden führt. Ihre Freude, daß sie darin mit Jesus und den Aposteln verbunden sind, wird zum Vorbild. – Paulus erinnert an seine erste Verkündigung in Thessalonich und gewährt Einblick in älteste christliche Missionspredigt (V. 5). V. 9f. zitieren offensichtlich ein geprägtes Bekenntnis für Heidenchristen: Abkehr von bisherigen

Göttern und Hinwenden zu dem einen Gott; Glauben an den auferweckten Jesus und Warten auf seine Wiederkehr zur Rettung aus dem Gericht. Zentrale Aussagen des Paulus (Botschaft vom Kreuz; Christus – der gegenwärtige Herr) fehlen. Sie werden wohl erst bei der weiteren Vertiefung des Glaubens entfaltet worden sein.

etwas darüber zu sagen. [9]Denn sie selbst berichten von uns, welchen Eingang wir bei euch gefunden haben und wie ihr euch bekehrt habt zu Gott von den Abgöttern, zu dienen dem lebendigen und wahren Gott [10]und zu warten auf seinen Sohn vom Himmel, den er auferweckt hat von den Toten, Jesus, der uns von dem zukünftigen Zorn errettet.

Wanderprediger und Philosophen der verschiedensten Religionen und Schulen spielten in der Antike eine wichtige kulturelle Rolle. Sie ersetzten das Buch für die Menschen, von denen nur wenige lesen und schreiben konnten. Selbstverständlich wurden diese Prediger dafür bezahlt. Unter ihnen gab es auch üble Leute, die ihre Rednergabe nur einsetzten, um möglichst hohe Gewinne zu erzielen. Weil Paulus Thessalonich so schnell verlassen mußte, ergriff ihn die Sorge, man könnte ihn mit diesen Wanderpredigern verwechseln. Mit solchen Unterstellungen hat sich Paulus mehrfach auseinandersetzen müssen (1Ko 9; 2Ko 10–13). Die wesentlichen Argumente seiner Verteidigung waren: 1. Er hat für seine Predigt gelitten und nie Menschen nach dem Munde geredet (V. 2–4). 2. Er hat sich unermüdlich bemüht, die Neubekehrten zu selbständigen Christen zu erziehen (V. 5–7). 3. Er hat sich seinen Lebensunterhalt selbst verdient und ist in der Arbeit für die Gemeinde bis an die Grenze seiner Leistungsfähigkeit gegangen (V. 8f.; vgl. 1Ko 4,12; 9,15). Nur in Philippi hat er eine Ausnahme gemacht (vgl. Phl 4,16; 2Ko 11,9). 4. Sein Lebenswandel stimmt mit seiner Verkündigung überein (V. 10f.).

Das Wirken des Apostels bei der Gründung der Gemeinde

2 Denn ihr wißt selbst, liebe Brüder, wie wir Eingang gefunden haben bei euch: Es war nicht vergeblich; [2]denn obgleich wir zuvor in Philippi gelitten hatten und mißhandelt worden waren, wie ihr wißt, fanden wir dennoch in unserm Gott den Mut, bei euch das Evangelium Gottes zu sagen unter viel Kampf. [3]Denn unsre Ermahnung kam nicht aus betrügerischem oder unlauterem Sinn, noch geschah sie mit List, [4]sondern weil Gott uns für wert geachtet hat, uns das Evangelium anzuvertrauen, darum reden wir, nicht, als wollten wir den Menschen gefallen, sondern Gott, der unsere Herzen prüft. [5]Denn wir sind nie mit Schmeichelworten umgegangen, wie ihr wißt, noch mit versteckter Habsucht – Gott ist Zeuge –; [6]wir haben auch nicht Ehre gesucht bei den Leuten, weder bei euch noch bei andern [7]– obwohl wir unser Gewicht als Christi Apostel hätten einsetzen können –, sondern wir sind unter euch mütterlich gewesen: Wie eine Mutter ihre Kinder pflegt, [8]so hatten wir Herzenslust an euch und waren bereit, euch nicht allein am Evangelium Gottes teil zu geben, sondern auch an unserm Leben; denn wir hatten euch lieb gewonnen. [9]Ihr erinnert euch doch, liebe Brüder, an unsre Arbeit und unsre Mühe; Tag und Nacht arbeiteten wir, um niemand unter euch zur Last zu fallen, und predigten unter euch das Evangelium Gottes. [10]Ihr und Gott seid Zeugen, wie heilig und gerecht und untadelig wir bei euch, den Gläubigen, gewesen sind. [11]Denn ihr wißt, daß wir, wie ein Vater seine Kinder, einen jeden von euch [12]ermahnt und getröstet und beschworen haben, euer Leben würdig des Gottes zu führen, der euch berufen hat zu seinem Reich und zu seiner Herrlichkeit.

Paulus kennt die Bedrückung der Gemeinde (vgl. 1,6f.). Er tröstet sie damit, daß schon die ersten Christen in Judäa gelitten haben. – Wahrscheinlich sind V. 15f. von späterer Hand eingefügte Polemik gegen die Juden. Sie enthält innerjüdische (Prophetenmord; vgl. Neh 9,26; 2Chr 36,15f.; Mt 23,29ff.), heidni-

Die Aufnahme des Evangeliums in der Gemeinde

[13]Und darum danken wir auch Gott ohne Unterlaß dafür, daß ihr das Wort der göttlichen Predigt, das ihr von uns empfangen habt, nicht als Menschenwort aufgenommen habt, sondern als das, was es in Wahrheit ist, als Gottes Wort, das in euch wirkt, die ihr glaubt. [14]Denn, liebe Brüder, ihr seid den Gemeinden Gottes in Judäa nachgefolgt, die in Christus Jesus sind; denn ihr habt dasselbe erlitten von euren Landsleuten, was jene von den Juden erlitten

haben. [15]Die haben den Herrn Jesus getötet und die Propheten und haben uns verfolgt und gefallen Gott nicht und sind allen Menschen feind. [16]Und um das Maß ihrer Sünden allewege vollzumachen, wehren sie uns, den Heiden zu predigen zu ihrem Heil. Aber der Zorn Gottes ist schon in vollem Maß über sie gekommen.

[17]Wir aber, liebe Brüder, nachdem wir eine Weile von euch geschieden waren – von Angesicht, nicht im Herzen –, haben wir uns um so mehr bemüht, euch von Angesicht zu sehen, mit großem Verlangen. [18]Darum wollten wir zu euch kommen, ich, Paulus, einmal und noch einmal, doch der Satan hat uns gehindert. [19]Denn wer ist unsre Hoffnung oder Freude oder unser Ruhmeskranz – seid nicht auch ihr es vor unserm Herrn Jesus, wenn er kommt? [20]Ihr seid ja unsre Ehre und Freude.

sche (Menschenfeinde) und christliche (Christusmörder; Jh 5,18; Apg 3,15) Vorwürfe. Die Anklagen demgegenüber sind anderer Art. Politische Zustände in Thessalonich mögen den Besuch des Paulus verhindert haben. Die Trennung empfindet er wie die eines Vaters von den geliebten Kindern. Mit dem Bildwort V. 19 charakterisiert Paulus sein Apostelamt: Die festgefügte glaubende Gemeinde ist Ehrenkranz des Apostels. Seine Mitwirkung an ihrer Rettung ist der einzige Ruhm, der vor Gottes Gericht gilt (2Ko 1,14; Phl 2,17).

Die Sendung des Timotheus

3 Darum ertrugen wir's nicht länger und beschlossen, in Athen allein zurückzubleiben, [2]und sandten Timotheus, unsern Bruder und Gottes Mitarbeiter am Evangelium Christi, euch zu stärken und zu ermahnen in eurem Glauben, [3]damit nicht jemand wankend würde in diesen Bedrängnissen. Denn ihr wißt selbst, daß uns das bestimmt ist. [4]Denn schon als wir bei euch waren, sagten wir's euch voraus, daß Bedrängnisse über uns kommen würden, wie es auch geschehen ist und wie ihr wißt. [5]Darum habe ich's auch nicht länger ertragen und habe ihn gesandt, um zu erfahren, wie es mit eurem Glauben steht, ob der Versucher euch etwa versucht hätte und unsre Arbeit vergeblich würde.

[6]Nun aber ist Timotheus von euch wieder zu uns gekommen und hat uns Gutes berichtet von eurem Glauben und eurer Liebe und daß ihr uns allezeit in gutem Andenken habt und euch danach sehnt, uns zu sehen, wie auch wir uns nach euch sehnen. [7]Dadurch sind wir, liebe Brüder, euretwegen getröstet worden in aller unsrer Not und Bedrängnis durch euren Glauben; [8]denn nun sind wir wieder lebendig, wenn ihr feststeht in dem Herrn. [9]Denn wie können wir euretwegen Gott genug danken für all die Freude, die wir an euch haben vor unserm Gott? [10]Wir bitten Tag und Nacht inständig, daß wir euch von Angesicht sehen, um zu ergänzen, was an eurem Glauben noch fehlt. [11]Er selbst aber, Gott, unser Vater, und unser Herr Jesus lenke unsern Weg zu euch hin. [12]Euch aber lasse der Herr wachsen und immer reicher werden in der Liebe untereinander und zu jedermann, wie auch wir sie zu euch haben, [13]damit eure Herzen gestärkt werden und untadelig

Da Paulus die Thessalonicher nicht besuchen kann, schickt er seinen engsten Mitarbeiter, um die verfolgte Gemeinde zu festigen. Timotheus hatte offensichtlich seelsorgerliche Begabung, denn Paulus betraut ihn auch in Korinth (1Ko 4,17) und Philippi (Phl 2,20–22) mit schwierigen Aufgaben. Unklar bleibt, wer der Versucher (V. 5) ist, der die Arbeit des Paulus zunichte machen kann. Vielleicht ist er nur eine Umschreibung für den Satan (vgl. Mt 4,3) und sein vielfältiges Wirken, mit dem er die Gemeinde zum Abfall bringen will. (Möglicherweise ist der Vers ein Einschub des Briefbearbeiters: Mit einem Allgemeinurteil wollte er den Übergang zwischen beiden Briefen schaffen; vgl. die Einl.). – Nach der Rückkehr des Timotheus ist Paulus überzeugt, daß seine Befürchtungen unbegründet waren (vgl. 1,2–8). Auch ein Mann wie Paulus braucht nach den Ausweisungen aus Philippi und Thessalonich und dem geringen Erfolg in Athen (Apg 16,16–40) Ermutigung durch Erfolge seiner Arbeit. Die guten Nachrichten des Timotheus geben Paulus Kraft zur Weiterarbeit und verstärken seine Sehnsucht nach einem Wiedersehen. – V. 11–13 wirken wie ein Briefschluß und dienen im Zusammenhang als Überleitung zum ermahnenden Briefteil. Sie

seien in Heiligkeit vor Gott, unserm Vater, wenn unser Herr Jesus kommt mit allen seinen Heiligen. Amen.

sind ein Gebet für das Wachstum der Gemeinden und für ihre Bewahrung bis zur Wiederkunft Jesu.

Ermahnung zur Heiligung

4 Weiter, liebe Brüder, bitten und ermahnen wir euch in dem Herrn Jesus, da ihr von uns empfangen habt, wie ihr leben sollt, um Gott zu gefallen, was ihr ja auch tut –, daß ihr darin immer vollkommener werdet. [2] Denn ihr wißt, welche Gebote wir euch gegeben haben durch den Herrn Jesus. [3] Denn *das ist der Wille Gottes, eure Heiligung,* daß ihr meidet die Unzucht [4] und ein jeder von euch seine eigene Frau zu gewinnen suche in Heiligkeit und Ehrerbietung, [5] nicht in gieriger Lust wie die Heiden, die von Gott nichts wissen. [6] Niemand gehe zu weit und übervorteile seinen Bruder im Handel; denn der Herr ist ein Richter über das alles, wie wir euch schon früher gesagt und bezeugt haben. [7] Denn Gott hat uns nicht berufen zur Unreinheit, sondern zur Heiligung. [8] Wer das nun verachtet, der verachtet nicht Menschen, sondern Gott, der seinen heiligen Geist in euch gibt.

[9] Von der brüderlichen Liebe aber ist es nicht nötig, euch zu schreiben; denn ihr selbst seid von Gott gelehrt, euch untereinander zu lieben. [10] Und das tut ihr auch an allen Brüdern, die in ganz Mazedonien sind. Wir ermahnen euch aber, liebe Brüder, daß ihr darin noch vollkommener werdet, [11] und setzt eure Ehre darein, daß ihr ein stilles Leben führt und das Eure schafft und mit euren eigenen Händen arbeitet, wie wir euch geboten haben, [12] damit ihr ehrbar lebt vor denen, die draußen sind, und auf niemanden angewiesen seid.

Das Bekenntnis zum christlichen Glauben führt zu neuen sittlichen Maßstäben. Das Umdenken in der Sexualmoral war besonders schwierig. Nach antiker Auffassung galt nur sexueller Verkehr mit verheirateten oder verlobten Frauen als Ehebruch. Damit wurde in das Recht des anderen Mannes eingegriffen. Die Frau wurde rechtlich als Eigentum des Mannes, nicht als eigene Person gesehen. Wie Jesus (vgl. Mt 5,27–32Parr) verbietet Paulus jeden außerehelichen Geschlechtsverkehr und fordert, die Frau als gleichberechtigte Partnerin zu achten. Hier wie auch im Geschäftsleben (V. 6) zeigt sich, ob der von den Propheten angekündigte Geist Gottes (vgl. Hes 36,26f.) die Gemeinde ergriffen hat. – Gastfreundschaft und gegenseitige materielle Unterstützung waren wesentliche Bestandteile urchristlicher Mission. Die Gefahr, von falschen Wanderpredigern (vgl. 2,1–12) ausgenutzt zu werden, machte vorsichtig. Aber Paulus ermuntert zu weiterer Großzügigkeit (V. 9). Die Schwärmer, die im Blick auf das nahe Weltende ihre Arbeit vernachlässigen, mahnt er zur Treue im Beruf. Sie sollen niemand Anstoß geben und ihre materielle Unabhängigkeit bewahren.

Von der Auferstehung der Toten

[13] Wir wollen euch aber, liebe Brüder, nicht im Ungewissen lassen über die, die entschlafen sind, damit ihr nicht traurig seid wie die andern, die keine Hoffnung haben. [14] Denn wenn wir glauben, daß Jesus gestorben und auferstanden ist, so wird Gott auch die, die entschlafen sind, durch Jesus mit ihm einherführen.

[15] Denn das sagen wir euch mit einem Wort des Herrn, daß wir, die wir leben und übrigbleiben bis zur Ankunft des Herrn, denen nicht zuvorkommen werden, die entschlafen sind. [16] Denn er selbst, der Herr, wird, wenn der Befehl ertönt, wenn die Stimme des Erzengels und die Posaune Gottes erschallen, herabkommen vom Himmel, und zuerst werden die Toten, die in Christus gestorben sind, auferstehen. [17] Danach werden wir, die wir leben und übrigbleiben, zugleich mit ihnen entrückt werden auf den Wolken in die Luft, dem Herrn entgegen; und so werden wir bei dem

Paulus hatte (vgl. 1,9f.) das Warten auf die Wiederkunft Jesu als wesentliche Glaubenshaltung gelehrt. Todesfälle in der Gemeinde lösten die Frage aus, ob die Verstorbenen von diesem Ereignis ausgeschlossen seien. Die Mehrheit rechnete damit, daß sie Christi Wiederkunft noch selbst erleben würde. Es ging ihr also nicht um ein Weiterleben nach dem Tode, wie es auch heidnische Religionen lehrten. Paulus antwortet mit einem christlich geprägten Prophetenwort, das sich auf Jesus beruft: Keiner kommt zu kurz (V. 15f.). – Die Bedeutung von Tod und Auferstehung Jesu für den einzelnen Christen beschäftigte die Gemeinden sehr. Die verschiedenen Aussagen

Herrn sein allezeit. [18]So tröstet euch mit diesen Worten untereinander.

Leben im Licht des kommenden Tages

5 Von den Zeiten und Stunden aber, liebe Brüder, ist es nicht nötig, euch zu schreiben; [2]denn ihr selbst wißt genau, daß der Tag des Herrn kommen wird wie ein Dieb in der Nacht. [3]Wenn sie sagen werden: Es ist Friede, es hat keine Gefahr –, dann wird sie das Verderben schnell überfallen wie die Wehen eine schwangere Frau, und sie werden nicht entfliehen. [4]Ihr aber, liebe Brüder, seid nicht in der Finsternis, daß der Tag wie ein Dieb über euch komme. [5]Denn ihr alle seid Kinder des Lichtes und Kinder des Tages. Wir sind nicht von der Nacht noch von der Finsternis. [6]So laßt uns nun nicht schlafen wie die andern, sondern laßt uns wachen und nüchtern sein. [7]Denn die schlafen, die schlafen des Nachts, und die betrunken sind, die sind des Nachts betrunken. [8]Wir aber, die wir Kinder des Tages sind, wollen nüchtern sein, angetan mit dem Panzer des Glaubens und der Liebe und mit dem Helm der Hoffnung auf das Heil. [9]Denn Gott hat uns nicht bestimmt zum Zorn, sondern dazu, das Heil zu erlangen durch unsern Herrn Jesus Christus, [10]der für uns gestorben ist, damit, ob wir wachen oder schlafen, wir zugleich mit ihm leben. [11]Darum ermahnt euch untereinander, und einer erbaue den andern, wie ihr auch tut.

des Paulus dazu (vgl. 1Ko 15,20ff.; 2Ko 5,1ff.) haben gemeinsam: Die Zusammengehörigkeit des Glaubenden mit Christus wird durch den Tod nicht zerstört (vgl. 5,10).

Geweckte Hoffnungen können leicht in Enttäuschungen umschlagen, wenn sie nicht sofort erfüllt werden. Darum versuchten urchristliche Missionare von Anfang an, Fehleinschätzungen vorzubeugen. Paulus greift hier auf Bildmaterial zurück, das vielleicht schon von Jesus selbst geprägt wurde. Der Grundgedanke ist: Der Tag des Herrn kommt unerwartet und plötzlich (V. 2 vgl. Mt 24,43Parr), während die übrige Welt sich in Sicherheit wiegt (vgl. Mt 24,38f.Parr). V. 3 setzt sich wohl mit einer politischen Parole des römischen Kaiserreiches auseinander. Darum heißt es für die »Kinder des Lichts« (vgl. zu Lk 16,8), ständig wachsam zu sein und geistig gut gerüstet (vgl. Jes 59,17; Eph 6,14–17) dem Tag des Herrn entgegenzugehen. Es fällt auf, daß Paulus in 4,13–18 vom Kommen Jesu als freudigem Ereignis und hier vom Tag des Herrn als Gericht spricht. Doch diese doppelte Sicht ist für Paulus charakteristisch (vgl. 2Ko 5,10).

Ermahnungen und Grüße

[12]Wir bitten euch aber, liebe Brüder, erkennt an, die an euch arbeiten und euch vorstehen in dem Herrn und euch ermahnen; [13]habt sie um so lieber um ihres Werkes willen. Haltet Frieden untereinander. [14]Wir ermahnen euch aber, liebe Brüder: Weist die Unordentlichen zurecht, tröstet die Kleinmütigen, tragt die Schwachen, seid geduldig gegen jedermann. [15]Seht zu, daß keiner dem andern Böses mit Bösem vergelte, sondern jagt allezeit dem Guten nach untereinander und gegen jedermann.

[16]*Seid allezeit fröhlich,* [17]*betet ohne Unterlaß,* [18]*seid dankbar in allen Dingen;* denn das ist der Wille Gottes in Christus Jesus an euch. [19]Den Geist dämpft nicht. [20]Prophetische Rede verachtet nicht. [21]*Prüft aber alles, und das Gute behaltet.* [22]Meidet das Böse in jeder Gestalt.

[23]*Er aber, der Gott des Friedens, heilige euch durch und durch und bewahre euren Geist samt Seele und Leib unversehrt, untadelig für die Ankunft unseres Herrn Jesus Christus.* [24]Treu ist er, der euch ruft; er wird's auch tun.

[25]Liebe Brüder, betet auch für uns. [26]Grüßt alle Brüder mit dem heiligen Kuß. [27]Ich beschwöre euch bei dem

Noch gibt es keine festen Ämter in den urchristlichen Gemeinden. Es sind Hausgemeinden. Menschen, die ihr Haus und ihre Zeit zur Verfügung stellen, verdienen die Achtung der anderen. Das Gestaltwerden der Gemeinden ohne vorgegebene Ordnung oder eingesetzte Ämter verläuft mit Spannung und birgt Gefahren. Paulus weist die Richtung: Ordnung und damit auch Unterordnung ist notwendig, doch darf sie nicht den Geist ersticken. Auch prophetische Weisungen müssen sachlicher und liebevoller Prüfung unterzogen werden. – Der Brief ersetzt die Anwesenheit des Paulus. Darum endet das Schreiben mit einem Gebet und der Aufforderung zum Bruderkuß (vgl. 1Pt 5,14; Jak). Paulus setzt die Verlesung des Briefes im Gottesdienst voraus. Die beschwörende Formel (V. 27) befremdet. Sie paßt eher in eine spätere Zeit, in der die Briefe des Paulus als geistige Waffe gegen Irrlehrer wiederentdeckt wurden.

Herrn, daß ihr diesen Brief lesen laßt vor allen Brüdern. [28]Die Gnade unseres Herrn Jesus Christus sei mit euch!

DER ZWEITE BRIEF DES PAULUS AN DIE THESSALONICHER

Der zweite Thessalonicherbrief setzt eine Verfolgungssituation voraus (1,4), die wohl von manchen Christen als die letzte große Drangsal (vgl. Mk 13,14ff.Parr) vor dem unmittelbar bevorstehenden Kommen Christi gedeutet wurde (vgl. 2,2). Aufgrund dieser schwärmerischen Enderwartung gaben einige Arbeit und Beruf auf (3,11). Da sie aber noch essen wollten – wenn vielleicht auch sehr bescheiden – fielen sie den anderen Gemeindegliedern zur Last. Diese Schwärmer gefährdeten die Ordnung des Gemeindelebens. Gegen sie richtet sich dieser Brief, der in Aufbau, Stil und Wortwahl engste Berührung mit dem 1Th hat. Diese einmalige Anlehnung an einen vorliegenden Brief des Paulus weist auf einen späteren Schüler des Apostels als Verfasser, der die Autorität des Paulus in Anspruch nimmt. Der gleiche Wortlaut dient aber hier einem anderen Anliegen. Hatte Paulus z.B. nach 1Th 2,9 auf den Lebensunterhalt durch die Gemeinde verzichtet, um nicht mit den Wanderpredigern verwechselt zu werden, so dienen 2Th 3,8f. dieselben Worte dazu, Paulus als normatives Vorbild für die richtige christliche Einstellung zur Arbeit darzustellen. Bei aller Anlehnung an den 1Th finden sich dennoch ganz unpaulinische Gedanken: Z.B. wird die bedrängte Gemeinde getröstet mit dem schrecklichen Strafgericht über ihre Verfolger (1,6ff.). Das Stück 2,1–12 mit seinem reichen Material aus jüdischer und christlicher Apokalyptik dient allein dem unpaulinischen Gedanken: Das Ende ist noch lange nicht da. So ist 2Th im ganzen ein Dokument der ersten umfassenden Christenverfolgung in Kleinasien am Ende der Regierungszeit Domitians. Es ist als eigener Beitrag zu den geistigen Auseinandersetzungen, die sich in anderer Sicht auch im 1Pt und in der Off widerspiegeln, zu beurteilen.

Der Briefeingang entspricht wörtlich dem kurzen des 1Th und nennt die gleichen Absender. Nur der Friedensgruß (V. 2) ist wie bei den anderen Paulusbriefen (außer Gal) erweitert (vgl. Rö 1,7; 1Ko 1,3; 2Ko 1,2; Phl 1,2; Phm 3).

1 Paulus und Silvanus und Timotheus an die Gemeinde in Thessalonich in Gott, unserm Vater, und dem Herrn Jesus Christus:

[2]Gnade sei mit euch und Friede von Gott, unserm Vater, und dem Herrn Jesus Christus!

Das für Paulusbriefe typische Eingangsgebet (vgl. 1Th 1,2–10) ist hier zu einer Belehrung über das Endgericht umgestaltet. Dieses Stück setzt (anders 1Th 1,6; 2,14) eine umfassende Christenverfolgung voraus. Mit Paulus teilt der Verfasser die Überzeugung: Leiden um des Glaubens willen sind Zeichen der Zugehörigkeit zu Christus (vgl. 1Th

Die Bedrängnis der Gemeinde und das gerechte Gericht Gottes

[3]Wir müssen Gott allezeit für euch danken, liebe Brüder, wie sich's gebührt. Denn euer Glaube wächst sehr, und eure gegenseitige Liebe nimmt zu bei euch allen. [4]Darum rühmen wir uns euer unter den Gemeinden Gottes wegen eurer Geduld und eures Glaubens in allen Verfolgungen und Bedrängnissen, die ihr erduldet, [5]ein Anzeichen dafür, daß Gott recht richten wird und ihr gewürdigt werdet des Reiches Gottes, für das ihr auch leidet. [6]Denn es ist gerecht bei Gott, mit Bedrängnis zu vergelten denen, die euch

bedrängen, [7]euch aber, die ihr Bedrängnis leidet, Ruhe zu geben mit uns, wenn der Herr Jesus sich offenbaren wird vom Himmel her mit den Engeln seiner Macht [8]in Feuerflammen, Vergeltung zu üben an denen, die Gott nicht kennen und die nicht gehorsam sind dem Evangelium unseres Herrn Jesus. [9]Die werden Strafe erleiden, das ewige Verderben, vom Angesicht des Herrn her und von seiner herrlichen Macht, [10]wenn er kommen wird, daß er verherrlicht werde bei seinen Heiligen und wunderbar erscheine bei allen Gläubigen, an jenem Tage; denn was wir euch bezeugt haben, das habt ihr geglaubt.

[11]Deshalb beten wir auch allezeit für euch, daß unser Gott euch würdig mache der Berufung und vollende alles Wohlgefallen am Guten und das Werk des Glaubens in Kraft, [12]damit in euch verherrlicht werde der Name unseres Herrn Jesus und ihr in ihm, nach der Gnade unseres Gottes und des Herrn Jesus Christus.

1,6). Sie verheißen darum, in sein Reich zu kommen (vgl. Rö 8,17). Das Motiv, Christen mit einer Ausmalung des Strafgerichts über die Verfolger zu trösten, findet sich breit ausgeführt in der Off, die zu gleicher Zeit geschrieben wurde (vgl. Off 18,6 u.ö.). Die Erscheinung Christi zum Gericht wird in Bildern der späteren atl. Prophetie vom Gericht Gottes dargestellt (vgl. z.B. Jes 66,15 f.). Diese sind in der jüdischen Apokalyptik fortgeführt worden: Christus kommt vom Himmel herab, begleitet von Engeln und in einer Feuerwolke (vgl. Off 19,11–15). Der kommende Christus trägt nur Züge des strengen Richters (vgl. dagegen Phl 4,4 f.). Darum schließt das Eingangsgebet mit dem Wunsch: Möge der Glaube so stark sein, daß die Gemeinde im Gericht besteht und so zu Christi Ruhm beiträgt.

Das Auftreten des Widersachers vor dem Kommen Christi

2 Was nun das Kommen unseres Herrn Jesus Christus angeht und unsre Vereinigung mit ihm, so bitten wir euch, liebe Brüder, [2]daß ihr euch in eurem Sinn nicht so schnell wankend machen noch erschrecken laßt – weder durch eine Weissagung noch durch ein Wort oder einen Brief, die von uns sein sollen –, als sei der Tag des Herrn schon da. [3]Laßt euch von niemandem verführen, in keinerlei Weise; denn zuvor muß der Abfall kommen und der Mensch der Bosheit offenbart werden, der Sohn des Verderbens. [4]Er ist der Widersacher, der sich erhebt über alles, was Gott oder Gottesdienst heißt, so daß er sich in den Tempel Gottes setzt und vorgibt, er sei Gott. [5]Erinnert ihr euch nicht daran, daß ich euch dies sagte, als ich noch bei euch war? [6]Und ihr wißt, was ihn noch aufhält, bis er offenbart wird zu seiner Zeit. [7]Denn es regt sich schon das Geheimnis der Bosheit; nur muß der, der es jetzt noch aufhält, weggetan werden, [8]und dann wird der Böse offenbart werden. Ihn wird der Herr Jesus umbringen mit dem Hauch seines Mundes und wird ihm ein Ende machen durch seine Erscheinung, wenn er kommt. [9]Der Böse aber wird in der Macht des Satans auftreten mit großer Kraft und lügenhaften Zeichen und Wundern [10]und mit jeglicher Verführung zur Ungerechtigkeit bei denen, die verloren werden, weil sie die Liebe zur Wahrheit nicht angenommen haben, daß sie gerettet würden. [11]Darum sendet ihnen Gott die Macht der Verführung, so daß sie der Lüge glauben, [12]damit gerichtet werden alle, die der Wahrheit nicht glaubten, sondern Lust hatten an der Ungerechtigkeit.

Zur historischen Situation dieses Briefteils vgl. die Einl. V. 2 kann bedeuten: »Der Tag des Herrn steht unmittelbar bevor.« Diese Schwärmerei wird hier mit apokalyptischem Denken bekämpft: Bevor der Tag des Herrn kommt, geschieht der große Glaubensabfall (V. 3); das unverhüllte Auftreten von Gottes Gegenspieler (»Mensch der Bosheit« V. 3 bzw. »der Böse« V. 8.9), der bisher nur im Verborgenen wirkte (V. 7) und die Beseitigung dessen, was (V. 6 bzw. wer V. 7) den »Bösen« an der Entfaltung seiner Macht hindert. – Der Versuchung, in den Gestalten historische Personen oder Ereignisse zu suchen, hat man bis heute oft nicht widerstanden. Hier wird jedoch eine schon geprägte Tradition aufgenommen, die sich nicht mehr konkretisieren läßt. Das Auftreten eines Gegenspielers an Gottes Stelle ist seit Antiochus IV. (175–164 v. Chr.; vgl. Dan 11,36) ein oft wiederholter Gedanke (vgl. Mk 13,14Parr; Off 13). Er wird im Urchristentum in der Vorstellung vom Antichrist (vgl. 1Jh 2,18.22) fortgesetzt. Das Hemmnis hat eine positive Bedeutung (V. 7). Mehr Klarheit läßt der Text nicht zu. Das Anliegen jedoch ist deutlich: Noch ist es nicht so weit. Darum bleibt besonnen!

Die Schwärmer haben Unruhe ausgelöst. Darum zeigt der 2Th, wo Geängstete festen Halt finden können; Gottes Zusage, Menschen zu retten, gilt »von Anfang an« (statt »als erste« V. 13). In der Taufe wird sie dem einzelnen zugesprochen. Entscheidend ist das Festhalten am Bekenntnis (»unser Evangelium« V. 14; »die Lehre« V. 15). Die Verse lassen Motive erkennen, die zum apostolischen Glaubensbekenntnis und zur Sammlung der apostolischen Schriften als Grundlage der kirchlichen Lehre führten. Die Auseinandersetzung mit den Schwärmern forderte feste Grundlagen der kirchlichen Lehre (vgl. die Einl. zu den Past).

Streit in der Gemeinde und Abfall vom Glauben hindern die Ausbreitung des Evangeliums und wecken Zweifel. Wahrer Glaube läßt sich durch das Überhandnehmen von Unglauben nicht beirren (vgl. das Bild Mk 4,14–20Parr). Auf überhitzte Schwärmerei ist die rechte Antwort Einübung in Liebe und Geduld, wie sie Christus vorlebte.

Im Befehlston wendet sich der 2Th gegen einen besonderen, durch Schwärmerei hervorgerufenen Mißstand. Wegen des scheinbaren nahen Weltendes hörten einige zu arbeiten auf und fielen damit anderen Gemeindegliedern zur Last. Mit ihnen soll jede Art von Solidarisierung unterbleiben. Die von konkreten Entscheidungen bestimmte Haltung des Paulus, sich seinen Lebensunterhalt selbst zu verdienen (vgl. 1Th 2,9f.), wird hier zur Norm erhoben: Treue und Verantwortung in der Arbeit sind ebenso Teil des christlichen Lebens wie das Gebet. Den Wirrköpfen Unterstützung zu versagen, soll aber nicht zur allgemeinen Herzensverhärtung bei Notständen führen (V. 13). – Die Anweisung zum Umgang mit Andersdenkenden ähnelt den Ratschlägen, wie sie in Mat 18,15–20 formuliert sind. Die Fragen nach einem Kirchenrecht und einer verbindlichen Lebensordnung

Mahnung zum Festhalten an der Lehre

[13] Wir aber müssen Gott allezeit für euch danken, vom Herrn geliebte Brüder, daß Gott euch als erste zur Seligkeit erwählt hat, in der Heiligung durch den Geist und im Glauben an die Wahrheit, [14] wozu er euch auch berufen hat durch unser Evangelium, damit ihr die Herrlichkeit unseres Herrn Jesus Christus erlangt. [15] So steht nun fest, liebe Brüder, und haltet euch an die Lehre, in der ihr durch uns unterwiesen worden seid, es sei durch Wort oder Brief von uns. [16] Er aber, unser Herr Jesus Christus, und Gott, unser Vater, der uns geliebt und uns einen ewigen Trost gegeben hat und eine gute Hoffnung durch Gnade, [17] der tröste eure Herzen und stärke euch in allem guten Werk und Wort.

Wünsche des Apostels für sich selbst und die Gemeinde

3 Weiter, liebe Brüder, betet für uns, daß das Wort des Herrn laufe und gepriesen werde wie bei euch [2] und daß wir erlöst werden von den falschen und bösen Menschen; denn der Glaube ist nicht jedermanns Ding. [3] Aber *der Herr ist treu; der wird euch stärken und bewahren vor dem Bösen.* [4] Wir haben aber das Vertrauen zu euch in dem Herrn, daß ihr tut und tun werdet, was wir gebieten. [5] Der Herr aber richte eure Herzen aus auf die Liebe Gottes und auf die Geduld Christi.

Warnung vor Müßiggang

[6] Wir gebieten euch aber, liebe Brüder, im Namen unseres Herrn Jesus Christus, daß ihr euch zurückzieht von jedem Bruder, der unordentlich lebt und nicht nach der Lehre, die ihr von uns empfangen habt. [7] Denn ihr wißt, wie ihr uns nachfolgen sollt. Denn wir haben nicht unordentlich bei euch gelebt, [8] haben auch nicht umsonst Brot von jemandem genommen, sondern mit Mühe und Plage haben wir Tag und Nacht gearbeitet, um keinem von euch zur Last zu fallen. [9] Nicht, daß wir dazu nicht das Recht hätten, sondern wir wollten uns selbst euch zum Vorbild geben, damit ihr uns nachfolgt. [10] Denn schon als wir bei euch waren, geboten wir euch: Wer nicht arbeiten will, der soll auch nicht essen. [11] Denn wir hören, daß einige unter euch unordentlich leben und nichts arbeiten, sondern unnütze Dinge treiben. [12] Solchen aber gebieten wir und ermahnen sie in dem Herrn Jesus Christus, daß sie still ihrer Arbeit nachgehen und ihr eigenes Brot essen. [13] Ihr aber, liebe Brüder, laßt's euch nicht verdrießen, Gutes zu tun.

[14] Wenn aber jemand unserm Wort in diesem Brief nicht gehorsam ist, den merkt euch und habt nichts mit ihm zu schaffen, damit er schamrot werde. [15] Doch haltet ihn nicht für einen Feind, sondern weist ihn zurecht als einen Bru-

der. [16]Er aber, der Herr des Friedens, gebe euch Frieden allezeit und auf alle Weise. Der Herr sei mit euch allen!

Gruß und Segenswunsch

[17]Der Gruß mit meiner, des Paulus, Hand. Das ist das Zeichen in allen Briefen; so schreibe ich. [18]Die Gnade unseres Herrn Jesus Christus sei mit euch allen!

sind für diese Generation brennend geworden.
Die Echtheit des Briefes soll durch die Unterschrift – eine Art amtliches Siegel (anders Gal 6,11; 1Ko 16,21) – des Paulus erwiesen werden (vgl. zu Pseudepigraphie vor Eph).

Die Pastoralbriefe

DIE BRIEFE AN TIMOTHEUS UND TITUS

Seit Mitte des 18.Jh. werden diese Schreiben unter dem Namen Pastoralbriefe (Past) = Hirtenbriefe zusammengefaßt. Diese Bezeichnung ist berechtigt. Denn es sind Schreiben an Gemeindeleiter mit verbindlichen Weisungen zur richtigen Amtsführung. Zwei Themen finden sich in allen drei Briefen: die Durchsetzung einer Kirchen- und Lebensordnung; die Abgrenzung der Gemeinde von der Irrlehre der Gnosis.

Schon ihr Grundanliegen verrät, daß die Briefe in zeitlich großem Abstand zu Paulus geschrieben sind. Sie sind sogenannte Pseudepigraphen (vgl. die Einl. vor Eph), die den Namen des Paulus als Absender benutzen, weil er für den Verfasser der einzig wahre Apostel ist. Paulus hat die rechte Lehre verkündigt, die nun als Schatz der Kirche sicheren Grund gibt und vor Mißbrauch geschützt werden muß. Er gilt als der Stifter der Kirchenordnung. Mit seinem Leben, vor allem mit seiner Leidensbereitschaft, ist er das Vorbild für jeden, der ein leitendes Amt in der Kirche innehat. Auffallenderweise wird von der Gemeinde nur vom Blickwinkel des Amtsträgers aus gesprochen: Die Gemeinde ist das Haus, das er ordentlich zu führen hat (1Ti 3,15). Die Kirche ist nicht mehr wie bei Paulus die Gesamtheit aller Gemeindeglieder, sondern ist schon zur selbständigen Institution geworden.

Die geistige Situation der Past ist durch Folgendes gekennzeichnet:

1. Das Bewußtsein, in der letzten Zeit unmittelbar vor dem Kommen Christi zu leben, ist geschwunden.
2. Der zeitliche Abstand zu Paulus wird empfunden. Die Zeit des Apostels war der Anfang, wo alle grundlegenden Entscheidungen gefallen sind.
3. Die Kluft zwischen Rechtgläubigkeit und Ketzerei ist unüberwindbar. Es gibt nicht mehr wie zur Zeit des Paulus unterschiedliche Strömungen, die zu Auseinandersetzungen in der einen Gemeinde führen, sondern unterschiedliche Kirchen, die sich organisatorisch voneinander getrennt haben. Darum findet kaum noch eine geistige Auseinandersetzung statt.
4. Weil man nicht mehr mit dem Ende der Welt rechnet, muß das Verhältnis zur Gesellschaft und Kultur der Umwelt genauer bedacht werden.

Die Grundhaltung der Past ist durch folgende Merkmale bestimmt:

1. Das Erbe der heiligen Vergangenheit muß rein bewahrt werden. Die rechte Lehre wird nicht entfaltet, sondern zitiert. Glaubensformeln (1Ti 1,5; 2,4–6; 4,10b; 6,13; 2Ti 2,8), vertraute Hymnen (1Ti 3,16; 2Ti 1,9f.; Tit 2,11–14; 3,4–7), liturgische Formeln (1Ti 1,17; 6,15f.) geben den Briefen das Siegel urapostolischer Lehre. Die Apostelschüler werden ermahnt, diesen Schatz zu bewahren (1Ti 6,20; 2Ti 1,2–14).
2. Christlicher Glaube bejaht Ordnung, Familie und alle Ideale von Anstand und guter Sitte. In dieser Haltung sehen die Past den entscheidenden Unterschied zu der Irrlehre der Gnosis. Die uneingeschränkte Bejahung von Familie, Kultur und Gesellschaft unterscheidet die Past allerdings auch von der Auffassung des Paulus (1Ko 7). Die christliche Grundhaltung heißt nicht mehr

Glaube, sondern Frömmigkeit. Glaube ist in diesen Briefen das Glaubensgut, die rechte Lehre, von der nicht abgewichen werden darf (1Ti 1,19; 2,15; 4,1 u. ö.). Frömmigkeit aber ist die persönliche Haltung. Das griechische Wort dafür begegnet außer in den Past nur gelegentlich in den spätesten Schriften des NT (Apg; 2Pt). Frömmigkeit meint das richtige Verhältnis zu den vorgegebenen Ordnungen. 1Ti 2,2 zeigt diese Bedeutung besonders eindrücklich: Frömmigkeit ist die vom ehrbaren Bürger geforderte Haupttugend. Die Übernahme des Wortes für die christliche Lebenshaltung ist problematisch. Das zeigt sich vor allem darin, daß sowohl die Unterordnung der Frau unter den Mann (1Ti 2,8–15) als auch der Sklaven unter den Herrn (1Ti 6,1–2; Tit 2,9f.) nun christlich untermauert werden.

3. Die kirchliche Ämterordnung garantiert den Bestand und das Wachstum der Gemeinden. Das leitende Amt ist in den Händen eines Mannes, der von rechtgläubigen Vorgängern ordnungsgemäß ordiniert worden ist (1Ti 6,11–16). Von Paulus über die Apostelschüler Timotheus und Titus bis zu den künftigen Gemeindeleitern soll eine lückenlose Kette bestehen (= apostolische Sukzession). Der verantwortliche Gemeindeleiter heißt Bischof (1Ti 3,1–7; Tit 1,7–9) oder Ältester (1Ti 5,17–22; Tit 1,5f.). Ein Unterschied zwischen den beiden Ämtern ist nicht erkennbar. Das Nebeneinander erklärt sich wohl daher, daß die Past auch in bezug auf die Kirchenordnungen auf älteres Material zurückgegriffen haben. In den Anfangszeiten konnte an manchen Orten der oberste Gemeindeleiter Ältester (z.B. 2Jh 1; 3Jh 1), an anderen Bischof heißen. Wahrscheinlich haben die Past noch nicht die spätere Kirchenordnung im Blick, in der einem Bischof ein Kreis von Ältesten untergeordnet wird und beide Begriffe verschiedene Ämter bezeichnen. Als untergeordnet erscheinen den Past nur die Diakone (1Ti 3,8–13) und die Witwen (1Ti 5,3–16). Von der Vielfalt der charismatischen Ämter aus der Zeit des Paulus ist aber kaum noch etwas zu erkennen. Lediglich die Propheten werden noch erwähnt, aber nur im Zusammenhang der Ordination des Apostelschülers, d.h. des Bischofs (1Ti 1,18; 4,14). Bei dem leitenden Amt fallen zwei Besonderheiten auf: Bei der Auswahl des Amtsträgers ist einmal darauf zu achten, daß er verheirateter Hausvater ist. Die Bewährung im Alltag der Familie bietet nach den Past beste Gewähr dafür, daß der Bischof auch Oberhaupt einer großen Familie sein kann. Die Funktionen werden zum anderen auf die Gemeindeleitung und Weitergabe der Lehre konzentriert, während kultische Aufgaben überhaupt nicht genannt werden.

Die Christlichkeit der Past – einschließlich ihrem starken Interesse an Ordnung – erhält ihr besonderes Profil dadurch, daß sie im Gegenüber zu einer anderen christlichen Lehre entfaltet wird. Die Past nennen die von ihnen überlieferte apostolische Lehre »heilsam« (1Ti 1,10; 2Ti 4,3; Tit 1,9 u. ö.), was in einigen Übersetzungen mit »gesund« wiedergegeben wird. – Die andere Lehre erscheint darum als geistige wie moralische Krankheit (Tit 1,10–16). Über den Inhalt der anderen Lehre erfahren wir nicht viel. Der Verfasser teilt aber den Namen mit, unter dem die Bewegung bekannt wurde: Gnosis (= Erkenntnis – 1Ti 6,20). Die wenigen inhaltlichen Anspielungen auf ihre Lehre und Praxis lassen erkennen, daß es eine streng asketische Richtung der Gnosis mit starken jüdischen Elementen ist, ähnlich wie die im Kol bekämpfte (vgl. auch die Einl. zu Kol und zu 1/3 Jh). Der markanteste Lehrsatz findet sich 2Ti 2,18: »Die Auferstehung sei schon geschehen« (vgl. die Erklärung zur Stelle). Ihre asketischen Forderungen beziehen sich auf die Ehe und bestimmte Speisen (1Ti 4,3). Für ihre spekulative Lehre bedienen sie sich atl. Texte und jüdischer Lehren (1Ti 1,4). Wohl aus diesem Grund sind die Past davon überzeugt, daß die Irrlehrer jüdischer Herkunft sind (Tit 1,10). Bei Frauen scheint die Lehre besonderen Anklang gefunden zu haben (2Ti 3,6). Für die Gnosis sind die geschlechtlichen Unterschiede bedeutungslos. Dadurch konnten Frauen im Gegensatz zu der von den Past vertretenen Auffassung (1Ti 2,8–15) gleichberechtigt wirken. Die Mission der Gnostiker scheint bedeutend gewesen zu sein. Sie bildeten offensichtlich selbständige Gemeinden, so daß die Kirche keinen direkten rechtlichen Einfluß mehr ausüben konnte. Darum ist nur die Abgrenzung möglich, damit diese Lehre nicht noch weiter in die Gemeinde eindringen kann (Tit 3,9–11). Aus dem Gegensatz zur Gnosis könnte sich erklären, daß die Past Gott als den einzigen Schöpfer und Geber aller guten Gaben preisen (1Ti 4,4; 6,15f.) und Jesu Menschlichkeit betonen (1Ti 2,5; 3,16). Auf diese Weise nehmen sie jüdische Tradition auf und aktualisieren sie für die konkrete kirchliche Situation. Mit diesem Bekenntnis wenden sie sich einerseits gegen die gnostische Lehre von den zwei Göttern: den bösen Schöpfergott, der die materielle Welt geschaffen hat; und den wahren Gott, der jenseits aller Materie reines Geistwesen ist und zu dem die Gnostiker mit ihrem wahren Selbst gehören (vgl. zu 2Ti 2,14–26). Andrerseits bekämpfen sie die gnostische Lehre, nach der der himmlische Christus nur vorübergehend sich der menschlichen Gestalt Jesu bedient habe (vgl. 1Jh 4,2f.).

Sowohl das eigene Anliegen als auch die mögliche Berufung der Irrlehre auf Paulus (vgl. 2Pt 3,16) veranlassen den Verfasser, zu dem Mittel der Pseudepigraphie zu greifen. Er entwickelt in dieser literarischen Kunstform eine hohe Meisterschaft, indem er konkrete Situationen und Personalnachrichten einfügt (vor allem 2Ti 4,9–22). Dabei fällt zweierlei auf:

1. Diese Situationen lassen sich nicht in den uns aus der Apg und den anderen Briefen des Paulus bekannten Lebenslauf des Apostels einzeichnen (z.B. war Paulus nie in Kreta und hat nie Timotheus in Ephesus zurückgelassen, sondern ihn nach Mazedonien vorausgeschickt). Das hat den ersten Anstoß gegeben, die Briefe Paulus abzusprechen.
2. Die in den drei Briefen vorgestellten Stationen ergeben einen in sich möglichen Ablauf der Mission des Paulus im Mittelmeerraum: von Kreta nach Kleinasien (Ephesus), weiter nach Mazedonien – von dort soll 1Ti nach Ephesus geschrieben sein –, dann durch ganz Griechenland über Korinth bis an die Westküste Griechenlands. In Nikopolis habe Paulus überwintert und von dort den Tit geschrieben. Schließlich gelange er nach Rom und erleide dort die Gefangenschaft 2Ti 4,5–8 setzt deutlich die letzte Gefangenschaft, die mit dem Tod des Paulus endete, voraus. Die Briefe bilden also einen in sich geschlossenen Entwurf und wollen in der Reihenfolge 1Ti–Tit–2Ti verstanden sein.

Der Verfasser kleidet sein Anliegen in Briefform, doch gehören die drei Schreiben verschiedenen literarischen Gattungen an. 1Ti und Tit sind Kirchenordnungen, wobei als Leitfaden die Stilform der Haustafeln (vgl. zu Kol 3,18–4,1) dient. 2Ti ist das Testament des Apostels an seinen Nachfolger und stellt den für das Evangelium in den Tod gehenden Apostel als das gültige Vorbild für jeden Amtsnachfolger dar.

Aus allen Beobachtungen ergibt sich: Die Past sind um 100 n. Chr., wahrscheinlich in Kleinasien oder Griechenland, geschrieben. In Auseinandersetzung mit der weltvereinenden Gnosis wollen sie im Namen des Paulus, dem sich der Verfasser geistig verpflichtet weiß, eine verbindliche Kirchen- und Lebensordnung schaffen. Für diese ist der Alltag der eigentliche Bewährungsort des christlichen Glaubens.

DER ERSTE BRIEF DES PAULUS AN TIMOTHEUS

1 Paulus, ein Apostel Christi Jesu nach dem Befehl Gottes, unseres Heilands, und Christi Jesu, der unsre Hoffnung ist, [2]an Timotheus, meinen rechten Sohn im Glauben:

Gnade, Barmherzigkeit, Friede von Gott, dem Vater, und unserm Herrn Christus Jesus!

Der Briefgruß legt ebenso Wert auf die Autorität des Paulus als Apostel wie auf dessen enge Beziehung zum Empfänger, der als sein rechtmäßiger Sohn und damit als sein Erbe bezeichnet wird.

Gegen falsche Gesetzeslehrer

[3]Du weißt, wie ich dich ermahnt habe, in Ephesus zu bleiben, als ich nach Mazedonien zog, und einigen zu gebieten, daß sie nicht anders lehren, [4]auch nicht achthaben auf die Fabeln und Geschlechtsregister, die kein Ende haben und eher Fragen aufbringen, als daß sie dem Ratschluß Gottes im Glauben dienen. [5]Die Hauptsumme aller Unterweisung aber ist Liebe aus reinem Herzen und aus gutem Gewissen und aus ungefärbtem Glauben. [6]Davon sind einige abgeirrt und haben sich hingewandt zu unnützem Geschwätz, [7]wollen die Schrift meistern und verstehen selber nicht, was sie sagen oder was sie so fest behaupten.

[8]Wir wissen aber, daß das Gesetz gut ist, wenn es jemand recht gebraucht, [9]weil er weiß, daß dem Gerechten kein Gesetz gegeben ist, sondern den Ungerechten und Ungehorsamen, den Gottlosen und Sündern, den Unheiligen und Ungeistlichen, den Vatermördern und Muttermördern,

Paulus hat bei seiner Abreise Timotheus zurückgelassen. Nach Apg 19,22 aber schickte er ihn nach Mazedonien voraus. Er soll gegenüber den Irrlehrern Widerstand leisten, ohne sich mit ihnen in Gespräche einzulassen. Aus den Andeutungen erfahren wir über die Irrlehrer: 1. Sie haben ein besonderes Interesse an der Herkunft des Menschen, seinem Ursprung und Ziel (V. 4). 2. Sie bieten ihre Lehre als Auslegung der Schrift (V. 7), vermutlich der Schöpfungs- und Urgeschichte (1Mo 1–11). 3. Sie legen besonderen Wert auf die Einhaltung bestimmter (4,3) Vorschriften. Demgegenüber wird gesagt: Wer am Gemeindeglauben festhält und weiß, was er zu tun hat, bedarf keiner besonderen Gebote. Im Blick auf diese »gesunde« Haltung muß die Irrlehre als Krankheit erscheinen. Die Gnostiker selbst verstanden offensichtlich ihre Lehre als Vertiefung und Weiterführung des christlichen Glaubens.

den Totschlägern, [10] den Unzüchtigen, den Knabenschändern, den Menschenhändlern, den Lügnern, den Meineidigen und wenn noch etwas anderes der heilsamen Lehre zuwider ist, [11] nach dem Evangelium von der Herrlichkeit des seligen Gottes, das mir anvertraut ist.

Lobpreis der göttlichen Barmherzigkeit

Paulus hielt seine vorchristliche Vergangenheit für untadelig und seine Bekehrung als ein Eingreifen Gottes, das alle bisherigen Wortmaßstäbe zerbrochen hat (Phl 3,4–8). Hier dagegen wird er zum Vorbild des Menschen, der aus seiner moralischen Verworfenheit durch Gottes Erbarmen erlöst worden ist. An ihm hat sich die Wahrheit des christlichen Bekenntnisses jedem sichtbar erwiesen. Es wird ausdrücklich als eine verbindliche Glaubensformel (V. 15 a) eingeführt und gipfelt in dem Satz: Jesus Christus ist gekommen, um Sünder zu retten. Vielleicht steht es in bewußtem Gegensatz zu der Auffassung der Irrlehrer: Christus sei in die Welt gekommen, um die sündlosen Heiligen, die durch ein unverschuldetes Unglück in diese Welt geworfen sind, wieder herauszuführen. Timotheus soll aber sein gutes Gewissen allein darin begründen, daß er sich auch als begnadeter Sünder versteht. Eine weitere Auseinandersetzung mit den Irrlehrern ist darum unnötig, weil Paulus sie schon zur Strafe an den Satan (vgl. zu 1Ko 5) ausgeliefert hat.

[12] Ich danke unserm Herrn Christus Jesus, der mich stark gemacht und für treu erachtet hat und in das Amt eingesetzt, [13] mich, der ich früher ein Lästerer und ein Verfolger und ein Frevler war; aber mir ist Barmherzigkeit widerfahren, denn ich habe es unwissend getan, im Unglauben. [14] Es ist aber desto reicher geworden die Gnade unseres Herrn samt dem Glauben und der Liebe, die in Christus Jesus ist. [15] *Das ist gewißlich wahr und ein Wort, des Glaubens wert, daß Christus Jesus in die Welt gekommen ist, die Sünder selig zu machen, unter denen ich der erste bin.* [16] Aber darum ist mir Barmherzigkeit widerfahren, daß Christus Jesus an mir als erstem alle Geduld erweise, zum Vorbild denen, die an ihn glauben sollten zum ewigen Leben. [17] Aber Gott, dem ewigen König, dem Unvergänglichen und Unsichtbaren, der allein Gott ist, sei Ehre und Preis in Ewigkeit! Amen.

[18] Diese Botschaft vertraue ich dir an, mein Sohn Timotheus, nach den Weissagungen, die früher über dich ergangen sind, damit du in ihrer Kraft einen guten Kampf kämpfst [19] und den Glauben und ein gutes Gewissen hast. Das haben einige von sich gestoßen und am Glauben Schiffbruch erlitten. [20] Unter ihnen sind Hymenäus und Alexander, die ich dem Satan übergeben habe, damit sie in Zucht genommen werden und nicht mehr lästern.

Das Gemeindegebet

Der Kampf gegen die Irrlehrer und die Einsetzung einer verbindlichen Gemeindeordnung stehen in unmittelbarem Zusammenhang. Das treue Festhalten an der überlieferten Lehre verlangt auch eine feste Ordnung. Die älteste Kirchenordnung orientiert sich an der Form der Haustafeln (vgl. zu Kol 3,18–4,1). Sie beginnt mit dem Verhältnis zum Staat, das ganz unter dem Zeichen der Fürbitte steht. Schon die Juden hatten den Kaiserkult verweigert und an seine Stelle die Fürbitte im Synagogengottesdienst gesetzt. Denselben Weg soll auch die christliche Gemeinde gehen. Mahnungen an Regierende entfallen, weil es zu dieser Zeit noch keine christlichen römischen Staatsbeamten gab.

Das Christentum der Past (im Unterschied z. B. zu dem der Off) sieht in dem ruhigen und geordneten Alltagsleben die Voraussetzung für die Entfaltung der christlichen Botschaft. – Gottes Heil gilt allen Menschen, denn es gibt nur einen Gott, einen Mittler und eine Schöpfung. Dieses Bekenntnis steht im Wider-

2 So ermahne ich nun, daß man vor allen Dingen tue Bitte, Gebet, Fürbitte und Danksagung für alle Menschen, [2] für die Könige und für alle Obrigkeit, damit wir ein ruhiges und stilles Leben führen können in aller Frömmigkeit und Ehrbarkeit. [3] Dies ist gut und wohlgefällig vor Gott, unserm Heiland, [4] *welcher will, daß allen Menschen geholfen werde und sie zur Erkenntnis der Wahrheit kommen.* [5] *Denn es ist ein Gott und ein Mittler zwischen Gott und den Men-*

schen, nämlich der Mensch Christus Jesus, [6] *der sich selbst gegeben hat für alle zur Erlösung,* daß dies zu seiner Zeit gepredigt werde. [7] Dazu bin ich eingesetzt als Prediger und Apostel – ich sage die Wahrheit und lüge nicht –, als Lehrer der Heiden im Glauben und in der Wahrheit.

spruch zu der gnostischen Weltsicht. Nach dieser gibt es verschiedene Welten und Götter, ist die sichtbare Welt von einem bösen Schöpfergott geschaffen und kommt der Erlöser, der sich nur um seine Erwählten sorgt, von dem eigentlichen Vatergott aus einer himmlischen Welt.

Männer und Frauen im Gottesdienst

[8] So will ich nun, daß die Männer beten an allen Orten und aufheben heilige Hände ohne Zorn und Zweifel. [9] Desgleichen, daß die Frauen in schicklicher Kleidung sich schmükken mit Anstand und Zucht, nicht mit Haarflechten und Gold oder Perlen oder kostbarem Gewand, [10] sondern, wie sich's ziemt für Frauen, die ihre Frömmigkeit bekunden wollen, mit guten Werken. [11] Eine Frau lerne in der Stille mit aller Unterordnung. [12] Einer Frau gestatte ich nicht, daß sie lehre, auch nicht, daß sie über den Mann Herr sei, sondern sie sei still. [13] Denn Adam wurde zuerst gemacht, danach Eva. [14] Und Adam wurde nicht verführt, die Frau aber hat sich zur Übertretung verführen lassen. [15] Sie wird aber selig werden dadurch, daß sie Kinder zur Welt bringt, wenn sie bleiben mit Besonnenheit im Glauben und in der Liebe und in der Heiligung.

Über die Stellung der Frau wird ausführlicher gesprochen, weil sie umstritten war. Nicht so sehr das äußere Auftreten (V. 9f.) als ihre Stellung in der Gemeinde warf Fragen auf. Nach Gal 3,28 sind Mann und Frau vor Gott gleichgeachtet. Darum wurden auch der Frau Verkündigung und verantwortliche Dienste in der Gemeinde zugestanden (vgl. zu Rö 16). In den Kreisen der Irrlehrer behielten die Frauen weiterhin eine gleichberechtigte und einflußreiche Stellung. Darum hat sich die werdende frühkatholische Kirche in der Frauenfrage wieder an der antiken Ständeordnung orientiert.

Die Begründung für die Minderwertigkeit der Frau stammt aus einer eigentümlichen Auslegung der Geschichte vom Sündenfall (1Mo 3). Der Teufel habe in Gestalt der Schlange Eva sexuell verführt (2Ko 11,3). Aufgrund dieser Sünde muß sie – wie alle ihre weiblichen Nachkommen – durch Kindergebären in einer rechtmäßigen Ehe Buße tun, um das Heil zu erlangen. – Diese fremdartige und der christlichen Botschaft widersprechende Ansicht läßt sich nur als Verteidigung von Ehe und Familie verständlich machen. Sie richtet sich gegen eine Abwertung von Familie und Sexualität.

Von den Bischöfen

3 Das ist gewißlich wahr: Wenn jemand ein Bischofsamt* begehrt, der begehrt eine hohe Aufgabe. [2] Ein Bischof aber soll untadelig sein, Mann einer einzigen Frau, nüchtern, maßvoll, würdig, gastfrei, geschickt im Lehren, [3] kein Säufer, nicht gewalttätig, sondern gütig, nicht streitsüchtig, nicht geldgierig, [4] einer, der seinem eigenen Haus gut vorsteht und gehorsame Kinder hat in aller Ehrbarkeit. [5] Denn wenn jemand seinem eigenen Haus nicht vorzustehen weiß, wie soll er für die Gemeinde Gottes sorgen? [6] Er soll kein Neugetaufter sein, damit er sich nicht aufblase und dem Urteil des Teufels verfalle. [7] Er muß aber auch einen guten Ruf haben bei denen, die draußen sind, damit er nicht geschmäht werde und sich nicht fange in der Schlinge des Teufels.

Die erste Ordnung für Amtsträger nennt auffallend wenige Aufgaben. Denn in ihr ist das in der Antike weit verbreitete Schema eines Tugendkatalogs für Männer in verantwortungsvollen Positionen leicht abgewandelt benutzt worden. Der Grundsatz ist: Wer im Alltag, in Ehe, Familie und Führung des Hauses, einen guten Ruf erworben hat, ist der geeignete Mann für die Leitung der Gemeinde. Als spezifische Aufgabe ist nur die Lehrtätigkeit genannt; d. h. die überlieferte Lehre unverfälscht zu bewahren. Kultisch–priesterliche Funktionen werden nicht erwähnt.

Von den Diakonen

[8] Desgleichen sollen die Diakone ehrbar sein, nicht doppelzüngig, keine Säufer, nicht schändlichen Gewinn suchen;

Dieser Tugendkatalog gleicht dem für den Bischof. Die Aufgaben der

Diakone lassen sich nur erahnen. Aus der Warnung vor Gewinnsucht ist noch zu erkennen, daß sie vor allem mit der Verwaltung und gerechten Verteilung der materiellen Güter der Gemeinde betraut waren. In V. 11 steht im griechischen Text »die Frauen«. Dieser Wortlaut läßt zu, daß vielleicht auch Frauen das Diakonenamt ausüben konnten (vgl. Rö 16, 1–6). Bemerkenswert ist, daß die Befähigung zum kirchlichen Amt wieder durch Wohlanständigkeit nachgewiesen wird.

In V. 15 ist das Kirchenverständnis der Past in einem Bild zusammengefaßt: Die Kirche ist ein Haus mit einer festen Hausordnung, die den Rechtgläubigen Schutz und Geborgenheit bietet. Sie ist nicht mehr die Gesamtheit aller Gemeindeglieder wie bei Paulus (vgl. zu 1Ko 12,12 ff.). Vielmehr beginnt sie eine Institution zu werden, der der einzelne untergeordnet ist. Zudem ist sie der Ort, wo die Lehre rein bewahrt wird. Der Inhalt der Lehre wird durch einen der Gemeinde vertrauten Christushymnus wiedergegeben.

[9] sie sollen das Geheimnis des Glaubens mit reinem Gewissen bewahren. [10] Und man soll sie zuvor prüfen, und wenn sie untadelig sind, sollen sie den Dienst versehen. [11] Desgleichen sollen ihre Frauen ehrbar sein, nicht verleumderisch, nüchtern, treu in allen Dingen. [12] Die Diakone sollen ein jeder der Mann einer einzigen Frau sein und ihren Kindern und ihrem eigenem Haus gut vorstehen. [13] Welche aber ihren Dienst gut versehen, die erwerben sich selbst ein gutes Ansehen und große Zuversicht im Glauben an Christus Jesus.

Das Geheimnis des Glaubens

[14] Dies schreibe ich dir und hoffe, bald zu dir zu kommen; [15] wenn ich aber erst später komme, sollst du wissen, wie man sich verhalten soll im Hause Gottes, das ist die Gemeinde des lebendigen Gottes, ein Pfeiler und eine Grundfeste der Wahrheit. [16] Und groß ist, wie jedermann bekennen muß, das Geheimnis des Glaubens:

Er ist offenbart im Fleisch,
gerechtfertigt im Geist,
erschienen den Engeln,
gepredigt den Heiden,
geglaubt in der Welt,
aufgenommen in die Herrlichkeit.

Der Hymnus stellt in den ersten beiden Zeilen (ähnlich wie Rö 1,3f.) die Erhöhung Christi durch die Kraft des heiligen Geistes dem irdischen am Kreuz endenden Leben gegenüber. Die Erhöhung bedeutet die Einsetzung zum Herrn (= Inthronisation) über die himmlischen Mächte (Phl 2,10; Kol 1,16). Wie die meisten Christushymnen im NT besingt auch dieser den Sieg Christi vom Standpunkt des Glaubenden, der schon seiner Zeit vorauseilend auf die gesamte Geschichte zurückblickt. Die Anerkennung Christi durch die ganze Welt ist im Lobpreis schon gegenwärtige Wirklichkeit.

Falsche Enthaltsamkeit

Das Auftreten der Irrlehrer wird als von Paulus geweissagtes Zeichen der Endzeit gedeutet (vgl. zu 2Th 2,1–13). Nach V. 3 forderten die Irrlehrer Sexualaskese und Enthaltsamkeit von Fleischgenuß. Denn für sie gehören alle »fleischlichen« Dinge zum Machtbereich des bösen Schöpfergottes (vgl. die Einl.). Dem begegnen die Past mit dem Glauben an den einen Gott, der alle Dinge geschaffen und dem Menschen zum Gebrauch gegeben hat (vgl. Kol 2, 8–23). Deshalb sind sie als Gaben Gottes dankbar zu empfangen.

4 Der Geist aber sagt deutlich, daß in den letzten Zeiten einige von dem Glauben abfallen werden und verführerischen Geistern und teuflischen Lehren anhängen, [2] verleitet durch Heuchelei der Lügenredner, die ein Brandmal in ihrem Gewissen haben. [3] Sie gebieten, nicht zu heiraten und Speisen zu meiden, die Gott geschaffen hat, daß sie mit Danksagung empfangen werden von den Gläubigen und denen, die die Wahrheit erkennen. [4] Denn *alles, was Gott geschaffen hat, ist gut, und nichts ist verwerflich, was mit Danksagung empfangen wird;* [5] *denn es wird geheiligt durch das Wort Gottes und Gebet.*

Der Dienst des Timotheus

Timotheus wird wie ein Bischof angesprochen. So wie er soll sich jeder

[6] Wenn du die Brüder dies lehrst, so wirst du ein guter Diener Christi Jesu sein, auferzogen in den Worten des

Glaubens und der guten Lehre, bei der du immer geblieben bist. [7]Die ungeistlichen Altweiberfabeln aber weise zurück; *übe dich selbst aber in der Frömmigkeit!* [8]Denn die leibliche Übung ist wenig nütze; aber die Frömmigkeit ist zu allen Dingen nütze und hat die Verheißung dieses und des zukünftigen Lebens. [9]Das ist gewißlich wahr und ein Wort, des Glaubens wert. [10]Denn dafür arbeiten und kämpfen wir, weil wir unsre Hoffnung auf den lebendigen Gott gesetzt haben, welcher ist der Heiland aller Menschen, besonders der Gläubigen. [11]Dies gebiete und lehre.

[12]Niemand verachte dich wegen deiner Jugend; du aber sei den Gläubigen ein Vorbild im Wort, im Wandel, in der Liebe, im Glauben, in der Reinheit. [13]Fahre fort mit Vorlesen, mit Ermahnen, mit Lehren, bis ich komme. [14]Laß nicht außer acht die Gabe in dir, die dir gegeben ist durch Weissagung mit Handauflegung der Ältesten. [15]Dies laß deine Sorge sein, damit gehe um, damit dein Fortschreiten allen offenbar werde. [16]Hab acht auf dich selbst und auf die Lehre; beharre in diesen Stücken! Denn wenn du das tust, wirst du dich selbst retten und die, die dich hören.

verantwortungsbewußte Gemeindeleiter verhalten: unerschütterliche Treue zum überlieferten Glauben, unnachgiebige Härte gegenüber Irrlehrern und frommer Lebenswandel. V. 8 stellt asketische Enthaltsamkeit und Frömmigkeit gegenüber. Unberücksichtigt bleibt, daß Eheverzicht und asketische Übungen auch aus echten christlichen Motiven erwachsen können (vgl. die andere Haltung des Paulus in 1Ko 7 und Rö 14,1–15,13). Weil die Irrlehrer ihre Askese mit einem Nein zur Schöpfung begründeten, erscheint den Past jede Askese als unvereinbar mit wahrer Frömmigkeit. Das griechische Wort für »Frömmigkeit« kommt aus der Morallehre der Antike (vgl. dazu die Einl.). Durch die Übernahme des Wortes bekennen sich die Past zu einem geordneten und sich im Alltag bewährenden Christentum.

V. 12 ist nicht biographisch auf Timotheus zu beziehen, sondern spiegelt ein typisches Problem jener Zeit wider: das jugendliche Alter einiger rechtgläubiger Bischöfe. V. 14 beweist, daß zur Zeit dieser Briefe schon die Ordination geübt wurde im Sinne bleibender Übertragung einer an das Amt gebundenen besonderen Gnadengabe. Damit hält die Unterscheidung von Amtsträgern und Laien ihren Einzug in die Kirche. Die Ordination erfolgte durch das Presbyterium (= Versammlung der Ältesten) unter Handauflegung. Wer das Verheißungswort (vgl. auch 1,18) sprach und welchen Inhalt es hatte, ist allerdings nicht klar zu erkennen. Vielleicht gab es noch kirchliche Propheten, die den vom Geist auserwählten Mann bezeichneten. Den Vorgang kann man sich in der Weise von Apg 13,1–3 vorstellen.

Verhalten gegen Männer und Frauen in der Gemeinde

5 Einen Älteren fahre nicht an, sondern ermahne ihn wie einen Vater, die jüngeren Männer wie Brüder, [2]die älteren Frauen wie Mütter, die jüngeren wie Schwestern, mit allem Anstand.

Aus hellenistischen Tugendlehren werden die Ermahnungen übernommen, taktvoll mit den verschiedenen Altersgruppen umzugeben. Denn auch davon können Erfolg oder Mißerfolg kirchlicher Arbeit abhängen.

Von den Witwen

[3]Ehre die Witwen, die rechte Witwen sind. [4]Wenn aber eine Witwe Kinder oder Enkel hat, so sollen diese lernen, zuerst im eigenen Hause fromm zu leben und sich den Eltern dankbar zu erweisen; denn das ist wohlgefällig vor Gott. [5]Das ist aber eine rechte Witwe, die allein steht, die ihre Hoffnung auf Gott setzt und beharrlich fleht und betet Tag und Nacht. [6]Eine aber, die ausschweifend lebt, ist lebendig tot. [7]Dies gebiete, damit sie untadelig seien. [8]Wenn aber jemand die Seinen, besonders seine Hausgenossen, nicht versorgt, hat er den Glauben verleugnet und ist schlimmer als ein Heide.

Zum Verständnis dieser Ordnung für die Witwen sind zwei Aspekte wichtig: 1. Das Leben einer Witwe war wegen des Fehlens einer allgemeinen Sozialgesetzgebung erbärmlich. Darum wird die Familie ermahnt, für ihren materiellen Unterhalt zu sorgen. Die Gemeinde wird aber verpflichtet, sich der alleinstehenden Witwen anzunehmen. Die vielfachen Einschränkungen (Alter, Lebenswandel, soziale Stellung) zeigen, daß die Mittel der Gemeinden begrenzt waren. 2. Die Witwen sollten nicht nur Sozialempfänger sein, sondern in den Dienst der Gemeinde gestellt werden. V. 12 setzt offensichtlich voraus, daß sie bei Übernahme eines kirchlichen Dienstes ein Gelübde ablegen. Da es sich um alte und auch gebrechliche Menschen handelte, die bis zu ihrem Tod versorgt werden sollten, konnte man keinen Pflichtenkatalog aufstellen. Jederzeit mußte damit gerechnet werden, daß sie keine Arbeit mehr verrichten können. Aus diesen Gründen hat das Witwenamt nur etwa 150 Jahre in der Alten Kirche bestanden. Die Past nennen nur eine Aufgabe: das Gebet (V. 5). An eine diakonische Arbeit durch Kranken-, Gefangenen- und Hausbesuche könnte aber nach V. 10 schon gedacht sein. Doch werden stärker die caritative Seite und die Würdigkeit der Empfänger hervorgehoben als die dienstlichen Aufgaben.

[9]Es soll keine Witwe auserwählt werden unter sechzig Jahren; sie soll eines einzigen Mannes Frau gewesen sein [10]und ein Zeugnis guter Werke haben: wenn sie Kinder aufgezogen hat, wenn sie gastfrei gewesen ist, wenn sie den Heiligen die Füße gewaschen hat, wenn sie den Bedrängten beigestanden hat, wenn sie allem guten Werk nachgekommen ist. [11]Jüngere Witwen aber weise ab; denn wenn sie ihrer Begierde nachgeben Christus zuwider, so wollen sie heiraten [12]und stehen dann unter dem Urteil, daß sie die erste Treue gebrochen haben. [13]Daneben sind sie faul und lernen, von Haus zu Haus zu laufen; und nicht nur faul sind sie, sondern auch geschwätzig und vorwitzig und reden, was nicht sein soll. [14]So will ich nun, daß die jüngeren Witwen heiraten, Kinder zur Welt bringen, den Haushalt führen, dem Widersacher keinen Anlaß geben zu lästern. [15]Denn schon haben sich einige abgewandt und folgen dem Satan. [16]Wenn aber einer gläubigen Frau Witwen anbefohlen sind, so versorge sie diese, die Gemeinde aber soll nicht beschwert werden, damit sie für die rechten Witwen sorgen kann.

Von den Vorstehern der Gemeinde

Die Ältesten sind wahrscheinlich derselbe Personenkreis wie die Bischöfe in 3,1–17 (vgl. die Einl.). Zum ersten Mal in der Kirchengeschichte wird eine Gehaltsregelung für die ordinierten Amtsträger getroffen. Das Wort »zwiefach« in V. 17 ist wohl nur bildlich gemeint, daß die Bezahlung nach Arbeit und Verantwortung erfolgen soll. Klageverfahren gegen Amtsträger werden erschwert. Ordinationen sollen erst nach sorgfältiger Prüfung erfolgen. Wer einen anderen ordiniert, ist für dessen Amtsführung mit verantwortlich. – Die Schlußmahnungen gehören nicht zur Ältestenordnung. V. 23 wird auf dem Hintergrund der Auseinandersetzung mit der Irrlehre verständlich: statt Enthaltsamkeit mäßiger Genuß von Gottes Gaben zur leiblichen Stärkung. V. 24f. sind ein Warnspruch im Blick auf Gottes Gericht: Alle Sünden und guten Werke werden früher oder später von Gott entsprechend vergolten werden.

[17]Die Ältesten, die der Gemeinde gut vorstehen, die halte man zwiefacher Ehre wert, besonders, die sich mühen im Wort und in der Lehre. [18]Denn die Schrift sagt (5. Mose 25,4): »Du sollst dem Ochsen, der da drischt, nicht das Maul verbinden«; und: »Ein Arbeiter ist seines Lohnes wert«. [19]Gegen einen Ältesten nimm keine Klage an ohne zwei oder drei Zeugen. [20]Die da sündigen, die weise zurecht vor allen, damit sich auch die andern fürchten. [21]Ich ermahne dich inständig vor Gott und Christus Jesus und den auserwählten Engeln, daß du dich daran hältst ohne Vorurteil und niemanden begünstigst. [22]Die Hände lege niemandem zu bald auf; habe nicht teil an fremden Sünden! Halte dich selber rein! [23]Trinke nicht mehr nur Wasser, sondern nimm ein wenig Wein dazu um des Magens willen, und weil du oft krank bist.

[24]Bei einigen Menschen sind die Sünden offenbar und gehen ihnen zum Gericht voran; bei einigen aber werden sie hernach offenbar. [25]Desgleichen sind auch die guten Werke einiger Menschen zuvor offenbar, und wenn es anders ist, können sie doch nicht verborgen bleiben.

Von den Sklaven

Anders als in den älteren Haustafeln (vgl. zu Kol 3,18–4,1) werden allein die Sklaven zu treuer Pflichterfüllung gerufen (so auch 1Pt 2,18–25;

6 Alle, die als Sklaven unter dem Joch sind, sollen ihre Herren aller Ehre wert halten, damit nicht der Name Gottes und die Lehre verlästert werde. [2]Welche aber gläubige Herren haben, sollen diese nicht weniger ehren, weil

sie Brüder sind, sondern sollen ihnen um so mehr dienstbar sein, weil sie gläubig und geliebt sind und sich bemühen, Gutes zu tun.

zur Sklavenfrage vgl. die Erklärungen zu Phm). – Die Christlichkeit der Herren ändert nicht die soziale Struktur, aber das persönliche Verhältnis zueinander.

Mahnung an Timotheus und alle Brüder

Dies lehre und dazu ermahne! [3]Wenn jemand anders lehrt und bleibt nicht bei den heilsamen Worten unseres Herrn Jesus Christus und bei der Lehre, die dem Glauben gemäß ist, [4]der ist aufgeblasen und weiß nichts, sondern hat die Seuche der Fragen und Wortgefechte. Daraus entspringen Neid, Hader, Lästerung, böser Argwohn, [5]Schulgezänk solcher Menschen, die zerrüttete Sinne haben und der Wahrheit beraubt sind, die meinen, Frömmigkeit sei ein Gewerbe. [6]*Die Frömmigkeit aber ist ein großer Gewinn für den, der sich genügen läßt.* [7]*Denn wir haben nichts in die Welt gebracht; darum werden wir auch nichts hinausbringen.* [8]*Wenn wir aber Nahrung und Kleider haben, so wollen wir uns daran genügen lassen.* [9]Denn die reich werden wollen, die fallen in Versuchung und Verstrickung und in viele törichte und schädliche Begierden, welche die Menschen versinken lassen in Verderben und Verdammnis. [10]Denn Geldgier ist eine Wurzel alles Übels; danach hat einige gelüstet, und sie sind vom Glauben abgeirrt und machen sich selbst viel Schmerzen.

[11]Aber du, Gottesmensch, fliehe das! Jage aber nach der Gerechtigkeit, der Frömmigkeit, dem Glauben, der Liebe, der Geduld, der Sanftmut! [12]*Kämpfe den guten Kampf des Glaubens; ergreife das ewige Leben, wozu du berufen bist und bekannt hast das gute Bekenntnis vor vielen Zeugen.* [13]Ich gebiete dir vor Gott, der alle Dinge lebendig macht, und vor Christus Jesus, der unter Pontius Pilatus bezeugt hat das gute Bekenntnis, [14]daß du das Gebot unbefleckt, untadelig haltest bis zur Erscheinung unseres Herrn Jesus Christus, [15]welche uns zeigen wird zu seiner Zeit der Selige und allein Gewaltige, der König aller Könige und Herr aller Herren, [16]der allein Unsterblichkeit hat, der da wohnt in einem Licht, zu dem niemand kommen kann, den kein Mensch gesehen hat noch sehen kann. Dem sei Ehre und ewige Macht! Amen.

Noch einmal wird zu unnachgiebigem Widerstand gegen die Irrlehrer aufgerufen und kein Raum für ein sachliches Gespräch mit ihnen gelassen. Wir erfahren nichts weiter über den Inhalt ihrer Lehre. Sie wird als Krankheit verurteilt. Den Irrlehrern werden unlautere Motive unterstellt, vor allem Gewinnsucht. Dieser Vorwurf ist der Anlaß, die rechte Haltung zum Besitz (V. 6–10.17–19) zu fordern. Einige dieser Sprüche gehörten zum Allgemeingut griechischer wie jüdischer Morallehre (V. 7.10a). Die Genügsamkeit z. B. war eine der Kardinaltugenden der Stoa. Die Mahnungen werden durch ein geprägtes liturgisches Stück (V. 11–16) unterbrochen, das offensichtlich aus einem Ordinationsformular stammt. Es ist die Mahnung an den eben ordinierten Gemeindeleiter (Bischof) mit einem abschließenden Lobpreis Gottes (= Doxologie). Sachgemäß enthält das Ordinationsformular Elemente aus der Taufermahnung, weil es sich auch hier um ein öffentliches Bekenntnis handelt. Für den ordinierten Amtsträger gilt in verschärfter Form das, was für jeden Christen zutrifft. In seinem Dienst als Verkündiger ist ihm Jesus das Vorbild, der in Zeiten härtester Bedrängnis die Botschaft öffentlich verkündigt hat. Der Mut zu öffentlichem Bekenntnis und der untadelige Lebenswandel sind die beiden Grundmerkmale des Amtes eines Gemeindeleiters.

In dem Lobpreis Gottes (V. 15.16) sind verschiedene Gottesvorstellungen verschmolzen: Alttestamentlich-jüdischem Denken entspringt die Rede von Gottes Herrschertum; aus griechischem Geist stammen die Prädikate selig und unsterblich; die Betonung der völligen Unzulänglichkeit kommt aus jener hellenistischen Frömmigkeit, die unter der Gottesferne litt.

Mahnung an die Reichen

[17]Den Reichen in dieser Welt gebiete, daß sie nicht stolz seien, auch nicht hoffen auf den unsicheren Reichtum, sondern auf Gott, der uns alles reichlich darbietet, es zu genießen; [18]daß sie Gutes tun, reich werden an guten Werken,

Wie das ganze Urchristentum sehen auch die Past die Gefährdung für den Glauben durch den Reichtum. Anders als z. B. Jak 5, 1–6 wird der

Reichtum als Chance erkannt, anderen zu helfen und so für das eigene Heil zu sorgen. Eine ähnliche Haltung zum Besitz findet sich auch bei Lk (vgl. Lk 12,15–21). – Die Schlußmahnung faßt zusammen: Gegenüber der um sich greifenden Irrlehre der Gnosis (= »Erkenntnis«) kommt es auf unbeirrbare Treue zum überlieferten Bekenntnis an.

gerne geben, behilflich seien, [19] sich selbst einen Schatz sammeln als guten Grund für die Zukunft, damit sie das wahre Leben ergreifen.

[20] O Timotheus! Bewahre, was dir anvertraut ist, und meide das ungeistliche lose Geschwätz und das Gezänk der fälschlich so genannten Erkenntnis, [21] zu der sich einige bekannt haben und sind vom Glauben abgeirrt.

Die Gnade sei mit euch!

DER ZWEITE BRIEF DES PAULUS AN TIMOTHEUS

Zum Briefgruß vgl. auch 1Ti 1,1–2. Leben ist hier der Inbegriff alles in Christus beschlossenen Heils. Es wird dem einzelnen in der apostolischen Verkündigung angeboten.

1 Paulus, ein Apostel Christi Jesu durch den Willen Gottes nach der Verheißung des Lebens in Christus Jesus, [2] an meinen lieben Sohn Timotheus:

Gnade, Barmherzigkeit, Friede von Gott, dem Vater, und Christus Jesus, unserm Herrn!

Treue zum Evangelium

Da 2Ti als Testament an den Nachfolger des Apostels gedacht ist, kommen persönliche Nachrichten und menschliche Gefühle stärker zur Sprache als in 1Ti und Tit. Es wird nicht so sehr auf die Lehre und die verbindliche Weisung des Apostels, sondern auf sein Leben als Vorbild geschaut. Paulus wird als Mensch und Seelsorger gezeigt. Dadurch soll deutlich werden, daß er nicht nur Repräsentant einer Institution ist, sondern auch ein Mensch, der bittere Enttäuschungen (V. 15) und schwere Leiden erdulden mußte. Der Prediger, Apostel und Lehrer (V. 11) ist ein in reichen Lebenserfahrungen gereifter Mensch und so das Vorbild für einen frommen Lebenswandel. Die in V. 15 f. Genannten sind uns sonst unbekannt. Typisch für das Idealbild – sowohl für Paulus wie für seine Nachfolger – ist das Verwurzeltsein im Glauben der Vorfahren. Das ist den Past so wichtig, daß hier (anders 1Ti 1,12 f.) unerwähnt bleibt, wie Paulus mit seinem ganzen früheren Leben und der Tradition seiner Väter gebrochen hat. Das Motiv der bewahrenden

[3] Ich danke Gott, dem ich diene von meinen Vorfahren her mit reinem Gewissen, wenn ich ohne Unterlaß deiner gedenke in meinem Gebet, Tag und Nacht. [4] Und wenn ich an deine Tränen denke, verlangt mich, dich zu sehen, damit ich mit Freude erfüllt werde. [5] Denn ich erinnere mich an den ungefärbten Glauben in dir, der zuvor schon gewohnt hat in deiner Großmutter Lois und in deiner Mutter Eunike; ich bin aber gewiß, auch in dir.

[6] Aus diesem Grund erinnere ich dich daran, daß du erweckest die Gabe Gottes, die in dir ist durch die Auflegung meiner Hände. [7] Denn *Gott hat uns nicht gegeben den Geist der Furcht, sondern der Kraft und der Liebe und der Besonnenheit.* [8] Darum schäme dich nicht des Zeugnisses von unserm Herrn noch meiner, der ich sein Gefangener bin, sondern leide mit mir für das Evangelium in der Kraft Gottes. [9] Er hat uns selig gemacht und berufen mit einem heiligen Ruf, nicht nach unsern Werken, sondern nach seinem Ratschluß und nach der Gnade, die uns gegeben ist in Christus Jesus vor der Zeit der Welt, [10] jetzt aber offenbart ist durch die Erscheinung unseres Heilands *Christus Jesus, der dem Tode die Macht genommen und das Leben und ein unvergängliches Wesen ans Licht gebracht hat durch das Evangelium,* [11] für das ich eingesetzt bin als Prediger und Apostel und Lehrer. [12] Aus diesem Grund leide ich dies alles; aber ich schäme mich dessen nicht; denn ich weiß, an wen ich

glaube, und bin gewiß, er kann mir bewahren, was mir anvertraut ist, bis an jenen Tag. [13]Halte dich an das Vorbild der heilsamen Worte, die du von mir gehört hast, im Glauben und in der Liebe in Christus Jesus. [14]Dieses kostbare Gut, das dir anvertraut ist, bewahre durch den heiligen Geist, der in uns wohnt.

[15]Das weißt du, daß sich von mir abgewandt haben alle, die in der Provinz Asien sind, unter ihnen Phygelus und Hermogenes. [16]Der Herr gebe Barmherzigkeit dem Hause des Onesiphorus; denn er hat mich oft erquickt und hat sich meiner Ketten nicht geschämt, [17]sondern als er in Rom war, suchte er mich eifrig und fand mich. [18]Der Herr gebe ihm, daß er Barmherzigkeit finde bei dem Herrn an jenem Tage. Und welche Dienste er in Ephesus geleistet hat, weißt du am besten.

Treue drückt sich auch darin aus, daß das Evangelium ein anvertrautes Gut ist, das Gott trotz des Todes des Apostels bis zum Jüngsten Tag bewahren wird (V. 12). Der Inhalt des Evangeliums wird mit liturgisch geprägten Worten wiedergegeben. In diese sind Gedanken aus der Lehre des Paulus (gerettet allein aus Gnade ohne eigenes Verdienst) eingefügt. Die Bedeutung der Erscheinung (= Epiphanie) Christi gipfelt in der Aussage, daß Christus die Macht des Todes zerstört hat. Für den an Christus Glaubenden ist der Tod nur die enge Pforte zum unvergänglichen Leben. Aus dieser Gewißheit erwächst die christliche Haltung, wie sie V. 7 beschreibt.

Kampf und Leiden

2 So sei nun stark, mein Sohn, durch die Gnade in Christus Jesus. [2]Und was du von mir gehört hast vor vielen Zeugen, das befiehl treuen Menschen an, die tüchtig sind, auch andere zu lehren. [3]Leide mit als ein guter Streiter Christi Jesu. [4]Wer in den Krieg zieht, verwickelt sich nicht in Geschäfte des täglichen Lebens, damit er dem gefalle, der ihn angeworben hat. [5]Und *wenn jemand auch kämpft, wird er doch nicht gekrönt, er kämpfe denn recht.* [6]Es soll der Bauer, der den Acker bebaut, die Früchte als erster genießen. [7]Bedenke, was ich sage! Der Herr aber wird dir in allen Dingen Verstand geben.

[8]Halt im Gedächtnis Jesus Christus, der auferstanden ist von den Toten, aus dem Geschlecht Davids, nach meinem Evangelium, [9]für welches ich leide bis dahin, daß ich gebunden bin wie ein Übeltäter; aber Gottes Wort ist nicht gebunden. [10]Darum dulde ich alles um der Auserwählten willen, damit auch sie die Seligkeit erlangen in Christus Jesus mit ewiger Herrlichkeit. [11]Das ist gewißlich wahr:

Sterben wir mit, so werden wir mit leben;
[12]*dulden wir, so werden wir mit herrschen;*
verleugnen wir, so wird er uns auch verleugnen;
[13]*sind wir untreu, so bleibt er doch treu;*
denn er kann sich selbst nicht verleugnen.

V. 2 bringt erstmals die Gedanken der apostolischen Sukzession (= Amtsnachfolge): Bei der Ordination wird dem Amtsträger vor vielen Zeugen die apostolische Lehre (vermutlich als formuliertes Bekenntnis) anvertraut. Diese soll er in gleicher Weise an fähige Männer weitergeben. Nur die ununterbrochene Tradition der reinen Lehre und der von ihr bestimmte Lebenswandel geben die Sicherheit gegen die Irrlehre. Die Bilder (V. 4–6) wollen einschärfen: Das Ziel ist nur mit Verzicht, Fairness und Anstrengung zu erreichen. Die Kraft dazu kann der Nachfolger aus dem Beispiel des Apostels und aus Christi Weg schöpfen. Auch die Möglichkeit des Martyriums ist eingeschlossen. Es ist nicht entmutigend, sondern kann bezeugen: Wie Christi Tod und Auferstehung unlösbar zusammengehören, so auch Leid und Herrlichkeit für den Nachfolger. V. 11–13 sind ein Lied, in dem paulinische Gedanken (Rö 6,5–8) und Nachfolgeworte Jesu (Mt 10,32 f.) anklingen.

Warnung vor unnützem Streit

[14]Daran erinnere sie und ermahne sie inständig vor Gott, daß sie nicht um Worte streiten, was zu nichts nütze ist, als die zu verwirren, die zuhören. [15]Bemühe dich darum, dich vor Gott zu erweisen als einen rechtschaffenen und untadeligen Arbeiter, der das Wort der Wahrheit recht austeilt.

In den Past werden Diskussionen mit den Irrlehrern über ihre Anschauungen abgelehnt. Dadurch verliere die Gemeinde nur die Orientierung. Das Christentum zur Zeit der Past befindet sich offensichtlich in einer schwierigen Position. Die Gnosis beeinflußte mit ihren tiefsinnigen Spekulationen vor allem die Gebildeten. Allerdings teilen die Past nur in V. 18 eine ihrer zentralen Lehraussagen mit: Die Erlösung (= Auferstehung) vollzieht sich schon bei der Erleuchtung, daß der wahre Wesenskern des Menschen (sein Geist, Seele o. ä.) von oben stammt und nur durch ein böses Schicksal in das Gefängnis des Leibes gesperrt ist. Mit dem Tod kehrt er wieder in die ursprüngliche Heimat zurück. Weil der Gnostiker schon in der oberen Welt lebt, lehnt er eine Auferstehung des Leibes ab. – Das Bild in V. 20f. ist in sich nicht ganz stimmig. Der Grundgedanke zeigt das realistische Kirchenverständnis der Past: Wie es in einem Haushalt Schmutzkübel gibt, so auch in der Kirche Wirrköpfe. Man muß nur darauf achten, nicht selber einer zu sein. V. 22–26 zeigen daß die Past zwischen Person und Sache unterscheiden wollen. Gegenüber der Irrlehre gibt es nur Ablehnung. Ihre Anhänger dagegen können mit Güte und Milde wiedergewonnen werden. Allerdings ist eine solche Unterscheidung kaum durchführbar, weil bei jedem Glauben (bzw. Irrglauben) Person und Sache eins sind.

V. 1 vgl. zu 2Th 2,1–12. V. 2–5 sind der neben Rö 1,29–32 längste Lasterkatalog im NT. Wollte Paulus mit ihm das heidnische vom christlichen Leben abheben, so dient er hier zur Unterscheidung zwischen Ketzerei und Rechtgläubigkeit. – Die Teilung des Menschen in Mann und Frau wurde von der Gnosis als unglückselige Spaltung des Ichs angesehen. Der böse Schöpfergott habe den Menschen geteilt (vgl. 1Mo 2,21f.), um ihn von der Sehnsucht nach der wahren himmlischen Heimat abzulenken und sich voller Begierde in diese Welt zu verstricken. Darum galten in vielen gnostischen Kreisen die Frauen als gleichberechtigt und traten in ihren Versammlungen auch als Prophetinnen auf (vgl. die Einl. zu den Past). – Jannes und Jambres hießen nach jüdischer Tradition die Zauberer, die in 2Mo 7,11f. auftraten.

[16]Halte dich fern von ungeistlichem losem Geschwätz; denn es führt mehr und mehr zu ungöttlichem Wesen, [17]und ihr Wort frißt um sich wie der Krebs. Unter ihnen sind Hymenäus und Philetus, [18]die von der Wahrheit abgeirrt sind und sagen, die Auferstehung sei schon geschehen, und bringen einige vom Glauben ab. [19]Aber *der feste Grund Gottes besteht und hat dieses Siegel: Der Herr kennt die Seinen; und: Es lasse ab von Ungerechtigkeit, wer den Namen des Herrn nennt.* [20]In einem großen Haus aber sind nicht allein goldene und silberne Gefäße, sondern auch hölzerne und irdene, die einen zu ehrenvollem, die andern zu nicht ehrenvollem Gebrauch. [21]Wenn nun jemand sich reinigt von solchen Leuten, der wird ein Gefäß sein zu ehrenvollem Gebrauch, geheiligt, für den Hausherrn brauchbar und zu allem guten Werk bereitet.

[22]Fliehe die Begierden der Jugend! Jage aber nach der Gerechtigkeit, dem Glauben, der Liebe, dem Frieden mit allen, die den Herrn anrufen aus reinem Herzen. [23]Aber die törichten und unnützen Fragen weise zurück; denn du weißt, daß sie nur Streit erzeugen. [24]Ein Knecht des Herrn aber soll nicht streitsüchtig sein, sondern freundlich gegen jedermann, im Lehren geschickt, der Böses ertragen kann [25]und mit Sanftmut die Widerspenstigen zurechtweist, ob ihnen Gott vielleicht Buße gebe, die Wahrheit zu erkennen [26]und wieder nüchtern zu werden aus der Verstrickung des Teufels, von dem sie gefangen sind, zu tun seinen Willen.

Der Verfall der Frömmigkeit in der Endzeit

3 Das sollst du aber wissen, daß in den letzten Tagen schlimme Zeiten kommen werden. [2]Denn die Menschen werden viel von sich halten, geldgierig sein, prahlerisch, hochmütig, Lästerer, den Eltern ungehorsam, undankbar, gottlos, [3]lieblos, unversöhnlich, verleumderisch, zuchtlos, wild, dem Guten feind, [4]Verräter, unbedacht, aufgeblasen. Sie lieben die Wollust mehr als Gott; [5]sie haben den Schein der Frömmigkeit, aber deren Kraft verleugnen sie: solche Menschen meide! [6]Zu ihnen gehören auch die, die sich in die Häuser einschleichen und gewisse Frauen einfangen, die mit Sünden beladen sind und von mancherlei Begierden getrieben werden, [7]die immer auf neue Lehren aus sind und nie zur Erkenntnis der Wahrheit kommen können. [8]Wie Jannes und Jambres dem Mose widerstanden, so widerstehen auch diese der Wahrheit: es sind Menschen mit zerrütteten Sinnen, untüchtig zum Glauben. [9]Aber sie werden damit nicht weit kommen; denn ihre Torheit wird jedermann offenbar werden, wie es auch bei jenen geschah.

Das Vorbild des leidenden Apostels

[10]Du aber bist mir gefolgt in der Lehre, im Leben, im Streben, im Glauben, in der Langmut, in der Liebe, in der Geduld, [11]in den Verfolgungen, in den Leiden, die mir widerfahren sind in Antiochia, in Ikonion, in Lystra. Welche Verfolgungen ertrug ich da! Und aus allen hat mich der Herr erlöst. [12]Und *alle, die fromm leben wollen in Christus Jesus, müssen Verfolgung leiden.* [13]Mit den bösen Menschen aber und Betrügern wird's je länger, desto ärger: sie verführen und werden verführt.

Die schweren Leiden des Paulus während seiner Mission in Kleinasien (Apg 13 und 14) werden zum Beispiel für das Leben seines Nachfolgers im Amt und schließlich für das jedes Christen. Obwohl der Apostel in der sicheren Erwartung seines Märtyrertodes lebt (4,6), blickt er dennoch dankbar auf die rettende Macht Jesu. Denn nach 2,8–13 kann auch der Tod zur Verherrlichung Christi und seines Nachfolgers führen.

Die Bedeutung der Heiligen Schrift

[14]Du aber bleibe bei dem, was du gelernt hast und was dir anvertraut ist; du weißt ja, von wem du gelernt hast [15]und daß du von Kind auf die heilige Schrift kennst, die dich unterweisen kann zur Seligkeit durch den Glauben an Christus Jesus. [16]Denn *alle Schrift, von Gott eingegeben, ist nütze zur Lehre, zur Zurechtweisung, zur Besserung, zur Erziehung in der Gerechtigkeit,* [17]daß der Mensch Gottes vollkommen sei, zu allem guten Werk geschickt.

Timotheus ist das Ideal des Amtsträgers. Er steht fest in der Überlieferung des apostolischen Erbes und hat die heilige Schrift, zu dieser Zeit noch ausschließlich das AT, auf seiner Seite. Dabei ist vorausgesetzt, daß es schon ein verbindliches Schriftverständnis zur Festigung des apostolischen Glaubens gibt. Mit ihm wird der Interpretation der Irrlehrer entgegengetreten.

Treue bis zum Ende

4 So ermahne ich dich inständig vor Gott und Christus Jesus, der da kommen wird zu richten die Lebenden und die Toten, und bei seiner Erscheinung und seinem Reich: [2]Predige das Wort, steh dazu, es sei zur Zeit oder zur Unzeit; weise zurecht, drohe, ermahne mit aller Geduld und Lehre. [3]Denn es wird eine Zeit kommen, da sie die heilsame Lehre nicht ertragen werden; sondern nach ihren eigenen Gelüsten werden sie sich selbst Lehrer aufladen, nach denen ihnen die Ohren jucken, [4]und werden die Ohren von der Wahrheit abwenden und sich den Fabeln zukehren.

[5]Du aber sei nüchtern in allen Dingen, leide willig, tu das Werk eines Predigers des Evangeliums, richte dein Amt redlich aus. [6]Denn ich werde schon geopfert, und die Zeit meines Hinscheidens ist gekommen. [7]Ich habe den guten Kampf gekämpft, ich habe den Lauf vollendet, ich habe Glauben gehalten; [8]hinfort liegt für mich bereit die Krone der Gerechtigkeit, die mir der Herr, der gerechte Richter, an jenem Tag geben wird, nicht aber mir allein, sondern auch allen, die seine Erscheinung lieb haben.

Der Apostel Paulus überträgt kurz vor seinem Märtyrertod dem Nachfolger die Weiterführung des Dienstes. Das Tun des Amtsträgers geschieht in der Verantwortung gegenüber dem apostolischen Erbe und vor dem kommenden Herrn. Seine besondere Gefährdung besteht in der um sich greifenden Irrlehre, deren Schuld noch einmal gebrandmarkt wird. V. 6–8 entsprechen dem verklärten Apostelbild der späteren Zeit. Er ist der glorreiche Held, der alle Kämpfe und Anfechtungen vorbildhaft bestanden hat. Diese »Selbsteinschätzung« entspricht nicht der Form, in der Paulus sich selbst rühmt bei der Verteidigung seines Amtes. Er hätte wohl in dieser Situation weniger von seinen Erfolgen, als vielmehr von seinen Schwachheiten und von Gottes Macht gesprochen, die ihn allein zu seinem Wirken als Apostel befähigte (vgl. 1Ko 15,9 f.; 2Ko 11,22–12,10).

Der Apostel und seine Mitarbeiter

[9]Beeile dich, daß du bald zu mir kommst. [10]Denn Demas hat mich verlassen und diese Welt liebgewonnen und ist nach Thessalonich gezogen, Kreszens nach Galatien, Titus nach Dalmatien. [11]Lukas ist allein bei mir. Markus nimm zu

Die persönlichen Mitteilungen basieren auf alten Nachrichten und auch auf Legenden um die Person des Paulus. Die Liste von Namen, die nur zum Teil bekannt sind, soll die Echtheit des Briefes unterstreichen. Die Angaben sind nicht ganz aufeinander abgestimmt; z. B. ist Paulus in V. 16 von allen Menschen verlassen, aber die Grußliste nennt einen großen brüderlichen Kreis. Damit soll ein Vorbild für die zukünftigen Amtsträger veranschaulicht werden: Bei aller brüderlichen Gemeinschaft gibt es auch die Stunde völliger Verlassenheit. Hierbei klingt deutlich an, wie Jesu Verhalten in der Passionsgeschichte auch für seine Nachfolger bestimmend ist. Obwohl von allen Getreuen verlassen, betet er für sie, daß ihre Schuld nicht angerechnet wird. Die Befreiung, deren der Apostel gewiß ist (V. 18), bezieht sich nicht auf einen guten Ausgang seines Prozesses; der ist schon entschieden (V. 6f.). Sie besteht darin, daß der Apostel in der Stunde der schwersten Bewährung sich zu seinem Herrn bekennt und so durch den Tod zu seiner Verherrlichung beiträgt.

dir und bringe ihn mit dir; denn er ist mir nützlich zum Dienst. [12]Tychikus habe ich nach Ephesus gesandt. [13]Den Mantel, den ich in Troas ließ bei Karpus, bringe mit, wenn du kommst, und die Bücher, besonders die Pergamente. [14]Alexander, der Schmied, hat mir viel Böses angetan; der Herr wird ihm vergelten nach seinen Werken. [15]Vor dem hüte du dich auch; denn er hat sich unsern Worten sehr widersetzt.

[16]Bei meinem ersten Verhör stand mir niemand bei, sondern sie verließen mich alle. Es sei ihnen nicht zugerechnet. [17]Der Herr aber stand mir bei und stärkte mich, damit durch mich die Botschaft ausgebreitet würde und alle Heiden sie hörten, so wurde ich erlöst aus dem Rachen des Löwen. [18]Der Herr aber wird mich erlösen von allem Übel und mich retten in sein himmlisches Reich. Ihm sei Ehre von Ewigkeit zu Ewigkeit! Amen.

[19]Grüße Priska und Aquila und das Haus des Onesiphorus. [20]Erastus blieb in Korinth, Trophimus aber ließ ich krank in Milet. [21]Beeile dich, daß du vor dem Winter kommst. Es grüßen dich Eubulus und Pudens und Linus und Klaudia und alle Brüder. [22]Der Herr sei mit deinem Geist! Die Gnade sei mit euch!

DER BRIEF DES PAULUS AN TITUS

Der umfangreiche Eingangsgruß (anders 1/2Ti) bietet in kürzester Form die Theologie der Past (vgl. die Einl.). Die Verkündigung des Paulus beruht auf der Offenbarung der schon bei der Schöpfung gefaßten Pläne Gottes, die bisher den Menschen verborgen waren (Rö 16,25–27). Darum bekommt seine Predigt Offenbarungscharakter. Seine Lehre ist die zuverlässige Orientierung für die Rechtgläubigen. Allein auf dem Fundament der apostolischen Lehre ist die wahre tätige Frömmigkeit möglich.

1 Paulus, ein Knecht Gottes und ein Apostel Jesu Christi, nach dem Glauben der Auserwählten Gottes und der Erkenntnis der Wahrheit, die dem Glauben gemäß ist, [2]in der Hoffnung auf das ewige Leben, das Gott, der nicht lügt, verheißen hat vor den Zeiten der Welt; [3]aber zu seiner Zeit hat er sein Wort offenbart durch die Predigt, die mir anvertraut ist nach dem Befehl Gottes, unseres Heilands;

[4]an Titus, meinen rechten Sohn nach unser beider Glauben:

Gnade und Friede von Gott, dem Vater, und Christus Jesus, unserm Heiland!

Die Aufgabe des Apostelschülers, der zugleich das Idealbild des Bischofs ist, besteht zunächst in der Durchsetzung einer Kirchenordnung. Denn die Einsetzung zuverlässiger Männer in die leitenden Ämter bietet die beste Gewähr dafür,

Von den Ältesten und Bischöfen

[5]Deswegen ließ ich dich in Kreta, daß du vollends ausrichten solltest, was noch fehlt, und überall in den Städten Älteste einsetzen, wie ich dir befohlen habe: [6]wenn einer untadelig ist, Mann einer einzigen Frau, der gläubige Kinder hat, die nicht im Ruf stehen, liederlich oder ungehorsam zu sein. [7]Denn ein Bischof* soll untadelig sein als ein

Haushalter Gottes, nicht eigensinnig, nicht jähzornig, kein Säufer, nicht streitsüchtig, nicht schändlichen Gewinn suchen; [8]sondern gastfrei, gütig, besonnen, gerecht, fromm, enthaltsam; [9]er halte sich an das Wort der Lehre, das gewiß ist, damit er die Kraft habe, zu ermahnen mit der heilsamen Lehre und zurechtzuweisen, die widersprechen.

daß die Lehre rein bewahrt, gut verteidigt und richtig ausgelegt wird. Zu den beiden Begriffen Ältester und Bischof als Gemeindeleiter vgl. die Einl. der Past. Als spezifische Funktion des Gemeindeleiters ist das Lehren genannt. Zu dem Tugendspiegel der Amtsträger vgl. zu 1Ti 2,1–7.

Gegen die Irrlehrer

[10]Denn es gibt viele Freche, unnütze Schwätzer und Verführer, besonders die aus den Juden, [11]denen man das Maul stopfen muß, weil sie ganze Häuser verwirren und lehren, was nicht sein darf, um schändlichen Gewinns willen. [12]Es hat einer von ihnen gesagt, ihr eigener Prophet: Die Kreter sind immer Lügner, böse Tiere und faule Bäuche. [13]Dieses Zeugnis ist wahr. Aus diesem Grund weise sie scharf zurecht, damit sie gesund werden im Glauben [14]und nicht achten auf die jüdischen Fabeln und die Gebote von Menschen, die sich von der Wahrheit abwenden. [15]Den Reinen ist alles rein; den Unreinen aber und Ungläubigen ist nichts rein, sondern unrein ist beides, ihr Sinn und ihr Gewissen. [16]Sie sagen, sie kennen Gott, aber mit den Werken verleugnen sie ihn; ein Greuel sind sie und gehorchen nicht und sind zu allem guten Werk untüchtig.

Über den Inhalt der Irrlehre erfahren wir hier nur: 1. Sie wird bewußt mit jüdischem Gedankengut, möglicherweise als eigenwillige Auslegung atl. Texte entfaltet (vgl. zu 1Ti 1,3–11). 2. Sie stellt asketische Forderungen (vgl. 1Ti 4,3). Anders als bei Paulus (Rö 14,1–15,13) wird das empfindliche Gewissen nicht respektiert, sondern Nahrungs– und Geschlechtsaskese als böswillige Leugnung der Schöpfungsordnung verurteilt. Die Auseinandersetzung nimmt die gefährliche Form der unsachlichen und moralischen Diffamierung des Gegners an. Ihr dient auch das Zitat (V. 12) des kretischen Dichters Epimenides. Der Verfasser der Past hat dabei vergessen, daß unter den Kretern auch rechtgläubige Christen sind.

Das Zusammenleben in der Gemeinde

2 Du aber rede, wie sich's ziemt nach der heilsamen Lehre. [2]Den alten Männern sage, daß sie nüchtern seien, ehrbar, besonnen, gesund im Glauben, in der Liebe, in der Geduld; [3]desgleichen den alten Frauen, daß sie sich verhalten, wie es sich für Heilige ziemt, nicht verleumderisch, nicht dem Trunk ergeben. Sie sollen aber Gutes lehren [4]und die jungen Frauen anhalten, daß sie ihre Männer lieben, ihre Kinder lieben, [5]besonnen seien, keusch, häuslich, gütig, und sich ihren Männern unterordnen, damit nicht das Wort Gottes verlästert werde.

[6]Desgleichen ermahne die jungen Männer, daß sie besonnen seien [7]in allen Dingen. Dich selbst aber mache zum Vorbild guter Werke, mit unverfälschter Lehre, mit Ehrbarkeit, [8]mit heilsamem und untadeligem Wort, damit der Widersacher beschämt werde und nichts Böses habe, das er uns nachsagen kann.

[9]Den Sklaven sage, daß sie sich ihren Herren in allen Dingen unterordnen, ihnen gefällig seien, nicht widersprechen, [10]nichts veruntreuen, sondern sich in allem als gut und treu erweisen, damit sie der Lehre Gottes, unseres Heilands, Ehre machen in allen Stücken.

Der Entwurf einer christlichen Lebensordnung ist wie in 1Ti 2,1–15; 5,1–6,2 als Ständebelehrung gestaltet und lehnt sich an die Form der Haustafeln an (vgl. zu Kol 3,18–4,1). Ihr Inhalt entspricht dem Tugendideal des gehobenen Bürgertums der Antike. Die Mahnung zur Gatten– und Kinderliebe zeigt, wie selbstverständlich die Past mit dem Verheiratetsein aller Christen rechnen. Christsein bewährt sich im Familienleben. Das bedeutet aber auch, daß sich die Gemeinde in ihrer Gesamtheit als Familie versteht. Ihrer Zeit entsprechend ist das Familienbild patriarchalisch, d. h. der Hausvater bzw. Gemeindeleiter ist das Oberhaupt und Vorbild. Er weist jedem in Güte oder Strenge den rechten Platz zu. Das ist dadurch erschwert, daß der Gemeindeleiter oft nicht der an Jahren älteste ist. – V. 9f. vgl. zu 1Ti 6,1–2.

Die Lebensordnung der Gemeinde unterscheidet sich jedoch von dem V. 1–10 zugrundeliegenden Familienideal der Antike. Da sie im Evangelium gründet, ist sie mehr als ein antikes Tugendideal. Das christliche Glaubensbekenntnis wird mit dem griechischen Erziehungsgedanken verbunden: Christi Kommen ist der Beginn eines Erziehungsprozesses. Vom Vorbild Christi geleitet entsteht ein neues Volk, das im Blick auf Gottes Kommen verantwortlich lebt. Das richtet sich eindeutig gegen die Irrlehre, die nur an die Rettung einzelner Auserwählter denkt.

Die Schlußmahnung hat den Leitgedanken, daß die Christen Friedensstifter in allen Lebensbereichen sein sollen. Das beginnt mit der Beziehung zum Staat. Christen sinnen nicht auf Umsturz, sondern sind zur Mitarbeit bereit. Loyalität gegenüber dem Staat erscheint ähnlich problemlos wie in Rö 13,1–7 (vgl. die Erklärung dort; anders Off 13). Das friedfertige Verhalten hat sich vor allem gegenüber einer damals nichtchristlichen und feindlichen Umwelt zu beweisen. Doch denken die Past auch an die Konflikte mit den Irrlehrern. Sind sie nicht zu bekehren, ist weiterer Umgang mit ihnen zu vermeiden. Kirchenrechtliche Schritte werden nicht empfohlen, sondern das Urteil wird Gott überlassen. Offensichtlich haben die Irrlehrer schon eine eigene Organisation, auf die kein direkter Einfluß mehr ausgeübt werden kann. Es gibt nur noch ein Nebeneinander, wobei hier Abgrenzung als Ausdruck von Friedenswillen gewertet ist. Die Friedfertigkeit beruht auf der Erinnerung, daß der Mensch durch die Taufe vom Zwang zu bösem Trachten und Tun befreit worden ist. Darum wird er gegenüber denen gütig sein, die noch außerhalb von Gottes »heilsamer Gnade« (2,11) sind.

Zur Briefsituation, dem Aufenthalt des Paulus in Nikopolis an der Westküste Griechenlands vgl. die Einl. vor 1Ti. Noch einmal wird deutlich, was unter praktischem Christentum zu verstehen ist: Das Alltägliche wird zum Bewährungsfeld des Glau-

Die heilsame Gnade

[11] Denn *es ist erschienen die heilsame Gnade Gottes allen Menschen* [12] und nimmt uns in Zucht, daß wir absagen dem ungöttlichen Wesen und den weltlichen Begierden und besonnen, gerecht und fromm in dieser Welt leben [13] und warten auf die selige Hoffnung und Erscheinung der Herrlichkeit des großen Gottes und unseres Heilands Jesus Christus, [14] der sich selbst für uns gegeben hat, damit er uns erlöste von aller Ungerechtigkeit und reinigte sich selbst ein Volk zum Eigentum, das eifrig wäre zu guten Werken.

[15] Das sage und ermahne und weise zurecht mit ganzem Ernst. Niemand soll dich verachten.

Der Christ in der Welt

3 Erinnere sie daran, daß sie der Gewalt der Obrigkeit* untertan und gehorsam seien, zu allem guten Werk bereit, [2] niemanden verleumden, nicht streiten, gütig seien, alle Sanftmut beweisen gegen alle Menschen.

[3] Denn auch wir waren früher unverständig, ungehorsam, gingen in die Irre, waren mancherlei Begierden und Gelüsten dienstbar und lebten in Bosheit und Neid, waren verhaßt und haßten uns untereinander. [4] Als aber erschien die Freundlichkeit und Menschenliebe Gottes, unseres Heilands, [5] machte er uns selig – nicht um der Werke der Gerechtigkeit willen, die wir getan hatten, sondern nach seiner Barmherzigkeit – durch das Bad der Wiedergeburt und Erneuerung im heiligen Geist, [6] den er über uns reichlich ausgegossen hat durch Jesus Christus, unsern Heiland, [7] damit wir, durch dessen Gnade gerecht geworden, Erben des ewigen Lebens würden nach unsrer Hoffnung. [8] Das ist gewißlich wahr.

Und ich will, daß du dies mit Ernst lehrst, damit alle, die zum Glauben an Gott gekommen sind, darauf bedacht sind, sich mit guten Werken hervorzutun. Das ist gut und nützt den Menschen. [9] Von törichten Fragen aber, von Geschlechtsregistern, von Zank und Streit über das Gesetz halte dich fern; denn sie sind unnütz und nichtig. [10] Einen ketzerischen Menschen meide, wenn er einmal und noch einmal ermahnt ist, [11] und wisse, daß ein solcher ganz verkehrt ist und sündigt und sich selbst damit das Urteil spricht.

Aufträge und Grüße

[12] Wenn ich Artemas oder Tychikus zu dir senden werde, so komm eilends zu mir nach Nikopolis; denn ich habe beschlossen, dort den Winter über zu bleiben. [13] Zenas, den Rechtsgelehrten, und Apollos rüste gut aus zur Reise, damit ihnen nichts fehle. [14] Laß aber auch die Unseren lernen, sich hervorzutun mit guten Werken, wo sie nötig sind, damit

sie kein fruchtloses Leben führen. [15]Es grüßen dich alle, die bei mir sind. Grüße alle, die uns lieben im Glauben. Die Gnade sei mit euch allen!

bens. Nicht im Außergewöhnlichen bezeugt sich christliches Leben, sondern in der ständigen und gleichbleibenden Fürsorge.

DER BRIEF DES PAULUS AN PHILEMON

Der Philemonbrief zeigt an einem konkreten Fall, wie Paulus die Botschaft von Gottes Gnade für alle Menschen und seine Vorstellung von der Gemeinde als dem einen Leib Christi versteht. In bezug auf die Sklavenfrage versucht er, diese Botschaft in die Praxis umzusetzen.

Der konkrete Fall bestand darin: Der Sklave Onesimus war seinem Herrn entlaufen. Über die Gründe seiner Flucht ist nichts mitgeteilt. Ob er bei seiner Flucht auch noch seinen Herrn bestohlen hat, wie manche aus V.18 schließen, ist unsicher. Schon die Flucht selbst ist nach antiker Auffassung Schädigung am Besitz des Herrn. Auf Sklavenflucht stand schwere Strafe (Auspeitschung, Brandmarkung, Verurteilung, angeschmiedet in Bergwerken oder auf großen Feldern zu arbeiten, Todesstrafe). Ausgebildete Sklavenfänger sorgten dafür, daß nur wenigen die Flucht in ein fernes Land und der Aufbau einer selbständigen Existenz gelang. Wenn die Flüchtigen sich nicht Räuberbanden anschlossen, oder in den Slums der antiken Großstädte untertauchten, gab es nur die eine legale Möglichkeit, in einem Tempel Asyl zu suchen. In einigen Tempeln gab es Priester, die sich um solche Flüchtlinge bemühten, um sie wenigstens an einen humaneren Herrn zu verkaufen.

Onesimus floh zu dem Apostel Paulus. Wahrscheinlich hatte er von ihm im Hause seines Herrn gehört und erhoffte sich von ihm eine Wende seiner Lage. Paulus – zu dieser Zeit in erträglicher Untersuchungshaft, die ihm Verkehr mit der Außenwelt erlaubte – bekehrte Onesimus. Nach der Grundanschauung des Paulus sind Christen jeder Schicht gleich vor Gott und untereinander Brüder. Er vertritt aber auch die Auffassung, daß die soziale Differenzierung nicht aufgehoben werden soll (1Ko 7,22f.). Er erkennt die Sklavengesetzgebung seiner Zeit an. Das bedeutet, daß er Onesimus bewegen mußte, von sich aus auf Freiheit zu verzichten. Den Besitzer der Sklaven aber konnte Paulus als Christ ansprechen und von ihm als Mindestmaß fordern, Onesimus als Bruder anzunehmen. Das tut er mit diesem Brief.

Vielfach wird diese Behandlung der Sklavenfrage kritisiert. Zu einer gerechten Beurteilung muß man jedoch mehrere Gesichtspunkte berücksichtigen:

1. Zu dieser Zeit gab es keine Gruppe (abgesehen von einigen klösterlichen Gemeinschaften bei Juden und Griechen), die die grundsätzliche Abschaffung der Sklaverei forderten. Das damalige Wirtschaftssystem war ohne Sklaven undenkbar.
2. Die Lage der Sklaven war sehr unterschiedlich. Juristisch gehörten zu ihnen sowohl Privatsekretäre und Erzieher an reichen Häusern als auch Arbeiter in Bergwerken, in landwirtschaftlichen Großbetrieben (Latifundien) und auf Galeeren. Freigelassenen ging es sozial oft schlechter als höhergestellten Sklaven.
3. Das junge Christentum erhoffte die Veränderung der Welt allein durch das Eingreifen Gottes. Da die Wiederkunft Christi für die nächste Zeit erwartet wurde, bestand kein Antrieb, die Dinge der Welt grundlegend neu zu ordnen.
4. Indem die christliche Verkündigung den Sklaven als gleichberechtigten Bruder vor Gott und den Menschen betrachtete, ging sie weit über die damalige Anschauung hinaus, die den Sklaven nicht als Menschen, sondern als beweglichen Besitz verstand.

Über Abfassungszeit und -ort des Briefes können nur Vermutungen gewagt werden. Wenn die im Kol genannten personalen Nachrichten auf historischer Tradition beruhen, war Laodizea die Heimat des Onesimus (Kol 4,9) und des Archippus (Kol 4,17). Bei der Schwierigkeit einer Sklavenflucht wird man annehmen, daß Onesimus die nächste Großstadt aufgesucht hat. Das war das etwa drei Tagereisen entfernte Ephesus. Dort hielt sich Paulus mehrere Jahre (etwa 53–56 n. Chr.) auf. Obwohl die Apg nichts von einer Gefangenschaft des Paulus in Ephesus berichtet, kann man sie doch aus 1Ko 15,32 und 2Ko 1,8 erschließen. Auch die Ankündigung eines Besuchs des Paulus ist von Ephesus aus verständlicher als von Cäsarea oder gar Rom. Der Brief könnte darum etwa 54/55 n. Chr. in Ephesus geschrieben sein.

Der Text läßt offen, ob Philemon oder Archippus der Empfänger des Briefes ist. Paulus redet aber die ganze Hausgemeinde an. Denn die Wiederaufnahme eines flüchtigen Sklaven und seine Annahme als christlichen Bruder ist keine Privatangelegenheit, sondern eine Herausforderung an die ganze Gemeinde.

Das einleitende Dankgebet dient Paulus als Vorbereitung seines Anliegens. Wer von Gott und der Gemeinde wegen seiner Großzügigkeit so gelobt wird, sollte seine Haltung auch in diesem konkreten Fall beweisen, sich an Gottes Güte ausrichten und daraus zur Ehre Christi Konsequenzen für sein Verhalten ziehen.

Paulus verzichtet auf sein apostolisches Recht, verbindliche Weisung zu erteilen. Der Besitzer des Sklaven soll eine freie Entscheidung treffen: 1. Er nimmt Onesimus wieder als Sklaven in sein Haus, verzichtet auf jede (üblicherweise sehr grausame) Bestrafung und nimmt ihn als christlichen Bruder an. 2. Er nimmt Onesimus rechtlich als einen Sklaven an, stellt ihn aber (zeitweilig) frei zum Dienst für Paulus. 3. Er gibt Onesimus frei. Dieser kann dann als freier Mensch über seine Zukunft selbst entscheiden. Paulus denkt vor allem an die zweite Möglichkeit. Nach der von ihm anerkannten Rechtslage seiner Zeit kann allein der Eigentümer über die Zukunft des Onesimus bestimmen. Jedoch wird er daran erinnert, daß vor Gott die Sklaven frei und auch die Freien Diener Christi sind (1Ko 7,22f.). Da Onesimus durch Paulus zum Christen geworden ist, ist er für diesen ein »geliebter« Bruder. Paulus macht darum dessen Sache zu seiner eigenen. Er bietet sogar an, für den von Onesimus durch seine Flucht angerichteten Schaden aufzukommen. Mit der Ankündigung seines Besuchs deutet Paulus an, daß die Entscheidung vor

[1] Paulus, ein Gefangener Christi Jesu, und Timotheus, der Bruder, an Philemon, den Lieben, unsern Mitarbeiter, [2] und an Aphia, die Schwester, und Archippus, unsern Mitstreiter und an die Gemeinde in deinem Hause:

[3] Gnade sei mit euch und Friede von Gott, unserm Vater und dem Herrn Jesus Christus!

Glaube und Liebe des Philemon

[4] Ich danke meinem Gott allezeit, wenn ich deiner gedenke in meinen Gebeten [5] – denn ich höre von der Liebe und dem Glauben, die du hast an den Herrn Jesus und gegenüber allen Heiligen –, [6] daß der Glaube, den wir miteinander haben, in dir kräftig werde in Erkenntnis all des Guten, das wir haben, in Christus. [7] Denn ich hatte große Freude und Trost durch deine Liebe, weil die Herzen der Heiligen erquickt sind durch dich, lieber Bruder.

Fürsprache für Onesimus

[8] Darum, obwohl ich in Christus volle Freiheit habe, dir zu gebieten, was sich gebührt, [9] will ich um der Liebe willen doch nur bitten, so wie ich bin: Paulus, ein alter Mann, nun aber auch ein Gefangener Christi Jesu. [10] So bitte ich dich für meinen Sohn Onesimus, den ich gezeugt habe in der Gefangenschaft, [11] der dir früher unnütz war, jetzt aber dir und mir sehr nützlich ist.* [12] Den sende ich dir wieder zurück und damit mein eigenes Herz. [13] Ich wollte ihn gern bei mir behalten, damit er mir an deiner Statt diene in der Gefangenschaft, um des Evangeliums willen. [14] Aber ohne deinen Willen wollte ich nichts tun, damit das Gute dir nicht abgenötigt wäre, sondern freiwillig geschehe. [15] Denn vielleicht war er darum eine Zeitlang von dir getrennt, damit du ihn auf ewig wieder hättest, [16] nun nicht mehr als einen Sklaven, sondern als einen, der mehr ist als ein Sklave: ein geliebter Bruder, besonders für mich, wieviel mehr aber für dich, sowohl im leiblichen Leben wie auch in dem Herrn. [17] Wenn du mich nun für deinen Freund hältst, so nimm ihn auf wie mich selbst. [18] Wenn er aber dir Schaden angetan hat oder etwas schuldig ist, das rechne mir an. [19] Ich, Paulus, schreibe es mit eigener Hand: Ich will's bezahlen; ich schweige davon, daß du dich selbst mir schuldig bist. [20] Ja, lieber Bruder, gönne mir, daß ich mich an dir erfreue in dem Herrn; erquicke mein Herz in Christus.

[21] Im Vertrauen auf deinen Gehorsam schreibe ich dir; denn ich weiß, du wirst mehr tun, als ich sage. [22] Zugleich

bereite mir die Herberge; denn ich hoffe, daß ich durch eure Gebete euch geschenkt werde.

Grüße und Segenswunsch

[23]Es grüßt dich Epaphras, mein Mitgefangener in Christus Jesus, [24]Markus, Aristarch, Demas, Lukas, meine Mitarbeiter. [25]Die Gnade des Herrn Jesus Christus sei mit eurem Geist!

ihm verantwortet werden muß. In V. 11 dient der griechische Name Onesimus (= der Nützliche) zu einem Wortspiel.
Die in der Grußliste genannten Namen begegnen alle im Kol wieder (Kol 4,7 ff.). Epaphras gilt sogar als Gründer der Gemeinde von Kolossä (Kol 1,7).

Natürlich möchten wir wissen, wie die Gemeinde entschieden und wie die Zukunft sich für Onesimus gestaltet hat. Wir hätten dann einen konkreten Fall, wie eine urchristliche Gemeinde bei Anerkennung der damaligen Gesellschaftsordnung ihrem christlichen Gewissen folgte. Für eine zwar nicht sichere, aber auch nicht von der Hand zu weisende Vermutung geben zwei Nachrichten Hinweise:
1. Für den Verfasser des Kol (der wohl nicht von Paulus stammt; vgl. die Einleitung zum Kol) gilt Onesimus als Mitarbeiter des Paulus, den er mit anderen in seine Heimatstadt sendet (Kol 4,9).
2. Zur Zeit des Ignatius (um 110 n. Chr.) heißt der Bischof von Ephesus Onesimus.

Falls es sich in beiden Fällen um dieselbe Person (der Name war allerdings in der Antike nicht selten) wie im Phm handeln sollte, hätte Onesimus die volle Freiheit erhalten. Manche Forscher vermuten, daß dieser Onesimus später die Paulusbriefe gesammelt hat. Das ist zwar sehr unsicher, gäbe aber eine gute Erklärung, warum nur dieser eine persönliche Brief des Paulus erhalten geblieben ist.

DER ERSTE BRIEF DES PETRUS

Der Petrusbrief ermutigt die Christen Kleinasiens während der domitianischen Verfolgung (in den Jahren 93–96 n. Chr.), dem ihnen zugefügten Unrecht standzuhalten und nicht in ihre vorchristliche Vergangenheit zurückzukehren. Immer wieder neu entfaltet er dieses zentrale Anliegen. Er stellt für seine Gemeinden Jesu Leiden als Vorbild hin. An ihnen haben sie als Getaufte teil und können darum auf eine Zukunft mit Christus hoffen. Obwohl 1Pt mit dem baldigen Ende der Welt rechnet, mahnt er zur Nüchternheit und Besonnenheit. Die Welt, in der Gottes Gegenspieler »wie ein brüllender Löwe umherzieht« (5,8), dient als Ort der Bewährung. Der Brief spricht für eine Zeit, in der das Christsein (nach Apg 11,26 taucht der Name »Christ« erstmals in Antiochia auf) strafbar war.

Das Schreiben nennt Petrus als Absender. Doch fehlen sonst jegliche konkrete Hinweise auf ihn. Es ist viel enger mit den Paulusbriefen verbunden. Gemeinden aus den Missionsgebieten des Paulus (1,1) sind angesprochen. Die Sprache, die Benutzung der Paulusbriefe, das Fehlen von Hinweisen auf Jesu Verkündigung und der Beginn umfassender Christenverfolgungen (4,16; 5,9 – das geschieht erstmalig gegen Ende der Regierungszeit Domitians) könnten gegen den Herrenjünger Petrus als Verfasser sprechen. Außerdem werden in 5,12 Silvanus und 5,13 Markus, dessen geistliche Verwandtschaft besonders betont wird, erwähnt. Sie sind uns als engste Mitarbeiter des Paulus bekannt (Apg 12,25; 2Ko 1,19 u. ö.). Durch das ihnen zugesprochene Lob wird ihre Autorität unterstrichen. – Wie in 5,1 begründete auch schon Paulus sein Apostolat auf sein Leiden (2Ko 11,22 ff.), während die Autorität des Petrus mit seiner Augenzeugenschaft verbunden wird (2Pt 1,16 ff.), die hier unbeachtet bleibt. Auch läßt die Beziehung zur Theologie des Paulus aufmerken. So sind z. B. die Bedeutung des Todes Jesu zum Heil der Menschen, die Deutung der Taufe als Wiedergeburt, die eine neue Lebensweise schafft, und die Aufforderung zur Freude an den Leiden Jesu in der Theologie des Paulus zu finden. Aufgrund dieser Beobachtungen suchen einige Neutestamentler den

Verfasser unter den Schülern des Paulus. Die Verfasserfrage ist aber noch ein ungelöstes Problem. Allgemein anerkannt ist nur, daß der Brief nicht von dem Herrenjünger Petrus stammen kann.

Als Abfassungsort wird Babylon angegeben, ein auch in jüdischer Literatur bezeugter Deckname für Rom.

In den Fragen der Gemeindeordnung spiegelt der Brief den Übergang von der allgemeinen Verantwortung aller Christen (= allgemeines Priestertum; 2,5) zur Trennung zwischen Priester und Laien (5,1–5) wider.

Der Bruch mit dem Judentum liegt schon in der Vergangenheit. Den Heidenchristen wird zugesprochen, daß sie das einzig wahre Volk Gottes und legitimer Erbe der Verheißung sind, die einst Israel galten (2,4ff.).

Die Christen Kleinasiens werden als Fremde auf dieser Erde angesprochen. Sie hoffen auf ein zukünftiges Leben in Gottes Nähe; die Welt ist der Ort der Bewährung. – Gott hat die Christen zu seinen Partnern erwählt, sie in der Taufe mit der Kraft des Geistes ausgerüstet und zu einem Leben im Dienst bestimmt.

1 Petrus, ein Apostel Jesu Christi, an die auserwählten Fremdlinge, die verstreut wohnen in Pontus, Galatien, Kappadozien, der Provinz Asien und Bithynien, [2] die Gott, der Vater, ausersehen hat durch die Heiligung des Geistes zum Gehorsam und zur Besprengung mit dem Blut Jesu Christi:

Gott gebe euch viel Gnade und Frieden!

Als Zeichen seiner unwandelbaren Treue gilt der Tod Jesu am Kreuz. 1Pt beschreibt ihn als Besprengung mit dem Blut Christi (Heb 9,12; 12,24), indem er an den atl. Bundesschluß (2Mo 24) anknüpft.

Lebendige Hoffnung

Die Einleitung ist ein überschwenglicher Lobpreis der zukünftigen Herrlichkeit für die Christen. Die auf sie zukommenden Leiden sind ihr gegenüber bedeutungslos. Die Hoffnung gründet darin, daß Gott uns wiedergeboren hat. Das bedeutet: Der Mensch wird durch die Taufe auf den Weg der Hoffnung gebracht, den er selbst nicht imstande ist zu finden. Er wird von Gott an seinen Anfang zurückgebracht und gleicht einem neugeborenen Kind (Joh 1,12f.; 1Pt 1,23; 2,2). Das zugesprochene Erbe ist schon da, wenn auch noch verborgen.

Bedeutsam ist, daß die Zukunft nicht unter dem Gesichtspunkt der Weltvernichtung und Entrückung gesehen wird, sondern als Sichtbarwerden des Reiches Gottes auf Erden. Die gegenwärtigen Leiden widerlegen nicht die Hoffnung, sondern geben die Möglichkeit, die Echtheit des Glaubens zu beweisen. Der Glaube wird im Leiden wie das Gold im Schmelztiegel geläutert. Es ist der schmerzvolle, aber notwendige Weg zur Lebenserfüllung. Darum können sich Christen schon im Leiden freuen (V. 6 ist sachlich besser so zu übersetzen: »Darüber freuet euch«). So werden die Leiden des Christen so eng mit dem Heil verbunden gedacht wie Christi Leiden und Auferweckung. Schon die Propheten des AT warteten auf das Heil und wußten, daß Leiden und Herrlichkeit zusammengehören. Zum ersten Mal wird hier formuliert, daß die Pro-

[3] *Gelobt sei Gott, der Vater unseres Herrn Jesus Christus, der uns nach seiner großen Barmherzigkeit wiedergeboren hat zu einer lebendigen Hoffnung durch die Auferstehung Jesu Christi von den Toten,* [4] zu einem unvergänglichen und unbefleckten und unverwelklichen Erbe, das aufbewahrt wird im Himmel für euch, [5] die ihr aus Gottes Macht durch den Glauben bewahrt werdet zur Seligkeit, die bereit ist, daß sie offenbar werde zu der letzten Zeit. [6] Dann werdet ihr euch freuen, die ihr jetzt eine kleine Zeit, wenn es sein soll, traurig seid in mancherlei Anfechtungen, [7] damit euer Glaube als echt und viel kostbarer befunden werde als das vergängliche Gold, das durchs Feuer geläutert wird, zu Lob, Preis und Ehre, wenn offenbart wird Jesus Christus. [8] Ihn habt ihr nicht gesehen und habt ihn doch lieb; und nun glaubt ihr an ihn, obwohl ihr ihn nicht seht; ihr werdet euch aber freuen mit unaussprechlicher und herrlicher Freude, [9] wenn ihr das Ziel eures Glaubens erlangt, nämlich der Seelen Seligkeit.

[10] Nach dieser Seligkeit haben gesucht und geforscht die Propheten, die von der Gnade geweissagt haben, die für

euch bestimmt ist, [11]und haben geforscht, auf welche und was für eine Zeit der Geist Christi deutete, der in ihnen war und zuvor bezeugt hat die Leiden, die über Christus kommen sollten, und die Herrlichkeit danach. [12]Ihnen ist offenbart worden, daß sie nicht sich selbst, sondern euch dienen sollten mit dem, was euch nun verkündigt ist durch die, die euch das Evangelium verkündigt haben durch den heiligen Geist, der vom Himmel gesandt ist, – was auch die Engel begehren zu schauen.

pheten unbewußt vom Geist Christi erfüllt waren, weil sie Leiden und Herrlichkeit zusammensehen konnten (Jes 53). Um die Größe der Herrlichkeit deutlich zu machen, nimmt 1Pt einen altjüdischen Gedanken auf, daß die Gerechten, die ihren Glauben mit dem Leiden bewährt haben, über die dienstbaren Engel Gottes erhöht werden.

Geheiligtes Leben

Der Ausblick auf die Zukunft bedeutet Verpflichtung für die Gegenwart. Die Mitte des Textes sind drei Mahnungen: 1. Hofft in vollkommener Nüchternheit! (V. 13); 2. Führt euer Leben in der Zeit der Fremdlingschaft in Gottesfurcht! (V. 17); 3. Übt ungefärbte Bruderliebe! (V. 22) Die Mahnungen werden durch Bilder verdeutlicht und durch das Bekenntnis begründet.

[13]Darum umgürtet die Lenden eures Gemüts, seid nüchtern und setzt eure Hoffnung ganz auf die Gnade, die euch angeboten wird in der Offenbarung Jesu Christi. [14]Als gehorsame Kinder gebt euch nicht den Begierden hin, denen ihr früher in der Zeit eurer Unwissenheit dientet; [15]sondern wie der, der euch berufen hat, heilig ist, sollt auch ihr heilig sein in eurem ganzen Wandel. [16]Denn es steht geschrieben (3. Mose 19,2): »Ihr sollt heilig sein, denn ich bin heilig.« [17]Und da ihr den als Vater anruft, der ohne Ansehen der Person einen jeden richtet nach seinem Werk, so führt euer Leben, solange ihr hier in der Fremde weilt, in Gottesfurcht; [18]denn *ihr wißt, daß ihr nicht mit vergänglichem Silber oder Gold erlöst seid von eurem nichtigen Wandel nach der Väter Weise,* [19]*sondern mit dem teuren Blut Christi als eines unschuldigen und unbefleckten Lammes.* [20]Er ist zwar zuvor ausersehen, ehe der Welt Grund gelegt wurde, aber offenbart am Ende der Zeiten um euretwillen, [21]die ihr durch ihn glaubt an Gott, der ihn auferweckt hat von den Toten und ihm die Herrlichkeit gegeben, damit ihr Glauben und Hoffnung zu Gott habt.

[22]Habt ihr eure Seelen gereinigt im Gehorsam der Wahrheit zu ungefärbter Bruderliebe, so habt euch untereinander beständig lieb aus reinem Herzen. [23]Denn ihr seid wiedergeboren nicht aus vergänglichem, sondern aus unvergänglichem Samen, nämlich aus dem lebendigen Wort Gottes, das da bleibt. [24]Denn

»alles Fleisch ist wie Gras
  und alle seine Herrlichkeit wie des Grases Blume.
Das Gras ist verdorrt
  und die Blume abgefallen;
[25]*aber des Herrn Wort bleibt in Ewigkeit«* (Jesaja 40,6-8).

Das ist aber das Wort, welches unter euch verkündigt ist.

Die ständige Bereitschaft zur Arbeit wird veranschaulicht durch das Bild, die Lenden zu umgürten. Beim Aufstehen band man in der Antike das Gewand durch einen Gürtel hoch, weil die Länge beim Arbeiten störte. – Die Schutzerklärung Gottes, daß Israel so unantastbar (= heilig) sein soll wie er selbst, wird hier zur Verpflichtung zu einem vollkommenen Lebenswandel. Im Unterschied zu 3Mo 19,2 hat das Gebot Gottes, heilig wie er selbst zu sein, keine kultische Bedeutung mehr. – Die Christen erkennen in dem Richter den Vater. Aus dem Vertrauensverhältnis erwächst auch höhere Verantwortung. Durch das Opfer des Passalammes wurde Israel aus der Knechtschaft aus Ägypten befreit, so wie man in der Antike Sklaven mit Geld freikaufen konnte. Mit diesen ineinandergeschobenen Bildern soll hier deutlich werden, daß Christen von allen Mächten befreit sind und allein Christus gehören, der sie durch seinen Tod am Kreuz losgekauft hat. – Die Auferweckung bestätigt, daß der Glaube und die Hoffnung der Christen begründet sind. – Die Bruderschaft der Christen verdankt sich dem lebensschaffenden Wort Gottes. Dessen Hoheit und Dauerhaftigkeit, seine unverbrüchliche Zusage im Gegensatz zu allen menschlichen Versprechungen und Schwüren, wird durch das Zitat aus Jes 40,6–8 unterstrichen.

Das neue Gottesvolk

1Pt vergleicht die Christen nach der Taufe mit neugeborenen Kindern. Wie diese sich an die Zeit im Mutterschoß nicht erinnern und nach Muttermilch verlangen, so sollen die Getauften ihre vorchristliche Vergangenheit vergessen und sich nach dem Wort Gottes sehnen.

Bei der Beschreibung des neuen Gottesvolkes greift 1Pt das schon geprägte Bild vom Haus auf. Dabei verknüpft er kunstvoll mehrere atl. Schriftstellen unter dem Stichwort »Stein« miteinander: 1. Jesus Christus ist der auserwählte Stein, auf dem das ganze Haus (= das Volk Gottes) ruht (Jes 28,16). 2. Jesus ist der von den Bauleuten (= den Führern des Volkes) verworfene Stein, der von Gott zum Eckstein erwählt ist (Ps 118,22 vgl. Mt 21,42). 3. Jesus ist der Stein, an dem sich alle Ungläubigen stoßen (Jes 8,14). 4. Jeder Christ soll sich als lebendiger Stein in diesen Bau einfügen. – So erfüllt sich die Erwartung, daß in der Endzeit ein nicht von Menschen erbauter Tempel errichtet wird. Die gläubige christliche Gemeinde ist der wahre Tempel, das wahre Volk Gottes, das an die Stelle des alten getreten ist; ihm gelten die Ehrenprädikate Israels (V. 9 = 2Mo 19,5 f.). 1Pt ist davon überzeugt, daß Israel aufgrund der Ablehnung Jesu seinen Anspruch verloren hat. Wir sollten das nicht als feststehendes Geschichtsurteil verstehen, sondern als Frage an uns, ob wir es verdienen, lebendige Steine und heiliges Priestertum genannt zu werden.

2 So legt nun ab alle Bosheit und allen Betrug und Heuchelei und Neid und alle üble Nachrede [2]und seid begierig nach der vernünftigen lauteren Milch wie die neugeborenen Kindlein, damit ihr durch sie zunehmt zu eurem Heil, [3]da ihr ja geschmeckt habt, daß der Herr freundlich ist. [4]Zu ihm kommt als zu dem lebendigen Stein, der von den Menschen verworfen ist, aber bei Gott auserwählt und kostbar. [5]Und auch ihr als lebendige Steine erbaut euch zum geistlichen Hause und zur heiligen Priesterschaft, zu opfern geistliche Opfer, die Gott wohlgefällig sind durch Jesus Christus. [6]Darum steht in der Schrift (Jesaja 28,16):

»Siehe, ich lege in Zion einen auserwählten, kostbaren Eckstein;
und wer an ihn glaubt, der soll nicht zuschanden werden.«

[7]Für euch nun, die ihr glaubt, ist er kostbar; für die Ungläubigen aber ist »der Stein, den die Bauleute verworfen haben und der zum Eckstein geworden ist, [8]ein Stein des Anstoßes und ein Fels des Ärgernisses« (Psalm 118,22; Jesaja 8,14); sie stoßen sich an ihm, weil sie nicht an das Wort glauben, wozu sie auch bestimmt sind. [9]*Ihr aber seid das auserwählte Geschlecht, die königliche Priesterschaft, das heilige Volk, das Volk des Eigentums, daß ihr verkündigen sollt die Wohltaten dessen, der euch berufen hat von der Finsternis zu seinem wunderbaren Licht;* [10]die ihr einst »nicht ein Volk« wart, nun aber »Gottes Volk« seid, und einst nicht in Gnaden wart, nun aber in Gnaden seid (Hosea 2,25).

Das Verhalten in der Welt

Das Volk Gottes lebte mitten in einer heidnischen und ihm mißgünstigen Umwelt. So trat das Thema »Wandel als Zeugnis in den Ordnungen der Welt« in den Vordergrund. Gelebter Glaube kann Verleumder zum Schweigen bringen und Nichtchristen zum Glauben führen, der im Lob Gottes mündet.

Die drohende Verfolgung verlangt ein besonnenes Wort zum Verhalten gegenüber dem römischen Staat. Staatliche Gewalt kann Gehorsam fordern, weil sie Gottes Schöpfungsordnung ist (im griechischen Text steht V. 13 a ein Wort, das Ordnung wie Schöpfung bedeuten kann). Sie ist eingesetzt, um das Recht zu wahren. Einzelnes Unrecht hebt die

[11]Liebe Brüder, ich ermahne euch als Fremdlinge und Pilger: Enthaltet euch von fleischlichen Begierden, die gegen die Seele streiten, [12]und führt ein rechtschaffenes Leben unter den Heiden, damit die, die euch verleumden als Übeltäter, eure guten Werke sehen und Gott preisen am Tag der Heimsuchung.

[13]Seid untertan aller menschlichen Ordnung um des Herrn willen, es sei dem König als dem Obersten [14]oder den Statthaltern als denen, die von ihm gesandt sind zur

Bestrafung der Übeltäter und zum Lob derer, die Gutes tun. 15 Denn das ist der Wille Gottes, daß ihr mit guten Taten den unwissenden und törichten Menschen das Maul stopft – 16 als die Freien, und nicht als hättet ihr die Freiheit zum Deckmantel der Bosheit, sondern als die Knechte Gottes. 17 *Ehrt jedermann, habt die Brüder lieb, fürchtet Gott, ehrt den König!*

Mahnungen an die Sklaven

18 Ihr Sklaven, ordnet euch in aller Furcht den Herren unter, nicht allein den gütigen und freundlichen, sondern auch den wunderlichen. 19 Denn das ist Gnade, wenn jemand vor Gott um des Gewissens willen das Übel erträgt und leidet das Unrecht. 20 Denn was ist das für ein Ruhm, wenn ihr um schlechter Taten willen geschlagen werdet und es geduldig ertragt? Aber wenn ihr um guter Taten willen leidet und es ertragt, das ist Gnade bei Gott. 21 Denn dazu seid ihr berufen, da auch Christus gelitten hat für euch und euch ein Vorbild hinterlassen, daß ihr sollt nachfolgen seinen Fußtapfen; 22 er, der keine Sünde getan hat und in dessen Mund sich kein Betrug fand; 23 der nicht widerschmähte, als er geschmäht wurde, nicht drohte, als er litt, er stellte es aber dem anheim, der gerecht richtet; 24 *der unsre Sünde selbst hinaufgetragen hat an seinem Leibe auf das Holz, damit wir, der Sünde abgestorben, der Gerechtigkeit leben. Durch seine Wunden seid ihr heil geworden.* 25 *Denn ihr wart wie die irrenden Schafe; aber ihr seid nun bekehrt zu dem Hirten und Bischof eurer Seelen.*

Würde des Staates nicht auf. Im Wissen, daß über staatlicher Gewalt der Wille Gottes steht, sind Christen frei von entwürdigendem Untertanengeist. Sie mißbrauchen ihre Freiheit aber nicht, um sich einen Platz außerhalb ihrer Gesellschaftsordnung zu suchen. Sie sehen in ihrer Freiheit vielmehr die Verpflichtung, zum Besten ihrer jeweiligen Gesellschaft beizutragen (vgl. Rö 13,1–7). Die Abschaffung der Sklaverei in damaliger Zeit hätte die meisten der Sklaven ins Elend geführt. Darum konnte das Ziel der christlichen Gemeinden nur sein, dem Sklaven Menschenwürde zu verleihen und ihn innerhalb der Gemeinde als gleichberechtigten Bruder anzuerkennen. Die Sklaven sollten in ihrem Stand bleiben und unrechtes Leid ertragen, auch wenn Unterdrückung den Anschauungen der Christen widersprach. Trotz ihrer sozialen Abhängigkeit sollten sie frei bleiben und wissen, daß sie sich nur Gott gegenüber zu verantworten haben. – Ein altes Christuslied mit Worten aus Jes 53 erinnert an Jesu Vorbild, der Ungerechtigkeiten, selbst dem Tod, nicht auswich. Dennoch bleibt schuldloses Leid Unrecht, das aber nicht unbeachtet ist bei Gott.

Der Text ist aktuell, wenn wir an Menschen denken, die schuldlos der Gewalt ausgesetzt sind und für die es daraus kein Entrinnen gibt. Erinnern wir uns derer, die keine Hoffnung auf ein gesundes Leben haben dürfen. Ihnen gilt das Vorbild des gekreuzigten Christus, von dem sie ihre Menschenwürde erhalten, so daß sie sich aus Verzweiflung aufrichten und ihrem Leben neuen Sinn geben können.

Mahnungen an die Frauen und Männer

3 Desgleichen sollt ihr Frauen euch euren Männern unterordnen, damit auch die, die nicht an das Wort glauben, durch das Leben ihrer Frauen ohne Worte gewonnen werden, 2 wenn sie sehen, wie ihr in Reinheit und Gottesfurcht lebt. 3 Euer Schmuck soll nicht äußerlich sein wie Haarflechten, goldene Ketten oder prächtige Kleider, 4 sondern der verborgene Mensch des Herzens im unvergänglichen Schmuck des sanften und stillen Geistes: das ist köstlich vor Gott. 5 Denn so haben sich vorzeiten auch die heiligen Frauen geschmückt, die ihre Hoffnung auf Gott setzten und sich ihren Männern unterordneten, 6 wie Sara Abraham gehorsam war und ihn Herr nannte; deren Töchter seid ihr geworden, wenn ihr recht tut und euch durch nichts beirren laßt.

Angesichts der Mischehen wird von der Christin Gehorsam gegenüber ihrem nichtchristlichen Partner gefordert. Dabei weiß sie sich aber Gott verantwortlich und läßt sich durch menschliche Drohung nicht einschüchtern. Die Kraft der Frau, den Mann für den Glauben zu gewinnen, liegt in ihrer Verstehensbereitschaft. Das ist der wahre Schmuck, den schon die Frauen im AT als solchen erkannten. Den damals und oft heute noch rechtlos lebenden Frauen verhilft der Text zu Menschenwürde und zu einem Weg wortlosen Zeugnisses. – Der christliche Mann soll die gleichberechtigte Stellung der

Frau vor Gott ins Leben übertragen. – Die Frau wird heute Gleichwertigkeit nicht durch Kopieren des Mannes erreichen, sondern indem sie ihr eigenes Wesen in die Berufswelt hineinträgt. – Nach 1 Pt können Spannungen, die gemeinsames Beten verhindern, die Ehe zerstören.

[7]Desgleichen, ihr Männer, wohnt vernünftig mit ihnen zusammen und gebt dem weiblichen Geschlecht als dem schwächeren seine Ehre. Denn auch die Frauen sind Miterben der Gnade des Lebens, und euer gemeinsames Gebet soll nicht behindert werden.

Mahnungen an die ganze Gemeinde

Der christlichen Gemeinde wird die Zusage zuteil, »gute Tage zu sehen«. Sofern sie Bruderschaft verwirklicht, erhält sie selbst dieses Segensgut und kann es anderen weitergeben. Das geschieht, wenn im Umgang mit Gegnern auf eigenes Recht verzichtet und dem Haß Liebe entgegengesetzt wird. Wenn die Gemeinde erfinderisch im Frieden stiften ist und die um ihr Recht Gebrachten nicht übersieht, dann erfüllt sich die Zusage. Wenn sich aber Gleichgültigkeit und Verachtung in ihr breit macht, wird sie Gott gegen sich haben. Verleumdungen und Verfolgungen führen leicht zu Angst und Flucht aus dem öffentlichen Leben. Wer Jesus als Herrn anerkennt und sein Leben von ihm bestimmen läßt, ist frei von Menschenfurcht und offen für die Anfragen der Welt. Diese Hoffnung auf eine Zukunft (als Inhalt christlichen Glaubens), in der Christus endgültig kommen wird, kann mit innerer Gelassenheit verteidigt werden. Sollten aber Christen ungerecht in Leiden geraten, brauchen sie es nicht als absurdes Schicksal hinzunehmen, sondern als eine Auszeichnung, die sie in Gemeinschaft mit dem gekreuzigten Herrn bringt.

[8]Endlich aber seid allesamt gleichgesinnt, mitleidig, brüderlich, barmherzig, demütig. [9]*Vergeltet nicht Böses mit Bösem oder Scheltwort mit Scheltwort, sondern segnet vielmehr, weil ihr dazu berufen seid, daß ihr den Segen ererbt.*

[10]Denn »wer das Leben lieben
und gute Tage sehen will,
der hüte seine Zunge, daß sie nichts Böses rede,
und seine Lippen, daß sie nicht betrügen.
[11]Er wende sich ab vom Bösen und tue Gutes;
er suche Frieden und jage ihm nach.
[12]Denn die Augen des Herrn sehen auf die Gerechten,
und seine Ohren hören auf ihr Gebet;
das Angesicht des Herrn aber steht wider die, die Böses tun« (Psalm 34,13-17).

[13]Und wer ist's, der euch schaden könnte, wenn ihr dem Guten nacheifert? [14]Und wenn ihr auch leidet um Gerechtigkeit willen, so seid ihr doch selig. Fürchtet euch nicht vor ihrem Drohen und erschreckt nicht; [15]heiligt aber den Herrn Christus in euren Herzen. *Seid allezeit bereit zur Verantwortung vor jedermann, der von euch Rechenschaft fordert über die Hoffnung, die in euch ist,* [16]und das mit Sanftmut und Gottesfurcht, und habt ein gutes Gewissen, damit die, die euch verleumden, zuschanden werden, wenn sie euren guten Wandel in Christus schmähen. [17]Denn es ist besser, wenn es Gottes Wille ist, daß ihr um guter Taten willen leidet als um böser Taten willen.

Die Herrschaft Christi über alle

Von nutzlosem Selbstmitleid weg wird der Blick auf den Weg Jesu gelenkt. Obwohl unschuldig zu Tode gemartert, hat er als von Gott Auferweckter Gottes Versöhnung sogar gottfernsten Menschen (= »den Geistern im Gefängnis«) verkündigt. Dies waren nach damaliger jüdischer Überzeugung die Menschen, die wegen ihres Unglaubens in der Sintflut (vgl. das damals weit verbreitete äth. Henochbuch) umkamen.

Auch z.Z. der Sintflut hat Gott seine Güte gezeigt und Noah mit seiner Familie gerettet, was 1Pt als einen geheimnisvollen Hinweis auf die Taufe versteht. War die Rettung aus der Sintflut ein äußeres Geschehen, so wird nun in der Taufe den Bittenden das gute Gewissen geschenkt,

[18]Denn auch Christus hat *einmal* für die Sünden gelitten, der Gerechte für die Ungerechten, damit er euch zu Gott führte, und ist getötet nach dem Fleisch, aber lebendig gemacht nach dem Geist. [19]In ihm ist er auch hingegangen und hat gepredigt den Geistern im Gefängnis, [20]die einst ungehorsam waren, als Gott harrte und Geduld hatte zur Zeit Noahs, als man die Arche baute, in der wenige, näm-

lich acht Seelen, gerettet wurden durchs Wasser hindurch. [21]Das ist ein Vorbild der Taufe, die jetzt auch euch rettet. Denn in ihr wird nicht der Schmutz vom Leib abgewaschen, sondern wir bitten Gott um ein gutes Gewissen, durch die Auferstehung Jesu Christi, [22]welcher ist zur Rechten Gottes, aufgefahren gen Himmel, und es sind ihm untertan die Engel und die Gewaltigen und die Mächte.

vor Gott treten zu können. Christus ist bis in die tiefsten Abgründe hinabgestiegen und hat die Toten aus der Gewalt des Todes befreit. Darum könnten Christen ohne Angst leben.

Vom Leiden und Leben des Christen

4 Weil nun Christus im Fleisch gelitten hat, so wappnet euch auch mit demselben Sinn; denn wer im Fleisch gelitten hat, der hat aufgehört mit der Sünde, [2]daß er hinfort die noch übrige Zeit im Fleisch nicht den Begierden der Menschen, sondern dem Willen Gottes lebe. [3]Denn es ist genug, daß ihr die vergangene Zeit zugebracht habt nach heidnischem Willen, als ihr ein Leben führtet in Ausschweifung, Begierden, Trunkenheit, Fresserei, Sauferei und greulichem Götzendienst.

[4]Das befremdet sie, daß ihr euch nicht mehr mit ihnen stürzt in dasselbe wüste, unordentliche Treiben, und sie lästern; [5]aber sie werden Rechenschaft geben müssen dem, der bereit ist, zu richten die Lebenden und die Toten. [6]Denn dazu ist auch den Toten das Evangelium verkündigt, daß sie zwar nach Menschenweise gerichtet werden im Fleisch, aber nach Gottes Weise das Leben haben im Geist.

[7]Es ist aber nahe gekommen das Ende aller Dinge. So seid nun besonnen und nüchtern zum Gebet. [8]Vor allen Dingen habt untereinander beständige Liebe; denn »die Liebe deckt auch der Sünden Menge« (Sprüche 10,12). [9]Seid gastfrei untereinander ohne Murren. [10]Und *dient einander, ein jeder mit der Gabe, die er empfangen hat, als die guten Haushalter der mancherlei Gnade Gottes:* [11]wenn jemand predigt, daß er's rede als Gottes Wort; wenn jemand dient, daß er's tue aus der Kraft, die Gott gewährt, damit in allen Dingen Gott gepriesen werde durch Jesus Christus. Sein ist die Ehre und Gewalt von Ewigkeit zu Ewigkeit! Amen.

Die Fähigkeit, Unrecht zu ertragen, erwächst aus dem Vorbild des leidenden Christus. Der zum Leiden Bereite nimmt sich selbst nicht zu wichtig. Vielleicht darf man so die Wendung verstehen: »der hat aufgehört mit der Sünde«. Er verliert sich nicht im begierigen Lebensgenuß und versucht nicht, sich durch selbstgemachte Götter bestätigen zu lassen. Der Bruch mit früheren Lebensgewohnheiten führt zu Verdächtigungen, Spott und Lästerung des Gottes, dem gegenüber sich Lebende wie Tote im Gericht zu verantworten haben. Leiblicher Tod wird hier als Strafe für Schuld verstanden. Doch Gericht ist nicht letztes Wort Gottes, sondern die Zusage vollendeten Lebens. Das Wissen, daß das Ende nahe ist, führt nicht zur Verachtung der Welt, sondern zu nüchterner Bewährung der Liebe im Alltag: Sie beschämt den anderen nicht, nimmt ihn an und vergibt ihm. Sie befähigt zu verantwortlichem Beten. Sie öffnet die Türen für Verfolgte, gewährt selbstverständliche Gastfreundschaft, die finanzielle und zeitliche Mühen nicht scheut. Sie entdeckt die vielfältigen Gaben Gottes (vgl. 1Ko 12), die jedem in der Gemeinde zuteil werden. Treue und Sorgfalt gegenüber den uns aufgetragenen Aufgaben ist die rechte Weise, Gott die Ehre zu geben.

Vom Ausharren in der Verfolgung

[12]Ihr Lieben, laßt euch durch die Hitze nicht befremden, die euch widerfährt zu eurer Versuchung, als widerführe euch etwas Seltsames, [13]sondern freut euch, daß ihr mit Christus leidet, damit ihr auch zur Zeit der Offenbarung seiner Herrlichkeit Freude und Wonne haben mögt. [14]Selig seid ihr, wenn ihr geschmäht werdet um des Namens Christi willen, denn der Geist, der ein Geist der Herrlichkeit und Gottes ist, ruht auf euch. [15]Niemand aber unter euch leide als ein Mörder oder Dieb oder Übeltäter oder als

Das Erdulden von Unrecht ist für die Christen nichts Fremdes. Es stellt sie in die Gemeinschaft mit dem unschuldig gequälten Jesus. Wer darauf vertraut, daß Gott ihn im Lebenskampf zwischen Gut und Böse nicht allein läßt, wird an der vollkommenen Freude in Gottes Zukunft mit Christus teilhaben. Wer als Christ um seines Glaubens willen be-

einer, der in ein fremdes Amt greift. [16]Leidet er aber als ein Christ, so schäme er sich nicht, sondern ehre Gott mit diesem Namen. [17]Denn die Zeit ist da, daß das Gericht anfängt an dem Hause Gottes. Wenn aber zuerst an uns, was wird es für ein Ende nehmen mit denen, die dem Evangelium Gottes nicht glauben? [18]Und wenn der Gerechte kaum gerettet wird, wo wird dann der Gottlose und Sünder bleiben? [19]Darum sollen auch die, die nach Gottes Willen leiden, ihm ihre Seelen anbefehlen als dem treuen Schöpfer und Gutes tun.

droht wird, muß sich seiner Leiden nicht schämen. – Nach atl. Auffassung beginnt das Gericht am Hause Gottes (Hes 9,6). Die Gemeinde darf darum ihre Bedrängnisse als Zeichen der Nähe von Gottes Kommen sehen. Die unschuldig Verfolgten können ihm ohne Angst und Verzweiflung entgegensehen. Wie wird es ihren Verfolgern ergehen (V. 18 vgl. Spr 11,31)? Gott wacht als Schöpfer schützend über das Leben derer, die rechtlos sind und wird durch ihre Leiden Gutes wirken.

Mahnungen an die Ältesten und die Gemeinde

5 Die Ältesten unter euch ermahne ich, der Mitälteste und Zeuge der Leiden Christi, der ich auch teilhabe an der Herrlichkeit, die offenbart werden soll: [2]Weidet die Herde Gottes, die euch anbefohlen ist; achtet auf sie, nicht gezwungen, sondern freiwillig, wie es Gott gefällt; nicht um schändlichen Gewinns willen, sondern von Herzensgrund; [3]nicht als Herren über die Gemeinde, sondern als Vorbilder der Herde. [4]So werdet ihr, wenn erscheinen wird der Erzhirte, die unvergängliche Krone der Herrlichkeit empfangen.

[5]Desgleichen, ihr Jüngeren, ordnet euch den Ältesten unter.

Alle aber miteinander haltet fest an der Demut; denn *Gott widersteht den Hochmütigen, aber den Demütigen gibt er Gnade.* [6]So demütigt euch nun unter die gewaltige Hand Gottes, damit er euch erhöhe zu seiner Zeit. [7]*Alle eure Sorge werft auf ihn; denn er sorgt für euch.*

[8]Seid nüchtern und wacht; denn euer Widersacher, der Teufel, geht umher wie ein brüllender Löwe und sucht, wen er verschlinge. [9]Dem widersteht, fest im Glauben, und wißt, daß ebendieselben Leiden über eure Brüder in der Welt gehen.

Gemeindeleiter schützen, einem Hirten vergleichbar, ihre Gemeinden vor inneren und äußeren Bedrohungen. Darum sind sie besonders gefährdet. Quälende Angst und Sorge um die eigene Existenz fügen der Gemeinde schwere Schäden zu. Wer im Umgang mit ihm anvertrauten Menschen das Verhalten des »Erzhirten« (für Christus hier einmalig im NT gebraucht) widerzuspiegeln vermag, kann auch anderen Halt geben. Ihm winkt als Lohn, daß er an Christi Sieg teilhaben kann. – Die Gemeindejugend soll Gehorsam üben. Spaltungen in bedrohten Zeiten zerstören Gemeinden. Aus dem Vertrauen auf Gottes wirksame Hilfe erwächst die Fähigkeit, von sich selbst wegzukommen (V. 5 vgl. Spr 3,34; Jak 4,6; V. 7 vgl. Ps 55,23).

Dennoch entläßt dieses Wissen nicht aus dem nüchternen Einschätzen des wirklichen Lebens. Der Gegenspieler Gottes (hier einem umherziehenden brüllenden Löwen verglichen) will Menschen durch grausame Schicksalsschläge in Verzweiflung bringen und von Gott entfernen. Dem kann der Glaubende widerstehen im Wissen darum, daß es eine Solidarität der Leidenden gibt: Die Gemeinde wurde nicht nur in Kleinasien, sondern im ganzen Römischen Reich verfolgt.

Segenswunsch und Grüße

[10]Der Gott aller Gnade aber, der euch berufen hat zu seiner ewigen Herrlichkeit in Christus Jesus, der wird euch, die ihr eine kleine Zeit leidet, aufrichten, stärken, kräftigen, gründen. [11]Ihm sei die Macht von Ewigkeit zu Ewigkeit! Amen.

[12]Durch Silvanus, den treuen Bruder, wie ich meine, habe ich euch wenige Worte geschrieben, zu ermahnen und zu

Zu Silvanus, Sohn Markus und Babylon vgl. die Einl. – Das Vertrauen, daß Gott Anfang, Fortgang und Ziel christlichen Lebens bestimmt, läßt Zeiten des Leidens kurz erscheinen. Wer in seiner eigenen Ohnmacht Gottes Macht preist, gewinnt festen Halt: Die Angriffe der

bezeugen, daß das die rechte Gnade Gottes ist, in der ihr steht. [13]Es grüßt euch aus Babylon die Gemeinde, die mit euch auserwählt ist, und mein Sohn Markus. [14]Grüßt euch untereinander mit dem Kuß der Liebe. Friede sei mit euch allen, die ihr in Christus seid!

Gegner können ihm nichts anhaben. Inmitten von Unrecht sind die Gemeinden in Bruderliebe verbunden. Das wird durch einen Kuß unterstrichen, der noch heute in einigen Kirchen üblich ist.

DER ZWEITE BRIEF DES PETRUS

Obwohl der zweite Petrusbrief in 3,1 auf den ersten verweist, findet sich keine Verbindung zu dessen Theologie. Er richtet sich vielmehr gegen die gleichen Irrlehrer wie der Jud (vgl. die Einl. zu Jud).

Der 2Pt ist wahrscheinlich die späteste Schrift des NT (ca. 125 n. Chr.): Das AT gilt schon als heilige Schrift und die Paulusbriefe sind im Umlauf (3,15); die Zeit der Apostel gehört der Vergangenheit an: 1,14 weist auf den Tod des Petrus. So ist das Schreiben nachträglich als Testament des Petrus verfaßt worden; den Jud benutzt der Verfasser fast wörtlich im zweiten Kapitel. Dessen nachträgliche Bearbeitung zeigen folgende Beobachtungen: 2Pt hat alle außerbiblischen Bezüge getilgt; das zweite Kapitel wirkt im 2Pt wie ein Fremdkörper; 2,4.11 werden nur im Blick auf Jud 6.9 verständlich.

Der Einfluß der Irrlehrer innerhalb der Gemeinden nahm immer stärker zu. Sie trugen ihre Lehre als Auslegung der Schrift vor. Darum werden verbindliche Schriftauslegung und treue Bewahrung der Tradition notwendig. Beides will der 2Pt bei den christlichen Gemeinden erreichen.

Außerdem waren die Irrlehrer offensichtlich davon überzeugt: sie seien dieser niedrigen Welt schon entflohen; sie befänden sich schon im Himmel; die Vernichtung der Welt sei überflüssig und ihre Verwandlung sinnlos. Darum verspotten sie Christen, die auf die Zukunft hoffen. Wegen des Ausbleibens der Wiederkunft Christi greifen in den Gemeinden Zweifel und Müdigkeit um sich und bereiten dem Spott fruchtbaren Boden. Dagegen verteidigt 2Pt im Namen des Petrus energisch die urchristliche Zukunftserwartung: einen neuen Himmel und eine neue Erde, in der Gerechtigkeit wohnt (3,13). Den Irrlehrern aber kündigt er die völlige Vernichtung beim Weltuntergang an.

2Pt verlangt eine vollkommene Trennung der Gemeinden von den Irrlehrern, während Jud noch vorschlägt, ihnen entsprechend ihrer Einstellung zu begegnen (vgl. zu Jud 17–25). Nur den Frommen wird nach 2Pt das Heil zugesichert. Damit nähert sich 2Pt unbewußt den Anschauungen seiner Gegner. Fast ebenso sicher wie die Irrlehrer ist 2Pt davon überzeugt, daß die Glaubenstreuen im Triumph in das Reich Gottes einziehen werden (1,11). Die Vernichtung der Welt mit allen Kulturgütern ist für ihn unausweichlich (3,10).

Es stellt sich aber heute die Frage, ob die Rede vom Weltuntergang dazu mißbraucht werden kann, sich von der Verantwortung gegenüber Gottes Schöpfung zu entbinden. – Es ist eine Gefahr, gegenüber anderen Anschauungen die eigene Position zu sicher zu behaupten, den anderen zu verketzern und seinen Untergang schrecklich auszumalen. Obwohl 2Pt mit Recht Weltverachtung und Selbstüberheblichkeit geißelt, sollten wir uns heute vor falscher Sicherheit hüten und nicht meinen, allein den rechten Weg zu gehen.

1 Simon Petrus, ein Knecht und Apostel Jesu Christi, an alle, die mit uns denselben teuren Glauben empfangen haben durch die Gerechtigkeit, die unser Gott gibt und der Heiland Jesus Christus:

In einer Zeit drohender Irrlehre wendet sich 2Pt an die Rechtgläubigen, die in der gleichen Glaubenslehre wie die ersten Apostel stehen.

Sie zeigen mit ihrem ganzen Verhalten, daß ihnen die Gerechtigkeit Gottes und die wahre Erkenntnis zuteil wird.

2Pt hebt hervor, daß die Christen alle Voraussetzungen für ein Leben erhalten haben, das Gottes Willen entsprechen könnte. Sie haben die Zusage, daß Christus das Leben der Glaubenstreuen vollenden wird. Sie besitzen die Erkenntnis Christi und leben in der Gemeinschaft Gottes. So haben sie an der »göttlichen Natur« Anteil. Mit diesem Ausdruck wird auf die Hoffnung der Griechen auf Vergöttlichung der menschlichen Natur Bezug genommen. Es bedarf nach 2Pt größter Anstrengung der Menschen, durch fromme Lebensführung das von Gott gesetzte Ziel zu erreichen. Solches Verhalten besteht nach V. 5–7 darin, immer besser zu erkennen, was zu tun notwendig ist. 2Pt versteht alle christlichen Heilsgüter (anders als das übrige NT) typisch griechisch als Tugenden: Glaube ist treues Festhalten an überlieferten Glaubenslehren; Geduld erwächst aus der Fähigkeit, sich selbst in der Gewalt zu haben (anders 1Pt); Erkenntnis äußert sich in Selbstbeherrschung. Durch die Taufe wird dem Menschen Gottes Güte zuteil. Sie verpflichtet, sich mit größtem Eifer Zutritt zum Reich Christi zu schaffen. Das erfordert ein ständiges Erinnern an die christliche Tradition. Darum sind die Mahnungen als Testament des Petrus formuliert. Sie erhalten besonderes Gewicht, weil die Gemeinden von dem Märtyrertod des Petrus wissen (V. 12–15).

[2] Gott gebe euch viel Gnade und Frieden durch die Erkenntnis Gottes und Jesu, unseres Herrn!

Mahnung zu christlichem Leben

[3] Alles, was zum Leben und zur Frömmigkeit dient, hat uns seine göttliche Kraft geschenkt durch die Erkenntnis dessen, der uns berufen hat durch seine Herrlichkeit und Kraft. [4] Durch sie sind uns die teuren und allergrößten Verheißungen geschenkt, damit ihr dadurch Anteil bekommt an der göttlichen Natur, die ihr entronnen seid der verderblichen Begierde in der Welt. [5] So wendet alle Mühe daran und erweist in eurem Glauben Tugend und in der Tugend Erkenntnis [6] und in der Erkenntnis Mäßigkeit und in der Mäßigkeit Geduld und in der Geduld Frömmigkeit [7] und in der Frömmigkeit brüderliche Liebe und in der brüderlichen Liebe die Liebe zu allen Menschen. [8] Denn wenn dies alles reichlich bei euch ist, wird's euch nicht faul und unfruchtbar sein lassen in der Erkenntnis unseres Herrn Jesus Christus. [9] Wer dies aber nicht hat, der ist blind und tappt im Dunkeln und hat vergessen, daß er rein geworden ist von seinen früheren Sünden. [10] Darum, liebe Brüder, bemüht euch desto mehr, eure Berufung und Erwählung festzumachen. Denn wenn ihr dies tut, werdet ihr nicht straucheln, [11] und so wird euch reichlich gewährt werden der Eingang in das ewige Reich unseres Herrn und Heilands Jesus Christus.

[12] Darum will ich's nicht lassen, euch allezeit daran zu erinnern, obwohl ihr's wißt und gestärkt seid in der Wahrheit, die unter euch ist. [13] Ich halte es aber für richtig, solange ich in dieser Hütte bin, euch zu erwecken und zu erinnern; [14] denn ich weiß, daß ich meine Hütte bald verlassen muß, wie es mir auch unser Herr Jesus Christus eröffnet hat. [15] Ich will mich aber bemühen, daß ihr dies allezeit auch nach meinem Hinscheiden im Gedächtnis behalten könnt.

Die Verklärung Jesu und das prophetische Wort

Die Glaubenswahrheiten der Apostel sind nicht erfunden wie die Aussagen der Irrlehrer. 2Pt wendet sich gegen jede eigene Auslegung atl. Weissagungen. Nur wer in der Lehrtradition bleibt, hat den rechten Geist. Darum beruft sich 2Pt auf die Augenzeugenschaft des Petrus bei der Verklärung (vgl. Mt 17,1–13Parr).

Nach den Anschauungen der Ostkirche hat christliche Hoffnung ihren Grund in der Verklärung Jesu, während die abendländische Christenheit sie mit der Auferstehung begründet. – Die bei der Verklärung sichtbar gewordene Macht Christi

[16] Denn wir sind nicht ausgeklügelten Fabeln gefolgt, als wir euch kundgetan haben die Kraft und das Kommen unseres Herrn Jesus Christus; sondern wir haben seine Herrlichkeit selber gesehen. [17] Denn er empfing von Gott, dem Vater, Ehre und Preis durch eine Stimme, die zu ihm kam von der großen Herrlichkeit: Dies ist mein lieber Sohn, an

dem ich Wohlgefallen habe. [18]Und diese Stimme haben wir gehört vom Himmel kommen, als wir mit ihm waren auf dem heiligen Berge.

[19] *Um so fester haben wir das prophetische Wort, und ihr tut gut daran, daß ihr darauf achtet als auf ein Licht, das da scheint an einem dunklen Ort, bis der Tag anbreche und der Morgenstern aufgehe in euren Herzen.* [20]Und das sollt ihr vor allem wissen, daß keine Weissagung in der Schrift eine Sache eigener Auslegung ist. [21]Denn es ist noch nie eine Weissagung aus menschlichem Willen hervorgebracht worden, sondern getrieben von dem heiligen Geist haben Menschen im Namen Gottes geredet.

beseitigt alle Zweifel an seinem endgültigen Erscheinen. Da die Apostel die göttliche Stimme gehört haben, legen sie auch zuverlässig das prophetische Wort des AT aus. In Treue soll ihre Auslegung weitergegeben werden. Auf diese Weise ist das Wort einem Licht vergleichbar, das die Dunkelheit erhellt, aber bei unvorsichtigem Umgang seine Leuchtkraft einbüßt. Das Wort ist bis zu dem Tag recht zu verwalten, an dem Christus wie ein Morgenstern erscheint und alle Zweifel und Unklarheiten beseitigt.

Gottes Gericht über die Irrlehrer
(vgl. Jud 3-19)

2 Es waren aber auch falsche Propheten unter dem Volk, wie auch unter euch sein werden falsche Lehrer, die verderbliche Irrlehren einführen und verleugnen den Herrn, der sie erkauft hat; die werden über sich selbst herbeiführen ein schnelles Verderben. [2]Und viele werden ihnen folgen in ihren Ausschweifungen; um ihretwillen wird der Weg der Wahrheit verlästert werden. [3]Und aus Habsucht werden sie euch mit erdichteten Worten zu gewinnen suchen. Das Gericht über sie bereitet sich seit langem vor, und ihr Verderben schläft nicht. [4]Denn Gott hat selbst die Engel, die gesündigt haben, nicht verschont, sondern hat sie mit Ketten der Finsternis in die Hölle gestoßen und übergeben, damit sie für das Gericht festgehalten werden; [5]und hat die frühere Welt nicht verschont, sondern bewahrte allein Noah, den Prediger der Gerechtigkeit, mit sieben andern, als er die Sintflut über die Welt der Gottlosen brachte; [6]und hat die Städte Sodom und Gomorra zu Schutt und Asche gemacht und zum Untergang verurteilt und damit ein Beispiel gesetzt den Gottlosen, die hernach kommen würden; [7]und hat den gerechten Lot errettet, dem die schändlichen Leute viel Leid antaten mit ihrem ausschweifenden Leben. [8]Denn der Gerechte, der unter ihnen wohnte, mußte alles mit ansehen und anhören und seine gerechte Seele von Tag zu Tag quälen lassen durch ihre bösen Werke. [9]Der Herr weiß die Frommen aus der Versuchung zu erretten, die Ungerechten aber festzuhalten für den Tag des Gerichts, um sie zu strafen, [10]am meisten aber die, die nach dem Fleisch leben in unreiner Begierde und jede Herrschaft verachten. Frech und eigensinnig, schrecken sie nicht davor zurück, himmlische Mächte zu lästern, [11]wo doch die Engel, die größere Stärke und Macht haben, kein Verdammungsurteil gegen sie vor den Herrn bringen.

Das AT berichtet schon von falschen Propheten (z.B. Jes 28,7 ff.). So kündigt auch 2Pt lügnerische Lehrer an, die die Gemeinden spalten und Christi Herrschaft verachten (zum Hintergrund dieser Irrlehrer vgl. die Einl. zum Jud). Ihnen droht ein schreckliches Strafgericht. Sie maßen sich an, himmlische Mächte, böse wie gute (= Engel; V. 4.11 vgl. Jud 6.9) zu verhöhnen und fühlen sich ihnen überlegen. Diese dagegen würden es nicht wagen, ihre Stärke auszunutzen. Das Leben der Irrlehrer gleicht dem vernunftlosen Viehs, das nur dem Instinkt folgt und seinem Untergang nicht entrinnen kann. Mit lockerer Lebensführung versuchen sie zu beeindrucken. Ungefestigte Christen sind anfälliger für eine Lebensweise, die sich über jede sittliche Ordnung hinwegsetzt. Die Irrlehrer, die den Leidenschaften des Lebens nachgehen, rebellieren gegen den überlieferten Glauben und damit gegen Gott. Sie folgen den Spuren Bileams, der als Stammvater der Irrlehrer galt und von Geldgier getrieben war (4Mo 22,7—38). Die Freiheitsparole: »Alles ist erlaubt« (vgl. 1Ko 6,12), dient nur der Habsucht: Die Reden dieser Irrlehrer sind leer und inhaltslos und enttäuschen die Erwartungen an sie, was der Verfasser mit den Bildern in V. 17.18 veranschaulicht. In Wahrheit führen sie in Abhängigkeit und Verlorenheit. Wer sich einmal für Christus entschieden hat, sich dann aber wieder von ihm entfernt, ist trostloser als je zuvor. Die gefährlichsten Krankheiten sind Rückfälle. Das Ergebnis ist nach 2Pt ein vernichtendes Urteil, das sich nicht mehr aufhalten läßt. Das unterstreicht er mit drei atl. Beispielen und ermahnt mit ihnen zur Glaubenstreue: Selbst Engel, die nach damaliger Anschauung von Gott abfallen konnten (1Mo 6,2), werden gerichtet (V. 4) und in die Unterwelt verbannt. Die Sintflut und die Zerstörung von Sodom und Gomorra gelten als Vernichtungsurteile für die gesamte gottferne Welt und Menschheit. Sie sind für 2Pt eindringliche Hinweise auf das kommende Gericht. Doch gleichzeitig spricht er von der Rettung der Glaubenstreuen, wie sie schon den Gerechten des Alten Bundes, Noah und Lot (V. 5.7), zuteil wurde. Wer wie diese den Gefährdungen (= Versuchungen) inmitten einer gottfernen Welt nicht erliegt, wird nicht zugrunde gehen.

[12]Aber sie sind wie die unvernünftigen Tiere, die von Natur dazu geboren sind, daß sie gefangen und geschlachtet werden; sie lästern das, wovon sie nichts verstehen, und werden auch in ihrem verdorbenen Wesen umkommen [13]und den Lohn der Ungerechtigkeit davontragen. Sie halten es für eine Lust, am hellen Tag zu schlemmen, sie sind Schandflecken, schwelgen in ihren Betrügereien, wenn sie mit euch prassen, [14]haben Augen voll Ehebruch, nimmer satt der Sünde, locken an sich leichtfertige Menschen, haben ein Herz getrieben von Habsucht – verfluchte Leute! [15]Sie verlassen den richtigen Weg und gehen in die Irre und folgen dem Weg Bileams, des Sohnes Beors, der den Lohn der Ungerechtigkeit liebte, [16]empfing aber eine Strafe für seine Übertretung: das stumme Lasttier redete mit Menschenstimme und wehrte der Torheit des Propheten.

[17]Das sind Brunnen ohne Wasser und Wolken, vom Wirbelwind umhergetrieben, ihr Los ist die dunkelste Finsternis. [18]Denn sie reden stolze Worte, hinter denen nichts ist, und reizen durch Unzucht zur fleischlichen Lust diejenigen, die kaum entronnen waren denen, die im Irrtum ihr Leben führen, [19]und versprechen ihnen Freiheit, obwohl sie selbst Knechte des Verderbens sind. Denn von wem jemand überwunden ist, dessen Knecht ist er geworden. [20]Denn wenn sie durch die Erkenntnis unseres Herrn und Heilands Jesus Christus entflohen sind dem Unrat der Welt, werden aber wiederum in diesen verstrickt und von ihm überwunden, dann ist's mit ihnen am Ende ärger geworden als vorher. [21]Denn es wäre besser für sie gewesen, daß sie den Weg der Gerechtigkeit nicht erkannt hätten, als daß sie ihn kennen und sich abkehren von dem heiligen Gebot, das ihnen gegeben ist. [22]An ihnen hat sich erwiesen die Wahrheit des Sprichworts: Der Hund frißt wieder, was er gespien hat; und: Die Sau wälzt sich nach der Schwemme wieder im Dreck.

Gewißheit über das Kommen des Herrn

Die unerfüllten Hoffnungen auf Christi Kommen machen es Spöttern leicht, die Gemeinden zu beunruhigen. Doch Spott und Anfechtung gehören gerade zu den Zeichen der Zeit, wie die Propheten des AT und die ersten Apostel gewußt haben. Darum geben ihre Worte den rechten Halt, um Zweifel und Müdigkeit zu überwinden.

Mit vier Argumenten will 2Pt die Gemeinden ermuntern, ihre Hoffnung festzuhalten: 1. Schon einmal ist die Welt in der Sintflut vernichtet worden. Zwar hat Gott in seiner Güte einen Neuanfang gewährt, aber die Sintflut zeigt den Ernst seines Gerichtswillens (V. 5–7); 2. Die

3 Dies ist nun der zweite Brief, den ich euch schreibe, ihr Lieben, in welchem ich euren lauteren Sinn erwecke und euch erinnere, [2]daß ihr gedenkt an die Worte, die zuvor gesagt sind von den heiligen Propheten, und an das Gebot des Herrn und Heilands, das verkündet ist durch eure Apostel. [3]Ihr sollt vor allem wissen, daß in den letzten Tagen Spötter kommen werden, die ihren Spott treiben,

ihren eigenen Begierden nachgehen [4]und sagen: Wo bleibt die Verheißung seines Kommens? Denn nachdem die Väter entschlafen sind, bleibt es alles, wie es von Anfang der Schöpfung gewesen ist. [5]Denn sie wollen nichts davon wissen, daß der Himmel vorzeiten auch war, dazu die Erde, die aus Wasser und durch Wasser Bestand hatte durch Gottes Wort; [6]dennoch wurde damals die Welt dadurch in der Sintflut vernichtet. [7]So werden auch der Himmel, der jetzt ist, und die Erde durch dasselbe Wort aufgespart für das Feuer, bewahrt für den Tag des Gerichts und der Verdammnis der gottlosen Menschen.

[8]Eins aber sei euch nicht verborgen, ihr Lieben, daß *ein* Tag vor dem Herrn wie tausend Jahre ist und tausend Jahre wie ein Tag. [9]Der Herr verzögert nicht die Verheißung, wie es einige für eine Verzögerung halten; sondern er hat Geduld mit euch und will nicht, daß jemand verloren werde, sondern daß jedermann zur Buße finde. [10]Es wird aber des Herrn Tag kommen wie ein Dieb; dann werden die Himmel zergehen mit großem Krachen; die Elemente aber werden vor Hitze schmelzen, und die Erde und die Werke, die darauf sind, werden ihr Urteil finden.

[11]Wenn nun das alles so zergehen wird, wie müßt ihr dann dastehen in heiligem Wandel und frommem Wesen, [12]die ihr das Kommen des Tages Gottes erwartet und erstrebt, an dem die Himmel vom Feuer zergehen und die Elemente vor Hitze zerschmelzen werden. [13]*Wir warten aber auf einen neuen Himmel und eine neue Erde nach seiner Verheißung, in denen Gerechtigkeit wohnt.*

Argumente der Spötter beruhen auf dem irdischen Zeitmaß. Mit Ps 90,4 unterstreicht 2Pt, daß Gottes Zeit den Menschen unverfügbar und unberechenbar bleibt (V. 8); 3. Was Menschen als Hinauszögern erscheint, ist in Wirklichkeit Zeichen von Gottes Langmut. Er will jedem die Chance einräumen, zu Gott zu finden und sein Leben danach zu gestalten. Wer das Angebot ausschlägt, ist nach 2Pt dem Untergang preisgegeben (V. 7.9); 4. So unvorbereitet und plötzlich wie der Dieb in der Nacht ins Haus einbricht, so wird auch das Kommen des Herrn sein (Mt 24,43; 1Th 5,2-4 u.ö.). Die Vorstellung vom Weltenbrand (V. 10) aber ist aus dem iranischen Denken bekannt und findet sich im NT nur hier, im AT Ze 3,8. Die Christen aber haben allen Grund, die Hoffnung auf den Tag des Herrn nicht aufzugeben. Obwohl der 2Pt das kommende Gericht in seinen Schrekken darstellt, ist für ihn Vernichtung nicht letztes Ziel Gottes. Das Ziel Gottes ist eine neue Welt, in der es keine Bosheit gibt und alle Ungerechtigkeit ein Ende haben wird. Der Zweifel an Christi Wiederkunft entzündet sich heute an der scheinbaren Erfolglosigkeit der christlichen Botschaft.

Folgerung und Ermahnung

[14]Darum, meine Lieben, während ihr darauf wartet, seid bemüht, daß ihr vor ihm unbefleckt und untadelig im Frieden befunden werdet, [15]und die Geduld unseres Herrn erachtet für eure Rettung, wie auch unser lieber Bruder Paulus nach der Weisheit, die ihm gegeben ist, euch geschrieben hat. [16]Davon redet er in allen Briefen, in denen einige Dinge schwer zu verstehen sind, welche die Unwissenden und Leichtfertigen verdrehen, wie auch die andern Schriften, zu ihrer eigenen Verdammnis.

[17]Ihr aber, meine Lieben, weil ihr das im voraus wißt, so hütet euch, daß ihr nicht durch den Irrtum dieser ruchlosen Leute samt ihnen verführt werdet und fallt aus eurem festen Stand. [18]Wachset aber in der Gnade und Erkenntnis unseres Herrn und Heilands Jesus Christus. Ihm sei Ehre jetzt und für ewige Zeiten! Amen.

Jeder Tag ist von Gott geschenkte Zeit (V. 15a). Im Bewußtsein, in einer letzten Zeit zu leben, weiß sich 2Pt mit Paulus einig: Die Vergangenheit ist überholt und ein sinnerfülltes Leben ist möglich. Doch die Irrlehrer berufen sich ihrerseits auch auf Paulus: Die Botschaft von der Freiheit vom Gesetz (Rö 8) mißbrauchen sie im Sinne hemmungsloser sittlicher Freiheit. 2Pt gesteht, daß Paulus schwer verständlich ist. Eindeutig habe er aber gefordert, das Leben vor Gott verantwortlich zu führen. Darum mahnt 2Pt eindringlich, sich von den schriftgelehrten Künsten der Irrlehrer fernzuhalten.

DIE BRIEFE DES JOHANNES

Die drei namenlos überlieferten Schreiben wurden von der altkirchlichen Tradition wegen der geistigen Verwandtschaft mit dem vierten Evangelium Johannes zugeschrieben. Zweiter und dritter Johannesbrief unterscheiden sich vom ersten durch die Form, aber nicht in Inhalt und Sprache. Sie stammen wahrscheinlich von demselben Verfasser.

1Jh ist als grundlegende Botschaft der Augenzeugen des Lebens Jesu für die gegenwärtig Lebenden formuliert. In ihm entfaltet der Verfasser sein Anliegen in einer Art »Manifest« für einen umfassenden Leserkreis. Die beiden kleineren Schreiben sind echte Briefe. Ihr Absender nennt sich »Ältester« (= Presbyter), der an einzelne Gemeinden schreibt. Wahrscheinlich ist »Ältester« Titel für das höchste Gemeindeamt. Der Briefschreiber ist offensichtlich eine weithin anerkannte Persönlichkeit, die die Glaubenstreuen gegen die Irrlehrer sammelt.

Er schreibt im 2Jh als Leiter einer Gemeinde an eine Schwestergemeinde (auserwählte Herrin = Gemeinde; Kinder = Gemeindeglieder). Der Anlaß ist gut erkennbar. Der Älteste rechnet damit, daß die Missionare der Irrlehrer zu der angeredeten Gemeinde kommen werden. Sein Brief will erreichen: Die Gemeinde soll diese Missionare nicht zu Wort kommen lassen. Sie soll ihnen die Gastfreundschaft verweigern (nicht beherbergen lassen, ja nicht einmal grüßen). Damit entziehen sie deren Tätigkeit den Boden. Alles weitere wird der Älteste bei seinem hoffentlich baldigen Besuch regeln.

Der 3Jh gewährt einen Einblick in die kirchenrechtlichen Probleme, die mit der Entstehung des übergemeindlichen kirchlichen Leitungsamtes aufbrachen. Die Auseinandersetzung mit den Irrlehrern macht einen übergemeindlichen Zusammenschluß notwendig. Darum bemüht sich der Älteste und besucht seine Gemeinden. Dabei stößt er nicht nur auf den begreiflichen Widerstand der Irrlehrer, sondern auch einzelner Gemeindeleiter. Sie wollen sich nicht in interne Fragen hineinreden lassen. Diese Situation scheint hinter 3Jh zu stehen. Dem dort genannten Diotrephes wird statt Irrlehre anmaßendes Verhalten vorgeworfen, weil er die Boten des Presbyters nicht in seine Gemeinden aufgenommen hat. Die Motive seiner ablehnenden Haltung bleiben unklar. Irrlehre kann ihm der Älteste nicht vorwerfen, das hätte er nicht verschwiegen. So war Diotrephes wohl ein lokaler Gemeindeleiter, der sich zentralen Anordnungen widersetzte. Theologisch läßt sich sein Verhalten nicht begründen. Offensichtlich wollte er seine Selbständigkeit bewahren.

Im ganzen lassen sich die Briefe nur aus der Kampfsituation mit den Irrlehrern verstehen. In den bekämpften Auffassungen werden Grundthesen der Gnosis erkennbar: Sie sieht in Christus und Jesus (1Jh 2,22) zwei verschiedene »Personen«. Sie leugnet, daß Jesus wirklich Mensch geworden ist (= Fleischwerdung Jesu – 1Jh 4,2.; 2Jh 7). Er habe nur zum Schein einen menschlichen Körper benutzt und habe darum auch nicht wirklich gelitten. In gleicher Weise betrachten sich die Gnostiker selbst als nicht zur Welt gehörend. Sie behaupten von sich, reiner Geist zu sein (1Jh 4,1), die »Salbung« zu haben (1Jh 2,20.27) und sündlos zu sein (1Jh 1,6–10). Wahrscheinlich übten sie wie die meisten Gnostiker Askese. Grobe sittliche Verfehlungen werden ihnen nicht vorgeworfen. Der die Briefe wie ein roter Faden durchziehende Vorwurf des Mangels an Bruderliebe richtet sich gegen jene überfromme Haltung, die Andersdenkende verachtet.

Besondere Schwierigkeiten bereitet dem Verstehen der eigentümliche Gebrauch des Wortes »Welt« in diesen Briefen. Das Wort »Welt« wird in dreifacher Weise verwendet:

1. Die Welt ist der Raum, in dem sich die Entscheidung zwischen Glaube und Unglaube vollzieht. In der Welt wirken sowohl die widergöttlichen Kräfte (1Jh 4,1.3; 2Jh 7) als auch der Sohn Gottes (1Jh 4,9) und die Glaubenden (1Jh 4,17).
2. Die Welt ist Gottes Schöpfung, für deren Rettung sich Jesus opfert (1Jh 2,2; 4,14).
3. Welt ist die Haltung, nur nach materiellem Gewinn zu suchen und keine Macht außerhalb der eigenen Verfügungsgewalt anzuerkennen. Darum stehen sich gegenüber: Aus Gott – oder aus der Welt zu sein (1Jh 4,4f.). Die Gemeinde wird aufgefordert, sich gegen die Welt zu entscheiden (1Jh 2,15–17). Die Welt, die über sich nichts anerkennt, haßt die Menschen, die Gott als ihren Vater bekennen (1Jh 3,13). Vom wahren Glauben wird gesagt, daß er die Welt überwunden hat (1Jh

5,4); d.h. der Glaubende hat aufgehört, um sich und seine Wünsche zu kreisen, und begonnen, sich nach Gottes Willen zu richten.
Ein gedanklicher Übergang zwischen diesen drei verschiedenen Bedeutungen wird nicht angegeben. Vielleicht kann man so sagen: Im letzten und wahren Sinn ist die Welt Gottes geliebte Schöpfung. Das muß immer neu gesagt werden. Wenn die Welt, d.h. die Menschen, das jedoch vergißt, wird aus der Schöpfung die gottfeindliche Welt, die nur nach ihren eigenen Gesetzen lebt. Was die Welt jeweils ist, entscheidet sie in ihrer eigenen Haltung.

Dieselbe Art, von der Welt zu reden, findet sich auch im 4. Evangelium. Auch sonst finden sich viele Gemeinsamkeiten (vgl. 1Jh 1,1–4 mit Joh 1,1–18; 1Jh 4,3.6 mit Joh 1,13; 1Jh 3,24; 4,12 mit Joh 15,4ff. usw.). Andrerseits finden sich auch bemerkenswerte Unterschiede. Die historische Situation der Briefe ist anders: Der Kampf gegen die Irrlehre ist dem Evangelium fremd; geht es im Evangelium um Glaube und Unglaube, so in den Briefen um rechten oder falschen Glauben. Im Evangelium ist die Spanne zwischen der Zeit der Jünger und der der gegenwärtigen Gemeinde aufgehoben. In den Briefen dagegen ist die Zeit der Augenzeugen deutlich von der Gegenwart getrennt. Im Evangelium steht Jesu Verkündigung im Mittelpunkt. In den Briefen ist an Christus wesentlich, was er am Kreuz getan hat. Glaube wird zum Festhalten der tradierten Wahrheit. Die praktische Verwirklichung des Christentums rückt mehr in den Vordergrund. Diese Beobachtungen geben begründeten Anlaß, für die Briefe einen anderen Verfasser als für das Evangelium anzunehmen, der jedoch aus der gleichen Schule stammen muß.

DER ERSTE BRIEF DES JOHANNES

Die Grundlage christlicher Gemeinschaft

1 Was von Anfang an war, was wir gehört haben, was wir gesehen haben mit unsern Augen, was wir betrachtet haben und unsre Hände betastet haben, vom Wort des Lebens – [2]und das Leben ist erschienen, und wir haben gesehen und bezeugen und verkündigen euch das Leben, das ewig ist, das beim Vater war und uns erschienen ist –, [3]was wir gesehen und gehört haben, das verkündigen wir auch euch, damit auch ihr mit uns Gemeinschaft habt; und unsere Gemeinschaft ist mit dem Vater und mit seinem Sohn Jesus Christus. [4]Und das schreiben wir, damit unsere Freude vollkommen sei.

Jh beansprucht mit dem »Wir« die Augenzeugenschaft der ersten Apostel. Sie ist Grundlage christlicher Gemeinden im Kampf gegen Irrlehrer. Die Verkündigung beginnt für Jh mit der Menschwerdung Jesu (V. 2). Das Festhalten an der Botschaft der Augenzeugen des Lebens Jesu begründet Gemeinschaft (V. 3). Gemeinschaft mit Gott zu haben, behaupten auch die Irrlehrer und fühlen sich darin anders gesinnten Menschen überlegen. Für Jh aber verwirklicht sie sich in der Bruderliebe.

Das Leben im Licht

[5]Und das ist die Botschaft, die wir von ihm gehört haben und euch verkündigen: Gott ist Licht, und in ihm ist keine Finsternis. [6]Wenn wir sagen, daß wir Gemeinschaft mit ihm haben, und wandeln in der Finsternis, so lügen wir und tun nicht die Wahrheit. [7]Wenn wir aber im Licht wandeln, wie er im Licht ist, so haben wir Gemeinschaft untereinander, und das Blut Jesu, seines Sohnes, macht uns rein von aller Sünde. [8]*Wenn wir sagen, wir haben keine Sünde, so betrügen wir uns selbst, und die Wahrheit ist nicht in uns.* [9]*Wenn wir aber unsre Sünden bekennen, so ist er treu und gerecht, daß er uns die Sünden vergibt und reinigt uns von aller Ungerech-*

Zwischen Licht und Finsternis, Gott und einer Welt, die nichts außerhalb ihrer selbst anerkennt, kann der Mensch wählen. Die Irrlehrer glauben, im Licht zu sein, und sie fühlen sich allen Dingen in der Welt überlegen. In ihrem Reinheitsstreben werden sie hart gegen sich und andere, die sich solchen Zwang nicht auferlegen. So meinen sie sündlos zu sein. Jh nennt das Selbstbetrug und Leugnung von Gottes Liebe zur Welt. Im Lichte leben bedeutet: Die Welt mit

tigkeit. [10]Wenn wir sagen, wir haben nicht gesündigt, so machen wir ihn zum Lügner, und sein Wort ist nicht in uns.

Gottes Augen sehen; um eigene Bosheit und notwendige Vergebung wissen. Wer Vergebung ausschlägt, verfehlt Gemeinschaft mit Gott und den Mitmenschen.

Christus der Versöhner

2 Meine Kinder, dies schreibe ich euch, damit ihr nicht sündigt. Und *wenn jemand sündigt, so haben wir einen Fürsprecher bei dem Vater, Jesus Christus, der gerecht ist.* [2]*Und er ist die Versöhnung für unsre Sünden, nicht allein aber für die unseren, sondern auch für die der ganzen Welt.* [3]Und daran merken wir, daß wir ihn kennen, wenn wir seine Gebote halten. [4]Wer sagt: Ich kenne ihn, und hält seine Gebote nicht, der ist ein Lügner, und in dem ist die Wahrheit nicht. [5]Wer aber sein Wort hält, in dem ist wahrlich die Liebe Gottes vollkommen. Daran erkennen wir, daß wir in ihm sind. [6]Wer sagt, daß er in ihm bleibt, der soll auch leben, wie er gelebt hat.

Christen wissen, wenn sie wegen ihres Versagens in Anfechtung und Zweifel fallen: Christus tritt als Fürsprecher vor Gott ein. So können sie ohne Angst vor Gott treten. Die Deutung des Todes Christi als Sühnopfer (= Versöhnung V. 2) für unsere Sünden gründet auf der atl. Vorstellung, daß Reinigung von Sünden nur mit Blut erfolgen kann (3Mo 17,11). – Die Irrlehrer behaupten, Gotteserkenntnis zu besitzen. Doch entziehen sie sich dem Liebesgebot Jesu. Aber nur wer dieses Gebot hält, wird zu rechter Erkenntnis finden.

Die Bruderliebe

[7]Meine Lieben, ich schreibe euch nicht ein neues Gebot, sondern das alte Gebot, das ihr von Anfang an gehabt habt. Das alte Gebot ist das Wort, das ihr gehört habt. [8]Und doch schreibe ich euch ein neues Gebot, das wahr ist in ihm und in euch; denn die Finsternis vergeht, und das wahre Licht scheint jetzt. [9]Wer sagt, er sei im Licht, und haßt seinen Bruder, der ist noch in der Finsternis. [10]Wer seinen Bruder liebt, der bleibt im Licht, und durch ihn kommt niemand zu Fall. [11]Wer aber seinen Bruder haßt, der ist in der Finsternis und wandelt in der Finsternis und weiß nicht, wo er hingeht; denn die Finsternis hat seine Augen verblendet.

Die Irrlehrer mißachten das Hauptgebot der Gemeinden: Sie sind überheblich, lieben nur Gleichgesinnte und hassen andersdenkende Christen. Ihren neuen Lehren steht schon seit Beginn christlicher Verkündigung das Liebesgebot entgegen. Weil das Gebot erst durch das Leben und Sterben Jesu verwirklicht wurde, bezeichnet es Jh als neues Gebot. Für ihn gibt es keinen neutralen Raum zwischen Liebe und Haß, wie es keinen zwischen Licht und Finsternis gibt. Bruderliebe sollte niemand ausschließen.

Absage an die Welt

[12]Liebe Kinder, ich schreibe euch, daß euch die Sünden vergeben sind um seines Namens willen. [13]Ich schreibe euch Vätern; denn ihr kennt den, der von Anfang an ist. Ich schreibe euch jungen Männern; denn ihr habt den Bösen überwunden. [14]Ich habe euch Kindern geschrieben; denn ihr kennt den Vater. Ich habe euch Vätern geschrieben; denn ihr kennt den, der von Anfang an ist. Ich habe euch jungen Männern geschrieben; denn ihr seid stark, und das Wort Gottes bleibt in euch, und ihr habt den Bösen überwunden. [15]Habt nicht lieb die Welt noch was in der Welt ist. Wenn jemand die Welt lieb hat, in dem ist nicht die Liebe des Vaters. [16]Denn alles, was in der Welt ist, des Fleisches Lust und der Augen Lust und hoffärtiges Leben, ist nicht vom Vater, sondern von der Welt. [17]Und *die Welt vergeht mit ihrer Lust; wer aber den Willen Gottes tut, der bleibt in Ewigkeit.*

Der Gemeinde wird zugesagt: Ihr habt seit der Taufe Gemeinschaft mit Gott (zu Name vgl. 1Ko 6,11). Jung und Alt werden ermutigt, gemeinsam ihren Weg inmitten beeindruckender anderer Lehren zu gehen. Ihnen wird zugesprochen: Euch sind die Sünden vergeben; ihr habt den Bösen besiegt. Vor der Welt werden sie gewarnt: Das egoistische Streben nach vergänglichen Gütern macht die Welt schlecht. Liebe zu Gott und rücksichtsloses Streben nach Geld und Wohlstand sind unvereinbar. Gemeinschaft mit Gott erlaubt auch keine Flucht aus der Welt. Denn Bruderliebe kann nur in der Welt verwirklicht werden.

Die Verführung durch den Antichrist

[18]Kinder, es ist die letzte Stunde! Und wie ihr gehört habt, daß der Antichrist kommt, so sind nun schon viele Antichristen gekommen; daran erkennen wir, daß es die letzte Stunde ist. [19]Sie sind von uns ausgegangen, aber sie waren nicht von uns. Denn wenn sie von uns gewesen wären, so wären sie ja bei uns geblieben; aber es sollte offenbar werden, daß sie nicht alle von uns sind. [20]Doch ihr habt die Salbung von dem, der heilig ist, und habt alle das Wissen. [21]Ich habe euch nicht geschrieben, als wüßtet ihr die Wahrheit nicht, sondern ihr wißt sie und wißt, daß keine Lüge aus der Wahrheit kommt. [22]Wer ist ein Lügner, wenn nicht der, der leugnet, daß Jesus der Christus ist? Das ist der Antichrist, der den Vater und den Sohn leugnet. [23]Wer den Sohn leugnet, der hat auch den Vater nicht; wer den Sohn bekennt, der hat auch den Vater. [24]Was ihr gehört habt von Anfang an, das bleibe in euch. Wenn in euch bleibt, was ihr von Anfang an gehört habt, so werdet ihr auch im Sohn und im Vater bleiben. [25]Und das ist die Verheißung, die er uns verheißen hat: das ewige Leben. [26]Dies habe ich euch geschrieben von denen, die euch verführen. [27]Und die Salbung, die ihr von ihm empfangen habt, bleibt in euch, und ihr habt nicht nötig, daß euch jemand lehrt; sondern, wie euch seine Salbung alles lehrt, so ist's wahr und ist keine Lüge, und wie sie euch gelehrt hat, so bleibt in ihm.

[28]Und nun, Kinder, bleibt in ihm, damit wir, wenn er offenbart wird, Zuversicht haben und nicht zuschanden werden vor ihm, wenn er kommt. [29]Wenn ihr wißt, daß er gerecht ist, so erkennt ihr auch, daß, wer recht tut, der ist von ihm geboren.

Die Irrlehrer werden als Antichristen bezeichnet. Jh nimmt eine weitverbreitete Erwartung auf und wendet sie auf konkrete Menschen an: Vor der endgültigen Wiederkunft Christi tritt eine Gegenmacht auf, die unaussprechliches Leid über die Erde bringt (Dan 7,23–25; 2Th 2,1–12; Off 13). Die Irrlehrer werden damit zu einer Erscheinung der letzten Zeit. Sie leben mitten in den Gemeinden und verstehen sich als die eigentlichen Christen. Jh will eine Trennung von ihnen erreichen und gibt den Gemeinden Maßstäbe zur Unterscheidung. Die Gemeinden besitzen geistliche Kraft (so ist hier Salbung zu verstehen), um falsches Reden und Handeln zu erkennen. Für die Irrlehrer hat der himmlische Christus nichts mit dem Menschen Jesus gemeinsam (vgl. die Einl.). Damit leugnen sie auch die Gemeinschaft mit Gott, der den Menschen durch Jesus nahekommen will. Weil sie Gott nicht als Schöpfer der Welt und als liebenden Vater verstehen, begegnen sie auch ihrem Menschenbruder mit Verachtung.

Die Herrlichkeit der Gotteskindschaft

3 *Seht, welch eine Liebe hat uns der Vater erwiesen, daß wir Gottes Kinder heißen sollen – und wir sind es auch!* Darum kennt uns die Welt nicht; denn sie kennt ihn nicht. [2]Meine Lieben, *wir sind schon Gottes Kinder; es ist aber noch nicht offenbar geworden, was wir sein werden. Wir wissen aber: wenn es offenbar wird, werden wir ihm gleich sein; denn wir werden ihn sehen, wie er ist.* [3]Und ein jeder, der solche Hoffnung auf ihn hat, der reinigt sich, wie auch jener rein ist. [4]Wer Sünde tut, der tut auch Unrecht, und die Sünde ist das Unrecht. [5]Und ihr wißt, daß er erschienen ist, damit er die Sünden wegnehme, und in ihm ist keine Sünde. [6]Wer in ihm bleibt, der sündigt nicht; wer sündigt, der hat ihn nicht gesehen und nicht erkannt.

[7]Kinder, laßt euch von niemandem verführen! Wer recht tut, der ist gerecht, wie auch jener gerecht ist. [8]Wer Sünde tut, der ist vom Teufel; denn der Teufel sündigt von Anfang

Im Unterschied zur verführerischen Sicherheit, die von den Irrlehrern als Glaubensgewißheit gepriesen wird, sagt Jh: 1. Freiheit, Geborgenheit und Rechte des Kindes (vgl. Joh 1,12; Rö 8,14–17) können bei Mißbrauch der väterlichen Güte verlorengehen. Kindschaft bedeutet, in Freiheit und Verantwortung so im Geist des Vaters zu handeln, daß wir getrost Rechenschaft vor ihm ablegen können. 2. Kind-Sein bedeutet, sich noch im Wachstum zu befinden. Christliches Leben ist Wanderschaft, deren Ziel sich erst enthüllt, wenn wir Christus von »Angesicht zu Angesicht« (1Ko 13,12) sehen. – Die Gnostiker hielten sich für sündlos. Sie waren überzeugt, daß ihr eigentliches geistiges

Wesen aus der himmlischen Welt stammt. Sie meinten: Wie der Wert einer Perle nicht gemindert wird, wenn sie in den Schmutz fällt, so würde auch ihr sündloses Wesen durch das irdische Leben nicht verändert. Auch nach urchristlicher Überzeugung sind durch Jesu Tod und Auferstehung Christen von der Macht der Sünde befreit. Jh will an dieser Überzeugung festhalten. Doch greift er die menschenverachtende Haltung der Irrlehrer an. Darum entfaltet er zunächst die mit ihnen gemeinsame Auffassung, daß Christsein und Sündigen unvereinbar sind: Der Christ kann eigentlich nicht sündigen, weil er, nicht mehr unter der Herrschaft des Teufels (V. 8) und der Sünde (V. 5) steht, sondern unter der Herrschaft Christi. Durch immer tieferes Erkennen von Christi Wesen wird er selbst verwandelt (V. 6). Er ist von Gott geboren, hat in ihm seinen Ursprung (V. 9). Die letzte Begründung bringt Jh der Anschauung der Irrlehrer am nächsten. Doch wendet sich der Gedanke: Der Wahrheitsbeweis dieser Glaubenssätze ist die Bruderliebe. Ihre Zerstörung wird an Kain (1Mo 4), ihre Vollendung an Jesus gezeigt. Wer Gottes Kind ist, schaut die Welt mit Gottes Augen und öffnet sein Herz vor der Not der Mitmenschen (V. 17 f.). Jh ist aber auch das Versagen der Christen nicht unbekannt: Wenn wir wahrhaftig sind, dann verklagt uns unser Herz wegen unseres Mangels an Liebe (V. 19 vgl. 1,8–10). Dem so bedrängten Christen wird der Trost zuteil: Gott ist barmherziger in seinem Urteil, als wir es mit uns selbst sein dürfen (V. 20). Das ermutigt, an eigenen Fehlentscheidungen nicht zu zerbrechen. Der Widerspruch dieser Sätze ist vielleicht notwendig. Luther hat ihn z. B. auf die Formel gebracht: Der Christ ist zugleich Sünder und Gerechtfertigter.

Alle Christen (auch die Irrlehrer) meinen, Gottes Geist zu haben. So wird die »Unterscheidung der Geister« (vgl. 1Ko 12,10) unausweichlich. Jh nennt als wichtigstes Unterscheidungsmerkmal das Bekenntnis zur Fleischwerdung Jesu Christi. Die Verweigerung, Jesus zu bekennen (V. 3), gründete auf der Anschau-

an. *Dazu ist erschienen der Sohn Gottes, daß er die Werke des Teufels zerstöre.* [9]Wer aus Gott geboren ist, der tut keine Sünde; denn Gottes Kinder bleiben in ihm und können nicht sündigen; denn sie sind von Gott geboren. [10]Daran wird offenbar, welche die Kinder Gottes und welche die Kinder des Teufels sind: Wer nicht recht tut, der ist nicht von Gott, und wer nicht seinen Bruder lieb hat.

[11]Denn das ist die Botschaft, die ihr gehört habt von Anfang an, daß wir uns untereinander lieben sollen, [12]nicht wie Kain, der von dem Bösen stammte und seinen Bruder umbrachte. Und warum brachte er ihn um? Weil seine Werke böse waren und die seines Bruders gerecht.

[13]Wundert euch nicht, meine Brüder, wenn euch die Welt haßt. [14]*Wir wissen, daß wir aus dem Tod in das Leben gekommen sind; denn wir lieben die Brüder.* Wer nicht liebt, der bleibt im Tod. [15]Wer seinen Bruder haßt, der ist ein Totschläger, und ihr wißt, daß kein Totschläger das ewige Leben bleibend in sich hat. [16]Daran haben wir die Liebe erkannt, daß er sein Leben für uns gelassen hat; und wir sollen auch das Leben für die Brüder lassen. [17]Wenn aber jemand dieser Welt Güter hat und sieht seinen Bruder darben und schließt sein Herz vor ihm zu, wie bleibt dann die Liebe Gottes in ihm? [18]Meine Kinder, laßt uns nicht lieben mit Worten noch mit der Zunge, sondern mit der Tat und mit der Wahrheit.

[19]*Daran erkennen wir, daß wir aus der Wahrheit sind, und können unser Herz vor ihm damit zum Schweigen bringen,* [20]*daß, wenn uns unser Herz verdammt, Gott größer ist als unser Herz und erkennt alle Dinge.* [21]Ihr Lieben, wenn uns unser Herz nicht verdammt, so haben wir Zuversicht zu Gott, [22]und was wir bitten, werden wir von ihm empfangen; denn wir halten seine Gebote und tun, was vor ihm wohlgefällig ist. [23]Und das ist sein Gebot, daß wir glauben an den Namen seines Sohnes Jesus Christus und lieben uns untereinander, wie er uns das Gebot gegeben hat. [24]Und wer seine Gebote hält, der bleibt in Gott und Gott in ihm. Und daran erkennen wir, daß er in uns bleibt: an dem Geist, den er uns gegeben hat.

Der Geist der Wahrheit und der Geist des Irrtums

4 Ihr Lieben, glaubt nicht einem jeden Geist, sondern prüft die Geister, ob sie von Gott sind; denn es sind viele falsche Propheten ausgegangen in die Welt. [2]Daran sollt ihr den Geist Gottes erkennen: Ein jeder Geist, der bekennt, daß Jesus Christus in das Fleisch gekommen ist, der ist von Gott; [3]und ein jeder Geist, der Jesus nicht bekennt, der ist nicht von Gott. Und das ist der Geist des Antichrists, von dem ihr gehört habt, daß er kommen

werde, und er ist jetzt schon in der Welt. [4]Kinder, ihr seid von Gott und habt jene überwunden; denn der in euch ist, ist größer als der, der in der Welt ist. [5]Sie sind von der Welt; darum reden sie, wie die Welt redet, und die Welt hört sie. [6]Wir sind von Gott, und wer Gott erkennt, der hört uns; wer nicht von Gott ist, der hört uns nicht. Daran erkennen wir den Geist der Wahrheit und den Geist des Irrtums.

ung: Christus ist ein Geistwesen, das nur zum Schein die Hülle eines Menschen namens Jesus benutzt habe. Diese Meinung ist für Jh antichristlich. Aus ihr spricht Verachtung des Menschen. Ihre Weltverneinung ist Täuschung. Weil die Irrlehrer nur an die Rettung ihres geistigen Ich denken und irdisches Leben verachten, reden sie egoistisch wie »die Welt«.

Die Liebe Gottes und die Liebe zum Bruder

[7]Ihr Lieben, laßt uns einander lieb haben; denn die Liebe ist von Gott, und wer liebt, der ist von Gott geboren und kennt Gott. [8]Wer nicht liebt, der kennt Gott nicht; denn Gott ist die Liebe. [9]*Darin ist erschienen die Liebe Gottes unter uns, daß Gott seinen eingebornen Sohn gesandt hat in die Welt, damit wir durch ihn leben sollen.* [10]*Darin besteht die Liebe: nicht, daß wir Gott geliebt haben, sondern daß er uns geliebt hat und gesandt seinen Sohn zur Versöhnung für unsre Sünden.*

[11]Ihr Lieben, hat uns Gott so geliebt, so sollen wir uns auch untereinander lieben. [12]Niemand hat Gott jemals gesehen. Wenn wir uns untereinander lieben, so bleibt Gott in uns, und seine Liebe ist in uns vollkommen. [13]Daran erkennen wir, daß wir in ihm bleiben und er in uns, daß er uns von seinem Geist gegeben hat. [14]Und wir haben gesehen und bezeugen, daß der Vater den Sohn gesandt hat als Heiland der Welt. [15]Wer nun bekennt, daß Jesus Gottes Sohn ist, in dem bleibt Gott und er in Gott. [16]Und wir haben erkannt und geglaubt die Liebe, die Gott zu uns hat.

Gott ist die Liebe; und wer in der Liebe bleibt, der bleibt in Gott und Gott in ihm. [17]Darin ist die Liebe bei uns vollkommen, daß wir Zuversicht haben am Tag des Gerichts; denn wie er ist, so sind auch wir in dieser Welt. *Furcht ist nicht in der Liebe,* [18]sondern die vollkommene Liebe treibt die Furcht aus; denn die Furcht rechnet mit Strafe. Wer sich aber fürchtet, der ist nicht vollkommen in der Liebe. [19]*Laßt uns lieben, denn er hat uns zuerst geliebt.* [20]Wenn jemand spricht: Ich liebe Gott, und haßt seinen Bruder, der ist ein Lügner. Denn wer seinen Bruder nicht liebt, den er sieht, wie kann er Gott lieben, den er nicht sieht? [21]Und *dies Gebot haben wir von ihm, daß, wer Gott liebt, daß der auch seinen Bruder liebe.*

Die Irrlehrer behaupten: Die Liebe zu Gott ist die einzig wahre; alle irdischen Bindungen sind nur Fesseln, die die Entfaltung der eigentlichen Persönlichkeit verhindern. Dagegen sagt Jh: Die Liebe zu Gott und zum Mitmenschen gehören unlösbar zusammen. Menschliche Liebe ist Antwort auf Gottes Zuwendung. Sie erweist sich konkret in der Bruderliebe, im täglichen Umgang in der Familie, bei der Arbeit und in der Gemeinde. – Sie zeigt sich für Jh auch in der inneren Gelassenheit und Freiheit. Sie scheut nicht, sich öffentlich zu Christus zu bekennen. Wahrscheinlich denkt Jh bei dem Tag des Gerichts an die Christenprozesse vor den kaiserlichen Gerichten, nicht an das göttliche Gericht. Nur bei dieser Deutung hat der Hinweis auf Jesus (V. 17), dem es genauso ergangen ist, Sinn. Der Liebende begreift, für wen und warum er leidet und findet so Kraft, seine Angst zu überwinden.

Die Kraft des Glaubens

5 Wer glaubt, daß Jesus der Christus ist, der ist von Gott geboren; und wer den liebt, der ihn geboren hat, der liebt auch den, der von ihm geboren ist. [2]Daran erkennen wir, daß wir Gottes Kinder lieben, wenn wir Gott lieben und seine Gebote halten. [3]Denn das ist die Liebe zu Gott,

Die Irrlehrer ordnen Glaube und mitmenschliche Liebe verschiedenen Lebensbereichen zu. Für Jh sind Liebe und Glaube eins, wie der Mensch Jesus und der göttliche Christus eins sind (vgl. 4,2). Der

Glaube, daß in Jesus Gott selbst in die Welt gekommen ist und menschliches Leid ertragen hat, gibt die Kraft, die Welt (= die eigenen selbstsüchtigen Wünsche) zu überwinden. In diesem Glauben werden Jesu Gebote zum »sanften Joch« (Mt 11,30).

daß wir seine Gebote halten; und seine Gebote sind nicht schwer. [4]Denn alles, was von Gott geboren ist, überwindet die Welt; und *unser Glaube ist der Sieg, der die Welt überwunden hat.* [5]Wer ist es aber, der die Welt überwindet, wenn nicht der, der glaubt, daß Jesus Gottes Sohn ist?

Gottes Zeugnis von seinem Sohn

Der schwierige Text läßt sich nur auf dem Hintergrund der Auseinandersetzung mit den Irrlehrern verständlich machen. Wasser und Blut sind wahrscheinlich Bildworte für die Taufe und den Tod Jesu. Aus frühchristlichen Quellen ist uns die gnostische Lehre überliefert, daß sich Christus mit Jesus bei der Taufe vereinigt und sich vor der Passion wieder von ihm getrennt habe. Demzufolge sei Christus nur im Taufwasser gekommen, habe aber nichts mit dem Tod am Kreuz zu tun.

Jh verkündigt mit Nachdruck, daß zur Botschaft Christi der Tod Jesu am Kreuz notwendig dazugehört. Während im irdischen Gericht zwei übereinstimmende Zeugen nötig sind, wird die himmlische Wahrheit durch drei verbürgt: Wasser, Blut und Geist. Vielleicht hat Jh auch daran gedacht, daß die Irrlehrer das Abendmahl ablehnen. Wie sie das Leibliche überhaupt verachten, so lehnen sie auch den Genuß von Leib und Blut Jesu ab (vgl. Joh 6,51 b bis 58). Ihnen sagt Jh: Wer sich nicht zum Kreuz Jesu bekennt und es im Abendmahl zur Gegenwart werden läßt, hat kein Leben.

[6]Dieser ist's, der gekommen ist durch Wasser und Blut, Jesus Christus; nicht im Wasser allein, sondern im Wasser und im Blut; und der Geist ist's, der das bezeugt, denn der Geist ist die Wahrheit. [7]Denn drei sind, die das bezeugen: [8]der Geist und das Wasser und das Blut; und die drei stimmen überein. [9]Wenn wir der Menschen Zeugnis annehmen, so ist Gottes Zeugnis doch größer; denn das ist Gottes Zeugnis, daß er Zeugnis gegeben hat von seinem Sohn. [10]Wer an den Sohn Gottes glaubt, der hat dieses Zeugnis in sich. Wer Gott nicht glaubt, der macht ihn zum Lügner; denn er glaubt nicht dem Zeugnis, das Gott gegeben hat von seinem Sohn. [11]Und das ist das Zeugnis, daß uns Gott das ewige Leben gegeben hat, und dieses Leben ist in seinem Sohn. [12]Wer den Sohn hat, der hat das Leben; wer den Sohn Gottes nicht hat, der hat das Leben nicht.

Bitte und Fürbitte

Jh erinnert die Gemeinde an ihre Vollmacht zur Sündenvergebung und an die Gewißheit der Gebetserhöhung (vgl. Mt 18,18f.). Die Fürbitte hat ihre Grenze bei Todsünden (der Begriff im NT nur hier). Dies sind im AT Vergehen, die mit dem Tod bestraft werden (Mord, Ehebruch u.a.). Da die Gemeinde keine Gerichtsbarkeit übte, kann Todsünde nur übertragen gemeint sein: Sünden, die vom ewigen Leben ausschließen. Nach Mk 3,29Parr ist die Sünde gegen den Geist unvergebbar. Jh denkt wahrscheinlich an den Abfall zur Irrlehre und an die Verleugnung des Glaubens vor den kaiserlichen Gerichten (vgl. Heb 6,4–6).

[13]Das habe ich euch geschrieben, damit ihr wißt, daß ihr das ewige Leben habt, die ihr glaubt an den Namen des Sohnes Gottes. [14]Und das ist die Zuversicht, die wir haben zu Gott: Wenn wir um etwas bitten nach seinem Willen, so hört er uns. [15]Und wenn wir wissen, daß er uns hört, worum wir auch bitten, so wissen wir, daß wir erhalten, was wir von ihm erbeten haben.

[16]Wenn jemand seinen Bruder sündigen sieht, eine Sünde nicht zum Tode, so mag er bitten, und Gott wird ihm das Leben geben – denen, die nicht sündigen zum Tode. Es gibt aber eine Sünde zum Tode; bei der sage ich nicht, daß jemand bitten soll. [17]Jede Ungerechtigkeit ist Sünde; aber es gibt Sünde nicht zum Tode.

Die Bewahrung in Christus

Das Schreiben endet mit dem Zuspruch: Christen bleiben in Gottes Schutz trotz Anfechtung, Leid und

[18]Wir wissen, daß, wer von Gott geboren ist, der sündigt nicht, sondern wer von Gott geboren ist, den bewahrt er, und der Böse tastet ihn nicht an. [19]Wir wissen, daß wir von

Gott sind, und die ganze Welt liegt im Argen. [20]Wir wissen aber, daß der Sohn Gottes gekommen ist und uns den Sinn dafür gegeben hat, daß wir den Wahrhaftigen erkennen. Und wir sind in dem Wahrhaftigen, in seinem Sohn Jesus Christus. Dieser ist der wahrhaftige Gott und das ewige Leben.

[21]Kinder, hütet euch vor den Abgöttern!

Tod. Überraschend folgt noch eine nicht ganz verständliche Mahnung (V. 21). Vielleicht denkt Jh an die Versuchungen bei den Christenprozessen (vgl. 4,17). Oder er meint den Abfall zur Irrlehre. In beiden Fällen gilt: Nur eigene Glaubensverweigerung kann von Gott trennen.

DER ZWEITE BRIEF DES JOHANNES

[1]Der Älteste an die auserwählte Herrin und ihre Kinder, die ich lieb habe in der Wahrheit, und nicht allein ich, sondern auch alle, die die Wahrheit erkannt haben, [2]um der Wahrheit willen, die in uns bleibt und bei uns sein wird in Ewigkeit:

[3]Gnade, Barmherzigkeit, Friede von Gott, dem Vater, und von Jesus Christus, dem Sohn des Vaters, sei mit uns in Wahrheit und in Liebe!

Leben in Wahrheit und Liebe

[4]Ich bin sehr erfreut, daß ich unter deinen Kindern solche gefunden habe, die in der Wahrheit leben, nach dem Gebot, das wir vom Vater empfangen haben. [5]Und nun bitte ich dich, Herrin – ich schreibe dir kein neues Gebot, sondern das, was wir gehabt haben von Anfang an –, daß wir uns untereinander lieben. [6]Und das ist die Liebe, daß wir leben nach seinen Geboten; das ist das Gebot, wie ihr's gehört habt von Anfang an, daß ihr darin lebt.

Warnung vor Irrlehrern

[7]Denn viele Verführer sind in die Welt ausgegangen, die nicht bekennen, daß Jesus Christus in das Fleisch gekommen ist. Das ist der Verführer und der Antichrist.

[8]Seht euch vor, daß ihr nicht verliert, was wir erarbeitet haben, sondern vollen Lohn empfangt. [9]Wer darüber hinausgeht und bleibt nicht in der Lehre Christi, der hat Gott nicht; wer in dieser Lehre bleibt, der hat den Vater und den Sohn. [10]Wenn jemand zu euch kommt und bringt diese Lehre nicht, so nehmt ihn nicht ins Haus und grüßt ihn auch nicht. [11]Denn wer ihn grüßt, der hat teil an seinen bösen Werken.

Auffallend häufig gebraucht der Älteste im Eingangsgruß das Wort »Wahrheit«. Wahrheit meint den rechten Glauben, um den der Älteste die christlichen Gemeinden sammeln will. Nur rechter Glaube vereint mit Liebe gibt begründete Hoffnung, bei Gott zu bleiben. Darum werden Wahrheit und Liebe am Schluß des Segensgrußes so betont hervorgehoben.

Der Älteste ist über die Glaubenstreuen erfreut, über das Festhalten der Gemeinde an der überlieferten Lehre und den von Anfang an gültigen Geboten. Gegen jede Form selbstüberheblicher Schwärmerei hilft nur das treue Festhalten am Bekenntnis und an den Geboten.

Der Älteste faßt die ihm wichtigsten Gesichtspunkte für die Auseinandersetzung mit den Irrlehrern zusammen: 1. Die Gemeinde soll sich über deren Auftreten nicht beunruhigen. Es gehört zum Wesen der Wahrheit, daß sich die Lüge gegen sie wehrt (vgl. 1Jh 2,18f.; 4,3). 2. Der entscheidende Lehrunterschied ist, daß sie die Fleischwerdung Christi leugnen (vgl. 1Jh 2,22f.; 4,2). – Der Ratschlag, sich mit ihnen auf kein Gespräch einzulassen, ist für die bedrängte Situation verständlich; geistige Überwindung ist aber so nicht möglich.

Der Brief will nur eine kurze und dringliche Mahnung angesichts der akuten Gefährdung sein. Bei seinem Besuch will der Älteste dann entfalten, was zu einer vertieften Auseinandersetzung nötig ist.

Schlußworte

[12]Ich hätte euch viel zu schreiben, aber ich wollte es nicht mit Brief und Tinte tun, sondern ich hoffe, zu euch zu kommen und mündlich mit euch zu reden, damit unsre Freude vollkommen sei. [13]Es grüßen dich die Kinder deiner Schwester, der Auserwählten.

DER DRITTE BRIEF DES JOHANNES

Der Älteste, wohl Gemeindeleiter in einer Metropole, schreibt einem uns sonst unbekannten Gajus. Er hat von dessen Eifer für den gemeinsamen rechten Glauben gehört. Offensichtlich sind der Älteste und Gajus schon länger einander bekannt (V. 1.2). Die letzten Nachrichten über Gajus geben ihm Anlaß, die Beziehungen zum Nutzen der gemeinsamen Sache zu vertiefen.
Gajus hat sich der von dem Ältesten ausgesandten Boten angenommen und ihnen Gastfreundschaft gewährt. Schon zur Zeit des Paulus hatte sich die Sitte eingebürgert, die Boten des Evangeliums mit allem Lebensnotwendigen durch die Gemeinde zu versorgen (1Ko 9,4–18). Gajus scheint als einziger seiner Gemeinde die Boten des Ältesten beherbergt zu haben. Dieser bittet ihn, darin nicht nachzulassen.
Die Gastfreundschaft und Unterstützung durch Gajus ist wichtig: weil Diotrephes, der lokale Gemeindeleiter, den Boten des Ältesten die Unterkunft verweigert und weil er jeden, der sich der Boten annimmt, aus der Gemeindeversammlung ausschließt. – Demetrius ist wohl der Überbringer des Briefes und Bote des Ältesten. Er soll in der Gemeinde den rechten Glauben vertreten und ist darum auf die Hilfe des Gajus angewiesen.
Der Älteste hofft, bald Näheres mit Gajus besprechen zu können. Kirchenrechtliche Gewalt hat er in der Gemeinde des Gajus offenbar nicht. Die Sammlung Glaubenstreuer geschieht ohne feste Organisation. Sie

[1]Der Älteste an Gajus, den Lieben, den ich lieb habe in der Wahrheit.

[2]Mein Lieber, ich wünsche, daß es dir in allen Dingen gut gehe und du gesund seist, so wie es deiner Seele gut geht. [3]Denn ich habe mich sehr gefreut, als die Brüder kamen und Zeugnis gaben von deiner Wahrheit, wie du ja lebst in der Wahrheit. [4]Ich habe keine größere Freude als die, zu hören, daß meine Kinder in der Wahrheit leben.

Die Gastfreundschaft des Gajus

[5]Mein Lieber, du handelst treu in dem, was du an den Brüdern tust, zumal an fremden, [6]die deine Liebe bezeugt haben vor der Gemeinde; und du wirst gut daran tun, wenn du sie weitergeleitest, wie es würdig ist vor Gott. [7]Denn um seines Namens willen sind sie ausgezogen und nehmen von den Heiden nichts an. [8]Solche sollen wir nun aufnehmen, damit wir Gehilfen der Wahrheit werden.

Diotrephes und Demetrius

[9]Ich habe der Gemeinde kurz geschrieben; aber Diotrephes, der unter ihnen der Erste sein will, nimmt uns nicht auf. [10]Darum will ich ihn, wenn ich komme, erinnern an seine Werke, die er tut; denn er macht uns schlecht mit bösen Worten und begnügt sich noch nicht damit: er selbst nimmt die Brüder nicht auf und hindert auch die, die es tun wollen, und stößt sie aus der Gemeinde.

[11]Mein Lieber, folge nicht dem Bösen nach, sondern dem Guten. Wer Gutes tut, der ist von Gott; wer Böses tut, der hat Gott nicht gesehen. [12]Demetrius hat ein gutes Zeugnis von jedermann und von der Wahrheit selbst; und auch wir sind Zeugen, und du weißt, daß unser Zeugnis wahr ist.

Schlußworte

[13]Ich hätte dir viel zu schreiben; aber ich wollte nicht mit Tinte und Feder an dich schreiben. [14]Ich hoffe aber, dich

bald zu sehen; dann wollen wir mündlich miteinander reden. [15]Friede sei mit dir! Es grüßen dich die Freunde. Grüße die Freunde, jeden mit Namen.

ist auf freundschaftliche Beziehungen angewiesen.

DER BRIEF AN DIE HEBRÄER

Der Hebräerbrief ist eine Lesepredigt mit angefügtem Briefschluß (13,18–25), die sich an die gesamte Christenheit wendet. Nur der ständigen Bezugnahme auf das AT und den alt. Kult verdankt die Predigt ihre erst später zugefügte Adresse: an die Hebräer. Nach 6,1 aber denkt Heb an Heidenchristen.

Das Schriftstück fand als Paulusbrief Aufnahme in den Kanon. Jedoch spiegelt es deutlich Probleme einer späteren Zeit wider. Der Verschleiß des Glaubens im Alltag ist Anlaß der Predigt. Zweifel an der Erfüllung der Verheißungen und Bedrückungen durch die heidnische Umwelt haben zu Unsicherheit in den Gemeinden geführt, und einige haben diese verlassen (10,25). Vor blutigen Verfolgungen sind die Gemeinden noch verschont (12,4). Doch haben sie früher auch schon Gefangenschaft und Einziehung des Besitzes erlitten (10,32–34). Heb rechnet offensichtlich bald mit schweren Bedrohungen. Zu solchen umfassenderen Christenverfolgungen mit Todesurteilen kam es erst unter Domitian (ab 93 n.Chr.). 13,9ff. sind nur von der endgültigen Trennung des Christentums vom Judentum (zwischen 80–90 n.Chr.) verständlich. Mit der Trennung standen Christen außerhalb des Rechtsschutzes einer vom römischen Staat anerkannten Religion. Die Predigt ist vermutlich in den 80er Jahren geschrieben worden; Sicherheit über den Abfassungsort ist wegen des künstlichen Briefrahmens nicht zu gewinnen; die Person des Verfassers ist nur aus seiner Theologie zu erschließen. Danach ist er ein hochgebildeter Lehrer der Kirche, der Gedankengut früher Mystik des Diasporajudentums aufnimmt. Er deutet den Kreuzestod Jesu mit Hilfe dieses Denkens. Dabei wandelt sich dieses grundlegend und bringt zugleich eine selbständige theologische Anschauung hervor.

Heb will die Krise überwinden, die durch so viele Faktoren hervorgerufen worden ist. So stellt er die den Christen durch Jesu Tod geschenkte Verheißung überbietend den Verheißungen an das alte Volk Israel gegenüber. Mit der Darstellung der Wirkung von Jesu Opfertod begründet Heb den Leitsatz seiner Ethik: Je größer die Gabe, desto höher die Verantwortung (2,1–3; 10,19–31; 12,12–29). Tiefere Einsicht in das Geheimnis von Christi Opfergang und Erhöhung sowie schärferer Blick für rechtes Handeln sind für Heb eins.

Die fremdartige Entfaltung der christlichen Botschaft wurzelt in dem eigentümlichen Denken des Heb, der von einer bestimmten Richtung des Diasporajudentums geprägt wurde: Alle Heilsgüter auf der Erde, vor allem der Tempel und der Kult, sind schattenhafte und unvollkommene Abbilder der himmlischen Vorbilder (vgl. zu 8,1–13). In ihrer Abbildhaftigkeit gründet sowohl ihre Heiligkeit wie Unvollkommenheit. Dieser Urbild-Abbild-Gedanke wird dann mit dem urchristlichen Zeitverständnis, dem Bewußtsein, in einer neuen Zeit zu leben, fest verbunden: Mit Christi Opfer ist das himmlische Urbild selbst in Erscheinung getreten (vgl. Kap. 9). Darum sind nun alle bisherigen Abbilder überflüssig geworden. Dieses Offenbarwerden kündigt das baldige Ende dieser Welt an. So ist die urchristliche Naherwartung für Heb noch eine lebendige Hoffnung (10,37; 12,25ff.).

Die Frömmigkeit des Heb ist offensichtlich von dem Verlangen nach Entsündigung, Heiligung und unmittelbarem Zugang zu Gott bestimmt. Das alles haben die kultischen Einrichtungen des alten Bundes nicht erreicht. Es waren nur menschliche und schwache Priester, die Tieropfer darbrachten und darum auch nur eine vorübergehende und äußerliche Entsündigung bringen konnten. Diesem Glauben blieb das Allerheiligste, das allein der Hohepriester einmal im Jahr betreten durfte, verschlossen. Ganz anders ist die Situation jetzt für die Gläubigen. Weil Christus als Gottes eigener Sohn (2,5ff.) durch sein freiwilliges Selbstopfer die Entsündigung bewirkt hat, haben nun alle Gläubigen Zugang zu dem wahren himmlischen Heiligtum (10,19; 12,18ff.).

Die Lehre von Christus als dem wahren Hohenpriester ist der eigenständige Beitrag des Heb für das christliche Denken. Christus unterscheidet sich sowohl von den unvollkommenen irdischen Priestern als auch von jenen im Diasporajudentum verehrten rein geistig vorgestellten himmlischen Mittlergestalten, wie z. B. Melchisedek (vgl. zu Kap. 7). Ihnen gegenüber betont Heb den Menschen Jesus mit starken Worten (2,17; 4,15; 5,7). Ein ganz eigentümlicher Zug dieser Hohepriesterlehre ist, daß Jesu Opfergang so dargestellt wird: Im Tode durchschreitet Jesus die Himmel, wie der Hohepriester am großen Versöhnungstag den Vorhang zum Allerheiligsten. So bringt Jesus sich selbst als Opfer vor Gottes Thron dar. In dieser Weise werden Karfreitag und Himmelfahrt zu einem einzigen Ereignis verschmolzen (die Auferstehung von den Toten spielt darum für Heb keine Rolle und findet sich nur in einem zitierten Hymnus 13,20 f.).

Weil Heb davon überzeugt ist, daß Jesu Selbstopfer das letztgültige Angebot Gottes ist, ist für ihn Abfall von der christlichen Gemeinde unvergebbare Sünde. Mit der folgenreichen (vgl. zu 5,11–6,20) Ablehnung einer zweiten Bußmöglichkeit (6,4–6; 10,26–31; 12,16 f.) wollte Heb hervorheben: Dieses göttliche Angebot zurückzuweisen, ist unverzeihlich.

Die Abhandlung beginnt mit einem Christuslied, in dem wie in einer Ouvertüre die Themen anklingen: 1. Im Unterschied zur Vielfalt prophetischer Botschaften verkündigt Christus das Wort eindeutig. 2. Das wird mit der einzigartigen Stellung (»Erbe«) und dem Wesen Jesu begründet. 3. Er strahlt Gottes Herrlichkeit nicht unvollkommen, sondern rein aus.

1 *Nachdem Gott vorzeiten vielfach und auf vielerlei Weise geredet hat zu den Vätern durch die Propheten,* [2] *hat er in diesen letzten Tagen zu uns geredet durch den Sohn,* den er eingesetzt hat zum Erben über alles, durch den er auch die Welt gemacht hat. [3] Er ist der Abglanz seiner Herrlichkeit und das Ebenbild seines Wesens und trägt alle Dinge mit seinem kräftigen Wort und hat vollbracht die Reinigung von den Sünden und hat sich gesetzt zur Rechten der Majestät in der Höhe [4] und ist so viel höher geworden als die Engel, wie der Name, den er ererbt hat, höher ist als ihr Name.

Philosophische Gedanken des Diasporajudentums werden mit urchristlichem Bekenntnis verbunden: die Weisheit Gottes als Schöpfungsmittler (Wsh 7,25; Kol 1,15 ff.) mit dem Opfertod Jesu und seiner Erhöhung zur Rechten Gottes. – Aussagen über die unveränderliche im Kosmos wirkende Kraft Gottes (V. 1.2) stehen in Spannung zu der einmaligen geschichtlichen Sendung Jesu (V. 3).

Der erste für Heb wichtige Gedanke heißt: Christus ist höher als die Engel. Er begegnet mit ihm der Anschauung: Engel sind Mächte, die Natur und Geschichte regieren und so das Leben jedes Menschen bestimmen. Gott selber war den Menschen in unendliche Ferne gerückt, sie fühlten sich den Engeln ausgeliefert. Darum stellt Heb den Weg Christi als Inthronisation dar: Gott setzt seinen Sohn Jesus Christus zum Herrscher (V. 6) über die Schicksalsgewalten ein. Sie beten ihn an und unterwerfen sich seiner Herrschaft (vgl. Kol 2,15; 1Ti 3,16; Off 5,13). Im Unterschied zu ihnen ist er keiner Wandlung unterworfen (V. 11). Darum brauchen die Christen sich vor Engeln nicht mehr zu ängstigen. Alle Mächte sind in Jesu Dienst genommen und vollstrecken seinen

Der Sohn höher als die Engel

[5] Denn zu welchem Engel hat Gott jemals gesagt (Psalm 2,7):

»Du bist mein Sohn, heute habe ich dich gezeugt«?

und wiederum (2. Samuel 7,14):

»Ich werde sein Vater sein, und er wird mein Sohn sein«?

[6] Und wenn er den Erstgeborenen wieder einführt in die Welt, spricht er (Psalm 97,7):

»Und es sollen ihn alle Engel Gottes anbeten.«

[7] Von den Engeln spricht er zwar (Psalm 104,4):

»Er macht seine Engel zu Winden
und seine Diener zu Feuerflammen«,

[8] aber von dem Sohn (Psalm 45,7.8):

»Gott, dein Thron währt von Ewigkeit zu Ewigkeit,
und das Zepter der Gerechtigkeit ist das Zepter deines Reiches.

[9] Du hast geliebt die Gerechtigkeit
und gehaßt die Ungerechtigkeit;

darum hat dich, o Gott, dein Gott gesalbt
mit Freudenöl wie keinen deinesgleichen.«

[10]Und (Psalm 102,26-28):
»Du, Herr, hast am Anfang die Erde gegründet,
und die Himmel sind deiner Hände Werk.
[11]Sie werden vergehen, du aber bleibst.
Sie werden alle veralten wie ein Gewand;
[12]und wie einen Mantel wirst du sie zusammenrollen,
wie ein Gewand werden sie gewechselt werden.
Du aber bist derselbe,
und deine Jahre werden nicht aufhören.«

[13]Zu welchem Engel aber hat er jemals gesagt (Psalm 110,1):
»Setze dich zu meiner Rechten,
bis ich deine Feinde zum Schemel deiner Füße mache«?

[14]Sind sie nicht allesamt dienstbare Geister, ausgesandt zum Dienst um derer willen, die das Heil ererben sollen?

2 Darum sollen wir desto mehr achten auf das Wort, das wir hören, damit wir nicht am Ziel vorbeitreiben. [2]Denn wenn das Wort fest war, das durch die Engel gesagt ist, und jede Übertretung und jeder Ungehorsam den rechten Lohn empfing, [3]wie wollen wir entrinnen, wenn wir ein so großes Heil nicht achten, das seinen Anfang nahm mit der Predigt des Herrn und bei uns bekräftigt wurde durch die, die es gehört haben? [4]Und Gott hat dazu Zeugnis gegeben durch Zeichen, Wunder und mancherlei mächtige Taten und durch die Austeilung des heiligen Geistes nach seinem Willen.

Willen (V. 14). Weil Christen das glauben, spielt der Engelglaube in der Kirche nur eine bescheidene Rolle. – In den atl. Texten sieht Heb alle wesentlichen Aussagen über Christus verhüllt enthalten, die nur aufzudecken sind. Die Psalmen (2; 45; 110) sind schon von Juden auf den Messias gedeutet worden. Darum hat Heb Jesu Inthronisation in Form des orientalischen Königsrituals geschildert. Verleihung des Titels »Sohn« (V. 4.5), Salbung vor dem Hofstaat (V. 9), Sitzen auf dem Thron zur Rechten (V. 13). – Weil Heb an Jesu Gottheit glaubt, kann er Gottes Schöpfungsmacht (vgl. Ps 102, 26–28; 104) auf ihn übertragen. Der Gedanke, größere Gaben fordern höhere Verantwortung, ist für Heb kennzeichnend. Weil Christus höher ist als die Engel, ist auch sein Wort machtvoller. Ungehorsam ihm gegenüber hat darum auch schwerwiegendere Folgen. Das zeitgenössische Judentum konnte sagen: Das mosaische Gesetz ist von Engeln gegeben worden und hat himmlische Würde. Heb dagegen sagt: Es ist nur von Engeln gegeben worden, die christliche Botschaft aber geht auf Gottes Sohn zurück (vgl. Gal 3,19).

Die Erniedrigung und Erhöhung Christi

[5]Denn nicht den Engeln hat er untertan gemacht die zukünftige Welt, von der wir reden. [6]Es bezeugt aber einer an einer Stelle und spricht (Psalm 8,5-7):
»Was ist der Mensch, daß du seiner gedenkst,
und des Menschen Sohn, daß du auf ihn achtest?
[7]Du hast ihn eine kleine Zeit niedriger sein lassen als die Engel;
mit Preis und Ehre hast du ihn gekrönt;
[8]alles hast du unter seine Füße getan.«

Wenn er ihm alles unter die Füße getan hat, so hat er nichts ausgenommen, was ihm nicht untertan wäre. Jetzt aber sehen wir noch nicht, daß ihm alles untertan ist. [9]Den aber, der »eine kleine Zeit niedriger gewesen ist als die Engel«, Jesus, sehen wir durch das Leiden des Todes »gekrönt mit Preis und Ehre«; denn durch Gottes Gnade sollte er für alle den Tod schmecken. [10]Denn es ziemte sich für den, um dessentwillen alle Dinge sind und durch den alle Dinge

Obwohl Christus höher ist als die Engelmächte, hat er auf seine Macht verzichtet und menschliches Schicksal angenommen (vgl. Phl 2,8). Diesen Weg Jesu in Versuchung, Erniedrigung und Leiden sieht Heb in Ps 8 vorgezeichnet. Ps 8 ist ursprünglich ein Schöpfungspsalm, der die Größe und Würde des Menschen preist. In nachexilischer Zeit war es den Juden unmöglich, in diesem »nur wenig niedriger als die Engel« (so der griechische Text, der hebräische schreibt: »wenig niedriger als Gott«) stehenden Menschen den irdischen Menschen zu sehen. So übertrug man diesen Text auf ein himmlisches Wesen, das als Gott-»Mensch« oder »Menschensohn« bezeichnet wurde. Auf ihn allein treffen die Hoheitsaussagen zu, »wenig niedriger als Gott« (Ps 8,6) und »Ebenbild Gottes« (1Mo 1,26 f.) zu sein. Heb fügt als eigene Deutung das zeitliche Verständnis von »wenig niedriger« in »kurze Zeit« hinzu. Dadurch erscheint die Erniedrigung Jesu als ein kurzes, wenn auch notwendiges Zwischenspiel. Jesus mußte mit den Menschenbrüdern solidarisch werden, um zu zeigen, daß er ihre Todesangst verstehen kann. Erreichte der Hohepriester im Opferkult, daß die Sünden des Volkes gesühnt werden (V. 17), so geschieht das jetzt durch den Tod Jesu. Mit ihm überwindet er die Macht des Todes über den Menschen. Er wird so zum barmherzigen Hohenpriester, der fürbittend für seine Brüder vor Gott eintritt (vgl. 4,14). Darum vollzieht er bei seinem Herrschaftsantritt (V. 8) kein Gericht (9,28). Das bleibt allein Gott vorbehalten (10,31). Der urchristliche Gedanke von Jesus als dem Sohn Gottes und den Glaubenden als seinen Brüdern (vgl. Rö 8,29) wird mit atl. Worten (V. 12.13) vertieft.

sind, daß er den, der viele Söhne zur Herrlichkeit geführt hat, den Anfänger ihres Heils, durch Leiden vollendete. 11 Denn weil sie alle von *einem* kommen, beide, der heiligt und die geheiligt werden, darum schämt er sich auch nicht, sie Brüder zu nennen, 12 und spricht (Psalm 22,23):

»Ich will deinen Namen verkündigen meinen Brüdern
und mitten in der Gemeinde dir lobsingen.«

13 Und wiederum (Jesaja 8,17):

»Ich will mein Vertrauen auf ihn setzen«;

und wiederum (Jesaja 8,18):

»Siehe, hier bin ich und die Kinder,
die mir Gott gegeben hat.«

14 Weil nun die Kinder von Fleisch und Blut sind, hat auch er's gleichermaßen angenommen, damit er durch seinen Tod die Macht nähme dem, der Gewalt über den Tod hatte, nämlich dem Teufel, 15 und die erlöste, die durch Furcht vor dem Tod im ganzen Leben Knechte sein mußten. 16 Denn er nimmt sich nicht der Engel an, sondern der Kinder Abrahams nimmt er sich an. 17 *Daher mußte er in allem seinen Brüdern gleich werden, damit er barmherzig würde und ein treuer Hoherpriester vor Gott, zu sühnen die Sünden des Volkes.* 18 Denn worin er selber gelitten hat und versucht worden ist, kann er helfen denen, die versucht werden.

Christus höher als Mose

Der überbietende Vergleich verdeutlicht die Größe der von Christus verbürgten Verheißung. Es gilt, an dem Bekenntnis zu Jesus als dem einen Sendboten Gottes festzuhalten. Bedeutete Ungehorsam gegenüber Mose schon Unheil, so erst recht Untreue gegenüber Jesus. Beide sind von Gott eingesetzt; Mose als Diener, Christus als Sohn des Hauses; Mose als Verwalter, Jesus als Erbauer. Anstelle des Bauwerkes — dem Haus, in dem Gott wohnt — ist die christliche Gemeinde als Familie (= Haus) getreten.

3 Darum, ihr heiligen Brüder, die ihr teil habt an der himmlischen Berufung, schaut auf den Apostel und Hohenpriester, den wir bekennen, Jesus, 2 der da treu ist dem, der ihn gemacht hat, wie auch Mose in Gottes ganzem Hause. 3 Er ist aber größerer Ehre wert als Mose, so wie der Erbauer des Hauses größere Ehre hat als das Haus. 4 Denn jedes Haus wird von jemandem erbaut; der aber alles erbaut hat, das ist Gott. 5 Und Mose zwar war treu in Gottes ganzem Hause als Knecht, zum Zeugnis für das, was später gesagt werden sollte, 6 Christus aber war treu als Sohn über Gottes Haus. Sein Haus sind wir, wenn wir das Vertrauen und den Ruhm der Hoffnung festhalten.

Die verwirkte Gottesruhe

Die Situation christlicher Gemeinde entspricht der des Volkes Israel in der Wüste auf dem langen Weg in das verheißene Land. Die Warnung, nicht müde zu werden, steht unter dem Leitmotiv: Weil Christus mehr ist als Mose, haben Unglaube und Untreue auch schlimmere Folgen. Der Vergleich mit der Wüstengeneration weist auf Gemeinden zweiter oder dritter Generation. Die Hoff-

7 Darum, wie der heilige Geist spricht (Psalm 95,7-11):

»Heute, wenn ihr seine Stimme hören werdet,
8 *so verstockt eure Herzen nicht,*
wie es geschah bei der Verbitterung
am Tage der Versuchung in der Wüste,
9 wo mich eure Väter versuchten und prüften
und hatten doch meine Werke gesehen vierzig Jahre lang.
10 Darum wurde ich zornig über dieses Geschlecht

und sprach: Immer irren sie im Herzen!
Aber sie verstanden meine Wege nicht,
[11] so daß ich schwor in meinem Zorn:
Sie sollen nicht zu meiner Ruhe kommen.«

[12] Seht zu, liebe Brüder, daß keiner unter euch ein böses, ungläubiges Herz habe, das abfällt von dem lebendigen Gott; [13] sondern ermahnt euch selbst alle Tage, solange es »heute« heißt, daß nicht jemand unter euch verstockt werde durch den Betrug der Sünde. [14] Denn wir haben an Christus Anteil bekommen, wenn wir die Zuversicht vom Anfang bis zum Ende festhalten. [15] Wenn es heißt:

»Heute, wenn ihr seine Stimme hören werdet,
so verstockt eure Herzen nicht,
wie es bei der Verbitterung geschah« –

[16] wer hat sie denn gehört und sich verbittert? Waren's nicht alle, die von Ägypten auszogen mit Mose? [17] Und über wen war Gott zornig vierzig Jahre lang? War's nicht über die, die sündigten und deren Leiber in der Wüste zerfielen? [18] Wem aber schwor er, daß sie nicht zu seiner Ruhe kommen sollten, wenn nicht den Ungehorsamen? [19] Und wir sehen, daß sie nicht dahin kommen konnten wegen des Unglaubens.

nung auf Christi Wiederkunft hat nachgelassen (V. 14). Wie der Liebe in der Ehe die größte Gefahr von der Abnutzung im Alltag droht, so geht es auch dem Glauben. – Die Gemeinde soll die Gegenwart als Zeit des Angebots Gottes verstehen. Solange Gottes Gericht nicht hereingebrochen ist, können wir auf dem uns gewiesenen Weg weitergehen. Heb beschreibt weder konkrete Aufgaben noch Fehltritte. Es geht ihm um die Grundhaltung: Nicht stehenzubleiben, sondern miteinander »unterwegs« zu sein. – Auffallend ist die Beschreibung des Heils als Ruhe (nur noch Mt 11,29). Der Begriff scheint aus dem atl. Zitat zu sein. Doch ist in der griechischen Philosophie »Ruhe« Wesensmerkmal für die Gottheit, die unveränderlich und unbeweglich dem unruhigen Werden und Vergehen gegenübersteht. Darum ist »Ruhe« auch höchstes Ziel für den Menschen. Ruhe kann hier sowohl universales Endheil meinen, als auch die persönliche Heilsvollendung des einzelnen.

Die verheißene Gottesruhe

4 So laßt uns nun mit Furcht darauf achten, daß keiner von euch etwa zurückbleibe, solange die Verheißung noch besteht, daß wir zu seiner Ruhe kommen. [2] Denn es ist auch uns verkündigt wie jenen. Aber das Wort der Predigt half jenen nichts, weil sie nicht glaubten, als sie es hörten. [3] Denn wir, die wir glauben, gehen ein in die Ruhe, wie er gesprochen hat (Psalm 95,11):

»Ich schwor in meinem Zorn:
Sie sollen nicht zu meiner Ruhe kommen.«

Nun waren ja die Werke von Anbeginn der Welt fertig; [4] denn so hat er an einer andern Stelle gesprochen vom siebenten Tag (1. Mose 2,2): »Und Gott ruhte am siebenten Tag von allen seinen Werken.« [5] Doch an dieser Stelle wiederum: »Sie sollen nicht zu meiner Ruhe kommen.«

[6] Da es nun bestehen bleibt, daß einige zu dieser Ruhe kommen sollen, und die, denen es zuerst verkündigt ist, nicht dahin gekommen sind wegen des Ungehorsams, [7] bestimmt er abermals einen Tag, ein »Heute«, und spricht nach so langer Zeit durch David, wie eben gesagt:

»Heute, wenn ihr seine Stimme hören werdet,
so verstockt eure Herzen nicht.«

[8] Denn wenn Josua sie zur Ruhe geführt hätte, würde Gott nicht danach von einem andern Tag geredet haben. [9] *Es ist also noch eine Ruhe vorhanden für das Volk Gottes.* [10] Denn wer

Heb versteht die verheißene Ruhe nicht als Gegensatz zum Schaffen, sondern als Vollendung aller Werke. Mit der von Gott gesetzten Ruhe nach vollendetem Schöpfungswerk ist beispielhaft die endgültige Ruhe für die Menschen vorgezeichnet. Aufgrund des Unglaubens fand Israel nicht zur endgültigen Ruhe. Josua konnte es nur in das Land Kanaan führen. Gottes Zusage galt aber weiter: Christen sind nun zu dieser Ruhe unterwegs. Der Ort ist für die Glaubenden schon geöffnet (V. 16), doch sind wir noch nicht am Ziel. Mit dieser Aussage nimmt Heb eine jüdische Zukunftserwartung auf: Es gibt einen von Gott bereiteten Ruheort, der bei der Vollendung sichtbar wird. Gleichzeitig weist Heb auch auf die Gegenwart: Die Voraussetzung für das »Eingehen in die Ruhe« geschieht mitten im Alltag, im Glauben und im Unglauben. Es besteht immer die Gefahr, durch Unglaube die verheißene Ruhe zu verspielen. »Solange es heute heißt« können Christen Zugang zu ihr finden. In der Zeit zwischen dem Opfertod Jesu und der Vollendung aller irdischen Werke kann Gottes Wort glaubend angenommen werden. Ein Hymnus veranschaulicht die durchdringende Kraft (V. 12) des Wortes und betont, daß der Mensch ihm rückhaltlos ausgeliefert ist (V. 13). Für Heb aber ist das Wort keine unpersönliche Kraft, sondern Jesus, der sich als Hoherpriester geopfert hat. Vor ihm müssen sich alle verantworten.

zu Gottes Ruhe gekommen ist, der ruht auch von seinen Werken so wie Gott von den seinen. [11]So laßt uns nun bemüht sein, zu dieser Ruhe zu kommen, damit nicht jemand zu Fall komme durch den gleichen Ungehorsam.

[12]Denn *das Wort Gottes ist lebendig und kräftig und schärfer als jedes zweischneidige Schwert, und dringt durch, bis es scheidet Seele und Geist, auch Mark und Bein, und ist ein Richter der Gedanken und Sinne des Herzens.* [13]Und kein Geschöpf ist vor ihm verborgen, sondern es ist alles bloß und aufgedeckt vor den Augen Gottes, dem wir Rechenschaft geben müssen.

Vor dem richtenden Wort Gottes (V. 12f.) kann kein Mensch bestehen. Niemand kann zu Gott kommen, ohne von seiner Schuld gereinigt zu sein. Reinigung der Sünden wird allein durch das vom Priester dargebrachte Opfer erwirkt. Diese Überzeugung teilt Heb mit der auf den Tempel bezogenen Frömmigkeit. Doch glaubt er, daß die Hoffnung auf Vergebung und auf die Nähe Gottes wegen der Unvollkommenheit des bisherigen Priestertums unerfüllt blieb. Allein in Jesus haben sich diese Hoffnungen erfüllt. Gegenüber jüdischer Mystik, die von einer himmlischen Gestalt Zugang zu Gott erhofft (zum Durchschreiten der Himmel vgl. die Einl.), betont Heb die Menschlichkeit des Hohenpriesters Jesus: Um Schuld und Notwendigkeit der Vergebung weiß nur, wer alle menschlichen Versuchungen (4,15) und Todesangst (5,7) durchlitten hat. Nur noch Mk 14,32–42Parr wird das Lernen des Gehorsams im Leiden so betont. Gegenüber dem alttestamentlich-jüdischen Tempelkult (5,1–3) hebt Heb hervor: Jesus braucht kein Opfer für sich selbst darzubringen (vgl. 3Mo 9,7; 16,6). Er ist trotz Anfechtung und Todesangst von Gottes Weg nicht abgewichen und so ohne Sünde. Die irdischen Priester bringen Tieropfer dar, Jesus sich selbst (vgl. 7,26). So vollendet sich in ihm, was Sinn wahrhaften Priestertums ist: Schuldbeladene Menschen dürfen ohne Angst vor Gott treten (4,16).

Christus der wahre Hohepriester

[14]Weil wir denn einen großen Hohenpriester haben, Jesus, den Sohn Gottes, der die Himmel durchschritten hat, so laßt uns festhalten an dem Bekenntnis. [15]Denn *wir haben nicht einen Hohenpriester, der nicht könnte mit leiden mit unserer Schwachheit, sondern der versucht worden ist in allem wie wir, doch ohne Sünde.* [16]*Darum laßt uns hinzutreten mit Zuversicht zu dem Thron der Gnade, damit wir Barmherzigkeit empfangen und Gnade finden zu der Zeit, wenn wir Hilfe nötig haben.*

5 Denn jeder Hohepriester, der von den Menschen genommen wird, der wird eingesetzt für die Menschen zum Dienst vor Gott, damit er Gaben und Opfer darbringe für die Sünden. [2]Er kann mitfühlen mit denen, die unwissend sind und irren, weil er auch selber Schwachheit an sich trägt. [3]Darum muß er, wie für das Volk, so auch für sich selbst opfern für die Sünden. [4]Und niemand nimmt sich selbst die hohepriesterliche Würde, sondern er wird von Gott berufen wie auch Aaron. [5]So hat auch Christus sich nicht selbst die Ehre beigelegt, Hoherpriester zu werden, sondern der, der zu ihm gesagt hat (Psalm 2,7):

»Du bist mein Sohn, heute habe ich dich gezeugt.«

[6]Wie er auch an anderer Stelle spricht (Psalm 110,4):

»Du bist ein Priester in Ewigkeit nach der Ordnung Melchisedeks.«

[7]Und er hat in den Tagen seines irdischen Lebens Bitten und Flehen mit lautem Schreien und mit Tränen dem dargebracht, der ihn vom Tod erretten konnte; und er ist auch erhört worden, weil er Gott in Ehren hielt. [8]So hat er, obwohl er Gottes Sohn war, doch an dem, was er litt, Gehorsam gelernt. [9]Und als er vollendet war, ist er für alle, die ihm gehorsam sind, der Urheber des ewigen Heils geworden, [10]genannt von Gott ein Hoherpriester nach der Ordnung Melchisedeks.

Bevor den Hörern die tiefsten Geheimnisse über das Hohepriestertum

Das Festhalten an der Verheißung

[11]Darüber hätten wir noch viel zu sagen; aber es ist schwer, weil ihr so harthörig geworden seid. [12]Und ihr, die ihr

längst Lehrer sein solltet, habt es wieder nötig, daß man euch die Anfangsgründe der göttlichen Worte lehre, und daß man euch Milch gebe und nicht feste Speise. [13]Denn wem man noch Milch geben muß, der ist unerfahren in dem Wort der Gerechtigkeit, denn er ist ein kleines Kind. [14]Feste Speise aber ist für die Vollkommenen, die durch den Gebrauch geübte Sinne haben und Gutes und Böses unterscheiden können.

6 Darum wollen wir jetzt lassen, was am Anfang über Christus zu lehren ist, und uns zum Vollkommenen wenden; wir wollen nicht abermals den Grund legen mit der Umkehr von den toten Werken, mit dem Glauben an Gott, [2]mit der Lehre vom Taufen, vom Händeauflegen, von der Auferstehung der Toten und vom ewigen Gericht. [3]Das wollen wir tun, wenn Gott es zuläßt.

[4]Denn es ist unmöglich, die, die einmal erleuchtet worden sind und geschmeckt haben die himmlische Gabe und Anteil bekommen haben am heiligen Geist und geschmeckt haben [5]das gute Wort Gottes und die Kräfte der zukünftigen Welt [6]und dann doch abgefallen sind, wieder zu erneuern zur Buße, da sie für sich selbst den Sohn Gottes abermals kreuzigen und zum Spott machen. [7]Denn die Erde, die den Regen trinkt, der oft auf sie fällt, und nützliche Frucht trägt denen, die sie bebauen, empfängt Segen von Gott. [8]Wenn sie aber Dornen und Disteln trägt, bringt sie keinen Nutzen und ist dem Fluch nahe, so daß man sie zuletzt abbrennt.

[9]Obwohl wir aber so reden, ihr Lieben, sind wir doch überzeugt, daß es besser mit euch steht und ihr gerettet werdet. [10]Denn Gott ist nicht ungerecht, daß er vergäße euer Werk und die Liebe, die ihr seinem Namen erwiesen habt, indem ihr den Heiligen dientet und noch dient. [11]Wir wünschen aber, daß jeder von euch denselben Eifer beweise, die Hoffnung festzuhalten bis ans Ende, [12]damit ihr nicht träge werdet, sondern Nachfolger derer, die durch Glauben und Geduld die Verheißungen ererben.

[13]Denn als Gott dem Abraham die Verheißung gab, schwor er bei sich selbst, da er bei keinem Größeren schwören konnte, [14]und sprach (1.Mose 22,16.17): »Wahrlich, ich will dich segnen und mehren.« [15]Und so wartete Abraham in Geduld und erlangte die Verheißung. [16]Die Menschen schwören ja bei einem Größeren, als sie selbst sind; und der Eid dient ihnen zur Bekräftigung und macht aller Widerrede ein Ende. [17]Darum hat Gott, als er den Erben der Verheißung noch kräftiger beweisen wollte, daß sein Ratschluß nicht wankt, sich noch mit einem Eid verbürgt. [18]So sollten wir durch zwei Zusagen, die nicht wanken – denn es ist unmöglich, daß Gott lügt –, einen starken Trost

Christi enthüllt werden, werden sie noch einmal in besonderer Weise ermahnt. Ähnlich wie die Beteiligten der Weihehandlungen damals verbreiteter Mysterienkulte werden auch sie darauf hingewiesen: Ihr seid eigentlich noch nicht reif, die Tiefe des Geheimnisses zu erfassen (vgl. 1Ko 3,2; 1Pt 2,2). So werden sie darauf vorbereitet, daß die folgenden Aussagen menschliches Begreifen übersteigen und nur im Glauben begriffen werden können. – Heb will über den elementaren Taufunterricht hinausgehen (6,1–3). Aus der Aufzählung der Lehrstücke des Glaubens läßt sich erkennen, daß Heb zu ehemaligen Heiden spricht: Die Aufforderung zur Abkehr von toten Werken und zur Hinwendung zu dem einen Gott war für den Judenchristen selbstverständlich. Auffallenderweise fehlt die Lehre über Christus. Offensichtlich gehört sie für Heb zur Lehre für die Vollkommenen. – Eindringlich stellt er den Lesern die Einmaligkeit ihrer Lebensentscheidung für Christus vor Augen (6,4–8). Die Möglichkeit der Buße ist für ihn einmaliges Angebot Gottes. Die Ablehnung einer zweiten Buße (vgl. die Einl.) im Heb hat der Kirche immer wieder Not bereitet. Luther bezeichnete diese Entscheidung als den »harten Knoten« des Heb. Heb hat aber nicht kirchenrechtlich gedacht, sondern wollte allein die Größe des Angebots betonen. V. 9–12: Als rechter Seelsorger will er seine Gemeinde nicht in Verzweiflung über ihr Versagen treiben. Er will sie ermuntern, den eingeschlagenen Weg weiterzugehen. Darum erinnert er nicht mehr an das Fehlende, sondern an das schon Erreichte, das nicht wieder verloren gehen darf. V. 13–20: Der Weg der Glaubenden hat ein Ziel. Es ist ihnen in zweifacher Weise gesichert: durch Gottes Verheißung an Abraham und durch Gottes Eid bei sich selbst. Nach einer uns überlieferten jüdischen Anschauung kann Gott auch beim Leben von Menschen oder Engeln schwören. Bei sich selbst schwört er aber nur, wenn die Sache in alle Ewigkeit gültig bleiben soll. Aufgrund dieses Schwurs ist die Hoffnung der Glaubenden fest verankert. Die Christen haben aber noch eine zusätzliche Hilfe – das nun zu enthüllende Geheimnis: Jesus Christus, der ihnen auf dem Wege vorangeschritten ist und ihnen durch seinen Opfertod den Weg zu Gott gebahnt hat.

haben, die wir unsre Zuflucht dazu genommen haben, festzuhalten an der angebotenen Hoffnung. [19]Diese haben wir als einen sicheren und festen Anker unsrer Seele, der auch hineinreicht bis in das Innere hinter dem Vorhang. [20]Dahinein ist der Vorläufer für uns gegangen, Jesus, der ein Hoherpriester geworden ist in Ewigkeit nach der Ordnung Melchisedeks.

Nun wird die Lehre für die Vollkommenen entfaltet: Jesus ist der Hohepriester nach der Ordnung Melchisedek. Die Gestalt des Melchisedek hatte das Judentum schon lange beschäftigt. Melchisedek begegnet im AT nur in einer Abrahamsgeschichte (1Mo 14,18–20) und in einem Heilswort für den davidischen König (vgl. V. 17 mit Ps 110,4). Für jüdisches Denken war es ein Rätsel, warum Abraham, der Erzvater Israels, Melchisedek den Zehnten gab und von ihm gesegnet wurde. Melchisedek erscheint so Abraham deutlich überlegen. Darum entstand die Anschauung: Melchisedek ist kein Mensch, sondern ein Engel. Es gab auch Kreise, die ihn als Erlöser, Messias oder Erzengel verehrten. Die V. 3 und 26 könnten aus einem vorchristlichen Melchisedekhymnus stammen. Heb identifiziert Jesus mit dieser Gestalt. Dabei übernimmt er aus der ihm vorliegenden Tradition den Gedanken, daß das himmlische Priestertum des Melchisedek dem levitischen Priestertum weit überlegen ist. Mit Hilfe der jüdischen Vorstellung vom Stammvater (im Geschick des Stammvaters ist das Schicksal der Nachkommen beschlossen) unterstreicht er diese Überlegenheit (V. 4–10). Die Unvollkommenheit des levitischen Priestertums zeigt sich auch darin, daß Gott das Priestertum des Melchisedek einführt (V. 11). Mit der Einführung des neuen Priestertums wird gleichzeitig das bisher gültige Kultgesetz aufgehoben und damit die jüdischen Reinheits-, Sabbats- und Beschneidungsgebote. Der neue Bund ermöglicht den freien Zugang aller Menschen zu Gott. Der Gedanke vom Ende des Gesetzes erinnert an Paulus, doch unterscheidet sich der

Christus, der Hohepriester nach der Ordnung Melchisedeks

7 Dieser Melchisedek aber war König von Salem, Priester Gottes des Höchsten; er ging Abraham entgegen, als der vom Sieg über die Könige zurückkam, und segnete ihn; [2]ihm gab Abraham auch den Zehnten von allem. Erstens heißt er übersetzt: König der Gerechtigkeit; dann aber auch: König von Salem, das ist: König des Friedens. [3]Er ist ohne Vater, ohne Mutter, ohne Stammbaum, und hat weder Anfang der Tage noch Ende des Lebens. So gleicht er dem Sohn Gottes und bleibt Priester in Ewigkeit. [4]Seht aber, wie groß der ist, dem auch Abraham, der Erzvater, den Zehnten gab von der eroberten Beute. [5]Zwar haben auch die von den Söhnen Levis, die das Priestertum empfangen, nach dem Gesetz das Recht, den Zehnten zu nehmen vom Volk, also von ihren eigenen Brüdern, obwohl auch diese von Abraham abstammen. [6]Der aber, der nicht von ihrem Stamm war, der nahm den Zehnten von Abraham und segnete den, der die Verheißungen hatte. [7]Nun ist aber unwidersprochen, daß das Geringere vom Höheren gesegnet wird. [8]Und hier nehmen den Zehnten sterbliche Menschen, dort aber einer, dem bezeugt wird, daß er lebt. [9]Und sozusagen ist auch Levi, der doch selbst den Zehnten nimmt, in Abraham mit dem Zehnten belegt worden. [10]Denn er sollte seinem Stammvater ja erst noch geboren werden, als Melchisedek diesem entgegenging.

[11]Wäre nun die Vollendung durch das levitische Priestertum gekommen – denn unter diesem hat das Volk das Gesetz empfangen –, wozu war es dann noch nötig, einen andern als Priester nach der Ordnung Melchisedeks einzusetzen, anstatt einen nach der Ordnung Aarons zu benennen? [12]Denn wenn das Priestertum verändert wird, dann muß auch das Gesetz verändert werden. [13]Denn der, von dem das gesagt wird, der ist von einem andern Stamm, von dem nie einer am Altar gedient hat. [14]Denn es ist ja offenbar, daß unser Herr aus Juda hervorgegangen ist, zu welchem Stamm Mose nichts gesagt hat vom Priestertum. [15]Und noch klarer ist es, wenn, in gleicher Weise wie Melchisedek, ein anderer als Priester eingesetzt wird, [16]der es nicht geworden ist nach dem Gesetz äußerlicher Gebote, sondern nach der Kraft unzerstörbaren Lebens. [17]Denn es

wird bezeugt (Psalm 110,4): »Du bist ein Priester in Ewigkeit nach der Ordnung Melchisedeks.« [18]Denn damit wird das frühere Gebot aufgehoben – weil es zu schwach und nutzlos war; [19]denn das Gesetz konnte nichts zur Vollendung bringen –, und eingeführt wird eine bessere Hoffnung, durch die wir uns zu Gott nahen. [20]Und das geschah nicht ohne Eid. Denn jene sind ohne Eid Priester geworden, [21]dieser aber durch den Eid dessen, der zu ihm spricht (Psalm 110,4): »Der Herr hat geschworen, und es wird ihn nicht gereuen: Du bist ein Priester in Ewigkeit.« [22]So ist Jesus Bürge eines viel besseren Bundes geworden.

[23]Auch sind es viele, die Priester wurden, weil der Tod keinen bleiben ließ; [24]dieser aber hat, weil er ewig bleibt, ein unvergängliches Priestertum. [25]Daher kann er auch für immer selig machen, die durch ihn zu Gott kommen; denn er lebt für immer und bittet für sie. [26]Denn einen solchen Hohenpriester mußten wir auch haben, der heilig, unschuldig, unbefleckt, von den Sündern geschieden und höher ist als der Himmel. [27]Er hat es nicht nötig, wie jene Hohenpriester, täglich zuerst für die eigenen Sünden Opfer darzubringen und dann für die des Volkes; denn das hat er ein für allemal getan, als er sich selbst opferte. [28]Denn das Gesetz macht Menschen zu Hohenpriestern, die Schwachheit an sich haben; dies Wort des Eides aber, das erst nach dem Gesetz gesagt worden ist, setzt den Sohn ein, der ewig und vollkommen ist.

Heb von Paulus: 1. Nirgends wird in ihm gesagt, daß das Gesetz den Menschen erst in die Sünde hineintreibt (vgl. Rö 7,7 ff.); 2. Gesetz und Glaube stehen nicht als Gegensätze einander gegenüber (vgl. Rö 3,27 f.), sondern das Gesetz weist selbst auf Christus hin. Der Grundunterschied besteht darin: Paulus sieht das Gesetz vom Menschen aus. Das Gesetz verführt den Menschen. Durch Erfüllung der Gebote will dieser einen Anspruch gegenüber Gott durchsetzen. Heb dagegen sieht im Gesetz eine göttliche Ordnung, die von Gott durch eine neue und bessere abgelöst werden kann. Wie die alte so wird auch die neue Ordnung in einem Bundesschluß erlassen. Doch auch hier gibt es eine Überbietung: Der neue Bund wird durch einen Eid Gottes besiegelt (V. 21) und durch das höchste aller denkbaren Opfer verbürgt: durch das einmalige Selbstopfer des Sohnes Gottes (V. 27). Wegen der tiefen Schuldverlorenheit des Menschen kann das Priestertum, das Rettung und ungehinderten Zugang zu Gott schafft, nicht billiger erlangt werden.

Der Mittler des neuen Bundes

8 Das ist nun die Hauptsache bei dem, wovon wir reden: Wir haben einen solchen Hohenpriester, der da sitzt zur Rechten des Thrones der Majestät im Himmel [2]und ist ein Diener am Heiligtum und an der wahren Stiftshütte, die Gott aufgerichtet hat und nicht ein Mensch. [3]Denn jeder Hohepriester wird eingesetzt, um Gaben und Opfer darzubringen. Darum muß auch dieser etwas haben, was er opfern kann. [4]Wenn er nun auf Erden wäre, so wäre er nicht Priester, weil da schon solche sind, die nach dem Gesetz die Gaben opfern. [5]Sie dienen aber nur dem Abbild und Schatten des Himmlischen, wie die göttliche Weisung an Mose erging, als er die Stiftshütte errichten sollte (2. Mose 25,40): »Sieh zu«, sprach er, »daß du alles machst nach dem Bilde, das dir auf dem Berge gezeigt worden ist.«

[6]Nun aber hat er ein höheres Amt empfangen, wie er ja auch der Mittler eines besseren Bundes ist, der auf bessere Verheißungen gegründet ist. [7]Denn wenn der erste Bund untadelig gewesen wäre, würde nicht Raum für einen andern gesucht. [8]Denn Gott tadelt sie und sagt (Jeremia 31,31-34):

Die folgenden Kapitel sind von zwei Grundüberzeugungen des Heb zu verstehen: 1. Vergebung geschieht nur durch Opfer. Damit wird das Anliegen einer kultischen Frömmigkeit ganz bejaht. Zwischen dem sündigen Menschen und Gott besteht eine Kluft, die nur durch lebendige Opfer überbrückt werden kann. 2. Alle Heilsgüter auf Erden sind nur unvollkommene Abbilder der himmlischen. Wir begegnen hier einem zentralen Gedanken der griechischen Philosophie seit Plato. Mit einem Gleichnis zeigte dieser die Situation der Menschen in der Welt: Sie sitzen gefesselt in einer Höhle mit dem Rücken zum Licht. Sie sehen nur die Schattenbilder, die an die Wand geworfen werden und halten diese für das Wirkliche. In Wahrheit ist es aber umgekehrt. Güte, Liebe und Aufrichtigkeit auf Erden sind nur unvollkommene Ab-

»Siehe, es kommen Tage, spricht der Herr,
da will ich mit dem Haus Israel und mit dem Haus Juda
einen neuen Bund schließen,
[9] nicht wie der Bund gewesen ist,
den ich mit ihren Vätern schloß
an dem Tage, als ich sie bei der Hand nahm,
um sie aus Ägyptenland zu führen.
Denn sie sind nicht geblieben in meinem Bund;
darum habe ich auch nicht mehr auf sie geachtet,
spricht der Herr.
[10] Denn *das ist der Bund, den ich schließen will*
mit dem Haus Israel nach diesen Tagen, spricht der Herr:
Ich will mein Gesetz geben in ihren Sinn,
und in ihr Herz will ich es schreiben
und will ihr Gott sein,
und sie sollen mein Volk sein.
[11] Und es wird keiner seinen Mitbürger lehren
oder seinen Bruder und sagen: Erkenne den Herrn!
Denn sie werden mich alle kennen
von dem Kleinsten an bis zu dem Größten.
[12] Denn ich will gnädig sein ihrer Ungerechtigkeit,
und ihrer Sünden will ich nicht mehr gedenken.«

[13] Indem er sagt: »einen neuen Bund«, erklärt er den ersten für veraltet. Was aber veraltet und überlebt ist, das ist seinem Ende nahe.

bilder der Idee des Guten, Wahren usw. Jüdische Kreise haben diesen Urbild-Abbild-Gedanken aufgenommen und auf die Heilsgüter des Glaubens, vor allem den Tempel und den Kult bezogen. Die Unvollkommenheit des irdischen Abbildes wird von Heb in V. 4 f. stark hervorgehoben: Nach dem irdischen Kultgesetz hätte Christus nicht einmal Priester sein können. – V. 6 f.: Christus ist der Mittler des neuen Bundes (vgl. 9,15; 12,24); d. h. er gewährleistet und garantiert dessen Durchführung. Die in V. 8–12 zitierten Prophezeiung des Jeremia, war ursprünglich zu dem ganzen Volk Israel gesprochen. Die Zerstörung des Landes durch die Babylonier galt in Israel als Aufkündigung des alten Bundes durch Gott. Weil die Wiederherstellung des Staates ausblieb, haben sich später jüdische Gruppen als »Gemeinde des neuen Bundes«, d. h. als das wahre Volk Gottes verstanden. Die urchristliche Gemeinde hat dann diese Verheißung auf sich bezogen: So feierte sie z. B. das Abendmahl auch als Bundesschluß Gottes mit dem neuen Volk. Für Heb dagegen hat mit der Einsetzung des neuen Bundes der alte jede Gültigkeit verloren (V. 13).

Das einmalige Opfer Christi

9 Es hatte zwar auch der erste Bund seine Satzungen für den Gottesdienst und sein irdisches Heiligtum. [2] Denn es war da aufgerichtet die Stiftshütte: der vordere Teil, worin der Leuchter war und der Tisch und die Schaubrote, und er heißt das Heilige; [3] hinter dem zweiten Vorhang aber war der Teil der Stiftshütte, der das Allerheiligste heißt. [4] Darin waren das goldene Räuchergefäß und die Bundeslade, ganz mit Gold überzogen; in ihr waren der goldene Krug mit dem Himmelsbrot und der Stab Aarons, der gegrünt hatte, und die Tafeln des Bundes. [5] Oben darüber aber waren die Cherubim der Herrlichkeit, die überschatteten den Gnadenthron. Von diesen Dingen ist jetzt nicht im einzelnen zu reden. [6] Da dies alles so eingerichtet war, gingen die Priester allezeit in den vorderen Teil der Stiftshütte und richteten den Gottesdienst aus. [7] In den andern Teil aber ging nur *einmal* im Jahr allein der Hohepriester, und das nicht ohne Blut, das er opferte für die unwissentlich begangenen Sünden, die eigenen und die des Volkes. [8] Damit macht der heilige Geist deutlich, daß der Weg ins Heilige noch nicht offenbart sei, solange der vordere Teil der Stifts-

Der israelitische Kult war unvollkommenes Abbild des himmlischen Gottesdienstes. Der Opfertod Christi und der neue Bund verwirklichen, was unerreichtes Ziel aller kultischen Opferhandlungen war: Der Mensch darf rein von seinen Sünden direkt vor Gott treten. Die Beschreibung des irdischen Tempels stimmt weder mit der des ersten Tempels (2Mo 25–26) noch mit der des zuletzt gebauten unter Herodes überein: 1. Das Allerheiligste, ein Raum innerhalb des Heiligen, erscheint hier als ein Raum hinter dem Heiligen. 2. Im Allerheiligsten befindet sich ein Altar (in V. 4 ist die Übersetzung »Räuchergefäß« in »Rauchopferaltar« zu korrigieren). Im ersten Tempel enthielt es aber nur die Bundeslade und im herodianischen war es leer. Wahrscheinlich denkt Heb von dem himmlischen Urbild aus: Das Allerheiligste ist die Thron-

hütte noch bestehe; [9] der ist ein Gleichnis für die gegenwärtige Zeit: es werden da Gaben und Opfer dargebracht, die nicht im Gewissen vollkommen machen können den, der den Gottesdienst ausrichtet. [10] Dies sind nur äußerliche Satzungen über Speise und Trank und verschiedene Waschungen, die bis zu der Zeit einer besseren Ordnung auferlegt sind.

[11] Christus aber ist gekommen als ein Hoherpriester der zukünftigen Güter durch die größere und vollkommenere Stiftshütte, die nicht mit Händen gemacht ist, das ist: die nicht von dieser Schöpfung ist. [12] Er ist auch nicht durch das Blut von Böcken oder Kälbern, sondern durch sein eigenes Blut ein für allemal in das Heiligtum eingegangen und hat eine ewige Erlösung erworben. [13] Denn wenn schon das Blut von Böcken und Stieren und die Asche von der Kuh durch Besprengung die Unreinen heiligt, so daß sie äußerlich rein sind, [14] um wieviel mehr wird dann das Blut Christi, der sich selbst als Opfer ohne Fehl durch den ewigen Geist Gott dargebracht hat, unser Gewissen reinigen von den toten Werken, zu dienen dem lebendigen Gott! [15] Und darum ist er auch der Mittler des neuen Bundes, damit durch seinen Tod, der geschehen ist zur Erlösung von den Übertretungen unter dem ersten Bund, die Berufenen das verheißene ewige Erbe empfangen.

[16] Denn wo ein Testament* ist, da muß der Tod dessen geschehen sein, der das Testament gemacht hat. [17] Denn ein Testament tritt erst in Kraft mit dem Tode; es ist noch nicht in Kraft, solange der noch lebt, der es gemacht hat. [18] Daher wurde auch der erste Bund nicht ohne Blut gestiftet. [19] Denn als Mose alle Gebote gemäß dem Gesetz allem Volk gesagt hatte, nahm er das Blut von Kälbern und Böcken mit Wasser und Scharlachwolle und Ysop und besprengte das Buch und alles Volk [20] und sprach (2. Mose 24,8): »Das ist das Blut des Bundes, den Gott euch geboten hat.« [21] Und die Stiftshütte und alle Geräte für den Gottesdienst besprengte er desgleichen mit Blut. [22] Und es wird fast alles mit Blut gereinigt nach dem Gesetz, und ohne Blutvergießen geschieht keine Vergebung.

[23] So also mußten die Abbilder der himmlischen Dinge gereinigt werden; die himmlischen Dinge selbst aber müssen bessere Opfer haben als jene. [24] Denn Christus ist nicht eingegangen in das Heiligtum, das mit Händen gemacht und nur ein Abbild des wahren Heiligtums ist, sondern in den Himmel selbst, um jetzt für uns vor dem Angesicht Gottes zu erscheinen; [25] auch nicht, um sich oftmals zu opfern, wie der Hohepriester alle Jahre mit fremdem Blut in das Heiligtum geht; [26] sonst hätte er oft leiden müssen vom Anfang der Welt an. Nun aber, am Ende der Welt, ist

sphäre Gottes, zu der der Altar gehört. Sie wird von dem sichtbaren Himmel mit den Sternen (= Heiligen) durch einen Vorhang getrennt.

Die Vorstellung vom Tempel als Abbild der Welt erklärt die Darstellung des Kreuzestodes Christi: Im Gang ans Kreuz bringt sich Christus selbst als Opfer dar. Das bedeutet auf den Tempelkult bezogen: Jesus geht in das Allerheiligste, um das Opfer darzubringen. Auf das himmlische Urbild bezogen bedeutet es: Jesus durchschreitet bei seinem Todesgang die Himmel und bringt sich selbst als Opfer auf dem Altar vor Gottes Thron dar. In dieser Betrachtung werden Karfreitag und Himmelfahrt zu einem einzigen Geschehen. Das Kreuz ragt durch alle Himmel hindurch bis vor Gottes Thron und wird als Altar geschaut. Der Opfertod Jesu Christi am Kreuz vollendet das, was das Kultgeschehen beim jüdischen großen Versöhnungstag nur unvollkommen andeuten konnte: Das ganze Volk wird rein und alle dürfen nun Gott nahen. Außerdem deutet Heb das Karfreitagsgeschehen als den wahren unauflöslichen Bundesschluß Gottes mit dem neuen Volk. Die beiden verschiedenen Bedeutungen desselben griechischen Wortes »Bund« und »Testament« ermöglichen Heb eine doppelte Erklärung für die Notwendigkeit des Sterbens Christi: 1. Ein Testament wird erst durch den Tod des Erblassers gültig. 2. Auch Mose hat abbildhaft beim Bundesschluß das Volk und alle Kultgeräte mit Blut besprengt (vgl. 2Mo 24,6–8). Heb verbindet mit diesem Ritus auch noch weitere atl. Entsühnungsriten, die mit Blut vollzogen wurden (3Mo 17,11). Sie alle zeigen: »Ohne Blutvergießen geschieht keine Vergebung« (V. 22). Darum ist der Tod Jesu am Kreuz heilsnotwendig. Die Vollkommenheit des Opfers Christi zeigt sich auch in der Einmaligkeit und Unwiederholbarkeit. Nachdem Christus ein für allemal das Versöhnungsopfer dargebracht hat, ist nun sein Platz bis zum Ende der Welt zu Gottes rechter Hand. Dort nimmt er die Aufgabe wahr, die ebenfalls zum Wesen des Hohenpriesters gehört: Er ist der Fürsprecher für das Volk (vgl. 7,25; zum Auslassen der Richterfunktion vgl. zu 2,5–18).

Das einmalige hohepriesterliche Selbstopfer Christi macht alle anderen kultischen Opferhandlungen überflüssig. Heb geht es nicht um Verinnerlichung und Vergeistigung jüdischer Kulthandlungen wie den griechisch denkenden Juden. Von ihnen stammt der Gedanke: Der irdische Tempelkult bildet das himmlische Geschehen ab. Für Heb ist mit dem Kreuzestod Christi »das Wesen der Güter selbst« (V. 1) in Erscheinung getreten. Mit ihm haben die unvollkommenen und zahlreichen Bemühungen jeden Sinn verloren. – Zu den Erklärungen über die Notwendigkeit des Opfertodes Christi (vgl. 9,16 ff.) fügt Heb noch eine weitere: Dieses Opfer war notwendig, weil es im AT, dem schriftlich niedergelegten Willen Gottes, so geschrieben steht. Wie Jer 31,31–34 für Heb das Schlüsselwort für die Notwendigkeit eines neuen Bundes ist, so Ps 40,7–9 für die Notwendigkeit des Opfers. Die Auslegung der Psalmstelle ist problematisch. Sie basiert allein auf der griechischen Übersetzung des AT (der Septuaginta); sie liest in Ps 40,7 statt »Ohren hast du mir aufgetan« »einen Leib hast du mir bereitet«. Heb legt diese Worte Christus selbst in den Mund. Sie werden für Heb zur Weissagung des einmaligen Leibopfers Christi und zur grundsätzlichen Verwerfung aller anderen Opfer durch Gott selbst. – Den Abschluß der Hohepriesterlehre bilden die Hinweise auf die Erhöhung Christi (V. 12) und auf den neuen Bund (V. 16), der nun durch den Mittler Christus mit der christlichen Gemeinde geschlossen ist. Mit dem Opfertod Christi ist aber das Böse in der Welt nicht beseitigt. Christus selbst wartet auf die Überwindung der Feinde (V. 13). Doch brauchen sich Glaubende vor diesen Mächten weder zu fürchten, noch müssen sie

er ein für allemal erschienen, durch sein eigenes Opfer die Sünde aufzuheben. [27] Und wie den Menschen bestimmt ist, *einmal* zu sterben, danach aber das Gericht: [28] so ist auch Christus *einmal* geopfert worden, die Sünden vieler wegzunehmen; zum zweiten Mal wird er nicht der Sünde wegen erscheinen, sondern denen, die auf ihn warten, zum Heil.

10 Denn das Gesetz hat nur einen Schatten von den zukünftigen Gütern, nicht das Wesen der Güter selbst. Deshalb kann es die, die opfern, nicht für immer vollkommen machen, da man alle Jahre die gleichen Opfer bringen muß. [2] Hätte nicht sonst das Opfern aufgehört, wenn die, die den Gottesdienst ausrichten, ein für allemal rein geworden wären und sich kein Gewissen mehr gemacht hätten über ihre Sünden? [3] Vielmehr geschieht dadurch alle Jahre nur eine Erinnerung an die Sünden. [4] Denn es ist unmöglich, durch das Blut von Stieren und Böcken Sünden wegzunehmen.

[5] Darum spricht er, wenn er in die Welt kommt (Psalm 40,7-9):

»Opfer und Gaben hast du nicht gewollt;
einen Leib aber hast du mir geschaffen.
[6] Brandopfer und Sündopfer gefallen dir nicht.
[7] Da sprach ich: Siehe, ich komme
– im Buch steht von mir geschrieben –,
daß ich tue, Gott, deinen Willen.«

[8] Zuerst hatte er gesagt: »Opfer und Gaben, Brandopfer und Sündopfer hast du nicht gewollt, sie gefallen dir auch nicht«, obwohl sie doch nach dem Gesetz geopfert werden. [9] Dann aber sprach er: »Siehe, ich komme, zu tun deinen Willen.« Da hebt er das erste auf, damit er das zweite einsetze. [10] Nach diesem Willen sind wir geheiligt ein für allemal durch das Opfer des Leibes Jesu Christi.

[11] Und jeder Priester steht Tag für Tag da und versieht seinen Dienst und bringt oftmals die gleichen Opfer dar, die doch niemals die Sünden wegnehmen können. [12] Dieser aber hat *ein* Opfer für die Sünden dargebracht, und sitzt nun für immer zur Rechten Gottes [13] und wartet hinfort, bis seine Feinde zum Schemel seiner Füße gemacht werden. [14] Denn *mit einem Opfer hat er für immer die vollendet, die geheiligt werden.* [15] Das bezeugt uns aber auch der heilige Geist. Denn nachdem der Herr gesagt hat (Jeremia 31,33.34):

[16] »Das ist der Bund, den ich mit ihnen schließen will
nach diesen Tagen«,

spricht er:

»Ich will mein Gesetz in ihr Herz geben
und in ihren Sinn will ich es schreiben,
[17] und ihrer Sünden und ihrer Ungerechtigkeit

will ich nicht mehr gedenken.«
[18]Wo aber Vergebung der Sünden ist, da geschieht kein Opfer mehr für die Sünde.

Das Bekenntnis der Hoffnung

[19]Weil wir denn nun, liebe Brüder, durch das Blut Jesu die Freiheit haben zum Eingang in das Heiligtum, [20]den er uns aufgetan hat als neuen und lebendigen Weg durch den Vorhang, das ist: durch das Opfer seines Leibes, [21]und haben einen Hohenpriester über das Haus Gottes, [22]*so laßt uns hinzutreten mit wahrhaftigem Herzen in vollkommenem Glauben, besprengt in unsern Herzen und los von dem bösen Gewissen und gewaschen am Leib mit reinem Wasser.* [23]*Laßt uns festhalten an dem Bekenntnis der Hoffnung und nicht wanken; denn er ist treu, der sie verheißen hat;* [24]und laßt uns aufeinander achthaben und uns anreizen zur Liebe und zu guten Werken, [25]und nicht verlassen unsre Versammlungen, wie einige zu tun pflegen, sondern einander ermahnen, und das um so mehr, als ihr seht, daß sich der Tag naht.

[26]Denn wenn wir mutwillig sündigen, nachdem wir die Erkenntnis der Wahrheit empfangen haben, haben wir hinfort kein andres Opfer mehr für die Sünden, [27]sondern nichts als ein schreckliches Warten auf das Gericht und das gierige Feuer, das die Widersacher verzehren wird. [28]Wenn jemand das Gesetz des Mose bricht, muß er sterben ohne Erbarmen auf zwei oder drei Zeugen hin. [29]Eine wieviel härtere Strafe, meint ihr, wird der verdienen, der den Sohn Gottes mit Füßen tritt und das Blut des Bundes für unrein hält, durch das er doch geheiligt wurde, und den Geist der Gnade schmäht? [30]Denn wir kennen den, der gesagt hat (5.Mose 32,35.36): »Die Rache ist mein, ich will vergelten«, und wiederum: »Der Herr wird sein Volk richten.« [31]Schrecklich ist's, in die Hände des lebendigen Gottes zu fallen.

[32]Gedenkt aber der früheren Tage, an denen ihr, nachdem ihr erleuchtet wart, erduldet habt einen großen Kampf des Leidens, [33]indem ihr zum Teil selbst durch Schmähungen und Bedrängnisse zum Schauspiel geworden seid, zum Teil Gemeinschaft hattet mit denen, welchen es so erging. [34]Denn ihr habt mit den Gefangenen gelitten und den Raub eurer Güter mit Freuden erduldet, weil ihr wißt, daß ihr eine bessere und bleibende Habe besitzt. [35]Darum *werft euer Vertrauen nicht weg, welches eine große Belohnung hat.* [36]*Geduld aber habt ihr nötig, damit ihr den Willen Gottes tut und das Verheißene empfangt.*

[37]Denn »nur noch eine kleine Weile,
so wird kommen, der da kommen soll,
und wird nicht lange ausbleiben.

sich vor Gottes Heiligkeit ängstigen. Sie dürfen vielmehr ganz aus der Gewißheit der Vergebung leben (V.18).

Nachdem die Bedeutung des hohepriesterlichen Opfers Christi als Inhalt der Lehre für die Vollkommenen (vgl. 6,1) eingeprägt worden ist, zieht Heb die Folgerung unter dem Leitmotiv: Je größer die Gabe, desto höher die Verantwortung (vgl. 2,1–3; 12,25–29). Gott hat sich durch das Kreuz seines Sohnes, seine Zuwendung zum Menschen, enthüllt. (Der unklare Nebensatz in V.20 ist vielleicht als verkürzter Ausdruck dieses Gedankens zu verstehen: d. h. durch das Opfer seines Fleisches.) Darum haben wir nun Freimütigkeit und Furchtlosigkeit vor Gott und den Menschen. Die kultischen Begriffe (eintreten, besprengt, gewaschen) haben ihre ursprüngliche Bedeutung verloren. Sie meinen nun einerseits eine vertiefte gereinigte Erkenntnis Gottes, andrerseits eine Haltung, die andere zur Liebe provoziert (V. 24). Hier zeigt sich deutlich, daß die Entfaltung der Hohepriesterlehre nicht Selbstzweck war. Sie dient dazu, einer müde gewordenen Gemeinde neuen Mut zu machen. Wir erkennen deutlich die Sorgen und Nöte einer späteren Generation. Einige haben die Gemeinde verlassen (V. 25) aus Enttäuschung oder aus Angst vor Verfolgung. Die Frage der Wiederaufnahme von Abgefallenen begegnet zum ersten Mal in der Christenheit. Die außerordentlich strenge Haltung des Heb hinterließ für die spätere Kirche ein fast unlösbares Problem: Eine Wiederaufnahme in die Gemeinde ist unmöglich (vgl. 6,4–6; 12,16f.). Der Abgefallene ist dem Gericht Gottes verfallen. Ob Heb außer dem Abfall vom Glauben noch andere Vergehen zu den »mutwilligen Sünden« (V. 26) rechnet, bleibt unklar. Die Verleugnung des Glaubens bei drohender Verfolgung steht im Vordergrund. Es ist ja nur eine kurze Zeit bis zu Gottes gerechtem Gericht (V. 37f.). Im Unterschied zu vielen seiner

[38]Mein Gerechter aber wird aus Glauben leben.
Wenn er aber zurückweicht,
hat meine Seele kein Gefallen an ihm« (Habakuk 2,3.4).

[39]Wir aber sind nicht von denen, die zurückweichen und verdammt werden, sondern von denen, die glauben und die Seele erretten.

christlichen Zeitgenossen ist bei Heb die urchristliche Naherwartung noch ungebrochen lebendig. Darum erinnert er an die frühere Leidensbereitschaft und Solidarität der Gemeinde (V. 32–34). Angesichts von Schikanen örtlicher Behörden (Gefängnis, Einziehung des Besitzes) mahnt er zum treuen Festhalten am Bekenntnis (vgl. die Einl.).

Der Glaubensweg im alten Bund

11 *Es ist aber der Glaube eine feste Zuversicht auf das, was man hofft, und ein Nichtzweifeln an dem, was man nicht sieht.* [2]Durch diesen Glauben haben die Vorfahren Gottes Zeugnis empfangen. [3]Durch den Glauben erkennen wir, daß die Welt durch Gottes Wort geschaffen ist, so daß alles, was man sieht, aus nichts geworden ist.

[4]Durch den Glauben hat *Abel* Gott ein besseres Opfer dargebracht als Kain; deshalb wurde ihm bezeugt, daß er gerecht sei, da Gott selbst es über seinen Gaben bezeugte; und durch den Glauben redet er noch, obwohl er gestorben ist. [5]Durch den Glauben wurde *Henoch* entrückt, damit er den Tod nicht sehe, und wurde nicht mehr gefunden, weil Gott ihn entrückt hatte; denn vor seiner Entrückung ist ihm bezeugt worden, daß er Gott gefallen habe. [6]Aber *ohne Glauben ist's unmöglich, Gott zu gefallen;* denn wer zu Gott kommen will, der muß glauben, daß er ist und daß er denen, die ihn suchen, ihren Lohn gibt. [7]Durch den Glauben hat *Noah* Gott geehrt und die Arche gebaut zur Rettung seines Hauses, als er ein göttliches Wort empfing über das, was man noch nicht sah; durch den Glauben sprach er der Welt das Urteil und hat ererbt die Gerechtigkeit, die durch den Glauben kommt.

[8]Durch den Glauben wurde *Abraham* gehorsam, als er berufen wurde, in ein Land zu ziehen, das er erben sollte; und er zog aus und wußte nicht, wo er hinkäme. [9]Durch den Glauben ist er ein Fremdling gewesen in dem verheißenen Lande wie in einem fremden und wohnte in Zelten mit Isaak und Jakob, den Miterben derselben Verheißung. [10]Denn er wartete auf die Stadt, die einen festen Grund hat, deren Baumeister und Schöpfer Gott ist. [11]Durch den Glauben empfing auch *Sara,* die unfruchtbar war, Kraft, Nachkommen hervorzubringen trotz ihres Alters; denn sie hielt den für treu, der es verheißen hatte. [12]Darum sind auch von dem einen, dessen Kraft schon erstorben war, so viele gezeugt worden wie die Sterne am Himmel und wie der Sand am Ufer des Meeres, der unzählbar ist. [13]Diese alle sind gestorben im Glauben und haben das Verheißene nicht erlangt, sondern es nur von ferne gesehen und gegrüßt und haben bekannt, daß sie Gäste und Fremdlinge auf Erden

Der Ernst der Verantwortung vor Gottes Heilsgabe fordert eine Haltung menschlicher Größe. Vorbilder ermuntern und geben Kraft zur Selbstüberwindung. Heb greift bei diesem Thema offensichtlich auf eine schon von der jüdischen Synagoge geprägte Lehrtradition zurück. Judenverfolgungen gehörten schon damals zum Alltag. Es war schwer, als Jude in einer feindlichen heidnischen Umwelt zu leben. Heb 11 hat uns ein wertvolles Zeugnis dafür bewahrt, wie in der jüdischen Synagoge der Glaube gestärkt wurde. Die im Heb wesentlichen Änderungen der vorgegebenen Tradition finden wir in den V. 13–16 und 38f. Dort unterstreicht er, daß die Glaubensväter die letzte Verheißung noch nicht erlangt haben. Sie sind aber vorbildhafte Beispiele dafür, wie man sich Gottes Wort gegenüber verhält. Der Grundgedanke ist: Wenn schon die Männer des alten Bundes solchen Glaubensmut bewiesen haben, wie viel mehr haben die Christen Grund dazu! Weil es ihm um Überbietung geht, kann Heb dieses jüdische Lehrstück unkorrigiert übernehmen. Auch die Definition des Glaubens in V. 1 könnte jener jüdischen Tradition angehören, denn es fehlt ihr jeder spezifisch christliche Bezug (Glaube an Christus; die geschenkte Sündenvergebung usw.). Die persönliche Beziehung zu Christus und zum Heil wird im Heb nicht als Glauben, sondern als »Sehen (3,1; 12,2), »Herantreten« (4,16; 10,19), »Haben« (4,14), »geheiligt werden« (10,14) o.ä. ausgedrückt. Glaube dagegen ist für ihn Zentralbegriff für die sittliche Haltung. Die Auffassung erleichtert ihm die Übernahme dieses jüdisch-katechetischen Lehrstückes

sind. [14]Wenn sie aber solches sagen, geben sie zu verstehen, daß sie ein Vaterland suchen. [15]Und wenn sie das Land gemeint hätten, von dem sie ausgezogen waren, hätten sie ja Zeit gehabt, wieder umzukehren. [16]Nun aber sehnen sie sich nach einem besseren Vaterland, nämlich dem himmlischen. Darum schämt sich Gott ihrer nicht, ihr Gott zu heißen; denn er hat ihnen eine Stadt gebaut.

[17]Durch den Glauben opferte *Abraham* den Isaak, als er versucht wurde, und gab den einzigen Sohn dahin, als er schon die Verheißung empfangen hatte [18]und ihm gesagt worden war (1.Mose 21,12): »Was von Isaak stammt, soll dein Geschlecht genannt werden.« [19]Er dachte: Gott kann auch von den Toten erwecken; deshalb bekam er ihn auch als Gleichnis dafür wieder.

[20]Durch den Glauben segnete *Isaak* den Jakob und den Esau im Blick auf die zukünftigen Dinge. [21]Durch den Glauben segnete *Jakob,* als er starb, die beiden Söhne Josefs und neigte sich anbetend über die Spitze seines Stabes. [22]Durch den Glauben redete *Josef,* als er starb, vom Auszug der Israeliten und befahl, was mit seinen Gebeinen geschehen solle.

[23]Durch den Glauben wurde *Mose,* als er geboren war, drei Monate verborgen von seinen Eltern, weil sie sahen, daß er ein schönes Kind war; und sie fürchteten sich nicht vor des Königs Gebot. [24]Durch den Glauben wollte Mose, als er groß geworden war, nicht mehr als Sohn der Tochter des Pharao gelten, [25]sondern wollte viel lieber mit dem Volk Gottes zusammen mißhandelt werden, als eine Zeitlang den Genuß der Sünde haben, [26]und hielt die Schmach Christi für größeren Reichtum als die Schätze Ägyptens; denn er sah auf die Belohnung. [27]Durch den Glauben verließ er Ägypten und fürchtete nicht den Zorn des Königs; denn er hielt sich an den, den er nicht sah, als sähe er ihn. [28]Durch den Glauben hielt er das Passa und das Besprengen mit Blut, damit der Verderber ihre Erstgeburten nicht anrühre. [29]Durch den Glauben gingen sie durchs Rote Meer wie über trockenes Land; das versuchten die Ägypter auch und ertranken.

[30]Durch den Glauben fielen die Mauern Jerichos, als Israel sieben Tage um sie herumgezogen war. [31]Durch den Glauben kam die Hure *Rahab* nicht mit den Ungehorsamen um, weil sie die Kundschafter freundlich aufgenommen hatte.

[32]Und was soll ich noch mehr sagen? Die Zeit würde mir zu kurz, wenn ich erzählen sollte von Gideon und Barak und Simson und Jeftah und David und Samuel und den Propheten. [33]Diese haben durch den Glauben Königreiche bezwungen, Gerechtigkeit geübt, Verheißungen

über den Glauben. In einer Darstellung der Geschichte der Glaubenszeugen des jüdischen Volkes von Abel bis zu den Märtyrern der Makkabäerzeit wird das Wesen des Glaubens entfaltet. In jedem Abschnitt liegt auf einem Aspekt besonderer Nachdruck, wobei offensichtlich eine Steigerung beabsichtigt ist. Man kann deutlich sieben Aspekte erkennen: 1. Glaube ist Vertrauen auf das Unsichtbare (V. 3–7); 2. Glaube ist Vertrauen auf Gottes Verheißung (V. 8–12); 3. Glaube ist Gehorsam (V. 17–19); 4. Glaube gibt Kraft, andere Menschen zu segnen (V. 20–22); 5. Glaube gibt Mut zum Widerstand gegen die Feinde (V. 23–29); 6. Glaube gibt Kraft zum Siegen (V. 30–35); 7. Glaube gibt Kraft zum Leiden bis zum Martyrium (V. 36–38). – Der Darstellung der Geschichte der Glaubenszeugen liegt weithin das AT zugrunde, doch finden sich auch Einflüsse frühjüdischer Legendenbildung und weiterentwickelter theologischer Anschauungen. Zeugnisse dafür sind z. B.: Moses flieht nicht aus Furcht aus Ägypten (so 2Mo 2,14), sondern bekennt sich zu den Leiden seines Volkes (»Schmach Christi« in V. 26 ist nicht Titel für Jesus, sondern Ehrenname für das ganze Volk Israel als »Gesalbte Gottes«; vgl. Ps 89,52). Weil Gott der Unsichtbare ist, kann auch Mose ihn nicht gesehen haben (anders 2Mo 33,11; 4Mo 12,7f. u. ö.). Er kann sich nur an Gott halten, »so als sähe er ihn« (V. 27). – Zur positiven Wertung der Rahab vgl. Jak 2,25. – Die Andeutungen ab V. 32 sind nur noch für den Kenner des AT und der jüdischen Legenden erkennbar. Angespielt wird auf Daniel in der Löwengrube (V. 33 vgl. Dan 3,17). V. 35 denkt wahrscheinlich an die Witwe von Sarepta (1Kö 17,17–24) und die Schunemiterin (2Kö 4,18–37), die durch Elia bzw. Elisa ihre Söhne aus dem Tode zurückerhielten. An die schweren Leiden der Makkabäerzeit (vgl. 2Ma 6–7) wird erinnert. Das Thema des Prophetenmordes (vgl. Mt 23,37Parr) ist in V. 37f. hervorgehoben. Nach 2Chr 24,20–22 ist Secharja gesteinigt worden, nach der jüdischen Legende Jeremia

erlangt, Löwen den Rachen gestopft, 34 des Feuers Kraft ausgelöscht, sind der Schärfe des Schwerts entronnen, aus der Schwachheit zu Kräften gekommen, sind stark geworden im Kampf und haben fremde Heere in die Flucht geschlagen. 35 Frauen haben ihre Toten durch Auferstehung wiederbekommen. Andere aber sind gemartert worden und haben die Freilassung nicht angenommen, damit sie die Auferstehung, die besser ist, erlangten. 36 Andere haben Spott und Geißelung erlitten, dazu Fesseln und Gefängnis. 37 Sie sind gesteinigt, zersägt, durchs Schwert getötet worden; sie sind umhergezogen in Schafpelzen und Ziegenfellen; sie haben Mangel, Bedrängnis, Mißhandlung erduldet. 38 Sie, deren die Welt nicht wert war, sind umhergeirrt in Wüsten, auf Bergen, in Höhlen und Erdlöchern.

39 Diese alle haben durch den Glauben Gottes Zeugnis empfangen und doch nicht erlangt, was verheißen war, 40 weil Gott etwas Besseres für uns vorgesehen hat; denn sie sollten nicht ohne uns vollendet werden.

ebenfalls. Doch von Jesaja wird erzählt, er sei zersägt worden. Die Propheten zeigten auch durch ihre Kleidung, daß sie sich von den Schätzen der Welt nicht betören ließen (vgl. Elia in 2Kö 1,8 und Johannes der Täufer in Mt 3,4Par). Sie haben durch ihr Äußeres dokumentiert, daß sie auf der Erde Fremdlinge sind. Damit leitet Heb zu seiner abschließenden Bemerkung über: Alle Glaubenszeugen des AT haben auf eine noch ausstehende bessere himmlische Verheißung gewartet. Darum sind sie nicht nur Vorbilder in der Glaubenshaltung, sondern zugleich auch Wegzeichen auf das zukünftige Heil.

Der Glaubensweg der Christen

12 Darum auch wir: Weil wir eine solche Wolke von Zeugen um uns haben, laßt uns ablegen alles, was uns beschwert, und die Sünde, die uns ständig umstrickt, und *laßt uns laufen mit Geduld in dem Kampf, der uns bestimmt ist,* 2 *und aufsehen zu Jesus, dem Anfänger und Vollender des Glaubens,* der, obwohl er hätte Freude haben können, das Kreuz erduldete und die Schande gering achtete und sich gesetzt hat zur Rechten des Thrones Gottes. 3 Gedenkt an den, der soviel Widerspruch gegen sich von den Sündern erduldet hat, damit ihr nicht matt werdet und den Mut nicht sinken laßt.

4 Ihr habt noch nicht bis aufs Blut widerstanden im Kampf gegen die Sünde 5 und habt bereits den Trost vergessen, der zu euch redet wie zu seinen Kindern (Sprüche 3,11.12):

»Mein Sohn, achte nicht gering die Erziehung des Herrn
und verzage nicht, wenn du von ihm gestraft wirst.
6 Denn *wen der Herr lieb hat, den züchtigt er,*
und er schlägt jeden Sohn, den er annimmt.«

7 Es dient zu eurer Erziehung, wenn ihr dulden müßt. Wie mit seinen Kindern geht Gott mit euch um; denn wo ist ein Sohn, den der Vater nicht züchtigt? 8 Seid ihr aber ohne Züchtigung, die doch alle erfahren haben, so seid ihr Ausgestoßene und nicht Kinder. 9 Wenn unsre leiblichen Väter uns gezüchtigt haben und wir sie doch geachtet haben sollten wir uns dann nicht viel mehr unterordnen dem geistlichen Vater, damit wir leben? 10 Denn jene haben uns

Das Vorbild der Väter zeigt den Weg des Glaubens. Weniger Last führt rascher zum Ziel. Schwer wiegen Schuld, Mißachtung und Zurücksetzung. Sie lassen verzagt, ungeduldig und mutlos werden. Jesu Vorbild aber verleiht neue Kräfte. Vom Weg des Glaubens ist er nicht abgewichen, obwohl er einsam, verachtet und verlassen war. Heb betont Jesu Haltung im Leiden so einseitig (vgl. 1Pt 2,21ff.), weil die christlichen Gemeinden empfindlich bedroht wurden (vgl. die Einl.). Der Glaube, daß Jesus als der Sohn Gottes gelitten hat, vertieft einen Gedanken der frühjüdischen Theologie des Leides: Leiden ist göttliche Erziehung. Weithin galt es als Strafe für Schuld; man klagte Gott an, daß es auch dem Unschuldigen zugefügt wird. In der leidvollen Geschichte ihres Volkes haben jedoch jüdische Fromme ein ganz neues Verständnis des Leidens entdeckt: Im Leiden erwählt Gott Menschen, die er zu Außerordentlichem beruft (vgl. noch Jdt 8,19–22 u. ö.). Nur der Leidgeprüfte kann andere Menschen aufrichten. Gott will seine erwählten Söhne nicht zerbrechen, sondern stärken. Das junge Christentum fand den Gedanken jüdischer Leidenstheologie in Kreuz und Erhöhung

gezüchtigt für wenige Tage nach ihrem Gutdünken, dieser aber tut es zu unserm Besten, damit wir an seiner Heiligkeit Anteil erlangen. [11]Jede Züchtigung aber, wenn sie da ist, scheint uns nicht Freude, sondern Leid zu sein; danach aber bringt sie als Frucht denen, die dadurch geübt sind, Frieden und Gerechtigkeit.

[12]Darum stärkt die müden Hände und die wankenden Knie, [13]und macht sichere Schritte mit euren Füßen, damit nicht jemand strauchle wie ein Lahmer, sondern vielmehr gesund werde. [14]Jagt dem Frieden nach mit jedermann und der Heiligung, ohne die niemand den Herrn sehen wird, [15]und seht darauf, daß nicht jemand Gottes Gnade versäume; daß nicht etwa eine bittere Wurzel aufwachse und Unfrieden anrichte und viele durch sie unrein werden; [16]daß nicht jemand sei ein Abtrünniger oder Gottloser wie Esau, der um der einen Speise willen seine Erstgeburt verkaufte. [17]Ihr wißt ja, daß er hernach, als er den Segen ererben wollte, verworfen wurde, denn er fand keinen Raum zur Buße, obwohl er sie mit Tränen suchte.

[18]Denn ihr seid nicht gekommen zu dem Berg, den man anrühren konnte und der mit Feuer brannte, und nicht in Dunkelheit und Finsternis und Ungewitter [19]und nicht zum Schall der Posaune und zum Ertönen der Worte, bei denen die Hörer baten, daß ihnen keine Worte mehr gesagt würden; [20]denn sie konnten's nicht ertragen, was da gesagt wurde (2. Mose 19,13): »Und auch wenn ein Tier den Berg anrührt, soll es gesteinigt werden.« [21]Und so schrecklich war die Erscheinung, daß Mose sprach (5. Mose 9,19): »Ich bin erschrocken und zittere.« [22]Sondern ihr seid gekommen zu dem Berg Zion und zu der Stadt des lebendigen Gottes, dem himmlischen Jerusalem, und zu den vielen tausend Engeln, und zu der Versammlung [23]und Gemeinde der Erstgeborenen, die im Himmel aufgeschrieben sind, und zu Gott, dem Richter über alle, und zu den Geistern der vollendeten Gerechten [24]und zu dem Mittler des neuen Bundes, Jesus, und zu dem Blut der Besprengung, das besser redet als Abels Blut.

[25]Seht zu, daß ihr den nicht abweist, der da redet. Denn wenn jene nicht entronnen sind, die den abwiesen, der auf Erden redete, wieviel weniger werden wir entrinnen, wenn wir den abweisen, der vom Himmel redet. [26]Seine Stimme hat zu jener Zeit die Erde erschüttert, jetzt aber verheißt er und spricht (Haggai 2,6): »Noch einmal will ich erschüttern nicht allein die Erde, sondern auch den Himmel.« [27]Dieses »Noch einmal« aber zeigt an, daß das, was erschüttert werden kann, weil es geschaffen ist, verwandelt werden soll, damit allein das bleibe, was nicht erschüttert werden kann. [28]Darum, weil wir ein unerschütterliches Reich emp-

Christi bestätigt. So kann Leid sogar Grund zur Freude werden (vgl. 1Pt 1,5–7; Jak 1,2 f.).

Leidgeprüfte, die Gottes Güte auch in Krankheit und Schmerz zu erkennen vermögen, sind befähigt, Strauchelnde und Zweifelnde vor Verbitterung zu bewahren. Lebensfähige Gemeinden leben nicht nur von frommen Vorbildern der Vergangenheit, sondern brauchen Menschen, die ihnen heute Sicherheit und Halt zu geben vermögen. Es hängt von der gesamten Atmosphäre in der Gemeinde ab, ob es Menschen gibt, die sich bei der ersten Versuchung wie Esau (vgl. 1Mo 25,33 f.) wieder von der Gemeinde trennen. Da es für Heb keine Möglichkeit zur Rückkehr gibt (vgl. 6,4–6; 10,26–32) sind Vorbilder um so dringender. Die Christen haben durch Abfall weit mehr zu verlieren als Esau. Darum kommt Heb noch einmal auf den Grundsatz seines ethischen Denkens zurück. Je größer die Gabe, desto höher die Verantwortung (vgl. 2,1–3; 10,19–31). Die Christen stehen vor den Toren des himmlischen Jerusalems, dem Ort der Freude und des Lobpreises, zu dem sie durch das Blut Christi schon jetzt Zugang haben. Durften sich Fromme in den heiligen Stätten des alten Bundes nur mit Furcht und Zittern Gott nähern, so dürfen es Christen mit Vertrauen und Freude. In leuchtenden Farben malt Heb die Herrlichkeit der Zukunft aus. Doch die Verheißung, daß wir Geborgenheit und Frieden finden werden, wird von Heb nicht als Vertröstung auf ein besseres Jenseits dargestellt. Diese Welt ist nicht das irdische Jammertal, dem wir entfliehen können. Heb glaubt an eine totale Verwandlung dieser Welt, von der nur das »Unerschütterliche« (V. 27) übrig bleiben wird. Darum ruft er im Folgenden zur Verantwortung, damit umso mehr bleibt, was nicht vom göttlichen Gerichtsfeuer verzehrt wird.

fangen, laßt uns dankbar sein und so Gott dienen mit Scheu und Furcht, wie es ihm gefällt; [29] denn unser Gott ist ein verzehrendes Feuer.

Letzte Ermahnungen

13 Bleibt fest in der brüderlichen Liebe. [2] Gastfrei zu sein, vergeßt nicht; denn dadurch haben einige ohne ihr Wissen Engel beherbergt. [3] Denkt an die Gefangenen, als wärt ihr Mitgefangene, und an die Mißhandelten, weil ihr auch noch im Leibe lebt.

[4] Die Ehe soll in Ehren gehalten werden bei allen und das Ehebett unbefleckt; denn die Unzüchtigen und die Ehebrecher wird Gott richten.

[5] Seid nicht geldgierig, und laßt euch genügen an dem, was da ist. Denn der Herr hat gesagt (Josua 1,5): »Ich will dich nicht verlassen und nicht von dir weichen.« [6] So können auch wir getrost sagen:

»Der Herr ist mein Helfer, ich will mich nicht fürchten;
was kann mir ein Mensch tun?« (Psalm 118,6)

[7] Gedenkt an eure Lehrer, die euch das Wort Gottes gesagt haben; ihr Ende schaut an und folgt ihrem Glauben nach. [8] *Jesus Christus gestern und heute und derselbe auch in Ewigkeit.* [9] Laßt euch nicht durch mancherlei und fremde Lehren umtreiben, denn *es ist ein köstlich Ding, daß das Herz fest werde, welches geschieht durch Gnade,* nicht durch Speisegebote, von denen keinen Nutzen haben, die damit umgehen. [10] Wir haben einen Altar, von dem zu essen kein Recht haben, die der Stiftshütte dienen. [11] Denn die Leiber der Tiere, deren Blut durch den Hohenpriester als Sündopfer in das Heilige getragen wird, werden außerhalb des Lagers verbrannt. [12] Darum hat auch Jesus, damit er das Volk heilige durch sein eigenes Blut, gelitten draußen vor dem Tor. [13] So laßt uns nun zu ihm hinausgehen aus dem Lager und seine Schmach tragen. [14] Denn *wir haben hier keine bleibende Stadt, sondern die zukünftige suchen wir.* [15] So laßt uns nun durch ihn Gott allezeit das Lobopfer darbringen, das ist die Frucht der Lippen, die seinen Namen bekennen. [16] *Gutes zu tun und mit andern zu teilen, vergeßt nicht; denn solche Opfer gefallen Gott.* [17] Gehorcht euren Lehrern und folgt ihnen, denn sie wachen über eure Seelen – und dafür müssen sie Rechenschaft geben –, damit sie das mit Freuden tun und nicht mit Seufzen; denn das wäre nicht gut für euch.

Heb nennt vier Bereiche, in denen Christen höhere Verantwortung haben: 1. Die Offenheit für den Mitmenschen (V. 1). Mit 1Mo 18,2 ff.; 19,1 ff. erinnert er an das Motiv: Engel kann man ohne Wissen beherbergen. Die Gemeinden vertieften das in Mt 25,31–46: Jesus Christus setzte sich selbst mit den unsere Hilfe Fordernden gleich. 2. Die Solidarität mit den Leidenden (vgl. 12,1 ff.). 3. Die Unverletzlichkeit von Ehe und Familie. 4. Die Genügsamkeit im Umgang mit dem Besitz. Christlicher Glaube und rücksichtsloses Streben nach persönlichem Besitz schließen einander aus. Das meint keinen selbstzerstörerischen Verzicht, sondern ein empfindliches Bewußtsein dafür, daß Teilen nicht ärmer macht. Heb weiß, daß diese höhere Verantwortung schwer zu verwirklichen ist. Darum verweist er die an sich selbst Zweifelnden an Gottes Zusage (V. 5 f.), an menschliche Vorbilder (V. 7) und an Jesus Christus selbst (V. 8). Jesus Christus im Wandel der Zeit ewig unveränderlich – ursprünglich eine typisch griechische Bestimmung des Wesens Gottes – meint hier: Jesus bleibt der sich für uns Opfernde und tritt ständig für uns vor Gott ein (vgl. 7,25).

Die konkreten Mahnungen ab V. 9 sind wegen der Bildsymbolik schwer verständlich. Wahrscheinlich steht der schmerzliche Prozeß der Trennung des jungen Christentums vom Judentum dahinter (vgl. die Einl.): Der Weg der Gnade und der Weg der Kultgebote sind unvereinbar (V. 9). Darum erscheint Heb die Teilnahme der Juden am christlichen Gottesdienst als unmöglich (V. 10). Nach 3Mo 24,14 und 4Mo 15,35 wird der schuldige Verbrecher außerhalb des Lagers getötet. Nach Heb stirbt der rechte Hohepriester selbst an der schutzlosen Stelle, um das schuldige Volk zu heiligen. Darum muß ihm das neue Volk in rechtlose und unsichere Bereiche folgen. Anstelle bisheriger Opfer treten Barmherzigkeit und Güte (vgl. Phl 4,18); Jak 1,27). Auf der Suche nach neuen Lebensformen sollen sich aber Gemeinden an ihre Leiter halten, die für ihren Weg besondere Verantwortung tragen.

[18]Betet für uns. Unser Trost ist, daß wir ein gutes Gewissen haben, und wir wollen in allen Dingen ein ordentliches Leben führen. [19]Um so mehr aber ermahne ich euch, dies zu tun, damit ich euch möglichst bald wiedergegeben werde.

Segenswunsch und Grüße

[20]Der Gott des Friedens aber, der den großen Hirten der Schafe, unsern Herrn Jesus, von den Toten heraufgeführt hat durch das Blut des ewigen Bundes, [21]der mache euch tüchtig in allem Guten, zu tun seinen Willen, und schaffe in uns, was ihm gefällt, durch Jesus Christus, welchem sei Ehre von Ewigkeit zu Ewigkeit! Amen.

[22]Ich ermahne euch aber, liebe Brüder, nehmt dies Wort der Ermahnung an; ich habe euch ja nur kurz geschrieben. [23]Wißt, daß unser Bruder Timotheus wieder frei ist; mit ihm will ich euch, wenn er bald kommt, besuchen. [24]Grüßt alle eure Lehrer und alle Heiligen. Es grüßen euch die Brüder aus Italien. [25]Die Gnade sei mit euch allen!

Nur durch diese Verse wird aus der Predigt ein Brief. Drei Aussagen über den Verfasser sind zu entnehmen: 1. Timotheus als sein enger Vertrauter ist überraschenderweise freigelassen worden. 2. Die Situation veranlaßt ihn, das Gebet der Adressaten zu erbitten (V. 18f.). 3. Die Empfänger bekommen Grüße aus Italien. Diese Angaben passen am besten auf Paulus. So haben es die meisten Väter der Alten Kirche verstanden und den Brief als Paulusbrief in den Kanon aufgenommen. Da die Unterschiede zu Paulus jedoch erheblich sind, hat man nach einer Person aus dessen Umkreis gesucht (z.B. so auch Luther: Apollos). Wahrscheinlich sollte aber diese Predigt unter die Autorität des Paulus gestellt werden (zu Pseudepigraphie im NT vgl. den Abschnitt vor Eph).

In den künstlichen Rahmen ist ein urchristlicher Hymnus auf den Gott, der Jesus von den Toten auferweckt hat, überarbeitet eingefügt. Nur in diesem Zitat ist die Auferstehung Jesu von den Toten erwähnt, während Heb sonst in seiner Darstellung des Weges Christi Karfreitag und Himmelfahrt zu einem einzigen Ereignis verschmelzen läßt (vgl. die Einl.).

DER BRIEF DES JAKOBUS

Der Jakobusbrief fordert, vor Gott und den Menschen verantwortlich zu leben. Lebendiger Glaube soll sich im Alltag auswirken. Ohne Handeln ist er sinnlos. Darum schärft der Jak ein: »Ohne Werke ist der Glaube tot« (2,26).

Dieser Brief gehört zur Gattung der Mahnschreiben. Er schöpft aus dem reichen Schatz jüdischer Spruchweisheit (Spr ; Sir).

Das Schreiben trägt den Namen des Bruders Jesu. Bald nach Jesu Tod galt dieser (Apg 15,13ff.) als Autorität der Jerusalemer Gemeinde. Doch unterscheidet sich seine betont kultische Auffassung von der des Briefes. So trennt er noch Juden- und Heidenchristen voneinander (Gal 2,11ff.). Dagegen scheint der Verfasser des Jak nicht am kultischen Denken interessiert zu sein; denn der Unterschied zwischen Juden- und Heidenchristen gehört für ihn der Vergangenheit an. Er nimmt die Autorität des Bruders Jesu in Anspruch: Wie dieser ist er davon überzeugt, daß gute Werke unentbehrlich sind. Die Verbindung zu dem Herrenbruder legt sich auch darum nahe, weil viele Sprüche im Jak Parallelen in Jesusworten haben. Doch entfaltet er sie in eine andere Situation.

Die Betonung des Tuns bringt die Schrift in Widerspruch zu Paulus. Er verstand den Glauben als das große Geschenk: Menschen können sich ohne jede Vorbedingung vertrauensvoll Gott zuwenden. Glaube und Werk sind eins bei dem, der das Angebot annimmt. Zur Zeit des Briefschreibers des Jak dagegen bedeutet Glaube schon Annahme einer Lehrmeinung, die selbst böse Mächte teilen (2,19). Darum muß Jak die Werke zusätzlich zum Glauben fordern.

Das Schreiben steht sachlich und zeitlich im Abstand zu Paulus und dem Herrenbruder. Es wendet sich gegen ein schon erlahmendes Christentum und gehört darum der zweiten oder dritten Generation an. Offensichtlich ist der Verfasser den Lehrern der Gemeinden (3,1) zuzurechnen.

Trotz der scharfen Angriffe Luthers kann diese kleine Schrift uns heute ein notwendiges Mahnwort sein. Sie geht tapfer den Alltag und den Kleinkrieg in den Gemeinden an und ermutigt zum unbedingten Vertrauen auf Gott, bei dem keine Veränderung ist und kein Wechsel von Licht und Finsternis (1,17).

1 Jakobus, ein Knecht Gottes und des Herrn Jesus Christus, an die zwölf Stämme in der Zerstreuung: Gruß zuvor!

In der Adresse spricht sich die Glaubensüberzeugung aus: Die christliche Gemeinde ist die Erbin der Zusagen und Verpflichtungen des Bundes Gottes mit dem Zwölfstämmevolk Israel. Ihre Zerstreuung in alle Welt bedeutet Mühsal ihrer Fremdlingschaft (1Pt 1,1) und zugleich Weite ihres Auftrags (Mt 28,19). – Zu »Knecht Gottes« vgl. zu Rö 1,1.

Der Christ in der Anfechtung

[2]Meine lieben Brüder, erachtet es für lauter Freude, wenn ihr in mancherlei Anfechtungen fallt, [3]und wißt, daß euer Glaube, wenn er bewährt ist, Geduld wirkt. [4]Die Geduld aber soll ihr Werk tun bis ans Ende, damit ihr vollkommen und unversehrt seid und kein Mangel an euch sei.

[5]Wenn es aber jemandem unter euch an Weisheit mangelt, so bitte er Gott, der jedermann gern gibt und niemanden schilt; so wird sie ihm gegeben werden. [6]Er bitte aber im Glauben und zweifle nicht; denn wer zweifelt, der gleicht einer Meereswoge, die vom Winde getrieben und bewegt wird. [7]Ein solcher Mensch denke nicht, daß er etwas von dem Herrn empfangen werde. [8]Ein Zweifler ist unbeständig auf allen seinen Wegen.

[9]Ein Bruder aber, der niedrig ist, rühme sich seiner Höhe; [10]wer aber reich ist, rühme sich seiner Niedrigkeit, denn wie eine Blume des Grases wird er vergehen. [11]Die Sonne geht auf mit ihrer Hitze, und das Gras verwelkt, und die Blume fällt ab, und ihre schöne Gestalt verdirbt: so wird auch der Reiche dahinwelken in dem, was er unternimmt.

[12]*Selig ist der Mann, der die Anfechtung erduldet; denn nachdem er bewährt ist, wird er die Krone des Lebens empfangen, die Gott verheißen hat denen, die ihn lieb haben.*

Leiden soll nicht als Verhängnis oder Strafe verstanden werden, sondern als Herausforderung, beharrlich an sich zu arbeiten. Die Belastungsproben sind nach Jak Grund zur Freude und zur Hoffnung auf die Erfüllung christlichen Lebens – Vollkommen meint, sich ganz (ungeteilt) auf ein Ziel auszurichten. – Die härteste Anfechtung unseres Glaubens ist, daß Gott unsere Bitten nicht erhören könnte. Der Glaubende zweifelt nicht daran, daß Gott das uns Notwendige geben wird. Er setzt aber nicht die Erhörung des Gebets mit der Erfüllung seiner Wünsche gleich. Das ist wahre Lebensweisheit, die zu fröhlicher Gelassenheit führt – Glaube wird zerfressen von der Unzufriedenheit. Jak sieht nur die Verführungsmacht des Reichtums und seine Vergänglichkeit und gibt deshalb dem Reichen keine Chance (Jes 5,8ff.; Mk 10,17ff.Par; Lk 6,24; 16,19ff.). – Zur Krone des Lebens vgl. zu 1Ko 9,25.

Der Ursprung der Versuchung

[13]Niemand sage, wenn er versucht wird, daß er von Gott versucht werde. Denn Gott kann nicht versucht werden zum Bösen, und er selbst versucht niemand. [14]Sondern ein

Sünde als Gottesferne ist alleinige Schuld menschlicher Leidenschaften, die als Kettenreaktion zum tota-

jeder, der versucht wird, wird von seinen eigenen Begierden gereizt und gelockt. [15]Danach, wenn die Begierde empfangen hat, gebiert sie die Sünde; die Sünde aber, wenn sie vollendet ist, gebiert den Tod. [16]Irrt euch nicht, meine lieben Brüder. [17]*Alle gute Gabe und alle vollkommene Gabe kommt von oben herab, von dem Vater des Lichts, bei dem keine Veränderung ist noch Wechsel des Lichts und der Finsternis.* [18]Er hat uns geboren nach seinem Willen durch das Wort der Wahrheit, damit wir Erstlinge seiner Geschöpfe seien.

len Bruch mit Gott führen. Dagegen gilt Gottes unveränderliche Vatergüte dem ganzen Kosmos und ist nicht wie die Gestirne dem Wechsel unterworfen. Gott in der Ordnung des Kosmos zu erkennen, ist ein zentraler Gedanke der stoischen Philosophie. Von dort stammt auch die sonst der Bibel fremde Vorstellung, daß Gott niemanden versucht (vgl. dagegen 1Mo 22; Mt 6,13).

Es spricht aus der Frömmigkeit des Jak ein ganz besonderes Vertrauen auf Gottes unwandelbare Güte zur Schöpfung. Diese sieht er darin bestätigt, daß Gott durch Jesus Christus (= Wort der Wahrheit) in der Taufe Menschen neu schafft. Christen sind Zeichen (Erstlinge) der neuen Schöpfung, die mit Gott in Frieden und ungebrochener Gemeinschaft leben.

Hörer und Täter des Wortes

[19]Ihr sollt wissen, meine lieben Brüder: ein jeder Mensch sei schnell zum Hören, langsam zum Reden, langsam zum Zorn. [20]Denn des Menschen Zorn tut nicht, was vor Gott recht ist. [21]Darum legt ab alle Unsauberkeit und alle Bosheit und nehmt das Wort an mit Sanftmut, das in euch gepflanzt ist und Kraft hat, eure Seelen selig zu machen. [22]*Seid aber Täter des Worts und nicht Hörer allein;* sonst betrügt ihr euch selbst. [23]Denn wenn jemand ein Hörer des Worts ist und nicht ein Täter, der gleicht einem Mann, der sein leibliches Angesicht im Spiegel beschaut; [24]denn nachdem er sich beschaut hat, geht er davon und vergißt von Stund an, wie er aussah. [25]Wer aber durchschaut in das vollkommene Gesetz der Freiheit und dabei beharrt und ist nicht ein vergeßlicher Hörer, sondern ein Täter, der wird selig sein in seiner Tat. [26]Wenn jemand meint, er diene Gott, und hält seine Zunge nicht im Zaum, sondern betrügt sein Herz, so ist sein Gottesdienst nichtig. [27]Ein reiner und unbefleckter Gottesdienst vor Gott, dem Vater, ist der: die Waisen und Witwen in ihrer Trübsal besuchen und sich selbst von der Welt unbefleckt halten.

Voraussetzung für rechtes Handeln ist die Bereitschaft zu intensivem Hören, den Mitmenschen anzunehmen und sich nicht vom Zorn über dessen Fehler und Schwächen überwältigen zu lassen. Jak versteht die Taufe als Einpflanzen des Wortes Gottes, das den Menschen von innen her wandelt und sich in seinen Taten entfaltet. Dieses eingepflanzte Wort wird das vollkommene Gesetz der Freiheit genannt; denn es macht den Menschen frei, seiner göttlichen Bestimmung zu leben. Wenn er diese vergißt, versinkt er in Untätigkeit und Resignation. – Die V. 26f. sind ein eindrückliches Zeugnis für das neuartige urchristliche Gottesverständnis: Dienst für Gott und Dienst am Menschen sind eins. Er vollzieht sich im Alltag der Welt. – »Unbefleckt von der Welt« meint nicht außerhalb von ihr, sondern das Nein zu egoistischen Denkgewohnheiten und Praktiken, mit denen man sonst sich zu behaupten sucht.

Kein Ansehen der Person in der Gemeinde

2 Liebe Brüder, haltet den Glauben an Jesus Christus, unsern Herrn der Herrlichkeit, frei von allem Ansehen der Person. [2]Denn wenn in eure Versammlung ein Mann käme mit einem goldenen Ring und in herrlicher Kleidung, es käme aber auch ein Armer in unsauberer Kleidung [3]und ihr sähet auf den, der herrlich gekleidet ist, und sprächet zu ihm: Setze du dich hierher auf den guten Platz! und sprächet zu dem Armen: Stell du dich dorthin! oder: Setze dich unten zu meinen Füßen!, [4]ist's recht, daß ihr solche Unterschiede bei euch macht und urteilt mit bösen Gedanken?

Tief beunruhigt sieht Jak, daß die Botschaft von der Versöhnung (2Ko 5,17ff.) die sozialen Gegensätze in den Gemeinden nicht beseitigt, sondern sich diese in ihr widerspiegeln. Das deutlichste Zeichen dafür ist, daß den Reichen Ehrenplätze zugewiesen werden. Dagegen führt er mehrere Argumente an: 1. Vor Christus als dem Herrn der Herrlichkeit, der den Lauf der Gestirne lenkt und alle kosmischen Kräfte regiert, verschwinden menschliche Unterschiede zu einem Nichts. 2. Gott, der alles in seinen Händen hält, erwählt gerade das Unscheinbare. Wer darum den Armen mißachtet, leugnet Gott selbst. 3. Über allen Menschen ist bei der Taufe der wunderbare Name Christi (Mt 28,19) genannt worden, wodurch alle zu seinem Eigentum erklärt und unter »königlichen Anspruch« gestellt sind, den Mitmenschen wie sich selbst zu lieben. Das verlangt die Erfüllung aller Gebote und erlaubt nicht, auch nur eines auszulassen. – Das Mißtrauen des Jak gegenüber den Reichen hat seine Wurzeln in einer »Armenfrömmigkeit«, die die Armut verklärt und Reichtum mit Unterdrückung, Menschenverachtung und Gotteslästerung gleichsetzt (zur Berechtigung dieser Anschauung vgl. zu 1,9–12). Letzte Werte vor Gott sind nicht Reichtum und Armut, sondern das brüderliche Verhalten untereinander.

Jak spürt die Gefahr, daß der christliche Glaube zu einem bloßen Lippenbekenntnis erstarren könnte und zeigt an einem einleuchtenden Beispiel (V. 15 f.): Glaube ohne Werke ist tot. Zum Glauben ohne Liebe wäre selbst der Teufel fähig. – Bei der Argumentation bedient sich Jak einer damals geläufigen Stilform, daß ein Partner mit der falschen Meinung dargestellt und widerlegt wird. Das erlaubt aber nicht den Schluß, daß es wirklich Christen gegeben hat, die einen Glauben ohne Werke für möglich hielten. Jak personifiziert in dem Dialogpartner die Haltung eines selbstsicheren Glaubens. – An Personen aus der Geschichte zeigt er, daß Gott nicht Menschen wegen ihrer Überzeugung, sondern aufgrund ihrer Bewährung annimmt. Darum betont Jak mit dem Zitat aus 1Mo 15,6 anders als Paulus (Rö 4; Gal 3) nicht Abrahams bedingungsloses Vertrauen auf Gott, sondern dessen Gehorsam bis zur Opferbereitschaft seines Sohnes (1Mo 22). So wird er zum Vertrauten (= Freund) Gottes. Rahab (Jos 2) gilt in ntl. Tradition als ein Zeichen, daß Gott seine Güte

[5]Hört zu, meine lieben Brüder! Hat nicht Gott erwählt die Armen in der Welt, die im Glauben reich sind und Erben des Reichs, das er verheißen hat denen, die ihn lieb haben? [6]Ihr aber habt dem Armen Unehre angetan. Sind es nicht die Reichen, die Gewalt gegen euch üben und euch vor Gericht ziehen? [7]Verlästern sie nicht den guten Namen, der über euch genannt ist? [8]Wenn ihr das königliche Gesetz erfüllt nach der Schrift (3.Mose 19,18): »Liebe deinen Nächsten wie dich selbst«, so tut ihr recht; [9]wenn ihr aber die Person anseht, tut ihr Sünde und werdet überführt vom Gesetz als Übertreter. [10]Denn wenn jemand das ganze Gesetz hält und sündigt gegen ein einziges Gebot, der ist am ganzen Gesetz schuldig. [11]Denn der gesagt hat (2.Mose 20,13.14): »Du sollst nicht ehebrechen«, der hat auch gesagt: »Du sollst nicht töten.« Wenn du nun nicht die Ehe brichst, tötest aber, bist du ein Übertreter des Gesetzes. [12]Redet so und handelt so wie Leute, die durchs Gesetz der Freiheit gerichtet werden sollen. [13]Denn es wird ein unbarmherziges Gericht über den ergehen, der nicht Barmherzigkeit getan hat; Barmherzigkeit aber triumphiert über das Gericht.

Glaube ohne Werke ist tot

[14]Was hilft's, liebe Brüder, wenn jemand sagt, er habe Glauben, und hat doch keine Werke? Kann denn der Glaube ihn selig machen? [15]Wenn ein Bruder oder eine Schwester Mangel hätte an Kleidung und an der täglichen Nahrung [16]und jemand unter euch spräche zu ihnen: Geht hin in Frieden, wärmt euch und sättigt euch!, ihr gäbet ihnen aber nicht, was der Leib nötig hat – was könnte ihnen das helfen? [17]*So ist auch der Glaube, wenn er nicht Werke hat, tot in sich selber.*

[18]Aber es könnte jemand sagen: Du hast Glauben, und ich habe Werke. Zeige mir deinen Glauben ohne die Werke, so will ich dir meinen Glauben zeigen aus meinen Werken. [19]Du glaubst, daß nur einer Gott ist? Du tust recht daran; die Teufel glauben's auch und zittern. [20]Willst du nun einsehen, du törichter Mensch, daß der Glaube ohne Werke nutzlos ist? [21]Ist nicht Abraham, unser Vater, durch Werke gerecht geworden, als er seinen Sohn Isaak auf dem Altar opferte? [22]Da siehst du, daß der Glaube zusammengewirkt hat mit seinen Werken, und durch die Werke ist der Glaube vollkommen geworden. [23]So ist die Schrift erfüllt, die da spricht (1.Mose 15,6): »Abraham hat Gott geglaubt, und das ist ihm zur Gerechtigkeit gerechnet worden«, und er wurde »ein Freund Gottes« genannt (Jesaja 41,8). [24]So seht ihr nun, daß der Mensch durch Werke gerecht wird, nicht durch Glauben allein. [25]Desgleichen die Hure Rahab, ist sie nicht durch Werke gerecht geworden, als sie die Boten

aufnahm und ließ sie auf einem andern Weg hinaus? [26]Denn wie der Leib ohne Geist tot ist, so ist auch der Glaube ohne Werke tot.

nicht auf sein Volk Israel eingrenzt, nach Heb 11,31 aufgrund ihres Glaubens, nach Jak wegen ihrer tätigen Gastfreundschaft.

Die Macht der Zunge

Mit der äußeren Festigung der christlichen Gemeinde wird auch das Amt eines Lehrers notwendig, nach dem sich manche geradezu drängten. Jak verpflichtet die Lehrer zu höchster Sorgfalt im Umgang mit dem Wort. Er kennt dessen gefährliche Macht und das Unheil, das unverantwortliches Reden hervorrufen kann. Aus dem reichen Schatz des jüdischen und griechischen Spruchgutes schöpft er mannigfaltige Bilder. Die Klarheit des Gedankenganges wird dadurch verdunkelt, daß sich hinter den einzelnen Sprüchen verschiedene Weltanschauungen verbergen.

3 Liebe Brüder, nicht jeder von euch soll ein Lehrer werden; und wißt, daß wir ein desto strengeres Urteil empfangen werden. [2]Denn wir verfehlen uns alle mannigfaltig. Wer sich aber im Wort nicht verfehlt, der ist ein vollkommener Mann und kann auch den ganzen Leib im Zaum halten. [3]Wenn wir den Pferden den Zaum ins Maul legen, damit sie uns gehorchen, so lenken wir ihren ganzen Leib. [4]Siehe, auch die Schiffe, obwohl sie so groß sind und von starken Winden getrieben werden, werden sie doch gelenkt mit einem kleinen Ruder, wohin der will, der es führt. [5]So ist auch die Zunge ein kleines Glied und richtet große Dinge an. Siehe, ein kleines Feuer, welch einen Wald zündet's an! [6]Auch die Zunge ist ein Feuer, eine Welt voll Ungerechtigkeit. So ist die Zunge unter unsern Gliedern: sie befleckt den ganzen Leib und zündet die ganze Welt an und ist selbst von der Hölle entzündet. [7]Denn jede Art von Tieren und Vögeln und Schlangen und Seetieren wird gezähmt und ist gezähmt vom Menschen, [8]aber die Zunge kann kein Mensch zähmen, das unruhige Übel, voll tödlichen Giftes. [9]Mit ihr loben wir den Herrn und Vater, und mit ihr fluchen wir den Menschen, die nach dem Bilde Gottes gemacht sind. [10]Aus *einem* Munde kommt Loben und Fluchen. Das soll nicht so sein, liebe Brüder. [11]Läßt auch die Quelle aus *einem* Loch süßes und bitteres Wasser fließen? [12]Kann auch, liebe Brüder, ein Feigenbaum Oliven oder ein Weinstock Feigen tragen? So kann auch eine salzige Quelle nicht süßes Wasser geben.

In V. 3–5 nimmt Jak einen Hauptgedanken des antiken Idealbildes vom vollkommenen Weisen auf: Die Beherrschung im Reden ist die höchste Tugend, weil die Zunge trotz ihrer Kleinheit schicksalhafte Macht ausübt. Wer sie beherrscht, kann als vollkommen gelten. – V. 6–8 dagegen erscheint die Zunge als der Sitz des Übels selbst, die wie ein dunkles Verhängnis den Menschen bestimmt und von niemand gezähmt werden kann. Der Gedanke stammt aus der pessimistischen Weisheit, die das Menschenleben als Ausgeliefertsein an das Schicksal versteht. Jak nimmt den eigentümlichen Gedanken von der »höllischen« Macht der Zunge auf, um die verhängnisvolle Wirkung des Redens zu verdeutlichen. – In V. 9–12 sieht er sie aber als Instrument, um Gott zu loben, das in widernatürlicher Weise dazu mißbraucht wird, den Menschen, das Abbild Gottes, zu verfluchen. – Die Übernahme der verschiedenen Anschauungen dient der Aufforderung an die Christen zu einem verantwortlichen Reden, mit dem sie beweisen, wer sie sind (V. 11 f.).

Die Weisheit von oben

[13]Wer ist weise und klug unter euch? Der zeige mit seinem guten Wandel seine Werke in Sanftmut und Weisheit. [14]Habt ihr aber bittern Neid und Streit in eurem Herzen, so rühmt euch nicht und lügt nicht der Wahrheit zuwider. [15]Das ist nicht die Weisheit, die von oben herabkommt, sondern sie ist irdisch, niedrig und teuflisch. [16]Denn wo Neid und Streit ist, da sind Unordnung und lauter böse Dinge. [17]Die Weisheit aber von oben her ist zuerst lauter,

Es gibt verschiedene Arten von Weisheit. Es gibt eine Klugheit, die nur daran denkt, wie man am besten in der Welt durchkommt. Sie vergiftet alle menschlichen Beziehungen. Jak scheut sich darum nicht, sie als teuflisch zu bezeichnen. – Weisheit dagegen, die Frieden stiftet, das Wohl des anderen sucht und vom

Kreisen um das eigene Ich freimacht, kommt nicht aus unserem menschlichen Herzen. Sie ist vielmehr Gabe Gottes, die Menschen verwandelt. Wer sich durch sie zum Friedensstifter machen läßt, wird selbst Frieden empfangen.

dann friedfertig, gütig, läßt sich etwas sagen, ist reich an Barmherzigkeit und guten Früchten, unparteiisch, ohne Heuchelei. [18]Die Frucht der Gerechtigkeit aber wird gesät in Frieden für die, die Frieden stiften.

Warnung vor Unfriede und Wankelmut

Mit Besorgnis sieht Jak Streitigkeiten in den Gemeinden wachsen. Ihre Wurzel liegt im Menschen (1,14). Neid und Eifersucht wirken tödlich, haben selbstzerstörende Kraft und vergiften das Zusammenleben einer Gemeinschaft. Neid als Mord zu bezeichnen entspricht der radikalen Auffassung vom 5. Gebot (Mt 5,21 ff.). Darum werden Gebete durch egoistische Wünsche verdrängt, die nicht erhört werden. Wer nur eigene Interessen durchsetzen will, bricht die Treue gegenüber Gott und entscheidet sich für eine Welt der Rücksichtslosigkeit. Der Mensch ist dazu bestimmt, demütig die Güter des Lebens zu empfangen und sie nicht an sich zu raffen. So wird sein Leben erfüllt werden. Wer verzichtet, wird auf verborgene Weise in seinem ganzen Wesen reicher. Das unterstreicht Jak mit zwei Zitaten. Das erste aus unbekannter Quelle ist im Urtext undurchsichtig. (V. 5) Gott wacht mit Eifer (= eifersüchtig) darüber, daß sich der Mensch in der Welt seiner Grenzen bewußt wird, sich nicht zum Richter über Gottes Ordnungen erhebt und den Menschen verleumdet und nach seiner eigenen Willkür verurteilt. Das zweite, (V. 6) aus Spr 3,34, wird auch 1Pt 5,5 zitiert.

4 Woher kommt der Kampf unter euch, woher der Streit? Kommt's nicht daher, daß in euren Gliedern die Gelüste gegeneinander streiten? [2]Ihr seid begierig und erlangt's nicht; ihr mordet und neidet und gewinnt nichts; ihr streitet und kämpft und habt nichts, weil ihr nicht bittet; [3]ihr bittet und empfangt nichts, weil ihr in übler Absicht bittet, nämlich damit ihr's für eure Gelüste vergeuden könnt.

[4]Ihr Abtrünnigen, wißt ihr nicht, daß Freundschaft mit der Welt Feindschaft mit Gott ist? Wer der Welt Freund sein will, der wird Gottes Feind sein. [5]Oder meint ihr, die Schrift sage umsonst: Mit Eifer wacht Gott über den Geist, den er in uns hat wohnen lassen, [6]und gibt um so reichlicher Gnade? Darum heißt es (Sprüche 3,34): »Gott widersteht den Hochmütigen, aber den Demütigen gibt er Gnade.« [7]So seid nun Gott untertan. Widersteht dem Teufel, so flieht er von euch. [8]Naht euch zu Gott, so naht er sich zu euch. Reinigt die Hände, ihr Sünder, und heiligt eure Herzen, ihr Wankelmütigen. [9]Jammert und klagt und weint; euer Lachen verkehre sich in Weinen und eure Freude in Traurigkeit. [10]Demütigt euch vor dem Herrn, so wird er euch erhöhen.

[11]Verleumdet einander nicht, liebe Brüder. Wer seinen Bruder verleumdet oder verurteilt, der verleumdet und verurteilt das Gesetz. Verurteilst du aber das Gesetz, so bist du nicht ein Täter des Gesetzes, sondern ein Richter. [12]Einer ist der Gesetzgeber und Richter, der selig machen und verdammen kann. Wer aber bist du, daß du den Nächsten verurteilst?

Warnung vor Selbstsicherheit

Verantwortliche Lebensgestaltung ist ohne Planung nicht möglich. Jak aber enthüllt die Gefahren, die aus selbstsicherem Umgang mit der Zeit hervorbrechen. Wer die Unsicherheit des Lebens nicht eingesteht, überfordert unbarmherzig sich und seine Umwelt und wird wie der reiche Kornbauer (Lk 12,16–21) unvorbereitet vor dem Nichts stehen. Das wertvollste Gut ist die Zeit, über die Gott allein verfügt.

[13]Und nun ihr, die ihr sagt: Heute oder morgen wollen wir in die oder die Stadt gehen und wollen ein Jahr dort zubringen und Handel treiben und Gewinn machen –, [14]und wißt nicht, was morgen sein wird. Was ist euer Leben? Ein Rauch seid ihr, der eine kleine Zeit bleibt und dann verschwindet. [15]Dagegen solltet ihr sagen: Wenn der Herr will, werden wir leben und dies oder das tun. [16]Nun aber rühmt ihr euch in eurem Übermut. All solches Rühmen ist böse. [17]*Wer nun weiß, Gutes zu tun, und tut's nicht, dem ist's Sünde.*

Das Gericht über die Reichen

5 Und nun, ihr Reichen: Weint und heult über das Elend, das über euch kommen wird! [2]Euer Reichtum ist verfault, eure Kleider sind von Motten zerfressen. [3]Euer Gold und Silber ist verrostet, und ihr Rost wird gegen euch Zeugnis geben und wird euer Fleisch fressen wie Feuer. Ihr habt euch Schätze gesammelt in diesen letzten Tagen! [4]Siehe, der Lohn der Arbeiter, die euer Land abgeerntet haben, den ihr ihnen vorenthalten habt, der schreit, und das Rufen der Schnitter ist gekommen vor die Ohren des Herrn Zebaoth. [5]Ihr habt geschlemmt auf Erden und gepraßt und eure Herzen gemästet am Schlachttag. [6]Ihr habt den Gerechten verurteilt und getötet, und er hat euch nicht widerstanden.

Der Gegensatz von Arm und Reich läßt Jak nicht zur Ruhe kommen. Die neuen und schwersten Anklagepunkte sind sinnlose Anhäufung von Reichtum und betrügerische Vorenthaltung des Mindestlohnes (5Mo 24,14f.). (Zebaoth = Herr der Heerscharen), will das nicht länger dulden. Obwohl die Reichen ihren Untergang spüren könnten, raffen sie noch in letzter Stunde Schätze zusammen. Jak scheut sich nicht, die Einschränkung des Lebensraumes der Armen als Mord zu bezeichnen. Der um sein Recht gebrachte Arme gilt für Jak als gerecht vor Gott.

Weil Gold und Silber vor Gott wertlos sind, kann Jak sagen, daß selbst Edelmetalle »vom Rost zerfressen« werden. Das von Jak angeprangerte Unrecht zeigt sich heute in der Vernichtung lebensnotwendiger Güter um des Profits willen, während anderswo Kinder eines jämmerlichen Hungertodes sterben.

Mahnung zur Geduld

[7]*So seid nun geduldig, liebe Brüder, bis zum Kommen des Herrn.* Siehe, der Bauer wartet auf die kostbare Frucht der Erde und ist dabei geduldig, bis sie empfange den Frühregen und Spätregen. [8]Seid auch ihr geduldig und stärkt eure Herzen; denn das Kommen des Herrn ist nahe. [9]Seufzt nicht widereinander, liebe Brüder, damit ihr nicht gerichtet werdet. Siehe, der Richter steht vor der Tür. [10]Nehmt, liebe Brüder, zum Vorbild des Leidens und der Geduld die Propheten, die geredet haben in dem Namen des Herrn. [11]Siehe, wir preisen selig, die erduldet haben. Von der Geduld Hiobs habt ihr gehört und habt gesehen, zu welchem Ende es der Herr geführt hat; denn der Herr ist barmherzig und ein Erbarmer.

[12]Vor allen Dingen aber, meine Brüder, schwört nicht, weder bei dem Himmel noch bei der Erde noch mit einem andern Eid. Es sei aber euer Ja ein Ja und euer Nein ein Nein, damit ihr nicht dem Gericht verfallt.

Im Blick auf Ungerechtigkeit und Leiden in der Welt klagen viele Menschen Gott an. Jak aber mahnt zum geduldigen Ausharren und gegenseitigen Ertragen im Blick auf die Nähe des Herrn und bringt dazu zwei Beispiele (V. 7b vgl. Mk 4,26–29; V. 10f. vgl. Dan 12,12; Heb 11). – Angesichts des Gerichts sollen wir zu einer Gelassenheit kommen, die das jeweils Erreichbare an Menschlichkeit zu verwirklichen sucht (zu V. 11 vgl. Ps 103,8). – Darüber hinaus fordert Jak unbedingte Wahrhaftigkeit untereinander. Mit einem Jesuswort, das er möglicherweise besser als Mt (5,34–37) bewahrt hat, verbietet er jeden Eid, weil er nur die Wahrheit eines Faktums und nicht die Wahrhaftigkeit eines ganzen Lebens bezeugt.

Das Gebet für die Kranken

[13]Leidet jemand unter euch, der bete; ist jemand guten Mutes, der singe Psalmen. [14]Ist jemand unter euch krank, der rufe zu sich die Ältesten der Gemeinde, daß sie über ihm beten und ihn salben mit Öl in dem Namen des Herrn. [15]Und das Gebet des Glaubens wird dem Kranken helfen, und der Herr wird ihn aufrichten; und wenn er Sünden getan hat, wird ihm vergeben werden. [16]Bekennt also einander eure Sünden und betet füreinander, daß ihr gesund werdet. *Des Gerechten Gebet vermag viel, wenn es ernstlich ist.* [17]Elia war ein schwacher Mensch wie wir; und er betete ein Gebet, daß es nicht regnen sollte, und es regnete nicht auf

Für Jak ist Gemeinde Gemeinschaft von Betenden, die sich nicht von den Kranken absondert, sondern sich ihrer annimmt und sie aufrichtet. – Seelsorger und Arzt sind noch eins. So ist Öl, das im Altertum als Medizin galt, nach Jak ebenso zur Heilung des ganzen Menschen unentbehrlich wie das Gebet. Die Hoffnung richtet sich auf den »Namen des Herrn«, d. h. auf die Anrufung Gottes, der allein den Menschen heil machen kann. Die urchristliche Erhörungsgewißheit macht Jak am Gebet des Elia deutlich.

Erden drei Jahre und sechs Monate. [18]Und er betete abermals, und der Himmel gab den Regen, und die Erde brachte ihre Frucht.

Neben leiblicher Not leiden gerade Kranke in ihrer Einsamkeit unter quälenden Schuldgefühlen. Im fürbittenden Gebet werden sie der Vergebung gewiß. – Dringliches Gebet entläßt nicht aus den Nöten. Es öffnet aber Wege, sie zu tragen und in ihnen nicht zu verzweifeln.

Verantwortung für die Irrenden

Nach ungeteilter Hingabe kann jeder wieder in Zweifel und auf Abwege geraten. Eine Gemeinde ist nur dann lebendig, wenn sie auch für irrende Brüder offen ist.

[19]Liebe Brüder, wenn jemand unter euch abirren würde von der Wahrheit und jemand bekehrte ihn, [20]der soll wissen: wer den Sünder bekehrt hat von seinem Irrweg, der wird seine Seele vom Tode erretten und wird bedecken die Menge der Sünden.

DER BRIEF DES JUDAS

Am Ende des 1.Jh. breiteten sich innerhalb der Gemeinden Irrlehren aus, die zur Spaltung der Gemeinden führten. Das veranlaßte den Verfasser, den Gemeinden eine Art Flugblatt zu senden, das sie aufruft, sich für den überlieferten Glauben einzusetzen.

Die Anschauung der von Jud bekämpften Irrlehrer hatte folgenden Inhalt: Der wahre gute Gott wohnt in einem fernen Jenseits und hat mit dieser Welt nichts zu schaffen. Böse Mächte haben die Welt hervorgebracht und ihr eine Ordnung gegeben. Die Irrlehrer meinten, allein die rechte Erkenntnis zu haben, die zum Heil führt. Darum nannten sie sich Gnostiker (Gnosis = Erkenntnis). Sie hielten sich für versprengte Teile aus der fernen lichten Welt und verstanden sich als »Geistmenschen«. Durch ein böses Schicksal seien sie in die materielle Welt geworfen und in menschliche Leiber verbannt worden. Diese Anschauung, die besonders Gebildete beeinflussen konnte, führte entweder zur Askese oder zur demonstrativen Übertretung sittlicher Gebote. Beiden Haltungen liegt die gleiche tiefe Weltverachtung zugrunde: entweder sich hüten, mit dem »Schmutz der Welt« in Berührung zu kommen, oder die Welt verspotten. Durch den Verzicht, die vielfältigen Aufgaben in der Welt wahrzunehmen, würden sich christliche Gemeinden in gefährlicher Weise isolieren.

Jud denkt offensichtlich an solche Menschen, die sich höhnisch über alle Ordnungen hinwegsetzen. Wir wissen aber heute, daß die Mehrheit der Gnostiker der Askese zuneigte. Dennoch bleibt der Jud für uns bedeutungsvoll. Er wendet sich gegen die Überheblichkeit des Menschen, der die Herrschaft Gottes über seine Schöpfung verachtet (V. 8). Der Verfasser wählte für sein Schreiben die Autorität des Judas, des Bruders Jesu (Mk 6,3; Mt 13,55). Er versteht die Zeit der ersten Apostel als reine und heilige Vergangenheit. Die Gegenwart kennzeichnet er dagegen als letzte Zeit, in der Christen vom rechten Glauben abfallen können. Darum hält er den Rückgriff auf die Lehre der Apostel für notwendig. Es liegt nahe, die Abfassung des Schreibens in Syrien zu vermuten. Alle Schriften der syrischen Kirchen zeigen, daß für sie Judas Thomas als Autorität gilt. In dieser Überlieferung ist der Jünger Thomas mit dem Herrenbruder Judas zu einer Gestalt verschmolzen. Man verstand Thomas (= Zwilling) als Beinamen des Judas. Als Zwillingsbruder Jesu galt er als dessen engster Vertrauter.

Mit drastischen Worten und Bildern aus außerbiblischen Schriften (Himmelfahrt des Mose und äth. Henochbuch) charakterisiert Jud die Irrlehrer.

Lange Zeit war Jud in der Kirche umstritten und wurde erst im 4.Jh. in das NT aufgenommen.

[1]Judas, ein Knecht Jesu Christi und Bruder des Jakobus, an die Berufenen, die geliebt sind in Gott, dem Vater, und bewahrt für Jesus Christus:

[2]Gott gebe euch viel Barmherzigkeit und Frieden und Liebe!

Gottes Gericht über die Irrlehrer

(vgl. 2.Petr 2)

In der Auseinandersetzung mit den Irrlehrern unterstellt Jud ihnen moralische Verkommenheit. Offensichtlich ist Jud nicht bewußt, daß solche Verzeichnung einer Menschengruppe nicht überzeugen kann. Er will die Gemeinde wissen lassen: Die Verurteilung der Irrlehrer steht schon fest. Dahinter verbirgt sich die jüdische Vorstellung, daß Sünde und Sünder in himmlischen Büchern aufgeschrieben sind. Gottes Gericht kennt keine Ausnahmen.

[3]Ihr Lieben, nachdem ich ernstlich vorhatte, euch zu schreiben von unser aller Heil, hielt ich's für nötig, euch in meinem Brief zu ermahnen, daß ihr für den Glauben kämpft, der ein für allemal den Heiligen überliefert ist. [4]Denn es haben sich einige Menschen eingeschlichen, über die schon längst das Urteil geschrieben ist; Gottlose sind sie, mißbrauchen die Gnade unseres Gottes für ihre Ausschweifung und verleugnen unsern alleinigen Herrscher und Herrn Jesus Christus. [5]Ich will euch aber erinnern, obwohl ihr dies alles schon wißt, daß der Herr, nachdem er dem Volk das eine Mal aus Ägypten geholfen hatte, das andere Mal die umbrachte, die nicht glaubten. [6]Auch die Engel, die ihren himmlischen Rang nicht bewahrten, sondern ihre Behausung verließen, hat er für das Gericht des großen Tages festgehalten mit ewigen Banden in der Finsternis. [7]So sind auch Sodom und Gomorra und die umliegenden Städte, die gleicherweise wie sie Unzucht getrieben haben und anderem Fleisch nachgegangen sind, zum Beispiel gesetzt und leiden die Pein des ewigen Feuers. [8]Ebenso sind auch diese Träumer, die ihr Fleisch beflecken, jede Herrschaft verachten und die himmlischen Mächte lästern. [9]Als aber Michael, der Erzengel, mit dem Teufel stritt und mit ihm rechtete um den Leichnam des Mose, wagte er nicht, über ihn ein Verdammungsurteil zu fällen, sondern sprach: Der Herr strafe dich! [10]Diese aber lästern alles, wovon sie nichts verstehen; was sie aber von Natur aus kennen wie die unvernünftigen Tiere, daran verderben sie. [11]Weh ihnen! Denn sie gehen den Weg Kains und fallen in den Irrtum des Bileam um Gewinnes willen und kommen um in dem Aufruhr Korachs. [12]Sie sind Schandflecken bei euren Liebesmahlen, prassen ohne Scheu, weiden sich selbst; sie sind Wolken ohne Wasser, vom Wind umhergetrieben, kahle, unfruchtbare Bäume, zweimal abgestorben und entwurzelt, [13]wilde Wellen des Meeres, die ihre eigene Schande

Jud erinnert die Gemeinden an das Feuergericht über Sodom und Gomorra und an die Bestrafung der Engel. Die Vorstellung vom Fall und der Bestrafung der Engel beruht auf 1Mo 6,1–4: Engel, die ihren zugewiesenen Herrschaftsbereich verlassen und sich mit irdischen Frauen verbinden, werden gerichtet. Sie werden dem ewigen Höllenfeuer ausgesetzt, das unter dem Toten Meer weiterbrennt. Nach Jud stehen die Irrlehrer auf gleicher Stufe mit ihnen, wenn sie die Herrschaft Christi über die Welt ablehnen, sich bedenkenlos Freiheiten nehmen und Gottes Ordnungsmächte verleumden. Lästerung höherer Mächte ist böse Überheblichkeit, die die Erzengel nicht einmal gegenüber dem Teufel wagten. Das unterstreicht Jud mit einer damals weit verbreiteten Legende vom Streit zwischen dem Erzengel Michael und dem Teufel: Michael sollte Mose begraben, aber der Satan wollte ihn hindern, weil Mose ein Mörder (2Mo 2,12) gewesen sei. Michael verzichtete auf eine Auseinandersetzung und überließ Gott das Urteil. Mit immer neuen Beispielen vergleicht Jud die Irrlehrer: Auf eigenen Vorteil sind sie bedacht wie Bileam (2Pt 2,15). Wie Korah (nur an dieser Stelle im NT; 4Mo 16) leisten sie Widerstand gegenüber dem überlieferten Glauben und wie Kain (1Mo 4) rebellieren sie gegen Gott. Beim Abendmahl, das nach Jud noch im Rahmen einer Mahlzeit stattfand, stellten sie ihre eigenen leiblichen und religiösen Bedürfnisse in den Vordergrund (= weiden sich selbst). Schließlich zeigt Jud an vier Bildern, daß die Irrlehrer Gottes Ordnung verlassen haben und darum der Vernichtung preisgegeben sind. Mit einem Zitat aus dem äth. Henochbuch kündigt er Jesu Widerkunft zum Gericht an, dem keiner entfliehen kann.

Jud tröstet die Gemeinde mit der weit verbreiteten Anschauung (1Jh 4,3; 2Jh 7), daß das Ende der Welt durch Auftreten von Irrlehrern und durch sittliche Auflösung angekündigt wird. Die anmaßende Überzeugung der Irrlehrer, den Geist zu besitzen, ist leeres Geschwätz. – Für den Umgang mit Irrlehrern in den Gemeinden gibt Jud differenzierte seelsorgerliche Ratschläge. Die schwer verständlichen Worte (V. 22.23) sind so zu deuten: Die Zweifler, die mit der Irrlehre nur losen Kontakt haben, sollen geduldig überzeugt und so zum wahren Glauben geführt werden. Mit Verführten soll man barmherzig sein. Für die uneinsichtigen Irrlehrer dagegen kann man nur angstvoll Fürbitte leisten, muß aber jede Begegnung mit ihnen meiden. – Mit dem Lobpreis (V.24.25) weist Jud auf Gott, der als Schöpfer die Christen auch vor den falschen Lehren schützt.

ausschäumen, umherirrende Sterne; deren Los ist die dunkelste Finsternis in Ewigkeit.

[14] Es hat aber auch von diesen geweissagt Henoch, der siebente von Adam an, und gesprochen: Siehe, der Herr kommt mit seinen vielen tausend Heiligen, [15] Gericht zu halten über alle und zu strafen alle Menschen für alle Werke ihres gottlosen Wandels, mit denen sie gottlos gewesen sind, und für all das Freche, das die gottlosen Sünder gegen ihn geredet haben. [16] Diese murren und hadern mit ihrem Geschick; sie leben nach ihren Begierden, und ihr Mund redet stolze Worte, und um ihres Nutzens willen schmeicheln sie den Leuten.

[17] Ihr aber, meine Lieben, erinnert euch der Worte, die zuvor gesagt sind von den Aposteln unseres Herrn Jesus Christus, [18] als sie euch sagten, daß zu der letzten Zeit Spötter sein werden, die nach ihren eigenen gottlosen Begierden leben. [19] Diese sind es, die Spaltungen hervorrufen, niedrig Gesinnte, die den Geist nicht haben.

Mahnung und Gotteslob

[20] Ihr aber, meine Lieben, erbaut euch auf euren allerheiligsten Glauben, und betet im heiligen Geist, [21] und erhaltet euch in der Liebe Gottes, und wartet auf die Barmherzigkeit unseres Herrn Jesus Christus zum ewigen Leben. [22] Und erbarmt euch derer, die zweifeln; [23] andere reißt aus dem Feuer und rettet sie; anderer erbarmt euch in Furcht und haßt auch das Gewand, das befleckt ist vom Fleisch.

[24] Dem aber, der euch vor dem Straucheln behüten kann und euch untadelig stellen kann vor das Angesicht seiner Herrlichkeit mit Freuden, [25] dem alleinigen Gott, unserm Heiland, sei durch Jesus Christus, unsern Herrn, Ehre und Majestät und Gewalt und Macht vor aller Zeit, jetzt und in alle Ewigkeit! Amen.

Die Apokalyptik

Die Apokalyptik ist eine religiöse Geistesströmung des Frühjudentums, deren Blütezeit von 200 v. – 100 n. Chr. währte. Sie hatte großen Einfluß auf verschiedene jüdische Gruppen wie auch auf das Urchristentum.

Grundlegend ist in der Apokalyptik das Bewußtsein vom unmittelbar bevorstehenden Ende der Welt, das die Umwälzung aller Verhältnisse bringt. Dieses Ende kommt als kosmische Katastrophe, die ohne jedes menschliche Zutun von Gott her über die Welt gebracht wird. Jenseits dieser Katastrophe beginnt eine neue Heilszeit, in der es keine Leiden und keinen Tod mehr geben wird. Zwischen der Gegenwart und der Zukunft wird scharf unterschieden. In der Gegenwart hat Gott seine Herrschaft zeitweilig dem Satan und seinen Dämonen überlassen. Typisch für die Apokalyptik ist, daß innergeschichtliche Kräfte nur als Repräsentanten überirdischer dämonischer Gewalten erscheinen. Die irdische Geschichte ist ein Abbild der Kämpfe, die zwischen den Engeln Gottes und den Mächten des Satans geführt werden. Zur Apokalyptik gehört darum auch eine ausgeprägte Vorstellung von Engeln und Satansmächten, die nach Namen und Machtstellung geordnet sind. Weil die Entmachtung dieser Satansmächte unmittelbar bevorsteht, toben sie sich an den Gläubigen besonders heftig aus. Doch diese schweren Leiden und Bedrückungen sind zugleich Zeichen der Hoffnung. Sie werden als die Geburtswehen der neuen Welt gesehen. Gelegentlich werden sie ausdrücklich als »Messiaswehen« bezeichnet. Der Übergang von dem Unheilszustand der Gegenwart zu dem endzeitlichen Heil geht von Gott aus. Doch ist bemerkenswert, daß es immer eine Mittlergestalt (Erzengel, Messias oder der Menschensohn) ist, die das Endgeschehen einleitet. Zum Endgeschehen gehört auch die Auferstehung der Toten, die die Voraussetzung dafür ist, daß jeder nach seinen Taten gerichtet werden kann. Die Endzeit steht aber auch in Verbindung mit der ganzen vorhergehenden Geschichte. Zur Apokalyptik gehört, daß die ganze Geschichte, von der Schöpfung bis zum Endheil, in einem Entwurf dargestellt wird. Gott als der Schöpfer und als der Vollender steht über der ganzen Geschichte. Die Gottesferne in der Gegenwart hängt aber auch mit dem schuldhaften Versagen des Menschen zusammen. Der Mensch ist es, der durch seine Gottlosigkeit satanischen Mächten letztlich zu Macht verholfen hat. Darum ist der Fromme gerufen, den Entscheidungskampf auf der Seite Gottes mitzukämpfen, um bei dem Sieg Gottes dabeizusein und den Beuteanteil zu bekommen.

Auf diese Weise bekommt der Fromme Hoffnung zum Handeln. Während er innerweltlich die Erfahrung macht, daß sich gerechtes Handeln nicht auszahlt, wird ihm nun gesagt: Es lohnt sich doch. Allen Widerständen zum Trotz wird der Fromme durch diese Weltsicht zum Bewahren des Gesetzes und zum Halten der Gebote motiviert. So liegt das Schwergewicht ganz auf dem Bewahren des Gesetzes als Voraussetzung für die Anteilhabe an Gottes zukünftiger Herrschaft und kommendem Reich. Der dualistischen Weltsicht entspricht auch eine dualistische Einteilung der Menschen. Es gibt nur Gerechte oder Sünder. Entweder entscheidet der Mensch sich, ganz nach Gottes Geboten auf die Zukunft hin zu leben, oder er hält sich an diese Welt und vergißt Gottes Gebote. Die Apokalyptik ist eine Antwort auf negative Geschichtserfahrungen. In der Zeit des Exils hatten die Juden schmerzlich gemerkt, daß zwischen dem Handeln des Menschen und seinem irdischen Wohlergehen ein unüberbrückbarer Widerspruch besteht. Den Frommen erging es erbärmlich schlecht; die brutalen Unterdrücker dagegen lebten in Wohlstand und Freude. Der für den Glauben Israels so wichtige Zusammenhang von Tat und Ergehen war zusammengebrochen. So kam der Zweifel an Gottes Gerechtigkeit auf. Die Apokalyptik antwortet darauf so: Der Zusammehang von Tat und Lohn bleibt bestehen und damit auch Gottes Gerechtigkeit. Der Ausgleich findet jedoch nicht in dieser, sondern erst in jener Welt, nach der Auferstehung der Toten, statt. War anfangs die Apokalyptik nur in kleinen Kreisen zu Hause, so dehnte sie ihren Einflußbereich im 2.Jh. v.Chr. stark aus. Die Unterdrückung der jüdischen Religion durch Antiochus IV. in den Jahren 167–163 v.Chr. gab den Anstoß dazu, daß sich apokalyptisches Gedankengut immer mehr ausbreitete.

Die geistigen Wurzeln der Apokalyptik sind im wesentlichen drei:

1. Das Erbe der Propheten, vor allem in Gestalt der Gerichtsandrohungen, wurde aufgenommen und weitergeführt. Allerdings werden die Drohworte nicht mehr auf irdische Ereignisse, sondern auf das Endgericht bezogen. In der Ausdrucksweise und im Bildmaterial lebt das Erbe der Propheten weiter, besonders bei Hesekiel, Jesaja (vor allem Jes 55–66), Sacharaja (Sach 9–14) und Joel. In Jes 24–27 liegt eine Überlieferung vor, die man als Vorstufe der Apokalyptik bezeichnen kann.
2. In der jüdischen Weisheitsliteratur finden sich viele Weisungen, wie man gerecht leben kann. In der späteren Weisheitsliteratur wird der Gegensatz von Gesetztesforderung und Realisierung bereits empfunden. Dieses weisheitliche Erbe wird in der Weise angeeignet, daß Lebensregeln im Blick auf das zukünftige Gericht aufgestellt werden.
3. Der eigentümliche Dualismus der Apokalyptik ist wahrscheinlich von der persischen Religion beeinflußt. In der Exilszeit waren die Juden der durch Zarathustra reformierten persischen Religion begegnet. Für diese ist der Gegensatz von Licht und Finsternis bestimmend. Von Anfang dieser Welt stehen sich die beiden Gewalten im Kampf gegenüber. Der Mensch muß sich in seinem Handeln für die eine oder andere Macht entscheiden.

Die Träger der Apokalyptik sind wahrscheinlich lose miteinander verbundene Gruppen. Die Gemeinschaftsformen dürften ähnlich denen anderer pietistischer Erweckungsbewegungen gewesen sein. Die Quellen liefern leider kein genaues Bild, zeigen aber, daß apokalyptisches Gedankengut in viele jüdische Gruppen jener Zeit eindrang: Die Vorstellung von der Auferstehung der Toten, dem Weltgericht, dem Kommen einer neuen Welt, dem Walten überirdischer (guter wie böser) Mächte finden fast überall Eingang.

Die Apokalyptik hat eine eigene Literaturform hervorgebracht, die sog. Apokalypsen (= Offenbarungsbücher). In diesen Schriften wird ein Geschichtsentwurf vorgelegt, der zeigen will, daß die irdische Geschichte ihrem Ende zueilt und die neue Welt Gottes nahe bevorsteht. Da diese Geschichte als Widerspiegelung überirdischer Kämpfe verstanden werden soll, unterscheidet sie sich grundlegend von der einer nationalen Geschichtsschreibung. Darum kommt Bildern und Symbolen eine große Bedeutung zu. Personen werden als Tiere, geschichtliche Ereignisse als Naturgeschehen dargestellt. Zahlen (meist von ihren eschatologischen Geheimbedeutungen erschließbar) und Farben sind Geheimsymbole. Außerdem finden sich Beschreibungen der Himmelswelt, der Engel, der Mächte, des himmlischen Paradieses und vor allem der Orte, an denen die

Bösen ihre gerechte Strafe erleiden. Typisch für die jüdischen Apokalypsen ist eine besondere Form der Pseudonymität. Diese Bücher werden unter dem Namen einer berühmten Gestalt der Vorzeit geschrieben. Auch aus diesem Grund legt sich eine prophetische Bildersprache nahe. Deshalb kann nur ein Verständiger die Bilder deuten, doch läßt jede Apokalypse noch einen geheimnisvollen Spielraum des Undeutbaren. Denn diese Bücher wollen himmlische Weisheit sein, die der Mensch nur stückweise zu erkennen vermag. Von den zahlreichen apokalyptischen Büchern ist nur das Buch Dan in das AT aufgenommen worden. Daneben sind uns eine ganze Reihe anderer solcher Werke aus dem Frühjudentum bekannt, die unter dem Namen Henoch, Baruch, Mose, Abraham u. a. geschrieben wurden.

Die jüdische Apokalyptik hat auf das junge Christentum und seine Schriften in vielfältiger, wenn auch unterschiedlicher, Stärke eingewirkt. Wie Johannes der Täufer verwendete auch Jesus Gedankengut der Apokalyptik. Der entscheidende Unterschied ist jedoch, daß Jesus nicht nur vom Kommen des Reiches Gottes spricht, sondern schon von seiner Gegenwart. Die Gegenwart als Zeit schon angebrochener Gottesherrschaft, deren Offenbarung in der Zukunft allerdings noch aussteht, ermöglicht verantwortliches Handeln für den von Gott angenommenen Menschen. Paulus übernimmt die apokalyptische Vorstellung der zukünftigen Totenauferweckung, sieht sie aber im engsten Zusammenhang mit der schon erfolgten Auferweckung Jesu Christi. Auch in der synoptischen Apokalypse (vgl. zu Mk 13) findet sich apokalyptisches Material. Am stärksten ist das Erbe der Apokalyptik in der Off aufgenommen. Die Off zeigt aber zugleich die große Gefahr auf, die mit einer unkritischen Aufnahme der Apokalyptik gegeben ist: Die Gegenwart wird dem Herrschaftsbereich Gottes entzogen und bleibt den bösen Mächten überlassen, unter deren Herrschaft ein Engagement für die Menschen dieser Welt sinnlos wird. Diese Verschiebung des Akzents bleibt das wesentliche Unterscheidungsmerkmal des Christentums von der Apokalyptik.

DIE OFFENBARUNG DES JOHANNES

Die Offenbarung ist unter dem Eindruck der ersten umfassenden Christenverfolgung am Ende der Regierungszeit Domitians (81–96 n. Chr.) geschrieben worden. Nach seinen außen- und innenpolitischen Mißerfolgen versuchte Domitian, seine angeschlagene Autorität durch gewaltsame Durchsetzung des Herrscherkultes zu stärken. Die Juden durften aufgrund besonderer Gesetze die göttliche Verehrung des Kaisers durch Fürbitten im Synagogengottesdienst ersetzen. Solange die Christen in den Augen des römischen Staates als jüdische Sekte galten, blieb ihr Widerstand gegenüber dem Herrscherkult verborgen. Am Ende des 1. Jh. gab es aber im ganzen römischen Reich selbständige christliche Gemeinden, so daß nun der Konflikt unausweichlich wurde. Das ist der äußere Anlaß des Werkes. Johannes ist überzeugt, daß die augenblicklichen Leiden nur der Anfang von noch gräßlicheren Schrecknissen sind. Sie sind der Beginn des Endkampfes zwischen dem Satan und dem Reich Gottes. Die Leser sollen wissen, daß es in diesem Kampf nur einen Sieger gibt: Christus.

Der Verfasser heißt Johannes (Off 1,4.9; 22,8). Er ist aber nicht mit Johannes, dem Sohn des Zebedäus, dem Jünger Jesu, identisch. Er hat auch nicht mit dem Verfasser des Johannesevangeliums oder der Johannesbriefe zu tun. Er versteht sich selbst als Prophet, der den bedrängten Gemeinden Kleinasiens das Wort des Geistes Gottes schreibt (2.7.11.17.29; 3,6.13.22; vgl. auch 13,9; 21,7; 22,6). Er ist einer der großen charismatischen Gestalten der frühen kleinasiatischen Kirche. Vielleicht ist er der von Papias genannte kleinasiatische Presbyter Johannes. Er schreibt von der Insel Patmos aus, wo er sich »um des Wortes Gottes und des Zeugnisses von Jesus willen« befindet (1,9). Daraus schlossen einige, er sei dorthin zur Strafe verbannt worden. Doch Patmos war keine Strafinsel und liegt viel zu nahe an Kleinasien. Vielleicht hat sich Johannes auf die einsame Insel zurückgezogen, um sich seiner Berufung und Botschaft klar zu werden.

Als Empfänger des Buches sind sieben kleinasiatische Gemeinden genannt (Näheres dazu vgl. die Einl. zu Kap. 2 und 3).

Johannes hat für seine Botschaft die Form der Apokalypse gewählt. Die Off ist nur verstehbar im Zusammenhang mit den anderen jüdischen und christlichen Apokalypsen und den in ihnen entwickelten Sprach- und Stilformen (zur Apokalyptik vgl. den Abschnitt vor der Off). Doch unterscheidet sich die Off von den anderen Werken ihrer Art vor allem durch ein anderes Geschichtsverständnis. Johannes glaubt, daß mit Tod und Auferstehung Christi schon die große Wende in der Geschichte eingetreten ist. So kann er vorwegnehmend Triumphlieder von dem Sieg über die Mächte singen. Das Problem, warum die Gerechten so schwer leiden müssen, hat für ihn eine Lösung gefunden. Das Leiden ist das Würdezeichen derer, die dem Lamm Christus nachgefolgt sind. Das Lamm sitzt auf Gottes Thron und mit ihm sind die unschuldig Leidenden und Verfolgten erhoben.

Die Geschichtsdeutung und Zukunftsschau der Off geschieht in einer dichterischen Sprache, die geprägte Bilder miteinander verknüpft, ohne sie aufeinander abzustimmen. Ähnliches findet sich auch in der Lyrik und modernen Malerei, wenn sich einander ausschließende Bildelemente in ein einziges Gesamtbild gezwungen werden. Der Leser wird auf diese Weise zu einem gefühlsmäßigen Verstehen geführt. Ein eindrückliches Beispiel dieser Bildersprache ist die Beschreibung des Reiters auf dem weißen Pferd (Off 19,11–16). Das kann keiner schauen, das kann aber einer dichten, der mit der Symbolkraft jedes einzelnen Bildelements vertraut ist. Johannes hat sich dabei umfassend der Bildersprache des AT bedient, aber wahrscheinlich auch schon fertige jüdische Texte in sein Werk verwoben. Solche älteren Texte liegen wahrscheinlich 7,1–8; 10,1–11; 11,1–13; 12,1–17; 13; 17–18 zugrunde. Hier hat der Verfasser nur an einigen Stellen den Bezug auf die christliche Gemeinde hergestellt. Mit allen diesen Mitteln will Johannes seine kleinasiatischen Gemeinden stärken, in der Auseinandersetzung mit dem Herrscherkult standzuhalten. Sie dürfen wissen, daß alle noch so gewaltigen Mächte dieser Welt schon von Christus besiegt sind. Man verfehlt das Anliegen der Off, wenn man bestimmte Ereignisse der Weltgeschichte mit Hilfe ihrer Bildersprache deuten will. Nur die konkrete historische Situation der angeredeten Gemeinde ist eindeutig. Dagegen sind alle anderen geschilderten Ereignisse Dichtungen, die zeigen wollen, daß es nicht um einen irdischen Streit geht, sondern um den letzten Kampf der Geschichte zwischen Christus und dem Satan.

Der innere Zustand der kleinasiatischen Gemeinden läßt Johannes aber nicht ruhig der Bewährungsprobe entgegensehen. Die Zeit der ersten Liebe ist vorbei (2,4), Lauheit greift um sich (3,15f.). Spaltungen gehören zum Alltag. Jüdische Gemeinden nutzen die Gunst der Stunde und beteiligen sich ihrerseits an der Verfolgung der als Konkurrenz empfundenen Christengemeinden (2,9; 3,9). Dazu kommt das Auftreten von Irrlehrern, die wahrscheinlich gnostisch orientiert waren. Namentlich werden die Nikolaiten genannt. Auseinandersetzung mit jüdischen Synagogen einerseits und gnostischen Richtungen andrerseits bestimmt das innere Leben der Gemeinden.

Innerhalb dieser vielfältigen geistigen Kräfte stellt die Theologie der Off einen Entwurf dar, der zwar manche Berührungen mit anderen ntl. Schriften zeigt, aber doch etwas grundlegend Eigenes ist.

Nirgendwo sonst im NT ist Gott als der in unnahbarer Heiligkeit thronende Allherrscher beschrieben. Nur Christus als sein Mitregent kann in seine Nähe kommen. Alle anderen Wesen bleiben in respektvoller Entfernung.

An Gottes Macht als Allherrscher hat Christus Anteil. Christus stellt sich von Anfang an als der vor, der alle Gewalt hat (1,8 vgl. 21,6; 22,13). Eigentümlicherweise gebraucht Johannes für den zum Herrscher eingesetzten Christus den Titel Lamm. Er knüpft an die Tradition an, die mit dem Lamm den geopferten und Sühnung wirkenden Christus bezeichnet, aber überkleidet ihn mit himmlischer Glorie. Es ist der triumphierend herrschende Christus, dessen Wundmale nur noch die Narben des Siegers sind. So charakterisiert der Titel »Lamm« die Besonderheit des Christusverständnisses der Off, die den im Opfertod sich dahingebenden mit dem triumphierenden Christus verbindet.

Zur Gemeinde gehören die, die durch das Blut des Lammes losgekauft sind (1,5) und ihre Kleider in seinem Blut gewaschen haben (7,14); d. h. die Getauften. Diese setzen sich aus den unteren

Schichten zusammen, die als die Armen der Willkür der Mächtigen besonders ausgesetzt sind. Weil die Taufe keine Heilsgarantie darstellt und schon Lauheit zum Verlust des Heils führt, ist jetzt die Aufgabe der Gemeinde der Kampf. Wenn sie durchhält, wird sie an der Weltherrschaft Christi Anteil bekommen, wie die Sprüche am Ende der Sendschreiben deutlich machen (2,7.11.17.26f.; 3,5.12). Die Christen, die im Glauben treu geblieben sind, werden im Tausendjährigen Reich mit Christus herrschen (20,6).

Glaube ist in der Off das standhafte und geduldige Ausharren. Angesichts der blutigen Verfolgung wegen der Verweigerung der Anbetung des Tieres heißt es: »Hier ist Geduld und Glaube der Heiligen nötig« (13,10 vgl. 14,12). Da es um Leben und Tod geht, erklärt sich die Schroffheit der Bilder mit ihren Gerichtsaussagen, die den Haß der ungerecht Verfolgten und Unterdrückten gegen ihre Verfolger widerspiegeln. Immer wieder schärft der Prophet ein, daß die Gemeinde »die Werke tun« müsse. Auffällig ist, daß die Werke im einzelnen nicht aufgezählt werden. Deutlich ist allein die Forderung der bedingungslosen Kompromißlosigkeit in Fragen des Herrscherkultes, d. h. die konsequente Befolgung des 1. Gebotes. Dementsprechend wird hier Hurerei im traditionell jüdischen Sinne als Götzendienst verstanden. Allerdings kann Hurerei auch wörtlich gemeint sein. Denn die Sexualmoral ist ein wichtiger Prüfstein für Glaube, Geduld, Gebote halten, Werke tun usw. Hurerei gilt als die gröbste Sünde. Geschlechtsaskese wurde aber wahrscheinlich doch nicht gefordert. Auffällig ist, daß der Verfasser an den Alltagsproblemen der Gemeinde wenig Interesse zeigt.

Sein Blick geht über die Alltagsfragen hinweg auf die Zukunft, die es nötig macht, einen eigenen Standort im Kampf zwischen dem Lamm und seinen satanischen Widersachern zu finden. Diese Auseinandersetzung hat mit der Forderung zur Anbetung des Kaisers begonnen. Von nun an fällt die Entscheidung, ob man am Hochzeitsmahl des Lammes teilnehmen oder aus dem Buch des Lebens ausgelöscht werden wird: Denen, die den rechten Weg gehen in diesem Kampf, wird durch eine himmlische Stimme kundgetan: »Selig sind die Toten, die in dem Herrn sterben von nun an. Ja, spricht der Geist, sie sollen ausruhen von ihrer Mühsal, denn ihre Werke folgen ihnen nach« (14,13).

1 Dies ist die Offenbarung Jesu Christi, die ihm Gott gegeben hat, seinen Knechten zu zeigen, was in Kürze geschehen soll; und er hat sie durch seinen Engel gesandt und seinem Knecht Johannes kundgetan, [2]der bezeugt hat das Wort Gottes und das Zeugnis von Jesus Christus, alles, was er gesehen hat. [3]Selig ist, der da liest und die da hören die Worte der Weissagung und behalten, was darin geschrieben ist; denn die Zeit ist nahe.

Die Überschrift will den Wert des Buches bewußt machen. Es gibt Anteil an Jesu Kenntnis der nächsten Zukunft. Auserwählten Propheten (= Knechte; vgl. Am 3,7) wird enthüllt, was in naher Zukunft sein wird. Zur Bedeutung des Engels vgl. S. 485. – Der Verfasser erhebt den Anspruch, die Ereignisse selbst geschaut zu haben.

Gruß an die sieben Gemeinden

[4]Johannes an die sieben Gemeinden in der Provinz Asien: Gnade sei mit euch und Friede von dem, der da ist und der da war und der da kommt, und von den sieben Geistern, die vor seinem Thron sind, [5]und von Jesus Christus, welcher ist der treue Zeuge, der Erstgeborene von den Toten und Herr über die Könige auf Erden! Ihm, der uns liebt und uns erlöst hat von unsern Sünden mit seinem Blut [6]und uns zu Königen und Priestern gemacht hat vor Gott, seinem Vater, ihm sei Ehre und Gewalt von Ewigkeit zu Ewigkeit! Amen.

[7]Siehe, er kommt mit den Wolken, und es werden ihn sehen alle Augen und alle, die ihn durchbohrt haben, und es werden wehklagen um seinetwillen alle Geschlechter der Erde. Ja, Amen.

[8]*Ich bin das A und das O, spricht Gott der Herr, der da ist und der da war und der da kommt, der Allmächtige.*

Der Eingangsgruß bringt eine ungewöhnliche Verknüpfung von Gott, Geist und Christus: Der kommende Gott ist derselbe, der er schon immer war (2Mo 3,14). Der Geist erscheint in der heiligen Zahl der Vollkommenheit. Dieses Verständnis der Siebenzahl geht auf die persische Religion, in der die sieben Planeten als die Weltherrscher verehrt wurden, zurück. Christus wird als Herrscher gepriesen. Obwohl sein Opfertod ausdrücklich erwähnt wird, liegt der Akzent auf seinem zukünftigen Richteramt. In V. 7 sind Dan 7,13 und Sach 12,10ff. zu einer Gerichtsdrohung verbunden.

A und O sind die Anfangs- und Schlußbuchstaben des griechischen Alphabets. Es hat 24 Buchstaben, die den 24 Stunden des Tages zugeordnet wurden. V. 8 ist also eine damals gebräuchliche Formel. Mit ihr sollte die Allmacht Gottes (hier Christi) über alle Dinge in der Welt ausgesagt werden.

Der Auftrag an Johannes

[9]Ich, Johannes, euer Bruder und Mitgenosse an der Bedrängnis und am Reich und an der Geduld in Jesus, war auf der Insel, die Patmos heißt, um des Wortes Gottes willen und des Zeugnisses von Jesus. [10]Ich wurde vom Geist ergriffen am Tag des Herrn und hörte hinter mir eine große Stimme wie von einer Posaune, [11]die sprach: Was du siehst, das schreibe in ein Buch und sende es an die sieben Gemeinden: nach Ephesus und nach Smyrna und nach Pergamon und nach Thyatira und nach Sardes und nach Philadelphia und nach Laodizea.

[12]Und ich wandte mich um, zu sehen nach der Stimme, die mit mir redete. Und als ich mich umwandte, sah ich sieben goldene Leuchter [13]und mitten unter den Leuchtern einen, der war einem Menschensohn gleich, angetan mit einem langen Gewand und gegürtet um die Brust mit einem goldenen Gürtel. [14]Sein Haupt aber und sein Haar war weiß wie weiße Wolle, wie der Schnee, und seine Augen wie eine Feuerflamme [15]und seine Füße wie Golderz, das im Ofen glüht, und seine Stimme wie großes Wasserrauschen; [16]und er hatte sieben Sterne in seiner rechten Hand, und aus seinem Munde ging ein scharfes, zweischneidiges Schwert, und sein Angesicht leuchtete, wie die Sonne scheint in ihrer Macht. [17]Und als ich ihn sah, fiel ich zu seinen Füßen wie tot; und er legte seine rechte Hand auf mich und sprach zu mir: *Fürchte dich nicht! Ich bin der Erste und der Letzte* [18]*und der Lebendige. Ich war tot, und siehe, ich bin lebendig von Ewigkeit zu Ewigkeit und habe die Schlüssel des Todes und der Hölle.* [19]Schreibe, was du gesehen hast und was ist und was geschehen soll danach. [20]Das Geheimnis der sieben Sterne, die du gesehen hast in meiner rechten Hand, und der sieben goldenen Leuchter ist dies: Die sieben Sterne sind Engel der sieben Gemeinden, und die sieben Leuchter sind sieben Gemeinden.

Die unwirtliche Insel Patmos wurde von den Römern auch als Verbannungsort benutzt. Deshalb nahm man an, Johannes weile dort als Gefangener. Doch kann er sich auch zur Vorbereitung auf sein prophetisches Amt dorthin zurückgezogen haben. An einem Sonntag hat er eine Vision (der Herrentag als besonderer Tag für die Gemeinden ist hier erstmals ausdrücklich in der christlichen Literatur bezeugt, vgl. auch Joh 20,1.19.26. Er erhält den Auftrag, den sieben Gemeinden zu schreiben. In der Wiedergabe der Berufungsvision benutzt Johannes atl. und hellenistische Bildsymbole. Sie wollen die Herrschaft Christi verdeutlichen: Christus erscheint in derselben Majestät, in der Dan 7,9 ff. der »Uralte«, der Weltrichter Gott, gezeichnet wird. Er trägt das Gewand des himmlischen Hohenpriesters (2Mo 28,4; Heb 4,14–16). Er hält das Machtsymbol des Sonnengottes Mithras, das Sternbild des kleinen Bären, in seiner Hand (V. 16). Das scharfe zweischneidige Schwert drückt die richterliche Gewalt aus (Wsh 18,15 f.; Heb 4,12 f.). Die Symbole lassen sich allerdings nicht zu einem in sich geschlossenen Bild verbinden. Tod und Hölle sind als Gefängnisse vorgestellt, deren Schlüssel bisher in der Hand menschenfeindlicher Mächte waren. Aufgrund seiner Auferstehung hat Christus auch die Schlüsselgewalt über diese Bereiche bekommen.

DIE SIEBEN SENDSCHREIBEN (KAP. 2–3)

Die sieben Sendschreiben heben sich von dem ganzen Werk durch ihre besondere literarische Form ab. Sie haben den gleichen Aufbau:

1. Schreibbefehl;
2. Präsentationsspruch, d. h. Christus stellt sich mit jeweils anderen Bildworten als Herr und Richter der Gemeinde vor;
3. himmlischer Urteilsspruch über die Gemeinde. Ihm folgt je nach dem Urteil ein Drohwort oder tröstlicher Zuspruch;

4. Weckruf: »Wer Ohren hat zu hören, der höre ...«;
5. Überwinderspruch: Wer die Versuchungen bestanden und am Glauben festgehalten hat, dem wird in jeweils anderen Bildworten verheißen, das ewige Leben zu erlangen.

Vom vierten Sendschreiben an (nach Thyatira) folgt der Weckruf dem Überwinderspruch.

Der Auftrag zum Schreiben geht von Christus aus. Eigentümlicherweise wird der Weckruf jedoch immer als Wort des Geistes formuliert. So ist der Geist von Christus zugleich unterschieden als auch mit ihm gleichgesetzt.

Der Schreiber ist von hohem prophetischem Bewußtsein erfüllt. Er weiß sich als Mensch beauftragt, dem Engel einer Gemeinde zu schreiben. Die eigentümliche Engelvorstellung hat ihren Ursprung in der frühjüdischen Anschauung von besonderen Schutzengeln für Völker. Dabei wird hier ein Aspekt besonders betont: Der Schutzengel ist zugleich auch das bessere himmlische Ich eines Menschen oder auch einer irdischen Gemeinschaft. Er ist also eine Art himmlischer Doppelgänger. Dadurch erklärt sich die Gleichsetzung von Engel bzw. Geistern (1,4) und Gemeinden (1,20). Die Engel sind aber auch die Planeten, die um Gottes Thron als Leuchter umherwandeln.

Die Empfänger sind Gemeinden in Kleinasien. Die Siebenzahl hat symbolische Bedeutung. Sie ist Ausdruck der Vollständigkeit. In den angeredeten sieben Gemeinden soll sich jede in ihren Möglichkeiten und Fehlern wiedererkennen. Warum Johannes gerade diesen sieben schreibt und andere große Gemeinden Kleinasiens ungenannt bleiben (z.B. Troas, Milet, Hierapolis), ist nicht mehr zu klären. Gemeinsam ist ihnen die Grundsituation: Sie sind einerseits durch die feindselige Haltung des römischen Staates bedroht und andrerseits durch Irrlehre innerhalb der Gemeinden. Außerdem spielt mehrfach die Auseinandersetzung mit dem Judentum eine Rolle. In einigen Städten Kleinasiens besaßen die Juden großen politischen Einfluß und unterstützten das Vorgehen der römischen Behörden gegen die Christen. Unterschiedlich dagegen sind die Haltungen der Gemeinden auf diese Herausforderungen. Sie reichen von uneingeschränkter Glaubenstreue (Philadelphia) bis zur völligen Gleichgültigkeit (Laodizea) in wichtigen Lebensfragen.

Noch gab es Wandermissionare, doch der Name »Apostel« ist nun schon allein den zwölf vorbehalten (21,14 anders Rö 16,7). Die Ortsgemeinden festigen sich und wehren sich gegen fremde Missionare. Wahrscheinlich sind mit den Nikolaiten (2,6.15) falsche Apostel gemeint, die uns sonst völlig unbekannt sind. Zur etwa gleichen Zeit wie die Off setzen sich die Past, die auch in Kleinasien geschrieben worden sind, mit der Gnosis auseinander (vgl. die Einl. vor 1Ti). Dort werden deren Anhänger wegen ihrer weltverneinenden Askese verurteilt. Hier dagegen wird ihnen schrankenlose Freiheit im sexuellen Bereich vorgeworfen (2,14.20f.). Prinzipiell sind beide Verhaltensweisen aus der gnostischen Grundanschauung möglich (vgl. die Einl. zu Jud). Typisch gnostische Lehren finden sich nicht; nur 2,24 läßt sich in diesem Sinne deuten (vgl. zu 2,18–29). Wegen der Art der Ketzerpolemik, die Irrlehrer mit den Verführern des Volkes Israel gleichzusetzen (2,14), sind konkrete Angaben über Lehre und Verhalten der Irrlehrer nicht möglich.

Die Sendschreiben wollen die Gemeinden wachrütteln: Sie sollen verstehen, daß die derzeitigen Bedrückungen ein Teil der endzeitlichen Trübsal sind.

2 Dem Engel der Gemeinde in *Ephesus* schreibe: Das sagt, der da hält die sieben Sterne in seiner Rechten, der da wandelt mitten unter den sieben goldenen Leuchtern: [2]Ich kenne deine Werke und deine Mühsal und deine Geduld und weiß, daß du die Bösen nicht ertragen kannst; und du hast die geprüft, die sagen, sie seien Apostel, und sind's nicht, und hast sie als Lügner befunden, [3]und hast Geduld und hast um meines Namens willen die Last getragen und bist nicht müde geworden. [4]Aber ich habe gegen dich, daß du die erste Liebe verläßt. [5]So denke nun daran, wovon du abgefallen bist, und tue Buße und tue die ersten Werke! Wenn aber nicht, werde ich über dich kommen und deinen Leuchter wegstoßen von seiner Stätte – wenn du nicht Buße tust. [6]Aber das hast du für dich, daß du die Werke der Nikolaïten hassest, die ich auch hasse. [7]Wer

Zum Präsentationsspruch vgl. 1,16. V. 2 bietet eine charakteristische Variante für die drei christlichen Grundhaltungen Glaube, Liebe, Hoffnung. Christliches Leben erscheint so als angestrengtes Tun. Ephesus dient als Beispiel für eine Gemeinde, die einerseits durch Rechtgläubigkeit andrerseits durch Lieblosigkeit im Umgang mit den Brüdern gekennzeichnet ist. Der umgestoßene Leuchter (vgl. 1,20) ist ein Bild für die göttliche Verwerfung. Dem Bild im Überwinderspruch liegt die geläufige jüdische Vorstellung zugrunde: Die Heilsgaben der Urzeiten (1Mo 2,9) kehren in der Endzeit wieder, verleihen

Ohren hat, der höre, was der Geist den Gemeinden sagt! Wer überwindet, dem will ich zu essen geben von dem Baum des Lebens, der im Paradies Gottes ist.

[8]Und dem Engel der Gemeinde in *Smyrna* schreibe: Das sagt der Erste und der Letzte, der tot war und ist lebendig geworden: [9]Ich kenne deine Bedrängnis und deine Armut – du bist aber reich – und die Lästerung von denen, die sagen, sie seien Juden, und sind's nicht, sondern sind die Synagoge des Satans. [10]Fürchte dich nicht vor dem, was du leiden wirst! Siehe, der Teufel wird einige von euch ins Gefängnis werfen, damit ihr versucht werdet, und ihr werdet in Bedrängnis sein zehn Tage. *Sei getreu bis an den Tod, so will ich dir die Krone des Lebens geben.* [11]Wer Ohren hat, der höre, was der Geist den Gemeinden sagt! Wer überwindet, dem soll kein Leid geschehen von dem zweiten Tode.

[12]Und dem Engel der Gemeinde in *Pergamon* schreibe: Das sagt, der da hat das scharfe, zweischneidige Schwert: [13]Ich weiß, wo du wohnst: da, wo der Thron des Satans ist; und du hältst an meinem Namen fest und hast den Glauben an mich nicht verleugnet, auch nicht in den Tagen, als Antipas, mein treuer Zeuge, bei euch getötet wurde, da, wo der Satan wohnt. [14]Aber einiges habe ich gegen dich: du hast Leute dort, die sich an die Lehre Bileams halten, der den Balak lehrte, die Israeliten zu verführen, vom Götzenopfer zu essen und Hurerei zu treiben. [15]So hast du auch Leute, die sich in gleicher Weise an die Lehre der Nikolaïten halten. [16]Tue Buße; wenn aber nicht, so werde ich bald über dich kommen und gegen sie streiten mit dem Schwert meines Mundes. [17]Wer Ohren hat, der höre, was der Geist den Gemeinden sagt! Wer überwindet, dem will ich geben von dem verborgenen Manna und will ihm geben einen weißen Stein; und auf dem Stein ist ein neuer Name geschrieben, den niemand kennt als der, der ihn empfängt.

dann aber unwiderruflich ewiges Leben.

In Smyrna haben die Juden ihren Einfluß genutzt, um das Einschreiten der römischen Behörden gegen die Gemeinde zu veranlassen. Sie vertreten darum nicht das wahre Judentum. Diesen Anspruch erhebt die christliche Gemeinde. Die 10 Tage sind wahrscheinlich symbolisch gemeint (vgl. Dan 1,12.14). – Smyrna dient als Beispiel für eine Gemeinde, die in Bedrückung und Armut ihren geistlichen Reichtum entdeckt. – Der zweite Tod ist die endgültige Verdammnis.

Im Präsentationsspruch wird die richterliche Gewalt Christi (vgl. 1,16) betont. Der Thron Satans ist wahrscheinlich die Kultstätte des Kaiserkults. Pergamon war dessen ältester Sitz in Kleinasien; von dort wurde er für die ganze Provinz organisiert und geleitet. Es dürfte kaum der berühmte Zeusaltar gemeint sein. – Antipas aus Pergamon ist der einzige Blutzeuge, den Johannes namentlich nennt. Den neuen Namen empfängt der Glaubende in der von Jesus Christus vollzogenen Taufe. Pergamon dient als Beispiel einer Gemeinde, die sich im Widerstand gegen äußere Feinde zusammenfindet, aber in Fragen rechter Lehre zu nachlässig ist.

Die Rede vom verborgenen Manna erinnert an eine jüdische Tradition: Vor der Zerstörung Jerusalems habe der Prophet Jeremia die Bundeslade mit den Heiligtümern verborgen. Erst der Messias werde sie bei seinem Erscheinen wiederbringen. – Die Rede vom weißen Stein und neuen Namen erklärt sich vielleicht aus dem Volksglauben an Amulette: Ein Gegenstand mit einem wirkungskräftigen Zaubernamen schützt den Träger vor allen Angriffen böser Dämonen. Zu Bileam vgl. 4Mo 22 – 24; zu der Irrlehre der Nikolaiten vgl. die Einl. zu Kap. 2 und 3.

[18]Und dem Engel der Gemeinde in *Thyatira* schreibe: Das sagt der Sohn Gottes, der Augen hat wie Feuerflammen, und seine Füße sind wie Golderz: [19]Ich kenne deine Werke und deine Liebe und deinen Glauben und deinen Dienst und deine Geduld und weiß, daß du je länger je mehr tust. [20]Aber ich habe gegen dich, daß du Isebel duldest, diese Frau, die sagt, sie sei eine Prophetin, und lehrt und verführt meine Knechte, Hurerei zu treiben und Göt-

Im Präsentationsspruch wird wieder Bildmaterial aus der Eingangsvision aufgenommen (1,5). Thyatira dient als Beispiel einer Gemeinde, die einen geistigen Neuaufbruch erlebt, aber anfällig gegenüber Schwärmern ist. Bemerkenswerterweise war Thyatira ein paar Jahrzehnte später das Zentrum des Montanismus, einer ra-

zenopfer zu essen. [21]Und ich habe ihr Zeit gegeben, Buße zu tun, und sie will sich nicht bekehren von ihrer Hurerei. [22]Siehe, ich werfe sie aufs Bett, und die mit ihr die Ehe gebrochen haben in große Trübsal, wenn sie sich nicht bekehren von ihren Werken, [23]und ihre Kinder will ich mit dem Tode schlagen. Und alle Gemeinden sollen erkennen, daß ich es bin, der die Nieren und Herzen erforscht, und ich werde geben einem jeden von euch nach euren Werken. [24]Euch aber sage ich, den andern in Thyatira, die solche Lehre nicht haben und nicht erkannt haben die Tiefen des Satans, wie sie sagen: Ich will nicht noch eine Last auf euch werfen; [25]doch was ihr habt, das haltet fest, bis ich komme. [26]Und wer überwindet und hält meine Werke bis ans Ende, dem will ich Macht geben über die Heiden, [27]und er soll sie weiden mit eisernem Stabe, und wie die Gefäße eines Töpfers soll er sie zerschmeißen, [28]wie auch ich Macht empfangen habe von meinem Vater; und ich will ihm geben den Morgenstern. [29]Wer Ohren hat, der höre, was der Geist den Gemeinden sagt!

dikalen endzeitlichen Bewegung. – Isebel, die Frau des Königs Ahab, galt als das Urbild für Verführung zu Götzendienst und Hurerei (vgl. 1Kö 16,31; 18,4). Allerdings steht hinter diesem Namen sicher eine konkrete Person dieser Zeit. Die polemischen Sätze über das Verhalten und die Lehre jener Prophetin lassen sich vielleicht von der Gnosis her deuten. Ein solcher Gnostiker betrachtet alle irdischen Dinge als gleichgültig und demonstriert seine Freiheit vor allem im sexuellen Bereich. – Im Überwinderspruch wird den Glaubenstreuen Anteil am Gericht über die Heiden verheißen. Zu der Problematik des Gedankens vgl. die Einl. – Zum Bild vom Morgenstern (V. 28) als Ausdruck für das Endheil vgl. 2Pt 1,19.

3 Und dem Engel der Gemeinde in *Sardes* schreibe: Das sagt, der die sieben Geister Gottes hat und die sieben Sterne: Ich kenne deine Werke: Du hast den Namen, daß du lebst, und bist tot. [2]Werde wach und stärke das andre, das sterben will, denn ich habe deine Werke nicht als vollkommen befunden vor meinem Gott. [3]So denke nun daran, wie du empfangen und gehört hast, und halte es fest und tue Buße! Wenn du aber nicht wachen wirst, werde ich kommen wie ein Dieb, und du wirst nicht wissen, zu welcher Stunde ich über dich kommen werde. [4]Aber du hast einige in Sardes, die ihre Kleider nicht besudelt haben; die werden mit mir einhergehen in weißen Kleidern, denn sie sind's wert. [5]Wer überwindet, der soll mit weißen Kleidern angetan werden, und ich werde seinen Namen nicht austilgen aus dem Buch des Lebens, und ich will seinen Namen bekennen vor meinem Vater und vor seinen Engeln. [6]Wer Ohren hat, der höre, was der Geist den Gemeinden sagt!

Im Präsentationsspruch findet sich wieder ein Teil aus der Eingangsvision (1,16). Sardes dient als Beispiel für eine Gemeinde, deren Mehrheit sich der Umwelt angepaßt hat. – Zu V. 3 vgl. 1Th 5,2. Die Kleidsymbolik beruht auf einem damals weit verbreiteten Verständnis des Menschen: Die Seele erhält bei ihrem Erdenaufenthalt die irdische Daseinsweise wie ein Gewand, das mit dem Tode wieder abgelegt wird. Der Mensch ist als Seele aber auch für seine leiblichen Handlungen verantwortlich. Der Lohn für ein dem Willen Gottes entsprechendes Leben ist das weiße Gewand, d. h. das ewige Leben in Freude und Frieden. Zum Buch des Lebens vgl. zu 20,11–15.

[7]Und dem Engel der Gemeinde in *Philadelphia* schreibe: Das sagt der Heilige, der Wahrhaftige, der da hat den Schlüssel Davids, der auftut, und niemand schließt zu, der zuschließt, und niemand tut auf: [8]Ich kenne deine Werke. Siehe, ich habe vor dir eine Tür aufgetan, und niemand kann sie zuschließen; denn du hast eine kleine Kraft und hast mein Wort bewahrt und hast meinen Namen nicht verleugnet. [9]Siehe, ich werde schicken einige aus der Synagoge des Satans, die sagen, sie seien Juden, und sind's nicht, sondern lügen; siehe, ich will sie dazu bringen, daß sie kommen sollen und zu deinen Füßen niederfallen und erkennen, daß ich dich geliebt habe. [10]Weil du mein Wort

Im Präsentationsspruch ist der Gedanke von der Schlüsselgewalt Jesu aus 1,18 aufgenommen und mit Jes 22,22 weitergeführt. Diese Stelle wurde auch im zeitgenössischen Judentum auf den Messias gedeutet. Nur die Gemeinde in Philadelphia erhält uneingeschränktes Lob. Sie dient als Beispiel einer kleinen Gemeinde, die aber umso stärker ihre Standhaftigkeit gegenüber einer feindlichen Umwelt beweist. Wie in Smyrna (vgl. zu 2,8–11) ist die Synagoge an der blutigen Verfolgung der armen Gemeinde beteiligt. Nur

von der Geduld bewahrt hast, will auch ich dich bewahren vor der Stunde der Versuchung, die kommen wird über den ganzen Weltkreis, zu versuchen, die auf Erden wohnen. [11]Siehe, ich komme bald; *halte, was du hast, daß niemand deine Krone nehme!* [12]Wer überwindet, den will ich machen zum Pfeiler in dem Tempel meines Gottes, und er soll nicht mehr hinausgehen, und ich will auf ihn schreiben den Namen meines Gottes und den Namen des neuen Jerusalem, der Stadt meines Gottes, die vom Himmel herniederkommt von meinem Gott, und meinen Namen, den neuen. [13]Wer Ohren hat, der höre, was der Geist den Gemeinden sagt!

im Blick auf diese Situation läßt sich der hier erkennbare Haß auf die Synagoge verstehen. Johannes spricht ihr nicht nur den Ehrennamen »Jude« ab, sondern erwartet auch ihre Unterwerfung unter die christliche Gemeinde. Der Sinn der Verheißung (V. 10) ist wohl: Die Schrecken der letzten Zeit werden diese Gemeinde nicht mehr berühren, weil sie bereits die Feuerprobe bestanden hat und keiner weiteren Prüfung bedarf.

Bei der Namensverleihung liegt (anders als in 2,17) die Idee zugrunde, daß die Gerechten neue Namen bekommen werden und damit eine höhere Machtstellung. Auf dieser Vorstellung beruht die spätere Sitte, daß Mönche bei endgültiger Aufnahme in den Orden und Päpste bei Amtsantritt neue Namen annehmen.

[14]Und dem Engel der Gemeinde in *Laodizea* schreibe: Das sagt, der Amen heißt, der treue und wahrhaftige Zeuge, der Anfang der Schöpfung Gottes: [15]Ich kenne deine Werke, daß du weder kalt noch warm bist. Ach, daß du kalt oder warm wärest! [16]Weil du aber lau bist und weder warm noch kalt, werde ich dich ausspeien aus meinem Munde. [17]Du sprichst: Ich bin reich und habe genug und brauche nichts! und weißt nicht, daß du elend und jämmerlich bist, arm, blind und bloß. [18]Ich rate dir, daß du Gold von mir kaufst, das im Feuer geläutert ist, damit du reich werdest, und weiße Kleider, damit du sie anziehst und die Schande deiner Blöße nicht offenbar werde, und Augensalbe, deine Augen zu salben, damit du sehen mögest. [19]Welche ich lieb habe, die weise ich zurecht und züchtige ich. So sei nun eifrig und tue Buße! [20]*Siehe, ich stehe vor der Tür und klopfe an. Wenn jemand meine Stimme hören wird und die Tür auftun, zu dem werde ich hineingehen und das Abendmahl mit ihm halten und er mit mir.* [21]Wer überwindet, dem will ich geben, mit mir auf meinem Thron zu sitzen, wie auch ich überwunden habe und mich gesetzt habe mit meinem Vater auf seinen Thron. [22]Wer Ohren hat, der höre, was der Geist den Gemeinden sagt!

Im Präsentationsspruch ist die richterliche Vollmacht Jesu besonders betont (vgl. 1,5). Die Gemeinde von Laodizea ist die einzige, der nur Tadel zuteil wird. Sie dient als Beispiel für Überheblichkeit, die sich ihrer Gaben rühmt und nicht merkt, daß sie dadurch hohl geworden ist. Wer sich reich und satt fühlt, hört auf, weiter an sich zu arbeiten. Daraus folgt Rückschritt und innere Leere. V. 20 verstärkt den Bußruf mit dem Hinweis auf die Nähe des Gerichts. Der Herr ist so nahe, daß er gleichsam schon an die Tür klopft (vgl. Lk 12,36). – Die Teilhabe an der Königsherrschaft Christi wird mit sehr massiven Bildern aus dem orientalischen Hofzeremoniell beschrieben. Die Glaubenstreuen werden an der Tafel des Königs speisen und auf den Thronstufen um ihn geschart sitzen. Das Endheil erscheint so als Festfreude und Teilhabe an der Macht.

Vor dem Thron Gottes

4 Danach sah ich, und siehe, eine Tür war aufgetan im Himmel, und die erste Stimme, die ich mit mir hatte reden hören wie eine Posaune, die sprach: Steig herauf, ich will dir zeigen, was nach diesem geschehen soll.

[2]Alsbald wurde ich vom Geist ergriffen. Und siehe, ein Thron stand im Himmel, und auf dem Thron saß einer.

Vor der Enthüllung der bald hereinbrechenden Schreckenszeit auf Erden wird der Blick auf Gottes Thron gelenkt. Das Bild von der Anbetung der himmlischen Wesen strahlt majestätische Ruhe aus. Der Leser soll spüren: Was auch geschehen mag,

[3]Und der da saß, war anzusehen wie der Stein Jaspis und Sarder; und ein Regenbogen war um den Thron, anzusehen wie ein Smaragd. [4]Und um den Thron waren vierundzwanzig Throne, und auf den Thronen saßen vierundzwanzig Älteste, mit weißen Kleidern angetan, und hatten auf ihren Häuptern goldene Kronen. [5]Und von dem Thron gingen aus Blitze, Stimmen und Donner; und sieben Fakkeln mit Feuer brannten vor dem Thron, das sind die sieben Geister Gottes. [6]Und vor dem Thron war es wie ein gläsernes Meer, gleich dem Kristall, und in der Mitte am Thron und um den Thron vier himmlische Gestalten, voller Augen vorn und hinten. [7]Und die erste Gestalt war gleich einem Löwen, und die zweite Gestalt war gleich einem Stier, und die dritte Gestalt hatte ein Antlitz wie ein Mensch, und die vierte Gestalt war gleich einem fliegenden Adler. [8]Und eine jede der vier Gestalten hatte sechs Flügel, und sie waren außen und innen voller Augen, und sie hatten keine Ruhe Tag und Nacht und sprachen:

> Heilig, heilig, heilig ist Gott der Herr, der Allmächtige, der da war und der da ist und der da kommt.

[9]Und wenn die Gestalten Preis und Ehre und Dank gaben dem, der auf dem Thron saß, der da lebt von Ewigkeit zu Ewigkeit, [10]fielen die vierundzwanzig Ältesten nieder vor dem, der auf dem Thron saß, und beteten den an, der da lebt von Ewigkeit zu Ewigkeit, und legten ihre Kronen nieder vor dem Thron und sprachen:

> [11]Herr, unser Gott, du bist würdig, zu nehmen Preis und Ehre und Kraft; denn du hast alle Dinge geschaffen, und durch deinen Willen waren sie und wurden sie geschaffen.

Gottes Macht ist unerschütterlich. Das Aufbegehren des Bösen kann wohl Erde und Menschen in Schrekken versetzen, aber nicht Gottes Macht gefährden. Die Schilderung der Thronsphäre Gottes nimmt vor allem Motive aus Hes 1 und Jes 6 auf. Gott selbst wird nicht beschrieben, nur der überwältigende Lichtglanz und die von ihm ausgehenden Erscheinungen (vgl. 2Mo 19,16; Hes 1,13). Der Darstellung liegen astrologische Motive zugrunde: Der Thron ist das Himmelsgewölbe; die 24 Ältesten sind die 12 Tierkreiszeichen, über die nach persisch-babylonischer Tradition je zwei Götter herrschen. Die Ältesten sind hier aber aller selbständigen Macht entkleidet und huldigen dem einzigen Gott (V. 10). Die sieben Fackeln sind die Planeten; das gläserne Meer ist das blaue Himmelsfirmament. Die vier Tiere (vgl. Hes 1) sind die vier Himmelsrichtungen, die jeweils durch ein Sternbild gekennzeichnet sind: Löwe, Stier, Skorpion (der in orientalischer Tradition immer als Skorpion-Mensch erscheint). Statt des sonst üblichen Wassermannes tritt hier das in seiner Nähe stehende Sternbild des Adlers auf. Die Flügel sind Symbol für die Winde; die Augen für die Sterne. So preist der ganze Kosmos Gottes Heiligkeit (vgl. Jes 6,3).

Die Kirchenväter haben später die vier Tiere als die vier Evangelisten gedeutet. Darum werden in der christlichen Kunst Matthäus mit dem Symbol des Löwen, Markus mit dem des Stieres, Lukas mit dem des Menschen und Johannes mit dem des Adlers abgebildet.

Das Buch mit den sieben Siegeln

5 Und ich sah in der rechten Hand dessen, der auf dem Thron saß, ein Buch, beschrieben innen und außen, versiegelt mit sieben Siegeln. [2]Und ich sah einen starken Engel, der rief mit großer Stimme: Wer ist würdig, das Buch aufzutun und seine Siegel zu brechen? [3]Und niemand, weder im Himmel noch auf Erden noch unter der Erde, konnte das Buch auftun und hineinsehen. [4]Und ich weinte sehr, weil niemand für würdig befunden wurde, das Buch aufzutun und hineinzusehen. [5]Und einer von den Ältesten spricht zu mir: Weine nicht! Siehe, es hat überwunden der Löwe aus dem Stamm Juda, die Wurzel Davids, aufzutun das Buch und seine sieben Siegel.

Johannes hat die Inthronisation Christi zum Weltherrscher unter Aufnahme atl. apokalyptischer und altorientaler Motive gestaltet. Sehr wirkungsvoll verfremdet er die einzelnen Bilder, indem er Gegensätzliches nebeneinander stellt oder die Anschaulichkeit sprengt: Ein gleichsam geschlachtetes Lamm mit sieben Hörnern und sieben umherwandernden Augen öffnet ein Buch. Das ist eher eine dichterische Verkettung von Symbolen, als die getreue Wiedergabe einer Schau. – Das Buch ist

Symbol der Weltherrschaft. In ihm ist alles aufgezeichnet, was in Kürze geschehen soll (1,19; 4,1). Die Fülle der Ereignisse wird dadurch betont, daß es innen und außen beschrieben ist (vgl. Hes 2,9 f.). Die siebenfache und damit völlige Versiegelung weist auf das letzte und tiefste Geheimnis, das zu lösen besonderer Würde bedarf. Es ist das Schicksalsbuch des Kosmos. Wer es öffnet, hat die Macht, auszuführen, was in ihm steht. Das große Schweigen im Himmel auf die Frage des Engels zeigt, welch schwere Aufgabe den erwartet, der die Siegel lösen wird. Der Inhalt des Buches ist die Erlösung des Kosmos. Das Weinen das Johannes meint, daß ohne die Öffnung des Buches die Welt dem Verderben ausgeliefert wäre. Doch da tritt das Lamm auf mit den Insignien der Allmacht (Horn als Machtsymbol; vgl. 4Mo 23,22) und der Allwissenheit (die sieben Augen = Planeten). Die Bezeichnung Christi als Lamm ist typisch für dieses Buch (28mal). Johannes knüpft an die Tradition an, die mit dem Lamm den geopferten und Sühnung erwirkenden Christus bezeichnet (Joh 1,29), aber überkleidet ihn mit himmlischer Herrlichkeit. Auch als Lamm ist er der triumphierende Herrscher; seine Wundmale sind nur die Narben des Siegers.

[6] Und ich sah mitten zwischen dem Thron und den vier Gestalten und mitten unter den Ältesten ein Lamm stehen, wie geschlachtet; es hatte sieben Hörner und sieben Augen, das sind die sieben Geister Gottes, gesandt in alle Lande. [7] Und es kam und nahm das Buch aus der rechten Hand dessen, der auf dem Thron saß. [8] Und als es das Buch nahm, da fielen die vier Gestalten und die vierundzwanzig Ältesten nieder vor dem Lamm, und ein jeder hatte eine Harfe und goldene Schalen voll Räucherwerk, das sind die Gebete der Heiligen, [9] und sie sangen ein neues Lied:

> Du bist würdig, zu nehmen das Buch und aufzutun seine Siegel; denn du bist geschlachtet und hast mit deinem Blut Menschen für Gott erkauft aus allen Stämmen und Sprachen und Völkern und Nationen [10] und hast sie unserm Gott zu Königen und Priestern gemacht, und sie werden herrschen auf Erden.

[11] Und ich sah, und ich hörte eine Stimme vieler Engel um den Thron und um die Gestalten und um die Ältesten her, und ihre Zahl war vieltausendmal tausend; [12] die sprachen mit großer Stimme:

> *Das Lamm, das geschlachtet ist, ist würdig, zu nehmen Kraft und Reichtum und Weisheit und Stärke und Ehre und Preis und Lob.*

[13] Und jedes Geschöpf, das im Himmel ist und auf Erden und unter der Erde und auf dem Meer und alles, was darin ist, hörte ich sagen:

> Dem, der auf dem Thron sitzt, und dem Lamm sei Lob und Ehre und Preis und Gewalt von Ewigkeit zu Ewigkeit!

[14] Und die vier Gestalten sprachen: Amen! Und die Ältesten fielen nieder und beteten an.

Die Symbolsprache bietet Johannes die Möglichkeit, nicht nur die Grenzen des Ortes, sondern auch die der Zeit aufzuheben. Der Sieg des Lammes erscheint als eben errungen – noch ist die klaffende Wunde zu sehen. Wie die Vergangenheit zur Gegenwart gebracht wird, so auch die Zukunft, in der alles Seufzen in Lobgesang mündet. Auf diese Weise gib Johannes der in der Verfolgung ohnmächtig leidenden Gemeinde die Kraft zum Ausharren. Sie hat vor allen Schrecken einen Blick auf die endgültige Zukunft werfen können und kann nun getrost ihren Auftrag als die geduldig bekennende Zeugenschar übernehmen.

Die Öffnung der ersten sechs Siegel

In der Siegelvision wird eine erste mächtige Flut von Ereignissen geschildert, die das Endgeschehen einleiten. Das Öffnen der ersten vier Siegel löst jeweils das Kommen eines Reiters aus, der Verderben bringt. Die Farben der Pferde waren ursprünglich Symbole der Himmelsrichtungen (Sach 6,1–8). Hier aber

6 Und ich sah, daß das Lamm das erste der sieben Siegel auftat, und ich hörte eine der vier Gestalten sagen wie mit einer Donnerstimme: Komm! [2] Und ich sah, und siehe, ein weißes Pferd. Und der darauf saß, hatte einen Bogen, und ihm wurde eine Krone gegeben, und er zog aus sieghaft und um zu siegen.

[3] Und als es das zweite Siegel auftat, hörte ich die zweite Gestalt sagen: Komm! [4] Und es kam heraus ein zweites

Pferd, das war feuerrot. Und dem, der darauf saß, wurde Macht gegeben, den Frieden von der Erde zu nehmen, daß sie sich untereinander umbrächten, und ihm wurde ein großes Schwert gegeben.

[5]Und als es das dritte Siegel auftat, hörte ich die dritte Gestalt sagen: Komm! Und ich sah, und siehe, ein schwarzes Pferd. Und der darauf saß, hatte eine Waage in seiner Hand. [6]Und ich hörte eine Stimme mitten unter den vier Gestalten sagen: Ein Maß Weizen für einen Silbergroschen und drei Maß Gerste für einen Silbergroschen; aber dem Öl und Wein tu keinen Schaden!

[7]Und als es das vierte Siegel auftat, hörte ich die Stimme der vierten Gestalt sagen: Komm! [8]Und ich sah, und siehe, ein fahles Pferd. Und der darauf saß, dessen Name war: Der Tod, und die Hölle folgte ihm nach. Und ihnen wurde Macht gegeben über den vierten Teil der Erde, zu töten mit Schwert und Hunger und Pest und durch die wilden Tiere auf Erden.

[9]Und als es das fünfte Siegel auftat, sah ich unten am Altar die Seelen derer, die umgebracht worden waren um des Wortes Gottes und um ihres Zeugnisses willen. [10]Und sie schrien mit lauter Stimme: Herr, du Heiliger und Wahrhaftiger, wie lange richtest du nicht und rächst nicht unser Blut an denen, die auf der Erde wohnen? [11]Und ihnen wurde gegeben einem jeden ein weißes Gewand, und ihnen wurde gesagt, daß sie ruhen müßten noch eine kleine Zeit, bis vollzählig dazukämen ihre Mitknechte und Brüder, die auch noch getötet werden sollten wie sie.

[12]Und ich sah: als es das sechste Siegel auftat, da geschah ein großes Erdbeben, und die Sonne wurde finster wie ein schwarzer Sack, und der ganze Mond wurde wie Blut, [13]und die Sterne des Himmels fielen auf die Erde, wie ein Feigenbaum seine Feigen abwirft, wenn er von starkem Wind bewegt wird. [14]Und der Himmel wich wie eine Schriftrolle, die zusammengerollt wird, und alle Berge und Inseln wurden wegbewegt von ihrem Ort. [15]Und die Könige auf Erden und die Großen und die Obersten und die Reichen und die Gewaltigen und alle Sklaven und alle Freien verbargen sich in den Klüften und Felsen der Berge [16]und sprachen zu den Bergen und Felsen: Fallt über uns und verbergt uns vor dem Angesicht dessen, der auf dem Thron sitzt, und vor dem Zorn des Lammes! [17]Denn es ist gekommen der große Tag ihres Zorns, und wer kann bestehen?

Die Versiegelten

7 Danach sah ich vier Engel stehen an den vier Ecken der Erde, die hielten die vier Winde der Erde fest, damit kein Wind über die Erde blase noch über das Meer noch

bedeuten weiß = Sieg, rot = Krieg, schwarz = Hungersnot, fahl = Pestepidemie. Der erste Reiter trägt die typische Rüstung der Parther, die damals das römische Reich schwer bedrängten. Viele Menschen sahen in dem siegreichen Vordringen dieser Reiter das Vorzeichen des Endes des römischen Reiches und damit der menschlichen Zivilisation überhaupt. Der zweite Reiter veranschaulicht die schrecklichen Folgen des Krieges. – Die Waage in der Hand des dritten Reiters bedeutet strenge Rationierung. Die Teuerung zeigt sich in einer erheblichen Preissteigerung für die Grundnahrungsmittel. Der Arbeitslohn eines Tagelöhners (Mt 20,1–16) reicht aber für eine Person nur einen Tag. Die Luxusgüter (Öl, Wein) blieben aber unangetastet. Die soziale Ungerechtigkeit nimmt zu. Mit dem vierten Reiter wird veranschaulicht, wie sich bei einer Pestepidemie das Leben verändert und aasfressende Tiere in Scharen auftreten. – Die vier apokalyptischen Reiter symbolisieren innergeschichtliche Leidenserfahrungen. – Das fünfte Siegel weist auf die getöteten Märtyrer: Ihr Ruheort ist bis zum Endgericht der Ehrenplatz unter Gottes Thron; ihr Ruf nach Vergeltung will das Gericht und damit das Ende der Welt herbeizwingen. Ihnen wird die Teilnahme an der neuen Gotteswelt (= weißes Gewand) zugesagt. Ihre endgültige Erlösung ist jedoch erst möglich, wenn alle Märtyrer versammelt sind. Johannes erwartet in nächster Zeit ein großes und allgemeines Martyrium. Das Öffnen des sechsten Siegels bringt ein ungewöhnlich schweres Erdbeben. Bei diesem werden auch die Mächtigen auf Erden vernichtet. Ihre Vernichtung erinnert an die Weissagungen gegen Gog und Magog (Hes 38). Der Seher verwendet Motive, mit denen auch sonst der letzte große Gerichtstag geschildert wird (Mk 13,24 f.Parr). Jedoch sind sie abgeschwächt, damit der Charakter einer Einleitung für das Endgeschehen gewahrt bleibt.

Die vier Engel, die über die vier Winde gesetzt sind, werden als Elementargeister verstanden: Sie regeln die Kraft der Winde. Wenn sie den Windkräften freien Lauf lassen, toben orkanartige Stürme; geschieht das aus allen vier Windrichtungen gleichzeitig, wird die ganze Erde in ein Chaos verwandelt. Vorher werden aber die Auserwählten versiegelt. Diese Vorstellung spielt in der Off eine große Rolle. Nicht nur die Knechte Gottes (vgl. 9,4; 14,1; 22,4), sondern auch die Anhänger des Tieres werden versiegelt (13,16f.; 14,9; 20,4). Durch die Versiegelung (vgl. die Brandmarkung bei Tieren) wird der Mensch zum Eigentum Gottes – nach urchristlicher Auffassung durch die Taufe (2Ko 1,21 f.) – erklärt und steht fortan unter dessen Schutz. Der Vollzug der Versiegelung wird stillschweigend vorausgesetzt. Der Seher hört die Zahl der Versiegelten.

über irgendeinen Baum. [2]Und ich sah einen andern Engel aufsteigen vom Aufgang der Sonne her, der hatte das Siegel des lebendigen Gottes und rief mit großer Stimme zu den vier Engeln, denen Macht gegeben war, der Erde und dem Meer Schaden zu tun: [3]Tut der Erde und dem Meer und den Bäumen keinen Schaden, bis wir versiegeln die Knechte unseres Gottes an ihren Stirnen.

[4]Und ich hörte die Zahl derer, die versiegelt wurden: hundertvierundvierzigtausend, die versiegelt waren aus allen Stämmen Israels: [5]aus dem Stamm Juda zwölftausend versiegelt, aus dem Stamm Ruben zwölftausend, aus dem Stamm Gad zwölftausend, [6]aus dem Stamm Asser zwölftausend, aus dem Stamm Naftali zwölftausend, aus dem Stamm Manasse zwölftausend, [7]aus dem Stamm Simeon zwölftausend, aus dem Stamm Levi zwölftausend, aus dem Stamm Issachar zwölftausend, [8]aus dem Stamm Sebulon zwölftausend, aus dem Stamm Josef zwölftausend, aus dem Stamm Benjamin zwölftausend versiegelt.

Offensichtlich hat der Apokalyptiker in 7,1–8 eine schriftliche jüdische Quelle verarbeitet. Sie vertritt die Auffassung, daß die Gerechten nur aus dem jüdischen Volk kommen, und zwar aus jedem Stamm nur ein heiliger Rest (vgl. zu Rö 11,1–10). Johannes hat diese jüdische Quelle aufgenommen, weil ihm das Motiv der Versiegelung der Gerechten ein wichtiges Anliegen war, aber wie V.9 zeigt, in einen größeren Rahmen gestellt. – An der Liste fällt das Fehlen des Stammes Dan auf. Vielleicht steht dahinter die Vorstellung, daß aufgrund der Weissagung von 1Mo 49,17 der Antichrist von dort kommen wird. Die Zwölfzahl ist dadurch erreicht, daß neben Josef sein Unterstamm Manasse als selbständiger Stamm gezählt wird.

Vor dem Eintreten neuer Schrecken fügt Johannes einen Lobgesang der erretteten Gerechten ein. Auf diese Weise wird der Zweifel an Gottes Macht überwunden. Die gegenwärtigen Leiden und kommenden Schrecken sind notwendig, um zu der Zukunft zu gelangen, die von Friede und Freude erfüllt ist. Die Palmzweige weisen auf den errungenen Sieg. Die Sieger sind hier im Unterschied zu 7,1–8 die Märtyrer, die aus allen Völkern der Erde kommen. Ihr Sieg gründet darin, daß sie ihre Kleider im Blut des Lammes weiß gewaschen haben. Die vom Bild her widersinnige Ausdrucksweise besagt: Die Märtyrer haben nicht aus sich selbst die Kraft zu Leiden und Widerstand. Sie verdanken ihre Haltung und ihre Erlösung allein dem Opfertod Christi. Die Erlösung wird als Teilnahme am himmlischen Gottesdienst in der unmittelbaren Nähe

Die große Schar aus allen Völkern

[9]Danach sah ich, und siehe, eine große Schar, die niemand zählen konnte, aus allen Nationen und Stämmen und Völkern und Sprachen; die standen vor dem Thron und vor dem Lamm, angetan mit weißen Kleidern und mit Palmzweigen in ihren Händen, [10]und riefen mit großer Stimme:

> Das Heil ist bei dem, der auf dem Thron sitzt, unserm Gott, und dem Lamm!

[11]Und alle Engel standen rings um den Thron und um die Ältesten und um die vier Gestalten und fielen nieder vor dem Thron auf ihr Angesicht und beteten Gott an [12]und sprachen:

> Amen, Lob und Ehre und Weisheit und Dank und Preis und Kraft und Stärke sei unserm Gott von Ewigkeit zu Ewigkeit! Amen.

[13]Und einer der Ältesten fing an und sprach zu mir: Wer sind diese, die mit den weißen Kleidern angetan sind, und woher sind sie gekommen? [14]Und ich sprach zu ihm: Mein Herr, du weißt es. Und er sprach zu mir: *Diese sind's, die gekommen sind aus der großen Trübsal und haben ihre Kleider gewaschen und haben ihre Kleider hell gemacht im Blut des Lam-*

mes. [15] Darum sind sie vor dem Thron Gottes und dienen ihm Tag und Nacht in seinem Tempel; und der auf dem Thron sitzt, wird über ihnen wohnen. [16] Sie werden nicht mehr hungern noch dürsten; es wird auch nicht auf ihnen lasten die Sonne oder irgendeine Hitze; [17] denn das Lamm mitten auf dem Thron wird sie weiden und leiten zu den Quellen des lebendigen Wassers, und Gott wird abwischen alle Tränen von ihren Augen.

Gottes und als Leidlosigkeit beschrieben.

Das siebente Siegel

8 Und als das Lamm das siebente Siegel auftat, entstand eine Stille im Himmel etwa eine halbe Stunde lang. [2] Und ich sah die sieben Engel, die vor Gott stehen, und ihnen wurden sieben Posaunen gegeben. [3] Und ein anderer Engel kam und trat an den Altar und hatte ein goldenes Räuchergefäß; und ihm wurde viel Räucherwerk gegeben, daß er es darbringe mit den Gebeten aller Heiligen auf dem goldenen Altar vor dem Thron. [4] Und der Rauch des Räucherwerks stieg mit den Gebeten der Heiligen von der Hand des Engels hinauf vor Gott. [5] Und der Engel nahm das Räuchergefäß und füllte es mit Feuer vom Altar und schüttete es auf die Erde. Und da geschahen Donner und Stimmen und Blitze und Erdbeben.

Die eintretende Stille beim Öffnen des siebten Siegels unterbricht den himmlischen Lobpreis. Die sieben Erzengel (= sieben Geister; vgl. zu 1,9–20) halten schon die »Letzte Posaune« bereit, die das Endgericht einleitet (1Ko 15,52). Der Siebenzahl der Engel entspricht hier auch die Siebenzahl der Posaunen. Der Engel trägt das Gebet der Heiligen (= Gläubigen) zu Gottes Thron und unterstützt es durch Räucherwerk. Der aufsteigende Rauch zeigt an, daß ihr Gebet erhört ist (vgl. 1Mo 4,4f.). Der Engel bewirkt dann Zeichen, die die Gotteserscheinung begleiteten (vgl. 2Mo 19,16–19).

Die ersten sechs Posaunen

[6] Und die sieben Engel mit den sieben Posaunen hatten sich gerüstet zu blasen. [7] Und der erste blies seine Posaune; und es kam Hagel und Feuer, mit Blut vermengt, und fiel auf die Erde; und der dritte Teil der Erde verbrannte, und der dritte Teil der Bäume verbrannte, und alles grüne Gras verbrannte.

[8] Und der zweite Engel blies seine Posaune; und es stürzte etwas wie ein großer Berg mit Feuer brennend ins Meer, und der dritte Teil des Meeres wurde zu Blut, [9] und der dritte Teil der lebendigen Geschöpfe im Meer starb, und der dritte Teil der Schiffe wurde vernichtet.

[10] Und der dritte Engel blies seine Posaune; und es fiel ein großer Stern vom Himmel, der brannte wie eine Fackel und fiel auf den dritten Teil der Wasserströme und auf die Wasserquellen. [11] Und der Name des Sterns heißt Wermut. Und der dritte Teil der Wasser wurde zu Wermut, und viele Menschen starben von den Wassern, weil sie bitter geworden waren.

[12] Und der vierte Engel blies seine Posaune; und es wurde geschlagen der dritte Teil der Sonne und der dritte Teil des Mondes und der dritte Teil der Sterne, so daß ihr dritter Teil verfinstert wurde und den dritten Teil des Tages das Licht nicht schien, und in der Nacht desgleichen.

[13] Und ich sah, und ich hörte, wie ein Adler mitten durch den Himmel flog und sagte mit großer Stimme: Weh, weh,

Johannes schafft durch die Annahme von sieben Posaunen einen neuen Zyklus der Endereignisse, die noch verheerendere Katastrophen einleiten. Statt einem Viertel (wie bei den Siegelvisionen) wird nun ein Drittel der Menschen und ihres Lebensraumes vernichtet. Jedoch bleibt alles im Rahmen innergeschichtlicher Erfahrungen (Vulkanausbrüche 8,8; 9,2; Heuschreckenschwärme; mordende Reiterheere), wenn es auch ins Dämonische überhöht ist. Von den Plagen werden nur die Ungläubigen getroffen (9,4), denn die Auserwählten Gottes sind ja versiegelt (7,1–8). In mehreren Schreckensbildern sind Motive aus den ägyptischen Plagen aufgenommen: Die erste Posaune erinnert an die Hagelplage (2Mo 9,22–26); die zweite an die Verwandlung der Gewässer in Blut (2Mo 7,19–25); die vierte an die Finsternis (2Mo 10,21–29); bei der Heuschreckenplage (vgl. 2Mo 10,12–20) sind darüber hinaus die Visionen des Joel (Joel 1–2) bis in die Formulierungen hinein spürbar. Aus der persischen Religion stammt

weh denen, die auf Erden wohnen wegen der anderen Posaunen der drei Engel, die noch blasen sollen!

9 Und der fünfte Engel blies seine Posaune; und ich sah einen Stern, gefallen vom Himmel auf die Erde; und ihm wurde der Schlüssel zum Brunnen des Abgrunds gegeben. [2]Und er tat den Brunnen des Abgrunds auf, und es stieg auf ein Rauch aus dem Brunnen wie der Rauch eines großen Ofens, und es wurden verfinstert die Sonne und die Luft von dem Rauch des Brunnens. [3]Und aus dem Rauch kamen Heuschrecken auf die Erde, und ihnen wurde Macht gegeben, wie die Skorpione auf Erden Macht haben.

[4]Und es wurde ihnen gesagt, sie sollten nicht Schaden tun dem Gras auf Erden noch allem Grünen noch irgendeinem Baum, sondern allein den Menschen, die nicht das Siegel Gottes haben an ihren Stirnen. [5]Und ihnen wurde Macht gegeben, nicht daß sie sie töteten, sondern sie quälten fünf Monate lang; und ihre Qual war wie eine Qual von einem Skorpion, wenn er einen Menschen sticht. [6]Und in jenen Tagen werden die Menschen den Tod suchen und nicht finden, sie werden begehren zu sterben, und der Tod wird von ihnen fliehen. [7]Und die Heuschrecken sahen aus wie Rosse, die zum Krieg gerüstet sind, und auf ihren Köpfen war etwas wie goldene Kronen, und ihr Antlitz glich der Menschen Antlitz; [8]und sie hatten Haar wie Frauenhaar und Zähne wie Löwenzähne [9]und hatten Panzer wie eiserne Panzer, und das Rasseln ihrer Flügel war wie das Rasseln der Wagen vieler Rosse, die in den Krieg laufen, [10]und hatten Schwänze wie Skorpione und hatten Stacheln, und in ihren Schwänzen war ihre Kraft, Schaden zu tun den Menschen fünf Monate lang; [11]sie hatten über sich einen König, den Engel des Abgrunds; sein Name heißt auf hebräisch Abaddon, und auf griechisch hat er den Namen Apollyon. [12]Das erste Wehe ist vorüber; siehe, es kommen noch zwei Wehe danach.

[13]Und der sechste Engel blies seine Posaune; und ich hörte eine Stimme aus den vier Ecken des goldenen Altars vor Gott; [14]die sprach zu dem sechsten Engel, der die Posaune hatte: Laß los die vier Engel, die gebunden sind an dem großen Strom Euphrat. [15]Und es wurden losgelassen die vier Engel, die bereit waren für die Stunde und den Tag und den Monat und das Jahr, zu töten den dritten Teil der Menschen. [16]Und die Zahl des reitenden Heeres war vieltausendmal tausend; ich hörte ihre Zahl. [17]Und so sah ich in dieser Erscheinung die Rosse und die darauf saßen: Sie hatten feuerrote und blaue und schwefelgelbe Panzer, und die Häupter der Rosse waren wie die Häupter der Löwen, und aus ihren Mäulern kam Feuer und Rauch und Schwefel. [18]Von diesen drei Plagen wurde getötet der dritte Teil

die Vorstellung der dritten Posaune, daß das Weltende mit dem Herabstürzen eines Sternes beginnt. Seine vernichtende Kraft besteht darin, daß er die Gewässer vergiftet (in der Antike galt der Wermut weithin als giftig – vgl. Jer 9,14). Wie bei den Siegelvisionen kommt auch nach der vierten Posaune ein deutlicher Einschnitt. Der Adler als Gottes Gerichtsbote kündigt mit den drei Weherufen für die Menschheit noch furchtbareres Elend an. In dieser Funktion findet er sich auch in frühjüdischen apokalyptischen Schriften. Das literarische Motiv der drei Weherufe ist nicht ganz durchgehalten; das Ende des zweiten wird noch genannt (11,14), aber die Ausführung des dritten fehlt. Bei der fünften Posaune ist die Vorstellung vom Fall eines Lichtengels (= Stern) aufgenommen (vgl. Jes 14,12): Nachdem er aus Gottes Lichtwelt verbannt war, wurde der Satan zum Herrn der Hölle. Aus dem Höllenfeuer steigt der Rauch empor und mit ihm die Dämonen in Gestalt von Heuschrecken. Während aber natürliche Heuschrecken das Kulturland vernichten, stürzen sich diese allein auf die ungläubigen Menschen. Die ihnen zugefügten Leiden sind so schrecklich, daß der Tod als Barmherzigkeit erscheint (vgl. Hi 3,20–22). Der griechische Name des Anführers der dämonischen Heuschrecken erinnert an den Gott Apollo, der unbarmherzig mit sengender Hitze Leben vernichtet und als Pestgott gefürchtet, jedoch als Sonnengott verehrt wurde. Das hebräische Wort bedeutet Untergang, Hölle und ist auch im AT schon personifiziert worden (Hi 28,22). – Die sechste Posaune bringt die Vernichtung eines Drittels der ungläubigen Menschheit durch dämonische Reiterscharen. In der Darstellung verweben sich Erfahrungen aus dem Einfall der Parther vom Euphrat her mit den Visionen Hesekiels über Gog und Magog (Hes 38 f.). Dazwischen findet sich das schlecht in den Zusammenhang passende Bild von 4 gefesselten Engeln, die nun losgelassen werden (vgl. zu 7,1 f.). So schrecklich auch die Vernichtung durch sie ist, die Mehrheit bleibt ver-

der Menschen, von dem Feuer und Rauch und Schwefel, der aus ihren Mäulern kam. [19]Denn die Kraft der Rosse war in ihrem Maul und in ihren Schwänzen; denn ihre Schwänze waren den Schlangen gleich und hatten Häupter, und mit denen taten sie Schaden. [20]Und die übrigen Leute, die nicht getötet wurden von diesen Plagen, bekehrten sich doch nicht von den Werken ihrer Hände, daß sie nicht mehr anbeteten die bösen Geister und die goldenen, silbernen, ehernen, steinernen und hölzernen Götzen, die weder sehen noch hören noch gehen können, [21]und sie bekehrten sich auch nicht von ihren Morden, ihrer Zauberei, ihrer Unzucht und ihrer Dieberei.

schont. Noch einmal soll die Gelegenheit zur Buße gegeben werden. Darum kommt es vor der siebenten Posaune (11,15) zu einem Zwischenspiel (10,1–11). Doch Johannes ist davon überzeugt, daß die Chance nicht wahrgenommen werden wird. Auch die Todesangst wird nicht zur Umkehr führen, sondern nur zu einem verkrampften Festhalten an einem verfehlten Leben. Unglaube und Ungehorsam werden auch angesichts des Todes nicht aufgegeben.

Der Engel mit dem Büchlein

10 Und ich sah einen andern starken Engel vom Himmel herabkommen, mit einer Wolke bekleidet, und der Regenbogen auf seinem Haupt und sein Antlitz wie die Sonne und seine Füße wie Feuersäulen. [2]Und er hatte in seiner Hand ein Büchlein, das war aufgetan. Und er setzte seinen rechten Fuß auf das Meer und den linken auf die Erde, [3]und er schrie mit großer Stimme, wie ein Löwe brüllt. Und als er schrie, erhoben die sieben Donner ihre Stimme. [4]Und als die sieben Donner geredet hatten, wollte ich es aufschreiben. Da hörte ich eine Stimme vom Himmel zu mir sagen: Versiegle, was die sieben Donner geredet haben, und schreib es nicht auf!

[5]Und der Engel, den ich stehen sah auf dem Meer und auf der Erde, hob seine rechte Hand auf zum Himmel [6]und schwor bei dem, der da lebt von Ewigkeit zu Ewigkeit, der den Himmel geschaffen hat und was darin ist, und die Erde und was darin ist, und das Meer und was darin ist: Es soll hinfort keine Zeit mehr sein, [7]sondern in den Tagen, wenn der siebente Engel seine Stimme erheben und seine Posaune blasen wird, dann ist vollendet das Geheimnis Gottes, wie er es verkündigt hat seinen Knechten, den Propheten.

[8]Und die Stimme, die ich vom Himmel gehört hatte, redete abermals mit mir und sprach: Geh hin, nimm das offene Büchlein aus der Hand des Engels, der auf dem Meer und auf der Erde steht! [9]Und ich ging hin zu dem Engel und sprach zu ihm: Gib mir das Büchlein! Und er sprach zu mir: Nimm und verschling's! Und es wird dir bitter im Magen sein, aber in deinem Mund wird's süß sein wie Honig. [10]Und ich nahm das Büchlein aus der Hand des Engels und verschlang's. Und es war süß in meinem Mund wie Honig, und als ich's gegessen hatte, war es mir bitter im Magen. [11]Und mir wurde gesagt: Du mußt abermals weissagen von Völkern und Nationen und Sprachen und vielen Königen.

Vor dem Schall der siebenten Posaune (11,15) sind noch Visionen eingeschoben, die sich nur bruchstückhaft deuten lassen. In der ersten Vision erscheint ein mit den Attributen des Weltenrichters (Regenbogen vgl. 4,3) ausgerüsteter Engel mit einem Buch (vgl. 5,1) in der Hand. Der Seher befindet sich bei dieser Schau auf der Erde, obwohl er seit 4,1 alles von der Thronsphäre Gottes aus geschildert hat. Wer dieser gewaltige Engel ist, bleibt unklar. Beim Schrei des Engels dröhnen 7 Donner, die eine dem Seher verständliche Botschaft verkünden. Doch er wird daran gehindert, sie weiterzusagen. Da Johannes sich zur sofortigen Weitergabe (anders Dan 12,4) aller Weissagung verpflichtet weiß (22,10), entsteht eine rätselhafte Spannung. Wahrscheinlich ist eine schriftliche jüdische Quelle nur unvollkommen verarbeitet. In dieser war die Himmelsstimme die Stimme Gottes, Johannes hat sie aber wahrscheinlich als die Stimme Christi verstanden. Über den Inhalt der Botschaft lassen sich keine klaren Aussagen machen. Durch den feierlichen Schwur des Engels wird versichert, daß sich Gottes Heilsplan in nächster Zukunft vollendet. Die Aufforderung, das himmlische Buch zu essen, erinnert an Hes 2,8–3,3. Jedoch werden die unterschiedlichen Wirkungen des Buches schärfer hervorgehoben. Gemeint sind mit Honig und Bitterkeit die Weissagungen von Heil und Schrecken (vgl. ab Kap. 12).

Die beiden Zeugen

Die Vision von dem Messen des Tempels und den beiden Zeugen läßt sich nur sehr schwach deuten. Ein Erklärungsversuch, bei dem jedoch viele Fragen offen bleiben, ist die These, daß hier wie in 7,1–8 und 10,1–11 eine ältere jüdische schriftliche Quelle zugrunde liegt. Johannes hat diesen Text übernommen und nur etwas christlich überarbeitet (z. B. durch Hinzufügung von V. 8b). Darum muß man nach der Herkunft des Textes fragen. Vielleicht stammt er aus der Zeit der Belagerung Jerusalems, verfaßt von Kreisen der apokalyptischen Widerstandsbewegung (»Zeloten«), die den »Heiligen Krieg« gegen Rom bis zur Selbstvernichtung führten. Im Jahre 70 n. Chr. nahmen dann die Römer Jerusalem ein und zerstörten den Tempel. Der menschlich gesehen sinnlose Widerstand der Zeloten wurde damit begründet, daß zwar alles andere – sogar die heilige Stadt Jerusalem – vernichtet werden kann, aber Gott die Zerstörung seines Tempels nicht zulassen werde. Nach der Leidenszeit kommt die Heilszeit, an der die teilhaben werden, die bis zuletzt durchgehalten haben. So bekommt der Seher den Auftrag, den heiligen Bezirk auszumessen, der unantastbar bleibt. Das Motiv der Messung des von Gott selbst geschützten heiligen Tempelbezirkes findet sich schon Sach 2,5–8. Johannes hat den Text übernommen, weil er ihn auf die christliche Gemeinde bezog Sie wird von der Gerichtskatastrophe ausgenommen werden.

Zur jüdischen Enderwartung gehört, daß vor dem Kommen des großen Gerichtstages ein Prophet auftreten wird, der noch einmal mit Vollmacht das letzte Angebot Gottes zur Umkehr macht. So verstand sich z. B. Johannes der Täufer. Weithin glaubte man, daß einer der großen Propheten aus der Frühzeit des Volkes Israel wieder auf die Erde kommen wird. (vgl. Mk 8,28Parr) Es begegnet gelegentlich auch die Vorstellung, daß es 2 sein werden. Denn nach jüdischem Recht werden bei einem Urteil 2 übereinstimmende Zeugen benötigt (Mt 26,60f.). Dadurch wird es verständlich, daß hier 2 Bußprediger in der Funktion von Gerichtszeugen auftreten. Im Blick auf die von ihnen bewirkten Zeichen könnte an Elia (V. 4 vgl. 2Kö 1,9–16; V. 6a vgl. 1Kö 17,1) und Mose (V. 6b vgl. 2Mo 7–11) gedacht sein. Mit ihrer Auferstehung beginnt die göttliche Gerichtszeit. Handelt es sich bei dem Text um eine vorchristliche jüdische Endzeitrede, dann ist es bemerkenswert, daß auch im Judentum die Vorstellung von sterbenden und auferstehenden Gerichtspropheten lebendig war. Die letzten Bußprediger werden von Sacharja mit dem geweissagten Leuchter an den Ölbäumen gleichgesetzt (Sach 4,1–5). Unklar bleibt, wen Johannes mit den beiden Zeugen meint. Nach V. 8b hält er sie für christliche Propheten. Sicher ist nur, daß ihm das Grundanliegen dieses Textes wichtig war: Vor dem Schall

11 Und es wurde mir ein Rohr gegeben, einem Meßstab gleich, und mir wurde gesagt: Steh auf und miß den Tempel Gottes und den Altar und die dort anbeten. [2]Aber den äußeren Vorhof des Tempels laß weg und miß ihn nicht, denn er ist den Heiden gegeben; und die heilige Stadt werden sie zertreten zweiundvierzig Monate lang.

[3]Und ich will meinen zwei Zeugen Macht geben, und sie sollen weissagen tausendzweihundertundsechzig Tage lang, angetan mit Trauerkleidern. [4]Diese sind die zwei Ölbäume und die zwei Leuchter, die vor dem Herrn der Erde stehen. [5]Und wenn ihnen jemand Schaden tun will, so kommt Feuer aus ihrem Mund und verzehrt ihre Feinde; und wenn ihnen jemand Schaden tun will, muß er so getötet werden. [6]Diese haben Macht, den Himmel zu verschließen, damit es nicht regne in den Tagen ihrer Weissagung, und haben Macht über die Wasser, sie in Blut zu verwandeln und die Erde zu schlagen mit Plagen aller Art, sooft sie wollen.

[7]Und wenn sie ihr Zeugnis vollendet haben, so wird das Tier, das aus dem Abgrund aufsteigt, mit ihnen kämpfen und wird sie überwinden und wird sie töten. [8]Und ihre Leichname werden liegen auf dem Marktplatz der großen Stadt, die heißt geistlich: Sodom und Ägypten, wo auch ihr Herr gekreuzigt wurde. [9]Und Menschen aus allen Völkern und Stämmen und Sprachen und Nationen sehen ihre Leichname drei Tage und einen halben und lassen nicht zu, daß ihre Leichname ins Grab gelegt werden. [10]Und die auf Erden wohnen, freuen sich darüber und sind fröhlich und werden einander Geschenke senden; denn diese zwei Propheten hatten gequält, die auf Erden wohnten.

[11]Und nach drei Tagen und einem halben fuhr in sie der Geist des Lebens von Gott, und sie stellten sich auf ihre

Füße; und eine große Furcht fiel auf die, die sie sahen. [12]Und sie hörten eine große Stimme vom Himmel zu ihnen sagen: Steigt herauf! Und sie stiegen auf in den Himmel in einer Wolke, und es sahen sie ihre Feinde. [13]Und zu derselben Stunde geschah ein großes Erdbeben, und der zehnte Teil der Stadt stürzte ein; und es wurden getötet in dem Erdbeben siebentausend Menschen, und die andern erschraken und gaben dem Gott des Himmels die Ehre. [14]Das zweite Wehe ist vorüber; siehe, das dritte Wehe kommt schnell.

der letzten Posaune soll noch einmal durch Prophetenmund die Möglichkeit zur Umkehr gewährt werden. Der Tod der Zeugen wird die Wahrheit ihres Zeugnisses nicht in Frage stellen, sondern bestätigen. Zum Tier aus dem Abgrund vgl. zu Kap. 13.

Die Zahlen erklären sich aus den Spekulationen der jüdischen Apokalyptik. Alle stehen in Zusammenhang mit der heiligen Zahl Sieben. Dreieinhalb ist jeweils die Hälfte des von Gott verordneten Zeitmaßes. 42 Monate und 1260 Tage sind nach dem damaligen jüdischen Kalender auch jeweils dreieinhalb Jahre. – Die »geistliche« Deutung Jerusalems als Sodom (= Ort des Lasters) und Ägypten (= Land der Knechtschaft) in V. 8b versteht die Einnahme Jerusalems durch die Römer als eine dauernde Entheiligung der »heiligen Stadt«.

Die siebente Posaune

[15]Und der siebente Engel blies seine Posaune; und es erhoben sich große Stimmen im Himmel, die sprachen:

Es sind die Reiche der Welt unseres Herrn und seines Christus geworden, und er wird regieren von Ewigkeit zu Ewigkeit.

[16]Und die vierundzwanzig Ältesten, die vor Gott auf ihren Thronen saßen, fielen nieder auf ihr Angesicht und beteten Gott an [17]und sprachen:

Wir danken dir, Herr, allmächtiger Gott, der du bist und der du warst, daß du an dich genommen hast deine große Macht und herrschest! [18]Und die Völker sind zornig geworden; und es ist gekommen dein Zorn und die Zeit, die Toten zu richten und den Lohn zu geben deinen Knechten, den Propheten und den Heiligen und denen, die deinen Namen fürchten, den Kleinen und den Großen, und zu vernichten, die die Erde vernichten.

[19]Und der Tempel Gottes im Himmel wurde aufgetan, und die Lade seines Bundes wurde in seinem Tempel sichtbar; und es geschahen Blitze und Stimmen und Donner und Erdbeben und ein großer Hagel.

Der Schall der siebenten Posaune löst nicht das Gericht aus, sondern den Lobgesang der ganzen himmlischen Thronsphäre (vgl. 4,8–11; 5,9–14). Das gehört zum Wesen des Buches. Mitten in Jammer und Gerichtsangst wird Gottes Sieg besungen und seine in der Geschichte noch verborgene Macht verherrlicht. Nach dem Lobgesang steht allen Glaubenden der himmlische Tempel offen. Auch die Bundeslade ist wieder da. Sie war nach einer alten jüdischen Überlieferung bei der Zerstörung des ersten Tempels von Jeremia versteckt worden. Sie wird erst am Auferstehungstag wieder erscheinen, um bei dem Bundesschluß mit dem auserwählten endzeitlichen Volk mitzuwirken. Diese Offenbarung geschieht unter den Begleitzeichen einer Gottesoffenbarung.

Die Frau und der Drache

12 Und es erschien ein großes Zeichen am Himmel: eine Frau, mit der Sonne bekleidet, und der Mond unter ihren Füßen und auf ihrem Haupt eine Krone von zwölf Sternen. [2]Und sie war schwanger und schrie in Kindsnöten und hatte große Qual bei der Geburt. [3]Und es erschien ein anderes Zeichen am Himmel, und siehe, ein großer, roter Drache, der hatte sieben Häupter und zehn Hörner und auf seinen Häuptern sieben Kronen, [4]und sein

Mit der als Himmelskönigin gekennzeichneten Frau war ursprünglich das Gottesvolk Israel gemeint. Ein ganzes Volk in einer himmlischen Gestalt darzustellen, war in der Antike beliebt. Die Geburt des Messias (vgl. V. 5 mit Ps 2,9) geschieht in der Stunde schwerster Bedrängnis. Der Drache verkörpert die widergöttliche Macht und wird mit der Schlange in 1 Mo 3 gleichgesetzt. Als Feind Gottes versucht er die himmlische Gestalt des Volkes zu vernichten und den Messias zu töten. Sein Haß erreicht jedoch nicht sein Ziel. Er wird aus dem Himmel geworfen und hat so nur noch die Macht, die auf Erden weilenden Angehörigen des auserwählten Volkes zu bekämpfen. Der Verfasser der Off denkt bei der Frau an das Gottesvolk des neuen Bundes. Mit einem Bild wird der Gemeinde gesagt: Der Erlöser ist geboren, die entscheidende Schlacht gegen das Böse ist im Himmel siegreich beendet. Die gegenwärtigen Bedrängnisse und Leiden sind nur noch die letzten Schläge eines schon geschlagenen Feindes. So haben die Tiere aus dem Abgrund (Kap. 13) nur noch beschränkte Macht. Diese kühne Bildersprache ermöglicht dem Seher die Aufhebung der Zeiten: Die Geburt des Erlösers, seine Himmelfahrt und sein Triumph über den Satan verschmelzen zu einem einzigen Ereignis. Die Gemeinde kann darum trotz der gegenwärtigen Leiden schon in den himmlischen Lobgesang über den Sieg Christi (V. 10–12) einstimmen. – So klar die Grundaussage zu erkennen ist, so schwierig sind andrerseits einzelne Bildelemente zu deuten. Offensichtlich entstammen die Hauptaussagen jüdisch-apokalyptischen Kreisen, die in dem Erzengel Michael den Erlöser des Volkes Israel sahen (Dan 10,13.21). Bei der Übertragung der Vorstellung wird aus Michael Jesus Christus, dem nun der Siegeshymnus gilt. Außerdem finden sich noch Bildmotive aus orientalischen Mythen. Die Errettung der Frau vor einem Ungeheuer, das ihr Kind töten will, findet sich z. B. bei der in Kleinasien verehrten Leto.

Schwanz fegte den dritten Teil der Sterne des Himmels hinweg und warf sie auf die Erde. Und der Drache trat vor die Frau, die gebären sollte, damit er, wenn sie geboren hätte, ihr Kind fräße. [5]Und sie gebar einen Sohn, einen Knaben, der alle Völker weiden sollte mit eisernem Stabe. Und ihr Kind wurde entrückt zu Gott und seinem Thron. [6]Und die Frau entfloh in die Wüste, wo sie einen Ort hatte, bereitet von Gott, daß sie dort ernährt werde tausendzweihundertundsechzig Tage.

[7]Und es entbrannte ein Kampf im Himmel: Michael und seine Engel kämpften gegen den Drachen. Und der Drache kämpfte und seine Engel, [8]und sie siegten nicht, und ihre Stätte wurde nicht mehr gefunden im Himmel. [9]Und es wurde hinausgeworfen der große Drache, die alte Schlange, die da heißt: Teufel und Satan, der die ganze Welt verführt, und er wurde auf die Erde geworfen, und seine Engel wurden mit ihm dahin geworfen. [10]Und ich hörte eine große Stimme, die sprach im Himmel:

> *Nun ist das Heil und die Kraft und das Reich unseres Gottes geworden und die Macht seines Christus; denn der Verkläger unserer Brüder ist verworfen, der sie verklagte Tag und Nacht vor unserm Gott.* [11]*Und sie haben ihn überwunden durch des Lammes Blut und durch das Wort ihres Zeugnisses und haben ihr Leben nicht geliebt, bis hin zum Tod.* [12]Darum freut euch, ihr Himmel und die darin wohnen! Weh aber der Erde und dem Meer! Denn der Teufel kommt zu euch hinab und hat einen großen Zorn und weiß, daß er wenig Zeit hat.

[13]Und als der Drache sah, daß er auf die Erde geworfen war, verfolgte er die Frau, die den Knaben geboren hatte. [14]Und es wurden der Frau gegeben die zwei Flügel des großen Adlers, daß sie in die Wüste flöge an ihren Ort, wo sie ernährt werden sollte eine Zeit und zwei Zeiten und eine halbe Zeit fern von dem Angesicht der Schlange. [15]Und die Schlange stieß aus ihrem Rachen Wasser aus wie einen Strom hinter der Frau her, um sie zu ersäufen. [16]Aber die Erde half der Frau und tat ihren Mund auf und verschlang den Strom, den der Drache ausstieß aus seinem Rachen. [17]Und der Drache wurde zornig über die Frau und ging hin, zu kämpfen gegen die übrigen von ihrem Geschlecht, die Gottes Gebote halten und haben das Zeugnis Jesu. [18]Und er trat an den Strand des Meeres.

Der Herrscherkult

Im Herrscherkult wird einem lebenden Menschen kultische Verehrung wie einem Gott erwiesen. Der Herrscherkult läßt sich bis in die Zeit Alexander des Großen (336–323 v. Chr.) zurückverfolgen. Er fand im römischen Kaiserkult die entscheidende Ausprägung.

Für die Entstehung und Ausprägung des Herrscherkultes sind drei Komponenten zu bedenken:

1. Der Zusammenbruch der griechischen und kleinasiatischen Stadt- und Kleinstaaten unter dem Ansturm der Großreiche löste eine tiefe Religionskrise aus. Die eigenen Götter hatten sich als ohnmächtig erwiesen. Darum wandte sich die Verehrung den irdischen Herrschern zu, die überirdisch verehrt wurden.
2. Der Heroenkult im griechisch-kleinasiatischen Kulturraum gründete auf der Vorstellung, daß Menschen aufgrund hervorragender Leistungen nach dem Tode zu Halbgöttern erhoben werden (z.B. Herakles). Diesen Helden wurde kultische Verehrung entgegengebracht, die sich kaum von den Götterkulten unterschied. Es brauchte nur der Zeitpunkt der Verehrung auf das irdische Leben vorverlegt zu werden.
3. Das sakrale Königtum, wie es am stärksten in Ägypten ausgeprägt war, sah im König nicht nur den obersten Priester, sondern zugleich den Repräsentanten der Gottheit. Doch unterscheidet sich dieses ursprüngliche sakrale Königtum vom Herrscherkult durch zwei Dinge grundlegend. Einerseits war der König nicht selbst Gegenstand der Verehrung, sondern nur Mittler zwischen Gott und Mensch. Andrerseits wurde ihm die Würde durch einen Weiheakt (z.B. bei der Inthronisation) übertragen, während der hellenistische Herrscher sich – zumindest ideell – die Würde durch Leistung verdienen mußte.

Bemerkenswert, aber vom Ursprung her verständlich, ging die Initiative zum Herrscherkult von den untergebenen Städten und Kleinstaaten aus. Die Römer wußten anfangs nichts mit der ihnen entgegengebrachten Verehrung anzufangen. Da Rom zur Zeit der Eroberung des Mittelmeerraumes eine Republik war, bestand auch auf seiten der Untergebenen die Schwierigkeit, auf wen der Herrscherkult orientiert werden sollte. So erdachte man sich die Göttin Roma als die Personifikation der Macht des Staates, dessen Gunst man durch den Herrscherkult erlangen wollte. Der erste Tempel für die Göttin Roma wurde im Jahr 195 v. Chr in Smyrna erbaut; in Rom dagegen erst unter Hadrian im Jahre 121 n. Chr. Außerdem wurden die römischen Feldherrn und sogar die Prokonsuln in Formen des Herrscherkultes geehrt.

Als politisches Machtinstrument wurde der Herrscherkult schon von Alexander dem Großen benutzt, als er im Jahre 324 v. Chr. von den griechischen Städten seine Anerkennung als Gott forderte. Im ganzen hielt man sich aber von seiten der Herrschenden zunächst zurück. Der römischen Religiosität war der Herrscherkult fremd. Augustus betrachtete ihn vorwiegend unter politischen Aspekten. Im Gesamtreich ließ er ihn für den verstorbenen Cäsar gelten, bezeichnete sich selbst aber nur als Sohn des vergöttlichten Cäsar. Im Osten des Reiches ließ er den Herrscherkult zu, während er im Westen äußerste Zurückhaltung übte. Caligula (37–41 n. Chr.) war der erste römische Kaiser, der göttliche Würde für sich selbst beanspruchte und sogar versuchte, die Juden zum Herrscherkult zu zwingen. Nero (54–68 n. Chr.) forderte für sich die für Gottheiten gedachte Anrede »Kyrios«. Domitian (81–96 n. Chr.) unterzeichnete ab 85 n. Chr. alle Dokumente mit dem Titel »Herr und Gott« und erhob den Herrscherkult zur Staatsreligion.

Die Juden und später die Christen verweigerten den Herrscherkult. Die Juden wurden von ihm ausdrücklich durch ein Gesetz Cäsars befreit. Sie nahmen aber die Verpflichtung auf sich, im Gottesdienst Fürbitte für den Herrscher zu leisten. Den Christen wurde diese Vergünstigung nicht zugestanden. Als nun Domitian den Herrscherkult gewaltsam durchsetzte, brachen die ersten umfassenden Verfolgungen über die Christen herein. Da der Herrscherkult schon immer in Kleinasien die fanatischsten Anhänger hatte, spitzte sich die Situation dort besonders zu. Auf diesem Hintergrund ist die Off zu verstehen. Vor allem das 13. Kapitel zeigt, daß die Christen vor die Entscheidung Christus oder Kaiser gestellt waren.

Die beiden Tiere

13 Und ich sah ein Tier aus dem Meer steigen, das hatte zehn Hörner und sieben Häupter und auf seinen Hörnern zehn Kronen und auf seinen Häuptern lästerliche Namen. 2 Und das Tier, das ich sah, war gleich einem Panther und seine Füße wie Bärenfüße und sein Rachen wie ein Löwenrachen. Und der Drache gab ihm seine Kraft und seinen Thron und große Macht. 3 Und ich sah eines seiner Häupter, als wäre es tödlich verwundet,

Nachdem der Drache aus dem Himmel geworfen ist, tritt er an das Meer. Möglicherweise liegt das verbreitete Motiv zugrunde: Im Himmel erscheint eine Gestalt, die sich im Wasser spiegelt. Dieses Abbild wird zu einem lebendigen Wesen. Das Tier aus dem Abgrund könnte also das Spiegelbild des aus dem

Himmel geworfenen Drachen sein. Die Beschreibung des Tieres erinnert an Dan 7, doch sind die verschiedenen Tiere (die bei Dan jeweils ein anderes Weltreich symbolisieren) zu einem einzigen Untier verschmolzen. Gemeint ist das römische Weltreich; die gotteslästerlichen Namen sind die göttliche Würde beanspruchenden Hoheitstitel der Cäsaren; das tödlich verwundete und wieder geheilte Haupt ist wahrscheinlich Nero (vgl. zu Kap. 17). So wird das römische Weltreich als irdische Repräsentanz des Reiches Satans gekennzeichnet. Die Beschreibung des Tieres und dessen Anbetung nimmt bewußt Züge aus der Inthronisation Christi (Kap. 5) auf. Das Tier aus dem Abgrund ist also die satanische Nachbildung Christi: der Antichrist. Fast die ganze Menschheit fällt ihm zu Füßen. Der Warnspruch fordert die Auserwählten auf, ihre Standhaftigkeit allein im gewaltlosen Widerstand zu beweisen (V. 9f.). Schwieriger ist die Deutung des zweiten Tieres, weil es zum Teil vom ersten unterschieden, dann aber auch wieder mit ihm gleichgesetzt wird. Nach 16,13; 19,20 ist es offensichtlich die in einer Gestalt vereinigte Pseudprophetie. Falsche Propheten gehören zu den Zeichen der Endzeit (vgl. Mk 13,22Parr.). Wahrscheinlich denkt Johannes an die Priester des Herrscherkultes in Kleinasien, die mit allen Mitteln die göttliche Verehrung des Kaisers durchsetzen wollten. Da sie die Repräsentanten des römischen Staates sind, ist die Ähnlichkeit mit dem ersten Tier verständlich. Unklar ist, was mit dem Zeichen an Stirn und Hand gemeint ist, weil ein solcher Brauch für den Herrscherkult unbekannt ist. Möglicherweise wird auch an den Brauch angeknüpft, daß Sklaven durch eine Tätowierung als Besitz ihres Herrn gekennzeichnet wurden.

und seine tödliche Wunde wurde heil. Und die ganze Erde wunderte sich über das Tier, [4]und sie beteten den Drachen an, weil er dem Tier die Macht gab, und beteten das Tier an und sprachen: Wer ist dem Tier gleich, und wer kann mit ihm kämpfen? [5]Und es wurde ihm ein Maul gegeben, zu reden große Dinge und Lästerungen, und ihm wurde Macht gegeben, es zu tun zweiundvierzig Monate lang. [6]Und es tat sein Maul auf zur Lästerung gegen Gott, zu lästern seinen Namen und sein Haus und die im Himmel wohnen. [7]Und ihm wurde Macht gegeben, zu kämpfen mit den Heiligen und sie zu überwinden; und ihm wurde Macht gegeben über alle Stämme und Völker und Sprachen und Nationen. [8]Und alle, die auf Erden wohnen, beten es an, deren Namen nicht vom Anfang der Welt an geschrieben stehen in dem Lebensbuch des Lammes, das geschlachtet ist. [9]Hat jemand Ohren, der höre! [10]Wenn jemand ins Gefängnis soll, dann wird er ins Gefängnis kommen; wenn jemand mit dem Schwert getötet werden soll, dann wird er mit dem Schwert getötet werden. *Hier ist Geduld und Glaube der Heiligen!*

[11]Und ich sah ein zweites Tier aufsteigen aus der Erde; das hatte zwei Hörner wie ein Lamm und redete wie ein Drache. [12]Und es übt alle Macht des ersten Tieres aus vor seinen Augen, und es macht, daß die Erde und die darauf wohnen, das erste Tier anbeten, dessen tödliche Wunde heil geworden war. [13]Und es tut große Zeichen, so daß es auch Feuer vom Himmel auf die Erde fallen läßt vor den Augen der Menschen; [14]und es verführt, die auf Erden wohnen, durch die Zeichen, die zu tun vor den Augen des Tieres ihm Macht gegeben ist; und sagt denen, die auf Erden wohnen, daß sie ein Bild machen sollen dem Tier, das die Wunde vom Schwert hatte und lebendig geworden war. [15]Und es wurde ihm Macht gegeben, Geist zu verleihen dem Bild des Tieres, damit das Bild des Tieres reden und machen könne, daß alle, die das Bild des Tieres nicht anbeteten, getötet würden. [16]Und es macht, daß sie allesamt, die Kleinen und Großen, die Reichen und Armen, die Freien und Sklaven, sich ein Zeichen machen an ihre rechte Hand oder an ihre Stirn, [17]und daß niemand kaufen oder verkaufen kann, wenn er nicht das Zeichen hat, nämlich den Namen des Tieres oder die Zahl seines Namens. [18]Hier ist Weisheit! Wer Verstand hat, der überlege die Zahl des Tieres; denn es ist die Zahl eines Menschen, und seine Zahl ist sechshundertundsechsundsechzig.

Die Deutung der Zahl 666 bleibt für uns ein unlösbares Rätsel und war schon den Kirchenvätern unklar. Wahrscheinlich handelt es sich um ein gematrisches Rätsel. Die in der Antike außerordentlich beliebte Gematrie beruht darauf, daß es für die Zahlen keine eigenen Zeichen gab, sondern die

Buchstaben auch als Zahlenzeichen verwendet wurden (z.B. a = 1; b = 2; k = 10; l = 20 usw.). Jeder Buchstabe konnte gleichzeitig Zahlzeichen sein. Das führte dazu, vor allem Namen als Summenzahl durch Addition der einzelnen Buchstaben wiederzugeben. So findet sich z.B. in Pompeii eine Wandinschrift: »Ich liebe die, deren Zahl 545 ist«. So leicht es ist, ein Wort oder Namen in eine Zahl umzusetzen, so schwer ist es, von der Summe auf die Einzelzahlen zu schließen. Erschwerend kommt in diesem Fall hinzu, daß wir von verschiedenen Alphabeten ausgehen können (hebräisch, griechisch oder gar lateinisch). Am weitesten verbreitet ist die Deutung Nero Cäsar. Sie beruht auf dem hebräischen Alphabet, allerdings mit einer etwas ungewöhnlichen Schreibweise. Außerdem ist noch die Zahlensymbolik zu beachten. Die 7 gilt als die Zahl himmlischer Vollkommenheit; die 6 als Symbol irdischer Begrenztheit und die 3 als Symbol für die Vollständigkeit. Das Tier weist die 6 dreimal, d.h. die Vollständigkeit und Abgeschlossenheit, auf.

Das Lamm und die Seinen

14 Und ich sah, und siehe, das Lamm stand auf dem Berg Zion und mit ihm Hundertvierundvierzigtausend, die hatten seinen Namen und den Namen seines Vaters geschrieben auf ihrer Stirn. [2]Und ich hörte eine Stimme vom Himmel wie die Stimme eines großen Wassers und wie die Stimme eines großen Donners, und die Stimme, die ich hörte, war wie von Harfenspielern, die auf ihren Harfen spielen. [3]Und sie sangen ein neues Lied vor dem Thron und vor den vier Gestalten und den Ältesten; und niemand konnte das Lied lernen außer den Hundertvierundvierzigtausend, die erkauft sind von der Erde. [4]Diese sind's, die sich mit Frauen nicht befleckt haben, denn sie sind jungfräulich; die folgen dem Lamm nach, wohin es geht. Diese sind erkauft aus den Menschen als Erstlinge für Gott und das Lamm, [5]und in ihrem Mund wurde kein Falsch gefunden; sie sind untadelig.

Wieder eilt der Blick des Sehers voraus auf die endgültige Erlösung. Dieser Ausblick will hier die Anhängerschaft des Lammes der des Tieres gegenüberstellen. Die 144000 sind hier (anders in 7,4–8) eindeutig die Christen. Sie nehmen an dem himmlischen Gottesdienst (vgl. Kap. 4) teil. V. 4 klingt so, als sei völlige geschlechtliche Askese ein notwendiges Merkmal der Nachfolger Jesu. Da eine solche Forderung sonst in der Off nicht erhoben wird, ist vielleicht die übertragene Bedeutung besser: Die Gemeinde als jungfräuliche Braut Christi (19,7; 21,9) folgt nur ihm allein und hält sich von der Hure Babylon (= römischer Staat) fern.

Die Botschaft der drei Engel

[6]Und ich sah einen andern Engel fliegen mitten durch den Himmel, der hatte ein ewiges Evangelium zu verkündigen denen, die auf Erden wohnen, allen Nationen und Stämmen und Sprachen und Völkern. [7]Und er sprach mit großer Stimme: Fürchtet Gott und gebt ihm die Ehre; denn die Stunde seines Gerichts ist gekommen! Und betet an den, der gemacht hat Himmel und Erde und Meer und die Wasserquellen!

[8]Und ein zweiter Engel folgte, der sprach: Sie ist gefallen, sie ist gefallen, Babylon, die große Stadt; denn sie hat mit dem Zorneswein ihrer Hurerei getränkt alle Völker.

[9]Und ein dritter Engel folgte ihnen und sprach mit großer Stimme: Wenn jemand das Tier anbetet und sein Bild und nimmt das Zeichen an seine Stirn oder an seine Hand, [10]der wird von dem Wein des Zornes Gottes trinken, der unvermischt eingeschenkt ist in den Kelch seines Zorns, und er wird gequält werden mit Feuer und Schwefel vor den heiligen Engeln und vor dem Lamm. [11]Und der Rauch

Der Abschnitt leitet die großen Gerichtsszenen der Kap. 14–19 ein. Die Verkündigung des Evangeliums an alle Völker, die dem Gericht Gottes vorangehen muß (Mt 24,14), wird hier dem ersten Engel übertragen. Die Verurteilung ist nur möglich, wenn jeder die Gelegenheit gehabt hat, den Bußruf zu hören. Der zweite Engel verkündigt schon den Fall Babylons, der erst in Kap. 18 geschildert wird. Durch diesen Vorgriff bekommt das Drohwort des dritten Engels gegen die Tieranbeter den zusätzlichen Sinn: Sie huldigen einer Macht, deren endgültiger Untergang schon bei Gott vollzogen ist. Gleichzeitig wird daraus die Kraft zum geduldigen Widerstand geschöpft. So wird dieser Text leidenschaftlicher Ruf zur Bereitschaft zum Martyrium. Die »im Herrn

Sterbenden« (V. 13) sind nicht Christen, die eines natürlichen Todes sterben, sondern Blutzeugen. Ihnen gilt die Verheißung, daß sie dem kommenden Gericht entnommen sind. Die Vorstellung, daß die Taten des Menschen ihn wie selbständige Wesen – anklagend oder fürsprechend – begleiten, findet sich häufig im zeitgenössischen Judentum. Darin spricht sich die Erkenntnis aus, daß die Taten des Menschen Teil seines Wesens sind.

Von 14,14 bis Kap. 19 wird das letzte Gericht Gottes immer wieder neu mit Bildern beschrieben. Die Fülle der Bilder veranlaßt Johannes dazu, das Gericht verschiedenen Engeln zu übertragen. Ursprünglich ist der dem Menschensohn Gleiche die eine endzeitliche Richtergestalt (Dan 7,13). Da aber das Kommen Christi als Richter erst in 19,11–16 geschildert wird, werden alle anderen Gerichtsbilder auf Engel übertragen. Die Darstellung des göttlichen Gerichts unter dem Bild von Weizenernte und Weinlese findet sich schon bei den Propheten. Dabei mischt sich in das Bild von der Weinlese das vom Keltertreten (Jes 63,1 ff.). Hinter dem Motiv vom Gericht außerhalb der Stadt (V. 20) steht die Anschauung vom Gericht über die Heiden im Tal Josafat (Joel 4,11–17).

Die letzte Plagenreihe wird wieder mit einem himmlischen Lobgesang auf Gottes Herrschermacht eingeleitet. Die Sänger stehen auf dem gläsernen Meer, dem Himmelsozean (4,6). Es ist mit Feuer vermischt, denn aus dem Himmel zucken Blitze. Die Sänger sind die christlichen Märtyrer. Da sie das Lied des Mose singen, haben sie gerade das Meer durchzogen. Gemeint ist damit der leibliche Tod, den sie in der Nachfolge Jesu durchschritten haben. Während ihres Lobgesangs öffnet sich der himmlische Tempel. Damit wird das Motiv von 11,19 wieder

von ihrer Qual wird aufsteigen von Ewigkeit zu Ewigkeit; und sie haben keine Ruhe Tag und Nacht, die das Tier anbeten und sein Bild, und wer das Zeichen seines Namens annimmt. [12] Hier ist Geduld der Heiligen! Hier sind, die da halten die Gebote Gottes und den Glauben an Jesus!

[13] Und ich hörte eine Stimme vom Himmel zu mir sagen: Schreibe: *Selig sind die Toten, die in dem Herrn sterben von nun an. Ja, spricht der Geist, sie sollen ruhen von ihrer Mühsal; denn ihre Werke folgen ihnen nach.*

Ernte und Weinlese

[14] Und ich sah, und siehe, eine weiße Wolke. Und auf der Wolke saß einer, der gleich war einem Menschensohn; der hatte eine goldene Krone auf seinem Haupt und in seiner Hand eine scharfe Sichel. [15] Und ein andrer Engel kam aus dem Tempel und rief dem, der auf der Wolke saß, mit großer Stimme zu: Setze deine Sichel an und ernte; denn die Zeit zu ernten ist gekommen, denn die Ernte der Erde ist reif geworden. [16] Und der auf der Wolke saß, setzte seine Sichel an die Erde, und die Erde wurde abgeerntet.

[17] Und ein andrer Engel kam aus dem Tempel im Himmel, der hatte ein scharfes Winzermesser. [18] Und ein andrer Engel kam vom Altar, der hatte Macht über das Feuer und rief dem, der das scharfe Messer hatte, mit großer Stimme zu: Setze dein scharfes Winzermesser an und schneide die Trauben am Weinstock der Erde, denn seine Beeren sind reif! [19] Und der Engel setzte sein Winzermesser an die Erde und schnitt die Trauben am Weinstock der Erde und warf sie in die große Kelter des Zornes Gottes. [20] Und die Kelter wurde draußen vor der Stadt getreten, und das Blut ging von der Kelter bis an die Zäume der Pferde, tausendsechshundert Stadien weit.

Das Lied der Überwinder

15 Und ich sah ein andres Zeichen am Himmel, das war groß und wunderbar: sieben Engel, die hatten die letzten sieben Plagen; denn mit ihnen ist vollendet der Zorn Gottes.

[2] Und ich sah, und es war wie ein gläsernes Meer, mit Feuer vermengt; und die den Sieg behalten hatten über das Tier und sein Bild und über die Zahl seines Namens, die standen an dem gläsernen Meer und hatten Gottes Harfen [3] und sangen das Lied des Mose, des Knechtes Gottes, und das Lied des Lammes:

> Groß und wunderbar sind deine Werke, Herr, allmächtiger Gott! Gerecht und wahrhaftig sind deine Wege, du König der Völker. [4] Wer sollte dich, Herr, nicht fürchten und deinen Namen nicht preisen? Denn du

allein bist heilig! Ja, alle Völker werden kommen und anbeten vor dir, denn deine gerechten Gerichte sind offenbar geworden.

Die Schalen des Zorns

[5]Danach sah ich: es wurde aufgetan der Tempel, die Stiftshütte im Himmel, [6]und aus dem Tempel kamen die sieben Engel, die die sieben Plagen hatten, angetan mit reinem, hellem Leinen und gegürtet um die Brust mit goldenen Gürteln. [7]Und eine der vier Gestalten gab den sieben Engeln sieben goldene Schalen voll vom Zorn Gottes, der da lebt von Ewigkeit zu Ewigkeit. [8]Und der Tempel wurde voll Rauch von der Herrlichkeit Gottes und von seiner Kraft; und niemand konnte in den Tempel gehen, bis die sieben Plagen der sieben Engel vollendet waren.

16 Und ich hörte eine große Stimme aus dem Tempel, die sprach zu den sieben Engeln: Geht hin und gießt aus die sieben Schalen des Zornes Gottes auf die Erde!

[2]Und der erste ging hin und goß seine Schale aus auf die Erde; und es entstand ein böses und schlimmes Geschwür an den Menschen, die das Zeichen des Tieres hatten und die sein Bild anbeteten.

[3]Und der zweite Engel goß aus seine Schale ins Meer; und es wurde zu Blut wie von einem Toten, und alle lebendigen Wesen im Meer starben.

[4]Und der dritte Engel goß aus seine Schale in die Wasserströme und in die Wasserquellen; und sie wurden zu Blut. [5]Und ich hörte den Engel der Wasser sagen: Gerecht bist du, der du bist und der du warst, du Heiliger, daß du dieses Urteil gesprochen hast; [6]denn sie haben das Blut der Heiligen und der Propheten vergossen, und Blut hast du ihnen zu trinken gegeben; sie sind's wert. [7]Und ich hörte den Altar sagen: Ja, Herr, allmächtiger Gott, deine Gerichte sind wahrhaftig und gerecht.

[8]Und der vierte Engel goß aus seine Schale über die Sonne; und es wurde ihr Macht gegeben, die Menschen zu versengen mit Feuer. [9]Und die Menschen wurden versengt von der großen Hitze und lästerten den Namen Gottes, der Macht hat über diese Plagen, und bekehrten sich nicht, ihm die Ehre zu geben.

[10]Und der fünfte Engel goß aus seine Schale auf den Thron des Tieres; und sein Reich wurde verfinstert, und die Menschen zerbissen ihre Zungen vor Schmerzen [11]und lästerten Gott im Himmel wegen ihrer Schmerzen und wegen ihrer Geschwüre und bekehrten sich nicht von ihren Werken.

aufgenommen. Noch aber kann niemand den himmlischen Tempel betreten, bis nicht das Gericht vollzogen ist. Die Engel tragen das weiße Gewand des Priesters und sind mit dem goldenen Gürtel des Königs umgürtet. Der Rauch bezeichnet die Unnahbarkeit Gottes, die bis zur Vollendung des Gerichts besteht.

Die Visionen der Zornesschalen ähneln im Inhalt und Aufbau den Posaunenvisionen. Auch sie sind weitgehend nach dem Vorbild der ägyptischen Plagen gestaltet. Statt einem Drittel wird nun jeweils alles vernichtet (das ganze Meer und alle Flüsse werden zu Blut). Die Beziehung auf Rom wird deutlicher. Darum ist der Inhalt der fünften Schale, die auf den Thron des Tieres geschüttet wird, nicht eine Heuschreckenplage (wie in 9,1–3). Sie würde zu Rom schlecht passen. Das Gericht vollzieht sich an dem Tier und seinen Anbetern. Damit wird die Beziehung dieses Kapitels auf Kap. 13 einerseits und Kap. 17–18 andrerseits deutlich gemacht. Das Gericht erscheint als Strafe für die Hinrichtung der Märtyrer. Der Altar ist selbst der Sprecher (V. 6), weil unter ihm nach 6,9 ff.; 8,3 die Märtyrer ihren Ruheplatz bekommen haben. Die Schilderung der Plagen wird erst bei den beiden letzten Schalen breiter ausgeführt. Bei der sechsten Schale denkt der Seher offensichtlich an die Parther, die über den Euphrat in das römische Reich eindringen. Das Bild weitet sich jedoch ins Mythische. Aus den geschichtlichen Mächten wird das Höllenheer. Das Motiv von den bösen Mächten in Froschgestalt stammt wahrscheinlich aus der persischen Religion. Dort gibt es Frösche als Diener des Herrschers der Finsternis. Das einzige Christuswort

(V. 15 vgl. Mk 13,33ff.Parr; 1Th 5,2) in dem Visionsteil (ab Kap. 4) vor der Schlußoffenbarung (22.6ff.) unterbricht die Schilderung jäh. Der Leser soll dadurch wachgerüttelt werden, um auf das Wesentliche, das Kommen Christi, gerüstet zu sein. Der Name des Versammlungsortes der satanischen Mächte erinnert an Jes 14,13, ist aber geographisch nicht nachweisbar, sondern geheimnisvoller Hinweis, daß die geballte Kraft des Satans sich an einem Ort zusammengefunden hat. Die Ausgießung der siebenten Schale leitet schließlich das endgültige Gericht über Rom (= Babylon) ein. Das alle irdische Erfahrung an Schrecken übertreffende Erdbeben wird von der himmlischen Stimme begleitet, die die Endgültigkeit des Gerichts bestätigt. Das Gerichtsgeschehen führt nicht mehr zur Buße. Der Seher rechnet nicht mit einer Bekehrung der »Tieranbeter«, sondern hofft nur auf deren Vernichtung.

Obwohl die Bilder erklärt werden, bereitet das Kapitel dem Verstehen erhebliche Schwierigkeiten. Im Mittelpunkt des Bildes steht die Frau, gedeutet wird jedoch zunächst das Reittier. Dabei überschneiden sich die Deutungen. Letzten Endes meinen sowohl die Hure wie das Tier die römische Macht. Babylon als Geheimname für Rom ist zu dieser Zeit in jüdisch-christlichen Kreisen verbreitet (vgl. 1Pt 5,13). Rom liegt auf 7 Hügeln (V. 9). Der Wasserreichtum gehört eigentlich zu Babylon (vgl. Jer 51,13) und muß darum in bezug auf Rom gedeutet werden (V. 15). Die Deutung der 7 Köpfe auf 7 Herrscher legt es nahe, an römische Kaiser zu denken. Allerdings bleibt das Problem der Zählung. Beginnt man mit Caesar oder

[12] Und der sechste Engel goß aus seine Schale auf den großen Strom Euphrat; und sein Wasser trocknete aus, damit der Weg bereitet würde den Königen vom Aufgang der Sonne. [13] Und ich sah aus dem Rachen des Drachen und aus dem Rachen des Tieres und aus dem Munde des falschen Propheten drei unreine Geister kommen, gleich Fröschen; [14] es sind Geister von Teufeln, die tun Zeichen und gehen aus zu den Königen der ganzen Welt, sie zu versammeln zum Kampf am großen Tag Gottes, des Allmächtigen. – [15] Siehe, ich komme wie ein Dieb. Selig ist, der da wacht und seine Kleider bewahrt, damit er nicht nackt gehe und man seine Blöße sehe. – [16] Und er versammelte sie an einen Ort, der heißt auf hebräisch Harmagedon.

[17] Und der siebente Engel goß aus seine Schale in die Luft; und es kam eine große Stimme aus dem Tempel vom Thron, die sprach: Es ist geschehen! [18] Und es geschahen Blitze und Stimmen und Donner, und es geschah ein großes Erdbeben, wie es noch nicht gewesen ist, seit Menschen auf Erden sind – ein solches Erdbeben, so groß. [19] Und aus der großen Stadt wurden drei Teile, und die Städte der Heiden stürzten ein. Und Babylon, der großen, wurde gedacht vor Gott, daß ihr gegeben werde der Kelch mit dem Wein seines grimmigen Zorns. [20] Und alle Inseln verschwanden, und die Berge wurden nicht mehr gefunden. [21] Und ein großer Hagel wie Zentnergewichte fiel vom Himmel auf die Menschen; und die Menschen lästerten Gott wegen der Plage des Hagels; denn diese Plage ist sehr groß.

Die große Hure Babylon

17 Und es kam einer von den sieben Engeln, die die sieben Schalen hatten, redete mit mir und sprach: Komm, ich will dir zeigen das Gericht über die große Hure, die an vielen Wassern sitzt, [2] mit der die Könige auf Erden Hurerei getrieben haben; und die auf Erden wohnen, sind betrunken geworden von dem Wein ihrer Hurerei. [3] Und er brachte mich im Geist in die Wüste. Und ich sah eine Frau auf einem scharlachroten Tier sitzen, das war voll lästerlicher Namen und hatte sieben Häupter und zehn Hörner. [4] Und die Frau war bekleidet mit Purpur und Scharlach und geschmückt mit Gold und Edelsteinen und Perlen und hatte einen goldenen Becher in der Hand, voll von Greuel und Unreinheit ihrer Hurerei, [5] und auf ihrer Stirn war geschrieben ein Name, ein Geheimnis: Das große Babylon, die Mutter der Hurerei und aller Greuel auf Erden. [6] Und ich sah die Frau, betrunken von dem Blut der Heiligen und von dem Blut der Zeugen Jesu. Und ich wunderte mich sehr, als ich sie sah.

[7]Und der Engel sprach zu mir: Warum wunderst du dich? Ich will dir sagen das Geheimnis der Frau und des Tieres, das sie trägt und sieben Häupter und zehn Hörner hat. [8]Das Tier, das du gesehen hast, ist gewesen und ist jetzt nicht und wird wieder aufsteigen aus dem Abgrund und wird in die Verdammnis fahren. Und es werden sich wundern, die auf Erden wohnen, deren Namen nicht geschrieben stehen im Buch des Lebens vom Anfang der Welt an, wenn sie das Tier sehen, daß es gewesen ist und jetzt nicht ist und wieder sein wird. [9]Hier ist Sinn, zu dem Weisheit gehört!

Die sieben Häupter sind sieben Berge, auf denen die Frau sitzt, und es sind sieben Könige. [10]Fünf sind gefallen, einer ist da, der andre ist noch nicht gekommen; und wenn er kommt, muß er eine kleine Zeit bleiben. [11]Und das Tier, das gewesen ist und jetzt nicht ist, das ist der achte und ist einer von den sieben und fährt in die Verdammnis. [12]Und die zehn Hörner, die du gesehen hast, das sind zehn Könige, die ihr Reich noch nicht empfangen haben; aber wie Könige werden sie für eine Stunde Macht empfangen zusammen mit dem Tier. [13]Diese sind eines Sinnes und geben ihre Kraft und Macht dem Tier. [14]Die werden gegen das Lamm kämpfen, und das Lamm wird sie überwinden, denn es ist der Herr aller Herren und der König aller Könige, und die mit ihm sind, sind die Berufenen und Auserwählten und Gläubigen.

[15]Und er sprach zu mir: Die Wasser, die du gesehen hast, an denen die Hure sitzt, sind Völker und Scharen und Nationen und Sprachen. [16]Und die zehn Hörner, die du gesehen hast, und das Tier, die werden die Hure hassen und werden sie ausplündern und entblößen und werden ihr Fleisch essen und werden sie mit Feuer verbrennen. [17]Denn Gott hat's ihnen in ihr Herz gegeben, nach seinem Sinn zu handeln und eines Sinnes zu werden und ihr Reich dem Tier zu geben, bis vollendet werden die Worte Gottes. [18]Und die Frau, die du gesehen hast, ist die große Stadt, die die Herrschaft hat über die Könige auf Erden.

Augustus? Sind die 3 Kaiser des Revolutionsjahres 68–69 n. Chr. mitzuzählen? Die wahrscheinlichste Lösung ist: Man beginnt mit Augustus und läßt die 3 o. g. Kaiser aus. Dann wäre Nero der fünfte. Der Text wäre dann unter Vespasian, dem sechsten Kaiser (V. 10), geschrieben. Nach ihm wird noch ein weiterer nur kurze Zeit regierender Herrscher erwartet. Danach kommt der letzte, der einer von den bisherigen ist. Vermutlich liegt dieser Spekulation die damals weit verbreitete Sage vom wiederkommenden Nero zugrunde. Dieser Tyrann sei nicht wirklich gestorben, sondern komme an der Spitze der Parther wieder, um sich schrecklich zu rächen. Der Volksglaube war so mächtig, daß sich mehrmals Personen fanden, die sich als wiederkommender Nero ausgaben. Nun ist allerdings die Off erst unter Domitian geschrieben. Wir hätten also eine ältere Tradition vor uns, die mit den von Kap. 10 und 11 in Zusammenhang steht. Dann wäre es ursprünglich eine jüdische Apokalypse aus der Zeit unmittelbar nach dem jüdischen Krieg. Das Gericht über Rom erscheint hier und in dem dazugehörigen Kap. 18 als geschichtliche Katastrophe. Johannes hat diese Quelle in sein Werk aufgenommen und in zweifacher Weise überarbeitet. 1. Er hat die letzten Worte in V. 6 hinzugefügt und V. 14 eingefügt und so die Verfolgung auf die christliche Gemeinde bezogen. 2. Er hat aus der geschichtlichen Sage vom wiederkommenden Nero das mythische Drama vom Antichristen gemacht. Dadurch wird der Untergang Roms zum Symbol für Weltuntergang. Zu den Hörnern vgl. Dan 7,20.24.

Der Untergang Babylons

18 Danach sah ich einen andern Engel herniederfahren vom Himmel, der hatte große Macht, und die Erde wurde erleuchtet von seinem Glanz. [2]Und er rief mit mächtiger Stimme: Sie ist gefallen, sie ist gefallen, Babylon, die Große, und ist eine Behausung der Teufel geworden und ein Gefängnis aller unreinen Geister und ein Gefängnis aller unreinen Vögel und ein Gefängnis aller unreinen und verhaßten Tiere. [3]Denn von dem Zorneswein ihrer

Das Gericht über Babylon (= Rom) wird wie der Untergang von Sodom und Gomorra geschildert. Nicht die Welt geht unter, sondern diese eine mächtige Stadt. Die Angehörigen des Gottesvolkes sollen die Stadt rechtzeitig verlassen (V. 4). Die Bundesgenossen und Handelspartner sehen den Untergang. Durch diesen

Blickwinkel – innergeschichtliches Gottesgericht an einer sündigen Stadt – hebt sich dieser Abschnitt von der umfassenden Perspektive des Gesamtwerkes der Off deutlich ab. Wahrscheinlich gehört dieser Abschnitt mit Kap. 10, 11 und 17 zu der Quelle aus der Zeit Vespasians. Johannes hat diese jüdisch-apokalyptische Tradition in diesem Kapitel nur geringfügig überarbeitet (z. B. durch Hinzufügung von Aposteln und Propheten in V. 20). Er konnte diese Überlieferung aufnehmen, weil für ihn mit dem Fall Babylons das Endgeschehen beginnt. Der Text steht in der Tradition der prophetischen Gerichtsdrohungen gegen Babylon (Jes 21; Jer 51), Tyrus und Sidon (Jes 23; Hes 26–28) und Ninive (Nah 2–3). Bis in den Wortlaut hinein ist die Aufnahme dieser verschiedenen Traditionen zu spüren; z. B. der Ruf »Gefallen ist Babylon« (Jes 21,9); die Kennzeichnung des verwüsteten Babylons als Wohnstätte unreiner Tiere (Jes 13,21 f.); die Stadt als Hure für Könige (Jes 23,17); die Aufforderung, die Stadt zu verlassen (Jer 51,6); der Kelch, mit dem die Stadt die Menschen trunken macht (Jer 51,7) usw. Die alttestamentlich-prophetische Gerichtssprache ist in jedem Vers zu spüren. Jedoch zitiert der Verfasser nicht, sondern dichtet selbständig mit den vorgegebenen Bildern. Diese Bindung an die Tradition bringt mit sich, daß die verschiedenen Bilder gar nicht auf eine Stadt passen. Rom verdankt seine Macht nicht dem Handel, sondern seiner prophetischen Stellung. Eigentümlich ist die Rollenverteilung. Die Stadt ist ausschließlich Objekt des Gerichtsgeschehens. Die Klage – sonst von den Bewohnern angestimmt – wird hier von ihren Bundesgenossen und Handelspartnern gesungen. Im Kontrast zu dem Klagegesang der Reichen über den Verlust ihres Gewinns steht der Jubelruf der in den Himmel entrückten Verfolgten. Der atl.-prophetischen Gerichtsdrohung entsprechend ist der Hauptvorwurf gegen Babylon der Reichtum und der Götzendienst. Aus den Liedern sprechen auch Haß gegen die Privilegierten und Kulturfeindschaft, wie sie für

Hurerei haben alle Völker getrunken, und die Könige auf Erden haben mit ihr Hurerei getrieben, und die Kaufleute auf Erden sind reich geworden von ihrer großen Üppigkeit.

[4] Und ich hörte eine andre Stimme vom Himmel, die sprach: Geht hinaus aus ihr, mein Volk, daß ihr nicht teilhabt an ihren Sünden und nichts empfangt von ihren Plagen! [5] Denn ihre Sünden reichen bis an den Himmel, und Gott denkt an ihren Frevel. [6] Bezahlt ihr, wie sie bezahlt hat, und gebt ihr zweifach zurück nach ihren Werken! Und in den Kelch, in den sie euch eingeschenkt hat, schenkt ihr zweifach ein! [7] Wieviel Herrlichkeit und Üppigkeit sie gehabt hat, soviel Qual und Leid schenkt ihr ein! Denn sie spricht in ihrem Herzen: Ich throne hier und bin eine Königin und bin keine Witwe, und Leid werde ich nicht sehen. [8] Darum werden ihre Plagen an *einem* Tag kommen, Tod, Leid und Hunger, und mit Feuer wird sie verbrannt werden; denn stark ist Gott der Herr, der sie richtet.

[9] Und es werden sie beweinen und beklagen die Könige auf Erden, die mit ihr gehurt und gepraßt haben, wenn sie sehen werden den Rauch von ihrem Brand, in dem sie verbrennt. [10] Sie werden fernab stehen aus Furcht vor ihrer Qual und sprechen: Weh, weh, du große Stadt Babylon, du starke Stadt, in *einer* Stunde ist dein Gericht gekommen! [11] Und die Kaufleute auf Erden werden weinen und Leid tragen um sie, weil ihre Ware niemand mehr kaufen wird: [12] Gold und Silber und Edelsteine und Perlen und feines Leinen und Purpur und Seide und Scharlach und allerlei wohlriechende Hölzer und allerlei Gerät aus Elfenbein und allerlei Gerät aus kostbarem Holz und Erz und Eisen und Marmor [13] und Zimt und Balsam und Räucherwerk und Myrrhe und Weihrauch und Wein und Öl und feinstes Mehl und Weizen und Vieh und Schafe und Pferde und Wagen und Leiber und Seelen von Menschen.

[14] Und das Obst, an dem deine Seele Lust hatte, ist dahin; und alles, was glänzend und herrlich war, ist für dich verloren, und man wird es nicht mehr finden. [15] Die Kaufleute, die durch diesen Handel mit ihr reich geworden sind, werden fernab stehen aus Furcht vor ihrer Qual, werden weinen und klagen: [16] Weh, weh, du große Stadt, die bekleidet war mit feinem Leinen und Purpur und Scharlach und geschmückt war mit Gold und Edelsteinen und Perlen, [17] denn in *einer* Stunde ist verwüstet solcher Reichtum!

Und alle Schiffsherren und alle Steuerleute und die Seefahrer und die auf dem Meer arbeiten, standen fernab [18] und schrien, als sie den Rauch von ihrem Brand sahen: Wer ist der großen Stadt gleich? [19] Und sie warfen Staub auf ihre Häupter und schrien, weinten und klagten: Weh, weh, du große Stadt, von deren Überfluß reich geworden sind alle, die Schiffe auf dem Meer hatten; denn in *einer* Stunde ist sie verwüstet!

[20]Freue dich über sie, Himmel, und ihr Heiligen und Apostel und Propheten! Denn Gott hat sie gerichtet um euretwillen.

[21]Und ein starker Engel hob einen Stein auf, groß wie ein Mühlstein, warf ihn ins Meer und sprach: So wird in einem Sturm niedergeworfen die große Stadt Babylon und nicht mehr gefunden werden. [22]Und die Stimme der Sänger und Saitenspieler, Flötenspieler und Posaunenbläser soll nicht mehr in dir gehört werden, und kein Handwerker irgendeines Handwerks soll mehr in dir gefunden werden, und das Geräusch der Mühle soll nicht mehr in dir gehört werden, [23]und das Licht der Lampe soll nicht mehr in dir leuchten, und die Stimme des Bräutigams und der Braut soll nicht mehr in dir gehört werden. Denn deine Kaufleute waren Fürsten auf Erden, und durch deine Zauberei sind verführt worden alle Völker; [24]und das Blut der Propheten und der Heiligen ist in ihr gefunden worden, und das Blut aller derer, die auf Erden umgebracht worden sind.

apokalyptische Kreise typisch sind. – Unter den Handelsgütern werden in V. 13 Leiber und Seelen von Menschen genannt. Wahrscheinlich sind damit weibliche und männliche Sklaven gemeint (vgl. Seelenverkäufer = Schiff, auf dem Sklaven zum Verkauf transportiert werden). V. 14 paßt stilistisch (Anrede in der zweiten Person) und inhaltlich nicht an dieser Stelle, sondern gehört zu den Worten des Engels V. 22f. Vielleicht ist der Vers beim Abschreiben versehentlich an eine falsche Stelle geraten. Die Handlung des Engels, die das Gericht über Babylon symbolisiert (V. 21), erinnert an Jer 51,63f. Wie ein Stein im Meer unwiederbringlich versinkt, so wird auch der Untergang Babylons endgültig sein.

Jubel über den Untergang Babylons

19 Danach hörte ich etwas wie eine große Stimme einer großen Schar im Himmel, die sprach:

Halleluja! Das Heil und die Herrlichkeit und die Kraft sind unseres Gottes! [2]Denn wahrhaftig und gerecht sind seine Gerichte, daß er die große Hure verurteilt hat, die die Erde mit ihrer Hurerei verdorben hat, und hat das Blut seiner Knechte gerächt, das ihre Hand vergossen hat.

[3]Und sie sprachen zum zweitenmal: Halleluja! Und ihr Rauch steigt auf in Ewigkeit.

[4]Und die vierundzwanzig Ältesten und die vier Gestalten fielen nieder und beteten Gott an, der auf dem Thron saß, und sprachen: Amen, Halleluja! [5]Und eine Stimme ging aus von dem Thron:

Lobt unsern Gott, alle seine Knechte
und die ihn fürchten, klein und groß!

[6]Und ich hörte etwas wie eine Stimme einer großen Schar und wie eine Stimme großer Wasser und wie eine Stimme starker Donner, die sprachen:

Halleluja! Denn der Herr, unser Gott, der Allmächtige, hat das Reich eingenommen! [7]*Laßt uns freuen und fröhlich sein und ihm die Ehre geben; denn die Hochzeit des Lammes ist gekommen, und seine Braut hat sich bereitet.*

[8]Und es wurde ihr gegeben, sich anzutun mit schönem reinem Leinen. Das Leinen aber ist die Gerechtigkeit der Heiligen. [9]Und er sprach zu mir: Schreibe: *Selig sind, die*

Wieder unterbricht ein himmlischer Lobgesang das Gerichtsgeschehen. Die um den Thron versammelten himmlischen Wesen (vgl. Kap. 4) singen zwei Hymnen. Der erste blickt zurück auf den Fall Babylons (Kap. 18), der andere voraus auf das Heil der vollendeten Gerechten (Kap. 21). Nur hier findet sich im NT die aus den Psalmen vertraute hebräische Formel Halleluja (= Lobet Gott). Heil als Hochzeit ist ein häufiges Motiv in der religiösen Bildsprache. Für die besondere Bedeutung hier ist Eph 5,22–33 zu vergleichen. Die Braut ist das himmlische Jerusalem (vgl. Kap. 21), das mit der Kirche gleichgesetzt wird. Zu dieser himmlischen Kirche gehören aber nur die Heiligen, die das Gewand (»Leinen«) der Braut tragen, d. h. gerechte Taten vollbringen. Sie haben an der endzeitlichen Vollendung, die im Bild des Hochzeitsmahles geschildert wird, teil (vgl. Lk 14,15 ff.). – Der Wortwechsel mit dem Engel findet sich noch einmal ganz ähnlich 22,8f. Wie in Heb 1–2 wird die Verehrung der Engel abgelehnt. Engel sind nur Diener Gottes bzw. Christi. Sie haben keine andere Aufgabe als die Propheten, nämlich Bote Gottes zu sein. Aus dieser Gleichsetzung von Engel und Propheten spricht das hohe Selbstbewußtsein des Sehers.

zum Hochzeitsmahl des Lammes berufen sind. Und er sprach zu mir: Dies sind wahrhaftige Worte Gottes. [10] Und ich fiel nieder zu seinen Füßen, ihn anzubeten. Und er sprach zu mir: Tu es nicht! Ich bin dein und deiner Brüder Mitknecht, die das Zeugnis Jesu haben. Bete Gott an! Das Zeugnis Jesu aber ist der Geist der Weissagung.

Auf dem Höhepunkt der Spannung stürmt der Sieger auf weißem Pferd daher. Er trägt die dem Leser vertrauten Namen (vgl. 1,5; 3,7.14); es ist also der zum Weltgericht wiederkommende Christus. Das Bild ist unanschaulich: ein Reiter mit einem Schwert im Munde, der gleichzeitig die Kelter tritt. Jedes einzelne Bildelement ist von der atl. Tradition zu deuten. Vorbild ist die Erscheinung Gottes Jes 63,1–3. Das Gerichtswort Gottes als scharfes Schwert stammt aus Wsh 18,15 f. (vgl. Heb 4,12 f.). In V. 15 b sind zwei prophetische Bilder miteinander vermischt: Die Zorneskelter, die getreten wird (vgl. Jes 63,2) und der Zorneswein, den Gott darreicht (vgl. Jes 51,17.22).

Der Reiter auf dem weißen Pferd

[11] Und ich sah den Himmel aufgetan; und siehe, ein weißes Pferd. Und der darauf saß, hieß: Treu und Wahrhaftig, und er richtet und kämpft mit Gerechtigkeit. [12] Und seine Augen sind wie eine Feuerflamme, und auf seinem Haupt sind viele Kronen; und er trug einen Namen geschrieben, den niemand kannte als er selbst. [13] Und er war angetan mit einem Gewand, das mit Blut getränkt war, und sein Name ist: Das Wort Gottes. [14] Und ihm folgte das Heer des Himmels auf weißen Pferden, angetan mit weißem, reinem Leinen. [15] Und aus seinem Munde ging ein scharfes Schwert, daß er damit die Völker schlage; und er wird sie regieren mit eisernem Stabe; und er tritt die Kelter, voll vom Wein des grimmigen Zornes Gottes, des Allmächtigen, [16] und trägt einen Namen geschrieben auf seinem Gewand und auf seiner Hüfte: König aller Könige und Herr aller Herren.

Schwierig zu verstehen ist die mehrfach gewendete Namensymbolik. Hinter dem unbekannten Namen in V. 12 steht die Vorstellung, daß das Wissen des Namens Macht über jemand gibt. Da niemand seinen Namen weiß, ist er auch allein im Besitz der mit ihm verbundenen Macht. Die in V. 13 und 16 mitgeteilten Namen sind wahrscheinlich nicht als Enthüllung des Geheimnisses zu verstehen, sondern als Titel, die die Macht des Reiters auf dem weißen Pferd anzeigen.

Der Aufruf an die Vögel, sich zum Leichenfraß einzufinden, stammt aus Hes 39,17–20. Das Motiv findet sich auch Mt 24,28. Dieses Mahl stellt das grauenhafte Gegenbild zur Hochzeitsfeier dar, zu der die vollendeten Gerechten geladen sind. Bemerkenswerterweise erfolgt der Ruf zum Leichenfraß schon vor der Schlacht. So sicher ist der schnelle Sieg! Eine Schlacht wird auch gar nicht geschildert. Dem Seher ist vor allem wichtig, daß nun das Tier aus dem Abgrund und der falsche Prophet (vgl. Kap. 13) vom gerechten Gericht Gottes ereilt werden. Sie werden lebendig ins Feuer geworfen, d. h. sie werden nicht nur ver-

Das Ende des Tieres und des falschen Propheten

[17] Und ich sah einen Engel in der Sonne stehen, und er rief mit großer Stimme allen Vögeln zu, die hoch am Himmel fliegen: Kommt, versammelt euch zu dem großen Mahl Gottes [18] und eßt das Fleisch der Könige und der Hauptleute und das Fleisch der Starken und der Pferde und derer, die darauf sitzen, und das Fleisch aller Freien und Sklaven, der Kleinen und der Großen! [19] Und ich sah das Tier und die Könige auf Erden und ihre Heere versammelt, Krieg zu führen mit dem, der auf dem Pferd saß, und mit seinem Heer. [20] Und das Tier wurde ergriffen und mit ihm der falsche Prophet, der vor seinen Augen die Zeichen getan hatte, durch welche er die verführte, die das Zeichen des Tieres angenommen und das Bild des Tieres angebetet hatten. Lebendig wurden diese beiden in den feurigen Pfuhl geworfen, der mit Schwefel brannte. [21] Und die andern wurden erschlagen mit dem Schwert, das aus dem Munde dessen

ging, der auf dem Pferd saß. Und alle Vögel wurden satt von ihrem Fleisch.

nichtet, sondern müssen ewig die Höllenpein erleiden.

In Kap. 12 war die Schlange aus dem Himmel geworfen worden. Nun wird ihrem Treiben auch auf Erden ein Ende gesetzt. Die Vorstellung, daß die finstere Macht gebunden, dann aber noch einmal für kurze Zeit losgelassen wird, findet sich in den Erzählungen vieler Völker (z. B. in der persischen Religion die Schlange Azi Dahaka).

Das tausendjährige Reich

20 Und ich sah einen Engel vom Himmel herabfahren, der hatte den Schlüssel zum Abgrund und eine große Kette in seiner Hand. [2] Und er ergriff den Drachen, die alte Schlange, das ist der Teufel und der Satan, und fesselte ihn für tausend Jahre, [3] und warf ihn in den Abgrund und verschloß ihn und setzte ein Siegel oben darauf, damit er die Völker nicht mehr verführen sollte, bis vollendet würden die tausend Jahre. Danach muß er losgelassen werden eine kleine Zeit.

[4] Und ich sah Throne, und sie setzten sich darauf, und ihnen wurde das Gericht übergeben. Und ich sah die Seelen derer, die enthauptet waren um des Zeugnisses von Jesus und um des Wortes Gottes willen, und die nicht angebetet hatten das Tier und sein Bild und die sein Zeichen nicht angenommen hatten an ihre Stirn und auf ihre Hand; diese wurden lebendig und regierten mit Christus tausend Jahre. [5] Die andern Toten aber wurden nicht wieder lebendig, bis die tausend Jahre vollendet wurden. Dies ist die erste Auferstehung. [6] Selig ist der und heilig, der teilhat an der ersten Auferstehung. Über diese hat der zweite Tod keine Macht; sondern sie werden Priester Gottes und Christi sein und mit ihm regieren tausend Jahre.

Die Idee vom Zwischenreich bietet einen Ausgleich der beiden verschiedenen Entwürfe der Enderwartung. Die einen erwarten ein irdisches Friedensreich, die anderen eine völlig neue Welt. Aus dem Nebeneinander wird nun ein Nacheinander (vgl. auch 1Ko 15,23–28). Die Dauer des irdischen Friedensreiches ist wahrscheinlich aus 1Mo 2,2 in Verbindung mit Ps 90,4 erschlossen: Der Ruhetag Gottes sind 1 000 Jahre. Mit den auf den Thronen Sitzenden sind wahrscheinlich Christus und die Engel gemeint. Das »Richten« ist nicht im Sinne von Verurteilen zu verstehen. Gemeint ist vielmehr die Übernahme des Weltregiments, denn das Totengericht folgt erst später. Jetzt, in diesem Friedensreich, leben ausschließlich die vollendeten Märtyrer, während die ganze übrige Menschheit auf die Auferstehung zum Gericht warten muß.

Der letzte Kampf

[7] Und wenn die tausend Jahre vollendet sind, wird der Satan losgelassen werden aus seinem Gefängnis [8] und wird ausziehen, zu verführen die Völker an den vier Enden der Erde, Gog und Magog, und sie zum Kampf zu versammeln; deren Zahl ist wie der Sand am Meer. [9] Und sie stiegen herauf auf die Ebene der Erde und umringten das Heerlager der Heiligen und die geliebte Stadt. Und es fiel Feuer vom Himmel und verzehrte sie. [10] Und der Teufel, der sie verführte, wurde geworfen in den Pfuhl von Feuer und Schwefel, wo auch das Tier und der falsche Prophet waren; und sie werden gequält werden Tag und Nacht, von Ewigkeit zu Ewigkeit.

Die atl. Grundlage ist die Weissagung Hes 38–39. Allerdings ist dort Gog der Fürst des Landes Magog. Doch ist schon in jüdischer Tradition aus den beiden Namen die geheimnisvolle Bezeichnung der Herrscharen Satans geworden, die nach dem messianischen Friedensreich noch einmal über die Erde herfallen. Das Gericht über sie vollzieht sich wie über Sodom und Gomorra (1Mo 19).

Das Weltgericht

[11] Und ich sah einen großen, weißen Thron und den, der darauf saß; vor seinem Angesicht flohen die Erde und der Himmel, und es wurde keine Stätte für sie gefunden. [12] Und

Der auf dem lichtglänzenden Thron Sitzende ist Gott selbst, den der Seher jedoch aus Ehrfurcht nicht nennt. Als letzte feindliche Macht wird der Tod überwunden (1Ko 15,26). Das Gerichtsurteil stützt sich auf zweierlei Bücher. Einerseits wird nach dem Buch gerichtet, in dem alle Taten der Menschen aufgezeichnet sind (Dan 7,10); also nach den Werken. Andrerseits wird das Urteil nach dem Buch gesprochen, in dem Gott die Auserwählten aufgeschrieben hat (3,5; Dan 12,1 f.); also nach Gottes freier Gnade. Beide Gesichtspunkte, obwohl logisch vom Menschen her unvereinbar, sind nach der ganzen biblischen Tradition in gleicher Weise gültig.

Nach den vielfältigen Schreckensvisionen wirkt die Schau der neuen Welt befreiend. Der prophetischen Tradition Jes 65,17 folgend, denkt Johannes nicht an Weltverbesserung, sondern an eine völlig neue Schöpfung. Menschen haben daran nicht mitgewirkt. Die neue Welt ist allein Gottes Schöpfung. Der Mensch kann nur die Bedingungen erfüllen, damit er würdig ist, Bürger der Himmelsstadt zu werden. Wieder wird deutlich, daß die Off geschrieben wurde, um die Bereitschaft zum Bekenntnis bis hin zum Martyrium zu wecken. Die »Durstigen« (V. 6) sind die, die sich nach der engsten Gemeinschaft mit Gott sehnen und damit ihren Glauben freimütig bekennen. Gott wird selbst in der neuen Stadt wohnen, so daß die Gottesferne ein Ende hat (vgl. Hes 37,27; Sach 8,8). Bei der Aufzählung derer, die vom Heil ausgeschlossen werden, stehen die Feigen an erster Stelle. Das sind die Christen, die den Kampf mit dem Tier nicht bestanden und den Glauben verleugnet haben. In V. 5 spricht zum ersten und einzigen Mal in dem Buch Gott selbst. Dadurch soll die Wahrheit der Verheißung bestätigt werden. Bei der Schilderung der Himmelsstadt sind Motive aus drei Bildkreisen aufgenommen: die Himmelsstadt; das neue Jerusalem; das Paradies. Im Hintergrund des Motivs Himmelsstadt stehen astrologische Vorstellungen, die aber vielleicht Johannes schon nicht mehr bewußt sind: Die 12 Tore sind ursprünglich die

ich sah die Toten, groß und klein, stehen vor dem Thron, und Bücher wurden aufgetan. Und ein andres Buch wurde aufgetan, welches ist das Buch des Lebens. Und die Toten wurden gerichtet nach dem, was in den Büchern geschrieben steht, nach ihren Werken. [13]Und das Meer gab die Toten heraus, die darin waren, und der Tod und sein Reich gaben die Toten heraus, die darin waren; und sie wurden gerichtet, ein jeder nach seinen Werken. [14]Und der Tod und sein Reich wurden geworfen in den feurigen Pfuhl. Das ist der zweite Tod: der feurige Pfuhl. [15]Und wenn jemand nicht gefunden wurde geschrieben in dem Buch des Lebens, der wurde geworfen in den feurigen Pfuhl.

Das neue Jerusalem

21 Und ich sah einen neuen Himmel und eine neue Erde; denn der erste Himmel und die erste Erde sind vergangen, und das Meer ist nicht mehr. [2]Und ich sah die heilige Stadt, das neue Jerusalem, von Gott aus dem Himmel herabkommen, bereitet wie eine geschmückte Braut für ihren Mann. [3]Und ich hörte eine große Stimme von dem Thron her, die sprach: *Siehe da, die Hütte Gottes bei den Menschen! Und er wird bei ihnen wohnen, und sie werden sein Volk sein, und er selbst, Gott mit ihnen, wird ihr Gott sein;* [4]*und Gott wird abwischen alle Tränen von ihren Augen, und der Tod wird nicht mehr sein, noch Leid noch Geschrei noch Schmerz wird mehr sein; denn das Erste ist vergangen.* [5]Und der auf dem Thron saß, sprach: *Siehe, ich mache alles neu!* Und er spricht: Schreibe, denn diese Worte sind wahrhaftig und gewiß! [6]Und er sprach zu mir: Es ist geschehen. Ich bin das A und das O, der Anfang und das Ende. Ich will dem Durstigen geben von der Quelle des lebendigen Wassers umsonst. [7]*Wer überwindet, der wird es alles ererben, und ich werde sein Gott sein, und er wird mein Sohn sein.* [8]Die Feigen aber und Ungläubigen und Frevler und Mörder und Unzüchtigen und Zauberer und Götzendiener und alle Lügner, deren Teil wird in dem Pfuhl sein, der mit Feuer und Schwefel brennt; das ist der zweite Tod.

[9]Und es kam zu mir einer von den sieben Engeln, die die sieben Schalen mit den letzten sieben Plagen hatten, und redete mit mir und sprach: Komm, ich will dir die Frau zeigen, die Braut des Lammes. [10]Und er führte mich hin im Geist auf einen großen und hohen Berg und zeigte mir die heilige Stadt Jerusalem herniederkommen aus dem Himmel von Gott, [11]die hatte die Herrlichkeit Gottes; ihr Licht war gleich dem alleredelsten Stein, einem Jaspis, klar wie Kristall; [12]sie hatte eine große und hohe Mauer und hatte zwölf Tore und auf den Toren zwölf Engel und Namen darauf geschrieben, nämlich die Namen der zwölf

Stämme der Israeliten: [13]von Osten drei Tore, von Norden drei Tore, von Süden drei Tore, von Westen drei Tore. [14]Und die Mauer der Stadt hatte zwölf Grundsteine und auf ihnen die zwölf Namen der zwölf Apostel des Lammes.

[15]Und der mit mir redete, hatte einen Meßstab, ein goldenes Rohr, um die Stadt zu messen und ihre Tore und ihre Mauer. [16]Und die Stadt ist viereckig angelegt, und ihre Länge ist so groß wie die Breite. Und er maß die Stadt mit dem Rohr: zwölftausend Stadien. Die Länge und die Breite und die Höhe der Stadt sind gleich. [17]Und er maß ihre Mauer: hundertvierundvierzig Ellen nach Menschenmaß, das der Engel gebrauchte. [18]Und ihr Mauerwerk war aus Jaspis und die Stadt aus reinem Gold, gleich reinem Glas. [19]Und die Grundsteine der Mauer um die Stadt waren geschmückt mit allerlei Edelsteinen. Der erste Grundstein war ein Jaspis, der zweite ein Saphir, der dritte ein Chalzedon, der vierte ein Smaragd, [20]der fünfte ein Sardonyx, der sechste ein Sarder, der siebente ein Chrysolith, der achte ein Beryll, der neunte ein Topas, der zehnte ein Chrysopras, der elfte ein Hyazinth, der zwölfte ein Amethyst. [21]Und die zwölf Tore waren zwölf Perlen, ein jedes Tor war aus einer einzigen Perle, und der Marktplatz der Stadt war aus reinem Gold wie durchscheinendes Glas. [22]Und ich sah keinen Tempel darin; denn der Herr, der allmächtige Gott, ist ihr Tempel, er und das Lamm. [23]Und die Stadt bedarf keiner Sonne noch des Mondes, daß sie ihr scheinen; denn die Herrlichkeit Gottes erleuchtet sie, und ihre Leuchte ist das Lamm. [24]Und die Völker werden wandeln in ihrem Licht; und die Könige auf Erden werden ihre Herrlichkeit in sie bringen. [25]Und ihre Tore werden nicht verschlossen am Tage; denn da wird keine Nacht sein. [26]Und man wird die Pracht und den Reichtum der Völker in sie bringen. [27]Und nichts Unreines wird hineinkommen und keiner, der Greuel tut und Lüge, sondern allein, die geschrieben stehen in dem Lebensbuch des Lammes.

22 Und er zeigte mir einen Strom lebendigen Wassers, klar wie Kristall, der ausgeht von dem Thron Gottes und des Lammes; [2]mitten auf dem Platz und auf beiden Seiten des Stromes Bäume des Lebens, die tragen zwölfmal Früchte, jeden Monat bringen sie ihre Frucht, und die Blätter der Bäume dienen zur Heilung der Völker. [3]Und es wird nichts Verfluchtes mehr sein. Und der Thron Gottes und des Lammes wird in der Stadt sein, und seine Knechte werden ihm dienen [4]und sein Angesicht sehen, und sein Name wird an ihren Stirnen sein. [5]Und es wird keine Nacht mehr sein, und sie bedürfen keiner Leuchte und nicht des Lichts der Sonne; denn Gott der Herr wird sie erleuchten, und sie werden regieren von Ewigkeit zu Ewigkeit.

12 Tierkreiszeichen; der Wasserstrom vom Throne Gottes (22,1) ist die Milchstraße; die im Verhältnis zur Himmelsstadt sehr kleine Mauer ist die schmale Horizontlinie. Johannes hat alle diese Vorstellungen übernommen und christlich erweitert (z.B. die Deutung der 12 Grundsteine auf die Apostel vgl. Eph 2,20). Das Motiv vom neuen Jerusalem stammt aus Hes 40–48. Einzelne Bildelemente sind aus diesen Visionen des Hes entnommen; z. B. der Lebensstrom (Hes 47,1–12); die 12 Stadttore (Hes 48,30–35). Fast dieselben Edelsteine, nur in anderer Reihenfolge, finden sich 2Mo 28,17–21 in der Beschreibung des Brustschildes des Hohenpriesters. Im Unterschied zu der Vision des Hes wird aber ausdrücklich gesagt, daß das neue Jerusalem keinen Tempel haben werde (V. 22). Darin schlägt sich die kultkritische Haltung Jesu und der ersten christlichen Gemeinden nieder. Begründet wird das Fehlen des Tempels hier damit, daß im neuen Jerusalem eine unmittelbare Gottesbegegnung möglich ist. Die V. 22–26 lehnen sich eng an das Loblied auf das zukünftige Zion (Jes 62) an. Die Maße der Stadt sind aus der symbolischen Bedeutung der Zahl 12 (= Vollkommenheit) erschlossen. Das Quadrat und noch mehr der Kubus sind ebenfalls Idealmaße. Für eine Stadt ist die Vorstellung eines Kubus wenig passend. Darum könnte man denken, der Seher habe einen Tempelturm, wie er sich in Babylon findet, im Sinn. In 22,1–5 tritt das Motiv vom Paradies (1Mo 2,5–14) deutlicher hervor, wird aber noch gesteigert und durch weitere Bildelemente ergänzt. Aus dem Lebensbaum ist in Anlehnung an Hes 47,12 eine Allee von Bäumen geworden, die jeden Monat neu Früchte tragen. Im Gegensatz zum ersten Paradies wird es keine verbotene Frucht geben. Die Vision schließt mit dem Blick auf die von Gottes Lichtglanz erfüllte Stadt, die keine irdischen Lichter mehr braucht und in der es nie Nacht wird. Die vollendeten Gerechten werden mit Gott regieren (vgl. Dan 7,18.21).

Der Schlußteil zeigt noch einmal die Siegeszuversicht des Sehers und die Gewißheit, daß seine Botschaft wahr ist. Christus selbst bestätigt die Wahrhaftigkeit der Worte des Buches (V. 6). Wer den Inhalt beherzigt, wird selig gepriesen (vgl. 1,3). Die Szene von der Ablehnung einer Engelverehrung wird noch einmal aufgenommen (vgl. 19,9–10) und erweitert· Auch diejenigen, die sich nach diesem Buch richten, werden den Engeln gleichgestellt. In V. 10 wird das Gebot von Dan 8,26 genau umgekehrt. Das Ende ist so nahe, daß der Inhalt des Buches sofort öffentlich bekannt werden muß. Da Christus nun zum Weltherrscher geworden ist, gehen auf ihn die Würdebezeichnungen Gottes über (V. 13 vgl. zu 1,8). V. 16f. sind ein Stück himmlischer Gottesdienst, zu dem die noch auf Erden weilenden Gläubigen gerufen werden. Den Würdetiteln Christi liegen die Weissagungen Jes 11,1 und 4Mo 24,17 zugrunde. Der Geist ist der in den Propheten lebende Geist; die Braut das als Person gedachte himmlische Jerusalem. In V. 18f. erhebt der Seher den Anspruch, daß sein Buch heilige Schrift ist. Die Worte erinnern an 5Mo 4,2 und bezeugen das außerordentlich hohe Sendungsbewußtsein. Das Buch schließt mit dem innigen Gebetswunsch des Sehers. Die Worte »Komm, Herr Jesus!« sind die Übersetzung des Gebetsrufes »Maranata« (1Ko 16,22). Wie aus der Didaché, einer nichtkanonischen Apostellehre, die ca. 100 n. Chr. verfaßt wurde, hervorgeht, hatte dieser Ruf seinen festen Platz im urchristlichen Gottesdienst und wurde beim Empfang des Abendmahls gesprochen. Sowohl um das Kommen Jesu am Ende aller Zeit als auch um seine Gegenwart in der Feier des Abendmahls wurde gebetet. – Zum Bild vom Morgenstern vgl. 2,28.

Der Herr kommt

[6] Und er sprach zu mir: Diese Worte sind gewiß und wahrhaftig; und der Herr, der Gott des Geistes der Propheten, hat seinen Engel gesandt, zu zeigen seinen Knechten, was bald geschehen muß.

[7] Siehe, ich komme bald. Selig ist, der die Worte der Weissagung in diesem Buch bewahrt.

[8] Und ich, Johannes, bin es, der dies gehört und gesehen hat. Und als ich's gehört und gesehen hatte, fiel ich nieder, um anzubeten zu den Füßen des Engels, der mir dies gezeigt hatte. [9] Und er spricht zu mir: Tu es nicht! Denn ich bin dein Mitknecht und der Mitknecht deiner Brüder, der Propheten, und derer, die bewahren die Worte dieses Buches. Bete Gott an!

[10] Und er spricht zu mir: Versiegle nicht die Worte der Weissagung in diesem Buch; denn die Zeit ist nahe! [11] Wer Böses tut, der tue weiterhin Böses, und wer unrein ist, der sei weiterhin unrein; aber wer gerecht ist, der übe weiterhin Gerechtigkeit, und wer heilig ist, der sei weiterhin heilig. [12] Siehe, ich komme bald und mein Lohn mit mir, einem jeden zu geben, wie seine Werke sind. [13] *Ich bin das A und das O, der Erste und der Letzte, der Anfang und das Ende.* [14] Selig sind, die ihre Kleider waschen, daß sie teilhaben an dem Baum des Lebens und zu den Toren hineingehen in die Stadt. [15] Draußen sind die Hunde und die Zauberer und die Unzüchtigen und die Mörder und die Götzendiener und alle, die die Lüge lieben und tun.

[16] Ich, Jesus, habe meinen Engel gesandt, euch dies zu bezeugen für die Gemeinden. Ich bin die Wurzel und das Geschlecht Davids, der helle Morgenstern. [17] *Und der Geist und die Braut sprechen: Komm! Und wer es hört, der spreche: Komm! Und wen dürstet, der komme; und wer da will, der nehme das Wasser des Lebens umsonst.*

[18] Ich bezeuge allen, die da hören die Worte der Weissagung in diesem Buch: Wenn jemand etwas hinzufügt, so wird Gott ihm die Plagen zufügen, die in diesem Buch geschrieben stehen. [19] Und wenn jemand etwas wegnimmt von den Worten des Buchs dieser Weissagung, so wird Gott ihm seinen Anteil wegnehmen am Baum des Lebens und an der heiligen Stadt, von denen in diesem Buch geschrieben steht.

[20] *Es spricht, der dies bezeugt: Ja, ich komme bald. – Amen, ja, komm, Herr Jesus!*

[21] Die Gnade des Herrn Jesus sei mit allen!

ANHANG

ZEITTAFEL

ca. 6 v.–6 n. Chr.	Geburt Jesu
40–4 v. Chr.	Herodes der Große König (nach ihm Teilung des Reiches unter die Söhne)
4 v.–6 n. Chr.	Archelaos Tetrarch über Judäa, Samaria und Idumäa
4 v.–34 n. Chr.	Philippus Tetrarch über Auranitis, Batanäa, Ituräa und Trachonitis
4 v.–39 n. Chr.	Herodes Antipas Tetrarch über Galiläa und Peräa
6 n. Chr.	Tetrarchie des Archelaos wird römische Prokuratur
	Steuererhebung (Census) unter Quirinius, dem Statthalter von Syrien
6–15 n. Chr.	Hannas I. Hoherpriester
27 v.–14 n. Chr.	Augustus Kaiser
14–37 n. Chr.	Tiberius Kaiser
18–36/37 n. Chr.	Kaiphas Hoherpriester
ca. 28 n. Chr.	Wirksamkeit Johannes des Täufers
26–36 n. Chr.	Pontius Pilatus Prokurator von Judäa, Samaria und Idumäa
ca. 30 n. Chr.	Kreuzigung Jesu
ca. 31 n. Chr.	Bekehrung des Paulus
ca. bis 32/33 n. Chr.	Mission des Paulus im nabatäisch-arabischen Raum
ca.33 n. Chr.	Jerusalembesuch des Paulus bei Petrus und Jakobus
ca.bis 43 n. Chr.	Mission des Paulus in Syrien und Kilikien
36 n. Chr.	Das Gebiet des Philippus wird Teil der römischen Provinz Syrien
ca. 37 n. Chr.	Geburt des Josephus (jüdischer Historiker)
37–41 n. Chr.	Caligula Kaiser
37–44 n. Chr.	Agrippa I. (37 n. König über die Tetrarchie des Philippus; 39 n. König über die Tetrarchie des Herodes Antipas; 41 n. König über ganz Palästina)
ca. 43/44 n. Chr.	Apostelkonzil in Jerusalem
ca. 44–50 n. Chr.	Beginn der Missionsreise des Paulus in Kleinasien
	Missionsreise des Barnabas und Paulus (Zypern, Pamphylien, Lykaonien, Pisidien)
	Antiochenischer Konflikt
	Missionsreise des Paulus mit Silas (Syrien, Kilikien, Lykaonien)
	Reisen durch Kleinasien
	Krankheit des Paulus in Galatien
	Reise über Troas nach Europa
	Aufenthalt in Philippi
	über Thessalonike, Beröa und Ephesus nach Korinth
50–52 n. Chr.	Paulus in Korinth
51–52 n. Chr.	Gallio Prokurator von Achaja
ca. 52–53 n. Chr.	Paulus reist nach Ephesus;
	Besuch in Antiochien, Galatien und Phrygien
52–59 n. Chr.	Antonius Felix Prokurator
53 n. Chr.	Agrippa II. wird König über die Tetrarchie des Philippus
ca. 53–56 n. Chr.	Wirken des Paulus in Ephesus
54–68 n. Chr.	Nero Kaiser
ca. 56 n. Chr.	Kollektenreise des Paulus durch Mazedonien und Achaja
ca. 56/57 n. Chr.	Dreimonatiger Aufenthalt des Paulus in Korinth
ca. 57 n. Chr.	Übergabe der Kollekte in Jerusalem und Verhaftung des Paulus
ca. 57–59 n. Chr.	Gefangenschaft des Paulus in Cäsarea
59–62 n. Chr.	Festus Prokurator
ca. 59 n. Chr.	Paulus mit Gefangenentransport nach Rom, Schiffbruch, Überwinterung in Malta
um 60 n. Chr.	Geburt des Tacitus (römischer Historiker)
ca. 60–62 n. Chr.	Gefangenschaft des Paulus in Rom
um 61 n. Chr.	Geburt des Plinius (römischer Schriftsteller)
ca. 62 n. Chr.	Märtyrertod des Paulus

ca. 62 n.Chr.	Märtyrertod des Jakobus
64 n.Chr.	Auf Rom begrenzte Christenverfolgung unter Nero
66–70/73 n.Chr.	Jüdischer Krieg
68 n.Chr.	Thronwirren nach Neros Tod
69–79 n.Chr.	Vespasian Kaiser
70 n.Chr.	Zerstörung Jerusalems und des Tempels
73 n.Chr.	Fall der Festung Massada
79–81 n.Chr.	Titus Kaiser
81–96 n.Chr.	Domitian Kaiser
vor 90 n.Chr.	Ausschluß der Judenchristen aus der Synagoge
93–96 n.Chr.	Über das gesamte Reichsgebiet sich erstreckende Christenverfolgung unter Domitian

MASSE, GEWICHTE UND MÜNZEN

Längenmaße
Elle, etwa 46 cm
Spanne, eine halbe Elle, etwa 23 cm
Handbreite, ein Drittel der Spanne, etwa 8 cm
Fingerbreite, ein Viertel der Handbreite, etwa 2 cm
Faden, 180 cm

Wegmaße im Neuen Testament
Stadion, 185 m
Meile, 8 Stadien, etwa 1,5 km
Sabbatweg, 2000 Ellen, etwa 1 km

Hohlmaße im Neuen Testament
Sack (griech. koros), etwa 390 l
Eimer (griech. batos), Maß, etwa 40 l
Scheffel (griech. modios), etwa 9 l

Gewichte
Zentner, gleich 3000 Lot, etwa 33,6 bis 36,6 kg
Pfund, gleich 50 Lot, etwas mehr als unser Pfund
Lot, 11,2 bis 12,2 g, nach gefundenen Gewichtssteinen
Gramm, der 20. Teil eines Lots, etwa 0,5 g

Geld und Münzen im Neuen Testament
Zur neutestamentlichen Zeit ist allgemein geprägtes Geld im Gebrauch. Zur Bestimmung höherer Summen werden jedoch weiterhin die alten Gewichtseinheiten (Pfund, Zentner) verwendet. Hellenistische Kultur und römische Herrschaft führten zu einem Nebeneinander von griechischer und römischer Währung (griechisch: Talent, Mine, Stater, Drachme, Lepton; römisch: Denar, Assarion, Quadrans).

Gewichtswerte
Talent (Zentner), etwa 9000 Mark
Mine (Pfund), etwa 150 Mark
Silbermünzen
Stater (Zweigroschenstück), etwa 4 Mark
Doppeldrachme (Tempelgroschen), etwa 2 Mark

Denar (Silbergroschen), etwa 1 Mark
Drachme, etwa 1 Mark

Kupfermünzen

Assarion (Groschen), etwa 6 Pfennig
Quadrans (Pfennig), etwa 1½ Pfennig
Lepton (Scherflein), etwa ¾ Pfennig

Bei den angegebenen Gegenwerten in Mark handelt es sich durchweg um Näherungswerte. Die Kaufkraft des Geldes läßt sich daran nur bedingt ablesen. Für das Neue Testament gibt Mt 20,2 einen Anhaltspunkt zur Abschätzung der tatsächlichen Werte: Der »Silbergroschen« = 1 »Mark« ist der gewöhnliche Tageslohn eines Arbeiters.

ZEITRECHNUNG

Die vorderasiatischen Kalender richteten sich nach dem Mondumlauf, der ägyptische nach dem Sonnenumlauf. Das Mondjahr hat 354 Tage und bleibt deshalb hinter dem Naturjahr (Sonnenjahr) zurück. Daher wurden Schaltmonate eingefügt, ursprünglich wohl alle 3 Jahre ein Schaltmonat, seit dem 6. Jahrhundert v. Chr. in einem 8-Jahr-Turnus drei Schaltmonate. Das altisraelitische Jahr beginnt im Herbst. Nach 722 v. Chr. wurde aber für Handel und Verkehr der assyrische Kalender übernommen, bei dem das Jahr im Frühjahr beginnt. Für Israels Feste blieb man beim Herbstkalender. Nach dem Exil verwendeten die Juden den neubabylonischen Kalender, der auch der persische Staatskalender war. Zur Zeit Jesu galten auch römische Monatsnamen (aus denen sich dann die deutschen Namen der Monate entwickelten).

Babylonische Bezeichnung	Bezeichnung nach dem Lateinischen
1. Nisan	März/April
2. Ijar	April/Mai
3. Siwan	Mai/Juni
4. Tammus	Juni/Juli
5. Ab	Juli/August
6. Elul	August/September
7. Tischri	September/Oktober
8. Marcheschwan	Oktober/November
9. Kislew	November/Dezember
10. Tebeth	Dezember/Januar
11. Sebat	Januar/Februar
12. Adar	Februar/März

Zu den biblischen Festen und Festzeiten gehören:
Sabbat (letzter Tag jeder Woche)
Neumond (erster Tag jedes Monats)
Neujahrsfest (erster Tag jedes Jahres)
Das Passa (am 14. und 15. Nisan, Frühlingsvollmond)
Das Fest der Ungesäuerten Brote (Anfang der Gerstenernte, anschließend an das Passa)
Das Pfingstfest (Weizenernte, fünfzig Tage nach dem Fest der Ungesäuerten Brote)
Der Versöhnungstag (Fünf Tage vor dem Laubhüttenfest)
Das Laubhüttenfest (15.–22. Tischri, Ende der Oliven- und Weinernte)
Das Tempelweihfest (Woche vom 25. Kislew, Erinnerung an die Weihe des Tempels 164 v. Chr.)
Das Purimfest (14. und 15. Adar)

Das Sabbatjahr (alle sieben Jahre)
Das Jubeljahr (alle 49 Jahre)

Die drei alten Jahresfeste waren zunächst Erntefeste und wurden dann mit der Erinnerung an Gottes Taten in der Geschichte Israels verbunden:
Das Passa (zusammen mit dem Fest der Ungesäuerten Brote) zum Beginn der Gerstenernte mit dem Gedenken an den Auszug aus Ägypten; das Pfingstfest sieben Wochen später zum Beginn der Weizenernte mit der Erinnerung an die Gesetzgebung; das Laubhüttenfest, das Fest der Obst- und Weinernte im Herbst mit der Bewahrung Israels in der Wüste. Dazu kamen das Neujahrsfest am ersten Tag des siebten Monats und zehn Tage später der Große Versöhnungstag.
Im Neuen Testament sind erwähnt das Passa (Mt 26,2 Parr), das Pfingstfest (Apg 2,1), das Laubhüttenfest (Joh 7,2), das Tempelweihfest (Joh 10,22) und der Versöhnungstag (Hebr 9,7).

REGISTER

Das Register enthält eine Auswahl von wichtigen Begriffen und Themen, von Namen und Orten. Die Seitenangaben beziehen sich auf die Stellen im Erklärungstext, an denen die angeführten Stichwörter ausführlicher behandelt werden, bzw. erwähnt werden.